제5판 전면개정판

금융 리스크 관리

- 이론과 실무 -

김재인 저

다산출판사

제5판 머리말

「금융 리스크 관리」 초판이 발행된 지 7년이란 오랜 세월이 흘렀다. 그간 지속적으로 개정 작업을 거쳐 올해 제5판을 발간하게 되어 우선 독자분들께 깊은 감사의 말씀을 드리고 싶다.

지난 2년간은 교육부 한국직업능력개발원에서 주관하는 국가직무능력표준(NCS: National Competency Standards) 학습모듈(학습교재) 개발사업의 집필진으로 참여하여 보람 있는 시간을 보냈다.

2015년에는 「리스크관리」 학습모듈 대표집필자로 선정되어 리스크 관리 기획부분과 리스크 측정부분을 집필하고 총괄하였다.

2016년에는 「주식 · 채권운용」 학습모듈 대표집필자로 선정되어 주식 · 채권 리스크 관리 부분을 집필하고 총괄하였으며, 펀드 리스크 관리와 사업성 검토 · 기업가치 평가 부분도 집필하게 되었다.

마침 출판사로부터 「금융 리스크 관리」 4판의 완판 소식을 듣고 그간의 NCS 집필내용을 「금융 리스크 관리」에 접목시켜 업그레이딩할 좋은 기회로 선용하여 본서를 전면적으로 개성 · 개편하게 되었다.

본 5판의 대표적인 특징과 내용은 다음과 같다.

첫째, 리스크 관리의 기획부분을 새로운 장으로 신설하고 전사적 리스크 관리와 금융기관 경영과 리스크 관리부분을 관련 장에 삽입하였으며 제1부 리스크 관리의 역사와 개요, 제2부 금융기관 규제와 리스크 관리 기획, 제3부 금융기관 리스크 관리 각론으로 전면 개정하였다.

둘째, 일반적으로 '리스크 관리'라 하면 은행의 리스크 관리를 중심으로 하는데 금융투자회사(증권회사) 입장에서의 '주식 리스크 관리'와 '채권 리스크 관리' 그리고 자산운용회사 측면에서의 '펀드 리스크 관리'를 새로운 장으로 추가하였다.

셋째, 시장 리스크 관리를 기존의 Market VaR의 시장 리스크량의 측정 위주에서 측정 대상의 선정 및 측정방법, 측정결과 검증 및 시스템운영의 시장 리스크 관리시스템 체계를 보완하였다.

넷째, 운영 리스크 관리에서 고급 리스크 측정법을 강화하여 손실분포접근법에 의한 운영 리스크 측정방법을 자세히 다루고 운영 리스크 시스템운영 및 측정결과 검증방법을 추가하여 체계적으로 알기 쉽게 정리 · 보완하였다.

이 책을 집필하면서 많은 분들의 도움을 받았다. 특히 NCS 집필진으로 같이 참여하면서 저에게 리스크 관리의 전반적인 내용과 집필방향에 대하여 좋은 의견을 주신 서울시립대학교의 박종원 교수님과 덕성여자대학교의 장욱 교수님, 저에게 리스크 관리 집필에 유익한 실무자료 제공과 좋은 개선안을 제시해 주신 한국리스크관리(주)의 정완호 사장님, 펀드 리스크 관리 집필에 필요한 자료와 조언을 주신 베어링자산운용사의 곽태선 사장님, 지난해부터 서울시립대학교 경영대학에서 투자론 강의를 배려해 주신 강영철 학부장님과 재무전공교수님께 감사의 말씀을 드린다.

개정작업 내내 더 좋은 책을 만들기 위해 노력을 아끼지 않은 다산출판사의 강희일 사장님, 양선용 부장님, 이상호 과장님 그리고 임직원 여러분에게 깊은 감사를 드린다.

끝으로 이미 교수정년이 지난 저에게 계속 집필을 하게끔 용기와 사랑을 준 소중한 아내에게 감사를 전한다.

2017년 2월

저자 김재인

제4판 머리말

먼저 SC제일은행(현 한국스탠다드차타드은행)에서 상무대우로 명예퇴직하고 고려대학교 공과대학 정보경영공학부, 기술경영(MOT)전문대학원, 경영(Finance-MBA)전문대학원, 정보보호대학원(금융보안학과)에서 만 6년간 전임교수로 그리고 올해 3월부터는 숙명여대 경영학부 초빙교수로 강의를 할 수 있도록 배려해 주 두 학교 당국과 관련 선배 및 동료 교수님께 신심한 감사의 뜻을 표하고 싶다.

그리고 금융 리스크 관리 초판이 출간된 지 4년 반 만에 제4판으로 발간하게 됨에 그동안 이 책을 사랑하여 주신 독자분들께 더욱 감사드리며, 본인에게는 큰 행운이라고 생각한다. 그간 대학에서 금융 리스크 강의를 하면서 보다 나은 강의를 준비하기 위해 본 저서 내용을 계속 보완 · 발전시켜 왔으며, 전반적인 업그레이드 내용을 가급적 본 4판에 반영하도록 최대한 노력하였으며, 책을 다시 쓰는 마음가짐으로 리스크 분야의 세부내용을 전면적으로 새로이 개정 · 개편하였다.

본 4판의 대표적인 특징과 내용은 다음과 같나.

첫째, 제1부 리스크 관리의 역사와 개요, 제2부 금융기관 리스크 관리의 이해는 금융 리스크 관리의 전반부로서 금융 리스크 관리를 전반적으로 폭넓게 이해하고 통찰력을 제공하는데 주력하였다. 제3부는 금융 리스크 관리 각론으로서 금리 리스크 관리, 유동성 리스크 관리, ALM 리스크 관리, 신용 리스크 관리, 시장 리스크 관리, 환 리스크 관리, 운영 리스크 관리, 금융IT 리스크 관리, 전사적 리스크 관리의 각 리스크 분야를 금융기관에서의 중요도 비중 그리고 이해의 상호연관성 등을 고려하여 그 순서를 배열하고 금융 · 경제환경 변화에 따른 금융 리스크 관리의 새로운 내용과 지침을 추가하여 기술하였다.

둘째, 그간 6년 동안 학교에서의 금융 리스크 관리 강의 시 사용되었던 중간고사와 기말고사 기 출제문제와 제3판의 종합연습문제와 해설을 참고로 각 장별로 '객관식 및 주관식 연습문제' 와 '연습문제 정답 및 해설' 을 별도로 마련하여 내용숙지와 이해의 폭을 넓히도록 했다.

셋째, 「금융 리스크 관리–이론과 실제」 제4판은 금융 리스크 관리의 이론(theory)과 실제

(application)의 내용을 모두 포함시켜 다루었다는 데 큰 특징이 있다 하겠다. 오랫동안 은행에서 리스크 관리 책임자로서 일해 온 경험(암묵지)을 정리하고 또한 고려대에서 강의를 준비하는 과정에서 습득한 리스크 관리의 이론적 체계(형식지)를 효과적으로 접목하여, 대학(원)에서의 금융 리스크 관리 교과서(지침서)로서의 역할과 금융회사 금융현장에서 이들에게 부여된 리스크 관리 실무업무를 원활히 수행하는 데 참고가 될 수 있도록 금융 리스크 전문가로서의 욕구도 충분히 고려했다.

그간 "재우회"라는 모임을 통해 친목도모를 하며 회원 모두가 금융 리스크 전문가이기에 유익한 의견교환을 통해 금융 리스크에 대한 깊은 지식과 식견을 갖게 되어 책 저술에 큰 도움이 되었고 또한 격려도 되었다. 이 모임의 회장이신 박종원 서울시립대 교수님, 총무 덕성여대 장욱 교수님, 예금보험공사 김광남 이사님, 숙명여대 박래수 교수님, (주)KRM 한국리스크관리 정완호 사장님께 진심으로 고마움을 전한다. 본 개정판을 쓸 수 있도록 허락해 주신 강희일 사장님, 그리고 재편집 과정에서 정확하고 효율적인 편집은 물론 본문의 전문적 내용과 세심한 표현까지도 직접 챙겨주신 양선용 부장님께도 큰 감사의 말씀을 드린다.

책을 쓴다는 것은 아내에게 외로움을 주고 여생의 행복을 추구하는 데 있어 때로는 부담스러운 일이다. 항상 저자의 마음을 편안하게 해 주는 나의 아내 경미와 이 달에 결혼식을 올리게 될 사랑스런 나의 딸 민선이에게도 깊은 사랑과 감사를 전한다.

2014년 9월

숙명여대 연구실에서

저자 김재인 초빙교수

제3판 머리말

금융리스크 초판이 출간된 지 2년 반이 지나갔다. 부족한 점이 많은 책이지만 그동안 독자들로부터의 사랑으로 제3판을 발간하게 됨을 매우 감사하게 생각한다. 저자는 오랫동안 은행에서 리스크 관리 책임자로 일해 왔고 퇴직 후 고려대학교로 자리를 옮겨 리스크 관리를 강의한 지도 벌써 4년 반이라는 세월이 흘렀다. 그간 고려대 기술경영(MOT : Management of Technology)전문대학원에서 대학원생들을 대상으로 강의하던 중, "기업에서 필요로 하는 금융 리스크의 지식은 과연 무엇일까?"라는 직장을 다니면서 공부를 하는 대학원생들의 니즈를 금융 리스크 강의내용에 최우선적으로 반영하고 싶었다. 그래서 제2판에서 "IT(정보보호) 리스크"를 새로이 다루게 되었고, 제3판에서는 "환 리스크 관리"와 "금융규제개혁과 바젤 Ⅲ"를 선정하여 차별화를 시도하였다. 금융 리스크 관리를 배우는 목적으로서 리스크 관리의 측정 및 관리의 이해를 통해 기업에서의 기획능력 및 실무활용능력을 제고시키는 데에도 그 주안점을 두고 싶다. 따라서 금융 리스크 관리(Financial Risk Management)는 향후 기업 리스크 관리(Corporate Risk Management)로의 진화가 필요하며, 본 「금융 리스크 관리」의 독자층이 학교의 대학(원)생 · 은행 · 증권회사 · 보험회사 · 저축은행 등 금융기관 종사자, 그리고 삼성 · 현대 등 대기업 및 중소기업 임직원들에게 확산되기를 기대한다.

환 리스크는 시장 리스크의 한 유형으로서 시장 리스크 측정방법에 따라 그간 설명되었는데 본서에서 환 리스크 관리만을 별도의 장으로 신설하여 설명코자 하는 이유는, 최근 글로벌 금융위기 이후 환 리스크 변동이 크게 노출되어 기업 리스크 관리의 목적인 기업의 안정성 유지 및 제고와 기업경영의 합리화를 효율적으로 이행하기 위하여 우선적으로 관리해야 할 리스크 대상이기 때문이다. 또한 글로벌 변동성 증가에 따라 금융기관 및 기업에서 주로 파생금융상품을 통한 환 리스크 헤지기법에 관한 지식의 중요성 인식이 확산되는 추세도 감안했다.

리스크 관리 국제규제기준인 바젤 Ⅲ가 2013년 1월 1일부터 단계적으로 도입 · 시행될 예정이다. 바젤 Ⅲ는 기존의 자본규제체제 바젤 Ⅰ, 바젤 Ⅱ와 더불어 새로운 자본 및 유동성 규제로, 현 경제금융환경 여건하에서 금융기관의 규제방향을 이해하기 위해서는 반드시 필요한 내용이다. 따라서 본서 제2장 "금융기관 리스크 관리의 이해"에서 "금융규제개혁과 바젤 Ⅲ"

를 별도의 항으로 마련하여 설명하였다.

금년 초 국민은행으로부터 「금융 리스크 관리」(제2판) 서적이 은행 내 직무교육 프로그램 연수 지정도서로 선정되어 학습대상 직원에게 3개월간 독서 후 평가할 수 있도록 문제를 출제했다. 그리고 동 출제문제를 보완하여 "종합연습문제와 연습문제 정답 및 해설"을 마련했다. 이는 금융 리스크 관리의 내용 숙지와 이해에 도움이 될 것으로 기대한다.

바젤Ⅲ의 주요 내용 신설에 따라 몇 가지 기존 금융 리스크 내용의 수정 · 보완이 불가피하게 됐다. 즉, 신용 리스크에서의 거래상대방 리스크 내용의 추가와 새로운 유동성 규제기준인 유동성 커버리지 비율(LCR)과 순안정자금조달 비율(NSFR)을 기존 유동성 리스크 관리에서의 기본잉여(basic surplus)와 관련해서 기술치 못해 아쉬움을 남긴다.

본 대학원에서 항상 집필할 수 있도록 용기를 주신 정의승 부원장님을 비롯한 동료교수님께 감사의 말씀을 전하고 싶다. 본 개정판을 기꺼이 허락해 주신 다산출판사의 강희일 사장님, 항상 친절하게 도와주시는 이상호 과장님, 그리고 항상 정확하고 세심하게 편집을 챙겨주신 양선용 부장님께도 감사의 말씀을 드린다. 항상 나의 부탁을 거절하지 않으시고 본서의 초안을 세심하게 읽고 유익한 의견을 제시해 주신 덕성여대 장욱 교수님, 바젤Ⅲ 부분 초안에 대하여 별도 검토의견을 주신 스탠다드차타드은행 박형근 상무께도 감사의 말씀을 드린다. 책을 쓸 때면 항상 관심을 갖고 나를 위해 기도를 해 주는 사랑하는 나의 아내에게 고마운 마음을 전한다.

2012년 8월

고려대 창의관 연구실에서

김 재 인

제2판 머리말

미국이 세계경제를 움직일 수 있는 신병기는 단연 IT 기술력과 파생상품 등 금융지식의 힘이라고 말하고 싶다. 특히 1990년 후반 클린턴정부 시절 신경제(New Economy)의 견인차는 IT혁명이었고, 이로 인한 정보통신기술(IT)산업의 비약적 발전은 지난 반세기 동안 금융정보화를 중심으로 금융기관 업무에 지대한 영향을 미쳤다. 인터넷 뱅킹 이용과 전자금융거래가 일반화되고, 전자상거래 결제 등 신종 전자금융업의 출현과 더불어 최근 전자금융사고의 지속적 증가로 인해 금융기관은 전자금융사고 대응시스템 구축을 통한 사전적 대응책과 피해규모 최소화를 위한 사후적 대응책을 지속적으로 마련해야 한다. 또한 바젤 Ⅱ와 바젤 Ⅲ, 국제회계기준(IFRS), 사베인-옥슬리법(Sarbanes-Oxley Act)과 같은 컴플라이언스 이슈들이 주목받고 있으며, IT부문에서 인터넷 이용자의 급격한 증가에 따른 전자금융거래의 확산 등으로 인한 전자금융거래법의 제정과 개인정보보호 관련법 등의 시행은 금융감독기관으로부터 정보보호사항의 규제적 측면을 더욱 강화시켰다. 이에 편승하여 최근 우리은행과 미래에셋증권은 국제표준화기구(ISO)로부터 정보기술분야 국제표준인 ISO 27001 인증서를 획득했으며, 앞으로 은행 · 증권회사 · 보험회사 등 여타 금융기관에서도 정보기술 27001 인증이 확산될 것으로 예상된다.

지금까지 금융기관에서 금융 리스크 관리를 ALM 리스크, 시장 리스크, 신용 리스크, 운용 리스크 중심으로 취급하였으며, IT 리스크는 운영 리스크 범주에 속하여 관리되어 왔다. 최근 IT 발전에 따른 IT 기술의 전문성과 IT 리스크 관리의 복잡성으로 인해 동 내용을 운용리스크에 포함하여 취급하기에는 다소 무리가 있다는 판단하에 제2판에서는 별도의 장으로 IT(정보보호) 리스크에 접근키로 했다. 그간 고려대학교 공과대학 정보경영공학부와 정보경영공학전문대학원에서 기술재무와 금융 리스크를 3년 동안 강의 · 준비하는 데 바빴지만 본 제2판을 준비하면서 특히 IT(정보보호) 리스크를 집필하게 된 것은 개인적으로 큰 보람이었다.

IT 리스크는 취급범위가 기업의 업무특성에 따라 매우 광범위하여 이를 금융기관의 내부 및 외부 통제의 구체적인 수단으로서의 정보보호 개념에 입각한 정보보호 리스크 방법론을 중점적으로 다루었으므로 이를 "IT(정보보호) 리스크"로 정의하고 설명하였다. 그간 금융 리스크 관리를 강의하면서 수정이 필요한 부분과 기대효용과 CAPM 개념의 중요성을 인식하여 이 부분을 보완했으나, G20에서의 Basel Ⅲ 도입합의에 따른 내용보완을 기술치 못해 아쉬움을 남긴다.

금융보안 석사과정에서 본 교재로 강의의 기회를 주신 임종인 원장님, 이동훈 부원장님께 진심으로 감사의 말씀을 드린다. 그리고 저의 전공분야를 계속 발전시킬 새로운 일터의 장을 마련해 주신 기술경영전문대학원 김성현 원장님, 정의승 부원장님께도 감사의 말씀을 전하고 싶다. 본서 제2판을 집필하기에 앞서 제게 IT 리스크를 별도로 집필하게끔 용기를 주신 강희일 사장님, 항상 세심한 배려로 편집을 챙겨주신 양선용 부장님, IT(정보보호) 리스크 집필과정에서 도움을 준 금융보안 석사과정 강용훈 군에게도 감사의 말씀을 드리고 싶다. 끝으로 항상 나의 곁에서 격려를 해 준 아내와 가족에게 따뜻한 사랑과 감사를 전한다.

2011년 1월

고려대 기술경영전문대학원 연구실에서

김 재 인

머리말

IMF 이후 우리나라 금융기관들은 합병 및 구조조정, 매각을 통해 새로운 형태의 국내 토종은행과 외국자본 금융기관으로 거듭나게 되었다. 국내 금융기관의 경우 금융감독원의 Top-Down 방식에 의해, 외국 금융기관의 경우 외국경영인에 의해 리스크 관리의 체제 및 기법이 업그레이드되었다.

또한 은행의 리스크 관리와 건전성 규제의 새로운 국제적 기준으로 신바젤협약(Basel Ⅱ) 도입 이행으로 은행 간 리스크 관리능력의 차별화가 더욱 확대될 전망이다.

최근 미국발 세계 경제위기로 금융기관의 리스크 관리의 중요성이 더욱 부각되어, 그간 지속되어 온 탈규제화와 시장경제주의 중심에서 미국 오바마 정부 당국은 규제화를 통한 건전성 강화로 글라스-스티걸법(Glass-Steagall Act)의 복귀를 선포하였고, G-20 공조체제로 각국의 금융당국은 시스템 리스크 방지에 최선의 노력을 경주하고 있다.

금융기관의 경쟁력의 원천으로 정보의 생산기술과 리스크 관리기술을 들 수 있는데, 리스크 관리기술은 금융기관 경쟁력의 핵심원천으로 금융기관 영업은 "Risk Taking" 그 자체라고 할 수 있으며, 리스크가 없는 영업행위는 존재할 수 없다고 해도 과언이 아니다.

금융기관은 사전에 신중하게(prudentially) 계산된 리스크를 부담하고 이에 상응하는 수익을 추구하는 기업이다.

따라서 금융 리스크를 측정하고 관리하는 것은 금융기관 업무 중 가장 중요한 과제로서 각 금융기관들은 리스크 관리부서의 전문인력을 증원 · 배치시키고 있고, 금융 리스크 관리 전문분야 즉 신용 리스크, ALM 리스크, 시장 리스크, 운영 리스크 분야별 전문화가 더욱 심화되고 전문성의 세분화가 더욱 다기화되고 있음을 느끼게 된다.

리스크학은 경영학, 경제학, 통계학, 수학, 역사학, 최근에는 심리학 등의 여러 학문분야가 관여되어 있어 종합적인 지식체계가 요구된다.

이에 따라 리스크 관리에 관한 광범위한 지식을 습득하고 복잡다기한 리스크 관리 및 측정 기법을 이해하는 것은 금융의 국제화 · 선진화 추세와 더불어 매우 중요한 과제로 등장하고 있다.

그래서 본인은 늘 학생들에게 "T자형 인간", "학제간 융복합(convergence)"의 중요성에 대해 강조하면서 리스크 관리의 연구방식도 같은 맥락으로 접근해야 함을 언급하고 싶다. 따라서 본서의 구성 및 접근도 리스크 자체를 이해하는 데 필요한 분야인 리스크의 역사와 개요, 금융기관 리스크 관리를 이해하는 데 필요한 관련지식인 금융기관의 특수성 등 리스크 관련 주변분야를 먼저 소개한 후에 리스크 관리 각론으로 설명이 이어지도록 목차를 구성하였다.

다행히 최근에 본 고려대학교 공과대학 정보경영공학전문대학원에 금융 리스크 관리가 전공과목으로, 경영전문대학원에 본 교과목이 Risk Management Module I으로 강의되고 있으며, 재무위험관리사(FRM) 등 각종 금융관련 자격시험 등을 통해서 본 교과목에 대한 관심이 많이 높아지고 있는 것으로 파악된다.

금융경제환경의 변동성 증가에 따라 금융기관의 리스크 관리분야 전문직의 종류도 증가 추세에 있으며, 이들에게 부여된 리스크 관리 실무업무를 원활히 수행하기 위해 참고가 될 만한 금융 리스크 관리 참고서적에 대한 욕구도 충분히 고려하였다.

본서는 본인이 SC제일은행에 근무하면서 특히 외국인 경영자 New Bridge Capital과 5년, Standard Chartered Bank와 3년, 리스크 관리분야에서 8여 년 동안 종사하면서 얻은 실무경험과 금융연수원 강사 6년, 경희대 경영대학 및 경영대학원과 한양대 경영대학원 겸임교수 3년을 거쳐 현재 고려대학교 공과대학 정보경영공학부 및 정보경영전문대학원 금융공학전문교수로서 2년간 재직하면서 금융 리스크 관리, 고급금융공학, 기술재무관리 등을 강의하면서 준비해 온 강의자료를 토대로 작성하였다.

본서의 구성을 보면, 먼저 제1장 리스크 관리의 역사와 개요에서는 리스크 관리의 역사와 배경, 리스크의 개념 그리고 주요한 리스크이론의 습득을 통해 넓고 깊이 리스크를 이해하는 데 필요한 지식습득에 초점을 맞추었다. 리스크이론의 효시인 기대효용이론과 아울러 최근 각광을 받는 행동경제학의 리스크이론도 아울러 소개한다.

제2장 금융기관 리스크 관리의 이해에서는 금융기관의 특수성을 이해시키기 위해 노력했고 현대 금융기관 경영의 특징인 수익성과 리스크 관리의 조화인 종합수익관리의 내용을 다룬다.

제3장부터는 금융 리스크 관리의 각론부분으로 ALM 리스크, 시장 리스크, 신용 리스크, 운영 리스크, 전사적 리스크 순으로 자세한 리스크 측정 및 관리 방법을 소개한다. 우선 ALM 리스크의 목적, 특성, 조직체계를 소개하고 ALM 리스크의 구성인 금리 리스크와 유동성 리스크의 측정 및 관리 방법을 구분하여 다루었으며, 마지막으로 선진 ALM 관리로 실제 금융기관의 선진 ALM 구축사례를 소개한다.

제4장은 시장 리스크 관리로 시장 리스크 측정의 국제적 표준인 VaR(Value at Risk)에 중점을 두고 각 포지션별 VaR과 포트폴리오 VaR 측정으로 구분하여 설명한다.

제5장은 신용 리스크로 신용 리스크 개요, 특징, 관리원칙과 아울러 전통적 신용 리스크 관리 방법을 우선 소개하고, 신용 리스크 관리업무의 요체인 신용조사, 신용평가의 내용을 설명한다. 그리고 신용 리스크 계량화부분으로 개별 차주의 신용 리스크 측정과 포트폴리오 신용 리스크 측정으로 구분하여 다루었으며, 마지막으로 신용평가시스템의 적합성검증을 소개한다.

제6장은 운영 리스크로 운영 리스크의 개념, 내부통제제도, 효율적인 운영 리스크 관리방안으로 리스크 통제 자기진단(RCSA)과 핵심 리스크 지표(KRI), 영업연속성 계획(BCP)을 소개하고, 새로 신설된 운영 리스크의 자기자본규제 신바젤협약 내용을 소개한다.

제7장은 전사적 리스크의 구성에 대해서 본인 나름대로 COSO의 전사적 리스크 관리체제(ERM Framework), 내부 자본적정성 평가 및 관리(ICAAP), 리스크 조정 성과측정(RAPM)으로 구분하여 설명했다.

제8장은 기타 리스크로서 대표적인 전략 리스크와 평판 리스크를 다루었다.

제9장은 BIS 자기자본규제로 BIS제도 도입배경과 주요 내용(1988년 협약) 그리고 시장 리스크를 감안한 자기자본규제(1996년 수정안), 마지막으로 새로운 자기자본규제인 신바젤협약의 주요 내용과 신바젤협약 도입의 영향 그리고 최근 바젤위원회의 개정방향에 대해서도 소개했다.

본서의 대표적인 특징은 금융 리스크 이해에 필요한 제반 지식을 저자가 은행 리스크 관리 실무경험을 통해 터득한 내용에 기초하여 학문적 체계보다는 실무적 내용을 중심으로 금융 리스크 관련내용을 집합 정리하였다는 데 있다고 하겠다.

본서의 집필을 마치고 난 지금 Peter Bernstein이 *Against the Gods*란 저서의 마지막 부분에서 쓴 글귀 "신은 단지 우리에게 미광만을 보여주었다(God has afforded only the twilight.)."가 생각이 난다.

본서는 금융 리스크 관리에 대하여 필요한 다양한 주제를 다루고자 최선을 다하였으나 리스크 관리의 범위가 워낙 넓어 이를 한 권의 책에 모두 포함시키는 것이 무리였다. 따라서 본서 내용의 한계점은 다음과 같다.

이자율파생상품과 신용파생상품 등 파생상품 리스크 관리부분, 실제 리스크 관리에 필요한 다양한 컴퓨터 모델링 구현을 통한 금융공학기법, 최근 IT정보 기술발전에 따른 금융과 정보보호를 결합한 금융정보 리스크 부분, 또한 본 저술 범위 및 내용이 은행에 편중되어 있어 보험회사 · 증권회사 등의 리스크 관리 관심분야가 제외되어 이 분야 전문가, 교수님의 도움을 받거나 협력하여 다음 단계의 저술 및 연구 활동에 앞으로 더욱 매진하고 싶다.

본서를 집필하게 된 주된 동기는 2009년도 고려대 정보경영공학전문대학원에 금융보안 석사과정이 신설되어 금융 리스크 관리가 전공과목으로 지정, 강의하게 되었기 때문이고, 동 지원사업 수행계획서의 일환으로 본 교재가 발간되게 되었다. 이를 위해 물심양면으로 지원하여 주신 임종인 원장님, 이동훈 부원장님께 진심으로 감사의 말씀을 드린다.

또한 이런 기회를 활용할 수 있도록 배려해 준 고려대학교 공과대학 장동식 학장님을 위시하여 정의승 주임교수님, 김승권 교수님, 최인찬 교수님, 이영호 교수님, 이철웅 교수님께도 심심한 감사의 말씀을 전하고 싶다

본서의 출판을 기꺼이 허락하여 주신 다산출판사의 강희일 사장님과 박재인 상무님 그리고 세심한 배려로 편집을 챙겨주신 양선용 부장님께도 감사의 말씀을 드린다.

본서의 초안을 세심하게 읽고 유익한 의견을 제시해 주신 서울시립대의 박종원 교수님, 신용 리스크 집필과정에서 도움을 준 하나은행 종합리스크관리팀 주정명 과장, 그리고 신용 리스크 관련 장에 대하여 검토해 주신 e* Value(주)의 정완호 사장님, BIS 및 리스크 실무 관련에 대하여 최근 자료 수집 및 조언을 해 주신 산업은행 박형근 리스크관리팀장께도 감사의 말씀을 드린다.

교정에 기꺼이 참여해 준 고려대 공과대학생(박소연, 임수민, 윤명현, 정재성 군) 및 정보경영공학전문대학원생(고동진, 박기경, 김가희, 장규현 군)에게도 감사의 뜻을 표한다.

항상 나의 멘토 역할을 하는 사랑하는 아내 경미, 그리고 지금 막 결혼한 승현이와 며느리 지현, 실질적으로 도움을 주는 딸 민선이에게 늘 감사함과 사랑을 전하고 싶다.

끝으로 나에게 항상 새로운 길을 제시해 주시는 사랑의 하나님께 모든 영광을 돌린다.

2010년 2월

고려대 공과대학 연구실에서

김 재 인

■ 차 례 ■

제2부 금융기관 규제와 리스크 관리 기획

제3부 금융기관 리스크 관리 각론

제 15 장 운영 리스크 관리 586

제 1 부

리스크 관리의 역사와 개요

1장

리스크 관리의 역사와 교훈

제1절 리스크 관리의 역사와 르네상스가 준 교훈

1. 리스크 관리의 역사

우리가 살고 있는 현대사회에 가장 큰 영향을 끼친 역사적인 사건을 들자면 르네상스, 산업혁명, 제1·2차 세계대전, 대공황, 월드 트레이드 센터 테러와 최근의 미국발 금융위기, 유럽 재정위기 등이다. 19세기 산업혁명은 대량생산으로 산업사회의 출현을 가능케 하였으며, 제1·2차 세계대전은 냉전체제, 브레튼 우즈(Bretton Woods) 협정을 거쳐 미국 중심의 경제체제(Pax America)를 가능하게 하였다. 대공황은 주식투자로 인한 금융기관의 도산을 방지하기 위한 금융의 큰 틀, 즉 금융규제(Regulation: Glass Steagall Act)를 제공했으며 월드 트레이드 센터 테러사건은 금융기관 운영 리스크의 중요성을 인식하는 계기가 되었다. 이들 역사적 사건 중 흥미로운 점은 르네상스 시대에 있어서 계몽주의 사상가들이 현대 리스크 관리 이론형성에 지대한 영향을 미쳤다고 볼 수 있다는 것이다. 따라서 르네상스의 배경과 계몽주의 사상가들의 주요 리스크 관련 이론을 연구하고 이해하는 것은 리스크 관리의 본질을 이해하는 데 큰 도움이 될 것으로 생각된다. 리스크 관리는 미래의 불확실성을 다루는 학문으로, 이를 역사 속에서 배우고자 하는 이유는 값진 경험 속에서 똑같은 실수를 피하기 위하여 그리고 불확실한 미래의 길을 제시하는 데 도움을 주는 학문이며 더욱이 현재의 리스크 관리의 개념과 이론을 보다 깊이 이해하는 데 큰 도움을 주기 때문이다(Those who doesn't learn from history are destined to repeat it.).

우리가 리스크 관리를 공부하는 이유는 무엇인가? 세계의 지배는 로마의 시대(Pax Rome)에서 영국의 제국주의 시대(Pax Britannia)를 거쳐 미국 중심의 경제체제(the Brettonwoods Regime, Pax America)로 이동되었는데, 왜 동양은 서양에 비해 경제적으로 열세이며 우리는 현재 미국의 경제 식민지로 살고 있어야 되는가? 일본은 부동산 버블 붕괴로 "잃어버린 10년"을 경험했는데 본격적인 경기회복은 언제쯤 될 것인가?

이에 대한 답변을 서양이 동양에 비해 리스크 관리에 대한 역사와 경험이 훨씬 앞서 있다는 점에서 찾고 싶다. 서양은 17세기 네덜란드의 튤립사건, 미국 뉴욕증시의 Black Monday 주식 대폭락 등 값진 역사적 경험 속에서 그들의 미래를 준비했다고 볼 수 있다. 따라서 서양의 리스크 역사 내용을 연구 · 조명함으로써 리스크 관리를 보다 폭넓게 이해하는 밑거름으로 삼고 싶다.

서양 중세는 봉건주의(Feudalism), 신탁(Oracle), 암흑시대(Dark Age) 그리고 십자군 전쟁(Crusaders War) 등의 특징으로 언급하고 싶다. 봉건 제후들은 이탈리아 도시국가[Italian metropolitan state: 제노바(Genoa), 플로렌스(Florence), 밀라노(Milan), 베니스(Venice), 피사(Pisa)]로부터 십자군 전쟁을 수행하기 위한 군비조달을 위해 이들 도시국가에 의존할 수밖에 없었으며, 그들은 십자군 특수(Crusaders' Special Demand)를 통해 금융업(Financing Business), 무역(Trading) 그리고 섬유산업(Fabric Industry)의 발전을 보게 되었다. 그리고 이렇게 축적된 자본이 르네상스의 원동력이 되었으며 르네상스의 계몽주의 사상가들을 배출하게 되었다. 피터 번스타인(Peter L. Bernstein)이 지은 *Against the Gods*에 이들의 주요 이론을 잘 소개해 주고 있어 본 내용을 중심으로 리스크 관리의 주요 이론을 소개하고자 한다.

작가는 그리스의 쇠퇴원인은 논리와 공리(logic and axiom)를 중요시하여 확률(probability)을 다만 그럴듯한 그리고 있음직한(likeness to the truth) 것으로, 진실(truth)이 아니라고 인정함으로써 숫자체계(numbering system)의 결핍을 초래했다. 따라서 이들은 정량적 사고의 한계로 실험정신과 모험심이 수반된 대항해 시대로 이어지지 못하였다. 아랍인들은 5세기 인도를 침입하여 인도인이 발견한 제로(zero)와 아랍의 구숫자체계와 결합하여 힌두-아랍 숫자체계(Hindu-Arabian Numbering System)를 이루게 되었다. 15·16세기 식민지 시대에 유럽인들은 어떠한 방법으로 새로운 식민지를 개척했으며 커피점 주인인 에드워드 로이드(Edward Lloyd)는 보험을 어떻게 탄생시켰는가? 그리고 빅토리아 왕조 시대에는 어떻게 자본주의가 번성할 수 있었던가? 이 모든 눈부신 업적의 아이디어들이 계몽주의 사상가들과 주요 리스크 이론가들로부터 생겨났다고 볼 수 있다. 이러한 리스크는 우리에게 리스크를 관리하는 능력, 리스크 성향(appetite to take risk), 미래의 선택(forward-looking choices)과 의사결정의 범위(a vast range of decision making)를 정하는 데 길잡이가 되어 주며, 가계의 계획에서부터 전쟁을 수행하는 데까지, 부를 재분배하는 과정에서부터 국민건강을 보호하는 사업에 이르기까지 광범위하게 적용되므로 리스크 관리는 심리학, 통계학, 수학, 경제학, 경영학 그리고 역사학 들의 가장 심오한 부분을 접하고 있는 학문이라고 볼 수 있다.

2. 르네상스가 준 교훈

지식에 대한 탐구가 인간활동의 가장 고귀한 형태로, 만족할 줄 모르는 탐구심(endless and unsatisfied pursuit of studies)이야말로 편견이 없는 과학적 지식과 정보배경(unbiased scientific knowledge and information background)이다. 이를 르네상스의 원천으로 만든 사람들은 아시시의 성 프란체스코를 위시하여(시오노 나나미는 「르네상스를 만든 사람들」에서 성 프란체스코를 최초의 르네상스인이라고 함) 해양 도시국가(밀라노, 피렌체, 베네치아, 제노바 등)에서의 금융자본가, 상인 그리고 예술, 문화, 정치, 경제, 해운에 종사하는 사람들이다. 특히, 르네상스의 계몽주의 사상가들은 창의성과 열정을 가진 인재로서 과학의 발전에 도화선이 되었다고 할 수 있다. 과학(science)은 라틴어로 지식이나 이해로 알고 싶은 욕망의 분출을 뜻한다. 르네상스의 계몽주의 사상가들은 사고의 자유와 실험정신 그리고 미래를 컨트롤하려는 의지의 소유자로 구교(가톨릭)의 권위, 구습과 형식보다는 실질(pragmatism)을 숭상하여 학문에 근거한 정확한 미래예측을 중요시했으며 신에게 의지〔神託, oracle〕하기보다는 신의 진정한 뜻이 무엇인가에 초점을 둔 배경이 중세의 봉건주의와 신본주의로부터 인본주의와 자본주의의 태동을 가능케 했다.

운(fate)에 맡기고자 하는 주사위(dice) 게임과 기술의 차이가 승패를 좌우하는 포커나 경마 게임에서 블레즈 파스칼(Blaise Pascal, 1623~1662)은 피에르 드 페르마(Pierre de Fermat)의 도움으로, 루카 파치올리(Luca Pacioli, 1445?~1510?)에 의해 제기되었던 득점 문제에 대한 해법으로 파스칼의 삼각형을 제시할 수 있게 되어 도박이라는 사소한 게임의 연구가 확률론의 기초가 되며 기하학(geometry)과 대수학(algebra)으로 발전할 수 있는 계기를 마련했다. 즉, 무기력(운에 맡김)을 선택(확률)으로 변형하여 정량에 의한 업적이 가능하게 하였다. 다니엘 베르누이(Daniel Bernoulli, 1700~1782)는 효용이론(utility theory)을 통해 인간의 의사결정과 선택이론을 설명함으로써 후일 게임이론의 발전을 가능케 하였고, 야코브 베르누이(Jacob Bernoulli, 1654~1705)는 대수의 법칙을 통해 장기간에 걸쳐 입게 될 손실을 충당하기에 적당한 수준을 제시함으로써 금융기관 성립의 이론적 근간을 마련케 하였다. 아브라함 드 무아브르(Abraham de Moivre, 1667~1754)는 종형 곡선(bell curve)인 정규분포 구조를 제시하며 리스크의 양을 정하는 현대적 기술의 필수적인 인자인 평균법칙과 표준편차의 개념을 발견했다. 토마스 베이즈(Thomas Bayes, 1702~1762) 목사는 베이즈의 정리(Bayesian theorem)를 통해 구정보에 신정보를 수학적으로 혼합하여 더 나은 정보의 사전확률과 사후확률 이론을 제시하였다.

프란시스 갈튼(Francis Galton, 1822~1911)은 오르막이 있으면 내리막이 있고, 전성기는 몰락에 선행한다는 "평균으로의 회귀(regression to the mean)"를 통해 인류의 발생학적 진화 과정을 설명하였다.

1687년 템즈강 부두에서 커피점을 운영하던 에드워드 로이드(Edward Lloyd)는 선원들에게 선박의 입출항에 대한 정보(Lloyd list)를 제공한 것을 시초로 후일 롬바르트 거리(Lombard street)에 로이드(Lloyd) 보험회사의 설립으로 발전하게 되었다. 자본주의의 태동은 신항로의 발견과 깊은 관계가 있으며, 신항로 개척은 위험을 무릅쓴 선주(adventurous captain)와 그 위험에 도박한 전주(speculative shipper)의 합작품으로 볼 수 있다. 리스크는 운명이 아니라 선택으로, 자신의 계획대로 미래를 구체화시키는, 즉 리스크를 감수하려는 모험정신은 17세기와 18세기 이후 신항로 개척의 주역에게는 필수불가결한 것이었다. 이들은 "모험이 없이는 얻는 것도 없다."는 평범한 진리를 실천한 벤처자본가들(venture capitalists)이며 기업가정신을 지닌 벤처기업인들이다.

지난 르네상스 이후 450년간 우리가 만난 영웅들은 "정량에 대한 업적들(quantitative achievements)"이다. 손실에 대한 가능성을 이득의 기회로, 운명(fate)이나 창조계획(original design)을 정교하고 세련된 확률에 근거한 미래예측으로, 무기력을 선택으로 바꾸었으며, 20세기 초 영국의 경제학자 케인즈(John Maynard Keynes, 1883~1946)는 이러한 사고의 본체가 인류를 위한 길과 깊은 관련이 있다는 것을 인정하였다. 그러나 신은 우리에게 다만 확률이라는 미광(twilight)만 부여했다고 결론지으므로, 불확실성하의 리스크 관리의 어려움을 이야기하였다.

제2절 리스크 관리의 역사적 내용 소개[1)]

논리의 흐름

1) 리스크 관리의 여명기

'리스크에 대한 지배(mastery of risk)' 의 잣대는 경제환경 리스크에 대해 인류가 수동적에

1) 리스크 관리의 역사적 내용 소개는 Peter L. Bernstein, *Against the Gods*(1998)의 내용을 역사적 흐름에 따라 요약 소개하는 것임(역서 「리스크」, 한국경제신문사, 2008).

리스크 관리의 여명기

- 시기 : ~ 1200년
- 힌두-아라비아 숫자체계 소개

↓

새롭게 드러나는 사실들

- 시기 : 1200 ~ 1700년
- 도박으로부터 인식한 리스크 개념
- 확률의 개념 및 확률론 등장

↓

인간에 대한 끝없는 측정의 길

- 시기 : 1700 ~ 1900년
- 대수의 법칙과 표본통계 방법의 창안
- 정규분포 구조 및 표준편차의 개념
- 효용에 대한 개념 및 사건에 의한 확률 수정
- 평균으로의 회귀

↓

모호성을 제거한 사람들

- 시기 : 1900 ~ 1960년
- 불확실성으로 특징지어지는 현대와 그 극복의 노력들
- 전략적 게임이론, 분산투자

↓

불확실성의 탐사

- 시기 : 1960년 ~
- 합리성의 허울을 덮어쓴 세상과 불확실한 미래

서 능동적으로 바뀌었음을 구분하는 기준이다. 그렇다면 이러한 혁신이 어떻게 가능했던 것일까? 놀랍게도 그건 도박에서 비롯되었다. 도박은 리스크 감수(risk-taking)의 진수이며, 리스크는 광적인 도박사들로 인해 연구의 반열에 올려진 것이다.

이미 수천 년 전에 등장한 동물의 뼈로 만든 주사위와 점술도구였던 카드는 도박의 역사를 말해 준다. 그러나 엄밀히 말해서 리스크와 관련된 도박 개념의 등장은 숫자의 등장으로 가능해졌다. 이러한 숫자체계는 힌두-아라비아에서 비롯되었는데 그 시기는 서기 1000~1200년경이다.

2) 새롭게 드러나는 사실들 : 확률이론의 발전

"A와 B는 게임을 하고 있다. 그들은 한 사람이 여섯 판을 이길 때까지 계속하기로 했다. 그런데 A가 다섯 판, B가 세 판을 이기고 더 이상의 게임을 지속하지 않고 끝을 내기로 결정했다. 이럴 때 내기에 건 판돈을 어떻게 나누어야 하는가?"

'득점 문제(problems of the points)' 라는 이 문제는 15세기에 파치올리(Luca Paccioli)라는 이탈리아인에 의해서 제기된 것으로 도박을 체계적으로 분석하는 시초를 마련하였다. 득점 문제는 수세기 동안 사람들의 고민거리로 남았지만 해결되지 않고 있었다. 이탈리아인인 카르타노(Girolamo Cardano)도 이 문제에 도전했지만 해결하지는 못했다. 하지만 그는 "운에 맡기는 승부에 대한 책"이라는 도박 관련 논문으로 확률의 개념을 최초로 도입하였으며, 그에 의해 확률표시가 분수방식으로 정해졌다.

그런데 이 '득점 문제' 는 도박과 수학에 관심이 많던 슈발리에 드 메레(Chevalier de Mere)와 당대 유명한 수학자인 파스칼(Blaise Pascal), 그리고 법률가이자 수학자인 페르마(Pierre de Fermat, 1601~1665)라는 세 명의 프랑스인에 의해 풀렸다. 이들 3인은 이 문제의 해결을 통해, 확률측정을 위한 체계적이고 이론적인 기초를 제시하면서 확률이론의 발전에 토대를 마련하게 되어, 리스크 관리 역사에 한 획을 그었다.

한편, 영국인 존 그랜트(John Graunt, 1620~1674)는 1660년대에 최초로 타당한 근거를 토대로 런던의 인구를 측정하였는데, 이를 통해 표본추출 방법과 확률산출의 도약과 약진이 이루어진다. 이후 핼리라는 과학자에 의해, 런던 전체인구의 연령분포도가 작성되고, 연령대별 생존가능성을 계산해 나이별 생명보험료를 산출하는 것이 가능해졌다. 이로써 연금액수를 책정하는 데 도움을 주게 되고, 오늘날 생명보험업계에서 사용되는 데이터베이스의 기초를 제공하게 된다.

더욱이 17세기는 무역의 발달과 해상사고의 위험이 높아지던 시기이기도 하였는데, 영국에서는 소위 '리스크 감수인(risk-taker)' 에게 해상사고의 위험을 팔아넘기는 것이 유행하였다. 그런데 이것이 바로 보험의 시초가 되었고, 영국은 보험업의 메카로 성장하게 되었다. 한편, 정보를 주고받던 커피점 주인 '로이드' 는 해상보험업자들의 조합으로 발전할 수 있었으며 오늘날 가장 유명한 보험회사로 성장하였다.

3) 인간에 대한 끊임없는 측정의 길 : 리스크의 측정

독일의 철학자 겸 수학자인 라이프니츠(Gottfried von Leibniz)는 스위스 수학자 야코브 베르누이(Jacob Bernoulli)에게 다음과 같은 말을 하였다. "자연은 되풀이하면서 일정한 패턴을 드러내는데 그것은 '단지' 대개의 경우 그렇다는 것이다." 이 언급은 야코브 베르누이로 하여

금 여론조사, 와인감별, 주식선택 등을 가능케 한 '대수의 법칙(The Law of Large Numbers)'과 표본통계 방법을 창안토록 자극하였다. 대수의 법칙은 과거의 제한된 자료를 기반으로 미래의 결과에 대한 확률을 알 수 있다고 말하고 있다. 그리고 이때 '항아리 속의 흰 구슬, 검은 구슬'이라는 사례가 등장하였다. 1730년 아브라함 드 무아브르(Abraham de Moivre)는 '종형 곡선'으로 알려진 정규분포 구조를 제시하고 표준편차의 개념을 발견했는데, 이 두 개념은 오늘날 리스크 측정의 필수적인 요소이다.

1738년 유명한 수학자인 다니엘 베르누이(Daniel Bernoulli)는 '선택과 결정'의 과정에 대해 최초로 체계적 정의를 내리며 다음과 같은 언급을 하였다. "크건 작건 간에 부의 증가로부터 비롯되는 만족감은 이전에 소유하고 있던 재화의 양에 반비례한다." 이 단언을 통해서 그는 사람들이 리스크를 회피하는 이유를 설명하였다. 또한 그는 투자를 결정할 때 기대수익의 극대화(Maximization of Expected Profit) 가설은 위험을 고려하고 있지 않기 때문에 투자결정 기준으로 부적절하다 하여 세인트 피터스버그에서 기대효용의 극대화(Maximization of Expected Utility) 가설을 주장하였는데, 이는 피터스버그의 역설(Saint Petersburg's Paradox)로 유명하다. 또한 다니엘 베르누이는 새로운 재화에 대한 효용이 이미 소유한 재화의 양에 반비례한다는 가정으로, 개인이 원하는 양에 대한 결정에 접근하는 체계적 방법을 제시했다. 카르다노, 파스칼, 페르마 등이 주사위를 던지는 행위에 대한 리스크의 측정 '방법'을 제공했다면, 다니엘 베르누이는 리스크를 감수하는 '사람'을 소개했다. 즉, 확률이론이 선택을 제시했다면, 다니엘 베르누이는 그 선택을 행하는 인간의 '동기'에 대해 정의를 내렸다고 볼 수 있다.

영국의 성직자인 토마스 베이즈(Thomas Bayes)는 기존의 정보에 새로운 정보를 수학적으로 혼합해서 더 발전된 결정을 내리는 '베이즈 정리(Bayesian Theorem)'를 고안하였다. 이는 일상에서 일어나는 상황에 초점을 맞춘 것으로, 한 사건의 직관적 확률과 사건이 실제로 벌어진 후 확률을 변경하는 방법이다. 이와 같이 야코브, 무아브르, 베이즈는 현실의 경험적인 사실에서 미지의 확률을 추정하는 방법으로 불확실성을 측정하고자 하였다.

무아브르가 처음 발견한 정규분포 구조는, 19세기 초 카를 프리드리히 가우스(Carl Friedrich Gauss)라는 수학자에 의해 더욱 정교하게 발전된다. 한 관측결과가 평균을 중심으로 대칭적으로 분포하는 정규분포를 이루기 위해서는, 충분히 많은 수의 관측이 있어야 하고, 각 관측은 독립적으로 행해져야 한다는 두 가지 조건이 만족되어야 한다. 이러한 정규분포는 보험회사에서 평균여명(平均餘命)을 추정하는 등 오늘날 리스크 관리 시스템 대부분의 핵심을 형성하고 있으며, 독립적인 사건이 정규분포를 이루는 필수조건이라면, 종형 곡선을 그린 관찰된 사실은 서로 독립적이라고 가정함으로써, 여러 이득을 얻을 수도 있게 되었다.

한편, 1875년 찰스 다윈(Charles Darwin)의 친조카이자 아마추어 수학자였던 프란시스 갈튼(Francis Galton)은 '평균으로의 회귀(regression to the mean)'를 발견했다. 이 원칙은 전성

기와 쇠퇴기 그리고 오르막과 내리막의 존재에 대한 해답을 제공하였다. 이 원칙 때문에 우리는 상황이 '표준' 또는 '정상'으로 돌아오리라 기대할 수 있다. 또한, 갈튼의 기여로 이제 수학자들은 도박 테이블로부터 벗어나 사회와 조직에 자신의 이론을 접목시킬 수 있게 되었다.

이제 인간은 수많은 발전과 고안으로 삶의 지평선을 넓히게 되었고 자신감에 차게 되었다. 일례로 '평균으로의 회귀'라는 법칙은 인간의 의사결정 시스템에 철학적 토대를 제공하기에 이르렀다. 이 법칙대로라면 삶이란 큰 것은 무한히 커지고, 작은 것은 무한히 작아지는 경우가 없다. 그러나 인생이 늘 이렇게 규칙적인가? 인간은 자연과 달리 정신적 측면으로 인해서 자연보다 더욱 변덕스럽다. 어떤 때는 평균으로의 회귀가 인간사회에서 강력한 힘을 발휘하지만(예를 들어 주식시장의 과민반응이 곧 시정되는 것), 어떤 때는 우리의 예측을 무색하게 할 정도로 사회에 재난을 가져다준다(1930년 미국의 후버 대통령은 대공황 이후 새로운 번영의 도래를 예측하였다가 커다란 정책적 실패를 한 경험이 있다.). 이를 통해, '평균으로의 회귀'를 비롯한 여러 발견과 발전된 확률이론은 단지 미래예측을 위한 도구일 뿐이라는 유연한 생각을 갖고 의사결정을 하는 것이 중요하다는 것을 알 수 있다.

4) 모호성을 제거한 사람들 : 불확실성의 시대

이제까지의 역사는 인과관계에 의한 계량화의 역사였다. 측정이 예측을 가능하게 하였고, 그 예측에 사람들은 전적으로 의존하게 되었다. 측정과 예측은 이제 불가분의 관계가 되어버린 것이다. 그러나 우리는 측정과 예측이 신뢰를 무너뜨리는 경우를 종종 목격한다. 아니 이러한 환상 때문에 우리는 수많은 질곡에 빠지곤 한다. 우리는 현재까지의 계량화된 정보를 너무나 과신한 나머지, 확률관계에 따른 인과관계로 모든 것을 파악하려고 하는 함정에 빠져 있다.

프랑스의 수학자 쥘 앙리 푸앵카리(Jules-Henri Poincare)는 이러한 우리의 태도에 대해 의사결정과정 중 인과관계뿐만 아니라 정보의 중요성을 한층 강조했다. 즉, 우리의 정보는 작은 조각들로 이루어졌기 때문에 결코 모든 것을 대변해 주지 않는다는 것이다. 그래서 정보가 부족한 상태에서 우리가 할 수 있는 것은 귀납논리에 의존해 가능성을 추측하는 것뿐이라는 것이다.

노벨상 수상자인 케네스 애로(Kenneth Joseph Arrow) 또한 많은 사람들이 이용 가능한 정보의 양을 과대평가하고 있다고 확신했다. 대공황 당시에 경제학자들이 원인을 밝힐 수 없었던 이유도 그들의 경제적 지식이 대단히 제한되었기 때문이라고 여겼다. 케네스 애로는 리스크 관리를 실용기술의 형태로 전환한 선구자로서, 확률의 작용방법이나 관찰사실에 대한 평균으로의 회귀 등에는 관심이 없었다. 오히려 인간은 불확실한 상황에서 어떤 방식으로 의사결정을 하고, 어떻게 그 결정에 따라 살아가는가에 초점을 맞추었다. 직면할 리스크와 감수해야 할 리스크 사이에서 사람들은 어떻게 운신하고 있는가에 대해 체계적으로 다루었다.

시카고 대학의 경제학자인 프랭크 나이트(Frank Hyneman Knight)는 불확실성하에서의 의사결정 문제를 다루었다. 그는 이 세상의 불확실성을 '측정 가능한 불확실성'과 '측정 불가능한 불확실성'으로 나누어 불확실성의 개념을 확인해 주었다. 여기서 말하는 측정 가능한 불확실성을 우리는 리스크라 얘기할 수 있다. 나이트는 당시의 지배적인 경제이론인 '완전한 확실성' 또는 확률법칙하의 의사결정과 궤를 달리하여 과거에 일어난 사건에 의지하는 미래예측은 대단히 위험스럽다고 경고했다.

유명한 경제학자인 케인즈(John Maynand Keynes)는 「확률론」이라는 책에서 초기의 확률이론가들을 비판하면서 확률이론과 실생활의 괴리를 얘기했다. 그는 '진실한 객관적 확률'이란 존재하지만 파악되지 않는 것이며, 다만 추정에 의해 확률을 구할 수밖에 없다고 보았다. 또한 확률은 미래에 대한 믿음의 정도(degree of belief)를 반영하므로 투자를 위한 과거 통계자료의 사용은 높은 리스크를 감수해야 하는 일로서 리스크는 판단(judgement)과 깊은 관련이 있는 것으로 투자 판단 시 확률(degree of belief), 직관(intuition, animal spirit) 그리고 배짱(guts)을 고려해야 함을 언급했다.

한편, 이들과는 다르게 폰 노이만(von Neumann)과 모르겐슈테른(Oskar Morgenstern)은 불확실성하에서의 소비자의 선호체계를 만족시킬 공리(axiom)의 제시를 통해 다니엘 베르누이의 효용이론을 더욱 발전시켜 전략적 게임이론을 도입하면서 불확실성의 진정한 근원을 인간으로 지목하였다. 그들은 우리 자신이 원하는 것을 상대방이 원하는 것과 교환함으로써 불확실성을 줄여나갈 수 있다고 주장하였다. 결국 우리의 고민은 다른 사람들의 의사결정이 우리에게 유리한 결과가 되도록 우리가 어떤 의사결정을 해야 하는가, 그리고 '합리적인 인간'이라면 언제나 자신의 선호와 일치하는 의사결정을 하리라는 것이다. 그들은 자신의 효용을 극대화시키는 승리는 전적으로 그가 얼마나 합리적으로 행동하느냐에 달려 있다고 하였다. 여기서 합리적 행동이란, 변덕이나 감정, 습관이 아니라 정보에 따라 선택하는 것을 말한다. 이용 가능한 모든 정보를 분석한 후 잘 정의된 선호에 따라 결정을 내리는 것이다.

해리 마코위츠(Harry Max Markowitz)는 분산투자의 전략적 활용을 말하며, 폰 노이만과 모르겐슈테른이 수치화에 성공한 효용 개념과 짝을 이루어 '투자위험의 수치화'에 성공하였다. 불확실성에 대한 미숙한 직관을 통계로 대체시킴으로써 합리성에 기반을 둔 주류에 합류한 것이다. 폰 노이만과 모르겐슈테른이 효용을 수치화했다면, 마코위츠는 투자 리스크를 수치화했다. 마코위츠에 의하여 리스크에 걸맞은 합리적인 기대수익을 정할 수 있게 되어 오늘날 각종 가치평가에 적용하고 있다.

5) 불확실성의 탐사

인과관계에 의한 계량화된 예측과 합리적인 인간에 대한 옹호론에도 불구하고 수많은 반론들이 제기되고 있다.

프로스펙트이론(prospect theory)을 제시한 심리학자 다니엘 카너먼(Daniel Kehneman)과 애모스 트버스키(Amos Tversky)의 견해에 의하면, "인간은 감정에 지배되어 자아통제력을 상실하며, 인지장애(cognitive difficulties)로 인해서 본인도 인식하지 못하는 행동유형을 보인다."는 것이다. 그들에 의하면 사람들은 이익에 관한 의사결정과 손실에 관한 의사결정에 부조화를 이룬다고 한다. 즉, 사람들은 이익에 관해서는 위험 회피자가 되는 반면, 손실에 대해서는 위험 선호자가 되는 상이한 행동양식을 보인다는 것이다.

한편, '모호성 기피(ambiguity aversion)' 라는 현상이 존재하는데, 이는 사람들이 알려지지 않은 확률을 기준으로 하는 리스크에 비해, 알려진 확률을 기준으로 하는 리스크를 더 감수한다는 것이다. 보다 자세한 내용은 프로스펙트이론에서 설명하고자 한다.

제3절 역사적 교훈과 시사점

인간이 리스크를 어떤 경로로 인식하게 되었고, 또 어떠한 방법으로 이를 측정하게 되었는지, 그리고 리스크 관리에 대한 태도는 어떻게 변화했는지를 보여주었다. 이러한 리스크 관리를 통해 인간은 미래를 '미지의 대상' 에서 '기회의 대상' 으로 전환시키게 되었고, 미래에 일어날 일에 대해 예측하게 되었다. 또한 여러 대안 가운데 하나를 선택하는 능력도 키우게 되었다. 이제 리스크 관리는 현대사회의 의사결정 지침이 되었다.

우리는 여기서 리스크 관리 수단에 대한 대립된 패턴, 즉 '과거의 패턴에 의지하여 양과 수치에 의존하는 사람들' 과 '불확실한 미래에 대해 좀 더 주관적인 기준으로 결정을 내리려는 사람들' 간의 긴장감을 읽을 수 있었다. 이들 사이의 이러한 긴장감은 단순히 입장과 견해의 차이를 넘어서 과거가 미래의 예측에 어느 정도까지 영향을 미칠 수 있는지에 대한 근본적인 시각차이로 발전한다.

우리는 미래를 알 수 없다. 그러나 과거에 일어난 일을 면밀히 파악하는 방법을 알고 있다. 이 방법을 통해 리스크 관리 수단을 개발하고 리스크를 측정하는 것이 가능해졌지만, 과거에 의존해서 계량화되고 인과율적인 장치로만 움직이는 현대의 리스크 관리 장치는 여러 가지 문제점을 안고 있다. 그런데 우리는 모든 리스크가 측정, 관리될 수 있다는 환상에 빠져 있는지 모른다. 수학적 정량화가 리스크 관리 수단의 하나일 뿐이지 우리의 목적이 아니라는 사실을 간과하고 있는 것은 아닌지 생각해 볼 필요가 있다.

우리의 과제는 이러한 메시지를 통해 경제현실의 리스크에 대해 좀 더 깊게 생각하고 어떠한 방향으로 리스크 관리 역사의 새로운 지표를 여는 노력을 기울여야 하는지에 대하여 생각해 보아야 할 것이다.

리스크학은 미래에 일어날 것을 정의하고 여러 대안 가운데 하나를 선택하는 능력, 즉 의사결정 학문으로 현대사회를 움직이는 핵심과제로서 현대 정보화 사회에서 부단히 불확실성이 내포된 내일을 예측하고 의사결정을 해야 하는 현대인에게 필요한 학문이라 볼 수 있다. 특히, 기업인의 경우에는 리스크를 감수하고 앞을 내다보는 경제적 선택을 하려는 욕구, 리스크를 이익창출의 기회라고 보는 시각, 리스크를 관리하는 능력 그리고 미래의 환경변화에 따른 대응능력, 즉 유연성을 가지는 것이 필요하다. 이러한 기업인의 자세가 한 나라의 경제체계를 발전시키는 핵심요소라 볼 수 있으며, 이러한 리스크를 기꺼이 감수(risk taking)하려는 기업인의 마음을 기업가정신(entrepreneurship)이라고 한다. 「10년 뒤의 한국」의 저자 공병호 소장은 우리 사회가 안정에 큰 가치를 두고 있고 현재 리스크 회피(Risk-Aversion) 사회로 가고 있는 데 대해 우려를 표현하고 있다.

리스크 관리 발전을 위한 정신적 지주(支柱)로 리스크에 대한 지배(mastery of risk) 개념이 있다. 리스크는 회피하는 것이 아니라 관리하는 것으로서 리스크 선호자(risk taker)는 리스크를 이익창출의 기회로 보는 것이 리스크 관리의 본질이다. 또한 리스크에 대한 지배를 위한 정신적 지주(spiritual pillars)로 현대적 리스크 관리를 하는 데 요구되어지는 다음의 필수불가결한 개념을 개인적으로 언급하고 싶다.

참고 1-1 현대적 리스크 관리에 요구되어지는 개념

① 실사구시(實事求是) : 사실에 근거하여 진리나 진실을 탐구하는 일, 사실로부터 진실을 찾자는 운동으로 시작된 학문으로 계량경제학을 들 수 있으며, 최근의 리스크 관리 기술은 정량적 접근에 비중을 두고 있다.
② 거화취실(去華就實) : 겉치레를 삼가고 실질을 추구하는 의미로 현대적 리스크 관리는 외형보다는 내실 위주의 경영을 뒷받침하는 도구로서 자리 잡아야 한다.
③ 실용주의(實用主義) : 이익은 실질적(pragmatic)으로 그리고 과학적(scientistic)으로 분석하여 접근해야 하며 신중하게(prudentially) 계산된 리스크를 부담할 것을 장려한다.
④ 투자(投資) : 투자는 현재의 희생으로 미래를 더 중요시하는 것으로 리스크는 미래의 불확실한 것을 다루는 기술이며 투자가 수반되지 않는 리스크 관리는 그 의미가 없다고 하겠다.

연습문제

객관식

1. 다음은 리스크 관리에 영향을 끼친 주요 인물 및 이론들이다. 관련 있는 것끼리 연결하라.

1. 다니엘 베르누이	가. 종형 곡선
2. 프란시스 갈튼	나. 사전/사후 확률
3. 아브라함 드 무아브르	다. 평균으로의 회귀
4. 토마스 베이즈	라. 효용이론

① (1, 가)-(2, 다)-(3, 라)-(4, 나) ② (1, 라)-(2, 다)-(3, 가)-(4, 나)
③ (1, 라)-(2, 가)-(3, 나)-(4, 다) ④ (1, 나)-(2, 다)-(3, 라)-(4, 가)

2. 리스크 학문, 통계학 등에 영향을 미친 인물(사상가)을 배출한 역사적 사건은?

① 산업혁명 ② 제1 · 2차 세계대전
③ 르네상스 ④ 대공황

3. 현대적 리스크 관리에 요구되는 개념과 거리가 먼 것은?

① 실사구시 ② 실용주의
③ 직감 ④ 투자

4. 이태리 도시국가들(밀라노, 피렌체 등)이 르네상스의 진원지가 될 수 있었던 이유가 아닌 것은?

① 금융산업의 발달 ② 중개무역
③ 농업의 발달 ④ 십자군 특수

5. 리스크 관리이론의 발전에 기여한 역사적 내용과 관계가 먼 것은?

① 신에게 의지(oracle)
② 도박이라는 사소한 게임의 연구
③ 힌두-아라비아 숫자체계
④ 신항로 개척에 모험을 감수한 선장(captain)과 전주(capitalist)

6. 도박이라는 사소한 게임의 득점문제에 대한 해법제시 등으로 확률론의 기초를 제공한 사람은?

① 블레즈 파스칼 ② 루카 파치올리
③ 다니엘 베르누이 ④ 야코브 베르누이

7. 대수의 법칙을 통해 보험료 산정 등 생명보험회사 설립의 이론적 근거를 마련한 르네상스의 계몽주의 사상가는?

① 다니엘 베르누이　② 야코브 베르누이　③ 프란시스 갈튼　④ 토마스 베이즈

8. 종형 곡선(bell curve)이라는 정규분포구조를 제시한 르네상스 계몽주의 사상가는?

① 프란시스 갈튼　② 존 그랜트

③ 아브라함 드 무아브르　④ 폰 노이만

9. 리스크는 판단과 깊은 관련이 있는 것으로, 투자판단 시 확률(degree of belief), 직관(intuition) 그리고 배짱(guts)의 중요함을 언급한 학자는?

① 메이나드 케인즈　② 해리 마코위츠

③ 프랭크 나이트　④ 케네스 애로

10. 리스크 관리의 이론에 영향을 미친 르네상스 계몽주의 사상가들이 준 교훈과 관계가 먼 것은?

① 실질을 숭배(pragmatism)　② 운(fate)

③ 신의 진정한 의미추구(against the Gods)　④ 사고의 자유와 실험정신(experimentation)

11. 다음은 리스크 관리에 영향을 미친 르네상스의 계몽주의사상가들과 그들의 주요 이론이다. 관계 있는 것끼리 서로 연결하라.

1. Jacob Bernoulli	( )	a. bell curve
2. Abraham de Moivre	( )	b. degree of belief
3. Francis Galton	( )	c. the theory of Games and Economic behavior
4. John M. Keynes	( )	d. utility theory(appetite for Risk)
5. Oskar Morgenstern	( )	e. Posterior probability with the priors
6. Luca Paccioli	( )	f. statistical inference(the innovator of sampling theory)
7. Blaise Pascal	( )	g. regression to the mean
8. John Graunt	( )	h. the law of large numbers
9. Thomas Bayes	( )	i. double-entry book-keeping
10. Daniel Bernoulli	( )	j. problems of the points

주관식

12. 다음 리스크 관리에 영향을 미친 르네상스의 계몽주의 사상가들의 주요 이론의 내용을 기술하라.

1. Jacob Bernoulli　2. Abraham de Moivre

3. Francis Galton　4. Oskar Morgenstern

5. Blaise Pascal

13. 르네상스가 준 역사적 배경, 교훈 및 역사적 의의에 대하여 설명하라.

14. 르네상스의 계몽주의 사상가들의 리스크 관리 적용에 필요한 주요 이론을 설명하고, 아울러 리스크 관리에 영향을 미친 역사적인 내용(교훈)을 설명하라.

2장

리스크 관리의 개요

제1절 리스크의 정의와 중요 개념

리스크(risk)란 미래의 불확실성(uncertainty) 때문에 불리한 결과 또는 손실이 발생할 가능성으로 정의한다. 또한 리스크는 불확실성에의 노출(exposure to uncertainty)로 목푯값을 얻지 못하고 기대하지 않은 결과를 얻게 되는 변동성(volatility of unexpected outcome)으로도 정의[1)]할 수 있다. 리스크의 종류별로 그 정의나 측정방법은 다소 다르지만 리스크를 발생시키는 요인의 변동으로 인한 손실가능성을 리스크로 보는 것이 일반적이다. 리스크를 발생시키는 요인은 국가나 기업의 신용도 하락, 주가변동, 금리변동, 환율변동, 내부통제 및 IT 문제 발생 등의 시장환경 변화요인과 경영활동에 불가피하게 수반되는 잠재위험(embedded risk)으로서의 경영위험(business risk) 등으로 설명될 수 있다.

금융경제경영 환경변화에 따른 리스크로 기대치(expected value)와 실제 달성된 값(realized value) 사이에서 발생하는 갭 관리(gap management)를 리스크의 주요 과제로 삼는다. 따라서 리스크 관리는 자산가치를 예상수준에서 안정적으로 유지시키는 활동이며, 리스크 관리의 목표는 "적정수익을 안정적으로 달성"하는 것 또는 이를 통해 예측 가능한 경영활동이 이루어질 수 있도록 하는 것이다.

1) P. Jorion, *Value at Risk*(2007).

위험과 수익(risk and return), 수익률(rate of return), 자산가치(asset value), 효용(utility) 등 기대형성에 기초가 되는 리스크에서 사용하는 주요 개념들은 관련학문인 재무관리, 가치평가, 투자론, 미시경제, 통계학 등에서 그 내용을 다루게 되는데, 이는 앞에서 설명한 리스크와 대비하여 광의의 리스크 개념으로 볼 수 있다.

1. 리스크와 위험

금융 및 재무에서 말하는 위험은 영어 표현으로 'risk' 인데 우리나라 말로 리스크(risk)와 위험(danger)이 있다. 위험(danger)은 예상보다 오로지 나빠질 가능성으로, 이를 부담함으로써 보상을 받게 되는 경우는 거의 없다. 예를 들면, 부실공사의 건축물이 무너짐으로써 받는 위험은 오로지 나쁜 가능성만이 존재한다. 따라서 나쁘며(bad) 싫어하는(hate) 대상으로 이 위험은 피해야 하며, 이는 순수 리스크로서 보험의 대상이 된다.

리스크(risk)는 미래의 결과가 예측보다 좋아지거나 나빠질 두 가지 가능성으로, risk(σ)를 부담하는 대가로 기대수익($E(R)$)의 증가라는 보상을 받게 되므로 risk는 좋고(good) 나쁨(bad)을 평가할 수 없고, 다만 개인의 리스크 성향 혹은 선호(risk appetite or preference)에 따라 좋아하느냐(risk-taking), 싫어하느냐(risk-averse) 그리고 리스크 없음(risk-neutral)으로 구분지을 수 있다. 금융기관 리스크 관리에서 사용되는 개념은 위험(danger)이 아니고 리스크(risk)로서 기회(opportunity or opportunity discovery)와 위험(danger)이 포함된 의미이나 일반적으로 위험이란 단어에 익숙해 있는 금융인들은 리스크와 위험을 종종 혼용하여 같은 뜻으로 사용하고 있다.

2. 불확실성과 리스크

나이트(F. Knight)는 불확실성(uncertainty)이란 개념과 리스크의 개념을 엄밀하게 구분하려고 했다[2]. 나이트는 불확실성은 어떤 사건이 어떤 확률로 발생할 것인지 전혀 정보가 없는 상태를 의미하는 반면에, 리스크는 확률분포를 도출할 수 있는 경우로 구분하였다. 다시 말해서 리스크는 측정이 가능한 불확실성(measurable uncertainty)으로 정량적 분석(quantitative analysis)의 기초가 된다. 그러나 최근에는 불확실성이 개재된 선택과 리스크가 개재된 선택을 구태여 구분하지 않는 추세를 보이고 있다.

리스크의 가장 중요한 특성은 바로 불확실성(uncertainty)이다. 일반적으로 리스크라는 개

2) F.H. Knight, *Risk, Uncertainty and Profit*(1921).

념은 장래 예상하지 못한 손실을 발생시킬 수 있는 불확실성의 정도를 의미하며 회사의 경제적 손실(economic loss)을 미칠 수 있는 사건과 그러한 사건의 발생에 관한 불확실성이 내재된 리스크(embedded risk)가 포함되어 있다. 앞에서 설명했듯이 risk는 danger와는 달리 미래의 결과가 예측보다 좋아지거나 나빠질 두 가지 가능성을 모두 포함하는데, 리스크를 관리하는 데 있어서 이득을 대비하는 것보다 손실을 대비하는 것이 중요하고 중심적인 의제이며 리스크 관리는 리스크의 성향(risk appetite) 또는 선호(preference)에 따라 불확실성하에서 수익과 리스크를 모두 감안해야 하는 특징을 가지고 있다. 즉, 리스크는 비즈니스의 근본적 존재이유이며 불확실성은 무한한 변화, 우연한 기회나 행운 그리고 미래를 열심히 살아가는 원동력의 요인으로도 볼 수 있다.

3. 평균과 변동성

리스크란 미래에 대한 예상을 하고 사후적 결과가 예상보다 좋아지거나 나빠질 변동가능성으로서 미래의 불확실성으로 인한 이익(가치) 또는 순현금흐름의 변동성(volatility : σ), 혹은 예상과 다른 변동가능성으로서 i) 예상되는 결과(분포의 평균)로부터의 편차(분산, 표준편차)와 ii) 불확실성에의 노출(exposure to uncertainty)로 보유 포지션의 가치 또는 순현금흐름의 변화가 예상치를 벗어나 변동할 가능성의 크기로 나타낼 수 있다.

리스크 관리의 진정한 의미는 위험 대비 적정 기대수익률을 확인하고 분산투자에 의해 비체계적 위험을 제거하며 투자자 자신의 위험선호 성향에 따라 저위험-저수익, 고위험-고수익 사이에서 나름대로의 목표 포트폴리오를 선택(portfolio selection)하는 마코위츠의 지배원리(dominance principle)를 충족한 포트폴리오의 집합(efficient frontier)을 의미한다.

4. 리스크는 회피할 것이 아니라 기회의 발견

리스크라는 단어는 "뱃심 좋게 도전하다(dare)"라는 의미로 초기 이탈리어에서 유래되었다. 이런 의미에서 본다면 리스크는 운명이 아니라 선택인 셈이다. 선택은 도전하는 인생관을 가진 자들만이 고민하는 영역이다. 개인의 자유의지에 따라 얼마든지 바뀔 수 있다. 피하고 숨는 것(레밍 신드롬(lemming syndrome) 혹은 타조 신드롬(ostrich syndrome))[3)]이 아니라 기회

3) 레밍(lemming)은 유럽의 집단생식 쥐로 군집행동(herd behavior)을 좋아하여 무리의 앞 쥐만을 보고 이동하다가 낭떠러지에서 물로 뛰어들어 익사하는 경우가 많다고 한다. 타조(ostrich)는 위험을 만나면 머리만 땅에 묻고 몸의 대부분은 노출된 상태로 위험에 대처한다. 따라서 레밍과 타조는 전형적인 리스크 관리 대응실패의 예로서 언급된다.

를 발견하고 도전하는 기업가정신(enterpreurships)과 관련이 깊은 것으로 이것이 진정한 리스크 관리이다.

우리는 수익을 창출하기 위하여 IMF 위기 당시 새로운 기회를 잡을 필요가 있었다. 어려울 때일수록 기회가 많다고 한다. IMF 외환위기는 리스크 추구자들(the risk-seekers)에게 부를 축적하기 위한 또 하나의 기회였다. 거의 18%에 육박하는 금리의 수직상승과 $1당 ₩2,000 수준의 원달러 환율로 만일 그 당시 회사채를 구입하거나 수출대금을 매도하였거나 장기정기예금이나 정기적금을 신규로 가입했더라면 많은 돈을 벌었을 것이다.

5. 리스크 학문은 의사결정 학문

리스크는 운명이 아니라 선택이라는 사실은 르네상스의 계몽주의 사상가들에 의해 검증되어졌다. 그들은 주사위를 던질 때 운에 맡기기보다는 확률에 의한 가능성을 예상했으며 포커나 경마를 할 때 운과 동시에 기술과 결합된 정량적 사고에 의존했다. 우리는 미지의 대상을 위해 미래의 가능한 사건들 중에서 최선의 대안을 선택할 능력을 구비해야 하며, 수익(expected value)과 리스크(standard deviation of return, σ)와의 상충관계(trade-off relationship) 속에서 개인의 선호(Risk appetite)에 따라 무수한 조합(고위험 고수익, 중위험 중수익, 저위험 저수익)이 가능하기에 리스크 학문은 과학이라기보다는 예술에 가깝다(Risk is art, not science.)라고 표현한다.

6. 리스크 관리는 자본관리

리스크 관리(risk management)는 주어진 리스크 한도 내에서 리스크 대비 수익률을 극대화하기 위하여 보유자산 포트폴리오를 최적화하려는 경영자의 투자의사결정이며, 사업은 자본의 배분을 뜻한다(Business is capital allocation.). 즉 리스크 관리는 부담하고자 하는 사업의 리스크의 특성과 크기를 측정하여, 현재의 자본수준 내에서 수용(Risk appetite $\leq$ Capital)할 수 있는가를 결정하는 것이다. 리스크 자본의 크기는 경영진의 위험선호도(Risk appetite *or* Risk preference)에 의해 결정되며, 해당 기업은 신뢰수준(within the confidence level)하에서 충분한 자본을 보유해야 하고, 자본은 미래의 손실을 흡수하는 완충역할(cushion *or* buffer zone from generating loss for absorbing the unexpected loss)을 해야 한다. 따라서 금융기관은 기업의 재무상태표상의 자본인 회계상의 자기자본(book capital), 감독당국이 요구하는 자본인 규제자본(regulatory capital), 리스크 관리를 위해 자체적으로 필요하다고 추정한 자본인 경제적 자본(economic capital)을 함께 관리해야 한다. 이 세 가지 자본 중 금융기관에서의 진정한 의미의 리스크 자본은 경제적 자본이라 할 수 있다.

7. 리스크의 관리기술은 금융기관 경쟁력의 결정요인

금융기관의 경쟁력이란 일반적으로 금융기관의 자금중개 및 투자 능력과 각국의 자본시장 활성화 및 글로벌화 정도를 감안하여 말하는 것으로 정의하고 있다. 이를 파악하기 위해서는 금융기관의 내부요인과 함께 금융기관을 둘러싼 외부요인을 동시에 고려해야 할 것이다[4].

금융기관의 경쟁력을 비교할 때 내부요인으로 ⅰ) 금융중개 서비스 능력(심사분석 능력, 첨단금융기술 활용 능력 등), ⅱ) 종합적 리스크 관리 능력, ⅲ) 자본비용의 크기와 ⅳ) 경비면의 효율성 정도를 들 수 있으며, 외부요인으로는 ⅰ) 자국경제력의 크기, ⅱ) 경제구조의 효율성, ⅲ) 금융기관에 대한 법적 제약의 정도와 ⅳ) 정보에 의한 보호의 정도 등으로, 단순히 미국의 금융기관과 한국의 금융기관의 경쟁력을 비교하는 것은 쉬운 일이 아니다.

그러나 일반적으로 금융기관의 경쟁력의 원천으로 **정보의 생산기술과 리스크 관리기술을** 들고 있다. 즉, 대출거래처에 대한 심사기술 및 채권 관리기술로서의 '정보의 생산기술'과 대출 포트폴리오 전체의 수익과 리스크 구조 관리기술인 '리스크의 관리기술'의 차별적 소유는 선진 금융기관의 특징으로 설명되어질 수 있다.

그림 2-1 | 선진 금융기관의 경쟁력 원천

내부요인	외부요인
금융중개 서비스 능력 - 심사분석 능력 - 첨단금융기술 활용 능력	자국경제력의 크기
종합적 리스크 관리 능력	경제구조의 효율성
자본비용의 크기	은행에 대한 법적 제약의 정도
경비면의 효율성 정도	정보에 의한 보호의 정도

⇩

금융기관의 경쟁력 결정요인

4) 현석원, "국내 금융산업 경쟁력 분석"(2008).

8. 리스크는 바다 수면 밑의 손실을 관리

인생을 사는 데에 있어 세 가지의 시나리오를 가정할 수 있다. 첫째는 현재보다 잘 나가는 경우(best case scenario)로 직장에서의 승진 등 보다 발전되는 삶이 예상되는 경우이다. 둘째는 현재와 같은 수준의 경우(flat case scenario)로 과거 공무원, 은행원 등 직장에서 정년까지 안정된 생활을 영위하는 경우이다. 셋째는 현재보다 못한 경우(worse case scenario)로 잘 다니던 직장에서 명예퇴직 등 중도에 퇴직하는 경우와 신규취직 및 창업 등은 새로운 대책이 요구되며 사전적으로 철저한 리스크 관리와 준비가 요구된다. 이와 마찬가지로 금융기관의 리스크 관리도 대개 최악의 경우(the worst case scenario)를 가정하는 것으로 새로운 경제환경 변화에 각 기업이 미래를 위해 어떻게 대응하고 경영해야 하느냐라는 경영전략적 측면과 경영의 유연성(flexibility)과 깊은 관계가 있다고 볼 수 있다. 이는 마치 선장이 항해할 때 눈 앞의 푸른 바다를 바라보면 마냥 아름답기만 하지만 사실 수면 밑에는 해초, 암초나 바위 등 항해상의 수많은 위험이 도사리고 있기에 타이타닉호 침몰의 교훈에서와 같이 수면 밑의 관리 없이는 목적지까지의 원만한 항해가 어려움을 늘 잊지 말아야 한다. 필자가 그간 리스크 관리를 연구하면서 느낀 점은 불확실한 미래를 가장 효과적으로 대처할 수 있는 방안은 미래를 준비하는 것으로, 제 2의 인생을 어떻게 하면 잘 맞이할 것인가에 대해 "미래는 준비하는 자의 몫"이란 제목으로 매경이코노미에 게재된 기사를 참고해 주기 바란다.

미래는 준비하는 자의 몫

사람은 두 부류로 나눌 수 있다. 오늘을 살면서 미래를 준비하는 사람과 미래를 걱정만 하는 사람으로 나눌 수 있다. 미래를 준비하는 것과 미래를 걱정하는 것은 완연히 다르다. 걱정은 막연하게 노력함 없이 생각하고 있는 데 반하여 준비는 실천력 있고 에너지 있는 마음가짐으로 하나씩 목표를 향해 나아가는 프로세스의 일환으로 목표 달성을 위해 반드시 필요하다. 걱정은 무엇을 어떻게 해야 할 것인지가 불분명하고 언제 무엇을 해야 하는 시간관념이 희박하다. 그러나 준비는 언제까지 무엇을 해야겠다는 시간제한(time constraint)이 존재하는 실천과 관련이 있다. 걱정은 불안, 메마름, 미움과 같은 부정적인 면이 내재되어 있는 반면 준비는 긍정적인 결과에 의한 감사와 감격, 기쁨과 감동을 연상하여 올바른 삶의 단초가 된다. 우리는 한 치 앞을 내다볼 수 없는 불확실성의 시대에 살면서 어떻게 하면 은퇴 후 풍요로운 노후생활을 잘 준비해야 할 것인가에 대해 생각하며, 이를 개인의 노년 인생 목표의 최우선과제로 삼는다. 여기서는 미래를 준비한 사람이 재무적으로 얼마나 유리한가에 대하여 서술하고자 한다.

인생을 사는 데에 있어서 세 가지 시나리오를 가정할 수 있다. 첫째는 현재보다 잘 나가는 경우(Best case scenario)로 직장에서의 승진 등 보다 발전되는 삶이 진행되는 경우이다. 둘째는 현재와 같은 수준의 경우(Flat case scenario)로 과거 정부기관의 공무원, 교사, 은행원 등 현 직장에서 안정된 생활을 영위하는 경우이다. 셋째는 현재보다 못한 경우(Worst case scenario)로 잘 다니던 직장에서 구조조정 등의 사유로 중도에 퇴직하는 경우로 전직 및 창업 등 새로운 대책이 요구되며 사전적으로 철저한 준비가 요구된다. 힘이 있고 새로운 도전에 나설 수 있을 때 자발적으로 회사를 그만두는 것과 아무런 준비도 하지 못한 채 강제적으로 회사에서 쫓겨나는 것, 어느 쪽이 더 위험한가? 결국 회사를 그만두는 것 자체가 위험한 것이 아니라 제대로 준비하지 않고 퇴직을 감행하는 것 혹은 타의에 의해 퇴직당하는 것이 위험한 일인 것이다. 즉 확실하게 목표를 준비하고 결행하면 위험을 훨씬 감소시킬 수 있고 때에 따라서는 위험이 기회가 되어 인생의 새로운 전기를 맞게 되는 경우도 있다.

평소 내가 좋아하는 K대학 경영학과 K교수는 몇 년 전부터 나에게 자기는 절대 정년까지 다니지 않고 중도 퇴직하겠다고 말하곤 했다. 그분은 본인의 전공인 경영학을 이해하기 쉬운 소설과 같은 글쓰기에 관심을 갖고 준비하고 계신 것으로 알고 있다. 마침 학교에서 중도 퇴직발표가 있자마자 정년 4년을 남기고 자진 퇴직하겠다고 의논하였을 때 나는 중도 퇴직하였을 때의 이점을 다음과 같이 언급하면서 적극적으로 퇴교할 것을 권고했다. 첫째, 퇴직금은 큰 목돈이 되어 새로운 투자원(Seed money)이 된다(대개 월급쟁이는 목돈이 없어 투자를 통한 과실의 기회가 적은 다람쥐 쳇바퀴의 가계이다). 둘째, 중도퇴직금의 세율은 일반급여 세율과는 다른 낮은 세율 적용으로 거의 퇴직금산정 금액을 받게 된다. 셋째, 중도퇴직금은 중도 퇴직 시부터 미래 정년 시까지의 월급여의 전부 혹은 일정 부분을 받게 되는데 연금의 현가요인(Present value interest factor for annuity) 계산이 대개 무시되어 동 혜택만큼 추가로 받게 된다고 볼 수 있다. 넷째, 미리부터 퇴직을 예상하여 본인의 진로를 준비하여 왔기에 동료직원 대비 경쟁력이 향상되어 타 직장 전직 혹은 새로운 일의 시작이 가능하여 장수 리스크에 대한 실질적 준비가 된다(정년퇴직 후에는 전직 및 새로운 일의 시작이 그만큼 어려워진다).

리스크라는 단어는 "뱃심 좋게 도전하다(Dare)"라는 의미로 초기 이탈리아에서 유래되었다. 이런 의미에서 본다면 리스크는 운명이 아니라 선택인 셈이다. 선택은 도전하는 인생관을 가진 자들만이 고민하는 영역이다. 개인의 자유의지에 따라 얼마든지 바뀔 수 있다. 피하고 숨는 것이 아니라 기회를 포착하고 도전하는 것이 바로 리스크로서 K교수는 불확실성하의 리스크를 추구하여 새로운 제 2의 인생 "나 나름대로의 삶"을 시작하는 분이다.

일반적으로 기업의 리스크 관리라 함은 위의 세 경우 중 최악의 경우만을 가정하는 것으로 급변하는 경제경영환경 변화에 미래를 위해 어떻게 대응하여 경영해야 하느냐 하는 경영전략적 측면과 경영의 유연성과 깊은 관계가 있다. 따라서 현대경영의 목표는 지속가능경영(sustainable going concern)으로 이의 달성을 위한 효율성, 효과성 이외에 유연성이 더욱 중요시되고 있는 추세이다. 개인의 경우도 마찬가지로 중도 퇴직하는 등 상황변화에 따른 새로운 대책이 요구되며 사전적으로 철저한 리스크 관리와 준비가 요구된다. 필자는 동 사실을 깊이 인식하고 은행근무를 하면서 구체적인 실천계획 및 준비를 항상 생각하였다.

"미래는 준비하는 자의 몫이다"라는 말을 항상 되새기며 퇴직 후 대학에서 교수가 되는 꿈을 가지고 은행근무 당시 일본 호세이대학에서 경제학석사를 그리고 경희대에서 경영학박사학위를 취득하였다. 2007년 7월 31일 만 32년간의 은행생활을 마감하면서 명예퇴직 후, 경희대 경영대학과 한양대 경영대학원 겸임교수로서 그리고 연세대 경제대학원에서 강사로서 리스크분야를 강의하였으며, 2008학년도 전기 고려대학교 교수임용 공채에 응시하여 공과대학 정보경영공학부 금융공학 전문교수(전임)로서 임용되어 현재까지 재직하고 있다. 금년 10월에 지식경제부로부터 고려대 공과대학에 기술경영(MOT: Management of Technology)전문대학원이 인가되어 그곳으로 자리를 옮겨 기술재무, 리스크 관리와 기술가치평가를 강의할 예정이다. 인간의 평균수명이 연장됨에 따른 장수 리스크가 새로운 화두이다. 행복한 인생의 지침서로서 다음과 같은 경구를 늘 생각하며 제 2의 인생의 행복을 꿈꾸며 준비하며 사는 것이 인구통계학적 패러다임 변화에 편승하는 삶의 형태로 생각된다.

"인생을 즐겁게 살려면 준비해야 한다."

"준비된 자는 스트레스가 없다."

"준비가 되면 즐기게 된다."

"준비된 자만이 인생을 즐겁게 살 수 있다."

제2절 리스크의 분류

리스크의 속성에 따라 여러 분야로 분류할 수 있는데 이는 리스크 관리를 연구하는 데 중요한 지침을 제공하므로 리스크 공부를 하기에 앞서 반드시 이해가 필요하다. 예를 들면 보험분야에서 취급하는 리스크 대상과 금융분야에서 다루는 리스크 대상이 분석 및 관리방법을 각기 달리하기 때문이다.

1. 주관적 리스크와 객관적 리스크

주관적 리스크(subjective risk)는 개인의 정신적 태도 또는 마음의 상태에서 생기는 심리적 불확실성(Psychological uncertainty which stems from the individual' s mental attitude or state of mind)이라고 정의한다. 또한 페퍼(Irving pfeffer)는 리스크란 객관적으로 측정할 수 있으며 실증자료가 존재하는 것인 데 반하여 불확실성이란 주관적인 심리상태를 말한다고 했다[5]. 나이트(Frank H. Knight)도 불확실성(uncertainty)은 어떤 사건이 어떤 확률로 발생할 것인지 전혀 정보가 없는 상태를 의미하는 측정할 수 없는 것(immeasurable uncertainty)이라며, 주관적인 생각(idea)으로서 불확실성을 규정하였다. 이에 반해 리스크(risk)는 확률분포를 도출할 수 있는 경우로 측정이 가능한 불확실성(measurable uncertainty)으로 정의했다[6]. 케인즈(Keynes)는 그의 저서 「확률론」에서 프란시스 갈튼(Francis Galton)의 완두콩 유추가 자연계에는 들어맞을지 몰라도 인간사에는 적용될 수 없다고 했다[7]. 과거자료에 의한 통계적 성과물(statistic achievements)을 주관적 신념의 정도(subjective degrees of belief) 혹은 사전확률(priori probabilities)로 표현했다. 그래서 객관적 확률에 의한 결과보다 주관적인 판단(gut), 직관(intuition), 야성적 충동(animal spirits)이 판단과 결정에 더 중요한 요인이 된다고 했다. 카너먼과 트러스키는 그의 논문 "전망이론"에서 인간의 제한된 합리성에 기초한 인지심리학적 접근의 실증연구 결과들은 인간심리의 불안전성에 기인한 주관적 리스크의 반영이라고 하였다.

객관적 리스크(objective risk)는 확률분포(probability distribution)가 존재하며 그것의 평균치와 분산을 객관적으로 측정할수 있는 리스크로 선험적 또는 경험적 방법에 의한 객관적 확률의 통계적인 수단을 통해 측정 할 수 있다. 불확실한 상황에서 특정한 사건이 발생할 가능성

5) M. R. Green and P. Swadener, *Insurance Insight*(1974).
6) F. H. Knight, "Risk, Uncertainty and Profit"(1921).
7) Peter L. Bernstein, *Against the God*(1998).

을 말할 때 객관적 확률을 많이 사용하며, 특히 보험에서 대수법칙에 의한 장기간에 걸친 경험의 결과치를 보험료 산정 시 이용한다. 이와 같이 리스크 관리에 있어 주관적 리스크와 객관적 리스크는 둘 다 중요하다. 그러나 앞으로 공부할 금융 리스크는 측정 가능한 객관적 리스크가 주연구대상이라고 볼 수 있다.

2. 순수 리스크와 투기 리스크

순수 리스크(pure risk)는 최선의 기회에 손실이 발생하지는 않으나 항상 손실의 기회가 존재하고, 이득의 기회는 전혀 존재하지 않는 상황(손실범위 : 0~∞)이다. 보험 리스크의 대상으로 인체손실(사망, 부상) 재산손실(홍수, 지진, 화재) 등이 이에 해당되며 risk보다 danger에 보다 가까운 개념이라 볼 수 있다. 투기 리스크(speculative risk) 혹은 투자 리스크(investment risk)는 손실의 기회나 이득의 기회가 모두 존재하는 상황(−∞~+∞)으로, 특정의 목적을 위하여 사람이 의도적으로 취한 행위로 사업을 시작하는 경영 리스크(business risk), 유가증권투자나 부동산에 투자하는 리스크, 수출입기업의 환 리스크 등은 투자가의 인위적인 투자행위로 인한 투기 리스크라 할 수 있다. 투기 리스크는 양방향 리스크로서 기회 혹은 기회의 발견(opportunity or opportunity discovery)이 이익 혹은 상향이익가능성(profit or upside potential)이고, 위험(risk)은 하향 리스크(downside risk)로서 금융 리스크 측정 시 주로 하향 리스크의 측정(대표적인 예 : value at risk)에만 치중한다.

순수 리스크를 관리하는 대표적인 방법은 보험(insurance)분야에서, 그리고 투기 리스크는 주로 금융분야에서 취급한다고 할 수 있다.

3. 절대적 리스크와 상대적 리스크

절대적 리스크(absolute risk)는 미래의 정해진 기간 동안 주어진 확률수준에서 발생하는 절대적 수치로 측정됨을 의미한다. 투자의 초기가치 또는 현금으로 투자된 금액에 대비된 가치하락을 측정하며 표준편차, 하락편차, 절대 VaR, 적자위험(shortfall risk) 등이 이용된다.

상대적 리스크(relative risk)는 기준지표(benchmark) 등과 비교하여 측정한 위험으로 펀드 리스크 측정시 주로 사용된다. 투자자가 자산배분전략을 수립하여 국내주식, 해외주식, 국내채권, 해외채권 등과 같은 자산군별로 투자자금을 배분한 경우에 각 자산군별 위험을 측정하기 위해 상대적 리스크를 활용한다. 일반적인 관점에서 특정 변수와 펀드수익률 간의 상대적인 관계를 나타내는 지표는 상대적인 위험지표라고 할 수 있다. 예를 들면 경제성장률, 이자율, 환율 등이 펀드수익률에 영향을 준다고 가정하면 이들 변수들과 펀드수익률 간의 민감도나 상관관계가 상대적 위험지표가 된다. 상대적 리스크의 측정에는 베타(β), 잔차위험, 상대 VaR, 공분산 등이 이용된다.

4. 알려지지 않은 리스크와 알 수 없는 리스크

존 헐(John C. Hull)은 그의 저서 「리스크관리와 금융기관(*Risk Management and Financial Institutions*)」에서 금융기관은 두 종류의 리스크, 즉 알려지지 않은 리스크(unknown risks)와 알 수 없는 리스크(unknowable risk) 관리의 중요성을 강조한다.

알려지지 않은 리스크란 손실을 일으킨 사건은 알고 있지만 이의 발생확률은 쉽게 결정할 수 없는 리스크로서 운영 리스크, 법률소송 등의 법률 리스크, 불량트레이더(rogue trader)들의 활동과 포지션으로부터의 손실가능성이 이에 해당된다. 이들의 손실발생확률은 역사적 데이터로 추정할 수 없어 주관적 확률을 사용한다. 알 수 없는 리스크는 손실을 일으키는 사건조차도 알 수 없는 리스크로서 도저히 일어날 것 같지 않지만 만약 발생할 경우 시장에 엄청난 충격을 몰고 오는 사건으로 검은 백조(The Black Swan)와 같은 사건현상을 말한다. 월스트리트 금융가에서 투자분석가로 활동했던 니콜라스 탈레브가 출간한 「검은 백조」라는 책에서 소개된 개념이다. 이 범주는 때로 측정 불가능한 리스크의 형태를 의미하는 나이트(F.H. Knight)의 불확실성(uncertainty)으로 설명할 수 있다. 금융기관은 앞서 설명한 두 종류의 리스크에서 발생하는 대규모의 손실, 또는 시스템 리스크를 견디기에 충분한 자본을 결코 보유할 수 없다. 이런 상황을 피하기 위해 과도한 레버리지를 피하고 유연성(flexibility)을 높일 수 있는 리스크 관리기법을 개발하고 다양성(diversification) 있는 상품구성 등이 요구된다.

5. 근본 리스크와 특정 리스크

근본 리스크(fundamental risk)는 불확실성의 원천과 그 영향이 미치는 범위가 특정의 개인이나 집단이 아니고 사회 전반에 걸친 상황이다. 근본 리스크의 요인으로는 인플레이션, 경기변동, 이자율 그리고 환율 등이 있으며, 경기 전체의 불확실성으로부터 시장 전체에 큰 영향을 주는 것으로서 1997년 IMF 통화위기, 2008년 글로벌 금융위기, 2011년 남유럽 재정위기 등이 근본 리스크에 해당된다. 최근의 금융규제개혁법안과 바젤 Ⅲ 이행은 근본 리스크의 피해 최소화와 방지를 위한 거시건전성 규제라 볼 수 있다. 특정 리스크(particular risk)는 사고당사자에게 국한되거나 혹은 매우 제한된 범위의 손실을 초래하는 리스크를 의미하며 원천은 개인 혹은 기업에서의 사건이며 그 결과도 개인 및 기업 자체에 국한된다. 건물의 화재, 경영자의 경질, 은행의 강도, 자동차사고 등은 특정 리스크의 예라 볼 수 있다. 재무분야에서는 근본 리스크는 체계적 리스크로, 특정 리스크는 비체계적 리스크로 접근하며, 비체계적 리스크는 분산투자와 포트폴리오의 위험관리를 통해 감소할 수 있다.

6. 동적 리스크와 정적 리스크

불확실성의 상황이 경제적 · 사회적 변화에 따라 리스크의 특성 및 발생빈도가 변하는지의 여부에 의해 동적 리스크와 정적 리스크로 구분한다. 동적 리스크(dynamic risk)는 근본적으로 경제적 · 사회적 현상의 변화에 따라 발생하는 리스크로 특히 금융리스크는 금융경제경영 환경변화에 따라 발생하는 금리, 환율, 상품가격 등 시장의 가격변화(변동성) 등으로 인한 리스크를 관심의 대상으로 한다. 정적 리스크(static risk)는 경제적 · 사회적 변화와 관계없이 존재한다. 리스크로 자연상태에서 발생할 수 있는 각종 사고의 원인을 그 원천으로 하고 있다. 화재, 화산의 폭발, 지진, 사고, 도난과 같은 것으로 순수리스크의 관리대상이 된다.

7. 경제적 리스크와 기타 리스크

금융, 경제 및 경영 분야를 대상으로 하는 리스크를 경제적 리스크(economic risk) 혹은 금융 리스크(financial risk)라 하며 정치, 법률, 사회 등 그 이외의 분야에서 발생하는 리스크를 기타 리스크(other risk)라고 일반적으로 구분한다. 기타 리스크에는 정치 리스크, 사회 리스크, 문화 리스크, 기술 리스크, 법률 리스크 등이 있다. 경제적 리스크란 불확실한 미래의 경제경영환경에서 새로운 상품개발, 신규사업투자, 주식이나 채권 등의 유가증권에 투자함으로써 이익의 획득을 목적으로 의도적으로 취하는 행위에서 비롯된 것이다. 본 교재에서 다루는 대부분의 리스크인 금리 리스크, 유동성 리스크, 시장 리스크, 환 리스크, 신용 리스크, 운용 리스크 등이 이에 해당된다.

제3절 기대효용이론

1. 기대수익률 극대화 기준

위험과 기대수익은 투자의사결정단계에서 이루어지는 중요한 개념이다. 특히 불확실성하의 투자결정의 기준은 재무와 리스크 관리에서 중요한 개념으로 기대수익률 극대화 기준이 아닌 기대효용의 극대화 가설이 되어야 한다. 우선 기대수익률 극대화 기준에 대하여 알아보도록 하자.

개인이 다른 종류의 위험을 갖춘 자산들에 대한 그들의 선호순위를 결정하는 방법 중 우선 생각해 볼 수 있는 것은 자신의 평균, 즉 기대수익률(expected rate of return)이다. 자산의 분포가 n개의 결과($r_1, r_2, \cdots, r_n$)를 가지고 결과의 확률이 ($p_1, p_2, \cdots, p_n$)인 경우 기대수익률은 다음과 같이 구한다.

$$E(r_i) = \sum_{i=1}^{n} r_i\, p_i \text{(개별 자산의 수익률의 가중평균)}$$
$$\text{(단, } \sum_{i=1}^{n} p_i = 1 \text{ 그리고 } p_i \geq 0\text{)}$$

예를 들면 투자대안의 기대수익률을 다음과 같이 구할 수 있다.

투자대안	기대수익률
A	8%
B	9%
C	12%
D	14%

기대수익률 극대화 기준(maximum expected return criterion)에 따르면 기대수익률은 14%인 D를 선택할 것이다, 즉 자산수익의 척도로서 기대수익률을 사용할 수 있는데, 이는 가장 큰 기대수익률이 보장되는 자산을 선택하는 것이다. 불확실성하의 투자결정에서 기대수익률 극대화 기준은 각 투자안의 수익성만 고려할 뿐 "위험을 무시"했다는 문제점을 갖는 것이다. 따라서 수익성과 위험을 동시에 고려하여 투자하는 투자자에게는 이 기준이 적합하지 않다고 볼 수 있다.

2. 피터스버그의 역설

기대수익률을 가지고 선호를 결정하는 방법은 1715년 스위스의 수학자 니콜라스 베르누이(Nicholas Bernoulli)의 제기에 의해 결정적인 약점을 드러낸다. 이는 근본적으로 게임으로부터 예상되는 기대수익(expectation of game)의 크기가 게임을 함에 있어서 치러야 하는 공정한 대가, 즉 게임의 공정한 가격(fair price of game)이어야 한다고 생각했었다. 그는 피터스버그의 역설(St. Petersburg's paradox)로 알려진 다음과 같은 예를 가지고 문제점을 지적하였다.

게임의 방식은 다음과 같다. 우선 게임에 참여하기 위해서는 참가비를 지불한다. 그런 다음에 앞면이 처음 나올 때까지 동전을 던진다. 앞면이 처음 나오기까지 나타나는 뒷면의 수를 n이라 하고 이를 사용하여 아래와 같은 상금(payoff) R달러가 결정된다.

$$R(n) = 2^n$$

처음 앞면이 나오기 전에 뒷면이 나오지 않을($n=0$) 확률은 $\frac{1}{2}$이고 이에 상응하는 상금은 $2^0 = 1$달러이다. 한 번 뒷면이 나오고 앞면이 나올($n=0$) 확률은 $\frac{1}{2}\times\frac{1}{2}$이며 상금은 $2^1 = 2$달러이다. 두 번 뒷면이 나오고 앞면이 나올 확률은 $\frac{1}{2}\times\frac{1}{2}\times\frac{1}{2}$이다. 이를 요약하면 〈표 2-1〉과 같다.

표 2-1 | 동전던지기 게임의 기대수익

던진 횟수	뒷면	결과	뒷면이 처음 나올 확률(p_i)	상금 (payoff)	기대수익 (p_i ×payoff)
1	0	앞	$\frac{1}{2}$	2^0	$\frac{1}{2}\times 2^0 = \frac{1}{2}$
2	1	뒤, 앞	$\left(\frac{1}{2}\right)^2$	2^1	$\left(\frac{1}{2}\right)^2 \times 2^1 = \frac{1}{2}$
3	2	뒤, 뒤 , 앞	$\left(\frac{1}{2}\right)^3$	2^2	$\left(\frac{1}{2}\right)^3 \times 2^2 = \frac{1}{2}$
…	…	…	…	…	…
n	$n-1$	$n-1$번 뒤, 앞	$\left(\frac{1}{2}\right)^n$	2^{n-1}	$\left(\frac{1}{2}\right)^n \times 2^{n-1} = \frac{1}{2}$
$n+1$	n	n번 뒤, 앞	$\left(\frac{1}{2}\right)^{n+1}$	2^n	$\left(\frac{1}{2}\right)^{n+1} \times 2^n = \frac{1}{2}$

따라서 이 게임의 기대수익은

$$E(R) = \left(\frac{1}{2}\right)\times 1 + \left(\frac{1}{2}\right)^2 \times 2 + \left(\frac{1}{2}\right)^3 \times 2^2 + \cdots = \frac{1}{2} + \frac{1}{2} + \frac{1}{2} + \cdots = \infty$$

이러한 게임의 결과는 무한대의 가격이 된다는 것을 발견했는데 이를 피터스버그의 역설이라고 한다. 비록 기대수익은 무한대이지만 게임을 하기 위해 유한하고 많지 않은 참가비만 지불할 것이다. 즉, 합리적인 투자자는 무한대로 투자하지 않는다. 그렇다면 사람들은 이 무한대의 기대수익을 가진 게임에 얼마를 내고 참여할 용의를 갖고 있을까?

1725년 니콜라스(Nicholas)의 사촌인 다니엘 베르누이(Daniel Bernoulli)는 이러한 가설의 모순을 다음과 같이 설명한다. 게임에 참가하는 각 개인은 모든 지급액에 대하여 달러당 동일한 가치를 두는 것이 아니며, 효용함수는 부가 커짐에 따라 증가해야 하나 추가적인 달러는 체감적으로 효용을 증가시킨다. 부의 효용가치를 측정한다면 이 게임의 주관적 효용가치는 유한하고 그 값은 0.693이다[8]. 그리고 이 효용을 내기 위한 확실한 부의 수준은 $2[9]이다. 따라서 게임에서 예상되는 기대이익(∞)과 실제 투자자가 지급하고자 하는 금액(0.693)이 서로 다르다. 이것을 해결하기 위해서는 투자의사결정의 요소 중 위험을 반드시 포함해야 한다. 그는 사람들의 관심은 기대수익이 아니라 기대되는 만족감 혹은 기대효용이어야 한다고 주장했다. 금전의 가치평가는 그 절대량의 크기에 비례해서 이루어지는 것이 아니고 그것이 사람에게 얼마만한 소용이 있는가에 비례해서 평가되어야 한다는 입장에서 이 문제에 대한 해결방안을 제공하였다.

다니엘 베르누이는 1738년 투자의사결정의 요소로 위험을 포함하여 기대효용(expected utility) 개념을 소개했다. 효용이란 소비자의 선호체계(preference)를 의미한다. 불확실성하에서의 선호체계를 기대효용함수 $E(U)$로 표현하면 다음과 같다.

$$E(U) = \sum_{i=1}^{s} p(s)\, U(W(s))$$

$E(U)$: 기대효용함수
$p(s)$: 확률밀도함수
$U(W(s))$: 상태에 따른 효용

효용은 소비자(개인)의 선호(consumer's preference)와 관련이 있다. 그는 부의 증가로 나온 효용의 결과는 이전에 소유하고 있었던 재화의 양에 반대로 비례한다고 가정하였다. 이는 다른 말로, 개인의 부가 커질수록 추가적인(한계의) 효용은 감소한다는 것이다. 그는 이것을 부의 한계효용 체감의 원칙(principal of a diminishing marginal utility of wealth)이라고 소개하였다. 19세기에 들어서서 윌리엄 제번스(W. Jevons), 카를 멩거(C. Menger), 레온 왈라스(L. Walras) 등이 한계효용을 경제이론의 중심적 개념으로 사용했다.

---

8) $V(R) = \sum_{n=0}^{\infty} Pr(n) \ln((R(n)) = \sum_{n=0}^{\infty} \left(\frac{1}{2}\right)^{n+1} \ln(2^n) = 0.693$

9) $e^{0.693} = 2$

3. 선호체계의 공리

베르누이(Bernoulli)에 의해 개념이 정립된 기대효용의 공리적(axiomatic) 개발을 통하여 이론적으로 확립한 최초의 공헌자는 존 폰 노이만(John von Neumann)과 오스카 모르겐슈테른(Oskar Morgenstern)이다. 특히 1947년에 간행된 저서 「게임과 경제행동의 이론」은 선택행동에 적용되는 몇 가지 공리(axiom)를 제시함으로써 오늘날의 효용이론을 구축하게 된 중요한 계기를 제공하였으며 기대효용의 기준이 기대수익이나 다른 가능한 기준들보다 사람들의 선택행동을 더 잘 설명할 수 있다는 것을 보여주었다. 이들은 설득력 있는(plausible) 잠정적인 가정(provisional assumptions)으로서 공리로 삼고 이로부터 수치적 효용(numerical utility)의 존재와 수적 효용(ordinal utility)을 통하여 사람들의 선호체계가 기대효용에 의해서 표시될 수 있다는 것을 보였다. 그들이 제시한 선호체계의 공리는 다음과 같다.

리스크한 상금을 가지고 있는 자산을 복권이라 정의하고 여러 복권들의 집합에서부터 복권의 최적선택을 고려하자. 모든 복권들은 $x=\{x_1, x_2, \cdots, x_n\}$의 집합으로 표현되는 결과를 가진다. 주어진 한 복권은 $P=\{P_1, P_2, \cdots, P_n\}$ 확률의 집합으로 특징지을 수 있다. 또 다른 복권 역시 다른 확률의 집합, 즉 $P^*=\{P_1^*, P_2^*, \cdots, P_n^*\}$ 확률로 특징지을 수 있다. 그리고 $\succ$, $\prec$와 ~는 선호와 무차별을 나타낸다. 우리는 개인의 선호가 다음의 5가지 조건을 만족한다면, 이들 선호는 기대효용함수(expected utility function)라 한다.

즉, 소비자의 선호체계가 기대효용함수로 대표될 수 있으려면 다음의 5가지 선호체계의 성격을 갖추고 있어야 한다.

1) 비교가능성(comparability)

두 복권 P^*와 P가 있을 때, 이들의 관계는 $P^* \succ P$이거나 $P^* \prec P$이거나 $P^* \sim P$이다[10). 이는 어느 경우에나 개인이 두 개의 복권에 대해 하나가 다른 하나보다 더 낫거나 같은 정도로 선호한다는 순위를 매길 수 있다는 것이 중요하다. 즉, 이 공리는 사람들이 두 복권 상호간에 대하여 분명한 선호를 판별할 능력이 있다는 내용을 가지고 있다.

$X \prec Y$, $X \succ Y$ or $X = Y$ (X는 Y보다 나쁘거나 좋거나 또는 동등)

10) $\succ$와 $\prec$는 선호도를 나타내며, ~는 개인의 선호가 무차별함을 의미한다.

2) 이행성(transitivity)

만약 $P^{**} \succeq P^{*}$이고 $P^{*} \succeq P$라면, $P^{**} \succeq P$이다. 이는 선호가 일관성(一貫性)이 있어야 함을 뜻하며 선호관계가 이행된다는 것을 의미한다. 어떤 개인의 선호가 이행성을 만족하지 않는다면 세 복권 X, Y, Z에 대하여 X보다는 Y를, Y보다는 Z를, Z보다는 X를 선호하는 경우가 생기게 되어 그 개인이 X, Y, Z 중 어느 것을 선택하게 될지 합리적으로 예측할 수가 없게 된다. 이러한 이행관계는 각 대안들이 무차별한 관계에 있을 경우에도 마찬가지로 성립된다는 것이 이 공리의 내용이다.

> 선호가 일관성 없음 : $X \preceq Y$ and $Y \preceq Z \rightarrow Z \preceq X$
> 선호가 일관성 있음 : $X \preceq Y$ and $Y \preceq Z \rightarrow X \preceq Z (= X \preceq Y \preceq Z)$

3) 연속성(continuity)

만약 $P^{**} \succeq P^{*} \succeq P$이면, $P^{*} \sim \lambda P^{**} + (1-\lambda) P$를 만족하는 $\lambda \in [0, 1]$가 존재한다. 이 공리는 세 개의 대안 P^{**}, P^{*}, P가 있다고 할 때 P^{**}가 P^{*}보다 선호되고 P^{*}가 P보다 선호되는 관계가 있다면 P^{*}와 무차별하게 되는 P^{**}와 P의 확률적 결합체를 만들 수 있다는 것이다. 여기에서 $\lambda P^{**} + (1-\lambda) P$는 합성복권(compound lottery)이라고 한다. 이는 상품묶음이 조금씩 달라질 때도 소비자의 선호에 갑작스런 변화가 없음을 뜻한다.

> $P = X \succ Y \succ Z$, 합성복권 $Y = P \cdot X + (1-P) \cdot Z$

4) 독립성(independence)

두 복권 P와 P^{**}가 있을 때, 만약 모든 $\lambda \in [0, 1]$와 모든 P^{**}가 다음의 조건

$$\lambda P^{*} + (1-\lambda) P^{**} \succ \lambda P + (1-\lambda) P^{**}$$

를 만족하면 $P^{*} \succ P$이다. 이 공리는 추가로 $(1-\lambda)$의 확률의 복권을 얻더라도 기존의 선호를 유지한다는 의미이다.

> $X \succeq Y$ and $t \in [0, 1] \rightarrow t \cdot X + (1-t) \cdot Z \succeq t \cdot Y + (1-t) \cdot Z$

이 공리는 P와 P^{**}와의 확률적 결합체(probability mix)를 만들었을 때의 관계를 규정짓는

것으로 X와 Z의 $t:(1-t)$의 확률적 결합체는 Y와 Z의 $t:(1-t)$의 확률적 결합체보다 더 선호된다는 것이다.

5) 지배성(dominance)

P^1을 $\lambda_1 P^{\ddagger}+(1-\lambda_1)P^{\dagger}$인 합성복권이고 P^2를 $\lambda_2 P^{\ddagger}+(1-\lambda_2)P^{\dagger}$인 합성복권이라 하자. 그러할 때 $P^{\ddagger}\succ P^{\dagger}$이면 $P^1\succ P^2$($\lambda_1>\lambda_2$와 필요충분조건)이다. 지배성은 두 개 또는 그 이상의 복권 사이의 선택에서 더 높은 효용을 갖는 복권을 선택한다는 것이다.

$$P\succ P' \text{ and } X\succ X' \rightarrow (X,P)\succ(X',P')$$

이상의 내용을 가진 공리들로부터 폰 노이만과 모르겐슈테른은 앞서 이야기한 바 있는 수치적 효용의 존재와 나아가 이들 수치적 효용이 원래의 선호순서를 보존하는 특성이 있음을 알아내었던 것이다.

폰 노이만(John von Neumann)과 모르겐슈테른(Oskar Morgenstern)에 의해 제시된 이들 공리로 인하여 두 개 또는 그 이상의 복권(대안) 사이의 선택은 더 높은 효용을 갖는 복권을 선택한다는 것을 알 수 있게 되었다. 이들 개념이 불확실성을 내포한 대안의 선택에 있어서 사람들의 의사결정행동의 문제와 같은 경제학적 문제의 해결에 중심적 도구로서 자리잡게 되었고, 이들의 기대효용이론은 행동의 결과가 불확실한 상황에서 경제주체의 합리적인 판단은 결과에 관한 효용기대치에 입각한다는 것으로, 참여자가 최적전략을 선택하는 것을 이론화하였다. 이들의 노력은 상충적이고 경쟁적인 조건에서의 경쟁자 간의 경쟁상태를 모형화하여 참여자의 행동을 분석함으로써 최적전략을 선택하는 것을 이론화하는 게임이론의 발전에 큰 공헌을 하였다.

4. 위험유형에 따른 기대효용

기대수익과 기대효용을 구별해 주는 핵심요소는 위험의 속성을 고려하는지 여부이다. 따라서 개인의 위험에 대한 태도에 따라 선택의 결과가 다르게 나타날 것이다. 위험에 대한 태도는 세 가지로 구별되는데 가능한 위험이 낮은 투자대상을 선택하려는 투자자의 성향을 위험회피(risk averse), 위험의 크기와는 상관없이 절대적인 부의 크기에 따라 선호를 결정하는 위험중립(risk neutral) 그리고 가능한 위험이 높은 투자대상을 선택하는 위험선호(risk loving)로 나누어진다.

투자안을 선택하는 것은 게임(game)에 참여하는 것과 같은 의미이다. 개인이 가지고 있는 부에는 게임에 참여하기 이전에 보유하고 있는 부와 게임에 참여함으로써 얻게 되는 부가 있는데 후자를 확실성등가부(CEW : Certainty Equivalent Wealth)라 한다. 이는 기대효용과 동일한 효용을 주는 확실한 가치(수익)이다. 그러므로 이 둘의 차이가 게임에 참여할 때 발생하는 비용이 된다.

$$\text{gamble cost} = \text{현재의 부} - CEW$$

따라서 게임에 참여한다는 의미는 현재의 부보다 더 큰 확실성등가부를 원하기 때문이다. 확실성등가부가 현재의 부보다 클 경우에 이익이 된다. 따라서 위 식에서 gamble cost가 (−)의 값일 때 이익이 되며 이러한 경우에 게임에 참여하게 된다. 이것을 식으로 표현하면 다음과 같다.

$$U(R) < E[U(R)]$$

$U(R)$: 현재 부의 효용
$E[U(R)]$: 게임에 참여 시 기대효용

결국, 위험회피자를 게임에 참여시키기 위해서는 기대수익에서 확실성등가를 차감한 값에 해당하는 만큼 보상을 해 주어야 하는데, 이는 투자자의 효용함수에 기대수익만을 고려하는 것이 아니라 그 위험에 대한 태도가 포함되어 있기 때문이다. [그림 2-2]에서의 π의 크기로서 이를 리스크 프리미엄(risk premium)이라 하며 위험한 갬블을 회피하기 위해 지불할 용의가 있는 최대한의 금액 또는 위험회피투자자로 하여금 위험한 갬블에 참여시키기 위해 보상해 주어야 할 최소한의 금액으로 보험료, 헤지비용, 위험관리비용 등이 이에 해당된다. 즉, 확실성등가는 위험투자안에 투자할 때 얻는 기대효용과 동일한 효용을 가져다주어 위험투자안과 맞바꿀 수 있는 확실한 수익의 크기를 말하며 다음의 관계가 성립한다.

$$\text{risk premium}(\pi) = E(R) - CEW$$

기대수익의 효용 $U[E(R)]$에서 효용의 기댓값, 즉 기대효용 $E[U(R)]$을 차감한 값을 일반적 위험회피척도(GRM : measure of general risk aversion)로 정의하고 [그림 2-2]에서는 ϕ로 나타낸다($GRM = U[E(R)] - E[U(R)]$). [그림 2-2]에서 보듯이 위험회피형 효용함수에서는 GRM의 부호가 양(+)인데, 이 값이 클수록 더욱 위험회피적임을 의미한다.

마코위츠(Markowitz)의 정의에 따라 투자자의 위험에 대한 태도를 정리하면 다음과 같다.

$U[E(R)] > E[U(R)]$이면 위험회피적이며 이때 $GRM > 0$
$U[E(R)] = E[U(R)]$이면 위험중립적이며 이때 $GRM = 0$

그림 2-2 | 위험유형에 따른 기대효용

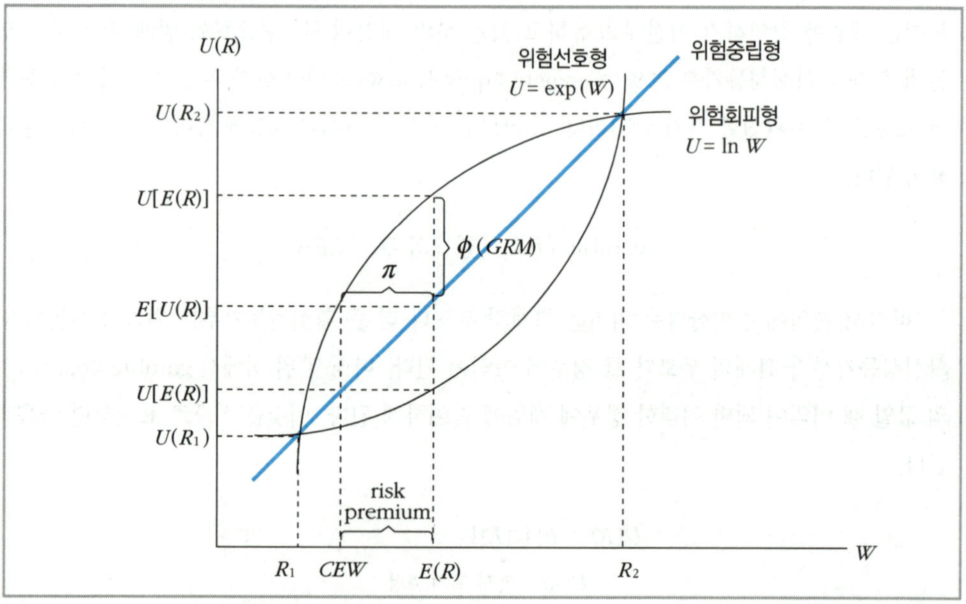

$U[E(R)] < E[U(R)]$이면 위험선호적이며 이때 $GRM < 0$

위의 각 부등식의 좌변은 기대치의 효용을, 우변은 효용의 기대치를 각각 나타낸다. 위험회피자의 효용함수는 반드시 오목(concave)한 효용함수를 가지게 되는데, 이는 확률 p와 $1-p$로서 부 R_1과 R_2를 얻을 경우의 기대효용 $E[U(R)]$보다 확실한 부 $E(R)$로부터 얻는 효용 $U[E(R)]$이 더 크다는 것($U[PR_1+(1+P)R_2] > PU(R_1)+(1-P)R_2$)으로 불확실한 부보다는 확실한 부를 더 선호한다는 것을 의미한다. 자본시장 내의 대부분의 거래에 있어 합리적인 투자자의 행위는 위험회피성향을 보이고 있어 투자자를 위험회피형으로 가정한다.

리스크 프리미엄이 영(0)인 리스크 투자를 공정게임(fair game)이라고 부르며 위험회피자는 이를 거부하고 단지 무리스크 투자 혹은 리스크 프리미엄이 양(+)인 투기적 투자(speculative investment)만을 고려한다. 리스크 프리미엄을 대가로 리스크 투자를 하는 것으로 리스크 프리미엄은 투자 리스크를 보상받을 만큼 충분히 커야 게임에 참여한다. 다시 말하면 위험회피자는 투자 시 리스크에 대한 보상으로서 포트폴리오의 예상수익률의 일정비율만큼의 보상을 요구한다.

복권의 예를 통해 위험유형에 따른 기대효용을 설명하고자 한다. 기대치의 효용($U[E(R)]$)이란 복권의 기대수익을 실제로 얻었을 때 느끼는 효용을 의미한다.

반면, 효용의 기대치($E[U(R)]$)란 복권으로부터 발생 가능한 각 수익을 실제로 얻었을 때 느끼는 효용에 그 수익이 발생할 확률을 곱한 값을 전부 합한 것이다. 다시 말해, 효용의 기대치는 기대수익이 실현되지 않을 위험까지 감안한 개념으로 흔히 기대효용(expected utility)이라 부른다. 예를 들면 $\frac{1}{2}$확률로 300원, $\frac{1}{2}$확률로 100원을 주는 복권이 있다고 가정해 보자.

기대효용($E[U(R)]$)은 기대수익률과 같은 수준의 확실한 수익($\frac{1}{2}R_1 + \frac{1}{2}R_2$ with certainty)으로 $E[U(R)] = U(R_1)(0.5) + U(R_2)(0.5)$로 표현할 수 있으며 기대치의 효용($U[E(R)]$)은 효용의 기댓값(probability of $\frac{1}{2}$)으로 $U[E(R)] = U[0.5R_1 + 0.5R_2]$이다. 위험회피자의 경우 불확실한 기대치 300원보다는 확실한 200원이 더 큰 가치가 있다고 보고, 복권보다는 복권의 기대수익과 동일한 현금을 선택할 것이다. 반면 위험선호자는 복권의 기대수익과 동일한 현금보다는 복권으로부터 가능한 각 경우의 수익이 주는 복권을 선택할 것이다. 위험중립자의 경우는 복권의 기대수익과 동일한 현금과 복권은 무차별하다.

1) 기대효용의 극대화 가설

기대수익률 극대화 가설의 가장 큰 문제는 기대수익과 실제 투자자가 지급하고자 하는 금액 사이에 괴리가 발생한다는 것으로, 이러한 문제점을 보완한 것이 기대효용 극대화 가설이다. 기대효용은 투자안으로부터 얻게 되는 효용의 미래 확률분포의 평균값으로, 불확실한 상황하의 합리적인 투자자가 가능한 대안들 중 기대되는 결과들의 평균효용이 가장 큰 것을 취한다는 입장이다(평균공리주의).

$$\max E[U(R)] = \max \sum p_i U(R_i)$$

앞에서 언급하였듯이 기대효용은 불확실성하의 소비자의 선호체계(risk preference)에 위험을 포함시킨 개념으로, 베르누이는 합리적인 투자자란 위험회피형 투자자의 입장에서 기대효용 극대화를 목표로 한다고 설명한다.

2) 위험에 대한 인간의 태도(risk appetite)

(1) 위험회피형(risk averse)

위험회피형은 가능한 한 위험이 낮은 투자대상을 선택하려는 성향이다. 위험회피형은 위험의 증가가 효용의 감소를 가져오는 형태이며 부의 증가에 따라 효용은 증가하지만 한계효용은 체감하는 한계효용 체감의 원칙[11]이 적용되는 위험유형이다. 따라서 이들의 효용함수의 형태는 [그림 2-3]에서 원점에 대해 오목(concave)한 형태[12]이며 $E[U(R)] < U[E(R)]$임을 알 수 있다. 그러므로 위험회피형 투자자는 위험이 추가될수록 더 높은 보상을 요구한다.

---

11) $U'(R) = \frac{dU}{dR} > 0,\ U''(R) = \frac{d^2U}{dR^2} < 0$

12) $U(W) = \ln W$

(2) 위험중립형(risk neutral)

위험중립형은 위험의 크기에 상관없이 절대적인 부의 크기에 따라 선호를 결정하는 것으로, 투자자의 효용은 기대수익에 의해서만 결정이 되고 위험은 고려하지 않는 성향을 의미한다. 위험중립투자자는 전적으로 기대수익률에 의해서만 투자안을 판단한다. 따라서 [그림 2-3]에서 보면 선형함수[13]로 표현이 된다.

그림 2-3 | 위험회피형, 위험중립형, 위험선호형 효용함수

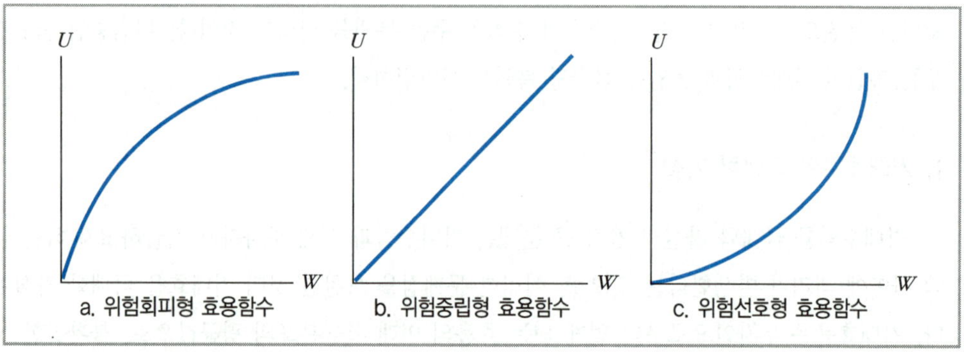

(3) 위험선호형(risk loving)

위험선호형은 위험의 증가가 효용의 증가로 이어지는 성향이며 부의 증가에 따라 효용은 물론 한계효용 역시 점차 증가하는 체증현상이 나타나는, 즉 한계효용 체증의 원칙[14]이 적용되는 위험유형이다. 한계효용 체증의 원칙이란, 재화는 어떠한 한계를 넘어섰을 때 더욱 차지하고자 하는 욕심이 증가하게 된다는 이론이다. 쉽게 말해서 마실수록 더 시원해지고 먹을수록 더 맛있어진다는 의미이다. [그림 2-3]에서 보면 원점에 대해 볼록(convex)함수의 모양이다. 위험선호투자자는 공정게임이나 도박을 즐긴다. 이 투자자는 앞으로 경험할 리스크의 재미를 고려해 기대수익률을 상향 조정한다.

3) 리스크 회피와 효용가치

일반적으로 기대이익과 위험, 그리고 투자자의 위험회피 정도를 고려한 효용함수, 즉 투자자의 기대효용함수는 평균분산 효용함수이며 다음과 같다.

---

13) $U'(R) = \frac{dU}{dR} > 0,\ U''(R) = \frac{d^2U}{dR^2} = 0$

14) $U'(R) = \frac{dU}{dR} > 0,\ U''(R) = \frac{d^2U}{dR^2} > 0$

$$U = E(r) - 0.005A\sigma^2$$

U : 효용(점수)
$E(r)$: 포트폴리오 기대수익률
σ^2 : 포트폴리오 분산
A : 투자자의 위험회피 정도(클수록 위험회피는 크다)

이 효용함수는 재무관리나 투자론에서 효용, 기대이익률 그리고 투자자의 위험회피 정도를 나타낼 때 흔히 쓰이는 이차함수형 효용함수이다. 위 식에서 0.005를 곱해 주는 이유는 기대수익률과 표준편차를 백분율(%)로 표시하기 위한 스케일(scale) 조정용이다. 이 효용함수는 다음과 같은 특징을 갖는다.

첫째, $E(r)$이 클수록, σ^2이 작을수록 U는 크다.
둘째, 같은 $E(r)$, 같은 σ^2이라도 A가 클수록 U는 작다.
셋째, 위험회피 투자자일수록 A가 크다.
넷째, 투자자는 U가 가장 큰 포트폴리오를 선택한다.

위 식에서의 효용은 기대수익률이 높을수록 증가하고 위험(포트폴리오의 분산)이 높을수록 감소한다. 리스크 포트폴리오의 분산이 효용을 감소시키는 정도는 투자자의 리스크 회피도(A)에 따라 달라진다. 리스크 회피도가 큰 투자자는 A값만큼 더 큰 보상을 요구하게 된다.

리스크 회피형 투자자의 리스크 자산에 대한 최적 투자비율 Y^*는 다음과 같이 구해진다.

$$Y^* = \frac{E(R_P) - R_f}{A\sigma_P^2}$$

A : 리스크 회피도(degree of risk aversion)

이 결과는 리스크 자산에 대한 최적 포지션은 리스크와 리스크 회피도의 수준과 리스크(분산에 의해 측정)에 반비례하고 리스크 자산이 제공하는 리스크 프리미엄에 정비례하는 것을 보여 준다.

즉 투자자의 리스크 포트폴리오(리스크 자산)는 보상-변동성 비율 $S = [E(r_p) - r_f]/\sigma_p$에 의해 특징지어진다. S는 샤프비율이라고 하며 위험에 대한 보상은 특정 투자포트폴리오의 위험프리미엄을 해당 투자포트폴리오의 표준편차로 나눈 비율로 측정할 수 있음을 나타낸다. 이 비율이 높을수록 효율적인 투자를 했다고 할 수 있다. 보다 상세한 내용은 제10장 주식 리스크 관리에서 다루고자 한다.

또한, 다음 예를 통해 정기예금투자와 주식투자에서 각각의 투자효용을 구해 보자.

	기대이익($E(r)$)	위험(σ)
정기예금투자	10%	0
주식투자	22%	34

정기예금 투자효용 : $U = 10 - 0.005 \times A \times 0 = 10$

주식 투자효용 : $A = 3$(위험회피형 투자자)일 경우 : $U = 22 - 0.005 \times 3 \times 34^2 = 4.66$

$A = 2$(위험중립형 투자자)일 경우 : $U = 22 - 0.005 \times 2 \times 34^2 = 10.44$

$A = 1$(위험선호형 투자자)일 경우 : $U = 22 - 0.005 \times 1 \times 34^2 = 16.22$

위험회피형 투자자는 비록 위험프리미엄이 12%일지라도 효용이 4.66으로 정기예금 투자효용 10보다 작기 때문에 주식에 투자하는 것보다는 정기예금에 투자할 것이다. 위험선호형 투자자는 정기예금에 투자하는 것보다는 주식에 투자하는 것이 효용이 더 크므로(즉, 16.22 > 10), 위험을 감수하고서라도 주식에 투자할 것이다.

한편, 같은 위험회피 정도(또는 위험선호 정도)라도 같은 효용을 제공하는 투자 포트폴리오가 존재하므로, 투자자는 비록 각 투자 포트폴리오가 서로 다른 기대이익과 위험을 갖더라도 선택에 대해 무차별할 것이다. 이와 같이 같은 효용의 포트폴리오를 연결한 곡선을 무차별곡선(indifference curve)이라 한다. 〈표 2-2〉와 같이 위험회피 정도를 4라고 할 때 각기 다른 기대이익과 위험 수준에서 효용은 한결같이 2로서 같다.

표 2-2 | 같은 효용의 포트폴리오

기대이익($E(r)$)	위험(σ)	효용 $U = E(r) - 0.005A\sigma^2$
10%	20	$10 - 0.005 \times 4 \times 20^2 = 2$
15%	25.5	$15 - 0.005 \times 4 \times 25.5^2 = 2$
20%	30	$20 - 0.005 \times 4 \times 30^2 = 2$
25%	33.9	$25 - 0.005 \times 4 \times 33.9^2 = 2$

제4절 프로스펙트이론[15)]

1. 경제학과 심리학의 만남

지금까지 소개한 기대효용이론은 인간은 항상 이기적이고 합리적이다라는 가정에서 전개된 이론이다. 하지만 이렇게 전개된 전통적 경제이론은 실제 인간의 행동을 고려하지 못한다는 문제점이 있다. 실제 인간의 행동은 기대효용이론이 예측한 바와 다르다. 이에 경제학에 심리학을 접목시켜야 한다는 여러 학자들의 주장이 있었다. 일찍이 경제학의 아버지라 불리는 아담 스미스(Adam Smith)는 그의 저서 「국부론」에서 "누구나 이익을 얻을 기회는 약간이라도 과대평가하고 손실을 볼 기회는 조금이라도 과소평가한다."라고 언급하였고, 허버트 사이먼(Herbert Simon)은 경제학이 제한된 합리성(bounded rationality)[16)]을 가진 인간을 연구해야 한다고 주장하였다. 이러하듯 기존 전통 경제학에 선택과 판단에 대한 심리학의 연구결과를 접목시켜 보다 현실적인 경제학으로 재탄생한 분야가 '행동경제학(behaviour economics)'[17)]으로 리스크 상황하에서의 인간의 태도를 잘 표현하며 앞서의 효용이론을 보다 발전시킨 이론으로 이제 행동경제이론[18)]은 경제학의 중요하고 유망한 연구분야 중 하나로서 완전히 정착된 단계에 이르렀다고 말할 수 있다.

카너먼과 트버스키는 불확실한 상황에서 행하는 인간의 판단과 선택을 설명한 연구논문으로 프로스펙트이론(Prospect theory: An analysis on decision under risk)을 발표했다. 이는 행동경제학의 중심축을 구성하는 이론으로, 주요 내용을 소개하고자 한다.

15) i) 카너먼(Daniel Kahneman)과 트버스키(Amos Tversky)가 창시한 행동경제학(behavioral economics) 이론을 일본 메이지 대학 도모노 노리오 교수가 쓴 「행동경제학」(2007) pp.105~129에서 참조.
ii) 카너먼(Kahneman): 이스라엘 출신의 미국 심리학자 · 경제학자. 경제주체의 의사결정이 반드시 합리적으로 이루어지는 것은 아니라는 '준합리적 경제이론'이라는 새로운 분야를 개척했다. 심리학과 실험방법을 이용해 기대효용이론을 뛰어넘는 경제학의 새로운 지평을 연 공로로 2002년 노벨 경제학상을 받았다.
iii) 트버스키(Tversky): 이스라엘 출신의 심리학자이자 인지과학자. 오랜 시간 카너먼과 함께 리스크를 다루는 인간의 인지적인 편향을 밝히는 데 큰 공헌을 하였다.

16) 사이먼(H. Simon)은 인간은 무한히 합리적일 수 없고, 오직 제한된 합리성밖에 갖지 못한다는 현실적인 경제이론을 반영했다.

17) 준 합리적 경제이론으로 인간이 실제로 어떻게 선택하고 행동하는지 그 결과로 어떠한 사회현상이 발생하는가를 고찰한다. '이성은 조랑말, 감성은 코끼리'로 표현되어 마음이 인간행동을 결정한다고 한다.

18) 카너먼(D. Kahneman)에게 2002년도 노벨경제학상을 수여한 것은 행동경제이론이 경제학계에서 차지하고 있는 위상을 잘 설명해 주고 있다.

2. 리스크 상황하에서의 판단

인간은 여러 가지 감각의 변화 중 절대치가 아닌 상대적인 변화에 반응한다. 거지에게 10,000원과 빌 게이츠에게 10,000원은 의미가 많이 다를 것이다. 즉, "사람은 변화에 반응한다."는 것이 카너먼(Kahneman)과 트버스키(Tversky)가 창시한 프로스펙트이론(prospect theory)의 출발점이다.

프로스펙트이론은 기대효용이론의 대체이론으로 고안된 것으로서 기존 경제학의 효용함수에 대응하는 '가치함수(value function)' 및 확률의 중요성과 관계가 있는 '확률가중함수(probability weighting function)'로 구성된다. 여기에서 가치는 어떤 기준으로부터의 손익으로 측정된다. 그리고 프로스펙트이론의 확률은 확률 1/3을 1/3 그 자체로 받아들이지 않는 심리적인 성질을 갖고 있다.

1) 가치함수

[그림 2-4]는 프로스펙트이론에서 사용되는 가치함수이다. 평가의 기준이 되는 점을 준거점(reference point)이라 하는데, 같은 의미의 단어는 기준점이라고 할 수 있다. 알아두어야 할 점은 준거점은 항상 0인 원점을 일컫는 것이 아니라 이익과 손실이 있기 이전의 지점을 말한다는 것이다. 예를 들어, 어제 주식가격이 100만 원이었지만 오늘 주식가격이 상승하여 110만 원이 되었다면 여기서 준거점은 100만 원이 되는 것이다. [그림 2-4]는 원점을 기준점, 즉 준거점으로 나타내었다.

그림 2-4 | 가치함수

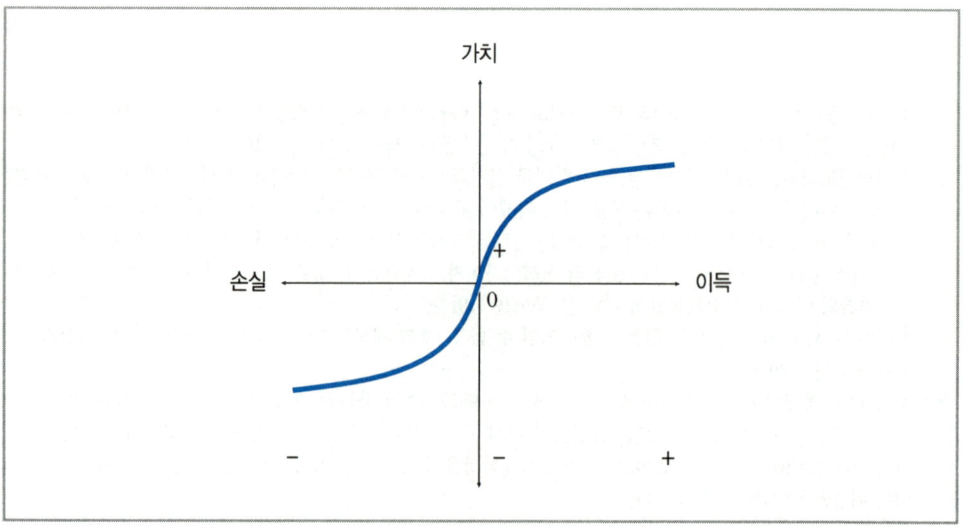

가로축에는 준거점을 기준으로 원점의 오른쪽에는 이익의 크기를, 왼쪽에는 손실의 크기를 나타낸다. 세로축은 손익이 초래하는 가치이며, 원점으로부터 위쪽은 플러스를 아래쪽은 마이너스 가치로 측정된다. 여기에서 말하는 가치는 경제학[19]에서 사용되는 '효용'을 뜻한다. 가치함수는 v로 나타낸다.

[그림 2-4]에 그려진 *S*자형 가치함수는 효용가치의 두드러진 3가지 성격을 나타내고 있다. 다만 여기에서는 가치함수의 전형적인 예나 특성을 그려낸 것으로 모든 사람이 같은 형태의 가치함수를 갖는다는 것은 아니다. 가치함수의 특성은 다음과 같다.

(1) 준거점 의존성

첫째는 '준거점(reference point) 의존성'이다. 경제학에 있어서 효용 개념의 출발점이 된 것은 다니엘 베르누이(Daniel Bernoulli)의 효용이론이지만, 여기서 말하는 효용은 부(富)의 수준으로 측정된다. 장기적으로 합리적인 행동을 하기 위해서는 이 가정이 타당하나, 현실적인 인간행동과는 상당한 차이가 있다.

카너먼(Kahneman)은 효용을 부의 수준으로 측정하는 것을 '베르누이의 착오'라 일컫는다. 기존 기대효용이론에서는 소비자의 효용수준은 최종적인 결과(이익 혹은 손실)였으나 프로스펙트이론에서는 변화(change)에 주로 관심을 갖는다는 사실이다. 즉, 준거점을 설정해 놓고 여기에 비해 어떻게 변화했는지에 관심의 초점을 맞춘다고 한다. 다음과 같은 예를 살펴보자. 두 사람이 최근 한 달간 자신의 금융자산 증감에 관한 보고를 받았다. A는 자산이 4,000만 원에서 3,000만 원으로 줄어들고, B는 1,000만 원에서 1,100만 원으로 늘어났다는 보고를 받았다. 어느 쪽이 행복할까? A와 B의 최종 자산금액을 비교하여 볼 때 A는 3,000만 원을 가지고 있고, B는 1,100만 원을 가지고 있기 때문에 A가 더 행복하다고 할 수가 있다. **이것은 눈에 보이는 부의 수준(부의 절대량)만이 효용이라는 관점에서 봤을 때**이다. 하지만 우리들 대부분은 1,000만 원의 손실이 있는 A보다 100만 원의 이득이 있는 B가 더 행복할 것이라고 생각한다. [그림 2-5]에 나타낸 가치함수에 적용하여 살펴본다면, A의 준거점은 4,000만 원이었고 B의 준거점은 1,000만 원이었는데 A의 최종 자산은 준거점에서 (–)방향으로 이동하여 1,000만 원이 감소하여 3,000만 원이 되었고, B의 최종 자산은 (+)방향으로 이동하여 100만 원 증가한 1,100만 원이 되었다.

다시 말해, 가치함수에서 (–)방향으로의 변화는 비효용(손실)을 가져오고, (+)방향으로 변화는 효용(이익)을 가져온다.

즉, 사람들의 효용을 결정하는 주요인은 최종적인 부의 크기가 아니라 부의 변화폭이라는

---

19) 여기서 말하는 경제학은 기존의 전통경제학을 뜻하며 엄밀하게 말해 '신고전파 경제학'을 뜻한다.

그림 2-5 | 준거점 의존성

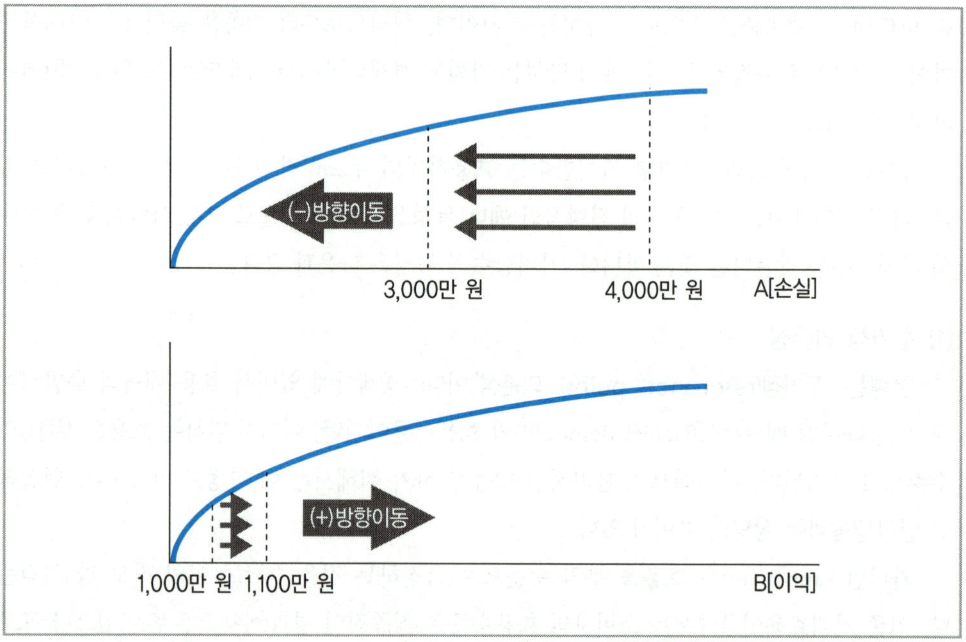

사실을 관찰할 수 있다는 것이다. 이를 보면 효용에 결정적인 영향을 미치는 것은 부의 최종적인 크기가 아니라 부의 변화라는 결론이 나온다.

또한 어떻게 행동해야 할 것인가를 규정하는 사회규범이나 장래에 대한 사항, 다른 사람의 행동에 대한 기대가 준거점이 될 수도 있고, 요구수준이나 목표가 준거점이 될 수도 있다. 그러나 준거점에 관해서 어떤 상황에서 무엇이 준거점이 될지, 준거점의 이동은 어떤 경우에 발생하는지 또는 발생하지 않는지, 장·단기의 구별은 어떻게 할지 등의 해결해야 할 과제가 남아 있다.

(2) 민감도 체감성

가치함수의 두 번째 특성은 '민감도 체감성(diminishing sensitivity)'이다. 이익이나 손실의 가치가 작을 때에는 변화에 민감하여 손익의 작은 변화가 비교적 큰 가치 변동을 가져온다. 그러나 이익이나 손실의 가치가 커짐에 따라 작은 변화에 대한 가치의 민감도는 감소한다. 이러한 특성이 '민감도 체감성'이다.

[그림 2-6]에서는 이익이나 손실 액수가 커짐에 따라 가치함수의 기울기가 점점 완만해져 가는데 이를 체감이라 한다. 예를 들어 낮은 온도인 1도에서 4도로 상승하는 경우가 상온인 21도에서 24도로 상승할 때보다 더 따뜻하게 느껴진다(Paradigm Shift).

그림 2-6 | 민감도 체감성

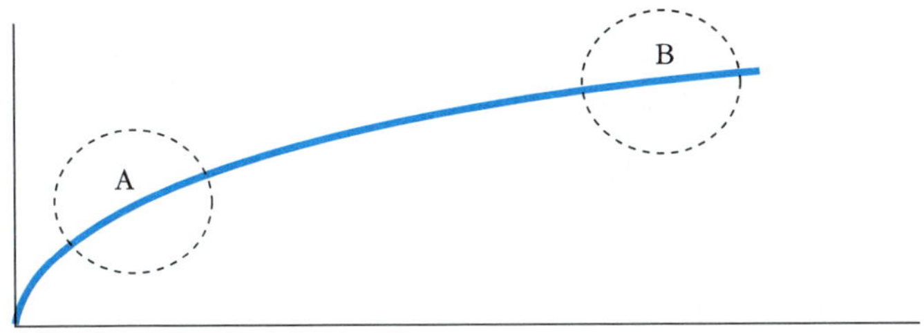

이와 같은 사실은 실험적으로 검증되고 있다. 카너먼, 트버스키, 세일러가 경제학에 선구적으로 도입한, 간단한 선택에 관한 질문에 대해 회답을 얻는 이 실험(또는 조사)방법은 그 이후 행동경제학이나 실험경제학에서 왕성하게 사용되었다.

우선 표기법을 정리해 확인해 두자. (1,000, 0.5 : 2,000, 0.1)에서 1,000원은 얻을 수 있는 이익이고 0.5는 이익을 얻을 수 있는 확률이다. 마찬가지로 2,000원은 얻을 수 있는 이익이며 0.1은 이익을 얻을 수 있는 확률이다. 그럼 0.4는 1−(0.5+0.1)이므로 확률적으로 아무것도 얻을 수 없는, 즉 이익이 '0' 인 확률이다.

질문 1 | A : (6,000, 0.25) [18]
B : (4,000, 0.25 : 2,000, 0.25) [82]

질문 1′ | C : (−6,000, 0.25) [70]
D : (−4,000, 0.25 : −2,000, 0.25) [30]

실험의 예를 살펴보자. 모든 질문은 2개의 선택대안 중 어느 하나를 선택하는 형식이다. [ ] 안의 수치는 그 선택대안을 선택한 사람의 비율(%)을 나타낸다.

질문 1에서는 6,000을 0.25의 확률로 얻는 것보다 4,000을 0.25의 확률 또는 2,000을 0.25의 확률로 얻을 수 있는 쪽을 더 많이 선택하고 있다. 모든 확률이 0.25이기 때문에 이를 제거하면

$$v(6,000) < v(4,000) + v(2,000) \rightarrow \text{[이익인 경우]}$$

이 되며, 6,000의 가치가 4,000의 가치와 2,000의 가치의 합보다 작아지는 민감도 체감을 의미하고 있다. 쉽게 설명하면, 복권에 투자하는 비용은 같고, 복권 A는 6,000원에 0.25의 확률로 당첨되고 0.75의 확률로 당첨되지 못한다.

복권 B는 4,000원이 0.25의 확률로 한 번 나올 수 있고, 2,000원이 0.25의 확률로 한 번 나올 수 있다. 당첨되지 못할 확률은 0.5이다. 만약 복권 B가 (4,000, 0.25)라면 당연히 사람들은 같은 확률에 이익이 큰 복권 A를 선택할 것이다. 그러나 복권 B를 선택 시 낮은 당첨확률이지만 6,000 − 4,000을 보상해 줄 수 있는 (2,000, 0.25) 옵션이 추가된다면 결과는 달라진다. 즉, 복권 B에 (2,000, 0.25)라는 옵션이 추가되었기 때문에 사람들은 이익의 경우 안정적인 선택을 할 것이고 질문 1의 결과와 같아질 것이다.

정리해서 말한다면, 이익의 가치차이가 (6,000, 0.25) − (4,000, 0.25)가 아닌 (100,000, 0.25) − (4,000, 0.25)와 같이 아주 큰 차이라면 (2,000, 0.25)의 옵션이 추가되어도 (100,000, 0.25)를 선택할 확률이 높다. 그러나 질문 1과 같이 이익의 가치차이가 작기(6,000 − 4,000) 때문에 작은 변화(2,000, 0.25)만 있어도 큰 가치변화를 느낄 것이다.

질문 1′ 에서도 마찬가지로

$$v(-6,000) > v(-4,000) + v(-2,000) \rightarrow \text{[손실의 경우]}$$

이 되어 역시 민감도 체감을 나타내고 있다. 풀어서 이야기하자면, −6,000원과 −4,000원을 0.25의 확률로 손실을 입는다면, 당연히 (−4,000, 0.25)를 선택하겠지만 추가적으로 (−2,000, 0.25)의 확률로 손실을 입을 수도 있다면 (−6,000, 0.25)를 선택할 것이다. 이유는 (−6,000, 0.25)가 손실을 입을 확률이 작기 때문이다(안정적이다). 다시 말하자면, 같은 확률에서는 −4,000원이 더 안정적이었지만 작은 변화인 (−2,000, 0.25)가 추가됨으로써 사람들은 민감하게 되고 리스크를 크게 느끼게 되어 가치변화를 크게 생각한다. (질문 1′ 복권 C를 선택)

이것 또한 가치차이가 −6,000과 −4,000이 아닌 −100,000과 −4,000의 차이라면 결과는 달라질 것이다.

민감도 체감성에서 리스크에 대한 중요한 태도의 차이가 발생한다. 사람들은 이익에 관해서는 리스크 회피적이지만, 손실에 관해서는 리스크 추구적인 것을 알 수 있다.

질문 2	(4,000, 0.9) <	(3,000, 1)
	[20]	[80]
질문 2′	(−4,000, 0.8) >	(−3,000, 1)
	[92]	[8]
질문 3	(4,000, 0.2) >	(3,000, 0.25)
	[65]	[35]

질문 3′ | (−4,000, 0.2) < (−3,000, 0.25)
[42] [58]

질문 2와 질문 3은 이익에 관한 선택을, 질문 2′와 질문 3′는 손실에 관한 질문이며, 금액은 플러스와 마이너스가 반대일 뿐 확률은 똑같다.

이 결과를 보면 부등호 방향이 반대인 것을 알 수 있다. 질문 2에서는 (4,000, 0.8)보다 (3,000, 1)이 선택되었고, 질문 2′에서는 (−3,000, 1)보다 (−4,000, 0.8) 쪽이 선택되어 이익과 손실에 대한 선택이 반대로 나타남을 알 수 있다. 동일한 경우가 질문 3과 질문 3′에서도 성립하고 있다.

질문 2에서 (4,000, 0.8)의 복권 기대치는 4,000×0.8=3,200이다. 그러나 기대치는 상대적으로 작더라도 확실히 손에 들어오는 (3,000, 1)을 더 많이 선택하는 것을 보여준다. 이처럼 확실한 선택대안이 과대평가되는 것을 '확실성 효과'라고 하는데, 이 경우에는 이익에 관해서 리스크 회피적인 것을 의미한다.

질문 2′에서 금액은 작지만 확실한 손실 (−3,000, 1)보다도 기대치가 크다. 하지만 손실을 피할 가능성도 있는 (−4,000, 0.8) 쪽을 월등하게 더 많이 선택하고 있다. 즉, 손실에 관해서는 리스크 추구적이다. 뒤에서 살펴보겠지만 가치함수와 확률가중함수의 조합에서 생각하면 이런 특성은 확률이 중간 이상일 경우에만 성립한다.

(3) 손실회피성

가치함수의 세 번째 특성은 '손실회피성(loss aversion)'이다. 손실은 똑같은 금액의 이익보다도 훨씬 더 강하게 평가된다. 같은 액수의 손실과 이익이 있다면, 손실액으로 인한 '불만족'은 이익금이 가져다주는 '만족'보다 더 크게 느껴진다는 뜻이다.

대부분의 사람들은 (1,000, 0.5 : −1,000, 0.5)라는 식의 복권선택을 거부할 것이다. 설령 1,000원을 잃을 확률과 1,000을 딸 확률이 엇비슷하더라도 이 복권을 거부하는 것은 동일 금액의 손익에서는 손실 쪽을 크게 평가한다는 의미이다.

2) 확률가중함수

프로스펙트이론에서는 기대효용이론과 달리 주관적 확률값에 비선형적인 효용(가치)이 곱해진다. 객관적 확률값 그 자체가 효용에 곱해지는 것이 아니라, 객관적 확률이 가중평가되어 효용(가치)과 곱해지게 된다. 여기서 가치함수 v와 확률 p에 기초하여 확률가중함수 $w(p)$에 의한 전체적인 평가가 이루어진다. 즉, x가 확률 p로 발생하면 $w(p)\,v(x)$의 전체적인 가치가 부여된다.

또한 $w(0) = 0$, $w(1) = 1$이 되듯이 기준화되어 있다고 가정하자. 그러면 확률 p와 그것의 확률가중함수 $w(p)$의 관계는 어떻게 되어 있을까? [그림 2-7]에는 역 S자형 확률가중함수 $w(p)$가 표시되어 있다. [그림 2-7]에서 직선은 확률의 선형성을 나타내고 있다. 그림의 확률가중함수 $w(p)$처럼 확률이 작을 때에는 과대평가되고, 확률이 중간 정도부터 커질수록 확률은 과소평가된다는 사실이 카너먼과 트버스키에 의해 실험적으로 확인되었다. 직선과 확률가중함수 그래프의 교차점, 즉 확률이 거의 그 가치대로 가중되는 점은 약 0.35인 것도 측정되었다.

가치함수와 마찬가지로 확률가중함수에 대해서도 민감도 체감성이 성립된다. 즉 확률이 0부터 0.1로 또는 0.9부터 1.00으로 변하는 것은 확률이 0.3에서 0.4로 변하거나 0.6에서 0.7로 변하는 것보다도 심리적으로 훨씬 더 큰 영향을 미친다.

예를 들어 [그림 2-7]을 보면 a점이 (0.1, 0.18)의 좌표를 갖는 것을 볼 수 있다. 이 점은 A라는 결과와 관련을 갖고 있는 점인데 가로축상의 좌표가 0.1이라는 것은 그 결과가 나타날 확률이 0.1 즉 10%라는 것을 뜻한다. 기대효용이론에서는 A가 나타날 때의 효용에 바로 이 확률을 곱해 기대효용을 계산한다.

그러나 그림을 보면 전망의 가치를 계산할 때 사용되는 결정가중치는 0.18로 그보다 크다

그림 2-7 | 확률가중함수

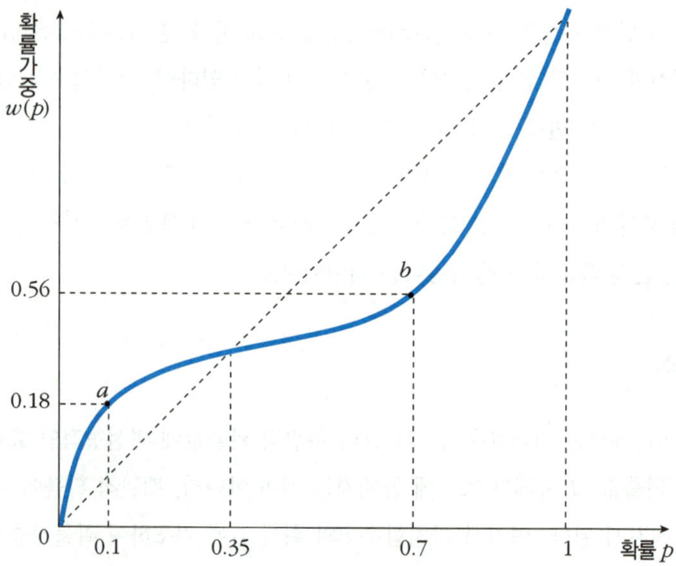

자료 : 이준구, 「미시경제학」(2008), p.720.

는 것을 알 수 있다. 이는 확률이 비교적 작은 결과에 대해서는 그것이 나타날 가능성을 어느 정도 부풀려 가치함수에 반영한다는 것을 뜻한다. 그러나 확률이 큰 결과에 대해서는 이와 반대로 그것이 나타날 가능성을 깎아서 가치함수에 반영하는 특성을 보인다. b점의 좌표가 (0.7, 0.56)이라는 것은 나타날 확률이 0.7인 B라는 결과에 적용되는 결정가중치가 0.56으로 확률보다 더 작다는 뜻이다.

확률의 평가에 관한 자연스러운 준거점은 확률 제로와 확률 1이다. 따라서 확률 제로에서부터의 확률 증가에 대한 확률가중함수 $w(p)$는 위로 볼록하고, 확률 1에서부터의 확률 감소에 대한 확률가중함수 $w(p)$는 아래로 볼록하게 된다.

다음 〈표 2-3〉에는 확률 p의 값에 대한 $w(p)$의 값을 나타내고 있다. 분명히 $w(0) = 0$, $w(1) = 1$이다. 〈표 2-3〉에서 확률이 약 0.35 이하일 때는 과대평가되고, 0.36 이상에서는 과소평가되는 것을 알 수 있다.

통상적인 확률에서는 어떤 사상(event)이 발생할 확률 p와 그것이 발생하지 않을 확률 $1 - p$를 더하면 1이 되는 당연한 성질이 성립된다.

하지만 확률가중함수에서는 이와 같은 경우는 성립하지 않고 0과 1을 뺀 확률 p에 대해

$$w(p) + w(1 - p) < 1$$

이 된다. 이 성질을 준가법성(subadditivity)이라 하는데, 표의 수치에서도 이런 성질을 확인할 수 있다.

표 2-3 | 확률과 가중 (수치 예)

p	$w(p)$
0.01	0.05
0.05	0.12
0.1	0.18
0.2	0.26
0.3	0.32
0.35	0.354
0.36	0.359
0.4	0.38
0.5	0.44
0.6	0.50
0.7	0.56
0.8	0.64
0.9	0.74
0.99	0.93

확률가중함수는 중간 정도의 확률의 변화에서는 민감도가 작지만 확률이 제로나 1과 같은 극단적 수치 부근에서는 민감도가 크다고 할 수 있다. 인간은 확률을 수치로 받아들이지 않고 '확실' ($p = 1$), '불가능' ($p = 0$), '가능성이 있다' ($0 < p < 1$)의 3개로 나누어 직감적으로 판단한다고 조나단 베런(Jonathan Baron)은 지적한다.

또한 '확실'과 '가능성' 사이, '가능성'과 '불가능' 사이에는 상당한 갭이 있다는 사실이 확률가중함수의 급격한 변화에서 나타난다.

확률이 낮은 것을 과대평가하는 것과 확률이 높은 것을 과소평가하는 것은 아무래도 인간의 확률판단에 영향을 주는 보편적인 성질인 것 같다. 과대평가 사례를 들면 45개의 번호 중 하나의 수를 동시에 6개를 맞추어야 하는 복권(Lotto)의 경우 1등으로 당첨되는 확률은 1/8,145,000[20](=0.0000001)이다. 하지만 복권을 구입하는 사람은 그보다 훨씬 높은 1/81,450 (=0.00001) 정도의 확률 혹은 그 이상의 확률이라고 믿고 있기 때문에 복권사업이 지속될 수 있는 것이다. 일반적인 경품추첨에서도 우리는 알 수 있다. 1,000명이 모인 자리에서 단 2명을 추첨하여 경품을 주지만(확률, $\frac{1}{500} = 0.002$) 사람들은 $\frac{1}{500}$보다 높은 확률을 기대하고 추첨

그림 2-8 | 연간 사망발생 실질건수와 주관적 기대치

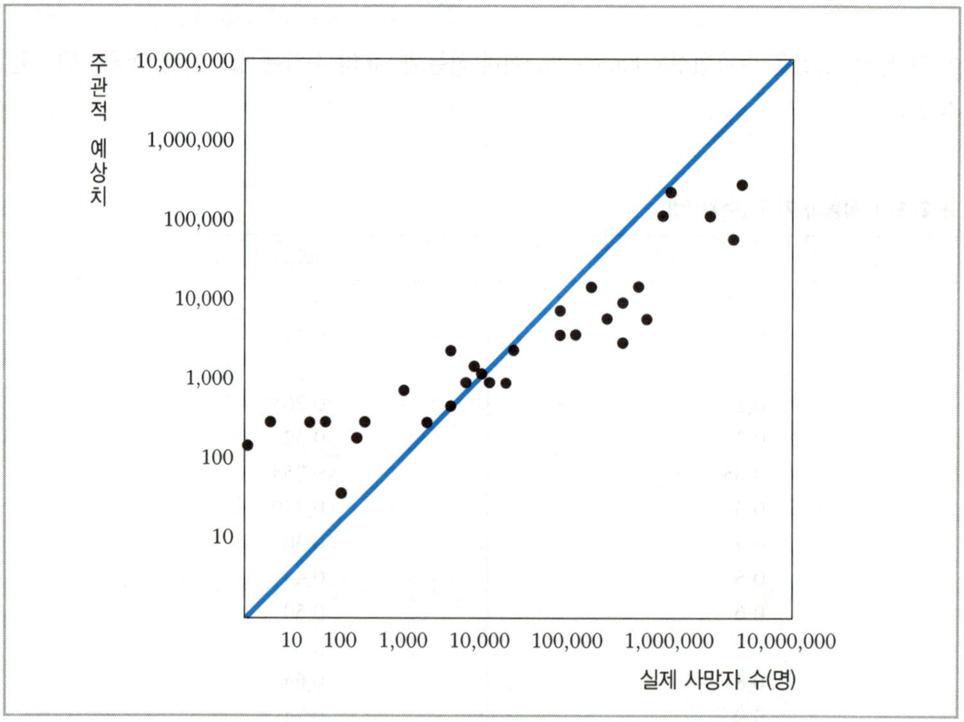

20) 45개의 숫자 중에서 6개를 선택하여 나올 수 있는 숫자의 조합은 $_{45}C_6 = 8,145,000$이다.

장에 모일 것이다.

그리고 서브프라임 모기지 론(subprime mortgage loan)으로부터 발생한 일명 미국 서브프라임 사태에서 확률이 과소평가된 것을 엿볼 수 있다. 서브프라임 모기지 대출회사들은 미국의 연방준비제도이사회(FRB)가 정책목표금리를 1.0%에서 5.25%까지 올렸지만 대출을 받은 사람들이 원리금을 갚지 못할 것이라고 생각하지 못했다. 즉, 정책목표금리가 오르면서 저소득층이 원리금 자체를 갚지 못하는 확률은 높아졌지만 대출회사들은 그 확률을 과소평가한 것이다. 결국은 원리금을 제때 갚지 못하는 저소득층 비율이 높아졌고 대출회사들은 유동성 위기를 맞이하여 서브프라임 사태가 발생하였다.

이렇게 일상 및 경제적 상황 속에서 확률이 과대 혹은 과소 평가되는 경우가 많을 것이다. 앞의 그림에서도 확률가중함수의 특성이 나타난다. [그림 2-8]에서의 점들은 당뇨병, 뇌졸중 등 다양한 사망원인을 나타내고 있으며, 가로축의 실제 사망자 수와 세로축의 주관적 예상치의 관계가 그려져 있다. 그림을 통해 알 수 있듯이 실제로 발생한 사망자 수가 적음에도 불구하고 사람들의 주관적인 예상은 과대평가되고, 그 반대로 실제 사망자 수가 많음에도 불구하고 사람들의 주관적인 예상은 과소평가된다는 사실을 보여준다.

3) 리스크 성향의 4가지 패턴

카너먼(Kahneman)과 트버스키(Tversky)의 실험(질문 2와 3)에서는 확률이 낮을 때 이익에 대해서는 리스크를 추구하는 대신 손실은 리스크 회피적으로 나타난다.

표 2-4 | 리스크에 대한 태도의 4가지 양상

확률	이익	손실
중간에서 높은 정도의 확률	리스크 회피	리스크 추구
낮은 확률	리스크 추구	리스크 회피

이 양상에 따라 당첨확률이 매우 낮음에도 불구하고 복권을 경쟁적으로 구입하는 일이나 감염될 확률이 매우 낮지만 광우병에 걸릴까 봐 쇠고기를 기피하는 행동 또는 보험에 가입하는 행위 따위를 충분히 이해할 수 있다. 지금까지 가치함수, 확률가중함수 그리고 리스크에 대한 편향에 대하여 설명하였는데 이외에도 자신의 행동을 결정할 때 독특한 심리적 메커니즘을 사용하는 감성휴리스틱(affect heuristics), 직관과 편향(intuition and bias), 부존효과(endowment effect), 프레임효과(frame effect), 심적 회계방식(mental accounting) 등이 있다.

제5절 금융기관 리스크 관리의 형태

금융기관 경쟁력의 원천은 리스크 관리기술과 정보의 생산기술이라고 앞 장에서 언급한 바 있다. 금융기관(financial institution)의 기능은 금융중개의 위험(risk of financial intermediation)을 다루는 것으로서 사실 금융기관을 경영하는 것은 이러한 위험을 관리하는 것인데 금융기관 리스크의 종류는 매우 다양하여 분류방식도 매우 다양할 수 있다.

사운더스(Anthony Saunders)[21]는 금융 리스크를 이자율 리스크(interest rate risk), 시장 리스크(market risk), 신용 리스크(credit risk), 부외거래 리스크(off-balance-sheet risk), 기술 및 운영 리스크(technology and operational risk), 환 리스크(foreign exchange risk), 국가 리스크(country or sovereign risk), 유동성 리스크(liquidity risk)와 지급불능 리스크(insolvency risk)로 분류하고 있다.

조리언(Philippe Jorion)[22]은 금융 리스크를 신용 리스크, 유동성 리스크, 운영 리스크, 시장 리스크로 구분하고 기타 리스크는 전략 리스크, 법률 리스크 등으로, 베시스(Joël Bessis)[23]는 은행업무 리스크(banking risks)를 신용 리스크, 이자율 리스크, 시장 리스크, 유동성 리스크, 운영 리스크, 외환 리스크, 그리고 기타 리스크(국가 리스크, 결제 리스크, 수행 리스크)로 구분하고 있다.

최근 금융기관은 신바젤협약의 본격적인 이행에 따라 신바젤협약에서 요구하는 기준과 조건을 충족시키기 위해 노력을 경주하고 있다. 신바젤협약에 의한 분류는 Pillar 1 리스크에서 신용 리스크(credit risk), 시장 리스크(market risk) 및 운영 리스크(operational risk)만에 대해 최저자본요구량(minimum capital requirement)을 산출하고 있으며, Pillar 1 리스크에서 커버되지 않은 리스크를 Pillar 2 리스크에서 잔여 리스크(residual risk)로, 즉 은행계정 리스크, 유동성 리스크, 신용편중 리스크, 전략/평판 리스크 및 아웃소싱 리스크 등으로 구분하고 있다. 바젤Ⅲ에서는 유동성 커버리지비율 등 새로운 지표를 도입하여 유동성 리스크 관리를 강화하였는데, 이는 금융규제개혁과 함께 별도의 장에서 다루었다.

금융기관은 위와 같은 분류를 감안하여 은행의 경우 리스크 관리를 시장 리스크, ALM(금리 및 유동성 리스크 포함) 리스크, 신용 리스크, 운영 리스크로 크게 구분한다. 시장 리스크 관리와 ALM 리스크 관리는 자산부채관리위원회(ALCO: Asset and Liability Management Committee)에서, 신용 리스크 관리와 운영 리스크 관리는 리스크 관리위원회(RMC: Risk

---

21) A. Saunders and M. Cornett, *Financial Institutions Management*, 6th edition, McGraw-Hill, 2008.
22) Philippe Jorion, *Value at Risk: The New Benchmark for Managing Financial Risk*, 3rd edition, McGraw-Hill, 2006.
23) Joël Bessis, *Risk Management in Banking*, John Wiley & Sons Ltd., 2002.

Management Committee)에서 주관하여 실질적인 관리가 이루어지고 있다. 금융IT 리스크는 대개 운영 리스크 범주에 속하여 관리되어 왔으나 최근 IT 발전에 따른 디지털 기술발달과 인터넷 뱅킹의 증가 그리고 핀테크의 출현으로 이 분야의 전문성과 복잡성을 감안하여 별도의 장으로 금융IT 리스크를 다루었다. 금융 리스크는 투자 리스크로서 투자은행(증권회사)의 주상품인 주식과 채권, 자산운용사의 펀드를 주식 리스크 관리, 채권 리스크 관리, 펀드 리스크 관리로 별도의 장을 신설하여 설명하였다. 또한 최근 글로벌 금융위기 이후 그리고 특히 미국 트럼프 정권 출범 이후 금리인상에 따른 환율 변동폭이 심해짐에 따라 기업경영에 있어 환 리스크 관리가 더욱 중요시되어 별도의 장으로 환 리스크 관리를 다루었다. 위와 같이 금융기관이 실질적으로 금융 리스크 관리가 이루어져야 하는 필요성이 제기되어 본서에서는 다음과 같은 분류에 의해 구체적인 금융 리스크 관리를 설명하고자 한다.

표 2-5 | 금융 리스크의 분류

구분	주요 리스크 관리 내용
시장 리스크	금리, 주가, 환율 등 시장 리스크 요인의 변동에 따른 트레이딩 포트폴리오(trading portfolio)의 가치하락위험
금리 리스크	자산부채 금리개정 갭 불일치위험
유동성 리스크	자산과 부채의 만기구조 불일치위험
ALM 리스크	최적화되지 않은 자산과 부채 구성으로 인한 순이자수익(NII)과 순자산가치(NPV)의 변동위험
주식 리스크	주식포지션의 주식하락위험, 리스크-수익구조의 변화관리위험
채권 리스크	채권투자운용에 수반되는 채무불이행 위험, 가격변동위험, 재투자위험 등
펀드 리스크	펀드자산운용과 관련하여 발생할 수 있는 시장위험, 유동성위험, 신용위험 등
환 리스크	환노출로 인한 수익성, 순현금흐름 및 시장가치의 변동위험
신용 리스크	거래 상대방의 부도, 대출회수 불능위험 등
운영 리스크	부적절한 내부절차, 사취, 유형자산 손실, 시스템 실패
금융IT 리스크	기업정보자산의 자산분석, 위험분석, 취약성분석을 통한 체계적인 정보보호관리

1. 시장 리스크

시장 리스크(market risk)는 금리, 주가, 환율 등 시장요인(market factors)의 변동에 따른 금융기관 트레이딩 포트폴리오(Trading Portfolio)의 시장가치가 하락하게 될 위험을 의미한다. 따라서 시장 리스크에는 금리(채권)변동위험, 환율변동위험, 주가변동위험, 원유와 같은 상품가격 변동위험 등이 포함된다. 전체 포트폴리오의 금리변동위험은 금리 리스크 관리에서, 주가변동위험은 주식 리스크 관리에서, 채권변동위험은 채권 리스크 관리에서, 환율변동위험은 환 리스크 관리에서 별도의 장으로 분류하여 설명하고 있다.

2. 금리 리스크

금리 리스크(interest rate risk)란 예상치 못한 금리변동에 의해 금융기관 전체 포트폴리오의 자산 및 부채 가치가 변할 리스크를 의미한다. 예를 들어 단기부채로 조달한 자금을 장기로 대출했을 경우 단기부채를 상환해야 할 시점에 자금을 재조달해야 하는 위험이 존재할 수 있다. 또한 장기부채를 단기로 투자했을 경우 투자수익률이 하락해서 손실이 발생할 수 있는데 이러한 경우를 재투자위험이라고 한다. 또한 금리가 변동할 때 자산과 부채의 금리 변동폭이 같지 않아서 발생하는 위험이 있다.

3. 유동성 리스크

유동성 리스크(liquidity risk)란 자금운용과 조달기간의 불일치나 예기치 못한 자금유출 등으로 유동성 부족이 발생하여 정상적인 상황보다 높은 금리를 지불하고도 자금조달이 어려운 경우가 발생할 위험을 의미한다. 최근의 금융위기를 겪으면서 그리고 불확실성이 증대됨에 따라 금융기관들의 유동성 리스크 관리의 필요성이 커졌다.

4. ALM 리스크

ALM 리스크(ALM risk)란 자산과 부채 구성의 최적화를 통해서 순이자수익(NII)과 순자산가치(NPV)를 극대화하는 것을 목표로 하며, ALCO(자산부채관리위원회)에서 종합적인 자산 · 부채 관리전략을 논의한다.

5. 주식 리스크

주식 리스크(equity risk)란 주식포지션의 주가하락위험, 주가변동성의 변동위험, 베타위험, 배당위험 등으로 금융기관은 다수의 주식자산을 보유함에 따른 주식포트폴리오 리스크 관리에 주안점을 둔다.

6. 채권 리스크

채권 리스크(bond risk)란 채권투자운용에 수반되는 위험으로 채무불이행 위험, 채권가격 변동위험, 재투자위험, 유동성위험, 인플레이션위험, 수의상환위험, 변동성위험 등이 있다.

7. 펀드 리스크

펀드 리스크(fund risk)란 자산운용 리스크와 업무영위 리스크로 구분할 수 있다. 펀드자산의 운용과 관련하여 발생할 수 있는 시장 리스크, 유동성 리스크, 신용 리스크 등의 자산운용 리스크와 펀드운용 리스크, 평판 리스크, 법률 리스크가 포함된 업무영위 리스크가 있다.

8. 환 리스크

환 리스크(foreign exchange risk)란 금융기관이나 기업이 환율변동으로 인해 손실을 입게 될 리스크를 의미한다. IMF 위기 발생 전에 국내 대부분의 금융기관들은 외화부채를 많이 보유하고 있었다. 1997년 말 원화가치가 폭락하자 금융기관들은 대규모의 환손실을 입게 되었고, 곧바로 부도위험에 빠지게 되었다. 또한 최근의 KIKO(Knock-In, Knock-Out) 사태도 환율변동위험을 제대로 숙지하지 못하여 발생한 대표적인 사례다. 최근 미국의 금리인상으로 환율의 변동폭이 증대되어 외환관리의 필요성이 더욱 요구된다.

9. 신용 리스크

신용 리스크(credit risk)란 거래 상대방이 계약의무의 이행을 거부하거나 이행할 수 없을 경우에 발생하는 리스크를 의미한다. 따라서 일반적으로 보유 중인 대출자산이나 유가증권 등으로부터 예상되는 현금흐름이 계약대로 지불되지 않을 가능성을 의미한다. 좁은 의미의 신용리스크는 채무불이행 위험(default risk)이지만 넓은 의미로는 채무불이행 위험뿐 아니라 채무자(보유자산)의 신용도(credit quality)가 하락할 때 발생할 수 있는 손실위험으로 정의된다. 잠재적 손실의 크기라는 관점에서는 금융기관이 직면하게 되는 위험 중 가장 크고 중요한 위험이다.

10. 운영 리스크

운영 리스크(operational risk)란 부적절하거나 실패한 내부절차와 직원 및 시스템 등으로 인해 직·간접적인 손실이 발생하는 리스크로 정의된다. 'BASEL Ⅱ'에 따르면, 여기에는 법률적 위험(legal risk)은 포함되지만 전략 · 평판 리스크는 포함되지 않는다. 수익을 위해서 적절히 취해야 하는 다른 금융 리스크와는 달리, 운영 리스크는 적절한 자기자본을 보유하는 것을 포함하여 손실발생원인을 찾아내서 제거하는 데 주력해야 한다.

11. 금융IT 리스크

인터넷 등 전자금융거래 확대에 따른 전자금융사고에 효과적으로 대응하고 IT 컴플라이언스의 규제적 정보보호 요구사항을 충족시켜 보안사고를 사전에 방지한다. 이는 사고 발생 시에도 그 영향을 최소화함으로써 사업의 영속성을 보장하기 위함이다.

12. 기타 리스크

기타 리스크로는 법률 리스크, 전략 리스크, 평판 리스크가 있다. 신바젤협약(바젤 Ⅱ)에서는 운용 리스크에 법률 리스크가 포함되지만 전략 리스크와 평판 리스크는 제외된다. 전략 리스크와 평판 리스크는 기업경영 전략적 측면과 관계가 깊고 계량적으로 파악 가능한 리스크로서 고려하기에 어려움이 있기 때문에 본서에서는 다루지 못하였다.

1) 법률 리스크

법률 리스크란 윤리규정, 계약사항 및 제반 법률을 위반하여 손실이 발생할 리스크를 의미한다. 각종 규제위반 혹은 규제개정 등에 의한 인식부족 등으로 손실이 발생하거나 부적절한 또는 부정확한 법률자문 및 서류작성 등으로 인해 발생하는 손실이다.

2) 전략 리스크

전략 리스크란 부적절한 경영의사결정 및 실행과 경영환경 변화에 적절히 대응하지 못함에 따라 금융기관의 순익 또는 자본에 부정적인 영향을 줄 수 있는 현재 또는 잠재적 리스크를 의미한다.

3) 평판 리스크

평판 리스크란 금융기관에 대한 고객/거래 상대방/주주 및 규제당국의 부정적 인식에 따라 금융기관의 순익 또는 자본에 부정적 영향을 줄 수 있는 현재 또는 잠재적 리스크를 의미한다.

연습문제

객관식

1. 다음의 리스크 관리에 대한 주요 이론을 읽고 틀린 것을 고르면?

① 나이트는 불확실성과 리스크의 개념을 구분하여 확률분포가 존재하는 경우를 리스크라고 했다.

② 니콜라스 베르누이는 피터스버그의 역설을 통해 투자의사결정은 기대수익이 아니라 기대효용이어야 한다고 주장했다.

③ 노이만과 모르겐슈테른은 베르누이에 대한 기대효용에 대해 선호체계의 공리를 만들었다.

④ 해리 마코위츠는 리스크 상황하에서의 인간의 태도를 잘 표현한 행동경제이론을 발전시켰다.

2. 베르누이(Bernoulli)가 주장한 기대효용의 극대화 가정하에서, 투자자의 위험에 대한 태도는?

① 위험회피형(Risk Averse)
② 위험중립형(Risk Neutral)
③ 위험선호형(Risk Loving)
④ 위험회피형과 위험선호형 모두

3. 노이만(Von Neumann)과 모르겐슈테른(Morgenstern)이 제시한 선호체계의 공리로 표시될 수 없는 것은?

① 비교가능성
② 객관성
③ 이행성
④ 지배성

4. 카너먼(Kahneman)과 트버스키(Tversky)가 창시한 프로스펙트이론(prospect theory)은 기대효용이론의 대체이론으로 고안된 것으로서 기존 경제학의 효용함수에 대응하는 (A)와 확률의 중요성과 관계가 있는 (B)로 구성된다.

① A-확률가중함수, B-가치함수
② A-가치함수, B-확률가중함수
③ A-지수함수, B-대수함수
④ A-베타함수, B-확률함수

5. 프로스펙트이론이 나타내는 전형적인 특성에 해당되지 않는 것은?

① 준거점 의존성
② 민감도 체감성
③ 손실 회피성
④ 인지장애

6. 해리 마코위츠가 제시한 평균-분산 포트폴리오의 가정에 맞지 않는 것은?

① 투자결정은 평균-분산 지배원리에 따라 선택한다.

② 투자자들은 위험선호, 위험중립 및 위험회피적이다.

③ 투자자들은 기대효용을 극대화하려 한다.

④ 거래비용과 세금이 없으며 투자기간은 1기간이다.

7. 주로 위험(danger)을 영업대상으로 하는 금융회사는?

① 보험회사
② 투자은행
③ 상업은행
④ 저축은행

8. 다음 중 어떤 시나리오를 가정하여 리스크 관리를 실시하는가?

① Best case Scenario
② Flat case Scenario
③ Worst case Scenario
④ Stressed case Scenario

9. 위험회피자의 기대효용함수를 나타내는 것은?

① 로그함수
② 지수함수
③ 선형함수
④ 베타함수

10. 피터스버그의 역설에서 모순된 내용과 관계가 먼 것은?

① 기대지급액은 무한대
② 게임은 유한
③ 위험을 게임에 반영
④ 모든 가치에 대하여 달러당 동일한 가치

11. 1/2의 확률로 100원을 주고 1/2의 확률로 300원을 주는 복권을 당신이 구입하였다면 다음 중 어느 성향에 해당하는가?

① 위험회피자
② 위험중립자
③ 위험선호자
④ 해당 없음

12. 기대효용이론의 설명을 위한 내용과 가장 관계가 먼 것은?

① CEW
② RP
③ GRM
④ $E(R)$

13. 다음 중 금융 리스크를 관리하는 방법으로 적절하지 않은 것은?

① 헤징(hedging)
② 분산투자(diversification)
③ 보험(insurance)
④ 체계적 위험(systematic risk)

14. 자산운용사에서 펀드운용 시 중요하게 다루는 리스크에 해당하는 것은 ?

① 상대적 리스크
② 절대적 리스크
③ 객관적 리스크
④ 순수 리스크

주관식

15. 주관적 리스크와 객관적 리스크, 그리고 순수 리스크와 투자 리스크의 의미를 비교하여 설명하고 우리가 공부하고자 하는 '금융 리스크'가 어디에 속하는지를 아울러 설명하라.

16. 절대적 리스크와 상대적 리스크를 비교설명하라,

17. 협의의 리스크 관리와 광의의 리스크에 관리의 정의와 용도를 각각 설명하고, 아울러 리스크 관리의 개념을 이해하기 위한 내용을 서술하라.

18. 위험에 따른 태도(risk appetite)에 의한 효용측정방법을 다음 용어를 이용하여 그래프로 설명하라.
GRM, CEW, RP, $E[u(R)]$, $u[E(R)])$

19. 피터스버그의 역설(St. Petersburg's Paradox)에서 주장한 기대수익 극대화의 모순과 불확실성에서의 의사결정기준으로 기대효용이론(expected utility theory)이 됨을 설명하라.

20. 다음의 예를 가지고 위험회피자의 효용함수를 표시하고, 기대효용 $E[u(R)]$, 기대치의 효용 $u[E(R)]$), 확실성등가(CEW), 위험프리미엄(RP) 등과 그래프를 이용하여 효용의 측정방법을 설명하라. 그리고 각각 계산한 결과에 대해 영희의 입장에서 의견을 제시하라.

예: 어느 날 용돈이 떨어져 빈털터리 신세이던 영희는 아버지로부터 바둑을 두어 그날의 용돈을 결정하자는 제의를 받았다. 영희가 이기면 40만 원, 아버지가 이기면 10만 원을 용돈으로 주신다는 것이었다. 과거 전적으로부터 영희의 승률은 20%, 아버지의 승률은 80%로 예측되고 있다. 바둑을 두기 싫으면 그날 용돈으로 확실하게 20만 원을 주신다고 하셨다.

21. 행동경제학의 전망이론(prospect theory)의 주요 내용을 다음 용어를 이용하여 기술하라.
가치함수, 준거점 의존성, 민감도 체감성, 손실 회피성, 확률가중함수, 휴리스틱, 직관과 편향 등

22. 금융기관의 리스크 관리의 형태를 파악하는 것은 금융 리스크 관리의 전반적인 개요를 파악하고 이해하는 데 필요하다. 금융 리스크 관리의 종류와 각각의 리스크 관리의 주요 내용을 간단히 설명하라.

제2부

금융기관 규제와 리스크 관리 기획

3장

BIS 자기자본규제

제1절 바젤 I

1. BIS제도 도입배경과 주요 내용

1) 국제결제은행과 바젤위원회

스위스의 바젤(Basel)은 통화 및 금융의 안정성을 위해 협력을 고양하는 국제적 기구인 국제결제은행(BIS: Bank for International Settlement)이 있는 곳이다. 국제결제은행은 1930년 5월 17일 독일전쟁 배상금 해결을 위한 헤이그협정 참가국들이 배상금 결제를 위해 스위스 바젤에 설립하였으며, 현재 회원국은 55개 국이며 회원자격은 각국 중앙은행으로 한국은 1997년 외환위기 당시 정식 회원으로 가입되었다.

국제결제은행은 회원국 간 금융협력 증진, 통화금융 안정을 위한 조사연구 및 금융위기 시 유동성 지원 등을 주요 업무로 하고 있다.

국제결제은행 바젤위원회는 독일 Herstatt Bankhaus 은행의 파산을 계기로 각국의 은행감독 당국 간 상호협력을 위해 G-10 국가의 중앙은행 총재들에 의해 1974년에 설립되었다. 이 은행의 폐쇄이유는 완결되지 않은 외환위기 때문에 국제적 파장을 불러일으켰다. 국제결제청산시스템(CHIPS: Clearing House International Payments Systems)의 외환결제 기능을 마비시켰고, 이 날 Herstatt 은행에게 독일 마르크화를 지불했던 거래 상대방들에게도 손실을 입혔다.

이 은행사건을 계기로 국제결제은행은 바젤은행감독위원회(BCBS: Basel Committee on Banking Supervision)를 산하에 두기로 결정하였다. BIS 회원국은 기존 13개 회원국(네덜란드, 독일, 룩셈부르크, 미국, 벨기에, 스웨덴, 스위스, 스페인, 영국, 이탈리아, 일본, 캐나다, 프랑스)과 신규 7개 회원국(한국, 호주, 브라질, 중국, 인도, 멕시코, 러시아)을 합해 모두 20개 국들이 바젤위원회에 참가하지만, 100여 개 국가들이 바젤의 틀을 자국의 금융시스템에 적용하고 있다.

바젤위원회의 근본취지는 정보를 공유하는 것이었지만, 시간이 지남에 따라 모범법규(best practice)의 발표와 회원들 간의 공통적인 규제기준을 만들어서 국제적인 조화를 도모하는 방향으로 변화되었다.

2) BIS 자기자본규제 도입배경

1970년대 이후 경쟁심화로 은행이 고위험/고수익 위주의 자산운용전략을 추구함으로써 금융기관의 자산의 질이 저하되었으며, 특히 일본의 금융기관들이 무역흑자와 엔고 등을 바탕으로 급격히 자산규모를 확대하는 박리다매식 ROA 영업을 확대하자 국제금융시장 진출확대에 따른 미국 및 유럽 은행들 간 경쟁조건의 형평성 문제가 제기되었다.

이러한 배경에서 1980년대 중반부터 선진국 감독당국들은 은행 자기자본의 적정성에 대한 논의가 본격화되기 시작하였다. 미국은 1982년 멕시코의 모라토리엄 이후 자국 금융기관의 무분별한 업무확대를 방지하기 위해 자기자본규제를 실시하였다. 이에 따라 미국 금융기관들은 건전성이 크게 제고되었지만 국제적인 대출경쟁에서 불리해져 국제금융 분야에서의 공정한 경쟁을 요구하게 되었다. 이러한 배경에서 1988년 바젤위원회는 바젤자본협약을 승인하였고(1988년 자본협약, Basel I 이라 명명함) 미국 등이 실시하고 있는 자기자본규제제도를 보완하여 신용위험에 따른 가중치를 반영하는 BIS 자기자본규제를 도입하였다. 시행은 1992년 말부터 바젤위원회 회원국의 국제금융업무를 수행하는 금융기관을 대상으로 하였다.

바젤위원회는 1988년 7월 "자기자본 측정과 기준에 관한 국제적 합의(International Convergence of Capital Measurement & Capital Standard)"를 제정하였는데, 이는 은행의 신용 리스크 관리를 통해 은행자본규정의 국제적인 조화와 금융시스템의 건전성 제고 및 은행들 간 경쟁조건의 형평성 확보를 위한 것이었다. Basel I 의 핵심은 i) 적절한 자본수준과 ii) 경쟁적 평등성을 확보하기 위해 국제적으로 활동하는 은행에게 8%의 최소자본을 규정하고 있다는 점이다.

우리나라는 1992년 7월 경영지도기준의 하나로 BIS 자기자본규제를 도입하였으며, 1995

년부터는 8% 이상 유지를 의무화하였다.

미국은 Basel I 규정내용을 연방예금보험공사(FDIC: Federal Deposit Insurance Corporation)의 모든 회원은행들에게 적용시켰다. 1991년의 연방예금보험공사 개선법(FDICIA: Federal Deposit Insurance Corporation Improvement Act)에 의하면 총리스크에 근거한 자본비율이 8~9.9%이면 '적절하게 자본화된(adequately capitalized)' 은행, 10% 이상이면 '충분하게 자본화된(well capitalized)' 은행으로 간주된다.

한편, 낮은 리스크 자본비율을 가진 은행들은 '불충분하게 자본화된(under-capitalized)' 은행으로 간주되고 '적기시정조치(PCA: Prompt Corrective Action)'에 직면하게 된다. 따라서 미국의 자국 금융기관에 대한 자본규제는 다른 국가들보다 엄격하였다고 볼 수 있으며, 우리나라도 상기 미국의 적용사례가 금융기관 자기자본규제와 경영지도기준 등에 참고가 된 것으로 생각된다.

2. 바젤 I 의 주요 내용[1)]

1988년 발표된 Basel I 은 은행자산의 신용위험만을 인식하는 자기자본규제안이었다. 이 규제안은 BIS 비율로 요약할 수 있으며, 은행들은 위험가중자산에 대해 최소한 8% 이상의 자기자본을 규제자본으로 쌓아야만 한다.

$$\text{BIS 비율} = \frac{\text{자기자본}}{\text{위험가중자산}} \geq 0.08$$

여기서, **위험가중자산**(risk-weighted asset)은 은행이 보유한 여러 유형의 자산들에 대해 바젤이 제시하는 위험가중치를 곱하여 계산된다. 가중치는 〈표 3-1〉과 같다.

표 3-1 | 자산별 위험가중치

가중치(Risk Weight)	자산유형(Asset Category)
0%	금, 현금, 미국 및 OECD 국채
20%	OECD 은행에 대한 대출, 미국정부기관증권
50%	지방정부 발행 수익채권
100%	회사채, 저개발국 부채, 주식, 비OECD 은행에 대한 대출, 부동산, 기계설비 등

1) 금융감독원, "위험가중자산에 대한 자기자본비율 산출기준"(2008.2.) 참조.

[예시 1] 은행의 자산이 금 100, 회사채 200, 시발행 수익채권 100으로 구성된 경우, 위험가중자산은 다음과 같다.

$$0 \times 100 + 1 \times 200 + 0.5 \times 100 = 250$$

위 예에서도 알 수 있듯이, 위험가중자산이란 위험(여기서는 신용위험)에 노출된 자산의 규모를 의미한다. 다시 말해, 금이나 현금과 같은 자산유형이 가중치가 0이라는 것은 신용위험에 전혀 노출되지 않았음을 의미한다.

또한 집중 리스크(concentration risk)에 대한 제한으로서 은행자본의 10%를 초과하는 리스크의 보고가 의무화되었으며, 감독당국의 명확한 승인 없이 한 거래처에 대해 은행자본의 25%를 넘는 포지션 보유가 금지되었다.

Basel I 에서 은행자본은 크게 두 가지로 구성되어 있다. Tier 1[2)]은 핵심자본(core capital)으로서, 자본금(주식발행액), 자본잉여금, 이익잉여금 및 신종자본증권 등으로 구성된다. 그리고 Tier 2는 보완자본(supplementary capital)으로서 재평가적립금, 대손충당금, 영구후순위채권, 누적적 우선주, 만기 5년 이상의 후순위 채권 등으로 구성된다. 그리고 Tier 3는 준보완자본(sub-supplementary capital)으로서 만기가 최소 2년 이상인 단기 후순위채 등이 포함된다. 보완자본은 기본자본의 100% 범위 내에서만 자기자본으로 인정되며 대손충당금은 리스크 가중자산의 1.25% 범위 내에서만 자기자본으로 인정된다.

이러한 구분이 필요한 이유는, 바젤이 위험가중자산에 대해서 요구하는 8%의 자기자본 중에서 절반 이상을 핵심자본으로 충당해야 하기 때문이다.

Basel I 의 탄생은 리스크를 기준으로 적정 보유자본을 결정하는 국제적인 기준을 마련했다는 점에서 의의를 가지고 있지만, 많은 문제점을 내포하고 있다. 우선 바젤이 제시한 위험가중치에 대한 이론적 근거가 없다. 더구나 위험가중자산을 구하는 과정이 자산 간의 완전 상관관계를 암묵적으로 가정하고 있어, 포트폴리오 구성에 따른 분산효과를 반영할 수 없다.

또한 Basel I 은 상계(netting) 조항을 인정하지 않고 있어 스왑거래와 같은 장외파생상품의 거래 시 신용 리스크에 대한 노출규모를 과다 측정할 수 있으며[3)], 무엇보다 시장 리스크에 대한 고려가 이뤄지고 있지 않다는 한계점을 지적할 수 있다. 왜냐하면, 대출은 차주의 채무불이행 위험 외에도 이자율 위험에 동시에 노출되기 때문이다.

2) 보다 자세한 내용은 금융감독원, "위험가중자산에 대한 자기자본비율 산출기준 2(자기자본비율 산출원칙)"을 참조 바람.

3) 상계란 하나의 금융기관(또는 거래 상대방)과 여러 가지 다른 계약을 맺고 있을 때, 거래 상대방이 하나의 계약에서 채무불이행을 선언하면 나머지 다른 모든 계약들도 자동적으로 채무불이행되는 조항(clause)을 의미한다. 즉, 거래 상대방이 채무불이행을 선언하면, 은행은 위험가중자산은 액면금액 전체에 대해서가 아니라 단지 순노출 규모에 의해서만 결정된다.

3. 바젤 I 의 문제점

1988년 협약(Basel I)은 리스크 관리 측면에서 여러 가지 문제점이 지적되었다. 모든 기업대출에서 개별 신용도와 무관하게 100%의 동일한 리스크 가중치를 부여한 결과 은행들은 주어진 리스크 가중치 등급에서 가장 높은 기대수익률을 가지고 있는 신용도가 가장 낮은 채무자들을 선택함으로써 큰 신용 리스크를 취했다. 이로 인해 은행들은 양질의 자산들을 대차대조표로부터 제거해서 은행들의 대출 포트폴리오의 평균적인 질을 감소시키는 역할을 하고 있다고 2002년에 미국의 금융감독원장인 존 호크(John Hawke)는 역설한 바 있다.

리스크 가중치 등급들은 실제로 실현된 손실과 일치하지 않으며 담보대출(collateralized loans)이 가장 작은 리스크 가중치를 가지고 있다.

Basel I 의 리스크 가중치에 의하면 기업대출은 과소부담, 모기지는 과대부담토록 되어 있다. Basel I 협약은 자산의 포트폴리오 효과를 무시하고 있고, 상계(netting)를 고려하지 않았다. 포트폴리오를 구성하는 자산들 간의 상관관계는 포트폴리오 위험을 줄이는 효과를 보이나 발행자, 산업, 지리적 분산에 따른 분산효과를 고려하지 않아 은행은 필요 이상의 자기자본 보유를 요구받는다고 볼 수 있다.

은행에서 대출을 받은 기업이 원리금 상환을 못할 경우 은행예금과 상계하여 위험을 줄일 수 있고, 스왑거래인 경우 사실상의 손해는 계약금액 전체가 아닌 스왑차액에 국한될 뿐이므로 상계를 고려하지 않는 경우에도 위험은 과대평가된다.

1988년의 바젤협약 이후 1990년대 초반에 미국에서는 대규모의 은행파산을 경험했다. 1980~96년 동안에 국제통화기금(IMF)의 회원국들 중에 바젤자본협약에 참여한 국가들을 포함 133개 국이 심각한 금융부문의 문제들을 경험했다.

국제화된 영업을 하고 있는 복잡한 대형 금융기관들을 Basel I 협약의 내용만으로 규제하고 감독하기가 매우 어렵고, 따라서 이러한 모든 요인들이 새로운 자본요건에의 변화가 있어야 함을 제시하였다.

4. 시장 리스크에 대한 자기자본규제 도입

1) 도입배경

1988년 협약이 시장 리스크를 고려하지 않았다는 비판에 따라 바젤위원회는 '1993년 4월 바젤제안(The April 1993 Proposals)' 이라는 새로운 안을 제시하였다. 흔히 표준모형(The Standard Model)으로 알려진 이 제안에서는 기존 1988년 협약에 더하여 매매목적, 금리, 환율, 주식, 상품위험의 4가지 시장위험을 추가적으로 고려하여 트레이딩 포트폴리오(trading portfolio)에 대해 시장위험을 측정하도록 요구하고 있다. 그리고 외환인 상품과 이들을 기초자산으로 하는 파생상품은 트레이딩 목적을 불문하고 시장위험을 측정하여야 한다[4]. 주요 내용을 간단히 살펴보면 포지션 관리와 함께 시장 리스크 관리의 필요성을 강조하고 stress test와 VaR(Value at Risk)을 통한 시장 리스크 측정을 제시하였다. 파생금융상품 가격을 시가평가해야 하며, 수익의 원천과 리스크 요소들을 이해하고, 파생금융상품 투자에 따를 수 있는 현금투자(cash investment)와 자금조달수요(funding requirement)를 예측해야 한다고 강조하였다.

하지만 1993년에 제안된 표준모형은 자산 간의 상관관계로 인한 분산효과를 고려하지 못하여 적정 자기자본 요구량을 과다하게 계산한다는 비판을 받게 된다. 따라서 1996년에 제정된 시장위험을 감안한 새로운 자기자본 보유제도에서 시장위험에 적절하게 대처하기 위해 표준모형과는 별도로 은행이 내부적으로 개발한 내부모형(internal model)을 감독당국의 승인하에 사용하도록 제안하였다.

그동안 표준모형에 의해 계산된 규제자본과 비공식적 내부모형에 의해 계산된 경제적 자본 간의 괴리가 은행들에게 시스템의 중복이라는 비용부담을 줄 뿐만 아니라 규제적 차익거래의 원인을 제공하는 폐단을 차단하고, 경제적 자본과 규제자본의 수렴에 대한 필요성이 내부모형의 공식사용을 가능케 했다고 볼 수 있다.

2) 주요 내용

Basel I 이 비판을 받았던 부분들은 이후에 발표된 제안서(Proposal)에 의해 지속적으로 수정되었다. 이러한 제안들은 1996년 개정안(1995.4.)에 반영되었는데, 이는 두 가지 면에서 큰 변화를 가져왔다.

우선, 위험가중자산을 계산할 때 시장 리스크를 반영하였다. 기존의 Basel I 이 신용 리스크에 대해서만 자본을 쌓도록 요구했던 것에 비해, 1996 개정안은 은행이 당면하게 되는 리스크의 범위를 시장 리스크까지 포함한 개념으로 확장시켰다. 따라서 1996 개정안하에서 은행이 준수해야 할 BIS 비율은 다음과 같다.

---

4) i) 우리나라는 2002년 1월에 시장 리스크를 반영한 수정 BIS 자기자본제도를 도입하여 일일기준 트레이딩 목적의 자산 · 부채가 1조 원 이상 또는 총자산대비 10% 이상인 은행에 대해서만 적용해 오고 있다.

ii) 시장 리스크 측정대상은 단기매매증권으로 분류된 유가증권, 매매목적의 파생상품거래, 원본 또는 이익보전약정이 있는 신탁계정의 유가증권 및 파생상품, 통화별 외환포지션, 단기트레이딩 목적의 상품 또는 상품파생상품이다.

iii) 시장 리스크의 요소는 금리, 주식가격, 환율, 옵션의 Greeks, 상품가격이다.

$$\frac{\text{자기자본}}{CR+MR} \geq 0.08$$

CR : 신용 리스크에 대한 위험가중자산
MR : 시장 리스크에 대한 위험가중자산

신용 리스크에 대한 위험가중자산(이하 CR)의 산출은 Basel I 에서와 유사하다. 다만, 다른 점은 상계를 인정했다는 것이다. 또한 시장 리스크에 대한 위험가중자산(이하 MR)은 다음의 식에 근거하여 산출된다.

$$MR = 12.5 \times \text{Max}\left(k\frac{1}{60}\sum_{i=1}^{60} VaR_i,\ VaR_{t-i}\right)$$

여기서, 우변의 $\text{Max}\left(k\frac{1}{60}\sum_{i=1}^{60} VaR_i,\ VaR_{t-i}\right)$는 바젤이 제시한 것으로서 시장 리스크에 대한 요구자본을 말한다. $k(\geq 3)$는 감독당국이 결정하는 승수요인(multiplicative factor)으로 사후검증 결과와 질적 기준의 충족 여부에 따라 $3+\alpha$가 부여되며, t는 현재시점을 말한다. 즉, 시장 리스크에 대한 요구자본은 어제의 VaR과 60일 동안의 VaR 평균치에 k를 곱한 값을 비교한 것 중에서 큰 것이다. MR은 편의상 이 값에 12.5를 곱하여 계산된다.

이와 같은 MR의 추가는 BIS 비율의 분모를 크게 하여, 은행들은 이전보다 더 많은 자기자본을 쌓아야만 하는 부담을 지게 되었다. 반면, 자기자본을 확보할 때 3종 자본(Tier 3 Capital)을 사용할 수 있도록 허용되었는데, 이는 단기 후순위사채(short-term subordinated debt)로 구성된다. 즉, 은행은 세 가지 유형의 자본을 적절히 이용하여 위험가중자산에 대한 8% 이상의 자기자본을 보유하게 된다.

그러나 무엇보다 큰 변화는 아마도 VaR을 산출할 때, 내부모형(internal model)의 사용을 허락했다는 점이다. 이는 금융기관들의 리스크 관리에 대한 자주성을 인정하는 것으로서, 선진 금융기관들은 독자적인 내부모형을 구축하는 과정에서 보다 정교한 리스크 관리방법을 구축할 수 있었으며, 따라서 위험측정에 대한 여러 가지 이론적 기법들도 많이 개발되었다.

내부모형을 사용하여 VaR을 계산한다는 것은, 앞에서 이미 살펴봤던 부분가치평가나 완전가치평가 방법의 원리를 이용하여 Market VaR을 구한다는 말과 같다. 이와 같은 VaR 모형을 사용할 때에는 목표기간 및 신뢰수준에 대한 설정이 필요한데, 바젤은 2주간의 목표기간과 99%의 신뢰수준을 사용할 것을 제안했다.

내부모형을 사용하게 되면 개별 금융기관들은 그들 자신의 위험을 정확하게 측정하려고 노력하게 된다. 다시 말해, 보유한 리스크에 대해 쌓아야 할 자기자본량을 정확하게 산출함으로써, 필요 이상의 리스크 자본(risk capital)을 쌓지 않도록 해 줄 것이다. 그러나 사후검증(back testing)을 통해 은행의 내부모형이 위험을 잘 예측하지 못하는 것으로 판명되면, 감독기관으로부터 더 높은 승수를 부여받게 된다.

제2절 바젤 Ⅱ

바젤Ⅱ를 신바젤협약이라고도 한다.

1988년 최초로 발표된 Basel안은 i) 시장 리스크를 제외한 신용 리스크만을 고려하였고 ii) 포트폴리오 분산효과를 고려하지 않았을 뿐 아니라 iii) 신용 리스크를 평가함에 있어서 획일적인 위험가중치를 적용(one-size-fits-all rationale)했으며 iv) 자산유동화를 통해 규제자본 회피(regulatory capital arbitrage)를 하는 경우에 적절히 대응할 수 없다는 문제를 가지고 있었다. 이러한 한계점을 개선하고자 나온 1993년 개정안에서는 시장 리스크를 추가적으로 고려하였고, 1996년 개정안은 기존의 표준모형에 더하여 내부모형에 따라 리스크를 측정하고 그에 따라 독자적으로 자본을 적립할 수 있다는 내용이 추가되었다.

따라서 금융기관들은 자체적으로 개발한 내부모형에 의해 리스크를 관리하고 이에 필요한 '경제적 자본(economic capital)'을 산출하는 한편, 바젤안에 따라 '규제자본(regulatory capital)'을 별도로 계산하는데, 내부모형을 규제자본 계산에 사용할 수 있도록 현실화시켜 줄 것을 바젤위원회에 지속적으로 요구하게 되었다.

바젤위원회(Basel Committee on Banking Supervision)에서는 이와 같은 금융기관들의 요구에 부응함과 동시에 기존의 규제안이 갖고 있던 여러 가지 부족한 점들을 개선하여 국제적으로 인정되는 금융기관 자본규제의 통일기준 제정을 추진하였으며 2004년 6월 최종확정 발표하였는데, 기존의 제도를 '바젤 I', 새로운 바젤안을 이와 구분하여 '신바젤협약(New Basel Accord, BaselⅡ)'이라 명명하였다. 이것은 금융기관의 리스크 관리 선진화와 자본충실화를 유도하기 위한 '종합적인 자본규제제도'로서 바젤위원회 회원국은 2007년부터 시행하기로 합의하였고, 비회원국은 각 감독당국이 시행시기를 자율적으로 결정 가능토록 하였다.

신바젤협약이 도약, 정착되면 국내 은행산업의 리스크 관리수준이 한 단계 높아지고 신용평가시장이 활성화되는 동시에 금융감독 시스템이 국제적으로 향상되는 계기가 될 것으로 예상된다.

그동안 규제완화, 전자통신기술, 금융공학의 발달을 배경으로 은행의 영업규모가 커지고 그 내용이 복잡다기화(complexity and precision)됨에 따라 최저자기자본 규모 산출방식을 정해 주고 동 규모 이상으로 자본을 유지토록 하는 Basel I 방식만으로는 은행의 건전성과 안정성을 확보하는 데 불충분하다고 판단되었다. 따라서 새로운 규제안은 은행의 리스크 관리와 자본적정성 평가체제에 대한 감독당국의 점검(Pillar 2)과 공시강화를 통한 시장참여자의 감시 유도(Pillar 3)에 의해 Pillar 1을 보완하는 구조로 이루어져 있다.

신바젤협약은 크게 3가지 내용으로 구분되는데, 이는 각각 Pillar라고 불리며 다음과 같다.

Pillar 1 : 최저자기자본규제(Minimum Capital Requirements)

Pillar 2 : 감독당국의 점검(Supervisory Review Process)

Pillar 3 : 시장규율 강화(Market Discipline)

Pillar 1은 위험가중자산에 대해 각 은행들이 보유해야 하는 자기자본에 대한 규제로서, 앞서 살펴봤던 은행에 대한 'BIS 비율'의 적용이 이에 해당되는 것이다. 이전에 비해 달라진 점은 크게 두 가지이다. 첫째는 신용 리스크에 대한 측정방법이 이전보다 다양하고 정교해졌다는 점이고, 둘째는 BIS 비율 산출 시 운영 리스크에 대한 위험가중자산(OR)이 추가적으로 반영되었다는 점이다.

Pillar 2는 감독당국의 관리감독 절차에 대한 언급이다. 감독당국의 역할은 크게 두 가지인데, 첫째는 은행들로 하여금 위험에 대한 적정자본을 쌓도록 요구(BIS 비율 준수)하고, 둘째는 은행들이 더 나은 리스크 관리기법을 사용할 수 있도록 장려하며 그들의 모형에 대한 적합성

그림 3-1 | 바젤 Ⅱ의 구조

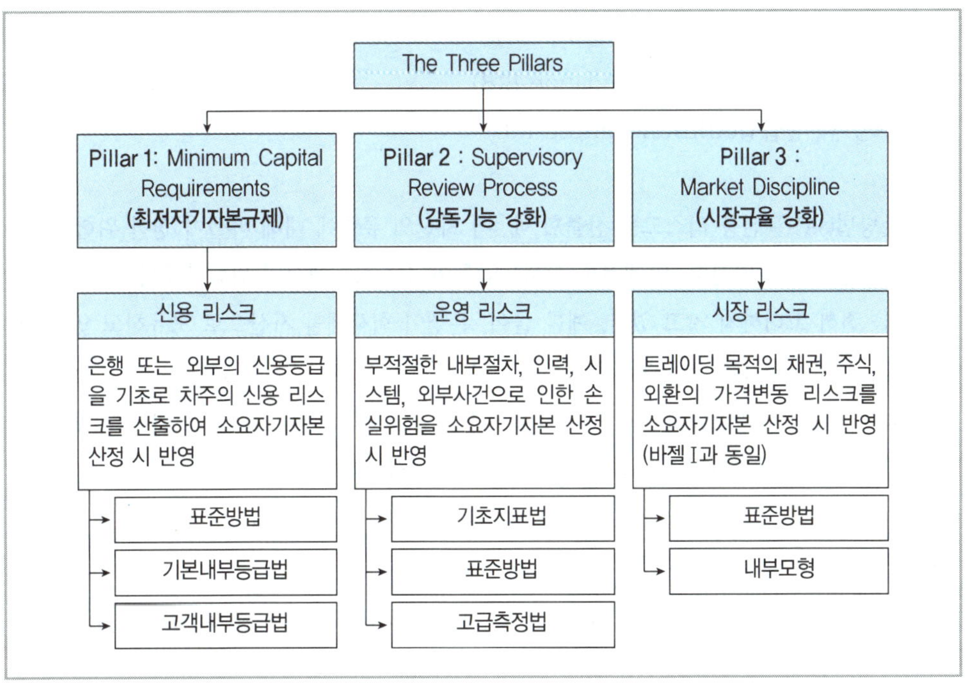

(내부모형 평가)을 승인해 주는 것이다.

Pillar 3은 감독당국의 직접적인 규제 외에도 시장참여자들에 의한 간접적인 규제가 이뤄지도록 하자는 것이다. 즉, 은행들로 하여금 리스크 및 자본에 대한 정보를 공시(disclosure)하도록 함으로써, 시장참여자들이 해당 은행의 리스크를 평가하고 대응할 수 있도록 하는 것이다. 이는 은행의 입장에서 볼 때 추가적인 부담이라고도 할 수 있으나, 건전하고 투명한 영업활동을 할 수 있도록 하는 유인으로 작용할 수 있을 것이다.

1) Pillar 1 : 최저자기자본규제

신바젤협약의 최저자기자본규제안(Pillar1, Minimum Capital Requirements)에서는 위험가중자산 선정에 이용되는 신용 리스크 산출방식을 개선하고, 신용과 시장 리스크 이외에 운영리스크를 새롭게 추가하였다. 자기자본비율은 Basel I 과 동일하게 자기자본을 총위험 가중자산(신용위험 가중자산 + 시장위험 가중자산 + 운영위험 가중자산)으로 나누어 산출하여, 최저자기자본비율 기준도 현행과 동일한 8%이다[5]. 구체적으로 어떠한 부분들이 개선되었는지 설명하고자 한다.

(1) 신용 리스크 측정방법의 다양화 및 정교화

신바젤협약은 신용 리스크 산출에 대해 다음의 3가지 방법을 제시했다.

1. 표준방법(SA: Standardized Approach)
2. 기본내부등급법(FIRB: Foundation-IRB)
3. 고급내부등급법(AIRB: Advanced-IRB)[6]

표준방법(SA)은 신용 리스크를 산출할 때, 각 자산의 유형에 대해 바젤이 정한 위험가중치를 적용하는 방법을 말한다. 앞에서도 살펴보았듯이, Basel I 에서의 위험가중치는 차주의 신용등급을 전혀 고려하지 않고 있다. 예를 들어, 은행이 회사채를 자산으로 보유하고 있을 때, 이에 대한 위험가중치는 회사채의 신용등급에 관계없이 100%로 일괄 적용된다[7]. 신바젤협약은 거래 상대방의 신용등급에 따라 위험가중치에 차등을 줌으로써, 이러한 문제점을 개선시켰다. 〈표 3-2〉는 신바젤협약이 새롭게 제시한 위험가중치를 보여준다.

---

5) 하지만 현재 우리나라 금융감독원에서 제시한 BIS 등급기준과 예금고객의 평판 등을 감안 모든 시중은행은 10% 이상을 유지하고 있는 실정이다.

6) IRB는 Internal Ratings Based의 약자이다.

7) 즉, Basel I 에서는 삼성전자의 회사채 보유나 중소기업 발행 회사채 보유분에 대하여 동일한 100% 리스크 가중치를 부여하는 모순점을 가지고 있다.

표 3-2 | 차주별 · 신용도별 위험가중치 적용방안

(단위 : %)

차주 \ 신용도	AAA~ AA-	A+~ A-	BBB+~ BBB-	BB+~ BB-	B+~ B-	B- 미만	무등급
기업	20	50	100	100	150	150	100
국가	0	20	50	100	100	150	100
은행	20	50	100	100	100	150	100

차주에 대한 신용등급은 신용평가기관이 결정한 것을 사용한다. 그러나 신용등급은 주로 회계자료에 의존하여 산정되므로, 차주의 신용등급 변화가 즉각적으로 이루어지기 어렵다. 또한 〈표 3-2〉에서도 알 수 있듯이, 등급이 없는 기업이 등급이 BB-아래인 기업보다 더 낮은 위험가중치를 적용받게 되므로, 위험도가 높은 기업들이 이러한 특성을 악용할 소지가 있다.

게다가 Pillar 2의 시각에서 볼 때, 표준방법은 은행의 리스크 관리능력을 배양시키는 측면에서 권장할 만한 방법이 아니다. 즉, 선진금융을 지향하는 은행이라면 당연히 내부등급법을 사용하여 신용 리스크를 측정하는 것이 바람직하다. 내부등급법은 은행이 자체적으로 추정할 수 있는 리스크 측정요소의 범위에 따라 기본내부등급법과 고급내부등급법으로 구분되며, 감독당국의 사전승인을 받은 후에 사용할 수 있다.

기본내부등급법(Foundation-IRB)은 리스크 측정요소 중에서 부도확률(PD)만 은행에서 자체적으로 추정하고, 손실률(LGD), 부도 시 노출금액(EAD), 익스포저의 만기(M)는 바젤에서 제시하는 표준치를 사용하는 방법이다. 반면, 고급내부등급법(Advanced-IRB)에서는 모든 리스크 측정요소들을 은행이 자체적으로 추정한다.

내부등급법(IRB)을 사용할 때, 기업 익스포저에 대한 소요자기자본 산출식은 다음과 같다.

$$\text{소요자기자본} = EAD \times LGD \times (WCDR - PD) \times MA$$
$$= EAD \times k$$

여기서, WCDR과 MA는 각각 the worst-case default rate(confidence level 99.9%)와 만기조정요소(maturity adjustment)이다[8]. 그리고 k는 EAD에 대해 소요되는 자본의 비율을 뜻한다. 즉, 소요자기자본은 부도시 노출금액(EAD)에 소요자기자본율(k)을 곱한 값이다. 신용

8) WCDR과 MA에 대한 식은 다음과 같다.

$$WCDR = N\left[\frac{N^{-1}(PD) + \sqrt{\rho}\,N^{-1}(0.999)}{\sqrt{1-\rho}}\right]$$

$$MA = \frac{1 + (M - 2.5) \times b}{1 - 1.5 \times b}$$

$N(\cdot)$: 정규분포의 CDF, $N^{-1}(\cdot)$: N의 역함수, M : 만기

$b = [0.11852 - 0.05478 \times \ln(PD)]^2$

리스크에 대한 위험가중자산(CR)은 편의상 소요자기자본에 12.5를 곱한 값으로 산출된다.

$$CR = 12.5 \times 소요자기자본$$

(2) 운영 리스크 추가

IT산업의 발전으로 업무환경이 전산화되고, 거래상품의 유형 및 구조가 복잡해지면서, 운영 리스크가 발생하는 빈도수 역시 증가하였다. 운영 리스크는 손실사건의 발생 시 피해규모가 막대하기 때문에 금융기관의 생존을 크게 위협할 수 있다. 특히, 베어링스 은행의 파산과 월드트레이트센터의 테러 사례 등은 신바젤협약이 운영 리스크를 도입하게 된 직접적인 이유가 되었다고 할 수 있다.

신바젤협약은 은행들에게 시장 · 신용 리스크뿐만 아니라 운영 리스크에 대해서도 자기자본을 쌓도록 요구한다. 운영 리스크의 측정방법으로는 다음의 3가지를 들 수 있는데, 이미 앞에서 살펴본 바 있다.

1. 기초지표법(BIA: the Basic Indicator Approach)
2. 표준방법(TSA: The Standardized Approach)
3. 고급측정법(AMA: the Advanced Measurement Approach)

운영 리스크의 추가에 대한 은행들의 입장은 크게 두 가지이다. 우선, 리스크 관리 능력이 부족한 은행들은 운영 리스크의 추가로 인해 더 많은 규제자본을 보유하게 됨으로써 고전을 면치 못하게 되었다. 반면, 리스크 관리에 밝은 선진은행들은 비록 운영 리스크가 추가되었지만 고급내부등급법을 통해 신용 리스크를 작게 산출하는 전략으로, BIS 비율의 분모를 오히려 낮추기도 했다.

다음은 신바젤협약하에서 요구되는 자기자본, 이른바 '신BIS 비율'을 나타낸 식이다.

$$\frac{자기자본}{CR + MR + OR} \geq 0.08$$

은행의 입장에서 최선의 전략은 그들의 경제적 자본(economic capital)과 규제자본(regulatory capital)이 일치하도록 만드는 것이다. 경제적 자본이란 은행이 떠안고 있는 리스크에 대한 소요자기자본의 내부추정치를 뜻한다. 규제자본은 감독당국의 입장에서 요구하는 것이기 때문에, 실제 은행이 지닌 리스크에 대해 과다하게 산출되는 경향이 있다. 다시 말해, 규제자본을 그대로 쌓는 것은 은행의 수익성을 저하시키는 요인이 될 수 있다. 따라서 향후 규제적 자본과 경제적 자본의 접근노력은 금융기관 자본관리의 새로운 방향으로 생각된다.

표 3-3 | 바젤 Ⅰ과 바젤 Ⅱ의 비교

구분	바젤 Ⅰ	바젤 Ⅱ(신바젤협약)
최저 자기자본 규제 (Pillar 1)	신용 리스크 (모든 기업에 대해 일률적으로 100% 위험가중치 적용)	① 표준방법(승인 불필요, Standardized Approach) 적격 외부신용평가기관이 평가한 신용등급에 따라 위험가중치 차등적용(0~1,250%)
		② 내부등급법(감독당국의 승인 필요) (IRB : Internal Ratings-Based Approach) 은행 자체의 내부신용평가모형 활용 1) 기본내부등급법(Foundation-IRB) 은행 자체적으로 PD만 추정하고 LGD, EaD, M을 추정 2) 고급내부등급법(Advanced-IRB) 은행 자체적으로 PD, LGD, EaD, M을 추정
	시장 리스크	- 현행 BIS협약과 동일 (금리, 주식, 외환의 시장가격 변동에 따른 리스크)
	–	- 운영 리스크 추가 (부적절한 내부절차, 직원, 시스템 또는 외부의 사건으로부터 초래되는 손실 리스크)
		① 표준방법(승인 불필요) 1) 기초지표법(Basic Indicator Approach) 총이익의 15%를 운영 리스크로 산출 2) 표준방법(Standardised Approach) 8개 사업부문별 총이익의 일정비율(12~18%)의 합을 운영 리스크로 산출
		② 고급측정법(감독당국의 승인 필요) (AMA : Advanced Measurement Approach) 자체의 손실자료와 리스크 측정시스템을 활용하여 운영 리스크 산출
감독당국의 점검 (Pillar 2)	–	감독당국은 은행의 내부 자본적정성 평가절차를 점검하고 리스크가 높은 은행에 대해서는 최저비율(8%) 이상의 자본보유 요구
시장규율 강화 (Pillar 3)	–	자기자본 세부내역과 리스크별 측정방법에 대한 공시 확대

2) Pillar 2 : 감독당국의 점검(SRP: Supervisory Review Process)

바젤위원회는 Pillar 2의 도입목적이 은행이 영업상 노출되어 있는 모든 리스크에 대비하여 적정수준의 자기자본을 보유해야 할 뿐 아니라 은행 스스로 보다 우수한 리스크 관리기법을 개발하여 활용하도록 하기 위함이라고 이야기하고 있다. 따라서 이러한 목적을 달성하기 위해서 〈표 3-4〉와 같은 4대원칙을 제시하고 있다.

표 3-4 | Pillar 2의 4대원칙

원칙 1	내부자본적정성 평가절차 구축	은행은 직면하는 모든 중요한 리스크를 스스로 평가하고 리스크 수준에 맞는 적정 자기자본을 산출 · 관리하는 내부절차를 구축 · 운영하여야 함
원칙 2	은행의 내부자본적정성 평가절차 점검 및 필요 시 감독조치	감독당국은 이러한 은행의 내부자본적정성 평가절차의 적정성을 평가하고 그 결과에 따라 필요한 경우 자기자본 확충 요구를 포함한 감독조치를 시행하여야 함
원칙 3	최저자기자본비율(8%) 초과 자기자본 보유 요구 권한	감독당국은 개별 은행에 대하여 최저자기자본비율(8%)을 초과하는 자기자본을 보유토록 요구할 수 있는 권한을 보유하여야 함
원칙 4	사전예방적 감독조치	감독당국은 은행의 자기자본이 적정한 수준 이하로 하락하는 것을 방지하기 위하여 조기에 감독조치를 시행하여야 함

여러 형태의 리스크에 적절히 대응하기 위해서 감독당국은 개별 은행에서 수행해 온 리스크 측정과정에 대한 검토를 수행해야 하고, 정량적이고 조직적인 모델들의 건전성을 테스트해야 한다. 그리고 지금까지 기술된 규칙(rules)에 의거하여 산출된 자본량에 추가적인 자본여유(a further capital buffer)를 가져야 한다.

Pillar 2는 아무리 복잡한 규정으로도 각 은행별 적절한 리스크 규모 및 바람직한 절차를 파악하는 것은 불가능하므로, 은행 경영진과 감독당국 간의 리스크 규모 및 자본에 대한 의견교환 수단으로 마련된 것이다. 따라서 은행은 Pillar2에 따라 은행에 노출되어 있는 모든 중요한 리스크를 스스로 평가하고, 리스크 수준에 맞는 적정자기자본을 산출하고 관리하는 절차를

그림 3-2 | Pillar 2 개요

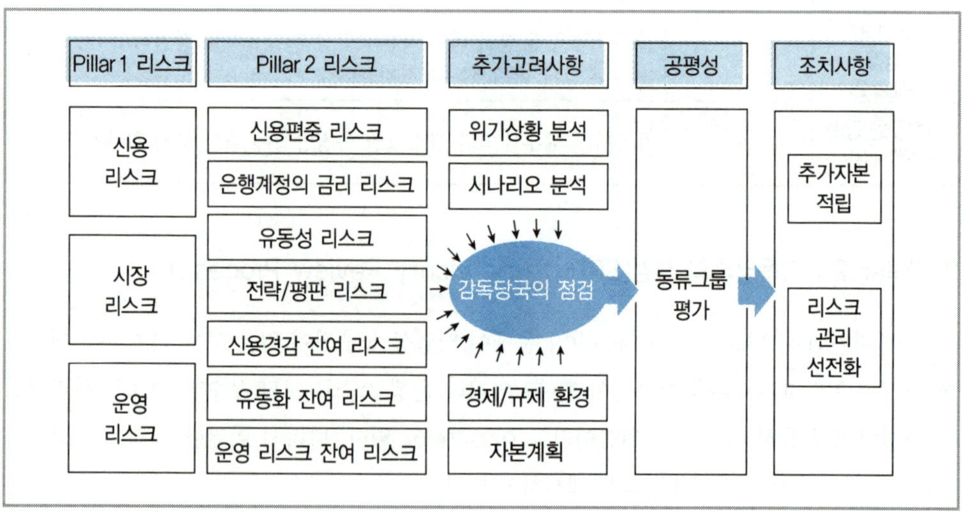

구축해야 한다. 그리고 감독당국은 이러한 절차 및 운영의 적정성 여부를 평가하고, 그 결과에 따라 자기자본 확충요구를 포함한 감독조치를 취하게 된다.

내부자본적정성 평가 및 관리[9)]

Pillar 2의 핵심 내용은 은행의 **내부자본적정성 평가**(ICAAP: Internal Capital Adequacy Assessment Process) 및 관리 시스템의 구축과 자기자본 유지전략(capital management strategy)의 적정성 판단과 은행의 건전성 악화 시 조기개입이 가능하고, 은행별 특성을 감안한 차별적 감독제도인 맞춤감독(institution-specific supervision)을 실시하는 **감독기능 점검 및 강화**(SREP: Supervisory Review and Evaluation Process)로 대분할 수 있다.

지금까지 금융기관의 자본적정성에 대한 논의는 규제자본(RC: Regulatory Capital)에 초점이 맞추어져 이루어져 왔다. 하지만 이제 경제적 자본(EC: Economic Capital)이라는 또 다른 자본의 정의를 도입하고자 한다.

규제자본(RC)은 감독당국이 개별 금융기관의 건전성을 확보하고, 예금자 보호를 통한 금융시스템의 안정성을 도모하기 위해 보유하도록 요구하는 최소한의 자기자본 금액을 의미한다.

또한 금융기관은 규제자본과 별도로 각각 금융기관들의 내부적으로 적정 자기자본 규모를 결정하는 기준을 가지고 있다. 왜냐하면 규제자본이 개별 금융기관의 특수성을 충분히 반영하고 있지 못하기 때문이다. 따라서 내부적으로 자본할당을 통한 포트폴리오 관리정책, 고객에 대한 금리 등 가격결정기준으로 사용하기에 적합한 자본비용을 산출하기 위해 자체적으로 지표들을 개발해 사용하고 있다. 이처럼 금융기관의 실제 리스크를 평가하고 내부적인 자본할당 및 성과평가의 기준으로 사용하기 위해 개발된 지표로, 회사가 보유한 리스크의 실현에 따른 잠재 손실금액을 흡수하기 위해 필요한 적정 자본규모를 경제적 자본(EC)이라고 한다. 내부자본적정성 평가 및 관리 체계에서의 내부자본(internal capital)은 경제적 자본(economic capital), 경영 및 전략 여유자본(management & strategic capital buffer), 사업성장(business growth), 스트레스 자본(stress capital) 등을 포함하여야 한다. 그중에서도 이 항에서는 경제적 자본에 대해서 좀 더 구체적으로 살펴보고자 한다.

① 경제적 자본에 의한 적정 자기자본 산출[10)]

(가) 경제적 자본의 개념

경제적 자본(EC)이란 금융기관 내부적으로 오래전부터 사용되어 왔으나 이것을 산출하기

---

9) 문종진 외, 「Basel Ⅱ와 리스크 관리」, 제26장 참조.
10) 본 내용은 고일용, 「전사적 리스크관리」(2007) 참조.

위한 일관된 형태의 이론은 존재하지 않는다. 실무적으로도 경제적 자본을 인식하는 개별 리스크의 범위, 리스크 측정방법, 이들을 통합하는 방법, 리스크 실현에 따른 손실보전을 위해 필요한 자기자본의 범위 등에 대한 다양한 기준들이 존재한다.

규제자본을 산출할 때 많이 사용하는 VaR의 개념을 경제적 자본에 도입하여 다시 정의하면, "금융기관이 리스크 실현에 따라 소진된 자기자본을 재조달하거나 다른 리스크 포지션을 줄이는 데 필요한 기간(통상 1년 가정) 동안, 금융기관의 부도율을 목표 신용등급에 해당하는 예상부도율 이내로 유지하는 데 필요한 자기자본"이라 할 수 있다.

(나) 적정 자기자본 규모의 결정

금융기관이 실제적으로 적정 자기자본량을 결정할 때에는 다양한 요소를 고려해야 한다. 금융기관의 경우 다양한 이해관계자(규제당국, 주주, 채권자 및 신용평가기관, 예금자 등)의 요구에 대해 적절한 균형을 맞추어야 하지만 가장 우선시되는 기준은 감독당국의 규제자본기준이다. 동 기준을 충족하지 못할 경우에는 경영권에 대한 간섭을 받게 되는데, 최악의 경우 주주의 회사자산에 대한 소유권이 박탈되거나 금융기관의 영업권을 빼앗길 수 있기 때문이다.

다음으로는 경쟁회사의 자기자본 수준을 고려해야 한다. 예를 들어, 소매영업의 비중이 높은 금융기관의 경우, 리스크가 상대적으로 낮기 때문에 자본규모를 규제자본 수준에 맞춰 가능한 한 적게 보유하는 것이 효율적이겠지만, 시장이 금융기관의 자기자본비율 변화에 민감한 경우에는 경쟁금융기관 대비 낮은 자기자본비율이 금융기관의 평판에 치명적일 수 있기 때문에 안정적인 고객기반을 확보하기 위해 적정수준의 자기자본비율을 유지해야만 한다.

마지막으로 경제적 자본모형(EC model)에 의한 적정 자기자본 결정기준을 고려해야 한다. 현재 경제적 자본모형에서 적정 자기자본을 결정하는 가장 일반적인 기준은 경제적 자본을 금융기관의 목표 신용등급과 연계시키는 것이다.

또한 리스크 관리체계 및 시스템 현황과 전문인력의 보유 여부, 리스크 관리에 관한 전반적인 조직문화 등에 대한 질적인 정보는 동일한 리스크 규모에 대하여 필요한 적정 자기자본을 결정하는 데 있어서 중요한 기준이 될 수 있다.

금융기관의 경영진은 이러한 경제적 자본의 규모, 경제적 자본 측정 시 고려하지 못한 정보, 리스크 관리에 관한 질적 수준 정보 등을 공개하고, 이를 감안한 내부의 적정 자기자본량 결정의 기준을 제시하고, 감독당국은 그 적정성을 점검하여 결과를 공개해야 한다. 시장참가자들은 이러한 공개된 정보를 근거로 금융기관에 대한 채권자로서, 고객으로서 또는 일반주주로서 나름대로 가격결정이나 시장의 참여여부 등의 의사결정을 수행하게 될 것이다.

신바젤협약의 Pillar 2 및 Pillar 3에서 제시하고 있는 감독당국의 점검 및 시장규율에 대한 내용이 바로 위와 같은 요건이 충족된 모습이라는 점에서, 국내 금융기관들은 신바젤협약을 단지 규제환경의 변화에 대응한다는 차원이 아니라 경쟁력을 제고하고 궁극적으로는 주주가치를 높일 수 있는 기회로 활용한다는 적극적인 자세를 가져야 할 것이다.

② 금융기관의 자본적정성 관리 방안

앞서 언급한 대로 신바젤협약의 Pillar 2에서는 금융기관이 스스로 영업규모, 리스크 특성 등에 비추어 적절한 리스크 관리체계를 구축하고 운영하는 과정에서 자본의 적정성을 확보하는 것을 요구하고 있다. 이러한 Pillar 2의 개념은 8%라는 최저자기자본의 유지라는 규제 차원을 넘어 금융기관이 직면한 리스크에 대해 체계적이고 일관된 방식으로 관리하도록 함으로써 자체 리스크 관리능력을 향상시키기 위함이다.

금융기관의 내부자본적정성 평가 및 관리 체계는 i) 내부자본적정성 평가 및 관리 통제구조, ii) 포괄적인 리스크 평가, iii) 건전한 자기자본 평가, iv) 모니터링 및 보고 등 4개 요소를 포함해야 한다. 또한 내부자본적정성 평가 및 관리 체계가 효율적으로 운영되기 위해서는 이러한 4가지 요소에 대해 전반적인 정책 및 절차, 방법론, 가정 등을 문서화하여 업무처리 절차와 책임과 역할을 명확하게 할 필요가 있다.

(가) 내부자본적정성 평가 및 관리 체계의 구축

금융기관은 내부자본적정성의 확보를 위해 자본적정성 평가 및 관리 체계를 자체 리스크 특성, 영업활동 규모 · 범위 · 복잡성에 적합하게 구축하여 운영할 필요가 있다. 신바젤협약하에서는, 내부자본적정성 평가 및 관리 체계를 구축하고 운영할 책임이 전적으로 금융기관에게 있으며 감독당국의 점검 시 동 시스템이 회사의 자체 리스크 특성 등을 감안할 때 적정수준임을 입증할 수 있어야 한다.

금융기관이 내부자본적정성 평가 및 관리 체계를 구축할 경우 동 체계가 실제 경영에 활용되어야 한다는 것이다. 실제 조직원들이 활용하지 않는 시스템은 곧 사장되게 마련이며, 결국 실질적인 회사의 자본적정성 확보에 도움이 되지 않을 것이다. 따라서 금융기관은 내부자본적정성 평가 및 관리 체계에 대해 동 체제가 리스크 허용한도 설정 및 모니터링, 자본적정성 평가 보고, 자본계획 수립, 리스크 관리전략 수립, 여신승인과 가격결정, 사업계획 수립, 예산편성, 연간 업무계획 수립, 영업전략 수립, 자본배분, 성과평가 등 경영의사결정에 널리 활용될 수 있는 방향으로 구축하여야 한다.

특히 자본배분, 성과평가 등의 시행 시 조직구성원들로부터 많은 반발과 시행착오를 겪을 수 있다. 과거에도 금융기관들이 성과평가를 실시하지 않은 것은 아니므로 단순히 점유율, 영업수익 위주의 성과평가가 아닌 리스크를 감안한 성과평가 방안을 도입하는 것이 반드시 필요하다.

(나) 포괄적인 리스크 평가

⊙ 감안해야 할 리스크의 범위

은행이 내부모형접근(internal ratings approach)에 기초하여 가장 세련된 신용 리스크 모형을 구축하였다 하더라도 신용편중과 상관관계(credit concentration and correlation)와 같은 신용 리스크의 중요한 요인들을 충분히 유연하게 Pillar 1 리스크에 반영하지 못하고 있다.

더욱이 Pillar 1에 의한 은행계정의 이자율 리스크(interest rate risk on the banking book), 유동성 리스크(liquidity risk) 등은 중요하지만 체계적이고 분명한 관리체제를 통하여 측정하는 것이 어려우므로 이러한 Pillar 1 자기자본 산출에 포함되어지지 않은 잔여 리스크에 대해서는 이를 Pillar 2 리스크로 편입하여 추가적 자본을 적립해야 한다.

또한 불리한 사업결정, 사업환경 변화에 대한 대응책 결여로 나타나는 전략 리스크(strategy risk)와 경영부진, 금융사고 등으로 인한 외부여론의 악화에 따른 평판 리스크 등도 소홀히 할 수 없는 리스크로서 은행은 이를 효율적 · 선제적으로 잘 관리할 수 있어야 한다. 이외의 잔여 리스크(residual risk)로서 자산유동화 잔여 리스크(리스크 이전, 암묵적 보강, 정산 요구권, 콜옵션 행사, 조기상환과 관련 커버되지 않은 리스크 등), 신용경감기법 잔여 리스크(신용경감기법 사용 시 추가로 발생할 수 있는 법률 리스크 등), 운영 리스크 잔여 리스크(자산규모 및 영업방식이 유사한 은행 간 운영 리스크 소요자기자본 산출액 조정 등), 거시경제적 리스크(경기순환주기, 거시경제 환경 변화 등에 따른 은행의 리스크 확대 및 축소 가능성) 등도 추가적으로 감안하여야 한다[11]. 내부자본적정성 평가 시 감안하여야 할 리스크 종류는 〈표 3-5〉와 같다.

표 3-5 | 내부자본적정성 평가 시 감안하여야 할 리스크 종류(예시)

신바젤협약 기준 리스크 구분	주요 내용
Pillar 1 리스크	신용, 시장, 운영 리스크
Pillar 2 리스크	금융기관계정의 금리 리스크, 유동성 리스크, 전략 및 평판 리스크 등
Pillar 1 잔여 리스크①	신용 리스크 관련(편중 리스크, 자산유동화 관련, 신용경감기법), 운영 리스크 관련 잔여 리스크

주: ① 시장 리스크 경감(장외파생상품 거래)과 운영 리스크 경감(보험)에서도 잔여 리스크가 발생할 수 있고, 시장편중 리스크도 발생 가능하며, 이러한 Pillar 1의 잔여 리스크는 Pillar 2 리스크에서 별도 관리하여 내부자본적정성 규모 산정 시 포함시켜야 한다.

⊙ 위기상황분석의 실시

금융기관이 내부자본적정성을 보다 충분하고 적정한 수준으로 확보하기 위해서는 전사적

11) Andrea Resti, *Risk Management and Shareholder's Value in Banking*, Wiley, 2007.

차원에서 위기상황분석을 실시해야 한다. 위기상황분석은 예외적이지만 발생 가능한 사건들에 대한 회사의 잠재적인 취약성을 분석하기 위한 것으로서 통상적으로 위기 시나리오를 개발하여 분석할 수 있다. 위기 시나리오는 해당 금융기관이 자체 포트폴리오 특성에 맞게 유의적이고 보수적으로 개발하는 것이 바람직하다[12]. 신바젤협약의 Pillar 2에서는 금융기관이 완만한 경제침체 시나리오에 의한 위기상황분석을 실시하여 현재의 자기자본 수준이 동 상황 발생 시에도 적정한지를 판단하고 그 결과에 따라 추가자본 적립 등으로 대비하도록 요구하고 있다. 완화된 시나리오(mild recession scenario)를 설정하는 이유는 시나리오 수행결과를 자기자본과 연계시키기 위해서는 극단적인 위기 시나리오(IMF 위기, 9·11 테러 등)를 감안하는 것은 부적절하다는 판단에 근거하고 있다.

위기 시나리오는 신용, 시장, 금리, 편중 리스크 등 다양한 리스크에 대한 영향을 분석할 수 있도록 설계되어야 하나, 금융기관의 경제적 자본에서 가장 규모가 높은 리스크는 신용 리스크이므로, 신용 리스크에 대한 위기상황분석이 핵심이라고 할 수 있다. 특히, 내부등급법(IRB)을 사용하려는 금융기관에 대해서는 회사의 익스포저에 부정적인 영향을 미칠 수 있는 사건(경기/산업 하강국면, 시장 리스크 사건 등)을 감안한 일반적인 위기상황 이외에, 특정조건이 자본적정성에 미치는 영향을 평가하기 위한 위기상황분석을 실시해야 한다. 통상적으로 위기상황분석의 실시주기는 대상 포트폴리오 특성에 따라 결정되나, 자본적정성 평가를 위한 위기상황분석은 최소한 1년에 한 번은 실시해야 한다.

참고 3-1 위기상황분석 시 감안해야 할 지표(홍콩의 위기상황분석 사례)

▶ 경기하강과 관련된 거시경제 시나리오 개발(향후 12개월 동안 추정)
- 주요 거시경제지표 : 실업률, 연간 실질GDP 증가율, 실질금리, 부동산가격, 주가지수, 부도신청
- 각 지표별로 기준(baseline), 완만(mild), 보통(medium), 심각(severe) 시나리오별로 경제지표의 추정치 산출

▶ 완만(mild), 보통(medium), 심각(severe) 시나리오하에서 자산의 질(분모)과 수익성(분자) 변화를 추정
- 자산의 질 지표 : 고정이하여신비율, 연체율, 특별충당금 등
- 수익성 지표 : 순이자수입, 기타수입, 총비용, 운용 이익/손실 등

▶ 시나리오별 자산의 질과 수익성 지표 변동에 의해 자본적정성 비율 산출

12) 경기침체(recession) 단계에 따라 '완만(mild)', '보통(medium)', '심각(severe)'으로 구분할 수 있으며, 신바젤협약에서는 완만한 경기침체기를 2분기 연속 0%의 경제성장률로 규정하고 있다.

⊙ 리스크 평가방법

금융기관이 적정한 경제적 자본 평가결과를 도출하기 위해서는 리스크 평가방안에 대해 리스크 특성의 변화(신상품 개발, 경제환경 변화 등)가 적시에 반영되어야 하며 리스크 평가모형 등의 제반 가정이 합리적으로 설정되어야 한다. 또한 리스크 환경이 빠른 속도로 변하는 경우에는 변화하는 환경을 반영해 리스크 평가방법을 주기적으로 갱신하고 평가방법의 정확성, 신뢰성에 대한 적합성 검증을 주기적으로 실행해야 할 것이다.

한편, 현재의 리스크 평가방법론으로는 계량화가 어려운 리스크도 많이 있는데, 일반적으로 계량 리스크에는 신용, 시장, 운영, 금리 리스크 등이 포함되며, 여타 리스크는 비계량 리스크로 분류된다. 이러한 비계량 리스크에 대해서는 전문가의 판단 등을 활용하여 합리적인 근거를 갖춘 정성적인 평가방법을 마련할 필요가 있다.

참고 3-2　비계량 리스크에 대한 평가방안

비계량 리스크는 정성적인 평가(RCSA, 전문가 판단, 체크리스트 등)를 통해 리스크를 평가하여 내부자본(internal capital)으로 연계시켜야 한다.

▶ 비계량 리스크에 대한 자본 연계방안(예시)

- 경영진의 리스크 성향을 반영하여 가용자본(available capital)의 일정비율을 배분
- 계량 리스크의 합(신용/시장/운영/금리 리스크)의 일정비율
- 비즈니스 규모(예: 총이익, 총자산 등)의 일정비율
- 국내외 동류그룹(peer group)과 비교

(다) 건전한 자기자본 평가

⊙ 리스크별 자본적립 및 위기상황분석의 실시

금융기관이 직면한 중요한 리스크의 범위를 정하고 회사가 마련한 정책 · 절차 및 평가방법에 의해 리스크를 평가했다면 그 결과에 따라 적정 내부자본(internal capital)을 적립해야 할 것이다. 금융기관은 중요한 리스크에 대해서는 리스크 종류별로 내부자본을 산출할 필요가 있으며, 리스크별로 산출한 자기자본은 리스크별 평가결과와의 관련성이 합리적으로 충분히 설명될 수 있어야 할 것이다. 또한 금융기관은 향후 리스크 변동가능성 등을 반영한 충분한 자본을 준비하기 위해 위기상황분석을 실시하여 추가적인 내부자본 산출 여부를 판단해야 할 것이다.

⊙ 통합 내부자본의 산출

리스크 종류별로 평가하고 그 결과에 따라 리스크별로 내부자본을 산출했다면, 이를 합산

한 회사 전체의 통합 내부자본을 산정해야 한다. 이러한 통합 내부자본의 산출은 리스크별 신뢰수준, 보유기간, 상관관계 등이 합리적으로 설정되어야 가능하다. 상관관계는 통합 내부자본 산출 시 리스크 간 분산효과를 감안하기 위해 필요하지만, 데이터의 부족 등으로 객관적이고 합리적인 상관관계의 도출은 현실적으로 어려운 작업이다. 상관관계 반영방식의 객관성과 합리성을 감독당국에 입증하지 못하는 경우에는 보수적으로 리스크별로 산출된 자본을 단순합산(상관관계=1)해야 할 것이다.

(라) 내부자본적정성의 평가

금융기관이 통합 내부자본을 산출했다면, 동 내부자본과 보유 가용자본(available capital)을 비교하여 내부자본의 적정성을 평가하게 된다. 즉, 통합 내부자본보다 보유한 가용자본이 큰 경우에는 자본의 적정성이 확보되었다고 판단할 수 있지만, 산출된 통합 내부자본이 가용자본을 초과하는 경우에는 내부자본적정성이 미흡한 상태로 가용자본 확충 외에 리스크 관리 및 내부통제 강화, 한도설정 등 사전에 마련된 절차에 따라 자본적정성 확보를 위한 수단을 강구해야 할 것이다. 한편, 산출된 통합 내부자본보다 너무 많은 가용자본을 보유하고 있는 상황이 장기간 지속되는 경우에는 자본이 효율적으로 활용되고 있다고 판단할 수 없으므로 리스크 성향을 조정해야 할 필요가 있다.

자본적정성의 판단 시 가용자본을 어떻게 정의하는가에 따라 자본적정성의 평가결과가 달라지므로 가용자본의 범위도 합리적인 근거를 갖고 설정해야 할 것이다. 규제자본은 가용자본을 보통주 자본 위주의 기본자본(Tier 1)과 후순위채 등의 보완자본(Tier 2)을 합한 금액으로 인정하고 있으나 내부 자본적정성 평가를 위한 가용자본은 이보다 보수적으로 설정될 필요가 있다. 그 이유는 규제자본과 내부자본의 가정이 다르기 때문이다.

규제자본 차원에서 감독당국은 금융기관 파산 시 예금자와 예금보험기금의 보호를 위해 후순위채와 같은 Tier 2 자본을 사용할 수 있으므로 BIS 비율 산출 시에는 Tier 2 자본이 인정될 수 있는 것이다. 그러나 금융기관 소유자(주주)의 입장, 즉 내부자본적정성 평가의 관점에서는 채권자 및 예금자에게 손해를 끼치지 않고 실현된 손실을 흡수하기 위해서는 주주의 몫인 보통주 자본 및 잉여금 등으로 구성된 Tier 1 자본을 충분히 확보할 필요가 있다. 따라서 내부자본적정성 평가를 위한 가용자본의 범위를 결정할 때는 이러한 점을 충분히 고려해야 할 것이다.

그러나 무엇보다 중요한 것은 가용자본에 대한 일관된 정의를 가지고 이를 안정적으로 유지하기 위해 자본시장의 동향 및 접근가능성 등에 대한 상시적인 모니터링을 수행해야 한다는 점이다.

참고 3-3 가용자본의 범위 결정방법(예시)

가용자본은 다음과 같은 선정기준을 참고하여 합리적인 방안을 마련하되 일관성 있게 적용하는 것이 중요함.

▶ 주요 고려사항
- 자본관리 목적(예: 주주이익 보호, 예금자 보호)
- 개별 리스크별 내부자본 산출방법(예: 신용 리스크의 경우 DM vs MTM)
- 내부자본 통합 시 보유기간, 신뢰수준
- 여유자본(buffer capital) 수준
- 중·장기 자본계획 실행 용이성
- 금융기관이 통제 가능한 자원(resource)인지 여부
- 국내외 산업관행 등

가용자본이 회계기간 중 손익 등에 의해 크게 변하는 경우 이를 어떻게 반영할 것인지를 결정해야 함.

(마) 자본계획의 수립

내부자본적정성을 확보하기 위해서는 전략적 목표와 관련된 현재 및 미래의 필요 내부자본을 분석하는 자본계획(capital budget)을 수립할 필요가 있다. 즉, 전략적 계획 등에 필요한 금융기관의 내부자본 규모에 포함될 계획을 명확하게 분석하고 설정해야 하며, 자본적정성 훼손과 같은 예상치 못한 상황발생 등을 감안한 비상계획(contingency plan)을 마련하고 운영해야 한다.

자본계획 수립 시 금융기관은 전략적 계획, 거시경제적 영향, 사업계획, 영업환경 변화 등 미래지향적인 요소를 반영해야 하며 대출증가, 자금 조달 · 운용, 배당정책 등 적정 자본수준을 유지하기 위한 내부 경영전략도 감안하는 한편, 위기상황분석 결과를 자본계획과 적절히 연계시킬 필요가 있다.

(바) 모니터링 및 보고

금융기관은 리스크 익스포저와 리스크 특성의 변화가 내부자본에 미치는 영향을 모니터링하고 보고하는 시스템을 구축하여 운영해야 한다. 특히, 이사회와 경영진이 리스크 관련 정보를 효과적으로 파악할 수 있는 통합 리스크 정보시스템을 구축할 필요가 있으며 효율적인 정보시스템을 유지하기 위해 정기적으로 점검하고 갱신, 수정하여야 한다. 통합 리스크 정보시스템은 주요한 기능, 상품, 사업활동의 리스크 평가결과 등 정확하고 신뢰성 있는 정보를 이사회와 경영진에게 적시에 제공할 수 있어야 한다.

③ 감독당국의 자본적정성 평가

신바젤협약에서는 Pillar 2를 활용하여 감독당국이 금융기관의 내부자본적정성 평가를 점검하고, 점검결과 필요한 경우에는 8%의 최소자기자본비율을 초과하는 추가자본을 요구할 수 있다. 또한 금융기관의 자기자본이 최저수준 이하로 하락하기 이전에 사전적인 감독조치를 시행할 수도 있다.

감독당국은 자본적정성 수준을 점검할 때 모든 중요한 리스크를 감안하였는지, 리스크 관리절차와 내부통제의 수준, 경기순환주기 및 거시경제 환경의 고려 여부, 이사회/경영진의 이해 및 관여도, 평가결과의 의사결정 활용도 등에 대한 최소요건의 충족 여부를 중점적으로 점검해야 한다. 만약 점검결과 만족스럽지 못한 경우 개별 회사의 특성, 규모 및 업무의 복잡성 등을 고려하여 리스크 관리 강화, 내부통제 개선, 자기자본 보전계획의 실행, 영업활동 및 배당의 제한, 추가적인 자본적립 요구 등의 조치를 취하게 된다.

Pillar 2에서는 각국의 감독당국이 개별 금융기관에 대해 최소자기자본비율(8%)을 초과한 자기자본을 요구하는 권한을 보유하는데, 이는 다음과 같은 근거를 가지고 있다. 첫째, Pillar 1의 최소자기자본은 금융기관들이 추구하는 신용도 수준보다 낮게 설정되어 있기 때문에 회사의 건전성에 대한 시장의 신뢰를 확보하기 위해서다. 둘째, Pillar 1의 규제자본에서 감안되지 않은 리스크가 존재할 가능성이 높기 때문이다. 셋째, 금융기관의 영업 형태 및 규모가 변함에 따라 노출되는 리스크도 변화하여 자기자본비율이 등락할 가능성이 높아져 시장여건이 불리한 시기에 자본확충을 추진하는 경우 비용이 많이 필요할 가능성이 높아졌기 때문이다.

감독당국이 최소자기자본비율을 초과한 자본보유를 요구하는 방안으로 감독당국이 개입을 하는 시점의 비율(trigger ratio)을 설정하고 동 비율의 준수 여부를 모니터링하는 방법 등을 고려할 수 있다. 현재 미국, 영국, 캐나다 등의 감독당국들은 이와 유사한 방법을 활용하여 최소자기자본비율 이상의 자본을 요구할 권한을 갖고 있는 경우가 많다.

Pillar 2하에서 감독당국은 금융기관의 자기자본이 리스크 특성을 감안하여 최저수준 이하로 하락하지 않도록 조기에 개입하고 자기자본이 유지 또는 회복되지 않을 경우 조속한 시정조치를 취해야 한다. 다수의 국가에서는 감독당국이 이미 적기시정조치(PCA: Prompt Corrective Action)와 같은 개입수단을 보유하고 있다. 감독당국이 사전적인 예방조치를 취하는 경우에는 조치단계별 이행사항들을 명확히 규정화해 놓을 필요가 있다. 초기단계에서는 자기자본 회복계획 및 일정표 작성을 요구해야 하며, 대상 금융기관에 대한 모니터링 강화도 병행해야 할 것이다. 또한 해당 금융기관의 자기자본비율 하락의 근본적인 원인을 파악하여 적절한 조치가 이뤄져야 하며, 자기자본이 유지되거나 회복되지 않을 경우 배당제한, 즉각적인 자본확충 요구 등의 시정조치를 취해야 한다.

3) Pillar 3 : 시장규율 강화

(1) 시장규율의 개요

시장규율(market discipline) 강화는 은행의 리스크와 자본적정성에 관한 정보의 공시를 확충하여 시장참가자가 스스로 이를 평가하고 적절히 대응할 수 있도록 함으로써 시장규율을 강화하자는 것이다. 즉, 금융기관의 영업활동 결과에 직·간접적으로 영향을 받는 시장참가자가 금융기관에 대한 감시와 영향력을 행사함으로써 금융기관의 건전성을 제고함과 아울러, 이러한 시장규율 강화는 금융기관으로 하여금 건전하게 영업활동을 수행하도록 하는 유인을 갖게 함으로써 감독당국에 의한 규제를 보완하는 역할을 수행하도록 하기 위함이다.

바젤위원회는 공시를 시장규율 확립에 유효한 수단으로 인식하고, 은행이 신바젤협약 도입 시 Pillar 3에 명시된 요건을 준수하도록 요구하고 있다. 이는 은행의 리스크 수준, 자본적정성 등 주요 관련정보를 시장참여자들이 평가할 수 있도록 은행의 공시범위 및 정보의 질을 확대한 것이다.

특히 신바젤협약 자체는 은행이 자체 개발한 내부모형에 의한 규제자본량 산출을 허용하고 있어 공시의 중요성이 더욱 부각되고 있다.

즉, Pillar 3는 은행의 리스크에 대한 정보의 공시를 확충하여 시장참가자가 스스로 이를 평가하고 적절히 대응할 수 있도록 함으로써 시장규율을 강화하자는 것이다.

시장참가자에 의한 규율행위, 즉 시장규율(market discipline)은 크게 시장감시(market monitoring)와 영향력 행사(influence)로 구분할 수 있는데, 시장감시란 시장참가자들이 금융회사의 경영상황을 충분히 파악하고 이를 주가 · 채권가격 등 시장신호(market signal)에 신속히 반영하는 것을 의미하며, 영향력 행사란 금융회사의 영업행태를 변화시키기 위하여 시장참가자가 취하는 조치[13]를 의미한다.

시장참가자의 감시능력 제고를 위해서는 투명한 회계제도 및 충실한 공시제도의 구축이 무엇보다 중요하다. 이는 시장참가자가 금융회사의 파산위험을 정확히 추정하고 이를 가격정보에 반영하기 위해서는 금융회사 경영상황에 대한 상세하고 투명한 정보가 필요하기 때문이다.

(2) Pillar 3의 주요 내용

바젤위원회는 공시를 시장규율 확립에 유효한 수단으로 인식하고 은행이 신BIS협약의 이행 시 Pillar 3에 명시된 의무사항을 준수하도록 하고 있다. 이는 시장참여자들이 은행의 자본

13) 보유 주식 · 채권 등 유가증권의 처분, 요구수익률 인상, 추가적 신용공여, 만기연장의 제한, 예금인출, 거래중단, 경영진 교체 등.

표 3-6 | Pillar 3에서 제시하는 공시항목[14)]

항목	내용
일반원칙	공시정책, 공시의 적정성 평가절차
적용범위	은행그룹 내 연결구조 관련 제반사항 등
자본구조	기본자본 등의 세부내역
자본적정성	리스크 종류별 소요자기자본 등
리스크 익스포저 및 평가	리스크 종류별(신용/시장/운영/은행계정의 금리) 익스포저 내역, 리스크 측정방법 등

표 3-7 | 공시항목별 주요 공시의무사항

공시항목	공시의무사항
일반원칙	• 이사회가 승인한 공식적인 공시정책 • 공시의 평가(validation), 빈도, 적정성 평가 절차
적용범위	• 은행그룹 내 연결구조 관련 제반사항 • 은행그룹에 포함되는 법인기업의 범위, 이를 통해 해당 법인의 리스크가 반영된다는 사실 • 해당 법인의 리스크를 반영하기 위하여 사용된 기법
자본구조	• 모든 자기자본 조달수단의 주요 특징에 관한 요약정보 • 기본자본의 세부항목별 금액 및 보완자본의 규모 등
자본적정성	• 자본적정성 유지를 위한 전략 • 각 리스크별 소요자기자본 및 전체 자기자본비율 및 기본자본비율 등
리스크 익스포저 및 평가	• 리스크 유형별로 해당 리스크 관리 목적 및 정책 공시 (전략과 절차, 리스크 관리기능의 구조와 조직, 리스크 보고 범위와 성격, 리스크 측정시스템 등) • 신용 리스크 : 유형별 · 포트폴리오별 익스포저, 부실채권 · 대손충당금 현황, 표준방법 또는 내부등급법 사용 은행의 소요자기자본, 신용 리스크 경감, 자산유동화 등 • 시장 리스크 : 리스크 요소별 소요자기자본 및 VaR 현황 등 • 운영 리스크 : 측정방법론에 고려되는 요소, 산출방식 혼용범위, 리스크 경감목적의 보험 등 • 주식 리스크 : 보유주식 공정가액, 각 사용방법별 소요자본량 등 • 은행계정의 금리 리스크 : 금리 리스크 성격, 주요 가정, 금리 리스크 충격에 따라 경제적 가치 증감, 스트레스 분석결과 등

14) 각 항목별로 정성적/정량적 공시로 구분하여 수행한다.

적정성, 리스크 수준 등 주요 정보를 쉽게 평가할 수 있도록 은행의 정보공시 범위 및 질을 확대토록 하며, 시장참여자의 평가를 통해 은행의 건전경영을 유도하는 인센티브 체계를 구축하고, 이를 통하여 감독기능을 보완하고 금융시스템의 안정성을 유지하고자 함이다.

특히, 신BIS협약은 Pillar 1에 의한 규제자본 산출 시 은행의 재량권을 일정수준 부여하고 있기 때문에 은행 자체 판단의 적합성 등을 시장에 의해 평가받도록 할 필요가 있다. 규제자본 산출 시 특정 리스크 측정방법을 채택할 경우 동 방법 사용에 대한 공시의무도 병과하고 있다. 즉, 신용/운영 리스크 측정 및 평가에 있어서 내부등급법, 고급측정법 등 내부모형을 사용하는 은행들에 대해서는 광범위한 공시의무를 부과하고 있다. 구체적인 공시항목은 앞의 〈표 3-6〉과 같다.

공시주기는 원칙적으로 반기마다 공시하여야 하지만 리스크 특성이 급속히 변하는 은행의 경우에는 자기자본비율 및 구성내역(Tier 1 자본, 총자본, 소요자본 등)을 매 분기마다 공시하여야 한다.

그리고 금융기관은 전략상 기밀정보 여부, 중요성, 회계공시와의 부합 여부 등을 고려하여 공시하여야 한다.

4) 바젤Ⅱ 도입에 따른 영향

금융감독원은 2004년 12월 바젤Ⅱ 국내 도입 시기 및 방법을 결정하였다. 바젤Ⅱ 도입 시 금융 · 경제에 미치는 영향, 국내은행의 준비상황 및 외국의 동향을 고려하고 국제적 추세에 부응하면서 국내은행에 대한 시간적 여유를 제공한다는 취지에서 2008년 초 바젤Ⅱ를 도입하고, 고급측정법은 2010년 초에 시행하여 은행산업 전반의 리스크 관리 선진화 및 경쟁력을 제고하며, 은행 간 경쟁 시 형평성을 유지한다는 원칙하에 국내에서 영업하는 모든 은행에 적용하기로 했다.

리스크 측정방법 지정 여부에 대해서는 은행의 리스크 측정방법 선택권을 존중하고, 국제적인 추세를 반영하여 은행의 자율적인 리스크 측정방법을 선택하도록 하였다.

바젤Ⅱ 도입에 따른 영향은 다음과 같이 금융산업 및 경제 전반에 걸쳐 긍정적인 영향을 미칠 것으로 기대된다.

ⅰ) 리스크 인식범위 확대에 의한 일시적인 자본요구량 증가에 따른 자기자본비율의 일시적인 하락이 예상되지만, ⅱ) 국내 은행의 리스크 관리 선진화를 촉진하고 리스크 관리역량에 따라 은행 간 차별화가 가속되어 금융산업의 선진화 계기가 될 것이다. 또한 ⅲ) 리스크의 정확한 평가 및 이에 기반한 가격결정과 자원배분을 통해 경제 전반의 효율성이 제고되어 신용평가 및 여신심사 능력이 제고되고, ⅳ) 국제시장에서 국내은행의 위상 제고를 통한 국제경쟁

력 확보가 기대되며, 국내 금융산업의 경쟁력 제고에 기여한다. 그리고 v) 공시기능의 강화를 통해 시장기능에 의한 상시적인 구조조정의 기반이 되어 시장기능에 의한 자율통제의 강화가 기대된다고 볼 수 있다.

제3절 금융규제개혁과 바젤 Ⅲ[15)]

1. 미시건전성 규제와 거시건전성 규제

1) 바젤 Ⅱ의 한계와 글로벌 금융위기의 교훈

1980년 이후 세계적 금융규제 완화 및 국제화에 따른 은행 간 경쟁심화로 은행의 자산운용전략이 고위험 · 고수익 추구로 변화되자 1988년 바젤위원회는 바젤 Ⅰ을 제정하여 위험가중자산의 8% 이상을 자기자본으로 보유하도록 의무화했으며, 2004년 바젤위원회는 리스크 관리 역량의 발달과 은행 간 격차가 발생함에 따라 다양한 리스크 측정방법의 필요성이 제기되자 바젤 Ⅱ를 제정하여 은행의 리스크 관리 선진화에 기여했다. 그러나 2008년 미국의 서브프라임 모기지 사태로 촉발된 글로벌 금융위기는 리먼 브라더스(Lehman brothers), 베어스턴스(Bear sterns)와 같은 초대형 투자은행의 파산을 포함하여 수많은 은행, 투자은행, 보험회사 등 금융기관을 위기에 빠뜨리면서 전 세계를 경제위기로 몰아넣게 되었다. 따라서 다음과 같은 바젤 Ⅱ의 한계 및 글로벌 금융위기상의 교훈이 금융위기 이후 바젤 Ⅲ 도입 논의의 주요 배경이 되었다. 첫째, 기존 바젤 Ⅱ에서 보통주 자본비율 2%는 너무 낮은 수준이고, 실제 손실흡수능력이 없는 항목이 자본에 포함되어 보유 리스크 대비 자본의 수준 및 손실흡수능력이 미흡했다. 둘째, 바젤 Ⅱ 기준의 BIS비율은 은행의 과도한 외형확대를 통한 위험선호행위를 적정하게 통제치 못하는 한계점이 노출되어 과도한 외형확대에 대한 효율적인 통제가 미흡했다. 셋째, 기업의 신용등급에 따라 위험가중치가 차등적용됨에 따라 경기침체 시 대출을 확대하는 리스크 민감형 자본규제제도에 따른 경기순응성이 확대됐다. 넷째, 바젤 Ⅱ 제도상에는 유동성 리스크에 대한 자기자본규제가 없어 우발채무이행 등 필요자금 수요의 대비를 소홀히 하는

15) 본 금융규제개혁과 바젤 Ⅲ 내용은 바젤위원회가 2010년 12월 16일 발표한 "바젤 Ⅲ: A global regulatory framework for more resilient banks and banking system" 및 "바젤 Ⅲ: International framework for liquidity risk measurement, standard and monitoring"의 원문 내용을 금융위원회, 금융감독원, 한국은행이 공동으로 작성한 「바젤 Ⅲ 기준서」와 이장영, 「바젤 Ⅲ와 리스크 관리」(2011)를 주로 참고하여 기술하였음.

유동성 리스크에 대한 자본규제가 미흡했다.

2) 미시건전성 규제와 거시건전성 규제

건전성 규제에는 미시건전성 규제(micro-prudential regulation)와 거시건전성 규제(macro-prudential regulation)가 있다. 미시건전성 규제는 개별 금융회사가 건전하면 전체 금융시스템의 안전성이 확보된다는 논리에 기초한다. 따라서 미시건전성 규제는 개별 금융회사가 부담하는 여러 리스크에 대해 표준화된 감독기준을 제시하고 금융회사가 이런 기준을 잘 준수하는지 감독하는 것이 주요 골자이다. 바젤Ⅱ는 미시건전성에 초점을 맞춘 금융규제로, 자기자본을 규제하는 개별 은행의 미시건전성 규제 관점에서는 합리적인 방안이나, 글로벌 금융위기의 핵심인 금융시스템 측면의 유동성 리스크를 간과했다는 한계를 보였다. 이러한 바젤Ⅱ는 기존 자기자본규제(바젤Ⅰ)에 비해 보다 리스크에 민감한 구조로 은행의 자본규제를 수행한다는 측면에서 장점을 가지고 있으나 금융위기 과정에서 경기순응성(procyclicality)을 확대하는 문제와 유동성 리스크에 대한 감독부재의 문제를 도출하였다. 또한 미시건전성 규제는 시장 간의 상호작용, 금융회사 간 연계성, 그리고 자금흐름 간에 어떻게 작용하여 금융시스템 전체에 영향을 미치게 되는지 심층적으로 파악하지 못했다. 자기자본규제가 핵심을 이루고 있는 미시건전성 규제는 획일적인 자기자본규제, 시스템 리스크에 대한 대응능력 부재, 스트레스 상황에서의 금융시스템 내 상호작용을 충분히 반영하지 못함으로 인해 금융시스템의 불안정성을 효과적으로 통제하지 못한 것이다.

바젤Ⅲ의 내용은 자본 및 유동성 규제 개혁방안과 국제적 유동성 기준을 담고 있는 '글로벌 자본 및 유동성 규제 체계'로, 바젤위원회가 금융위기의 교훈을 바탕으로 종합적인 금융개혁방안을 제시하고 있다고 볼 수 있다. 바젤위원회의 동 규제개혁은 은행의 투명성 및 공시의무 강화뿐 아니라, 리스크 관리와 지배구조를 개선하고자 하는 목적과, 강건하고 복원력 있는 은행시스템 구축은 지속적인 경제성장의 기본요건임을 강조한 것이다. 2007년 시작된 경제 및 금융 위기가 악화된 주요 원인들 중 하나는 많은 국가에서 은행부분의 난내·외 레버리지가 과도하게 높았던 점뿐만 아니라 과도한 레버리지 외에 자본의 질과 수준이 점진적으로 악화되었고, 많은 은행들이 추가 유동성을 충분히 보유하지 못하였기 때문으로 분석했다. 즉 위기는 경기순응적 디레버리징과 대규모의 복잡한 거래로 연결된 금융회사 간 시스템적 상호 연계성 등으로 인해 증폭되었으며, 위기가 가장 심각한 시기에 은행은 지급능력 및 유동성 보유 수준에 대한 시장의 신뢰를 상실했다.

거시건전성 감독은 전체 금융시스템의 관점에서 금융시장, 금융회사 및 거시경제 정보 등을 이용하여 금융시스템의 취약성을 평가하고 모니터링하며 금융안정을 달성하고 유지하기 위한 일련의 감독과정이다. 예를 들면 부동산 등 자산가격 급등, 가계의 주택담보대출 증가, 금융회사의 경기 순응적 여신 행태 등이 가져올 금융시스템상 잠재적 리스크를 파악하고 이에 대응하는 일련의 조치를 강구하는 과정이 거시건전성 감독이라 할 수 있다. 거시건전성 감독과 미시건전성 감독의 차이는 첫째, 금융감독의 목적에 있어 미시건전성 감독은 개별 금융회사의 부실을 방지하여 금융소비자를 보호함을 감독 목표로 하는 반면, 거시건전성 감독은 금융시스템 전반의 안전성을 제고하여 금융 불안정성이 초래할 수 있는 실물경제적 비용을 회피하는 데 궁극적인 목적이 있다. 둘째, 위험을 인식하는 방식에 있어 미시건전성 감독은 위험을 외생적인 것으로 간주하는 한편 거시건전성 감독은 위험의 내생성에 주목한다. 특히 거시건전성 감독은 횡단면적 관점에서 개별 금융회사 공통의 위험요인과 이에 따른 개별 금융회사 위험의 상호 의존성(interdepen-dence) 및 상관성(correlations) 등에 초점을 두며, 시계열적 관점에서는 위험의 내생성(endogenous dimension of risk) 및 금융과 실물 간 상호작용을 중시한다. 셋째, 건전성 규제 방식에 있어서도 미시건전성 감독이 개별 회사의 리스크 통제로부터 시작하는 상향식 접근법(bottom-up approach)을 취하는 반면, 거시건전성 감독은 시스템 전체의 리스크 통제로부터 시작하는 하향식 접근법(top-down approach)을 취한다. 이러한 거시건전성 감독과 미시건전성 감독의 차이는 〈표 3-8〉과 같다.

표 3-8 | 거시건전성 감독과 미시건전성 감독의 비교

	거시건전성 감독	미시건전성 감독
1차적 목표	금융시스템 전체의 불안정성 최소화	개별 금융회사의 건전성 확보
최종 목표	실질 GDP의 손실 최소화	소비자(투자자/예금자) 보호
시스템 리스크의 특성	내생적	외생적
금융회사들 간 상관관계 및 공통 리스크 노출 정도 고려	중요	없음
감독정책수단의 결정	시스템 리스크의 관점 : 하향식(top down)	개별 금융 리스크의 관점 : 상향식(bottom up)

자료 : Borio Claudio, "Towards a Macroprudential Framework for Financial Supervision and Regulation," *BIS Working Paper*, No. 128, 2003.

3) 금융규제개혁과 바젤 Ⅲ

경제 및 금융 위기는 위기의 중심에 있던 국가의 은행, 금융시스템 및 경제에 즉각적인 영향을 미쳤을 뿐 아니라 다른 나라에도 광범위하게 파급되어 글로벌 유동성의 심각한 경색, 국가 간 신용가용성 축소, 수출 수요 위축 등 간접적인 경로를 통해 위기가 전파되었다. 바젤위원회의 규제개혁방안(바젤 Ⅲ)은 대내외 충격 즉 스트레스 기간에 개별 은행의 복원력을 높일 수 있도록 미시건전성 규제를 강화하는 한편, 은행부분에서 발생할 수 있는 시스템 전체의 리스크와 동 리스크의 경기순응적 증폭을 완화하기 위한 거시건전성 감독에 중점을 두고 있다.

앞서 거시건전성 감독과 미시건전성 감독의 비교에서 보았듯이, 거시건전성 규제는 미시건전성 규제의 한계점을 극복하여 전체 금융시스템의 안전성을 확보하면서 동시에 개별 금융

표 3-9 | Basel Ⅲ의 주요 내용 요약

항목	기본취지	세부내용
1. Tier 1 자본	• 인정가능 자본기준을 강화하여, 은행이 손실을 흡수할 수 있도록 보장함	• Tier 1 비율 6% & 보통주 자본비율 4.5% 요구 • 손실흡수능력이 없다고 판단되는 다양한 유형의 자본은 보통주에서 차감함
2. 경기순응성 완화	• 경기대응적 완충자본 추가를 위한 프레임워크 • 실제 손실을 투명하게 파악하고 경기순응성을 감소시키기 위한 미래지향적 자본 및 충당금 제도	• 보통주 자본에, 손실보전 완충자본 2.5% 추가, 각국별 상황에 따라, 0~2.5% 경기대응적 완충자본을 추가적으로 고려 • 예상손실(EL) 기반의 충당금 제도
3. 리스크 인식범위	• 거래 상대방 신용 리스크 익스포저에 대한 자본요건 강화 • 장외파생 익스포저를 중앙청산소(CCP)로 이전할 수 있도록 자본 인센티브 제공	• 시가평가(MTM) 신용손실에 대해서는 신용평가조정(CVA) 부과자본 적용 • 타 금융기관과의 트레이딩 시 거래 상대방 신용리스크에 대한 자본부과 강화 • 스트레스하의 EPE(Expected Positive Exposure) 사용 • 상관성(Wrong-way) 리스크에 대한 자본 부과 • 장외파생 익스포저를 CCP로 이전하기 위한 자본요건 인센티브
4. 유동성	• 개별 은행/금융시장 전체의 유동성 리스크 모니터링 및 관리를 위한 체제 추가	• 30일 LCR(Liquidity Coverage Ratio) 요건 • 1년 NSFR(Net Stable Funding Ratio) 요건 • 감독당국의 개별 은행/금융시장 유동성 수준 파악을 위한 모니터링 지표
5. 레버리지 비율	• 과도한 레버리지 축적을 예방하고 모델 리스크 방지를 위한 안전장치	• Tier 1 자본/자산 비율 3% 적용 • Basel Ⅱ의 파생상품 상계는 허용
6. 시스템 리스크	• 대형 금융회사(SIFI) 파산 가능성 감축 및 파산에 따른 충격 완화를 목적으로 함	• 조건부자본은 현재 논의 중이며, 추후 확정 예정임

자료 : 이장영, 「바젤 Ⅲ와 리스크 관리」 (2011), p.43에서 인용.

회사의 건전성도 유지하고자 하는 새로운 개념이다. 이에 따라 바젤위원회의 바젤Ⅲ의 규제 개혁 방안도 스트레스 기간에 개별 은행의 복원력을 높일 수 있도록 미시건전성 규제를 강화하는 한편, 금융회사 부분에서 발생할 수 있는 시스템 전체의 리스크와 동 리스크의 경기 순응적 증폭을 완화하기 위한 거시건전성 감독에 중점을 두고 있다. 개별 금융회사 차원에서 복원력이 제고되면 시스템 전체에 대한 충격이 줄어들 수 있다는 점에서 미시건전성 감독과 거시건전성 감독은 상호 밀접하게 연관되어 있다고 볼 수 있다. 바젤위원회는 금융회사의 손실흡수능력을 제고하고 과도한 자산확대 억제 등을 통해 금융산업의 안정성을 제고할 목적으로 기존 규제체계를 개선하는 새로운 자기자본비율 규제에 합의하는 바젤Ⅲ를 2010년 12월에 최종 확정하였는데 바젤Ⅲ의 주요 내용 요약은 앞의 〈표 3-9〉와 같다.

2. 바젤Ⅲ의 주요 내용

바젤Ⅲ로 알려진 구체적인 금융규제개혁의 주요 내용은 첫째, 글로벌 자본규제 체계의 강화부분으로 자본의 질, 일관성 및 투명성 제고를 통한 자본규제의 강화, 거래 상대방 신용 리스크 등의 리스크 인식범위의 확대, 리스크 기반 자본규제의 보완적 수단으로 레버리지비율 도입, 경기순응성 완화 및 경기대응 완충자본 확대를 위한 자본보전 완충자본과 경기대응적 완충자본의 도입이다. 둘째, 글로벌 유동성 기준 도입부분으로 유동성 커버리지 비율, 순안정 자금조달 비율 그리고 모니터링수단 등으로 되어 있다.

1) 자본의 질, 일관성 및 투명성 제고(자본규제 강화)

지난 금융위기 시 신용손실과 감액(write-down)은 보통주 자본을 구성하는 이익잉여금 계정에서 발생한다는 것을 보여주었다. 또한 금융회사 간 자본의 질을 비교 · 평가하는 공시자료도 부족했다는 점이 밝혀졌다. 따라서 은행의 경우 리스크 익스포저가 양질의 자본에 의해 뒷받침되는 것이 무엇보다 중요하게 되었다. 따라서 양질의 자본의 근간이 되는 Tier1 자본의 핵심형태는 보통주(common equity)와 이익잉여금(retained earning)으로 정의하였다. 그리고 기타 Tier 1 자본은 ⅰ) 후순위여야 하고, ⅱ) 배당 또는 이자는 비누적적이고 재량적인 지급이 가능하며, ⅲ) 만기나 상환유인이 없어야 하는 요건을 충족하는 자본증권만을 인정하도록 했다. 또한 시장 리스크에 대응하기 위해 이용되고 있는 Tier 3 자본(만기 5년 미만, 단기 후순위채무)은 폐지하기로 결정했다. 총규제자본은 다음 요소의 합으로 구성되는데, Tier 1 자본은 계속기업(en-going business)으로서의 손실흡수능력을 나타내며 보통주 자본(common equity Tier 1)과 기타 Tier 1 자본(additional Tier 1)으로 구성된다. Tier 2 자본은 청산 시 손실흡수력을 나타낸다. 바젤Ⅱ에서 Tier 1 자본비율(4%)과 총자본비율(8%)로 구성되었던 최저자본비율체계와 비교하여 바젤Ⅲ하에서 개편된 규제자본수준은, 보통주 자본비율의 경우 항상 위험가중자산의 최소 4.5%를 유지해야 하고 Tier 1 자본비율은 항상 위험가중자산의 최소 6.0%를 유지해야 한다. 그리고 총자본(Tier 1 자본 + Tier 2 자본)비율은 위험가중자산의 최소 8.0%를 유지해야 한다. 바젤Ⅲ의 최저자본규제비율은 다음과 같다.

- 보통주 자본비율(common equity/RWAs) ≥ 4.5%
- Tier 1 자본비율(Tier 1 capital/RWAs) ≥ 6.0%
- 총자본비율(Tier 1 capital + Tier 2 capital/RWAs) ≥ 8.0%

바젤Ⅲ하에서의 새로운 규제자본수준은 2013년 1월 1일부터 단계적으로 상향조정하며 2019년 1월 1일부터 전면적인 이행에 들어가는 새로운 자본규제비율은 〈표 3-10〉과 같다.

표 3-10 | 새로운 자본규제비율(Calibration of the capital framework)

	보통주 자본	Tier 1 자본	총자본
최저규제자본비율(a)	4.5%	6.0%	8.0%
자본보전 완충자본(b)	2.5%		
계(a+b)	7.0%	8.5%	10.5%
경기대응적 완충자본	0~2.5%		

2) 리스크 인식 범위의 확대(거래 상대방 리스크 등)

지난 금융위기의 주요 교훈 중의 하나는 자본규제체계의 리스크 인식 범위를 보다 확대하는 것이 필요하다는 점이었다. 특히 그림자 금융(shadow banking) 등 주요 난내·외 위험 및 파생상품 관련 익스포저를 포착하지 못한 것이 위기를 증폭시킨 주요 원인이었다. 이러한 문제점을 해결하기 위해 바젤위원회는 바젤Ⅱ 체계의 핵심적인 부분을 개정하기로 하였는데, 이와 관련한 구체적인 규제 강화조치는 다음과 같다.

1. 12개월간 지속되는 심각한 금융 스트레스 시나리오를 바탕으로 하는 stress VaR 도입 및 이를 반영한 최소자본규모 산출
2. 은행 계정 및 트레이딩 계정상의 유동화 상품에 대한 최소자본규모 상향조정
3. Pillar 2(감독기능 강화) 및 pillar 3(공시) 기준 강화
4. 거래 상대방 신용 리스크에 대한 자본요구량을 산정할 때 금융위기 시의 상황변수를 반영해야 하고, 거래 상대방의 신용등급 하락으로 발생하는 잠재적인 시가 평가손실(신용

가치 조정 리스크, CAVR: Credit Valuation Adjustment Risk)에 대해서도 자본을 적립해야 한다.

5. 중앙청산소(CCP: Central Counter Party)를 포함한 금융시장 인프라에 대한 기준을 강화한다.

6. 상관 리스크(wrong-way risk)[16)]에 대한 조치를 포함한 거래 상대방 신용 리스크 기준을 강화한다.

3) 리스크 기반 자본규제의 보완적 수단으로 레버리지비율 도입

앞서 언급한 바와 같이, 지난 금융위기의 주요 특징 중 하나는 은행 시스템의 부외 레버리지가 과도하게 증가하였다는 점이다. 이렇게 증가한 레버리지는 금융위기가 가장 심각한 시기에 시장으로부터 레버리지 축소 압박을 받았으며, 이로 인해 자산가격의 하락이 증폭되고 손실증가–자본감소–신용가용성 위축의 악순환이 더욱 악화되었다. 이에 따라 바젤위원회는 현행 바젤Ⅱ의 리스크 기반 자본규제의 보완적 수단으로, 리스크에 기반하지 않은(non-risk based) 레버리지비율을 총익스포저에 대한 자본의 비율로 정의하며, 최저규제수준으로 3%를 일괄적으로 적용할 계획이다. 레버리지비율의 계산 시 이용되는 자본은 Tier 1 자본이며 총익스포저는 난내항목의 자산총계와 난외항목(지급보증, 약정 파생상품 잠재익스포저, 무조건부 취소가능약정, 보증신용장 등 포함)으로 구분하여 측정한다.

$$\text{레버리지비율} = \frac{\text{자본}}{\text{총익스포저}}$$

4) 경기순응성 완화 및 경기대응 완충자본 확대(자본보전 완충자본과 경기대응적 완충자본)

지난 금융위기 기간에 나타난 금융불안정성을 높이는 요인 중 하나는 은행시스템, 금융시장 및 경제 전반을 통한 금융충격의 경기순응성 증폭이었다. 바젤위원회는 이러한 경기순응적 요인들에 대응해 은행의 복원력(resilience)을 높이기 위하여 다음과 같은 4가지 목적을 내재한 방법을 도입하기로 하였는데, 이는 경제 및 금융 시스템 내 충격흡수자 역할을 하도록 하기 위함이다.

16) 예컨대, 유동화 익스포저의 외부신용등급이 BBB–에서 BB+ 이하로 하락할 경우 위험가중치가 급격히 변동함(100% → 350%)에 따라 은행의 자본요구량이 크게 늘어나는 현상으로 은행시스템의 경기 순응성이 증폭된다.

- 최저자본규제의 과도한 경기순응성 완화
- 미래 지향적인 충당금 적립 유도
- 개별 은행과 은행부분 전체가 위기 시 활용 가능한 완충자본 적립
- 신용확대가 과도한 시기에 은행부분을 보호할 수 있는 보다 광범위한 거시건전성 목표 달성

그간의 논의를 바탕으로 경기순응성 완화를 위한 핵심목표로 자본보전 완충자본(Conservation Capital Buffer)과 경기대응적 완충자본(Counter-cyclical Capital Buffer)이 제시되었다. 완충자본은 경기상황에 관계없이 일정비율을 추가 적립하는 자본보전 완충자본과 경기상황에 따라서 요구비율이 변동하는 경기대응적 완충자본으로 구성된다. 완충자본은 BIS기준자본과 별도로 2.5%의 보통주 자본을 추가로 쌓도록 한 것이다. 이때 완충자본은 경기침체기 시 자기자본에 대한 신뢰도를 제고하기 위해서 보통주 자본으로 최소자기자본에 추가하여 적립한다. 즉 완충자본을 포함하는 필요 보통주 자본비율은 다음과 같이 7.0~9.5%, Tier 1 비율은 4%에서 8.5~11%, 총자본비율은 8%에서 10.5~13%로 대폭 강화된다. 완충자본별 적립규모 및 보통주 자본비율은 〈표 3-11〉과 같다.

표 3-11 | 완충자본별 적립규모 및 보통주 자본비율

구분	자본보전 완충자본	경기대응 완충자본
적립규모(위험가중자산의 %로 표현)	2.5%	0~2.5%

보통주 자본비율(7~9.5%) = 최소 보통주 자본비율(4.5%)
+ 자본보전 완충자본 요구비율(2.5%)
+ 경기대응 완충자본비율(0~2.5%)

5) 글로벌 유동성 기준 도입(유동성 커버리지 비율과 순안정자금조달 비율)

유동성 리스크의 새로운 국제규제체계는 금융 및 경제 위기 발생 시 은행들이 자본을 충분히 보유했음에도 불구하고 유동성을 제대로 관리하지 못해 은행파산 등 어려움을 경험한 바 있어 이에 대한 대응으로 도입되었다. 즉 바젤위원회는 2008년 유동성 리스크의 기본원칙으로서 "건전한 유동성 리스크 관리 및 감독을 위한 원칙(principles for sound liquidity risk management and supervision, 이하 Sound principles)"을 은행들에게 준수하도록 요구하고 아울러 유동성 조달에 대한 두 가지 최저비율, 유동성 커버리지 비율과 순안정자금조달 비율 지표를 개발하여 은행의 장·단기복원력 관리 및 제고를 기하려고 하였다. 즉 바젤Ⅲ의 유동성 리스크 감독의 핵심요소는 sound principles의 준수를 기본으로 함과 아울러 LCR과 NSFR

의 두 가지 유동성 관리지표의 도입이라 할 수 있는데, 이 새로운 유동성 규제기준은 〈표 3-12〉와 같다.

표 3-12 | 새로운 유동성 규제기준

유동성 커버리지 비율(LCR)	순안정자금조달 비율(NSFR)
$\frac{\text{고유동성 자산}}{\text{순현금유출}} \geq 100\%$	$\frac{\text{안정적 가용자금조달}}{\text{필요자금조달}} \geq 100\%$

(1) 유동성 커버리지 비율

유동성 커버리지 비율(Liquidity Coverage Ratio, 이하 LCR)은 30일간 지속되는 심각한 스트레스 상황을 견뎌내기에 충분한 고유동성 자산을 보유토록 함으로써 잠재적인 유동성 위기상황에 대처할 수 있는 복원력을 제고하기 위해 도입하였다. 즉 LCR은 향후 30일간 순현금유출액에 대한 고유동성 자산 보유규모의 비율을 의미하는 것으로, 규제기준에 의하면 동 비율은 최소 100% 이상이어야 한다.

$$LCR = \frac{\text{고유동성 자산 보유규모}}{\text{향후 30일간 순현금유출액}} \geq 100\%$$

고유동성 자산(High Quality Liquidity Assets)은 LCR의 분자로서, 은행들은 스트레스 시나리오에서 가정한 30일간의 순현금유출 합계액을 커버할 수 있는 처분제한이 없는 고유동성 자산을 보유하여야 한다. 고유동성 자산에 포함될 수 있는 자산은 2개의 범주(Level 1과 Level 2)로 구성되는데, Level 1 자산은 현금, 중앙은행 지급준비금, 국가 · 중앙은행 등의 청구권(바젤 II의 표준방법에 따른 위험가중치가 0%인 자산) 등이다. Level 2 자산은 국가, 중앙은행 등의 청구권(바젤 II의 표준방법에 따른 위험가중치가 20%인 자산), 회사채(AA- 이상) 등으로 시장가치에 최소 15%의 할인율(hair cut)을 적용하며, 할인율을 적용한 후의 가치를 기준으로 전체 고유동성 자산의 40%를 초과할 수 없다.

순현금유출액(Net Cash Out Flows)은 특정 스트레스 시나리오하에서 30일간 예상되는 현금유출액 합계에서 현금유입액 합계를 차감한 값으로 정의된다. 현금유출액 합계는 부채 잔액에 유형별 예상 이탈률을 곱하거나 난외항목에 예상 자금인출비율을 곱한 값의 합계로 계산한다. 예를 들면 소매예금은 안정적(stable) 예금과 불안정(less stable) 예금으로 구분하여 각각의 이탈률(run-off rate)을 적용한다. 안정적 예금은 최소 5% 이탈률을 적용하며 불안정 예금은 최소 10% 이탈률을 적용하여 감독당국은 불안정 예금범위를 정한다. 이는 은행이 최소한 현금유출액의 25%에 상당하는 고유동성 자산을 보유해야 한다는 의미로 이해할 수 있다. 현금유입액 합계는 계약상 수취액에 시나리오상 유입비율을 곱한 값의 합계로 계산하되, 현금유출액 합계액의 75%(cap)까지만 인정한다.

향후 도래하는 30일간 순현금유출액
= 현금유출액 합계 − Min(현금유입액 합계, 현금유출액 합계 × 75%)

(2) 순안정자금조달 비율

순안정자금조달 비율(Net Stable Funding Ratio, 이하 NSFR)은 중·장기 유동성 지표로서 필요안정적 자금조달(RSF: Required Stable Funding)에 대한 가용안정적 자금조달(ASF: Available Stable Funding)의 비율로 정의되며, 동 비율은 100% 이상이어야 한다. 여기서 '안정적 자금조달' 이란 스트레스 상황이 지속되는 가운데 1년 동안 신뢰할 수 있는 자금조달원으로 여겨지는 자본 및 부채의 일정부분이다. NSFR이 100%를 넘기 위해서는 현금화되기 어려운 자산을 안정적 가용으로 충당해야 하는데, 자기자본과 만기 1년 이상 우선주와 부채는 전액 가용안정적 자금조달액(ASF)으로 인정된다. 요구불예금 등 만기가 없는 예금, 만기 1년 이내 기한부 정기예금 등은 ASF 가중치에 의해 인정된다. 필요안정적 자금조달액(RSF)은 보유자산에 자산별 RSF factor(가중치)를 곱한 값과 부외 익스포저에 해당하는 RSF factor를 곱한 값의 합으로 산출한다.

$$NSFR = \frac{\text{가용안정적 자금조달액(ASF)}}{\text{필요안정적 자금조달액(RSF)}} \geq 100\%$$

NSFR 산출에 필요한 가용 및 필요 안정적 자금조달금액은 대차대조표 계정을 감독당국 요건에 따라 보유자산 및 부외거래(또는 잠재적 익스포저) 항목별로 구분한 후 장부가액에 해당 가중치를 곱하여 산출하게 된다. RSF factor는 1년 동안 지속되는 유동성 사건 발생 시 특정 자산이 판매 또는 담보부 차입 등에 의해 현금화될 수 없는 부분을 추정한 값으로 이 금액만큼은 가용안정적 자금조달액(ASF)에 의해 뒷받침되어야 한다는 의미로 이해된다. NSFR의 도입 목적은 은행들의 중·장기 자금조달 비중을 높이기 위한 것으로, 장기적 자산운용(대출, 투자)은 보다 안정적인 자금조달(부채, 자본)에 의해 뒷받침되어야 한다는 의미를 갖는다. 다시 말해 은행이 1년 동안 자산 및 영업 활동의 유동성 특성에 근거하여 최소한으로 필요한 안정적인 자금조달금액을 산출한 것으로, 금융회사가 단기 만기불일치에서 벗어나 보다 장기의 안정적인 자금을 조달하게끔 유도하기 위해 바젤위원회가 개발한 것이다.

한편, 바젤 Ⅲ에서는 각국의 금융당국이 계약상 만기불일치(Contractual Maturity Mismatch), 자금조달 편중도(Concentration of Funding), 담보 미제공 가용자산(Available Uneneumbered Assets), 중요통화별 LCR(LCR by siginificant currency) 등을 유동성 관리를 위한 보조지표로 활용하도록 권고하고 있으며, 이러한 모니터링 지표는 조기경보지표(early warning indicator)와 비상조달계획(contingency funding plan)에 포함되어 유동성 위기를 사전 감시해야 한다. 이들 보조지표와 LCR, NSFR 비율은 최소한 월별로 산출 보고하되 스트레스 상황에서는 주별 또는 월별로 주기를 단축할 수 있도록 규정하고 있다. 앞으로 은행은 앞에서 설명한 규제비율과 은행 자체 실정에 맞는 은행별 관리지표를 개발하여 재량적으로 관리할 수 있는 다양한 모니터링 수단을 강화함으로써 새로운 유동성 리스크에 대한 규제강화 추세에 대응해 나가야 될 것이다.

6) 바젤 Ⅲ 규제의 이행시기

바젤 Ⅲ 규제의 이행시기는 2013년 1월 1일부터 시행하여 이행준비기간을 거쳐 서서히 단계적으로 적용하기 때문에 바젤 Ⅲ의 모든 규제기준이 전면적으로 시행되는 것은 2019년 1월 1일로 미루어지게 된다. 새로운 자본 및 유동성 규제 이행은 각 분야별로 그리고 연도별로 이행일정 및 시행내용에 의거 진행된다. 예를 들면, 레버리지비율은 2011년 1월부터 2012년 12월 31일까지 감독 모니터링 기간을 거쳐 2018년 이후 Pillar 1 규제를 전환이행 예정이며, LCR은 2015년 1월 1일부터, NSFR은 2018년 1월 1일부터 규제적용하며, 자본보전 완충자본과 경기대응적 완충자본은 2016년 1월 1일부터 단계적으로 이행하여 2019년 1월 1일 전면시행 예정이다. 바젤 Ⅲ 새로운 자본 및 유동성 규제에 대한 구체적인 규제 이행일정은 「바젤 Ⅲ 기준서」 〈부록 4〉 및 기준서상의 각 단원별 경과조치에 명시되어 있다.

3. 바젤 Ⅲ가 국내 금융회사에 미칠 영향[17)]

국내 은행들은 자본규제 및 레버리지비율 측면에서는 글로벌 은행에 비해 상대적으로 영향을 덜 받을 것으로 분석되고 있다. 이는 국내 은행들의 자본구조가 비교적 견실하고(2010년 말 기준 Tier 1 비율 11.8%) 자본구성에서도 우선주나 후순위채 비중이 상대적으로 낮기 때문이다. 그러나 자본정의 강화, 위험가중치 변화, 손실보전 완충자본 및 경기대응적 완충자본 도입 등은 국내 은행의 ROE를 하락시키는 영향을 미칠 것이다. 반면 국내 은행들은 안정적 자금조달비중은 낮고 고유동성 자산보유규모도 부족한 것으로 보인다. 2009년 자료에 기초하여 분

17) 이장영, 「바젤 Ⅲ와 리스크 관리」 (2011), pp.289~311 참조.

석한 결과에 따르면, 국내 주요 시중은행들의 새로운 유동성 비율은 LCR이 평균 80% 수준으로, 규제기준 100% 대비 크게 하회하는 것으로 나타났다. 국내 은행들의 LCR이 낮게 나타나는 이유는 자산보유에서 현금이나 유보율 비중이 상대적으로 낮고 회사채 비중이 높기 때문인 것으로 판단된다. 향후 유동성 규제비율 충족을 위해서 국내 은행들은 고유동성 자산의 비중을 늘리고 자금조달의 만기구조도 장기로 전환할 필요가 있을 것이다. 그러나 국내 시중은행들은 비교적 견고한 자본구조와 안정적 수신기반을 바탕으로 큰 영향을 받지 않을 것으로 판단된다. 이에 따라 국내 은행들은 안정적인 소매예금을 추가로 확보해야 할 뿐만 아니라 국공채 등 고유동성 자산 중심의 자산포트폴리오를 추구해야 할 것으로 예상된다. 현재 이슈가 되고 있는 유동성 규제비율을 충족하기 위해 은행들이 선택할 수 있는 대안은, 필요한 고유동성 자산규모를 줄이기 위해서 부채구조 개편이 필요하다는 것이다. 도매자금조달의 만기를 늘리거나 안정적 소매예금 비중을 늘리는 방안을 검토할 수 있다. NSFR의 경우에도 안정적 자금이 부족한데, 은행이 선택할 수 있는 대안은 필요안정적 자금조달 규모를 축소하기 위해 기업대출의 만기를 줄이거나 모기지 익스포저를 묶어 증권화하는 것을 줄여야 하고 자본을 늘려서 이용가능 안정적 자금조달을 증가시켜야 한다는 것이다.

새로운 규제에 대한 금융회사의 대응전략은 단기적으로는 정교한 리스크 측정을 위한 리스크 인프라 강화, 자본규모 확충, 유동성 비율 산출 및 모니터링 개선을 추구하는 한편, 원가절감 등 비용감축을 통한 ROE 개선도 추진할 것으로 보여진다. 중·장기적으로는 규제강화가 영업에 미치는 영향을 평가하고 경쟁우위를 점하기 위한 비즈니스모델 개편 및 미래사업전략 수립이 필요할 것으로 판단된다. 우선적으로는 효과적인 자본관리가 중요해질 것이다. 금융회사의 자본계획을 리스크 성향으로 표현되는 리스크 전략과 통합하고 전체 리스크 관리 시스템에 대한 심도 있는 분석을 통해서 위험가중자산(RWA)을 최적화하는 것이 필요하다. 또한 위기상황분석 결과에 기반하여 자본버퍼(capital buffer)를 관리하고 경제주기를 고려하여 적절한 버퍼수준을 유지해야 할 것이다. 아울러 목표수익 및 리스크 프로파일을 유지하고 적극적인 신용포트폴리오 전략 및 관리를 통하여 새로운 유동성 규제를 충족시켜야 할 것이다. 바젤 Ⅲ 규제영향평가(QIS) 결과에서 보여지듯이 새로운 유동성 규제기준이 시행될 경우 국내 은행들의 가장 큰 문제는, LCR 비율이 평균 80% 수준으로 규제비율 100%를 크게 하회하고 있다는 것이다. 이는 불안정한 도매로 조달한 단기자금을 장기로 운용하는 현재의 은행비즈니스모델은 지속되기 어렵다는 점을 의미하는 것이다. 새로운 규제 도입에 따른 전체 은행권의 대응전략을 정리하면 다음과 같다. 첫째, 유동성 리스크 측정능력의 증대가 요구된다. 둘째, 유동성 비율을 고려한 가격결정방식의 정교화가 필요하다. 즉, 정확한 내부자금이전가격(FTP)을 통해 비즈니스별 유동성 사용에 대한 비용을 산출해야 할 것이다. 셋째, 더 많은 소매예금 유치를 위해 금융회사들은 소매고객과의 관계를 강화할 것이다.넷째, 거래 상대방 리스크에 대한 자본요구 증가와 함께 장외파생상품 중앙청산소의 중요성이 증대할 것이다.

바젤Ⅲ의 목적은 자본 적정성 확보를 통한 금융회사의 건전성 및 안정성을 제고하기 위한 것이다. 종합적으로 볼 때, 바젤Ⅲ에 따른 규제강화로 인해 단기적으로는 금융회사의 수익성이 악화되고, 대출금리인상 및 대출규모축소 등 부정적인 파급효과의 발생 가능성도 일부 우려되지만, 바젤Ⅲ 도입에 따라 금융산업의 안전성이 제고되어 중·장기적으로는 자본조달비율을 인하하는 효과도 기대된다. 특히, 바젤Ⅲ는 충분한 이행준비기간이 있어 점진적으로 자본 및 유동성을 조달해 나갈 경우 규제강화에 따른 단기적 우려는 불식될 것으로 기대되므로, 향후 금융산업이 경제 및 규제 환경 변화에 능동적으로 적응할 경우 보다 안정된 건전성을 바탕으로 더 나은 수익성 제고도 가능할 것으로 판단된다.

연습문제

객관식

1. 바젤 I 에서 요구하고 있는 최소자기자본 비율은 몇 %인가?
① 7% ② 8%
③ 9% ④ 10%

2. BIS 자기자본 산출 시 한국국채의 위험가중치는?
① 0% ② 20%
③ 50% ④ 100%

3. 바젤 II 의 구성내용(Pillar)이 아닌 것은?
① 최저자기자본규제 ② 감독당국의 점검
③ 시장규율 강화 ④ 자산적정성 관리

4. 다음 중 바젤 II 협약 규제자본 산출 대상 리스크가 아닌 것은?
① 신용 리스크 ② 시장 리스크
③ 유동성 리스크 ④ 운영 리스크

5. 신용 리스크 측정방법이 아닌 것은?
① 표준방법 ② 기본내부등급법
③ 고급내부등급법 ④ 기초지표법

6. 바젤 II 의 Pillar 2의 핵심내용이 아닌 것은?
① 내부자본적정성 평가 ② 감독기능 점검 및 강화
③ 위기상황분석의 실시 ④ 시장규율 강화

7. 바젤 II 에서 시장규율 강화를 주로 다룬 큰 축(Pillar)은?
① Pillar 1 ② Pillar 2
③ Pillar 3 ④ 해당 사항 없음

8. 바젤위원회의 금융규제 개편방향(바젤 III)이 아닌 것은?
① 자본규제 강화방안 ② 경기순응성 완화
③ 유동성규제 강화방안 ④ 리스크 관리 선진화 촉진방안

9. 바젤Ⅲ의 주요 내용과 거리가 먼 것은?
① 자본의 질, 일관성 및 투명성 제고
② 거래 상대방 리스크 등 리스크 인식범위의 확대
③ 감독당국의 점검
④ 유동성 커버리지 비율과 순안정자금조달 비율

10. 금융위기로 인한 리먼 브러더스 대형 투자은행의 파산과 관련하여 바젤Ⅲ의 대응조치내용과 직접적인 것은?
① 경기대응적 완충자본 ② 유동성 커버리지 비율
③ 총자본비율 강화 ④ 자본보완 완충자본

11. 바젤Ⅲ의 유동성 기준강화 도입내용과 관계가 먼 것은?
① 레버리지비율 ② 유동성 커버리지 비율(LCR)
③ 순안정자금조달 비율(NSFR) ④ 총자본비율

12. 바젤Ⅲ의 리스크 기반 자기자본규제의 보완적 수단으로 신설 도입된 내용은?
① Tier 1 비율 ② Tier 2 비율
③ 레버리지비율 ④ 보통주 자본비율

13. 금융감독기관의 건전성 규제 중 거시건전성 규제의 도입과 깊은 관련이 있는 것은?
① Basel Ⅰ ② Basel Ⅱ
③ Basel Ⅲ ④ Basel Ⅱ와 Basel Ⅲ

14. 바젤Ⅲ의 자본규제 강화를 위한 자본의 질 제고의 핵심비율에 해당하는 것은?
① Tier 1 자본비율 ② Tier 2 자본비율
③ 보통주 자본비율 ④ 총자본비율

15. 바젤Ⅲ의 주요 내용 중 리스크 인식범위의 확대내용과 거리가 먼 것은?
① 중앙청산소(CCP: Central Counter Party)
② 거래 상대방 신용 리스크에 대한 자본량 요구
③ stress VaR 도입
④ 신용 리스크 측정방법의 다양화 및 정교화

16. 바젤Ⅲ 규제 영향평가(QIS) 결과에서 국내 시중은행의 가장 큰 문제점으로 대두된 내용은?
① 보통주 자본비율 ② 유동성 커버리지 비율
③ 총자본비율 ④ Tier 1 비율

17. 바젤 Ⅰ, Ⅱ, Ⅲ를 비교한 다음 설명 중 옳지 않은 것은?

① 바젤 Ⅰ에서 요구하는 최소자기자본비율은 8%였다.
② 바젤 Ⅱ에서는 운영 리스크, 유동성 리스크가 신설 강조되었다.
③ 바젤 Ⅲ에서는 자본적정성 강화, 완충자본의 신설이 이루어졌다.
④ 바젤 Ⅱ에서는 정보공시가 강조되었다.

18. 바젤 Ⅲ에 관한 설명 중 적절치 않은 것은?

① 현행 4% 이상인 기본 자기자본비율(Tier 1)은 2019년까지 6%이상으로 높여야 한다.
② 미래의 위기발생 가능성에 대비해 BIS 기준자본과 별도로 2.5%의 보통주 자본을 완충자본 명목으로 추가로 준비해야 한다.
③ 고유동성자산 중 1등급(Level 1)은 바젤 Ⅱ 기준으로 위험가중치 20%가 적용되는 국가나 공공기관이 발행한 채권, AA−등급 이상의 회사채 등으로 구성된다.
④ 유동성 커버리지 비율은 단기 유동성 지표로서 심각한 스트레스 시나리오하에서 30일간 순현금유출 대비 고유동성 자산규모의 비율로 정의된다.

주관식

19. 미시건전성 규제와 거시건전성 규제를 비교 · 설명하라.

20. 유동성 커버리지 비율(LCR)과 순안정자금조달 비율(NSFR)의 내용에 대하여 설명하라.

21. 바젤 1, 신 BIS, 바젤 2, 바젤 2.5, 바젤 3의 주요 핵심내용을 기술하라.

4장

금융산업 규제와 금융기관 특수성

제1절 금융산업에 대한 규제

시장의 실패(market failure)에 대한 대표적인 모형은 대공황(Great Recession)으로, 이는 금융산업에 대한 규제의 도화선이 되어 규제의 시대(Regulation age)를 맞이하게 되었으며, 많은 경제학자 등은 시장의 실패를 방지하기 위해 지속적으로 연구해 왔다. 따라서 시장을 규제하는 이론으로 공공이익가설, 자기보호가설, 변증법가설 등[1] 많은 이론들이 제시되고 있다. 공공이익가설(public interest hypothesis)은 현재까지 가장 보편성을 가진 논리로 동 가설의 이론적인 배경은 시장실패(market failure), 즉 시장이 불완전경쟁 상태에 있을 경우 재화나 서비스의 생산이 사회적 최적상태(social optimum)를 달성할 수 없어 자원배분의 비효율성을 가져

1) i) 공공이익가설: 시장이 불완전경쟁 상태에 있을 경우 재화나 서비스의 생산이 사회적 최적상태를 달성할 수 없다는 이론

ii) 자기보호가설: 시장규제의 논리를 설명함에 있어 사적 이익을 증대시키고자 하는 이해관계자들에 의해 규제에 대한 수요가 발생한다고 보는 이론으로 공공이익의 희생 위에 규제수요자(예: 의사, 변호사)만을 보호한다.

iii) 변증법가설: 새로운 규제가 효과를 발휘하여 자본의 흐름을 재편하게 되면 다시 규제를 우회하는 집단이 나타나게 되어 이를 방지하기 위한 규제가 다시 반복되는 현상(cat and mouse game)이 계속된다는 이론으로 이자율 상한 회피효과의 발생이 그 예다.

iv) 강병호 · 김대식 · 박경서, 「금융기관론」(2012), 제18차 개정판, 박영사.

온다는 것이다. 시장의 실패를 바탕으로 하는 공공이익가설에 입각하여 금융시장에서 시장의 실패가 발생하는 원인으로 자연독점(natural monopoly), 외부성(externality), 공공재(public goods)와 정보의 비대칭성(asymmetric information)의 존재 등을 들 수 있다.

1. 자연독점

자연독점이란 규모의 경제라는 기술적 요인이 독점화의 경향을 가져오는 경우 한 산업이 본질적으로 독점상태에 놓이게 되는 성질을 말하며 전기산업이나 수도산업 등이 전형적인 예이다.

금융산업은 일반적으로 규모의 경제가 존재한다고 여겨지므로 과당경쟁은 결과적으로 소수 금융기관만이 생존하게 될 것이며 경제력의 집중에 따른 지배권 남용문제를 발생시키고 경쟁시장의 이점을 상실하게 되어 시장의 실패를 초래한다.

자연독점은 자원배분이 비효율적인 불완전경쟁이 존재하고 있을 때 시장의 실패가 일어나리라는 것은 너무나도 당연한 일이다. 따라서 반독점금지법(Anti-trust act), 공정거래법(Fair-trade act)등을 통해 정부가 독과점에 대해 엄격한 규제를 하고 있다.

2. 음의 외부성

금융산업은 외부성(externality)이 큰 산업이다. 음의 외부성(negative externality)이란 금융부문에서 무엇인가 잘못되었을 때 경쟁적 시장경제 내의 기업과 가계에 영향을 미치는 것으로서 예금뇌취현상은 금융산업의 전형적인 음의 외부성으로, 한 금융기관의 예금인출사태(bank run)는 당해 금융기관에만 한정되지 않고 타 금융기관으로 파급(contagion effect)된다. 예금뇌취현상의 발생은 부의 외부경제효과(negative externalities)가 크고, 금융기관 전체의 지급 및 금융중개 기능이 마비되는 시스템 리스크(system risk)로 발전될 가능성이 크기 때문에 정부의 개입 및 규제에 의하여 시장의 실패를 사전 방지하여야 할 필요가 있다. 규제는 사회적으로 이익이 될 수 있지만 개별 금융기관과 경영자에게 사적 비용(public costs) 또는 규제부담(regulatory burden)을 부과한다. 대공황은 음의 외부성에 의한 전형적인 예라 볼 수 있다.

3. 공공재

금융산업이 제공하는 서비스는 공공재의 성격이 강하다. 공공재는 사적 비용이 들지 않기 때문에 이른바 무임승차(free rider)의 문제가 발생하게 된다. 이와 같이, 무임승차 문제가 발생하게 되면 공공재적 성격을 갖는 재화를 공짜로 이용하고 아무도 이와 같은 재화를 생산하려 하지 않기 때문에 가격기능에 의한 공공재의 효율적 배분이 어렵게 되며, 이는 곧 공공재의 생산과 소비에 정부가 개입하여야 하는 근거를 제공하게 된다(예: 국방, 치안, 교육 등). 예금보험제도의 경우 그 가입을 강제하지 않으면 보험에 가입하지 않은 금융기관도 예금보험제도로 인해 금융시스템이 안정됨에 따른 이득을 공짜로 누릴 수 있기 때문이다.

이러한 공공재가 갖는 특성[2)]인 비경합성(non-rivalry)과 배제불가능성(non-excludability) 때문에 자유로운 시장기구에 내맡길 때 바람직한 수준에서 생산될 수 없다.

4. 정보의 비대칭성

금융거래는 거래자 간에 이해가 상충되는 것이 많고, 금융기관이 고객의 정보를 파악하는 것이 쉽지 않고 고객이 금융기관의 영업내용을 외부에서 파악하는 것은 더욱 어려워 금융산업에서도 이와 같은 정보의 비대칭성의 존재는 역선택, 도덕적 해이 등의 문제를 야기한다.

1) 역선택 문제

역선택(adverse selection) 문제는 타인에 대해 사전적으로 알려지지 않은 정보(hidden information)에 관련된 것으로 이러한 정보를 갖지 못한 자는 정보의 부족으로 최선의 선택을 하지 못할 가능성이 크다는 것이다.

조지 애걸로프(George Akerloff)[3)] 미국 버클리대 교수는 중고차 시장(market for lemons)에 관한 논문발표로 2001년 노벨 경제학상을 수상했다. 중고차 시장에서는 항상 나쁜 품질의 차만이 거래된다는 것이다. 품질이 좋은 중고차를 가진 사람들은 낮은 가격에 팔려 하지 않고 수요자들은 품질을 믿지 못해 가격을 깎으려고만 하다 보니 중고차 시장에는 질 나쁜 중고차

2) 보통 우리가 접하는 물건들은 한 사람이 소비한 만큼 다른 사람의 소비가능성이 줄어든다는 의미의 경합성을 갖고 있다. 그러나 국방서비스와 같은 공공재의 경우에는 어떤 사람이 그 혜택을 누린다 해서 다른 사람이 누릴 수 있는 혜택이 줄어들지 않는다. 배제불가능성이란 공공재의 경우에 이에 대한 대가를 지불하지 않은 사람이라 해도 그것을 소비하지 못하게 할 수 없다는 특성이다.

3) G. Akerloff, "The Market for Lemons: Quality Uncertainty and the Market Mechanism," *Quarterly Journal of Economics*, 1970, pp. 488~500.

만 넘쳐나게 된다는 것이다. 이처럼 좋은 것은 다 빠져나가고 나쁜 것만 남는 것을 역선택이라 한다. 정보를 갖고 있는 공급자는 평균품질 이하의 상품에 대해서만 공급유인을 갖게 된다. 이렇게 되면 시장평균 수준은 점차 낮아지고 더 이상 질이 낮은 상품들이 거래될 수 없는 상태에 이르게 되면 전반적인 시장신뢰의 상실로 이어져 시장실패의 결과가 나올 수 있다.

역선택은 다수의 사람들이 최선이 아닌 최악의 선택을 하게 된다는 뜻이다. 역선택이 나타나는 이유는 정보의 비대칭성 때문이고 이는 사람들이 서로 믿지 못하는 데서 비롯되는 측면이 많다. 이를 뒤집어 말하면 사람들 사이에 신뢰가 자리 잡고 사회의 투명성이 높아진다면 역선택이 줄어들 수 있다는 의미이다. 경제발전의 관건은 신뢰의 문제에 가깝다고 할 수 있다. 존스홉킨스 대학 프랜시스 후쿠야마 교수는 자신의 저서 「트러스터」에서 "국가경쟁력의 원천은 신뢰이며 사회가 지니고 있는 신뢰의 정도가 그 사회의 경제적 특징을 결정짓고 경제발전의 관건으로 적용할 수 있다."고 한 것은 분명 옳은 말이다.

역선택의 문제는 현실에서 수없이 많이 볼 수 있다. 보험회사의 보험가입 문제, 금융기관의 예금자보호 문제, 증권발행자에 대한 정보부족으로 인한 투자자 선택 문제 등 정보의 편재에 따른 일반 소비자 또는 투자자의 불리한 선택을 방지하기 위해 금융거래의 규제가 필요하다. 이 경우 규제의 내용으로는, 정보를 소유하고 있는 당사자로 하여금 공시(disclosure)를 강제하거나 이익상충 문제를 야기한 관계자에 대한 처벌 강화 등을 들 수 있다. 정보의 공시는 시장의 투명도(transparency)를 제고함으로써 시장참가자 스스로가 자기책임원칙(self-accountability, let the buyer beware)에 따라 적절한 주의(due diligence)를 기울이므로 시장을 감시하고 제재를 가하는 시장규율(market discipline) 기능을 제고할 수 있다.

2) 도덕적 해이

역선택이 사전적(ex-ante) 개념이라면 도덕적 해이(moral hazard)는 사후적(ex-post) 개념이다. 도덕적 해이란 정보를 가진 자가 정보를 가지지 못한 자의 측면에서 보면 바람직하지 않은 행위를 하는 경향을 말한다.

정보의 비대칭적인 거래나 계약에서 정보의 주체가 자기의 역할에 최선을 다하지 않으려는 마음가짐이나 행동, 즉 다른 사람들의 이익을 희생한 대가로 자신만의 이익을 추구하는 기회주의적 행위에 관계되는 문제로 대표적인 예로는 위임자가 실제 의사결정을 하는 대리인의 이기적인 행동을 관찰할 수 없음에 따른 대리인이론(agency theory)을 들 수 있다.

대리인이론은 젠센(M.C. Jensen)과 맥클링(W.H. Meckling)이 제시한 자본구조이론이다. 기업을 주주(위임자)와 경영자(대리인) 간 명시적 · 묵시적 계약관계의 집합체로 보고 이들 간의 이해관계가 상충됨으로써 발생하는 문제를 대리인 문제라 하고 이를 해결하기 위해 발생하는 비용을 대리인비용(agency cost)이라고 하는데, 이것이 대리인이론의 핵심이다. 즉, 대리인 문제는 주주가 직접 회사를 경영하는 것이 아니라 경영진이라는 주주의 대리인을 고용하여 회사의 경영을 맡김으로써 발생하는 문제이고, 위임자(주주)나 그 대리인(경영자)이 가지고 있는 회사에 대한 정보의 양과 질이 다르고 주주와 경영자의 이해관계가 다름에 따라 발생하는 이해관계의 상충(conflicts of interests)이 정보의 비대칭성이라 할 수 있다.

대리인비용은 발생형태에 따라 크게 감시비용(monitoring cost), 구속비용 또는 확인비용(binding cost) 및 잔여손실(residual loss)로 분류할 수 있다.

감시비용은 대리인이 위임자의 이익에 반(反)하는 행동을 하지 못하도록 감시를 하는 외부감사비용(audit)이나, 대리인의 행동유인을 변경시키는 보상유인정책(incentive system, 적절한 보상으로 위임자의 이해와 일치하도록 대리인을 유도) 등을 그 예로 들 수 있다.

구속비용 또는 확인비용은 대리인 스스로가 위임자의 이익에 반하는 행동을 하지 않도록 자신을 구속하고 이를 증명하는 데 소요되는 비용으로, 회계감사에 의한 기업 재무상황을 공인하는 데 드는 비용이나 부정행위에 대한 벌칙규정의 예를 들 수 있다.

잔여손실은 대리인과 주주 간의 최적의사결정의 차이로 인하여 발생하는 실제적인 재산의 감소로서, 감시비용과 구속비용이 지출되었음에도 대리인 때문에 발생한 재산의 손실을 뜻한다. 예산이나 투자계약 등 경영자의 활동을 제약함에 따른 기회비용 등이 그 예이다.

도덕적 해이 문제를 감소시키기 위해 일반적으로 이용하는 수단에는 대리인의 행동유인을 변경시키는 방안으로 외부감사나 내부통제제도, 성과보상제도 등을 들 수 있으며 시장규율을 증대시키는 방안으로 경영자 인력시장의 활성화로 경영자들의 평판에 따라 경영자의 진퇴가 좌우되는 것과 증권시장에서 경영자들의 경영성과가 주가에 반영되는 증권시장을 통한 통제를 들 수 있다.

도덕적 해이 감소 방안

① 주주총회

전체주주들의 의사를 대변할 대표자들인 이사(director)들을 뽑아 '이사회(Board of Director)' 를 만들어 최고경영자를 감시할 수 있는 권한을 맡게 한다. 대리인을 선임, 평가, 보상, 처벌할 수 있는 권한을 부여함으로써 최고경영자의 독선을 방지하고 대리인 문제의 발생을 예방한다. 이사회는 내부인사로만 구성되기 때문에 최고경영자의 영향을 받을 수도 있는데, 이에 주주들이 최고경영자의 영향을 받지 않는 외부전문가들을 이사회에 참여시키는 '사외이사제도' 또한 존재한다. 주주들은 또한 이사회와는 독립적으로 경영진을 감시하는 '감사(감사위원회)제도' 를 운영하기도 한다.

② 스톡옵션

스톡옵션(stock option)은 주식매입(매수)선택권이라고도 하며, 대표적인 성과급제도로서 자사 주식의 일정수량을 액면가 또는 시세보다 훨씬 낮은 가격으로 매입할 수 있는 권리를 부여한 뒤 일정기간이 지나면 임의대로 처분할 수 있게 하는 것이다. 이는 경영자가 기업의 주가를 향상시키면 이에 대해 보상받게 함으로써 대리인으로 하여금 위임자와 같은 책임을 갖게 하는 것이다.

③ 경영자 노동시장

전문경영인을 선임하는 노동시장이 발생하면 주주들이 전문경영인들을 전직이력에 따라 선택할 수 있으므로 자신들의 이익을 극대화시켜 주는 경영인을 선임할 수 있다. 또한 경영자와 주주 간의 계약에서 벗어나는 행동을 한 경영자에 대해서는 사후에 노동시장에서 그에 상응하는 평가가 이루어짐으로써 경영자가 미래에 받게 될 보수가 조정된다. 즉, 경영성과가 나쁜 경영자들은 경영자로서의 명성과 보수의 하락을 감내하여야 하는 것이다.

④ M&A를 통한 경영진 교체압력

대리인(경영진)이 위임자(주주)의 이해와 상충되는 의사결정을 반복하거나 그로 인해 기업의 가치가 지속해서 하락하는 경우, 주주는 M&A를 통해 기업가치의 상승을 꾀할 수도 있다. M&A가 시행되면 경영진은 경영권을 빼앗길 가능성이 발생하므로 회사가치를 극대화시키려 노력하게 된다.

금융산업에 대한 규제는 시장의 실패가 발생하는 원인인 자연독점, 음의 외부성과 정보의 비대칭성 등으로 인한 시장의 실패를 사전에 방지하고, 금융기관 서비스의 순사회적 후생이익(net social welfare benefits)을 증가시키기 위해 필요한 것이다. 즉, 금융기관 규제의 목적은 구체적으로 은행은 은행법을 통해 예금자를 보호하고, 금융투자회사(증권회사)는 자본시장육성법 등을 통해 투자가를 보호하며, 보험회사는 보험관련법규를 통해 보험계약자를 보호하는 것이라고 할 수 있다.

금융기관 규제의 형태로는 다음과 같은 것들을 들 수 있다.

i) 안전성과 건전성 규제(safety and soundness regulation)

ii) 통화정책적 규제(monetary policy regulation)

iii) 신용할당 규제(credit allocation regulation)

iv) 소비자 보호 규제(consumer protection regulation)

v) 투자자 보호 제도(investor protection regulation)

vi) 진입 및 인가 규제(entry and chartering regulation)

vii) 소유와 지배에 대한 규제(ownership & governance regulation)

viii) 업무영역에 대한 규제(redlining regulation)

참고 4-1 자본적정성과 직결되는 요소

1) 은행 : 자기자본비율
2) 증권 : 영업용 순자본비율
3) 보험 : 보험료 지급여력

※ 통화정책(화폐정책) : 정부와 중앙은행 등이 한 국가의 화폐 공급, 유용성, 화폐가치, 금리 등을 경제 성장이나 안정성을 유지토록 하기 위해 수행하는 일련의 조치

※ 신용할당 : 금리가 자금의 수요와 공급을 일치시키는 균형수준보다 낮게 결정되어 자금의 공급이 수요에 미치지 못하는 경우, 금융기관 또는 정책당국이 마치 식량을 배급하듯이 자금의 수요자들에게 한정된 자금을 나누어주는 것

제2절 금융기관의 특수성

금융기관(financial institution)이 없는 자본흐름의 세계를 가정하면 감시비용, 유동성비용, 가격위험 때문에 가계저축자는 기업에 대한 투자를 꺼리고 저축하는 것을 선호할 수 있다. 여기서 감시비용으로 제한적 약관(covenants)을 요구할 것이고, 유동성은 자산을 현금으로 전환하는 용이성 정도를, 가격위험(price risk)은 자산의 판매가격이 자산의 매입가격보다 낮아질 위험을 뜻한다.

금융기관의 중요한 경제적 기능을 이해하기 위해 금융기관이 존재하지 않는 세계를 상상

그림 4-1 | 금융기관이 없는 세계에서의 자금흐름

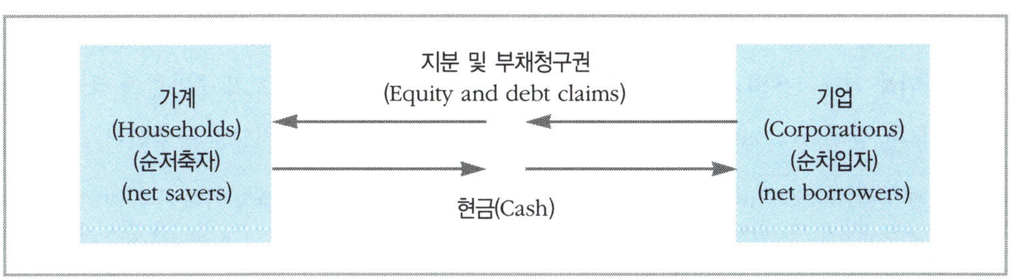

그림 4-2 | 금융기관이 있는 세계에서의 자금흐름

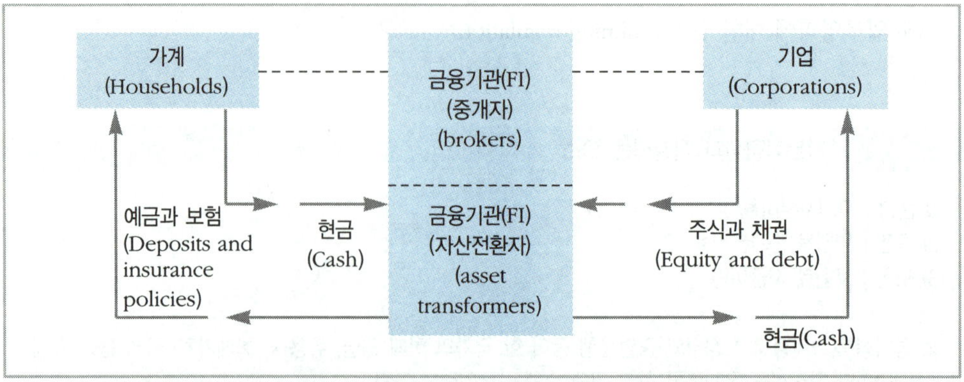

자료 : A. Saunders and M. Cornett, *Financial Institutions Management*(2008).

해 보자. 이러한 세계에서 가계는 번 것보다 덜 소비함으로써 저축을 하는 기본적인 선택을 하게 될 것이다. 가계는 현금을 자산으로 보유하거나 기업이 발행한 증권에 투자할 것이다. 일반적으로 기업은 실물자산에 대한 투자에 필요한 자금을 조달하기 위해 증권을 발행하고 투자금액 내부유보와 같이 내부적으로 만들어진 저축의 차이를 메운다.

금융기관은 금융시장에서 자금의 수요자(기업)와 공급자(가계) 사이에서 자금의 중개를 하는 자로서 금융중개기관(financial intermediaries)과 순수한 중개인으로서의 시장중개기관(market intermediaries)으로 구분할 수 있다.

금융기관의 특수성(specialness), 즉 존재의 이유는 가계부문과 기업부문의 자금중개를 원활히 하고 정보와 거래서비스를 제공하기 위해 다음과 같은 기능을 수행한다.

1. 중개기능

중개기능(brokerage function)이란 증권의 형태를 바꾸지 않고 단순히 거래를 알선하거나 증권의 매매중개만을 하는 브로커나 딜러의 역할로 시장중개기관의 브로커리지 기능(brokerage function)을 말한다. 또한 순수한 중개인(middlemen, brokers)으로서의 금융기관은 정보와 거래서비스를 제공함으로써 저축자를 위한 대리인으로서 좋은 가격과 더 높은 효율성을 갖기 위해 거래비용의 감소 또는 거래서비스의 평균비용이 거래규모가 증가함에 따라 감소하는 규모의 경제(economies of scale)[4]를 발생시키는 거래비용 절감기능을 수행한다.

4) 금융기관이 증권거래와 기타 거래서비스를 수행할 때 효율성의 증가로 증권거래와 기타 거래서비스의 평균비용이 거래규모가 증가함에 따라 감소한다는 것으로, 범위의 경제(economics of scope)와 함께 보다 효율적으로 비용절감을 창출할 수 있다.

2. 자산변환 기능

자산변환자(asset-transformer)로서 금융기관이 예금 · 보험증서와 같은 금융청구권(financial claims)을 발행하여 가계저축자에게 보다 낮은 감시비용, 유동성위험과 가격위험(liquidity and price risk)의 부담을 완화시키고 채권 · 주식과 같은 본원적 증권(primary securities)을 매입하여 이를 자기계산으로 신용대위(credit substitution) 기능을 함으로써 이차적 청구권(예금)이 본원적 증권(주식, 채권)보다 더 우월한 유동성 및 가격위험 특성을 보유하고 있다는 것이다. 금융기관의 자산변환 기능(asset-transformation function)을 통해 차입자와 저축자 간의 상반된 욕구를 동시에 충족시켜 줄 수 있다. 구체적인 자산변환 기능으로서 금액변환(Denomination Intermediation), 만기변환(Maturity Intermediation), 위험전가(Risk Transfer) 등을 들 수 있다.

표 4-1 | 자산변환의 3가지 기능

금액변환 기능	대여자의 대여희망 금액과 차입자의 차입희망 금액이 다르더라도 금융기관이 개입하여 양자의 희망을 모두 충족시켜 주는 기능
만기변환 기능	단기로 자금을 조달하여 장기자금으로 운영하거나 반대로 장기로 자금을 조달하여 단기자금으로 운용하는 등 자금공급자와 자금수요자가 희망하는 만기를 모두 충족시켜 주는 기능
위험전가 기능	금융기관 자신이 가지고 있는 기술과 정보를 이용하여 자금제공자가 부담하게 될 위험을 감축, 분산 또는 위험구조를 변경시켜 주는 기능

3. 정보비용 감소기능

대손위험의 발생을 우려하는 저축자가 기업의 금융청구권에 투자하는 데 발생하는 문제인 정보수집비용에 해당하는 감시비용, 정보획득비용 그리고 대리인비용(agency costs) 등 정보비용(information cost)의 감소를 위하여 금융기관은 위임감시자(delegated monitor)로서 정보의 불완전성과 정보의 대칭성 정도를 감소시키는 역할을 수행한다.

여기에서 대손위험이란 자금공급자가 제공한 자금과 그 대가의 전부 또는 일부를 약속한 대로 받을 수 없는 위험을 말한다. 금융기관은 자금차입자에 대한 정보를 용이하게 얻어 분석할 수 있는 능력을 갖추고 있어 불량고객에게 대출을 하는 역선택(adverse selection)을 방지하고, 대출의 사후관리를 통해 차입자가 대출을 상환하지 않으려는 도덕적 해이(moral hazard)를 빔할 가능성을 줄여준다.

4. 포트폴리오 분산기능

금융기관이 위험스러운 자산포트폴리오에 투자하면서 저축자에게 유동성이 높고 가격위험이 낮은 증권을 제공할 수 있는 것은 자산포트폴리오의 위험을 분산(diversification)시킬 수 있는 능력을 보유하고 있다는 데 있다. 금융기관의 자산포트폴리오에 있는 증권의 수가 증가하는 비율에 따라 포트폴리오의 위험은 감소하고 투자에 있어서 대수의 법칙(law of large numbers)을 활용하여 전 세계적으로 분산투자한 금융기관은 자기자산에 대하여 거의 무위험 수익률을 만들 수 있고 유동성이 높은 금융청구권을 공급한다는 약속을 신뢰성 있게 수행할 수 있다.

참고 4-2 금융에서의 대수의 법칙

대수의 법칙은 수학적 확률과 통계적 확률의 관계를 말하는 것으로, 하나하나 개별로 일어나는 사건들은 우연에 의해 일어나 그 결과를 예측하기 어렵지만 많은 수가 모인 집단에서 일어나는 사건들은 경험과 관찰에 의해 일정한 규칙을 발견할 수 있다는 의미이다. 예를 들어 보통예금은 은행의 입장에서 저리로 자금을 조달할 수 있는 자금운용의 좋은 재원이 된다.

수많은 사람들이 보통예금에 입금과 출금을 한다는 것은 누군가가 출금을 하는 그 시각에 또 누군가는 입금을 하고 있다는 것을 의미하며, 이를 다 합쳐 보면 일정한 규모의 금액이 항상 은행에 존재하게 되는 것이다. 즉, 은행 입장에서 볼 때 특정개인이 입금한 돈을 언제 얼마나 찾아갈지 알 수 없지만 그 은행 전체의 보통예금 수신액을 놓고 보면 대수의 법칙에 의해 평균 얼마만큼의 돈이 출금되고 입금되는지의 규칙을 알 수 있게 된다. 그래서 은행은 이러한 자료를 이용해 보통예금으로 들어온 금액에서 일정부분을 대출과 같은 자금운용을 해서 수익을 내는 것이다.

5. 기타 금융기관의 특수성

앞에서 언급한 주요 기능 이외에 지급결제수단의 창출기능, 통화정책의 전달통로 그리고 신용할당 등이 있다.

1) 지급결제수단의 창출기능

금융기관은 화폐나 수표 등을 공급함으로써 거래를 구체적으로 실행시키는 지급결제수단(means of payment & settlement)을 제공한다. 지급결제제도를 통해 금융기관이 신속하고 낮은 거래비용으로 결제할 수 있는 지급수단을 제공함으로써 거래를 보다 활성화시키고 생산과 소비를 촉진시켜 경제성장에 기여하게 된다. 지급결제수단은 수표청산 서비스와 전자이체 서비스로 구분할 수 있다.

[예시 1] BOK Wire, EFTS(Electronic Fund Transfer System), E-Banking, CD, ATM, POS, Firm/Home Banking. Fed-wire, SWIFT, CHIPS 등

2) 통화정책의 전달통로

높은 유동성을 가지는 특성 때문에 은행과 예금기관의 예금은 가장 널리 사용되는 교환의 매개수단이다. 〈표 4-2〉에서 보는 바와 같이 일반적으로 사용되는 통화의 정의들은 예금기관의 예금들을 포함한다.

참고 4-3 통화와 유동성 지표

국민경제에서 통화의 역할은 인체에 있어서 혈액의 역할과 비슷하다. 통화량이 과다하면 인플레이션이 야기되고, 통화량이 감소하면 생산·소비 등 경제활동이 위축된다. 따라서 통화량의 적정공급이 중요하며 통화지표는 통화량의 크기와 변동을 파악할 수 있는 지표이다.

표 4-2 | 통화와 유동성 지표

통화 지표	M1	• 현금통화 + 요구불예금 + 수시입출식 저축성예금
	M2	• M1 + 정기예적금 및 부금 + 시장형 상품 + 실질배당형 상품 + 금융채 + 기타(투신증권저축, 종금사 발행어음)
유동성 지표	M3	• M2 + M2 포함 금융상품 중 만기 2년 이상 정기예적금 및 금융채 등 + 한국증권금융(주)의 예수금 + 생명보험회사(우체국보험 포함)의 보험계약준비금 + 농협 국민생명공제의 예수금 등
	L	• M3 + 정부 및 기업 등이 발행한 유동성 시장금융상품(증권회사 RP, 여신전문기관의 채권, 예금보험공사채, 자산관리공사채, 자산유동화 전문회사의 자산유동화 증권, 국채, 지방채, 기업어음, 회사채 등)

자료: 한국은행, 「우리나라의 통화지표 해설」(2008).

예금기관은 통화정책 활동이 나머지 금융부문과 일반적인 경제 전체에 영향을 미치게 하는 통화정책의 전달통로(the transmission of monetary policy) 역할을 담당한다. 통화정책 활동으로는 공개시장조작(open market operations), 재할인율의 설정과 필요지급준비(reserve requirement) 등이 있다.

표 4-3 | 통화정책 활동

공개시장조작	중앙은행이 단기금융시장이나 채권시장과 같은 공개시장에서 금융기관을 상대로 국공채 등 증권을 사고팔아 이들 기관의 자금사정을 변화시키고 이를 통해 통화나 금리를 조절하는 정책수단
재할인율 설정	중앙은행이 대출할 경우에 적용되는 금리
필요지급준비 설정	부채로 보유되는 예금을 지원하기 위해 예금기관이 보유해야 하는 지급준비의 최소수준

[예시 2] 은행에 C만큼의 현금이 요구불예금으로 예금된다고 하자. 여기서 r은 필요지급준비율이다.

$$D=\frac{C}{1-(1-r)}=\frac{1}{r}C \qquad \text{예금은 } C\text{의 } \frac{1}{r}\text{배}$$

$$L=\frac{(1-r)C}{1-(1-r)}=\frac{1-r}{r}C \qquad \text{대출의 증가는 } C\text{의 } \frac{1-r}{r}\text{배}$$

본원통화와 통화량의 관계

$$M=\frac{1}{C+r-Cr}C \qquad C\text{는 본원통화 / 화폐당국은 } C\text{를 조작함으로써 } M\text{을 조작}$$

	예 금(D)	통화승수 지불준비(R)	대 출(L)
은행 1	C	rC	$(1-r)C$
은행 2	$(1-r)C$	$r(1-r)C$	$r(1-r)^2C$
	⋮	⋮	⋮
합계	$\frac{1}{r}C$	C	$\frac{1-r}{r}C$

3) 신용할당(credit allocation)

금융기관은 사전적으로 자금지원의 특별한 필요성이 있는 것으로 판별된 경제의 특정부문에 대한 자금지원의 중요한 원천으로 주거용 부동산 부문의 신용니즈 지원과 농업부문 활동에 대한 금융지원 등을 들 수 있다.

연습문제

객관식

1. 금융기관의 특수성과 관계가 먼 내용은?
① 자산전환자 기능 ② 위임감시자 기능
③ 정보생산자 기능 ④ 가격 리스크 기능

2. 금융기관이 자산전환자로서 유동성 및 가격위험 특성이 우월한 기능과 관계가 깊은 것은?
① 이차적 청구권 ② 본원적 증권
③ 주식 ④ 채권

3. 금융시장에서 시장의 실패가 발생하는 원인에 해당하지 않는 것은?
① 자연독점 ② 안전성과 건전성 규제
③ 정보의 비대칭성 ④ 음의 외부성

4. 금융기관의 특수성과 관련하여 특히 상업은행에서의 주요 기능이라 할 수 있는 자산변환 기능의 내용이 아닌 것은?
① 금액변환 기능 ② 만기변환 기능
③ 위험전가 기능 ④ 포트폴리오 분산기능

5. 다음 중 금융산업의 규제를 지지하는 이론과 관계가 적은 것은?
① 역선택 문제 ② 시장의 실패
③ 공공재 ④ 보이지 않는 손

6. 정보의 비대칭성 중 역선택의 문제를 해결하기 위한 방안이 되지 못하는 것은?
① 대리인비용 ② 공시기능 강화
③ 시장의 투명도 제고 ④ 공정게임규칙 마련

7. 정보의 비대칭성 중 도덕적 해이를 감소시키기 위한 방안이 아닌 것은 ?
① 주주총회 ② 자기책임의 원칙
③ 경영자 노동시장 ④ 스톡 옵션

8. 다음에서 금융기관 규제의 형태라고 볼 수 없는 것은?
① 소비자보호규제 ② 생산자보호규제
③ 소유와 지배에 대한 규제 ④ 업무영역에 대한 규제

9. 금융기관이 존재하지 않을 경우의 자본흐름에서 생겨나는 문제점이 아닌 것은?

① 낮은 유동성　　② 기업에 대한 직접투자

③ 금융거래 저조　　④ 실질적 가격 리스크 보유

주로 시장중개자(Market Intermediary)의 역할을 하는 금융기관은?

① 상업은행　　② 투자은행

③ 보험회사　　④ 캐피탈과 파이낸스회사

주관식

11. 시장의 실패(Market Failure)의 원인을 설명하고 특히 정보의 비대칭성에서의 역선택과 도덕적 해이를 설명하라.

12. 1) 금융산업의 규제가 필요한 이유는 시장의 실패를 막기 위함이다. 시장의 실패의 전형적인 예가 대공황으로, 시장의 실패원인에 대하여 설명하고 2) 시장의 실패 방지를 위한 금융기관 규제형태에 대하여 나열하라.

13. 금융기관의 존재이유를 금융기관의 특수성이라고 하는데, 이의 주요 기능을 금융기관이 없다면(without FI)과 금융기관이 있을 경우(with FI)로 구분하여 설명하라.

14. 금융경제 환경변화의 최근 주요 내용을 설명하고 기업의 리스크 관리 대응방안의 사례를 소개하라.

15. 글래스-스티걸법(Glass-Steagall Act), 그램-리치-브릴리법(Gramm-Leach-Bliley Act), 도드-프랭크법(Dodd-Frank Act)은 금융기관을 규제하는 획기적인 법이다. 그 주요 내용을 각각 설명하라.

5장

리스크 관리 기획[1)]

제1절 리스크 관리 목표의 설정

1. 경영정책에 따른 사업계획

1) 경영의 원칙

금융기관을 통해 기업경영의 내용을 파악하고자 한다. 이윤을 추구하는 기업이란 점에서 보면 금융기관의 경영 또한 여타 기업경영과 다를 바 없다. 그러나 금융기관은 국민경제에 미치는 영향력이 매우 커 일반 기업에 비해 공공성이 훨씬 강하다. 또한 금융기관의 공신력은 지급능력의 확보에 달려 있는바 이를 위해 충분한 유동성과 재무구조의 안정성, 자산의 건전성 그리고 적절한 수익이 보장되어야 한다. 금융기관의 경영원칙으로는 유동성의 원칙, 안정성의 원칙, 건전성의 원칙, 수익성의 원칙 및 공공성의 원칙 등이 제시되고 있다. 각 금융기관의 경영목표 달성을 위해 영업점장 등 사업단위 부서장의 평가제도 기준(score card)에 경영원칙의 구체적인 내용을 반영하고 있다. 금융감독당국은 경영실태 평가기준(CAMELS; C: Capital Adequacy(자본적정성), A: Asset Quality(자산건전성), M: Management(리스크 관리), E:

1) 이 장은 교육부 한국직업능력개발원 NCS(국가직무능력표준)의 김재인 외, 「리스크관리」(2015), 리스크관리 기획 학습모듈을 참조하였음.

Earnings(수익관리), L: Liquidity(유동성관리), S: Sensitivity(시장 리스크))을 통해 금융기관들의 경영원칙 내용과 경영상태를 점검, 평가하고 있다.

(1) 유동성의 원칙

금융기관은 예금 등 금융 상품인출에 대비하여 적정수준의 유동성, 즉 현금 또는 현금자산을 보유해야 한다는 것이 유동성의 원칙(principle of liquidity)이다. 예금유동성이 금융기관 경영에서 차지하는 비중은 절대적이므로 예금유동성을 적절히 확보하기 위한 유동성 확보대책을 마련해야 한다. 최근에 금융기관들은 먼저 규제적 유동성비율(regulatory liquidity ratio) 관리를 최우선적 과제로 삼고 유동성 관리를 수행함과 동시에 각 금융기관 내부 실정에 맞는 내부 유동성 관리 모형(internal liquidity management model) 개발을 준비하고 있다. 우리가 겪었던 IMF 위기의 직접적인 도화선이 유동성 부족으로 인한 지불유예(moratorium) 선언임을 상기할 때, 유동성 관리의 주목적은 생존(survivability)이며, 부수적인 목적은 여유자금(idle money)의 효율적 관리인 이익관리(profit management)라고 볼 수 있다.

(2) 안전성의 원칙

금융기관의 공신력을 유지하기 위해서는 단기적인 유동성의 확보만으로는 불충분하며 보다 근본적인 지급능력과 청산능력(liquidation value, solvency)을 확보해야 한다는 것이 안전성의 원칙(principle of safety)이다. 청산능력이란 금융기관이 영업을 중지하는 경우 예금주 등 지급청구권자들에 대한 부채를 모두 변제할 수 있는 능력을 말한다. 금융기관의 청산능력은 사내유보의 축적 등을 통한 자기자본의 충실화(capital adequacy) 정도로 평가된다. 자기자본의 충실도와 적정성을 위해 장부상의 자본(book capital), 규제자본(regulatory capital) 및 경제적 자본(economic capital)으로 구분하여 관리하고 있다. 안전성을 평가하는 지표로 국제결제은행(BIS)이 정한 리스크 가중자산 대비 자기자본비율(BIS ratio)이 가장 중심적으로 이용되며 단순자기자본비율(equity ratio), 기본자기자본비율(Tier 1 Ratio)이 보조적 지표로 이용되는데 감독당국은 구체적인 목표등급을 금융기관에게 제시하고 있다.

(3) 건전성의 원칙

금융기관은 리스크를 전문적으로 관리하는 리스크 관리 전문회사라 말할 수 있다. 특히 은행에 대해서는 예금자 보호가, 금융투자회사에 대해서는 투자가 보호가 감독당국규제의 목적이다.

따라서 금융기관은 일반 투자자들이 부담하는 리스크와는 달리 사전에 신중하게(prudentially) 계산된 리스크를 부담하고 이에 상응하는 수익을 추구하는 기업이다. 금융기관이 이와 같은 리스크를 부담하더라도 그것이 적정한 수준을 벗어나서는 안 된다는 것이 건전성의 원칙(principle of integrity)이다.

(4) 수익성의 원칙

금융기관도 수익성을 추구하는 기업으로서 안정적인 수익성을 도모함으로써 지속적인 성장이 가능한 영속기업(sustainable going-concern)으로 성장 · 발전할 수 있는 것이다. 그리고 IMF 금융위기 이후 부각된 금융기관의 책임경영체제의 확립과 주주들에 대한 요구 등은 경영자로 하여금 경영의 원칙 중 수익성의 원칙(principle of profitability)을 최우선 순위로 만들고 있다. 즉, 수익과 리스크를 감안한 자기자본의 효율적 배분을 통한 적정수익의 확보로 주주가치의 극대화를 이루기 위해서는 이익관리와 리스크 관리의 효율적인 융합(convergence)을 필수적으로 갖추어야 하는 것이 현대적 금융기관 경영의 특징이라 볼 수 있다.

(5) 공공성의 원칙

금융기관의 경영결과는 국민경제에 막대한 파급효과를 유발하므로 금융기관의 공공성은 여타 기업에 비하여 특히 강조되고 있다. 은행에 해당되는 공공성의 원칙(principle of publicity)이란 예금주를 보호하고 신용질서를 유지하며 자금의 조달과 배분 과정이 공정해야 하며 특정 집단에 대한 여신집중을 지양해야 한다는 것을 의미한다. 예금자 보호를 위한 제도적인 장치로서 은행법 및 금융감독규정에 구체적으로 명시되어 있다.

2) 경영목표, 경영정책에 따른 사업계획

금융기관 경영에서 고려해야 할 유동성, 안정성, 건전성, 수익성 및 공공성은 시대가 바뀌어도 변하지 않는 금융기관 경영의 원칙들이다. 다만, 금융환경 변화와 각 금융기관이 처해 있는 경영환경에 따른 중점 경영목표와 이에 따른 경영자의 중점 경영정책이 경영원칙의 개별 요인들의 중요도 비중과 우선순위를 다르게 한다. 즉, 금융기관 경영은 유동성, 안정성, 건전성, 수익성 및 공공성의 요인들을 최적으로 조합시켜 금융기관을 영속적 기업으로 성장 · 발전시키는 데 그 경영목표와 경영정책을 두어야 하며, 사업계획도 그 연결선상에서 수립되어야 한다.

일반적으로 사업계획이란 기업의 경영목표에 따라 연간 경영방침을 설정하고 그에 따른 경영목표를 수립하며, 이를 달성하기 위해 구체적인 사업항목을 수립, 조정하는 과정이라고 말할 수 있다. 이를 위해서는 기업환경 변화가 회사에 미치는 영향을 파악하여 전략방향을 설정하고 다양한 전략적 선택 대안을 도출하며, 경영목표 수립을 위한 핵심성과 지표를 설정하고 경영목표 달성을 위한 사업 포트폴리오를 제시해야 한다. 또한 중장기 사업계획을 합리적인 연간 사업계획 단위로 구분하여 수립하고 연간 사업계획을 반기, 분기, 월 단위 사업계획으로 구분하여 수립해야 한다.

3) 리스크 관리 계획과 사업계획의 연계

금융업은 기본적으로 규제산업이며 국민경제 전체를 생각하면서 수행해야 하는 업무로서 회사의 사업계획에서 리스크 관리는 핵심기능이다.

금융기관 경영은 투입(리스크 자본 혹은 경제적 자본) 대비 산출(리스크를 감안한 수익)의 극대화 즉 리스크 조정 자본수익률(RAROC: Risk Adjusted Return on Capital)을 극대화하는 것이므로 리스크 관리 계획과 사업계획은 불가분의 관계를 갖는다. 금융기관은 사업계획 수립 시 리스크 요소를 보다 적극적으로 반영할 필요가 있다. 그간의 사업계획(대출 및 예금의 외형, 순이익 증가)과 리스크 목표(RAROC의 극대화) 간의 연계 강화가 과거의 외형 및 수익성 추구 위주의 경영관행에서 개선되어야 할 중요한 과제이다.

금융기관은 다음 연도 외형(자산과 부채, 수익) 목표를 중심으로 사업계획을 수립하는 과정에서 외형 성장목표에 리스크 성향(부담하고자 하는 리스크 총량) 그리고 리스크 선호도(high risk high return or low risk low return)에 대한 선택을 분명하게 구분하여 사업계획에 반영할 필요가 있다.

사업계획은 경영계획(business plan)이라고도 하며 이사회수준의 리스크 위원회(Risk Committee)의 리스크 관리의 기본방침과 임원 · 경영진수준의 리스크 관리위원회(Risk Management Committee)의 결정사항 이행 및 보고내용에 기초하여 리스크 관리 정책 결정사항을 사업계획에 반영한다. 리스크 환경 변화에 따른 금융기관 경영관리의 변화내용을 고려하여 리스크 관리 목표를 구체적으로 설정해야 한다. 따라서 금융기관은 사업계획에 리스크 관리 목표달성에 필요한 구성요소인 리스크 조정순익, 예상손실, 비예상손실, 내부자본 혹은 경제적 자본의 구체적 수치를 포함시켜야 한다. 리스크 관리 계획에 필수적 내용은 리스크 한도의 설정 및 배분이다. 금융기관은 매년 초 사업계획과 연계하여 발생 가능한 위기상황에 대비할 수 있도록 작성되며 사업계획에 포함될 리스크 관리 계획의 주요 사항은 다음과 같다.

① 각종 유형별 리스크(신용 리스크, 시장 리스크, 금리 리스크, 유동성 리스크, 운영 리스크 등) 허용한도 설정 및 배분(유동성 리스크의 예: 유동성 VaR, 유동성 비율, 유동성 커버리지 비율, 실질 유동성 갭 비율, 중장기 외화자금 관리비율 등)

② 리스크 유형별 규제자본(신용 리스크, 시장 리스크, 운영 리스크의 자본량)한도 및 관련 자기자본비율(BIS 관련 비율 등과 경영 리스크를 포함한 총 리스크량이 반영된 내부자본(경제적 자본))한도 및 리스크 요소(예상손실과 비예상손실, 리스크 감안 수익 등)

③ 은행인 경우 조직별 혹은 영업활동별로 소매영업(Retailing Banking)본부는 주로 개인고객을, 도매영업(Wholesale Banking)본부는 기업 및 기관 고객을 구분하며 별도 사업부(Business Unit or Value Centers)에 카드부문, 모기지론부문, 중견 · 중소 · 벤처기업부

문 등을 구분하며, 개인/법인/차주/산업/국가/상품별로 리스크 한도를 설정 · 배정

④ 상품별로는 크게 예금과 대출로 구분하며 예금에는 원화예수금(요구불 예금, 저축성 예금, 금전신탁 등), 외화예수금, 양도성 예금 등이 있고 대출에는 원화대출, 외화대출, 신탁대출이 있으며 해당 은행의 재무상태표와 손익계산서에서 회계자본(가용자본)과 리스크 자본의 크기

2. 리스크 환경 변화

1980년대에 들어서면서 범세계적으로 종래의 금융환경이 근본적으로 바뀌는 대변혁이 시작되었다. 첫째, 세계적인 금융자유화와 국제화 물결에 따라 종전의 금융산업에 부과되었던 각종 규제가 완화되는 금융의 탈규제하 현상으로 금융 · 외환 거래의 시장회, 업무의 자유화 · 다양화 · 복잡화, 자기책임의 원칙을 들 수 있다.

둘째, 정보통신 · 컴퓨터 등 과학기술의 급속한 발전으로 파생금융상품, 전자금융 등 새로운 금융거래 형태가 일반화됨으로써 리스크 관리기술이 발달하게 되었다.

셋째, 이와 함께 고객의 다양한 금융서비스 요구, 각종 신종상품의 등장으로 리스크의 내용도 복잡 · 다양해졌다.

세계화, 겸업화, 기존 규제의 완화 및 새로운 규제인 국제표준안(바젤협약안), 금융공학과 파생상품을 이용한 금융상품의 등장을 비롯해 미국이 1999년 Financial Services Modernization Act(혹은 Gramm-Leach-Bliley Act)를 통해 Glass-Steagall Act의 상업은행의 증권 · 보험 발행업무의 금지조항(1933년 제정)을 무효화한 것은 금융기관의 전업체제(Sound Banking System)에서 겸업체제(Universal Banking System)로의 이행과 금융의 탈규제화를 가속화시켰다. 또한, 금융의 탈중개화(disintermediation)로 인한 예금과 보험에서 금융투자상품의 '머니무브(money move)' 현상으로 시장중심 금융, 펀드중심 금융이 발달하게 되었다.

서브프라임 사태로 미국에서 시작된 일련의 금융위기는 금융의 글로벌화 진전의 흐름에 따라 전 세계적으로 전이되어 글로벌 금융불안으로 확산되면서 글로벌 신용경색으로 모기지 대출회사와 헤지펀드의 연쇄파산, 미국 5위 투자은행인 베어 스턴스(Bear Sterns) 파산, 그리고 세계 4대 투자은행인 리먼 브라더스(Lehman Brothers) 파산 보호신청 등 미국의 대형 금융기관 파산위기의 여파로 글로벌 실물경제 성장세가 둔화되어 미국 대공황 이후 가장 심각한 세계경제의 침체국면을 맞이하였다.

이러한 금융위기를 초래한 원인들은 무엇보다도 월가 금융기관의 탐욕으로 인한 과도한 레버리지를 활용한 파생상품의 고리스크 · 고수익 사업모델에 의존한 결과로 금융기관은 리스

크 관리의 중요성에 대해 더욱 실감하게 되었다. 이러한 글로벌 금융위기상의 교훈으로 미국에서 Dodd-Frank Act를 시행하게 되었으며 새로운 은행자본(특히 보통주)의 강화와 유동성 규제강화인 "금융규제개혁안과 바젤 Ⅲ"를 도입하게 되었다.

회계제도에서도 주목할 만한 변화가 이루어졌다. 미국 회계기준위원회(FASB: Financial Accounting Standards Board)의 미국회계기준(US-GAAP)에서 국제회계기준위원회(IASB: International Accounting Standards Boards)의 국제회계기준(IFRS: International Financial Reporting Standards)으로 각국의 회계기준이 통합되는 추세에 있으며 우리나라도 국제회계기준의 새로운 회계제도를 전면도입키로 발표하였다.

국제회계기준은 우리나라 기업회계의 투명성과 신뢰성 향상에 도움이 될 것으로 기대된다. IFRS 재무제표의 도입으로 기업의 경영정보시스템, 지배구조 및 사업전략, 경영 및 성과평가 등 회사의 경영 및 리스크 관리 전반에 큰 영향을 미치게 될 것이다.

우리나라는 2009년 2월 자본시장통합법의 시행으로 금융 · 자본시장에 새로운 변혁을 맞이하게 되었다. 영국은 1986년 금융서비스법(FSA: Financial Service Act)이 제정되어 자본시장이 통합되고 해외 금융기관과 투자자들에게 금융시장을 개방하고 증권거래수수료의 자유화를 통해 런던의 금융시장이 미국의 월 스트리트를 압도하는 수준까지 성장하게 되는 계기를 마련했다. 지속적인 금융개혁의 연장선상에서 영국은 2000년 금융서비스와 시장법(FSMA: Financial Service and Markets Act)을 제정하였다. 은행법, 보험회사법, 금융서비스법을 통합하고 은행 · 증권 · 보험 등 모든 금융상품에 대한 규제원칙에 대해 규제감독기관의 일원화를 기하여 '영국의 금융빅뱅'을 성공적으로 이끌어냈다. 이러한 영국의 선진사례를 거울삼아 한국의 자본시장통합법(자본시장과 금융투자업에 관한 법률)이 시행되게 되었다. 이는 금리자유화, 외환자유화와 방카슈랑스 등 탈규제화(deregulation), 세계화(globalization), 겸업화(universal banking)의 연장선상에서 일종의 한국의 금융개혁이라 볼 수 있다.

동법의 내용에 비추어 볼 때 포괄적 금융투자상품 도입 및 업무영역 확대를 통해, 특히 금융투자상품의 확대 및 파생상품분야가 발전할 것으로 보이며 시장 리스크, 신용 리스크 등 리스크 관리 역량의 배양과 리스크를 적절히 관리할 수 있는 리스크 관리 역량과 시스템의 정비가 무엇보다도 필요하다고 할 수 있다.

3. 리스크 환경 변화에 따른 경영관리의 변화

금융기관은 IMF 금융위기, BIS 자기자본규제 준수, 금융규제개혁과 바젤 Ⅲ 등 금융경제 환경 변화로 경영관리에 큰 변화를 초래하게 되었다. 첫째로 IMF 금융위기는 금융기관 경영에 큰 전환점이 되었다. IMF 금융위기 전에는 정책자금 위주로 은행을 통한 자금배분이 이루어지는 관치금융으로 공공성이 강조되었다. IMF 금융위기 이후 대다수의 은행이 도산 내지 합병되자 책임경영체제(Self-Accountability)가 강조되어 그간 예금 및 대출 규모 신장의 외형 위주 경영에서 이익금이 중시되는 내실 위주의 경영이 되면서 효율성과 효과성을 강조하는 ROA(Return on Asset, 총자산수익률), ROE(Return on Equity, 자기자본순이익률) 경영이 금융기관 경영의 중심이 되었다. 둘째로 BIS 자기자본규제의 국제적 표준이 모든 금융기관에게 요구되면서 은행은 리스크 자본 준수는 물론 영업상에서 발생하는 모든 리스크를 커버할 수 있는 충분한 자본인 경제적 자본의 자본적정성이 요구되었다. 셋째로 기업의 경영목표달성 원리로서 효율성 및 효과성과 함께 유연성 관리가 더욱 중요하게 되어 리스크 관리가 중요한 이슈로 등장하게 되고, 감독당국의 Top Down방식의 금융기관 리스크 관리 선진화계획 추진에 따라 신리스크 개념인 예상손실(EL: Expected Loss), 비예상손실(UL: Unexpected Loss), 경제적 이익 혹은 경제적 부가가치(Economic Profit or Economic Value Add), 리스크 조정 자본수익률(RAROC: Risk Adjusted Return on Capital) 등이 경영관리에 도입되게 되었다. 즉 앞으로 미래의 경영은 수익성에 리스크를 감안한 경영관리가 경영관리의 새로운 과제가 되었다. 금융기관 경영관리의 주요 변화내용을 요약하면, i) ROA, ROE 경영에서 RAROC 경영, ii) 순이익(Net Income)에서 리스크 감안 이익인 RAR(Risk Adjusted Return), iii) 수익 위주에서 경제적 이익, 혹은 경제적 부가가치, iv) 대손충당금에서 예상손실과 비예상손실, v) 규제자본에서 경제적 자본, vi) 보통주자본비율의 강화와 완충자본의 신설 등 바젤 Ⅲ의 이행으로, 금융기관 경영관리 주요 변화내용은 다음의 〈표 5-1〉과 같다.

표 5-1 | 금융기관 경영관리 주요 변화내용

과거 및 현재 (수익성위주의 경영관리)	현재 및 미래 (수익성에 리스크를 감안한 경영관리)	비고
총자산순이익률(ROA), 자기자본순이익률(ROE)	리스크 조정 자본수익률(RAROC)	RAROC=RAR÷EC
순이익(NI: Net Income)	리스크 조정 순익(RAR)	RAR=회계이익(NI)−예상손실(EL)
수익(Profit)	경제적 부가가치(EVA)	EVA=RAR−리스크 자본비용 (Economic Capital×Hurdle Rate (주주최소요구(수익률))
대손충당금 (Loan Loss Reserve)	예상손실(EL)과 비예상손실(UL)	
규제자본 (RC: Regulatory Capital)	리스크 자본(Internal Capital) 혹은 경제적 자본(Economic Capital)	
보통주자본(Tier 1)비율 과 보완자본(Tier 2)비율	보통주자본비율 강화와 완충자본의 신설	바젤 Ⅲ

4. 리스크 관리의 목표

1) 기업의 안정성 유지 및 제고

리스크를 관리하는 목적의 하나는 외부변수에 대한 기업의 수익 및 기업가치의 민감도를 줄이는 것이다. 금리, 환율, 에너지 가격 및 기타 시장변수에 노출되는 회사는 리스크 관리를 통하여 수익의 변동성을 최소화해야 한다. 미국 증권거래위원회(SEC: Securities and Exchange Commission)를 비롯한 규제기관들은 회계기법에 의한 수익성 관리의 관행을 매우 엄하게 다루고 있으므로 이러한 금융경제 환경에서 경영진은 조직 내부의 리스크 관리 체제와 문화에 의해 수익의 변동성을 관리해야 한다. 리스크 관리의 가장 큰 혜택, 특히 기업의 최고 경영진에게 돌아가는 혜택은 직위의 안정성 및 재무안정성이다. 기업은 리스크를 정확히 측정 · 관리함으로써 미래의 예상치 못한 기업가치 하락으로부터 기업의 안정성 유지를 위한 자본여력의 보유를 위해 그간 규제자본에서 경제적 자본의 새로운 자본 개념의 도입이 필요하게 되었으며 지속가능기업으로서 성공과 생존에 직접적인 영향이 있다고 할 수 있다.

2) 기업경영의 합리화

리스크 관리를 통한 기업의 경영목표 달성 및 주주가치 극대화에 기여하기 위해서는 기업경영 합리화를 위한 다음과 같은 리스크 관리체제를 확보해야 한다.

첫째, 내재된 리스크(embedded risk)를 반영하는 수준에서 목표 투자수익과 상품가격을 책정한다.

둘째, 리스크 조정 수익이 가장 높은 부분의 프로젝트 또는 사업에 자본을 할당하고 포트폴리오의 리스크와 수익을 최적화할 수 있도록 리스크 전가(risk transfer) 전략을 실행한다.

셋째, 거대 재무손실, 평판 및 브랜드의 피해를 회피할 수 있도록 모든 리스크를 관리할 수 있는 적정한 방법을 보유한다.

넷째, 직원 및 부서 단위의 성과평가 및 인센티브가 기업 전체의 경영 및 리스크 목표와 조화를 이루도록 한다.

마지막으로 인수 및 합병(M&A), 그리고 경영정책 및 사업계획 등 주요 의사결정에 명시적으로 리스크를 반영한다.

리스크 관리는 기업영업활동의 불확실성을 경감시키고 자본비용을 낮춤으로써 개별 기업의 주주가치 증가에 기여할 뿐 아니라 전반적인 경제성장에도 기여한다.

3) 리스크 조정 자본수익률 제고

그간 금융기관은 이익의 극대화에 치중하여 제한된 리스크 범위 내에서 이익을 극대화하는 금융기관의 경영원칙을 준수하지 못하는 실정이었다. 현재까지의 주요 경영지표가 자기자본순이익률 및 총자산수익률로 리스크 개념인 예상손실과 비예상손실 그리고 경제적 자본이 반영되지 않으므로 리스크-수익 프로파일(risk-return profile)의 최적화라는 본래의 리스크 관리 목표달성에 한계가 있어 리스크 조정 자본수익률을 도입하게 되었다. 분자에는 리스크 조정 이익으로 종래의 당기순이익에서 예상손실이 감안되었고 분모에는 장부상의 자기자본(book capital)대신 경제적 자본을 사용하여 리스크를 감안한 적정이익 추구, 즉 적정수익 확보와 자기자본의 효율적 배분이 훨씬 용이하게 되었다. 이렇게 이익에서 리스크를 감안하여 관리함으로써 기업환경 변화에 따른 기업의 경영목표 달성 및 주주가치 극대화에 기여할 수 있다고 하겠다. 금융기관은 기업차원에서 리스크 조정 성과지표(RAPM: Risk Adjusted Performance Measurement)의 극대화를 경영목표 또는 자본배분의 목표로 삼을 수 있다. 리스크 조정 성과지표에는 리스크 조정 자본수익률과 경제적 부가가치가 있다. 리스크 조정 성과지표의 극대화가 기업에게 최적의 포트폴리오 조합을 제공할 뿐 아니라 주주가치의 극대화와도 연관되기 때문이다. 따라서 ROA나 ROE와 같은 과거의 전통적인 경영지표를 목표로 삼을 수는 없다. 리스크 조정 성과지표가 실질적인 기업의 목표로 작동하고 주주가치와 연계되기 위해서는 경영자들에게 주어지는 보상체계도 RAPM과 연계되어야 한다. 즉 리스크에 근거한 자본배분이 RAPM의 핵심을 의미한다. RAPM은 한도설정, 상품가격 결정, 포트폴리오 관리, 사업부의 성과평가를 하는 데 활용한다.

4) 리스크 관리 업무의 기본원칙

리스크 관리의 목표는 리스크를 체계적으로 잘 관리하여 기업가치를 극대화하려는 것으로 리스크 관리는 리스크와 수익을 동시에 고려(리스크와 수익률의 상반관계, Risk-Return Trade-off relationship)하여 금융기관의 최적포트폴리오를 결정하고 최적화(Optimization)하는 방향으로 발전시켜야 한다. 또한 금융기관의 리스크 관리는 급변하는 금융환경 속에서 한정된 자본을 효율적으로 사용하기 위하여 다음과 같은 기본원칙을 참고로 하여 리스크 관리 목표를 설정할 수 있다. 다음은 ××은행의 리스크 관리 기본정책으로 이를 근거로 리스크 관리 전략을 수립하고 있다.

① 리스크 관리 업무는 리스크와 수익을 적절하게 조화시켜 이익의 급격한 변동을 최소화하여야 한다.

② 리스크 관리 업무는 궁극적으로 주주가치의 극대화에 있다.

③ 리스크 관리 업무는 금융기관의 영업활동이 정해진 리스크 허용한도 범위 내에서 이루어지도록 정해진 절차에 따라 이루어져야 한다.

④ 리스크 관리자는 효율적인 자원의 활용 및 자본의 배분이 이루어지도록 포트폴리오의 잠재적 경제가치(potential Economic Value)의 변화에 따라 직면하게 되는 리스크의 종류와 크기를 관찰한다.

5. 리스크 관리 목표설정을 위한 수행 내용

1) 금융기관 경영원칙과 업적평가기준의 파악

① 현재 금융기관의 경영자는 경영의 원칙 중 어느 중점 항목에 우선순위를 두고 경영목표를 달성하려고 하는지 파악한다.

② 과거의 양 위주의 경영에서 내실 위주의 경영으로의 이행 여부와 불확실성 증대에 따른 변동성과 유연성이 경영의 원칙에 포함되는지도 파악한다.

③ 회사의 사업단위 부서장(영업점장) 업적평가기준(score card)은 현재의 경영목표의 내용을 반영한 것으로 사업단위 부서장의 업적관리목표를 달성하는 데 필요하다. 업적평가기준의 조사를 통하여 회사의 중점경영전략을 파악한다. 은행들의 영업점장 업적평가의 예시는 〈표 5-2〉와 같다.

표 5-2 | 은행별 업적평가의 평가항목 및 기준배점(예시)

A은행		B은행		C은행	
구분	배점	구분	배점	구분	배점
수익성	1,000	이익관리	610	이익관리	1,000
건전성	220	생산성	410	자금관리	300
생산성	180	자금관리	360	실적증가	420
성장성	400	기반확대	470	기반조성	360
경영관리	200	일반관리	100	중점추진	100
계	2,000	계	2,000	계	2,100

D은행		E은행		F은행	
구분	배점	구분	배점	구분	배점
손익부분	470	이익관리	385	이익부분	580
수신부분	255	자금관리	220	업무추진	255
외환부분	140	외환부분	120	영업기반	70
신용카드	100	건전성	115	전자금융	30
여신부분	155	카드사업	80	여신부분	65
전자금융	60	마케팅	60	일반관리	160
본부평가	20	경영관리	40		
계	1,200	계	1,020	계	1,160

2) 최근 리스크 환경 변화의 내용과 기업의 사업계획을 파악

① 기업의 경영현황을 재무상태표와 손익계산서를 통해 파악하며 회사의 주요 경영지표(수익성, 자본적정성, 건전성, 유동성 등) 목표달성 요소 등을 중심으로 사업계획을 파악한다.

② 사업계획에 포함될 리스크 관리 계획에는 리스크 관리 정책, 리스크 관리 체제, 리스크와 리스크 평가의 정의, 리스크 관리 접근방식, 리스크 노출 등급 구분, 리스크 지배구조의 내용이 포함되며 특히 각 사업부문에서 자체 내부자본 적정성 준수를 위한 리스크 자본(규제적 자본과 경제적 자본)이 포함되어야 한다.

3) 리스크 위원회와 리스크 관리위원회의 의결사항을 파악

이사회수준의 리스크 위원회의 리스크 관리 기본방침과 경영층과 임원수준의 리스크 관리위원회의 리스크 관리 정책 주요 의결 및 보고 사항을 조사하여 파악한다.

※ ××은행 리스크 관리위원회 주요 의결 및 보고 사항(예시)

① 조건부 자본증권 발행 리스크 영향 분석

② 산업별 포트폴리오 한도 변경

③ 내부자본 신용 리스크 측정방식의 변경 및 관리대상 리스크 신설

④ 2015년도 적용 소매 및 기업 PD, LGD, EAD 승인

⑤ 신용평가 모형 변경승인 신청

⑥ 통합 위기상황 분석결과 보고

⑦ 적합성 검증결과 보고

⑧ 부도정의 변경에 따른 신용 리스크 내부 등급법 변경

4) 당해 연도 목표 리스크 조정 자본수익률을 파악

결국 리스크 관리목표는 해당 연도의 리스크 관리 계획상의 목표 리스크 조정 자본수익률(RAROC)의 설정으로 요약된다. 따라서 리스크 관리 계획상의 목표 리스크 조정 자본수익률의 해당 구성요소들도 아울러 파악하여 리스크 관리 목표를 달성하도록 한다.

제2절 리스크 관리 계획의 수립[2)]

1. 리스크 영역

리스크 영역이란 신용, 시장, 금리, 유동성, 운영 리스크 등 금융기관이 내포하고 있는 모든 리스크를 포함한다. 금융기관의 기능은 금융 중개의 리스크(risk of financial intermediation)를 다루는 것으로서 사실 금융기관을 경영하는 것은 이러한 리스크를 관리하는 것으로 이를 금융 리스크라고 한다. 보험회사의 대상인 순수 리스크는 항상 손실의 기회가 존재하는 데 반해 금융기관에서 취급하는 리스크는 투자 리스크 혹은 투기 리스크로서 손실의 기회나 이득의 기회가 모두 존재하는 상황의 양방향 리스크이다. 그러나 금융 리스크의 대상은 하향 리스크(downside risk)로서 금융 리스크 측정 시 주로 하향 리스크의 측정(대표적인 예: Value at Risk)에만 치중하여 관리한다. 금융기관 리스크의 종류는 매우 다양하여 분류방식도 매우 다양할 수 있다. 최근 은행은 바젤 Ⅲ의 본격적인 이행에 따라 바젤에서 요구하는 자기자본과 리스크의 기준과 조건을 충족시키기 위해 노력하고 있다. 신바젤협약에 의한 분류는 Pillar 1 리스크에서 신용 리스크(credit risk), 시장 리스크(market risk) 및 운영 리스크(operational risk)만에 대해 최저 자본 요구량(minimum capital requirements)을 요구하고 있으며, Pillar 1 리스크에서 커버되지 않은 리스크를 Pillar 2에서 잔여 리스크(residual risk)라 하여 은행계정 금리 리스크, 유동성 리스크, 신용편중 리스크, 전략/평판 리스크 및 아웃소싱 리스크 등을 포함하고 있다. 본 장에서는 위와 같은 분류를 감안하여 리스크 관리영역을 금리 및 유동성 리스크, ALM 리스크, 시장 리스크, 신용 리스크, 운영 리스크로 구분하고 시장 리

2) 제2절과 제3절의 일부분은 이명준, 「리스크통합관리」(2014), JL리스크전략연구소, pp.229-246, pp.263-277을 참조.

스크 부류인 주식 리스크, 채권 리스크, 펀드 리스크, 환 리스크를 별도의 장에서 다룬다. 금융 IT 리스크는 대개 운영 리스크 범주에 속하여 관리되고 있으나, 최근 IT 발전에 따른 디지털 기술과 인터넷의 활용으로 그 전문성과 복합성을 감안, 금융IT 리스크를 별도로 관리하고 있는 추세이다. 일반적으로 금리 리스크(은행 계정) 및 유동성 리스크, ALM 리스크와 자본 관리

표 5-3 | 영역별 리스크의 종류와 정의

<table>
<tr><th colspan="2">리스크 종류
(리스크 영역)</th><th>리스크의 정의</th></tr>
<tr><td colspan="2">신용 리스크</td><td>거래 상대방의 채무불이행(default) 또는 신용등급의 하락 등으로 대출금, 유가증권, 파생상품 등 계약에 명시된 의무를 이행하지 못하게 됨으로써 경제적 손실이 발생할 가능성을 측정 · 관리한다.</td></tr>
<tr><td colspan="2">시장 리스크</td><td>기초적 시장가격의 예상치 못한 변동으로 금융기관의 트레이딩계정(trading book)에 포함된 주식, 채권, 이한, 상품(commodity) 및 이들을 기초상품으로 하는 파생상품 등의 포지션 가치가 변동되는 리스크로 가격 리스크(가격변동 리스크)를 측정 · 관리한다.</td></tr>
<tr><td colspan="2">ALM 리스크</td><td>ALM(Asset and Liability Management: 자산 · 부채종합관리) 리스크는 은행 계정을 대상으로 금리변화에 대해 유동성과 안정성을 확보하여 자산과 부채 구성의 최적화를 통해서 순이자수익(NII)과 순자산가치(NPV)의 극대화를 목표로 하며 금리 리스크와 유동성 리스크를 측정 · 관리한다.</td></tr>
<tr><td colspan="2">금리 리스크</td><td>금리의 불리한 변동에 따라 순이자수익 또는 자본에 부정적인 영향을 줄 수 있는 시장가치가 하락할 리스크로 금융기관 보유 자산부채 전반에 걸친 은행계정(Banking portfolio)을 다루며, 트레이딩 관련 금리 리스크는 시장 리스크에서 다룬다.</td></tr>
<tr><td colspan="2">유동성 리스크</td><td>자금운용과 조달기간의 불일치나 예기치 못한 자금유출 등으로 유동성 부족이 발생하여 정상적인 상황보다 높은 금리를 지불하고도 자금조달이 어려운 경우가 발생하는 리스크로 단기자산의 가치부족으로 단기부채 혹은 예상치 못한 현금 유출에 응하지 못할 리스크와 유동성 부족으로 인해 금융기관이 부도가 나는 치명적인 리스크이다.</td></tr>
<tr><td colspan="2">운영 리스크</td><td>정보시스템 또는 내부통제시스템의 결함으로 예상치 못한 손실가능성, 인적 오류(human error), 전산시스템 고장 및 부적절하거나 잘못된 내부 업무절차 및 통제과정 등으로 인해 직·간접적인 손실이 발생하는 리스크이다.</td></tr>
<tr><td rowspan="3">기타
리스크</td><td>법률
리스크</td><td>법적 리스크 혹은 법규준수 리스크라고 하며, 법률, 감독규정 및 윤리적 기준 등을 위반하거나, 부적절하거나 부정확한 법률자문 및 서류작성 등으로 손실이 발생하는 리스크로서 바젤에서는 운영 리스크에 포함시켰다.</td></tr>
<tr><td>경영전략
리스크</td><td>부적절한 경영 의사결정 및 실행과 경영환경 변화에 적절히 대응하지 못함에 따라 금융기관의 순익 또는 자본에 부정적인 영향을 줄 수 있는 현재 또는 미래의 잠재적 리스크이다.</td></tr>
<tr><td>평판
리스크</td><td>금융기관에 대한 고객 · 거래 상대방 · 주주 및 규제 당국 등 기업 외부의 여론이 악화됨에 따라 금융기관의 손익 또는 자본에 부정적인 영향을 줄 수 있는 현재 또는 미래의 잠재적 리스크이다.</td></tr>
</table>

는 자산 · 부채 관리위원회(ALCO: Asset and Liability Management Committee)에서, 시장 리스크, 신용 리스크, 운영 리스크 등 리스크 전반에 대해서는 리스크 관리위원회(RMC: Risk Management Committee)에서 주관하여 관리하고 있다. 구체적인 영역별 리스크 종류를 재무 리스크와 비재무 리스크로 구분한 금융 리스크의 일반적 분류는 [그림 5-1]과 같다.

그림 5-1 | 금융 리스크의 일반적 분류

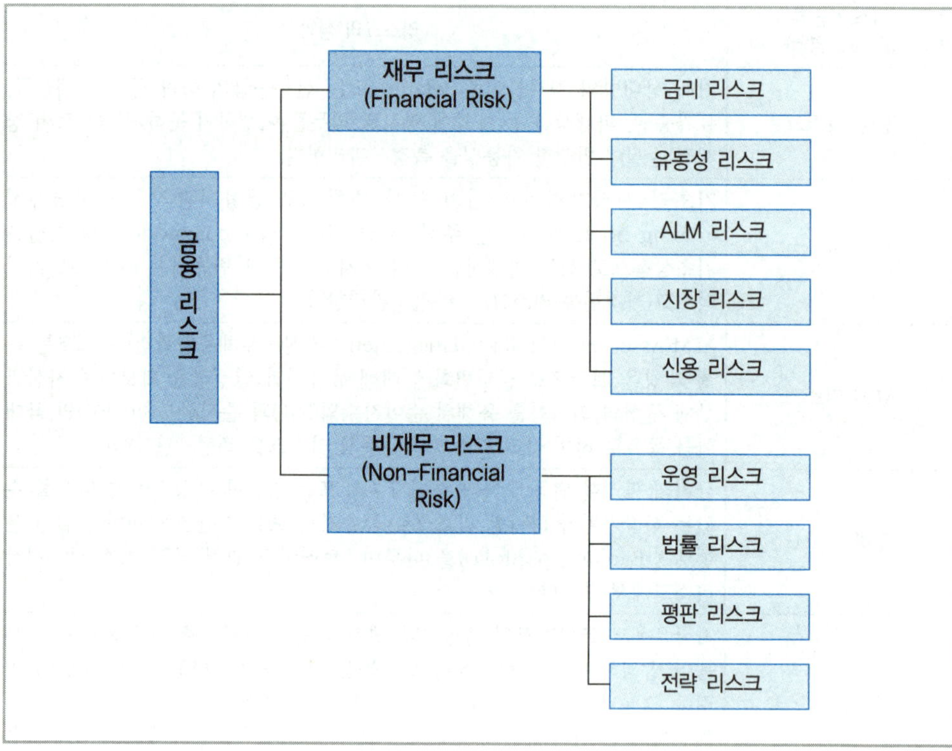

2. 리스크 관리 조직의 구조와 기능

리스크 관리는 리스크 관리 조직의 기능을 통해 수행한다. 금융기관의 리스크 관리는 각종 리스크별 허용한도 등의 기본방침을 설정하는 리스크 위원회와 동 한도의 준수 여부 및 리스크별 현황을 매월 정기적으로 점검하는 리스크 관리위원회를 중심축으로 하여 리스크 관리본부(그룹) 내에 리스크 관리총괄부(팀), 신용 리스크 관리부(팀)(내에 개인신용 관리부와 기업신용 관리부), 운영 리스크 관리부(팀), 신용감리부(팀), 자산부채 관리부(혹은 금리 및 유동성 관리부)를 리스크 영역별로 구분하여 담당부서 및 담당자를 배정하여 관리하고 있다. 리스크 관리 조직 및 체계는 [그림 5-2]와 같다.

그림 5-2 ❙ 리스크 관리 조직 및 체계

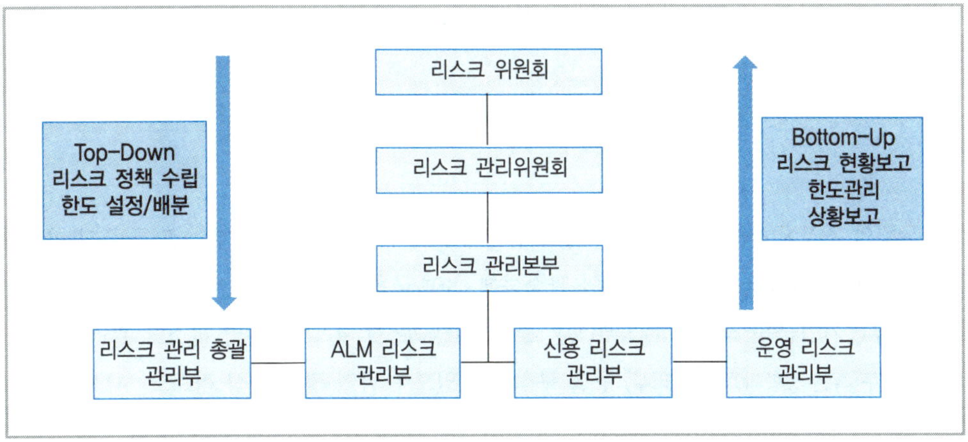

주 : 일부 은행의 경우 자산부채 관리위원회 소관하에 ALM 리스크 관리부를 둔다.
출처 : 2014년도 ××은행 리스크 관리 현황 참조.

1) 리스크 위원회

리스크 관리에 대한 최고의사결정기구로서 이사회의 위임을 받아 리스크 정책을 수립하고 이의 준수 여부를 감사한다. 보통 분기 1회 이상 개최하여 신용 리스크, 금리 및 유동성 리스크, 시장 리스크 및 운영 리스크 등 리스크 유형별 한도설정 및 리스크 현황에 대한 정기적인 점검을 실시함으로써 금융기관의 리스크 관리가 최고경영진에서부터 시작하여 영업조직에까지 이르는 내부통제 리스크 관리체계를 구축한다.

2) 리스크 관리위원회

리스크 관리위원회는 CEO의 주관하에 보통 매월 1회 이상 개최하여 금융기관의 리스크 실태를 관리하고 있다. 리스크 관리위원회는 리스크 위원회가 정한 리스크별 허용한도와 리스크 현황을 정기적으로 점검함으로써 금융기관의 리스크 관리가 각 사업본부 단위로 구체적으로 실행되도록 하기 위한 조직이다.

3) 리스크 관리본부

리스크 관리본부(그룹)는 리스크 관리임원(CRO)의 관장하에 신용 리스크, 시장 리스크, 금리/유동성 리스크, 운영 리스크를 통합 관리하는 리스크 관리총괄부와 신용 리스크를 관리하는 신용 리스크 관리부, 신용감리 업무를 담당하는 신용감리부, 운영 리스크를 관리하는 운영 리스크 관리부, 금리 및 유동성 리스크를 관리하는 자산부채 관리부를 관리하고 있다. 일부 은행의 경우 재무 담당임원(CFO) 소속하에 자산부채 관리부를 두어 금리 및 유동성 관리, ALM 리스크 관리, 자본관리 업무를 수행하고 있다.

3. 리스크 관리 업무의 수행 내용

은행의 조직에 따라 다소 차이는 있으나 대개 본부에 리스크 관리본부(그룹)를 두고 리스크 담당임원(CRO: Chief Risk Officer)의 관장하에, 소매금융 리스크 관리부(혹은 리테일뱅킹 리스크 관리부), 기업금융 리스크 관리부(혹은 홀세일뱅킹 리스크 관리부), 운영 리스크 관리부, 리스크 총괄부(혹은 종합리스크 관리부) 등을 구성하고 있으며 금리 및 유동성 리스크, ALM 리스크는 재무 담당임원(CFO: Chief Finance Officer) 소속의 자산부채 관리부(혹은 금리 및 유동성 리스크 관리부)에서 관리하며, 타 사업 마케팅 그룹/본부 등과 유기적 체계를 구축한다. 은행은 모든 부문에서 발생 가능한 리스크의 적정한 관리를 통한 안정적 성장을 도모하기 위하여 리스크 측정, 모니터링, 통제 및 보고 업무를 리스크 영역별로 리스크 담당부서를 두고 있으며 리스크 담당부서의 주요 업무내용은 〈표 5-4〉와 같다.

표 5-4 | 리스크 담당부서의 주요 업무내용

리스크 관리 담당부서	주요 업무내용
리스크 총괄부 (혹은 종합 리스크 관리부)	전행적 리스크 관리 정책 수립, 리스크 유형별 관리 정책 및 절차 수립, 리스크 유형별 측정/한도 관리/모니터링, 자본적정성 평가 및 관리, BIS 자기자본비율 산출
신용 리스크 관리부	신용 리스크 관리 정책 수립, 여신업무 정책 수립, 자산건전성, 충당금, 신용 리스크 측정/한도 관리/모니터링, 신용평가모형 개발 및 운영.
신용감리부	신용감리 업무 통할, 여신 및 기업 신용등급 감리, 기업 조기경보 업무 및 시스템 개발, 기업 신용 리스크 상시평가 업무
자산부채 관리부 (혹은 금리 및 유동성 관리부)	금리 및 유동성 리스크 관리, ALM 리스크 관리, 자금운용 부서의 미들 오피스 기능, 내부이전 가격
운영 리스크 관리부	운영 리스크 지표 및 측정 관리, 리스크 통제 자가진단, 손실사건 관리

구체적인 리스크 관리 업무 수행 절차

① 일반적으로 리스크 위원회와 리스크 관리위원회의 간사 업무는 리스크 총괄부가 담당하며 각 리스크 관리부서로부터 의제안건(agenda)과 토의사항을 접수하여 회의자료(package)를 작성한다.

② 리스크 총괄부는 리스크 위원회와 리스크 관리위원회에 심의안건을 상정하고, 회의의 사록(minutes)을 작성하고 회의결과 의결사항(resolutions)을 관련부서 및 영업점에 통지한다.

③ 리스크 관리 담당부서들은 리스크 관리위원회의 의결사항들에 대한 실행점검 및 감독을 수행하고 파악된 문제점에 대한 대안 및 평가도 아울러 실시한다.

④ 이사회수준의 리스크 위원회의 리스크 관리 기본방침을 파악하여 리스크 관리전략 업무에 반영한다.

⑤ 경영층 및 임원 수준의 리스크 관리위원회의 리스크 관리 정책 주요 의결 및 보고 사항을 이행토록 점검한다.

⑥ 리스크 관리 계획상의 해당 리스크 자본 배분절차를 총괄하고 관리한다.

4. 리스크 관리 계획의 구체적 수립 내용

리스크 관리 계획은 우선 사업계획과 연관성 있게 작성해야 한다. 사업계획은 기업의 향후 3~5년간의 수익예상(손익계산서 계획), 외형 성장치가 포함된 재무상태표 계획, 자본수요 예측치에 기반을 둔 자본 계획이 포함된다. 따라서 기업의 리스크 관리 계획은 예상 재무상태표, 손익계산서 그리고 자본 계획과 회사의 주요 경영지표(수익성, 자본적정성, 건전성, 유동성 등)의 목표 달성치를 감안하여 작성한다. 또한 리스크 관리 계획에는 각 사업부/상품별로 리스크 감안수익(RAR), 리스크 가중자산(RWA), 경제적 자본의 요구량을 포함시켜야 한다.

리스크 관리 계획은 리스크에 대한 설명, 원인, 발생확률, 목표에 대한 영향, 대응방안, 책임자, 리스크 현황 등을 포함하는 모든 리스크 요인을 어떻게 관리할 것인가에 대한 계획이다. 리스크 관리 계획은 리스크 관리 정책으로부터 시작되며 가장 기본적인 리스크 관리 정책은 기업 자신의 리스크 부담능력을 고려하여 리스크 부담수준을 정하는 것이다. 리스크 관리 정책에 포함될 주요 내용은 우선 리스크 자본의 양적 요건과 질적 요건을 정하는 것이다. 리스크 자본의 양적 요건이란 리스크를 흡수하는 기능으로서 인정되는 자본의 범위를 정하는 것으로 리스크 자본과 회계자본(가용자본)의 규모를 비교하여 적절한 수준의 자기자본을 유지하고 있는가를 점검하는 것으로 리스크 자본을 회계자본 범위 내로 정하는 것이다. 이렇게 정해진 자기자본을 가용자본(available capital)이라고 하며 이는 리스크를 수용하기 위해 사용할 수 있는 자본이라는 의미이다. 그러나 양적 요건만으로는 리스크 부담의 수준을 가늠하는 척도로서 부족하므로 리스크 자본의 질직 요건을 다루어야 한나. 리스크 자본의 질적 요건은 리스크 측정과 깊은 연관이 있으며 신뢰수순, 리스크 보유기간, 리스크 측정의 정교화 정도 및 위기상황에 대비한 예비자본(혹은 완충자본) 등이 포함되어야 한다.

리스크 부담수준은 리스크액 측정을 통해 리스크 자본을 설정하는 것이다. 리스크 자본은 규제자본(regulatory capital)과 경제적 자본(economic capital)으로 구분되며 규제자본은 금융감독 당국과 BIS(국제결제은행)가 기준을 정한 리스크 자본이며, 경제적 자본은 은행입장에서 실질적으로 경제적 가치에 따라 측정하는 자본으로 금융기관이 스스로 관리하는 내부자본이다. 즉, 리스크 관리 계획의 수립과정은 개별은행의 건전성 관리를 위해 중요하므로 신바젤협약의 pillar 2에서 '내부자본 적정성 평가 및 관리'로 별도 명시하여 금융감독 당국의 점검과정(SRP: Supervisory Review Process)을 통해 자본관리의 이행을 점검하고 있다. 따라서 은행은 내부자본 적정성 관리절차를 수립하여 리스크 자본대상의 범위를 정하고 리스크 자본을 규제자본과 내부자본으로 구분하여 통합·산출하고 리스크 자본의 한도를 설정한 후 각 영업점들에게 리스크 자본을 배분하는 절차 등을 통해 구체적으로 리스크 관리 계획을 수행한다.

5. 리스크 관리 업무의 일반적인 절차

리스크 관리 계획이 수립되면 이를 수행할 수 있는 체계적인 절차와 세부일정 수립이 필요하다. 이는 리스크 관리 업무를 수행하는 일반적인 절차로 이루어진다. 첫 단계는 어떤 일을 하게 되면 일정한 기간 안에 어떤 종류의 손실이 발생할 리스크가 있을 것인지를 파악하는 리스크 인식(risk identification) 단계이며, 두 번째 단계는 실제로 그러한 손실이 발생하게 된다면 어느 정도 금액의 손실이 발생할 것인지를 예상해 보는 리스크 측정(risk measurement) 단계이다. 세 번째 단계는 그러한 손실을 방지하기 위해서는 어떤 대비책(counter-measure plan)을 수립할 것인가를 검토하는 단계이다. 네 번째 단계는 실제 대비책을 실행하는 단계로서 리스크 통제(risk control) 단계이며 다섯 번째 단계는 리스크를 측정한 것과 실제 대비책을 실행한 결과를 리스크 관리위원회에 보고하는 단계이다.

내부자본 한도를 포함한 리스크 관리 계획은 연초에 시달되며 일상적인 각 부서의 리스크 관리 업무는 리스크 관리 업무절차에 따라 수행된다. 리스크 관리 절차의 각 단계는 서로 밀접하게 연관되어 있으며 각 영업부문의 다양한 리스크를 종합적으로 관리하기 위해서는 리스크 시스템의 구축이 필요하다. 시스템 구축 시에는 분석기법의 다양성, 향후 확장 가능성, 분석결과의 신뢰성 및 경제성 등의 여건을 충분히 고려한다.

1) 리스크 인식

리스크 인식(risk identification)은 어떤 종류의 리스크가 있을 것인가를 파악하고자 하는 특정 거래에서 발생한 리스크의 실체, 소재 및 성격을 적시에 확인하는 것으로서 정확한 리스크의 인식은 리스크 관리의 가장 기본적인 사항이다. 상품별, 포트폴리오별로 금융기관이 노출되어 있는 리스크를 적절히 인식하는 것이 중요하고 특히 신용, 시장, 유동성, 운영 리스크 등 발생 가능한 모든 중요한 리스크를 인식하고 리스크 종류별로 분해할 수 있는 능력이 필요하다. 각 리스크별 업무 자체를 잘 이해해야 정확한 리스크 인식이 가능하므로 리스크 전문가는 해당 업무의 전문가가 되어야 한다.

2) 리스크 측정

리스크 측정(risk measurement)은 리스크의 크기를 정량화하는 단계로, 가능한 금액의 표현 등 상호 비교가 가능토록 하여야 한다. 리스크 유형별로 관리대상의 사업/자산 등의 규모와 복잡성에 따른 리스크 특성에 적합하게 측정방법을 결정하고 일상적인 경제활동뿐만 아니라 비정상적인 급격한 변동도 감안하여 측정해야 한다. 리스크의 크기를 가능한 정확하게 측정하는 기술은 앞으로 리스크 관리 공부에서 중요하게 다룰 부분이다. 리스크 측정에 있어 또 하나의 중요한 점은 그 측정결과의 수치를 잘 해석하고 측정과정에서 포함된 가정과 방법의 기본개념을 아울러 이해해야 하는 것이다. 리스크를 계량화하여 측정하는 것은 현대적 리스크 관리의 모든 것이라고까지 언급하고 싶다. 리스크를 계량화하는 '측정(measure)' 은 적시에 객관적 방법으로 수행되어야 하며, 방법과 시스템 지원의 뒷받침이 필요하다. 구체적인 방법으로 VaR 측정, 스트레스 테스트(stress testing), 시뮬레이션(simulation), 백 테스팅(back testing) 등이 수행되어야 한다.

3) 리스크 대응

리스크 대응(risk counter-measure)은 다음의 4가지 범주에 포함된다. 회피(avoidance, 리스크가 발생 가능한 활동을 중단), 감소(reduction: 리스크의 발생가능성이나 영향력을 감소), 전가(transfer or sharing: 리스크의 일부를 전가하거나 공유), 수용(Acceptance: 리스크가 예상되지만 그대로 받아들이기로 선택)으로 리스크를 측정한 후 취할 수 있는 영업 혹은 관리 행위라고 볼 수 있다. 이 리스크의 대응은 금융기관의 일상 업무가 되어 있으며 다음에서 설명할 통제 활동을 통하여 각 업무가 수행된다.

4) 리스크 통제

리스크 통제(risk control)활동은 경영자로 하여금 리스크 대응이 실행되고 있다고 확신하게 해 주는 정책 혹은 절차로서 조직 전반에 걸쳐 수행된다. 측정된 리스크에 의해 실제 영업 부문에 대한 통제가 이루어져야 하며, 그 통제는 리스크 한도의 설정 및 이의 관리를 통해 실현된다.

이를 위해서는 통제시스템을 갖추어야 하며, 이러한 장치에는 일상 영업과 독립된 내부감사와 외부감사를 포함한다. 리스크 관리는 금리 · 유동성 · 신용 · 시장 리스크 등 종류별로 관리(리스크 한도 설정 관리, 리스크 감축 및 헤지방안 등)할 수 있는 체계를 갖추어야 한다.

리스크 한도 부서는 한도초과 또는 초과가 예상될 경우 그 원인을 분석하고 리스크를 감소시키기 위한 대책을 수립하여 정해진 절차에 따라 리스크 관리위원회 등의 회의체에 부의하고 그 결과를 조정, 통제해야 한다.

리스크의 통제를 위해 임직원 모두가 리스크를 통제할 책임을 가지는 리스크 통제 자가진단(RCSA: Risk Control Self Assessment) 체제의 구축, 사전적 준법감시체계, 사후적 검사체제 등을 갖추어야 한다.

5) 감시 및 보고

리스크 관리는 미래의 불확실한 것을 예측하는 데 그 출발점을 두고 있으므로 리스크를 측정한 것과 실제결과를 이사회와 경영진에게 정기적인 보고를 통하여 평가(review)하는 것은 중요하다. 또한 감시(monitoring)는 내부통제기능을 지속적으로 평가하면서 감시하는 과정이다. 객관적으로 측정되는 리스크를 상시 감시함으로써 이상징후 또는 과다한 리스크 선호행위 등의 포착이 가능하다. 리스크 관리 및 내부 통제시스템은 지속적으로 감시(monitoring)되어야 하고, 발견된 시스템상의 결함은 즉시 관리책임자에게 보고되어 조치되어야 하며, 중요한 사항은 경영진 및 이사회에 보고(reporting)되어야 유효성이 있다.

보고자료는 이사회와 경영진이 쉽게 이해할 수 있도록 작성되어야 하고 이를 통해 이사회와 경영진은 자본금 수준, 이익창출 능력, 시장의 유동성, 인적 · 기술적 자원과 비교한 금융기관의 리스크를 평가하고 전략을 수립할 책임을 갖게 된다.

제3절 리스크 관리 한도배분의 기준수립

1. 리스크 예산과 내부자본적정성 관리

1) 리스크 예산의 개요

일반적으로 예산과정(Budgeting)의 핵심은 한정된 자원을 합리적으로 배분하여 경영효율을 극대화하는 것이다. 리스크 예산과정은 경영진의 전략적 목표설정과 각 사업단위의 영업계획을 종합적으로 고려하여 사업계획을 수립하는 과정에서 회사 내 사업단위별로 리스크 자본을 효율적으로 배분하는 과정을 말한다. 즉 한정된 자원인 리스크 자본을 합리적으로 배분하여 회사 경영효율화를 극대화하는 것이다.

리스크예산 소요계획의 작성

리스크 예산은 리스크 자본을 효율적으로 배분하는 것으로 리스크 관리 계획은 리스크 예산을 기준으로 작성되며 금융기관 내 사업단위별 리스크 자본의 배분을 결정하는 것이다. 리스크 예산과정의 결과가 리스크 자본 한도의 배정과 목표 리스크 조정 자본수익률(목표 RAROC)을 정하는 것이다. 대개 리스크 자본의 총계는 신용 VaR, 시장 VaR, 금리 및 유동성 VaR, 운영 VaR 등의 VaR(Value at Risk) 금액으로 리스크액을 산출한다. 비예상수익을 포함한 리스크 조정 수익과 VaR 금액인 경제적 자본 산출로 리스크 조정 자기자본수익률을 정할 수 있다. 사업계획과 리스크 예산 소요계획에 사용될 주요 요소(항목)는 다음 〈표 5-5〉와 같다.

표 5-5 | 사업계획과 리스크 예산 소요계획에 사용될 주요 요소(항목)

구분	사업계획					리스크 예산 소요계획					비고
	외형 (자산/부채)	예상 수익	예상 비용	자본	자기 자본 수익률 (ROE)	리스크 자본 (VaR)	리스크 가중 자산 (RWA)	비예상 손실(EL)	리스크 감안수익 (RAR)	리스크 조정 자본수익률 (RAROC)	
사업부 1											
사업부 2											
……											
합계											

2) 리스크 자본의 배분

리스크 예산의 배분대상은 각 사업부분별 예상손실보다는 비예상손실이며 이는 곧 리스크 자본의 배분으로 귀결된다. 이렇게 배분된 리스크 자본은 신규사업 진출 및 기존사업의 확장, 축소 등 금융기관의 자원배분 기준으로 활용되며 성과평가 및 그에 따른 보상체계 마련과 리스크에 근거한 가격책정의 기본이 된다. 금융기관은 적정자본수준의 확보, 주주가치 극대화를 위한 사업부분별 자본배분 및 리스크에 기초한 가격책정 등에서 리스크 예산의 기법을 적극 활용하고 있다.

리스크 자본을 배분하는 효율적인 방법으로 한계 RAROC를 사업부분별로 계산한 후 내부요구수익률(hurdle rate) 혹은 자기자본요구수익률(cost of capital)과 비교하여 확대 또는 현상유지할 사업부분(value creation 영역)과 축소, 폐지할 부분(value destruction 영역)을 구분한다. 현재 리스크 자본의 배분은 신용, 시장, 운영 리스크뿐만 아니라 금리 및 유동성 리스크, ALM 리스크, 평판 및 전략 리스크에 대해서도 리스크 자본을 배분할 필요가 있다.

리스크 예산 기법은 펀드자산운용에서도 효율적인 포트폴리오 배분으로 적극적으로 활용되고 있다. 전체적 리스크를 하향식 리스크 배분을 통하여 펀드의 총 리스크를 여러 자산집단과 자산운용 부서장들에게 나누어 주는 과정이다. 이 개념은 자산배분과정(asset allocation process)의 후속단계로서 실천되고 자산배분은 주요 자산으로의 최적배분(즉 최선의 리스크/수익 상반관계를 제공하는 배분)을 찾는 것으로 이 선택은 포트폴리오의 전체적 리스크 프로파일을 결정한다.

(1) 내부자본 적정성 관리체제의 구축

내부자본 적정성 관리체제는 리스크 예산과 리스크 관리 한도배분의 기준을 마련하는 내용으로 금융감독 당국과 바젤 Ⅱ에서는 은행으로 하여금 내부자본 적정성 관리체제 구축을 요구하고 있다. 따라서 은행은 내부자본 적정성 평가 및 관리체제를 자체 리스크 특성, 영업활동 규모 · 범위 · 연관성에 적합하게 구축 · 운영하여야 한다. 따라서 리스크 자본 배분대상의 범위를 정하고 리스크 자본을 규제자본과 내부자본으로 구분하여 통합 · 산출하고 리스크 자본의 한도를 설정한 후 영업점 앞 리스크 자본을 배분하는 일련의 절차를 포함한다.

리스크 자본 대상의 범위를 정함

(가) 규제자본 대상 리스크

규제목적으로 BIS와 금융감독 당국이 기준을 정한 규제자본요구량(regulatory capital requirements)으로 규제자본의 적정성을 나타내는 지표는 BIS 비율이다. BIS 비율 산출 시 포함되는 리스크 대상은 신용 리스크, 시장 리스크, 운영 리스크에 한하며 측정방법은 바젤 Ⅱ

의 Pillar 1에서 최저자본요구량에 대한 내용을 명시하고 있다.

BIS 비율 = 자기자본(기본자본(Tier 1) + 보완자본(Tier 2)) ÷ 신용 리스크 가중자산
+ 시장 리스크 가중자산 + 운영 리스크 가중자산

은행들은 리스크 가중자산에 대해 최소한 8%이상의 자기자본을 규제자본으로 쌓아야만 한다.

(나) 내부자본 대상 리스크

내부자본이야말로 진정한 의미의 리스크 자본이다. 따라서 리스크 자본의 한도배분은 내부자본을 대상으로 한다. 내부자본은 리스크 프로파일과 전략적 비즈니스 목표평가에 기반을 두어 자체적으로 추산하는 내부자본요구량(internal capital requirements)으로 경제적 자본이라 한다. 내부자본은 금융감독의 규제목적과 상관없이 은행 스스로 정하게 되어 있지만 이를 위한 기준은 바젤 Ⅱ의 pillar 2에서 제시하고 있다. 신용 리스크, 시장 리스크, 운영 리스크의 규제자본 대상 리스크를 포함하여 이외 잔여 리스크로 은행계정의 금리 리스크, 신용편중 리스크, 유동성 리스크, 전략 및 평판 리스크 등 금융기관이 보유한 다양한 리스크가 포함되며 [그림 5-3] 은행이 보유한 총 리스크량으로 내부자본이라 할 수 있으며 규제자본과 규제자본 이외의 경영 관련 리스크를 포함한다.

그림 5-3 | 은행이 보유한 총 리스크량(내부자본)

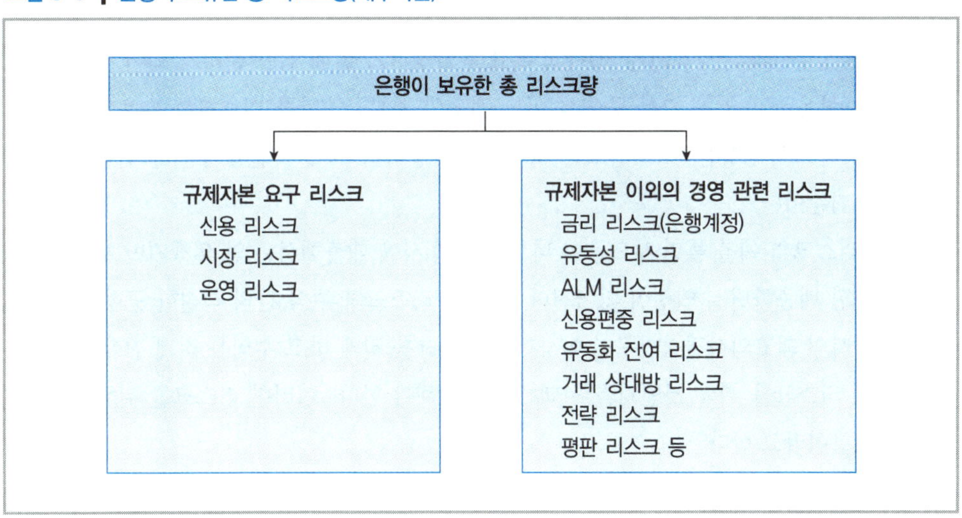

(2) 리스크 자본을 통합하여 산출

① 규제자본 대상 리스크 산출

바젤 Ⅱ에서 제시한 리스크 측정방법, 즉 신용 리스크의 3가지 방법(표준방법, 기본내부등급법, 고급내부등급법), 시장 리스크의 2가지 방법(표준방법, 내부모형방법), 운영 리스크의 3가지 방법(기초지표법, 표준방법, 고급측정법) 중 사용 가능한 방법을 선택하여 규제 리스크 자본량을 산출한다.

② 내부자본 대상 리스크 산출

리스크 종류별로 산출된 내부자본(각 종류별로 비예상손실)의 전체를 산출할 때 상관관계를 고려하고 리스크 대상 기간, 신뢰수준(리스크의 부담수준을 나타내는 척도)으로 리스크 대상 기간은 1회계기간(1년)으로 신뢰수준은 대개 99.9%로 일치시켜 리스크액을 산출하는데 VaR (Value at Risk)형태로 리스크가 측정된다.

(3) 리스크 자본의 한도를 리스크 성향과 예비자본 규모를 감안하여 설정

리스크 자본 한도는 회사 내부적인 경영목적으로 사용한다고 하여 보통 내부자본 한도라고 한다. 내부자본에서 리스크 성향과 완충자본(capital buffer)을 반영한 후 실제 수용할 수 있는 리스크 한도 금액을 정한 후 다시 리스크 종류별로 할당하고 이 리스크 종류별로 다시 하부조직인 사업본부 등으로 배분해 나가는 과정이다.

① 리스크 성향을 파악

리스크 성향(risk appetite)은 전략적 목표를 달성하기 위해 취할 준비가 되어 있는 리스크의 양으로 보유하고 있는 자본 중에서 어느 정도의 자본금액만큼 리스크를 수용할 것인지의 수준이다. 리스크 성향은 어느 정도의 리스크를 수용하고 그에 적절한 수익을 취할 것인지를 선택하는 기준이다.

신용 리스크의 예를 들면 부도율이 너무 높은 회사에 대출해서는 안 되겠지만 부도율이 낮은 회사에만 대출하면 수익성이 낮아진다. 따라서 리스크와 수익 간의 적절한 균형 유지가 중요하며 회사의 최고의사결정기구인 이사회는 리스크를 적게 하고 수익을 적게 취할 것인지 어느 정도의 리스크를 취할 것인지를 선택하고 결정해야 한다. 이러한 리스크를 취하는 정도를 리스크 성향이라고 한다.

② 목표 예비자본을 파악

목표 예비자본(target capital buffer)은 일반적인 리스크 측정이 정상적인 상황만을 반영한 것이어서 위기상황 시 발생하게 되는 리스크 금액에 대비하기 위한 것으로 리스크 한도 설정

시에도 이 예비자본을 정해야 한다. 예비자본을 정함에 있어 고려할 점은 위기상황 분석 결과, 목표 신용등급에 따른 신뢰수준과 내부자본 측정 시의 신뢰수준의 차이, 예상치 못한 신규 사업 등을 고려하여 정한다.

③ 사업계획과의 연계하에 리스크 한도의 설정

리스크 한도 설정은 top-down 방식이다. 현재의 가용자본을 근거로 예비자본을 정한 후에 은행 전체 리스크 한도를 정하고 리스크 종류별, 사업본부 등 단위조직으로 나누고 다시 기업/개인에 대한 대출, 트레이딩 자산, 국내/해외 자산 등으로 나누어 작업한다. 반면 사업계획에 의하여 은행의 큰 경영정책하에서 각 사업단위/조직(영업점)별로 수립하여 그에 상응하는 리스크 금액을 bottom-up 방식으로 은행 전체의 예상 리스크 금액을 산출한다. top-down으로 만들어진 리스크 한도 설정금액과 bottom-up으로 만들어진 리스크 한도 소요금액을 상호 비교하여, 가용자본이라는 주어진 조건이 있는 것이므로 적절한 선택을 하여 리스크 한도 금액을 정한다.

3) 리스크 예산 소요계획

기업의 경영전략과 리스크 목표 그리고 리스크 관리 계획상의 리스크 예산의 설정과 배분에 대해서는 유기적인 결합을 추구할 필요가 있다. 먼저 금융기관의 최고경영진이 내년도 경영목표에 대한 경영전략(외형, 리스크 선호도, 리스크 성향)을 결정하고 이를 근거로 사업계획을 작성한다. 이때 리스크 관리부서에서는 사업계획상의 외형(자산과 부채), 예상수익과 연계하여 리스크 자본(내부자본)의 한도와 목표 리스크 조정 자본수익률(RAROC)을 정하기 위해 리스크 자본의 소요예산을 산출하는데 이를 리스크 예산 소요계획이라고 한다.

내부자본 한도 설정을 위해서 내부자본 예상표와 내부자본 운영계획표를 모든 부서와 영업점 앞 신청토록 하며 내부절차를 거쳐 한도를 결정한다.

내부자본 예상표

리스크 총괄부서는 모든 해당 부서 및 영업점에 대하여 리스크 자본 배분을 위한 내부자본 예상표 작성을 요구한다. 내부자본 예상표는 다음 연도 경영계획을 바탕으로 대개 11월 중에 작성되기 때문에 10월 말의 실제 영업실적과 11~12월의 추정된 영업실적을 바탕으로 다음 연도 사업계획안을 근거로 내부자본 소요액을 산정하며 〈표 5-6〉과 같이 내부자본 예상표를 작성한다.

표 5-6 | 내부자본 예상표

계정과목	구분	평잔	말잔	손익	내부자본 소요액	비고
×××	10월 말					실제치
	12월 말					예상치
	다음 연도					예상치

4) 내부자본 적정성 관리

리스크 관리 계획을 기준으로 소요되는 리스크 예산을 각 사업부별, 영업활동별, 상품별 등과 같이 세분화 항목으로 산출하는 과정은 내부자본 적정성 관리를 통하여 이루어진다.

리스크 관리 계획은 리스크 조정 자본수익률 제고를 통하여 리스크 목표가 달성될 수 있도록 리스크요소인 예상손실(EL)과 비예상손실(UL)의 한도를 사전에 정하는 것이다. 이 중 중요한 것은 비예상손실로 리스크 자본이다. 즉 금융기관이 영업활동에서 발생할 수 있는 모든 중요한 리스크에 대비할 수 있는 적정자본을 보유하고 관리할 수 있도록 하는 것으로 이는 리스크 자본 한도(규모)를 정하는 것으로 '내부자본 적정성 관리'라고 한다. "자본은 곧 리스크이다(Capital > Risk appetite)."라는 의미는 영업행위를 하기 위해서는 자본의 배분이 필수적으로, 자본의 적정성 관리는 은행 경영전략의 핵심과제로서 리스크 자본 한도 배분을 수행하기 위한 수단으로 사용된다. 은행의 내부자본 적정성 평가 및 관리체제는 금융감독 당국의 점검을 통해 은행이 자체적으로 자본 적정성 관리를 하도록 유도하고 있으며, 내부자본 적정성 평가 및 관리 통제구조, 포괄적인 리스크 평가, 건전한 자기자본 평가, 그리고 모니터링 및 보고 등의 요소를 포함하고 있어야 한다.

2. 리스크 자본 한도의 설정

리스크 자본의 한도는 내부자본으로 설정하며 앞서 산출된 리스크액은 리스크 자본을 설정하는 근간이 된다. 리스크 한도를 사전에 설정함에 있어 가장 먼저 고려해야 하는 것은 보유하고 있는 회계자본(가용자본)의 크기로서 리스크 한도 설정 시 반드시 고려되는 사항이다. 모든 종류의 리스크의 비예상손실의 합이 회계자본보다 적게 설정되도록 하는 것이다. 리스크 한도는 내부자본으로 설정한다. 내부자본에서 정의한 자본의 범위에 따라 현재 보유하고 있는 자본으로 일반적인 영업활동에 직접적으로 사용할 수 있는 가용자본이다. 이는 정상적인 시장 상황만을 반영한 것이어서 예기치 못한 위기상황을 대비하는 자본인 예비자본 및 완충자본의 설정이 필요하며 이를 반영한 후 실제 수용할 수 있는 리스크 한도 금액을 설정한다.

1) 내부자본 운영계획표의 작성

리스크 총괄부서는 모든 부서 및 영업점에 대하여 각 단위조직별 영업활동 및 사업계획에 근거한 내부자본 운영계획표 작성, 제출을 요구한다(〈표 5-7〉). 내부자본 운영계획표는 각 사업본부별 영업활동 및 사업계획의 손익 목표와 목표 리스크 조정 자본수익률(목표 RAROC)을 반영하여 작성한다.

표 5-7 | 내부자본 운영계획표

구분	금년 말잔	내년 말잔	손익	소요 내부 자본	신용 리스크				시장 리스크			금리 및 유동성 리스크	운영 리스크	기타 리스크
					대기업	중소	가계	카드	금리	주식	외환			
과목별														
…														
…														
…														
합계														

2) 각 유형별 내부자본 한도 설정

리스크 관리부서와 각 기능부서는 각 영업점 및 영업부서에서 수집한 리스크 관리 계획서상의 내부자본 예상표와 내부자본 운영계획표를 집계하고 이를 바탕으로 부서 간의 협의과정을 거쳐 최종적인 내부자본 한도 설정안을 마련하여 리스크 관리위원회에 상정하고 리스크 위원회의 승인과정을 거쳐 각 부서와 영업점에 시행공문을 발송한다. 실제 내부자본 한도 설정과 관련한 구체적인 한도 설정 내용은 다음의 〈표 5-8〉~〈표 5-13〉과 같다.

표 5-8 | 리스크 유형별 내부자본 한도

리스크 유형별			내부자본 설정 한도	비고
총 내부자본 한도				
완충/예비목적 내부자본				
영업목적 내부자본				
	주요 리스크			
		신용 리스크		
		시장 리스크		
		운용 리스크		
	기타 리스크			
		금리 리스크		
		신용편중 리스크		
		파생상품 관련 리스크		
	분산효과			

표 5-9 | 사업본부별 내부자본 한도

구분	신용 리스크	시장 리스크	운영 리스크	합계
영업본부그룹				
마케팅본부그룹				
해외사업그룹				
자본 및 금융시장그룹				
국내자회사그룹				
해외자회사그룹				
사업본부 합계				

표 5-10 | 금리 리스크 한도 설정

구분		내용	설정 한도 (예시)	비고
금리 갭 비율	원화	3개월	90~150%	
		6개월	100~125%	
		1년	80~120%	
	외화	3개월	80~130%	
		6개월	80~130%	
		1년	80~130%	
금리 EaR 비율		4% 이내		
금리 VaR 비율		5% 이내		

표 5-11 | 유동성 리스크 한도 설정(금융감독원 규제 지표를 참고하여 설정함)

구분	내용	설정 한도	비고
유동성비율	LCR	80% 이상	
	원화예대율	100% 이하	
	외화 3개월 유동성비율	85% 이상	
	외화 7일 갭비율	−3% 이상	
	외화 1개월 갭비율	−10% 이상	
	중장기 외화자금 조달비율	100% 이상	

표 5-12 | 여신 포트폴리오 한도 설정(기업 익스포저)

기업 신용등급 (내부등급 예시)	한도 비율(예시)	비고
A1+~A1	20%	
A2+~A2	12%	
A3+	8%	
A3		
B1+	4%	
B1		
B2+	2%	
B2		
B3 이하	1%	

표 5-13 | 여신 포트폴리오 한도 설정(가계 익스포저)

개인 신용등급 (내부 등급 예시)	한도 비율(예시)	비고
1~3등급	5%	
4~6등급	3%	
7등급이하	2%	

〈표 5-12〉, 〈표 5-13〉의 한도는 특정 거래 상대방에게 여신이 과다하게 신용 편중되는 리스크를 관리하기 위해 법인과 개인별로 설정한다.

3. 리스크 자본 배분 절차

리스크 자본의 배분은 영업점 앞 리스크 자본 배분 절차에 따라 영업점 및 관련 부서의 리스크 자본 운영계획의 수립 후 리스크 자본 운영계획표 집계 및 조정을 거쳐 리스크 자본 배분 계획표 승인 및 시행 순으로 이루어진다.

1) 리스크 자본(내부자본)의 배분계획 절차

영업점 앞으로의 리스크 자본 배분계획 절차 실시

영업활동별 리스크 영역을 분석하여 리스크 관리를 수행하기 위해서는 영업점에서의 bottom-up 방식과 리스크 업무의 의사결정부서인 리스크 관리본부 부서의 top-down 방식이 혼합된 리스크 자본 배분 절차를 실시한다.

표 5-14 | 리스크 자본 배분 절차

단계 구분	시기(예)	발신	수신	비고
1. 시작단계	10/10	리스크 관리부	전 부서	
2. 수립단계	11/10	영업점 및 관련 부서	리스크 관리부, 기능부서	
3. 집계/조정	11/30	리스크 관리부, 기능부서	리스크 관리위원회	
4. 승인/시행	12/10	CEO	전 부서, 전 영업점	

① 영업점 및 관련 부서의 리스크 자본 운영계획 수립

리스크 자본 배분 절차의 시작단계로서 리스크 관리 부서에서 모든 관련 부서 및 영업점에 대하여 다음 연도 각 단위조직별 영업활동 및 사업계획에 근거한 리스크 자본 운영계획의 수립을 요구하는 과정으로 앞서 설명한 내부자본 예상표와 내부자본 운영계획표에 의하여 실시한다.

② 리스크 자본 운영계획표 집계 및 조정

리스크 자본 운영계획을 집계하고 조정하여 최종적인 배분계획을 확정하는 단계로서 리스크 관리 총괄부서는 각 영업점 및 영업부서에서 수립한 리스크 자본 운영계획을 집계하고 이를 바탕으로 부서 간의 협의과정을 거쳐 계획안을 조정하며 최종적인 리스크 자본 배분계획안을 확정한다.

③ 리스크 배분계획표 승인 및 시행

확정된 리스크 자본 계획안은 리스크 관리위원회의 안건으로 상정하여 승인과정을 거쳐 각 부서 및 영업점에 리스크 배분계획표에 의해 시행공문이 발송되며, 리스크 배분계획표에는 계정과목별, 부서별, 고객별로 리스크 자본이 구분되어 배분된다.

2) 리스크 자본 한도의 관리 및 점검

(1) 내부자본과 가용자본의 상호 · 비교

리스크 한도 배정은 통상 매년 1회 설정한다. 사업계획이 시작될 때 정해지며 가용자본의 변화나 상황의 변화에 따라 수정할 수 있고 일정한 시기(통상 월 1회)에 적절한지를 점검한다. 사후에 측정된 내부자본과 가용자본을 비교하여 내부자본을 줄이는 정책을 취하거나 가용자본을 증가시키는 정책적 결정을 하는 끊임없는 과정이 리스크 관리이다. 이는 비용 대비 편익을 비교하여 그 trade-off 관계를 끊임없이 반복하는 과정이라고 말할 수 있다.

① 한도 소진율 파악

한도 소진율은 정해진 리스크 한도 대비 실제 사후적으로 측정된 내부자본(리스크 측정값)의 비율이다. 리스크 한도가 리스크 종류별, 조직별로 설정되므로 한도를 대비해서 항상 일정한 수준을 유지하게 된다. 소진율이 너무 낮으면 자본의 활용이 낮아서 수익성이 떨어지는 것이며, 소진율이 100% 초과하게 되면 가용자본 대비 리스크를 너무 많이 수용되고 있으므로 리스크를 줄여야 한다. 일반적으로 적절한 소진율을 리스크 한도 설정 시 정하게 된다. 한도 소진율이 낮으면 더 공격적인 영업을 하도록 추진해야 할 것이고, 한도 소진율이 너무 높으면 리스크를 줄이거나 리스크 한도를 높여 가용자본을 늘려야 한다.

② 여유자본 파악

여유자본은 가용자본에서 실제 측정된 내부자본의 차이이다. 그러나 위기상황 시 그리고 예상 외의 신규사업에 대한 대비 등을 위한 목표 예비자본이 포함되어 있으므로 이를 감안해야 한다.

(2) 리스크 자본 한도의 정기적인 관리 및 점검

리스크 한도는 광의의 의미로 리스크 한도와 손실 한도를 포함하지만 협의의 의미로는 리스크 자본 한도만으로 한정되고 리스크 예산 소요계획의 수립은 리스크 자본의 설정이라고 할 수 있다. 리스크 자본은 통상 VaR로 측정되기 때문에 VaR 한도라고 한다. VaR 한도가 보유 포지션의 미래 발생 손실규모를 통제하기 위한 것이라면 손실 한도는 기 발생 손실규모를 통제하기 위한 것이다.

리스크 자본(VaR) 한도 − 리스크 자본(VaR) 측정액 = 한도 여유

단, 리스크 자본 < 가용자본

손실 한도 − 누적 손익= 한도 여유

리스크 자본 한도가 가용자본보다 작음을 표시하고 있는데, 이 의미는 리스크 자본 한도가

표 5-15 | VaR 한도 관리 현황표

구분		리스크 한도	리스크 측정액			한도 여유
			VaR	누적 손익	차감계	
신용 리스크	대기업					
	중소기업					
	가계					
	신용카드					
ALM 리스크	금리 리스크					
	유동성 리스크					
시장 리스크	금리 리스크					
	주식 리스크					
	외환 리스크					
	상품 리스크					
운영 리스크						
기타 리스크						
합계						

주 : 리스크 한도 − (VaR 측정액 + 누적 손익) = 한도 여유

가용자본의 범위 내에서 설정되어야 함을 나타내는 것이다. 위 산식을 바탕으로 앞의 〈표 5-15〉와 같은 VaR 한도 관리현황표를 작성하여 관리한다.

리스크 한도 관리에 대하여 다음의 예를 통해 알아보자.

[예시 1] A 트레이더에 대한 한도 배부액과 리스크 측정액 현황은 다음과 같다.

리스크 한도	VaR 측정액	누적 손익
10억 원	7억 원	+2억 원

A 트레이더는 다음과 같이 리스크 한도 관리현황표의 작성을 통해 현재의 한도 여유가 5억 원임을 파악할 수 있다.

리스크 한도	리스크 측정액			한도 여유
	VaR	누적 손익	차감계	
10억 원	7억 원	+2억 원	5억 원	5억 원

VaR 한도 관리현황표를 통하여 전체 또는 부분별 VaR 측정액이 각각의 VaR 한도를 초과하였는지 여부를 모니터링할 수 있다. 관리현황표는 리스크 관리의 목적에 따라 리스크 요소별, 단위조직별, 상품특성별 또는 대상고객별 등으로 구분하여 리스크 자본의 소요액을 작성할 수 있어야 한다.

4. 리스크 자본 한도 수정 및 보완

리스크 자본을 해당 부서 및 영업점 앞 배정 완료하고 정기적으로 배정 한도와 실제자본량(VaR) 사용액을 비교하여 한도 여유를 체크하는 현황관리 및 점검을 실시하고, 필요시 기 배정 한도 관리를 수정 및 보완한다. 구체적으로는 내부자본과 가용자본의 비교, 리스크 자본 한도 관리의 정기적 점검 그리고 한도 배정계획의 수정 및 보완 등이다.

한도 배정계획의 수정 및 보완

특정 고객에 대하여 고객별/상품별 한도의 설정 및 한도 초과 예방과 한도 초과 시의 조치방안 등이 검토되어 경영환경 변화에 따라 신속하게 대응해야 할 전략적 측면도 고려해야 한다. 특정 고객 또는 특정 상품에 대하여 〈표 5-16〉의 한도 배정계획 수정표를 사용할 수 있다.

표 5-16 | 한도 배정계획 수정표

영업점	특정 고객명	리스크 한도			VaR	한도 여유
		기초 배정	손익 조정 등 감안 금액	수정 한도		
×××	×××					
합계						

제4절 리스크 관리회의체 운영 및 보고자료 작성

1. 리스크 관리회의체 운영규정

리스크 관리 관련회의체에는 리스크 위원회, 리스크 관리위원회, 자산부채관리위원회, 감사위원회, 실적관리위원회 등이 있다. 이사회수준의 리스크 위원회(이 외에 감사위원회, 평가보상위원회, 경영전략위원회, 사회이사후보추천위원회 등이 있음)는 리스크 관리 정책의 최고의사결정 기구이다. 임원 · 경영층수준의 리스크 관리위원회와 자산부채관리위원회가 있으며 독립적으로 감사위원회를 두어 점검하고 실적관리위원회는 영업목표 실적과 아울러 리스크 요소의 달성 여부를 점검한다.

1) 리스크 위원회

리스크 위원회(Risk Committee)는 회사의 리스크 관리에 대한 최고의사결정 기구로서 이사회의 위임을 받아 리스크 관리 정책을 수립하고 이의 준수 여부를 감사한다. 대개 분기별로 회의를 개최하며 주요 업무내용은 다음과 같다.

① 변화를 포함한 리스크 정책의 수립
② 회사가 수용할 수 있는 리스크 한도 설정 및 한도 모니터링
③ 회사의 리스크 성향 및 현재 리스크 수준에 관한 정기적인 보고서를 받아 검토
④ 경영진에 위임된 리스크 관련 활동에 대하여 정기적으로 활동의 적절성을 점검

2) 리스크 관리위원회

리스크 관리위원회(Risk Management Committee)는 전사적으로 회사의 리스크 관리를 총괄하고 이사회에 기술적 리스크 자문을 제공하는 역할을 하며 통상 위원장은 은행장(CEO)이 되고, 간사는 리스크 담당임원(CRO: Chief Risk Officer)이 된다. 정기적으로 월 1회 회의를 개최하며 필요시 수시로 임시회의를 소집할 수 있다. 주요 의결사항은 다음과 같으며 리스크 관리위원회는 결의사항에 대해서 이사회(리스크 위원회)에 보고하여야 한다.

(1) 리스크 관리 기본 전략 및 정책에 관한 사항

회사의 리스크 성향, 신뢰수준, 리스크 상관관계 등을 정의하고 관리대상 리스크의 결정과 리스크 관리 정책수립 및 변경에 관한 사항을 정한다.

(2) 리스크 허용 한도의 설정 및 관리에 관한 사항

- 리스크 종류별 관리 지표의 신설 및 변경, 관리 지표별 전행 허용 한도의 설정
- 신용, 시장, 운영, 법률, 전략/평판 리스크 등 모든 리스크의 보고서를 검토하고 회사에 적용되는 한도, 규정 및 규제 요건을 준수토록 함
- 관리위원회가 설정한 허용 한도 초과 시 처리계획의 승인

(3) 리스크 관리 관련 규정의 제정 및 개정

- 관리위원회의 의결 사항과 관련된 규정의 제정 및 개정
- 리스크 관리 업무내규 및 업무정책의 제정 및 개정

(4) 리스크 종류별 측정과 관련한 사항

- 신용평가시스템의 신설 및 적용
- 신용 리스크 측정 요소의 추정 절차의 신설 및 적용
- 리스크 종류별 측정방법의 신설 및 적용

(5) 신용공여 한도 설정에 관한 사항

- 동일한 개인, 법인 및 동일 차주에 대한 신용공여 한도 설정과 국가별 신용공여 한도에 대한 가이드라인의 설정

일부 금융기관의 경우 별도의 운영 리스크 관리위원회를 두어 운영 리스크를 관리하고 있다.

3) 자산부채관리위원회

자산부채관리위원회(ALCO: Asset and Liability Management Committee)는 효과적인 재무상태표 관리, 금리 리스크(은행 계정) 및 유동성 리스크 관리, 자본관리를 위한 포괄적 자산, 부채관리의 의사결정기구로서 통상 위원장은 은행장(CEO)이 되며 재무 담당책임자(CFO)가 간사가 되어 회의자료를 총괄하며 월 1회 개최하여 운영한다.

① 비즈니스 목표에 부합하는 건전한 재무상태표를 유지하고 관련 규정과 규제 요건을 준수
② 전행적인 자산 · 부채에 관한 사항으로 재무상태표 관련 제반규정들이 효율적으로 이행 및 준수되도록 함
③ 금리 리스크(은행 계정), 유동성 리스크 및 자본관리 보고서를 검토하고 회사에 적용되는 한도, 규정 및 규제 요건이 준수되도록 함(트레이딩 계정의 금리 리스크는 시장 리스크에 포함하여 리스크 관리위원회에서 취급함)
④ 규제 유동성, 내부 유동성 한도 및 가이드라인을 준수
⑤ 중장기적 관점에서 회사 전체의 유동성 비용을 최소화하기 위한 유동자산 포트폴리오를 검토
⑥ 시장에서의 여신 및 수신 가격 책정(pricing) 전략을 검토

4) 감사위원회

금융감독원의 리스크 통제구조에 의하면 현업 부서(business line)가 자체적인 리스크 관리의 1차 저지선이 되고, 리스크 관리 조직에 의한 리스크 통제가 2차 방어선이 되며 마지막으로 감사 조직이 내·외부 법 규정에 맞게 리스크 관리가 제대로 되고 있는지를 점검하는 최후의 방어선 역할을 하는 것으로 되어 있다.

감사위원회는 적어도 1년에 한 번 이상 내부 검사역으로부터 회사의 리스크 관리 실태에 관한 평가보고서를 받는다.

감사위원회는 독립적이고 제3자의 관점에서 회사의 리스크 성향 및 비즈니스 특성/범위/복잡성을 감안했을 때 리스크 관리가 적절한지의 여부와 업무환경, 경영전략적 목표, 사업계획 및 리스크 환경 변화를 감안했을 때 적절히 구축되었는지에 대해 의견을 제시해야 한다.

5) 실적관리위원회

실적관리위원회(Performance Management Committee)는 영업 추진 실적 점검과 더불어 리스크 관리와 관련하여 다음의 기능을 수행한다.

① 비즈니스 부분에 의한 리스크가 적용된 실적에 기반한 보고서의 정기적인 검토
② 전략적 경영계획과 리스크 관리 계획에 리스크 요소가 적용된 실제목표의 달성치 등
③ 리스크 계획 대비 회사의 영업실적에 관한 보고서를 정기적으로 보고받아 점검

6) 회의체 보고자료 작성 및 회의결과 공유

리스크 관리 회의체인 리스크 관리위원회, 자산부채관리위원회(이하 '리스크 관리위원회') 등은 각각 간사를 두어 위원회의 보고자료를 준비하고 회의록 · 의사록 작성 및 리스크 관리위원회에 관한 사무를 담당한다. 그리고 제출 안건에 대하여 각 리스크 소관부서 임원(혹은 부장)으로 하여금 위원회에 참석하여 심의 · 의결 안건에 대하여 필요시 설명할 수 있도록 한다.

2. 리스크 관리위원회 보고 및 심의 · 의결자료

리스크 관리위원회는 다음의 사항을 보고받고 이를 심의하며 의결자료를 심의한다.

1) 리스크 관리위원회

① 리스크 종류별 허용 한도 관리 현황
② 내부자본(경제적 자본) 한도 관리 현황
③ 신용평가시스템의 운영 현황
④ 신용평가시스템, 시장 및 운영 리스크 관리시스템 결과
⑤ 리스크 관리위원회 의결사항에 대한 이행 현황
⑥ 외규 및 업무 내규에서 리스크 관리위원회에 보고하도록 정하고 있는 사항

2) 자산부채관리위원회

① 재무상태표 계획 및 예측치 대비 월말 잔액
② 유동성 리스크, 금리 리스크 및 자본 관련 한도 목표 대비 실적치
③ 유동성 비용 및 유동성 프리미엄을 포함한 내부이전가격 관련 변동사항 및 제안사항
④ 바젤은행감독위원회(BCBS), 금융감독원 앞 유동성 및 자본 관련 보고서
⑤ 자산부채관리위원회 의결사항에 대한 이행 현황
⑥ 외규 및 업무 내규에서 자산부채관리위원회에 보고하도록 정하고 있는 사항

3) 리스크 관리회의체 회의자료

리스크 관리위원회와 자산부채관리위원회에서 사용하는 회의자료를 작성한다. 관리위원회의 회의자료(Risk Package/ALCO Package)는 은행에 따라서 다소 차이가 있으나 일반적으로 다음과 같은 자료가 요구된다.

① 리스크 종류별 허용 한도 관리 현황
② 규제자본과 내부자본 한도 관리 현황
③ 신용평가시스템의 운영 현황
④ 신용평가시스템, 시장 및 운영 리스크 관리 시스템 적합성 검증결과
⑤ 금리개정 갭 보고서(Repricing Gap Report)
⑥ 유동성 갭 및 비율 보고서(Liquidity Gap and Ratio Report)
⑦ 재무상태표와 손익계산표 월별 비교
⑧ 기본잉여, 유동성 커버리지 비율(LCR), 순안정자금조달 비율(NSFR)
⑨ 순이자수익 시뮬레이션(NII Simulation)과 순자산가치 시뮬레이션(Simulation) 결과
⑩ 금리 EAR(Earning at Risk)과 금리 VaR(Value at Risk)
⑪ 통합 VaR 현황: Credit VaR, Market VaR, Operation VaR 등
⑫ 순이자마진과 실질수익률 분석(NIM and Actual Yield Analysis)
⑬ BIS 리스크 가중자산 및 비율 관리 현황
⑭ 기타 리스크 계획 대비 영업실적에 관한 보고서 등

4) 관리위원회의 회의 소집

관리위원회 회의는 정기적(통상 월 1회)으로 개최함을 원칙으로 하며 위원장이 필요하다고 인정할 경우에 수시로 소집한다. 관리위원회를 소집할 때에는 회의의 일시, 장소 및 목적사항을 기재한 통지서와 안건을 회의 개최 1~2주 전까지 각 위원에게 발송하여야 하며 긴급을 요하는 경우에는 그 기간을 단축할 수 있다.

5) 의사록 작성, 위원회 의결사항 처리 및 보고

① 관리위원회의 간사는 의사록을 작성하여야 한다. 의사록에는 회의의 안건, 경과 내용, 그 결과 반대하는 자와 그 반대 이유를 기재하고 출석한 위원 전원의 기명 날인 또는 서명을 받아 보관하여야 한다.
② 관리위원회 의결사항에 대하여 관련 기능 부서 및 영업점에서 실행할 수 있도록 하는

것은 무엇보다도 중요하다. 따라서 효과적인 피드백을 할 수 있도록 위원회 규정에 명시하여 피드백 관리를 의무화하고 있다. 따라서 위원장은 위원회에서 심의 · 의결된 사항에 대하여 회의록 및 의사록을 기록하여 관리하게 하고 그 내용 및 상황 결과를 CEO에게 보고하며 리스크 관리위원회의 심의 · 의결사항 및 지시와 관련된 사항을 이사회(리스크 위원회)에 보고해야 한다.

제5절 조직 내 의사소통 계획의 수립

1. 조직 내 의사소통 계획 수립

리스크 관리를 이행함에 있어 가장 중요한 것은 리스크 관리를 회사업무의 한 부분으로 생각하는 것이 아니라 은행경영의 큰 틀로서 이해해야 한다는 것이다. 조직 내 의사소통은 리스크 관리의 효율성을 제고할 수 있으며 조직 전체 구성원의 리스크 관리 중요성에 대한 인식 제고로 기업가치 향상을 도모할 수 있다. 이와 더불어 대내외적으로 당해 기업의 리스크 관리에 대한 의사소통을 통해 이해 관계자의 신뢰 확보 및 내부통제, 기업지배 구조 강화를 달성할 수 있다.

리스크 관리 철학과 의사소통 계획

"리스크 관리 철학이란 회사의 모든 업무-전략수립과 같은 전사적 활동으로부터 일상적 경영활동에 이르기까지 내재되어 있는 리스크를 고려하는 방법에 대한 공유된 믿음과 태도이다."[3] 리스크 관리 철학이 의사소통 채널을 통하여 구성원들에 의해 원만하게 형성 · 이해 · 적용될 때 회사는 리스크를 효과적으로 식별 · 관리할 수 있다.

리스크 관리 철학을 모든 직원과 공유할 수 있도록 의사소통 계획을 수립

리스크 관리 철학은 경영자가 수행하는 모든 업무에 반영되어 경영방식, 구두나 서면의 의사소통, 의사결정에 드러난다. 이때 중요한 점은 경영자가 단순히 말로써 리스크 관리 철학을 공고히 할 것이 아니라 문서를 통한 방침, 행동 표준, 행위 지침, 예외 사항 리포트, 중요 임직

3) 삼일회계법인 역, 「전사적리스크 관리-통합프레임웍」(2006), P.37 인용.

원들과의 비공식적인 대면 등 일상생활의 업무를 통하여 철학을 확고히 해야 한다는 것이다.

리스크 관리 철학에 대한 의사소통의 예는 다음과 같다.

① 경영자는 직원들과의 정례회의에서 리스크와 리스크 대응에 대하여 토의한다.

② 경영자는 직원들과 정례적으로 회사의 전반적인 리스크에 대하여 이야기한다.

③ 리스크 관리 철학 · 표준 · 절차는 규정준수에 대한 명확한 주문과 함께 직원들이 쉽게 접할 수 있게 한다.

④ 신입직원 오리엔테이션 과정에 회사의 리스크 관리 철학과 리스크 관리 프로그램에 대한 정보와 문서를 포함시킨다.

⑤ 리스크 관리 철학은 정기적이고 상시적인 내부통제 계획을 통해 강화되며, 또한 구체적인 의사소통 계획을 통해 리스크 관리 문화가 조성될 수 있다.

2. 리스크 관리위원회와 의사소통 계획

리스크 관리위원회는 해당 비즈니스와 부분의 관리자, 기타 리스크 관리 전문가들의 전문적인 정보를 바탕으로 조직의 이해관계자들의 이해를 고려하여 전체적인 의사결정을 내린다. 각종 위원회 또한 관련 이해 당사자들이 조직 내의 리스크에 대해 충분히 정보를 받고 이러한 리스크에 관련된 정보를 요청하거나 받은 정보에 대해 이의 제기의 기회를 제공하기 위한 메커니즘이기 때문이다.

리스크 관리위원회의 의결사항을 이행하기 위한 의사소통 계획을 수립

리스크 관리위원회의 의결사항은 사업부와 관련 기능 부서를 통해서 반드시 실행되어져야 하는데 이의 피드백(feedback)은 리스크 의사소통 계획의 중요한 수단이 된다. 따라서 리스크 관련 부서(리스크 담당자)는 원활한 의사소통을 통하여 무엇이 실행에 문제인지를 수시로 파악하여 의결사항이 관련 사업부 혹은 영업점에서 이행될 수 있도록 조치를 취하여야 한다. 만일 해당 실무부서나 영업점에서 위원회의 결의사항의 이행이 어려운 경우에는 리스크 총괄부서는 미실시 사유와 개선안을 위원회에 보고하여야 한다.

3. 리스크와 의사소통 계획

리스크에 대한 정보와 결정사항을 리스크 평가자, 리스크 관리 및 이해 관계자들이 효과적으로 상호 교환하는 과정을 리스크 의사소통 계획으로 말할 수 있다. 정보는 조직의 전사적 차원에서 리스크를 식별 · 평가 · 대응하기 위해 필요하며 효과적인 리스크 관리를 위해 중요한 것은 의사소통 계획이다. 원활한 의사소통은 적절한 기업 환경을 만들고 리스크 관리 계획의 효과적 이행과 리스크 관리 요소들을 지원하기 위한 본질적 요소이다. 효과적 리스크 관련 의사소통은 조직 구성원에게 리스크 관리에 대한 인식제고와 기업의 투명성 및 신뢰도 제고에 기여한다.

4. 전사적 리스크 관리와 의사소통 계획

리스크 관리는 모든 회사의 이해 관계자에게 가치를 제공하기 위해 존재하는 것이기 때문에 회사의 이사회, 경영자 및 다른 모든 구성원들에 의해 만들어지며 회사 목표달성에 대한 합리적인 확신을 제공하기 위해 전사적 리스크 관리에 의한 접근방법이 필요하다. 전사적 리스크란 기업가치에 영향을 주는 금리 및 유동성 · 시장 · 신용 · 운영 · 법률 · 전략 · 평판 리스크 등 모든 리스크를 인식 · 평가 · 관리함에 있어 총체적으로 접근하는 방법을 지칭한다.

이에 대하여 일찍이 COSO(the Committee of Sponsoring Organization of Treadway Commission, 윤리경영, 기업지배구조, 리스크 관리 등을 연구하는 미국의 비정부기구)에서는 전사적 리스크 관리 구성요소의 하나인 '정보와 의사소통'을 통해 이의 중요성을 언급하고 있다.

1) 정보와 의사소통(Information and communication)

이는 기업의 내·외부에서 리스크 관리에 관련된 정보를 인지 · 획득 · 공유하는 과정을 의미한다. 리스크를 인지 · 평가 · 대응하기 위해서는 기업의 모든 수준에서 정보가 필요하며 방대한 정보를 해석하여 실행 가능한 대응 전략으로 발전시킬 수 있어야 한다. 리스크 관리 관련 정보의 효과적인 의사소통을 통해 이사회와 경영진을 중심으로 기업 전체가 리스크에 대한 경각심을 높이고 주요 리스크 관련 정보를 숙지하여 수립하는 대외적 리스크 관리의 의사소통 계획은 공시정보의 투명성 및 시장의 신뢰를 강화하며 이를 통해 기업가치 제고에 기여한다.

2) 정보시스템과 의사소통 계획

의사소통은 정보시스템 고유의 요소이다. 정보시스템은 내부에서 생성된 데이터와 외부에서 획득한 정보를 이용하는데 이러한 정보는 리스크 관리 및 목표달성과 관련된 의사결정을 뒷받침한다. 효과적인 의사소통은 조직의 상하좌우로 순환한다. 이를 통해 모든 조직 구성원은 최고경영자로부터 리스크 관리 책임을 진지하게 받아들여야 한다는 분명한 메시지를 전달받는다. 따라서 조직 구성원들은 개별적 활동이 타 구성원의 활동과 어떻게 연관되는지는 물론 리스크 관리에 있어서 자신의 역할이 무엇인지를 이해한다. 원활한 의사소통을 위해 정책편람, 메모랜덤, e-mail, 게시판, 웹, 비디오테이프를 통한 메시지 등의 형태를 적극 활용한다.

3) 리스크 요약 보고서의 사용

리스크 계기판(dash-board)과 같은 리스크 요약 보고서를 상시 사용한다. 리스크 관리의 중요한 전제 조건 중의 하나는 리스크 관리 부서가 시의 적절하게 리스크 관리위원회에 보고할 수 있어야 한다는 것이다. 하지만 이것이 실제로 충족되지 않는 경우가 많다. 현재의 리스크 관리방법은 다수의 층으로 쌓인 체제를 분석하기 위해 각각을 분해하는 개별적 접근법(silo approach)이다. 이것은 개별적인 리스크를 관리할 때에는 유용할 수 있으나, 어떤 부서도 전체적인 리스크 보고의 책임을 지지 않거나 모든 리스크 관련 부서가 비일관적이거나 때로는 상반되는 보고서를 제공하게 되는 문제가 있다. 따라서 리스크 관리부서는 전사적으로 최고경영진에 보고할 사항과 이사회에 보고할 사항의 수준과 내용에 대한 우선순위를 결정해야 한

그림 5-4 | 리스크 계기판 보고서

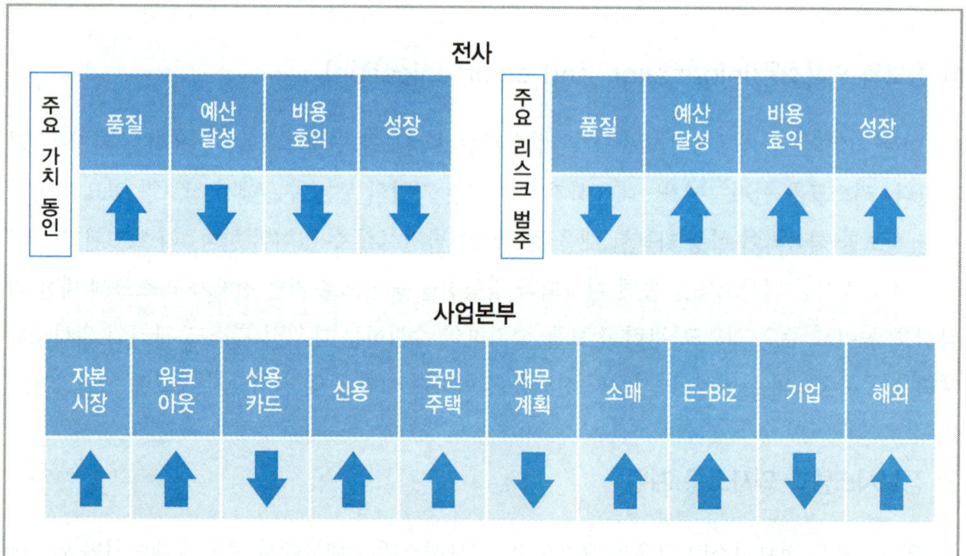

주 : 화살표 방향은 잠재적인 리스크로 예상되는 손실의 분기별 경향을 나타낸다. 아래 방향은 예상손실 경향의 감소를, 위 방향은 증가를 나타낸다.

출처 : 삼일회계법인 역, 「전사적리스크 관리-통합 프레임 웍」(2006), P.214 인용.

다. 이는 조직에 대한 간략한 정보를 시의성 있게 제공하는 리스크 대시보드 혹은 리스크 계기판 보고서의 형태를 가질 수 있다. 이는 통상 경영자 개요(executive summary)형태로 목표 대비 현재의 상황 등 경영상 주요 정보를 제공해 주는 목적의 경영 리스크 정보 보고로 활용하는 것이다. 계기판 보고서 예시는 앞의 [그림 5-4]와 같다.

5. 리스크 문화와 의사소통 계획

"한 기업의 리스크 문화는 한 조직 안에서 종업원의 리스크와 리스크 관리에 대한 일반적 인식 · 태도 · 행동을 포함한다."[4] 리스크 문화는 한 조직의 리스크 관리를 효과적으로 정착시키는 데 매우 중요한 역할을 하며 좋은 기업이 되기 위해서는 자발적인 의사소통을 통한 바람직한 리스크 문화를 갖추어야 한다. 리스크 문화를 제대로 갖추기 위해서는 리스크 영역별 상황을 고려한 체계적인 의사소통이 리스크 문화의 확산을 위해 필요하다. 경영자는 사규와 일상의 행동을 통해 리스크 문화를 강화시키고 변화시키도록 노력해야 한다. 모든 종업원에 의해 리스크를 사전에 차단할 수 있는 선제적 리스크 관리가 가능해야 한다. 또한 리스크와 관련하여 자발적인 책임과 행동의 자유가 무엇인지를 아는 강력한 리스크 문화가 형성되어 있는 기업에는 리스크 관리가 매우 효과적으로 이행될 수 있다.

1) 리스크 기반의 의사소통 수단 제공

의사소통 채널을 통해 사업부, 프로세스, 리스크 기능 단위를 서로 연결하여 리스크 기반의 정보를 의사소통할 수 있어야 하며 경영자는 의사소통의 수단(tool)들을 제공한다.

의사소통 툴(tool) 예시

① 리스크 기반의 이메일, 음성 메일 및 헬프 데스크(help desk)
② 상세 리스크 이슈를 위한 데이터베이스(DB)
③ CEO 편지
④ 리스크 관리를 바탕으로 개인이 쉽게 접근할 수 있는 정보 획득 인트라넷 사이트
⑤ 조직 · 부서 · 지역 기반의 웹 캐스트, 원격 전화회의
⑥ 리스크 관리 주요 사항을 강조한 포스터와 정기적인 뉴스 레터
⑦ 워크숍, 세미나, 토의 포럼

4) 이경룡 · 김재봉, 「전사적리스크 관리」(2013), p.175 인용.

2) 특정 상황 대비한 의사소통 경로의 구축

특정 상황, 즉 정상적으로 리스크 의사소통 채널이 작동되지 않을 경우를 대비한 몇 개의 분리된 의사소통 경로를 구축한다.

정규 리스크 의사소통 채널이 효과적이지 못하거나 부적절한 경우에 많은 조직들은 보완적인 직원 의사소통 채널을 구축할 수 있다. '내부 고발자 프로그램' 또는 '윤리적 핫라인'과 같은 채널이 자발적 · 법적으로 요구되는 것이다. 그것들은 불법적 · 비윤리적 행동에 대하여 비밀리에 토의하고 보고할 수 있게 하는 기능을 한다.

윤리적 핫라인에 대한 고려 사항

① 직원들이 채널을 사용할 때 편안함을 느낄 수 있는 보고 메커니즘인가?
② 개인들이 보복에 대한 걱정 없이 의사소통 채널을 신뢰할 수 있도록 하는 절차인가?
③ 시스템은 내부적으로 관리되는가 또는 외부기관에 의해 관리되고 있는가?
④ 적절한 후속 조치 방법은 무엇이며 목표 대응 시간은 얼마인가?
⑤ 시스템을 관리하기 위한 기술과 보완 자원은 충분한가?
⑥ 광범위한 타개책과 예방책을 조치하기 위한 적절한 메커니즘은 무엇인가?

3) 리스크 문화 관련 설문 실시

리스크 관리 개념이 기업문화에 어느 정도 구현되었는가를 파악하기 위해 리스크 문화와 관련된 설문을 실시한다.

기업은 원하는 시점 혹은 신뢰수준을 바탕으로 직원에 대한 주기적인 설문을 실시한다. 한 예로 전 직원을 대상으로 매년 혹은 분기별로 실시할 수도 있으며 특정 구성원을 대상으로 더 자주 실시할 수도 있다. 〈표 5-17〉은 리스크 문화에 관한 설문결과를 어떻게 해석하고 정리하는지를 보여준다. 다음의 설문결과를 통해 기업은 효과적인 리스크 문화환경을 조성하기 위해 어떤 속성의 장·단점을 보강해야 하는지 확인할 수 있다.

표 5-17 | 리스크 문화 관련 설문 예시

	설문	속성	평균등급		표준편차	합계	SD	D	N	A	SA
1	해당 부서장의 행위는 도덕적으로 본받을 만한 본보기이다.	리더십과 전략	1.42	매우 양호	0.71	186	1	3	9	77	96
2	나는 회사의 전체적인 미션 및 전략을 인지하고 있다.	리더십과 전략	1.05	양호	0.69	186	0	7	18	119	42
3	업무상 부정 행위자에 대한 징계가 이행되고 있다.	책임과 상벌체계	0.21	조치 필요	1.20	175	11	55	18	68	23
4	임직원의 이직이 회사의 목표달성 능력을 현저히 저하시키지는 않는다.	구성원과 의사소통	0.81	주의	0.88	145	4	3	39	69	30
5	해당 부서장은 리스크 및 부정적인 정보를 잘 수용하는 편이다.	리스크 관리와 제반사항	0.99	양호	0.85	183	2	13	16	106	46

주 : 1) 위 예에서 각 설문은 −2~+2 구간 내에서 다음의 척도법을 기준으로 조사되었다.
매우 부정(SD) = −2; 부정(D) = −1; 중립(N) = 0; 긍정(A) = +1; 매우 긍정(SA) = +2

2) 표시된 수치는 평균등급 결과이다. 추가로 설문응답자들의 응답결과가 일치하는 정도를 반영한 표준편차 수치가 표시되었다. 표준편차 수치가 낮을 경우 응답자의 응답결과가 대체로 일치하는 편이고, 수치가 높은 경우 일치하는 정도가 낮음을 의미한다.

출처 : 삼일회계법인 역, 「전사적리스크 관리–통합 프레임 웍」(2006), P.146 인용.

연습문제

객관식

1. 금융기관 경영원칙 중 안전성 지표와 관계가 없는 것은?

① 가용자본 ② 자본의 적정성
③ 기본 잉여 ④ 규제자본

2. 금융기관 경영원칙 중 리스크 관리와 직접적인 관련이 있는 것은?

① 유동성의 원칙 ② 안전성의 원칙
③ 건전성의 원칙 ④ 수익성 및 공공성의 원칙

3. 금융기관 리스크 관리의 목적과 관련이 먼 것은?

① 기업의 안전성 유지 및 제고
② 기업 경영의 합리화
③ 자기자본수익률(ROE)과 자산수익률(ROA)의 제고
④ 리스크 조정 자본수익률 제고

4. 조직 내 의사소통 계획수립과 관계가 먼 것은 ?

① 리스크 관리 철학 ② 전사적 리스크 관리
③ 리스크 기업문화 ④ 리스크 예산과 리스크 자본

5. 금융기관 경영원칙 중 수익성의 원칙과 관계가 적은 지표는?

① NPL(Non Performing Loan) Ratio ② ROA
③ ROE ④ NIM(Net Interest Margin)

6. 금융기관 경영실태 평가기준인 CAMELS에서 "M"이 포함된 평가기준은?

① 자산건전성 ② 리스크 관리
③ 시장 리스크 관리 ④ 수익성 관리

7. 미래의 금융기관 경영관리, 즉 수익성에 리스크를 감안한 경영관리와 관계가 먼 것은?

① ROA ② Economic Capital
③ EVA ④ RAROC

8. RAR(Risk Adjusted Return), 즉 리스크 조정이익의 산출구성요소가 아닌 것은?

① 예상손실(EL) ② 수익(Revenue)

③ 비용(Expense) ④ 경제적 자본(EC)

9. 리스크 관리 회의체 운영과 관련이 먼 회의체는?

① 리스크 관리위원회 ② 자산부채관리위원회

③ 감사위원회 ④ 실적관리위원회

10. 리스크 통합관리의 차원에서 금융기관의 리스크 부담수준을 계량적으로 관리하기 위한 수단으로 사용되는 것은 ?

① 리스크 자본 ② 회계자본

③ 듀레이션 갭 ④ 원가분석

주관식

11. 금융기관 경영원칙 중 건전성의 원칙에 대하여 설명하라.

12. 경영의 효율성 증대의 일환으로 은행이 중간퇴직/명예퇴직 등을 실시하는 이유를 금융기관 경영의 원칙 중 수익의 원칙에 의거하여 설명하라.

13. 금융기관은 경제경영환경 변화에 능동적으로 대처하기 위해 위기대응 능력이 반드시 필요하다. 지금까지의 기업의 경영관리 주요 지표로는 ROE, ROA, Efficiency Ratio 등 효율성 및 효과성 중심의 경영관리였는데, 이는 유연성 관리(변동성 관리)의 결여로 새로운 리스크 개념(RAR, EL, UL, Economic Capital, RAROC)의 도입 필요성에 따라 금융기관 경영에 이용되고 있다. 지금까지 전통적 경영관리기법의 주요 내용과 리스크를 감인한 미래의 경영관리기법의 변화내용을 각각 설명하라.

14. 금융기관의 경영원칙은 거의 변함이 없는데 경제금융환경이 변함에 따라, 즉 시대적 요청에 따라 금융기관 경영관리의 내용이 변함을 알 수 있다. 그래서 금융기관 경영은 경영자가 경영의 원칙 중 경제금융환경의 변화내용을 우선적으로 반영하여 전체적으로 바람직한 융합을 하는 것으로 표현할 수 있는데 금융기관 경영의 원칙을 간단히 설명하고 다음 예의 공식이 의미하는 바를 설명하라.

금융기관 경영: $Art(f)$ = 수익성 > 건전성 > 안전성 > 유동성 > 공공성

15. 경영목표 달성원리의 내용을 각각 설명하고, 특히 유연성관리가 불확실성시대의 기업 리스크 관리에서 왜 중요한지를 설명하라.

16. 경영의 효율성 증대의 일환으로 은행이 중간퇴직/명예퇴직/M&A 등을 실시하는 이유를 금융기관 경영원칙 중 수익의 원칙에 의거하여 설명하라.

17. 기업 내 리스크 관리를 정착시키기 위한 조직 내 의사소통계획의 수립 내용에 대하여 설명하라.

금 · 융 · 리 · 스 · 크 · 관 · 리 · 금 · 융 · 리 · 스 · 크 · 관 · 리

제 3 부

금융기관 리스크 관리 각론

6장

시장 리스크 관리[1)]

제1절 시장 리스크 측정 대상의 선정

1. 시장 리스크의 개요

국세결제은행(BIS: Banks of International Settlements)에서 정의하는 시장 리스크란 '대차대조표상의 자산과 부외자산의 주식가격, 금리, 환율, 상품가격의 불리한 움직임으로 발생하는 손실에 대한 위험' 이다. 이는 시장의 가격변동으로 인해 보유 중인 자산에서 발생할 수 있는 손실가능성(risk)을 의미한다. 은행은 시장 리스크 측정과 관리를 위한 대상 자산군을 '시장 리스크 측정 또는 관리 대상 포지션(이하 대상 포지션)' 으로 지칭하며 대상 포지션을 수집하고 분류하는 과정을 거치게 된다. 일반적으로 시장가격의 변동으로 인한 대상 포지션의 손실 리스크는 일반 시장 리스크와 개별 리스크로 구분한다. 은행의 리스크의 종류는 [그림 6-1]과 같다.

1) 이 장의 일부 내용은 교육부 한국직업능력개발원 NCS(국가직무능력표준)의 김재인 외, 「리스크관리」(2015) 리스크측정 학습모듈을 참조함.

그림 6-1 | 은행 리스크의 종류

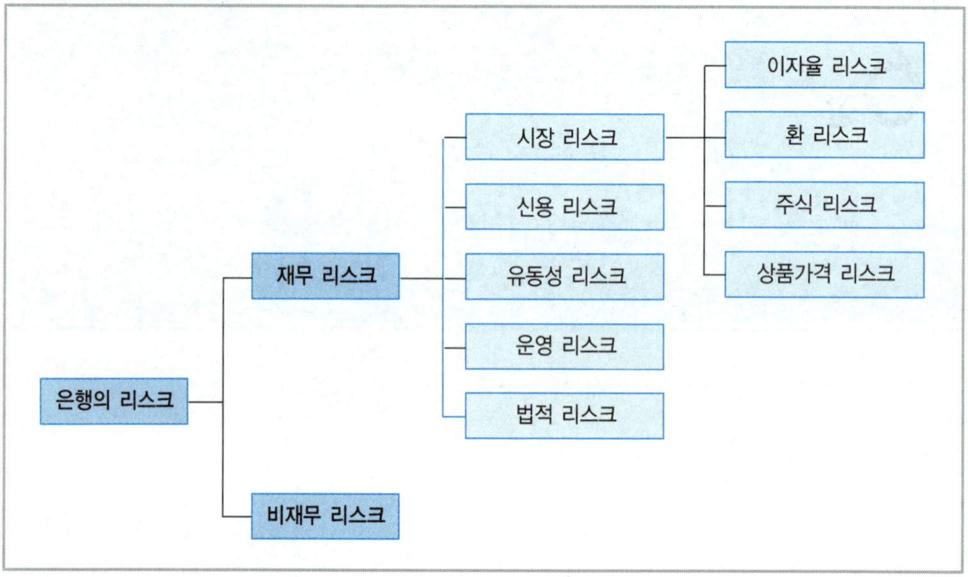

주 : 재무 리스크에 유동성 리스크 대신 ALM 리스크를, 비재무 리스크에 운영 리스크, 법적 리스크, 평판 및 전략 리스크를 포함시켜 분류하기도 한다.

1) 일반 시장 리스크

일반 시장 리스크란 금리, 주가, 환율 등 시장 전체에 영향을 미치는 사건과 연관되어 발생하는 가격변동성으로부터의 손실발생 리스크를 말한다.

2) 개별 리스크

개별 리스크란 채권 및 주식 등 유가증권 발행자의 개별적인 사건과 연관되어 발생하는 가격변동성으로부터의 손실발생 리스크를 말한다.

2. 시장 리스크 측정 대상 포지션 분류 및 선정

은행의 유가증권, 파생금융상품 등 투자수단에 대한 포지션은 트레이딩 포지션(trading position)과 비트레이딩 포지션(banking position)으로 구분하여 관리한다. 시장 리스크 측정은 트레이딩 포지션을 대상으로 하며, 비트레이딩 포지션은 전통적인 자산부채관리(ALM)의 대상이다. 트레이딩 포지션과 비트레이딩 포지션은 다음과 같이 구분한다.

1) 트레이딩 포지션

금융회사의 트레이딩 포지션(trading position)은 트레이딩 의도를 가지고 보유하거나 다른 트레이딩 포지션을 헤지하기 위하여 보유하는 포지션으로 다음의 각 항목에 해당하는 거래들을 포함한다.

① 단기매매 또는 주가, 금리, 환율, 일반상품 등의 가격변동에 따른 단기매매 차익 획득을 목적으로 보유하는 금융상품
② 트레이딩 포지션의 리스크를 헤지하려는 목적으로 보유하는 금융상품
③ 무위험 차익 획득을 위한 거래
④ 인수 · 중개 및 시장 조성(market making) 목적으로 발생한 거래
⑤ 한국 채택 국제회계기준서 제1039호(금융상품 인식과 측정)에 따라 단기매매 항목으로 분류되는 파생상품
⑥ 기타 트레이딩 포지션과 유사하게 운용되는 포지션으로서 트레이딩 포지션의 기본요건을 충족하는 금융상품

「은행업 감독업무 시행세칙」〈별표 3-2〉 '시장 리스크 기준 자기자본산출 기준' 적용 대상으로 규정된 모든 포지션을 트레이딩 포지션으로 분류한다.

2) 비트레이딩 포지션

비트레이딩 포지션(banking book)은 은행의 자산 · 부채 중 트레이딩 포지션에 포함되지 않는 모는 포지션을 말한다. 트레이딩 포지션은 관련 규정에서 정한 방법에 따라 매일 시가평가(MTM: marking to market)하고 관리하여야 한다.

3. 시장 리스크 관련 법령 및 제도

시장 리스크 측정 대상을 선정할 경우 외부적으로 현행 법령과 내부적으로 금융기관의 규정을 참고하여 위반 여부를 고려하여야 한다. 관련 규정과 제도는 크게 두 가지로 분류할 수 있는데 첫 번째는 시장 리스크 측정 대상과 방법에 대한 것이고, 두 번째는 금융자산 · 부채의 시가평가 적용 대상과 평가방법에 대한 것이다.

① 시장 리스크 측정 대상과 방법 등에 관한 규정은 「은행업 감독업무 시행세칙」 등을 참고한다.
(i) 〈별표 3-2〉 신용 · 운영 · 시장 리스크 위험가중자산에 대한 자기자본비율 산출 기

준

(ii) 〈별표 4〉 회계처리 기준

(iii) 〈별표 5〉 파생상품 거래 회계처리 기준

(iv) 〈별표 15-2〉 외환파생상품 거래 리스크 관리 기준

(v) 외국환 거래 업무 취급 세칙

② 시가평가란 트레이딩 포지션에 해당하는 금융자산 · 부채의 공정가치(fair value)를 인식하는 방법으로 시장에서 관찰 가능한 가격(market price) 또는 그에 유사한 가치(value)를 결정하는 것을 의미한다. 시가평가 적용 대상과 평가방법 등에 관한 규정은 다음의 각 항목을 참고한다.

(i) 한국 채택 국제회계기준서 제1039호(금융상품 인식과 측정)

(ii) 〈별표 4〉 회계처리 기준

(iii) 〈별표 5〉 파생상품 거래 회계처리 기준

4. 재무제표 및 거래목록 등을 이용한 시장 리스크 산출 대상 포지션을 선정

시장 리스크 산출 대상 포지션 분류

(1) 금리 리스크 산출 대상

시장 리스크 중 금리 리스크는 금리변화에 따라 대상 자산의 가치 또는 현금흐름의 현재가치가 하락함으로써 발생할 수 있는 리스크를 말하며, 산출 대상 포지션은 트레이딩 포지션 중 다음에 해당하는 것에 한한다.

① 고정 또는 변동 금리부 채권, 유통 양도성예금증서(CD), 기업어음(CP) 및 채권과 유사한 가격변동을 나타내는 전환사채 · 우선주 · 보통주로 전환권이 없는 우선주 등

② 금리변화에 따라 가치 및 현금흐름이 변하는 금리 관련 파생상품의 매입 · 매도 포지션 (금리선물, 금리선도, 이자율 및 통화 스왑, 통화선도, 금리옵션, 선도금리옵션, 스왑션 등)

③ 단기매매 수익증권의 편입자산 중 위 ①과 ②에 해당하는 상품

④ 기초자산이 위의 ①, ② 또는 ③에 해당하는 파생상품 포지션

금리 리스크 관리 대상 거래유형은 국내 및 해외 채권으로 발행 주체별로 국채, 회사채, 지방채, 특수채, 금융채 및 CD와 CP 등으로 구분할 수 있고, 이자계산방식에 따라 할인채, 복리채, 단리채, 변동금리부 채권(FRN: floating rate note), 이표채 등으로 나눌 수 있다. 일반적으로 채권의 미래 현금흐름은 현재 시점에서 특정한 수치로 고정되는 것이 일반적이므로 채권

표 6-1 | 금리 리스크 측정 대상 포지션 예시

거래 유형		예시
국공채	국채	국고채권, 양곡채권, 재정증권, 국민주택채권, 외국환평형기금채권, 기타 정부발행채권
	지방채	상수도 공채, 지하철 공채, 도로 공채, 지역개발채권, 기타 지방자치단체 발행채권
	특수채	토지개발채권, 전력공사채권, 중소기업진흥채권, 인천국제공항공사채권, 도시개발채권, 기타 특수채권
	금융채	통화안정채권, 산업금융채권, 중소기업금융채권, 주택은행채권, 기타 금융기관 발행채권
회사채		보증사채, 담보부사채, 무보증사채
주식 관련 사채		교환사채, 신주인수권부사채, 전환사채
CD		양도성예금증서
CP		기업어음
외화채권	해외채권	국내 금융기관, 기업 및 외국정부, 국제기구, 외국금융기관 등이 발행한 국공채, 사채 중 외화로 표시된 증권
	역외채권	역외금융시장에서 조달한 자금으로 비거주자가 발행한 외화표시채권
파생상품	장내파생상품	금리선물, 금리선물옵션, 금리스왑선물 등
	장외파생상품	금리선도(FRA), 금리스왑, 통화스왑, 금리옵션, 선도금리옵션, 스왑션 등

의 기치변회에 영향을 미치는 것은 할인에 사용되는 이자율의 변화이다. 기본적으로 채권의 리스크 요소는 각 채권의 신용등급에 해당하는 이자율곡선으로 설정한다.

(2) 주식 리스크 산출 대상

주식 리스크는 주가 변화에 따라 대상 자산의 가치 또는 현금흐름의 현재가치가 하락함으로써 발생할 수 있는 리스크를 말하며, 산출대상 포지션은 트레이딩 포지션 중 다음 각 항목에 해당하는 것에 한한다.

① 트레이딩 목적으로 보유한 주식, 주식예탁증서, 주식과 유사한 가격변동을 나타내는 전환사채, 보통주로 전환권이 있는 우선주 등

② 주가 변화에 따라 가치 및 현금흐름이 변하는 주식 관련 파생상품의 매입·매도 포지션

③ 단기매매 수익증권의 편입 자산 중 위 ①과 ②에 해당하는 상품

표 6-2 | 주식 리스크 측정 대상 예시

거래 유형		예시
국내주식	KOSPI 주식	한국증권거래소에 상장되어 증권거래법의 규정에 의하여 증권거래소가 시세를 공시하는 유가증권
	KOSDAQ 주식	협회중개시장(KOSDAQ)에 상장되어 증권거래법의 규정에 의하여 증권회사가 시세를 공시하는 유가증권
	뮤추얼펀드	국내 뮤추얼펀드로 증권거래소 또는 협회중개시장에 상장된 종목
해외주식		해당 국가에서 인정된 거래소에서 거래되는 주식

(3) 외환 리스크 산출 대상

시장 리스크 중 외환 리스크는 환율 변화에 따라 대상 자산의 가치 또는 현금흐름의 현재가치가 하락함으로써 발생할 수 있는 리스크를 말하며, 산출 대상 포지션은 은행이 보유한 통화별 외환포지션으로 한다. 이 경우 통화별 외환포지션은 다음 항목으로 하며, 감독원장의 승인을 받은 구조적 포지션은 외환포지션에서 제외할 수 있다.

① 「외국환 거래업무 취급세칙」 제2-1조에 규정된 각 외국통화별 종합 포지션
② 대지급이 확실시되고 회수 불가능한 외화 지급보증
③ 이미 완전히 헤지되어 있으나 현재까지 발생하지 아니한 미래의 순수입 또는 지불액(은행의 선택에 따라 이를 외환 리스크 측정 대상으로 하거나 제외할 수 있다.)
④ 통화옵션 거래는 델타포지션으로 환산한 금액

외환 리스크 관리 대상 거래유형은 현물환과 해외주식, 외화채권, 장내/장외 파생상품과 같은 시장성 유가증권을 포함한다. 외국환의 경우 해당 통화로 계속 보유할 경우에는 시장 리스크가 발생하지 않지만, 다른 통화 또는 원화로 교환할 경우에 시장 리스크가 발생한다.

표 6-3 | 외환 리스크 측정 대상 예시

거래 유형	예시
통화별 현물환	미 달러, 유로화, 파운드화, 엔화, 위안화 등
해외주식	
외화채권	달러표시채권, 엔화표시채권 등
장내파생상품	통화선물
장외파생상품	선물환, 외환스왑

(4) 상품 리스크 산출 대상

시장 리스크 중 상품 리스크는 원유, 귀금속, 원자재, 곡물, 축산물 등 상품가격 변화에 따라 대상 자산의 가치 또는 현금흐름의 현재가치가 하락함으로써 발생할 수 있는 리스크를 말하며, 산출 대상 포지션은 은행이 보유하고 있는 포지션 중 다음 각 항목에 해당하는 것으로 한다.

① 농산물 · 축산물 · 수산물 · 임산물 · 광산물 · 에너지 등에 속하는 일반상품 관련 금융상품의 매입 · 매도 포지션

② 기초자산이 위 ①에서 정의한 일반상품 또는 일반상품 관련 금융상품에 해당하는 파생상품 포지션

표 6-4 | 상품 리스크 측정대상 예시

거래 유형	예시
주식 관련	주가지수 선물 등
통화 관련	원달러, 원엔, 원유로 통화선물 등
채권 관련	3/5/10년 국채선물, 통안증권 국채선물 등
금리 관련	유로달러 선물 등
원자재 관련	원유, 귀금속, 원자재, 곡물, 축산물 등

(5) 옵션 리스크 산출 대상

시장 리스크 중 옵션 리스크는 옵션의 가치를 결정하는 주요 변수들의 변화로 인해 옵션의 가치가 하락할 수 있는 리스크를 말하며, 산출 대상 포지션은 은행이 보유하고 있는 포지션 중 상품 및 금융 관련 옵션상품 매입 · 매도 포지션으로 한다.

표 6-5 | 옵션 리스크 측정 대상 예시

거래 유형	예시
주식 관련	개별 주식옵션, 주가지수옵션
금리 관련	금리옵션, 스왑션 등
통화 관련	통화옵션

5. 시장 리스크 포지션 관리 및 보고

트레이딩 포지션 분류 기준에 대하여 내부 지침에서 명확하게 관리하고, 트레이딩 포지션

은 별도의 트레이딩 부서에서 관리되어야 한다. 대상 포지션은 문서화된 트레이딩 전략에 따라 운영되고 포지션의 한도 관리를 수행하여야 한다. 이때, 트레이딩 포지션의 기본요건은 다음의 각 항목의 기본요건을 충족하여야 한다.

은행은 트레이딩 포지션 분류 기준에 대하여 대상 포지션은 매매에 대한 제약이 없으며, 일별 공정가액 평가가 되고 내재된 중요 리스크를 시장에서 헤지할 수 있어야 한다. 대상 포지션은 리스크 관리를 위하여 주기적으로 경영진에게 보고되어야 한다.

제2절 시장 리스크 측정방법의 결정

1. 전통적 측정방법

1) 전통적인 측정방법의 개념 및 종류

전통적으로 은행이 보유하는 금융상품 유형을 주식과 채권 형태로 구분할 수 있다. 주식유형의 시장 리스크를 측정할 때에는 '베타'를, 채권유형의 시장 리스크를 측정할 때에는 '듀레이션'과 '컨벡시티'를 오랫동안 사용해 왔다. 즉, 주식 리스크 측정을 위한 전통적인 방법에는 베타, 금리 리스크 측정을 위한 전통적인 방법에는 맥콜레이 듀레이션과 수정듀레이션 그리고 컨벡시티(Convexity)가 있다. 듀레이션 분석은 시간(timing)과 현금흐름의 시장가치(market value)를 반영하고 있다는 점에서 금리 리스크 관리에 매우 유용한 기법이다. 이들 방

그림 6-2 | 전통적 리스크 측정치의 종류

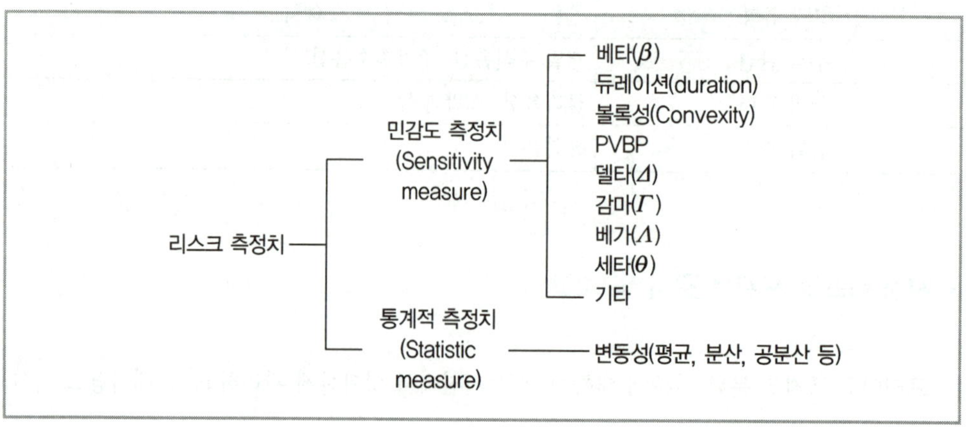

법은 금융기법이 발달하는 과정에서 그 중요성이 더 부각되었다. 전통적 리스크 측정치(Conventional Risk Measure)의 종류를 보면, 베타(β)는 주로 주식의 리스크를 측정하는 변수이다. 듀레이션과 컨벡시티는 리스크를 측정하는 1차와 2차 변수이다.

이외에도 채권의 리스크 측정치로 1 베이시스 포인트(basis point)의 변화가 채권가치에 미치는 영향을 측정하는 PVBP(Price Value of Basis Point) 혹은 PV01이 있다. 그리고 델타, 감마, 베가, 세타와 로우 등은 옵션의 리스크를 측정하는 모수(parameter)이다. 전통적 리스크 측정치의 종류는 [그림 6-2]와 같다.

2) 주식 리스크 측정을 위한 전통적인 방법

주식 리스크는 주가 변화에 따라 주식가치가 하락함으로 인해 발생할 수 있는 리스크를 의미하며, 시장 변화에 따른 개별 주식가치 변화의 민감도(주식 베타)를 가지고 측정하는 일반 주식 리스크와 민감도를 반영하지 못하는 개별 주식 리스크로 구분할 수 있다. 기대수익률 및 위험의 계량화와 수익률 간의 상관관계를 고려한 분산투자 효과는 마코위츠(Markowitz)가 제시한 평균-분산 포트폴리오 이론에서 비롯되었다. 포트폴리오가 n개의 주식으로 구성되었을 때 그 포트폴리오의 분산은 n개의 개별 주식의 분산과 $n(n-1)$개의 개별 주식 간의 공분산으로 형성되어 다음과 같이 포트폴리오 리스크를 표현할 수 있다.

$$V(R_P) = \sum_{i=1}^{n}\left(\frac{1}{n}\right)^2 \sigma_i^2 + \sum_{i=1}^{n}\sum_{j=1}^{n}\left(\frac{1}{n}\right)\left(\frac{1}{n}\right)\sigma^{ij} = \frac{1}{n}\sum_{i=1}^{n}\left(\frac{\sigma_i^2}{n}\right) + \frac{n-1}{n}\sum_{i=1}^{n}\sum_{j=1}^{n}\frac{\sigma_{ij}}{n(n-1)} \quad (i \neq j)$$

N개 주식의 경우 계산해야 하는 공분산(covariance)의 수는 $\frac{n(n-1)}{2}$개에 이르기 때문이다. 샤프(William F. Sharpe)는 공분산의 추정을 단순화한 시장모형을 다음과 같이 제시하였다.

$$R_i = \alpha_i + \beta_i R_m + e_i$$

R_i : 주식 i의 수익률
R_m: 시장포트폴리오의 수익률
α_i : 회귀상수
β_i : 베타계수(회귀계수)
e_i : 오차항

예를 들면 $R_i = 0.5 + 0.4R_m$이라면 시장모형의 절편 α_i는 0.5이고 기울기 β_i는 0.4이다. β_i가 0.4라는 것은 시장수익률이 1% 변동할 때 i주식 수익률은 체계적으로 0.4% 변동함을 의미한다.

여기서 주식 i의 수익률 R_i는 시장포트폴리오 수익률 R_m과 잔차항 e_i에 의하여 결정된다. 수익률이 위 식에 의하여 생성된다고 가정하면 분산 σ_i^2은 다음과 같이 추정한다.

$$\sigma_i^2 = E[R_i - E(R_i - E(R_i)]^2 = \beta_i^2 \sigma_m^2 + \sigma_{ei}^2$$

위 식에서 첫 번째 항은 시장 리스크(체계적 위험)이고 두 번째 항은 특수 및 개별 리스크(비체계적 위험)로, 만일 특수 리스크가 서로 상쇄되어 완전히 제거되었다고 가정하면 개별 주식의 분산 $\beta_i^2 \sigma_m^2$이 추정된다.

베타의 의미

i주식의 베타(β)는 시장지수의 변화율에 대한 i주식의 수익률 변화율로 정의된다. 베타는 어떤 주식이 시장포트폴리오의 영향을 받는 민감도를 측정한다. 즉, A주식의 주가와 코스피(KOSPI) 지수의 회귀분석을 통해 산출한 회귀계수가 베타이다. 베타는 i주식의 수익률 R_i를 시장지수 수익률 R_m에 대하여 회귀분석하여 얻은 회귀선, 즉 증권특성선(security characteristic line)의 기울기를 의미한다.

개별 주식의 리스크는 그 주식 자체의 표준편차가 아니라 그 주식이 시장포트폴리오의 리스크에 어느 정도 영향을 미치는지의 정도로 측정되어야 하며, 개별 주식의 적절한 리스크의 척도는 체계적 리스크의 척도인 베타계수(β)이다. 이는 그 주식수익률과 시장수익률의 리스크 간의 공분산(σ_{im})으로 베타(β)는 $\frac{\sigma_{im}}{\sigma_m^2} = \frac{Cov(r_i, r_m)}{\sigma_m^2} = \frac{\rho_{im} \cdot \sigma_i \cdot \sigma_m}{\sigma_m^2}$로 표현할 수 있으며 다음과 같이 주식의 기대수익률을 정리할 수 있다.

$$E(R_i) = r_f + \beta_i [E(R_m) - r_f]$$

이는 증권시장선으로 자본자산가격결정모형(CAPM: Capital Asset Pricing Model)의 핵심으로 개별 주식의 기대수익률이 그 개별 주식의 체계적 리스크를 반영하는 리스크 프리미엄에 무위험자산수익률을 더하여 결정된다.

3) 금리 리스크 측정을 위한 전통적인 방법

금리 리스크를 측정하는 방법은 금리 갭 분석과 듀레이션 갭 분석으로 자산가치와 부채가치, 즉 자기자본의 시장가치(market value of equity)를 관리할 목적으로 고안된 것이다. 금리 리스크 측정은 자산과 부채의 가치 변화를 파악하는 것뿐만 아니라 금리 변화에 따른 자산가치의 변화 정도, 즉 민감도를 측정하는 방법이다.

채권의 금리 리스크를 측정하는 전통적인 리스크 측정치는 DV01(Dollar Value 01) 혹은 PVBP(Price Value of a Basis Point)와 수정듀레이션(modified duration)이다. DV01은 $-\frac{\Delta p / \Delta r}{10,000}$이고, 수정듀레이션은 $-\frac{\Delta p / \Delta r}{p}$로 채권의 가격 리스크를 측정하는 훌륭한 지표이다.

2. 전통적인 리스크 측정치의 문제점과 VaR의 필요성

전통적인 리스크 측정치로 리스크를 측정하는 경우, 리스크를 합산할 수 없다는 문제점 외에 리스크 조정실적(risk-adjusted performance)을 일관성 있게 계산하기가 어렵고, 또한 효과적으로 포지션 한도(position limit)를 적용하기 곤란하다는 추가적인 단점을 갖는다.

통계적 리스크 측정치로는 변동성과 VaR이 있다. 변동성은 분포의 표준편차를 말하며, 이는 평균을 중심으로 분포가 어느 정도 퍼져 있는가 하는 산포도(dispersion)를 측정한다. 변동성이 산포도를 측정하므로 위험을 측정하는 변수로 이용할 수 있으며 현대 포트폴리오의 이론은 표준편차를 기초로 정립되어 있다. 그런데 표준편차보다 VaR을 선호하는 이유는 무엇인가?

첫째, 표준편차가 위험의 척도가 되려면 정규분포를 가정해야 한다. 그러나 VaR은 정규분포에 대한 가정을 반드시 필요로 하지는 않는다. 물론 정규분포를 가정하면 VaR을 보다 쉽게 계산할 수 있다. 둘째, 정규분포하에서의 변동성은 기초변수의 불리한 움직임으로 발생하는 하향손실(downside risk)과 유리한 움직임으로 발생하는 상향이익(upside profit)을 모두 고려하며 하향손실과 상향이익이 발생할 확률이 동일하다. 그러나 옵션과 같은 비선형 자산의 경우 이런 대칭관계는 성립하지 않는다. 반면에 낮은 확률로 발생 가능한 손실을 의미하는 VaR은 분포의 하향손실로부터 계산되므로 변동성보다 직관적인 리스크 측정치가 된다.

VaR은 직관적인 설명이 가능할 뿐만 아니라 수익률이 정규분포를 따르는 경우 표준편차와 동일한 정보를 제공하게 되므로 현대 포트폴리오이론과도 일관성을 갖게 된다. 이러한 두 가지 이유로 우리는 표준편차보다 VaR을 선호하게 된다.

전통적 측정방법의 문제점과 VaR의 필요성의 내용은 〈참고 6-1〉과 같다.

참고 6-1 전통적 측정방법(Sensitivity Measure)의 문제점과 VaR의 필요성

1. 민감도 측정은 포트폴리오 차원에서 발생하는 리스크를 측정할 수 없다.
   (Sensitivity measure can not be integrated)
2. 변동성의 경우 하향손실(downside risk)과 상향이익(upside profit) 모두 고려하나, 하향손실만을 구분하여 관리할 필요가 있다.
   (Risk as necessary capital only focused on downside risk: Value at Risk)
3. 감독당국은 리스크 자본을 계산하여 보고할 것을 요구한다.
   (The regulatory(BIS, FSS, SEC, etc) requires to calculate the risk capital)
   ⇒ 리스크의 산업표준, 통합된 리스크 측정치, 하나의 리스크 숫자의 표현의 필요성 제기
   (Necessity of 'Just one number' 'Integrated Risk Measure' 'Industry Standard of Risk Management')

3. Value at Risk(VaR)

1) Value at Risk(VaR)의 개요

(1) VaR의 정의

Value at Risk(VaR)는 정상적인 시장(normal market) 상황에서 주어진 신뢰수준(confidence level)으로 목표기간(target period) 혹은 측정보유기간(holding period) 동안에 발생할 수 있는 최대 손실금액(maximum loss)으로 정의한다. 이 정의에서 알 수 있듯이 VaR은 통계적인 리스크 측정치로서 Value at Risk 산출 구성요소는 〈참고 6-2〉와 같다.

참고 6-2 Value at Risk 산출 구성요소

① 정상적인 시장(Normal Market)
② 시장가치(Market Value or position))
③ 가격변화(Volatility: σ)
④ 신뢰수준(Confidence Level: $Z\alpha$)
⑤ 측정보유기간(holding period, target period, Time horizon: $\sqrt{t}$)

(2) VaR의 등장배경

모건(J.P. Morgan)사의 전 회장인 데니스 웨더스톤(Dennis Weatherstone)은 금융기관의 노출된 리스크를 하나의 수치로 요약해서 보고하도록 지시하여 모든 리스크의 수치가 VaR로 종합된 4:15 보고서로 회의를 하게 되었는데, 이것이 성공적인 리스크 관리수단의 시초가 된 VaR 보고서이다. 이 4:15 report는 매일 거래가 종료된 후 오후 4시 15분까지 최고경영자에게 전달되는 보고서이다. 이 보고서는 모건사가 24시간 안에 발생할 수 있는 최대 손실금액의 추정치로서 리스크 관리 시스템인 리스크메트릭스(Risk Metrics)가 VaR 시스템의 시초가 되었으며, 주로 시장 리스크를 관리하는 시스템으로서 후일 신용 리스크를 관리하는 시스템인 크레딧메트릭스(CreditMetrics) 개발 등으로 발전할 수 있게 되었다.

리스크 관리에의 VaR의 사용은 J.P. Morgan을 비롯한 미국의 대형 금융기관들이며, 감독당국에서도 VaR에 근거한 자본적정성기준(Capital Adequacy Requirement)을 마련하여 시행하고 있다. Moodys, S&P 등 신용평가기관, 미국재무회계기준위원회(The Financial Accounting Standards Boards), 미국증권관리위원회(The Securities and Exchange Commission) 등 유수한 금융 관련 기관들이 VaR의 사용을 권고, 지지하고 있어 VaR은 이미 전 세계적인 리스크 측정 표준안으로 자리 잡고 있다.

(3) VaR의 활용

첫째, 정보보고 기능(information reporting tool)을 담당한다. VaR은 주주를 포함한 관련 당사자들에게 기업의 재무 리스크 정보를 보고하는 유용한 도구이다.

둘째, 자원배분 기능(resource allocation tool)을 담당한다. VaR로 측정된 위험도를 검토하여 각 부서 및 거래담당자(trader)의 포지션 한도를 정함으로써 리스크와 수익을 동시에 고려한 자원배분 효과를 달성할 수 있다.

셋째, 성과평가 기능(performance evaluation tool)을 담당한다. 부서의 성과를 평가할 때 VaR은 다양한 시장과 상품에 대해 뱅커스 트러스트가 개발한 '리스크 조정 자본수익률(RAROC)' 로서 평가하는 것이 공통의 리스크 지표가 됨으로써 거래자가 감수한 리스크와 비교하여 성과측정을 공정하게 할 수 있다. 또한 감독기관 입장에서도 금융기관별로 노출된 복잡한 리스크를 통합하여 '하나의 숫자(just one number)' 로써 리스크를 측정해 줌으로써 국제결제은행(BIS), 미국연방은행(FRB) 등에서 리스크 측정방법으로 널리 채택하고 있다.

넷째, VaR의 개념을 제조기업에 적용시킨 CFaR(Cash Flow at Risk)는 투자재원의 치명적인 부족가능성을 분석하는 데 사용되고, 당기순이익에 적용시킨 EPSaR(Earning Performance Share at Risk)의 방법으로는 당기순이익의 변동성을 관리하고 있다.

2) 절대손실 VaR과 평균기준 VaR

평균 VaR과 제로 VaR의 개념은 손실의 기준에 따른 구분이다. 즉, 평균 VaR은 평균으로부터의 최대 손실가능금액을, 제로 VaR은 평균 VaR에서 평균이 0인 개념으로 절대적인 최대 손실가능금액을 나타낸다. 그러나 궁극적으로 이 두 가지 개념이 제시하는 VaR, 즉 최대 손실가능금액은 절대적인 개념으로 해석했을 때 동일하다.

VaR을 유도하기에 앞서, 다음과 같이 기호를 정의하자.

r : 수익률
r^* : 최소수익률
μ : 평균수익률
W : 포트폴리오의 가치
W^* : 포트폴리오의 최소가치
W_0 : 초기 투자금액
$E(W)$: 포트폴리오의 평균가치

여기서 W_0를 제외한 모든 기호들은 미래에 대한 기대치이다. 왜냐하면 VaR은 '일정기간

후' 에 발생할 수 있는 최대 손실가능금액을 말하기 때문이다. 일정기간이란 VaR의 목표기간(target horizon)이라고 한다. 이는 계산된 VaR이 며칠 후에 해당하는 최대 손실가능금액의 추정치인지를 알려준다. 목표기간의 설정은 사용자가 임의로 정할 수 있으나 보다 합리적인 목표기간을 설정하려면 익스포저(exposure)의 형태(type)에 따라 조정하는 것이 올바르다고 할 수 있다. 또한 W는 확률변수이며, W^*는 W가 취할 수 있는 여러 가지 값 중에서 하나의 실현치(여기서는 최소값)를 나타내는 것이다.

우선, 포트폴리오의 가치 $W = W_0(1+r)$이다. 같은 논리로 포트폴리오의 최소가치 $W^* = W_0(1+r^*)$라고 할 수 있다. 이 경우, 손실은 평균으로부터 음(-)의 방향으로 이탈한 정도를 의미하므로, VaR의 값은 다음과 같이 구할 수 있다.

$$\begin{aligned} VaR_{\text{mean}} &= E(W) - W^* \\ &= W_0(1+\mu) - W_0(1+r^*) \\ &= -W_0(r^* - \mu) \end{aligned}$$

위 식은 포트폴리오의 가치가 평균을 중심으로 얼마나 음(-)의 방향으로 가 있는지를 나타내는 개념으로서, 평균 VaR(mean VaR)이라고 부른다. 이는 평균을 기준으로 상대적인 손실의 규모를 측정하기 때문에 상대적 VaR(relative VaR)이라고도 부른다. 반면, 0을 중심으로 절대적인 손실의 규모를 측정할 수도 있는데, 이는 평균을 0으로 둠으로써 가능해진다. 즉, 위 식에 $\mu = 0$을 대입하면 다음과 같다.

$$VaR_{\text{zero}} = -W_0 \cdot r^*$$

위 식은 제로 VaR(zero VaR) 또는 절대적 VaR(absolute VaR)이라고 부른다.

상대적 VaR과 절대적 VaR을 구할 때, W의 분포에 대한 가정은 전혀 없었다. 왜냐하면, 이러한 방법은 W의 실제분포를 이용하는 방법이기 때문이다. 이러한 방법으로 VaR을 구하는 것은 일반적 방법(general method)이라고 한다.

가령, i라는 주식 100을 투자했을 때, 목표기간 후 VaR을 구해 보자. 이때 주식의 평균수익률(μ)이 10%이고, 예상되는 최저수익률(r^*)은 −50%라고 한다면, 평균 VaR과 제로 VaR은 각각 다음과 같이 계산된다.

$$VaR_{\text{mean}} = -100 \times (-0.50 - 0.10) = 60$$
$$VaR_{\text{zero}} = -100 \times -0.5 = 50$$

평균이 0이 아닌 이상 평균 VaR과 제로 VaR의 값은 같을 수 없다. 다시 말해, 이 둘의 차이는 항상 평균수익($W_0 \cdot \mu$)만큼이다. 평균 VaR이 60이라는 말은 목표기간 후에 발생할 수 있는 최대 손실가능금액이 평균(10)을 기준으로 60만큼 차감된 금액이라는 뜻이다. 반면, 절대적 손실액을 의미하는 제로 VaR은 50이 된다. 즉, 이 둘은 손실의 기준을 어디로 보느냐에 따른 VaR의 구분이다. 그러나 [그림 6-3]에서 알 수 있듯이, W의 실제분포가 주어졌을 때 VaR이 제시하는 지점(point)의 값은 차이가 없음을 알 수 있다.

그림 6-3 | 평균 VaR과 제로 VaR의 차이

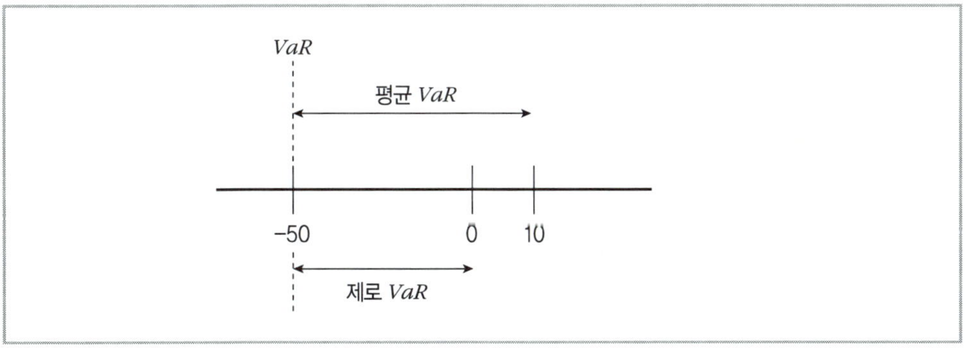

3) 모수적 방법

(1) 정규분포 가정하의 모수적 VaR

모수적 방법(parametric approach)은 정규분포를 이용하여 VaR을 추정하는 방법이다.

앞에서와 동일하게 포트폴리오의 최소가치 $W^* = W_0(1+r^*)$라고 하면, 최소수익률 r^*는 다음과 같은 과정(표준화)을 통해 표준정규변수(standard normal variable)로 전환될 수 있다.

$$-\alpha = \frac{r^* - \mu}{\sigma} \qquad (\alpha > 0)$$

여기서 α는 정규분포의 신뢰수준을 나타내는 조정계수(예: 99% 신뢰수준에서 2.33)이고, σ는 실제분포의 퍼짐 정도(dispersion)를 나타내는 표준편차이다.

α는 신뢰수준으로서, r^*가 $(-\alpha, \infty)$의 구간에서 실현될 확률을 의미한다. α에 음(-)의 부호가 붙은 이유는, 최소수익률이 일반적으로 평균수익률(=0)보다 낮기 때문이다.

이를 $(r^* - \mu)$에 대해 정리하여, 앞에서 유도한 평균 VaR의 공식에 대입하면 다음과 같다.

$$VaR_{mean} = W_0 \cdot \alpha \cdot \sigma$$

표준정규분포로 전환되기 전의 실제분포(히스토그램)가 1년 동안의 가격(또는 수익률) 자료를 바탕으로 구해진 것이라면, 위 식에서의 모수 σ(표준편차) 역시 1년에 해당하는 변동성을 의미하게 된다. 정규분포를 가정할 때에는 $\sqrt{T}$ − rule(T square rule)에 의해 변동성을 조정인자 $\sqrt{\Delta T}$로 얼마든지 확장하여 사용할 수 있다. 다시 말해 위 식은 목표기간인 1년 후의 VaR만을 계산할 수 있지만, $\sqrt{T}$−rule에 의하면 변동성의 조정을 통해 다양한 목표기간의 VaR을 구할 수 있다. 즉, 일반화된 VaR의 공식은 다음과 같다.

$$VaR_{mean} = W_0 \cdot \alpha \cdot \sigma \sqrt{\Delta T}$$

문제는 일반적 방법과 모수적 방법으로 계산된 VaR의 값이 얼마나 차이가 나느냐 하는 것이다. 이는 실제분포가 정규분포와 얼마나 괴리를 보이는지에 달려 있다고 할 수 있다. 현실에서 관찰되는 금융변수의 상당수는 두터운 꼬리(fat tail)와 높은 첨도(high kurtosis)를 가지는 leptokurtic 분포의 형태를 띠고 있다. 이러한 특징이 관찰되는 이유는 정규분포에 비해 극단치(outlier) 및 평균치의 발생빈도(또는 확률)가 높기 때문이다.

다음의 [그림 6-4]에서 알 수 있듯이, 실제분포가 두터운 꼬리를 가진다면 동일한 신뢰수준하에서 계산된 VaR의 값에 차이가 발생한다. 다시 말해, 실제분포를 정규분포로 대체하여 VaR을 계산할 경우, 실제위험을 과소평가하는 오류를 범할 수 있다.

그림 6-4 | Leptokurtic 분포와 정규분포 및 Platykurtic 분포

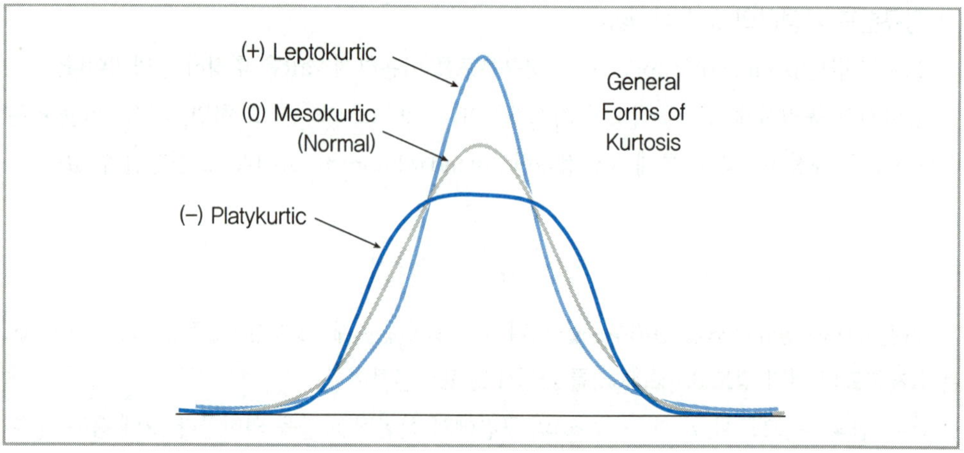

표 6-6 | 평균 VaR과 제로 VaR의 비교

	평균 VaR (상대적 VaR)	제로 VaR (절대적 VaR)
일반적 접근법	$VaR_{mean} = -W_0(r^* - \mu)$	$VaR_{zero} = -W_0 \cdot r^*$
모수적 접근법	$VaR_{mean} = W_0 \cdot \alpha \cdot \sigma \sqrt{\Delta T}$	$VaR_{zero} = W_0(\alpha \cdot \sigma \sqrt{\Delta T} - \mu \Delta T)$

(2) 모수적 방법의 문제점

정규분포를 가정하면 VaR을 쉽게 구할 수 있지만 위험을 과소평가(underestimate)하는 경향이 있다.

- 실제 수익률 자료는 정규분포를 따르지 않음.
- 수익률 자료의 실증적 특징은 fat tail & excess kurtosis로 요약됨.
- fat tail은 수익률의 확률분포의 꼬리 부분이 정규분포에서보다 두텁다는 의미로 VaR이 정규분포보다 크다는 것을 의미함.
- 정규분포 외에 t분포 등을 활용하기도 함(t분포의 모수는 자유도로, 자유도가 작을수록 꼬리가 두터운 모양을 가짐).

(3) VaR 간의 비교

정규분포를 이용하여 구한 VaR은 선택된 보유기간과 신뢰수준에 따라 달라진다. 그리고 보유기간과 신뢰수준은 이용하는 주체에 따라 다르다. 예를 들면, J.P. Morgan사의 리스크 메트릭스(RiskMetrics)에서는 95%의 신뢰수준과 1일의 보유기간을 사용하고, Basel에서는 99%의 신뢰수준과 10일의 보유기간을 사용하도록 권장하고 있다. 금융기관별로 이용하는 신뢰수준이 상이할 때에는 이들을 비교하기 위해서 보유기간이 동일하더라도 신뢰수준을 동일하게 전환시켜야 한다.

C_1 신뢰수준에서 t_1 동안 계산한 VaR_1을 C_2 신뢰수준에서 t_2 동안 계산한 VaR_2로 전환하는 방법은 다음과 같다.

$$VaR_2 = \frac{\alpha_2}{\alpha_1} \times \frac{\sqrt{\Delta t_2}}{\sqrt{\Delta t_1}} \times VaR_1$$

α_1, α_2 : 정규분포의 신뢰수준을 나타내는 조정계수

예를 들어 Basel 방식으로 계산된 VaR(VaR_{BC}: 99%, 10일 기준)은 J.P. Morgan의 리스크 메트릭스에 의해 계산된 VaR(VaR_{RM}: 95%, 1일 기준)의 4.5배에 해당된다.

$$VaR_{BC} = \frac{2.33}{1.65} \times \frac{\sqrt{10}}{\sqrt{1}} \times VaR_{RM} = 4.5\,VaR_{RM}$$

4) 비모수적 방법

비모수적 VaR을 추정하는 비모수적 방법(non-parametric approach)은 분포를 사용하지 않고 리스크의 크기를 추정하는 방법이다.

포트폴리오의 미래가치의 확률분포를 $f(w)$로 정의하자. VaR을 계산하기 위해서는 신뢰

수준이 c%일 때 보유기간 말 기준의 포트폴리오의 가치 W가 W^*보다 작을 확률이 $(1-c)$가 되는 특정 W^*를 찾아야 한다. 이를 확률밀도함수를 이용하여 식으로 표현하면 다음과 같다.

$$c = \int_{W^*}^{\infty} f(w)\,dw$$

$f(w)$: w에 대한 확률밀도함수

또는

$$1 - c = \int_{-\infty}^{W^*} f(w)\,dw = \text{Prob}(W \leqq W^*) = q$$

위의 두 식에서 W^*는 분포의 q-퀀타일(quantile) 또는 q-퍼센타일(percentile)에 해당된다[2].

5) 보유기간과 신뢰수준의 선택

보유기간은 포트폴리오의 성격에 의해 결정된다. 예를 들어 투자은행의 상품계정인 경우 보유기간은 비교적 짧고 연기금의 경우 상품의 듀레이션이 길어 비교적 장기간이다. 일반적으로 보유기간은 소유하고 있는 포트폴리오를 정상적으로 매도하는 데 소요되는 기간을 말하지만, 시장에서 보유 포지션의 헤지, 계약해지(defeasance), 청산(liquidation)에 소요되는 기간으로 설정하는 것도 좋다. 이는 증권의 유동성과 연관되어 있다.

신뢰수준은 기업의 위험회피(risk-averse)의 정도와 자체 신용등급을 감안하여 결정된다. 대체로 금융기관은 보수적으로 최소 요구자본을 쌓기 위하여 신용등급(A~AAA)에 상응하는 신뢰수준에 한 등급(one notch) 위의 수준의 신뢰수준을 선택하는 경향이 있다. 예를 들어 A 은행의 신용등급이 A−인 경우에 신용등급 A에 상응하는 신뢰수준을 사용하여 경제적 자본설정을 하고 있다. 신뢰수준이 높을수록 VaR 수치는 크게 개선되므로 자기자본 요구량 등이 증가하여 금융기관의 안정성이 개선된다.

모수적 방법과 비모수적 방법에 의한 VaR의 산출에 대하여 예를 통해 알아보도록 하자.

[예시 1] 자산운용사가 운용하는 펀드의 시장가치가 1,000억의 VaR을 1일 보유기간, 95% 신뢰수준에서 지난 300일 동안의 과거 일별 수익률의 평균이 0.04%, 표준편차가 2.24%라고 가정하자. 300개의 수익률 중에서 15번째로 낮은 수익률(=300×0.05)이 −4.1%일 때 모수적 방법과 비모수적 방법에 의한 VaR을 산출하시오.

1) 모수적 방법에 의한 VaR은 다음과 같다.

$\mu = 0.0004$, $\sigma = 0.0224$, $V_0 = 1{,}000$억, $Z = 1.65$

2) The q-th quantile of the distribution is that value x_p such that $P(X \leqq x_p) = q$.

$$VaR_{mean} = 1.65 \times 1{,}000 \times 0.0224 = 36.96억$$

2) 비모수적 방법에 의한 VaR은 다음과 같다.

5percentile에 해당하는 것이 −4.1%이므로 이는 1,000억×(1−0.041) = 959억 원이 신뢰수준에 해당하는 Z값이다.

$$VaR_{mean} = 1{,}000(1.0004) - 1{,}000(1-0.041) = 41.4억$$

[예시 2] 최근 A기업의 10일간 다음의 매출액자료를 이용하여 1일 VaR을 산출하시오(유의수준은 10%임).

일자	1	2	3	4	5	6	7	8	9	10
매출액(억)	10	5	8	7	20	13	4	21	13	9

1) 먼저 매출액 자료를 작은 것부터 큰 것 순서로 정렬한다.

4, 5, 7, 8, 9, 10, 13, 20, 21, 33

→ 매출자료의 기댓값은 13임(즉, 평균 $E(W)$는 13=130/10).

2) 유의수준(significance level)이 10%(작은 것부터 하위 10% 해당 10개×10% = 1)

즉, 하위 첫 번째 값이 유의수준에 해당하는 $w^* = 4$

3) $VaR_{mean} = E(W) - w^* = 13 - 4 = 9$

즉, 비모수적 방법에 의한 VaR 값은 9이다.

6) 리스크 유형별 VaR의 측정방법

(1) 개별 VaR 측정

VaR은 개별 거래 및 포트폴리오를 대상으로 측정할 수 있다. 개별 거래에 대해 측정한 VaR을 '개별 VaR'이라 하고, 개별 거래들의 집합체인 포트폴리오에 대해 측정한 것을 '포트폴리오 VaR'이라 한다. 개별 VaR 측정에는 주식 VaR, 채권 VaR, 외환 VaR, 옵션 VaR 등이 있다.

(2) 포트폴리오 VaR 측정

포트폴리오 VaR은 기본적으로 포트폴리오 가치의 미래 변동성으로 리스크를 측정한다. 포트폴리오 VaR을 계산하는 방법에는 분산-공분산법(Variance-Covariance Method) 혹은 델타-노말법(Delta-Normal Method), 역사적 시뮬레이션법(Historical Simulation Method), 그리고 몬테카를로 시뮬레이션법(Monte Carlo Simulation Method)이 있다.

가치를 평가하는 방법에는 부분가치 평가법(local valuation) 혹은 델타 평가법(delta valuation method)과 완전가치 평가법(full valuation)이 있다. 델타 평가법은 포지션의 가치를 먼저 평가한 후 미분을 통해 동 포지션의 가치 변화를 추정하는 부분가치 평가방식이다. 이는 포지션의 가치와 기초적 시장가격의 관계가 선형일 때 적용되는 것으로, 포지션 가치 변화의 기초적 시장가격 변화에 대한 민감도를 '델타'라고 하는데 델타 평가법이라는 명칭이 여기서 유래된다. 완전가치 평가방법은 포트폴리오의 가치를 완전히 재평가하여 리스크를 측정하는 방식으로 역사적 시뮬레이션법과 몬테카를로 시뮬레이션법이 있는데, 이는 모두 시나리오를 구성해서 포트폴리오의 가치를 전면 재평가하는 방법이다.

7) 개별 포트폴리오 VaR 측정방법과 포트폴리오 VaR 측정방법

(1) 개별 포지션별 VaR 측정

리스크 유형에 따라 VaR을 측정하는 방법이 다르므로 각각의 측정방법에 대하여 이해한다.

① 주식 리스크 측정을 위한 VaR

(가) 개별 주식가격 이용방법

일반적으로 개별 주식의 VaR은 다음과 같이 계산된다.

$$VaR = \alpha \times V_i \times \sigma \times \sqrt{t}$$

[예시 3] A주식의 투자금액이 200만 원이고 A주식의 1일 변동성이 2%, 보유기간은 1일, 신뢰수준은 99%일 경우 이 방법에 의한 1일 VaR은 다음과 같이 구한다.

$$VaR_A = 200\text{만 원} \times 2\% \times 2.33 \times \sqrt{1} = 93{,}200\text{원}$$

(나) 주식의 베타(beta)계수 이용방법

개별 주식의 VaR의 계산은 $\alpha \times V_i \times \sigma_m$이고 $\sigma_i = \sqrt{\beta_i^2 \sigma_m^2 + \sigma_{ei}^2}$이므로 VaR은 $\alpha V_i \sqrt{\beta_i^2 \sigma_m^2 + \sigma_{ei}^2}$이다. 만일 비체계적 리스크($\sigma_{ei}^2$)가 서로 상쇄되어 완전히 제거되었다고 가정하면 개별 주식의 분산은 $\beta_i^2 \sigma_m^2$이 되므로 결국 개별 주식의 VaR은 다음과 같이 계산한다.

$$VaR_i = \alpha \times V_i \times \beta_i \times \sigma_m$$

[예시 4] 삼성전자 주식에 10억 원을 투자하였고 보유기간은 2주일, 신뢰수준은 99%이고 이 주식의 일별 변동성(표준편차)이 2.5%, 베타(β)는 0.9라고 하면 다음의 두 가지 방법으로 계산할 수 있다.

1) 개별 주식가격 이용방법

$$VaR_i = 10\text{억 원} \times 2.5\% \times 2.33 \times \sqrt{10} = 1.84\text{억 원}$$

2) 주식의 베타계수 이용방법

또한 변동성으로 종합주가지수 변동성(2.7%)을 사용하고, 개별 종목에 대한 변동성은 CAPM 모델에 의한 식을 이용하여 측정할 수도 있다.

$$VaR_i = \alpha \cdot V_i \cdot \beta_i \cdot \sigma_m = 10\text{억 원} \times 0.9 \times 2.33 \times 2.70\% \times \sqrt{10} = 1.79\text{억 원}$$

② 채권 리스크 측정을 위한 VaR

채권 VaR은 수정듀레이션과 수익률 변동성을 모두 이용하므로 기간구조(term structure)하에서 보다 적절한 리스크 측정치가 된다. 채권의 수익률 변동성을 $\sigma\left(\frac{\Delta Y}{Y}\right)$로 정의하면 채권의 수익률 변동성(yield volatility)과 가격 변동성 $\sigma\left(\frac{\Delta P}{P}\right)$ 간의 관계는 다음과 같다.

$$\sigma\left(\frac{\Delta P}{P}\right) = MD \cdot Y \cdot \sigma\left(\frac{\Delta Y}{Y}\right)$$

주어진 신뢰수준에서 목표기간 동안의 최대 손실금액으로 정의되는 VaR은 정규분포를 가정하면 $\alpha \cdot V_i \cdot \sigma_i$로 계산되는데 여기서 σ_i는 가격 변동성이므로 채권의 VaR은 다음과 같이 표현된다.

$$VaR = \alpha \times V_i \times MD \times Y \times \sigma\left(\frac{\Delta Y}{Y}\right) \quad \text{혹은} \quad VaR = \alpha \times V_i \times MD \times \sigma(\Delta Y)$$

[예시 5] 채권의 현재가치가 1천만 원이고 듀레이션이 2.78년이다. 일별 수익률의 변동성이 15%이고 현재 수익률은 10%이다. 95% 신뢰수준에서 일별 VaR은 63만 원이다.

$$VaR = 1.65 \times 1\text{천만 원} \times \frac{2.78}{1.1} \times 0.1 \times 0.15 = 63\text{만 원}$$

듀레이션을 이용하는 이 방법은 $\frac{d^2Y}{dY^2} \cdot \frac{1}{P}$로 정의되는 볼록성(convexity)을 고려하여 채권 가격 변화를 추정함으로써 정확성을 향상시킬 수 있다.

$$\frac{\Delta P}{P} = -MD \times \Delta Y + \frac{1}{2} Conv \times (\Delta Y)^2$$

③ 외환 리스크 측정을 위한 VaR

외환포지션은 주식포지션과 같이 선형자산이므로 VaR을 계산하는 방법도 주식의 VaR을 계산하는 방법과 동일하다. 예를 들어, 140백만 유로화를 보유하고 있는 미국 기업을 고려해 보자.

[예시 6] EUR/USD 환율의 일별 변동성(표준편차)은 0.565%이고, 현재 EUR/USD 환율은 1.40이다. 이 경우 외환 VaR을 계산하기 위해서는 먼저 리스크에 노출된 금액을 미국 달러화로 계산해야 한다.

$$\text{포지션 가치} = 140\text{유로화}/1.4 = 100\text{백만 달러}$$

일단 리스크에 노출된 금액이 계산되면 환율이 얼마나 변할 수 있는지를 고려해야 한다. 95% 신뢰수준에서 일별 VaR은 다음과 같이 계산된다.

$$VaR = 1.65 \times 100\text{ 백만 달러} \times 0.565\% = 932{,}250\text{달러}$$

95% 신뢰수준에서 계산한 일별 VaR이 932,250달러라는 것은 향후 24시간 이내에 환율의 불리한 움직임으로 인해 보유 외환포지션에서 발생할 수 있는 손실이 932,250달러를 초과하지 않을 것을 95% 신뢰수준에서 확신할 수 있다는 의미이다. 즉, 932,250달러 이상의 손실이 발생할 가능성이 5%라는 의미이다. 요약하면, 외환포지션의 VaR은 다음과 같이 계산된다.

$$VaR = \alpha \cdot \sigma_E \cdot W \cdot E$$

여기서 σ_E는 환율 변동성이고, W는 외국통화의 가치이고, E는 환율이다.

④ 옵션 리스크 측정을 위한 VaR

옵션의 VaR을 계산하는 방법은 기초자산의 가격 변화에 대하여 옵션의 가격 변화를 선형으로 추정하는 델타-노말방법(delta-normal method)과 비선형까지 고려하는 델타-감마방법(delta-gamma method)이 있다. 델타-노말방법은 옵션의 가치 변화가 기초자산의 가치 변화와 선형적인 관계에 있으며, 옵션의 수익률이 정규분포에 따른다는 가정하에서 VaR을 계산하는 방법으로 다음과 같이 델타를 이용하여 측정한다.

$$VaR(\Delta C) = \alpha \times \sigma(\Delta C) = \alpha \times \Gamma \times \sigma(\Delta S/S) \times S$$

여기서 C는 주가지수 옵션의 시장가격, S는 주가지수의 가치, Δ는 해당 변수의 변화값, 그리고 Γ는 옵션의 델타값이다.

[예시 7] 현재 주가지수 옵션의 가격이 6포인트, KOSPI 200(S)이 90포인트, 주가지수 수익률의 1일 표준편차가 1.5%이고, 옵션의 델타는 0.5이다. 신뢰수준은 95%일 때 다음과 같이 옵션의 VaR을 계산할 수 있다.

$$VaR = 1.65 \times 0.5 \times 0.015 \times 90\text{포인트} = 1.1137\text{ 포인트}$$

⑤ 공헌 VaR과 분산효과

포트폴리오 VaR에서 개별 거래가 추가됨으로써 증가하게 될 부분을 공헌 VaR(incremental VaR)이라 한다. 즉 어떤 포지션이 전체 포트폴리오의 리스크에 얼마나 공헌하는지를 파악하기 위해서는 공헌 VaR(Incremental VaR)을 계산해야 한다. 또한, 포트폴리오 VaR이 개별 VaR의 단순합계보다 작은 것은 포트폴리오의 위험분산효과 때문이다. 개인적으로 측정한 VaR이 크다고 하더라도 다른 포지션(또는 자산)과의 상관관계로 인해 리스크가 감소하여 전체 포트폴리오에 기여하는 리스크 비중은 낮을 수 있기 때문이다.

어떤 포지션이 약간 복잡한 경우를 고려한 예는 다음과 같다.

[예시 8] 만기 10년의 유로국채에 140백만 유로를 투자한 기업을 고려해 보자. 10년만기 유로국채의 일별 가격 변동성은 0.605%이다. EUR/USD 환율의 일별 변동성은 앞에서와 같이 0.565%이고, 현재 EUR/USD 환율은 1.40이다. 이 경우에 미국 기업은 금리 리스크와 환 리스크에 모두 노출된다. 금리 리스크가 0이라고 가정하면 VaR은 위에서 계산한 바와 같이 932,250달러이고, 반대로 환 리스크가 0이라고 가정하면 VaR은 다음과 같이 998,250달러가 된다(보유기간은 1일이고 신뢰수준은 95%임).

$$\text{금리 리스크만을 고려한 } VaR = 1.65 \times 100\text{백만 달러} \times 0.605\% = 998{,}250\text{달러}$$

그런데 미국 기업은 금리 리스크와 환 리스크에 노출되어 있으므로 두 위험을 모두 고려해야 한다. 두 위험 간의 상관관계를 고려하여 VaR을 계산할 때에는 포트폴리오 효과를 감안해야 한다. 상관계수가 −0.27이라고 가정하면 95% 신뢰수준에서 일별 VaR은 다음과 같다.

$$\begin{aligned} VaR &= \sqrt{VaR_{BOND}^2 + VaR_{FX}^2 + (2 \times \rho_{FX,\,BOND} \times VaR_{BOND} \times VaR_{FX})} \\ &= \sqrt{(998{,}250)^2 + (932{,}250)^2 + (2 \times -0.27 \times 998{,}250 \times 932{,}250)} \\ &= 1{,}167{,}501\text{달러} \end{aligned}$$

금리 리스크와 환 리스크를 동시에 고려해서 계산한 VaR은 1,167,501달러이다. 이 금액은 금리 리스크와 환 리스크로 인해 발생하는데, 이를 각각의 공헌 VaR로 구분하면 다음과 같다.

$$\begin{aligned} &\text{금리 리스크의 공헌 } VaR \\ &= 1{,}167{,}501 \times \left[\frac{(998{,}250)^2 + (-0.27)(998{,}250)(932{,}250)}{(1{,}167{,}501)^2} \right] \\ &= 638{,}317\text{달러} \end{aligned}$$

$$\begin{aligned} &\text{환 리스크의 공헌 } VaR \\ &= 1{,}167{,}501 \times \left[\frac{(932{,}250)^2 + (-0.27)(998{,}250)(932{,}250)}{(1{,}167{,}501)^2} \right] \\ &= 529{,}184\text{달러} \end{aligned}$$

총 VaR인 1,167,501달러(638,317달러+529,184달러)는 금리 리스크의 VaR과 환 리스크의 VaR을 합한 998,250+932,250=1,930,500달러보다 762,999달러만큼 작은데, 이는 두 위험의 상관관계에 의한 분산효과에 기인한다. 두 위험 간의 상관계수가 음(−)의 값을 가지므로 분산효과는 매우 크게 나타나서 VaR의 감소 또한 매우 크게 나타난다.

이와 같이 상관계수에 의한 분산효과를 반영한 VaR을 분산 VaR(diversified VaR)이라고 하고, 상관계수가 영(0)인 VaR을 미분산 VaR(undiversified VaR)로 표현할 수 있으며, 두 VaR의 차이를 상관계수에 의한 분산효과라고 볼 수 있다.

[예시 9] 포트폴리오 VaR의 분산효과를 다른 예를 통해 알아보고자 한다. A자산의 가치가 1억 원이고 일별 변동성이 3%이다. B자산의 가치가 5,000만 원이고 일별 변동성이 2%이다. 상관계수가 0.5라고 가정하고 1일 기준으로 95%신뢰수준에서 포트폴리오 VaR의 분산효과를 계산하라.[3)]

$VaR_A = 1.65 \times 10{,}000$만 원 $\times 0.03 = 495$만 원

$VaR_B = 1.65 \times 5{,}000$만 원 $\times 0.02 = 165$만 원

$VaR_P = Z \cdot V_P \cdot \sigma_P$

$$\sigma_P = \sqrt{\left(\frac{2}{3}\right)^2 \times 0.03^2 + \left(\frac{1}{3}\right)^2 \times 0.02^2 + 2\left(\frac{2}{3}\right)\left(\frac{1}{3}\right) \times 0.5 \times 0.03 \times 0.02} = 0.024037$$

$VaR_P = 1.65 \times 15{,}000$만 원 $\times 0.024037 = 595$만 원

미분산 VaR(Undiversified VaR) = 495만 원 + 165만 원 = 660만 원

포트폴리오 분산효과 = (495만 원 + 165만 원) − 595만 원 = 65만 원

(2) 포트폴리오 VaR 측정방법

① 분산-공분산법

분산-공분산법은 과거자료를 이용하여 분산과 공분산을 측정하고 이 값들을 이용하여 VaR을 계산하는 방법으로 보유 포지션에 영향을 주는 리스크 요인의 변동성과 리스크 요인의 변화에 따른 포지션 변화 정도(sensitivity)를 감안하여 포트폴리오의 손익분포에 의해 VaR을 산출하는 방법이다.

각 포지션별로 개별 VaR 값은 주식의 경우 전체 주가지수의 변동성과 주가지수 변화에 따른 개별 주식가치 민감도를 나타내는 베타(β)를 이용하여 계산한다. 여타 채권, 옵션 등의 경우에도 리스크 요인 변동에 따라 포지션의 가치 변화를 계산하여 VaR 값을 측정한다. 개별 포지션별로 VaR을 산출한 다음, 포트폴리오 전체의 VaR을 산출하기 위해서는 개별 리스크 요

3) 윤평식 · 김철중, 「금융기관 시장위험관리」(2003), pp.155~156 참조.

인들 간 상관관계를 고려해야 한다.

VaR은 다음과 같이 표현할 수 있다.

$$\text{포트폴리오 } VaR = \sqrt{\begin{bmatrix} VaR^1 \, VaR^2 \cdots VaR^n \end{bmatrix} \times (\text{분산}-\text{공분산 행렬}) \times \begin{bmatrix} VaR^1 \\ \vdots \\ VaR^n \end{bmatrix}}$$

이러한 분산–공분산법은 시장 리스크 요인이 정규분포를 따르고 포트폴리오의 손익이 정규분포라고 가정하며, 과거 시장자료를 이용하여 시장가격의 변동성을 나타내는 분산–공분산 행렬(variance-covariance matrix)을 추정함으로써 포트폴리오의 변동성과 VaR을 산출하게 된다.

따라서 동 방법은 기본적으로 분산–공분산 행렬에 포함되는 분산–공분산 모수를 추정하는 방식에 기반을 두기 때문에 모수적 접근법(parametric approach)이라고도 한다.

통계적 방식에 의한 포트폴리오 분산 산출은 포트폴리오의 기대수익률과 분산으로서 다음과 같이 나타낼 수 있다.

$$E(R_p) = \mu_p = \sum_{i=1}^{N} w_i \mu_i$$

$$V(R_p) = \sigma_p^2 = \sum_{i=1}^{N} w_i^2 \sigma_i^2 + \sum_{i=1}^{N} \sum_{j=1}^{N} w_i w_j \sigma_{ij} \quad (i \neq j)$$

식에서 볼 수 있듯이, 포트폴리오의 분산은 개별 자산들의 리스크(σ_i^2)뿐만 아니라 자산 간의 공분산(σ_{ij})에 의해서도 영향을 받고 있다.

위의 분산과 공분산의 행렬(Σ)로 표현하면, 다음과 같이 간단히 나타낼 수 있다.

$$\sigma_p^2 = w' \Sigma w$$

위의 σ_p가 포트폴리오의 분산–공분산 행렬(variance-covariance matrix)이다.

② 역사적 시뮬레이션법

역사적 시뮬레이션법(historical simulation method)은 특정 기간 이상 과거 시장자료의 실제 수익률 변동을 현재 포트폴리오에 적용하여 포트폴리오 가치를 재평가한 후, 그 결과로 나온 손익분포의 하위 1% 부분을 VaR로 계산하는 방법이다. 다시 말하면 리스크 요소의 과거 시계열 데이터(time series data)를 이용하여 시나리오를 생성한 후 포트폴리오의 가치를 평가하여 VaR을 산출하는 방식이라고 말할 수 있다. 동 기법은 특정 확률분포를 가정하지 않고 시장변수들의 과거 변화에 기초하여 시뮬레이션을 수행하는 완전가치 평가법(full valuation)이다. 통상적으로 과거자료의 손익분포는 꼬리가 두텁기 때문에 정규분포로 가정하는 것과는 다른 결과가 나올 가능성이 높다.

역사적 시뮬레이션법을 이용한 예로서 역사적 금리 시나리오를 이용한 금리 VaR(역사적 VaR: Historical VaR)에 대하여 알아보기로 한다. 역사적 VaR은 금리부 자산과 부채의 금리구간별 현금흐름을 과거 역사적 금리(historical rate)의 변동성을 기초로 하여 생성된 NPV 분포에서 평균 대비 특정 신뢰수준하에서 NPV의 최대 감소금액으로 정의할 수 있다.

역사적 VaR의 산출과정은 다음과 같다

제1단계 : 역사적 금리의 변동성을 이용한 할인율 시나리오를 만든다. 할인율의 경우 국고채 금리(기간물별)를 기준으로 할인하므로 국고채의 역사적 금리를 이용한다. 국고채 금리의 연변동성을 구하기 위하여 분석 기준일 금리와 250일(1년) 전 금리와의 증감률(변동성)을 구하고 250회 반복수행하여 250개의 할인율을 생성한다.

제2단계 : 역사적 금리(할인율)를 적용한 현재가치를 산출한다.

$$MV = \sum_{i=1}^{n} \frac{CF_i}{(1+r)^i}$$

즉, 250개 할인율에 대하여 각각 자산과 부채의 현재가치를 계산한다.

제3단계 : 순자산가치(NPV)를 250개 할인율에 대한 250개의 NPV를 산출한다.

$$NPV = \text{자산의 현재가치} - \text{부채의 현재가치}$$

250개의 NPV로부터의 평균과 신뢰수준 99%라고 가정할 때 1퍼센타일(percentile)에 해당하는 NPV를 구해서 VaR을 산출한다.

$$NPV = NPV_{\text{평균}} - NPV_{1\%}$$

③ 몬테카를로 시뮬레이션법

몬테카를로 시뮬레이션법은 기본적으로 시나리오를 구성해서 포트폴리오의 가치를 전면 재평가하는 완전가치 평가방법으로 역사적 시뮬레이션법과 개념상 유사성이 있으나, 과거 시장자료로 시나리오를 만드는 것이 아니라 확률모형을 이용하여 시나리오를 생성한다는 점에서 차이가 존재한다. 통상적으로 기하 브라운 과정(GBM: Geometric Brownian Motion)과 같은 확률과정을 사용하여 N개(예: 1,000개) 이상의 시장가격 데이터 및 변동성을 생성해 낸다. 이와 같이 생성된 가상적인 가격 변화를 현재 포트폴리오에 적용하여 새로운 포트폴리오의 손익분포를 생성하게 된다.

몬테카를로 시뮬레이션을 이용하는 방법에는 확정적 금리 시나리오를 이용한 금리

EaR/VaR과 확률적 금리 시나리오를 이용한 금리 EaR/VaR이 있다.

확정적 금리 EaR/VaR은 현재시점에서 금리가 즉각적으로 100bp 또는 200bp Up/Down 시 순이자이익의 변동을 가지고 위험을 측정하는 방법으로 다음과 같이 산출할 수 있다.

$$\text{금리}EaR/VaR = NII_{flat}/NPV_{flat} - Min(NII/NPV\,200bp\ Up,\ NII/NPV\,200bp\ Down)$$

NII_{flat}/NPV_{flat} : 현재의 금리가 변동 없이 지속된다고 가정할 경우의 순이자수익/순자산가치
$NII/NPV\,200bp\ Up,\ NII/NPV\,200bp\ Down$: 금리가 200bp 상승하거나 하락 시의 순이자수익/순자산가치

확률적 금리 EaR/VaR은 금리기간구조모형(Term-structure model)에 의해 금리 시나리오를 생성하고 시나리오별 기간 순이자수익을 계산하여 이자수익의 분포로부터 주어진 신뢰구간에서 NII/NPV의 기댓값과 신뢰구간별 임계치 NII/NPV의 차이를 계산하여 금리변동에 따른 순이자수익의 변동위험을 단일수치로 계량화한 것으로 다음과 같이 산출할 수 있다.

$$\text{금리 } EaR = EaR_{\mu} - EaR_{\%},\ VaR = VaR_{\mu} - VaR_{\%}$$

EaR_{μ}/VaR_{μ} = N개의 평균 NII/NPV
$EaR_{\%}/VaR_{\%}$ = N개의 NII/NPV를 정렬했을 때 신뢰수준에 해당하는 임곗값(%)

표 6-7 | 확정적 시뮬레이션과 확률적 시뮬레이션의 장단점 비교

구분	확정적 시뮬레이션	확률적 시뮬레이션
측정방법	신뢰구간하에서의 최대 금리 변동분을 적용하여 순이자수익(NII: Net Interest Income)/순자산가치(NPV: Net Portfolio Value)를 산출하여 기본금리 시나리오하에서 산출된 NII/NPV와의 차이를 구함.	금리 시나리오를 수백 개 이상 생성하여 각 시나리오별 NII/NPV를 산출하고 NII/NPV 평균값과 신뢰구간에 해당하는 퍼센타일(percentile)값의 차를 구함.
장점	금리의 변동에 의한 NII/NPV의 변동영향을 명확히 파악할 수 있음.	다양한 금리 시나리오를 반영한 보다 정확한 리스크량 측정이 가능함.
단점	수익률곡선(yield curve)의 수평이동(parallel shift)만을 가정하므로 다양한 형태의 이자율곡선(yield curve)변동에 의한 리스크를 측정할 수 없음.	측정에 소요되는 자원이 많고 산출된 금리 리스크가 금리가 어떤 상태로 변동했을 때인지 알 수가 없으므로 금리 예측치를 이용한 관리에 직접적으로 사용하기 어려움.

몬테카를로 시뮬레이션법은 비선형 상품, 극단적인 상황 등을 모두 고려할 수 있어 가장 효과적으로 VaR을 산출할 수 있는 방법으로서 모형을 통해 민감도 분석 또는 위기상황분석을 할 수 있다는 장점이 있다. 그러나 시뮬레이션 과정이 복잡하며 시간과 비용이 많이 든다. 그

리고 특정 분포를 미리 가정하는 데 이 분포가 가장 적절한 것이 아닐 경우 오류가 발생할 수 있다는 단점을 가지고 있다.

시장 리스크 VaR 값을 산출하기 위해 어떤 방법을 선택하느냐는 포트폴리오의 구성 및 특성에 따라 결정되는데, 옵션이 포함되어 있지 않은 포트폴리오의 구성 및 특성에 따라 결정된다. 옵션이 포함되어 있지 않은 포트폴리오의 경우 계산이 편리하며 경영진이나 주주의 이해가 쉽고, 또한 모형설정오류의 가능성이 낮으므로 분산-공분산 방법이 최선의 선택이 될 수 있다. 앞서 설명한 바와 같이, 여기서 제시된 방법은 각각 장단점을 가지고 있으므로 여러 방법으로 VaR을 계산한 다음, 차이가 유의적으로 크게 나타나는 경우에는 그 원인에 대한 분석이 필요하다.

그럼에도 불구하고, VaR 모형은 일정 신뢰수준의 VaR 값을 초과하는 손실위험에 대한 정보를 제공하지 못한다는 한계를 가지고 있다. 이는 실제 금융회사의 입장에서 중요한 손실은 VaR을 초과하는 손실의 크기와 빈도일 수 있기 때문이다. 따라서 대부분의 금융회사에서는 VaR 모형과 함께 비정상적인 시장상황에서의 리스크를 측정할 수 있는 위기상황분석(stressed test)을 보완적으로 수행하고 있다.

제3절 시장 리스크량의 측정

1. 시장 리스크 표준모형

시장 리스크량의 측정기준은 표준모형과 내부모형으로 구분하여 측정하는데 이는 금융감독원 시장 리스크 기준 자기자본보유제도 해설(2008.8.)을 참고하여 소개하고자 한다.

1) 표준모형의 소개

1988년 BIS 제도의 도입이 시장 리스크를 고려하지 않았다는 비판에 따라 바젤위원회는 1993년 표준모형(the standard model)으로 알려진 제안에서는 트레이딩 포트폴리오(trading portfolio)에 대해 시장 리스크를 측정하도록 요구하고 있다. 이는 기존의 신용 리스크에 추가하여 시장 리스크에 의한 자기자본 적립을 요구하였는데, 이를 신 BIS 자기자본 규제라고 한다. 시장 리스크에 대한 소요 자기자본은 금융기관의 선택에 따라 표준방법 또는 내부모형법에 의해 산출한다.

표준모형의 적용 대상은 주식 리스크, 금리 리스크, 외환 리스크, 상품 리스크이다. 표준모형의 측정방법은 일반 시장 리스크와 개별 리스크로 구분하여 측정한다.

표 6-8 | BIS 시장 리스크 측정 표준방법에 의한 소요자본 산출표

측정대상	일반 시장 리스크	개별 리스크
금리 리스크(채권)	최소 0%~최대 12.5% - 만기, 이표금리에 따른 가중치 적용	- 국채 : 0~12% - 우량채 : 0.25~1.60% - 기타 채권 : 8~12%
주식 리스크	net position의 8%	총 포지션의 8%
외환 리스크	open position의 8%	개별 리스크 없음
상품 리스크	최소 1.5%~ 최대 15%	개별 리스크 없음
옵션 리스크	간편법 : 매입옵션만 취급하는 은행만 사용 가능 중간법 : delta-plus법, 시나리오분석법 등이 있음	

(1) 표준모형의 적용 대상

주식 리스크는 주가 변화에 따라 주식가치가 하락함으로 인해 발생할 수 있는 리스크를 의미하며, 시장 변화에 따른 개별 주식가치 변화의 민감도(주식 베타)를 가지고 측정하는 일반 주식 리스크와 민감도를 반영하지 못하는 개별 주식 리스크로 구분할 수 있다.

금리 리스크는 금리 변화에 따라 채권의 가치 또는 현금흐름의 현재가치가 하락함으로 인해 발생할 수 있는 리스크를 의미하며 통화별, 만기별, 신용등급별로 구분하여 측정하기 때문에 가장 많은 리스크 요소를 구성한다.

환율변동 리스크(외환 리스크)는 환율 변화에 따라 통화별 자산(부채)의 가치가 하락(상승)함으로 인해 발생할 수 있는 리스크를 의미하며 통화별 매입초과 포지션과 매각초과 포지션으로 구분할 수 있다.

상품 리스크는 상품가격의 변화에 따라 상품가치가 하락함으로 인해 발생할 수 있는 리스크를 의미하며, 관련된 리스크의 상품에는 금, 원유, 귀금속, 원자재 및 곡물 등과 이를 기초자산으로 하는 파생상품을 들 수 있다.

옵션 리스크는 옵션의 가치를 결정하는 주요 변수들의 변화로 인해 옵션의 가치가 하락할 수 있는 리스크를 의미하며 델타(delta), 감마(gamma), 베가(vega), 세타(theta) 및 로우(rho) 등 그리스문자(greeks)로 표현되는 민감도 지표가 사용되고 있다.

(2) 표준모형의 측정방법

표준방법은 바젤위원회가 제시하는 세부적인 가이드라인에 따라 금리, 주식, 외환, 상품 및 옵션 리스크를 구조적으로 측정하는 방식으로, 각 포지션 집단별로 측정된 개별 리스크와 일반 시장 리스크를 단순히 더해서 소요 자기자본을 산출하는 Building-Block 방식을 취하고 있다. 시장 리스크의 각 리스크 요소는 일반 시장 리스크(general market risk, systematic risk)와 개별 리스크(specific risk, non-systematic risk)로 구분하여 측정할 것을 BIS는 요구하고 있다.

일반 시장 리스크는 금리, 주가, 환율 등 시장 전체에 영향을 미치는 사건과 연관되어 발생하는 가격변동성으로부터의 손실을 말하며, 개별 리스크는 채권 및 주식 등 유가증권 발행자의 개별적인 사건과 연관되어 발생하는 가격변동성으로부터의 손실을 의미한다.

(3) 표준모형에 의한 시장 리스크 소요 자기자본 산출

① 금리 리스크

금리 리스크 요인은 통화별, 만기별, 신용등급별로 구분하여 측정되며, 개별 리스크와 일반 리스크를 합산한 금액으로 한다. 개별 리스크에 대한 자기자본은 유가증권 발행인에 특정된 개별 사건과 연관되어 발생하는 가격변동으로부터의 손실로, 시가로 평가된 각 채권금액에 채권등급별, 잔존만기별 위험가중치(0~8%)를 곱하여 계산한다. 일반 시장 리스크에 대한 자기자본은 시장금리의 변화로부터 발생하는 손실로 만기법, 듀레이션법 또는 사전처리기법을 사용하여 산출한다.

② 주식 리스크

주식 리스크는 주식시장 또는 국가별로 주식포지션을 구분하여 개별 리스크 및 일반 시장 리스크를 산출하고 이를 합산한 금액을 주식 리스크 대비 자기자본으로 한다. 주식 리스크 중 일반 시장 리스크는 매입포지션과 매도포지션 차액의 절댓값에 8%를 곱하여 자기자본을 산출하고 개별 리스크는 순포지션이 아닌 총 주식포지션(매입+매도)에 8%를 곱하여 산출한다.

③ 환율변동 리스크

통화별 순매입포지션의 합계액과 통화별 순매도포지션의 합계액 중 큰 금액에 대하여 8%를 곱하여 일반 시장 리스크를 산출한다.

④ 상품 리스크

상품 리스크는 일반상품군별로 포지션을 구분하여 일반 시장 리스크를 간편법 또는 만기사다리법을 사용하여 산출하고 이를 합산한 금액을 상품 리스크에 대한 소요 자기자본으로 한다.

⑤ 옵션 리스크

옵션 리스크에는 델타(delta), 감마(gamma), 베가(vega), 쎄타(theta), 로우(rho) 등 그리스 문자로 표현되는 민감도 지표가 주로 이용된다. 간편법, 델타플러스법 및 시나리오법으로 구분하여 옵션 리스크 대비 자기자본을 산출한다.

2. 시장 리스크 내부모형

1) 내부모형의 소개

BIS에서 제안된 표준모형은 자산 간의 상관관계로 인한 분산효과를 고려하지 못하여 적정 자기자본 요구량을 과다하게 계산한다는 비판을 받게 된다. 따라서 1996년에 제정된 시장위험을 감안한 새로운 자기자본 보유제도(An Internal Model-Based Approach to Market Risk Capital Requirement)를 발표하여 바젤위원회가 제시하는 일정 요건을 충족하는 경우에 내부모형에 의한 시장 리스크 사용자본의 산출을 허용하고 은행으로 하여금 표준모형과 내부모형을 선택적으로 사용할 수 있도록 했다.

2) VaR 모형

내부모형에 의한 시장 리스크 측정방법은 VaR 모형을 사용한다는 것이며 금융기관의 경우 대부분의 자산운용은 포트폴리오의 형태로 이루어지기 때문에 포트폴리오 VaR 값을 산출해야 한다. 포트폴리오 VaR 측정방법에는 분산-공분산법, 역사적 시뮬레이션법, 몬테카를로 시뮬레이션법 등이 있다.

3) 내부모형 인정 조건

금융기관이 내부모형을 사용하기 위해서는 질적 그리고 양적 조건을 충족하여 감독원의 승인을 사전에 얻어야 한다.

(1) 질적 기준

리스크 관리 시스템이 건전하고 완전하게 운영되고 리스크 통제, 감사부문 등에도 모델 사용에 능숙한 직원을 보유하고 있어야 하며 리스크 측정이 정확하게 이루어지는 등 당해 금융기관의 내부통제 및 리스크 관리의 질적 수준이 만족할 만한 수준이어야 한다.

질적 기준에 포함될 내용은 다음과 같다.

① 리스크 관리부서의 독립성과 리스크 관리부서의 역할
② 리스크 보고서의 작성 및 보고의무
③ 이사회와 최고경영진의 역할
④ 리스크 측정 결과의 활용
⑤ 내부모형은 거래한도 및 리스크 노출한도와 연계 사용
⑥ 내부 정책, 통제 규정 및 절차 등을 문서화하고 준수
⑦ 적어도 연 1회 리스크 측정과 리스크 관리 시스템에 대한 내부감사 실시
⑧ 내부모형은 시장 리스크를 측정하기에 충분한 리스크 요소를 사용

(2) 양적 기준

VaR 모형을 사용하여 시장 리스크 대비 자기자본을 산출하기 위해서는 다음과 같은 양적 기준을 충족해야 한다

① '산출기준'에 의한 VaR 값은 99%의 단측 신뢰구간과 10영업일의 보유기간을 적용하여 일일단위로 산출하여야 한다.

$$VaR(\text{산출기준}) = VaR(\text{개별 은행}) \times \frac{\beta}{\alpha}\sqrt{\frac{10}{N}}$$

β : 99% 단측 신뢰구간을 나타내는 지수
α : 개별 은행의 신뢰구간을 나타내는 지수
N: 개별 은행의 VaR 보유기간

② 최저 자기자본은 전일의 VaR 측정치와 직전 60영업일의 평균 VaR 금액에 일정승수 $(3+\alpha)$를 곱한 금액 중 큰 금액으로 한다.

$$Max\left[VaR_{t-1}, \left(\frac{1}{60}\sum_{i=1}^{60} VaR_{t-i}\right) \times (3+\alpha)\right]$$

③ 시장테이터의 자료관측기간은 1년 이상, 관측자료의 가중평균기간은 6개월 이상 데이터의 갱신은 최소한 3개월에 1회 이상 실시해야 한다.
④ 사후검증 절차, 사후검증 결과에 따라 필요한 조치 등을 내규에 명시하고 이를 준수한다.
⑤ 위기상황 분석 절차, 위기상황 분석 결과에 따라 필요한 조치 등을 내규에 명시하고 이를 준수하여야 한다.

4) 내부모형에 의한 VaR 계산을 위한 대표적인 방법론

VaR을 계산하기 위한 일반적인 접근법은 크게 부분가치(local valuation) 평가방법과 완전

가치(full valuation) 평가방법으로 나눌 수 있다.

부분가치 평가방법은 시장 리스크 대상 포지션의 가치를 먼저 평가한 후 미분을 통해 동 포지션의 가치변화를 추정하는 방식으로 분산–공분산법(variance-covariance model)이 대표적이다.

완전가치 평가방법은 시나리오를 이용하여 포트폴리오의 가치를 완전히 재평가하여 리스크를 측정하는 방법으로 역사적 시뮬레이션법(historical simulation model), 몬테카를로 시뮬레이션법(monte-carlo simulation model) 등이 있다.

(1) 분산–공분산법

모수적 접근법으로 시장 리스크 요소가 정규분포를 따르고 이에 따라 포트폴리오의 손익이 정규분포를 가진다고 가정한다. VaR은 과거 시장자료를 이용한 분산–공분산행렬과 가치평가모형을 이용한 상품의 민감도를 통해 측정한다.

(2) 역사적 시뮬레이션법

역사적인 시장 리스크 요소 자료가 각각의 시나리오를 구성하고, VaR은 개별 시나리오의 적용 결과로 나타나는 포트폴리오 가치의 변화를 통해 손익분포를 구성하여 측정하게 된다.

(3) 몬테카를로 시뮬레이션법

확률변수를 생성하여 개별 상품의 가치평가를 위한 시나리오를 작성하며, 시뮬레이션의 기초가 되는 확률과정(stochastic process)의 모수(변동성과 상관관계) 과거 시장자료를 이용한다. VaR은 개별 시나리오의 적용 결과로 나타나는 포트폴리오 가치의 변화를 통해 손익분포를 구성하여 측정하게 된다.

각 VaR 측정모형의 특징과 장단점은 〈표 6–9〉와 같다.

표 6-9 | VaR 측정모형의 특징과 장 · 단점

구분		분산–공분산법	역사적 시뮬레이션법	몬테카를로 시뮬레이션법
특징		분산–공분산행렬을 이용하여 VaR을 산출 정규분포를 가정	과거 수익률로부터 경험적 분포를 추정하고 포트폴리오를 가격순으로 정렬하여 VaR을 산출	확률모형과 모수추정을 규정하고 가상적인 가격 변화를 시뮬레이션하는 방법으로 VaR을 산출
장·단점	장점	산출방법이 비교적 간편	수익률 분포의 두터운 꼬리의 반영	모든 분포를 가정
	단점	리스크를 과소평가할 가능성	과거의 리스크 요소 변동이 예외적인 경우	계산과정이 복잡 모형 리스크

제4절 시장 리스크 측정 결과의 검증

1. 시장 리스크 관리 시스템 적합성 검증[4)]

1) 시장 리스크 관리 시스템 적합성 검증

시장 리스크 관리 체계/통제구조/측정 및 전산 시스템 등의 설계와 운용의 전반에 걸쳐 신뢰성 있는 타당한 방법을 갖추고 이를 일관되게 적용하는지 여부를 평가하여 시장 리스크 관리 과정에서 발생 가능한 잠재적 오류를 방지하고 시장 리스크를 적절히 포착하여 관리할 수 있는 체계를 갖출 수 있도록 해야 한다. 여기서 시장 리스크 관리 시스템이란 시장 리스크 관리 관련 규정, 통제구조(조직, 역할 및 책임 등), 측정방법론, 시장 리스크 계량화에 필요한 분석 엔진, 데이터, 매뉴얼 및 제반 전산 시스템을 말한다.

2) 적합성 검증의 일반 원칙

적합성 검증의 일반 원칙에는 ① 적합성 검증의 범위(scope) ② 책임성의 원칙(accountability) ③ 반복성의 원칙(iterative process) ④ 다양성의 원칙(full range of available tools) ⑤ 포괄성의 원칙(comprehensive validation) ⑥ 독립성의 원칙(independence)이 있다.

(1) 적합성 검증의 범위(scope)

시장 리스크 관리 시스템 운영에 대한 내부 정책과 절차가 효과적으로 실행되는지 여부에 대해 점검하며 각 사업부문의 활동 및 시장 리스크 관리 부분에 대한 점검을 포함한다.

(2) 책임성의 원칙(accountability)

적합성 검증 담당부서는 시장 리스크 관리 시스템에 대한 적합성 검증을 수행하여 시장 리스크 측정모형과 관리절차가 의도한 바대로 유지되고 있는지에 대하여 확인하여야 한다.

(3) 반복성의 원칙(iterative Process)

적합성 검증은 시장 리스크 측정모형 및 관리절차의 정확성 유지를 위한 통제구조의 완전성 확보를 위해 지속적이고 반복적으로 수행하여야 한다.

4) 금융감독원, 「시장 리스크 기준 자기자본 보유제도 해설」(2008.8.) 참조.

(4) 다양성의 원칙(full range of available tools)

적합성 검증은 가용 데이터 및 시스템의 특성에 따라 다양한 검증방법을 적용하여 수행하여야 한다.

(5) 포괄성의 원칙(comprehensive validation)

적합성 검증은 양적, 질적 요인을 모두 포괄하여야 한다.

(6) 독립성의 원칙(independence)

시장 리스크 관리 시스템의 적합성 검증 절차 및 결과는 그 적정성을 확인하기 위해 시장 리스크 관리 시스템 설계와 구축 및 운영에 대해 책임을 지지 않는 독립적인 제3자를 통해 점검되어야 한다.

3) 적합성 검증방법

시장 리스크 관리 시스템의 적합성 검증은 상기 일반원칙에 따라 통계적 방법에 의한 양적 적합성 검증(quantitative validation)의 정량적 검증방법과 이를 보완하기 위한 비통계적 방법에 의한 질적 적합성 검증(qualitative validation)인 정성적 검증방법으로 구분하여 수행한다.

2. 정량적 검증방법

1) 정량적인 검증의 의미

정해진 산출 방법과 자료에 따라 시장 리스크에 대한 VaR(이하 'Market VaR' 이라고 함)을 산출하는 과정이 정합성 있게 수행되는지 검증할 필요가 있다. Market VaR은 시장상황의 변화에 대한 가치 변화를 측정하는 방법이므로 시장가치를 측정하는 방법 또는 모형이 실제 실현되는 시장상황을 얼마나 설명 가능하고 예측하는지에 따라 그 성과가 결정된다.

바젤과 금융감독원에서는 시장 리스크 측정 결과의 검증방법으로 사후검증(back testing) 절차를 요구하고 있으므로 이를 정량적인 검증방법으로 선정하여 설명하고자 한다. 양적 적합성 검증(정량적 적합성 검증)과 질적 적합성 검증(정성적 적합성 검증)의 주요 점검내용을 이해한다.

(1) 양적 적합성 검증의 주요 점검항목

① VaR 측정 방법의 정확성

적용하고 있는 내부모형의 기본설정 사항과 측정방법이 정확한지 점검한다.

② 거래 데이터의 정확성

금융감독원에서 제시하는 거래 데이터의 최소 관측기간을 충족하고 일별 거래 데이터가 정확하게 입수되고 있는지 점검한다.

③ 리스크 요소별 측정 및 설정 사항의 적정성

리스크 요소들(금리, 주가, 환율, 변동성, 상품 등)이 트레이딩 포지션에 대해 시장 리스크를 충분하고 적정하게 측정할 수 있도록 설정되어 있는지 점검한다.

④ 모형 기본가정의 적정성

내부모형의 측정과정에서 전제하고 있는 기본가정 충족 여부를 검증하여 측정값의 과대/과소계상 여부를 점검한다.

⑤ 사후검증(back-testing)

전일의 최종포지션이 변하지 않은 상태에서 보유기간이 1영업일이라는 가정하에 산출한 가상손익을 1일 최대 손실예상액(VaR)과 비교하여 모형의 적합성(model validation)을 점검한다.

(2) BIS에서 제시한 시장 리스크 내부모형에 대한 사후검증방법의 절차

① 사후검증방법

(가) 가상손익을 이용한 사후검증

가상손익을 이용한 사후검증방법은 가상손익과 Market VaR 값을 비교하는 것이다. 사후검증 시 실제손익보다는 가상손익과 비교하는 것이 보다 합리적으로 이는 실제손익에 포트폴리오 구성의 변화로 인한 손익이나 수수료 수입 등이 포함되어 있어 모형 자체의 적정성 평가에 왜곡이 발생할 수 있기 때문이다. 가상손익 사후검증구조는 [그림 6-5]와 같다.

(나) 실제손익을 이용한 사후검증

실제손익을 이용한 사후검증은 가상손익보다 실제거래에서 발생하는 손익을 관리할 수 있다는 장점이 있다. 또한 실제손익과의 비교를 통해 VaR 모형으로는 포착하기 어려운 일중거

그림 6-5 | 가상손익 사후검증

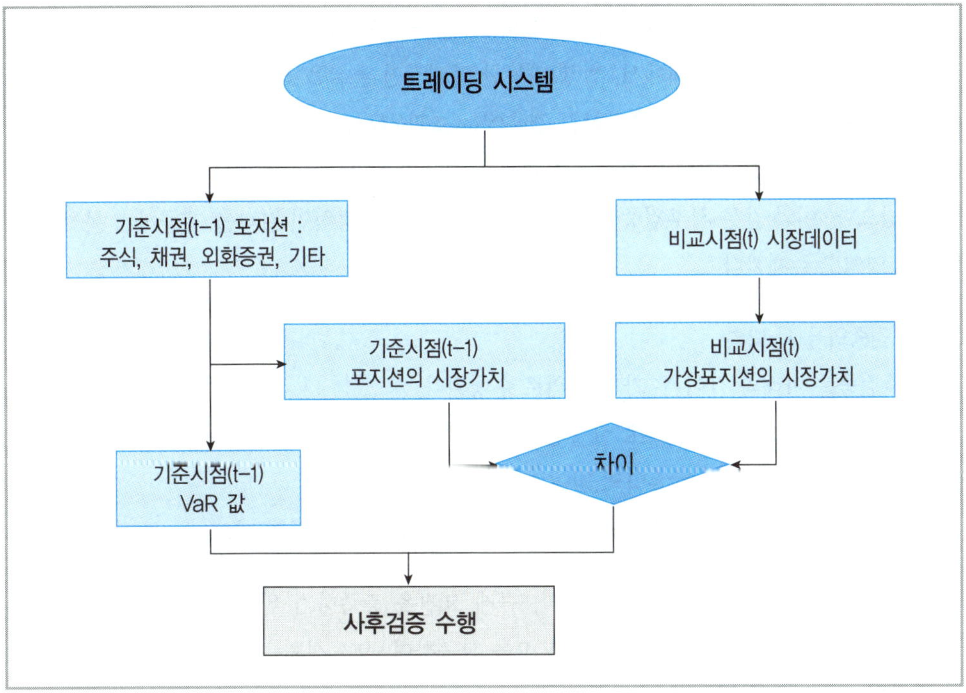

출처 : 「시장 리스크 기준 자기자본 보유제도 해설」(2008), p.162.

래 중 발생하는 리스크의 적정성 여부를 검토할 수 있다. 실제손익과 가상손익 방법의 비교는 〈표 6-10〉과 같다.

표 6-10 | 실제손익과 가상손익 방법의 비교

구 분	VaR	손 익 계 산		
실제손익 방법	t-1시점 종료 포지션의 VaR 값	t시점 포지션의 시가평가손익+누적매매(거래)손익+누적수입이자+누적배당금 ①	t-1시점 포지션의 시가평가손익+누적매매(거래)손익+누적수입이자+누적배당금 ②	① - ②
가상손익 방법		t-1시점 종료 포지션에 t시점의 가격 적용 ①	t-1시점 종료 포지션에 t-1시점의 가격 적용 ②	① - ②

출처 : 「시장 리스크 기준 자기자본 보유제도 해설」(2008), p.162.

모든 리스크 모형은 현실과 일치하는지 확인되어야 한다. 사후검증은 Market VaR 예측치를 실제수이에 체계적으로 비교하는 과정이다. 이 과정은 특히 리스크 관리 담당자들에게 좋은 정보를 제공한다. 이는 모형의 장점을 찾아내고 개선되어야 할 영역을 알게 해 준다.

사후검증은 Market VaR 모델의 적정성을 평가하는 방법으로 모델이 산출한 VaR 예측치를 실제 실현된 이익과 손실(P&L)에 비교한다. 이는 모델이 일정한 신뢰수준 내에서 정상적인 트레이딩 환경을 가정한 상태에서, 발생 가능한 잠재적인 손실을 적절하게 예측하고 있는지를 측정한다. 손실이 VaR 금액을 초과하는 경우에는 초과(exception)로 기록한다. 초과횟수가 주어진 신뢰수준하에서 기대되는 횟수를 초과하는 경우 이는 모델의 적정성에 대한 문제를 의미할 수 있으나, 이와 같은 사후검증 결과의 통계적 분석이 결정적인 결과를 제공하지 못하는 불분명한 영역도 존재한다.

② 사후검증의 실시 방법

사후검증은 아래와 같이 두 가지 범위로 수행된다.

(가) **회사 전체** : 내부모형으로 산출된 회사 전체 VaR에 대한 내부모형 범위 내의 모든 사업부의 가상 및 순수 손익의 비교

(나) **사업부별** : 각 사업부별 VaR과 사업부별 가상 및 순수 손익의 비교

보유기간 1일의 사후검증을 실시한다. 규제 요건을 충족하기 위하여 내부모형범위 내의 모든 비즈니스를 포함하는 은행 전체의 VaR을 산출하며 99% 신뢰수준하에서 VaR은 과거 시장 변동치 시나리오를 적용한 결과 중에서 두 번째로 큰 손실의 결과로 정의된다(대상 250개 가운데 2.5번째이나 보수적으로 두 번째로 함). 사후검증 초과는 어느 특정일의 손익이 이에 상응하는 VaR 수치보다 큰 경우에 발생한다. 그 초과가 수익으로 인해 발생되는 경우(두 번째로 큰 이익 시나리오 결과와 비교하여) 이는 양의 초과가 된다. 반면에 그 초과가 손실로 인해 발생되는 경우(두 번째로 큰 손실 시나리오와 비교하여) 이는 음의 초과가 된다. 은행은 가상손익과 순수손익에 대하여 이 두 가지 형태의 초과 모두에 대해 원인분석을 실시한다. 순수손익은 비트레이딩 항목인 수수료 등을 제외한 손익이며 가상손익은 순수손익 중 일중거래로 인하여 발생한 손익을 제외한 손익을 의미한다.

③ 사후검증 관련 업무 보고

VaR 순수손익 및 가상손익 데이터는 완전하고 정확하여야 한다. VaR과 손익은 사후검증 초과사항이 적절히 설명될 수 있도록 적절한 시간 이내에 보고되어야 하며, 적절한 시간 이내라 함은 손익 발생일로부터 통상 2영업일 이내를 의미한다.

④ 사후검증에 대한 리스크 요인의 책임

리스크 요인은 포지션 기준일의 다음 영업일에 VaR을 산출하고 기록하며 포지션 기준일로부터 2영업일 이내에 사업부별 손익분석을 완료해야 한다. 리스크 요인은 사후검증에 대하여 다음과 같은 책임을 갖는다.

(가) 사후검증 초과 시 적절한 분석을 위하여 적절한 시간 내의 일별 VaR 보고서의 산출 및 보고

(나) 사후검증 결과의 기록 및 사후검증 초과사항의 통지 그리고 기타 사후검증 보고서의 산출

(다) 일별 사업부별 VaR의 산출 및 보고

(라) 통상 재무회계 관련부서로부터 제공받는 일별 손익의 분석

(마) 적절한 시간 내에 사후검증 초과 사항의 기록 및 설명의 제공

⑤ 사후검증 보고

회사 전체에 대하여 사후검증 초과사항이 있는 경우 음의 사후검증 초과 시에만 감독원에 보고되지만 양의 초과의 경우에도 초과사항은 분석되고 기록되어야 하며 99% 신뢰구간의 모든 음의 순수 및 가상 손익 사후검증 초과는 월별로 리스크 관리 위원회에 보고되며 감독원의 내부모형의 요구조건에 따라 감독원에 보고한다.

사후검증 초과에 대한 설명은 리스크 요인에 의하여 검토되어야 하며 다음의 필수적인 정보가 포함되어 설명이 되어야 한다.

(가) 순수손익 및 가상손익에 대한 손익 구성요소

(나) 포지션과 관련된 실제 시장의 변화

(다) 가상손익이 VaR보다 큰 경우 VaR 모델에 의해 예측된 시장의 변화

리스크 요인이 작성한 월별 사후검증 보고서는 리스크 관리 위원회에서 심의한다.

⑥ 사후검증 결과 검증(review)

리스크 요인은 과거 1년(250일)간의 일별 사후검증 결과를 리뷰하고 사후검증 결과 영역을 결정하기 위하여 누적 음의 사후검증 초과횟수를 보고하여야 한다.

⑦ VaR 모델의 적정성을 위한 고려 항목

사후검증 초과 사항은 VaR 모델의 적정성을 고려하고 지속적으로 확인하기 위해 다음의 항목들에 의해 분석되어야 한다.

(가) VaR 계산의 적정성 : 내부모형에 의해 일부 포지션이 완전히 포착되지 못할 때에는 VaR은 재산출되거나 적절한 VaR 산출을 위해 적절한 리스크 요소를 포함하도록 VaR 모델이 개발되어야 한다.

(나) VaR 모델의 정확성 : VaR 모델이 리스크를 충분히 정확하게 측정하지 못하는 경우 별도의 리스크 모델 지원부서와 협의하여 독립적인 VaR 모델 검증을 수행하며 리스크 요인은 리스크가 적절히 반영되고 있음을 확인하기 위하여 정기적으로 VaR 모델에

대한 검토를 수행한다.

2) 시장 리스크 측정 결과 검증방법

리스크 측정 결과 검증방법으로 양적 적합성 검증에는 사후검증과 벤치마킹(benchmarking)의 방법을 통해 적정성 여부를 평가하는데 벤치마킹의 방법은 신용 리스크, 운영 리스크에서 주로 많이 사용하고 시장 리스크의 경우 사후검증방법을 이용한다.

시장 리스크 측정모형인 VaR 모형에 의해 산출된 리스크 예측치의 측정 결과에 대해 현실과 일치하는지를 검증해야 한다. 시장 리스크 자본량 측정 결과로서의 Market VaR 산출 결과에 대하여 금융감독원에서는 시장 리스크 측정 결과 검증방법으로 사후검증을 위한 기준을 제시하고 있다.

금융감독원 요구사항

내부모형에 의하여 시장 리스크를 측정하는 금융기관은 일별로 적절한 사후검증을 실시하여야 하며 사후검증 절차, 사후검증 결과에 따른 필요한 조치 등을 내규에 명시하고 준수하여야 한다.

금융기관은 내부모형을 사용한 날로부터 일별로 전일의 최종포지션이 변하지 않는다고 가정하여 산출한 가상의 순손실액 및 실제 순손실액과 1일 VaR을 비교하고 그 기록을 적정하게 유지/관리하여야 한다.

이러한 사후검증을 수행하는 목적은 VaR 모형의 유용성은 향후 발생 가능한 손실규모를 정확히 추정하여 거래의 적정성을 분석하고 적정 자기자본을 할당하는 데 있는바 사후검증, 위기상황분석 등을 통하여 모형의 적합성(Model validation)을 상시적으로 점검하고, 위기상황 시 부담해야 할 최대 손실을 자기자본으로 흡수할 수 있는 여력이 있는지 여부를 정기적으로 판단하는 것이다.

사후검증은 보유기간 1영업일의 VaR을 기준으로 일별 실시하며 초과횟수의 산정은 최근 250영업일을 기준으로 한다. 또한 사후검증은 최소한 일별로 가상 또는 실제 손익(hypothetical & actual P/L)에 대하여 연결기준, 각 리스크 범주별(금리, 주식, 외환, 상품, 변동성 등)에 대하여 적용한다.

3) 사후검증방법

Market VaR은 99% 신뢰수준하에서 산출되므로 통계적으로 미래에 발생하는 손실 중 99%는 VaR의 영역 내에 있으며 1%만이 이를 초과할 것으로 예상할 수 있다. 즉 250영업일에서 평균 2~3회의 손실만 일별 VaR 측정치를 초과하는 경우 VaR 모형이 적정하다고 평가할 수 있다.

일반적으로 시장 리스크 내부모형(Market VaR)에 대한 사후검증 절차는 다음과 같다.

① 내부모형을 이용하여 일별 주기로 VaR을 측정

② 매일의 시장가격을 이용하여 포트폴리오의 실제(또는 가상)손익을 계산

③ 일정기간(예 : 1년) 동안 VaR 추정치와 실제(또는 가상)손익을 정기적으로 비교

④ 실제(또는 가상)손익이 VaR 추정치를 초과하는 일수 또는 비율을 계산하여 모형의 적정성을 판단.

이러한 방식으로 내부모형의 적정성을 평가하는 경우 VaR 측정치와 실제 또는 가상 손익의 비교 시 일관성을 유지하는 것이 필요하다. 즉, 각 리스크 요소별(주식, 금리, 환율 등)로 VaR의 측정범위(일반 시장 리스크, 개별 리스크)와 손익(가상손익, 실제손익)의 구성에 일관성을 유지해야 통계적으로 유의적인 사후검증을 수행할 수 있다.

4) 사후검증을 위한 바젤기준

바젤위원회는 VaR의 일별 사후검증에 기초한 틀을 제시한다. 네 개 이하의 예외는 수용가능하며 녹색의 영역으로 정의된다. 예외 빈도가 5 이상이면 은행은 황색 또는 적색 영역에 포함되며 누진적 벌칙을 받는다. 벌칙은 더 높은 요구자본이다. 대략적으로 요구자본은 신뢰수준 99%의 10일 VaR의 배수로 표현된다. 통상적인 배수는 3이다. 은행이 황색 영역에 진입한 후 배수는 〈표 6-11〉바셀 벌칙 영역에 따른다.

감독원의 지침에 따라 사후검증 결과 영역은 '적합(Green)', '주의(Yellow)', '부적합(Red)'으로 정의되며 누적된 음의 사후검증 초과횟수는 사후검증 초과 보고서에 기록되어야 한다.

표 6-11 | 바젤 벌칙의 영역(초과횟수별 부가 승수)

영역	예외빈도	부가 승수
적합(녹색)	0부터 4	0.0
주의(황색)	5	0.40
	6	0.50
	7	0.65
	8	0.75
	9	0.85
부적합(적색)	≥10	1.0

주 : 부가 승수는 전체 포트폴리오에 대한 시장 리스크의 사후검증 결과에 따라 결정하되, 실제손익과 가상손익에 대한 사후검증 결과를 모두 고려함.

적합(Green) : 과거 250일간의 음의 사후검증 초과횟수가 네 번 이하인 경우를 의미한다. 다만 초과횟수가 한 번도 없었다면 VaR 모델이 정상적인 상황보다 높은 VaR을 산출해 왔음을 의미할 수 있으며 정확하게 산출되고 있는지 점검이 필요함을 의미할 수도 있다.

주의(Yellow)와 부적합(Red) : 주의 영역은 음의 사후검증 초과횟수가 5회 이상 10회 미만의 경우이며 부적합 영역은 음의 사후검증 초과횟수가 10회 이상인 경우이다.

3. 정성적 검증방법

1) 질적 적합성 검증의 주요 점검항목

(1) 모델 운영의 적정성

내부모형 가격평가모형의 일선부서와의 동일성 여부, 모형에 영향을 미치는 중요한 변화 발생 시 또는 신상품에 대한 처리 절차가 적정하게 마련되어 있는지 점검한다..

(2) 내부통제 기능의 적정성과 이사회 및 경영진의 역할

리스크 관리 전담부서의 운영과 역할이 일선 프런트부서와는 독립적으로 이루어지고 있는지, 이사회와 경영진이 리스크 통제과정에 적극적으로 참여할 수 있도록 책임과 권한 규정이 되어 있는지 점검한다.

(3) 측정 결과 활용

내부모형을 통해 측정된 결과가 시장 리스크에 대한 계획, 모니터링 및 통제과정에 충분히 활용되고 있는지 점검한다.

2) 정성적 검증의 의미

Market VaR에 의해 측정된 시장 리스크량이 회사의 상황과 시장 여건을 감안하여 적정한 수준으로 산출되었는지를 검증할 필요가 있다.

시장 리스크 시스템의 안정적인 운영을 위하여 필수적인 데이터 정합성 검증 및 수작업 입력 데이터 처리 절차, 시장 데이터 검증, 평가 모델 비교 및 평가 모델 검증 등에 대하여 정의한다.

3) 데이터 정합성 검증

데이터 정합성 검증은 ① 배치 프로세스 점검 ② 시장 데이터 정합성 검증(사전 점검 및 입수 자료 점검) ③ 포지션 데이터 점검 ④ 사후 정합성 검증 ⑤ 손익 검증으로 분류하여 처리기준을 정한다.

배치(batch, 어떤 처리를 연속적으로 하는 것이 아니고 일정량씩 나누어 처리하는 경우 그 일정량을 배치라고 함) 프로세스 점검은 일 배치 작업의 과정을 통해 데이터 이상 유무를 확인하는 과정으로 데이터 1차 점검과정이라 할 수 있다. 시장 및 포지션 데이터에 대한 점검은 리스크 분석을 위해 투입되는 자료에 대하여 실제적인 검증작업을 수행한다. 그리고 사후 정합성 검증은 분석 결과에 대한 검증으로 분석 결과의 추이와 사후검증 결과를 이용하여 사전에 발견되지 못한 자료의 적합성 여부를 검증한다.

4) 시장 데이터 검증과 평가 모델 비교 및 검증

프런트 오피스(front office)에서 트레이딩 목적으로 운영하고 있는 상품에 대한 리스크 측정 및 통제를 위해서는 프런트 오피스와 리스크 요인서에서 계산하는 평가금액에 일관성이 유지되어야 한다. 리스크 요인서는 프런트 오피스가 보유하고 있는 포지션에 대해 평가금액 비교를 정기적으로 실시하고 차이가 발생할 경우 원인을 분석하고 해결책을 모색한다.

5) 정성적 검증방법으로 데이터 정합성 검증 절차

(1) 배치 프로세스 점검

배치 프로세스의 점검은 데이터 파일 입수 완료 시간 체크와 배치작업 시작 시간 점검으로 구성된다.

① 데이터 입수 완료 시간 체크

데이터 입수 경로에 포지션 데이터와 BS(재무상태표), 손익 관련 데이터가 모두 인터페이스(interface, 통신 및 접속이 가능하도록 하는 매개체)되는 시간을 기록한다.

② 배치작업 시작 시간 점검

배치작업이 시작될 때 기록되는 시간을 파악하여 배치작업 시작 시간을 알 수 있도록 한다.

(2) 시장 데이터 정합성 검증

시장 데이터 사전 점검과 입수 자료에 대한 정합성 검증 작업을 실시한다.

① 시장 데이터 사전 점검

유가증권, 외환 및 파생 상품의 공정가액 평가 및 시장 리스크 측정을 위해 프런트 시스템의 시장 데이터와 자금을 운용하는 부서에서 수기 입력한 시장 데이터의 이상 유무를 미들 오피스에서 점검한다.

② 입수 자료에 대한 검증

입수 데이터의 건수에 대한 검증과 전일 대비 이상치 데이터를 확인한다. 그리고 금일자 시장 데이터가 누락된 리스크 요소를 파악하여 관리한다.

③ 데이터의 이상치(Outlier) 확인

미들 오피스 시스템에 입수된 데이터가 프런트 시스템 값과 일치하는지 그리고 이미 설정한 리스크 요소들의 이상치의 설정범위(과거의 역사적 데이터의 변동성을 가지고 사전에 정함)가 다음의 범위 이내인지를 확인한다.

- 금리 데이터 : 전일 대비 ± **bp 초과 또는 과거 1년 평균 변동성의 ±2.33배 (예시) 초과에 대한 정합성 검증 보고서를 통해 조회한다.
- 지수 데이터 : 전일 대비 ±**% 초과 또는 과거 1년 평균 변동성의 ±2.33배 초과에 대한 정합성 검증 보고서를 통해 조회한다.
- 환율 데이터 : 전일 대비 ±**% 초과 또는 과거 1년 평균 변동성의 ±2.33배 초과에 대한 정합성 검증 보고서를 통해 조회한다.
- 상품/옵션 변동성 데이터 : 전일 대비 ±**% 초과 또는 과거 1년 평균 변동성의 ±2.33배 초과에 대한 정합성 검증 보고서를 통해 조회한다.
- 개별 주식종가 데이터 : 전일 대비 ±**% 초과 또는 과거 1년 평균 변동성의 ±2.33배 초과에 대한 정합성 검증 보고서를 통해 조회한다.

(3) 포지션 데이터 정합성 검증

측정 대상 보유 포지션에 대한 정합성 검증은 계정과목별 BS 대사, 입수 데이터에 대한 검증, 내부모형 산출 제외 포지션 점검을 통해 검증작업을 실시한다.

① BS 대사를 통한 검증작업

계정과목별로 BS 대사를 통해 자료의 정합성을 검증하는 작업으로 포지션을 계정과목별로 집계하여 BS와의 일치 여부를 검증한다.

② 입수데이터에 대한 검증

측정 포지션(상품별/환/주식/채권/선물 등)의 정상적인 입수 여부, 입수된 상품의 필수항목에 대한 점검 및 입수된 데이터의 값 범위에 대한 검증작업을 실시한다.

③ 내부모형 산출 제외 포지션 점검

트레이딩 포지션임에도 불구하고 내부모형을 통한 시장 리스크 측정에서 누락되고 있는 포지션을 점검한다.

(4) 사후 정합성 검증

사후 정합성 검증은 시장 리스크 분석 결과 값을 토대로 데이터의 오류 여부를 체크하여 원인을 분석함으로써 정확한 리스크 분석을 할 수 있도록 한다.

시나리오 점검 및 누락확인

1일 VaR 측정에 사용되는 250개의 시나리오를 관리하기 위해서는 설정한 리스크 요인에 대해 최소한 250개의 시장 데이터가 필요하다.

1일/10일 Normal VaR 측정에 사용된 시나리오 250개 중 기간과 리스크 요소의 수를 파악하여 누락된 시나리오가 없는지 확인한다.

(5) 분석 결과 점검

① 손익 자료

본부별 전일 연손익, 금일 연손익 및 금일 일손익 집계 결과를 확인한다.

② 내부모형

장부금액과 내부모형을 통해 산출된 평가금액 및 요소별 VaR에 대한 전일 대비 정보를 조회하여 당일 분석 결과 값의 적합성과 전일 대비 증감분을 확인하도록 한다.

③ 표준모형

표준모형 분석을 통해 산출된 일반 시장 리스크와 개별 리스크 정보를 전일 대비 증감분을 조회하여 산출된 결과 값의 적정성을 확인할 수 있다.

(6) 사후검증 점검

전일 산출한 1Day VaR과 전일 포지션을 이용한 가상손익 자료, 실제손익 자료를 이용하여 사후검증을 실시하며 다음의 [그림 6-6] 사후검증 점검표와 같이 확인한다.

① 사후검증 시 확인 사항

- 거래 건별 검증을 통하여 전 일자 트레이딩 포지션과 당일 사후검증 대상 포지션의 일치 여부
- 거래 건별 가상손익의 합과 전체 포트폴리오 가상손익 합계와의 일치 여부, 가상손익 산출을 위한 시장 데이터의 적합 여부
- 실제손익의 경우 시스템에서 인터페이스되는 손익 자료에 대한 대사 보고서를 통하여 데이터 정합성을 체크

그림 6-6 | 사후검증 점검표

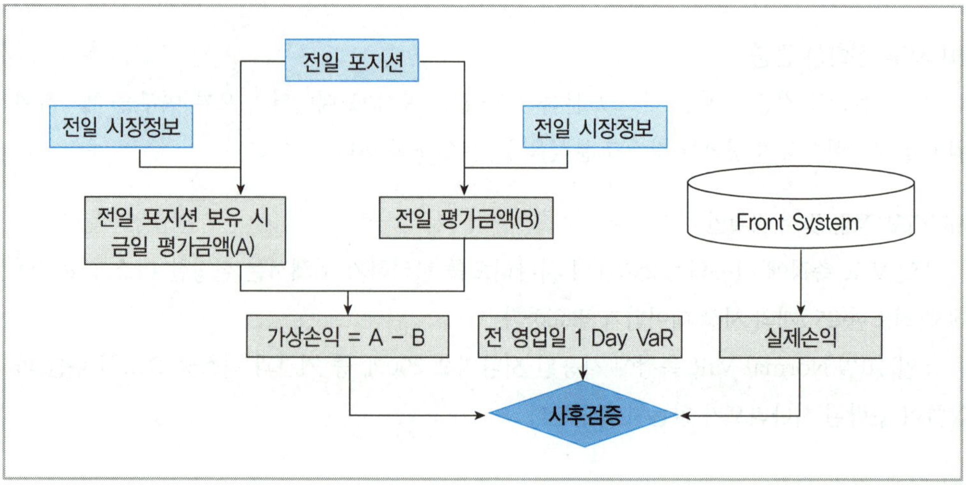

② 사후검증 결과 체크

사후검증은 전일 분석 결과에 대한 적정성을 검증하는 작업으로 가상손익 및 실제손익이 전 영업일 VaR을 초과하는지 여부를 분석한다. 사후검증 결과 초과발생 시 원인을 분석하여 관리한다. 또한 일별 내부자본 값을 보고하고 한도초과 여부를 분석 · 관리한다.

(7) 수작업 입력 데이터 처리 절차

포지션은 일별로 자동으로 인터페이스되므로 수작업으로 입력할 필요성이 없으나 향후 일별로 포지션 데이터가 입수되기가 어려운 경우에는 매 영업일마다 수작업으로 데이터를 데이터베이스(DB)에 입력하여 관리한다. 이는 대개 자회사나 해외 현지법인의 경우 시스템 여건상 일별 데이터 정합성 점검 체계가 갖추어져 있지 않은 상태에서 발생한다.

6) 시장 데이터 검증과 평가모델 비교 및 검증과정

(1) 시장 데이터 검증

평가금액 산출에 적용되는 시장 데이터를 원천 시스템과 시장 리스크 시스템 간의 입수된 마켓데이터 비교를 정기적으로 실시한다.

리스크 측정을 위한 시장 데이터는 다음과 같다.

환율종가, 주식종가, 주가지수종가, 산금채, 회사채, 금융채, 국고채, 통안채 금리.
선물(주가지수, 통화, 금리, 상품)가격, 옵션 내재변동성 등

(2) 평가모델 비교

프런트 오피스와 리스크 요인서는 회사가 보유한 트레이딩 포지션의 평가방법론을 상세히 기술한 문서를 작성하고 정기적으로 업데이트한다. 이 문서를 기준으로 상품별로 두 시스템 간의 평가모델을 비교하여 차이점을 분석한다.

(3) 평가모델 검증

평가모델 구현이 가능한 상품의 경우 모델을 직접 구현하여 시스템을 검증하고 이를 바탕으로 시스템 간의 평가금액을 비교한다. 평가금액에 차이가 발생할 경우 원인을 분석하고 이를 입증하는 근거자료를 작성한다. 정기적으로 시장 리스크 산출 시스템과 프런트 시스템 간 시장가치(MTM: Mark to Market)를 비교하여 검증한다.

프런트 시스템과 리스크 관리 시스템 평가금액 비교

프런트 오피스 시스템과 리스크 관리 시스템 간의 평가금액 차이를 비교하고 평가방법의 적정성을 검증한다. 평가금액의 차이가 발생하는 원인으로는 시장 데이터의 차이, 평가모델의 차이가 있을 수 있으며 각각 다음과 같은 과정으로 분석을 실시한다.

(가) 시장 데이터의 차이

각 상품을 평가하기 위하여 시장 데이터(Market Data)를 사용하는 데 있어서 프런트 오피스 시스템과 리스크 관리 시스템 사이에 차이가 있는지 비교한 후 두 시스템 간 상품 평가금액의 차이가 서로 다른 시장 데이터 사용으로부터 기인하는지 여부를 검증한다.

(나) 평가모델의 차이

프런트 오피스 시스템에서 사용하는 평가모델이 일반적으로 사용되는 모델인지의 여부를 1차적으로 확인하고 프런트 오피스 시스템 평가금액과 프런트 오피스 시스템에서 사용하는 동일한 모델로 측정한 평가금액과의 차이를 비교한다. 또한 프런트 오피스 시스템과 리스크 관리 시스템 간 상품 평가모델의 차이를 비교하고 각 평가모델의 적정성을 판단한다.

제5절 시장 리스크 관리 시스템의 운영

1. 시장 리스크 측정 시스템

시장 리스크 관리 측정 시스템의 구축과 이의 효율적인 운영을 위해서는 시장 리스크 관리 업무의 이해, 시스템 및 데이터 관리, 시장 리스크 비상 계획이 포함되어야 한다.

시장 리스크 관리 업무의 이해

시장 리스크 측정 대상 포지션의 발생에서 가치평가 및 리스크량 산출에 이르는 과정에 대한 시장 리스크 관리 업무의 이해가 우선되어야 한다. 시장 리스크 관리 업무는 리스크 관리 총괄 부서와 리스크 요인 관련 부서 업무로 구분된다.

2. 시장 리스크 관리 시스템 운영을 위한 리스크 관리 업무

1) 리스크 관리 총괄부서의 업무

리스크 총괄부서에서는 VaR 측정치, 리스크 측정지표, 포지션 등의 추이, 한도관리 상황, 사후검증 결과를 중심으로 다음의 시장 리스크 업무를 관리한다.

① 조직별, 리스크 요소별 리스크 측정 및 사후검증을 실시하며 회사 개별 및 연결기준 포트폴리오의 VaR을 산출한다.

② 익스포저(exposure), VaR 및 손실기준 한도관리를 한다.

③ VaR의 측정과 관련된 아래 항목에 대해 적정성 여부를 점검한다.

(i) 프런트 시스템과 리스크 관리 시스템과의 상품별 평가모델 및 평가 결과(MTM) 비교

(ii) 시나리오, 전행/요인별 VaR, 베타 등 주요 리스크 측정값

④ 일별 시장 리스크 측정과 관련하여 데이터 정합성이 유지될 수 있도록 관리업무를 수행한다.

⑤ 시장 리스크 관리 시스템의 설계 및 운영과 관련된 업무를 총괄하며 시장 리스크 관리 업무지침을 별도 제정하여 관리한다.

⑥ 시장 리스크 관리 시스템 운영기준 및 시장 리스크 측정방법의 적정성 여부를 상시 점검하고 운영기준 및 측정방법의 변경 이력을 관리한다.

2) 리스크 요인 관련 부서의 시장 리스크 관리 업무

리스크 요인 관련 부서와 관련하여 다음의 시장 리스크 업무를 관리한다.

① 상품계정 시장성 자산에 대해 한도 관리한다.

(i) 익스포저 한도, VaR 한도 및 손실 한도를 관리한다.

(ii) 부서별, 데스크별, 딜러별, 상품별 한도를 관리한다.

② 익스포저 및 손익(P&L)에 대하여 다음 사항을 모니터링한다.

(i) 유가증권 시스템 및 파생상품 시스템의 포지션 및 손익 데이터의 정합성을 검증한다.

(ii) 리스크 관리 시스템에서 산출되는 포지션 및 손익 데이터의 정합성을 원천 시스템 데이터와 검증한다.

(iii) 시장 리스크 관리 대상 자산 및 부채에 대해 상품 및 투자계정으로 구분하여 매일 시가평가를 실시한다. 한국채택 국제회계기준(K-IFRS)과 은행업감독업무 시행세칙 별표 3-2 "파생상품거래 회계처리 기준"에서 정한 기준에 의해 실시한다.

(iv) 본부별, 데스크별, 딜러별, 상품별로 구분하고, 상품 및 투자계정으로 구분하여 포지션 및 손익현황을 파악한다.

③ 일중 시장가와 괴리된 가격으로 이루어진 거래 등 비정상 거래 및 특이 사항을 파악한다.

3. 정확한 데이터 산출에 필요한 시장 리스크 시스템 및 데이터 관리

1) 시스템 및 데이터 관리

시장 리스크 관리 시스템과 시장 리스크 데이터 관리 등에 대한 세부사항을 정함으로써 시장 리스크 관리 시스템 운영 및 데이터 관리 업무의 안정적이고 효율적인 수행을 기할 수 있다.

시장 리스크량 산출과정에서 필요한 자료와 측정 결과들을 전체 흐름에 따라 분류하고 정의하여 데이터 마트를 구축해야 한다.

시장 리스크 관리 시스템은 시장 리스크를 계량화하여 VaR을 산출하는 애플리케이션 패키지 및 시장 리스크 관련 데이터에 대하여 정의를 내리고 시스템 운영에 대한 역할을 분명히 하여 업무를 수행해야 한다.

2) 데이터 품질관리

시장 리스크 관리를 위한 데이터 품질관리는 IT 관련 부서, 리스크 관리 총괄부서에서 각각 담당하며 시장 리스크 관리 시스템에 의한 시장 리스크 산출에 필요한 시장 데이터 및 포지션 데이터와 회사의 유가증권, 외환 및 파생 상품의 공정가액 평가 및 시장 리스크 측정을 위해 사용되는 모든 기초 데이터인 원천 데이터의 데이터 품질관리 업무를 수행한다.

3) 시장 리스크 관리 시스템은 다음의 애플리케이션 패키지를 포함

① 시장 리스크를 계량화하여 VaR을 산출하는 데 이용되는 시장 리스크 측정 모델이 내장된 시장 리스크 분석 엔진

② 앞의 시장 리스크 분석 엔진에서 평가가 불가능한 파생상품에 대해 외부 평가사로부터 구입하여 프라이싱 로직을 구현한 시장 리스크 분석 엔진

③ 시장 리스크 분석 엔진과 리스크 데이터 마트 간의 인터페이스를 담당하는 데이터 매핑(mapping) 기능과 시장 리스크 분석 엔진에 의해 산출된 결과를 사용자가 정의한 보고서 형태로 산출하는 보고서 뷰어(viewer) 기능 시스템

4) 시장 리스크 관련 데이터

① 시장 데이터 : 시장 리스크 계량화에 필요한 시장 리스크 요소(금리, 환율, 주가, 변동성 등) 관련 데이터

② 포지션 데이터 : 시장 리스크 계량화에 필요한 만기, 현금흐름 등과 같은 상품정보 및 거래정보 등에 대한 데이터

4. 시장 리스크 시스템 운영에 대한 역할

회사의 IT 관련 부서장은 서버의 도입 관련 업무를 포함하여 시장 리스크 관리 시스템을 운영 및 관리하며, IT 전담인력을 배치하여 업무를 수행케 한다.

① 시장 리스크 관리 시스템의 일상적인 운영과 관리가 가능하도록 매뉴얼을 작성하여 IT 전담인력이 업무수행에 이용할 수 있도록 한다.

② 시장 리스크 관리 시스템의 일일 배치(Batch) 작업관리와 애플리케이션 및 애플리케이션 지원 프로그램을 관리한다.

③ 서버의 설치 및 운영, 복구 정책을 담당하고, 보안관리 정책에 의하여 서버의 보안관리

를 수행한다.

④ 애플리케이션 패키지의 유지보수와 관련된 제반활동을 수행하도록 하여야 한다.

(i) 애플리케이션 패키지의 원활한 사용을 위하여 필요한 경우 유지보수업체의 예방정비를 요청하여 점검을 실시한다.

(ii) 보안관리, 사용자 추가, 권한관리 등에 필요한 경우 애플리케이션 패키지의 지원 소프트웨어를 설치하고 사용 버전을 관리하며 필요한 경우 업그레이드를 실시한다.

(iii) 애플리케이션 패키지 프로그램 오류발생 시 오류발생 현황을 유지보수업체와 리스크 요인부서 앞 즉시 통보하고 해결방안을 마련한다.

⑤ 시장 리스크 관리 시스템과 관련되는 시장 리스크 관리 시스템 서버와 시장 리스크 관리 시스템 데이터 베이스에 대한 유지보수체계를 마련하여 시스템 운영의 안정성을 유지하여야 한다.

5. 시장 리스크 관리 측정 시스템 운용을 위한 데이터 품질관리

1) 데이터 품질관리 시스템

데이터 품질관리를 위한 시장 리스크 관리 측정 시스템은 다음과 같다.

① 원천 시스템

② 데이터 웨어 하우스(DW)

③ 시장 리스크 관리 시스템

2) 리스크 요인 부서의 데이터 검증업무

리스크 요인 부서는 시장 리스크 관리 시스템과 관련된 데이터 검증을 실시하여야 하며 검증 결과 오류발생 시 그 원인을 파악하여 관련 부서에 오류에 대한 판정을 요청하고 시장 리스크 측정 재작업 필요 여부를 판단하여야 한다.

3) 데이터 관리

① 시장 리스크 관리 시스템에 의한 시장 리스크 산출에 필요한 시장 데이터 및 포지션 데이터를 데이터 웨어 하우스(DW)로부터 인터페이스한다.

② 시장데이터는 로이터(Reuters), 채권 시가평가사 등 공인된 자료제공자가 제공한 것을 입수하여 사용한다.

③ 포지션 데이터는 데이터 웨어 하우스(DW)를 통하여 원천 시스템에서 입수한다.
④ 수작업 데이터의 정합성과 안정성 유지를 위해 해당 데이터 관리부서는 수작업 데이터를 데이터 웨어 하우스(DW)에 등록하여 관리한다.

4) 원천 시장 데이터 관리

① 회사가 보유 중인 유가증권, 외환 및 파생 상품의 공정가액 평가와 시장 리스크 측정의 적정성을 유지하기 위해 시장 데이터 관리에 필요한 제반 사항 및 절차를 정해야 한다.
② '시장 데이터' 라 함은 회사의 유가증권, 외환 및 파생 상품의 공정가액 평가 및 시장 리스크 측정을 위해 사용되는 모든 기초 데이터를 의미하며 '일중 시장 데이터' 및 '마감 시장 데이터' 로 구분한다. '일중 시장 데이터' 라 함은 프런트 시스템에서 실시간으로 조회되는 값을 지칭하며, '마감 시장 데이터' 는 통합시장 데이터 관리 시스템에서 마감 시간에 입력된 값을 의미한다.
③ '통합시장 데이터 관리 시스템' 이라 함은 주 시스템인 '시장 데이터 관리 시스템' , 관련 서버(Server) 및 데이터베이스(DB)를 의미한다.
④ '연결시스템' 이라 함은 시장 데이터를 입수하여 적용하는 프런트 시스템, 리스크 관리 시스템 등을 의미한다.
⑤ 시장 데이터는 정보통신사, 국제금융기관, 금융결제원 등 일반적으로 신뢰할 만한 정보 제공기관으로부터 제공받는 것을 원칙으로 한다.
⑥ 검증된 마감 시장 데이터는 특별한 사유 없이 임의로 변경할 수 없으며 변경이 필요한 경우 마감 시장 데이터의 수정 권한은 리스크 요인 부서에 있고 IT 관련 부서는 통합시장 데이터 관리 시스템 및 프런트 시스템의 데이터 관리 및 전산 업무를 수행한다.

5) 시장 데이터 관리 관련 부서별 직무

시장 데이터 관리를 위한 관련 부서별 직무는 다음과 같다.

① 자금시장 관련 부서 : 적정한 공정가격 평가를 위한 기초 시장 데이터 투입 및 관리
② 리스크 관리 총괄 부서 : 공정가액 평가를 위한 시장 데이터의 적정성 검증 및 관리
③ IT 관련 부서 : 시장 데이터 정보제공 기관과 통합시장 데이터 관리 시스템 간의 인터페이스 및 통합시장 데이터 관리 시스템과 프런트 시스템 간의 인터페이스 전산작업 수행 등 제반 전산작업과 관리 시스템 운영, 관리 및 장애복구 업무 수행

6. 시장 리스크 비상 계획

1) 시장 리스크 비상 계획의 목적

환율, 금리, 주가 등 시장가격 변동성의 급격한 증가 또는 금융시장에서의 금융상품 거래 가능성의 급격한 위축 등으로 말미암아 회사가 트레이딩 목적으로 보유하고 있는 금융상품으로부터 대규모 손실을 입을 가능성이 크게 높아지는 비상 상황에 신속하게 대처하기 위한 조치 내용 및 그 절차를 정한다.

2) 시장 리스크 비상대책위원회 및 실무위원회

시장 리스크 비상 계획의 목적을 달성하기 위해 시장 리스크 비상대책위원회와 실무위원회를 각각 설치하여 비상 상황 단계별 정의와 그에 대한 조치를 취한다. 이는 측정 시스템 장애 발생 시 원인을 분석하여 장애방지 조치를 취하기 위함이다.

3) 시장 리스크 비상대책위원회와 실무위원회의 비상 상황별 조치 사항

(1) 시장 리스크 비상대책위원회

리스크 관리 담당임원(CRO)이 위원장이 되며 리스크 관리 총괄부서장이 간사가 되며 각 리스크 종류별 운영부서장이 위원이 된다. 비상 상황 위기단계 발생 시 위원장이 회의를 소집한다.

(2) 시장 리스크 비상대책실무위원회

리스크 관리 총괄부서장이 위원장이 되며 리스크 요인부서 시장 리스크 담당자가 간사가 되며 각 리스크 종류별 운용부서 거래담당자 그리고 미들 오피스 담당자로 위원이 구성된다. 비상 상황 위기 단계 발생 시 위원장이 회의를 소집한다.

(3) 비상 상황 단계별 정의와 그에 대한 조치

비상 상황 단계별 정의와 예비 상황 그리고 예비 상황 도달 시 조치 내용은 〈표 6-12〉와 같다. 예비 상황별 내용에서 단계별 표준편차의 범위와 영업일수 등에 대해서는 회사의 위기 상황분석 결과의 예를 반영하여 적의 설정한다.

(4) 비상 상황 시 대처할 장애 복구와 백업 업무

시장 리스크 시스템의 오작동 및 불능 시 대처하기 위해 절차가 마련되어야 하며, 이를 위해 IT 관련 부서장은 장애 복구와 백업 업무 절차를 마련하여야 한다.

① 정상적인 시장 리스크 관리 시스템 운영에 지장을 초래하는 장애 발생 시 IT 인력은 시

표 6-12 | 비상 상황 단계별 정의와 예비 상황 및 조치 내용

구분	정의	예비 상황	조치 내용
1단계(경계 단계)	시장의 변동성이 증대되었으나 별 문제가 없는 단계	금리, 환율, 주가 등의 1일 변화율이 과거 3년 동안의 변화율 평균에 변화율의 표준편차의 2배(예)를 더한 값이 2~3영업일 지속되는 상황	시장 리스크 비상대책위원회 및 실무위원회를 개최하여 현상 진단하고 향후 조치 및 실행 시기 등에 대해서는 리스크 관리위원회에 보고
2단계(주의 단계)	시장의 변동성이 증대되고 거래 유동성이 다소 위축될 것으로 의심되는 단계	금리, 환율, 주가 등의 1일 변화율이 과거 3년 동안의 변화율 평균에 변화율의 표준편차의 2배(예)를 더한 값이 4영업일 지속되는 상황	
3단계(위기 단계)	시장의 변동성이 증대되고 거래 유동성이 상당히 위축될 것으로 의심되는 단계	금리, 환율, 주가 등의 1일 변화율이 과거 3년 동안의 변화율 평균에 변화율의 표준편차의 2배(예)를 더한 값이 5영업일 지속되는 상황	
4단계(공황 단계)	시장의 변동성이 증대되고 거래 유동성이 심각하게 위축되어 정상적인 거래가 불가능한 단계	금리, 환율, 주가 등의 1일 변화율이 과거 3년 동안의 변화율 평균에 변화율의 표준편차의 2배(예)를 더한 값이 일주일 이상 지속되는 상황	

주 : 금리, 환율, 주가 등의 변화율의 표준편차의 범위는 비상대책위원회에서 정한다.

장 리스크 관리 시스템의 가동을 즉시 중단하고 장애가 발생하였음을 즉시 IT 관련 부서장과 리스크 관리 총괄부서장에게 보고 후 유관부서 및 지원업체의 협조를 요청하는 등의 적절한 조치를 취하여 신속한 복구작업을 수행하여야 한다.

② IT 관련 부서는 시장 리스크 관리 시스템과 관련하여 다음의 백업 업무를 수행하여야 한다. 백업의 대상은 시장 리스크 관리 시스템 서버, 데이터 베이스 및 시스템 복구에 필요한 모든 파일로 하며 원본 데이터와 백업 데이터가 복구에 사용 가능하도록 신뢰성과 무결성을 보장하여야 한다.

(5) 시장 데이터 오류 수정, 추가 및 삭제에 대한 업무

① 프런트 시스템 내 일중 시장 데이터의 오류 등 문제점을 발견한 경우 리스크 관리 총괄부서와 IT 관련 부서에 지체 없이 통보하여 해당 문제점을 해결하도록 한다.

② 통합시장 데이터 관리 시스템으로 기초시장 데이터 투입 및 관리 시 오류 등 문제점을 발견한 경우, 즉시 해당 시장 데이터의 수정을 리스크 관리 총괄부서에 요청하여 마감

시장 데이터의 오류가 없도록 한다.

③ 자금시장 관련 부서에서 과거 일자의 마감시장 데이터를 수정해야 하는 경우에는 수정 사유를 첨부하여 해당 내역을 리스크 관리 총괄부서에 문서로 정식 요청한다. 리스크 요인 관련 부서는 요청받은 시장 데이터의 적정성을 검증하고 부서장의 결제를 받은 후 시장 데이터를 수정한다. 대용량 시장 데이터의 변경 시 관련 전산업무를 IT 관련 부서에 공문으로 요청한다.

④ IT 관련 부서는 통합시장 데이터 관리 시스템 및 프런트 시스템의 시장 데이터 오류 수정, 추가 및 삭제 등에 대한 제반 전산업무를 담당한다. 리스크 관리 총괄부서로부터 시장 데이터 오류 수정 추가 및 삭제 등에 관한 요청을 받은 경우, 해당 내용을 통합시장 데이터 관리 시스템 및 프런트 시스템에 반영하고 관련 부서 담당자에게 통지하며 변경된 이력을 관리한다.

연습문제

객관식

1. 시장 리스크의 대상이 아닌 것은?
① 유동성 리스크 ② 환율변동 리스크
③ 옵션 리스크 ④ 상품 리스크

2. VaR 산정 시 필요한 구성요소가 아닌 것은?
① Market Value ② Time Horizon
③ Confidence Level ④ Mean Value

3. VaR이 금융기관에서의 다양한 경영의사결정에 활용되는 기능과 거리가 먼 것은?
① 수익성 제고 기능 ② 정보보고 기능
③ 성과평가 기능 ④ 자원배분 기능

4. 시장가격의 변동으로 인한 대상 포지션의 손실 리스크는 일반 시장 리스크와 개별 리스크로 구분한다. 다음 중 개별 리스크에 해당하는 것은?
① 금리 리스크 ② 유가증권 발행자 리스크
③ 주가 리스크 ④ 환율 리스크

5. 시장 리스크 내부모형의 양적 기준에 해당하지 않는 것은?
① 산출기준에 의한 VaR 값은 95% 단측 신뢰구간
② 10영업일의 보유기간을 적용하여 일일단위로 산출
③ 최저 자기자본은 전일의 VaR 측정치와 직전 60영업일의 평균 VaR 금액에 일정승수(3+)를 곱한 금액중 큰 금액
④ 시장 데이터의 자료관측 기간은 최소 1년이상이어야 한다.

6. 시장 리스크 내부모형의 질적 기준에 해당하지 않는 것은?
① 리스크 관리 부서의 독립성 ② 이사회와 최고경영진의 역할
③ 리스크 측정 결과의 활용 ④ 사후검증 절차의 내규 명시

7. 시장 리스크에서 포트폴리오 VaR 측정방법이 아닌 것은?
① 역사적 시뮬레이션법 ② 시나리오 분석법
③ 몬테카를로 시뮬레이션법 ④ 분산-공분산법

8. 특정 기간 이상 과거 시장자료의 실제 수익률 변동을 현재 포트폴리오에 적용하여 VaR을 계산하는 방법은?

① 역사적 시뮬레이션법 ② 분산-공분산법
③ 몬테카를로 시뮬레이션법 ④ 델타-노말법

9. 역사적 시뮬레이션에 대한 설명 중 틀린 것은?

① 특정한 손실분포에 대한 가정이 필요 없다.
② 과거 실제 발생한 사실들에 근거한 것이므로 포트폴리오 효과가 모두 반영되어 있다.
③ 이 방법의 장점은 과거에 발생한 변화 이외에 새로운 변화도 예측할 수 있다는 것이다.
④ 시장 리스크 측정방법 중 가장 일반적으로 사용되는 방법이다.

10. Value at Risk에 대한 설명 중 틀린 것은?

① VaR은 J.P. Morgan의 RiskMetrics 모형이 효시 역할을 했다.
② VaR은 위기상황 시에 발생할 수 있는 최대손실이다.
③ VaR은 Risk에 관한 한 Industry Standard 역할을 했다.
④ VaR은 시장 리스크에서 시작하여 신용 리스크, 운영 리스크, ALM 리스크 등 전반적으로 사용된다.

11. 시장 리스크 관리 시스템 적합성 검증의 일반원칙이 아닌 것은?

① 책임성의 원칙 ② 반복성의 원칙
③ 단일성의 원칙 ④ 적합성 검증의 범위

12. 시장 데이터 관리를 위한 관련 부서가 아닌 것은?

① 자금시장 관련 부서 ② 리스크 관리 총괄부서
③ IT 관련 부서 ④ 마케팅 관리부서

주관식

13. 전통적 ALM 관리방식과 시장 리스크 관리방식(Market Risk & VaR)에 대하여 비교 설명하라.

14. 전통적인 리스크 측정방법의 한계로 인해 VaR이 등장하게 되었다. 전통적 리스크 측정방법의 문제점과 VaR의 등장배경(J.P. Morgan's "4 : 15 Report")과 VaR의 장점, VaR의 활용에 대하여 설명하라.

15. 시장 리스크의 Portfolio VaR을 측정하는 데 모수적 방법과 비모수적 방법이 있다. 이를 각각 예를 들어 설명하라.

16. 최근 10일간의 다음의 매출액 자료를 이용하여 비모수 VaR 방법으로 1일 VaR을 산출하라.

일자	1	2	3	4	5	6	7	8	9	10
매출액(억)	10	5	8	7	20	13	4	21	33	9

17. CFaR(Cash Flow at Risk)의 산출 사례

알루미늄을 생산하는 기업이 Monte-Carlo Simulation을 통해 알루미늄 가격의 분포도와 평균값을 산출한 결과, 톤당 알루미늄 평균가($\overline{p}$)는 2,000달러이고, 표준편차($\sigma_{\overline{p}}$)는 425달러로 산출되었다. 알루미늄 생산회사의 신용등급은 Baa1으로 신뢰수준(97.87%)에 해당하는 가격은 1,530달러이다. 알루미늄 회사의 연간 생산량이 1백만 톤이라고 가정할 때 CFaR(Cash Flow at Risk)을 산출하라.

18. 포트폴리오 VaR을 측정하는 방법 3가지에 대하여 설명하라.

19. 리스크를 정량적으로 측정하는 대표적인 방법으로 VaR(Value at Risk)을 이용한다. 주식(beta), 채권(Duration and convexity), 외환(F/X), 옵션(delta)의 VaR들의 Individual VaR 산출방법을 예를 들어 산출(공식 명시)하여 설명하라.

20. 10년만기 독일국채 150백만 마르크, 환율 \$/DM = 1.50, σ 환율 = 0.565%, σ 국채 = 0.605%, ρ 환율, 국채 = −0.27, 시장가치 \$100백만(DM150백만/1.5), 신뢰구간 99%일 때, Undiversified VaR과 Diversified VaR을 구하라. 즉, 1) Undiversified VaR, 즉 동 채권의 VaR(금리 VaR + 환율 VaR)과, 2) Diversified VaR, 즉 상관관계(ρ)를 감안한 금리, 환율 VaR과 상관관계에 의한 분산효과를 나타내라.

21. 채권의 현재가격 100억, 듀레이션 2.78, 일별 수익률(YTM)의 변동성(Δr) 15%, 현재수익률 10%, 95% 신뢰수준, Convexity 8.4일 때 채권 VaR을 계산하라.

22. Delta-Normal VaR을 다음 예를 참고하여 계산하라.

The expected 1-day return for \$100,000,000 portfolio is 0.00085 and the historical standard deviation of daily return is 0.0011. Calculate daily VaR at 5% significance.

23. Historical VaR을 다음 예를 참고하여 계산하라.

You have accumulated 100 daily returns for your \$100,000,000 portfolio. After ranking the returns from highest to lowest, you identify the lowest five returns:

−0.0019, −0.0025, −0.0034, −0.0096, −0.0101

Calculate daily VaR at 5% significance using the historical method

24. Monte Carlo VaR을 다음 예를 참고하여 계산하라.

A Monte Carlo outputs specifies the expected 1-week portfolio return and standard deviation as 0.00188 and 0.0125, respectively.

Calculate the 1-week VaR at 1% significance.

7장

금리 리스크 관리[1)]

제1절 금리 리스크 측정 대상 선정

1. 금리 및 유동성 리스크 개요

금리 및 유동성 리스크 관리를 ALM 관리(Asset and Liability Management, 자산 · 부채 종합 관리)라고 한다. ALM 관리는 금융기관이 자금중개 기능을 수행하면서 발생하는 금리 리스크와 유동성 리스크의 관리를 목적으로 시작된 활동이다. 최근에는 이 범위가 환율변동 리스크, 신용 리스크 등으로 더 확대되고 있다. 이러한 활동은 금융기관의 유동성(liquidity), 안정성(stability), 그리고 수익성(profitability) 등의 회계적 수익 및 순자산 가치를 극대화시키고자 하는 데 목적이 있다. 예금과 대출을 주 영업으로 하고 있는 상업은행과 장기자산과 부채를 많이 보유하고 있는 보험회사에서는 중요한 리스크 관리 대상이 된다. ALM 관리는 크게 금리 리스크 관리와 유동성 리스크 관리로 구분된다. 이때 금융회사는 금리 리스크 관리를 위해 금리개정 갭(repricing gap) 분석과 듀레이션 갭(duration gap) 분석 결과를, 유동성 리스크 관리를 위해 유동성 갭(liquidity Gap) 분석 결과를 기본적인 지표로 사용한다.

1) 이 장의 일부 내용은 교육부 한국직업능력개발원 NCS(국가직무능력표준)의 김재인 외, 「리스크관리」(2015) 리스크측정 학습모듈을 참조함.

금리 리스크의 개요

금리 리스크 관리는 금리변동에 따라 순이자수익(NII: Net Interest Income)과 순자산가치(NPV: Net Present Value or Net Portfolio Value) 또는 자기자본의 경제적 가치(EVE: Economic Value of Equity)를 관리하여 경영의 안정화와 발전에 기여하는 것을 목표로 한다. 금융회사는 자산 및 부채 포트폴리오에서 대부분 금리변동에 민감한 자산과 부채(RSA: Rate Sensitive Assets and RSL: Rate Sensitive Liabilities) 혹은 금리부 자산과 부채(Interest Bearing Assets and Interest Bearing Liabilities)를 가지고 있어 금리 리스크 대상이 된다. 금리 리스크(Interest Rate Risk)란 시장금리의 변화로 인하여 미래 조달금리(조달 관련 계약금리) 또는 운영(투자)금리(운영 관련 계약금리)가 변화하면 두 가지 경우로 현금흐름에 영향을 주는데, 하나는 재조달비용과 재투자수익의 변화를 통하여 순이자수익에 영향을 미치며, 다른 하나는 자산과 부채의 가치변화를 통해서 순자산가치에 변화가 발생한다. 따라서 금리 리스크는 조달금리변동 리스크(refinance risk)와 운용금리변동 리스크(reinvestment risk) 그리고 시장가치변동 리스크(market value risk)로 구분하여 볼 수 있다. 조달금리변동 리스크와 운용금리변동 리스크는 금리개정 갭 모형에서, 시장가치변동 리스크는 듀레이션 갭 모형에서 설명하도록 한다.

간단한 예를 통해서 금리 리스크가 무엇인지 살펴보도록 하자.

금융회사는 자금을 차입해서 대출을 함으로써 이익을 얻게 된다. 따라서 예금(L)에 대해서는 예금이자(R_L)를 주고, 대출자산(A)에 대해서는 대출이자(R_A)를 받을 것이다. 따라서 앞으로 1년간 예상되는 순이자수익(NII)은 다음과 같다.

$$NII = A \cdot R_A - L \cdot R_L$$

이제 A라는 금융회사가 새로 설립되어 영업개시 첫날에 4% 이자율로 예금을 1억 원 받고, 7% 이자율로 1억 원을 대출해 주었다고 하자. 그렇다면 이 금융회사는 앞으로 1년간 300만 원의 이익을 얻을 수 있다.

$$300만\ 원 = 1억\ 원 \times 7\% - 1억\ 원 \times 4\%$$

그런데 예금고객은 6개월 동안 예금하려고 하는 데 비해 대출고객은 1년간 대출을 받고자 하는 경우 A금융회사는 300만 원이라는 이익을 확정적으로 얻을 수 있는 것일까? 그렇지 않다. 6개월이 지나는 시점에 A금융회사는 새롭게 1억 원을 예금(또는 차입)해야만 한다. 따라서 이때의 예금 금리가 어떻게 될지 알 수 없기 때문에 금리 리스크에 노출되게 된다.

만약 6개월 뒤에 시장금리가 상승한다면 예금금리도 지금보다 높게 지급해야 할 것이다. 따라서 이익이 처음 예상한 것보다 감소하게 될 것이다. 이와 같이 시장금리의 변동이 손익에 불리한 영향을 미칠 위험을 금리 리스크라고 한다.

조달금리변동 리스크는 기본적으로 단기고정금리로 조달하여 장기고정금리로 운용하는 과정에서 시장금리 변화로 인해 발생하는 금리 리스크로 [그림 7-1]의 예의 경우가 해당된다. 운용금리변동 리스크는 장기고정금리로 조달하여 단기고정금리로 운영하는 과정에서 시장금리 변화로 인해 발생하는 리스크이다. [그림 7-1]에서 예금금리 4%가 1년간 고정이 되고 대출금리 7%가 6개월 후에 변동된다고 가정하는 경우에 운용금리변동 리스크가 발생할 수 있다.

지금까지 설명한 조달금리변동 리스크와 운용금리변동 리스크는 금리개정시점(repricing term)에 금리가 변화하므로 금리개정 리스크로, 이외에 수익률곡선 리스크(yield curve risk), 베이시스 리스크(basis risk), 옵션 리스크(optional risk) 등 다른 금리 리스크 원천 요인으로도 순이자수익은 변하게 된다.

그림 7-1 | 금리 리스크

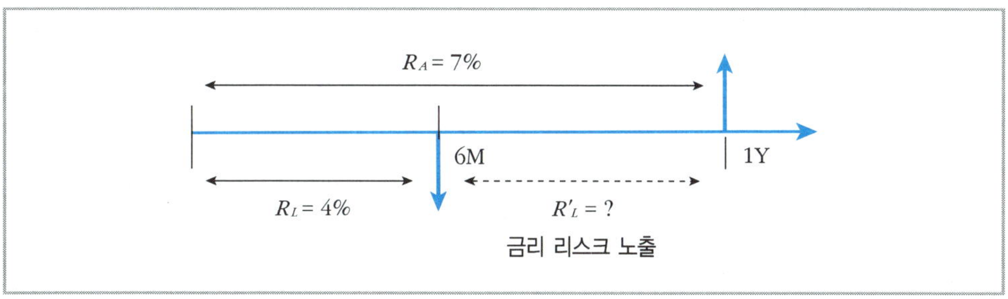

2. 금리 리스크의 원천

금융기관 내의 투자대상자산이 단기매매 목적의 트레이딩 계정(trading book)에 속해 있는 경우의 금리 리스크는 시장 리스크로서 금리변동에 따른 자산의 가격변동 리스크(price risk)를 의미하며, 대출 · 예금과 같은 금융기관계정(banking book)의 금리 리스크는 자산과 부채의 금리적용 시점의 불일치 및 만기 불일치로 인해 발생하는 리스크이다. BIS의 이자율 리스크의 측정 및 감독에 관한 원칙(principles for the management and supervision of interest rate risk)에 의하면 금리 리스크를 측정할 때 금리개정 리스크(repricing risk), 수익률곡선 리스크(yield curve risk), 베이시스 리스크(basis risk) 및 옵션 리스크(option risk)를 고려해야 함을 명시하고 금융기관 경영준수이행을 요구하고 있다. 동 리스크는 각 국가별 규제의 상이성 등을 감안하여 현재 BIS 자기자본규제에는 해당되지 않고 신바젤협약의 Pillar 2에서 감독당국이 금융기관의 자본적정성 평가 시 금융기관계정의 금리 리스크 등을 감안하도록 제시하고 있다.

1) 금리개정 리스크

금리개정 리스크(Repricing Gap Risk)는 재무상태표상 금리개정 시점의 월별 잔액의 불일치(mismatching of repricing asset and liability)로부터 발생하는 리스크로서 변동금리부 상품의 경우 금리변동으로 이자금액이 조정되어 발생하는 리스크를 의미한다. 금리개정 리스크는 조달금리변동 리스크와 운용금리변동 리스크로 구별된다. 단기예금으로 조달된 자금으로 장기 고정금리대출을 해 준 금융기관의 경우 금리상승 시 재조달비용의 증가로 수익이 감소하는 상황에 직면하게 된다. 예를 들어 금리상승기에 3개월물 양도성 정기예금(CD)으로 조달된 자금으로 1년 장기고정대출을 운영하는 경우 단기예금 3개월간 고정이자를 지불하고 나머지 9개월은 상승된 금리수준으로 이자를 지불해야 하므로 금융기관의 미래수익 감소를 초래한다.

2) 수익률곡선 리스크

금리의 기간구조(term structure of interest rate) 또는 수익률곡선(yield eurve)의 기울기 변화로부터 발생하는 리스크로 수익률곡선의 형태가 일반적인 우상향(upward) 곡선에서 평평한(flat) 곡선이나 우하향(downward) 곡선 혹은 기울기가 가파른(steep) 우상향 곡선으로 변화할 가능성으로 인해 발생하는 손실위험이다. 예를 들어 금융기관이 10년 정부채 매입포지션에 대해 5년 정부채의 매도포지션으로 헤지한 경우 수익률곡선이 위·아래로 수평적으로 변한다면 양 포지션의 금리차가 변하지 않으므로 헤지가 되지만, 수익률곡선의 기울기가 더 가파르게 될 경우에는 10년 정부채의 매입포지션의 가치는 급격히 하락하게 되므로 손실이 더 발생할 수 있다.

3) 베이시스 리스크

시장금리 움직임에 따른 다양한 금리의 민감도(different sensitivities to various interest rates to market rate movements)로부터 발생한다. 즉, 수입이자와 지급이자의 기준금리가 불완전한 상관관계를 가짐에 따라 발생하는 리스크를 의미한다. 예를 들면, 3개월물 양도성 예금증서(CD)에 투자하고 이의 금리 리스크를 헤지하기 위해 국고채 3년물 금리선물을 매도한 경우에 CD 3개월물의 금리와 국고채 3년물의 금리가 완전 상관관계(perfect correlation)를 만족하지 못하므로 완전헤지가 되지 못하기 때문에 베이시스 리스크가 발생한다.

4) 옵션 리스크

금융기관의 자산 · 부채 및 부외거래 포지션에 내재된 옵션(embedded option)에서 비롯되는 리스크로 점차 그 중요성이 커지고 있다. 대출에 내재된 고객의 중도상환(loan prepayment), 특히 모기지 대출의 경우 시장금리가 하락하거나 동업 · 타 금융기관이 낮은 대출금리를 제시하는 경우와 예금의 중도인출(deposit predetermination)의 경우 자금의 유출입에 따른 옵션 성격의 리스크로, 계약금리와의 차이를 고객행동모형(Customer Behaviour Model)의 개발을 통해 실질현금흐름(real cash flow)에 접근토록 해야 한다.

따라서 신바젤협약에서는 금융기관의 금리 리스크 관리 및 대응체제를 위하여 다음과 같은 준비가 요구된다.

① 금리개정보고서(Repricing Gap Report)는 신규자금, 대출 중도상환, 예금 중도해약의 고객 행태정보가 반영된 금리개정 갭에 금리 리스크 측정을 위한 고객행동모형(customer behaviour model)의 적용이 요구된다.

② 다양한 금리변동의 효과와 현실적인 금리 시나리오 미반영시 금리 리스크의 과소평가 혹은 과대평가가 우려되므로 이자율기간구조모형(term structure model) 개발이 요구된다.

③ 전략적 그리고 미래지향적 프로젝트(strategic and forward looking projection) 수행을 위한 What-If 시뮬레이션(what-if simulation) 기능이 필요하다.

④ ALM 관리의 핵심요소인 순이자수익(NII), 순자산가치(NPV), 최대순이자변동 예상액(EaR)과 최대순자산가치변동 예상액(VaR)의 시뮬레이션 기능의 제공이 요구된다.

상기 신바젤협약에서 요구하는 금리 리스크 관리체제에 대응하기 위하여 각 금융기관 실정에 맞는 세련된 ALM IT 패키지(ALCO package)의 개발은 효율적인 ALM 관리를 위한 최우선 과제로 볼 수 있다.

3. 금리 리스크 측정 대상

금리 리스크 측정 대상 금융상품에는 이자수익과 이자비용을 발생시키는 금리부 자산과 부채가 있다. 먼저, 금리부 자산은 여신(지급보증 제외), 예치금, 환매조건부채권(RP: Repurchase Agreement) 매수, 콜론, 채권 등을 들 수 있고 금리부 부채는 수신, 차입금, 사채, 양도성예금증서(CD: Certificate of Deposit), RP 매도, 표지어음, 콜머니, 발행금융채권, 신탁계정차, 신용카드채권매출 등을 들 수 있다. 한편, 금리부 파생상품은 금리선도계약(FRA: Forward Rate

Agreement), 이자율스왑, 채권선물, CD선물, 금리옵션 등이다.

금리 리스크 측정 대상에서 제외되는 상품으로는 먼저, 비금리부 자산으로 지급준비예치금, 고정자산, 현금, 주식, 금융기관 간 조정자금 등이며, 비금리부 부채로 자본총계, 부채성 충당금 및 금융회사 간 조정자금 등이다. 단지 비금리부 자산 및 부채에 대해서도 경우에 따라 포지션 금액이 요구된다.

4. 금리 및 유동성 리스크 계정과목

금리 및 유동성 계정과목을 ALM 계정과목이라고 하며 금리 리스크 또는 유동성 리스크의 분석 및 관리의 효율화를 위하여 기존의 재무상태표 계정과목과 연계하여 별도로 정의되는 계정과목을 말한다. 이때 ALM 계정과목은 기존의 재무상태표 계정과목을 토대로 기존자금 및 신규자금, 신상품 등으로부터 발생하는 원금과 이자에 대한 현금흐름의 정확한 산출이 가능하도록 세분화 또는 통합 운영한다.

1) ALM 계정과목의 특성

ALM 계정과목의 특성은 원금 흐름의 유형과 주기, 이자 흐름 및 금리개정의 특성 할인율 등을 나타내며 구체적인 예시는 다음의 〈표 7-1〉과 같다.

2) 상품별(계정과목별) 금리개정 기일 및 만기 구분

금융회사는 상품별(계정과목별)로 원금흐름 및 금리개정 특성을 고려하여 적절한 금리개정 기일 설정 원칙을 구축해야 한다. 상품의 만기는 금리개정기일(고정금리부 상품의 경우 계약만기)로 하며 원금의 현금흐름에 기초하여 단위 현금흐름별로 각각 금리개정기일을 설정한다.

파생상품의 경우 당해 기초자산의 포지션으로 분해하고, 분해된 포지션 원금의 현금흐름에 기초하여 단위 현금흐름별로 각각 만기를 설정한다. 기타 금리개정기일이 불분명하거나 금리개정기일이 없는 상품에 대해서는 처리 근거를 문서화하고 일관성 있게 적용하여 정기적인 타당성 여부의 판단이 필요하다.

계정과목별로 살펴보면 한도여신 할인어음 · 무역금융은 건별 만기일, 투자유가증권 · 양도성예금증서(CD) · 환매조건부채권(RP)은 잔존만기로, 만기가 없는 예금인 경우는 핵심 · 비핵심 예금으로, MMDA는 최근의 평잔을 감안하는 계산방법에 의하며 구체적인 예시는 다음의 〈표 7-2〉와 같다.

표 7-1 | ALM 계정과목의 특성별 구분

구분	특성	비고
원금흐름 특성	원금흐름유형 (principal payment type)	민기일시, 원금균등, 원리금균등, 비만기성
	원금흐름주기 (principal payment frequency)	월, 분기, 년
이자흐름 특성	이자흐름유형 (interest payment type)	만기일시, 일정주기, 특정월
	이자흐름주기 (interest payment frequency)	월, 분기, 년
	신규자금 기준금리 (pricing payment rate)	prime rate, CD rate, 국고채 수익률곡선, US LIBOR 수익률곡선
	금리개정유형 (repricing type)	고정, 변동 (일정주기, 특정월, 수시)
금리개정 특성	금리개정유형 (repricing type)	고정, 변동 (일정주기, 특정월, 수시)
	금리개정주기 (repricing frequency)	월, 분기, 년
	금리개정 기준금리 (repricing base rate)	prime rate, CD rate, 국고채 수익률곡선, US LIBOR 수익률곡선

표 7-2 | 계정과목별 금리개정 기일 및 만기구분 예시

계정과목		금리개정 기일 및 만기 구분
프라임 레이트 연동대출		최장 1년 이내 계약만기
한도여신	할인어음	건별 만기일
	약정금액 내 수시입출금 가능	한도약정 만기일
	당좌대출	금리개정 기일
유가증권	상품채권	평균매매기간(1~3개월)
	투자유가증권	잔존만기
	CD, RP, 콜론	잔존만기
신용카드채권		계약 만기일에 따라 안분
만기 없는 예금	요구불예금, 저축예금	핵심예금 계산방식에 따른 만기구분
	MMDA	1개월(최근 평잔 추이 감안)

금융기관 내부의 사용목적으로 핵심예금의 산출방법을 자체 개발하여 사용할 수 있다. 예를 들면, 회귀분석을 이용하여 신뢰수준 99%의 표준오차를 비핵심예금(non-core deposit)으

로, 나머지를 핵심예금(core-deposit)으로 간주하는 방법 등이다.

5. 금리 리스크 측정 대상 관리

1) 금리 리스크 측정 대상 관리 및 점검

① 금리 리스크 측정 대상의 파악 그리고 분류 및 점검에 대해서는 금리개정 갭 보고서를 통하여 점검한다.

② 금리개정 갭 보고서, 유동성 갭 보고서 및 기본잉여표는 월 1회 자산부채관리위원회에 정기적으로 안건을 상정하여 점검한다.

③ 일상적인 금리 리스크 관리를 위해서는 일별 금리개정 갭 보고서를 통해, 유동성 리스크 관리를 위해서는 시장접근 보고서를 통해 금리 및 유동성 리스크 측정 대상을 점검한다.

2) 금리개정 갭 보고서를 통한 금리 리스크 측정

기업의 재무상태표상의 계정과목과 ALM 계정과목을 보고 자산 및 부채 포트폴리오에서 금리변동에 민감한 자산과 부채(RSA: Rate Sensitive Assets and RSL: Rate Sensitive Liabilities) 혹은 금리부 자산과 부채(IBA: Interest Bearing Assets and IBL: Interest Bearing Liabilities)의 만기구간(Bucket)별로 다음의 금리개정 갭 보고서(Repricing Gap Report)를 통해 각 영역별(계정과목별/상품별)로 측정 대상을 파악한다.

3) 금리 리스크 측정 대상을 정기적으로 점검

월 1회 자산부채관리위원회에 금리 리스크 한도를 정기적으로 안건상정을 하여 금리 측정 대상과 금액의 정확성을 확인함과 아울러 누락 여부를 확인한다.

금리개정 갭 보고서가 기존의 재무상태표 계정과목을 토대로 기존자금 및 신규자금, 신상품 등으로부터 발생하는 원금과 이자에 대한 현금흐름의 정확한 산출을 위하여 원금흐름의 유형과 주기, 이자흐름 및 금리개정의 특성을 파악한다.

표 7-3 | 금리개정 갭 보고서(Repricing Gap Report) (예시)

자산/부채	금리부 자산(RSA)[1)]	금리부 부채(RSL)[2)]	단순 갭[3)] (Discrete Gap)	누적 갭 (Accumulated Gap)	금리 갭 비율[4)] (Gap ratio)
1개월 이하	40	5	+35	+35	8
1개월 초과~3개월 이하	30	10	+20	+55	3
3개월 초과~6개월 이하	20	15	+5	+60	1.33
6개월 초과~ 1년 이하	10	20	−10	+50	0.5
1년 초과~ 3년 이하	10	25	−15	+35	0.4
3년 초과	5	30	−25	−10	0.16

주 : 1) 현금, 할인어음, 당좌대출, 콜론, RP매수, 일반대출, 채권(국공채, 회사채, 주식 관련 사채), 수익증권, 한은차입대출, 예치금, 주식, 기타자산 등의 합계
2) 요구불예금, 저축성예금, 정기예금, CD, 콜머니, RP매출, 한은차입금, 기타부채와 자기자본 등의 합계
3) 금리부 자산(RSA)−금리부 부채(RSL)
4) 금리부 자산(RSA)/금리부 부채(RSL)

제2절 금리 리스크 측정방법

1. 금리 리스크 측정방법 개요

금리 리스크는 금리의 변화가 금융회사의 재무구조를 불리하게 함으로써 발생하는 손실가능성을 의미하며 이익적 관점(earnings perspective)과 경제가치적 관점(economic value perspective)에서 인식되고 있다. 이익적 관점은 일정기간(주로 1년)의 순이자수익(NII)을 리스크 측정 대상으로 금리개정 갭 분석으로 하며 경제가치적 관점은 현금흐름의 현재가치, 즉 순자산가치(NPV)를 대상으로 하는 듀레이션 갭 분석을 측정방법으로 한다. 금리 리스크 측정방법 구분 및 동 접근법은 〈표 7-4〉, 〈표 7-5〉와 같다.

표 7-4 | 금리 리스크 측정방법 구분

구분	이익적 관점	경제가치적 관점
측정방법	금리개정 갭(Repricing Gap) 분석	듀레이션 갭(Duration Gap) 분석
측정 대상	순이자수익(NII)	순자산가치(NPV)
리스크 측정량	EaR(Earning at Risk)	VaR(Value at Risk)
리스크량 측정 모델	NII Simulation Model	NPV Simulation Model
측정 주기	월 1회 혹은 필요시	월 1회 혹은 필요시
관리목적	NII 변동성 관리	NPV 변동성 관리

표 7-5 | 금리 리스크 측정방법 접근법

이익적 관점 (Earnings Perspectives)	• 금리변동은 순이자수익(NII)과 여타 금리변동에 민감한 영업 수익 및 비용의 변동을 통하여 금융기관 이익에 영향을 미침 • 단기간(주로 1년)의 순이자수익 중심 관리 • 금리 Gap, NII sensitivity, Earning at Risk 등을 통하여 측정 금리 Gap 분석 → NII Simulation → Earning at Risk ① 표준방법 ② 내부방법
경제가치적 관점 (Economic Value Perspectives)	• 자산 · 부채에서 발생하는 미래 현금흐름의 현재가치가 금리변동에 따라 변하기 때문에 금리변동은 금융기관의 순자산가치(Net Portfolio Value)의 변동을 초래 • 이익적 관점에 비해 금리변동의 장기효과를 포괄적으로 조망 • Duration Gap, NPV Sensitivity, Value at Risk 등을 통하여 측정 Duration Gap → NPV Simulation → Value at Risk ① 표준방법 ② 내부방법

2. 금리 리스크 측정방법

금리개정 갭 분석

금리개정 갭 모형은 금융회사의 금리 리스크를 측정하기 위해 가장 널리 쓰이는 방법이다. 금리개정 갭 모형(repricing gap model)은 자금 갭 관리(funding gap management) 혹은 금리 갭 분석(interest rate gap analysis)을 위한 모형으로, 이는 재무상태표의 부내 이자부 자산 또는 금리민감형 자산(interest bearing assets 또는 rate-sensitive asset)과 이자부 부채 또는 금리민감형 부채(interest bearing liability 또는 rate-sensitive liability) 항목의 포지션을 약정 현금흐름(contractual cash flow), 금리개정기일(repricing date) 및 금리개정구간(repricing bucket)에 근거하여 만기구간(time bucket)에 배분하는 금리개정 보고서(repricing gap report)를 통해 금리변동에 따른 순이자수익(net interest income)의 민감도를 측정하는 방법이다.

금리개정 갭은 금리만기구간별로 이자부 자산, 부채 및 부외거래 항목을 배분한 경우 각 기간별로 불일치가 발생하는 금액을 말한다. 금리개정 갭을 측정하기 위해서는 금리개정 갭 표를 작성한다. 금리개정 갭 표는 이자부 자산, 부채 및 부외거래 항목 포지션을 약정 현금흐름 및 금리개정기일에 근거하여 만기구간(time bucket)에 배분함으로써 작성하며 단순 갭(discrete gap), 누적 갭(accumulated gap) 등을 산출한다. 금리개정 갭 표는 BIS에서 권고하는 기준으로 만기구간을 설정하여 작성된 것으로 향후 금리변동에 따른 금리 리스크 노출 수준을 파악하고 금리 리스크 관리 전략을 수립하는 데 활용된다.

금리 갭 분석은 자산과 부채를 금리민감형 자산과 금리민감형 부채로 구분하고 불일치금액에 대하여 회계상 수익의 변화를 분석하는 기법이다. 갭 분석을 위해서는 RSA와 RSL의 단위기간(time horizon)을 정의하여야 한다. 일반적으로 단위기간을 3~6개월 이내로 하지만 경우에 따라서는 1년 또는 그 이상으로 할 수 있으며, 세분화된 만기별로 갭을 산출하고 갭 한도를 설정하여 금리 리스크를 관리하는 수단으로 사용한다.

금리 리스크 관리의 목적을 특정 기간 동안의 이자마진관리(NIM: Net Interest Margin)로도 설명할 수 있다. 이자마진의 변화는 금리 리스크로 볼 수 있는데 금리 리스크가 발생하는 근본 원인은 자산과 부채의 금리개정기일이 다르고, 그 금액이 서로 상이하기 때문이다. 금리개정 갭상의 각 구간(bucket)별로 금리민감자산(RSA: Rate Sensitive Asset) 금액과 금리민감부채(RSL: Ratc Sensitive Liability) 금액을 비교함으로써 금리 리스크를 측정한다. 이때 금리민감자산이 금리민감부채보다 큰 금리개정 갭의 구조를 자산민감구조(asset sensitive structure)라고 하며 그 반대의 경우를 부채민감구조(liability sensitive structure)라고 한다.

- GAP = RSA − RSL
- Positive Gap: RSA > RSL (Asset sensitive structure, Reinvestment risk)
- Negative Gap: RSA < RSL (Liability sensitive structure, Refinance risk)
- 금리민감도 갭 비율: $\frac{\text{RSA(금액)}}{\text{RSL(금액)}}$
- 상대적 갭 비율: $\frac{\text{Gap(금액)}}{\text{총자산(금액)}}$

표 7-6 | 금리개정 갭(Repricing Gap)유형과 금리변화의 영향

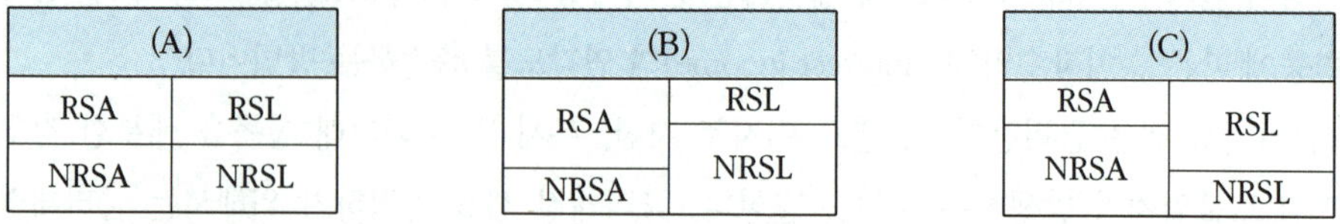

(A)	(B)	(C)
GAP = 0 GAP Ratio = 1 (RSA/RSL)	GAP > 0 GAP Ratio > 1	Gap < 0 Gap Ratio < 1
금리상승의 경우		
수입이자 증가 = 지급이자 증가 이자마진 변화 = 0	수입이자 증가 > 지급이자 증가 이자마진 변화 > 0	수입이자 증가 < 지급이자 증가 이자마진 변화 < 0

3. 금리개정 갭 관리전략[2)]

1) 부내관리기법

우리나라 금융기관의 경우 정(正)의 갭으로 향후 금리하락이 예상되는 시점에서 순이자수익의 감소가 예상되기 때문에 갭을 축소해야 한다. 즉, 금리민감자산을 줄이고 금리민감부채를 늘리는 정책을 추진함으로써 갭을 줄일 수 있다. 예를 들면, 대출자산의 만기를 늘리고 CD 등 단기성 자금을 늘리는 정책을 취할 수 있다. 이와 같이 재무상태표의 항목을 직접 조정하는 방법을 부내관리기법(on-balance sheet technique)이라 한다. 그런데 이와 같은 부내거래(on-balance sheet transaction)는 고객관리 차원에서 실질적으로 사용하기가 어려운 경우가 많다.

표 7-7 | 순이자소득 헤지 사례

이자수입의 변동액 = 이자비용의 변동액

이자수입 $= A \times T \times r_A = [A \times t_A \times r_A] + [A \times (T - t_A) \times r_A]$

A : 자산의 장부가치

T : 분석대상기간

r_A : 자산의 평균기일

t_A : 자산의 금리개정기일

이자수입의 변동액 : $A \times (T - t_A) \times \Delta r$

이자비용의 변동액 : $L \times (T - t_L) \times \Delta r$

순이자소득의 변동액이 0이 되기 위해서는

$$A \times (T - t_A) \times \Delta r = L \times (T - t_L) \times \Delta r$$

2) 본 내용의 일부는 오세경 외, 「위험관리론」(2003)에서 참조.

순이자수익의 헤지를 위해서는 이자수입의 변동액과 이자비용의 변동액을 일치시켜야 하며, 다음의 순이자소득 헤지전략으로 순이자수익의 변동액을 제로(zero)로 만들 수 있는데 이를 금리개정 갭 관리전략(Repricing Gap Management Strategy)이라 한다.

[예시 1] 대출: 900억 원, 금리민감부채: 800억 원, 분석기간: 1년
대출의 금리개정기일이 6개월일 때 순이자소득을 헤지하기 위한 부채의 금리개정기일은?

$$t_L = 1 - 900 \times (1 - 0.5) / 800 = 0.4375 \fallingdotseq 4.4\text{개월}$$

2) 부외관리기법

부외관리기법(off-balance sheet technique)은 채권선물 등을 이용하여 현재의 포지션과 반대의 포지션을 취하여 위험이 상쇄되도록 하는 헤징기법으로, 파생금융상품을 이용한 금리 리스크 헤징에서 별도로 설명하고자 한다. 이러한 금융선물계약은 기업이 금융거래의 금리 재책정이나 만기특성을 바꿀 수 있도록 해 주는 환거래 도구이다. 선물환금리는 현재 수익률곡선으로부터 계산된 내재된 선도금리와 개념적으로 동일하다. 선물거래의 이점은 현물증권의 매입매도 없이, 재무상태표에 계상하지 않고 상대방에게 현물 헤지거래의 경제적 효과를 제공한다는 점이다.

또한 파생상품을 이용하여 직접 또는 간접으로 자산과 부채의 조합을 수정함으로써 금리변동으로 인한 잠재적 수익을 관리하는데, 파생상품의 이용은 시장상황의 변화와 관련 자산 및 부채의 구성과 성격 변화를 감안하여 관리한다. 이럴 경우 파생상품을 이용한 부외거래(off-balance sheet transaction)를 통하여 순이자수익의 감소를 축소시킬 수 있는데, 정의 갭을 갖는 금융기관은 금리하락으로 순이자수익의 감소를 방지하기 위하여 채권선물을 매입함으로써 금리하락 시 선물이익을 얻을 수 있으며 이로써 금리하락에 따른 순이자수익의 감소를 보전할 수 있다.

향후 금리를 예측하는 것은 어려운 일이며, 갭의 크기를 축소하여 금리위험을 줄여 나가는 전략이 최선으로 이를 소극적 관리전략(passive management strategy)이라 하는데 금융기관계정 자산과 부채(banking book)에 대해서 일반적으로 취해지는 전략이다. 그런데 미래 금리변화에 대해 예측 가능하다고 판단되는 경우에는 보다 적극적 관리전략(aggressive management strategy)을 추구할 수 있는데, 매매 위주의 자산계정(trading account)에 대해 딜러가 자신의 포지션과 리스크 한계(risk limit) 범위 내에서 적극적인 운용을 위하여 취하는 전략으로 이용된다.

적극적인 갭 관리 전략을 취할 경우 금리예측이 예상과 달라질 때 엄청난 손실을 볼 수 있기 때문에 금융기관의 자산 · 부채 계정에 대한 종합적인 자산 · 부채 관리전략(comprehensive balance sheet management)을 구사할 때 신중히 접근해야 한다.

표 7-8 | 금리개정 갭 전략(Repricing Gap Strategy)

예상금리 변화	금리개정 갭 목표	B/S 항목 조정(Balance Mix)
상승	증가	RSA 증가, RSL 감소
불확실	0	RSA = RSL
하락	감소	RSA 감소, RSL 증가

금리개정 갭 전략 시 고려사항 : 1. 금리예측 능력
2. 고객의 반응
3. 제한된 한도

3) 금리개정 갭 관리기법의 문제점

금리개정 갭 관리기법은 금리변동에 따른 순이자수익의 민감도를 측정하는 매우 중요하고 쉬운 기법이기는 하지만 다음과 같은 문제점들이 있다.

첫째, 금리가 실제로 재조정(repricing)되는 시점과 무관하게 어떤 기간 중의 명목금액을 기초로 하기 때문에 순이자수익의 변동을 정확히 추정할 수 없다. 예를 들면 3개월 금리개정 갭의 경우 자산은 3개월 후에 금리가 재설정되고, 부채는 1개월 후에 금리가 재설정된다면 비록 만기 갭이 영(0)일지라도 금융기관은 금리 리스크로부터 면역될 수 없다.

둘째, 현실적으로 금리변동기에는 고객이 이에 합리적으로 반응하기 때문에 만기 갭 규모를 추정하기 어렵다. 즉, 금리상승기에 자산민감구조의 금융기관은 변동금리자산을 늘리고 고정금리 차입을 원하나, 고객은 고정금리 대출과 변동금리 예금을 희망하기 때문이다.

셋째, 금리개정 갭 분석은 자산 및 부채의 금리감응도가 동일하다는 것을 가정하고 있다. 즉, 만기 갭이 영인 경우도 금리변화에 따른 이자수입 증가분과 이자비용 증가분이 상이하여 리스크 노출은 여전히 존재하게 된다.

넷째, 금리개정 갭 분석은 금리변동에 따른 자산과 부채의 시장가치에 미치는 효과를 분석할 수 없다는 단점이 있어 실무적으로 자금 갭은 금리 재설정 기간이 1년 미만인 경우에 주로 이용된다.

다섯째, 금리개정 갭 분석은 자산과 부채의 규모를 용이하게 변동할 수 있다는 가정에서 출발하지만 실제로 대출의 회수나 예금의 가입 등 고객의 행위를 이끌어내는 것은 어렵다. 따라서 만기 갭의 단점을 극복하기 위하여 금리 선물이나 스왑을 이용하여 금리변동에 따른 위험을 줄일 수 있다.

4) 금리개정 갭 분석의 문제점과 대책

(1) 자본가치효과 무시

장부가치에 근거하여 순이자소득의 관리에 초점을 맞추고 있기 때문에 금리변동에 따른 자본의 시장가치의 변화가 무시(ignore market value effects)되어 있다는 점이다. 이 문제를 해결하기 위해 듀레이션 갭 방법이 이용되고 있다.

(2) 만기구간 내의 과도한 통합

만기의 범위(time bucket)에 대한 구분을 하는 데 따르는 문제로, 만기구분 안에서 자산과 부채의 분포에 대한 정보를 무시한다는 점이다. 갭 조정기간의 설정이 자의적일 뿐만 아니라 만기구간을 1이하로 하지 않는 이상 한 구간 내의 금리민감자산과 금리민감부채가 동일한 시점에 금리가 재설정되는 것으로 가정할 수밖에 없어 인위적으로 만기구간 내의 과도한 통합(overaggregation)이 되는 문제점을 안고 있다. 갭 분석의 한계는 만기구간 내에 존재하는 불일치를 갭 분석이 고려하지 못하고 있기 때문에 현실을 반영한 만기구간의 설정이 필요하다. 자산 · 부채 매트릭스 표(funding matrix)를 이용하여 자산과 부채 항목의 만기구간(time bucket)별 불일치와 금리위험구조를 한눈에 파악할 수 있다는 장점을 아울러 활용해야 한다.

(3) 대출의 중도상환과 예금의 조기인출 문제

장기대출에 있어서 일부상환 및 중도상환(run-offs)이 발생할 때 문제이다. 일부가 상환되는 경우 이 부분은 다시 시장금리로 재투자해야 하며, 중도상환의 경우에는 계약상의 만기일과 실제 만기일이 달라짐에 따른 만기구간 내의 현금흐름 크기의 차이가 발생한다. 예금의 조기인출의 경우 역시 마찬가지로 만기구간 내의 현금흐름의 차이가 발생하게 된다. 따라서 이러한 상황에서는 갭 분석의 오류가 일어날 가능성이 높다. 또한 금리변동기에는 고객이 합리적으로 반응하므로 금리개정 갭 규모의 추정이 어렵기 때문에 고객행동모형(customer behaviour model)의 개발이 요구된다.

(4) 개별 항목의 금리민감도 차이 문제

자산 및 부채 항목의 금리와 시장금리가 동일하게 움직인다는 가정에서 나오는 문제이다. 그러나 현실적으로 시장금리가 변할 때 규제금리 상품들의 금리는 움직이지 않고 시장금리 연동형 상품인 경우 매우 민감한 반응을 보이는데 갭 분석은 이를 반영하지 못하고 있다. 표준갭(standard gap) 분석을 통해 각 자산 및 부채별로 기준금리(reference rate)에 대한 금리민감도를 산출하여 반영하는 방법과 시장금리 변화에 따른 개별 상품별 금리결정(pricing) 및 금리개정(repricing)의 관계식을 통한 회귀모형(regression model)을 통해 반영해야 한다.

4. 듀레이션 갭 분석

1) 듀레이션의 의의

금리 리스크를 측정하는 또 다른 방법은 듀레이션 갭(duration Gap) 모형 분석으로 자산가치와 부채의 가치, 즉 자기자본의 시장가치(market value of equity)를 관리할 목적으로 고안된 것으로서 우선 듀레이션의 기본 개념의 의미와 채권의 가치평가(valuation of fixed income securities)를 이해하는 것이 중요하다. 보다 구체적인 내용은 별도 채권 리스크 관리에서 다루고자 한다.

2) 듀레이션의 경제적 의미

듀레이션(duration)은 특정 자산, 부채 또는 포트폴리오의 가중평균만기(weighted-average time to maturity) 혹은 실질만기(effective maturity)로서 최종 현금흐름의 발생시점인 만기뿐만 아니라 그 이전에 발생하는 모든 현금흐름과 시간가치를 고려한 개념이다. 따라서 듀레이션은 다음과 같이 표면금리, 채권수익률, 만기의 함수로 표현할 수 있다.

$$\text{듀레이션} = f(\text{표면금리, 채권수익률, 만기})$$

금리 갭 분석이 현금흐름을 개괄적으로 분석하는 데 반해 듀레이션은 상이한 현금유입(cash inflow)과 현금유출(cash outflow) 시점을 정확히 반영하고 있다.

가장 기본적인 형태의 듀레이션은 맥콜레이(Macaulay) 듀레이션으로 다음의 식과 같다.

$$D_{\text{Macaulay}} = \frac{\sum_{t=1}^{T} \frac{CF_t \times t}{(1+r)^t}}{\sum_{t=1}^{T} \frac{CF_t}{(1+r)^t}} = \frac{\sum_{t=1}^{T} \frac{CF_t}{(1+r)^t} \cdot t}{P_0}$$

P_0 : 채권의 현재가격

[예시 2] 액면가 1,000만 원, Coupon Rate가 10%인 3년만기 채권의 듀레이션은?(단, 시장이자율도 10%라고 가정함)

기간(t)	CF_t	$CF_t/(1+r)^{t(1)}$	$t\times(1)$
1	100	90.91	91.91
2	100	82.64	165.29
3	1,100	826.45	2,479.34
합계		1,000	2,735.54

듀레이션 = 2,735.54 / 1,000 = 2.735년

[예시 3] 대출금리가 연 15%이고 원금의 반은 6개월 후에 나머지 반은 1년 후에 상환하는 100백만 원 대출의 듀레이션은?

기간(t)	CF_t	$CF_t/(1+r)^{t(1)}$	$t\times(1)$
1/2	57.50	53.488	26.744
1	53.75	46.512	46.512
합계		100	73.256

듀레이션 = 73.256 / 100 = 0.73256년

수정 듀레이션(MD: Modified Duration)은 맥콜레이(Macaulay) 듀레이션을 보완한 듀레이션 계산방식으로 힉스(Hicks)에 의해 고안되었다. 이는 시장수익률 변동(Δr)에 따른 채권가격의 변동률($\Delta p/p$)을 선형으로 추정한 금리-가격 곡선의 1차 도함수 값이다.

3) 듀레이션과 시장가치의 변화

듀레이션은 금리변동 시 자산(부채)의 시장가치 변화를 측정하는 수단이다. 즉, 민감도(sensitivity)를 측정하는 수단으로 자산 또는 부채의 듀레이션이 클수록 이자율 변동에 민감해진다.

$$\frac{\Delta P}{P} = -D \cdot \frac{\Delta r}{(1+r)}$$

$$\Delta P = -P \cdot D \cdot \frac{\Delta r}{(1+r)} \quad \text{또는} \quad \Delta P = -P \cdot MD \cdot \Delta r$$

P : 채권가격
r : 시장금리
D : 자산의 듀레이션
MD : 수정 듀레이션 = $D/(1+r)$

4) 듀레이션 갭 분석

금리개정 갭 모형은 회계상의 이익에 초점을 맞춘 반면 듀레이션 갭 분석은 순이자수익의 변동보다 순자산가치(NPV: Net Portfolio Value)가 어떻게 변하는가를 파악하는 데 있다. 이자율의 변화에 따른 순자산가치의 변화를 측정하기 위한 분석을 위하여 듀레이션 갭 모형이 개발되었다. 이는 금리 리스크에 따른 금융회사 보유 포트폴리오의 순자산가치 변화를 파악하기

위함이다. 듀레이션 갭은 자산 듀레이션과 부채 듀레이션의 차로서 자산과 부채의 듀레이션은 재무상태표의 자산, 부채 및 부외거래 항목포지션의 현금흐름에 근거하여 산출한다. 리스크 관리의 목표는 자기자본의 가치의 유지라고 할 수 있으며, 듀레이션 갭과 순자산가치의 변화분의 산출공식은 다음과 같다.

$$\text{듀레이션 갭} = D_A - w \cdot D_B = D_A - \frac{B}{A} \cdot D_B$$

D_A : 자산의 듀레이션
B : 부채의 시장가치
A : 자산의 시장가치
D_B : 부채의 듀레이션

순자산가치의 변화 = 자산가치의 변화 − 부채가치의 변화

$$\begin{aligned} \Delta E &= \Delta A - \Delta L \\ &= -D_A \cdot A \cdot \frac{\Delta r}{1+r} + D_L \cdot L \cdot \frac{\Delta r}{1+r} \\ &= -(D_A \cdot A - D_L \cdot L) \cdot \frac{\Delta r}{1+r} \\ &= -(D_A - \frac{L}{A} \cdot D_L) \cdot \frac{\Delta r}{1+r} \cdot A \\ &= -DGAP_K \cdot A \cdot \frac{\Delta r}{1+r} \end{aligned}$$

여기서 $DGAP_K$는 자기자본 또는 순자산에 대한 듀레이션 갭이라고 하는데 이는 다음과 같이 표시할 수 있다.

$$DGAP_K = \frac{D_A \cdot A - D_L \cdot L}{K}, \quad K = \frac{L}{A}$$

5) 듀레이션 갭과 금리 리스크

위의 식에서 알 수 있듯이 듀레이션 갭이 (+)인 금융회사는 금리상승 시 순자산가치가 감소하고 금리하락 시에는 순자산가치가 증가하지만, 듀레이션 갭이 (−)인 금융기관의 경우에는 반대의 현상이 발생한다. 듀레이션 갭은 금리변동에 따라 순자산가치에 〈표 7-9〉와 같은 영

표 7-9 | 듀레이션 갭이 순자산가치에 미치는 영향

듀레이션 갭	금리상승	금리하락
+	순자산가치 감소	순자산가치 증가
−	순자산가치 증가	순자산가치 감소

향을 미친다.

[예시 4] 다음 은행의 재무상태표를 이용하여 자산과 부채의 듀레이션 그리고 자산금액에 기초한 듀레이션 갭($DGAP_K$)을 구하시오. 그리고 금리가 1% 상승했을 경우의 순자산가치의 변동액(ΔE)을 산출하시오.

자산	금액	듀레이션(년)	부채	금액	듀레이션(년)
Cash(0)	100	0	CD(1)	600	1
Business Loan	400	1.25	CD(5)	300	5
Mortgage Loan	500	7	Equity(0)	100	0
합계	1,000	4.0	합계	1,000	2.33

자산의 듀레이션(D_A) : $100/1,000 \times 0 + 400/1,000 \times 1.25 + 500/1,000 \times 7 = 4$년

부채의 듀레이션(D_L) : $600/900 \times 1 + 300/900 \times 5 = 2.33$년

듀레이션 갭($DGAP_K$) : $4 - 0.9 \times 2.33 = 1.9$

순자산가치 변화금액(ΔE) : $-1.9 \times 1,000 \times \frac{0.01}{1.1} = -17.27$년

5. 시뮬레이션 분석

시뮬레이션 방법 중 금리변동의 영향을 이익적 관점과 경제가치적 관점에서 살펴보기 위한 방법으로 순이자수익(NII) 시뮬레이션 방법과 순자산가치(NPV) 시뮬레이션 방법이 있다. 시뮬레이션 분석을 이용하면 결국 순이자수익 분포와 순자산가치 변동치분포를 생성할 수 있기 때문에 이를 통해 EaR(Earning at Risk)과 VaR(Value at Risk)을 산출할 수 있다. 이는 확정적 금리시뮬레이션 분석과 확률적 금리시뮬레이션 분석방법에 의한 최대 손익변동예상액(EaR)과 최대 순자산가치 변동예상액(VaR)을 금리 리스크 측정량으로 각각 산출하기 위함이다.

표 7-10 | 시뮬레이션 분석에 의한 금리 리스크 측정방법

목표변수		NII(이익적 관점)	NPV(경제가치적 관점)
금리 리스크 측정방법	확정적 시뮬레이션 분석	EaR (NII 최대 손실변동예상액)	VaR (NPV 최대 손실변동예상액)
	확률적 시뮬레이션 분석	EaR (NII 최대 손실변동예상액)	VaR (NPV 최대 손실변동예상액)

6. 듀레이션 갭 관리의 한계점 및 해결방안

듀레이션과 이에 근거한 듀레이션 갭 분석은 시간(timing)과 현금흐름의 시장가치(market value)를 반영하고 있다는 점에서 금리위험관리에 매우 유용한 개념 및 기법이다. 그런데 이들은 다음과 같은 이론적인 가정하에서 도출되었기 때문에 다음과 같은 문제점이 제기된다.

1) 수평만기수익률곡선(flat yield curve)

듀레이션은 만기수익률곡선이 평평하다는 가정하에서 도출된 것이다. 다시 말해 단기금리나 장기금리나 모두 일정한 수준으로 같다는 것을 가정하고 있으나 실제 만기수익률곡선은 우상향, 우하향 또는 곱사등과 같은 형태(humped shape) 등이므로, 비현실적인 가정으로 일정 시점의 만기수익률곡선을 추정하여 듀레이션을 계산하도록 하는 것이다.

2) 만기수익률곡선의 수평이동(parallel shift)

듀레이션은 금리가 변할 때 만기수익률곡선이 평평하게 움직인다고 가정하나 실제로 단기금리와 장기금리가 동일하게 변하는 것은 아니다. 이를 해결하기 위해서는 이자율기간구조모형(term structure model)에 의한 확률적 금리 시나리오 분석(stochastic interest rate scenario analysis)의 접근이 필요하다.

3) 일차적률(first moment)만 고려

듀레이션은 금리의 변화에 따른 자산과 부채의 가격변동을 접선식(tangent line)에 의해 구하기 때문에 추정오차가 발생하는데 이러한 문제점을 해결하기 위해 컨벡서티(convexity)를 아울러 고려해야 한다. 컨벡서티는 볼록성을 뜻하는 것으로 금리변화에 따른 가격변화 근사치식(Talyor expansion)의 관점에서 보면 듀레이션은 일차항으로 고려한 것이고, 컨벡서티는 이차항에 해당하는 것이다. 컨벡서티와 듀레이션을 모두 고려한 가격변동률과 가격변동금액을 구하면 다음과 같다.

$$\text{가격변동률}(\%) = -\text{수정듀레이션} \times (\Delta r) + \text{컨벡서티} \times (\Delta r)^2$$

$$\text{가격변동금액} = \text{가격변동률} \times \text{상품의 현재가치}$$

4) 채무불이행 위험 조정(default risk adjustment)의 무시

듀레이션의 계산식을 보면 매기의 현금흐름을 확실한 것으로 가정하고 있다. 예를 들어, 대출의 현금흐름은 대출이자이므로 채무불이행이 발생하면 이자를 지급받지 못할 수도 있는데 이러한 가능성을 고려하고 있지 않다. 이를 해결하는 방법으로 확정현금흐름 대신에 기대현금흐름(expected cash flow)을 반영해야 한다.

5) 실무상의 문제점과 해결방안

(1) 자료의 방대함(특히 B/S 항목들의 시장가격에 대한 자료)

듀레이션을 산출하기 위해서는 자산과 부채 항목에 대한 금리, 액면가, 만기일, 금리 재설정기간 등의 자료가 필요할 뿐만 아니라 현금흐름에 영향을 줄 수 있는 대출중도상환과 조기예금인출 등과 같은 옵션 조항까지도 고려하여야 한다.

(2) 만기개념이 불필요한 항목들

듀레이션을 구하기 위한 만기의 개념이 불분명한 것들이 있다. 예를 들면, 요구불예금과 조기상환과 같은 옵션부 대출이 이에 해당하는데 해당 상품의 특성과 과거의 형태, 즉 고객행동모형을 통해 추정해야 한다.

(3) 할인율 적용의 문제

듀레이션을 계산하기 위한 식에서 현금흐름을 할인하기 위한 할인율을 알아야 하는데, 이는 해당 현금흐름의 위험구조와 만기구조를 반영해야 하지만 모든 항목에 대하여 일률적으로 적용하고 있다는 문제점이 있다. 시장금리 연동상품의 경우 시장대표금리(benchmark rate)를 기준으로 해당 상품의 스프레드를 가감하여 할인율을 구하고, 대출금리나 수신금리가 시장금리와 연계성이 별로 없다면 해당 상품의 적절한 할인율을 따로 추정해서 듀레이션을 계산해야 한다.

(4) 동태적 포트폴리오 관리(dynamic portfolio management) 필요

시간이 경과함에 따라 만기까지의 기간이 변하면 각 항목의 시장가치도 변하므로 듀레이션 갭의 지속적인 조정이 필요하다. 또한, 듀레이션이 시장금리와 현금흐름의 규모와 시점에 의해 결정되기 때문에 면역전략을 효과적으로 수행하기 위해서는 동태적 포트폴리오 관리가 필요하며(거래비용의 증대) 현실적으로 완전면역상태를 지속한다는 것은 매우 어렵다. 아울러 이자율기간구조모형과 고객행동모형의 개발과 시뮬레이션 분석(simulation analysis)의 병행실시가 요구된다.

제 3절 금리 리스크량의 측정

1. 금리 리스크량 측정

금리 리스크량을 측정하는 방법은 앞서 금리 리스크 측정방법에서 언급한 네 가지 방법에 의해 측정한다. 이는 금리 리스크 자본량을 산출하는 내용과 관련이 있다.

1) 표준방법(금리 갭을 이용하는 방법)에 의한 리스크량 측정

금리개정 갭을 이용하는 방법을 표준방법이라고 하며 이는 BIS에서 제시하는 금리 갭 구간별 듀레이션의 값을 이용하여 각 구간별 순자산가치(NPV)의 변동치를 산출하는 방법으로 기본적인 개념은 금리 갭을 사용하는 것이다. 금리 갭은 금리가 변경되는 기간별로 자산과 부채의 금액을 배열하고 그 차이 금액을 구하는 것이다. 차이가 있는 금액만큼 금리 변화에 영향을 받는 것으로 그 변화의 수준은 수정 듀레이션(Modified duration)만큼 영향을 받는다고 보는 것이다. 따라서 순자산가치의 변동분은 다음과 같이 구할 수 있다.

특정 구간의 순자산가치의 변동분 = 구간의 금리 갭×수정 듀레이션×금리변화분

여기서 구간의 금리 갭은 금액이며 금리변화분은 BIS에서 2%p(즉 200bp)를 제시한다. 전체 순자산가치의 변동분은 각 구간별 순자산가치의 변동분의 합계금액이 된다. 여기서 수정 듀레이션의 값은 BIS가 제시한 값으로 수정 듀레이션 대용치는 〈표 7-11〉과 같다.

표 7-11 | 수정 듀레이션 대용치

만기구간	0~1 개월	1~3 개월	3~6 개월	1~2년	2~3년	3~4년	4~5년	…	15~20년	20년 초과
금리개정 중간지점(년)	0.042	0.167	0.375	1.5	2.5	3.5	4.5		17.5	22.5
수정 듀레이션(년)	0.04	0.16	0.36	1.38	2.25	3.07	3.87		11.21	13.01

2) 듀레이션 갭에 의한 리스크량 측정

듀레이션 갭은 자산 듀레이션과 부채 듀레이션의 차이를 말한다. 여기서 말하는 듀레이션은 실제만기를 기준으로 하는 듀레이션이 아니라 금리가 변경되는 시점을 기준으로 한 것이

다. 우리가 원하는 금리 변화에 따른 자산가치를 산출하기 위해서는 수정 듀레이션(Modified duration)이 필요하다. 자산과 부채의 규모가 다르기 때문에 자산과 부채의 규모의 비중을 반영한 레버리지 조정 수정 듀레이션을 사용해야 한다.

3) 시뮬레이션 분석에 의한 리스크량 측정

시뮬레이션 분석기법은 최근 들어 금융기관들의 경영정보시스템(MIS) 도입으로 인하여 가장 많이 이용되는 기법 중의 하나이다. 금융기관의 기본목표를 설정하고 경제 및 금융 환경의 예측을 통해 금리 시나리오를 작성한 후 이 시나리오를 예상 재무상태표에 투입, 금리민감도 분석 등 시뮬레이션 과정을 거쳐 기존에 설정한 목표에 접근하는 최적해를 구하는 것이 시뮬레이션 분석이다. 이 방법은 수익률곡선의 기울기 및 형태의 변화뿐만 아니라 몬테카를로 시뮬레이션(monte carlo simulation)에서 도출된 금리변화 시나리오에 이르기까지 다양하고 성제된 금리환경 변화를 고려할 수 있는 장점이 있다. 이 같은 시뮬레이션 기법에는 정태적(static) 시뮬레이션 기법과 동태적(dynamic) 시뮬레이션 기법이 있다. 정태적 기법은 현재의 재무상태표 난내 · 난외 포지션에서 발생하는 약정 현금흐름만 평가하는 방법이고, 동태적 기법은 관리 가능한 금리에 대한 전략 등과 관련한 고객의 행태는 물론 미래의 업무활동 등 제반 사항에 대한 조건을 분석 시나리오에 반영하여 미래의 실질이익 및 경제적 가치를 측정하는 방법으로 초보적인 시뮬레이션 분석 단계를 거쳐 여러 가지 미래의 상황과 다양한 금리 시나리오, 고객행동 등이 반영된 높은 수준의 시뮬레이션 이행단계를 맞이하게 되었다. 시뮬레이션 방법 중 금리변동의 영향을 이익적 관점과 경제가치적 관점에서 살펴보기 위한 방법으로 순이자수익 시뮬레이션과 순자산가치 시뮬레이션이 있다. 시뮬레이션 분석의 분석주기 및 분석대상기간은 단기분석의 분석주기의 경우 월 단위로 하며, 분석대상기간은 현시점으로부터 1년으로 한다. 한편, 장기분석의 경우 분석주기는 연 단위로 하며, 분석대상기간은 통상 현시점으로부터 3년 내지 5년으로 한다.

시뮬레이션 분석에 대한 예로서 시뮬레이션에 의한 금리 리스크 측정방법에는 확정적 금리시나리오 분석에 의한 최대 손익변동예상액으로의 EaR(Earning at Risk)과 최대 순자산가치 변동액으로서의 VaR(Value at Risk)이다.

(1) EaR

EaR(Earning at Risk)은 금리변동 시 NII의 최대 감소규모를 나타내는 최대 손익변동예상액으로서 금리 갭이나 순이자수익의 시뮬레이션을 통해 산출된다. 먼저, 금리 갭을 이용한 EaR은 BIS가 세시한 만기구간별 금리개정 중간시점을 사용하여 산출한다.

표 7-12 | 만기구간별 금리개정 중간시점

만기구간	금리개정 중간시점
0~1개월	0.125년
1~3개월	0.167년
3~6개월	0.375년
6~12개월	0.75년
1~2년	1.5년
2~3년	2.5년
3~4년	3.5년
4~5년	4.5년
5~7년	6년
7~10년	8.5년
10~15년	12.5년
15~20년	17.5년
20년 이상	22.5년

〈표 7-12〉는 금리개정에 따른 갭의 리스크 규모를 산정하는데 각 만기구간별 듀레이션을 제공함으로써 EaR 산출 시 이용된다. 이는 다음에서 언급할 확정적 그리고 확률적 금리 시나리오 이용이 가능하지 않을 경우 BIS에서 제시하는 대용치(proxy)를 이용하여 금리 EaR의 규모를 산정할 때 필요하다.

EaR은 각 만기구간별 금리 갭 및 금리개정 중간시점, 그리고 표준금리충격 시나리오를 이용하면 다음과 같이 계산된다.

$$\text{금리 } EaR = \sum_{t=1}^{n}(R_{\text{GAP},\, i} \times (T - M_i) \times \Delta r_i$$

$R_{\text{GAP},\, i}$는 만기구간의 금리 갭, T는 순이자수익의 목표관리기간, M_i는 만기구간의 금리개정 중간시점(금융기관이 직접 구간별 금액가중 평균기일의 산출과 적용이 가능), Δr_i는 금리충격 적용 시 만기구간 i의 금리변동 예상폭이다. 목표관리기간은 순이자수익의 관리기간이 1년인 점을 고려하여 1년으로 정할 수 있으며, 이 경우 만기구간 1년 이후의 정보는 불필요하다. 한편, 금리변동 예상폭은 만기구간에 상관없이 동일하게 적용된다. 또한, 순이자수익 시뮬레이션을 이용한 금리 EaR의 산출은 확정적 금리 시나리오와 확률적 금리 시나리오를 이용할 수 있으며 다음과 같다.

① 확정적 금리 시나리오 이용

확정적 금리 시나리오를 이용한 EaR은 기본금리 시나리오(Base Case Interest Rate

Scenario) 적용 시의 순이자수익과 금리충격 적용 시 산출된 순이자수익의 차이로 정의되며 다음과 같다.

$$\text{금리 } EaR = NII_B - \text{Min}(NII_{UP}, NII_{DN})$$

NII_B : 기본금리 시나리오 적용 시 NII
NII_{UP}, NII_{DN} : 금리충격 적용 시 NII(예: 기본금리±200bp 평행이동)

이때 NII는 미래의 특정기간(예를 들면, 1년)에 대해 금리성 자산 및 부채의 현재 약정 포지션, 신규자금 시나리오, 고객행동 시나리오 및 금리 시나리오 등을 반영한 원금 및 이자의 현금흐름을 추정하여 산출한다.

② 확률적 금리 시나리오 이용

확률적 금리 시나리오는 금리기간구조 모형에 의해 다수의 금리를 확률적 모형으로 생성하고 금리 시나리오별로 NII 시뮬레이션을 통해 산출된 NII 분포를 이용하는 것이다. 금리 EaR은 NII의 평균값과 NII의 하위 1퍼센타일(percentile) 해당 값의 차이로서 정의된다.

$$\text{금리 } EaR = NII_U - NII_{1\%}$$

NII_U : 미래의 특정기간 중 NII의 평균예상값
$NII_{1\%}$: NII 하위 1퍼센타일에 해당하는 값

(2) VaR

VaR(Value at Risk)은 금리의 불리한 변동으로 인해 현재 또는 미래 특정시점을 기준으로 금융기관의 순자산가치가 최대 얼마나 감소할 수 있는지를 나타내는 최대 손실예상액 지표로서, 시장 리스크의 측정을 위한 VaR의 개념을 금리 리스크 측정에 적용한 것이다. 이때 VaR을 산출하는 방법은 듀레이션이나 순자산가치 시뮬레이션을 이용한다.

① 듀레이션을 이용한 VaR 산출

듀레이션을 이용한 VaR은 현재 약정 포지션을 대상으로만 산출이 가능(미래예상 포지션을 대상으로 할 경우 시뮬레이션을 이용하는 것이 필요)하다. 이때 BIS 표준 프레임워크(framework)를 이용하는 방법과 듀레이션을 이용하는 방법의 두 가지가 있다.

BIS 표준 프레임워크 이용방법은 〈표 7-13〉과 같이 만기구간별 수정듀레이션 대용치(proxy)를 제시하고 이를 이용한 VaR을 구하는 방법으로 EaR을 구하는 방법과 비슷하다.

VaR의 계산식은 다음과 같다.

$$VaR = \sum_{\lambda=1}^{n}[R_{\text{GAP},i} \times D^{P}_{\text{MOD},i}] \times \Delta r_i$$

표 7-13 | 만기구간별 수정듀레이션 대용치

만기구간	금리개정 중간시점
0~1개월	0.04년
1~3개월	0.16년
3~6개월	0.36년
6~12개월	0.71년
1~2년	1.38년
2~3년	2.25년
3~4년	3.07년
4~5년	3.85년
5~7년	5.08년
7~10년	6.63년
10~15년	8.92년
15~20년	11.21년
20년 이상	13.01년

여기서 $R_{GAP,\,i}$는 만기구간 i의 금리 갭, $D^{P}_{MOD,\,i}$는 만기구간 i의 수정듀레이션 대용치(금융기관이 만기구간별 수정듀레이션을 직접 산출하여 적용가능), 그리고 Δr_i는 금리충격에 따른 만기구간의 금리변동 예상폭 등을 나타낸다. 금리충격에 따른 만기구간의 금리변동 예상폭은 BIS가 제시한 표준금리충격을 사용하는 것이 바람직하나 이와 유사한 다른 방법을 사용할 수도 있다(단, 목표기간 1년, 신뢰수준 99%로 설정하여야 함). 예를 들면, 과거 특정기간 동안(최소 1년)의 일별 금리변동성$\times\sqrt{250}$이다. 한편, 듀레이션 이용방법은 자산 및 부채의 듀레이션을 이용한 VaR을 산출하는 것이다. 그 식은 다음과 같다.

$$
\begin{aligned}
VaR &= A \times D_{GAP} \times \Delta r \\
&= A \times \left[D_{MOD,\,A} - D_{MOD,\,L} \times \frac{L}{A} \right] \Delta r
\end{aligned}
$$

여기서 A는 금리성 자산, L은 금리성 부채, $D_{MOD,\,A}$는 자산의 수정듀레이션, $D_{MOD,\,L}$은 부채의 수정듀레이션, 그리고 Δr은 금리충격에 따른 금리변동 예상폭(예: ±200bp)을 나타낸다.

한편, BIS가 제시하고 있는 금리충격 적용방안은 다음과 같다. 먼저, BIS는 G-10 통화에 대하여 다음과 같은 금리충격 적용방안을 제시하고 있다. ⅰ) 기준금리곡선을 ±200bp 평행이동한다. ⅱ) 보유기간 1년 기준의 금리변동폭(예를 들면, 1996.1.1. 금리에서 1995.1.1. 금리를 차감함)을 과거 5년에 대해 산출하고 이들의 분포를 통해 1퍼센타일과 99퍼센타일의 값을 구한다.

또한, G-10 이외 통화에 대해서는 다음과 같은 금리충격 적용방안을 제시하고 있다. ⅰ) 보유기간 1년 기준의 금리변동폭을 과거 5년(우리나라의 경우 IMF 외환위기(1998년) 시는 위기상황이므로 분석시 제외하는 것이 바람직함)에 대해 산출하고 이들의 분포를 통해 1퍼센타일과 99퍼센타일의 값에 실질적으로 상응하는 금리변동폭만큼 평행이동한다. ii) 1년 기준의 금리변동폭을 과거 5년(우리나라의 경우 IMF 외환위기(1998년) 시는 위기상황이므로 분석시 제외하는 것이 바람직함)에 대해 산출하고 이들 금리변동폭의 분포를 통해 1퍼센타일과 99퍼센타일의 값을 구한다. iii) 금리충격에 따른 금리변동 예상폭은 만기구간별로 설정을 다르게 할 수 있으나 분석의 편의를 위해 동일한 값을 적용해도 된다.

② 순자산가치 시뮬레이션을 이용한 VaR의 산출

순자산가치 시뮬레이션에 의한 금리 VaR은 확정적 금리 시나리오 방법과 확률적 금리 시나리오 방법 등 두 가지가 있다. 먼저, 확정적 금리 시나리오를 이용한 금리 VaR은 기본금리(순자산가치 할인율) 시나리오 적용 시의 NPV와 금리충격(기본금리에 금리충격에 의한 금리변동 예상폭을 가산한 금리) 적용 시의 NPV 차이로 정의된다.

금리 VaR은 시장 VaR과 같이 현재시점을 기준으로 측정하지만 분석의 필요 시 미래 특정시점을 기준으로 측정할 수도 있다. 현재기준 금리 VaR의 계산은 먼저 산출대상 자산과 부채를 기초로 기본금리 시나리오 적용 시와 금리충격 적용 시의 순자산가치를 각각 산출한다.

$$\text{순자산가치} = \text{자산의 현재가치} - \text{부채의 현재가치}$$

금리 VaR은 기본금리 시나리오 적용 시의 NPV와 금리충격 적용 시의 NPV의 차이로 계산되며 다음과 같다.

$$\text{금리 } VaR = NPV_{0,B} - \mathrm{Min}(NPV_{0,UP}, NPV_{0,DN})$$

$NPV_{0,B}$: 기본금리 시나리오 적용 시의 현재기준 NPV
$NPV_{0,UP}, NPV_{0,DN}$: 금리충격 적용 시의 현재기준 NPV
(예: 기본금리±200bp 평행이동)

한편, 금리부 자산과 부채의 현재가치 산출방법은 먼저 현재약정 포지션에 대하여 현시점 이후의 현금흐름을 산출(고객행동 시나리오에 의한 조정 필요)하며, 이때의 현금흐름에 시나리오별 순자산가치 할인율을 다르게 적용하여 시나리오별 현재가치를 산출한다. 한편, 비금리부 자산과 부채의 현재가치 산출방법은 시가 또는 장부가액을 적용(시나리오 종류와 무관)한다.

미래의 특정시점(예를 들면, 1년 후)을 기준으로 한 금리 VaR을 계산하기 위해 우선 산출대상 자산과 부채를 기초로 기본금리 시나리오 적용 시와 금리충격 적용 시의 미래 특정시점의 순자산가치를 각각 산출한다.

$$\text{순자산가치} = \text{자산의 미래 특정시점의 가치} - \text{부채의 미래 특정시점의 가치}$$

그 다음 금리 VaR은 기본금리 시나리오 적용 시의 NPV와 금리충격 적용 시의 NPV의 차이로서 계산되며 그 식은 다음과 같다.

$$\text{금리 } VaR = NPV_{T,B} - \text{Min}(NPV_{T,UP}, NPV_{T,DN})$$

$NPV_{T,B}$: 기본금리 시나리오 적용 시 T시점의 순자산가치
$NPV_{T,UP}, NPV_{T,DN}$: 금리충격 적용 시 T시점의 순자산가치
(예: 기본금리±200bp 평행이동)

한편, 확률적 금리 시나리오를 이용한 금리 VaR은 금리기간구조 모형에 의해 다수의 확률적 금리 시나리오를 생성하고 금리 시나리오별로 산출된 순자산가치 분포를 이용하는 방법을 말한다. 필요하다면 기준시점(현재 또는 미래 특정시점)을 달리하여 각각 산출하는 것도 가능하다.

현재기준의 금리 VaR을 산출하기 위해 현재기준의 순자산가치 분포에 의한 순자산가치 평균값에서 하위 1퍼센타일 해당 값을 차감하며, 그 식은 다음과 같다.

$$\text{금리 } VaR = NPV_{0,U} - NPV_{0,1\%}$$

$NPV_{0,U}$: 현재기준 순자산가치의 평균값
$NPV_{0,1\%}$: 현재기준 순자산가치 하위 1퍼센타일에 해당하는 값

미래의 특정시점을 기준으로 한 금리 VaR의 산출은 미래의 특정시점(예를 들면, 1년 후)의 순자산가치 분포에 의한 순자산가치 평균값에서 하위 1퍼센타일 해당 값을 차감하여 계산하며, 그 식은 다음과 같다.

$$\text{금리 } VaR = NPV_{T,U} - NPV_{T,1\%}$$

$NPV_{T,U}$: 미래 T시점 기준 순자산가치의 평균값
$NPV_{T,1\%}$: 미래 T시점 기준 순자산가치 하위 1퍼센타일에 해당하는 값

2. 금리 리스크량의 구체적인 측정방법과 예시

1) 표준방법에 의한 금리 리스크량 산출

표준방법에 의한 금리 리스크량 산출과정은 다음과 같다.

① 금리민감자산(부채)의 금리만기 구간별 잔액을 산출한다.
- 고정금리자산(부채)은 만기까지의 잔여기간을 나타내는 Gap 구간에 배분
- 변동금리자산(부채)은 차기 금리개정일까지의 잔여기간을 나타내는 Gap 구간에 배분

② 금리민감자산에서 금리민감부채를 차감하여 금리 갭(금액)을 산출한다.

③ 수정 듀레이션의 값은 BIS에서 제시한 수정 듀레이션 대용치의 값을 사용한다.

④ 금리 충격폭(금리 변화 : Δr)은 통상 BIS에서 권고하는 2%p(즉, 200bp)를 사용한다.

⑤ 금리 리스크량은 금리 VaR 값으로 갭 구간별 순자산가치의 변동치의 합으로 다음과 같이 산출된다.

금리 리스크량= 금리 VaR= 금리 갭(금액)×수정 듀레이션 대용치×금리 충격폭

표 7-14 | 표준방법에 의한 금리 VaR 산출 예

갭 구간	1개월 이하	1~3개월	3~6개월	6~12개월	1~2년	2~3년	3년 이상	합계
금리민감자산	300	100	100	300	500	400	2,900	4,600
금리민감부채	200	300	200	700	600	500	2,100	4,600
금리 갭	100	−200	−100	−400	−100	−100	800	0
수정 듀레이션 대용치	0.04	0.16	0.36	0.710	1.38	2.25	3.07	
금리 충격	2%	2%	2%	2%	2%	2%	2%	
가치 변동치	0.08	−0.64	−0.72	−5.68	−2.76	−4.5	49.2	34.98
금리 VaR								34.98

1개월 이하 갭의 가치 변동치 = 금리 갭×수정 듀레이션 대용치×금리 충격폭

(예: 100×0.04×2%=0.08)

표준방법에 의한 금리 VaR = 가치 변동치의 총합계 = 34.98

금리값의 34.98은 금리변화(2%)로 인한 순자산가치 최대 변동액을 의미하며 금리 리스크 리스크 측정량이다.

이 방법의 장점은 쉽고 빠르다는 점이다. 듀레이션을 별도로 산출하지 않아도 되며 별도의 금리 시나리오가 필요하지 않고 금리 리스크를 감소시킬 수 있는 전략을 빨리 수립할 수 있다. 단점으로는 측정치의 정확도 부족이고 할인율의 일률적 적용과 수정 듀레이션이 선형적인 관계만을 반영하는 한계와 고객행동모형의 옵션 적용이 불가하다는 점이다.

2) 듀레이션 갭(duration gap)을 사용한 금리 리스크량 산출

듀레이션 갭을 사용한 금리 리스크량 산출과정은 다음과 같다.

① 현 금리 상황으로 확정된 현금흐름으로 자산과 부채의 현재 시장가치를 산출한다.

② 수정 듀레이션은 대용치가 아니라 실제 수정 듀레이션(modified duration)을 산출한다. 수정 듀레이션은 은행 전체 포트폴리오의 시장가치 변동분을 나타내는 지표로서, 수정 듀레이션과 시장가치의 변동성의 관계는 다음과 같이 표현할 수 있다.

$$\Delta MV = \text{수정 듀레이션} \times \Delta r \times MV_0$$

ΔMV : 시장가치의 변화분, Δr : 금리 변화폭, MV_0 : 현재의 시장가치

③ 듀레이션 갭을 산출한다.

④ 금리 충격폭(금리 변화 : Δr)은 통상 BIS에서 권고하는 2%p(즉, 200bp)를 사용한다.

⑤ 금리 리스크량은 금리 VaR 값으로 순자산가치의 변화금액(Δr)으로 다음과 같이 산출된다.

금리 리스크량 = 금리 VaR = 자산의 현재가치(금액) × 듀레이션 갭 × 금리 충격폭

표 7-15 | 듀레이션 갭에 의한 리스크량 측정 예

구분	시장가치	수정 듀레이션	금리 충격	가치 변동치
자산	5,500	1.24	200bp	136.4
부채	5,000	0.85	200bp	85
갭(Gap)		0.305		51.4

듀레이션 갭(Duration Gap) = 1.24−(5,000/5,500) × 0.85 = 0.4672

자산의 가치 변동치 = 5,500 × 1.24 × 2% = 136.4

부채의 가치 변동치 = 5,000 × 0.85 × 2% = 85

금리 리스크량 = 금리 VaR = 5,500 × 0.4672 × 200bp = 51.4

= 136.4 − 85 = 51.4

3) 시뮬레이션 분석에 의한 금리 리스크량 산출

시뮬레이션 분석에 의한 리스크량 산출방법에는 확정적 금리시뮬레이션 방법과 확률적 금리시뮬레이션 방법이 있다. 이러한 시뮬레이션 방법에 의해 이익적 관점(NII)에서의 금리 EaR(NII 최대 손실변동예상액)과 경제적 관점(NPV)에서의 VaR(NPV 최대 손실변동예상액)을 산출한다.

(1) 확정적(Deterministic) 금리시뮬레이션 방법

확정적 금리시뮬레이션 산출과정은 다음과 같다.

① 자산과 부채의 미래의 현금흐름 산출시점에서 상품종류별로 고객행동모형(중도해지, 중도상황 등)과 새로운 비즈니스계획을 반영할 수 있다.
② 각 시점의 미래의 현금흐름을 할인율을 적용하여 현재가치 환산
③ 해당 계정 내의 모든 상품별 미래 현금흐름의 현재가치를 합산하여 이 계정의 현재가치를 산출
④ 자산과 부채 전체의 미래 현금흐름의 현재가치 합산
⑤ 자산의 현재가치에서 부채의 현재가치를 차감한 순자산 현재가치(NPV) 산출

표 7-16 | 확정적 금리시뮬레이션 산출결과 예

구분	금리상승 시 (금리상승 시나리오)	현재상태 (기본 시나리오)	금리하락 시 (금리하락 시나리오)
시뮬레이션 결과 순자산 현재가치	563	432	412

시뮬레이션 분석 결과 금리 리스크량인 금리 VaR = 432 − 412 = 20이다.

(2) 확률적(Stochastic) 금리시뮬레이션 방법

확률적 금리시뮬레이션 산출과정은 다음과 같다.

① 약정 현금흐름에 고객행동모형과 신규 비즈니스 시나리오를 반영하여 실질 원리금 현금흐름 산출
② 현금흐름을 할인하여 계정별로 현재가치 산출
③ 자산의 현재가치로부터 부채의 현재가치를 차감하여 순자산 현재가치(NPV) 산출
④ 시나리오별 순자산 현재가치(NPV)의 평균과 신뢰수준하에서 최소 순자산 현재가치(NPV) 산출
⑤ 평균 순자산 현재가치(NPV)에서 신뢰수준하에서 최소 순자산 현재가치(NPV)를 차감하여 VaR 산출

실질원리금 현금흐름의 산출 → 시나리오별 상품별 시장가치 산출 →
시나리오별 NPV 산출 → NPV의 분포산출 → VaR 산출

(3) 금리 EaR

금리 EaR(Earning at Risk)은 금리의 불리한 변동으로 인해 향후 일정기간 동안 발생할 수 있는 순이자수익의 최대 손익변동예상액이다. 여기서 순이자수익은 NII(Net Interest Income)로 자산부분의 수입이자와 부채부분의 지급이자 간의 차이를 의미한다.

$$\text{순이자수익}(NII) = \text{이자부자산 수입이자}(A \times r_A) - \text{이자부부채 지급이자}(L \times r_B)$$

[예시 5] 2015년 8월 말 A은행의 이자부자산의 수입이자와 이자부부채의 지급이자에 대한 내용은 다음과 같다. 순이자수익(*NII*)을 구하라.

구분	자산 또는 부채의 금액	평균 금리
이자부자산	50조	5%
이자부부채	40조	3%

$$\text{순이자수익}(NII) = (A \times r_A) - (L \times r_B)$$
$$= (50\text{조} \times 5\%) - (40\text{조} \times 4\%) = (2.5\text{조}) - (1.6\text{조}) = 0.9\text{조}$$

금리 EaR은 금리개정 갭이나 순이자수익(*NII*) 시뮬레이션을 통해 산출한다.

① 금리개정 갭을 이용한 금리 EaR은 각 만기구간별 금리 갭 및 금리개정 중간지점, 금리 예상변동폭 등을 이용하며 산식은 다음과 같다.

$$\text{금리 } EaR = \sum (R_{GAP,i} \times (T - M_i) \times \Delta r_i$$

$R_{GAP,i}$: 만기구간 i의 금리개정 갭
T : 순이자수익 목표관리기간
M_i : 만기구간 i의 금리개정 중간지점
Δr_i : 금리충격 적용 시 만기구간 i의 금리변동예상폭

② NII 시뮬레이션을 이용한 금리 EaR을 산출하려면 금리 시나리오가 있어야 한다. 금리 시나리오는 확정적 시나리오와 확률적 시나리오가 있으며 확정적 시나리오에 의한 금리 EaR의 산출공식은 다음과 같다.

$$\text{금리 } EaR = NII_{FLAT} - Min(NII_{UP}, NII_{DN})$$

NII_{FLAT} : 기본금리 시나리오 적용 시 *NII*
NII_{UP}, NII_{DN} : 금리충격 적용 시 *NII*(예: 기본금리 ±200bp 평행이동)

확률적 시나리오에 의한 금리 EaR의 산출공식은 다음과 같다.

$$\text{금리 } EaR = NII_{\mu} - NII_{x\%}$$

NII_{μ} : 단위구간(*RSA, RSL* 구간) 내 *NII*의 평균예상값
$NII_{x\%}$: 하위 *x percentile* 해당 값

(4) 금리 VaR

금리 VaR(Value at Risk)은 금리의 불리한 변동으로 인해 현재 또는 미래 특정시점을 기준

으로 순자산가치가 최대 얼마나 감소할 수 있는지를 나타내는 최대 손실예상지표이다. 여기서 순자산가치(NPV: Net Portfolio Value)는 다음과 같이 산출한다.

$$\text{순자산가치(NPV)} = \text{자산의 현재가치} - \text{부채의 현재가치}$$

금리 VaR은 듀레이션 갭이나 순자산가치(NPV) 시뮬레이션을 통해 산출한다.

① 듀레이션 갭을 이용한 VaR의 산식은 다음과 같다.

$$\begin{aligned} \text{금리 } VaR &= A \times D_{GAP} \times \Delta r \\ &= A \times (D_A - \frac{B}{A} \times D_B) \times \Delta r \\ &= (A \times D_A) - (B \times D_B) \times \Delta r \end{aligned}$$

D_{GAP} : 듀레이션 갭
Δr : 금리변동폭
D_A : 자산의 듀레이션
D_B : 부채의 듀레이션

② NPV 시뮬레이션을 이용한 금리 VaR을 산출하려면 금리 시나리오가 있어야 한다.

금리 시나리오는 확정적 금리 시나리오와 확률적 금리 시나리오가 있으며 확정적 금리 시나리오에 의한 금리 VaR의 산출공식은 다음과 같다.

$$\text{금리 } VaR = NPV_{FLAT} - Min(NPV_{UP}, NPV_{DN})$$

NPV_{FLAT} : 기본금리 시나리오 적용 시 NPV
NPV_{UP}, NPV_{DN} : 금리충격 적용 시 NPV(예: 기본금리 ±200bp 평행이동)

확률적 금리 시나리오에 의한 금리 VaR의 산출 공식은 다음과 같다.

$$\text{금리 } VaR = NPV_{\mu} - NPV_{x\%}$$

NPV_{μ} : NPV의 평균예상값
$NPV_{x\%}$: 하위 x *percentile* 해당 값

위의 식을 이용하여 다음과 같이 [그림 7-2]를 산출할 수 있다.

그림 7-2 | 확률적 금리 시나리오에 의한 VaR 산출 예시

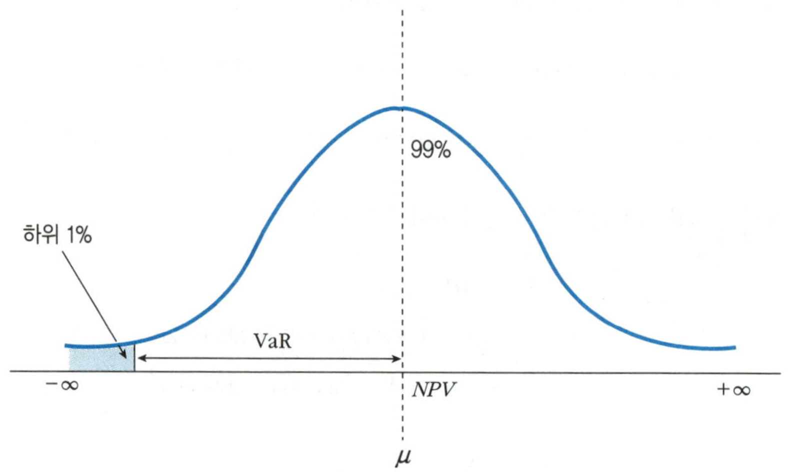

제4절 파생상품을 이용한 금리 리스크 헤징

파생금융상품 거래목적에 따라 헤징거래(hedging transaction), 투기거래(speculation transaction), 차익거래(arbitrage transaction)로 분류할 수 있으며, 헤징거래는 현물의 미래가격이 불확실함으로써 생기는 가격변동으로 인한 불확실성을 줄이는 데 그 의의가 있다. 때로는 잠재적 이익가능성도 줄어들게 되는데 사후적으로 헤지결과에 대한 손익을 문제 삼아서는 안 될 것이다. 헤지에는 선물시장에서 팔아야 하는 경우의 매도헤징(short hedging)과 선물시장에서 사야 하는 경우의 매입헤징(long hedging)이 있다. 헤징대상 현물의 규모(현물포지션에서의 손실 또는 이익) 대비 선물규모(선물포지션의 이익또는 손실)의 비율을 헤지비율(hedge ratio)이라고 하는데, 이는 각 금융기관에서 별도로 헤지북(hedge book)을 작성하여 포트폴리오의 균형을 유지하기 위하여 포지션 관리를 하고 있다. 구체적으로는 헤지북을 파생상품별로 스왑북(Swap book), 외환북(Foreign Exchange book), 옵션북(Option book)으로 나누어 구분관리하고 있으며 일정수준(예: 85%~120%) 범위 내에서 자체적으로 헤지비율을 관리하고 있다.

1. 금리선도계약

금리선도계약(FRA: Forward Rate Agreement)은 미래의 금리움직임에 대하여 장래의 일정한 시점에 일정량의 특정 금리상품을 미리 정한 금리가격으로 매매하기로 맺은 계약을 의미하며, 헤지하거나 투자하려는 의사를 가진 두 투자가 간의 계약이다. 또한 금리선도계약은 미래의 일정시점에서 필요한 자금을 조달이나 운용함에 있어서 자금조달금리 내지는 자금운용금리를 미리 고정시켜 놓는 계약을 의미한다. 장외시장(OTC Market)에서 이루어지며, 이러한 선도계약을 맺는 거래를 선도거래라고 한다. 예를 들어 금융기관이 5년만기 표면금리 7%인 채권을 1억 원 보유하고 있다고 가정하자. 현재의 시장금리는 7%이고 채권의 현재가격은 1억 원, 듀레이션은 3.7년이다. 그런데 앞으로 3개월 동안 금리가 1%p 상승하여 8%가 될 것으로 예상하고 있다. 금리의 상승에 따른 채권의 가격손실이 예상되는 금리 리스크에 노출되어 동 채권의 금리 리스크를 헤징하기 위하여 선도거래를 이용한다.

다음 식을 활용하여 금리상승에 따른 채권가격의 손실액을 계산할 수 있다.

$$\Delta p = p \times -D \times \Delta R \div (1+R) = 1 \times -3.7 \times 0.01 \div 1.07 = -0.03457\text{억 원}$$

즉, 동 채권은 3,457,000원의 채권가격 손실이 발생하여 채권가치가 96,543,000원으로 하락할 것으로 예상된다. 이 손실을 헤징하기 위해서는 동 채권을 3개월 후에 매도하는 선도계약(3M Forward Sell)을 체결해야 금리상승에 따른 선도거래에서의 이익을 실현할 수 있다. 즉 현물시장에서 이 채권을 96,543,000원에 매입하여 선도계약 당사자에게 1억 원에 인도(매도)하면 신도거래에시 3,457,000원의 이익을 얻게 된다. 이와 같이 선도거래이익으로 보유자산가치의 감소를 상쇄시킴으로써 금리 리스크를 헤징할 수 있다.

2. 금리선물계약[3)]

금리선물(Interest Rate Future)은 이자를 발생시키는 금융상품, 즉 채권이나 예금 등을 기초자산으로 하는 선물계약으로서 금리 리스크를 효율적이고 저렴하게 관리할 수 있으며, T-Bill선물, 3년만기 국고채선물, 91일 양도성예금증서선물이 많이 이용된다.

자산 1억 달러, 자산듀레이션(D_a)이 5년, 부채듀레이션(D_l)이 3년, 자산대부채비율(K)이 0.9인 은행이 있다고 가정하자. 이 예에서 금리가 1%P 증가한다면 자기자본가치(위의 채권가

3) A. Saunders, *Financial Institutions Management*, 7th edition, MacGraw-Hill, 2011, chapter 22 Future and Forward, p.709.

치)가 감소하는 것으로 예상되었다.

$$\Delta E=-(D_a-K\times D_L)A\times\Delta R\div(1+R)=-[5-(0.9)(3)]\times(1)\times0.01\div1.1$$
$$=-2,091,000\text{달러(재무상태표상의 손실)}$$

이 금융기관이 금리 리스크를 헤징하기 위해서는 금리가 1%p 증가할 때 선물에서 2,091,000달러 이익을 실현한다면 자기자본가치의 하락을 상쇄할 수 있다. 따라서 재무상태표상의 순손실규모를 상쇄할 정도의 선물계약을 하기 위한 매도선물계약수를 구하고자 한다.

현재 선물가격이 만기 20년, 표면금리 8%의 기초채권 액면가 100달러당 97달러라고 하며 최소 계약단위는 10만 달러, 이 채권의 듀레이션은 9.5년이라고 한다. 즉 선물계약의 기초자산인 채권의 듀레이션(D_F)=9.5년, 선물가격(P_F)=$97,000이다. 이 값을 이용하여 선물의 매도계약수(N_F)를 다음의 식에서 구할 수 있다. 여기서 선물계약수가 양수로 나타나면 매수계약을, 음수로 나타나면 매도계약을 의미한다.

$$N_F=\frac{-(D_A-K\cdot D_L)A}{D_F\times P_F}\text{로서 대입하여 구할 수 있다.}$$

$$N_F=\frac{-[5-(0.9)(3)]\times\$1\text{억}}{9.5\times\$97,000}=-249\text{계약}$$

이자율이 1% 상승하면 선물계약포지션으로부터의 부외이익, 즉 선물계약의 가치(ΔF)는 다음 식에 의하여 구할 수 있다.

$$\Delta F=-D_F(N_F\times P_F)\frac{\Delta R}{1+R}=-9.5(-249\times\$97,000)\left(\frac{0.01}{1.1}\right)=\$2,086,000$$

결과적으로 부내·외거래를 통한 헤지효과는 다음과 같으며, 매도헤지를 이용한 금리 리스크의 거시헤지라고 말할 수 있다.

$$\Delta E+\Delta F=-\$2,091,000\text{(재무상태표상의 손실)}$$
$$+\$2,086,000\text{(선물계약으로부터의 부외계정이익)}=\$5,000$$

3. 금리스왑[4)]

스왑은 두 당사자가 각자 가지고 있는 미래의 서로 다른 현금흐름을 일정기간 동안 서로

4) J.C. Hull, *Options, Futures, and Other Derivatives*, 2008, 7th ed., chapter Swap, 권재중 외, 「금융기관론」, 율곡출판사, 제19장 참조.

교환하기로 계약하는 것으로서 금리스왑, 통화스왑, 외환스왑 등이 있다. 이 중 금리스왑은 자산 또는 부채의 금리조건을 서로 교환하기로 하는 계약으로서 양 당사자 중 한쪽은 스왑계약 시점에서 미리 약정한 고정금리를 지급하는 고정금리지급자이고 상대방은 스왑의 만기까지 매 기간마다 재조정되는 변동금리를 지급하는 변동금리지급자이며, 원금은 지급하지 않고 단지 이자만을 교환한다. 이는 오늘날 스왑거래에서 가장 거래가 많은 대표적인 형태로서 플레인 바닐라 스왑(plain vanilla swap)이라고 한다.

금리의 스왑구조는 [그림 7-3]과 같다.

그림 7-3 | 기업 A와 기업 B의 금리스왑 구조

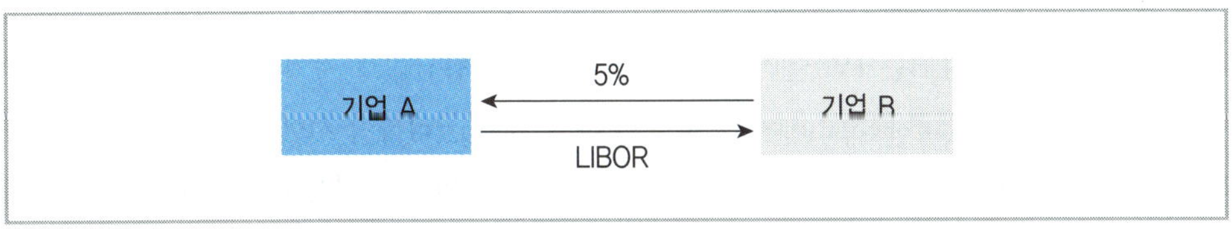

기업 A와 기업 B가 2011년 3월 1일 만기가 3년이고 명목원금이 1억 달러인 금리스왑을 체결하였다고 하자. 기업 A는 6개월마다 기업 B에게 Libor rate를 지급하고 기업 B는 기업 A에게 연 5%의 금리를 지급하기로 한다.

고정금리는 계약 당시에 정해져 있지만 변동금리는 계약 당시의 6개월 후의 변동금리가 결정되고 그 후 첫 번째 이자교환시기에 그 다음 변동금리가 결정되는 방식으로 진행되며, 〈표 7-17〉에서는 Libor 추정치를 토대로 금리스왑에서 B기업의 현금흐름을 파악할 수 있다.

스왑의 가치는 스왑계약에 의해 교환되는 현금흐름의 가치가 서로 같도록 하는 고정금리, 즉 균형 스왑 레이트를 구하는 것으로 계약 당시에 영(0)으로 평가된다. 그리고 각 시점에서의

표 7-17 | 금리스왑에서 B기업의 현금흐름

일시	LIBOR	변동금리 수취액(백만)	고정금리 지급액(백만)	순현금흐름(백만)
2011.3.1.	4.2%			
2011.9.1.	4.8%	+2.10	−2.50	−0.40
2012.3.1.	5.3%	+2.40	−2.50	−0.10
2012.9.1.	5.5%	+2.65	−2.50	+0.15
2013.3.1.	5.6%	+2.75	−2.50	+0.25
2013.9.1.	5.9%	+2.80	−2.50	+0.30
2014.3.1.		+2.95	−2.50	+0.45

스왑의 가치는 그 시점으로부터 미래에 수취하게 되는 현금흐름의 현가의 합으로 평가된다. 스왑은 채권의 현금흐름으로부터 이해하는 데 큰 도움이 된다. 위의 기업 B의 경우 변동금리 이자를 받는 것은 변동금리채권의 보유로 볼 수 있으며, 고정금리를 지급한다는 것은 고정금리채권의 발행으로 볼 수 있다. 기업 A의 가치는 고정금리채권의 보유와 변동금리채권의 발행의 합으로 볼 수 있다.

금리스왑을 통한 금리 리스크 헤징의 예

금리스왑을 통해 기업(금융기관)이 보유한 부채의 성격(고정금리 혹은 변동금리 부채)을 변화시켜 금리 리스크를 헤징할 수 있다. 예를 들면 기업 A는 1억 달러를 4.8%의 고정금리로 3년간 차입하고 있고 기업 B는 1억 달러를 Libor + 0.5%의 변동금리로 차입하고 있다고 하자. 그런데 기업 A는 변동금리자산(Libor + 3%)을 운용하고 있어 금리하락 시에 금리 리스크에 노출되어 있다. 반면에 기업 B는 고정금리자산(7%)을 운용하고 있어 금리상승 시에 금리 리스크에 노출되어 있다. 이 경우 기업 A와 기업 B는 다음과 같은 금리스왑을 체결함으로써 각각의 금리 리스크를 헤징하여 안정적인 자산을 운용할 수 있다.

그림 7-4 | 기업 A와 기업 B의 금리스왑 조건

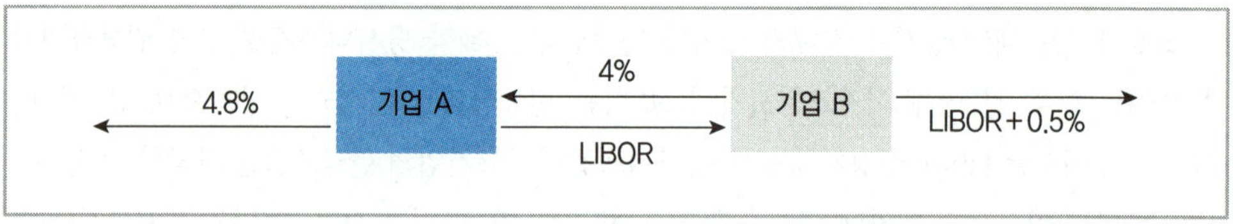

기업 A의 자산운용수익: Libor + 3% − Libor − 4.8% + 4% = Libor + 3% − Libor − 0.8%
기업 B의 자산운용수익: (7% − 4%) − (Libor + 0.5% − Libor) = 3% − (Libor + 0.5% − Libor)

금리스왑 체결(4%의 고정금리와 Libor의 교환)을 통해 결국 기업 A는 변동금리부채 조달과 변동금리자산 운용을, 기업 B는 고정금리부채 조달과 고정금리자산 운용을 함으로써 금리 리스크를 해소하고 안정적인 순현금흐름을 기할 수 있게 되었다.

대부분의 상업은행들은 기업 A의 형태로 금융채(고정금리)를 발행하여 자금을 조달하고 모기지 대출(3개월 CD 변동금리)로 운용함으로써 금리스왑을 통해 금리 리스크를 헤징하고 있다.

연습문제

객관식

1. 금리 리스크의 원천이 아닌 것은?

① 금리개정 리스크(Repricing Risk) ② 베이시스 리스크(Basis Risk)
③ 투자 리스크(Investment Risk) ④ 옵션 리스크(Optional Risk)

2. 금리 리스크량을 측정하는 방법이 아닌 것은?

① 표준방법(금리 갭) ② 시뮬레이션 분석
③ 내부모형 ④ 듀레이션 갭

3. 시뮬레이션 분석에 의한 금리 리스크량 산출과 관련이 먼 것은?

① 금리 EaR ② 확정적 금리시뮬레이션 방법
③ 확률적 금리시뮬레이션 방법 ④ 금리 듀레이션 갭 분석

4. 단기고정금리를 조달하여 장기고정금리로 운영하는 과정에서 시장금리 변화로 발생하는 위험은?

① 조달금리 변동위험 ② 운용금리 변동위험
③ 시장가치 변동위험 ④ 금리개정모형 위험

5. 금리 변화에 따른 순이자이익(NII)을 관리하는 모형은?

① 금리개정 갭 모형(Repricing Gap Model)
② 듀레이션 갭 모형(Duration Gap Model)
③ 금리스왑모형(Interest Swap Model)
④ 재투자 리스크 모형(Reinvestment Risk Model)

6. 다음 중 듀레이션에 관한 설명 중 틀린 것은?

① 듀레이션은 자산과 부채 가치의 금리민감도를 나타낸다.
② 채권가치는 금리변화에 대하여 듀레이션 정도에 따라 정의 관계이다.
③ 대개 만기는 듀레이션보다 길다.
④ 듀레이션을 가중평균만기라고도 한다.

7. 듀레이션의 일반공식에 포함되는 요소가 아닌 것은?

① CF_t(Cash Flow) ② t(period)
③ DF_t(Discount Factor) ④ Maturity

8. 다음 중 파생금융상품을 이용한 금리 리스크 헤징 수단이 아닌 것은?

① F/X　　② 금리스왑
③ 선물　　④ 선도거래

9. 금리 리스크에 관한 설명 중 틀린 것은?

① 금리 리스크의 대상은 트레이딩계정이 아닌 은행계정이다.
② 금리 리스크는 Pillar 2 대상 리스크이고 BIS 비율에는 포함되지 않는다.
③ 은행계정 중 금리부 자산과 금리부 부채가 대상이 된다.
④ 시장금리가 유리하게 변하여 자산과 부채의 가치에 변화를 주는 경우도 금리 리스크 대상이다.

10. 듀레이션 갭 분석은 금리 리스크 관리에 매우 유용한 기법인데 이론적인 가정하에서 도출하였기에 문제점(한계점)이 제기된다. 다음 중 듀레이션 갭 관리의 한계점을 열거한 내용이 아닌 것은?

① 수평만기수익률곡선(flat yield curve)
② 만기수익률곡선의 수평이동(parallel shift)
③ 일차적률(first moment) 및 이차적률(second moment) 고려
④ 일차적률(first moment)고려

주관식

11. 금리 리스크 관리는 순이자이익(Net Interest Income) 관리와 순자산가치(Net Portfolio Income) 관리이다. 금리개정모형에 의한 순이자이익의 변동액을 다음 금리개정보고서에 의해 산출하라.

기간대	자산(RSA)	부채(RSL)	단순갭	누적갭
1일	8	10	−2	−2
1일 초과~3개월까지	12	16	−4	−6

12. 듀레이션 갭 모형(Duration Gap Model)에 의한 순자산가치(NPV)의 변동액을 다음 시장가치 대차대조표를 보고 산출하라.

자산	시장가치	듀레이션	부채	시장가치	듀레이션
현금	100	0	CD(1년)	700	1
상업대출	500	1	CD(5년)	200	5
주택대출	400	6	자본금	100	
합계	1,000		1,000		

① 자산과 부채의 듀레이션은?
② 자기자본 또는 순자산가치에 대한 듀레이션(DGAP)은?
③ 현재 시장금리가 5%에서 1% 상승 예상될 때 순자산가치 변동액을 계산하라.

13. 금리 리스크의 원천(Resources of Interest Rate Risk)은 무엇이며, 각각의 금리 리스크가 어떠한 이유로 발생하는지 설명하라.

14. 파생금융상품을 이용한 금리 리스크 헤징방법에 대하여 다음 용어를 사용하여 설명하라.

On-balance sheet hedging, Off-balance sheet hedging, FRA, Interest Rate Futures, IRS, Interest Rate Option

15. 금리 리스크 헤징에는 미시헤징(microhedging)과 거시헤징(macrohedging)이 있다. 이들의 내용을 각각 설명하라.

16. 금융기관이 5년만기, 표면금리 7%인 채권 1억 원을 보유하고 있다고 가정하자. 현재 시장금리는 6%이고 채권의 시장가치는 100억 원이다. 그런데 지금부터 3개월 동안 금리가 2%p 상승하여 8%가 될 것으로 예상하고 있다. 금리의 상승은 채권가치의 하락을 가져오므로 동 채권은 자본손실이 예상되는 금리 리스크에 노출되어 있다. 파생금융상품시장, 선도거래시장 혹은 금리선물시장을 이용한 금리 리스크를 구체적으로 헤징하여 설명하라.

17. 금융기관이 보유한 자산과 부채의 성격, 즉 고정금리(fixed rate) 자산과 부채 혹은 변동금리(floating rate) 자산과 부채가 서로 달라 금리 리스크에 노출되어 있다. 즉 금융기관 A는 고정금리로 금융채를 발행하여 변동금리(Libor rate)로 대출을 운용하고, 금융기관 B는 런던시장에서 변동금리채(FRN: Floating Rate Note)를 발행하여 모기지론(mortgage loan)에 고정금리로 운용하고 있어 금리 리스크에 노출되어 있다. 금리스왑을 이용하여 양 금융기관이 금리 리스크 헤징방법을 위의 예를 가지고 설명하라.

8장

유동성 리스크 관리[1)]

제 1 절 유동성 리스크 개요와 측정대상

1. 유동성 리스크 관리 변천과정

2차대전 이후 금융기업들의 자금관리방법은 많은 변천을 거듭하여 왔는데, 이는 금융 및 경제 환경의 변화에 따른 금융제도 및 법규의 개혁과 통신 및 정보 산업의 발달에 기인한 것으로 유동성 리스크 방지에 초점을 맞추고 있다. 금융기업의 자금관리방식의 역사적 변천과정은 자금관리의 중점을 자산과 부채 중 어디에 두느냐에 따라 자산관리시대, 부채관리시대, 자산 · 부채의 종합관리시대로 분류되고 있다.

앞으로 설명할 각 시대별 금융기관의 자금관리방법의 내용은 유동성 리스크 관리를 이해하는 데 도움이 된다.

1) 자산관리시대

2차대전 이후부터 1960년대 초기까지의 자금관리방식을 자산관리(asset management:

---

1) 이 장의 일부 내용은 교육부 한국직업능력개발원 NCS(국가직무능력표준)의 김재인 외, 「리스크관리」(2015) 리스크측정 학습모듈을 참조함.

AM)시대라고 한다. 이 당시 미국은 2차대전을 치르는 데 소요되는 전비를 조달하기 위해 막대한 국채를 발행하는 한편 투자촉진을 위해 저금리정책을 실시하였다. 따라서 금융자산 투자자들은 국채 이외에는 예금에 갈음할 만한 대체금융수단이 적었기 때문에 금융기업은 비교적 저렴한 비용으로 예금을 안정적으로 조달할 수 있었다. 또한 세계적인 금융공황을 겪고 난 직후여서 금융기업의 자금운용은 예금자 보호라는 측면을 특히 강조하여 수익성보다는 안정성에 치중하였다. 따라서 이 당시 금융기업 특히 금융기관의 자산포트폴리오 중에서 현금, 국채 등 환금성과 안전성이 큰 자산이 차지하는 비중이 70% 이상이었으며, 이러한 추세는 1940년대 말까지 지속되었다. 그러나 1950년대에 들어와서 실물경제의 회복으로 대출수요가 늘어나고 대출의 상환불능위험이 낮아져 그 안정성이 어느 정도 보장됨에 따라 금융기업들은 수익성이 낮은 국채보다는 수익성이 높은 대출에의 자금운용을 증대시키기에 이르렀다.

따라서 이 당시는 금융기업이 예금의 유치에 크게 신경을 쓰지 않더라도 안정적으로 자금이 조성되었으므로 자금관리의 초점은 어떻게 하면 조성된 자금을 보다 안전하고 수익성 있는 자산에 운용할 수 있는가에 두어졌다.

이와 같이 금융기업의 자금관리방식이 부채보다는 자산운용에 중점이 두어졌던 시대, 보다 구체적으로 예금 등 부채를 주어진 것으로 보고 금융기업의 유동성이나 안전성을 크게 저해하지 않는 범위 내에서 수익성을 극대화하였던 시대를 자산관리시대라고 한다. 이때 주로 이용되었던 방식으로는 자산배분법(asset allocation method)과 자산전환법(conversion of fund method) 등을 들 수 있다.

(1) 자산배분법

자산배분법은 자산을 고정자산, 1차 지불준비금, 2차 지불준비금, 수익성 자산 및 여유자산 순서로 나누고 미리 정해진 순서에 따라 조달된 자금을 각각의 자산에 배분하는 것을 말한다.

표 8-1 | 자산배분의 순서

① 고정자산	건물, 설비
② 1차 지불준비금	시재금, 법정지불준비금, 코레스 예금
③ 2차 지불준비금	콜론, CD, 단기유가증권
④ 수익성 자산	대출
⑤ 여유자산	장기유가증권

우선 금융업 영위에 필요한 건물과 설비 등 고정자산에 배분하고, 둘째로 규제와 의무사항 등의 조건을 충족할 수준을 유지하기 위하여 시재금 등에 최소한의 자금을 배분하며, 셋째로 예측한 대출과 예금 수준에 따라 자금을 콜론, CD 등 유동성이 높은 자산에 배분하고, 넷째로

나머지 자금을 대출하는 데 배정하는 순서로 자산을 배분한다. 대출수요를 충족하고도 남는 자산이 있는 경우에는 그 자금을 장기유가증권에 투자함으로써 투자수익을 높인다.

자산배분법은 미국 상업금융기관에서 가장 먼저 개발된 ALM 기법으로 현재도 일부 사용하고 있으나 유동성을 적정수준으로 유지하는 것에 일차적 목적을 두고 있으므로 수익성 측면에서는 바람직하지 못하다.

(2) 자금 풀 법

CD와 같은 변동금리의 상품비중이 증가함에 따른 조달항목의 유동성 위험과 조달비용을 관리하고자 하는 기법으로, 먼저 조달자금을 그 원천의 성격에 따라 몇 개의 자금 풀로 나누고 각 자금 풀의 평균조달비용을 계산하여 그 비용보다 높은 수익률이 발생하도록 자금 풀을 운용하는 것을 뜻한다.

자금 풀 법으로 인해 처음으로 자산과 부채를 서로 연계하여 관리하기 시작하였으므로 자산과 부채를 종합적으로 관리하고자 했던 최초의 ALM 기법이라 할 수 있다.

(3) 자금전환법

자금전환법도 자금 풀 법과 같이 조달항목을 관리하는 기법이나 자금 풀 법은 자금의 비용에 중점을 둔 것이고 자금전환법은 자금의 안정도를 가장 핵심적인 관리기준으로 하는 것이다.

표 8-2 | 수신자금 간의 안정도 비교

- 저축성예금 > 요구불예금
- 소액예금 > 거액예금
- 장기예금 > 단기예금
- 지역내 예금 > 지역외 예금
- 개인예금, 법인예금 > 공공단체예금

저축성예금이 요구불예금보다, 장기예금이 단기예금보다 조달위험이 낮고, 소액예금이 거액예금보다 안정적이다. 그리고 지역내 예금이 지역외 예금보다 더 안정적인데 이는 지역내 예금은 거래목적의 예금이고 지역외 예금은 투자목적의 예금이므로 시장금리 변동에 따른 자금유출입 측면에서 전자가 후자보다 더 안정적이다.

금융기관은 조달된 자금의 안정도를 감안하여 각각의 자금을 유사한 특성을 지닌 운용자산에 배분한다. 자금전환법에 따른 자금조달 및 자산운용 형태는, 첫째 유동성을 기준으로 부채를 분류한 다음 동일한 유동성을 가진 자산에 부채를 배분하는 형태, 둘째 금융기관의 부채와 자본 계정을 몇 개의 조달부문으로 재분류하여 이를 자산에 배분하는 형태로 구분된다.

자금전환법의 단점은, 첫째 각 조달부문의 특성과 유사한 특성을 지닌 자산부문에 배분 ·

운용함으로써 인하여 조달부문의 상황이 특정대출부문에 영향을 줄 수 있다는 점, 둘째 특정예금으로 조달한 자금을 수개의 자산부문으로 운용할 경우에 특정예금부문이 감소하는 상황이 발생하면 이와 연계된 수개의 자산을 유동화시켜야만 되는 경우가 있다는 점, 셋째 특정부문 내에서 대출수요가 크지 못할 경우 배분된 자금을 소화시키지 못하는 점 등이 있다. 반면, 조달한 자금의 범위 내에서 자금을 운용하므로 자금의 조달과 운용에 있어서 균형이 유지될 수 있다는 장점이 있다.

2) 부채관리시대

1960년대 초부터 에너지 파동이 일어난 1974년 이전까지의 금융기업 자금관리방식을 부채관리(liability management: LM)로 분류한다. 1960년대에 들어 이때까지의 자금관리방식이던 사산관리방식에 새로운 변화가 일어났다. 세계경제가 장기호황을 시작하는 가운데 기업의 투자수요가 급속히 늘어났다. 이에 따라 금융기업 대출수요도 크게 증가하였고 동시에 기업의 부도위험이 줄어들어서 대출의 수익성과 안정성이 크게 제고되었다. 한편, 이와 같은 호황을 배경으로 금융시장의 장단기금리가 올라가게 되자 기업을 비롯한 일부 투자가들이 금리에 대해 민감해지기 시작하였다.

이와 같이 장단기금리가 상승하기 시작하자 요구불예금계정으로부터 저축성예금계정으로 예금이 이전되기 시작하였으며, 또한 예금금리제한법(Regulation Q)의 적용을 받아서 낮은 금리밖에 제공할 수 없었던 금융기관의 예금이 예금금리제한법의 규제를 받지 않는 비금융기관 금융기업으로 유출되기 시작하는 이른바 금융기관의 자금중개 기능의 상실(disintermediation) 현상이 일어나게 되었다. 그래서 금융기관은 대출재원을 확보하기 위하여 실세금리가 보장되는 예금상품을 개발하거나 새로운 자금원천을 찾기 위해 자금시장에 진출, 적극적으로 자금을 조달하지 않으면 안 되었다. 이와 같은 당시의 시대적 조류를 반영하여 금융기관의 자금조달수단으로 등장한 것이 CD(certificates of deposit), RP(repurchase agreement), CP(commercial paper), 유로달러(euro-dollar), 연준기금(federal fund) 등 이른바 관리채무(managed fund)이며 이밖에 중앙금융기관의 차입까지도 자금의 조달수단으로 이용하였다.

자산관리가 자금의 원천, 즉 부채가 주어진 것으로 보고 자산의 최적배분을 기하는 수동적인 자금관리방식인데 비해, 부채관리는 부채의 조달에 의해 자금운용규모의 크기를 조작할 수 있다는 전제하에 자금의 운용측면보다는 자금의 조달측면을 더 중시하는 적극적인 자금관리 방식이라 할 수 있다.

부채관리는 금융기업들의 경쟁증대를 초래하여 투자자들에게 보다 수익성이 큰 상품을 제공하는 동시에 자금 조달 및 운용 규모를 증대시켜 금융시장의 배분 효율성(allocation efficiency)을 증대시키는 데 기여하였다. 반면, 부채관리는 또한 금융기업들이 지준부담이 없는 관리채무를 활용함으로써 대중앙금융기관 의존도가 감소하여 통화신용정책의 효과를 약화시키는 결과를 가져왔다고 지적되기도 한다.

3) 자산 · 부채 종합관리시대

1974년 이후부터 현재에 이르기까지의 자금관리방식을 자산 · 부채 종합관리(Asset and Liability Management: ALM)라고 말한다. 에너지 파동 이후 지속되고 있는 세계적 불경기와 전후 국제통화 질서를 유지해 온 브레튼우즈 체제의 붕괴로 고정환율제도가 변동환율제도로 이행하는 등 국제금융시장의 혼란에 따른 급격한 환율파동은 종래 부채중심의 자금관리방식에 다시금 변화를 가져다주었다. 기업의 수익성 저하에 따른 부도위험의 증가는 금융기업의 안정적 자산운용에 대한 새로운 주의를 환기시킴은 물론 지금까지 상대적으로 간과되어 왔던 금융기업의 적정자본(capital adequacy) 문제의 중요성까지 다시 인식되기에 이르렀다.

한편, 경기가 침체하는 와중에 인플레이션과 재정적자로 인해 시장금리는 높은 수준을 지속하고 있는데다 금융기업 간의 격심한 자금조달경쟁은 금융기업의 자금조달비용을 대폭 상승시키기에 이르렀으며, 이는 금융기업의 자금운용 수익마진을 축소시켜 금융기업의 수익성을 크게 저하시켰다. 특히 이 기간 중에 환율의 변동과 함께 세계적으로 금리가 격심하게 변동하였는데, 이와 같은 금융환경 변화에 적절하게 대처하지 못한 금융기업들은 수익성의 악화와 유동성의 부족에 직면하게 되었으며 이로 인해 많은 금융기업들이 도산하는 사례가 속출하였다.

이에 따라 금융기업들은 금리 및 환율 변동위험 등에 보다 효과적으로 대처하기 위해 종래와 같이 자산이나 부채 어느 일면만을 강조하는 자금관리방식을 지양하고 수익성과 유동성을 안정적으로 도모하기 위해 자산과 부채를 연계시켜 종합적으로 관리해야 할 필요성이 증대하게 되었다. 이와 같은 필요성은 동시대에 진전된 기술혁신에 힘입어 실행이 가능하게 되어 새로운 자금관리방식으로 도입되었는데 이를 ALM이라고 한다.

ALM의 목표는 경제 및 금융 환경에 대한 예측을 근거로 적정한 유동성과 안정성으로 보유하고, 동시에 순이익을 극대화시키도록 자산과 부채의 최적조합을 설정하고 관리하는 것이다. 따라서 ALM을 위해서는 기본적으로 금융시장 전반에 대한 이해, 특히 금리나 환율 등 시장자격 변동요인에 대한 예측과 경제 및 금융 상황에 대한 변화예측 등이 중요하다.

보다 구체적인 ALM 리스크 관리는 별도의 장에서 설명하고자 한다.

2. 유동성 리스크 개요

유동성 리스크(liquidity risk)란 자금의 운용과 조달기간의 불일치 또는 예기치 않은 자금의 유출 등으로 자금부족 사태가 발생하여 지급불능 상태에 직면하거나 자금의 과부족을 해소하기 위하여 고금리의 조달 또는 보유자산의 불리한 매각 등으로 손실을 입게 될 리스크를 말한다. 간단한 예를 통해서 유동성 리스크가 무엇인지 살펴보자. 앞서 금리 리스크에서 살펴본 예를 다시 한 번 생각해 보자. A금융회사는 현재 4% 이자율로 예금을 1억 원 받고, 7% 이자율로 1억 원을 대출해 주었다. 따라서 이 금융회사는 앞으로 1년간 300만 원의 이익을 얻을 수 있다. 그런데 예금고객은 6개월 동안 예금하려고 하는 데 비해 대출고객은 1년간 대출을 받고자 하고 있다. 이러한 경우 [그림 8-1]에서 A금융회사는 유동성 리스크에 노출되게 된다. 왜냐하면 6개월이 지나 예금이 만기가 되어 1억 원이 인출될 시점에서 대출은 아직 만기가 6개월이나 남아 있기 때문이다.

그림 8-1 | 유동성 리스크

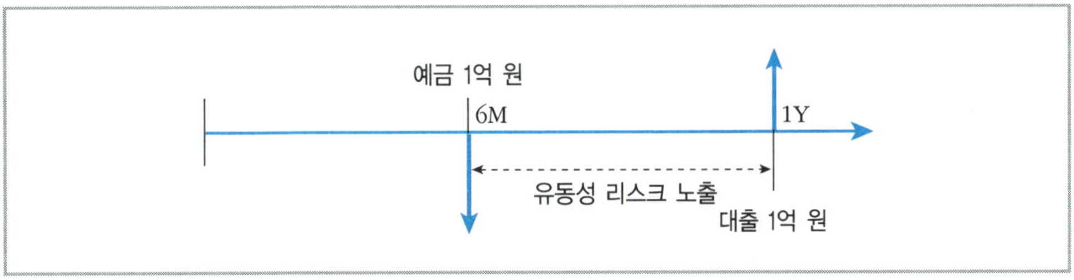

만약 6개월 후에 예금 1억 원을 다시 유치하지 못하게 되면 금융회사는 지급불능 상태에 처하게 된다. 따라서 어떻게든 예금을 유치하기 위해서 보다 높은 예금금리를 제시해야 할 것이고 따라서 예상이익은 처음 예상인 300만 원보다 낮아질 것이다.

이처럼 예금인출요구 등 현금유출에 대응하지 못하거나 통상의 경우보다 높은 비용을 지불하게 될 위험을 유동성 리스크라고 할 수 있다. 즉, 유동성 관리의 주된 목적은 고객의 요구에 항시 지급할 수 있는 현금 능력을 보유하는 것으로서 생존(survivability)이라 할 수 있는데 IMF 금융위기는 유동성 리스크 관리 실패로 인한 예라고 할 수 있다.

유동성 리스크의 원인을 다음과 같이 설명할 수 있다.

① 금융회사의 전형적인 자금 조달과 운용의 불일치(단기조달, 장기운용으로 인한 만기불일치)

② 수익성 위주의 자금운용: 유동성을 포기하고 수익성이 높은 자산을 선택

③ 환율 및 금리 변동 등 시장 리스크의 결과로 인한 자금압박

④ 거래 상대방의 부도 등 신용 리스크의 결과

⑤ 지진 · 전쟁 등 비시장적인 요인에 의한 금융시장 전체의 신용경색

이와 같이 유동성 리스크의 원인에 대하여 효과적으로 대응하기 위하여 일반적으로 다음의 4가지 능력이 필요하다고 정의한다.

① 평상 시 경영(business as usual)을 유지할 수 있는 정도의 충분한 현금확보 능력
② 합리적인 비용(without abnormal cost)으로 급매가격(a fire sale)을 피해 자금을 조달할 수 있는 능력
③ 유동성 문제를 해결할 수 있는 시간을 벌 수 있는(buying time) 능력
④ 금융당국의 정책(유동성 규제, 지급준비율 정책 등)에 적절히 대응할 수 있는 능력

최근 금융위기를 겪으면서 이러한 유동성 부족문제의 심각성이 대두되자 FSS(Financial Supervisory Service, 금융감독원)에서는 이러한 유동성 문제에 대비하여 금융기관은 자금의 조달과 운용에 관련된 유동성 변동요인을 조기에 예측하고 체계적인 관리를 통하여 적정수준의 유동성을 확보해야 한다고 기술하고 있다.

조달 유동성 리스크는 예금과 대출 업무를 주로 취급하는 상업은행에서 유동성 리스크 관리의 주요 수단으로 이용되어 왔으며, 주식 및 채권의 인수 및 매매를 주업무로 하는 투자은행에서도 유동성 관리의 주요 수단이었으나 최근에는 겸업화 추세에 따라 상업은행과 투자은행에서 두 가지 리스크 관리방법을 병행하여 사용하고 있다. 현재 감독당국에서의 규제적 유동성 관리비율인 3개월 유동성 비율은 조달 유동성 리스크 관리의 성격이며, 바젤 Ⅲ에서의 새로운 유동성 규제기준인 유동성 커버리지 비율은 시장유동성 리스크의 내용을 반영한 것으로 이해된다.

3. 유동성 리스크 측정 대상

금리 리스크 측정 대상은 금리부 자산과 부채이나 유동성 리스크 측정 대상은 재무상태표상의 모든 자산과 부채를 대상으로 하며 만기(잔존만기)를 기준으로 자산과 부채를 분류하여 유동성 리스크를 금액보다 유동성 비율(liquidity ratio)과 유동성 갭 비율(liquidity gap ratio)로 측정한다. 어떤 자산 또는 부채가 유동성인지 아닌지를 구분하는 기준은 만기(maturity)인데 특정 시점 이전에 만기가 도래하면 유동성 자산(liquidity assets) 또는 유동성 부채(또는 변동성 부채, volatile liability)로 분류하고 그렇지 않은 경우에는 비유동성 자산(illiquid asset) 혹은 안정성 부채(stability liability)로 분류한다. 모든 자산을 유동성 자산과 비유동성 자산으로 구분하고 또한 모든 부채를 유동성 부채(변동성 부채 혹은 단기부채)와 비유동성 부채(안정성 부채 혹

은 장기부채, long-term liabilities)로 구분 관리한다. 유동성 리스크가 자산(자금의 운용)과 부채(자금의 조달)의 만기불일치 혹은 만기금액 차이(자금과 부족)에서 입게 될 리스크로 유동성 잔액이 영(0)보다 크게 되어야 하고 유동성 자산이 잉여인 상태가 유지되어야 한다. 즉 유동성이란 유동성 자산과 유동성 부채(변동성 부채)로서 실제 현금화할 수 있는 자산과 부채를 뜻한다. 유동성 갭은 유동자산에서 유동성 부채(변동성 부채)를 뺀 금액이고 유동성 비율은 변동성 부채를 유동성 자산으로 나눈 비율로 금융감독원은 은행에 유동성 비율을 100% 이상 유지할 것을 요구한다. 즉, 3개월 이내에 인출될 수 있는 자금(부채)에 대하여 3개월 이내에 자금화할 수 있는 자산을 100% 이상 보유하고 있어야 한다는 의미이다. 일반적으로 자산의 현금과 예치금, 콜론과 RP매수, 투자유가증권은 유동성 자산으로, 대출금과 기타 자산은 비유동성 자산으로 분류한다. 부채의 경우 요구불예금과 저축성예금은 고객 행동모형 분석을 통해 변동성 부채와 안정성 부채로 구분하고 기업 요구불예금과 기업 저축성예금, 장기차입금은 변동성 부채로 분류하여 유동성 리스크를 관리한다. 여기서 제시한 구분방법은 원칙적인 것으로서 항목에 따라서는 상당히 달리 구분할 수 있는 것도 있다는 것을 강조한다. 따라서 유동성 리스크 관리자는 분류가 용이하지 않은 항목, 예를 들면 보통예금과 같은 요구불예금에 대하여 별도의 많은 연구와 노력이 있어야 할 것이다. 또한 금융회사는 최소한 금융회사 계정, 신탁계정 및 자회사별로 유동성 리스크를 구분 · 관리할 수 있는 체제를 갖추어야 한다.

4. 유동성 리스크 측정 대상 관리 및 점검

① 유동성 리스크 측정 대상의 파악 그리고 분류 및 점검(monitoring)에 대해서는 유동성 갭 보고서와 기본잉여표를 통하여 점검한다.

② 유동성 갭 보고서 및 기본잉여표는 월 1회 자산부채관리위원회에 정기적으로 안건 상정하여 점검한다.

③ 유동성 리스크 관리를 위해서는 시장접근 보고서를 통해 유동성 리스크 측정 대상을 점검한다.

5. 유동성 갭 보고서를 통한 유동성 리스크 측정

① 사업부별 · 영업본부별로 거액 여신 신규취급 및 거액 예금인출 예상을 집계하여 기업의 월말 예상 유동성 갭 보고서(Pro-forma Liquidity Gap Report)를 작성하여 금융감독원 앞 유동성 비율 및 유동성 갭 비율의 정확한 보고서 작성에 활용토록 한다.

② 유동성 갭에서 유동성과 비유동성 자산과 변동성과 안정성 부채의 기준은 만기인 것이다. 즉, 해당 기간 중 만기가 돌아오는 항목은 유동성 또는 변동성 계정이고 그렇지 않은 계정들은 비유동성 또는 안정성 계정으로 분류한다. 따라서 유동성 갭 보고서상의 자산은 유동성 자산이고 부채는 변동성 부채라 할 수 있다.

표 8-3 | 유동성 갭 보고서(Liquidity Gap Report)

만기구간		1개월 이내	3개월 이내	6개월 이내	…	3년 이내	3년 초과	합계
자산[1]								
부채[2]								
유동성 갭	단순 갭							
	누적 갭							

주 : 1) 자산계정(유동성 자산) : 현금과 예치금, 콜론과 RP매수, 투자유가증권, 대출금 및 기타자산
2) 부채계정(변동성 부채) : 요구불예금과 저축성예금, 기업 요구불예금과 기업 저축성예금, CD, 콜머니와 RP매도, 장기차입금

6. 기본잉여 산출

① 기본잉여(basic surplus)란 은행의 신뢰사건의 손실로 남겨질 수 있는 부채에 대해 수정된 원금손실 없이 단기적으로 자금을 조달할 수 있는 현금의 측정이다. 따라서 30일 내의 유동성 리스크 관리도구로서 기본잉여의 정의는 긴급성, 즉 시장성 자금을 조달 · 보유하고 있는지를 측정하는 방법으로 볼 수 있다. 일반적으로 유동자산이 단기부채를 초과하는 금액을 기본잉여, 단기부채가 유동자산을 초과하는 금액을 기본적자(basic deficit)라고 한다.

② 일반적으로 기본잉여는 30일 기준으로 비정상적인 신용경색 상황에서 대체(갱신 또는 신규자금 유입)가 안 될 가능성이 있는 단기부채와 이를 충당하기 위한 유동자산과의 관계를 나타내며, 아래와 같이 계산한다.

기본잉여 = 유동자산(liquid assets) − 단기부채(short term liabilities)

③ 현재 유동성 리스크 관리 핵심지표인 유동성 커버리지 비율(LCR: Liquidity Coverage Ratio) 산출의 기초가 된다.

④ 금융감독원과 바젤 Ⅲ의 유동성 리스크 관련 지침에 의해 유동자산과 유동부채의 대상을 확인 점검한다.

표 8-4 | 기본잉여표

유동자산	금액			유동부채	금액		
	원화	외화	총계		원화	외화	총계
현금 및 예치금				콜머니, 은행 간 RP			
콜머니, 은행 간 RP, CD				은행 간 CD			
국공채시장가치				유동 CD			
단기매매 채권시장가치				외화차입금			
회사채 등(5% haircut)				정기예금, 정기적금, 표지어음, 대고객 CD			
매도가능 대출채권				기타비만기성예금	.		
기타유동자산				금융채			
외화자산				기타단기부채			
				외화부채			
총 유동자산(A)				총 단기부채(B)			
기본잉여 = (A)−(B)							

주 : 기본잉여의 계산은 유동성 자산과 유동성 부채 중 30일 이내에 현금화 및 현금의 흐름을 발생시키는 부분만을 대상으로 한다.

7. 유동성 리스크 측정 대상 점검

월 1회 자산부채관리위원회에 유동성 리스크 한도를 정기적으로 안건 상정을 하여 유동성 리스크 측정 대상과 금액의 정확성을 확인함과 아울러 누락 여부를 확인한다. 이때 통상 시장접근 보고서를 이용한다.

① 유동성 갭 보고서가 기존의 재무상태표 계정과목을 토대로 기존자금 및 신규자금, 신상품 등으로부터 발생하는 원금과 이자에 대한 현금흐름의 정확한 산출을 위하여 원금흐름의 유형과 주기, 이자흐름 및 금리개정의 특성을 파악한다.

② 매일 시장접근 보고서 작성을 통하여 유동성 비율과 유동성 한도관리 대상과 내용을 파악한다. 시장접근 보고서(MAR: Market Access Report)는 은행의 현재 유동성 포지션을 모니터링하는 도구로, 일상적인 사업환경(business on-going)에서 은행 전체의 누적 갭을 매일 계량화한 유동성 관리 집계표로서 평상시에는 은행의 자금관리 능력을 나타낸다. 또한 시장접근 보고서에서 유동성 리스크 한도를 항시 모니터링하여 금융감독원 능

에 보고할 유동성 비율 및 한도관리를 준수하도록 감시한다.

자체적으로 정한 시장접근 보고서의 한도는 재무상태표상 자산과 부채 규모와 금융시장에서의 영업 및 자금조달 능력, 경영진의 경험, 재무상태표의 유동성 구조 등을 감안하여 금융회사가 감당할 수 있는 적정수준의 추가자금 조달규모를 의미한다.

표 8-5 | 시장접근 보고서(MAR: Market Access Report)

구분		계정원장 잔액	오버 나이트	2~7일	8~15일	16일~1개월	2개월	3개월	4~6 개월	총계
자산	현금 및 예치금									
	Call, 지준, RP									
	단기매매증권									
	투자증권									
	매도가능증권									
	대출금									
	자회사 투자									
	기타자산									
	총자산									
부채	금융회사 차입									
	소매예금									
	기업예금									
	장기부채									
	자본금									
	총부채									
총증감(총자산-총부채)										
갭 (증가분 반영 전)	순 갭 누적 갭									
증가분	운용 1. 예상된 유동성 지원 약정 2. 대출증가 원천 1. 예금증가 2. 추가차입 3. 자산증권화									
	= 원천 − 운용									
갭 (증가분 반영 후)	순 갭 누적 갭									
MAR 한도										

주 : MAR 한도는 누적 갭(증가분 반영 후)에 대한 한도가 초과하지 않도록 사전 설정 · 관리한다.

8. 위기상황계획

유동성 리스크 관리를 위한 위기상황계획은 금융기관이 유동성 위기에 대한 대안을 구축하고 비상 시에는 순자금소요액을 충당할 수 있는 절차를 준비하는 것을 의미한다. 금융기관의 자금조달 능력(적시에 그리고 합리적인 비용의 자금조달)에 일시 또는 장기적인 문제가 발생하였을 경우 이에 대한 문제해결 여부는 적절한 위기상황계획(Contingency Plan)의 수립 여부에 의존된다. 유동성 위기에의 효율적인 대처를 위해서 유동성 관련 정보흐름에 잡음이 없어야 하며 경영진의 신속한 의사결정을 위해 정확한 정보전달 시스템의 사전적 구축이 필요하다. 또한 관련부서 간 협조체제를 통한 종합적 유동성 관리가 이루어져야 하며 각 단계별로 조직 간의 명확한 책임구분을 설정하여야 한다.

금융기관은 위기상황계획의 수립 시 유동성 위기단계별(예를 들면, 정상, 악화, 위기)로 상황

표 8-6 | 단계별 유동성 위기상황 체크리스트(예시)

항목		단계 1	단계 2	단계 3
금융기관 내부요인	원화자금 부족	기준액의 50% 이상 및 ○조 이상 부족	기준액의 70% 이상 및 ○○조 이상 부족	기준액의 100% 이상 및 ○○조 이상 부족
	외화자금 부족	3일 동안 ○백만 달러 부족	5일 동안 ○○백만 달러 부족	7일 동안 ○○백만 달러 부족
	실질 연체율	4% 미만	6% 미만	6% 이상
	…	…	…	…
금융기관 외부요인	국고채수익률(3년물)	3일간 상승폭 1%bp 이내	3일간 싱승폭 2%bp 이내	3일간 상승폭 2%bp 초과
	환율(VUSD)	전일대비 ○% 이상 상승	전일대비 ○%~○○% 상승	전일대비 ○○% 초과 상승
	종합주가지수(KOSPI)	전일주가 대비 5% 이상 하락 또는 3일누적 ○% 이상 하락	전일주가 대비○% 이상 하락 또는 3일 누적○% 이상 하락	전일주가 대비○% 이상 하락 또는 3일누적 ○○% 이상 하락
	통화신용정책	긴축검토	긴축조치	긴축강화
	당행, 국가 신용등급 하락 또는 평판 하락	신용등급 하락 검토 또는 평판저하 조짐	신용등급 하락 조치 또는 평판 악화 등	신용등급 투자 부적격으로 하락
종합판단		유동성 악화의 징후가 시작되는 상황	예금인출사태가 본격화되고 자금조달이 힘든 상태	무차별적인 예금인출로 사실상 지급불능상태

자료: 조정환, "ALM 리스크 측정 및 관리"(2008).

을 설정하고 적극적이고 구체적인 조치방안을 구축하여야 한다. 또한 취급업무의 특성을 고려하여 업무부문별 조치방안의 구축이 바람직하다. 금융기관의 현재 위기단계를 파악하기 위해 각 단계별로 발생징후 판단기준인 각종 유동성 관련 지표(원화 유동성비율, 원화 유동성 갭, 단기자금 부족규모, 순도매조달비율, 금융기관 신용등급, BIS 비율, 단기거액자금 조달비율, 단기대출비율, 업무용 고정자산비율 등) 등을 마련하고 이를 체크리스트로 만들어 정기 또는 수시로 점검한다. 점검결과 유동성 상황이 악화되는 경우 그 점검주기를 단축(예를 들면, 주별, 일별)한다.

위기단계별 조치사항은 부족자금의 조달방법과 조달인원 및 조달금액에 대한 명확한 설정이 요구되며, 고객의 행동을 변화시킬 전략과 위기 시 예금고객, 차입자, 트레이딩 및 부외거래 상대방과의 관계유지 방안, Credit Line과 같은 Back-up Facility 확보방안 등이 포함되어야 한다.

제2절 유동성 리스크 측정방법

1. 유동성 리스크 측정방법 개요

유동성 리스크는 자금의 운용과 조달 기간의 불일치 또는 예기치 않은 자금의 유출로 자금부족 사태가 발생하여 지급불능 상태에 직면하거나 자금의 부족을 해소하기 위하여 고금리 조달 또는 보유자산의 불리한 매각 등으로 손실을 입게 될 리스크로, 규제적 유동성 리스크 측정방법과 내부 유동성 리스크 측정방법으로 구분된다.

표 8-7 | 유동성 리스크 측정 방법 구분

구분	규제적 유동성 리스크 측정방법	내부 유동성 리스크 측정방법
리스크 측정방법	1. 유동성 갭과 유동성 비율관리 2. 유동성 리스크 측정 지표관리 3. 유동성 커버리지 비율(LCR)과 순안정자금 조달비율(NSFR)	1. 부채측면 유동성 리스크 관리 (조달 유동성 리스크 관리: Funding liquidity risk) 2. 자산측면 유동성 리스크 관리 (시장 유동성 리스크 관리: Market liquidity risk) 3 유동성 VaR
리스크 측정주기	월 1회 혹은 필요시	월 1회 혹은 필요시
리스크 측정목적	바젤 Ⅲ 및 금융감독 당국 규제이행목적	내부적 유동성 관리목적

2. 유동성 리스크 측정방법

금융회사 유동성 관리는 규제적 유동성 리스크 관리로서 바젤 Ⅲ 등에서 제시하는 국제적 유동성 규제기준과 금융감독 기관 관련 규정에 의한 유동성 규제비율(원화 · 외화 유동성 비율, 단기외화 자산 및 부채의 만기불일치 비율 등)을 우선적으로 준수해야 하는 규제적 유동성 관리 비율(regulatory liquidity ratio)과, 금융기관의 자체 판단에 따라 효율적으로 유동성을 관리하기 위한 내부 유동성 리스크 관리로 크게 구별된다. 조달자금과 운용자금의 만기를 동시에 관리하는 시스템을 구축하여 각종 일별 · 월별 만기도달 상황을 수시로 파악하고 유동성 리스크 발생가능성을 낮추기 위하여 조달상품의 만기를 다양화하고 안정적인 조달기반 구축에 만전을 기하여야 한다. 시장상황의 급변, 통화정책의 변경 등으로 예상치 못한 자금부족 상태에 대비하기 위하여 고객행동 변화에 대한 시나리오를 반영한 스트레스 테스트를 월별로 실시하고 스트레스 테스트와 연계한 비상조달계획(contingency funding plan)을 수립하여 만약의 상황에 대비하여야 한다.

그림 8-2 | 금융기관의 유동성 리스크 관리 비교[2)]

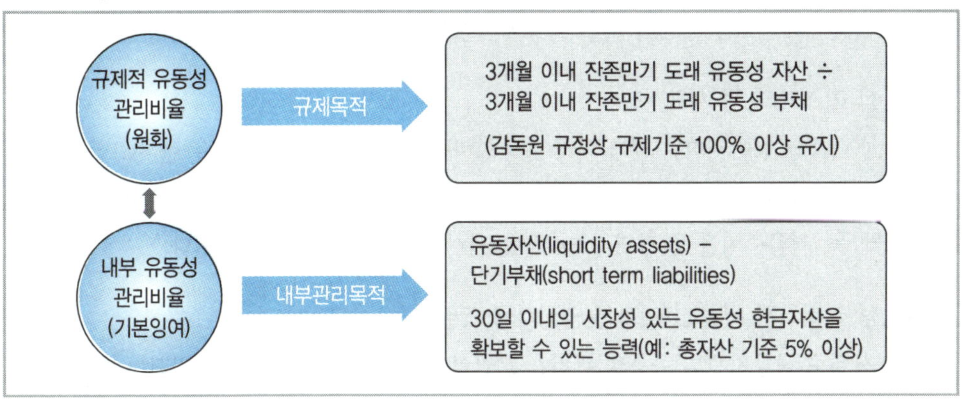

1) 규제적 유동성 관리 측정방법

(1) 유동성 갭과 유동성 비율관리

유동성 갭(liquidity gap)은 일반적으로 미래의 특정 시점 이전에 만기가 도래하는 유동성 자산(liquidity assets)과 유동성 부채 혹은 변동성 부채(volatile liabilities)의 차이로 정의된다.

2) 상업은행의 경우 유동성 비율관리는 원화 유동성 비율준수가 최우선 중요과제로, 최근 자본시장으로의 money move로 인해 자금조달비용의 상승으로 인한 NIM 관리에 어려움이 있어 부채측면의 유동성 리스크(liability-side liquidity risk) 관리가 주요 이슈로 되고 있음.

표 8-8 | 유동성 갭 보고서(Liquidity Gap Report)

만기구간		1개월 이내	3개월 이내	6개월 이내	…	3년 이내	3년 초과	합계
자산		200	100	500	…	300	200	3,000
부채		100	400	100	…	100	0	2,800
유동성 갭	단순 갭	100	−300	400	…	200	200	200
	누적 갭	100	−200	200	…	0	200	

유동성 갭을 측정하기 위해서는 유동성 갭 표를 작성한다. 유동성 갭 표는 유동성 자산·부채를 만기구간(time bucket)에 배분함으로써 작성하며 단순 갭(discrete gap), 누적 갭(accumulated gap), 갭 비율(gap ratio) 등을 산출한다. 유동성 리스크는 현재 시점부터 특정 시점까지의 누적 유동성이 의미가 있으므로 누적 갭이 중요하다.

유동성 갭은 정태적 갭(static gap)과 동태적 갭(dynamic gap)으로 구분할 수 있다. 정태적 갭은 유동성 갭 표상 현재의 계약만기에 의한 만기구간의 자산과 부채만을 대상으로 산출하는 갭이며 동태적 갭은 고객행동모형을 반영하여 미래에 발생할 자산과 부채의 실질현금흐름까지 분석대상에 포함시키는 갭이다. 고객행동모형이란 시장금리 및 기타요인의 변화에 따라 대출의 조기상환, 예금의 중도해지 및 요구불예금 잔액의 변동 등을 추정하는 것을 말한다.

(2) 유동성 리스크 측정 지표관리

유동성 리스크를 관리하는 데 있어서 유동성 비율 이외에 유동성 관리 관련 지표를 준수해야 하며 금융감독원은 동 지표에 원화 유동성 비율, 외화 유동성 비율, 단기대출비율, 예대율, 현금자산비율, 지급준비율 등 경영지도비율을 제시하여 관리하도록 하고 있다.

(3) 유동성 커버리지 비율(LCR)과 순안정자금 조달비율(NCFR)

리먼 사태로 금융기관의 유동성 관리를 보완할 필요성을 인식한 바젤위원회는 바젤 Ⅲ 도입 실시에 따라 새로운 유동성 규제기준인 유동성 커버리지 비율(LCR: Liquidity Coverage Ratio)과 순안정자금 조달비율(NCFR: Net Stable Funding Ratio)을 유동성 리스크 국제규제기준으로 신설 도입하게 되었는데 이를 바젤 Ⅲ하에서의 유동성 리스크 관리라고 한다. 이는 현재 은행에서 가장 중요하고 대표적인 유동성 리스크 관리 지표로서 금융회사의 유동성 리스크 관리에 큰 변화를 가져왔다.

2) 내부유동성 관리 측정방법

일반적으로 유동성 리스크 관리는 부채측면의 유동성 리스크로 조달 유동성 리스크

(funding liquidity risk)와 자산측면의 유동성 리스크로 시장 유동성 리스크(market liquidity risk)로 구분되어 관리되어 왔는데, 이 또한 유동성 관리 측정을 이해하는 데 중요한 부분이다. 유럽은행감독위원회(CEBS: Committee of European Banking Supervisors)는 시장 유동성 리스크와 자금조달 유동성 리스크의 정의를 다음과 같이 제공한다.

① 시장 유동성 리스크(market liquidity risk) : 자산 유동성 리스크로도 불리며 시장가격에 심각한 영향을 주지 않으면서 짧은 예고기간에 포지션이 쉽게 해소 또는 상쇄될 수 없는 리스크이다. 시장의 심도가 부족하거나 시장혼란에 기인한다.

② 조달 유동성 리스크(funding liquidity risk) : 자금조달 리스크라고도 하며 기관이 수용할 수 없는 손실을 무릅쓰지 않으면 만기에 도달한 부채와 채무를 이행할 능력이 없을 때 발생하는 현재 또는 예상 리스크이다.

만약 포트폴리오가 비유동자산을 포함하고 자금조달 수요를 충족하기 위해 이들을 비정상적으로 낮은 가격에 매각해야 하면 두 종류의 리스크는 서로 상호작용한다.[3)]

(1) 부채측면의 유동성 리스크

부채측면의 유동성 리스크(liability-side liquidity risk)는 조달 유동성 리스크(funding liquidity risk)이며 부채를 롤오버(roll over)하기 위해 필요한 현금을 모으는 금융회사의 능력과 관련이 있는 것으로 자금인출을 만족시키기 위한 경우가 그것이다. 요구불예금과 같은 거래계정 보유자가 어느 때든지 금융적 청구권을 금융기관에 제시하면 예금청구권의 액면가격을 현금으로 즉시 상환해야 한다.

부채측면의 유동성 리스크는 조달 유동성 리스크(funding liquidity risk) 또는 현금흐름 리스크(cash flow risk)로서 금융기관이 일상적인 영업활동이나 재무상태에 영향을 주지 않고 예정된 또는 예상치 못한 현재와 미래의 현금흐름 및 담보제공 요구에 효율적으로 대응하지 못할 리스크이며 자금조달계획(자금수급계획)의 차질로 발생하는 현금흐름 리스크라고 할 수 있다.

금융회사는 ① 구매 유동성 관리(purchased liquidity management)와 ② 비축 유동성 관리(stored liquidity management) 등을 통해 조달 유동성 리스크를 관리할 수 있다.

전통적으로 금융회사 경영자는 유동성 관리의 1차적인 방법인 비축 유동성 관리에 의존하였다. 이것은 보유하고 있는 자산의 일부를 현금화하여 보유하고 있는 것을 말한다. 그런데 비축 유동성 관리는 필요 지급준비를 초과하여 현금 지급준비를 보유하도록 하는 경향을 나타냈다. 따라서 최근에는 도매 단기금융시장(wholesale money market)에서 유동성을 구매하여 순예금유출에 대응하는 구매 유동성 관리가 활발히 진행되고 있다. 이것은 단기대출을 위한

3) 위정범, 「재무금융리스크관리」, 경문사(2014), p.440 인용.

금융기관 간 시장인 콜시장과 환매조건부 채권시장(repurchased agreement market) 같은 자금구매시장을 통해 이루어진다. 최근의 이러한 추세에 대해서 금융시장에 충격이 발생할 경우 유동성이 급격히 악화되는 현상이 발생하여 금융감독 당국은 우려를 표명하고 있다.

따라서 금융기관은 유동성 리스크 관리를 위해서 구매 유동성 관리와 비축 유동성 관리를 적절히 병행하여 사용해야 한다.

(2) 자산측면의 유동성 리스크

자산측면의 유동성 리스크를 시장 유동성 리스크(market liquidity risk) 혹은 자산 유동성 리스크(asset liquidity risk)라고 한다. 또 다른 형태의 자산측면의 유동성 리스크(asset-side liquidity risk)는 금융기관 투자 포트폴리오로부터 야기되기도 하여 자산을 신속하게 적정가격으로 매도 또는 양도할 수 없어서 손실이 발생하는 것으로 시장의 다른 측면의 거래에 대해 선호도가 일시적으로 없기 때문에 금융회사가 일반적인 시장가격에서 거래를 행할 수 없는 리스크를 말한다. 즉, 시장의 협소성 또는 시장 붕괴로 인해 시장가격에 큰 영향 없이 포지션을 청산할 수 없는 리스크이며 금융자산의 처분 시 시간 · 비용 등의 측면에서 발생하는 손실을 의미한다. 시장 유동성 리스크를 구체적으로 측정하기 위해서는 시장에서 거래되는 매수-매도 스프레드(bid-offer spread)의 밀착도(tightness) 즉, 실제 거래가격과 호가된 중간 시장가격 사이의 괴리 척도로 측정되며 매수-매도 스프레드는 유동성 확보를 위해 지불해야 할 청산비용이라고 할 수 있다. 따라서 유동성이 좋은 자산은 작은 매수-매도 스프레드를 가질 것이다.

시장 유동성 리스크는 다양한 요인 시장상황(매수-매도 스프레드와 시장충격), 유동화 목표기간, 자산과 증권의 종류, 그리고 자산의 대체성 등에 의해 발생하며 특정 자산을 팔 수 있는 가격은 위에서 언급한 요인에 따라 달라진다. 이러한 시장 유동성 리스크를 사전에 방지하기 위해서는 풍부한 유동성을 지닌 국채나 정부보증채(sovereign bond) 등 유동성 자산(liquidity assets)의 일정비율 이상의 보유를 요구하는 기본잉여(basic surplus)를 활용한 유동성 관리 기법이 필요하다. 이 기본잉여의 측정 및 관리 방법은 앞서 설명한 바젤 Ⅲ의 도입 실시에 따른 유동성 커버리지 비율 측정방법과 동일한 개념이다. 또한 차입자들의 대출약정과 기타 신용한도 행사도 유동성 문제를 야기시킬 수 있다. 특히, 이용이 가능한 유동성에 대해 사용되지 않은 대출약정 비율이 증가하는 것에 대한 리스크도 포함된다.

제3절 유동성 리스크량의 측정

1. 유동성 리스크량 측정

규제적 유동성 리스크량의 측정

(1) 유동성 갭 모형

유동성 갭 모형은 만기에 따라 자산과 부채를 분류하여 유동성 위험을 측정하는 방법이다. 이 방법은 모든 자산을 유동성 자산(liquid asset)과 비유동성 자산(illiquid asset)으로 구분하고, 또한 모든 부채를 안정성 부채(stable liability) 혹은 비유동성 부채와 변동성 부채(volatile liability) 혹은 유동성 부채로 구분한다.

유동성 자산에서 변동성 부채를 뺀 것을 순유동자산 또는 유동성 갭(liquidity gap)이라고도 한다.

순유동자산(유동성 갭)= 유동성 자산 − 변동성 부채

이렇게 구분된 [그림 8-3]의 유동성 갭 구조의 예시에서 유동성 자산(20조)에서 변동성 부채(17조)를 뺀 3조가 유동성 갭을 나타낸다. 또한 유동성 자산(20조)을 변동성 부채(17조)로 나눈 117%가 유동성 갭 비율이라 할 수 있다.

그림 8-3 | 유동성 갭 구조의 예시

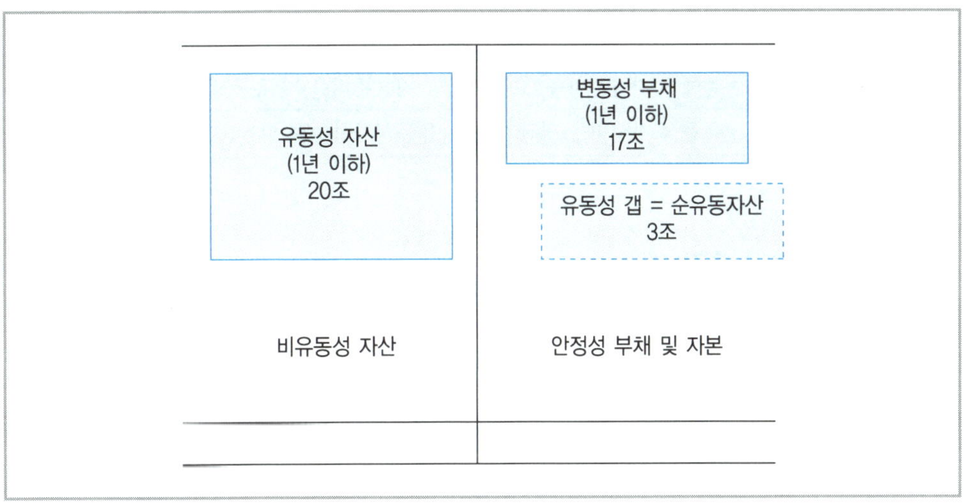

앞서 금리 리스크 측정 시 금리 갭은 금리 민감자산에서 금리 민감부채를 뺀 것으로 금리 민감 여부의 기준은 금리 개정(재설정)이 기준이 된다. 그런데 유동성 리스크 측정 시 유동성 갭에서는 유동성과 비유동성 또는 안정성과 변동성의 기준은 만기인 것이다. 즉 해당 기간 중 만기가 돌아오는 항목은 유동성 혹은 변동성 계정이고 그렇지 않은 계정은 비유동성 또는 안정성 계정으로 분류한다.

(2) 유동성 리스크 측정지표 관리

유동성 리스크를 관리하는 데 있어서 규제감독 당국에서 제시하고 있는 유동성 리스크 관리를 우선적으로 준수해야 한다. 규제감독 당국에서 제시하고 있는 지표들은 다음의 〈표 8-9〉와 같다.

표 8-9 | 유동성 리스크 측정지표

유동성 지표	측정지표 세부내역 및 한도 관리
유동성 갭 및 유동성 갭 비율	• 유동성 갭 = 유동성 자산 − 유동성 부채 • 유동성 갭 비율 = 유동성 갭/총자산
원화 유동성 비율	• (유동성 자산/유동성 부채)×100 • 3개월 이하 자산을 말잔기준으로 누적기준으로 작성 • 경영지도비율은 100% 이상임
외화 유동성 비율	• 외화 유동성 비율 = (운용합계/조달합계)×100 • 경영지도비율은 85% 이상임
단기대출비율	• (순단기대출/원화대출금)×100
예대율	• 예대율(평잔기준)=(원화대출금−동 대출 관련 차입금)/(가용예금+원화금융채권+가용자기자본)×100 • 경영지도비율은 100% 이하임
지급준비율	• 현금에 대한 지급준비자산의 비율 • 총예금 지급준비율, 요구불예금 지급준비율, 총유동성 비율 등
유동성 자산비율	• 유동성 자산비율(평잔기준) = 유동성자산/예수금×100

2. 유동성 리스크량 측정 예시

1) 규제적 유동성 리스크 측정

(1) 유동성 갭과 유동성 갭 비율관리

앞서 유동성 갭 모형에서 유동성 갭과 유동성 갭 비율의 산출방법은 다음과 같다.

유동성 갭(liquidity gap) = 유동성 자산(liquidity assets) − 변동성 부채(volatile liabilities)

유동성 갭 비율(liquidity gap ratio) = 유동성 자산/변동성 부채

[예시 1] 2015년 8월 말 A회사의 유동성 자산과 변동성 부채의 규모는 다음과 같다. 유동성 갭과 갭 비율을 구하시오.

구분	금액	비고
유동성 자산	2,000억 원	3개월 이내
변동성 부채	1,800억 원	3개월 이내

유동성 갭 = 유동성 자산 − 변동성 부채 = 2,000억 원− 1,800억 원 = 200억 원

유동성 갭 비율 = 유동성 자산/변동성 부채 = 2,000억 원/1,800억 원 = 111%

(2) 유동성 커버리지 비율(LCR)과 순안정자금 조달비율(NCFR)

유동성 커버리지 비율과 순안정자금 조달비율의 구체적인 산출방법에 대해서는 바젤과 금융감독원에서 제시하며 다음과 같다.

(가) 유동성 커버리지 비율(LCR)

유동성 커버리지 비율은 향후 30일간 순현금유출액(net cash outflows in a 30-day Period) 대비 고유동성 자산(High Quality Liquidity Assets)의 비율을 의미하는 것으로, 규제에 의하면 동 비율은 최소한 100% 이상이어야 한다. 고유동성 자산은 Level 1 자산(현금, 중앙은행 지급준비금, 국가 중앙은행의 채권 등)과 Level 2 자산(회사채 등 시장성 자산)으로 할인율(haircut rate)을 최소 15% 이상 적용하며, 전체 고유동성 자산의 40%를 초과할 수 없다. 순현금유출액은 특정 스트레스 시나리오하에서 30일간 예상되는 현금유출액 합계에서 현금유입액 합계를 차감한 값으로 정의한다. 여기서 30일의 의미는 현금유출입 시기가 불확실한 심각한 유동성 스트레스 상황에 직면하여 은행이 적절한 조치(corrective action)를 취하거나 문제를 해결하는 데 필요한 최소 기간을 의미한다.

다음의 LCR 산출 시 향후 30일간의 순현금유출액의 산정은 앞서 설명한 기본잉여의 계산방법으로도 가능하다. 다만 바젤Ⅲ에서 제시한 특정 스트레스 시나리오를 감안해야 한다.

$$LCR = \frac{\text{고유동성 자산 보유규모}}{\text{향후 30일간 순현금유출액}} \geq 100\%$$

(나) 순안정자금 조달비율(NSFR)

순안정자금 조달비율은 필요 안정적 자금조달(RSF: Required Stable Funding)에 대한 가용

안정적 자금조달(ASF: Available Stable Funding)의 비율로 정의되며, 동 비율은 100% 이상이어야 한다. 여기서 '안정적 자금조달' 이란 스트레스 상황이 지속되는 가운데 1년 동안 신뢰할 수 있는 자금조달원으로 여겨지는 자본 및 부채의 일정부분으로 정의된다.

$$NSFR = \frac{\text{가용 안정적 자금조달액(ASF)}}{\text{필요 안정적 자금조달액(RSF)}} \geq 100\%$$

가용 안정적 자금조달(ASF)은 금융회사가 보유한 항목(자본, 만기 1년 이상의 우선주, 유효만기 1년 이상의 부채, 스트레스 상황하에서도 유출되지 않을 것으로 기대되는 비만기성 예금 및 만기 1년 이내 기한부 예금의 일정부분)의 합계로 정의된다. 필요 안정적 자금조달액(RSF)은 금융회사 보유자산, 부외 익스포저 및 기타 활동의 유동성 리스크 특성에 기반하여 보유자산에 자산별 RSF Factor를 곱한 값의 합으로 산출한다. 다음의 A은행의 예를 통해 유동성 커버리지 비율(LCR)과 순안정자금 조달비율(NCFR) 산출방법을 이해하도록 한다.

[예시 2] 다음 A은행의 유동성 커버리지 비율(LCR)을 산출하라.

구분		금액	가중치	적용금액
고유동성 자산	현금	100	100%	100
	한국은행예치금	50	100%	50
	합계			150
자금유출	개인예금	600	15%(이탈률)	90
	기업예금	550	85%(이탈률)	467
자금유입	개인대출	500	50%(이탈률)	250
	기업대출	200	50%(이탈률)	100
순자금유입				
LCR				

가중치와 이탈률은 바젤 Ⅲ에서 제시한 비율이어야 하며, 여기에서는 임의의 비율을 적용했다.

$$LCR = 150/((90+467)-(250+100)) = 150/207 = 72.4\%$$

[예시 3] 다음 A은행의 재무상태표를 참조하여 순안정자금 조달비율(NCFR)을 산출하라.

A은행의 재무상태표

자산		부채	
현금	10	개인예금	30
국채	5	기업예금	58
모기지론	30	Tier 2 자본	5
중소기업대출	50	Tier 1 자본	7
고정자산	5		
합계	100	합계	100

가용 안정적 자금조달액(ASF): $30\times0.9+58\times0.5+5\times1.0+7\times1.0=68$

필요 안정적 자금조달액(RSF): $10\times0+5\times0.05+30\times0.65+50\times0.85+5\times1.0=67.25$

순안정자금 조달비율(NCFR) = $\frac{68}{67.25}$ = 1.011 또는 101.1%

따라서 A은행은 커버리지 비율(LCR)과 순안정자금 조달비율(NCFR)이 공히 100% 이상을 유지하는 것으로 나타났다.

2) 내부 유동성 리스크 관리측정

일반적으로 유동성 리스크 관리는 부채측면의 유동성 리스크로 조달 유동성 리스크(funding liquidity risk)와 자산측면의 유동성 리스크로 시장 유동성 리스크(market liquidity risk)로 구분되이 관리하고 있음을 앞서 유동성 리스크 측정방법에서 설명하였다. 이에 추가하여 전통적인 시장 리스크 VaR(Market VaR)에 시장 유동성 리스크의 청산비용을 합한 유동성 조정 VaR(liquidity-adjusted VaR)을 설명한다. 그리고 최근 유동성 관리를 계량화하여 내부자본으로 활용하기 위한 방안으로 유동성 VaR 산출방법을 소개한다.

(1) 유동성 조정 VaR

자산의 유동성[4),5)] 리스크는 전통적인 시장 리스크보다 측정하기가 어렵다. 유동성 조정 VaR은 전통적인 시장 리스크 VaR에 추가하여 시장 유동성의 측정을 위한 매수-매도 스프레드의 영향을 리스크 척도에 포함시키는 것으로 측정할 수 있다.

(가) 시장 유동성 리스크의 측정

자산의 매도자는 자신이 보유한 자산을 시장에 매도할 때 매수자가 제시한 최선의 호가,

4) J. Hull, *Risk Management and Financial Institutions*, 3rd ed., Wiley, 2012, pp.450~452.
5) 오세경, 「리스크관리」, 한경사(2015), pp.188~191.

즉 최우선 매수호가(bid price)에 팔 수 있고, 자산의 매수자는 매도자가 제시한 최우선 매도호가에 살 수 있다. 따라서 최우선 매도호가와 최우선 매수호가의 차이(bid-offer spread)는 유동성 확보를 위해 지불해야 하는 비용이다. 어떤 자산의 최우선 매도호가와 최우선 매수호가의 스프레드는 자산에 따라서 그리고 거래규모에 따라서 매우 차이를 나타낸다. 특히 유동성 위기의 상황하에서는 평소의 가격 대비 상당히 싼 가격으로 팔 수밖에 없다. 금융자산의 경우 문제가 되는 것은 한 금융기관이 포지션을 무조건 정리하고자 할 때 다른 금융기관들도 같은 입장에 있을 수 있고 이 경우 시장에 정상적으로 존재하던 유동성이 사라지고 특정 시장에서 유동성이 고갈된 상황인 유동성 블랙홀(liquidity blackhole) 현상이 발생하게 된다. 2008년 글로벌 금융위기 때의 리먼 사태가 이에 해당하는 것으로 설명할 수 있다.

청산비용(cost of liquidity)의 측정

자산의 최우선 매도호가와 최우선 매수호가의 스프레드는 금액(*P*) 또는 자산가격 대비 퍼센트(*S*)로 표시된다.

스프레드(*S*)는 다음과 같은 상대적인 기준으로 계산되며 유동성 조정 VaR(liquidity adjusted VaR)의 측정 시 활용된다.

$$S(\text{스프레드}) = \frac{P(offer): \text{최우선 매도호가} - P(bid): \text{최우선 매수호가}}{P(mid): \text{시장 중간가격}}$$

여기서, 시장 중간가격= 최우선 매도호가와 최우선 매수호가의 중간값

은행이 시장 유동성 리스크를 측정하는 한 가지 척도는 정상적인 시장상황에서 일정기간 동안 포지션을 청산하는 데 드는 비용으로 다음과 같이 측정할 수 있다.

$$\text{정상적인 시장상황에서 청산비용(cost of liquidation under normal market)} = \sum_{i=1}^{n} \frac{S_i \alpha_i}{2}$$

여기서, S_i = 정상적인 시장에서 보유 중인 자산 i의 가격 대비 최우선 매도호가 비율
α_i = 해당 자산 포지션 금액
n = 포지션 수

은행의 시장 유동성 리스크를 측정하는 또 다른 척도는 스트레스 시장상황에서 일정기간 동안 포지션을 청산하는 데 드는 비용으로 다음과 같이 측정할 수 있다

$$\text{스트레스 시장상황에서 청산비용(cost of liquidation under stressed market)} = \sum_{i=1}^{n} \frac{(\mu_i + \lambda\sigma_i)\alpha_i}{2}$$

여기서, μ_i = 보유 중인 자산 i의 가격 대비 최우선 매도매수호가 비율의 평균
σ_i = 보유 중인 자산 i의 가격 대비 최우선 매도매수호가 비율의 표준편차
λ = 신뢰수준에 해당하는 모숫값

[예시 4] A기업주식 1,000만 주와 B상품 5,000만 온스를 산 금융기관이 있다. A기업 주식의 최우선 매수호가는 89.5달러, 최우선 매도호가는 90.5달러이고, B상품의 최우선 매수호가는 15달러, 최우선 매도호가는 15.1달러라고 하자. 또한 주식에 대한 최우선 매도매수호가의 평균과 표준편차는 각각 1.0과 2.0이라고 하고, 상품에 대한 최우선 매도매수호가의 평균과 표준편차는 모두 0.1이라 하자. 스프레드가 정규분포를 따르고 99%의 신뢰수준을 가정한다. 이 경우 정상적인 시장상황하에서 청산비용과 스트레스 시장상황하에서 청산비용을 각각 구하라.

시장 중간가격으로 환산한 A기업 주식 포지션 가치는 90×1,000만=9억 달러이고, B상품 포지션 가치는 15.05×5,000만 = 7.525억 달러이다.

주식의 경우 최우선 매도매수호가 비율은 1/90=0.01111이고, 상품의 경우 최우선 매도매수호가 비율은 0.1/15.05=0.006645이다.

1) 정상적인 시장하에서의 청산비용

$$\sum_{i=1}^{n}\frac{S_i\alpha_i}{2}=\frac{0.01111\times 9\text{억 달러}}{2}+\frac{0.006645\times 7.525\text{달러}}{2}=750\text{만 달러}$$

2) 스트레스 시장하에서의 청산비용

$$\sum_{i=1}^{n}\frac{(\mu_i+\lambda\sigma_i)\alpha_i}{2}$$

$$=\frac{(0.01111+2.33\times 0.02222)\times 9\text{억 달러}}{2}+\frac{(0.006645+2.33\times 0.006645)\times 7.525\text{달러}}{2}$$

$$=3{,}658\text{만 달러}$$

(나) 유동성 조정 VaR의 측정

시장 리스크에서 산출된 VaR은 시장가격이 변동할 때 최악의 경우 트레이딩 포트폴리오(trading portfolio)의 가치가 어느 정도 손실이 발생하는 것으로 측정된다. 여기에 시장 유동성 리스크 측정의 청산비용은 트레이딩 포트폴리오를 청산하는 데 어느 정도의 비용이 발생하는가를 측정한다.

즉 유동성 조정 VaR(liquidity-adjusted VaR)은 시장 리스크에서 측정된 VaR(Market VaR)과 자산 유동성 리스크(asset liquidity risk)에서의 청산비용을 합한 것이라 할 수 있다.

유동성 조정 VaR은 정상적 시장하에서의 청산비용을 고려한 경우와 스트레스 시장하에서의 청산비용을 고려한 경우 두 가지로 나누어 다음과 같이 측정한다.

$$\text{정상적 시장에서의 유동성 조정 VaR} = \text{Market VaR} + \sum_{i=1}^{n}\frac{\sigma_i\alpha_i}{2}$$

$$\text{스트레스 시장하에서의 유동성 조정 VaR} = \text{Market VaR} + \sum_{i=1}^{n}\frac{(\mu_i+\lambda\sigma_i)\alpha_i}{2}$$

(2) 유동성 VaR[6)]

(가) 산출목적 및 개념 정의

유동성 규제목적과는 별도로 내부 유동성을 관리할 목적으로 정상상태에서 고객행동의 변화에 따라 발생하는 조달규모에 조달금리의 변동성을 반영함으로써 추가적으로 발생할 수 있는 손실 개념을 유동성 VaR(Value at Risk)로 정의한다.

즉, 유동성 VaR은 정상상태하에서 은행의 조달 유동성 리스크와 시장 유동성 리스크의 변동에 따라 발생하는 손실금액이다. 즉, 유동성 VaR은 약정 스케줄 변동에 따른 조달규모 증가와 현재가치 하락에 따른 지급능력 감소로 발생하는 조달비용 상승액으로 평상시 자금조달 비용과 일정 신뢰수준하에서 자금조달 비용의 차이를 유동성 VaR로 정의한다.

(나) 실시 대상

고객행동을 반영한 1개월 유동성 갭을 유동성 리스크의 익스포저(exposure)로 한다.

(다) 측정방법

정상상태에서 현재의 자산규모를 감소시키고 부채규모를 증가시키는 요인들이 발생함으로써 그만큼의 조달규모 발생과 조달 시 조달비용을 반영하여 유동성 VaR을 측정한다. 마이너스 유동성 갭(부족금액)이 발생할 때 리스크 프리미엄(risk premium)을 반영한 조달금리를 반영하여 최대 손실금액을 산출한다.

① 자금소요액 산출

자금소요액은 현금유출, 현금유입, 우발적 현금유출 등의 항목으로 구분하고 해당 계정과목에 매핑되는 리스크 요인을 반영하여 순유출금액을 산출한다.

• **현금유출(부채)**

현금유출은 부채계정에 해당되며 최대 손실상황에서 유출금액의 증가를 감안한 리스크 요인이 반영된 유출금액을 산출한다.

현금유출과 관련하여 리스크 요인을 반영하기 위한 대상계정은 다음과 같다.

- **비만기예금** : 비핵심(non-core)률(증가)을 적용한 유출금액 산출
- **정기 예·적금** : 중도해지율(증가), 재약정률(감소)을 적용한 유출금액 산출
- **차입금** : 차환율(감소)을 적용한 유출금액 산출

6) 앞서의 유동성 조정 VaR은 매수-매도 스프레드의 영향에 따른 청산비용을 market VaR에 포함하여 측정하는 데 반해 본 유동성 VaR은 유동성 스케줄 변동에 따른 자금조달규모 증가에 조달금리의 변동성을 반영한 손실개념으로 일부 상업은행의 내부자본산출에 활용한다.

– 기타부채 : 해당 만기잔액을 유출금액으로 산출

• 현금유입(자산)

현금유입은 자산계정에 해당되며 최대 손실상황에서 유입금액의 감소를 감안한 리스크 요인이 반영된 유입금액을 산출한다. 현금유입과 관련하여 리스크 요인을 반영하기 위한 대상계정은 다음과 같다.

유가증권 : 시장성 채권, 주식 및 기타 등에 할인율(hair-cut 비율)을 적용한 유입금액을 산출하고 비시장성 채권은 해당 만기잔액을 유입금액으로 산출

대출채권 : 대출금계정이 해당되며 조기상환율(감소), 만기연장률(증가), 연체율(증가)을 반영한 유입금액을 산출

기타자산 : 만기일 잔액을 유입금액으로 산출

• 우발적 현금유출(난외계정)

우발적 현금유출은 난외계정에 해당되며 최대 손실상황에서 난내편입률의 증가를 감안함으로써 유출금액을 산출한다.

난외계정의 리스크 요인을 반영하기 위한 대상계정은 다음과 같다.

– 지급보증 : 지급보증 대지급률(증가)을 적용한 유출금액을 산출

– 일반 약정 : 각각 한도소진율(증가)을 적용한 유출금액을 산출하고 사용자가 한도소진율 정보를 직접 정의한다.

② 조달금리 산출

유동성 VaR은 자금소요액에 조달금리를 반영하여 산출하며, 자금소요액은 해당 계정에 매핑되는 리스크 요인을 충격치로 반영하고 조달금리는 스프레드(spread)분포의 표준편차에 충격치를 반영하여 최대 손실을 산출한다.

조달금리(funding cost) = 무위험수익률+변동성(spread at risk)으로 무위험수익률은 보통 국고채 1년물 금리를 사용한다.

스프레드(spread)는 은행의 경우 해당 은행의 금융채 신용등급(예: AA)과 국고채 1년물의 평균 및 표준편차를 사용하여 산출한다.

즉, 조달금리는 스프레드(spread) 평균+(스프레드 표준편차×충격치 2.33)을 반영하여 조달금리를 산출적용한다.

$$\text{유동성 VaR} = \text{자금소요액} \times \text{조달금리}$$

결과적으로 유동성 VaR 산출과정은 다음의 [그림 8-4] 유동성 VaR 산출흐름도와 같으며 유동성 VaR 금액은 내부자본으로 활용한다.

그림 8-4 | 유동성 VaR 산출흐름도

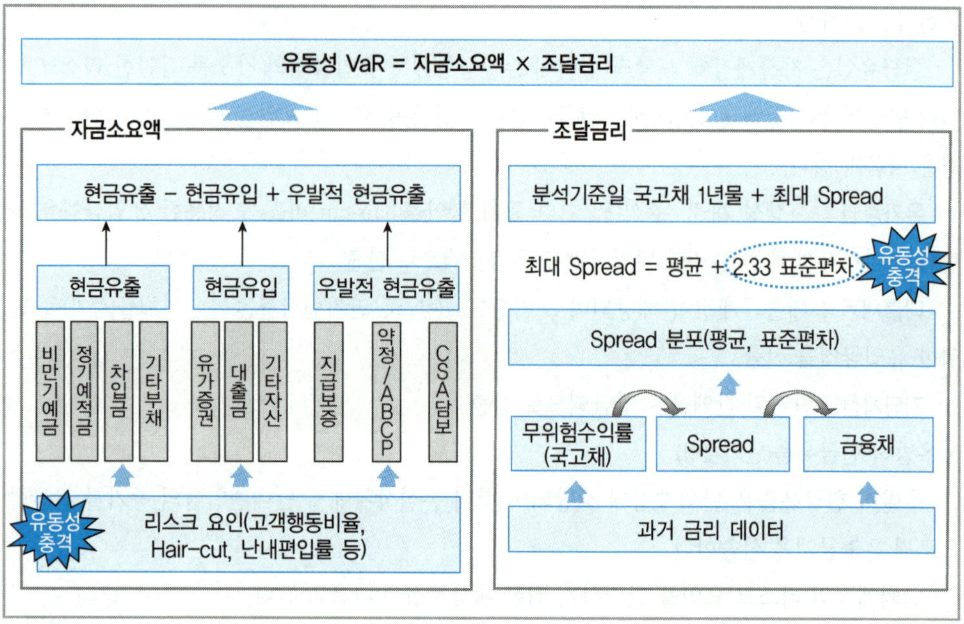

연습문제

객관식

1. 유동성 관리의 주요 내용과 관계가 먼 표현은?

① 평상시 경영유지
② 유동성 해결 시간을 벌 수 있는 능력
③ 합리적 비용
④ 자금 조달 및 운용

2. 다음 중 유동성 리스크 관리의 주요 목적(primary purpose)에 해당되는 것은?

① 적정 유동성 관리를 통한 수익개선
② 현금능력 보유를 통한 생존
③ 금융 당국의 유동성 규제에 대한 대응
④ 효과적인 FTP(Fund Transfer Pricing) 운용 및 관리

3. 다음 내용에서 A, B에 알맞은 것은?

미국은 대공황 이래 예금자보호와 은행의 안정성 추구를 목적으로 주로 (B)보다는 (A)에 치중하였고, 그 후 기업의 투자수요가 증가함에 따라 (B)로 이행하게 되었다.

① A-자산부채 종합관리, B-자산관리
② A-자산부채 종합관리, B-부채관리
③ A-자산관리, B-부채관리
④ A-부채관리, B-자산관리

4. 유동성 관리기법에서 기본잉여(basic surplus)에 대한 설명이 아닌 것은?

① 금융기관에 적합한 유동성 관리를 위한 내부모형(internal model)이다.
② 기본잉여의 정의는 긴급성, 즉 시장성 자금을 조달 보유하고 있는지를 측정하는 방법이다.
③ 기본잉여는 30일 기준으로 유동자산-단기부채로 계산된다.
④ 내부 유동성 관리비율로 3개월 이내 잔존만기가 도래하는 유동성 자산과 유동성 부채로써 구해진다.

5. 글로벌 금융위기 이후에 금융규제개혁과 바젤 Ⅲ가 시행되면서 유동성관리가 대폭 강화된 것이 큰 특징이라 하겠다. 다음 중 바젤 Ⅲ의 글로벌 유동성 기준과 관계가 먼 유동성 지표는?

① 유동성 커버리지 비율
② 순안정자금 조달비율
③ 레버리지비율
④ 기본잉여비율

6. 유동성 커버리지 비율(LCR)에 대한 설명 중 틀린 것은?

① 향후 1년이라는 기간 중 순자금유출을 커버할 수 있는 유동성 자산을 보유해야 한다.
② 극심한 위기상황하에서의 가정을 감안한 비율지표이다.
③ 극심한 위기상황에서의 중요한 가정(예금이탈률 등)은 바셀은행감독위원회가 세시한다.
④ 고유동성 자산을 순현금유출로 나눈 값이 100% 이상 되어야 한다.

7. 순안정자금 조달비율(NSFR)에 대한 설명 중 틀린 것은?
   ① 유동성 커버리지 비율을 보완하기 위한 중장기 유동성지표이다.
   ② Basel Ⅲ가 도입되면서 새롭게 도입되는 지표이다.
   ③ 필요안정자금에 대한 가용안정자금의 비율이다.
   ④ 안정적 자금조달이란 스트레스 상황하에서 6개월 이상 1년 동안 신뢰할 수 있는 자금조달원을 의미한다.

8. 금융감독원의 규제적 유동성 비율에 대한 설명 중 틀린 것은?
   ① 유동성 비율은 100% 이상을 지켜야 현재 대표적인 규제유동성 비율이다.
   ② 유동성 부채는 3개월 이내의 부채를 말한다.
   ③ 유동성 비율의 분자는 유동성 자산이며 분모는 유동성 부채이다.
   ④ 유동성 비율과 유동성 갭 비율은 거의 동일한 개념이며 상호 보완적이다.

9. 내부 유동성 관리 측정방법이 아닌 것은 ?
   ① 조달 유동성 리스크 ② 시장 유동성 리스크
   ③ 유동성 갭과 유동성 비율관리 ④ 유동성 VaR

10. 부채측면의 유동성 리스크인 조달 유동성 리스크(funding liquidity risk)의 주요 관리방법이 아닌 것은?
   ① 구매 유동성 관리방법 ② 비축 유동성 관리방법
   ③ 기본잉여관리 ④ 도매 단기금융시장에서의 유동성 관리

주관식

11. 유동성 리스크 관리의 정의 및 목적을 설명하라.

12. 금융기관 자금관리방법의 역사적 배경과 그 관리내용을 자산관리(AM)시대, 부채관리(LM)시대, 자산부채종합관리(ALM)시대로 구분하여 설명하라.

13. 유동성 리스크 관리를 Funding Liquidity Risk 관리와 Market Liquidity Risk 관리의 내용으로 구분하여 설명하라.

14. 금융기관 리스크 관리는 규제적 유동성 관리와 내부 유동성 관리로 구분하여 유동성 리스크 관리를 할 수 있다. 상기 두 리스크 관리의 목적과 주요 내용을 설명하라.

15. 내부 유동성 리스크 관리의 대표적인 방법으로 기본잉여법이 있다. 기본잉여법의 개념과 측정방법을 설명하라.

16. 유동성 VaR의 측정방법과 절차에 대하여 설명하라.

17. 시장 유동성 리스크 측정을 위한 청산비용(cost of liquidation) 산출과 유동성 조정 VaR에 대하여 설명하라.

9장

ALM 리스크 관리

제1절 ALM의 정의 및 관점

ALM(Asset and Liability Management, 자산 · 부채 종합관리)은 금융기관이 자금중개 기능을 수행하면서 발생하는 금리 리스크와 유동성 리스크의 관리를 목적으로 시작된 활동이다. 최근에는 이 범위가 환율변동 리스크, 신용 리스크 등으로 더 확대되고 있다. 이러한 활동은 금융기관의 유동성(liquidity), 안정성(stability), 그리고 수익성(profitability) 등의 회계적 수익 및 순자산 가치를 극대화시키고자 하는 데 목적이 있다.

금융기관만이 가지고 있는 특수성은 크게 금융중개 기능과 자산전환 기능으로 나눌 수 있다. 이 중 금융투자회사는 금융 및 시장중개 기능이 주가 되고, 상업금융기관의 경우는 자산전환 기능이 가장 중요한 역할이며 금액중개(denomination intermediation), 만기중개(maturity intermediation) 및 위험전가(risk transfer) 혹은 위험변환 기능을 가지고 있다.

금융중개란 다수의 소액예금을 수취하여 기업 등 소수에게 거액대출을 취급하는 과정에서 발생하며, 만기중개 기능이라 함은 상대적으로 이용기간이 단기인 예금을 수취하여 장기대출로 활용하는 능력을 의미한다. 위험전가 혹은 위험변환 기능은 금융기관 스스로가 가지고 있는 기술과 정보를 이용하여 자금제공자가 부담하게 될 위험을 감축 · 분산 또는 위험구조를 전가시켜 주는 기능으로, 그 예로는 채무불이행 위험, 유동성 위험과 포트폴리오 위험 등을 들 수 있다.

금융기관은 이러한 자산전환 기능을 수행하는 과정에서 원천적으로 금리 리스크를 부담하게 된다. 1980년대 미국의 대출저축조합기관들의 경제적 지급불능사태(economic insolvency)의 교훈, 최근 금융산업의 탈규제화 · 금리자유화와 금융혁신(financial innovation) 중 적응적 혁신(adaptive innovation) 과정에서 생겨난 CD, RP, MMDA, MMF 등 시장성 금융상품의 출현으로 금융자산의 금리변동성이 증대되어 금리 리스크의 중요성은 더욱 높아지고 있다.

금융기관은 자산으로부터 유입되는 수익과 부채에 기인하는 비용 간의 스프레드(spread), 즉 순이자마진(NIM: Net Interest Margin)을 성공적으로 관리해야 하는 동시에 이와 관련된 리스크를 통제해야 한다.

금융기관의 자산 및 부채의 대부분은 금리변동에 따라 시장가치나 이자수익이 변동되는데, 대차대조표상의 금리부 자산 및 부채(interest bearing assets and liabilities)를 금리 리스크의 주 관리대상으로 하며, 비금리부 자산 및 부채(non-interest bearing assets and liabilities)는 금리 리스크 관리대상 외로 수수료 수입의 영업(fee business)을 지양한다.

금리 리스크는 금리변동으로 인해 금융기관의 자산과 부채의 가치변동을 초래하여 현금흐름의 불확실성이 증대되는 것으로서 두 가지 경로를 통해 현금흐름에 영향을 주게 된다.

ALM 관리의 이익적 관점과 경제가치적 관점

금리변동으로 인한 순이자수익의 변화(ΔNII)와 순이자수익의 변동예상액(EaR)을 관리하는 방식을 이익적 관점(Earning Perspective) 접근방식이라 하고, 금리 변화에 따른 순자산가치의 변화(ΔNPV)와 순자산가치의 변동예상액(VaR)을 관리하는 방식을 경제가치적 관점 방식이라 한다. 이는 ALM 관리의 핵심적인 내용으로 다음과 같이 설명한다.

1) 이익적 관점(Earning Perspective)

금융기관의 자산 및 부채의 금리개정일(repricing date) 또는 만기일(maturity date)에 새롭게 적용되는 계약금리(contractual rate)가 시장금리의 변동에 따라 변동됨으로써 이자수익이 하락하거나 이자손실이 발생하는 리스크가 있다. 금리 민감형 자산(RSA: Rate Sensitive Assets)을 보유하는 경우 금리개정일에 금리가 하락하면 재투자수익이 감소하게 되는데, 이를 재투자 리스크(reinvestment risk)라고 부른다. 한편, 금리 민감형 부채(RSL: Rate Sensitive Liabilities)를 보유하는 경우 금리개정일에 금리가 상승하면 조달비용이 상승하게 되는데, 이를 재조달 리스크(refinancing risk)라고 한다. 즉, 재투자수익과 재조달비용의 변화를 통한 순이자수익(NII: Net Interest Income)의 변화를 관리하는 것으로서 일반적으로 회계기간(주로 1년)의 순이자수익에 중점을 두고 있으며, 금리개정 갭 분석, 순이자수익 시뮬레이션과 최대 순이자수익 변동예상액(EaR: Earning at Risk) 등을 통하여 리스크량을 측정하고 관리하는데, 이를 이익적 관점(Earnings Perspectives) 접근방법이라고 할 수 있다.

2) 경제가치적 관점(Economic Value Perspective)

시장금리의 변동으로 인하여 자산과 부채의 가치변화를 통한 자기자본의 시장가치(Market Value at Equity)가 변동하는 리스크를 말하며 경제가치적 관점(Economic Value of Equity Perspective) 접근방법이라고 할 수 있다. 자산 · 부채 및 부외거래로부터 발생하는 미래 현금흐름의 현재가치가 금리변동에 따라 변화하므로 금리변동은 금융기관의 순가치(net worth 또는 net present value, net portfolio value)의 변동을 초래한다. 이는 이익적 관점에 비해 금리변동의 장기효과를 포괄적으로 전망하며, 듀레이션 갭 분석, 순자산가치 시뮬레이션, 최대 순자산가치 변동예상액(VaR: Value at Risk) 등을 통하여 리스크량을 측정하고 관리한다. 금융기관의 금리 리스크 발생은 현실적으로 불가피하지만 과도한 금리 리스크 부담은 금융기관의 이익과 자기자본에 중대한 위협이 될 수 있다. 따라서 금융기관은 금리변동에 따라 발생하게 될 이익의 변동을 부담 가능한 범위 내로 관리하고 금융기관의 순자산가치를 안정적으로 유지할 필요가 있다. 금리 리스크를 자회사별로 구분하여 관리할 경우 모금융기관의 리스크 관리 전담조직이 자회사의 금리 리스크 노출상황에 대한 정기적인 모니터링을 통해 자회사의 금리 리스크가 모금융기관에 미치는 영향 정도를 파악하고 이에 대한 대응조치를 마련하는 것이 필요하다. 한편, 연결기준에 의해 금리 리스크를 측정하는 경우 금리 리스크의 포괄적인 측정이 가능하나, 본점과 자회사, 자회사 간 포지션 상쇄(netting)가 이루어질 경우 리스크가 과소평가될

표 9-1 | 이익적 관점과 경제가치적 관점 비교

이익적 관점	경제가치적 관점
① Repricing Gap Report	① Market Value Report
② Repricing Gap	② Duration Gap
③ NII Simulation	③ NPV Simulation
④ Net Interest Income (Asset's Earning − Liabilities Expense)	④ Net Portfolio Value (Asset's NPV − Liability NPV)
⑤ EaR (Book Value × Repricing Gap × Δy (σ))	⑤ VaR (Market Value × Duration × Δy (σ))
⑥ Book Value	⑥ Market Value × Discount Rate
⑦ Accounting Period(1 or 2 yr)	⑦ Whole Period of A&L, Snapshot
⑧ Senior Management(CEO)	⑧ Stockholder

수 있으므로 경영진은 연결기준에 의한 리스크 측정시 리스크가 과소평가되지 않도록 유의해야 한다.

그러나 최근 ALM은 금리 및 유동성 리스크에 국한하는 협의의 개념을 넘어서 금리변동에 따른 자산과 부채의 가치변화(VaR)와 수입과 지출의 변화(EaR)를 관리하고 있다. 이때 자산과 부채의 해당 항목의 조정을 통한 전사적인 대차대조표관리(Comprehensive Balance Sheet Management)로 리스크 관리와 아울러 재무관리의 역할도 수행한다. 따라서 ALM 관리는 금융기관이 부담할 수 있는 허용된 리스크 수준에서 수익을 극대화할 수 있는 유동성 수준을 확보함과 동시에 순이자마진(NIM: Net Interest Margin)을 극대화시킬 수 있도록 한다. 이를 위해 ALM은 자산과 부채의 최적조합을 결정하고 관리하는 것으로서 금융기관의 허용된 리스크 수준에서 수익극대화 목적을 달성하기 위한 일련의 대차대조표의 재구축 전략(Balance Sheet Restructuring Strategy)을 제시하며 자산 · 부채 관리위원회(ALCO: Asset and Liability Management Committee)를 통해 이를 수행한다.

제2절 ALM 관리 목적과 특징

프룻, 스카프스테인과 스테인(Kenneth A. Froot, David S. Scharfstein and Jeremy C. Stein)[1]에 의하면 리스크 관리는, 첫째 기업가치의 창출을 위한 양질의 투자의사결정, 둘째 이 같은 투자를 가능하게 하는 내부 현금흐름의 창출능력, 셋째 금리 · 환율 · 주가 등 외부요인의 불리한 움직임에 대해 현금흐름과 투자능력이 제한받지 않도록 하는 능력 등 3가지 축에 기초하고 있다고 한다. 이들은 리스크 관리의 목적을 "금융기관으로 하여금 가치를 창조할 수 있는 현금을 보유하도록 하는 것"이라고 정의하였는데, 이는 단순히 리스크를 축소하고 적절히 통제하는 정도의 소극적인 개념을 넘어서서 기업가치를 극대화시키는 적극적인 사고까지 의미하는 것이다.

즉, 리스크 관리란 금융기관 경영상 발생할 수 있는 제반 리스크의 측정방법과 이들 리스크를 통제 · 관리하기 위한 조직 및 방법을 규정함으로써 안정적 수익기반의 확보는 물론 기업가치의 극대화를 목적으로 한다.

---

1) Kenneth A. Froot, David S. Scharfstein, and Jeremy C. Stein, "Risk Management: Coordinating Corporate Investment and Financing Policies," *Journal of Finance*, American Finance Association, vol.48(5), 1993.

금융기관은 전사적 측면에서 여러 가지 리스크 환경에 노출된다. 이 같은 리스크 관리를 위한 목적으로 다음과 같은 3가지를 들 수 있다. 첫째, 금융기관은 안정성을 유지해야 한다. 즉, 미래에 발생 가능한 리스크를 정확히 측정함으로써 미래의 예상치 못한 기업가치가 하락하더라도 안정성을 유지하기 위한 최소요구자본의 보유여력을 갖추어야 한다. 둘째, 리스크 조정 자기자본수익률(RAROC)을 제고하여야 하는데 현재의 ROE 및 ROA에 의한 경영평가와 더불어 리스크 요소에 대한 제고가 필요하다. 셋째, 금융기관 경영의 합리화이다. 이는 각 사업부문에 대한 정확한 실적평가(RAPM: Risk Adjusted Performance Measurement)에 의한 리스크-수익 규모(risk-return profile)의 최적화, 즉 자본배분(capital allocation)과 자원배분(resource allocation)의 합리화를 의미한다. 전사적 리스크 관리의 목적은 기업가치 극대화를 통한 주주가치의 극대화에 있다.

1. ALM 관리의 목적

ALM의 목표는 자산과 부채 구성의 최적화를 통해서, 즉 부내거래를 통해서 리스크를 최소화하는 동시에 이익을 최대화하는 것이라 할 수 있다. 앞서 언급한 것처럼 최근에는 기업의 수익성과 안정성의 척도로 리스크 조정 자기자본수익률이 많이 이용되고 있는데 결국 ALM의 목표는 자산과 부채 구성을 조정하여 리스크 조정 자기자본수익률(RAROC)을 극대화하는 것으로 볼 수 있다.

금융기관의 ALM 시스템 관리의 목적은 다음과 같이 4가지로 구분할 수 있다. 첫째, 순이자수익(NII: Net Interest Income)을 극대화한다. 둘째, 정책한도 내에서 금리 리스크를 관리한다. 셋째, 적정 유동성을 유지한다. 넷째, 정책 허용 한도 내에서 자본적정성을 유지한다.

한편, ALCO는 금융기관의 금리를 통제하고 모든 가능한 미래 금리환경으로부터 적정수익을 제공하기 위한 ALM 관리정책을 수행한다. 즉, ALCO는 수용 가능한 리스크 수준하에서 순이자수익을 개선하기 위해 종합적인 대차대조표의 자산 · 부채 항목 및 구성내용과 관련된 금리 리스크와 유동성 리스크 등을 논의한다. 이때 ALCO의 의사결정지향적 대차대조표에 대한 전략적 논의는 투자전략, 대출전략, 대출금리결정, 상품결정, 자금조달전략, 예금금리결정 및 상품가격결정, 그리고 내부이전가격의 개선 등이다.

2. ALM 관리의 특성

ALM 관리는 크게 유동성 리스크 관리와 금리 리스크 관리로 구분된다. 이때 금융기관은 유동성 리스크 관리를 위해 유동성 갭(liquidity gap)의 분석결과와 금리 리스크 관리를 위해 금리개정 갭(repricing gap) 분석결과를 기본적인 지표로 사용한다. 따라서 이와 관련된 ALM 관리의 몇 가지 중요한 특성을 살펴보면 다음과 같다.

1) 갭 분석결과에 대한 ALM 보고서

갭 분석결과에 대한 ALM 보고서는 계약금리와 월말잔액[2)] 기준을 사용하며, 회계적 보고에서 실제금리, 경영정보시스템(MIS: Management Information System)에서의 평균금리와 평균잔액을 사용하는 것과 구분되며 그리고 미래지향적 관점에서 투사된 순이자수익(NII)과 순자산 포트폴리오 가치(NPV)의 시뮬레이션 결과(Projected NII & NPV)의 산출에 중점을 둔다. 이와 같은 내용의 ALM 보고서는 재무적 그리고 리스크 관리 측면에서의 ALM 관리 특성을 잘 나타내기 위한 것이다.

2) ALM 시스템의 데이터관리 부분과 업무로직 부분

ALM 시스템 구축물 내부의 구분은 데이터관리(insight) 부분과 업무로직(convergence) 부분으로 구별된다. 데이터관리 업무는 금융기관의 IT 전문요원이 담당하면서 자료분석에 사용되는 로직의 매핑(mapping)에 대한 정의, 그리고 종합적인 거래파일의 창출(feed) 등 자료변환 업무를 수행한다. 한편, 업무로직 부분은 ALM 전문요원에 의해서 계획된 계정의 로직에 대한 정의와 시뮬레이션 결과의 수렴장치에 대한 창출 등의 업무를 수행하고 시스템의 자료분석 결과에 대한 검증과 타당성을 확보하여 실제 ALCO 회의에서 사용될 자료를 작성한다.

3) 금리부 자산 및 부채의 관리

금리부 자산 및 부채(Interest Bearing Asset & Liability), 고정 및 변동 금리(Fixed and Variable Rate)를 이용한 ALM 관리는 이해 가능한 대차대조표의 관리를 의미하는 것으로서 금융기관 대차대조표상의 전 계정과목에 대한 관리를 수행하며, 특히 유동성 관리시에는 BOK 지급준비금(Reserve), 금융기관 간 상호조정기금(Inter-bank Reconciliation Fund), 미결제 외환현금 및 예치금(Unsettled Exchange Cash & Due) 등 일별 거래과목에 유의한다. 특히 이자부 자산과 부채의 변동요인을 주 관리대상으로 하며, 고정금리와 변동금리를 구분하여 매월

2) 통상 MIS(경영실적자료)는 평잔기준, 회계자료는 실질잔액기준, 리스크 자료는 말잔기준에 의해 자료가 작성된다. ALCO 보고서가 말잔기준인 이유는 ALM 리스크량은 어느 시점에서의 리스크(at Risk)로 표현해야 하기 때문이다.

금리개정 기간에 의한 bucket별 금액의 변동이 순이자수익에 미치는 영향을 파악하고 관리하게 된다.

4) ALM 시뮬레이션에 대한 가정

ALM 시뮬레이션에 대한 가정으로는 금리 시나리오, 금리개정 및 만기금리 민감도, 비만기예금에 대한 계약만기, 신규 조달자금의 금리, 고객행동모형의 적용범위, 할인율과 시장가치할인 적용이율 등과 같은 것들이 있다.

5) 금리 리스크의 4가지 원천

BIS의 금리 리스크 측정 및 감독에 관한 원칙과 금융감독원 문서에 따르면 다음과 같이 금리 리스크를 측정할 때 고려해야 할 4가지 금리 리스크의 원천이 있다. 이는 ALM의 효율적인 관리에도 상당한 영향을 미치며, 시스템 구축 시에 심각하게 고려해야 할 내용들이다.

첫째, 금리개정 리스크(repricing risk)는 금리개정 대차대조표상 월별 잔액의 불일치로부터 발생한다.

둘째, 베이시스 리스크(basis risk)는 시장금리 움직임에 따른 다양한 금리의 민감도로부터 발생한다.

셋째, 수익률곡선 리스크(yield curve risk)는 수익률곡선 기울기의 변화로부터 발생한다.

넷째, 옵션 리스크(optionality risk)는 대출에 내재된 고객의 중도상환 옵션과 같은 요인으로부터 발생한다.

만일 현재 금융기관의 ALM 관리 시스템이 금리개정 리스크와 베이시스 리스크의 확정적 시뮬레이션(static simulation)만 가지고 있다면, 금리 리스크에 고객행동모형(Customer Behaviour Model)과 이자율 기간구조모형(Term Structure Model)을 결합한 확률적 금리 시나리오(Stochastic Interest Rate Scenario)를 가지는 것이 필요하다.

6) 확정적 금리 시나리오 분석의 한계

확정적 금리 시나리오(Deterministic Interest Rate Scenario)에 의한 ALM 시스템은 대출의 중도상환과 예금의 중도해지와 같은 고객행동모형이 아닌 계약만기에 기초하고 있다. 따라서 사실상 EaR과 VaR의 측정에 대한 몇 가지 결함이 존재할 수 있다. 확정적 금리 시나리오는 다양한 금리변동의 효과를 완전히 극복하지 못하는 확정적 금리민감도 가정(200bp 상승과 하락에 대한 시나리오)을 갖는 금리의 수평이동(parallel shift of interest rate)에만 의존하고 있다. 결과적으로 비현실적인 금리 시나리오와 부적절한 금리민감도에 기인된 금리 리스크의 과대평가나 과소평가를 초래할 수 있다.

7) 확률적 금리 시나리오 분석의 도입효과

진보된 ALM 모형의 도입효과는 확률적 금리 시나리오와 고객행동모형 등을 반영하고 있으며 다음과 같은 내용들을 포함하고 있다.

첫째, 고객행동모형을 도입함으로써 계약현금흐름 특성이 아닌 실제 현금흐름(real cash flow)을 고려한 리스크를 더 정확히 측정할 수 있다.

둘째, 진보된 ALM 모형을 적용함으로써 더 현실적인 금리 시나리오를 확률적으로 적용할 수 있으며, 이자율 기간구조모형의 도입으로 인한 과거와 현재의 금리특성을 토대로 역사적 관련성에 기초한 금리동향에 대해 더 정확한 금리 리스크 민감도를 산출하는 것이 가능하다.

이 같은 진보된 모형의 결합을 통해 더 정확한 금리 리스크 측정이 가능하고 새로운 상품과 관련된 더 나은 금리결정을 도출할 수 있는 NII, NPV, EaR, 그리고 VaR에 대해 훨씬 더 정확한 산출이 가능하다. 또한 BIS 및 금융감독 당국의 리스크 측정 및 관리에 관한 규제요구사항들을 준수하는 데도 유리하다.

제3절 ALM 관리 조직체계

ALCO의 기능과 업무내용

1) 정성적 접근

금융기관은 ALM과 관련된 리스크 관리를 위해 먼저 ALM 관련 정책 및 지침을 갖추어야 하며, 이때 정책보고서의 내용은 자산 · 부채 관리규정, 금리 리스크 규정, 유동성과 자금관리 규정, 투자증권 규정, 그리고 파생상품 규정 등으로 구성된다. 재무관리본부장(CFO: Chief Finacial Officer) 소관의 ALCO는 이사회 수준의 집행위원회(Executive Committee)에 ALCO와 관련된 모든 정책적 진술의 개폐권한이 존재하며, 포괄적인 재무상태표 관리, 금리 리스크 및 유동성 리스크, 그리고 자금이전가격(FTP: Fund Transfer Pricing) 등에 관한 사항에 대한 의제(agenda)를 다룬다[3].

그림 9-1 ❙ 금융기관 리스크 관리 조직체계

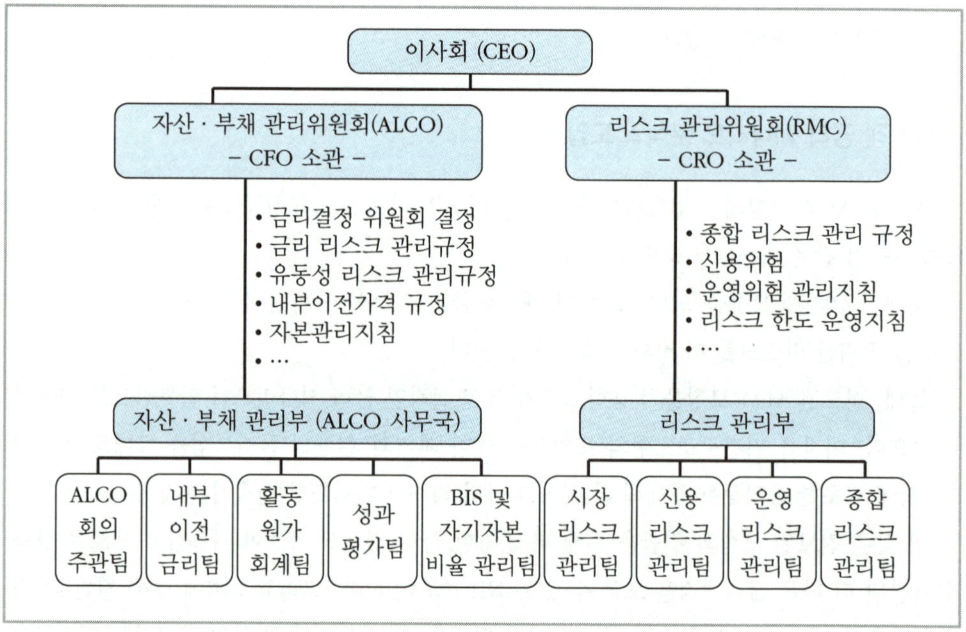

신용 리스크를 중심으로 하고 시장 리스크(market risk), 평판 리스크(reputa-tional risk), 운영 리스크(operational risk), 법적 준수 리스크(legal & compliance risk) 등은 리스크 관리본부장(CRO: Chief Risk Officer) 소관의 리스크 관리위원회(RC: Risk Committee)에서 주관하는데, ALCO와 RC의 관리조직체계와 동 조직의 책임 및 역할, ALM과 리스크와의 관계는 다음과 같다.

ALM 조직체계에 대한 책임과 역할(Role & Responsibility)은 리스크 및 재무 관련 통일된 보고체계를 확립하여 〈표 9-2〉와 같이 명확히 구분해야 한다.

자산 · 부채 관리위원회(ALCO)의 효율적인 심의내용은 다음과 같다.

첫째, 전행적 자산 · 부채 관리에 관한 사항

둘째, 자산 · 부채 관리 관련 정책 및 전략에 관한 사항

셋째, ALM 리스크 모니터링 및 보고에 관한 사항

넷째, 자본의 적정성 관리에 관한 사항

다섯째, 자금이전가격의 변경 및 신설에 관한 사항

3) 일반적으로 ALCO 및 RC 회의시에는 의제(agenda)와 토의사항(discussion topics)으로 나누어 ALCO 및 RC 패키지(package)를 작성하는데, 의제에 대해서는 반드시 의결사항(resolution)이 필요하며, 회의 종료 후 ALCO 간사(자산 · 부채 관리부장) 및 RC 간사(리스크 관리부장)는 의사록(minutes)을 작성하여 구성원들에게 회람, 결제를 받고 특히 의결사항에 대해서는 관련 부서에 통지하여 즉시 실시, 이행토록 한다.

표 9-2 | ALM 조직의 책임과 역할

자산 · 부채 관리위원회 (ALCO)	• ALCO는 자산 · 부채 관리의 최고의사결정기구 • 멤버로는 일반적으로 CEO(의장), CFO, 여신, 수신, 투자담당 임원, CRO 등이 참석 • 운영 : 매월 1회 개최 • 주요 의사결정 : ① ALCO 의사록 승인 ② 이전 회의와 관련된 사항에 대한 토의 ③ 금리, 환율 동향 및 전망에 대한 논의 ④ 현 ALM 전략 분석 ⑤ 계획목표(budget) 대비 분석 ⑥ 가격(pricing) 검토 ⑦ 금리, 유동성, 환율, 자본 리스크 분석 ⑧ 전략 수립 등
ALCO 담당부서	• ALCO 담당부서는 일반적으로 CFO 산하 재무기획부에서 담당하며 자금부와는 독립적으로 운영 • ALCO의 의사결정에 필요한 보고서 작성 및 보고, ALCO의 결정사항에 대한 실행, 감독 등을 수행 • ALCO 보고서의 예시 ✓ 지난달 ALCO 회의 이후의 변화 및 금융기관의 자산 및 손익구조 현황 ✓ 다음달의 경제성장률 등 거시경제, 금리 및 유동성 리스크 등 예측 ✓ 가정에 따른 시뮬레이션 결과(자산, 손익 지표들의 변화 등) ✓ 파악된 문제점에 대한 대안 및 평가

여섯째, ALCO 결정사항 이행 점검 및 보고

이외에 여수신금리 전략 및 금리체계의 검토 및 제안, 내부이전가격의 결정 및 관리, 자본적정성 관련 제비율의 측정 및 관리에 관한 사항 등이 있다.

이러한 ALM 관리의 업무소관사항은 ALCO에서 결정되고 의결사항과 회의내용은 ALCO 위원과 관련부서에 통지된다. 일반적으로 ALCO 정기회의는 월 1회이며 중요하거나 긴급사항이 있을 때는 수시로 회의를 개최한다.

예금과 대출의 금리결정(pricing)은 ALCO의 하부조직에 위임하여 별도의 가격결정위원회(Pricing Committee)를 신설한 후 운용하는 경우와 ALCO에서 직접 수행할 수도 있다. 다만 금리결정에 관한 사항은 시장금리 변화에 따라 수시로 수행되어야 한다는 관점에서 별도로 운용되는 것이 바람직하지만 최근 들어 선진금융기관의 추세는 각 사업단위별 독립채산제의 확립으로 해당 업무에 대한 금리결정을 위임하여 운용하고 있다. 즉, 이는 전술적인 금리의사결정의 문제로 볼 수 있다. 그러나 ALM 관리의 근간이 되고 있는 예금과 대출의 기준금리(basic rate), 금리개정기간(repricing term), 그리고 대차대조표 재구축 등을 위한 금리개정의 문제는 여전히 ALCO에서 결정하며, 이는 사전적으로 전략적 금리의사결정 문제를 정하여 ALCO에서 논의되어야 한다[4].

2) 정량적 접근

정성적 접근은 앞서 언급했듯이 리스크 조직의 강화, 경영방침과 리스크 관련 제반 규정의 정비 등으로 그간 IMF 위기 이후 금융감독 당국의 Top-down 방식의 권유와 자생적 필요성에 의해 대부분의 금융기관들이 정성적(하드웨어) 부분에서는 많은 진전을 이루었다. 정량적(소프트웨어) 부분의 발전과정은 금융기관마다 접근방법에 차이가 있고, 주어진 정성적 기반하에 ALM 관리를 효과적으로 운용하기 위해서는 소프트웨어의 개발이 필수적 사항이므로 '실사구시(實事求是)' 원칙에 의한 계량화 작업으로 볼 수 있다. 소프트웨어의 구축은 자체개발보다 리스크 측정 패키지(package)의 도입 추세로 대개 리스크 측정 패키지 제공회사와 이의 구현을 위한 리스크 컨설팅업체와의 개발계획에 의해 도입되는데, 이러한 소프트웨어 구성에 포함할 내용은 리스크 측정모형의 타당성, 리스크 허용한도의 설정, NII, NPV, EaR 및 VaR 시뮬레이션 모형의 정교성, 고객행동모형, 그리고 확률적 이자율 기간구조 모형 및 신바젤협약에서 요구하는 대응방안 등을 들 수 있다.

제4절 선진 ALM 리스크 관리

일반적으로 ALM이라고 하면 유동성 리스크와 금리 리스크의 관리로 한정하여 생각하는 경향이 있다. ALM 리스크는 자산과 부채의 미스매치(mismatch)에 의해 발생하게 되므로 금융기관 전체의 B/S의 구조하에서 측정되고 관리되어야 한다. 따라서 유동성 리스크와 금리 리스크를 관리하기 위해서는 자산, 부채의 구조를 조정하는 것이 필요하다. 하지만 현재 국내 금융기관의 ALM은 리스크를 측정하여 보고만 하는 수준을 넘어서 ALM을 어떻게 활용할 것인가에 대해서 심도 깊은 논의가 필요하다.

따라서 ALM의 의미를 좀 더 확장하고 유동성 리스크와 금리 리스크의 측정치를 활용하여 전략적으로 B/S를 관리함으로써 금융기관의 리스크 대비 수익 또는 가치를 극대화하도록 하

4) A은행의 ALCO 위원은 CEO, CFO, CRO, Head of Global Markets, Head of Wholesale Banking, Head of Consumer Banking, Head of Market Risk이며 회장은 CEO, 간사는 Head of ALCO 부서가 담당한다.

는 일련의 활동이 되도록 해야 한다.

이 절에서는 이를 선진 ALM(advanced ALM)이라고 하여 기존 ALM에서 다루지 못하고 있었던 여러 가지 이슈들을 좀 더 자세히 살펴보고, 실제 ALM 구축 사례를 통해서 금융기관에서 ALM을 어떻게 활용할 수 있는지 논의해 보고자 한다.

1. ALM 활용[5)]

1) ALM 활용을 위한 조직구조

ALM은 금융기관의 전체 자산 · 부채 관리(B/S)와 손익(I/S)을 대상으로 하기 때문에 ALM 부서 단독으로는 실행할 수 없다. 따라서 효과적으로 ALM 정보를 활용하기 위해서는 전산, 경영계획, 자금부 등 유관부서와의 원활한 협조와 정보교환이 필요하다.

ALM 시스템으로 입력되는 모든 데이터는 전산부서에서 관리하도록 되어 있다. 따라서 금융기관의 방대한 데이터베이스에서 ALM만을 위한 별도의 DM(Data Mart)을 만들어 운영할

그림 9-2 | 효율적인 ALM 관련부서의 기능 및 정보흐름도

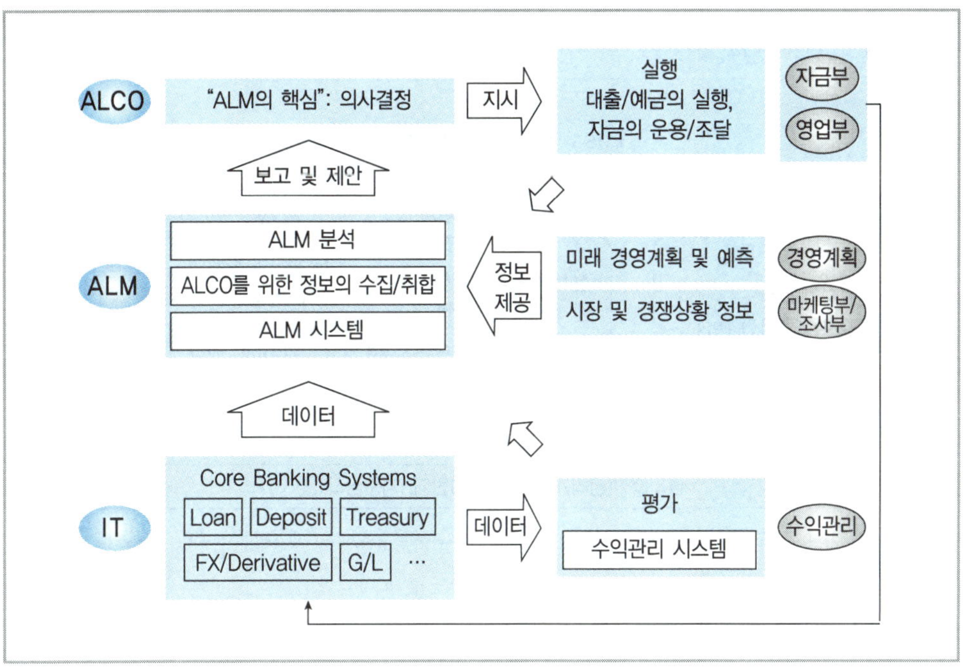

5) 이 부분에 대한 내용 일부는 금융감독원, 「시장과 함께하는 리스크관리 콘서트」(2006) 및 조정환, "ALM 리스크 측정 및 관리"(2008) 내용을 참조하였음.

필요가 있다.

ALM 부서는 ALM 시스템을 운영하여 리스크를 측정하고 분석하여 정책을 수립하는 실행 부서이다. 따라서 이들은 ALCO를 위한 정보의 수집과 취합을 담당하게 된다.

ALCO(Asset and Liability Committee)는 ALM의 심의 및 의사결정을 담당하는 기구이다. ALCO에서는 수익관리, 경영계획, 마케팅부서, 자금부, 영업부 등에서 취합한 다양한 정보를 가지고 실제 어떤 ALM 전략을 수행할지에 대한 의사결정을 하게 된다.

2) ALM의 전략적 활용방안

금융기관이 신규사업을 결정하거나 헤지전략을 수립할 때, 혹은 기존 자산과 부채의 포지션 규모를 변경함으로써 자산과 부채의 구조가 변경될 때 반드시 ALM 정보를 활용하여야 한다. ALM을 전략적으로 활용한다는 것은 B/S의 구조뿐만 아니라 B/S를 구성하고 있는 자산과 부채의 총량, 그리고 손익(또는 가치)에 영향을 미칠 수 있는 금리속성(금리개정유형, 금리만기, 기준금리)의 변경을 포함해야 한다는 것이다.

결국 ALM을 전략적으로 활용하는 최종목적은 금융기관의 금리 및 유동성 리스크를 한도 이내로 관리하면서 손익이나 순자산가치를 최대화하는 것이다.

그림 9-3 | ALM의 전략적 활용

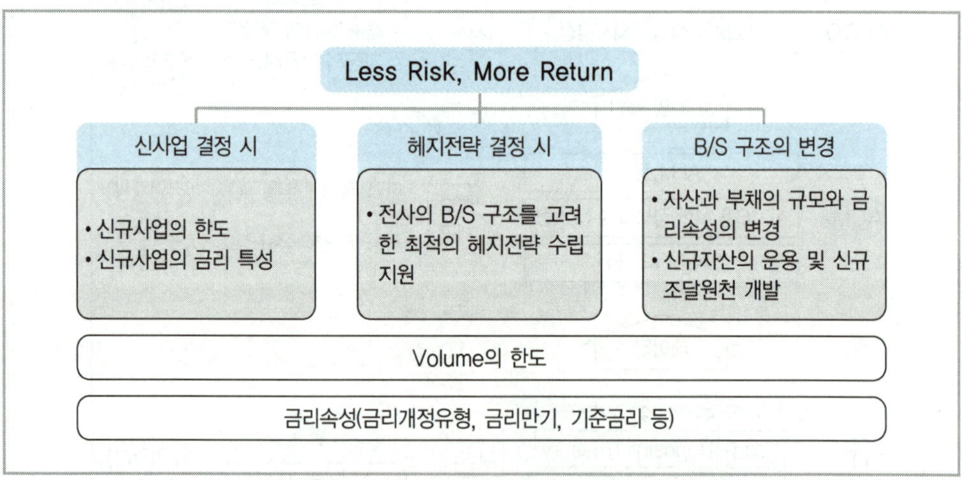

3) ALM의 전략적 활용을 위한 전제조건

ALM을 전략적으로 활용하기 위해서는 크게 다음의 3가지 작업이 선행되어야 한다.

(1) 수익목표와 리스크 한도의 설정

ALM의 전략적 활용의 최종목적은 적절한 리스크 한도 내에서의 이익의 극대화이다. 따라서 수익/리스크 최적화는 미리 설정한 수익목표와 리스크 한도 내에서 판단해야 한다. 일반적으로 금리 리스크 한도는 전사적 위험자본(risk capital) 한도 내에서 부여받고, 유동성 리스크 한도는 위험자본 한도와 조달능력을 고려하여 설정하게 된다.

(2) 경영계획 및 실행과의 연계

ALM이 전략적으로 활용되기 위해서는 활용계획에 실용성이 있어야 한다. 따라서 경영계획, 실행부서와의 긴밀한 연계가 필요하며, 관련부서 간의 정보전달 및 실행 모니터링이 전체 프로세스상에서 명확하게 규정되어 있어야 한다.

(3) 실질 현금흐름이 산출

ALM 정보의 정확성을 높이기 위해서는 실질 현금흐름(real cash flow)의 예측이 무엇보다 중요하다. 실질 현금흐름을 예측하기 위해서는 약정과 다른 현금의 입출이 수반되는 조기상환, 만기연장, 연체, 상각 등 고객행동의 분석 및 모델링이 필요하다. 따라서 금융기관 내부적으로 적절한 고객행동모형을 구축하여 실질 현금흐름을 예측할 필요가 있다.

4) ALCO의 의사결정 프로세스

[그림 9-4]는 선진금융기관에서 매월 실시되는 ALCO(자산 · 부채 관리위원회)에서의 의사결정 프로세스이다.

ALCO에서는 외부 시장환경과 금융기관의 현황을 종합적으로 고려하여 ALM 전략을 수립하고 실행계획을 수립하게 된다. 각 프로세스에서 검토되는 보고서는 ALM 부서에서 정기적으로 작성하는 정형/비정형 보고서이며 ALM의 전략적 활용을 위해서는 경영진에 의해 완전히 이해되고 있어야 한다.

[그림 9-5]는 J.P. Morgan에서 활용하고 있는 ALM 관련 조직도이다.

J.P. Morgan의 경우 ALCO에서 금리 및 유동성 리스크의 관리, 자본관리, FTP(Fund Transfer Pricing) 운영, 위기상황계획 등의 역할을 담당하고 있다.

그림 9-4 | ALCO의 의사결정 프로세스

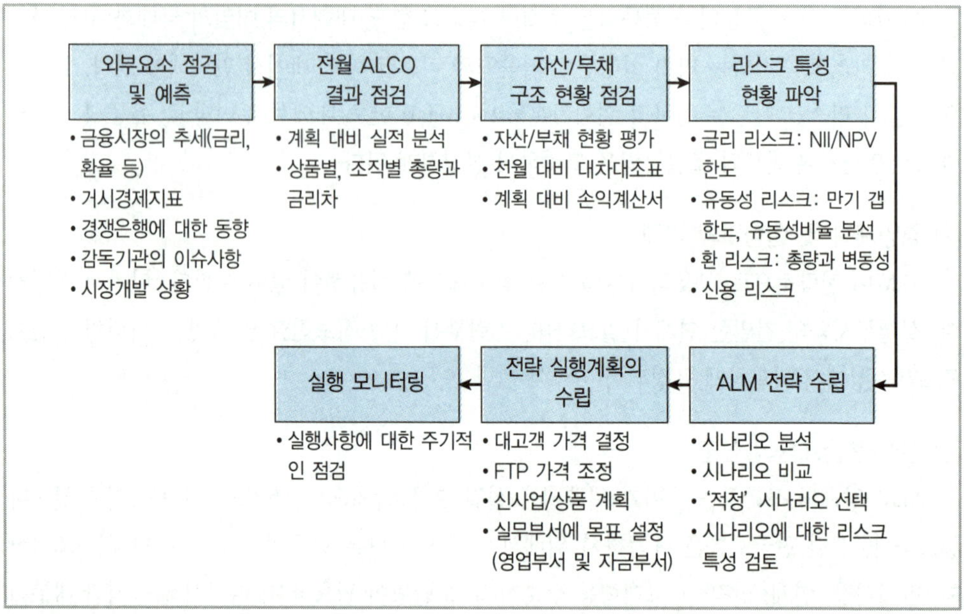

자료: 조정환, ALM 리스크 측정 및 관리"(2008).

그림 9-5 | J.P. Morgan의 ALM 관련 조직체계

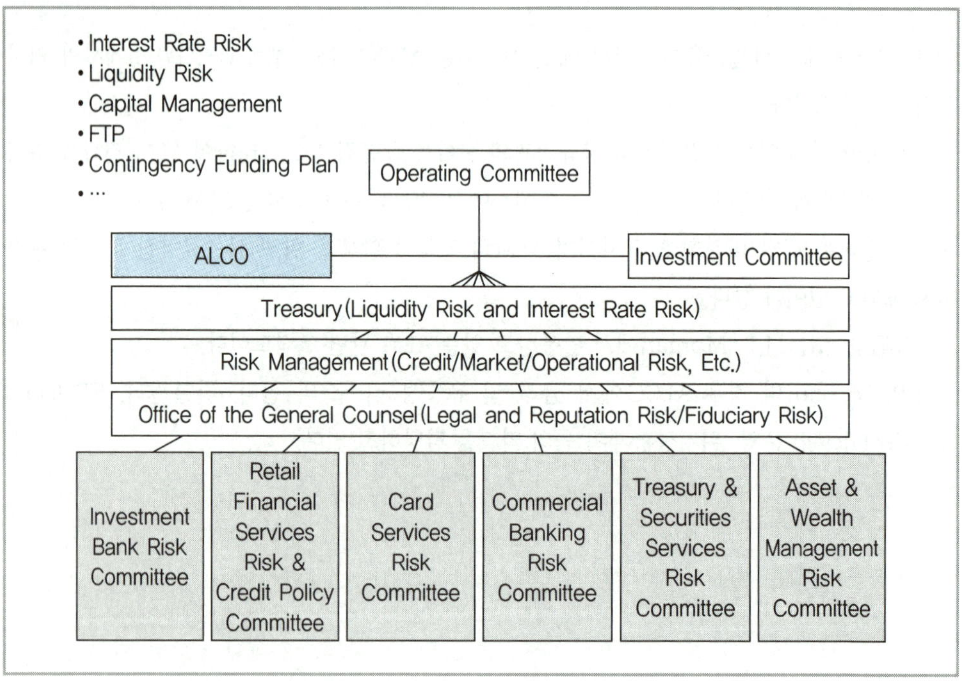

2. 내부자금 이전가격

1) 내부자금 이전가격의 의의

내부자금 이전가격(FTP: Fund Transfer Price)이란 한 조직 내에서 수익 및 비용이 할당되는 단위이익 중심점(profit center or value center) 간에 이전되는 재화나 용역에 적용되는 가격으로, 원가배분이 곧 이전가격의 결정형태라고 할 수 있다.

금융기관의 경우 자금비용과 자금운용수익의 수익성 분석에서 가장 먼저 인식해야 할 항목으로, 기본적인 재화가 곧 자금(fund)이라는 점에서 내부자금 이전가격 내지 내부이자, 내부금리 또는 본지점이자로 부른다.

특히, 금융기관 내부적으로 영업점/본부 부서 간 또는 본지점 간에 이전되는 자금에 대해 인위적으로 책정하여 적용하는 금리인데, 영업점과 본점(일반적으로 자금부) 사이에 자금을 수수할 때 적용되는 본지점이자를 의미하며 차입과 대부 형태로 이루어진다.

재무회계 측면에서 하나의 금융기관을 전체로 볼 때는 자금의 원천(sources of funds)과 자금의 용도(uses of funds)는 항상 일치하지만, 영업점과 본점 간의 자금의 이전은 자금의 원천과 용도가 일치하지 않는 경우에 발생하며, 관리회계에서 이를 별도 구분하여 금융기관의 수익성 관리가 제대로 이루어지게 함을 위함이다.

따라서 내부자금 이전가격은 관리회계에서 별도로 자금이전에 대하여 가상적인 가격을 정하여 상품의 가격결정, 자금의 효율적 배분 및 이익중심센터의 성과평가 등을 통해 수익성 향상을 기하는 제도라고 할 수 있다.

우리나라 금융기관은 IMF 위기 이후 양 위주의 경영에서 질 위주의 경영과 책임경영(self-accountability)체제, 자율경영(autonomy)체제로 이행되는 과정에서 더욱 필요성이 증가되고, 일부 상업금융기관이 외국계 금융기관에 인수 합병되면서 외국경영자가 경영인수후 우선적으로 관심을 갖고 제도를 정비하고자 하는 분야(top initiatives)가 자금이전가격이다. 각 이익중심센터의 헤드 역시 첫번째로 동 제도를 파악하려 하는 것은 본인의 성과평가기준에 포함되는 손익의 명확화, 가격의 공정성, 위험관리의 전문화를 파악하기 위함으로 판단된다. 따라서 내부자금 이전가격은 건전한 재무풍토(sound financial disciplines)하에 공정한 잣대와 성과평가기준으로 경영관리를 하는 데 필수불가결한 선진금융기법의 대명사라 부르고 싶다.

2) 내부자금 이전가격의 목적

내부자금 이전가격의 적용목적은 수익의 최대원천 발굴을 개발하기 위하여 금융기관이 보다 노력을 집중하여 수익을 창출하는 이익센터(profit center *or* value center)에 수익(Net

Interest Income)을 효과적으로 배정하기 위함이다.

또한 내부자금 이전가격은 영업에서 발생된 경제적 이익과 관련된 상품별, 고객별, 조직별로 수익성 측정기준을 마련함으로써 원가관리, 자금의 효율적 배분, 위험관리의 전문화를 통한 수익성 관리의 제고를 위함이다.

일반적으로 금융기관의 수익성 관리가 제대로 이루어지기 위해서는 계획 및 예산(budget), 비용통제, 가격결정(pricing), 자원의 배분(resource allocation)이라는 기능들이 서로 밀접한 관계를 가지는 정교한 관리의 틀이 필요한데 이는 경영전략의 수립과 경영통제와 밀접한 관계가 있다고 볼 수 있다. 또한 이는 ALCO의 주요 기능의 하나로 경영 전략 및 통제의 주요 이슈라 말할 수 있다.

일반적으로 경영 전략 및 통제의 기준으로는 크게 목표와의 조화, 관리자 노력(managerial effect), 자율성을 들 수 있는데, 이러한 기준하에 내부이전가격이 설정되어 경영목적을 효과적으로 달성하기 위함이다.

목표와의 조화기준은 이익중심센터의 이익이 조직 전체의 이익과 상충될 때 조직 전체의 이익을 추구하는 방향으로 의사결정을 행하는 것을 의미하며, 관리자 노력은 일선관리자가 조직을 위해 그들의 최선의 노력을 경주할 수 있도록 동기부여가 되게 제도적 장치가 성립되어야 한다는 기준이고, 자율성 기준은 효과적인 책임경영을 위해 최고경영자가 단위이익센터의 의사결정에 가능한 한 간여하지 않는다는 것을 의미한다.

3) 내부이전가격의 기능

(1) 이익관리 기능

내부이전가격은 각 단위이익센터의 수익성 특성에 기준을 제공함으로써 각 부서와 지점이 자금의 조달 및 운용에 관련된 합리적 전략을 수립할 수 있어 사업부 수익성관리(BPR: Business line Profitability Management), 상품별 수익관리(PPR: Product Profitability Management) 그리고 고객별 수익관리(APR: Account Profitability Management)의 다차원 수익성 측정을 한다.

또한 내부이전가격은 가격결정(pricing) 모형의 기초를 제공하며 구체적인 내용은 [그림 9-6]과 같다.

즉, 상품결정가격은 i) 조달비용(funding cost)으로서 내부이전가격, ii) 업무원가와 부가원가로서 신보출연료, 교육세 등 영업비용(operating cost), 활동기준원가(ABC: Activity Based Cost), iii) 위험비용으로서 신용 리스크 프리미엄(credit risk premium)과 위험자본비용(economic capital charge), iv) 사업부 목표, 마케팅 전략, 목표수익실현을 위한 조정마진이

그림 9-6 | 금리결정(Pricing)

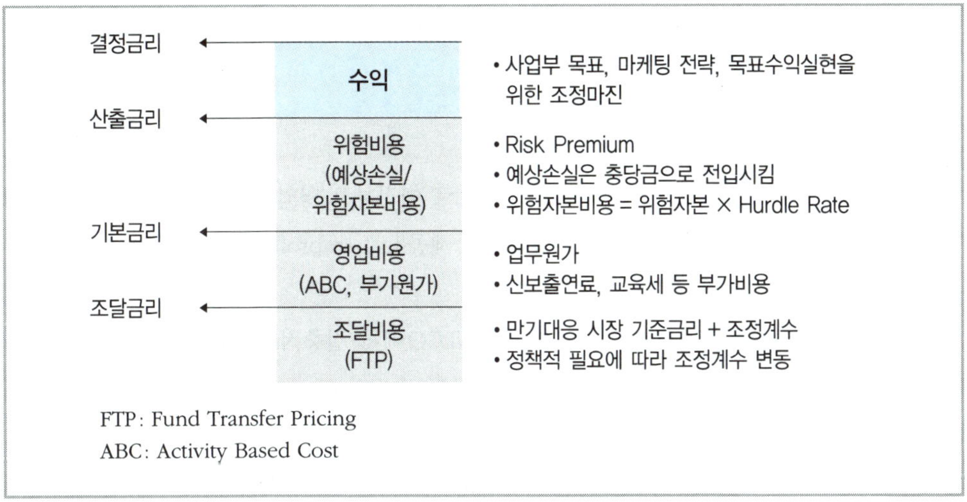

감안된 목표마진(target margin)으로 구성된다. 이와 같이 내부이전가격은 관리회계의 일환으로 효율적인 순이자마진(NIM)을 관리하기 위한 수단으로서 FTP에 의한 재무회계와 관리회계의 NIM 비교는 〈표 9-3〉과 같다.

표 9-3 | 재무회계와 관리회계에 의한 NIM 비교

재무회계기준	이자수익 – 이자비용 = 순이자마진(NIM)
관리회계기준	(대출이율 – FTP) + (FTP – 예금이율) = 순이자마진(NIM)

[예시 1]

상품	이율	FTP	NIM	비고
대출(1년)	7.0%	6.0%	1%	
예금(1년)	4.7%		1.3%	

재무회계기준 NIM: 7%(대출이율) – 4.7%(예금이율) = 2.3%

관리회계기준 NIM: [7% – 6% = 대출 NIM 1%] + [6% – 4.7% = 예금 NIM 1.3%] = 2.3%

→ 관리회계기준 NIM은 예금부분 NIM과 대출부분 NIM으로 구분할 수 있으나 결과적으로 2.3% NIM이 모두 같음을 알 수 있다.

(2) 경영전략 수행기능

자금의 조달 및 운영에 관련된 합리적 전략을 ALCO를 통해 수립하여 단위 이익센터에 전달하여 경영목표를 조기에 달성하는 데 도움을 준다. 예를 들면, 여수신 증가 운용 시 특정상품의 내부이전가격의 조정을 통하여 또는 유동성을 고려한 장·단기 내부이전가격의 차등적용 등을 들 수 있다.

(3) 금리 리스크 제거기능

영업점으로부터 금리 리스크를 본점(자금부)으로 이전하고 영업점으로 하여금 금리변동에 관계없이 일정하고 예견 가능한 마진을 영업점에 제공(lock-in profitability)함으로써 영업점은 실적제고를 위한 마케팅에만 전념할 수 있게 한다.

또한, 본점에 집중된 리스크를 정기적으로 ALCO에서 집중적으로 관리함으로써 리스크 관리의 전문화를 기하기 위함이다. FTP의 기본구도(FTP Fundamental)는 [그림 9-7]과 같으며, FTP 적용의 실례는 [그림 9-8]과 같다.

대출마진(loan margin)과 예금마진(deposit margin)은 영업이익에 귀속하며 불일치마진

그림 9-7 | FTP의 기본구도(FTP Fundamentals)

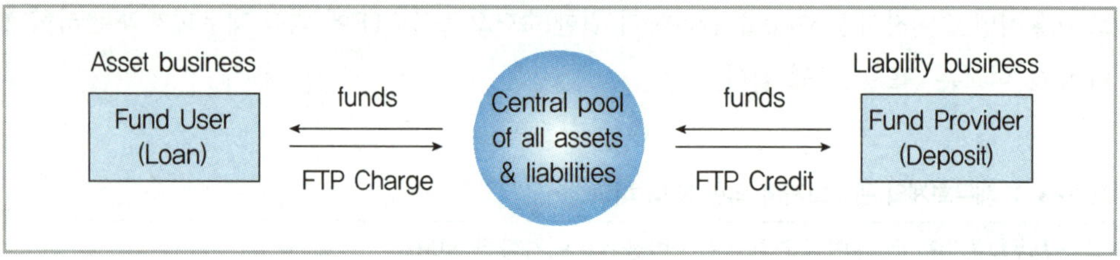

그림 9-8 | FTP 적용 예시(Illustration of Applying FTP)

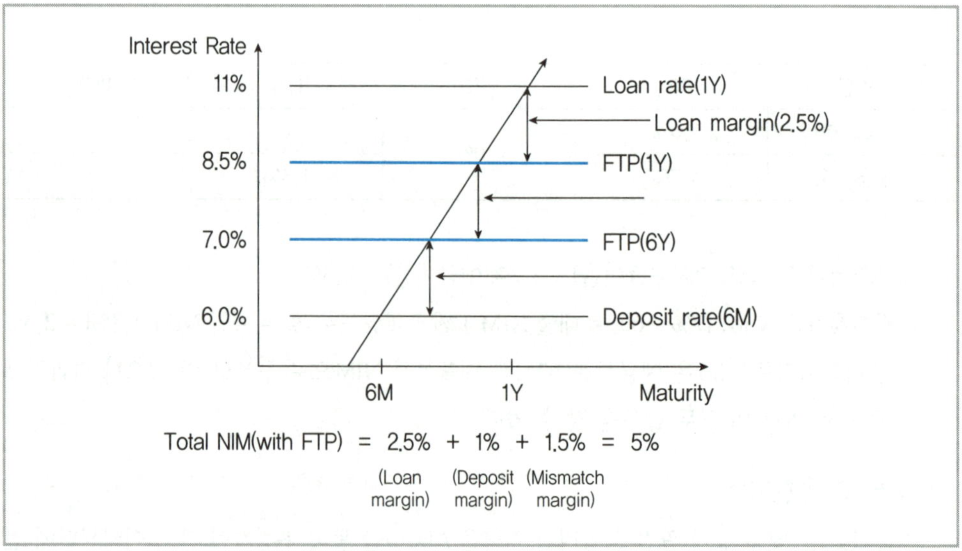

(mismatching margin)은 이자율 리스크로서 ALCO에서 관리한다.

4) ALM을 위한 FTP 활용

최근 금융기관은 발행금융채를 기준금리로 하여 원화, 달러화, 엔화의 FTP를 매일 고시하여 활용 중이다. 따라서 금융기관은 관리회계를 통한 손익관리에 FTP를 활용하고 있으나 향후 ALM 분야에까지 활용도를 확장하고자 한다. 일반적으로 ALM 시스템에 FTP가 활용되기 위해서는 시뮬레이션 방법을 사용하여 적절한 FTP를 설정하게 된다.

(1) FTP를 활용한 B/S 구조조정

FTP를 활용하여 자산과 부채의 금리만기를 조정할 수 있다. FTP는 금융기관 내부에서 거래되는 자금에 대한 공정한 가격을 책정하여 상품 및 부서의 수익성을 측정할 수 있는 도구인 동시에, 자산/부채 구조를 변경시켜 리스크를 통제하기 위한 도구로도 사용된다.

예를 들어 자산과 부채의 금리 갭이 〈표 9-4〉와 같다고 생각해 보자.

표 9-4 | 자산과 부채의 금리 갭 예시

	M1	M2~M3	M4~M12	Y1 이상	Total
자산	200	350	300	650	1,500
부채	400	500	400	200	1,500
금리 갭	−200	−150	−100	450	

그림 9-9 | FTP를 활용한 금리기간구조의 조정

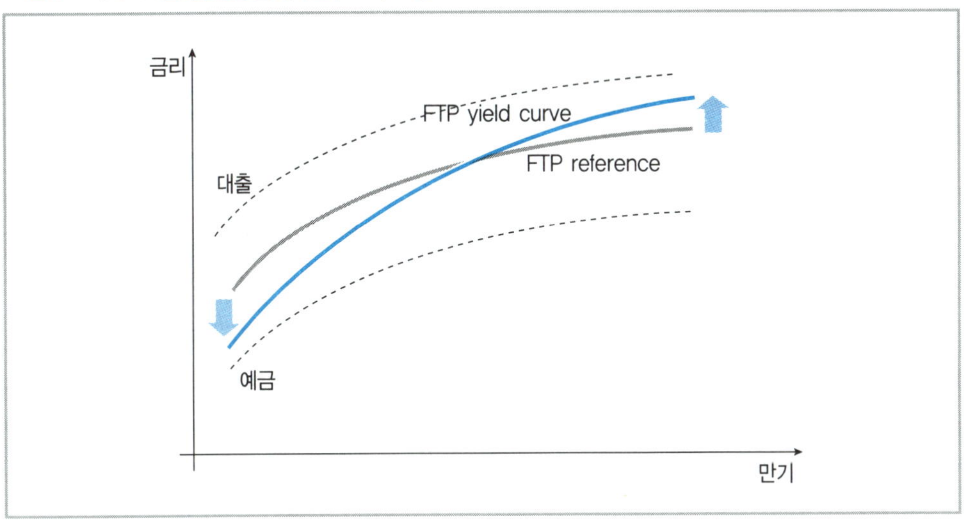

이 경우 부채의 금리만기가 자산에 비해 짧기 때문에 리스크를 완화하기 위해서는 향후 부채는 금리만기가 긴 상품으로 조달하고 자산은 금리만기가 짧은 상품으로 운용해야 한다. 따라서 현재의 FTP를 기울기가 커지도록 조정함으로써 자산과 부채의 만기를 일치시키기 위한 유인을 제공할 수 있다.

이 경우 FTP 기준금리의 기울기가 커짐에 따라서 부채는 장기가, 대출은 단기가 해당 부서의 수익률을 높여줄 수 있다.

또한 이와 비슷한 방법을 통해서 특정상품에 적용되는 FTP를 조정함으로써 실행부서의 손익을 조정하는 방식으로 마케팅, 디마케팅이 가능하게 된다.

(2) FTP 시뮬레이션

FTP는 만기 불일치에 의한 금리 리스크를 Treasury 부서로 전가시키면서 대신 금리차에 의한 수익을 제공한다. FTP와 예금금리 또는 대출금리와의 차는 조달, 운용 담당부서의 수익을 제공하며 각각의 부서에서 발생하는 리스크를 수용하게 한다.

그림 9-10 | FTP에 의한 금리 리스크의 전가[6)]

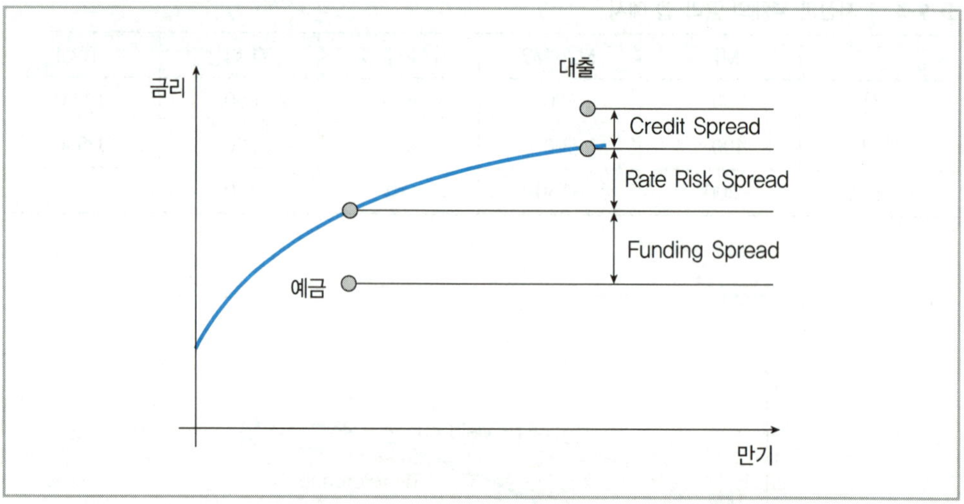

따라서 금리변동에 따른 FTP의 변경사항을 시뮬레이션함으로써 향후 조달, 자금, 운용 부서의 손익을 예측할 수 있게 되며, FTP 시뮬레이션의 예시는 [그림 9-11]과 같다.

이러한 시뮬레이션을 통해서 나타난 손익을 자산에서의 Credit Spread, 부채에서의 Funding Spread, 자금부서의 Rate Risk Spread로 구분하여 금리의 상승, 유지, 하락 시에

6) Yield Curve 선상의 Credit Spread는 신용위험 스프레드로 대출마진을 뜻하며, Rate Risk Spread는 금리불일치마진으로 ALCO에서 관리하며, Funding Spread는 수신마진을 의미한다.

그림 9-11 | FTP 시뮬레이션 예시

										KRW Million	Sep-02
	Actual	Down 200bp			Basecase			Up 200bp		
	(Oct 2001 ~ Sep 2002)		Difference	% Difference		Difference	% Difference		Difference	% Difference
Net Interest Income	XXX	XXX	XXX	XXX	XXX	XXX	XXX	XXX	XXX	XXX
Total Assets										
Average Balance	XXX	XXX	XXX	XXX	XXX	XXX	XXX	XXX	XXX	XXX
Interest Income	XXX	XXX	XXX	XXX	XXX	XXX	XXX	XXX	XXX	XXX
Transfer Expense										
Transfer Contribution	XXX	XXX	XXX	XXX	XXX	XXX	XXX	XXX	XXX	XXX
Yield	XXX	XXX	XXX	XXX	XXX	XXX	XXX	XXX	XXX	XXX
FTP										
FTP Spread	XXX	XXX	XXX	XXX	XXX	XXX	XXX	XXX	XXX	XXX
Total Liabilities										
Average Balance	XXX	XXX	XXX	XXX	XXX	XXX	XXX	XXX	XXX	XXX
Interest Expense	XXX	XXX	XXX	XXX	XXX	XXX	XXX	XXX	XXX	XXX
Transfer Income										
Transfer Contribution	XXX	XXX	XXX	XXX	XXX	XXX	XXX	XXX	XXX	XXX
Yield	XXX	XXX	XXX	XXX	XXX	XXX	XXX	XXX	XXX	XXX
FTP										
FTP Spread	XXX	XXX	XXX	XXX	XXX	XXX	XXX	XXX	XXX	XXX

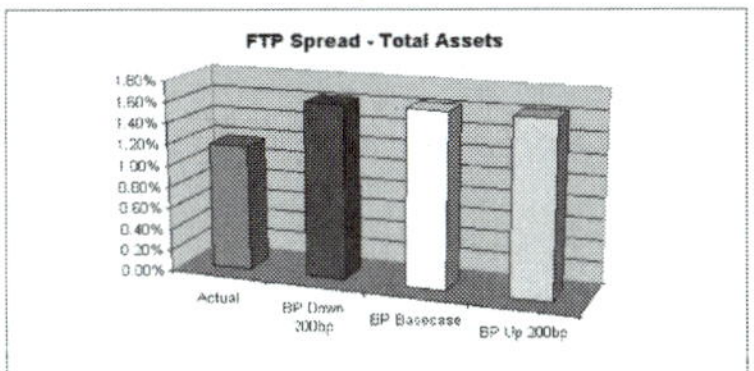

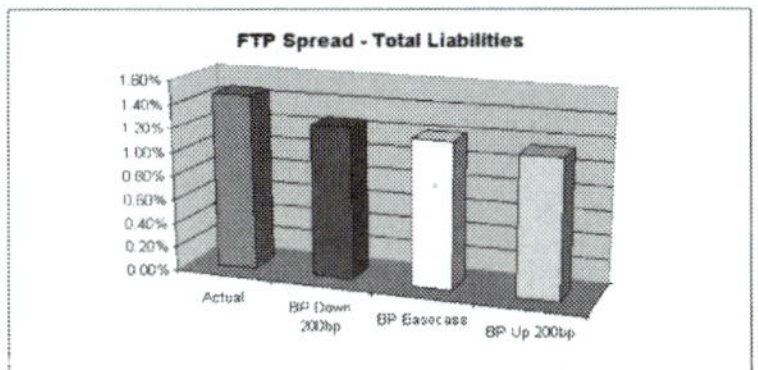

각각의 변동을 시뮬레이션하고 FTP 설정에 반영할 수 있다.

3. 선진 ALM에서 금리 리스크 관리방법

과거 금융기관의 금리 리스크 관리방법으로 사용된 갭 분석은 금융기관의 순이자수익의 변화를 알려주는 매우 간단하고 이해하기 쉬운 분석이나 앞에서 언급한 갭 분석의 문제점 및 해결방안에서 지적한 바와 같이 금리변동에 의한 이익변화를 정확하게 측정할 수 없다는 한계점을 가지고 있다. 따라서 이러한 갭 분석의 단점을 보완하기 위해 시뮬레이션 분석을 반드시 병행하여 실시하여야 하며 대다수의 금융기관들이 효과적인 시뮬레이션모형 구축에 심혈을 기울이고 동 시뮬레이션 결과에 의한 의사결정을 하고 있는 실정이다.

(1) 시뮬레이션 방법론

시뮬레이션 방법은 복잡한 금융상품을 취급하거나 복잡한 리스크 특성을 갖는 금융기관이 주로 사용하는데 미래의 금리 및 자금량 시나리오에 따른 현금흐름을 시뮬레이션함으로써 금리변동이 금융기관의 이익 및 경제적 가치에 미치는 영향을 측정하는 것을 말한다. 한편, 시뮬레이션 방법 중 금리변동의 영향을 이익적 관점과 경제가치적 관점에서 살펴보기 위한 방법으로 순이자수익 시뮬레이션과 순자산가치 시뮬레이션이 있다.

시뮬레이션 분석은 금융기관의 금리 및 자금량 시나리오에 기초하여 현재 또는 미래의 순자산가치와 미래 특정기간 동안의 순이자수익 규모를 예측한 다음 향후 경영전략 수립에 반영하는 것이 목적이다. 그러나 미래의 불리한 금리변동으로 인한 순자산가치 또는 순이자수익의 감소 가능성(즉, 금리 리스크량)을 산출하는 데에도 또한 활용이 가능하다. 시뮬레이션 분석의 분석주기 및 분석대상기간은 단기분석의 분석주기의 경우 월 단위로 하며, 분석대상기간은 현시점으로부터 1년으로 한다. 한편, 장기분석의 경우 분석주기는 연 단위로 하며, 분석대상기간은 현시점으로부터 5년으로 한다.

시뮬레이션 모형의 적합성을 검증하기 위해서 정기적인 사후검증(back testing)을 실시하며, 이를 위해 모형에 포함된 각종 시나리오에 대한 적합성을 검토할 필요가 있다. 금융기관은 사후검증에 필요한 충분한 데이터의 확보를 위해 분석결과에 대한 지속적인 축적이 요구된다.

① 기본금리 시나리오의 설정

기본금리 시나리오는 시뮬레이션 분석대상기간 중 기존자금 또는 신규자금으로부터 발생하는 원금 및 이자의 현금흐름에 적용될 금리를 결정하는 시나리오이다. 이는 기준금리 시나리오와 스프레드(기준금리와 ALM 계정과목별로 적용할 금리 간의 차이) 시나리오로 구성된다.

(가) 기준금리 시나리오

기준금리 시나리오는 시뮬레이션 분석대상기간의 예측금리에 기반을 두고 있다. 이는 신규자금에 대한 금리결정, 기존자금과 신규자금의 금리개정, 순자산가치 산출을 위한 할인에 적용할 금리의 결정에 사용된다. 한편, 기준금리가 기간구조를 갖는 경우 수익률곡선의 형태로 정의되어야 하며, 단일만기를 가지는 경우에는 단일만기를 갖는 금리로 정의하는 것이 가능하다. 예를 들면, 다음과 같다.

i) 신규자금금리 = 신규자금 기준금리 + 신규자금 스프레드
ii) 개정금리 = 금리개정 기준금리 + 금리개정 스프레드
iii) 순자산가치 할인율 = 기준 할인율 + 할인 스프레드

기준금리 시나리오의 바람직한 설정은 우선 통화별 시장금리를 대표할 수 있는 기준 수익률곡선을 선정(예를 들면, 내부이전금리에 적용되는 수익률곡선)하는 것이다. 이는 모든 금리 시나리오 작성의 기준이 되므로 ALM 계정과목의 특성에 따라 합리적으로 결정한다.

이러한 기준 수익률곡선은 향후 분석대상기간 중에 어떻게 변동할 것인가에 대한 예측모형 및 관련 소프트웨어, 금리전문가 및 ALM 패키지에서 제공하는 금리기간구조모형 등을 통해 합리적으로 예측되어야 한다. 또한 선택된 예측방법과 예측방법의 변경에 관한 사항을 문서화하고, 기준 수익률곡선의 예측치는 정기적(예를 들면, 매월)으로 개정한다.

기준 수익률곡선과 다른 수익률곡선 및 금리와의 관계는 과거 데이터를 이용한 통계적 분

석 또는 금융기관 자체의 상품가격 결정정책 등을 종합적으로 고려하여 설정(즉, 여러 가지 시나리오 분석을 행할 경우 기준 수익률곡선에만 충격을 가하면 자동적으로 여타 이자율이 계산되기 때문에 매우 편리)되어야 한다. 이 같은 관계설정 내용은 정기적(예: 3개월)으로 개정되는 것이 바람직하다.

(나) 스프레드 시나리오

스프레드 시나리오는 신규자금에 대한 금리결정, 기존자금과 신규자금의 개정금리 및 순자산가치 산출을 위한 할인에 적용할 스프레드를 결정하는 데 활용된다. 이는 기존자금 또는 신규자금의 스프레드가 기간구조를 갖는 경우 수익률곡선의 형태로 정의되는 것이 바람직하다. 스프레드 시나리오는 시뮬레이션 분석대상기간 중의 ALM 계정과목별 신규자금 스프레드, 금리개정 스프레드, 그리고 할인 스프레드 등에 대한 계획치 또는 예측치로 구성되며, 정기적(예를 들면, 매월)으로 개정하는 것이 바람직하다.

신규자금 스프레드 시나리오는 최근 12개월간의 ALM 계정과목별 순수 신규금액 및 만기연장 및 재약정 금액에 대한 평균 스프레드를 산출한 다음 이를 기초로 금융기관의 향후 가격정책에 비추어 적절한 조정방안의 작성과 시간의 흐름에 따른 추세를 반영하는 것이 가능하다.

금리개정 스프레드 시나리오는 금리개정시 신규자금 스프레드 값이 금리개정 스프레드 값과 동일하게 적용되지 않을 때 최근 12개월간의 ALM 계정과목별 금리개정 잔액에 대한 평균 금리개정 스프레드를 산출한다. 이를 기초로 금융기관의 가격정책에 비추어 적절한 조정방안의 작성과 시간의 흐름에 따른 추세를 갖도록 작성한다.

할인 스프레드 시나리오는 ALM 계정과목별로 현금흐름의 불확실성을 반영하여 할인 스프레드를 정하거나 또는 전체 현금흐름의 불확실성을 고려하여 통화별 또는 전체 ALM 계정과목에 대한 단일의 할인 스프레드 값을 부여한다.

② 신규자금 시나리오

신규자금 시나리오는 시뮬레이션 분석기간 중에 발생하는 원금 및 이자 현금흐름의 규모와 시점을 결정하는 것으로 신규자금량 시나리오와 신규자금 만기 시나리오 등 두 가지로 구분된다. 먼저, 신규자금량 시나리오는 경영계획 담당부서의 중·장기 및 연간 대차대조표 계획에 근거하여 작성하거나 금리 리스크 관리부서에서 각종 예측방법 및 통계자료를 활용하여 작성하며 경영계획과의 비교 및 검토를 통해서 조정된다.

신규자금량 시나리오 작성방법은 목표잔액방법과 신규금액방법으로 구분되며, ALM 계정과목별 특성에 따라 혼합하여 적용할 수도 있다. 먼저, 목표잔액방법은 월별 목표잔액 산출의 구성요소인 전월 목표잔액, 당월 만기금액, 당월 중도상환 및 중도해약 금액, 당월 만기연장 및 재약정 금액, 당월 요구불예금 잔액변동, 당월 순수신규금액 등을 종합적으로 파악하여 목표잔액 예측치를 작성하는 방법이다. 한편, 신규금액방법은 목표잔액의 구성요소 중 월별 만기 연장 및 재약정 금액과 순수신규금액만을 별도로 파악하여 신규금액 예측치를 작성하는 방법이다.

신규자금 만기 시나리오는 ALM 계정과목별로 계획 또는 예측된 신규자금량이 갖는 만기와 그 구성비를 정하는 것으로서 다양한(5개 초과) 만기를 갖는 ALM 계정과목이 있을 때는 5개 이내의 대표만기로 분류하여 그 구성비를 지정하는 것이다. 한편, 만기구성비는 최근 12개월간의 순수신규금액, 만기 연장 및 재약정 금액에 대한 평균 만기구성비를 산출한 다음 이를 기초로 하여 금융기관의 향후 자금운용 및 조달 정책에 비추어 적절한 조정방안을 작성한다.

③ 환율 시나리오

환율 시나리오는 환율변동에 따른 외환 리스크를 측정하는 것이 아니며, 금리 리스크 측정을 위해 생성된 외화 자산 및 부채, 관련 파생상품의 현금흐름 및 현재가치를 원화로 환산하는 데 이용된다. 이 같은 환율 시나리오는 시뮬레이션 분석기간 중의 금리 리스크 관리대상 통화에 대한 예측환율로 구성된다. 이때 예측된 통화별 환율은 예측모형 및 관련 S/W, 환율전문가 등의 예측치를 반영하여 합리적으로 계산되어야 하며, 시뮬레이션의 금리 시나리오상 통화별 금리와 이론적인 관계(이자율평형이론 등)에 비추어 합리적이어야 한다.

(2) 시뮬레이션에 대한 가정

ALM 시뮬레이션에 대한 가정으로는 금리 시나리오, 금리개정 및 만기금리 민감도, 비만기예금에 대한 계약만기, 신규 조달자금의 금리, 고객행동모형의 적용범위, 할인율과 시장가치할인 적용이율 등과 같은 것들이 있다.

(3) 시뮬레이션 분석의 예

갭 분석을 보완하기 위한 시뮬레이션 분석의 예로는 확정적 금리 시나리오 분석과 확률적 금리 시나리오 분석에 의한 최대손익변동예상액으로서의 EaR(Earning at Risk)과 최대순자산가치변동액으로서의 VaR(Value at Risk)이다.

4. EaR과 VaR의 ALM 모형에의 적용

EaR과 VaR의 개념

EaR의 산정기준(1년간 projected NII에 의한 산출)과 VaR의 산정기준은 BIS에서 99%의 신뢰구간하에서 산출하도록 권고하고 있으며, 확정적 시뮬레이션과 확률적 시뮬레이션에 의한 NII & NPV 생성수와 EAR & VaR 모형식은 다음과 같다. 확정적 시뮬레이션에 의한 EaR과

표 9-5 | EaR과 VaR의 모형 비교

	확정적 시뮬레이션 모델 (static simulation model)	확률적 시뮬레이션 모델 (stochastic simulation model)
NII과 NPV 생성수	1) base case 2) 200bp Ramp up 3) 200bp Ramp down	1) 500 NIIs 2) 500 NPVs
EaR과 VaR 모형	1) EaR = base case NII − 200bp Ramp up NII 2) VaR = base case NPV − 200bp Ramp up NPV	$VaR_0 = \text{Mean}NPV_0 - 1\text{Percentile}NPV_0$ $VaR_{\text{after 12months}} = \text{Mean}NPV_{\text{after 12months}} - 1\text{Percentile}NPV_{\text{after 12months}}$

VaR은 은행마다 거의 같은 기준에 의해 산정하나, 확률적 시뮬레이션 모형에 의한 VaR 계산의 산출기준은 일반적으로 현재시점에서의 VaR(VaR_0)를 사용하여 NPV의 최대손실을 측정하고 있다. 한편, 향후 1년간의 재투자수익과 고객행동모형에 의한 값이 반영된 1년 후의 VaR($VaR_{\text{after 12months}}$)을 산출하는 데 있어서는 다소 복잡성을 갖고 있으나 VaR 값의 정확성을 높이는 데 있어서는 타당하다고 생각되어 소개하고자 한다.

(1) 수익률에 기초한 EaR과 VaR의 개념

다음 [그림 9-12]와 같이 수익률에 기초한 EaR은 주어진 리스크하에서 1년 동안의 수익을 나타내는 것으로, 1년 동안의 총현금흐름에 1년 동안의 발생이자를 더하여 계산하며 다음과 같다.

$$EaR(\text{수익률 기초}) = \text{실현된 기간의 현금흐름} + \text{발생이자}$$
$$= \sum_{T_0 \le t \le T_1} C(t) + (\alpha_1 - \alpha_0)$$

$C(t)$: 현금흐름(cash flow)
α_1 : 1기간 동안 발생수익(accrued interest)
α_0 : 기간 초의 발생수익
T : 기간

위 식에서 하첨자 0은 기초를 나타내며, 하첨자 1은 기말을 나타낸다. 한편, 수익률을 기초로 한 VaR의 계산은 1기간 말의 NPV에서 1기간 초의 NPV를 차감한 값에 수익률에 기초한 EaR을 더한 값으로, 다음과 같다.

$$VaR(\text{수익률 기초}) = NPV\text{의 변화량} + \text{수익률에 기초한 } EaR$$
$$= (NPV'_1 - NPV'_0) + \sum_{T_0 \le t \le T_1} C(t) - \alpha_0 + \alpha_1$$

NPV : 시장가치(markct value)
$NPV' = NPV$ − 발생이자비용

그림 9-12 | VaR 계산을 위한 NPV 구현과정

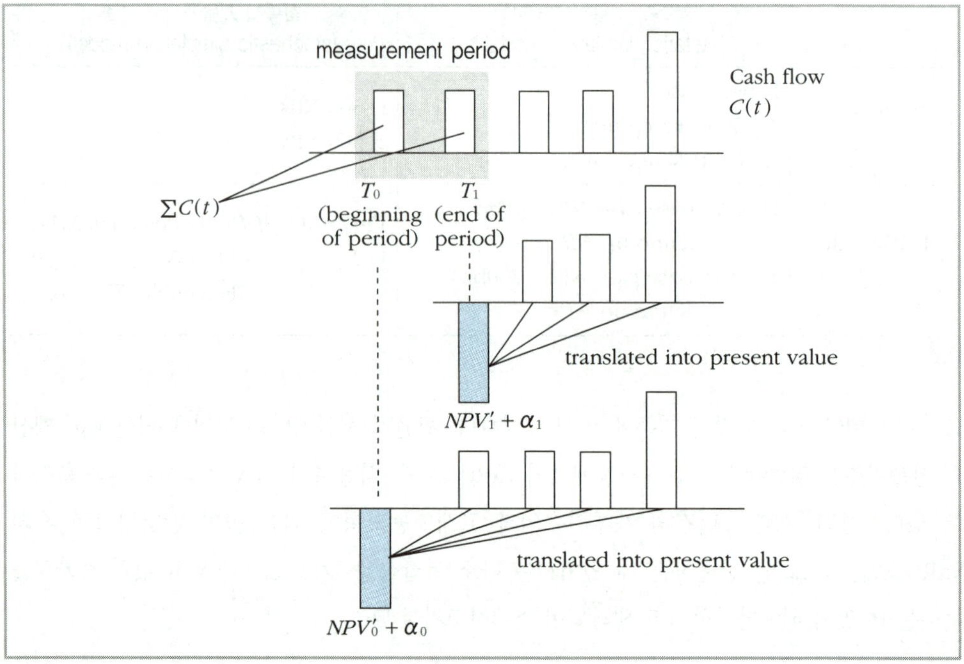

(2) EaR과 $NPV_{after\ 12months}$VaR의 ALM 모형에의 적용

1기간 동안의 EaR은 1기간 동안의 평균금리 $\bar{\alpha}_1$에서 하위 1%에 속하는(99% 신뢰수준) 추정금리 $\tilde{\alpha}_{1,99\%}$를 차감한 값으로, 다음과 같다.

$$EaR_1 = \bar{\alpha}_1 - \tilde{\alpha}_{1,99\%}$$

한편, 12개월 선도(12months forward) VaR은 향후 1년 동안 추정된 평균 순현재가치 $\overline{NPV_1}$에서 하위 1%(99% 신뢰수준)의 순현재가치 $N\tilde{P}V_{1,99\%}$를 차감하여 구한다. 이를 다른 방법으로 계산하면 기말추정 평균 순현재가치에서 기초추정 순현재가치를 차감한 값에 EaR을 더한 값으로, 계산되며 다음과 같다.

$$\begin{aligned} VaR_{12months\ forward} &= \overline{NPV_1} - N\tilde{P}V_{1,99\%} \\ &= \left[\overline{NPV_1}' - NPV_0'\right] + \left[\Sigma C(t) - \alpha_0 + \bar{\alpha}_1\right] \\ &\quad - \left[N\tilde{P}V_{1,99\%} - NPV_0'\right] - \left[\Sigma C(t) - \alpha_0 + \tilde{\alpha}_{1,99\%}\right] \end{aligned}$$

(3) 12개월 선도 VaR의 NPV(VaR) 모형에의 적용

EaR 측정은 1년 동안 NII의 최대손실을 측정하는 것에만 관심을 갖는다. 따라서 리스크 자본에 기초한 EaR은 확인되지 않은 손실보상을 위해 충분하지 않다. 반대로, VaR_0는 현재시점에서 NPV의 최대손실을 측정하는 것으로서 이 같은 측정은 순현재가치에 기초하고 있다. VaR_0 즉 현시점의 VaR 값을 측정하는 것이 일반적으로 이용되는 방법으로서 경영자 및 주주가 손쉽게 계산할 수 있는 장점이 있다. 그러나 VaR_0는 0~1기간 동안 NII의 최대손실과 재투자 그리고 고객행동모형이 무시되고 있으므로 다음과 같이 NII의 최대손실을 포함하는 새로운 개념(VaR 12월 선도)의 채택이 요구된다. 12개월 선도 VaR에 의한 결과를 매월 산출하여 종합 리스크 관리한도의 경제적 자본(Economic Capital)에 편입함으로써 자본금 할당 및 배분에 결정될 VaR 값 산정 시 이용하고 있다.

12개월 선도 VaR = 1년시점에서 NPV의 최대손실 + 1년 동안의 NII의 최대손실

$$VaR_{12months\ \ forword} = \left[\overline{NPV}'_1 - \tilde{NPV}'_{1,\,99\%}\right] + \left[\bar{\alpha}_1 - \tilde{\alpha}_{1,\,99\%}\right]$$

회계적 이익의 변동성은 단위회계기간(1년 또는 2년) 동안만 측정하므로 은행에 대한 진정한 경제적 리스크를 심각하게 잘못 평가할 수도 있다. 채권자와 주주는 리스크의 경제적 관점에 의존하고 있으므로 보유 포트폴리오의 전체 만기기간을 고려해야 하며 순현재가치는 리스크에 대한 투자자 관점의 수익률의 가치변동성을 충분히 반영한 VaR 모형이 되어야 한다. 왜냐하면 자본은 미래 확인되지 않은 손실에 대한 완충장치로서 사용될 수 있어야 하기 때문이다.

5. 실제 금융기관 ALM 구축사례[7)]

금융기관 ALM이라는 것은 각 금융기관의 특성에 맞는 조직구조와 시스템을 구축하는 것이 그 핵심이다. 따라서 이 항에서는 실제 금융기관에서 ALM을 어떻게 구축하고 활용하고 있는지를 좀 더 자세하게 살펴보고자 한다.

1) ALCO 패키지의 구성

ALCO에서 수행해야 할 업무규정에 대해서는 금융기관별로 ALCO 업무규정[8)]을 별도로 마련하고 있다. ALCO 업무를 효과적으로 수행하기 위해서는 적절한 시스템이 뒷받침되어야 한다. 이러한 시스템은 종전에는 ALM 관리를 위해서 사내 개발에 만기 갭 혹은 금리개정 갭 관리에 의존해 왔으나 그 자체의 ALM 관리가 미흡하므로 금융기관 공히 ALM 패키지 툴

---

7) 이 부분에 대한 보다 자세한 내용은 김재인, "은행의 효율적 자산 · 부채 관리(ALM)를 위한 의사결정모형" (2006) 참조.

8) A 외국계 은행의 경우 ALCO 업무규정에 우선하는 ALCO TOR(Terms of Reference)를 마련하여 ALCO 운영의 기준으로 삼고 있으며, ALCO 회의에서 사용하게 되는 일련의 서류 일체를 "ALCO package"라 한다.

그림 9-13 | 의사결정 중심의 효율적인 ALM 관리과정

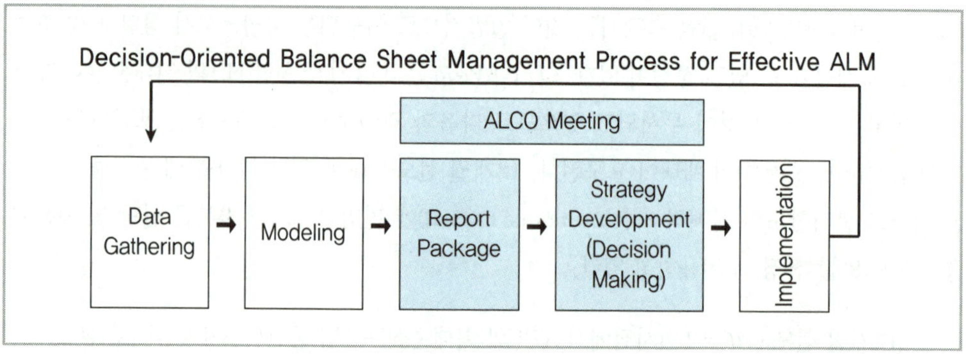

(package tool)의 도입을 통하여 관리하고 있는 실정이다. 그러나 ALM 패키지를 구입했다고 당장 ALM 업무에 사용할 수 있는 것은 아니다. 패키지 도입 계약과 아울러 현재 실시하는 ALM 업무가 지속적으로 발전 가능하도록 별도 개발업무계획이 수반되어야 한다. 또한 ALM 업무에 컨설팅회사를 선정하여 개발업무 범위를 설정하고 그에 따라 계약해야 하므로 현재 수행하고 있는 각 분야별 특수한 업무형태를 잘 반영할 수 있고 지속적인 업그레이드가 가능하도록 하기 위해서 관련업무에 대한 지식과 경험이 요구된다.

ALCO 업무를 수행하기 위해서는 ALCO 회의에서 논의할 과제 즉 ALCO 패키지를 준비해야 하는데, 이를 구현하는 일련의 과정을 [그림 9-13]과 같이 설명할 수 있다.

금융기관이 효율적으로 자산 · 부채 관리(ALM)를 수행하기 위해서는 적절한 ALCO 패키

그림 9-14 | ALCO Package의 구성[9)]

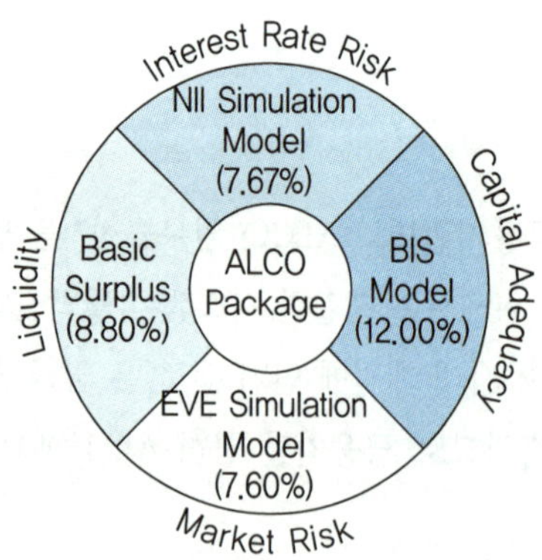

Category	Policy Limit (as of "example")	Current Position (as of "example")
Liquidity	10.00%	8.80%
NII	±15.0%	7.67%
EVE	±20.0%	7.60%
BIS Ratio	10.0%	12.00%

9) 본 자료는 A은행의 ALCO 패키지 모형으로 유동성, 이자율, 순자산가치, 자본비율 관리가 주 내용이나, 각 금융기관마다 다소 차이가 있다.

지의 구축이 필요하다.

앞의 [그림 9-14]는 A금융기관의 ALCO 패키지의 주요 구성내용으로 다음과 같이 설명할 수 있다. 금리 리스크 관리를 위해 NII 시뮬레이션 모형을, 유동성 리스크 관리를 위해 Basic Surplus 모형을, 시장 리스크 관리를 위해 EVE(Economic Value of Equity) 시뮬레이션 모형을, 자본적정성 관리를 위해 BIS 모형을 개발하여 사용하고 있으며 각 리스크 종류별로 리스크 정책 한도를 설정하여 매월 ALCO 회의에서 한도초과 여부를 점검 관리하고 있다.

2) ALCO 패키지 시스템의 구축과정

A금융기관은 진보된 ALM 관리시스템으로서 전략적 의사결정을 위한 ALCO 패키지 시스템을 구축하였다. 이는 Sungard사의 Bancware라는 ALM 패키지를 커스터마이징(customizing)하여 구축하였다. 따라서 독자들의 이해를 놉기 위해 넌서 A금융기관의 ALM 관리시스템을 소개한다.

(1) 초기 ALM 시스템 구축

A금융기관의 초기 ALM 시스템 개발과정은 내부개발에 의한 IBM RS6000과 SAS(Strategic Application Software) 시스템의 도입으로 이루어졌다. 이때 주요기능은 i) 확정적 만기 갭과 금리개정 갭 보고서의 산출, ii) 다양한 기준에 의한 자산과 부채의 자금구조 분석, 그리고 iii) 금융감독원과 한국은행에 관련 보고서를 제출하기 위한 용도로 개발되었다.

(2) 선진 ALM 시스템

초기 개발된 시스템은 다음과 같은 몇 가지 문제점을 가지고 있다. i) 신규자금, 중도상환, 그리고 중도해약과 같은 고객행태정보에 의해 수정된 갭과 NII 시뮬레이션 측정을 위한 요구사항을 제공하지 못한다. ii) NII와 NPV 시뮬레이션의 기능이 제공되지 않는다. iii) 때때로 현재의 월별 보고서 대신 일별 또는 주별 갭 보고서가 바람직하다. iv) 현재 ALM 시스템은 확정적 GAP 지향 모형이나 전략적 · 미래지향적 계획을 수행하기 위해 what-if 기능에 대한 시뮬레이션이 필요하다.

이 같은 초기 문제점을 보완하기 위해 진보된 ALM 기능을 포함하는 시스템의 개발이 요구되었으며, 이를 위해 [그림 9-15]와 같이 전체 ALM 개방을 ALM System Phase Ⅰ과 ALM Extension Phase Ⅱ로 구분 개발하여 진행하였다. 진보된 ALM 기능을 포함한 A금융기관의 ALM 관리 시스템은 확률적 NII 및 NPV 시뮬레이션, Basic Surplus, 그리고 고객행동모형 등의 적용으로 그 기능을 가일층 향상시키게 되었다. 따라서 NII 시뮬레이션에 의한 손익관리

그림 9-15 | A금융기관의 시스템 구축 개발현황[10)]

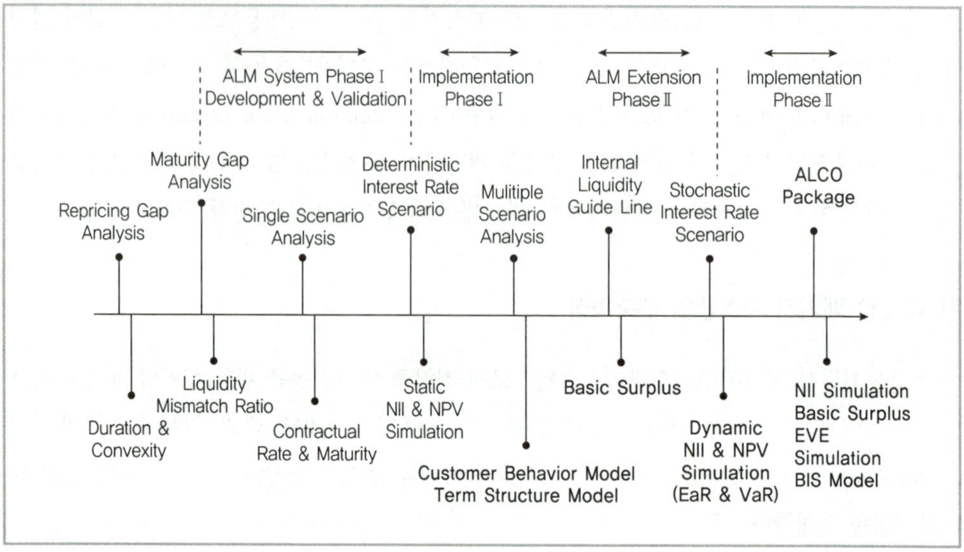

와 자금량 변화의 분석이 가능하며, 이익극대화와 리스크 최소화를 위한 대차대조표 구조를 최적화하였다. 또한 시장금리변동에 따른 적정자본평가는 ALM 전략을 위한 신뢰성 있는 ALCO 보고서의 제공을 가능하도록 하였다.

효율적인 ALM 관리를 위한 확률적 금리충격 시나리오와 고객행동모형, 그리고 Basic Surplus의 실증분석도구로서 이 프로그램을 사용하고 있다.

(3) ALM 시스템 아키텍처

[그림 9-16]은 A금융기관의 ALM 시스템 아키텍처로서 확장된 ALM 관리 시스템 구축모형이다. 프로세스를 구성하고 있는 내용은 시스템 원천(거래명세서)의 데이터웨어하우징을 통해 Insight 부분, Convergence 부분, 분석모형과 시나리오의 적용, 그리고 최종적인 분석보고서 도출 등이다.

[그림 9-16]에서처럼 Insight 부분에서 형성된 투입요소의 Convergence 부분에 연결된 현재 포지션은 고객행동모형, 이자율기간구조모형, 그리고 다양한 시나리오(금리충격, 금리결정, 그리고 신규자금 등) 등과 같은 모형들과 연계되어 각종 갭, 확정적 시뮬레이션 결과, 그리고 확률적 시뮬레이션 결과 등을 산출한다. 이 같은 ALM 시스템의 아키텍처를 통해 구현된 시뮬

10) 저자의 GARP Asia Pacific Convention(2004) ALM 프레젠테이션 발표 내용으로, 구체적인 ALM 시스템의 개발내용이 시계열적으로 나타나 있어 ALM 시스템을 업그레이드하려는 동남아국가 은행 ALM 직원들에게 도움이 되었다는 호평을 받은 바 있음.

그림 9-16 | ALM 시스템 아키텍처

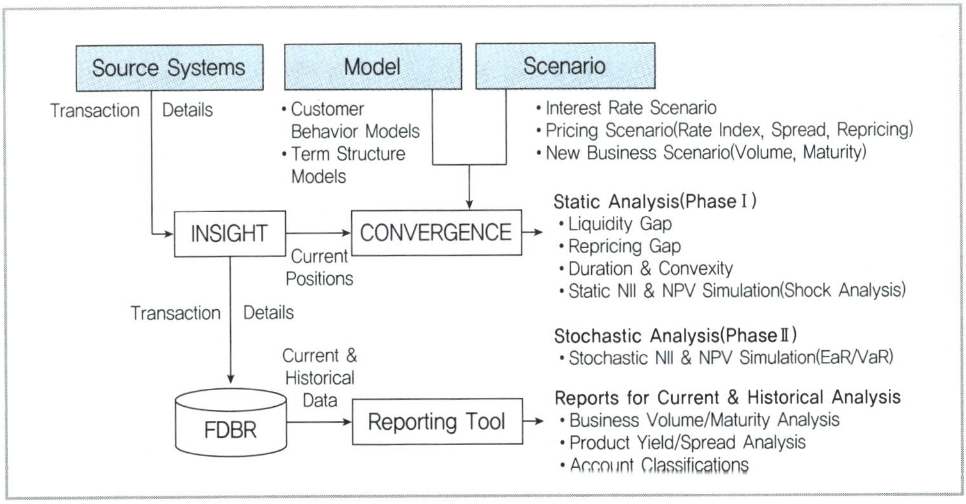

자료: Sungard, "Bancware ALM system Architecture"(2005).

표 9-6 | ALCO 패키지의 구체적인 적용표

			Convergence Extension		
			Repricing Gap	NII & NPV Simulation	EaR & VaR
Customer Behavior Analysis	Loans	Prepayments	●	●	●
		Rollovers			
		Utilization of Limit Loans			
	Deposits	Preterminations	●	●	●
		Rollovers			
		Payment of Installment Savings			
Term Structure Analysis	Parameters for Hull & White Model(Volatility & Mean Reversion Speed)				●
	Interest Rate Relationships			●	●
FDBR	New Booking Business Analysis Reports			○	○
	Account Classification Reports			○	○
	Schedule Reports				
	BOK Reports				

주: ● Direct Inputs, ○ Reference, ALCO Package

레이션 결과를 ALCO 패키지에 이자율기간구조모형 분석과 고객행동모형의 실증분석 내용을 구체적으로 적용하고 있으며 그 결과는 앞의 〈표 9-6〉과 같다.

〈표 9-6〉에서 첫 번째 행은 고객행동모형 분석으로 대출과 예금으로 구성되었으며, 두 번째 행은 이자율기간구조 분석으로 Hull & White 모형에 의한 변동성과 평균회귀속도, 그리고 이자율 관계식 등이 나타나 있다. 그리고 세 번째 행은 FDBR(Financial Data Base of Record)로서 신규자금 분석보고서, 계정분류 보고서, 스케줄 보고서, 그리고 금융감독원 및 한국은행 보고서 등으로 분류된다.

3) 실제 ALCO 패키지의 활용

앞서 살펴본 ALCO 패키지 모형을 이용하여 A금융기관의 ALM 실증분석을 수행하여 보았다. 실증분석은 크게 금리 시나리오와 고객행동모형을 구축하여 분석하게 된다.

(1) 금리 시나리오 분석

금리 리스크를 적절하게 관리하기 위해서는 향후 금리가 어떻게 변할지를 예측해야 한다. A금융기관의 경우 Hull & White(이하 HW)가 제시한 이자율기간구조모형을 이용하여 위너(Wiener) 프로세스의 확산과정에 몬테카를로 시뮬레이션(Monte Carlo Simulation)에 의한 확률충격을 가함으로써 확률적 금리 시나리오를 생성한다. 이때 확률적으로 산출된 500개의 금리 시나리오를 이용하여 NII와 NPV의 확률분포를 발견하고 금리변동에 따른 EaR과 VaR을 계산한다.

두 가지 금리 시나리오의 시뮬레이션에 대한 실증분석을 위해 기본적인 투입요소를 비교하면 다음 〈표 9-7〉과 같다.

〈표 9-7〉에서 기본적 투입요소는 현재 포지션, 신규자금량 가정, 고객행동모형, 그리고 금리 시나리오 등 네 가지로 구성된다.

확정적 금리 시나리오는 다시 '현행(current)'과 '진보(advanced)'로 구분한다. 구분기준은 금리충격 시나리오에 대한 고객행동모형의 적용여부이다. 현재의 금리충격 시나리오의 경우 고객행동모형이 없으며, 진보된 금리충격 시나리오의 경우 고객행동모형을 적용하고 있다. 한편, 금리 시나리오에서의 차이는 확정적 금리 시나리오의 경우 기본가정은 동일하지만 현행은 금리민감도를 가정하며, 진보는 확률적 금리 시나리오와 마찬가지로 금리 관계식에 기초한다. 또한, 진보된 확률적 금리 시나리오의 경우 고객행동모형을 포함하고 있으며, HW 모수인 변동성과 평균회귀속도에 기초한 500개의 확률적 금리 시나리오를 생성한다. 그리고 신규자금량의 가정은 세 가지 기본적 투입방법 모두 2년 동안 일정하다고 가정한다.

표 9-7 | 금리 시나리오 시뮬레이션에 대한 기본투입변수의 비교

Basic Inputs	Current Static Simulation	Advanced Static Simulation	Advanced Stochastic Simulation
New Business Assumptions	• Business volume remains constant for two years	• Business volume remains constant for two years	• Business volume remains constant for two years
Customer Behavior Models	• No customer behavior model applied	• Loan prepayment • Deposit pretermination	• Loan prepayment • Deposit pretermination
Interest Rate Scenarios	• Static interest rate scenarios(Basecase, 200bp Ramp Up, 200bp Ramp Down) • Interest rate sensitivity assumptions	• Static interest rate scenarios(Basecase, 200bp Ramp Up, 200bp Ramp Down) • Interest rate relationships	• 500 stochastic interest rate scenarios based on Hull-White parameters(volatility & mean reversion speed) • Interest rate relationships

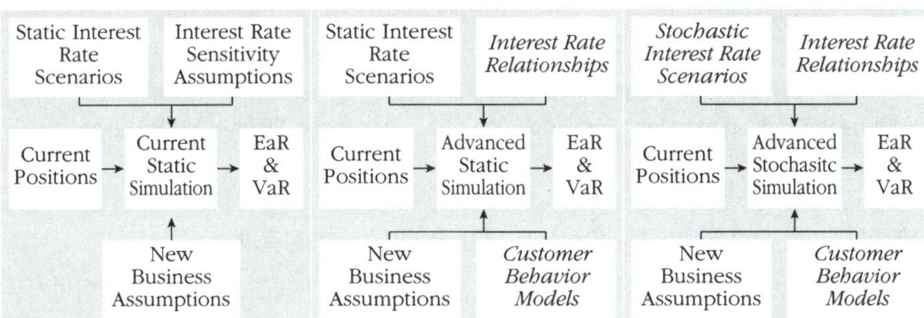

다음의 〈표 9-8〉은 금리 시나리오 충격 시뮬레이션에 의한 NII와 NPV, 그리고 EaR과 VaR의 계산과정을 비교 설명하고 있다. 먼저, 현행 및 진보된 확정적 시뮬레이션의 경우 NII와 NPV의 계산은 기준 수익률곡선과 상승 및 하락 모두 200bp를 사용하며, EaR은 기준 수익률곡선의 NII에서 200bp 금리하락 시나리오의 NII를 차감하여 산출한다. 한편, VaR의 계산은 기준 수익률곡선의 NPV에서 200bp 금리하락 시나리오의 NPV를 차감하여 산출한다.

진보된 확률적 시뮬레이션의 경우 NII와 NPV는 일반화적률(GMM: Generalized Method of Moment)모형의 회귀방정식과 HW모형 및 몬테카를로 시뮬레이션(Monte Carlo Simulation)에 의한 500개의 금리 시나리오를 이용하여 500개의 NII를 산출한다. EaR은 평균 NII에서 1퍼센타일의 NII를 차감하여 산출하며, VaR은 평균 NPV에서 1퍼센타일 NPV를 차감하여 산출한다.

표 9-8 | 금리 시나리오에 의한 NII, NPV, EaR과 VaR 생성과정

Process	Current & Advanced Static Simulation	Advanced Stochastic Simulation
Generation of NII & NPV Distributions	• NIIs are produced from Basecase, 200bp Ramp Up/Down • NPVs are produced from Basecase, 200bp Ramp Up/Down	• 500 NIIs are produced from 500 interest rate paths • 500 NPVs are produced from 500 interest rate paths
Calculation of EaR & Var	• EaR = Basecase NII − 200bp Ramp Down NII • VaR = Basecase NPV − 200bp Ramp Down NPV	• EaR = Mean NII − 1 Percentile NII • VaR = Mean NPV − 1 Percentile NPV

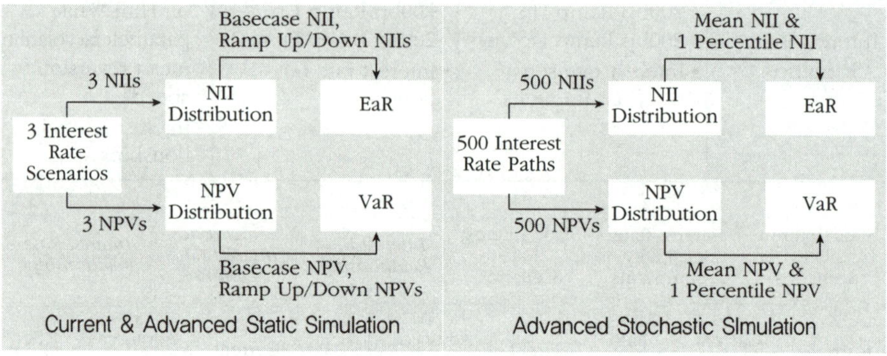

① HW모형에 의한 모수추정과 회귀방정식에 의한 금리민감도 측정결과

실증분석을 위해 사용된 자료는 3개월 CD금리와 3년만기 국고채 금리이다. 여기서는 일반화적률 추정방법에 의한 HW모형(Hull & White 모형)의 모수추정 결과에서 추정된 모수를 토대로 단기이자율에 대해 500개의 금리경로를 산출하였으며 그 결과는 다음의 [그림 9-17]의 좌측 그래프와 같다. 기준 수익률곡선의 평균적인 움직임은 우측 그래프에 나타나 있다.

[그림 9-17]에서 생성된 500개의 금리경로 중 평균금리경로의 초기금리는 4.88%이며, 최종일 금리는 6.15%로서 수익률곡선이 상승하는 것으로 나타났다. 또한 기준 수익률곡선은 3M~60M의 구간(bucket)별로 향후 2년 동안 기간별로 적재되어 있음을 알 수 있다. 여기서 만기가 긴 구간의 경우 동일한 기간에서도 금리가 더 높은 것으로 나타났고 기간이 길어질수록 전체 기준 수익률곡선은 상승하고 있는 것을 볼 수 있다.

이자율 관계에 대한 추정은 기준 수익률곡선과 다른 시장금리 및 은행의 내부금리를 이용한 회귀방정식을 통해서 산출되며, 이자율 간에 다음과 같은 관계가 성립된다. 첫째, 금융상품의 금리결정 및 금리개정을 결정하기 위한 기준 수익률곡선은 다른 시장금리(Reference Yield Curve)와 은행의 내부금리(internal rates)와 관련이 있다. 둘째, 다른 금리에 대한 기준 수익률곡선의 관계는 회귀방정식 모형을 통해 추정된다. 일반적으로 사용하는 금리는 Prime, 3개월

그림 9-17 | 단기이자율 경로와 기준 수익률곡선의 평균움직임[11)]

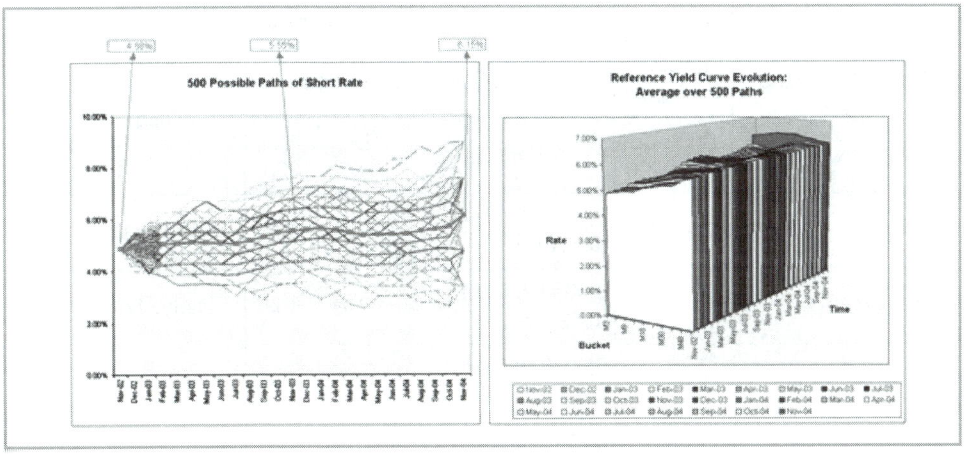

CD금리, 3년만기 국고채금리, Libor, 기업자유예금, 그리고 저축예금 등이다.

이제 실제 금리민감도 분석을 수행하기 위해서 몇 가지 가정이 필요하다. 다음의 〈표 9-12〉에서 1열에는 금리결정 및 금리개정 시에 적용되는 주요 기준금리 13개의 항목들이 나타나 있다. 2~3열에는 현행 금리민감도의 가정 -200bp와 +200bp일 때 각 항목에 대해 상이한 값을 갖는 다양한 민감도가 나타나 있는데, 기업자유예금과 저축성예금의 민감도가 가장 작다. 또한 4번째 열은 확률적 금리 시나리오를 실행한 결과로서 각각의 13개 항목별로 추정된 회귀방정식의 분석결과 기업자유예금과 저축성예금의 금리민감도가 가장 작고 금리충격의 값은 0으로 나타났다. 이는 각각의 13개 항목별로 회귀방정식에 대한 실증분석 결과 얻어진 기준 수익률곡선과 각 항목에 대한 관계식이다. 이는 경험적 또는 직관적으로 단순하게 정의된 민감도가 실제 금리 데이터에 의하여 통계적으로 보다 정교하게 정의된 민감도로 개선됨을 의미하며, 이를 통하여 시장금리의 변화가 은행의 순이자수익과 순자산가치의 변화에 미치는 영향이 보다 정확하게 계산될 수 있다.

〈표 9-9〉에서 금리민감도에 대한 가정의 변화는 다음과 같다. 먼저, 현재 금리민감도 가정은 회귀분석모형을 토대로 한 통계적 분석으로부터 발견된 새로운 이자율관계로 설명될 수 있다. 둘째, 새로운 이자율관계는 확정적 금리 시나리오와 확률적 금리 시나리오의 시뮬레이션을 통해 EaR과 VaR을 측정하기 위해 적용된다. 셋째, 금리 또는 수익률곡선에서의 변화는 시장금리에 대한 일별자료와 은행 내부금리에 대한 월별자료를 사용하여 산출된 기준 수익률곡선에 근거한다.

11) 여기서 사용된 Hull-White Model은 $dr = (\theta(t) - ar)\,dt + \sigma dz$로서 모수(parameter)의 추정은 단기이자율(short rate)의 변동성(volatility)인 "σ"와 평균회귀속도(meanreversion speed)의 "a"이다.

표 9-9 | 금리충격(Dn/Up200) 가정에 대한 금리민감도 변화 비교

Pricing/Repricing Rates	Current		Advanced				
	Sensitivity Assumption		Interest Rate Relationships②			Data	Remark
	Dn 200	Up 200	Formula	Dn 200	Up 200		
Prime	−200	200	0.0646+0.6551 RefYC(*t*)①	−131	131	Monthly, 12M	
Call Rate	−200	200	0.0050+0.7913 RefYC(*t*−1)	−158	158③	Daily, 12M	
3Month CD Rate	−200	200	0.0025+0.9646 RefYC(*t*)	−193	193	Daily, 3M	
3Y Gov't Bond Rate	−200	200	0.0041+0.9077 RefYC(*t*)	−182	182	Daily, 3M	
Libor	−200	200	0.0022+0.2470 RefYC(*t*)	−49	49	Monthly, 12M	
Funding Cost	−150	150	0.0040+0.7449 RefYC(*t*−1)	−149	149	Monthly, 12M	
Company Free Deposit	0	25	0.0056+0.0000 RefYC(*t*)	0	0	Monthly, 12M	
Saving Deposit	0	25	0.0074+0.0000 RefYC(*t*)	0	0	Monthly, 12M	
Corporate-MMDA	−200	200	−0.0017+0.8483 RefYC(*t*−1)	−170	170	Monthly, 12M	
Household-MMDA	−150	150	0.0022+0.6516 RefYC(*t*−1)	−130	130	Monthly, 12M	
Installment Deposit-Corporate	−100	50	0.0076+0.8049 [RefYC(*t*−1) +RefYC(*t*−2) +RefYC(*t*−3)]÷3	−161	161	Monthly, 12M	
Installment Deposit-Houshold	−100	50	0.0065+0.8957 [RefYC(*t*−1) +RefYC(*t*−2) +RefYC(*t*−3)]÷3	−179	179	Monthly, 12M	
Time Deposit	−113 ~ −150	113 ~ 150	0.0060+0.8730 [RefYC(*t*−1) +RefYC(*t*−2) +RefYC(*t*−3)]÷3	−175	175	Monthly, 12M	

주 : ① RefYC : Reference Yield Curve
② 이자율 관계식(interest rate relationships)은 기준 수익률곡선(reference yield curve)과 개별 금융상품의 금리 및 개정금리(pricing/repricing rate)와의 민감도를 실제 데이터(월별 혹은 연별)을 가지고 5개 형태의 회귀분석모형에 의거 산출된 모형($Rate_t = \alpha + \beta \cdot ReferenceYC_t$)이다.
③ 시장금리 200bp가 실제로 내려가도 call rate는 158bp만 하락했다는 뜻이다.

이와 같이 산출된 각각의 금리요소별 회귀방정식을 이용하여 금리변동폭의 상하한을 산출한 다음 NII와 EaR, 그리고 NPV와 VaR을 계산하는 데 이용한다.

② NII와 EaR의 산출결과

확정적 금리 시나리오와 비교했을 때 진보된 확률적 금리 시나리오의 시뮬레이션에 의한 NII와 EaR의 연속적 확률분포는 [그림 9-18]과 같다. [그림 9-18]에서 알 수 있듯이 1년 동안 EaR에 대한 NII의 확률분포와 향후 24개월(2년) 동안 상한 99퍼센타일과 하한 1퍼센타일로 구성된 각 퍼센타일(percentile)별 NII의 분석결과를 보여주고 있다.

[그림 9-18]에서 현재 EaR은 37억으로 나타났다. 이때 EaR은 평균 NII에서 1퍼센타일을 차감하여 구하며, 이는 99% 신뢰수준을 가지고 금리의 예측방향과 반대로 움직일 때 NII에서 발생할 수 있는 최대손실의 측정치이다.

[그림 9-18]에서 NII의 평균은 617억이고 1퍼센타일의 NII는 580억으로 나타났다. 그리고 향후 2년 동안 월별 NII를 전망한 결과를 보여주고 있으며, 이때 세 가지 금리 시나리오가 모두 장기적으로 증가하는 추세를 나타내고 있다.

그림 9-18 | NII의 확률분포 및 EaR과 퍼센타일별 NII

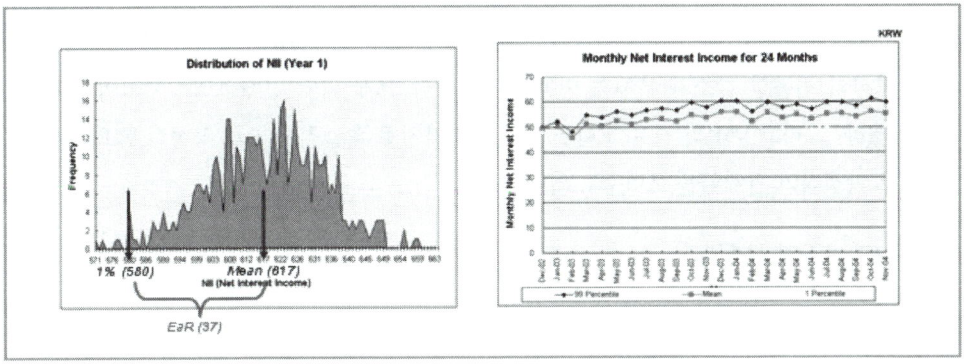

③ 확정적과 확률적 시뮬레이션에 의한 EaR 비교분석

현행 확정적 금리 시나리오와 진보된 확률적 금리 시나리오의 시뮬레이션으로부터 EaR을 비교하면 다음의 [그림 9-19]에 나타난 바와 같이 확률적 금리 시나리오에 의한 EaR이 더 큰 시계열 추세를 나타낸다는 것을 알 수 있으며, 두 시뮬레이션 간의 상대적 차이는 비교적 안정적이다. 이는 HW의 이자율기간구조에 위너(Wiener) 프로세스에 가해진 확률분포인 몬테카를로 시뮬레이션(Monte Carlo Simulation)의 경우 정규분포를 가정하고 있으므로 원 시계열의 분포를 잘 묘사하는 데서 그 이유를 발견할 수 있다.

한편, EaR을 기준 수익률곡선으로 나누어 산출한 % EaR도 마찬가지로 진보된 확률적 금

그림 9-19 ❙ 확정적 및 진보된 확률적 시뮬레이션에 의한 EaR의 비교

Bln. KRW

		Jun-02	Jul-02	Aug-02	Sep-02	Oct-02	Nov-02
Current Static Simulation (Year 1)	BASE	547	534	549	513	546	601
	DOWN	521	502	525	487	518	572
	EaR	25.7	21.9	24.7	25.5	27.6	28.9
	%EaR	4.70%	4.10%	4.50%	4.97%	5.06%	4.82%
Advanced Stochastic Simulation (Year 1)	Mean	563	513	574	519	556	617
	1%	524	480	543	486	523	580
	EaR	39.3	32.9	30.8	33.5	33.1	37.3
	%EaR	6.97%	6.41%	5.36%	6.45%	5.96%	6.04%

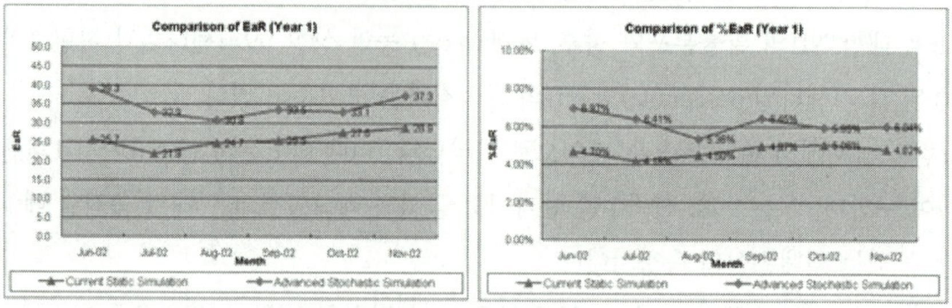

리 시나리오가 비교적 더 큰 시계열 추세를 나타내 보인다는 것을 알 수 있다. 그 상대적 차이는 안정적이다.

[그림 9-19]에서 전체적으로는 EaR이 증가한 것을 알 수 있다. 여기서 확률적 EaR이 확정적 EaR과 비교했을 때 안정된 관계를 보여주고 있다. 한편, VaR은 확률적 금리 시나리오에 의한 자산의 변동성 감소가 부채의 변동성 감소보다 크게 되어 전체적으로 VaR이 증가함을 알 수 있다. 그리고 VaR의 경우 또한 EaR과 마찬가지로 확률적 VaR과 확정적 VaR의 시계열이 모두 안정적인 관계임을 보여주고 있다.

④ NPV와 VaR의 산출결과

확정적 금리 시나리오와 확률적 금리 시나리오 분석결과 금리관계에서 가장 주목할 사항은 우대금리, 콜금리, 3개월 CD금리, 3년만기 국고채, 그리고 Libor 등이다. 확정적 금리 시나리오의 금리충격이 ±200bp이지만 확률적 금리 시나리오에 의한 금리충격은 기준금리보다 작게 나타나 확률적 EaR과 VaR이 확정적 EaR과 VaR보다 크게 나타나고 있다.

[그림 9-20]은 이자율 민감도를 가정한 확정적 금리 시나리오이다. 이는 기준 수익률곡선에 금리충격을 ±200bp로 하였을 때 이산적인 NPV 분포의 산출결과인 히스토그램이다. 기준 수익률곡선을 중심으로 up(+200bp)과 down(−200bp)일 때의 NPV가 각각 산출되고 기준 수익률의 NPV는 확률적 금리 시나리오의 평균 NPV보다 크다는 것을 알 수 있다. 여기서 주의할 것은 확정적 금리 시나리오는 기준 수익률곡선의 NPV를 사용하고 확률적 금리 시나리오의 경우 평균 NPV를 사용한다는 점이다. 그 이유는 확정적 금리 시나리오의 경우 기준 수익률곡선에 ±200bp의 금리충격을 이용하며, 확률적 금리 시나리오의 경우 HW 이자율 기간

그림 9-20 ❙ 확정적 금리 시나리오 NPV

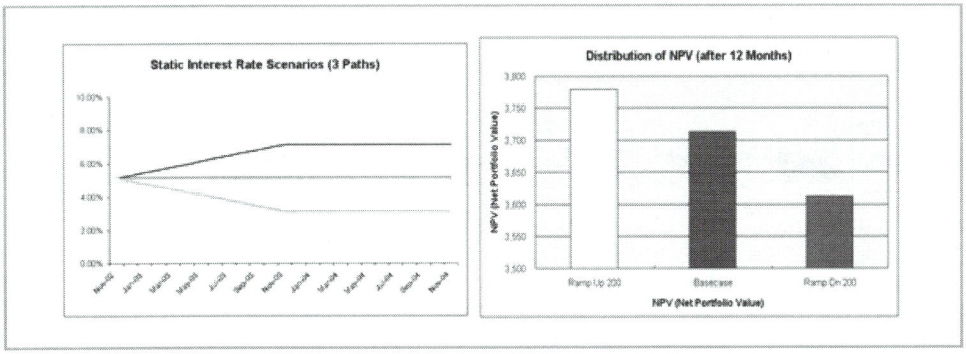

그림 9-21 ❙ 확률적 금리 시나리오 NPV

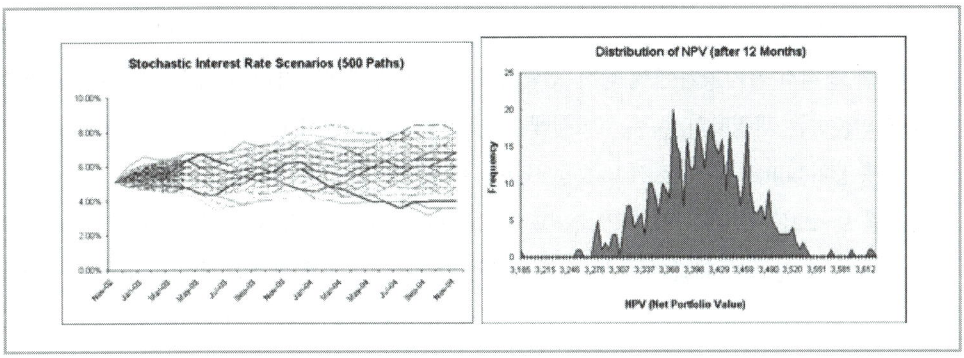

구조모형의 변동성과 평균회귀속도에 몬테카를로 시뮬레이션(Monte Carlo Simulation) 방법을 적용한 이자율 관련성을 이용하기 때문에 나타나는 차이이다.

[그림 9-21]은 확률적 금리 시나리오를 사용할 경우 500개의 이자율경로와 500개의 연속적인 누적 정규확률분포의 NPV 산출결과를 나타낸다. NPV의 분포를 볼 경우 평균을 중심으로 대칭적인 분포를 나타내고 있어 몬테카를로 시뮬레이션의 정규분포 특성을 다시 한 번 검증할 수 있다.

⑤ 확정적과 확률적 시뮬레이션에 의한 VaR 비교분석

VaR은 BIS 기준하에 99% 신뢰수준에서 예기치 않은 반대의 금리 움직임으로부터 발생하는 NPV의 최대 손실금액을 의미한다. A금융기관은 종합 리스크를 위한 경제적 자본량 산출을 위한 금리 리스크 측정치로서 12개월 후의 VaR을 채택한다. 이때 금리 리스크는 향후 1년 동안 NII의 변동성과 12개월 후 현금흐름의 가치에 대한 변동성 모두를 포함하고 있다. VaR 측정에 대한 새로운 개념의 도입배경은 VaR이 EaR보다 경제적 가치와 자본의 관점에서 더 광

그림 9-22 ❙ 확률적 금리 시나리오 NPV

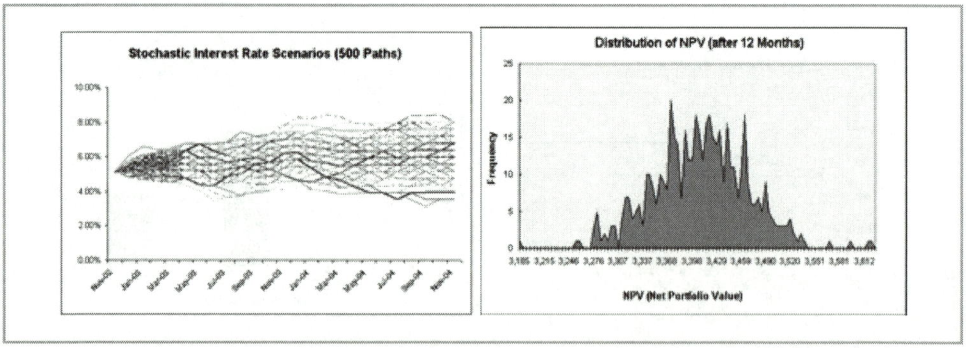

범위하고 가치가 있기 때문이다. 즉, EaR 측정은 단지 1년 동안 NII에서 최대손실에 중점을 두며, 각 현금흐름의 시간가치는 무시한다. 또한 회계적 이익 변동성은 은행에 대한 자기자본의 진정한 경제적 가치평가에서 심한 오평가를 초래할 수 있다. 따라서 리스크 자본의 경제적 관점에 의존하는 채권자와 주주는 미래에 식별되지 않은 비예상손실(UL: Unexpected Loss)에 대한 완충장치(buffer Zone)로서 VaR을 사용할 수 있다.

[그림 9-22]는 현재시점 NPV(NPV at the present time)와 1년 후의 NPV(NPV after 12months) 확률분포에 대한 실증분석 결과에서 현재시점의 VaR과 1년 후의 VaR을 산출하고 있다. 확률적 금리 시나리오에 의한 VaR은 먼저 NPV 확률분포를 구한 다음 평균 VaR에서 1퍼센타일의 VaR을 차감하여 구한다.

금융감독원의 Pillar 2 가이드라인의 개별자본 적정성 평가의 금리 리스크 항목에 의하면, 금리 리스크는 수익적 관점과 경제적 가치 관점에서 접근하며, 경제적 관점이 금리변화의 잠재적인 효과를 포괄적으로 내포하고 있는 것으로 보고 있다. 따라서 금리 리스크를 자본과 연계시킬 경우 가치변화를 측정할 수 있는 VaR 방법의 사용이 바람직하며, 금융감독원 또한 이 개념을 기초로 은행의 금리 리스크 수준을 통제할 것이다.

(2) 고객행동모형 분석

먼저 고객행동모형(CBM: Customer Behaviour Model)의 이론적 배경을 간단히 살펴보고, 실제 A금융기관의 실증분석자료를 살펴보도록 하겠다. 고객행동모형의 유형과 적용에 있어서 상품구분은 대출과 예금의 두 가지로 나눈다. 그 결과는 리스크 관리와 ALCO 보고서에 적용되는데, 먼저 대출측면에서는 i) 중도상환, ii) 만기연장, iii) 대출한도소진 등이다.

한편, 예금측면에서는 i) 중도해약, ii) 만기연장, iii) 정기적금의 불입 등이다.

고객행동모형의 개념 및 접근방법

고객행동모형이란 금융기관의 금리 리스크와 유동성 리스크를 다루는 ALM의 기초인 현금흐름의 생성과정에서 약정 현금흐름(Contractual Cash Flow)이 고객의 행동에 의하여 실질현금흐름(Dynamic Cash Flow)으로 변화되는 현상을 과거의 경험치를 통하여 모형화하는 것을 말한다. BIS의 정의에 의하면 고객행동 시나리오는 시장금리 등의 요인변화에 의해서 발생하는 조기상환, 중도해약 및 요구불예금의 잔액변동 등과 관련된 것으로서 금리 리스크의 원천이므로 금융기관의 현금흐름을 산출할 때 이를 반영해야 한다.

(가) 고객행동분석의 관점

기존의 ALM 관리는 계약만기에 근거한 약정 현금흐름 산출에 의존하며, 대출의 조기상환, 예금의 중도해지, 비만기예금의 감소와 같은 고객행동효과를 반영하지 않기 때문에 선택적 리스크가 수반된 동적 현금흐름을 산출하기가 어려워 일정시점의 금리 리스크와 유동성 리스크 관리를 효과적으로 수행하지 못했다.

금융기관의 경우 이와 같이 약정 현금흐름에 고객행동모형과 신규사업모델, 신규고객 증가계획, 투자전략 그리고 사업계획이 추가된 동적 현금흐름, 즉 어떤 특정시점에서 실질 현금흐름의 산출이 절대적으로 요구되며, 고객행동모형이 도입되어야 하는 주요 이유로는 다음과 같은 것들이 있다.

첫째, 계정의 동적 특성과 내재된 변동성의 결합.

둘째, ALM 프로세스에 대한 신뢰성 증대.

셋째, 계약만기별 금액에 고객행동 시나리오가 반영된 실질잔액 등 더 정확한 결과의 제공.

따라서 고객행동분석은 금리 리스크와 유동성 리스크를 측정하는 데 적용되어야만 한다. 금융감독원은 Pillar 2 가이드라인의 금리 리스크 측정시스템 요건에서 금리 리스크의 모든 중요한 원천 가운데 선택적 리스크(optionality risk)도 반드시 고려해야 하며, 금리 리스크 노출을 측정하는 기법에 고객행동유형이 반영된 동적 현금흐름모델도 포함되어야 하고 고객행동 시나리오 사용조건을 충족할 내부절차와 가정을 마련할 것을 요구하고 있다.

(나) 다요인 고객행동모형

중도상환모형 접근은 다음과 같은 중도상환에 영향을 미치는 주요 요인들의 모형화를 유도하기 위해 관측된 고객의 행태를 사용한다.

a. 금리 스프레드

개별 계좌의 금리와 경쟁 금융기관의 금리 또는 시장금리(reference rate) 간의 차이를 금리 스프레드(coupon spread)로 정의할 때, 금리 스프레드가 클수록 재금융유인(refinancing incentive)이 커지므로 중도상환율이 증가한다. 금리 스프레드는 실증적으로 확인된 주택저당대출 중도상환의 대부분을 설명한다.

b. 소진

소진(burn out)은 연령(age)과 자금 풀(fund pool) 요인에 기인된 경과기간 동안의 중도상환을 설명한다. ⅰ) 재금융유인에 대한 자금 풀의 반응은 시간이 지남에 따라 감소하며, 연령과 금리 스프레드의 함수이다. ⅱ) 재금융에 의해 획득된 유인은 만기에 접근함에 따라 감소한다. ⅲ) 만기근접 신드롬(near maturity syndrome)은 급작스러운 완전중도상환을 초래한다. ⅳ) 만기가 도래된 고객들은 재금융을 하지 않는 경향이 있다.

c. 숙성화

숙성화(seasoning)는 중도상환율이 처음에는 낮다가 시간의 흐름에 따라 일정한 비율에 도달하는 현상으로 대출연령이 중도상환에 영향을 미치는 것을 말한다.

d. 계절성

계절성(seasonality)은 계절적 요인에 의하여 중도상환율이 월별로 차이를 나타내는 현상으로서 자금수요의 계절성에 의해서 나타난다. 이는 양(+) 또는 음(−)의 중도상환 변화에서의 계절순환을 설명한다. 특히 경제가 확장되거나 축소될 때 주택담보대출과 소비자신용은 주택회전율 영향에서 계절성에 강한 충격을 준다는 사실이 중요하다.

중도상환 행태는 경제가 금리 스프레드와 강한 상호작용이 있을 때 더 많은 중도상환의 선언이 있을 수 있다.

e. 기타요인

GDP 계수, 실업률계수, 주택가격지수, 개인저축비율 등에 의해서 액면금리가 증가(감소)하게 되면 중도상환은 증가(또는 감소)한다. 이때 거시경제변수들이 지표나 비율의 사용을 통해 모형화될 수 있다.

f. 다양한 형태의 고객행동과 그 영향

금융기관 경영활동에서 다양한 형태의 고객행동모형은 다음과 같다. 첫째, 대출에서 조기상환, 만기연장, 대출한도 소진, 연체와 채무불이행 등이다. 둘째, 예금에서 중도해약비율 및 만기예금 감소, 만기후예금 감소, 정기적금의 불입 등이다. 셋째, 부외(off-balance)계정에서 대출약정증서 실행, 대지급금 발생 등을 예로 들 수 있다. 여기서 규제요구사항 또는 더 나은 리스크 측정을 위한 권고에 기초된 6가지 유형의 고객행동을 정의하여 보았다. 그리고 모형의 단순화를 통해서 이자율 리스크 관리와 유동성 리스크 관리에 적용할 수 있을 것이다.

한편, 제반 형태의 고객행동요인은 대출과 예금 측면에서 ALCO 패키지에 포함된 내용을 설명하고 있다. 여기서 크게 고객행동유형, 리스크 관리 적용, 그리고 ALCO 보고에의 적용 등과 같이 세 가지 영역으로 구분할 수 있다. 첫째, 고객행동유형은 대출측면에서 i) 중도상환, ii) 만기연장, iii) 한도대출 소진 등으로 구분하고, 예금측면에서 i) 중도해약, ii) 재예치, iii) 정기적금의 불입 등으로 구분한다. 둘째, ALCO 패키지에 대한 적용은 감독기관(FSS, BIS)의 권고내용을 포함하고 있다. 대출측면에서 중도상환의 경우 금리와 유동성, 만기연장의 경우 유동성, 그리고 한도대출 소진의 경우 유동성에 감독기관의 권고내용을 포함하고 있다. 또한, 예금측면에서 중도해약의 경우 금리와 유동성, 재예치의 경우 유동성 그리고 정기적금의 불입의 경우 유동성 등으로 구분된다. 셋째, ALCO 패키지에 대한 적용은, 대출측면의 중도상환의 경우 금리개정 갭, 순이자수익, 순자산가치, EaR, VaR 등이며 만기연장과 한도대출의 경우는 적용치 않고 있다. 또한, 예금측면의 중도해약의 경우 금리개정 갭, 순이자수익, 순자산가치, EaR, VaR, 기본잉여 등에 적용하며 만기연장과 정기적금의 경우에는 기본잉여에 적용하고 있다.

6. 선진 ALM 리스크 관리 활용을 위한 관련이슈

ALM의 전략적 활용을 위한 성공요인 분석

ALM의 전략적 활용이 성공한 금융기관은 다음과 같은 특징을 나타내었다.

(1) 경영진의 이해 및 의지

ALM의 전략적 활용은 금융기관 전체의 자산 · 부채 및 손익과 관련된 중요한 의사결정을 수반하기 때문에 경영진의 이해와 활용의지가 무엇보다 중요하다. 의사결정자는 수익과 리스크의 관계를 명확히 이해하고 수익목표와 리스크 한도를 설정할 수 있어야 한다.

ALM의 목표를 명확히 하며 해당 정보를 경영의사결정에 활용하려는 의지가 있어야 관련 부서로 하여금 정책을 실행하도록 할 수 있다.

(2) 리스크 산출의 신뢰도

금융기관이 ALM 정보를 경영활동에 활용하지 않는 주요한 원인은 리스크 정보에 대한 신뢰도가 낮기 때문이다. 대부분의 금융기관들은 고가의 복잡하고 정교한 ALM 시스템을 구축하고 있으나 일부 금융기관은 담당자의 전문성 부족 등의 이유로 의미 있는 값을 산출하지 못하고 있는 실정이다. 따라서 지속적인 교육을 통한 관련직원의 전문성 함양 및 시스템 활용도 증진이 시급하다.

덧붙여서 ALM 시스템은 데이터와 시스템의 안정성이 확보되어야 하며 모델링의 예측력을 더욱 향상시킬 필요가 있다. 적절한 모델링을 하기 위해서는 과거자료의 축적이 필수적이다. 이러한 관리를 통해서 리스크 정보의 신뢰도를 점차 높여나갈 수 있을 것이다.

(3) 관련부서, 시스템 간의 유기적 관계 및 ALCO 의결사항들에 대한 충실한 이행

앞서 살펴본 바와 같이 ALM을 적절히 활용하기 위해서는 다양한 부서가 유기적으로 협력할 필요가 있다. 따라서 금융기관은 전사적으로 이러한 작업을 수행하여야 할 것이다. 또한 ALCO 의제(agenda)에 대한 의결사항(resolution)의 도출을 위해서는 관련부서들의 이해득실이 관여되어 토의과정에서는 상당히 논쟁적(controversial)이지만, 일단 결정된 의결사항에 대해서는 전사적으로 충실한 이행이 뒷받침되어야 한다. 세련된 ALCO 패키지의 존재이유는 ALM 전략 수립을 통한 의결사항들에 대한 철저한 실천을 통해서만이 ALM의 목적인 순이자수익(NII)과 순자산가치(NPV)의 지속적 증대가 가능하기 때문이다.

연습문제

객관식

1. 경제적 가치 관점(economic value perspective)에서의 ALM 관리를 하는 내용(도구)이 아닌 것은?

① Repricing Gap Report　　② NPV Simulation

③ Market Value Report　　④ VaR

2. 다음 중 ALM의 목적과 일치하지 않는 것은?

① 정책 허용 한도 내에서 신용 리스크를 관리한다.

② 정책 한도 내에서 금리 리스크를 관리한다.

③ 순이자수익(NII)을 극대화한다.

④ 적정 유동성을 유지한다.

3. 자산 · 부채 관리위원회(ALCO)의 심의내용이 아닌 것은?

① 자본의 적정성 관리에 관한 사항

② 기업 여신 신용한도의 변경 및 신설에 관한 사항

③ 자금이전가격의 변경 및 신설에 관한 사항

④ 전행적인 자산 · 부채 관리 사항

4. 내부이전가격의 기능이라고 볼 수 없는 것은?

① 이익 관리기능　　② 경영전략 수행기능

③ 신용 리스크 관리기능　　④ 금리 리스크 제거기능

5. 은행의 여수신상품의 가격결정(pricing)에 필수로 포함되는 사항이 아닌 것은?

① 위험비용(Risk Premium)　　② 순이자마진(NIM)

③ 조달비용(FTP)　　④ 영업비용(ABC)

6. 선진 ALM 관리를 위한 시뮬레이션 분석 시 사용되는 필수모형과 거리가 먼 것은?

① EaR 시뮬레이션 모형　　② VaR 시뮬레이션 모형

③ NII 시뮬레이션 모형　　④ FTP 시뮬레이션 모형

7. 고객행동모형에서 중도상환에 영향을 미치는 주요 요인이 아닌 것은?

① 소진(Burn out)　　② 거시경제변수(Macro indicator)

③ 계절성(Seasonality)　　④ 숙성화(Seasoning)

8. ALM의 전략적 활용을 위한 성공요인이 아닌 것은?
① 경영진의 이해 및 의지 ② 리스크통제 자가진단
③ ALCO 의결사항들에 대한 충실한 이행 ④ 리스크 산출의 신뢰도

9. ALM 리스크 관리의 핵심내용이라고 볼 수 없는 것은?
① EaR ② VaR
③ Comprehensive B/S management ④ FTP

10. 다음 중 Basel Ⅱ의 Pillar 1(최소소요자기자본)의 측정대상이 아닌 것은?
① 신용 리스크 자본 ② 운영 리스크 자본
③ ALM 리스크 자본 ④ 시장 리스크 자본

주관식

11. ALM(자산 · 부채 종합관리)을 하는 데 있어서 경영층(senior management)은 주어진 위험(EaR: Earning at Risk) 범위 내에서 NII(Net Interest Income)을 극대화하려고 하며, 주주(stockholder)는 주어진 위험(VaR: Value at Risk) 범위 안에서 경제적 가치(EVE: Economic Value of Equity)를 극대화하려고 한다. ALM(자산 · 부채 종합관리)을 이익적 관점(NII perspective)과 경제적 가치 관점(EVE perspective)에서 비교하여 설명하라.

12. ALM 관리전략을 위한 금리 리스크 관리기법을 Repricing Gap 관리, Duration Gap 관리, Simulation Gap 관리 기법으로 구분하여 설명하라.

13. ALM 관리의 접근방법으로 정성적 접근방법과 정량적 접근방법으로 구분하여 설명하라.

14. ALM 관리의 목적과 관리기법을 다음 용어를 이용하여 설명하라.
NII, NPV, EaR, VaR, Repricing Gap, Duration Gap, Simulation Gap

15. 은행의 리스크 관리 조직은 ALCO와 RMC로 대별된다. ALCO(자산 · 부채 관리위원회)와 RMC(리스크관리위원회)의 주요 기능과 업무내용을 비교하여 설명하라.

16. 금리 리스크 관리방법으로 시뮬레이션 분석에 의한 리스크량 산출방법, 즉 확정적 금리시뮬레이션 방법과 확률적 금리시뮬레이션 방법에 대하여 설명하라.

10장

주식 리스크 관리[1)]

제1절 주식 리스크의 분류

1. 주식 리스크 관리의 개념

투자란 확실한 현재의 소비를 희생하여 이에 대한 보상으로 불확실한 미래의 이득을 바라는 행위라고 할 수 있다. 투자의 대상은 토지, 건물, 기계 등 실물자산과 주식, 채권, 파생상품 등 금융자산으로 구분되며 본서의 투자 리스크 관리의 대상은 주식이다. 주식은 기업에 대한 소유지분으로 금융자산 중에서 채권에 비해 보다 큰 위험을 부담하는 위험자산(risky assets)이다. 주식 리스크는 주식 리스크 자체와 주식운용에 수반되는 리스크를 포함하는 개념으로 본 장에서는 다음과 같이 설명하고자 한다.

첫째, 금융 리스크의 분류에서 주식 리스크의 위치와 내용을 파악코자 한다. 둘째, 주식에 수반되는 리스크의 분류로 주식운용 리스크, 신용 리스크, 신용편중 리스크, 거래상대방 리스크, 신용거래 리스크, 모델 리스크, 운용 리스크, 유동성 리스크 등에 대하여 알아보도록 한다. 셋째, 주식투자 대상을 예상되는 수익과 투자에 따른 위험의 관점에서 평가하여 위험과

1) 이 장은 교육부 한국직업능력개발원의 김재인 외, 「NCS(국가직무능력표준) 학습모듈 주식 및 채권운용」(2015)을 참조.

수익의 상충관계를 다루는 주식포트폴리오 리스크 관리를 다룬다. 즉, 주식 리스크 관리는 투자수익과 투자위험 면에서 성격이 다른 여러 가지 주식투자자산들에 투자자금을 효율적으로 배분하여 투자목표를 달성하는 데 기여하고자 하는 것이다.

2. 시장 리스크의 분류와 주식 리스크

1) 시장 리스크의 분류와 주식 리스크

BIS(국제결제은행) 바젤위원회는 1995년 "시장 리스크를 감안한 자기자본규제 수정안"을 발표하여 기존의 신용 리스크에 추가하여 시장 리스크에 의한 자기자본 적립을 요구하였는데 시장 리스크 산출은 트레이딩 목적의 보유주식 리스크, 이자율 리스크, 환율변동 리스크, 상품 리스크, 옵션 리스크가 그 대상이 된다. BIS 바젤위원회는 시장 리스크를 "재무상태표상의 자산과 부외자산이 주가, 시장 이자율, 환율, 상품가격의 불리한 움직임으로 발생하는 손실에 대한 위험"으로 정의하고 있다. 이는 시장의 가격변동으로 인해 보유 중인 자산에서 발생할 수 있는 손실가능성(risk)을 의미한다. 주식 리스크는 가격변동 리스크로서 시장 리스크의 범주에 속하므로, 시장 리스크의 정의에 대해 파악하는 것이 선행되어야 한다. 시장 리스크는 위험요인의 종류에 따라 다음 네 가지로 크게 구분한다.

- 주식 리스크(equity risk)
- 이자율 리스크(interest risk)
- 환 리스크(foreign risk)
- 상품가격 리스크(commodity price risk)

2) 주식운용에 수반되는 리스크 분류

일반적으로 주식 자체가 보유하고 있는 주식 리스크와 주식운영에 수반되는 리스크의 유형으로 구분할 수 있으며 주식운용에 수반되는 리스크의 분류는 다음 〈표 10-1〉과 같다.

(1) 주식운용 리스크

주식운용 리스크는 주식시장에 대한 향후 전망을 바탕으로 운용하고 있는 주식 포지션의 리스크-수익 구조(risk-return profile)를 변화시켜 관리하는 것을 의미한다. 이를 위해 주로 주식 관련 선물, 옵션이 이용된다. 그러나 주식운용에 수반되는 리스크를 보다 효율적으로 관리하는 방법은 주식포트폴리오 리스크를 측정하고 관리하는 것이다. 투자수익과 투자위험의 상반관계, 효율적 분산투자, 효율적 포트폴리오의 구성, 체계적 위험관리에 중점을 두어 주식운

표 10-1 | 주식운용에 수반되는 리스크 분류

리스크 유형	주요 내용
1. 주식 리스크	주가의 변동위험, 주가변동성의 변동위험, 베타위험, 배당위험
2. 주식운용 리스크	주식 포지션의 주식하락위험, 리스크-수익구조의 변화관리위험
3. 신용 리스크	보유주식 발행기업의 채무불이행 및 신용등급하락위험
4. 신용집중(편중) 리스크	상품집중위험, 거래집중위험, 산업집중위험
5. 거래상대방 리스크	거래상대방이 최종결제 전에 부도발생 등 손실의 쌍방위험
6. 신용거래 리스크	고객의 신용거래 관련 한도 및 신용거래보증금률 등의 설정준수위험
7. 모델 리스크/ 시스템 리스크	주식가격모형 및 파생상품가격결정모형결함, 컴퓨터프로그램오류위험,시스템실패위험, 네트워크실패위험
8. 운영 리스크	주식거래 한도초과위험, 승인되지 않은 거래위험, 허위기장, 횡령 등의 위험, 보안위험, 소수트레이더에 지나치게 의존하는 위험
9. 유동성 리스크	주식운용이 불가능한 시상 유동성 위험(시상의 유동성 부족으로 인한 위험), 유동성 기준미달위험(최소 유동성 비율 등과 같은 기준을 만족시키지 못할 위험)

용에 수반되는 리스크 관리를 지속적으로 관리하는 것이 주요 과제라고 할 수 있다.

(2) 신용 리스크

신용 리스크는 보유하고 있는 유가증권이나 대출자산 등으로부터 기대되는 현금흐름의 불확실성, 즉 주식발행자의 부도나 계약불이행 등 채무불이행으로 발생할 수 있는 잠재적 · 경제적 손실을 말한다. 또한 보유주식 발행기업의 신용등급의 변화에 따른 주식가치 변화가 수익 및 자본에 악영향을 초래하는 리스크도 포함하고 있다.

(3) 신용편중(집중) 리스크

보유주식 자산 포트폴리오가 하나의 차입자나 동일한 성격을 가진 차입자 집단(동일한 산업, 지역 등)에 대한 노출(exposure)이 증가됨으로써 부담하는 추가적인 신용 리스크를 말한다. 1997년 IMF 외환위기는 대우, 기아차, 한보 등 기업편중 여신에 대한 부실이 한국 금융기관의 도산을 초래했다.

예를 들면, 특정한 상품에 대한 노출위험이 집중되는 상품집중 리스크, 특정 거래에 노출위험이 집중되는 거래집중 리스크, 특정 산업에 노출위험이 집중되는 산업집중 리스크 등이 있다.

(4) 거래상대방 리스크(counterparty risk)

거래상대방 리스크란 하나 또는 여러 개의 거래와 관련된 거래상대방(counterparty)이 최종결제 전에 부도가 발생하는 현금흐름에 있어 손실이 발생할 리스크를 말한다. 대주가 차주에 대해 대출을 실행할 경우 발생하는 신용 리스크는 차주의 부도 시 대출을 실행한 은행만이 손실위험에 직면하는 일방적(unilateral) 리스크인 반면 거래상대방 신용 리스크인 경우 쌍방간에 손실위험을 부담할 수 있다는 점에서 쌍방적 리스크라 할 수 있다. 2008년 미국발 금융위기(global financial crisis) 시 리먼 브라더스와 베어스턴스의 대형금융기관의 파산을 계기로 바젤위원회는 거래상대방 리스크에 대한 인식 확대 및 추가 자기자본을 부가하게 되었다.

(5) 신용거래 리스크 관리

금융투자회사의 주식신용거래에 수반되는 리스크이다. 이는 주식거래고객의 신용도, 투자목적 및 투자성향, 거래경험 등 회사가 판단 · 통제 가능한 고객정보를 활용하여 고객의 신용거래한도, 기간 및 신용거래 보증금률 등을 차등 적용하여야 한다. 회사는 고객성향 및 시장상황에 따른 최적의 신용거래 관련 기준을 설정하여 신용거래 리스크를 최소화하여야 한다.

(6) 운영 리스크

신바젤협약에서 운영 리스크를 "부적절하거나 잘못된 내부의 절차, 인력 및 시스템 또는 외부사건으로 인해 발생하는 손실 리스크"로 정의하고 있다. 이와 관련하여 금융투자회사에서 주식거래 시 발생하는 주문, 체결, 기장의 오류위험, 한도초과위험, 승인되지 않은 거래위험, 허위기장, 횡령 등의 위험, 보안위험, 소수 트레이드에게 지나치게 의존하는 위험, 거래통제미비위험 등을 들 수 있다.

(7) 유동성 리스크

유동성 리스크란 회사가 수용하기 힘든 손실 없이는 만기가 도래하는 지급의무를 이행하지 못할 리스크를 말한다. 유동성 리스크에는 조달 유동성 리스크(funding liquidity risk)와 시장 유동성 리스크(market liquidity risk)가 있다. '조달 유동성 리스크'란 회사가 자금조달을 적시에 할 수 없어 발생하는 유동성 리스크를 말한다. '시장 유동성 리스크'란 회사가 보유자산을 현금화하는 과정에서 시장거래량 부족 또는 시장붕괴 등으로 시장가격 하락에 따른 손실이 불가피하거나 보유자산을 현금화하기 곤란하여 발생하는 유동성 리스크를 말한다. 주식 관련하여 시장의 유동성 부족으로 거래가 이루어지지 못하는 시장 유동성 위험과 감독당국의 최소 유동성 비율 등과 같은 기준을 만족시키지 못해 기관경고 및 폐쇄 등의 위험이 있다.

3) 주식 리스크를 일반 주가 리스크와 개별 주가 리스크로 구분

일반적으로 금융회사는 주가의 시장가격의 변동으로 인한 대상 포지션의 손실 리스크를 일반 주가 리스크와 개별 주가 리스크로 구분하여 측정 · 관리하고 있다.

(1) 일반 주가 리스크

일반 주가 리스크란 주가의 시장 전체에 영향을 미치는 사건과 연관하여 발생하는 가격변동으로부터의 손실발생 리스크를 말하며, 시장 변화에 따른 개별 주식가치 변화의 민감도(주식베타)를 가지고 측정할 수 있다.

(2) 개별 주식 리스크

개별 주식 리스크는 주식의 발행자의 개별적인 사건과 연관되어 발생하는 가격변동성으로부터의 손실발생 리스크를 말하며 일반 주식 리스크와 민감도를 반영하지 못하는 부분이다.

(3) 주식 리스크 측정대상

금융회사의 주식 리스크 산출대상 포지션은 트레이딩 포지션 중 다음의 각 항목에 해당하는 것에 한 한다.

① 트레이딩 목적으로 보유한 주식, 주식예탁증서, 주식과 유사한 가격변동을 나타내는 전환사채, 보통주로 전환권이 있는 우선주 등

② 주가 변화에 따라 가치 및 현금흐름이 변하는 주식 관련 파생상품의 매입 · 매도 포지션

③ 단기매매 수익증권의 편입자산 중 위 ①과 ②에 해당하는 상품주식 리스크 측정대상 예시는 〈표 10-2〉와 같다.

표 10-2 | 주식 리스크 측정대상 예시

<table>
<tr><th colspan="2">거래유형</th><th>예시</th></tr>
<tr><td rowspan="3">국내주식</td><td>KOSPI 주식</td><td>한국증권거래소에 상장되어 증권거래법의 규정에 의하여 증권거래소가 시세를 공시하는 유가증권</td></tr>
<tr><td>KOSTAQ 주식</td><td>협회중개시장(KOSDAQ)에 상장되어 증권거래법의 규정에 의하여 증권회사가 시세를 공시하는 유가증권</td></tr>
<tr><td>뮤추얼펀드</td><td>국내 뮤추얼펀드로 증권거래소 또는 협회중개시장에 상장된 종목</td></tr>
<tr><td colspan="2">해외주식</td><td>해당 국가에서 인정된 거래소에서 거래되는 주식</td></tr>
</table>

3. 주식포트폴리오 리스크 관리

1) 주식포트폴리오 리스크 관리의 개념

금융회사는 다수의 주식자산을 보유하는데 다수의 주식자산을 주식포트폴리오라고 부르며, 여러 주식자산에 분산투사함으로써 투자수익을 희생시키지 않으면서 위험을 줄이기 위하

여 '주식포트폴리오 리스크 관리' 를 한다. 금융회사는 주식위험을 관리하기 위해 대상 주식자산의 운용현황을 파악하고 파악된 주식자산 포트폴리오를 최적화하려고 한다. 최적화란 주식자산의 투자수익률을 극대화하고 위험을 극소화하는 것을 말한다. 금융회사가 허용 위험한도 내에서 기대수익률을 극대화하는 것이 주식포트폴리오를 최적화하는 것이다. 주식포트폴리오의 최적화를 위한 목표는 허용 위험수준 내에서 목표수익률을 극대화하는 것이다. 목표수익률 극대화 목표를 수립하기 위해서는 위험-수익의 상충관계와 포트폴리오 이론을 이해해야 한다.

2) 포트폴리오 분석의 의의

(1) 포트폴리오 분석의 의의

포트폴리오 관리란 여러 투자자산에 분산하여 투자하는 활동을 체계적으로 계획하고 실행하며 사후통제하는 것을 말한다. 그런데 투자수익과 투자위험은 상관관계(trade off)에 있으므로, 일정한 기대수익에 대해서 위험을 최소화시키거나, 일정한 위험에 대해서 기대수익을 최대화시키는 효율적 분산투자(efficient diversification)를 하는 것이 포트폴리오 관리의 목표이다. 이는 주식투자의 목적과 운용자금 특성을 분석하여 주식투자 목표수익률을 설정하는 것과 관련이 깊다.

(2) 포트폴리오 분석의 특징

포트폴리오 분석의 특징은 투자가치의 평가를 개별 자산의 관점이 아니라 포트폴리오의 관점에서 한다는 것이다. 이는 투자대상의 분석을 다수 증권으로 구성된 포트폴리오의 관점에서 분석하여 다른 증권과의 상관관계, 결합관계에 따라 투자위험의 크기가 달라질 수 있기 때문이다.

3) 포트폴리오의 기대수익과 위험

포트폴리오 수익률의 확률분포는 포트폴리오를 구성하는 개별 주식 각각의 기대수익률, 분산 그리고 주식들 간의 공분산을 통하여 구할 수 있다.

(1) 포트폴리오 기대수익률

각 상황별 확률과 포트폴리오 예상수익이 인식 가능하면 포트폴리오 기대수익률의 경우도 개별 주식의 기대수익률과 유사하게 확률을 이용한 가중평균수익률로 산출할 수 있으며 이는 개별 자산의 경우와 마찬가지로 식 (1)과 같이 표시한다.

$$E(r_P) = \sum_{i=1}^{n} p_i r_i \tag{1}$$

단, $E(r_P)$: 포트폴리오의 기대수익률
p_i : 상황 i가 발생할 확률
r_i : 상황 i가 발생할 때의 포트폴리오 예상 수익률

식 (1)은 아래의 식으로 변형하여 사용할 수 있다.

$$E(r_P) = \sum_{j=1}^{n} w_j \cdot E(r_j) \tag{2}$$

단, w_j : 개별 주식 j에 대한 투자비율
$E(r_j)$: 개별 주식 j에 대한 기대수익률

주식 x와 주식 y의 두 주식으로 구성되는 포트폴리오 기대수익률은 다음 식 (3)과 같이 측정한다.

$$E(r_P) = w_x \cdot E(r_X) + w_y \cdot E(r_Y) \tag{3}$$

포트폴리오 가중치(w)는 원래의 자기자본투자액 대비 각 투자금액에 대한 비율을 의미하며 주식가치의 합은 1이다.

(2) 포트폴리오 위험(분산)

포트폴리오를 구성하고 있는 개별 주식의 분산 $\sigma_i^2 (i = 1, 2)$과 각각의 구성비율 w_i가 주어지면 포트폴리오 수익률($r_p = w_1 r_1 + w_2 r_2$)에서 구성한 포트폴리오의 분산은 개별 주식의 분산과 두 주식 간의 공분산의 함수로 다음 식 (4)와 같이 구할 수 있다.

$$\begin{aligned}\sigma_p^2 &= Var(r_p) = Var(w_1 r_1 + w_2 r_2) \\ &= w_1^2 \sigma_1^2 + w_2^2 \sigma_2^2 + 2 w_1 w_2 \sigma_{12}\end{aligned} \tag{4}$$

$$\sigma_1^2 = E[r_1 - E(r_1)]^2$$

$$\sigma_2^2 = E[r_2 - E(r_2)]^2$$

$$\sigma_{12} = E[\{r_1 - E(r_1)\}\{r_2 - E(r_2)\}] \tag{5}$$

식 (5)에서 σ_{12}를 두 주식의 수익률의 공분산(covariance)이라 부르고 $\mathrm{Cov}(r_1, r_2)$로도 나타낸다. 공분산은 두 주식의 수익률이 상호 관련되어 있는 정도를 측정해 주는 척도로 각 주식의 실현 가능한 수익률과 기대수익률의 차이인 편차의 곱을 발생확률로 곱하여 모두 더한 값이다. 두 주식의 수익률의 상관계수는 ρ(rho)라고 나타내며 다음 식 (6)과 같이 정의된다.

두 주식수익률의 상관계수(ρ_{12})

$$= \frac{\text{두 주식수익률의 공분산}(\sigma_{12})}{\text{주식 1의 표준편차}(\sigma_1)\cdot\text{주식 2의 표준편차}(\sigma_2)} \tag{6}$$

$$\rho_{12} = \frac{\mathrm{Cov}(r_1, r_2)}{\sigma_1\sigma_2} = \frac{\sigma_{12}}{\sigma_1\sigma_2} \qquad (-1 \le \rho_{12} \le +1)$$

상관계수는 공분산을 각 투자안의 표준편차로 나누어 두 투자안의 수익률의 상관관계를 보다 분명하게 측정할 수 있도록 나타낸 것으로 −1에서 +1 사이의 값을 갖는다. 상관계수의 정의에 따라 공분산, 표준편차, 그리고 상관계수 사이에는 $\sigma_{12} = \rho_{12}\cdot\sigma_1\cdot\sigma_2$의 관계가 성립하므로 식 (4)는 ρ_{12}를 이용하여 다음과 같은 형태로 쓸 수 있다.

$$\sigma_p^2 = w_1^2\sigma_1^2 + w_2^2\sigma_2^2 + 2w_1w_2\cdot\rho_{12}\cdot\sigma_1\cdot\sigma_2 \tag{7}$$

위의 식에서 포트폴리오의 위험(분산)은 ① 개별 주식의 위험(σ_x^2, σ_y^2) ② 각 주식에 대한 투자비율(w_x, w_y) ③ 구성주식 간 공분산($\mathrm{Cov}(r_x, r_y)$)에 의하여 결정됨을 알 수 있다.

4) 포트폴리오 분산투자

두 종목의 위험자산으로 구성된 포트폴리오의 경우를 먼저 살펴본 다음, 그 결과를 n 종목으로 구성된 포트폴리오의 경우로 일반화한다.

포트폴리오의 기대수익률과 분산을 산출하는 계산식이 갖는 의미를 ① 두 종목 포트폴리오의 결합선, ② n 종목으로 구성되는 포트폴리오 그리고 ③ 투자종목수와 위험분산효과를 통하여 알아보도록 한다.

(1) 두 종목 포트폴리오

두 개의 주식으로 구성되는 포트폴리오의 위험은 위의 식 (7)에서 구성주식 간의 상관계수(ρ_{XY})와 각 주식에 대한 투자비율(w)의 조정 여하에 따라서 달라진다.

$$Var(r_P) = \sigma_p^2 = w_1^2\sigma_1^2 + w_2^2\sigma_2^2 + 2w_1w_2\cdot\rho_{12}\cdot\sigma_1\cdot\sigma_2 \tag{8}$$

① 상관관계와 포트폴리오 위험

두 주식수익률의 상관성 정도에 따라 3가지 형태의 상관관계를 상정하여 볼 수 있다.

(가) 상관관계가 완전 양(+)일 경우

식 (7)에서 $\rho_{XY} = +1$일 경우이므로 포트폴리오 위험은 다음과 같이 표시한다.

$$Var(r_P) = (w_1\sigma_1 + w_2\sigma_2)^2 \quad (9)$$
$$\sigma_P = w_1\sigma_1 + w_2\sigma_2$$

즉 포트폴리오 위험(표준편차)은 개별 주식의 표준편차를 투자비율에 따라서 가중평균한 것이 되며 그 결과 투자위험은 감소하지 않는다.

(나) 상관관계가 완전 음(−)일 경우

$\rho_{XY}=-1$일 경우, 식 (7)에 대입하여 보았을 때 포트폴리오 위험 결과는 다음과 같다.

$$Var(r_P) = (w_1\sigma_1 - w_2\sigma_2)^2 \quad (10)$$
$$\sigma_P = w_1\sigma_1 - w_2\sigma_2$$

어느 주식이 타 주식과의 상관관계가 완전 음의 관계에 있다면 포트폴리오의 분산을 영으로 만듦으로써 완전 헤지(perfect hedge)의 역할도 할 수 있다.

(다) 상관계수가 영(0)일 경우

$\rho_{XY}=0$일 경우는 식 (10)에서 $2w_1w_2 \cdot \rho_{12} \cdot \sigma_1 \cdot \sigma_2$ 부분이 없어지므로 다음과 같이 위험이 줄어든다.

$$Var(r_P) = w_1^2\sigma_1^2 + w_2^2\sigma_2^2 \quad (11)$$
$$\sigma_P = \sqrt{w_1^2\sigma_1^2 + w_2^2\sigma_2^2}$$

② 포트폴리오 위험과 상관계수

지금까지 알아본 포트폴리오의 기대수익률과 위험을 이용하여 구한 상관계수를 가지고 그린 투자기회집합은 다음과 같다. [그림 10-1] 포트폴리오 결합선은 포트폴리오의 위험이 상관계수의 변화에 따라 어떻게 달라지는가를 보여주고 있다. 포트폴리오의 기대수익률은 상관계수와 무관하게 개별 자산의 기대수익률과 투자비율에 의해서 결정된다. 따라서 상관계수가 바뀌어도 포트폴리오의 기대수익률은 변하지 않으며 포트폴리오의 분산과 표준편차는 상관계수에 따라 달라진다.

- 상관계수 $\rho = 1$일 때, 분산효과 없음
- 상관계수 $-1 < \rho < 1$일 때, 분산효과 있음
- 상관계수 $\rho = -1$일 때, 적절한 투자비율로 조합하면 포트폴리오의 위험을 0으로 만들 수 있음
- 상관계수 $\rho = 0$일 때, 두 확률 간에 선형관계가 존재하지 않음

그림 10-1 | 포트폴리오 결합선

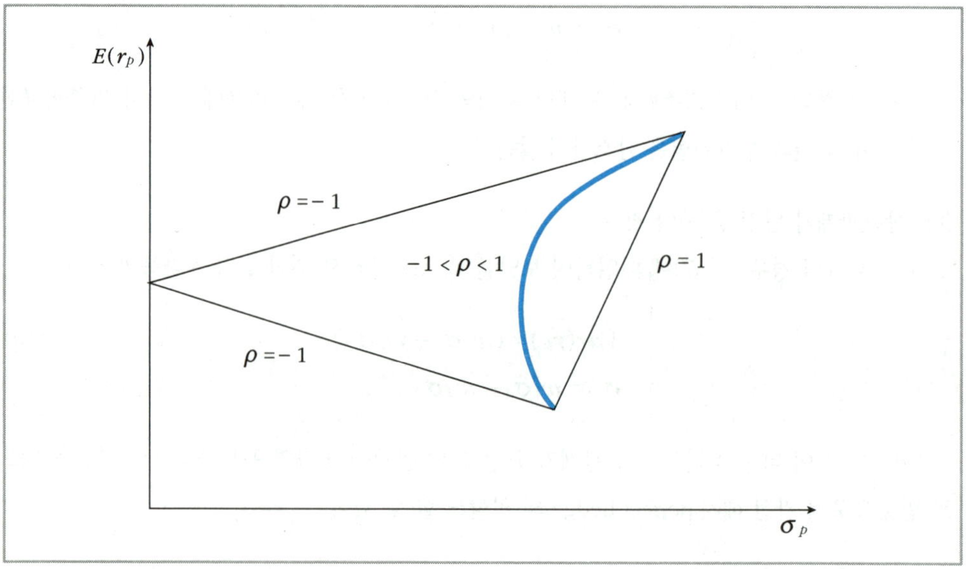

(2) *n*종목으로 구성되는 포트폴리오

① *n*종목 포트폴리오의 위험 측정

n개의 종목으로 구성되는 효율적 투자선을 찾을 수 있기 위해서는 n개의 종목으로 구성되는 포트폴리오 위험의 측정이 필요하다. 먼저 두 개의 주식(주식 1과 2)으로 구성되는 포트폴리오의 기대수익률과 위험은 다음과 같이 나타내며 이 관계식을 공분산 매트릭스로 표시하면 〈표 10-3〉과 같다.

표 10-3 | 2개의 주식으로 구성된 포트폴리오 위험 계산(공분산 매트릭스)

	투자안 (1) w_1	투자안 (2) w_2
투자안 (1) w_1	$w_1 w_1 \sigma_{11} = w_1^2 \sigma_1^2$	$w_1 w_2 \sigma_{12} = w_1 w_2 \rho_{12} \sigma_1 \sigma_2$
투자안 (2) w_2	$w_1 w_2 \sigma_{12} = w_1 w_2 \rho_{12} \sigma_1 \sigma_2$	$w_2 w_2 \sigma_{22} = w_2^2 \sigma_2^2$

$$E(r_p) = w_1 E(r_1) + w_2 E(r_2)$$

$$Var(r_P) = \sigma_p^2 = w_1^2 \sigma_1^2 + w_2^2 \sigma_2^2 + 2 w_1 w_2 \cdot \rho_{12} \cdot \sigma_1 \cdot \sigma_2$$

위의 식을 확장하여 n개의 주식으로 구성되는 포트폴리오의 분산은 다음 식 (12)와 같이 나타낼 수 있다.

$$Var(r_P) = \sum_{i=1}^{n}\sum_{j=1}^{n} w_i w_j \sigma_{ij} \tag{12}$$

또는 $Var(r_p) = \sum_{i=1}^{n}\sum_{j=1}^{n} w_i w_j \sigma_i \sigma_j' \rho_{ij}$

w_i, w_j : 주식 i, j에 대한 투자비율

② 투자종목수와 위험분산효과

포트폴리오 효과는 분산투자의 위험감소효과를 의미한다.

포트폴리오 위험은 투자종목수가 많을수록 감소하게 된다. 이제 종목수 증가에 따른 분산투자효과를 분석하기 위해서 n개의 증권에 투자 가능한 금액을 균등하게 배분하여 투자를 한다고 가정하자. 즉 $w_i = w_j = \cdots = 1/n$이라고 하자. 그러면 포트폴리오 분산 $Var(r_P)$는 다음 식 (13), (14), (15)와 같이 표시된다.

$$Var(r_P) = \sum_{i=1}^{n} w_i^2 \sigma_i^2 + \sum_{i=1}^{n}\sum_{j=1}^{n} w_i w_j \sigma_{ij} \quad (\text{단 } i \neq j) \tag{13}$$

$$Var(r_P) = \sum_{i=1}^{n}\left(\frac{1}{n}\right)^2 \sigma_i^2 + \sum_{i=1}^{n}\sum_{j=1}^{n}\left(\frac{1}{n}\right)\left(\frac{1}{n}\right)\sigma_{ij} \quad (\text{단 } i \neq j) \tag{14}$$

$$Var(r_P) = \left(\frac{1}{n}\right)^2 \sum_{i=1}^{n}\sigma_i^2 + \left(\frac{1}{n}\right)^2 \sum_{i=1}^{n}\sum_{j=1}^{n}\left(\frac{1}{n}\right)\left(\frac{1}{n}\right)\sigma_{ij} \quad (\text{단 } i \neq j) \tag{15}$$

여기서 개별종목의 분산의 평균을 $\overline{\sigma^2}$, 공분산의 평균을 $\overline{\sigma_{ij}}$라고 표시하자.

n개 종목으로 포트폴리오가 구성될 때 분산은 n개이고 공분산은 $n(n-1)$개이므로 우변 첫째 항에서 $\sum\sigma_i^2 = \overline{\sigma^2}\cdot n$이고 둘째 항에서 $\sum\sum\sigma_{ij} = \overline{\sigma}_{ij}\cdot n(n-1)$이 된다.

따라서 위의 식 (15)를 다음 식 (16)과 같이 다시 쓸 수 있다.

$$\begin{aligned} Var(R_P) &= \left(\frac{1}{n}\right)^2 \cdot \overline{\sigma^2}\cdot n + \left(\frac{1}{n^2}\right)\overline{\sigma}_{ij}\cdot n(n-1) \\ &= \left(\frac{1}{n}\right)\cdot\overline{\sigma^2} + \left(1-\frac{1}{n}\right)\overline{\sigma}_{ij} \end{aligned} \tag{16}$$

위 식에서 n이 증가함에 따라 포트폴리오 위험은 다음 식 (17)과 같이 된다

$$\lim_{n\to\infty}\frac{1}{n}(\overline{\sigma^2} - \overline{\sigma_{ij}}) + \overline{\sigma_{ij}} = \overline{\sigma_{ij}} \tag{17}$$

따라서 포트폴리오의 구성주식수가 무한히 증가하면 개별 주식의 분산은 완전히 없어지지만 공분산은 남는다. 이와 같이 여러 주식을 결합하여 포트폴리오를 구성할 때 포트폴리오의 위험은 분산으로 측정되는 개별 주식의 위험보다는 주식들 간의 공분산이 중요한 역할을 한다.

(3) 체계적 위험과 비체계적 위험

주식포트폴리오 위험을 체계적 위험과 비체계적 위험으로 구분하여 [그림 10-2]와 같이 나타낼 수 있다.

그림 10-2 | 체계적 위험과 비체계적 위험 그리고 포트폴리오 위험

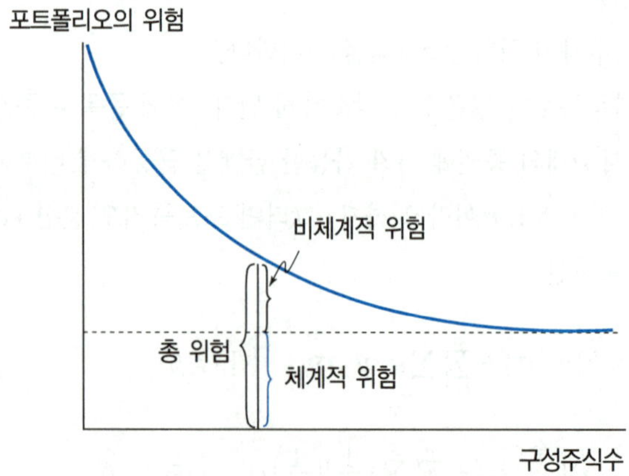

식 (17)에서 보는 바와 같이 포함되는 종목의 수가 계속 증가할수록 개별 주식의 위험이 포트폴리오에 미치는 영향은 감소하고 포트폴리오 위험은 각 종목들 간의 공분산의 평균에 접근해 간다. 여기서 구성되는 종목수 n을 무한대로 증가시켜도 줄어들지 않는 위험이 있음을 알 수 있다. 이는 증권시장 전반의 공통적 요인에 의해서 야기되는 위험으로서 인플레이션이라든지 이자율, 환율, 경기변동, 무역수지의 변화 등 시장전반적인 상황이 여러 기업에게 공통적으로 영향을 주는 경기변동과 관련된 요인들로서 이들로 인한 위험은 분산투자하여도 제거할 수 없는 위험이다. 이를 체계적 위험(systematic risk), 분산불능위험(non-diversifiable risk), 시장위험(market risk)이라고 한다.

반면에 종목수가 증가함에 따라 감소하는 위험은 기업고유요인에 의하여 야기되는 위험으로써 기업고유위험(firm-specific risk), 비체계적 위험(non-systematic risk), 분산가능위험(diversifiable risk)이라고 부른다. 예를 들면 기업이 신제품개발, 경영자의 변화, 노사문제 등 기업고유의 뉴스에 의해 해당 기업의 주가가 움직인다면 이는 독립적 위험으로 이러한 뉴스는 다른 주식들 간에 연계성이 없는 기업고유위험으로 비체계적 위험이다. 이는 마코위츠의 포트폴리오 이론으로 분산투자를 통해 투자에서 발생하는 비체계적 위험을 제거할 수 있다고 설명한다.

5) 주식포트폴리오의 기대수익률과 위험(표준편차, 공분산, 상관계수)을 측정(예시)

예를 들면 주식 X, Y에 대하여 다음과 같이 미래수익률에 대한 자료가 〈표 10-4〉와 같이 제시되었다.

개별 주식 X와 Y에 대하여 각각의 기대수익률과 위험(표준편차), 두 주식 간의 공분산과 상관 계수를 구하라. 또한 X에 대한 투자금액의 비율이 100%, 75%, 50%, 25%, 0%, −25%로 조정될 때 포트폴리오들의 기대수익률과 표준편차를 구하라.

표 10-4 | 주식 X, Y의 상황별 기대수익률

상황	확률(p_i)	주식 $X(r_X)$	주식 $Y(r_Y)$
1	0.2	9%	15%
2	0.2	7%	20%
3	0.2	11%	−3%
4	0.2	−2%	6%
5	0.2	25%	2%

① 주식 X와 Y의 기대수익률과 표준편차는 다음과 같다

$$E(r_X) = \sum_{j=1}^{5} r_{Xi} \cdot p_i = 10\%$$
$$E(r_Y) = \sum_{j=1}^{5} r_{Yi} \cdot p_i = 8\%$$
$$\sigma_X^2 = E[r_X - E(r_X)]^2 = 0.0076 \cdot \sigma_X = 8.72\%$$
$$\sigma_Y^2 = E[r_Y - E(r_Y)]^2 = 0.0076 \cdot \sigma_Y = 8.41\%$$

② 주식 X, Y간의 공분산, 상관계수는 다음과 같다.

$$\mathrm{Cov}(r_X, r_Y) = \sigma_{XY} = E[(r_X - E(r_X))(r_Y - E(r_Y))] = -0.0024$$
$$\rho_{XY} = \sigma_{XY} / \sigma_X \cdot \sigma_Y = -0.0024/(0.0872)(0.0841) = -0.33$$

③ 투자비율이 변화할 때 포트폴리오들의 기대수익률과 표준편차는 다음과 같다.

$\sigma_{XY} = -0.0024$ 혹은 $\rho_{XY} = -0.33$이므로 이를 $E(r_P)$와 σ_P^2을 구하는 다음 식에 대입하면 아래와 같이 구해진다.

$E(r_P) = w_X \cdot E(r_X) + w_Y \cdot E(r_Y)$와 $\sigma_P^2 = w_X^2 \sigma_X^2 + w_Y^2 \sigma_Y^2 + 2 w_X w_Y \sigma_{XY}$ 공식을 이용하여 다음 〈표 10-5〉와 같이 포트폴리오 기대수익률과 포트폴리오 위험을 구할 수 있다.

표 10-5 | 포트폴리오 기대수익률과 포트폴리오 위험

주식 X에 대한 투자비율 (w_X)	주식 Y에 대한 투자비율 (w_Y)	포트폴리오 기대수익률 $E(r_P)$	포트폴리오 위험 (σ_P)
100%	0%	10.0%	8.72%
75%	25	9.5	6.18
50%	50	9.0	4.97
25%	75	8.5	5.96
0%	100	8.0	8.41
−25%	125	7.5	11.42

제2절 주식 리스크의 사전적 측정

1. 자본자산가격결정모형

자본자산가격결정모형은 주식과 같은 자본자산의 균형가격이 어떻게 결정되는가를 예측하는 모형이다. 여러 가격결정모형 중 가장 널리 알려진 모형으로 주식에 수반되는 리스크의 사전적 예측에 매우 유용한 것으로 인식되고 있다. 이 모형은 최근까지 증권시장에서 증권의 가격결정을 설명하는 데 매우 유용하게 사용되고 있으며, 자본자산의 위험과 수익률 사이에 존재하는 균형관계를 잘 설명해 주고 있다. 주식의 가치평가, 자본비용추정 등 주식은 물론 증권투자의 전반에 걸쳐 광범위하게 사용되고 있다.

1) 자본자산가격결정모형의 의의

자본자산가격결정모형(CAPM: Capital Asset Pricing Model)이란 자본시장이 균형상태를 이룰 때 자본자산의 가격(기대수익)과 위험과의 관계를 예측하는 모형이다. 여기서 자본자산이란 주식, 회사채 등의 유가증권을 말한다. 자본자산가격결정모형은 앞에서 살펴본 포트폴리오 이론에서 분산투자를 통해 투자에서 발생하는 비체계적인 위험을 제거할 수 있다고 설명했고 동시에 분산투자를 통해서도 제거할 수 없는 위험인 체계적 위험이 존재함을 알려준다. 이러한 체계적 위험을 고려하여 등장한 것이 바로 자본자산가격결정모형으로 시장 전체가 균형상태에 있을 때 주식과 같은 자본자산의 균형가격이 어떻게 결정되는가를 예측하는 모형이라고 할 수 있다.

2) 자본시장선

CAPM은 위험자산만을 고려한 포트폴리오 이론을 무위험자산이 존재하는 경우로 확장한 자본시장선(CML: Capital Market Line)을 통해 발전했다. 시장에 존재하는 자산은 크게 무위험자산과 시장포트폴리오 두 가지로 구분할 수 있다. 여기서 무위험자산은 국채나 정기예금처럼 위험이 거의 존재하지 않는 자산을 의미하며, 시장포트폴리오는 모든 위험자산에 골고루 분산투자된 최적 포트폴리오로 분산투자를 통해 더 이상 제거될 수 없는 체계적 위험에 해당한다.

(1) 무위험자산과 시장포트폴리오로 구성된 포트폴리오의 기대수익률

$$E(r_p) = wE(r_m) + (1 - w)\, r_f \tag{18}$$

r_m : 시장포트폴리오

r_f : 무위험자산의 수익률

(2) 무위험자산과 시장포트폴리오로 구성된 포트폴리오의 표준편차

$$\sigma_p = \sqrt{w^2\sigma_m^2 + (1 - w)^2\sigma_f^2 + 2w(1 - w)\,\mathrm{Cov}(r_m, r_f)} \tag{19}$$

σ_f : 무위험자산 수익률의 표준편차

위 식에서 무위험자산 수익률의 표준편차(σ_f)와 $\mathrm{Cov}(r_m, r_f)$는 정의상 영(0)이다. 따라서 아래의 식과 같이 간단히 표현된다.

$$\sigma_p = \sqrt{w^2\sigma_m^2} = w\sigma_m \tag{20}$$

무위험자산과 시장포트폴리오로 구성된 포트폴리오의 기대수익률에 위의 식을 대입하면 [그림 10-3]에서 보듯이 세로축 절편을 r_f로 하고 양의 기울기를 가진 직선인 자본시장선(CAL: Capital Market Line)이 도출되며 그 식은 아래와 같다.

$$E(r_p) = \frac{(\sigma_m - \sigma_p)}{\sigma_m} r_f + \frac{\sigma_p}{\sigma_m} E(r_m) = r_f + \left[\frac{E(r_m) - r_f}{\sigma_m}\right]\sigma_p \tag{21}$$

$E(r_m) - r_f$: 시장위험프리미엄

위 식의 우변을 구성하는 두 개의 항 중에서 첫 번째 항은 무위험자산의 수익률이고 두 번째 항은 포트폴리오의 위험프리미엄이다. 여기서 시장위험프리미엄을 시장위험으로 나눈 값은 $\left[\frac{E(r_m) - r_f}{\sigma_m}\right]$로 시장포트폴리오 위험 1단위의 균형가격을 뜻하며 자본시장선의 기울기를 나타낸다.

(3) 최적 포트폴리오의 선택

무위험자산이 존재할 때 최적 포트폴리오의 선택은 자본시장선과 무차별곡선이 접하는 곳, 투자자의 기대효용을 극대화하는 점에서 결정된다.

[그림 10-3]의 *A*, *B*, *C*, *D*는 이때 발생할 수 있는 4가지 경우이다. *A*는 전부 무위험자산에 투자하는 경우, *B*는 일부는 무위험자산에 투자하고 일부는 시장포트폴리오에 투자하는 경우, *C*는 전부 시장포트폴리오에 투자하는 경우, *D*는 투자자 자신이 보유하는 자금은 물론 무위험이자율로 외부자금까지 차입하여 투자하는 경우이다.

시장포트폴리오를 기준으로 하였을 때 자본시장선의 왼쪽(여기서는 *A*, *B*, *C*가 해당)은 투자자가 무위험자산과 시장포트폴리오에 자신의 부를 분산투자하는 경우이며 대출포트폴리오(lending portfolio)라 하고, 오른쪽(여기서는 *D*가 해당)은 무위험이자율로 차입하여 본래 소유하고 있던 최초의 부와 함께 위험자산, 즉 시장포트폴리오에 전액 투자하게 되는 경우로 차입포트폴리오(borrowing portfolio)라 한다.

[그림 10-3]에서 *B*와 같이 $E(r_f)\,m$ 선분상의 포트폴리오는 무위험자산과 시장포트폴리오에 모두 양의 투자비율을 사용하여 구성한 것으로써 국채와 같은 무위험자산에 양의 비율로 투자하였다는 것은 채권을 매입한 것이며 이는 채권발행기관에 돈을 대출해 준 것과 같기 때문에 대출포트폴리오라 부른다. 그리고 *D*와 같이 mD 선분상의 포트폴리오는 무위험자산에 음의 투자비율을 그리고 시장포트폴리오에 1보다 큰 투자비율을 사용하여 구성한 포트폴리오이다. 무위험자산에 음의 비율로 투자하였다는 것은 무위험수익률로 채권을 발행하여 돈을 차

그림 10-3 | 자본시장선과 위험의 시장가격

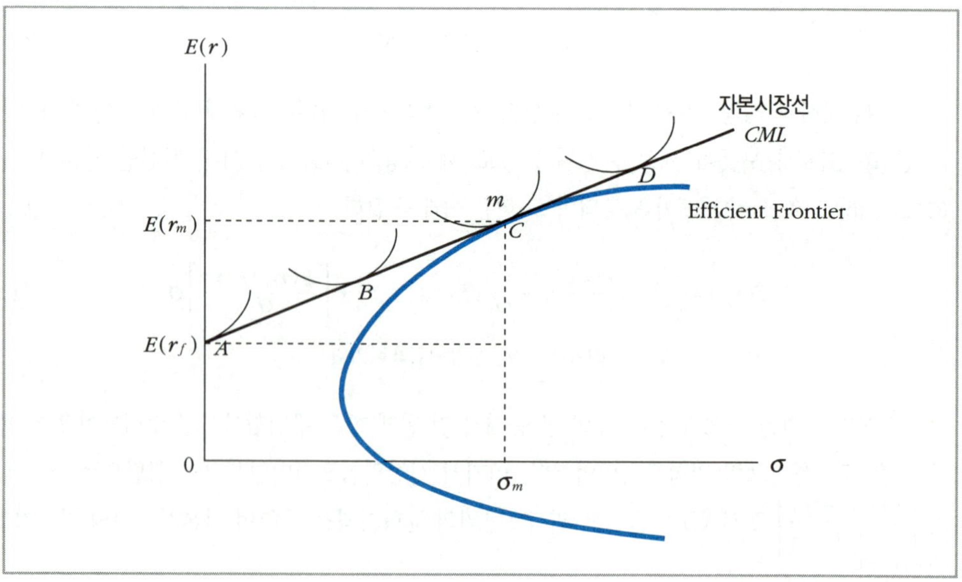

입한 것을 의미하기 때문에 차입포트폴리오라고 부른다. 시장포트폴리오에 1보다 큰 비율로 투자하였다는 것은 원래 가지고 있는 투자자본과 차입한 자본을 합하여 모두 시장포트폴리오에 투자하였다는 것을 의미한다. 예를 들어 무위험자산의 수익률이 10%이며 시장포트폴리오의 기대수익률은 18%이고 표준편차가 20%인 것으로 가정하자. 이 경우에 자본시장선은 절편이 10%이며 기울기가 0.4인 직선이다. 그리고 만약 100만원을 가지고 있는 투자자가 국채와 같은 무위험자산에 50만원을, 그리고 시장포트폴리오에 50만원을 투자하여 대출포트폴리오를 구성한 경우에 기대수익률과 표준편차는 각각 14%와 10%이며 [그림 10-3]에 B로 나타난다. 그리고 무위험수익률로 40만원을 차입하여 원래 가지고 있던 100만원과 합한 140만원을 시장포트폴리오에 투자하여 차입포트폴리오를 구성한 경우에는 기대수익률과 표준편차는 각각 10%와 28%로 계산되며 [그림 10-3]의 D로 나타난다.

① 자본시장선

$$E(r_p) = r_f + \frac{E(r_m) - r_f}{\sigma_m}\sigma_p$$
$$= 10 + [(18 - 10)/ 20]\sigma_p$$
$$= 10 + 0.4\sigma_p$$

② 대출포트폴리오 $B(0.5, 0.5)$

$$E(r_p) = 0.5(10\%) + 0.5(18\%) = 14\%$$
$$\sigma_p = 0.5(20\%) = 10\%$$

③ 차입포트폴리오 $D(-0.4, 1.4)$

$$E(r_p) = -0.4(10\%) + 1.4(18\%) = 21.2\%$$
$$\sigma_p = 1.4(20\%) = 28\%$$

3) 증권시장선(SML)

앞서 살펴본 바와 같이 자본시장선은 마코위츠의 포트폴리오이론을 무위험자산이 존재하는 경우로 확장하여 포트폴리오의 균형가격을 결정하는 식이라고 할 수 있다. 여기서 자본시장선의 한계점이 드러나는데, 자본시장선은 가장 효율적인 포트폴리오인 시장포트폴리오의 균형가격을 제시할 뿐 비효율적인 포트폴리오나 개별 위험자산의 균형가격에 대해서는 아무런 정보도 제공하지 못한다는 것이다.

이러한 자본시장선의 한계점을 극복하여, 자본시장선이 성립하는 균형상태에서 효율적 포트폴리오뿐만 이니라 개별 자산, 비효율적 포트폴리오 등을 포함하는 모든 자산의 기대수익률과 체계적 위험인 β와의 관계를 나타내는 모형인 증권시장선(SML: Security Market Line)이 등장하게 된다.

(1) 개별 자산의 위험

자산의 가격결정을 위해서는 개별 자산 간의 수익률 차이를 알아야 하고 이를 위해서는 그 차이가 무엇으로부터 발생하는지를 먼저 알아야 한다. 간단히 생각해 보면 개별 자산의 수익률 차이는 개별 자산에 존재하는 위험이 다르기 때문에 발생한다. 예를 들어 위험이 높은 주식일수록 투자자에 대한 보상차원에서 수익률은 높아야 하고, 반대로 수익률이 낮은 주식일수록 위험에 대한 부담도 낮아야 한다. 이것은 수익률과 위험이 비례관계에 있음을 의미한다. 따라서 수익률의 차이는 개별 자산의 위험을 측정함으로써 알 수 있게 된다.

그런데 투자자들은 어떤 자산을 독립적으로 보유하는 것이 아니라 시장포트폴리오를 구성하는 하나로 보유하기 때문에 개별 자산의 위험은 그 자산 자체의 표준편차가 아니라 그 자산이 시장포트폴리오의 위험에 어느 정도 영향을 미치는지의 정도로 측정되어야 하며, 그 값은 공헌도($\omega_i \sigma_{im}$)와 공헌비율($\omega_i \beta_i$)이 있다. 여기서 자산의 구성비율(ω_i)은 그 자산의 위험과는 무관한 값이기 때문에 개별 자산의 적절한 위험척도는 체계적 위험의 척도인 베타계수(β) 또는 그 자산수익률과 시장수익률 간의 공분산(σ_{im})이라고 할 수 있다.

(2) 증권시장선의 도출

앞서 개별 주식의 수익률과 위험 사이의 관계에 대해 살펴보았다. 이것을 체계적으로 정리한 것이 증권시장선이다. 시장포트폴리오의 위험자산 중 자산 i가 기여하는 부분은 다음과 같다.

$$\text{자산 } i\text{의 시장포트폴리오 위험에의 기여도} = \omega_i \sigma_{im}$$

다음으로 자산 i의 시장포트폴리오의 위험프리미엄에 기여하는 정도를 살펴보자. 시장포트폴리오의 위험프리미엄 $[E(r_m) - r_f]$는 다음과 같이 나타낼 수 있다.

$$\begin{aligned}[E(r_m) - r_f] &= \sum_{i=1}^{n} w_i E(r_i) - \sum_{i=1}^{n} w_i r_f \\ &= \sum_{i=1}^{n} w_i [E(r_i) - r_f]\end{aligned}$$

자산 i의 시장포트폴리오의 위험프리미엄에 대한 기여도는 다음과 같다.

$$\text{자산 } i\text{의 시장포트폴리오 위험프리미엄에의 기여도} = w_i [E(r_i) - r_f]$$

자산 i가 시장포트폴리오에 포함될 때 얻을 수 있는 위험 한 단위에 대한 대가, 즉 위험보상비율을 나타낸다.

$$\text{자산 } i\text{의 위험보상비율} = \frac{E(r_i) - r_f}{\sigma_{im}}$$

한편, 시장포트폴리오를 보유함으로써 얻게 되는 시장포트폴리오의 위험 한 단위를 부담하는 데 대한 대가, 즉 시장의 위험보상비율은 자본시장선의 기울기인 위험의 시장가격(market price of risk)으로 다음 식과 같다.

$$\text{위험의 시장가격} = \frac{E(r_m) - r_f}{\sigma_m^2}$$

만일 위험자산 i의 위험보상비율이 위험의 시장가격보다 크다면 시장포트폴리오에서 자산 i의 구성비율을 높이는 것이 유리하므로 자산 i에 대한 초과수요가 있을 것이다. 반대의 경우에는 자산 i의 구성비율을 낮추는 것이 유리하므로 자산 i에 대한 초과공급이 있을 것이므로 아래와 같은 식으로 나타낼 수 있다.

$$\frac{E(r_i) - r_f}{\sigma_{im}} = \frac{E(r_m) - r_f}{\sigma_m^2}$$

위의 식을 자산의 기대수익률인 $E(r_i)$에 대하여 정리하면 다음의 식을 도출하게 된다.

$$E(r_i) = r_f + \frac{\sigma_{im}}{\sigma_m^2}(E(r_m) - r_f)$$

σ_{im} : 개별 자산의 위험척도

그림 10-4 | 증권시장선

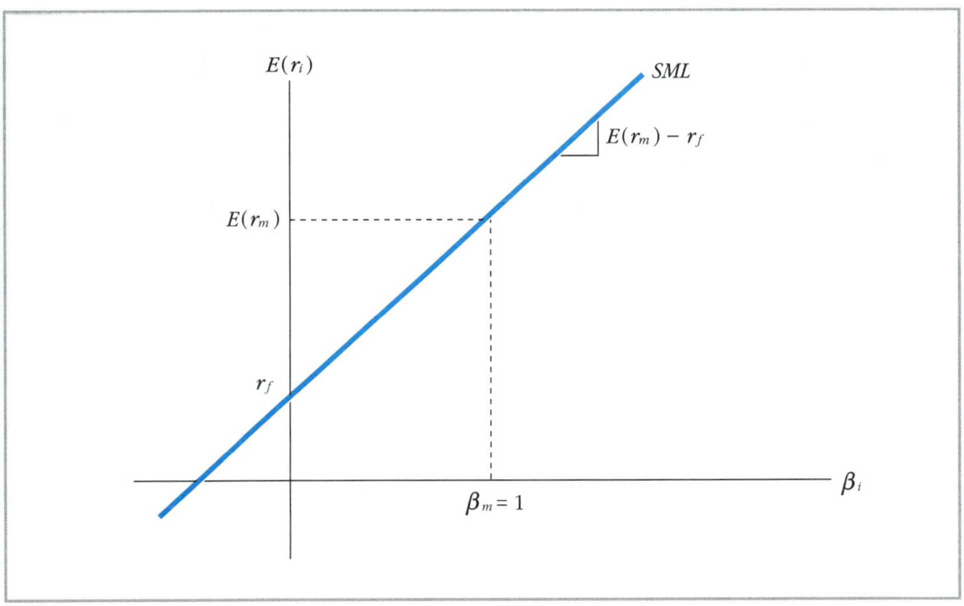

위 식의 σ_{im}/σ_m^2은 개별 주식에 내포된 체계적 위험의 크기를 의미하는 β_i이므로 다음과 같이 정리할 수 있다.

$$E(r_i) = r_f + \beta_i[E(r_m) - r_f]$$

여기서 우변의 두 번째 항은 개별 주식의 위험프리미엄으로서 시장위험프리미엄($E(r_m) - r_f$)과 베타(β)와의 곱이다.

증권시장선은 CAPM의 핵심으로서 개별 주식의 기대수익률이 그 개별 주식의 체계적 위험을 반영하는 위험프리미엄에 무위험자산 수익률을 더하여 결정된다. CAPM을 나타내면 [그림 10-4]와 같다.

(3) 증권시장선의 특성

첫째, 증권의 기대수익률을 결정함에 있어 오직 베타만이 중요한 역할을 한다. 베타 이외의 어떠한 변수도 기대수익률에 영향을 미치지 않는다.

둘째, 증권의 기대수익률은 베타와 선형관계를 가진다.

셋째, SML의 기울기인 시장프리미엄 $[E(r_m) - r_f]$는 양(+)의 값을 갖는다. 이는 모든 투자자가 위험회피형이므로 위험부담에 대한 대가를 요구하기 때문이다.

넷째, SML의 절편은 명목 무위험이자율을 나타내므로 이의 크기는 실질 무위험이자율과 예상 인플레이션율에 의해 결정된다.

(4) 자본시장선과 증권시장선과의 관계

시장균형모형으로서 자본시장선(CML)은 기대수익률 $E(r)$과 표준편차 σ의 양자의 선형적 관계를 나타내는 완전분산투자된 효율적 포트폴리오를 나타낸다. 반면에 증권시장선(CML)상에는 기대수익률($E(r)$)과 베타계수 β의 공간에서 직선으로 표시되는데 효율적이든 비효율적이든 모든 포트폴리오뿐만 아니라 개별 주식들도 표시된다는 점에서 자본시장선과는 차이가 있다. 자본시장선과 증권시장선의 관계는 [그림 10-5] 증권시장선과 자본시장선과 같다.

그림 10-5 | 증권시장선과 자본시장선

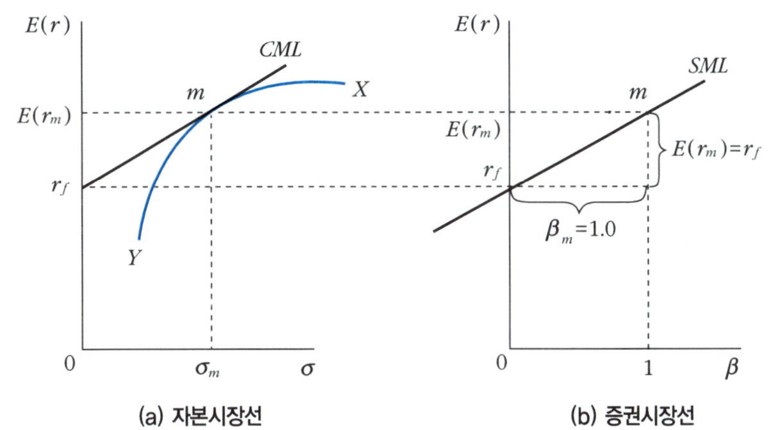

출처 : 자산운용협회(2008), 「투자와 리스크」, p.83.

4) 베타(β)에 대한 이해

(1) 베타의 의의

베타(β)는 어떤 주식이 시장포트폴리오의 영향을 받는 민감도를 측정한다. 즉, 시장 움직임에 대한 상대적 변동성으로 $\beta > 1$이면 공격적 주식이며 $\beta < 1$이면 방어적 주식을 의미한다.

$$\beta_i = \frac{\mathrm{Cov}(r_i, r_m)}{\sigma_m^2} = \frac{\sigma_{im}}{\sigma_m^2} = \frac{\rho_{im} \cdot \sigma_i \cdot \sigma_m}{\sigma_m^2}$$

i : 개별 주식
m : 시장 전체

(2) 베타의 안정성

CAPM 자체가 단일기간 모형이므로 β의 안정성은 문제되지 않으나, 현실적으로 β는 측정기간마다 그 계산결과가 틀리다. 어떤 주식의 β라도 시장포트폴리오의 β인 1로 회귀하는 속성을 가진다.

(3) 베타를 이용한 위험자산의 기대수익률 결정

CAPM을 이용하여 위험자산의 기대수익률을 계산할 수 있다. 과거 데이터를 이용하여 위험자산의 β_i를 측정하고, CAPM 공식을 이용하여 기대수익률을 계산한다. 이때 사용되는 공식은 다음과 같다.

$$E(r_i) = r_f + \beta_i[E(r_m) - r_f]$$

r_f는 무위험자산의 수익률을 의미하고, $E(r_m)$은 시장포트폴리오의 기대수익률을 의미한다.

예를 들어, 무위험자산의 수익률이 5%, 시장포트폴리오의 기대수익률이 9%, 그리고 주식의 β가 0.7이라고 하면, 이때 기대수익률은 7.8%이다.

$$E(r_i) = 0.05 + 0.7 \times [0.09 - 0.05] = 0.078 = 7.80\%$$

β값은 주식에 따라 다르기 때문에, β가 다른 다양한 주식을 이용하여 기대수익률을 계산하면 증권시장선을 그릴 수 있다.

(4) CAPM을 이용한 고평가 · 저평가 자산 평가

CAPM이 적용되는 효율적 시장에서는 β를 이용하여 기대수익률을 예측할 수 있다. 하지만 실제에서 시장은 비효율적이기 때문에, 위험자산의 수익률을 정확히 예측할 수가 없다. 따라서 시장이 효율적이라고 가정하면, 각 자산의 현재가치가 올바르게 평가되었는지 확인할 수 있다.

CAPM을 이용한 기대수익률보다 실제 기대수익률이 크면, 이 자산은 저평가되었다고 할 수 있다. 반대로, CAPM을 이용한 기대수익률보다 실제 기대수익률이 작으면, 이 자산은 고평가되었다고 평가할 수 있다.

예를 들어, 5개의 주식에 대해 다음과 같이 평가할 수 있다.

표 10-6 | 5개 주식의 베타 평가

주식	베타(β)	요구수익률(A)	현재수익률(B)	차이(B−A)	평가
A	0.70	7.80	8.00	0.20	적정평가
B	1.00	9.00	6.20	−2.80	고평가
C	1.15	9.60	15.15	5.55	저평가
D	1.40	10.60	5.16	−5.44	고평가
E	−0.30	3.80	6.00	2.20	저평가

무위험자산의 수익률이 5%, 시장포트폴리오의 기대수익률이 9%, 그리고 주식의 β가 0.7이라고 하면, 이때 주식 A의 기대수익률은, 7.80%(A)이다. 현재 시장에서 주식 A의 수익률이 8.00%(B)라고 하면, 이 자산은 CAPM을 이용한 평가와 현실 시장에서 평가와의 차이가 작기 때문에 적정평가되었다고 볼 수 있다.

주식 B의 경우, 요구수익률이 9%이고, 현재수익률이 6.20%라고 하면, 현재 시장보다 CAPM을 이용한 수익률이 더 높게 평가되기 때문에, CAPM을 이용하면 더 높게 평가되었다고 볼 수 있다.

(5) 베타의 계산 시 유의점 : 실증분석 결과

① 시장지수에 β를 포함하든지 안 하든지 β에는 큰 영향이 없다.

② 가치가중지수 또는 동일가중지수에 따라 β값에 큰 영향을 미친다.

③ 자료 개수가 많아질수록 신뢰구간은 점점 좁혀져서 신뢰할 만하다.

④ 일별 수익률을 이용하여 구한 β와 월별 수익률 β는 같지 않다.

5) CAPM의 이용

해리 마코위츠의 평균–분산(mean-variance) 모델은 무위험자산이 고려되면서 CAPM으로 발전하였다. CAPM은 시장 전체에 대한 개별 자산의 변화율을 베타로 정의하고, 이를 이용하여 자산의 가치를 평가하는 모형이다. CAPM은 자산의 기대수익률을 베타를 이용하여 계산하였고, 이를 바탕으로 자산의 올바른 가치를 평가하려고 하였다.

(1) 주식의 투자가치 평가

증권시장선은 주식의 가치가 과소 또는 과대 평가되었는지의 여부를 판단함으로써 주식의 투자가치를 평가한다.

예를 들어 주식을 매입하였을 때 얻을 수 있는 기대수익률이 증권시장선상의 균형수익률보다 크면 그 주식은 과소평가된 자산이므로 현재의 가격에 주식을 매입하면 시장이 균형을 이루는 과정에서 가격이 상승하여 이익을 얻을 수 있다. 따라서 기대수익률이 증권시장선상의 균형수익률보다 큰 주식, 즉 과소평가된 주식이 투자가치가 있는 주식이다.

(2) 적정할인율의 계산

증권분석에 필요한 할인율은 그 증권의 체계적 위험에 상응하는 적절한 할인율이어야 하는데 이는 곧 그 증권의 기대수익률과 같은 개념이며, 시장균형 상태에서 어떤 자산의 기대수익률은 베타를 알면 그 값을 증권시장선에 대입하여 구할 수 있다.

이외에도 CAPM은 투자성과의 평가와 자본비용의 산정, 투자안의 가치평가 등에 이용될 수 있다.

이후에 베타 이외에도 자산수익률에 변화를 주는 요인을 거시적 요인과 미시적 기업특성 요인으로 분류하여 이를 반영한 모형을 개발하였는데, 이것이 APT 모형이다. 자산에 영향을 끼치는 요소들을 분석하기 시작한 것이다. 자산수익률에 변화를 주는 위험요소를 시장 내외에서 고려하여 반영하는 계기를 만들어주었다는 점에서 큰 의의가 있다.

6) 롤의 비판

많은 실증연구가 위험자산에 대한 기대수익률과 체계적 위험인 베타 사이에 선형관계가 있음을 확인하기 위해 이루어졌다. 그러나 리처드 롤(Richard Roll)에 의해 이러한 실증연구에 이론적인 문제점이 있음이 제기되었다.

롤은 효율적 포트폴리오를 시장포트폴리오로 보고 이를 구성하는 개별 주식의 베타를 측정하면 언제나 선형관계가 성립함을 수학적으로 증명하였다. 즉, 롤의 연구에 따르면 기존의 실증연구에서 선형관계가 성립 또는 불성립하는 결과가 나온 것은 단지 실증연구에서 사용한 시장포트폴리오가 효율적인지 아닌지를 확인한 것에 불과하다. CAPM이 현실적으로 맞는 모형이냐 아니냐를 알아보기 위해서는 베타계수와 수익률 간의 선형식을 테스트하는 것은 의미가 없고 반드시 시장포트폴리오가 효율적이냐 아니냐를 따져보아야 한다는 것이다. 그러므로 CAPM은 다른 모든 시장포트폴리오의 효율성 가정을 전제로 도출된 것이므로 이 가정과 독립적으로 검증할 수 없다. 이러한 기존 실증연구에 대한 문제제기를 롤의 비판(Roll's critique)이라고 한다.

따라서 CAPM의 성립 여부를 확인하기 위해서는 진정한 시장포트폴리오를 찾아내어 포트폴리오가 효율적인지를 확인하면 되지만, 이론적으로 진정한 시장포트폴리오는 주식만이 아닌 투자 가능한 모든 자산, 인적 자원 등을 포함하는 개념이므로 현실적으로 실증이 불가능하다. 즉, 시장포트폴리오가 현실적으로 관찰 불가능하다면 시장포트폴리오가 효율적인지 아닌지를 검증할 수 없게 되고, 그렇게 되면 사실상 CAPM을 테스트한다는 것이 불가능해진다는 것이며 결과적으로 현실세계를 있는 그대로 설명 가능한 이론적 모형이란 존재할 수 없다는 비판이 있다.

2. CAPM모형을 이용한 주식의 가치평가

CAPM모형은 시장 전체에 대한 개별 자산의 변화율을 베타로 정의하고 이를 이용하여 자산의 가치를 평가하는 모형이다. CAPM은 주식의 기대수익률을 베타를 이용하여 계산하고 이를 바탕으로 주식의 올바른 가치를 평가하는 데 사용된다.

(1) 주식의 투자가치를 평가

증권시장선은 주식의 가치가 과소 또는 과대 평가되었는지의 여부를 판단함으로써 주식의 투자가치를 평가한다. 예를 들어 주식을 매입하였을 때 얻을 수 있는 기대수익률이 증권시장선상의 균형수익률보다 크면 그 주식은 과소평가된 자산이므로 현재의 가격에 주식을 매입하면 시장이 균형을 이루는 과정에서 가격이 상승하여 이익을 얻을 수 있다. 따라서 기대수익률이 증권시장선상의 균형가격보다 큰 주식, 즉 과소평가된 주식이 투자가치가 있는 주식이다.

주식투자분석의 결과 얻은 주식 J의 수익률(r_j)과 시장수익률(r_m)에 대한 예상 자료는 〈표 10-7〉과 같다. 한편 무위험이자율(r_f)은 6%이다.

표 10-7 | 상황별 수익률과 시장수익률

상황	확률	r_m	r_j
1	0.2	0.20	0.50
2	0.3	0.05	0.00
3	0.4	0.15	0.20
4	0.1	−0.15	−0.30

이 자료로부터 ① 증권시장선(SML)을 도출하고 ② J주식에 대한 기대수익률과 요구수익률(IRR)을 구하라. 그리고 ③ 주식 J가 과소평가되었는지 과대평가되었는지를 평가하라.

① 증권시장선의 도출

$$E(r_j) = r_f + [E(r_m) - r_f]\cdot \beta_i$$

$$E(r_m) = 0.20(0.2) + 0.05(0.3) + 0.15(0.4) + (-0.15)(0.1) = 0.1$$

$$\because E(r_j) = 0.06 + (0.10 - 0.06)\beta_j = 0.06 + 0.04\beta_j$$

② J주식의 기대수익률 :

$$E(r_j) = 0.50(0.2) + 0.00(0.3) + 0.20(0.4) - 0.30(0.1) = 0.15$$

J주식에 대한 요구수익률 :

$$IRR = 0.06 + 0.04\beta_j\left(\beta_j = \frac{\sigma_{jm}}{\sigma_m^2}\right)$$

$$\sigma_{jm} = (0.20 - 0.10)(0.50 - 0.15)\,0.2 + (0.05 - 0.10)(0.00 - 0.15)\,0.3 + (0.15 - 0.10)(0.20 - 0.15)\,0.4 + (-0.15 - 0.10)(-0.30 - 0.15)\,0.1 = 0.0215$$

$$\sigma_m^2 = (0.20-0.10)^2\,0.2+(0.05-0.10)^2\,0.3+(0.15-0.10)^2\,0.4+(-0.15-0.10)^2\,0.1 = 0.01$$

$$\beta_j = \frac{\sigma_{jm}}{\sigma_m^2} = \frac{0.0215}{0.01} = 2.15$$

③ $\alpha = E(r_j) - IRR_j = 0.15 - 0.146 = 0.004$

요구수익률이 14.6%로서 기대수익률 15%보다 낮으므로 과소평가

(2) SML을 이용하여 주식의 자기자본비용을 산출하고 주식의 내재가치를 추정

① 자기자본비용과 주식의 내재가치

SML상에서 β에 선형적으로 표시되는 특정 주식의 요구수익률은 균형시장에서 주주의 기회자본비용(기회투자수익률)을 의미한다. 따라서 SML 식을 자기자본추정에 이용할 수 있다. SML상에 표시되는 요구수익률은 자기자본비용 내지 주주들의 기회투자수익률로 이용할 수 있으며 이를 주식의 내재적 가치를 구하는 데 활용할 수 있다. 이익배당흐름이 매년 g%만큼 계속적으로 성장할 경우 주식의 이론적 가치는 다음 식(배당성향성장모형)과 같이 표시되므로 이 식의 분모할인율에 SML 식 결과로 추정한 자기자본비용을 대입하여 주식가치를 예측할 수 있다.

$$V_0 = \frac{d_1}{k_e - g}$$

V_0 : 주식의 내재적 가치
d_1 : 차기의 주당배당금
k_e : 주주의 기회(자기자본비용)
g : 이익, 배당의 성장률, 투자수익률

② 자기자본비용과 주식의 내재가치 산출(예시)

A주식의 차기 배당금(d_1)이 2,000원, 연간성장률이 10%로 일정하다고 예상되고 있다. 한편 무위험이자율(r_f)은 8%, 시장포트폴리오의 기대수익률과 분산은 각각 18%, 0.02, A주식과 시장포트폴리오와의 공분산(σ_{am})은 0.03이다 A주식의 요구수익률과 내재가치는 얼마인가?

A주식의 요구수익률 :

$$K_e = 0.08 + (0.18 - 0.08)\frac{0.03}{0.02} = 0.23$$

A주식의 내재가치 :

$$V_0 = \frac{d_1}{k_e - g} = \frac{2{,}000}{0.23 - 0.10} = 15{,}385$$

제3절 주식 리스크의 사후적 측정

1. VaR의 개념과 주식포트폴리오 VaR

1) VaR(Value at Risk)의 개념

주식의 전통적인 위험측정치인 베타(β)만으로는 위험을 합산할 수 없다는 문제점 외에 다양한 포지션을 하나의 일관성 있는 척도에 의해 통합할 필요성이 제기되어 선진 투자은행인 J.P. Morgan에 의해 VaR 시스템인 Risk Metrics가 개발되었다. 즉 VaR은 회사가 보유한 전체 포트폴리오의 리스크 측정을 위하여 다양한 포트폴리오의 리스크를 동일한 지표로 측정할 필요성에 의해 제시된 방법론으로 주식운용 리스크의 사후적 측정방법으로 이용된다.

2) 샤프의 단일지수모형

VaR은 신뢰수준에 상응하는 α(95%), 주식 포지션의 가치 V, 그리고 변동성 σ의 곱으로 계산된다. 그리고 포트폴리오의 VaR은 개별 VaR과 상관계수에 의하여 계산되는데 공분산을 고려하는 것은 공분산의 개수가 많기 때문에 매우 번거롭다. 샤프(William F. Sharpe)는 공분산의 추정을 단순화한 단일지수모형을 다음과 같이 제시하였다.

$$R_i = \alpha_i + \beta_i R_m + \varepsilon_t \tag{22}$$

여기서 주식 i의 수익률 R_i는 시장포트폴리오 수익률 R_m과 잔차항 ε_t에 의하여 결정된다. 수익률이 위의 식에 의하여 생성된다고 가정하면 분산 σ_i^2은 다음과 같이 추정한다.

$$\sigma_i^2 = E(R_i - E(R_i))^2 = \beta_i^2 \sigma_m^2 + \sigma_{ei}^2 \tag{23}$$

개별 주식의 VaR은 $\alpha \times V_i \times \sigma_i$이고 $\sigma_i = \sqrt{\beta_i^2 \sigma_m^2 + \sigma_{ei}^2}$이므로 VaR은 $\alpha V_i \sqrt{\beta_i^2 \sigma_m^2 + \sigma_{ei}^2}$이다.

위 식에서 첫 번째 항은 시장위험(체계적 위험)이고 두 번째 항은 특수위험(비체계적 위험)으로 만일 특수위험이 서로 상쇄되어 완전히 제거되었다고 가정하면 개별 주식의 분산은 $\beta_i^2 \sigma_m^2$이 되므로 결국 개별 주식의 VaR은 다음과 같이 추정할 수 있다.

$$VaR_i = \alpha \times V_i \times \beta_i \times \sigma_m \tag{24}$$

3) 샤프의 단일지수모형에 의한 개별 주식의 VaR을 계산(예시)

예를 들면 POSCO 주식에 10억 원을 투자하였고 보유기간은 2주일, 신뢰수준은 99%이고 이 주식의 일별 변동성(표준편차)이 2.5%, 베타(β)는 0.9라고 하면 다음과 같이 계산할 수 있다.

① 시장 변동성(σ_m)으로 종합주가지수 변동성(2.7%)을 사용하고 개별 주식에 대한 베타(β)를 이용하여 다음 식 $VaR_i = \alpha \times V_i \times \beta_i \times \sigma_m$에 의하여 구할 수 있다.

$$VaR_i = 10\text{억 원} \times 2.5\% \times 2.33 \times \sqrt{10} = 1.79\text{억 원}$$

② 또한 개별 주식의 변동성만을 고려하여 다음 식 $VaR_i = \alpha \times V_i \times \sigma \times \sqrt{t}$에 의하여 계산할 수 있다.

$$VaR_i = 10\text{억 원} \times 2.5\% \times 2.33 \times \sqrt{10} = 1.84\text{억 원}$$

4) 주식포트폴리오 VaR과 분산효과

VaR은 개별 주식 리스크보다는 보유주식의 통합된 포트폴리오에 대한 리스크를 추정할 때 그 유용성이 배가된다고 할 수 있다. 이 경우에 각 주식의 상관관계가 고려된 분산투자효과로 인하여 리스크가 과대계상되는 것을 피할 수 있기 때문이다. 주식포트폴리오 VaR과 공헌 VaR 계산을 통해 포트폴리오의 분산효과를 측정할 수 있다.

5) 주식포트폴리오 VaR과 공헌 VaR 측정을 통해 포트폴리오 분산효과를 계산(예시)

(1) 주식포트폴리오 VaR 계산

A주식과 B주식으로 구성된 포트폴리오의 VaR을 계산해 보자. 포트폴리오의 보유기간은 1주일이고 신뢰수준은 99%이다. A주식과 B주식에 투자한 금액은 각각 10억 원과 5억 원이고 A주식과 B주식의 표준편차는 각각 2.69%와 2.92%이고, 두 주식 수익률 간의 상관계수는 0.48이다.

① 계산방법 1 :

$$\sigma_P^2 = W_A^2\sigma_A^2 + W_B^2\sigma_B^2 + 2W_AW_B\rho_{AB}\sigma_A\sigma_B$$

$$\sigma_P = \sqrt{\left(\frac{2}{3}\right)^2(0.0269)^2 + \left(\frac{1}{3}\right)^2(0.0292)^2 + 2\left(\frac{2}{3}\right)\left(\frac{1}{3}\right)(0.48)(0.0269)(0.0292)} = 2.4163\%$$

주별 변동성 $= 2.4163\% \times \sqrt{5} = 5.4\%$

$VaR_P = 15억\ 원 \times 2.33 \times 5.4\% = 188,730,000원$

② 계산방법 2 :

$\sigma_P = \sqrt{\sigma_A^2 + \sigma_B^2 + 2\rho_{AB}\sigma_A\sigma_B}$

여기서 $\sigma_A = 10억\ 원 \times 2.69\% \times \sqrt{5} = 60,150,229원$

$\sigma_B = 5억\ 원 \times 2.92\% \times \sqrt{5} = 32,646,592원$

따라서

$\sigma_P = \sqrt{(60,150,229)^2 + (32,646,592)^2 + 2(0.48)(60,150,229)(32,646,592)} = 81,049,380원$

$VaR_P = 2.33 \times 81,049,380 = 188,845,055원$

③ 계산방법 3 :

$VaR_P = \sqrt{VaR_A^2 + VaR_B^2 + 2 \cdot \rho \cdot VaR_A \cdot VaR_B}$

여기서 $VaR_A = 2.33 \times 60,150,229원 = 140,150,034원$

$VaR_B = 2.33 \times 32,646,592원 = 76,066,559원$

$VaR_P = \sqrt{(140,150,034)^2 + (76,066,559)^2 + 2(0.48)(140,150,034)(76,066,559)}$
$= 188,845,056원$

이상에서 살펴본 바와 같이 VaR을 계산하는 방법에 따라 VaR 값이 약간씩 차이가 나는데 이는 반올림 오차(rounding error) 때문이다.

(2) 공헌 VaR과 포트폴리오 분산효과

이번에는 A기업과 B기업 두 개별 주식들이 포트폴리오의 VaR에 각각 어느 정도 공헌하는지를 계산해 보기로 하자.

① 공헌 VaR의 계산

포트폴리오의 분산(위험)은 A기업과 B기업의 분산과 두 주식 간의 공분산에 의해 결정된다. 공헌 VaR은 포트폴리오의 분산 중에서 개별 주식의 공헌비율을 기준으로 포트폴리오의 분산에 공헌하는 정도를 나타낸다. 공헌하는 정도를 식으로 나타내면 다음과 같다.

$$A주식의\ 공헌비율 = \frac{\sigma_A^2 + \rho_{AB}\sigma_A\sigma_B}{\sigma_P^2}$$

$$B주식의\ 공헌비율 = \frac{\sigma_B^2 + \rho_{AB}\sigma_A\sigma_B}{\sigma_P^2}$$

위 식을 이용하여 A주식과 B주식이 전체 포트폴리오의 VaR에 공헌하는 정도를 계산하면 다음과 같다.

A주식의 공헌 VaR :

$$188{,}845{,}055 \times \frac{(60{,}150{,}229)^2 + (0.48)(60{,}150{,}229)(32{,}646{,}592)}{(60{,}150{,}229)^2 + (32{,}646{,}592)^2 + 2\,(0.48)(60{,}150{,}229)(32{,}646{,}592)}$$

$= 131{,}108{,}451$원

B주식의 공헌 VaR :

$$188{,}845{,}055 \times \frac{(32{,}646{,}592)^2 + (0.48)(60{,}150{,}229)(32{,}646{,}592)}{(60{,}150{,}229)^2 + (32{,}646{,}592)^2 + 2\,(0.48)(60{,}150{,}229)(32{,}646{,}592)}$$

$= 57{,}736{,}604$원

② 포트폴리오 분산효과

개별 주식의 총위험(total risk)에는 개별 기업의 특수위험(specific risk)과 시장위험(market risk)이 있다. 그런데 여러 주식에 나누어서 투자하면 특수위험이 제거되므로 당연히 포트폴리오 위험은 감소하게 된다. 분산효과로 인한 VaR의 감소금액은 개별 VaR의 합에서 포트폴리오의 VaR을 차감하여 구한다. 상관계수가 0.48인 A주식과 B주식의 경우 분산효과로 인한 VaR의 감소금액은 다음과 같이 27,367,295원이다.

분산효과로 인한 VaR의 감소금액
= (A주식의 개별 VaR + B주식의 개별 VaR) − 포트폴리오 VaR
= (140,149,500 + 76,062,850) − 188,845,055 = 27,367,295원

2. 포트폴리오 VaR의 측정방법[2)]

VaR은 기본적으로 포트폴리오 가치의 미래 변동성으로 위험을 측정한다. VaR을 측정하는 방법에는 분산-공분산법(variance-covariance method) 혹은 델타-노말법(delta-normal method), 역사적 시뮬레이션법(historical simulation method), 그리고 몬테카를로 시뮬레이션법(Monte Carlo simulation method)이 있다. 이들 세 가지 방법에 의해 측정된 VaR은 정상적인 시장여건하에서 보유기간 동안에 주어진 신뢰수준에서 발생할 수 있는 최대 손실금액을 의미한다.

2) 포트폴리오 VaR 측정방법과 예시에 대해서는 자산운용협회(2008), 「투자와 리스크」, pp.168-204의 내용을 참조.

1) 분산-공분산법에 의한 VaR 측정방법

분산-공분산법은 부분가치평가법의 일종으로 리스크 요인(risk factor)의 변화에 대한 포지션 변화의 민감도에 기초하여 보유 포지션 가치 변화를 계산한다. 리스크 요인의 변화에 대한 보유 포지션의 가치변화를 민감도인 '델타'라고 하며 리스크 요인이 정규분포를 가정하고 있기 때문에 이 방법을 델타-노말 평가법(Delta-Normal Valuation)이라고도 한다.

대규모의 복잡한 포지션에 대해서 이를 리스크 요인별로 나누고 이 요인에 대한 민감도(이를 '델타'라고 한다)를 이용하여 포지션의 가치변동을 추정하는 것으로 다음 세 과정을 통하여 VaR을 측정한다.

(1) 포지션에 포함된 각 금융자산의 리스크 요인을 결정하는 과정

앞 장에서 시장 리스크를 측정하기 위해서는 여러 상품의 리스크가 복잡하게 되어 있는 금융상품을 리스크 측정이 용이한 표준화된 상품으로 나누는 과정이 필요하다고 하였다. 이때 리스크 측정이 용이한 표준화된 상품을 리스크 요인 또는 시장요인이라 한다. 예를 들어 100종목의 주식을 보유하는 경우라면 리스크 요인을 100개 종목의 개별 주식으로 할 수 있으나 각국의 주가지수를 리스크 요인으로 할 경우 그 수는 10개 이내로 줄어들 수 있다.

(2) 리스크 요인 간의 상관관계를 추정하는 과정

리스크 요인이 결정되면 이들 요인의 변동성과 상관계수를 추정해야 한다. 변동성과 상관계수의 추정에는 과거의 수익률 자료를 이용하는데 이때 이 자료를 어떻게 이용하는가에 따라 변동성과 상관계수의 추정치가 달라진다. 각각의 추정방법이 장단점을 가지고 있으므로 보유한 포지션의 성격과 리스크 요인의 수에 따라 적절한 방법을 선택해야 한다. J.P Morgan의 RiskMetrics는 국제적으로 널리 이용되는 리스크 요인인 400개를 선택하여 이들에 대한 변동성 및 상관계수의 추정치를 제공하고 있다.

(3) 델타를 이용하여 포지션의 변동을 추정하는 과정

리스크 요인에 대한 변동성과 상관계수의 추정치를 얻은 다음 실제로 이들 리스크 요인이 얼마나 변동할 것인가를 통계적으로 측정하기 위해서는 이들 분포에 대한 가정이 필요하다. 모든 리스크 요인이 정규분포를 가진다고 가정하면 이들의 선형결합으로 구성되는 포트폴리오의 변동 또한 정규분포를 가지게 된다. 따라서 포트폴리오 VaR은 개별 리스크 요인의 변동성과 상관계수를 델타로 조정한 후 계산된 포트폴리오의 분산에 의해 측정된다.

포지션의 가치를 $V=f(X)$로 나타내면 가치변화는 $\Delta V = V_1 - V_0 = f(x_0 + \Delta x) - f(x_0)$로 측정할 수 있다.

한편 포트폴리오에 대한 VaR을 측정하기 위해서는 리스크 요인들 간의 상관관계를 이용한다. 이를 수식으로 표현하면 다음과 같다.

$$VaR = \alpha \cdot \sqrt{V' \cdot \Sigma \cdot V} \tag{25}$$

$$\Sigma = S' \cdot R \cdot S$$

S: 대각선에는 변동성이 나열되고 대각선 이외에는 0인 대각행렬로 표준편차 행렬
R: 각 리스크 요인 사이의 상관계수 행렬로 $n \times n$ 행렬
Σ : 리스크 요인 사이의 분산-공분산 행렬
V: 포지션 Vector로 각 리스크 요인에 노출된 익스포저(exposure)
α : 정규분포의 신뢰수준을 나타내는 조정계수

2) 역사적 시뮬레이션에 의한 VaR 측정방법

역사적 시뮬레이션이란 리스크 요인에 대하여 특정 분포를 가정하지 않고 과거 리스크 요인들의 변화에 기초하여 시나리오를 생성한 후 현재 포트폴리오의 가치를 재평가하는 법을 말한다.

다시 말하면 관측기간 동안 일별 리스크 요인의 변화량을 오늘의 시점에서 투영시키는 방법을 통하여 분포를 생성하는 것과 동일하다. 역사적 시뮬레이션은 리스크 요인의 시나리오를 과거 리스크 요인의 실제 일별 수익률 움직임을 분포로 사용하는 것이다. 역사적 시뮬레이션은 특정 분포를 가정하지 않고 과거 실제자료를 사용하기 때문에 각 자산이 노출된 리스크 요인의 실제분포에 가깝다는 장점이 있다. 또한 실제가격을 이용하므로 비선형성과 비정규분포를 수용할 수 있고 실제 수익률 분포의 반영이 가능하기에 두터운 꼬리문제(fat tail problem)를 해결할 수 있다.

역사적 시뮬레이션의 방법으로 1일 VaR 값을 측정하는 과정을 설명하면 다음과 같다. 우선 n개의 포지션으로 구성된 포트폴리오의 가치를 다음의 식과 같이 나타낼 수 있다.

$$V_0 = \sum_{i=1}^{n} f_i(x_1, x_2, \cdots, x_{mi}) \tag{26}$$

여기서 f_i는 i번째 포지션의 가치평가모형이며 각 포지션은 m_i개의 리스크 요인(x)을 가지고 있다. 즉, 주식의 경우라면 리스크 요인은 주가수익률 1개이지만 옵션의 경우에는 옵션 기준물의 가격, 이자율, 만기까지의 잔존기간, 기준물의 가격변동성이 모두 포지션의 가치에 영향을 주는 리스크 요인으로 m_i는 4이다.

이제 각 포지션의 가치에 영향을 주는 리스크 요인을 파악한 후 이 리스크 요인이 변할 때, 즉 Δx에 대하여 포지션의 가치가 얼마나 변하는지 ΔV를 측정한다. 이제 첫 번째 포지션에 대해 과거 t일의 리스크 요인 변동을 이용하여 시뮬레이션 1일 후의 포지션의 가치를 f_i^t라 하

면 이는 다음의 식과 같이 측정할 수 있다.

$$f_i^t = f_i(x_1 + \Delta x_i^t, x_2 + \Delta x_2^t, \cdots, x_{mi} + \Delta x_m^t) \tag{27}$$

따라서 n개의 포지션으로 구성된 포트폴리오의 1일 후의 가치변동은 다음의 식과 같이 얻을 수 있다.

$$\Delta V_t = \sum_{i=1}^{n} f_i^t - V_0 \tag{28}$$

3) 몬테카를로 시뮬레이션에 의한 VaR 측정방법

몬테카를로 시뮬레이션 법은 리스크 요인의 변동을 몬테카를로 시뮬레이션을 이용하여 얻은 후 보유하고 있는 포지션의 가치변동의 분포로부터 VaR을 측정하는 방법이다. 이때 포지션의 가치변동은 역사적 시뮬레이션 방법에서와 마찬가지로 완전가치평가방법으로 측정한다. 몬테카를로 시뮬레이션의 특징은 각 리스크 요인에 대한 확률과정을 도출하는 것이다. 몬테카를로 시뮬레이션의 방법으로 VaR 값을 측정하는 과정은 리스크 요인을 얻는 방법이 다를 뿐 그 이외의 과정은 역사적 시뮬레이션 방법에서 포지션의 가치를 측정하는 방법과 동일하다.

다만, 역사적 시뮬레이션 방법과 다른 점은 ΔV 측정에 사용하는 Δx가 실제 일어났던 수치가 아니라 리스크 요인의 확률모형으로부터 몬테카를로 시뮬레이션으로 얻은 수치라는 점이다.

3. 포트폴리오 VaR의 측정예시

1) 분산-공분산법에 의한 VaR 측정(예시)

A주식에 100억 원을 투자하고 이 주식의 1일 수익률이 정규분포를 따르고 1일 수익률의 표준편차가 3%이다. 또한 채권에 100억 원을 투자한 3년만기 국채의 만기수익률(YTM) 증감(Δy)의 1일기준 σ가 0.07%이고 수정듀레이션이 2.7년이다. 주식옵션매입 10,000계약을 하여 주가지수옵션의 가격이 5point인 경우 KOSPI 200이 100pt이고 주가지수수익률의 1일 기준 σ가 1.7%, 옵션의 델타가 0.6이다.

95% 신뢰도, 양 자산 수익률의 상관계수가 1일 때 델타-노말법에 의한 포트폴리오 VaR을 산출하라.

델타-노말법에 의한 VaR 산출

① 주식의 VaR 100억 원×1.65×3% = 4.95억 원

② 채권의 VaR 100억 원×1.65×0.07%×2.7 = 0.31억 원

③ 옵션의 VaR 100Point×1.65×1.7%×0.6 = 1.683억 원

표 10-8 | 전체 포트폴리오 VaR 산출결과

주식 VaR	채권 VaR	옵션 VaR	전체 VaR
4.95억 원	0.31억 원	1.63억 원	6.89억 원

2) 역사적 시뮬레이션에 의한 VaR 측정(예시)

다음과 같이 채권 102.7억 원, 옵션 39억 원, 주식 50억 원을 보유한 191.7억 원의 포트폴리오에 대한 VaR을 과거 200일 동안의 자료를 이용하여 역사적 시뮬레이션 방법으로 측정하여 VaR을 산출하라.

2016년 1월 30일부터 2016년 10월 4일까지 200일 동안의 자료를 이용하여 200개의 새로운 포지션의 가치를 시뮬레이션한 보유 포지션의 정보는 〈표 10-9〉와 같다. 이는 각 포지션의 가치에 영향을 미치는 위험요인들의 과거자료들이다.

표 10-9 | 보유 포지션의 정보

채권정보		옵션정보		포트폴리오 포지션	
쿠폰이자율	8%	KOSPI 200	98.9	채권포지션	102.7억
만기	3년	행사가격	100	옵션매입 10,000 계약	39억
이자지급 횟수	4	금리	9.50%	주식포지션	50억
만기수익률	7%	잔존기간	5일	포트폴리오	191.7억
채권가치	102.7	옵션가격	3.90		

역사적 시뮬레이션에 의한 VaR 측정

① 채권, 주식, 옵션 포지션의 가치평가

(가) 채권 : 예를 들어 오늘과 내일 사이에 2016년 2월 9일과 같이 3년만기 YTM이 전일에 비해 8.8137% 상승한다면 채권 포지션의 가치는 다음과 같이 계산한다. 즉 오늘의 YTM이 7%이므로 2016년 2월 9일과 같은 일이 벌어진다면 내일의 YTM은 0.617% 포인트

(8.8137%) 상승한 7.617% (0.07 (1 + 0.088137) = 0.07617)가 될 것이다. 따라서 내일의 포지션의 가치는 할인율 7.6717%를 사용하여 다음과 같이 계산된다.

$$\frac{2}{(1+0.07617/4)}+\frac{2}{(1+0.07617/4)^{2}}+\cdots+\frac{102}{(1+0.07617/4)^{12}}=101.02$$

즉, 2016년 2월 9일과 같은 일이 발생한다면 채권 포지션에서 약 1.7억 원(102.7억 원−101.02억 원)의 손실이 발생할 것이다. 이와 같이 과거 일어났던 YTM의 변동분이 오늘과 내일 사이에 일어난다면 이에 상응하는 새로운 포지션의 가치를 계산할 수 있다.

(나) 주식 : 2016년 2월 9일 −1.62%로 주식 포지션의 가치는 1.62% 하락한 49.19억 원으로 약 0.8억 원(50억 원−49.19억 원)의 손실이 발생할 것이다.

(다) 옵션 : 2016년 2월 9일에 KOSPI 200 지수는 전일대비 4.11% 하락하였고 내재 변동성은 전일에 비해 약 13% 상승하였다. 이를 반영하여 새로운 옵션 포지션의 가치를 계산하면 54.95억 원이 되어 이 포지션에서 약 16억 원(54.95억 원−39억 원)의 이익이 발생한다.

즉 2016년 2월 9일과 같은 일이 발생한다면 채권에서 −1.7억 원, 주식에서 −0.8억 원, 옵션에서 16억 원 이익이 발생하여 전체 포트폴리오에서는 약 13.5억 원의 이익이 발생한다.

② 포트폴리오의 가치를 크기 순서로 정렬하여 VaR 산출

이를 위해서는 우선 포트폴리오의 가치를 크기 순서로 정렬한다. 그리고 95% 신뢰수준의 VaR 수치를 측정하고자 한다면 하위 5%(200개 중 최하위 11번째)에 해당하는 가치를 찾아내 현재 포트폴리오의 가치와의 차이를 계산하면 된다.

③ 95% 신뢰수준의 VaR은 이 분포에서 왼쪽 꼬리의 5%에 해당하는 값

따라서 95% 신뢰수준의 VaR은 200개의 시뮬레이션에서 95%에 해당하는 190번째로 작은 값인 163.34억 원과 포지션의 가치 191.7억 원의 차인 28.36억 원이다. 이 경우 포트폴리오 VaR은 각 포지션의 VaR을 합친 것보다 작게 계산되는데 이는 위험요인 간의 상관관계가 고려되어 포트폴리오의 분산효과가 나타나고 있음을 보여주는 것이다.

표 10-10 | 역사적 시뮬레이션으로 측정한 VaR

채권 VaR	주식 VaR	옵션 VaR	전체 VaR
0.4091	2.7161	31.06	28.36

3) 몬테카를로 시뮬레이션에 의해 VaR 측정(예시)

몬테카를로 시뮬레이션에 의한 VaR 측정의 과정

앞의 역사적 시뮬레이션 방법에서 이용한 동일한 채권, 옵션, 주식을 보유한 191.7억 원의 포트폴리오에 대한 VaR을 몬테카를로 시뮬레이션 방법으로 측정한다. 이때 각 위험요인들 간의 상관계수를 감안하여 시뮬레이션을 행한다. 각 리스크 요인에 대한 확률과정을 가정하는 것이 역사적 시뮬레이션과의 차이점이다. 가정한 확률과정을 이용하여 한 번의 시뮬레이션에서 주가, 이자율, KOSPI 200 지수, 내재 변동성의 4개의 위험요인이 생성된다. 위험요인이 생성된 이후에 각 포지션 및 포트폴리오의 가치를 평가하는 것은 역사적 시뮬레이션 방법과 같다. 역사적 시뮬레이션 방법에서와 동일한 방법으로 새로운 가치의 분포로부터 95% 신뢰수준의 VaR을 측정한 결과는 다음과 같다.

표 10-11 | 몬테카를로 시뮬레이션으로 측정한 VaR

시뮬레이션 횟수	채권 VaR	주식 VaR	옵션 VaR	전체 VaR
100	0.48791	4.09212	27.1679	26.385

제4절 측정한 리스크를 운용목적과 비교

1. 리스크 측정 결과를 운용목적과 비교

측정한 리스크를 운용목적과 비교하여 적절성을 판단하기 위해서는 포트폴리오 운용을 통합적으로 하여야 한다. 통합적 포트폴리오 운용을 위한 투자관리방법은, 운용목적에 따라 그리고 초과수익 획득노력 여부에 따라서 소극적 투자관리방법과 적극적 투자관리방법으로 나누어 볼 수 있다. 실제의 주가 및 채권가격 관리에는 시장지수펀드 · 채권지수펀드 투자전략에 의한 소극적 투자관리가 있다. 이에 반해 시황에 따라 주식과 채권의 투자비중을 조정하여 투자성과를 제고시키거나 초과수익이 클 것으로 기대하는 특정 소수종목에 집중하는 적극적 투자관리방법이 있다.

새로운 상황의 전개란 기업이익과 배당에 영향을 주는 영업효율성 · 재무효율성의 변화, 각종 위험의 변화, 경제외적 여건의 급격한 변화 등을 말한다. 이러한 사건이 발생하면 처음에 예상했던 기대수익과 위험에 변화가 있게 되므로 원하는 기대수익과 위험에 상응하는 포트폴리오로 수정해 나가야 한다. 측정한 리스크를 운용목적과 비교하여 적절성을 판단하는 방법으로 포트폴리오를 수정하게 되는데 수정하는 방법에 리밸런싱(Rebalancing)과 업그레이딩(Upgrading)의 두 가지가 있다. 따라서 운용목적에 따라 소극적 투자관리방법과 적극적 투자관리방법으로 펀드운용한 결과 측정된 리스크와 비교하여, 리스크량이 과도할 경우에는 적절히 포트폴리오를 수정하여야 한다.

2. 소극적 투자관리

소극적 투자관리(passive portfolio strategy)는 증권시장이 효율적인 것을 전제로 하여 초과수익을 얻고자 하는 시도 대신에 시장 전체 평균수준의 투자수익을 얻거나 투자위험을 감수하고자 하는 투자관리방법이다. 또한 투자결정을 위하여 구체적 종목에 대한 증권분석이나 독자적 판단을 하지 않고 시장 전체의 일반적 예측을 그대로 받아들여 정보비용을 극소화시킬 뿐 아니라 매입 · 매각결정도 극소화시킴으로써 거래비용도 최소화시키는 투자관리방법이라는 점에서 특징이 있다. 소극적 투자관리를 선택하는 투자자는 투자관리에 투기적 전략의 비중을 포함시키지 않으려 하는 것이며, 이에 따라 미래에 대한 예측이나 구체적인 종목선택의 필요성이 없어진다. 이들은 단지 잘 분산된 포트폴리오를 구성하여 시장평균적인 위험-수익의 관계를 얻으려 한다. 이러한 방법으로는 단순한 매입 · 보유전략, 시장(지수)펀드 · 채권(지수)펀드법, 평균투자법 등이 있다.

3. 적극적 투자관리

적극적 투자관리(active management)라 함은 일정한 위험수준에 상응하는 기대수익 이상의 초과수익을 얻기 위한 투자전략을 행사하는 것을 뜻한다. 이러한 투자관리방법은 증시가 비효율적인 것을 전제로 내재가치와 시장가격 사이에 차이가 있는 증권을 식별하여 과소평가된 증권을 매입하고 과대평가된 증권은 매각하는 방법이다.

1) 자산배분 결정

주식, 채권, 현금 등 각급 투자자산의 투자비율을 얼마로 하는 것이 투자성과를 가장 좋게 할 것인가? 각급 투자자산에 대한 적절한 자산배분(asset allocation)으로 초과수익을 얻는 적극적 투자관리방법으로는 주식시장과 채권시장의 동향을 예측하여 자산배분시점을 포착하는 시장투자 적기포착방법과 기계적 배분방법인 포뮬러 플랜(formula plan)이 있다.

2) 종목선정

초과수익을 얻고자 하는 적극적 투자관리에서 자산배분 못지않게 중요한 것은 각급 투자자산(주식이나 채권 등) 내에서 초과수익의 여지가 높은 특정 개별종목을 선정(security selection)하는 일이다.

(1) 내재가치의 추정

개별 종목의 내재가치를 추정하여 시장가격이 잘못 형성된 증권들(mispriced securities)을 선정해 내는 기본적 분석방법이 적극적 종목선정에 가정 많이 이용된다.

(2) 변동성 보상비율(RVAR 비율) 이용

증권분석에서 얻어진 정보를 이용하여 초과수익의 여지가 큰 소수종목으로 구성되는 포트폴리오의 기대수익률 $E(r_P)$와 표준편차 σ_P를 추정하여 변동성 보상비율($RVAR = [E(r_P) - r_f] / \sigma_P$)을 크게 하는 포트폴리오를 최종적으로 구성하는 방법이 시도될 수 있다.

(3) β(베타)계수의 이용

베타계수의 추정에 근거하여 강세시장이 예상될 때는 위험(베타계수)이 큰 종목을 선택하고 약세시장이 예상될 때는 베타계수가 적은 종목을 택하는 것이 적절한 투자시기를 이용한 종목선택의 방법이 된다.

(4) 트레이너-블랙모형(Treynor-Black Model)의 이용

적극적 투자관리의 과제는 적절한 소수종목의 선택으로 초과수익을 획득하면서 적절한 분산투자로서 분산가능위험을 가급적 줄이는 것이다. 즉 초과수익 획득과 비체계적 분산가능위험의 감소, 양자 간의 적절한 균형 내지 최적화를 이루는 것이다. 트레이너-블랙(J.Treynor & F.Black)은 이 양자 간에 최적화를 기할 수 있는 종목선택, 포트폴리오 구성방법을 다음과 같이 제시하고 있다.

① 증권분석으로 하여 과소평가 혹은 과대평가된 소수의 주식들을 선별한다.

② ①에서 선별된 소수의 개별 증권들에 대하여 기대수익률($E(r_j)$)과 베타(β_j), 잔차분산(비체계적 위험, $\sigma^2(\varepsilon_j)$)을 추정한다.

③ 이들 개별 종목의 초과수익 알파(α_j)는 기대수익률에서 요구수익률을 뺀 그 차이로 추정하는데 요구수익률은 증권시장선($K = r_f + \beta_j \cdot (E(r_m) - r_f)$)으로 구한다.

④ 소수종목으로 구성되는 포트폴리오의 초과수익(α_p), 베타(β_p), 잔차분산($\sigma^2(\varepsilon_p)$)을

계산한다.

⑤ 초과수익의 가능성과 분산가능위험의 감소 간에 균형을 이룰 수 있는 각 종목에 대한 최적 투자비율을 구하는데 개별 종목 k의 최적 투자비율은 다음과 같이 계산한다.

$$\text{최적 투자비율} = \frac{\dfrac{\alpha_k}{\sigma^2(\varepsilon_k)}}{\displaystyle\sum_{j=1}^{n} \frac{\alpha_j}{\sigma^2(\varepsilon_j)}} \tag{29}$$

즉 각 종목별 최적 투자비율은 그 증권의 비체계적 위험($\sigma^2(\varepsilon_k)$)에 대한 초과수익(α_k)의 비율에 의하여 결정됨을 알 수 있다.

4. 포트폴리오 수정방법

포트폴리오 수정(portfolio revision)이란 적극적 투자관리의 결과로 포트폴리오를 구성한 후 미래 투자상황에 대한 예측이 잘못되었거나 새로운 상황전개로 인하여 투자목표를 달성하고자 기존 포트폴리오를 변경 내지 개편하는 것을 말한다. 당초의 투자자의 예상과 다른 새로운 상황의 전개, 예를 들면 기업이익과 배당에 재무효율성의 변화, 각종 위험의 변화, 경제외적 여건의 급격한 변화 등으로 처음에 예상했던 기대수익과 위험에 변화가 있게 되므로 원하는 기대수익과 위험에 상응하는 포트폴리오로 수정해 나가야 한다. 수정하는 방법에는 다음의 리밸런싱과 업그레이딩의 두 가지 방법으로 이루어진다.

1) 포트폴리오 리밸런싱

포트폴리오 리밸런싱(portfolio rebalancing)의 목적은 상황변화가 있을 경우 포트폴리오가 갖는 원래의 특성을 그대로 유지하고자 하는 것이다. 주로 구성종목의 상대가격의 변동에 따른 투자비율의 변화를 원래대로의 비율로 환원시키는 방법을 사용한다. 이러한 재구성은 포트폴리오 구성비율을 항상 일정하게 유지하는 미리 정해진 수정전략에서 이루어지는 것이 일반적이다.

2) 포트폴리오 업그레이딩

포트폴리오 업그레이딩(Portfolio upgrading)이란 새로운 상황의 전개로 기존의 포트폴리오가 최상의 위험-수익의 관계를 가져다주지 못할 때 이를 반영하여 최적 포트폴리오가 되도록 포트폴리오를 수정하는 것을 말한다.

새로운 경제상황의 변화는 기존 포트폴리오의 기대수익과 위험에 영향을 주므로 증권의 매입 · 매각을 통해서 업그레이딩해야 한다. 포트폴리오 업그레이딩(portfolio upgrading)은 위험에 비해 상대적으로 높은 기대수익을 얻고자 하거나 기대수익에 비해 상대적으로 낮은 위험을 부담하도록 포트폴리오의 구성을 수정하는 것이다.

5. 포트폴리오 수정방법 예시

1) 트레이너-블랙모형을 이용하여 포트폴리오를 수정

A투자자문(주)에서는 다각적인 증권분석을 통하여 주식시장펀드의 기대수익과 표준편차, 무위험자산 수익률을 각각 15%, 20%, 8%로 추정하고 있으며 초과수익의 여지가 있는 세 종목의 초과수익, 베타, 비체계적 위험에 대한 추정자료는 다음과 같다.

표 10-12 | 주식의 초과수익, 베타, 비체계적 위험에 대한 추정자료

종목	초과수익(α)	베타(β)	비체계적 위험($\sigma(\varepsilon)$)
A(주)	7%	1.6	45%
B(주)	−5%	1.0	32%
C(주)	3%	0.5	26%

이 세 종목으로 구성되는 포트폴리오의 초과수익률을 크게 하면서 분산가능 비체계적 위험을 작게 하는 최적 투자비율을 구하라. 또 이 포트폴리오의 초과수익률, 베타, 비체계적 위험을 구하라.

① 우선 개별 종목들의 평가비율과 최적 투자비율의 계산은 〈표 10-13〉과 같다.

표 10-13 | 개별 종목의 평가비율과 최적 투자비율

종목	$\alpha_j/\sigma^2(\varepsilon_j)$	$\alpha_j/\sigma^2(\varepsilon_j)/\sum_{j=1}^{n}\frac{\alpha_j}{\sigma^2(\varepsilon_j)}$
A(주)	$0.07/(0.45)^2 = 0.3457$	$0.3457/0.3012 = 1.1477$
B(주)	$0.05/(0.32)^2 = -0.4883$	$-0.4883/0.3012 = -1.6212$
C(주)	$0.03/(0.26)^2 = 0.4438$	$0.4438/0.3012 = 1.4735$
합계	0.3012	1.0000

출처 : 자산운용협회(2008), 「투자와 리스크」, p.120 인용.

② 최적 투자비율에 의한 포트폴리오의 초과수익률, 베타, 비체계적 위험은 다음과 같다.

초과수익률(α_p) = $1.1477 \times 0.07 + (-1.6212) \times (-0.05) + 1.4735 \times 0.03 = 20.56\%$

베타계수(β_p) = $1.1477 \times 1.6 + (-1.6212) \times (1.0) + 1.4735 \times 0.5 = 0.9519$

비체계적 위험($\sigma^2(\varepsilon_p)$)$=1.1477^2 \times (0.45)^2 + (-1.6212)^2 \times (0.32)^2 + 1.4735^2 \times (0.26)^2 = 68.26\%$

③ B(주)와 같이 과대평가(부의 초과수익)된 주식을 공매(short position)함으로써 전체 포트폴리오의 초과수익률은 증가되고 베타계수는 감소할 수 있다.

2) 포트폴리오 리밸런싱 방법을 이용하여 포트폴리오를 수정

예를 들어 〈표 10-14〉에 예시된 주식에 1/4씩 투자한 포트폴리오를 구성하여 포트폴리오의 체계적 위험을 1.10으로 유지하였는데 기업 내·외적 여건변화로 인하여 기말에 상대가격이 변하였다. 결과적으로 투자비율의 조정을 통하여 포트폴리오의 체계적 위험이 1.16이 되었다. 이와 같이 투자포트폴리오 투자비율의 조정을 통해 체계적 위험을 유지할 수 있다.

표 10-14 | 상대가격의 변화와 포트폴리오 리밸런싱

종목	체계적 위험 (β_j)	기초포트폴리오			기말 변경된 포트폴리오	
		주가	매입주식수	투자비율	주가	투자비율
주식 A	1.40	15,000원	100주	0.25	30,000	0.36
주식 B	1.16	7,500	200	0.25	11,250	0.27
주식 C	0.96	5,000	300	0.25	6,000	0.22
주식 D	0.88	3,000	500	0.25	2,400	0.15
포트폴리오 베타 = $w_j \beta_j$		1.10			1.16	

출처 : 자산운용협회(2008), 「투자와 리스크」, p.123 인용.

3) 포트폴리오 업그레이딩 방법을 이용하여 포트폴리오를 수정

포트폴리오 업그레이딩(upgrading)은 주가의 변동으로 인해 변화된 포트폴리오를 기준으로 그 시점에서 다시 최적의 포트폴리오를 구성하는 방법으로서 처음 모델 포트폴리오를 구성할 때와 대비하여 시장상황이 변하여 새로운 포트폴리오를 구성할 필요가 있을 경우에 이루어진다.

예를 들어 [그림 10-6]에서 당초 포트폴리오를 구성할 때 포트폴리오 *O*가 최적인 것으로 예상되었다. 그런데 기간이 경과하면서 새로운 정보의 유입에 따라 미래수익과 위험을 다시 예측한 결과 포트폴리오 *N*이 최적위험자산 포트폴리오로 발견되었다면 포트폴리오 *O*는 더 이상 효율적이지 못하다. 포트폴리오 *N*에 근접한 기대수익률과 위험을 얻기 위해서는 *O*에 대한 투자비율을 줄이고 다른 증권들을 매입함으로써 포트폴리오를 업그레이딩하여 더욱 나은 위험-수익관계를 얻을 수 있다.

그림 10-6 ❙ 포트폴리오 업그레이딩

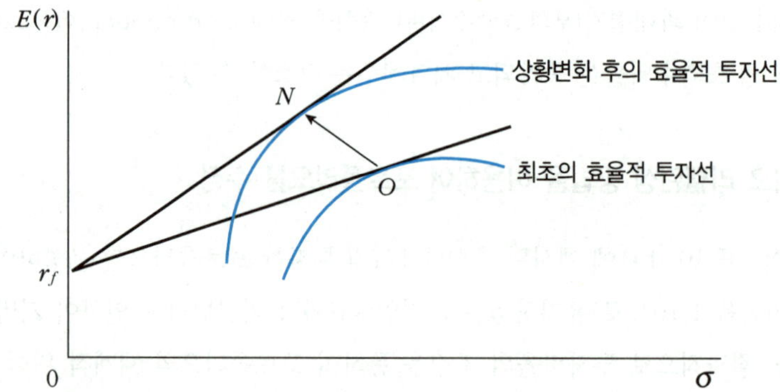

출처 : 박정식 · 박종원(2010), 「현대투자론」. 다산출판사, p.745.

연습문제

객관식

1. 주식운영에 수반되는 리스크의 내용이 아닌 것은?

① 주가변동위험　② 베타위험

③ 배당위험　④ 알파위험

2. 포트폴리오 위험과 상관계수 중에서 포트폴리오 위험을 가장 최소화할 수 있는 상관계수는?

① $\rho = 1$　② $-1 < \rho < 1$

③ $\rho = -1$　④ $\rho = 0$

3. 다음 중 상관계수와 공분산의 관계를 잘 나타낸 식은?

① $\rho_{xy} = \dfrac{\sigma_{xy}}{\sigma_x \sigma_y}$　② $\mathrm{cov}(x, y) = \dfrac{\sigma_{xy}}{\sigma_x \sigma_y}$

③ $\rho_{xy} = \mathrm{cov}(x, y) \times \sigma_x \sigma_y$　④ $\rho_{xy} = \dfrac{cov(x, y)}{\sigma_{xy}}$

4. POSCO 주식에 10억 원을 투자하였고, 보유기간 2주일, 신뢰수준은 99%(z: 2.33)이고, 이 주식의 일별 변동성이 2.5%, 베타(β)는 0.9라고 할 때, VaR 금액을 구하라.

① 1.84억 원　② 1.86억 원

③ 1.92억 원　④ 1.94억 원

5. CAPM을 이용하여 위험자산의 기대수익률을 계산해 보라. 무위험자산의 수익률이 5%, 시장포트폴리오의 기대수익률이 9%, 그리고 주식의 베타(β)가 0.7이라고 가정한다.

① 7.80%　② 8.20%

③ 6.80%　④ 6.40%

6. 주식과 채권의 시장 리스크에 대해 다음 중 서로 비슷한 의미의 측정치로 짝지어진 것은?

① 베타, 컨벡서티　② 듀레이션, 공분산

③ 베타, 듀레이션　④ 분산, 컨벡서티

7. A주식의 차기 배당금(d_1)이 2,000원, 연간성장률이 10%로 일정하다고 예상되고 있다. 한편 무위험이자율(R_f)은 8%, 시장포트폴리오의 기대수익률과 분산은 각각 18%, 0.02, A주식과 시장포트폴리오와의 공분산(σ_{am})은 0.03이다. A주식의 요구수익률과 내재가치는 얼마인가?

① 0.23, 15,385원　② 0.24, 15,485원

③ 0.25, 15,585원　④ 0.26, 15,685원

8. 주식 K와 주식 J는 수익률의 표준편차가 각각 20%와 30%이며 시장포트폴리오와의 상관계수는 각각 0.6과 0.8이다. 시장포트폴리오 수익률의 표준편차는 15%이다. 주식 K에 60%, 주식 J에 40%를 투자하여 구성한 포트폴리오의 베타를 구하라.

① 1.12 ② 1.22
③ 1.32 ④ 1.42

9. A주식과 B주식으로 구성된 다음 조건의 포트폴리오의 VaR을 계산하라. 포트폴리오의 보유기간은 1주일이고 신뢰수준은 99%이다. A주식과 B주식에 투자한 금액은 각각 10억 원과 5억 원이고 A주식과 B주식의 표준편차는 각각 2.69%와 2.92%이고, 두 주식 수익률 간의 상관계수는 0.48이다.

① 185,730,000 ② 186,730,000
③ 187,730,000 ④ 188,730,000

10. A주식에 100억 원을 투자하고 이 주식의 1일 수익률이 정규분포를 하고, 1일 수익률의 표준편차가 3%이다. 또한 채권에 100억 원 투자한 3년만기 국채의 만기수익률(YTM) 증감(Δy)의 1일기준 σ가 0.07%이고 수정듀레이션이 2.7년이다. 95% 신뢰도, 양 자산수익률의 상관계수가 1일 때 델타-노말법에 의한 포트폴리오 VaR을 산출하라.

① 4.26억 원 ② 5.26억 원
③ 6.26억 원 ④ 7.26억 원

주관식

11. VaR의 정의를 설명하고, 다음의 예를 이용하여 VaR 값을 산출, 그 VaR 값이 무엇을 의미하는지 간단히 설명하라.

예: 주식 시가 1억 원, 주가 변동성 5%, 보유기간 2주, 99% 신뢰구간

12. A주식의 기대수익률은 14%, 표준편차는 6%이고 B주식의 기대수익률은 8%, 표준편차는 3%이며, 각각의 투자비중은 50%, 상관계수(ρ) = 1일 때 포트폴리오의 기대수익률($E(r_P)$)과 포트폴리오의 표준편차($\mathrm{VaR}(r_P)$)를 각각 구하시오. 그리고 상관계수가 $\rho=1$, $\rho=-1$, $\rho=0$인 경우의 위험감소 효과를 도표상에 표시하여 설명하라.

13. 주식투자관리방법으로 소극적 투자관리와 적극적 투자관리에 대하여 설명하라.

14. 주식포트폴리오를 수정하는 방법으로 리밸런싱과 업그레이딩의 두 가지 방법을 설명하라.

11장

채권 리스크 관리[1)]

제1절 채권 리스크 분류

1. 채권의 일반적 분류

채권이란 발행자가 만기까지 정해진 표면금리를 지급시점에 따라 이자를 지급하고 만기에 액면금액을 상환하기로 한 채무증서이다. 채권으로부터 발생하는 미래 현금흐름의 현재가치 합계가 채권의 가치이며 이러한 현금흐름의 유형에 따라 다음과 같이 채권을 구분할 수 있다.

1) 할인채

표면금리가 '0%' 인 채권으로 만기 이전에는 이자의 지급이 발생하지 않고 만기에 액면금액을 일시에 상환하는 채권으로 액면금액에서 이자를 할인하여 발행가격이 정해진다. 할인채의 예로는 통화안정증권, 미국의 단기국채(Treasury Bill) 등이 있다.

1) 이 장은 교육부 한국직업능력개발원의 김재인 외, 「NCS(국가직무능력표준) 학습모듈 주식 및 채권운용」(2015)을 참조.

2) 복리채

이자의 표면금리만큼 복리로 재투자되어 만기상환시점에 원금과 이자를 동시에 지급하는 채권으로 국민주택채권 1·2종, 외국환평형기금채권 등이 속한다.

3) 이표채

표면금리에 따라 주기적으로 이자를 지급하고 만기에 원리금을 지급하는 채권의 가장 일반적인 형태로 표면금리의 고정 여부에 따라 고정금리채권과 변동금리채권으로 구분한다.

4) 원리금 분할상환채권

만기 이전에 원금을 일정액 상환하여 만기 시에 상환금액이 감소하는 채권으로 원금이 일부 상환됨에 따라 지급이자도 감소하게 된다.

5) 기타

조기상환이 일어날 수 있는 put 또는 call 옵션부 채권, 주식으로 전환 가능한 전환사채 또는 교환사채, 신주인수권이 부착되어 있는 BW(Bond with warrant), 기타 각종 지수 등의 수익률에 따라 원금 또는 이자가 변동하는 구조화 증권 등이 있다.

2. 채권투자운용에 수반되는 리스크의 분류

채권에 투자하게 되면 다음과 같은 여러 분류의 리스크에 노출된다. 채권투자운용에 수반되는 리스크의 분류를 설명하면 다음과 같다.

1) 채무불이행위험

채권발행자가 약속된 이자와 원금을 상환하지 않는 채무불이행위험 또는 신용위험이 클수록 채권발행 시에 리스크 프리미엄이 반영되어 발행수익률이 높아진다. 또한 발행 이후에 발생하는 채무불이행 리스크의 변화도 유통시장의 만기수익률에 반영되어 수익률 변화의 주요 원인이 된다. 신용평가기관(credit rating agency)이 신용등급을 하향조정함으로써 발생하는 신용스프레드위험(credit spread risk) 등을 포함한다.

2) 가격변동위험

채권의 시장가격은 만기 시까지 약속된 이자와 원금의 흐름을 채권시장의 수요와 공급에 의해 결정되는 만기수익률로 할인한 것이라고 할 수 있다. 따라서 채권투자 후 만기수익률이 상승하면 채권가격은 하락하고 만기수익률이 하락하면 채권가격이 상승하게 된다. 이는 채권투자 후 시장만기수익률(YTM: Yield to Maturity)이 투자 시의 예측과 다르게 나타날 경우 가격변동의 위험이 발생하고 예측에 대한 오차가 커질수록 이 위험은 더욱 증가함을 의미한다. 이처럼 금리변화에 따라 채권보유자가 손실을 입을 가능성을 금리위험(interest rate risk) 또는 가격변동위험(price risk)이라고 한다. 금리위험의 크기에 영향을 미치는 요인으로는 만기, 액면이자율, 내재된 옵션 여부(embedded option) 등이 있으며 금리위험의 크기는 듀레이션(duration)으로 측정된다.

3) 재투자위험

채권은 비교적 만기가 긴 금융청구권이며, 이자지급방식도 다양하다. 원리금 일시상환채권과는 달리 만기까지 여러 번에 걸쳐 단위기간별로 이자지급이 이루어지는 채권은 중도에 지급받는 이자를 어떠한 수익률로 재투자하느냐에 따라 채권투자에 의한 최종 투자수익률에 차이가 발생한다. 수익률변동위험이라 함은 가격변동위험과 재투자위험(reinvestment risk)을 포함하는 개념이다. 재투자위험과 가격변동위험은 서로 반대되는 영향을 미치므로 투자자는 순효과(net effect)가 영(0)이 되도록 하기 위해 듀레이션을 이용한다.

4) 수익률곡선위험

금리의 기간구조(term structure of interest rate) 또는 수익률곡선(yield curve)의 기울기 변화로부터 발생하는 리스크로 수익률곡선의 형태가 일반적인 우상향(upward) 곡선에서 평평한(flat) 곡선이나 우하향(downward) 곡선 혹은 기울기가 가파른(steep) 우상향 곡선으로 변화할 가능성으로 인해 발생하는 손실위험이다. 예를 들어 금융회사가 10년 정부채 매입 포지션에 대해 5년 정부채의 매도 포지션으로 헤지한 경우 수익률곡선이 위아래로 수평적으로 변한다면 양 포지션의 금리차가 변하지 않으므로 헤지가 되지만 수익률곡선의 기울기가 더 가파르게 될 경우에는 10년 정부채의 매입 포지션의 가치는 급격히 하락하게 되므로 손실이 더 발생할 수 있다.

5) 유동성 위험

유동성 위험(liquidity risk)은 포지션을 현재의 시장가격으로 신속하게 청산할 수 없을 때 발생하는 위험이다. 보통 유동성 위험은 매매호가차이(bid-ask spread)로 측정하며 매매호가차이가 크면 유동성 위험이 크다고 할 수 있다. 매매호가차이는 경제의 일반적인 상황에 의해 좌우되기도 하지만 특정 기업에 대한 정보에 따라 변하기도 한다. 또한 유통시장의 시장참여자 수가 많지 않아 거래량이 크지 않고 거래가격이 불연속적으로 형성되는 유가증권의 경우 투자유가증권을 현금화하는 데 어려움을 겪게 될 뿐만 아니라 거래 시 가격상의 불이익을 겪을 가능성이 커져 유동성 위험에 노출되는 경향이 있다.

6) 인플레이션 위험

채권의 액면이자율은 명목이자율이므로 인플레이션의 경우 구매력이 손상될 수 있다. 피셔효과(fisher effect)에 의하면 명목이자율은 물가상승률과 실질이자율의 합과 동일하다. 만기까지의 수익률이 확정된 채권의 경우 인플레이션은 채권으로부터 얻어지는 이자수입의 실질가치를 감소시킨다. 이와 같은 위험은 채권의 만기가 길수록 커지는 경향이 있으며 이 위험을 피하기 위해서는 확정금리지급채권보다는 금리연동부 이자지급채권에 대한 투자가 유리하다. 우리나라에서도 다양한 금리변동부 채권(FRN)들이 발행되어 왔으며 물가연동국고채권이 발행되고 있다.

7) 수의상환위험

채권의 발행자가 수의상환(call option), 즉 만기일 이전에 시장가격 또는 일정금액으로 채권을 상환할 수 있는 권리를 가질 때 투자자가 부담하는 위험을 말한다. 채권의 발행자는 수의상환권을 갖기 때문에 투자자에게는 현금흐름의 불확실성, 상환 시 낮은 수익률로 재투자해야 하는 위험 그리고 가격상승의 제한 등에 직면하게 된다. 이를 총칭하여 수의상환위험이라고 한다. 대개 이러한 수의상환권은 채권발행 시 지급하기로 한 이자율보다 시장금리가 낮아질 경우 행사된다. 이 경우 투자자는 상환된 원금을 과거보다 낮은 금리로 운용해야 하며 이는 투자수익에 대한 불확실성이 증대될 수 있다.

8) 환율변동위험

채권의 액면이자와 원금이 자국통화 이외의 통화로 지급되면 투자자는 환 위험(foreign exchange risk)에 노출된다. 해당 채권의 외화의 가치가 변동하면 채권의 실질가치도 변동하게 된다. 예를 들어 한국 투자자가 미국 채권에 투자하였다고 하자. 만일, 원/달러 환율이 증가하면 1달러의 원화 기준가치가 증가하므로 우리나라 투자자는 이익을 얻는다. 즉 달러가격에 의한 채권가격에는 변화가 없더라도 원화에 의한 채권가치는 올라가게 되고 반대로 달러가치의 하락은 원화에 의한 채권가치를 감소시킨다.

9) 변동성 위험

일반채권의 가치는 이자율의 변동성과는 무관하다. 그러나 옵션의 성격을 내재한 옵션부채권의 경우 이자율의 변동성 증가는 콜옵션과 풋옵션의 가치를 모두 증가시키고 이는 다시 옵션부 채권의 가치에 영향을 미친다. 이를 변동성 위험(volatility risk)이라고 한다. 변동성의 증가는 수의상환사채의 가치를 감소시키는 반면에 상환요구사채의 가치는 증가시킨다. 이유는 수의상환권은 발행기업이 갖는 반면에 상환요구권은 투자자가 갖기 때문이다.

10) 채권포트폴리오 위험

앞에서의 1)에서 9)까지의 위험은 개별 채권에 관련된 위험이라 볼 수 있다. 여러 채권으로 구성한 포트폴리오 위험은 개별 채권과는 달리 체계적 위험과 비체계적 위험으로 구분하여 관리해야 한다. 만약 시장이자율의 변화가 없고 채권을 만기까지 보유할 경우 발생하는 채권투자의 위험은 채무불이행 위험만 존재하게 되며, 이 경우 채권에서는 주식의 경우보다 비체계적 위험의 중요성이 높지 않다. 채권포트폴리오에서 가장 중요한 관심사는 채권의 수익률에 큰 영향을 주는 시장위험 또는 체계적 위험을 어떻게 통제하는가 하는 점이다. 잔존기간, 표면이자율, 이자지급 횟수, 듀레이션, 컨벡시티 등의 요소가 채권포트폴리오의 수익률 및 수익률의 변동성에 영향을 주기 때문이다. 전통적으로 채권포트폴리오의 체계적 위험은 잔존만기 또는 듀레이션을 변화시켜 통제해 왔으며 구성채권의 듀레이션을 분산시키는 것이 효과적인 방법 중의 하나로 사용되어 왔다.

제 2절 채권 리스크의 사전적 측정

1. 채권 리스크 관리의 개념

앞의 제7장에서 설명한 금리 리스크 관리는 금리 변화에 따른 순이자수익과 순자산가치 변화관리로 금융기관 전체 자산 및 부채포트폴리오 관리에 중점을 둔다. 채권 리스크 관리도 금리 변화에 따른 보유채권 관련 가격변동 리스크(pricing risk) 관리로서 시장 리스크의 한 범주에 속하여 관리하고 있다.

채권이란 일반적으로 미래의 현금흐름이 확정된 증권을 의미한다. 채권의 가격(가치)은 그 채권으로부터 기대되는 미래 현금흐름의 현재가치로서 채권수익률로도 나타낸다고 할 수 있는데 특히 시장금리의 변화에 따라 달라진다. 따라서 금리 변화에 따른 보유채권의 미래 현금흐름의 변화를 관리하기 위해 채권 리스크 관리기법 혹은 채권의 가치평가를 본 장에서 주로 다루고자 한다. 금리 리스크에 노출된 상품으로는 채권, 금리 및 채권을 기초자산으로 하는 파생상품, 금리연계 구조화 상품, 채권이 포함된 수익증권 등이 있다.

채권을 운용하는 경우 금리에 대한 전망을 바탕으로 채권의 듀레이션을 조정하는 것이 가장 일반적인 방법이다. 금리상승이 예상된다면 듀레이션을 줄이기 위해 장기채보다는 단기채로 포트폴리오를 변경하고 금리하락이 예상되면 듀레이션을 늘이기 위해 장기채 위주로 포지션을 바꾸는 것이 바람직하다. 그러나 금리 리스크 관리에서는 금리의 변동 리스크를 줄이는 채권운용전략이 주로 이용되고 있다. 이 경우 채권선물이나 옵션 또는 스왑 등을 이용하여 포지션의 리스크를 관리한다. 예를 들면 채권선물을 매도함으로써 채권 포지션 변경을 위한 매매를 하지 않고도 듀레이션을 조정할 수 있다. 또한 금리변동의 리스크를 줄이기 위해 변동금리와 고정금리를 바꾸는 스왑도 자주 이용되고 있다.

2. 채권 리스크 측정치로서의 듀레이션

듀레이션은 원래 채권만기의 대용치(proxy)로 개발되었지만 채권가격의 변동성과 밀접한 관계를 갖는다. 듀레이션을 채권가격 변동성의 측정치로 사용할 수 있기 때문에 듀레이션은 채권 리스크 측정지표로 매우 중요하게 이용되고 있다.

현실적으로 채권투자 시에는 채권가격 변동요인의 크기가 서로 다른 채권들을 비교하여 투자결정을 내려야 하는 경우가 일반적이다. 예컨대 잔존기간은 길고 표면이율이 높은 채권과 잔존기간은 짧으나 표면이율이 낮은 채권을 놓고 선택해야 한다면 이들 중 어느 채권의 가격변동성이 더 큰가를 결정해야 하는 어려움에 부딪히게 된다. 따라서 채권의 가격변동에 미치는 여러 요인을 동시에 고려하여 채권수익률의 변화가 채권가격의 변동에 미치는 영향을 측정할 수 있는 개념이 필요하며 이는 1938년 영국의 통계학자 매콜리(F. R. Macaulay)에 의해 듀레이션의 개념으로 체계화되었다. 매콜리는 채권수익률이 만기 시의 원금뿐만 아니라 중도에 지급되는 이자와도 함수관계에 있다는 사실에 주목하여 금리변동에 따른 가격 민감도(price sensitivity)를 연구하다가 듀레이션(duration)이라는 지표를 개발하였다.

1) 듀레이션의 정의와 특성

듀레이션(또는 매콜리 듀레이션)이란 채권에서 발생하는 현금흐름을 이들이 각기 발생하는 기간으로 가중하여 현재 가치의 합을 채권가격으로 나눈 것이며 이는 채권에 투자된 원금의 가중평균회수기간이라고 할 수 있다.

$$D_{Macaulay}=\frac{\sum_{t=1}^{T}\frac{CF_t\times t}{(1+r)^t}}{\sum_{t=1}^{T}\frac{CF_t}{(1+r)^t}}=\frac{\sum_{t=1}^{T}\frac{CF_t}{(1+r)^t}\cdot t}{P_0} \tag{1}$$

t : 현금흐름 발생기간($t=1, 2, 3, \cdots, n$)
CF_t : 채권에서 발생하는 각 기의 현금흐름
r : 채권의 만기수익률
P : 채권의 가격

또한 듀레이션은 이 정의를 도출하는 수학적 관계를 통하여 다음과 같이 수익률변동에 대한 채권가격 민감도의 개념으로도 표현할 수 있다. 수익률 변화에 따른 채권가격의 민감도를 측정하기 위하여 채권가격공식을 수익률로 미분하면 다음과 같다.

$$D=-\frac{\frac{dP}{P}}{\frac{dr}{1+r}}=\frac{\frac{dP}{dr}}{\frac{P}{1+r}}=-\frac{dP}{dr}\cdot\frac{(1+r)}{P} \tag{2}$$

듀레이션의 정의에서 볼 수 있는 바와 같이 듀레이션은 만기 및 표면 이율에 의해 결정되는 현금흐름의 크기, 그리고 만기수익률의 수준 등이 동시에 고려된 개념이라고 할 수 있다.

2) 듀레이션과 채권가격 변동성의 관계

듀레이션의 개념은 듀레이션이 채권가격 및 그 변동성과 어떠한 관계를 지니고 있는가를 보여준다.

채권가격 공식인 다음의 식 (3)을 r에 대하여 미분하면 다음의 식 (4)가 성립한다.

$$P=\sum_{i=1}^{n}\frac{CF_t}{(1+r)^t}=\frac{CF_1}{(1+r)^1}+\frac{CF_2}{(1+r)^2}+\cdots+\frac{CF_n}{(1+r)^n} \tag{3}$$

$$\frac{dP}{dr}=-\frac{1}{1+r}\left[\frac{1\times CF_1}{(1+r)^1}+\frac{2\times CF_2}{(1+r)^2}+\cdots+\frac{n\times CF_n}{(1+r)^n}\right] \tag{4}$$

식 (4)를 P로 나누면 다음의 식 (5)가 된다.

$$\frac{dP}{P} = -\frac{dr}{1+r}\left[\frac{1\times CF_1}{(1+r)^1} + \frac{2\times CF_2}{(1+r)^2} + \cdots + \frac{n\times CF_n}{(1+r)^n}\right] \Big/ P \tag{5}$$

식 (5)에서 $D = \left[\frac{1\times CF_1}{(1+r)^1} + \frac{2\times CF_2}{(1+r)^2} + \cdots + \frac{n\times CF_n}{(1+r)^n}\right] \Big/ P$

$$\frac{dP}{P} = D\times \frac{dr}{1+r} \tag{6}$$

식 (6)으로부터 채권가격의 변화율이 듀레이션과 직접적인 관계를 갖고 있음을 알 수 있다.

즉 채권가격의 변화율은 듀레이션($-D$), 수익률 변화(dr), $\frac{1}{1+r}$의 곱으로 표현되므로 듀레이션을 채권가격의 변동치로 사용할 수 있다. 식 (6)의 양변에 P를 곱하면 채권수익률(시장수익률) 변화에 따른 채권가격의 변화금액(dP)을 직접 추정할 수 있다.

$$dP = -D\times P\times \frac{dr}{1+r} \tag{7}$$

즉, 듀레이션이 주어졌을 때 수익률의 변동에 따른 채권가격의 변동률과 변동폭은 다음과 같이 표현된다.

$$\begin{aligned}\frac{\Delta P}{P}\text{(채권가격 변동률)} &= -\frac{Duration}{(1+r)}\times \Delta r \\ &= MD\text{(Modified Duration)}\times \Delta r\end{aligned} \tag{8}$$

Δr : 시장만기수익률의 변동폭

이 관계에서 우항의 $\frac{Duration}{(1+r)}$은 수정듀레이션으로 표현된다.

$$\text{수정듀레이션(Modified Duration)} = MD = \frac{Duration}{(1+r)}$$

$$\Delta P\text{(채권가격 변동폭)} = -MD\times \Delta r\times P$$

$$\frac{\Delta P}{P}\text{(채권가격 변동률)} = -MD\times \Delta r \tag{9}$$

이 식들은 수정듀레이션을 알면 수익률 변화에 대한 채권가격 변동성을 용이하게 알 수 있음을 보여준다. 수정듀레이션(MD)은 매콜리(Macaulay) 듀레이션의 부정확성을 보완한 듀레이션 계산방법으로 힉스(Hicks)에 의해 고안되었다.

이는 앞서의 채권가격의 미분과정을 통해 설명한 바와 같이 수정듀레이션은 시장수익률 변동(Δr)에 따른 채권가격의 변동률$\left(\frac{\Delta P}{P}\right)$을 선형으로 추정한 금리-가격 곡선의 1차 도함수 값이다. 수익률 변화에 따른 채권가격의 민감도를 측정하기 위하여 채권가격공식을 수익률로 미분한 식이다.

$$\frac{dP}{P}=-\frac{D}{(1+r)}\times\Delta r=-MD\times\Delta r,\ D=-\frac{\frac{dP}{P}}{\frac{dr}{1+r}},\ MD=\frac{\frac{dP}{P}}{dr}$$

단, $MD=D\times\frac{1}{1+r}$ 로 수정듀레이션(modified duration)

즉, 수정듀레이션은 금리변동에 따른 채권의 가격탄력성(elasticity)을 나타내므로 금리변화에 따른 채권가격의 변동을 알 수 있다.

듀레이션의 특징은 다음과 같다.

① 듀레이션은 만기가 증가할수록 증가한다.

② 시장수익률이 증가할수록 감소한다.

③ 듀레이션은 표면금리(coupon rate)가 증가할수록 감소한다.

④ 무액면금리채권(zero coupon rate)의 만기는 바로 듀레이션이다.

⑤ 이자율이 i%인 영구채권의 듀레이션은 $\frac{1+i}{i}$이다.

3) 듀레이션을 이용하여 채권가격의 변동률 및 채권가격 변동폭 계산

(1) 듀레이션의 산출(예시)

잔존기간이 3년, 표면이율 8%인 연 단위 후급 이자지급 이표채의 만기수익률이 10%일 경우 이 채권의 듀레이션을 구하라.

채권의 현금흐름은 〈표 11-1〉과 같다.

표 11-1 | 3년만기 채권의 현금흐름

t	CF_t	$CF_t/(1+r)^t$	$t\times CF_t/(1+r)^t$
1	800	$727.27=800/(1+0.1)^2$	$727.27=727.27\times1$
2	800	$661.16=800/(1+0.1)^2$	$1,322.32=661.16\times2$
3	10,800	$8,114.20=10,800/(1+0.1)^3$	$24,342.60=8,114.20\times3$
합계		9,502.63	26,392.19

$$D_{Macaulay}=\frac{\sum_{t=1}^{T}\frac{CF_t}{(1+r)^t}\cdot t}{P_0}\ \text{이므로 듀레이션}=\frac{26,392.19}{9,502.63}=2.78\text{년}$$

(2) 채권가격의 변동률 및 채권가격 변동폭 계산

[예시 1] 잔존기간이 3년, 표면이율 8%인 연 단위 후급 이표채의 만기수익률이 10%일 경우

이 채권의 가격은 9,502.63원이며 듀레이션은 2.78년이다. 이 채권의 만기수익률이 8%로 하락 시 듀레이션을 이용하여 추정된 채권가격의 변동률 및 채권가격 변동폭은 얼마인가?

1) 채권가격 변동률 : $\frac{\Delta P}{P} = -\frac{2.78}{(1+0.10)} \times (-0.02) = 0.0505$, 즉 5.05%

2) 수정듀레이션$(MD) = \frac{2.78}{(1+0.10)} = 2.52$이므로

채권가격 상승폭 : $\Delta P = -2.528 \times (-0.02) \times 9{,}502.63 = 480.45$

3) 수익률 8% 시의 채권가격 : 9,983.08원 = 9,502.63원+ 480.45

[예시 2] 액면가: 10억 원, 만기: 6년, 액면이자율: 8%, 시장금리: 8%, D: 4.99년인 채권의 시장금리가 8%에서 9%로 오를 경우 채권가격은 얼마나 변하나?

$$\Delta P = -1{,}000{,}000{,}000 \times 4.99 \times \frac{0.01}{(1+0.08)}$$
$$= -46{,}203{,}703\text{원(즉 46,203,703원 감소)}$$

4) 듀레이션의 용도

듀레이션은 위험측정(risk measure), 면역전략, 가산성, 헤지비율 등 다음과 같이 유용하게 이용된다.

(1) 면역전략

앞에서 듀레이션은 채권가격의 변화(변동성)를 측정하는 유용한 위험 측정치임을 설명하였다. 또한 (매콜리)듀레이션은 포트폴리오 자산의 듀레이션과 부채 듀레이션을 일치시키는 면역화전략(immunization strategy)을 이용한 포트폴리오를 구성하는 데 사용된다. 수익률 변동위험을 제거하고 투자목표를 달성하기 위한 방법이 면역전략으로, 이는 투자기간과 채권포트폴리오의 (매콜리)듀레이션을 일치시킴으로써 수익률 상승(하락) 시 채권가격 하락(상승)분과 표면이자에 대한 재투자수익 증대(감소)분을 상호 상쇄시켜 채권투자 종료 시 실현수익률을 목표수익률과 일치시키는 구조를 기본으로 하고 있다.

(2) 가산성

듀레이션의 유용한 점은 가산성(additivity)에 있다. 즉, 채권포트폴리오의 듀레이션은, 구성되어 있는 각 채권듀레이션의 가중평균치로 구할 수 있는 것이다. 가중치는 포트폴리오 내의 채권들의 현재가격 가치를 반영한 보유비중을 이용한다.

$$\text{포트폴리오의 (수정)듀레이션}(D_P) = \sum_{t=1}^{n}(D_i \times w_i)$$

D_i : i번째 채권의 (수정)듀레이션
w_i : 채권포트폴리오에서 i번째 채권의 시장가치 비중
n : 채권포트폴리오에서 구성하는 채권의 수

(3) 헤징

듀레이션은 채권의 상대적 수익률 민감도를 측정하는 척도이므로 헤징(hedging)에 이용될 수 있다. 헤징은 채권을 현물시장에서 매수하고 선물을 매도하거나 다른 채권을 공매도함으로써 가능하다.

만일 채권시장가격이 100억 원이고 듀레이션이 5인 채권을 듀레이션이 10인 채권선물을 매도(short)하여 헤지하고자 한다면 액면 1억 원의 선물 50계약을 매도하면 된다.

$$\text{매도해야 할 선물계약수} = \frac{5 \times 100}{10 \times 1} = \frac{500}{10} = 50$$

헤지된 포트폴리오의 듀레이션을 구하면 다음과 같이 영(0)이 된다.

$$\text{Hedged Portfolio Duration} = \frac{(5 \times 100) - (10 \times 50)}{100} = 0$$

단, 이러한 방법은 헤지하고자 하는 대상 채권의 수익률과 헤지에 이용되는 채권 수익률곡선이 평행이동한다는 가정을 해야 하는 단점이 있다.

5) 듀레이션의 한계와 볼록성

듀레이션은 금리의 변화에 대한 채권가격의 변동을 접선식에 의해 구하기 때문에 추정오차(estimated error)가 발생한다. 채권수익률의 실제 시장가격은 원점에 대해 볼록하기 때문에 예측된 직선과 실제가격-수익률곡선 사이만큼 추정오차가 발생하게 되고 이를 해결하기 위해서는 컨벡시티(convexity, 볼록성)를 함께 고려해야 한다.

수익률 변동에 의한 채권가격 변동을 추정하는 데 사용되는 듀레이션은 채권가격 결정요인들에 대한 포괄적 정보를 포함하는 유용한 개념이다. 그러나 듀레이션을 이용하여 추정된 채권가격의 변동은 수익률 변동폭이 작은 경우에는 실제 가격변동과 큰 차이가 없으나 수익률 변동폭이 커질수록, 그리고 실제가격 변동폭이 커질수록 실제가격 변동치와 비교해 오차가 증가하는 경향이 있다. 이와 같은 결과가 나오는 것은 일반적으로 실제 채권가격과 만기수익률은 원점에 대하여 볼록한 곡선모양의 관계를 갖는다. 이에 비해, 듀레이션을 이용하여 추정된 채권가격과 만기수익률의 관계는 듀레이션 산출의 기준이 되는 만기수익률을 접점으로 선형

관계를 보이기 때문이다. 듀레이션을 이용하여 추정된 채권가격 변동폭은 만기수익률이 하락하는 경우에는 실제 채권가격 상승폭보다 과소평가되는 반면 만기수익률이 상승하는 경우에는 실제 채권가격 하락폭보다 과대평가되며 이러한 경향은 수익률 변동폭이 확대될수록 증가한다. 따라서 듀레이션에 의한 가격변동 산출에서 발생하는 추정오차를 감소시킬 필요성이 야기되며 이는 볼록성(convexity)의 개념을 통해 반영되어야 한다.

3. 볼록성

1) 볼록성의 정의

볼록성을 컨벡시티(convexity)라고 하며 채권가격 변동에 대한 추정오차를 의미하는데 궁극적으로 실제 채권가격과 만기수익률의 관계가 원점에 대해 볼록한 비선형 관계를 갖기 때문에 생긴다. 이러한 볼록한 비선형성의 크기는 각 채권마다 다르기 때문에 이를 측정할 필요가 있다.

채권수익률의 실제 시장가격은 원점에 대해 볼록하기 때문에 예측된 직선과 실제가격–수익률곡선 사이만큼 추정오차가 발생하게 되고 이를 해결하기 위해서는 컨벡시티(convexity)를 함께 고려해야 한다. 컨벡시티는 볼록성을 뜻하는 것으로 금리 변화에 따른 가격 변화 근사치(Talyor expansion)의 관점에서 보면 듀레이션은 일차항(first moment)을 고려한 것이고 컨벡시티는 이차항(second moment)을 고려한 것이라 할 수 있다. 컨벡시티(convexity)는 다음의 식에서 구할 수 있다.

$$\text{볼록성(convexity)} = C = \frac{\frac{d^2P}{dr^2}}{P}$$

$$\text{여기서 } \frac{d^2P}{dr^2} = \sum_{t=1}^{M} \frac{t(t+1)\,CF_t}{(1+r)^{t+2}} \times \frac{1}{P} \qquad (10)$$

C : Convexity
CF_t : t시점 현금흐름
P : 각 현금흐름의 현재가치 합
r : 할인율
M : 만기

2) 볼록성에 기인한 채권가격 변동을 계산

(1) 볼록성에 기인한 채권가격 변동 산식

듀레이션과 컨벡시티를 모두 고려한 금리변동에 따른 채권의 가격변동률은 다음과 같다.

$$가격변동률(\%) = -\ 수정듀레이션 \times (\Delta r) + \frac{1}{2} \times 컨벡시티 \times (\Delta r)^2$$

$$\frac{\Delta p}{p} = -D \times \frac{\Delta r}{1+r} + \frac{1}{2} \times C \times \Delta r^2 = -MD \times \Delta r + \frac{1}{2} \times C \times \Delta r^2$$

(2) 채권가격에 의한 컨벡시티의 계산 예시

예를 들면, 액면가 : 10,000원, 표면이자 : 10%, 시장이자율 : 12%, 만기 : 3년, 1년마다 이자를 지급하는 회사채의 현재가격 : 9,500원일 때 컨벡시티를 구해 보면 다음과 같다.

채권가격에 대한 컨벡시티의 계산은 〈표 11-2〉와 같다.

표 11-2 | 채권가격에 의한 컨벡시티 계산

기간(t)	$CF(t)$	$t(t+1)\ CF(t) = (1)$	$\frac{1}{(1+r)^{(t+2)}} = (2)$	$(1) \times (2)$
1	1,000	2,000	0.712	1,424
2	1,000	6,000	0.635	3,810
3	11,000	132,000	0.567	74,844

(3) 컨벡시티의 계산과 가격변동률과 가격변동금액 산출

컨벡시티의 계산은 다음과 같다.

$$컨벡시티 = 80{,}078\,(1{,}424 + 3{,}810 + 74{,}844) / 9{,}500 = 8.42$$

컨벡시티를 감안한 가격변동률과 가격변동금액은 다음과 같다.

$$가격변동률(\%) = -\ 수정듀레이션 \times (\Delta r) + 컨벡시티 \times (\Delta r)^2$$

$$4.74\% = -\frac{2.75}{1.12} \times (0.02) + \frac{1}{2} \times 8.42 \times (0.02)^2 = 0.0474$$

$$가격변동금액 = 가격변동률 \times 채권의\ 현재가치$$

$$450.3 = 4.74\% \times 9{,}500$$

4. 채권의 수익률곡선과 수익률의 위험구조

채권의 투자수익은 채권시장 내적 혹은 외적으로 작용하는 수많은 채권가격의 변동요인들에 의해 영향을 받는다. 이처럼 채권시장 내적 혹은 외적으로 작용하는 요인들이 서로 다른 만기를 가진 채권들의 가격구조에 미치는 영향에 관한 정보가 총체적으로 반영된 것이 '수익률곡선' 이라 할 수 있다. 그리고 채권발행 주체들의 원리금 상환능력의 차이에서 발생하는 투자위험의 차이가 수익률의 차이에 반영되는 현상을 '수익률의 위험구조' 라고 한다.

1) 수익률곡선

동일한 발행주체에 의해 발행된 채권의 잔존기간과 수익률과의 관계를 나타내는 개념을 수익률의 기간구조(term structure of interest rate)라고 한다. 그리고 이를 그래프로 나타낸 것이 수익률곡선(yield curve)이다. 많은 경우 수익률곡선은 채권의 잔존기간과 이 잔존기간을 지닌 채권의 수익률과의 궤적으로 표현되며 만기수익률곡선(YTM curve)이라고 한다. 대부분의 채권은 이표채인 경우가 많으며 이 경우 만기기간이 서로 다르게 발행된 채권들은 잔존기간이 동일하더라도 표면이율이 달라 현금흐름이 다를 수 있다. 따라서 현금흐름에서 나타나는 차이를 배제시켜 잔존기간과 수익률 간의 관계를 나타낼 필요가 있는데 이와 같은 것을 현물수익률곡선(spot rate curve)이라고 한다.

이자율 기간구조란 만기수익률, 현물수익률 그리고 선도수익률과 잔존기간과의 관계를 표현하는 포괄적 개념으로 생각할 수 있다. 시장을 통해서 얻을 수 있는 수익률곡선은 전체적인 수익률의 기간구조를 추정 가능하게 하여 줌으로써 채권의 장·단기 수익률을 상대적으로 비교 가능케 해 주고 미래 단기수익률의 기대에 대한 정보를 제공해 주기도 한다. 따라서 수익률곡선은 현 시점에서 투자할 채권을 선택하는 데 있어서뿐만 아니라, 투자된 채권의 향후 운용전략을 결정하는 데 중요한 기준이 되고 있다. 채권시장에서 차지하는 비중이 높은 금융투자회사들에 의해 작성되어 한국금융투자협회를 통해 발표되는 대표적 채권들의 시가평가기준수익률(Matrix Pricing Table)은 수익률곡선의 한 예이다.

2) 수익률의 위험구조

수익률의 기간구조는 채권의 잔존기간과 수익률 간의 관계를 나타낸다. 그런데 채권들 간에 동일한 잔존기간을 가지고 있다고 하더라도 채권의 발행주체가 다르면 채권수익률 간에 차이를 보인다. 이와 같은 수익률의 차이는 주로 채권발행자의 원리금 상환능력의 격차에 기인한 신용위험의 차이에 기인한다. 발행주체들의 원리금 상환능력의 차이에서 발생하는 투자위험(default risk)의 차이가 수익률의 차이에 반영되는 현상을 수익률의 위험구조(risk of structure of interest rate)라고 한다. 이 경우 발행자의 신용등급의 차이에서 기인하는 수익률 간의 차이, 즉 수익률 스프레드를 원리금 상환위험 프리미엄(default premium)이라고 한다.

수익률 스프레드의 크기는 항상 동일수준을 유지하는 것이 아니라 경제상황 등 제반여건의 변화에 따라 변동하게 된다. 일반적으로 경기 불황기에는 이 스프레드가 커지는 경향이 있는 반면 경기 활황기에는 축소되는 경향이 있다.

제3절 채권운용 리스크의 사후적 측정

1. 채권의 전통적인 위험 측정치에 의한 개별 채권 VaR

채권의 위험을 측정하는 가장 기본적인 위험 측정치는 듀레이션(duration)으로 채권수익률의 변화가 채권가격의 변동에 미치는 영향을 측정하는 데 유용한 수정듀레이션의 개념으로 앞 장에서 나루었는데 다음과 같이 정리한다.

이는 수평수익률곡선(flat yield curve)하에서의 채권의 수익률 변동성(yield volatility)과 가격변화율의 변동성(return volatility) 간에는 다음의 관계가 성립함을 알 수 있다.

$$\sigma\left(\frac{\Delta P}{P}\right) = MD \cdot \sigma\left(\frac{\Delta y}{y}\right) \quad (11)$$

수평수익률곡선 가정하에서 채권 VaR을 구하는 식은 채권의 포지션의 가치, 수정듀레이션(MD), 수익률의 변동성, 신뢰수준(α)에 해당하는 표준편차(σ)의 곱으로 표현되므로 이는 다음과 같은 식이 된다.

$$VaR = \alpha \times P_0 \times MD \times y \times \sigma\left(\frac{\Delta y}{y}\right) \quad (12)$$

P_0 : 채권의 현재가격

개별 채권 VaR을 측정(예시)

예를 들면, 만기가 3년이고 액면이자율이 8%인 채권의 VaR을 95% 신뢰수준에서 1일 기준으로 계산하여 보자. 채권의 듀레이션은 2.69년이고, 연 4회 이자를 지급하며 원금은 10,000원이다. 현재 수익률곡선은 10%에서 수평이며 연간 수익률의 변동성 $\sigma\left(\frac{\Delta y}{y}\right)$는 15%이다. 채권 VaR을 구하라.

먼저 $MD = D/(1+y/m)$이므로(y는 연간 수익률이고 m은 연간 이자지급 횟수임) 수정듀레이션은 2.69/1.025 = 2.62이다. 그리고 채권의 가치는 9,487이다.

$$채권가치 = 200 \times \left(\frac{1 - \frac{1}{1.025^{12}}}{0.025} \right) + \frac{10,000}{1.025^{12}} = 9,487원$$

따라서 95% 신뢰수준에서 1일 기준의 채권 VaR은 다음과 같이 계산한다.

$$VaR = 1.65 \times 9,487 \times 2.62 \times 0.1 \times 0.15 \times \frac{1}{\sqrt{250}} = 39 원$$

2. 채권포트폴리오 VaR

채권운용의 사후적 리스크 측정은 보유채권의 포지션의 VaR을 계산하는 과정으로 채권포트폴리오 VaR을 측정하는 것이다.

채권포트폴리오의 VaR을 계산하는 첫 번째 과정은 채권포트폴리오의 포지션을 VaR 계산을 위하여 인식한 후 이를 위험요인(즉 기본만기: Vertex)과 연결시키는 과정이다. 이를 매핑(mapping)이라고 하는데 여기에는 크게 3가지 방법이 있다. 원금 매핑(principal mapping), 듀레이션 매핑(duration mapping), 현금흐름 매핑(cash flow mapping)이 있다. 즉, 채권포트폴리오의 VaR을 계산하는 과정은 1단계의 매핑단계, 2단계의 현금흐름 배정단계, 그리고 3단계의 VaR 계산단계로 구성되며 이를 거쳐 채권포트폴리오 VaR을 측정한다.

1) 채권포트폴리오 VaR의 측정[2)]

예를 들면 만기가 5년이고 액면이자율이 6%인 액면가채권(D= 4.4651)과 만기가 1년이고 액면이자율이 4%인 액면가채권(D= 1)에 각각 100억 원을 투자한 채권포트폴리오의

그림 11-1 | 현금흐름의 합성

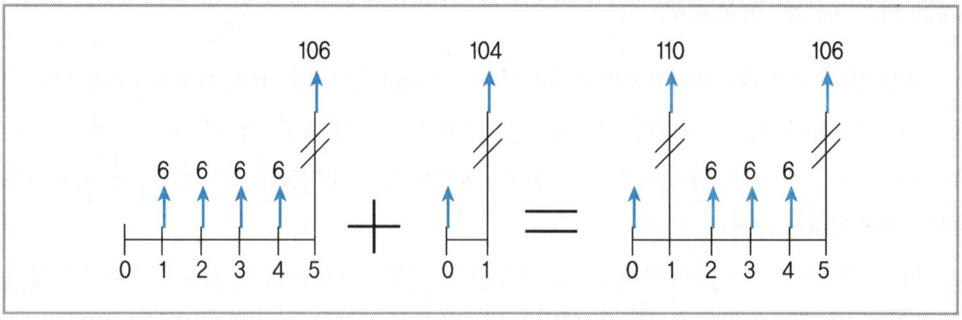

2) 채권포트폴리오 VaR 측정에 대해서는 김철중 · 박종원(2015), 「위험측정 및 활용」, 한국금융연수원, pp.154-162 참조.

VaR(C = 95%, N = 1개월)을 계산해 보기로 하자. 1년에 이자는 한 번 지급된다고 가정한다.

채권포트폴리오 VaR을 측정하기 위해서는 개별 채권 포지션의 현금흐름을 표현하는 과정으로 매핑과정을 거쳐야 한다. [그림 11-1]은 두 채권의 미래 현금흐름을 합성한 것이다.

(1) 1단계 매핑과정

① 개별 채권 포지션의 현금흐름을 표현하는 과정

(가) 원금 매핑(principal mapping)

만기 전의 모든 액면이자의 지급은 무시하고 원금만을 인식하는 방법이다. 이를 그림으로 나타내면 [그림 11-2] 원금 매핑과 같다. 이자금액은 무시하고 액면가가 100억 원이며 만기가 5년인 무이표채로 인식하는 방법이다.

그림 11-2 | 원금 매핑

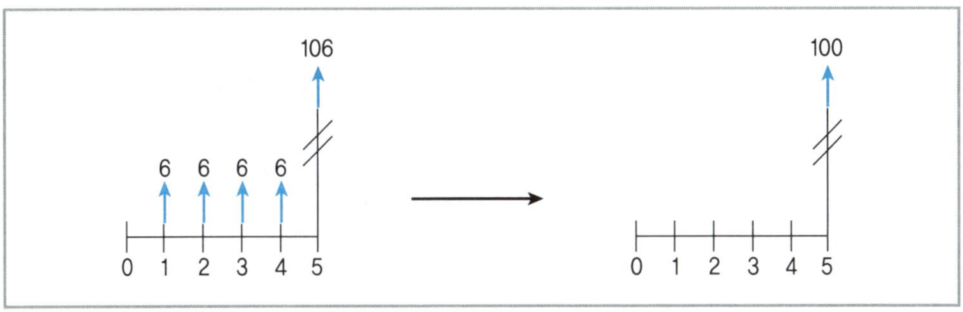

(나) 듀레이션 매핑(duration mapping)

채권의 듀레이션은 그 채권과 동등한 무이표채의 만기이다. 결국 위험이란 가격변동성을 의미하므로 VaR 계산 측면에서 볼 때 이 채권은 만기가 4.4651년인 무이표채로 인식할 수 있

그림 11-3 | 듀레이션 매핑

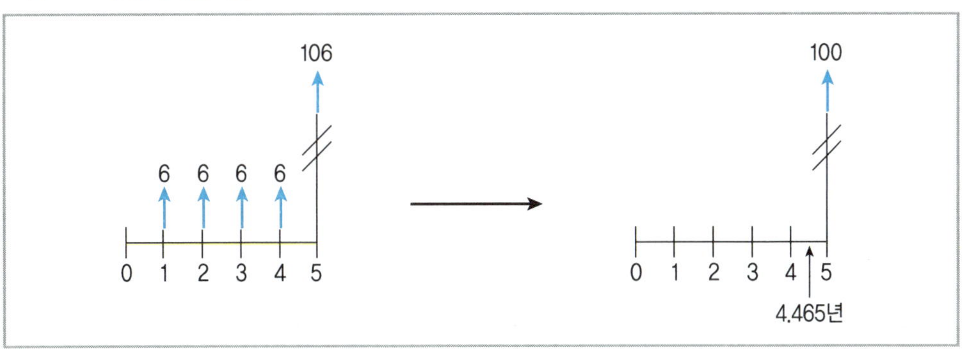

다. [그림 11-3] 듀레이션 매핑에서 보듯이 듀레이션 매핑은 만기가 5년이고 액면이자율이 6%인 이표채를 만기가 4.4651년이고 액면가가 100억 원인 무이표채로 인식하는 방법이다.

(다) **현금흐름 매핑**(cash flow mapping)

현금흐름 매핑은 모든 개별 현금흐름의 시점과 금액을 파악한 후에 이를 수익률곡선을 이용하여 현재가치로 전환하는 방법이다. [그림 11-4] 현금흐름 매핑에서 이 방법은 현금흐름의 시점을 그대로 인정하고 현재가치로 전환한다는 점에서 앞의 두 매핑과 상이하다. 발생시점 기준의 현금흐름의 현가를 모두 합하면 100억 원이 되고 이는 앞의 두 매핑방법이 인식하는 금액과 같다.

그림 11-4 | 현금흐름 매핑

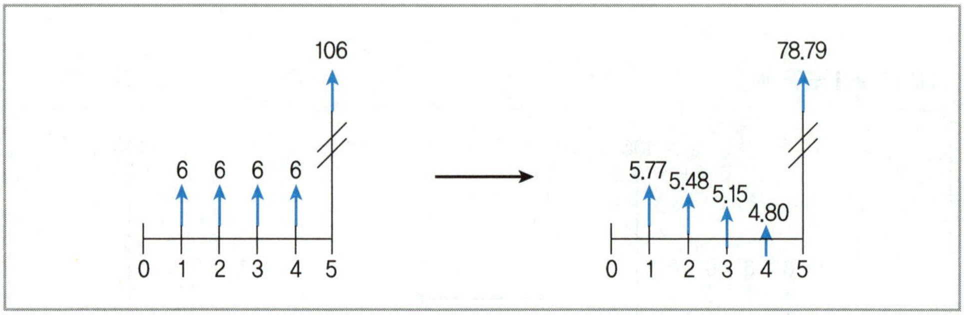

② **채권포트폴리오의 매핑방법**

만기가 5년이고 액면이자율이 6%인 액면가채권(D = 4.4651)과 만기가 1년이고 액면이자율이 4%인 액면가채권(D = 1)에 각각 100억 원을 투자한 채권포트폴리오에 세 가지의 매핑방법을 적용해 보기로 한다.

(가) **원금 매핑**

채권포트폴리오의 만기는 개별 채권의 만기(각 5년과 1년)를 투자비중(각 0.5)을 가중치로 하여 평균한 것으로 다음과 같이 3년이 된다.

$$\text{가중평균 만기} = 0.5 \times 5 + 0.5 \times 1 = 3\text{년}$$

원금 매핑에서는 현금흐름이 포트폴리오의 가중평균 만기에 발생하는 것으로 인식한다.

(나) **듀레이션 매핑**

채권포트폴리오의 듀레이션은 포트폴리오에 포함된 개별 채권의 듀레이션(각 4.4651년과 1년)을 투자비중을 가중치(각 0.5)로 하여 평균한 것으로 다음과 같이 2.733년이 된다.

$$\text{가중평균 듀레이션} = 0.5 \times 4.4651 + 0.5 \times 1 = 2.733\text{년}$$

듀레이션 매핑에서는 현금흐름이 포트폴리오의 가중평균 듀레이션에서 발생하는 것으로 계산한다.

(다) 현금흐름 매핑

현금흐름 매핑에서는 포트폴리오의 현금흐름을 기간별로 계산한다. 이상의 세 가지 방법에 의한 현금흐름을 요약하면 〈표 11-3〉과 같다.

표 11-3 | 원금 매핑, 듀레이션 매핑, 현금 매핑 간의 비교

만기(년)	채권 (6%, 5년)	채권 (4%, 1년)	만기수익률(%) (현물이자율)	매핑(단위 : 억원)		
				원금 매핑	듀레이션 매핑	현금흐름 매핑
1	6	104	4.0			105.77[1)]
2	6		4.618			5.48
2.733					200	
3	6		5.192	200		5.15
4	6		5.716			4.80
5	106		6.112			78.79
합계				200	200	200

주 : 1) 105.77=(6+104)/1.04

(2) 2단계 : 현금흐름 배정(기본만기로의 매핑)

채권포트폴리오의 VaR을 계산하는 두 번째 과정은 여러 매핑방법에 의해 인식된 현금흐름의 시점을 단순화하는 과정이다. 즉 원금 매핑, 듀레이션 매핑, 현금흐름 매핑에 의해 확인된 현금흐름을 데이터가 축적된 기본만기(Vertex)로 배정하는 과정이다. 기본만기로의 매핑은 [그림 11-5]와 같다.

예를 들어, 리스크메트릭스의 기본만기가 1개월, 3개월, 6개월, 1년, 2년, 3년, 4년, 5년, 7년, 9년, 10년, 15년, 20년으로 총 13개이다. 원금 매핑의 경우 인식된 현금흐름이 3년 후 발생하므로 리스크메트릭스상의 기본만기를 적용하는 데 문제가 없다. 현금흐름 매핑의 경우도 현금흐름 발생시점이 기본만기와 일치하므로 문제가 없다. 그러나 듀레이션 매핑의 경우 2.733년 후에 현금흐름이 발생하는 것으로 가정하므로 리스크메트릭스상의 기본만기를 적용할 수 없다. 2.733년에 발생하는 현금흐름 200억 원을 2년과 3년에 적절히 분배해야 한다. 현금흐름이 기본만기와 일치하지 않는 경우 현금흐름을 기본만기와 가장 가까운 2개의 만기에 배정하기 위해서는 다음 3가지 조건이 충족되어야 한다.

그림 11-5 | 기본만기로의 매핑

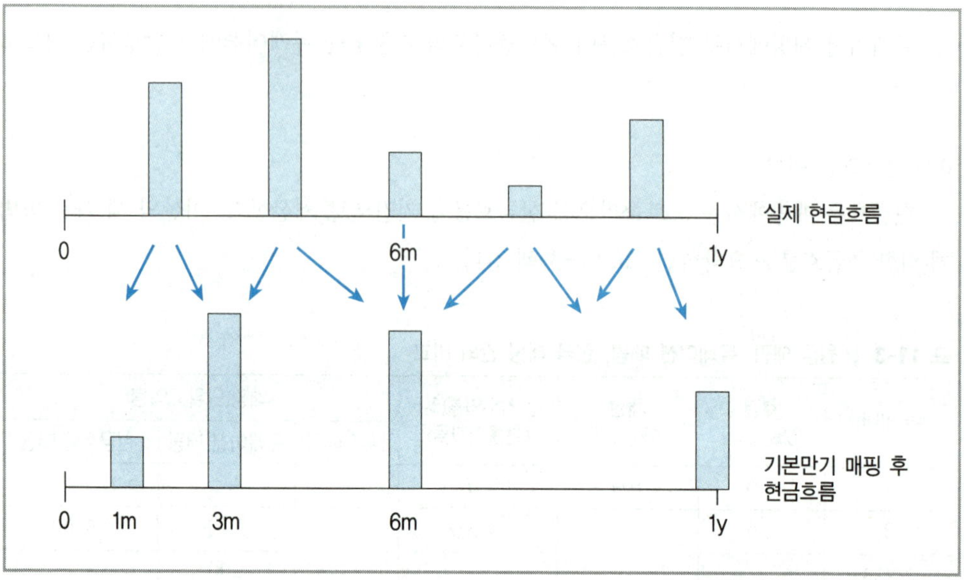

1. 시장가치가 변하지 않아야 한다.
2. 현금흐름의 부호가 변하지 않아야 한다.
3. 시장 리스크도 변하지 않아야 한다.

① 현금흐름 배정방법

예를 들어 현금흐름이 2.733년 후에 있는 채권가격(채권의 듀레이션은 2.733년)을 고려해 보자. 만기가 2.733년인 채권의 위험을 정확히 반영하면서 가장 가까운 기본만기에 현금흐름을 어떻게 배정해야 할 것인가?

방법은 채권가격을 만기가 2년과 3년인 무이표채로 구성된 포트폴리오로 인식하는 것이다. 먼저 만기가 2년과 3년인 채권의 변동성을 각각 σ_1과 σ_2로 그리고 이들의 상관계수를 ρ로 정의하자. 그리고 2년만기 채권에 배정할 현금흐름의 비중을 w로 정의하자. 두 채권으로 이루어진 채권포트폴리오의 분산은 채권가격의 분산과 같아야 하므로 다음과 같은 식이 성립한다.

$$\sigma_p^2 = w^2\sigma_1^2 + (1-w)^2\sigma_2^2 + 2w(1-w)\rho\sigma_1\sigma_2 \tag{13}$$

식 (13)을 w의 방정식으로 정리하면

$$(\sigma_1^2 + \sigma_2^2 - 2\rho\sigma_1\sigma_2)\,w^2 + 2(-\sigma_2^2 + \rho\sigma_1\sigma_2)\,w + (\sigma_2^2 - \sigma_p^2) = 0 \tag{14}$$

그리고 2년만기와 3년만기 무이표채의 가격변동성을 이용하여 채권가격의 변동성을 선형

보간법(linear interpolation)으로 구하면 1.351%가 된다.

$$\sigma_p = 0.987\% + (1.484\% - 0.987\%) \times \left(\frac{2.733 - 2}{3 - 2}\right) = 1.351\%$$

식 (13)에 $\rho = 0.99$, $\sigma_1 = 0.00987$, $\sigma_2 = 0.01484$, $\sigma_p = 0.01351$을 대입하여 구한 w는 26.35%이다.

현금흐름을 일치시키는 다른 방법으로는 듀레이션을 일치시키는 방법이 있다. 듀레이션을 일치시키는 방법을 듀레이션 매칭방법이라고 하는데 이를 설명하면 다음과 같다.

만기 2년과 만기 3년 무이표채로 구성된 포트폴리오의 듀레이션을 2.733년이라고 하면 다음의 식이 성립한다.

$$wD_1 + (1 - w)D_2 = 2.733$$

여기서 w는 2년만기 채권에 배정할 투자비중이고 D_1과 D_2는 2년만기와 3년만기 무이표채의 듀레이션으로 각각 2년과 3년이다. D_1과 D_2를 위 식에 대입하면 $w = 26.75\%$가 된다.

② 현금흐름 배정

[그림 11-6] 현금흐름 배정방법은 2.733년 후의 현금흐름 200억 원을 배정한 결과를 보여준다. 듀레이션 매핑으로 인식된 현금흐름 200억 원은 위 식 (13)에 의해 산출된 w(26.35%)를 대입하면 현금흐름 200억 원은 2년만기에 52.71억 원(=200×0.2635), 3년만기에 147.29억 원(=200×0.7365)으로 현금흐름이 배정된다. 이와 같은 현금흐름 배정방법을 위험매칭방법(risk matching method)이라 한다.

그림 11-6 | 현금흐름 배정방법

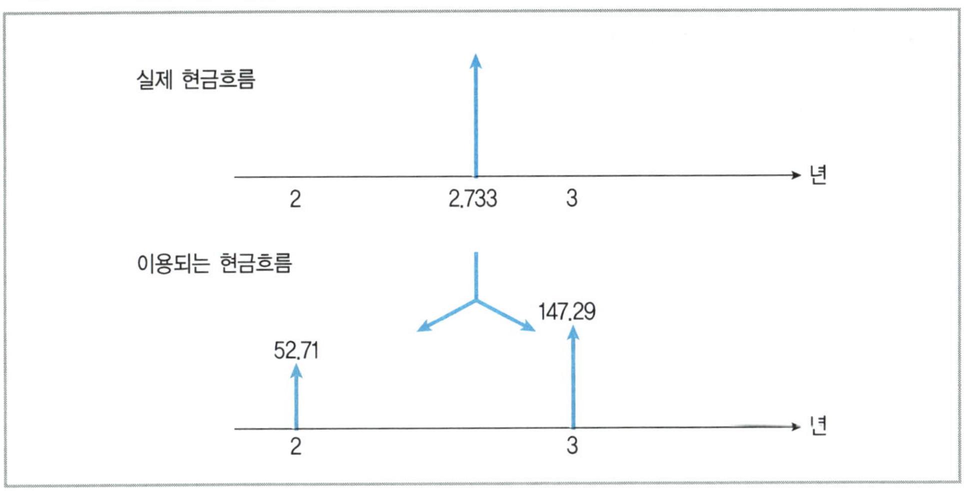

(3) 3단계 : 포트폴리오 VaR의 계산

현금흐름의 매핑과 배정과정이 끝나고 난 후 최종 단계는 채권포트폴리오의 VaR을 계산하는 단계이다. 〈표 11-4〉는 1단계와 2단계를 거친 후의 자료를 정리한 것이다.

표 11-4 | 원금 매핑, 듀레이션 매핑, 현금 매핑 간의 비교

만기(년)	채권 (6%, 5년)	채권 (4%, 1년)	만기수익률(%) (현물이자율)	변동성 σ(%) ×1.65	매핑(단위 : 억원)			현금흐름× 변동성(%)
					원금 매핑	듀레이션 매핑	현금흐름 매핑	
1	6	104	4.0	0.470			105.77	49.71
2	6		4.618	0.987		52.71	5.48	5.41
3	6		5.192	1.484	200	147.29	5.15	7.64
4	6		5.716	1.971			4.80	9.46
5	106		6.112	2.426			78.79	191.14
합계					200	200	200	263.36%

출처 : 박종원(2014), 「위험측정과 활용」, 한국금융연구원, p.161.

① 원금 매핑에 의한 VaR의 계산

포트폴리오의 평균만기는 3년이므로 3년만기 무이표채의 위험을 이용하여 VaR을 계산하면 아래와 같다.

$$VaR_1 = 200\text{억 원} \times 0.01484 = 2.97\text{억 원}$$

이 방법은 만기 전에 지급되는 액면이자를 무시하는 방법이다.

② 듀레이션 매핑에 의한 VaR의 계산

$$VaR_2 = \sqrt{(52.71)^2(0.00987)^2 + (147.29)^2(0.01484)^2 + 2(52.71)(147.29)(0.9908)(0.00987)(0.01484)}$$
$$= 2.702\text{억 원}$$

③ 현금흐름 매핑에 의한 VaR의 계산

(가) 상관계수 무시(분산효과 고려 전 VaR) : 개별 VaR을 단순히 합산

$$VaR_3 = (105.77 \times 0.00470) + (5.48 \times 0.00987) + (5.15 \times 0.01484) + (4.80 \times 0.01971)$$
$$+ (78.79 \times 0.02426) = 0.4971 + 0.0541 + 0.0764 + 0.0946 + 1.0114 = 2.63\text{억 원}$$

나. 상관계수 고려(분산효과 고려 후 VaR) : 포트폴리오의 VaR을 개별 VaR과 상관계수를 고려하여 구한다.

$$VaR_4 = \sqrt{90.4971, 0.0541, 0.0764, 0.0946, 1.911 \begin{pmatrix} 1 & 0.897 & 0.886 & 0.866 & 0.855 \\ 0.897 & 1 & 0.991 & 0.976 & 0.966 \\ 0.886 & 0.991 & 1 & 0.994 & 0.988 \\ 0.866 & 0.976 & 0.994 & 1 & 0.998 \\ 0.855 & 0.966 & 0.988 & 0.998 & 1 \end{pmatrix} \begin{pmatrix} 0.4971 \\ 0.0541 \\ 0.0764 \\ 0.0946 \\ 1.9114 \end{pmatrix}}$$

$= 2.57$억 원

현금흐름 매핑에 의한 VaR은 상관계수를 무시하면 2.63억 원이고 상관계수를 고려하면 2.57억 원이다. 상관계수가 매우 높으므로 분산효과로 인한 VaR의 감소효과는 크지 않다. 다시 말해서 2.63억 원과 2.57억 원과의 차이인 0.07억 원은 채권 간의 불완전한 상관관계에 의해 발생한다.

2) 현금흐름 매핑과 민감도 매핑방법에 의한 현금흐름 배정 연구

지금까지 채권포트폴리오 VaR을 측정하는 데 가장 중요한 요소는 현금흐름 배정을 위한 기본만기로의 매핑임을 이해할 수 있었다. 따라서 채권의 현금흐름인 채권의 익스포저 산출을 위한 유용한 방법에 대하여 보다 자세히 설명하고자 한다.

익스포저(exposure)란 보유자산이 리스크 요소(risk factor)에 어느 정도 노출되어 있는지 의미한다. 특히 채권 리스크 관리에서 익스포저가 중요한 이유는 각 채권의 가치변동은 리스크 요소의 변동에 따라 결정되는데 이 변동에 대해 각 채권이 어느 정도의 변화를 가질 것인가를 결정하는 데 있어서 핵심이 익스포저의 측정이다. 익스포저를 잘 측정하지 않으면 채권 리스크 관리는 그 의미를 상실하게 될 것이다.

채권의 익스포저 산출

채권의 리스크 요소는 금리인데 채권의 금리에 대한 민감도는 듀레이션(duration)과 볼록성(convexity)이다. 채권의 익스포저는 각 일자별로 발생하는 미래 현금흐름을 리스크 요소에 배분하여 결정하게 된다. 대표적인 채권의 익스포저 산출방식은 현금흐름 매핑(cash flow mapping)과 민감도 매핑(sensitivies mapping)이 있다. 일반적인 상품의 경우는 현금흐름 매핑을 활용하며, 상품구조가 복잡한 구조화 채권인 경우는 민감도 매핑을 적용하고 있다.

① 민감도 매핑

채권의 현재가치 계산 시 적용되는 금리들에 대하여 특정 기본만기(vertex)의 변화에 따른 채권의 가치변동을 'key rate duration' 이라고 한다. 이론적으로 key rate duration을 현금

그림 11-7 | 민감도 매핑법

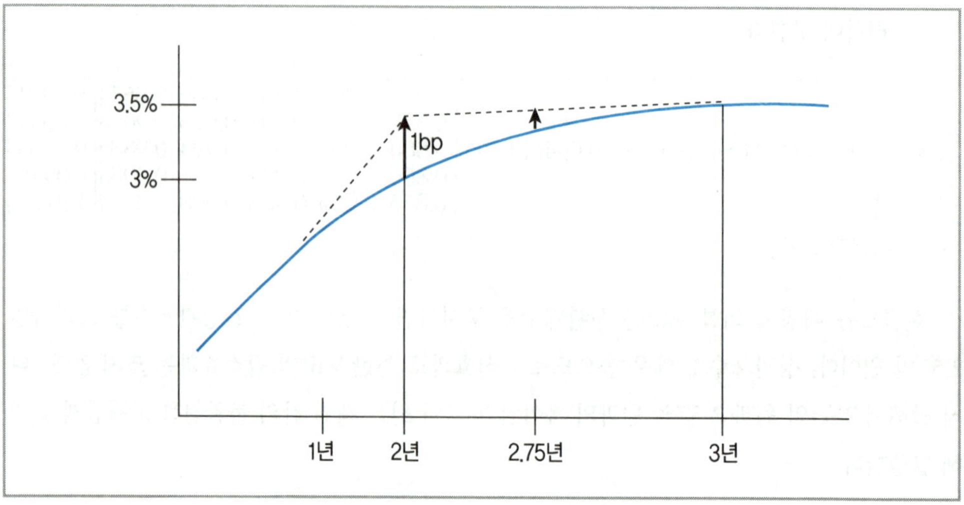

흐름으로 가중평균하게 되면 수정듀레이션(modified duration)이 된다. 이를 [그림 11-7] 민감도 매핑법으로 표현하면 다음과 같다.

즉, 민감도 매핑법은 포지션의 현금흐름을 조정하지 않고 리스크 요소의 변화에 따라 해당 현금흐름의 현재가치가 변화하는 정도인 민감도를 측정하여 금리 포지션의 가치변화를 예측하고 리스크를 측정하는 방법이다. 이를 수식으로 표현하면 다음과 같다.

$$\text{key rate duration} = \frac{PV_{(0)} - PV_{(+)}}{PV_{(0)}(\Delta r)} \tag{15}$$

$PV_{(+)}$: 특정 기본만기(vertex)를 1bp 상향 조정했을 경우의 채권의 현재가치
$PV_{(0)}$: 채권의 현재가치
Δr : 특정 기본만기의 금리변동폭(1bp: 0.0001)

② 현금흐름 매핑

특정 상품의 현금흐름을 위험요인(risk factor)에 대응시키는 방법으로 일반적인 상품의 경우에는 쉽게 처리되지만 상품의 구조가 복잡해질수록 적용하는 데 어려움이 따른다. 예를 들어 금리스왑의 경우 고정금리와 선도이자율을 이용하여 변동금리를 결정하면 현금흐름은 유일하게 결정되게 된다. 금융감독원에서 제시하는 현금흐름 매핑법의 배부원칙은 첫째, 시장가치가 변하지 않아야 하며 둘째, 시장 리스크가 유지되어야 하며 셋째, 현금흐름의 민감도가 그대로 유지되도록 현금흐름을 배부하여야 한다.

예를 들면 2.75년 후에 100의 현금흐름이 발생하는 채권에 대하여 기본만기(vertex) 2년과 3년에 배부하여야 하는데 이 채권에 적용되는 수익률곡선의 만기 2년의 현물이자율(spot rate)은 3%이고 3년의 현물이자율은 3.5%라면 이는 다음과 같이 배부될 수 있다.

우선 선형보간법에 의한 2.75년의 현물이자율을 계산한다.

$$r_{2.75} = \alpha r_2 + (1-\alpha) r_3 \tag{16}$$
$$\alpha = \frac{3-2.75}{3-2} = 0.25,\ \text{따라서}\ r_{2.75} = 3.375\%$$

다음으로 2.75년에 발생하는 현금흐름 100이 2년과 3년에 각각 w_2, w_3만큼 배부되고 일부는 현금 C로 분해된다고 가정한 후 2.75년에 발생하는 현금흐름의 현재가치와 2년과 3년에 배분된 현금흐름(현금 C 포함)의 현재가치가 그대로 유지될 수 있도록 w_2, w_3, C를 계산한다.

$$V_t = 100 \times e^{-2.75 \times r_{2.75}} = w_2 \times e^{-2 \times r_2} + w_3 \times e^{-3 \times r_3} + C \tag{17}$$

V_t : 포지션의 현재가치

또한 현금흐름 매핑 후 2년과 3년의 현물이자율(spot rate)의 변동에 대한 현재가치의 민감도도 그대로 유지되어야 하므로

$$\frac{\Delta V_t}{\Delta r_2} = -2.75 \times 100 \times \alpha \times e^{-2.75 \times r_{2.75}} = -2w_2 \times e^{-2 \times r_2} \tag{18}$$

$$\frac{\Delta V_t}{\Delta r_3} = -2.75 \times 100 \times (1-\alpha) \times e^{-2.75 \times r_{2.75}} = -3w_3 \times e^{-3 \times r_3} \tag{19}$$

식 (17), (18), (19)에 의해 $w_2 = 33.265$, $w_3 = 69.593$, $C = -2.848$이 배부가 되며 이를 [그림 11-8] 실제 현금흐름으로 표현하면 다음과 같다.

그림 11-8 | 실제 현금흐름

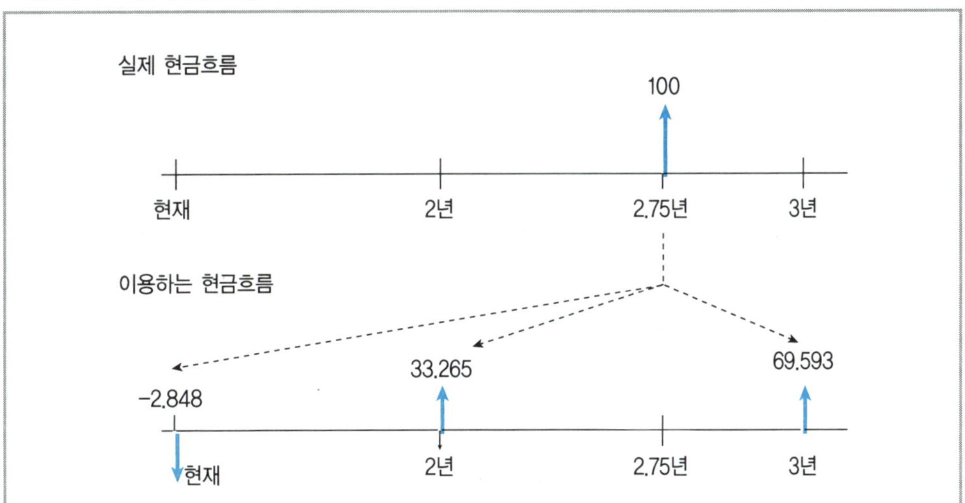

출처 : 한국채권평가 시장 리스크 관리시스템 로직설계서(2016), p.54.

3. 선도계약의 VaR[3)]

앞서 현물채권 포트폴리오 VaR의 측정에 대하여 알아보았다. 여기서는 파생금융상품 중에서 통화선도계약의 VaR을구하는 방법에 대하여 설명하기로 한다.

1) 선도가격의 결정

선도계약(forward contract)은 특정한 기초자산을 매매 당사자가 약정한 가격으로 미래의 정한 날에 매입 또는 매도할 것을 현재의 시점에서 약정하는 계약이다.

현물가격과 선물가격에는 다음과 같은 일정한 관계가 성립되어야 한다. 이를 현물가격과 선물가격 간의 패리티(parity)라고 한다.

선도가격= 현물가격+만기일까지의 이자+보관비용–보유혜택

만기일까지의 이자에 보관비용을 합하고 보유혜택을 차감한 금액, 즉 선도가격에서 현물가격을 차감한 금액을 보유비용(cost of carry)이라고 하는데 이는 기초자산을 지금 보유하는데서 발생하는 비용이란 뜻이다. 현물–선물 패리티 관계를 식으로 표현하면 다음과 같다.

$$F = Se^{(r+u-q)T} \tag{20}$$

위 식에서 r은 무위험이자율이고 q는 기초자산 보유 시 기대되는 혜택을 기초자산 가격의 비율로 표현한 수익률(예를 들면 배당수익률)이고 u는 보관비용을 기초자산 가격의 비율로 표현한 보관비용이다.

2) 선도계약의 평가

선도계약 체결 시의 선도계약의 가치는 0이다. 그러나 계약체결 이후에는 선도계약은 양(+) 또는 음(–)의 가치를 가진다. 왜냐하면 인도가격은 이미 정해져 있는데 선도가격이 기초자산의 가격, 이자율, 보관비용 및 보유혜택 등의 변화로 인해 변하기 때문이다. 계약체결 시에 합의한 인도가격이 k이고 현재 선도가격이 F이면 선도계약 매입 포지션의 가치 f는 다음과 같다.

$$f = (F - K)e^{-rT} \tag{21}$$

$F = Se^{rT}$ 인 경우 다음 식과 같이 표현된다.

3) 금융투자교육원. 「재무위험관리사 3」, 금융투자협회, pp.176-181 참조.

$$F = (Se^{rT} - K)e^{-rT} = S - Ke^{-rT} \tag{22}$$

3) 통화선도계약의 VaR

만기가 1년이고 \$1M을 매입할 수 있는 통화선도계약에 포지션을 취하고 있는 금융기관의 VaR을 계산해 보자(참고 : F=1,100×1.11/1.06=1,151.89).

[그림 11-9]는 1년 후에 1,151.89M을 지급하고 \$1M를 수령하는 통화선도계약 매입 포지션 투자자의 현금흐름이다.

그림 11-9 | 통화선도계약 매입 포지션의 현금흐름

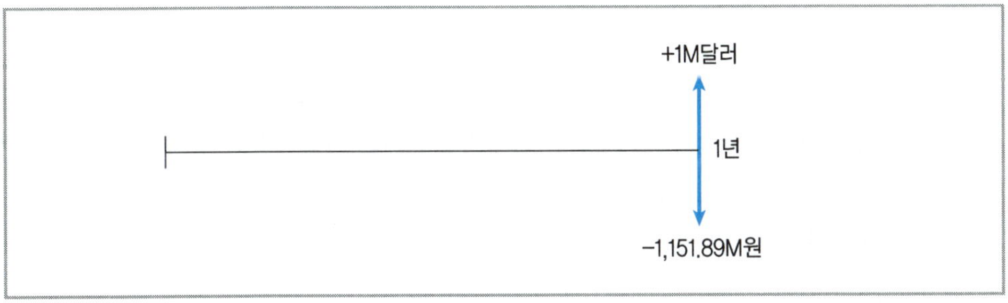

이 현금흐름을 다음과 같이 재구성 또는 복제(replication)할 수 있으며 이는 [그림 11-10]과 같이 표현된다.

① short ₩ 포지션 : 1,037.74M을 1년 동안 11%로 차입한다. 만기에 상환해야 할 금액은 1,037.74×1.11=1,151.89M이다.

② Long \$ Spot 포지션 : 1,037.74M으로 \$0.9434M를 매입한다(\$0.9434M×1,100=1,037.74M).

③ Long \$ 포지션 : \$0.9434M을 1년 동안 6%로 투자한다. 그리고 만기에 \$0.9434M×1.06=\$1M을 받는다.

그림 11-10 | 통화선도계약 매입 포지션 현금흐름의 복제

위의 ①, ②, ③의 현금흐름을 합성하면 [그림 11-9]의 통화선도계약 매입 포지션 투자자의 현금흐름이 된다.

[그림 11-10]에서 0시점에서는 1,037.74M이 유입되었다가 이를 -$0.9434M와 교환하고, 1년 후에는 0시점에서 투자한 -$0.9434M가 $1M가 되고, 0시점에서 차입했던 원리금 -1,151.89M원이 상환된다.

식 (22)를 다시 미분하면 식 (23)의 관계가 유도된다.

$$\begin{aligned} df &= \frac{\delta f}{\delta s}ds + \frac{\delta f}{\delta r_f}dr_f + \frac{\delta f}{\delta r}dr \\ &= e^{-r_f T}ds - Se^{-r_f T}dr_f + Ke^{-rT}Tdr \end{aligned} \tag{23}$$

식 (23)에서와 같이 통화선도계약의 위험은 현물환율의 위험과 국내채권(이자율) 및 외국채권(이자율)의 위험으로 표현된다. 여기서 $P = e^{-rT}$와 $P^f = e^{-r_f T}$로 정의하자.

즉, P는 만기가 T이고 액면가가 1원인 국내 무이표채의 가격이고 P^f는 만기가 T이고 액면가가 1달러인 미국 무이표채의 가격을 의미한다.

식 (23)에 의하면 통화선도계약 매입 포지션의 변화는 다음 〈표 11-5〉와 같이 세 부분으로 구성한다.

표 11-5 | df의 구성요소

df의 구성요소	복제요소
$(Se^{-r_f T})\frac{dS}{S}$: 환율 현물 포지션 $Se^{-r_f T} \cong \frac{S}{(1+r_f)^T} = 1,100/1.06 = 1,037.74$M원	②의 $ spot 포지션
$(Se^{-r_f T})\frac{dP^f}{P^f}$: 미국 달러화 매입 포지션(미국 채권 매입 포지션) $Se^{-r_f T} \cong \frac{S}{(1+r_f)^T} = 1,037.74$M원	③의 Long $ 포지션
$-(Ke^{-r_f T})\frac{dP}{P}$: 원화 매도포지션(한국 채권 매도 포지션) $-Ke^{-r_f T} \cong \frac{-K}{(1+r_f)^T} = -1,151.89/1.11 = -1,037.74$M	①의 Short 원 포지션

이와 같이 통화선도계약 매입 포지션은 3개의 포지션으로 재구성되므로 이들의 월별 변동성, 상관계수, 현금흐름의 현가 등에 근거하여 통화선도계약 매입 포지션의 월별 VaR(신뢰수준 95%, 보유기간 1개월)을 구하면 〈표 11-6〉과 같이 대략 6,511만 원이 된다.

표 11-6 | 통화선도계약 매입 포지션의 월별 VaR

포지션	월 변동성 (σ, %)	1.65 (σ, %)	상관계수(R)			현금흐름의 현가(₩M)	공헌 VaR (₩M)
			$ spot	long $	short ₩		
현물환율 ($ spot)	3.7698	6.2201	1			1,037.74	64,366
미국채권 매입 (long $)	0.1743	0.2876	0.1912	1		1,037.74	0.637
한국채권 매도 (short ₩)	0.2846	0.4696	0.0400	0.2937	1	−1,037.74	0.106
합계							65,109

〈표 11-6〉을 좀 더 설명해 보기로 하자. 먼저 VaR은 식 (24)를 이용하여 다음과 같이 계산된다.

$$\text{VaR} = \sqrt{Z^T RZ} \tag{24}$$

식 (24)에서 $Z = \begin{bmatrix} 1,037.74 \times 0.062201 \\ 1,037.74 \times 0.002876 \\ -1,037.74 \times 0.004696 \end{bmatrix}$ $\quad R = \begin{bmatrix} 1 & 0.1912 & 0.0400 \\ 0.1912 & 1 & 0.2937 \\ 0.0400 & 0.2937 & 1 \end{bmatrix}$

그런데 $Z^T RZ$는 분산-공분산 행렬식에 의해 다음과 같이 계산하면 ₩4,239.12M이 된다.

$$\begin{aligned} Z^T RZ &= [x_a^2\sigma_a^2 + x_a x_b \sigma_a \sigma_b \rho_{ab} + x_a x_c \sigma_a \sigma_c \rho_{ac}] \\ &\quad + [x_b^2\sigma_b^2 + x_b x_a \sigma_b \sigma_a \rho_{ba} + x_b x_c \sigma_b \sigma_c \rho_{bc}] \\ &\quad + [x_c^2\sigma_c^2 + x_c x_a \sigma_c \sigma_a \rho_{ca} + x_c x_b \sigma_c \sigma_b \rho_{cb}] \\ &= 4,190.76 + 41.47 + 6.89 \\ &= 4,239.12 \\ \text{VaR} &= \sqrt{4,239.12} = ₩65.109\text{M} \end{aligned}$$

통화선도계약 매입 포지션의 VaR을 세 가지 구성요소별 즉 $ Spot, long $, short ₩별 공헌 VaR을 계산하면 다음과 같다.

$$\begin{aligned} VaR &= 65.109 \times \frac{4,190.76}{4,239.12} + 65,109 \times \frac{41.47}{4,239.12} + 65,109 \times \frac{6.89}{4,239.12} \\ &= 64.366\text{M원} + 0.637\text{M원} + 0.106\text{M원} = 65.109\text{M원} \end{aligned}$$

연습문제

객관식

1. 채권의 현재가치가 1천만 원이고 듀레이션이 2.78년이다. 일별 수익률의 변동성이 15%이고, 현재 수익률은 10%이다. 95% 신뢰수준(z: 1.65)에서 이 채권의 일별 VaR을 구하라.
   ① 63만 원 ② 64만 원
   ③ 65만 원 ④ 66만 원

2. 액면가 1,000만 원, 액면이자율(coupon rate) 10%, 시장이자율 10%, 3년만기 회사채의 듀레이션을 구하라.
   ① 2.7년 ② 2.9년
   ③ 2.4년 ④ 3.1년

3. 액면가 10억 원, 만기 6년, 액면이자율 8%, 시장금리 8%, 듀레이션 4.99년인 회사채의 시장금리가 1% 오를 경우 채권가격은 얼마나 변하는가?
   ① 약 46,000,000원 ② 약 45,000,000원
   ③ 약 44,000,000원 ④ 약 43,000,000원

4. 3년만기 국채 200억 원을 보유한 경우 이 채권의 만기수익률(YTM) 증감(Δy)의 1일 기준 σ가 0.05%이고 수정듀레이션이 3.1년이라면 95% 신뢰도 1일 VaR을 구하라.
   ① 0.5415억 원 ② 0.5315억 원
   ③ 0.5215억 원 ④ 0.5115억 원

5. 채권투자운용에 수반되는 리스크로 신용평가기관이 신용등급을 하향 조정함으로 발생하는 신용스프레드위험은 다음의 어디에 해당되는가?
   ① 채권불이행위험 ② 가격변동위험
   ③ 재투자위험 ④ 유동성 위험

6. 다음 채권 중 재투자위험이 전혀 반영되지 않는 채권의 종류는 ?
   ① 할인채 ② 복리채
   ③ 이표채 ④ 회사채

7. 채권포트폴리오의 VaR을 산출하기 위한 매핑(Mapping)과정에 해당하지 않는 것은?
   ① 원금 매핑 ② 듀레이션 매핑
   ③ 현금흐름 매핑 ④ 채권수익률 매핑

8. 채권투자 관리방법 중 적극적 투자관리에 해당되지 않는 것은 ?

① 채권지수펀드 ② 개별 종목 선정

③ 트레이너–블랙모형 ④ 베타계수

9. 만기 3년, 듀레이션 2.78년, 액면이자율 8%인 채권의 만기수익률이 10%이고 $\sigma(\Delta y)$가 0.45%일 때 100억 원을 이 채권에 투자했을 때의 VaR 값을 구하라.

① 1.8억 원 ② 1.9억 원

③ 2.0억 원 ④ 2.1억 원

10. 액면가 : 10,000원, 표면이자 : 10%, 시장이자율 : 12%, 만기 : 3년이라면 1년마다 이자를 지급하는 회사채의 현재가격이 9,500원일 때 컨벡시티를 구하라.

① 8.42 ② 8.52

③ 8.62 ④ 8.72

주관식

11. 금리 리스크의 원천(resources of interest rate risk)은 무엇이며, 각각의 금리 리스크가 어떠한 이유로 발생하는지 설명하라.

12. 액면가 100, 표면이자율 4%, 시장이자율 8%, 연 1회 이자지급, 3년만기 회사채, 컨벡시티 8.5일 때,

① 상기 채권의 Macaulay Duration은?

② Macaulay Duration과 Modified Duration이 뜻하는 바는?

③ 시장금리가 1% 상승했을 때의 가격변화율과 가격변화액은?

④ 시장금리가 1% 하락하는 경우 Modified Duration과 Convexity를 감안한 가격변화율은?

13. 채권의 현재가격 100억, 듀레이션 2.78, 일별 수익률(YTM)의 변동성(σ) 15%, 현재수익률 10%, 95% 신뢰수준, 컨벡시티 8.4일 때 채권 VaR을 계산하라.

14. 만기별 현물이자율과 수익률 변동성이 다음과 같다.

	1년	2년	3년
현물이자율(%)	4.00%	4.62%	5.19%
수익률변동성 : $\sigma\left(\frac{dy}{y}\right)$	6.85%	11.52%	19.38%

만기가 3년, 액면이자율이 5%, 원금이 10,000원인 채권(연 1회 이자지급)의 VaR을 계산하라.

12장

펀드 리스크 관리[1)]

제1절 펀드 리스크 관리의 개요

1. 펀드 리스크 관리의 목적, 대상 및 종류

1) 펀드 리스크 관리의 목적

펀드 리스크 관리의 목적은 고유재산 및 집합투자재산을 운용하면서 발생하는 위험을 효율적으로 관리하여 회사의 자기자본을 충실하게 유지하며 집합투자재산의 안전성 및 건전성을 제고하여 적절한 회사수익을 창출하는 데 있다.

2) 펀드 리스크 관리 대상

펀드 리스크 관리 대상은 ① 고유재산의 운용 ② 집합투자재산(투자일임재산 및 투자자문재산 포함)의 운용 ③ 기타 회사 운영 전반에 걸친 위험요소로 주 리스크 관리 대상은 집합투자재산의 운용에 관한 리스크 관리를 의미한다.

1) 이 장은 교육부 한국직업능력개발원의 정완호 · 김재인 외, 「NCS(국가직무능력표준) 학습모듈 펀드운용」 펀드리스크관리(2016) 참조.

3) 펀드 리스크의 종류

자산운용회사의 펀드 리스크의 종류는 자산운용 리스크(asset management risk)와 업무영위 리스크(business operational risk)로 구분한다.

① 자산운용 리스크라 함은 집합투자재산의 운용과 관련하여 발생할 수 있는 시장 리스크 · 유동성 리스크 · 신용 리스크이며, 업무영위 리스크에는 운용 리스크 · 평판 리스크 · 법률 리스크가 있다. 특히 펀드 자산운용 리스크에서는 시장 리스크가 가장 중요한 위험관리라 할 수 있다.

i) **시장 리스크(market risk)** : 이자율, 환율, 주가, 파생상품 등 각종 금융변수들의 변화에 따른 재산(고유재산 및 집합재산)가치의 변동을 초래할 위험을 의미한다.

ii) **유동성 리스크(liquidity risk)** : 시장에서 거래 부족이나 장애 등으로 집합투자재산이 보유하고 있는 증권 등을 정상적으로 매매하기 어려운 상황에 처함에 따라 집합투자재산의 가치 변동을 초래할 위험과 집합투자재산에서 환매청구가 있을 경우, 집합투자기구의 해지를 통하여 환매를 적절하게 대응하지 못할 위험을 의미한다.

iii) **신용 리스크(credit risk)** : 채무자, 투자대상회사 또는 거래상대방(보증인 포함)의 신용등급의 변화나 채무불이행 또는 계약위반 등으로 인하여 발생할 수 있는 잠재적인 재산상의 손실위험을 의미한다.

② 업무영위 리스크는 다음 각 호의 리스크를 포함한다.

i) **운영 리스크(operational risk)** : 업무를 수행함에 있어서 부적절한 내부절차, 직원 및 시스템의 관리부실, 인위적인 실수 등에 따른 위험을 의미한다.

ii) **평판 리스크(reputational risk)** : 신뢰성 위험으로도 말할 수 있으며, 선량한 자산관리자로서의 의무를 충실히 하지 않거나 대외적으로 사실과 상이한 자료의 제출 등으로 인하여 회사의 명예나 신뢰성의 실추와 직접 관련된 위험을 의미한다.

iii) **법률 리스크(legal risk)** : 관련 법규 및 해당 약관 또는 투자회사 정관, 기타 계약 지침의 불이행 등으로 발생할 수 있는 재산상의 손실, 법률적 분쟁이나 소송, 또는 감독기관으로부터의 징계 등을 초래할 위험을 의미한다.

2. 펀드 리스크의 의의 및 펀드 리스크 측정을 위한 위험의 분류

1) 펀드 리스크의 의의

펀드 리스크를 펀드투자에 대한 수익률의 변동성, 기대한 수익률을 달성하지 못할 가능성, 현금흐름이 부합되지 않을 가능성, 미래수익의 불확실성 등으로 언급하고 있으나 일반적으로 실현수익률이 예상(또는 기대)수익률과 어긋날 가능성을 의미한다. 만약 실현수익률이 기대수익률보다 어긋날 가능성이 높으면 위험이 높으며 가능성이 낮으면 위험이 낮다고 할 수 있다. 투자위험은 많이 부담할수록 높은 수익률로 보상받아야 한다. 동일한 수익률을 가진 두 가지의 포트폴리오가 있다면 투자자들은 마코위츠의 지배원리에 의해 위험이 낮은 포트폴리오를 선호할 것이다. 사후적으로 포트폴리오의 성과는 수익률-위험 차원(return-risk profile)에서 평가되므로 평가에 적용될 위험에 대한 정의는 펀드운용에 영향을 주게 된다.

2) 펀드 리스크 측정을 위한 위험의 분류

펀드자산운용 리스크의 종류로서 시장 리스크, 유동성 리스크, 신용 리스크가 펀드운용과 관련하여 발생할 수 있는 리스크를 의미한다. 그러나 펀드 리스크 관리 시스템 구축과 관련하여 리스크 수준을 측정하기 위해서는 다음과 같은 위험의 분류가 펀드수익률의 안정성을 중시하는 전략과 펀드의 목표수익률을 추구하는 전략 등 펀드 전략 및 운용에 필요하다.

위험의 종류는 자산이 독립적으로 가지는 위험을 측정한 절대적 위험(absolute risk)과 특정 대상과 비교하여 위험을 측정한 상대적 위험(relative risk)으로 분류할 수 있으며, 수익률이 기준 대비 높은 경우와 낮은 경우를 동일하게 반영하여 측정한 전체위험과 기준에 비해 낮은

표 12-1 | 펀드 리스크 측정을 위한 위험의 분류

종류		지표	활용 용도
절대적 위험 (absolute risk)	전체위험	• 표준편차	• 전체수익률의 안정성을 중시하는 전략
	하락위험 (downside risk)	• 절대 VaR • 하락편차 • 반편차 • 적자편차	• 목표수익률을 추구하는 전략 • 보다 세분화된 위험 측정
상대적 위험 (relative risk)	전체위험	• 베타 • 잔차위험 • 공분산	• 자산배분전략에 기초한 장기투자전략 • 기준지표가 미리 정해진 투자
	하락위험 (downside risk)	• 상대 VaR	

출처 : 한국금융투자협회(2016), 「투자자산운용사 3」, 금융투자교육원, P.490.

수익률만을 고려하여 측정한 하락위험(downside risk)으로 구분할 수 있다. 투자자가 주식펀드와 채권펀드에 가입한 경우, 주식펀드는 기준지표인 종합주가지수만큼의 위험을 부담하고, 채권펀드도 역시 기준지표인 채권지수만큼의 위험을 부담하려는 의도가 있는 것으로 볼 수 있다. 따라서 이들 펀드를 평가할 경우 표준편차나 절대 VaR과 같은 절대적 위험을 사용하기보다는 종합주가지수, 채권지수와 같은 기준지표의 위험에 대비한 상대적 위험을 사용하는 것이 훨씬 유익하다.

제2절 펀드 리스크 분석을 위한 이론 및 계산방법[2)]

펀드위험 측정지표의 계산방법

1) 분산(variance)과 표준편차(standard deviation)

위험을 측정하는 데 사용되는 확률변수는 투자자산의 수익률이다. 자산수익률의 변동성을 위험이라 정의한다. 이때 변동성은 계량적 표준편차로 측정되며, 절대적인 위험 수준을 나타내는 지표이다. 표준편차는 투자위험을 측정할 때 가장 일반적으로 사용되는 것으로 투자수익률이 평균으로부터 얼마나 떨어져 있는가를 나타내는 통계지표로서 다음과 같다.

$$\text{분산(variance)} = \frac{\sum_{i=1}^{n}(R_P - \overline{R})^2}{n-1} \tag{1}$$

$$\text{표준편차(standard deviation)} = \sqrt{\text{분산}}$$

$$\text{연율 표준편차} = \text{표준편차} \times \sqrt{\text{연간 기간 수}}$$

R_p : 펀드의 기간수익률

$\overline{R}$: 평균수익률

(1) 펀드수익률의 표준편차 계산

〈표 12-2〉와 같이 월별 펀드수익률의 제공에서 다음과 같이 표준편차를 계산한다.

2) 리스크 분석 이론 및 계산 방법에 대해서는 금융투자교육원, 「투자자산운용사 3」, pp.489-501 참조.

표 12-2 | 펀드수익률의 표준편차 계산 사례

월간	펀드수익률(%)	편차(%)	분산
1월	20.0	20 − 4 = 16.0	$(16.0\%)^2 = 0.0256$
2월	10.0	10 − 4 = 6.0	$(6.0\%)^2 = 0.0036$
3월	15.0	15 − 4 = 11.0	$(11.0\%)^2 = 0.0121$
4월	−20.0	−20 − 4 =− 24.0	$(-24.0\%)^2 = 0.0576$
5월	−5.0	−5 − 4 =− 9.0	$(-9.0\%)^2 = 0.0081$
합계	20.0	0.0	0.1070

주 : 5개월간의 평균수익률=4.0%

위의 계산 예에서 분산과 표준편차는 다음과 같이 계산한다.

$$\text{월간 분산} = (0.0256 + 0.0036 + 0.0121 + 0.0576 + 0.0081)/(5-1) = 0.02675$$
$$\text{월간 표준편차} = \sqrt{\text{분산}} = 16.36\%$$
$$\text{연간 표준편차} = \text{월간 표준편차} \times \sqrt{12} = 56.66\%$$

(2) 기간별 수익률의 평균과 표준편차 계산

어떤 자산의 연간 평균수익률과 표준편차는 연간 수익률 자료를 이용하여 구할 수 있고 일별 평균수익률과 표준편차는 일별 수익률 자료를 이용하여 직접 계산할 수 있다. 관심 있는 기간과 위험이 측정되는 단위기간이 상이할 경우 주어진 자료로부터 다른 기간의 평균과 표준편차를 구하는 방법에 대해 설명하기로 한다.

기대수익률(μ)과 분산(σ^2)은 시간(T)과 선형으로 증가한다. 즉, $\mu_{\text{연}} = \mu_{\text{월}} \times 12 = \mu_{\text{일}} \times 252$ 또는 $\sigma^2_{\text{연}} = \sigma^2_{\text{월}} \times 252$이다. 반면 표준편차($\sigma$)는 시간의 제곱근($\sqrt{T}$)과 선형으로 증가한다.

$$\sigma_{\text{주}} = \sigma_{\text{일}} \times \sqrt{5} = \sigma_{\text{일}} \times 2.24$$
$$\sigma_{\text{월}} = \sigma_{\text{일}} \times \sqrt{21} = \sigma_{\text{일}} \times 4.58$$
$$\sigma_{\text{연}} = \sigma_{\text{일}} \times \sqrt{252} = \sigma_{\text{일}} \times 15.87$$

예를 들어 〈표 12-3〉을 보면, 1981~1997년까지의 우리나라 종합주가지수 연간 수익률의 평균과 표준편차는 각각 12.88%와 36.41%이다. 이 수치를 이용하여 분기별, 월별, 주별, 일별 수익률과 표준편차를 구해 보자.

0.1288 = 월평균 수익률 × 12이므로 월평균 수익률은 12.88%/12 = 1.07%이고 0.3641 = 월별 표준편차 × $\sqrt{12}$이므로 월별 표준편차는 36.41%/$\sqrt{12}$ = 10.5107%이다.

표 12-3 | 우리나라 종합주가지수의 수익률과 변동성 : 1981~97년

기간	평균, μ(%)	표준편차, σ(%)
연(annual)	12.8800	36.4100
분기(quarterly)	3.2200	18.2050
월(monthly)	1.0733	10.5107
주(weekly)	0.2477	5.0492
일(daily)	0.0440	2.1271

주 : 1년은 4분기, 12개월, 52주, 293일로 가정함.

2) 하락위험

펀드투자에서의 하락위험(downside risk)은 실현수익률이 특정 수익률보다 낮을 가능성을 나타냄으로써 투자위험의 의미를 보다 정확하게 나타낸다. 표준편차는 평균수익률보다 높은 수익률을 보일 가능성이 존재하는 상황도 역시 위험으로 간주하는 데 비해 하락위험은 펀드수익률이 특정 수익률 이하로 하락할 가능성 또는 극단적인 상황에서 나타날 수 있는 최대 손실 가능성에 초점을 두고 있다.

(1) 절대 VaR(absolute value at risk)

절대 VaR의 측정방법

절대 VaR이란 펀드에서 미래의 정해진 기간 동안 주어진 확률수준에서 발생할 수 있는 최대의 손실가능액을 의미한다. 만약 펀드수익률의 분포가 정규분포라고 가정하면 펀드에서 발생할 수 있는 손실가능액은 수익률의 표준편차를 이용하여 다음과 같이 산출될 수 있다.

$$\text{VaR(95\% 신뢰수준)} = \text{펀드 순자산총액} \times 1.65 \times \sigma_R \times \sqrt{t}$$

σ_R : 수익률의 표준편차

즉 VaR이란 C%의 확신을 갖고 정상적인 시장여건하에서 어떤 개별 포지션 또는 포트폴리오 포지션의 N기간 동안에 발생할 최대 손실금액 X를 말한다. 여기서 최대 손실금액 X가 VaR(Value at Risk)이며, N은 보유기간(holding period or time horizon: $\sqrt{t}$)이고 C는 신뢰수준이다.

(2) 하락편차

하락편차(downside-deviation)는 나타나는 수익률이 최소 수용가능 수익률(MAR: Minimum Acceptable Return) 이하로 하락하는 것이 위험이라는 관점에서, 최소 수용가능 수익률보다 낮은 수익률이 발생하는 경우만을 대상으로 표준편차를 계산하는 것을 말한다. 즉, 최소 수용가능 수익률 이하의 수익률이 발생한 경우에만 하락편차를 계산한다.

$$\text{하락편차} = \sqrt{\frac{\sum_{i=1}^{n}(d_{\bar{i}})^2}{n-1}}, \quad d_{\bar{i}} = \min(0, R_i - MAR) \tag{2}$$

R_i : 펀드수익률
n : 기간 개수
min( ) : 두 값 중 작은 값

투자전략에 따라 최소 수용가능 수익률은 달라질 수 있는데 목표수익률, 무위험수익률, 평균수익률, 기준지표수익률 등을 이용할 수 있다. 반편차(downside semi-deviation)는 수익률이 평균수익률 이하로 하락한 경우만을 대상으로 측정한 표준편차이다.

(3) 적자위험

적자위험(shortfall risk)은 일반적으로 숏폴위험, 혹은 숏폴 리스크(shortfall risk)로 자산운용사에서 사용하고 있다. 실현수익률이 특정 수익률 이하로 하락할 가능성을 적자위험이라고 한다. 실현수익률의 분포에 대한 적절한 가정이나 실제 발생한 빈도를 분석함으로써 어떤 목표수익률(target return)을 잡더라도 실현수익률이 목표수익률 이하로 나타날 확률을 계산할 수 있다. 실현수익률의 분포가 정규분포라면 이를 표준정규분포로 전환하여 목표수익률 이하가 발생할 확률을 계산할 수 있다. 실현수익률이 정규분포가 아닌 경우에는 해당하는 분포를 이용하여 발생할 확률을 계산하거나 발생한 횟수를 기초로 확률을 측정한다. 장기간 자금을 운용하는 연금의 경우에는 목표수익률 이하의 수익률이 나타날 가능성을 적정 수준 이하로 통제하기 위하여 적자위험을 이용하기도 한다.

$$\begin{aligned}\text{적자위험(shortfall risk)} &= P(\text{실현수익률} < \text{목표수익률}) \\ &= \frac{(\text{실현수익률} < \text{목표수익률})\text{인 관측치의 수}}{\text{수익률 관측치의 수}}\end{aligned} \tag{3}$$

P( ) : 발생확률(probability)

3) 상대적 위험

상대적 위험(relative risk)은 주로 기준지표 등과 비교하여 측정한 위험을 말한다. 투자자가 자산배분전략을 수립하여 국내주식, 국내채권, 해외주식, 해외채권 등과 같은 자산군별로 투자자금을 배분한 경우에 각 자산군별 위험을 측정하기 위해 상대적 위험을 활용한다. 일반적인 관점에서 특정 변수와 펀드수익률 간의 상대적인 관계를 나타내는 지표는 상대적인 위험지표라고 할 수 있다. 예를 들면 경제성장률, 이자율, 환율 등이 펀드수익률에 영향을 준다고 가정하면 이들 변수들과 펀드수익률 간의 민감도나 상관관계가 상대적 위험지표가 된다.

(1) 베타

베타(β)란 펀드의 수익률이 기준수익률의 변동에 대해 어느 정도의 민감도를 가지고 있는가를 나타내는 지표이다. 투자포트폴리오와 개별 증권 모두 증권특정선(SCL: Security Characteristic Line)에 의해 베타를 산출할 수 있다. 증권특정선은 투자포트폴리오나 개별 증권의 수익률과 시장수익률(또는 기준수익률) 간의 선형관계를 나타내는 함수식으로 다음과 같이 회귀모형(regression model)을 통하여 얻을 수 있다.

$$R_{jt} = \alpha_j + \beta_j R_{mt} + e_{jt} \tag{4}$$

R_{jt} : t기간의 투자포트폴리오 또는 개별 증권의 수익률
R_{mt} : t기간의 시장수익률
α_j : 절편
β_j : 기울기
e_{jt} : 잔차

(2) 잔차위험

잔차위험은 추적오차(TE: Tracking Error)라는 표현이 일반적으로 사용되고 있다. 초과수익률(excess return)은 일정기간 동안의 펀드수익률에서 같은 기간 펀드별로 정해진 기준수익률을 차감한 것이다.

$$\text{초과수익률} = R_P - R_B$$

R_P : 펀드수익률
R_B : 기준수익률

초과수익률은 평가대상이 되는 기준수익률(벤치마크)의 종류에 따라 여러 가지 형태가 있다. 종합주가지수와 같은 벤치마크 대비 초과수익률이 있으며, 동일한 형태의 여러 펀드들의 평균수익률인 유형수익률(category return, 기준지표로서의 동류 집단수익률) 대비 초과수익률도 있다. 이 초과수익률의 변동성을 잔차위험(residual risk)이라고 하며 추적오차(tracking error)라고도 한다.

$$\text{잔차위험}(\sigma_{TE}) = sd(R_P - R_B) = \sqrt{\frac{\sum_{i=1}^{n}(R_{P,T} - R_{B,T}) - \overline{R_{P-B}}}{n-1}} \tag{5}$$

$sd(\ )$: 표준편차
R_P : 펀드수익률

R_B : 기준수익률

$\overline{R_{P-B}}$: 잔차의 평균

(3) 상대 VaR

상대 VaR이란 기준지표가 정해져 있는 펀드에서 정해진 기간 동안 주어진 확률수준에서 발생할 수 있는 기준지표 대비 최대의 손실가능액을 의미한다. 만약 초과수익률이 정규분포를 보인다면 펀드에서 발생할 수 있는 기준지표 대비 상대 손실가능액은 다음과 같이 산출될 수 있다.

$$\text{상대 VaR(5\% 유의수준)} = \text{펀드순자산액} \times 1.65 \times \sigma_{TE}$$

σ_{TE} : 잔차위험

기준지표가 정해져 있는 펀드나 기관투자가의 외부위탁 투자자금의 경우 각 자금운용자는 기준지표보다 저조한 운용성과가 발생할 가능성을 통제해야 하므로 각 펀드매니저는 상대 VaR을 이용하게 된다.

(4) 공분산

공분산(covariance)은 상대적 위험을 측정하기 위해 펀드와 기준지표 간의 통계적인 상관관계를 이용하여 측정한 지표이다.

$$\text{공분산} = \frac{\sum(R_{P,T} - \overline{R_P})(R_{B,T} - \overline{R_B})}{n} \tag{6}$$

$R_{P,T}$: T기간의 펀드수익률

$R_{B,T}$: T기간의 기준지표수익률

$\overline{R_P}$: 펀드의 평균수익률

$\overline{R_B}$: 기준지표의 평균수익률

공분산이 양수(+)이면 펀드와 기준지표가 같은 방향으로 움직이는 경향을 가지며 공분산이 음수(−)이면 두 개의 수익률이 반대방향으로 움직인다는 것을 의미한다.

제3절 펀드운용의 사전적 리스크 관리

1. 펀드운용의 사전적 리스크 관리의 개념

펀드위험은 측정시점에 따라 사전적 위험(forward-looking risk)과 사후적 위험(backward-looking risk)으로 분류할 수 있다.

연기금이나 자산운용회사는 미래의 수익을 위해 그에 수반하는 위험을 부담하는 것이므로 과거수익률을 이용하여 측정한 사후적인 위험은 단지 참고자료이며 미래의 환경변화에 따라 펀드수익률에 나타날 영향을 측정하는 사전적 위험이 더 중요한 의미를 가진다. 따라서 단순히 과거 위험을 측정할 것이 아니라 미래의 수익에 나타날 위험을 적극적으로 개발하여 측정하여야 한다.

1) 펀드운용의 성격 및 자산배분 전략에 따라 위험지표를 선정

투자자가 자산배분 전략을 수립하고 나서 주식펀드와 채권펀드에 가입한 경우, 주식펀드는 기준지표인 종합주가지수만큼의 위험을 부담하고, 채권펀드 역시 기준지표인 채권지수만큼의 위험을 부담하려는 의도가 있는 것으로 볼 수 있다. 따라서 이들 펀드를 평가하는 경우 표준편차나 절대 VaR과 같은 절대적 위험을 사용하기보다는 종합주가지수, 채권지수와 같은 기준지표의 위험에 대비한 상대적 위험을 사용하는 것이 펀드자산의 사전적 리스크 관리의 특징이라고 할 수 있다. 사전적 리스크 관리를 효율적으로 수행하기 위해서는 투자자금의 성격, 자산배분 전략, 활용용도 등에 따라 다양한 위험지표 중 적합한 것을 선정하여 활용하여야 한다.

2) 효율적인 사전적 리스크 관리를 위한 자산운용 리스크 관리 능력 보유

펀드를 운용하는 자산운용사에서 사전적 리스크 관리를 수행하기 위해서는 펀드자산운용 리스크 관리 시스템과 조직 및 규정 등 하드웨어 측면의 강화도 필요하다.

은행은 바젤(Basel Ⅱ, Ⅲ) 중심의 빌딩블럭(building block) 방식의 위험관리체제이며 보험회사는 RBC(Risk Based Capital)로서 바젤을 준용한 위험관리의 상향식(bottom-up) 방식인 데 비해 펀드와 기금의 위험관리는 자산운용과 위험관리가 연계된 하향식(top-down) 방식이라는 것이 특징이다. 효율적인 사전적 리스크 관리를 위해서는 자산운용 위험관리 능력의 자체 보유가 필요하다. 위험관리 능력 보유를 위해서는 개별 기관의 특수성과 현실적 제약이 반영된 위험관리 목표 및 전략을 수립, 위험관리 프로세스, 조직 및 관리규정 정비, 위험측정 및 모니터링 시스템 구축방안 등이 마련되어야 한다.

펀드의 자산운용에는 기본재산 기준, 위험성향(risk profile) 기준, 안정적 조달 가능 유동성 등의 위험대응 능력(risk tolerance)과 거래대상, 소속 시장의 특성, 사업 특성, 운용자산의 특성, 자금조달, 운용, 회수 업무절차 등의 노출위험(risk exposure) 특성이 반영된 위험관리 능력(risk control)이 필요하다.

자산운용사는 선진사례를 준용, 객관적 비교평가 기준을 마련하여 ① 위험관리 능력 개선안을 반영한 위험관리 프로세스를 수립하고 ② 수립된 프로세스 적용을 위한 위험관리 조직, 운영체계를 정비하여 ③ 조직, 운영 체계에 필요한 위험관리 규정, 준칙을 정비하려는 노력이 필요하다.

3) 사전적 리스크 관리의 일환으로 상시 감시, 조기경보 및 한도 모니터링

상시 감시와 조기경보를 위해 경영 및 투자 활동 전반에 걸쳐 위험지표(risk indicator)들을 선정하고 조기경보 과정을 모형화 · 계량화 · 체계화하는 것이 중요하지만, 적시성 있는 상시 감시와 경보가 이루어질 수 있도록 하는 것이 더욱 중요하며 위험지표와 경보 조건은 시장상황에 맞춰 유연하게 조정될 수 있도록 관리하는 것이 바람직하다.

성과 모니터링을 통해 투자전략의 유효성, 각종 가정 및 전제의 적정성을 파악하고, 한도 모니터링을 통해 재조정(rebalancing)과 재분배(reallocation)의 필요성을 파악하며, 사전적 리스크 분석과 사후적 리스크 분석의 기초자료를 확보하는 것이 필요하다.

① 모니터링 및 보고 내용은 한도관리(노출위험, risk exposure) 대비 위험대응 능력(risk tolerance), 상시 감시 조기경보, 위기상황 시나리오 분석, 위험 대비 성과평가 등이다.

② 모니터링 및 보고 담당자 및 업무 주기, 보고 대상자 및 의사결정 주체, 의사결정 내용별 수행업무 및 담당자, 보고 및 의사결정 내용 수행 관련 프로세스 등의 모니터링 및 보고의 역할과 프로세스의 정의도 마련되어야 한다.

③ 또한 사후평가 및 피드백 내용 정의를 위해 모니터링, 보고 내용의 적합성, 의사결정 사항의 수행과정 적절성, 조치 내용의 효과 분석 등도 아울러 검토되어야 한다.

2. 시장 리스크 관리 수단으로의 Market VaR

Market VaR은 펀드운용의 사전적 리스크 관리의 대표적인 수단으로 이용된다.

Market VaR이란 일정한 신뢰수준하에서 금융기관이 특정 기간 동안 자산을 보유했을 경우 발생할 수 있는 최대 손실금액으로 정의된다. 즉 자산운용사가 일정 보유기간 동안 특정 신뢰구간 내에서 발생할 수 있는 최대 시장가치 하락에 따른 손실로도 표현할 수 있다.

시장 리스크는 자산군이나 상품군 등으로 배분이 용이한 VaR을 이용해 관리하는 것이 일반적이다. 시장 리스크를 측정하기 위해서는 각 자산이 노출된 시장 위험요인(risk factor)을 알아야 하며, 시장 위험요인은 한 자산의 가치변동에 영향을 미치는 요인으로서 VaR 계산을 위해 자산종류별로 선정한 변수들이다. 각 자산운용사가 노출된 위험요인을 선정하기 위해서는 우선 자산별로 노출된 위험을 파악해야 한다. 일반적으로 시장 리스크 요소를 주식, 환율, 금리로 크게 분류하고 경우에 따라서는 부동산 등과 같은 실물자산의 가격변동도 리스크 요소가 될 수 있다.

펀드자산의 주요 변동요인은 보유 포지션의 가치변화로 위험요인(risk factor)의 변화에 대한 보유 포지션 가치변화를 뜻한다. 즉, 펀드수익률 변동성의 변화, 펀드수익률 상관관계의 변화, 자산별 투자비중의 변화로부터 발생된다.

1) 사전적 리스크 관리의 주요 수단으로서 Market VaR을 적극 활용

① 한도관리 : 잠재적으로 발생할 수 있는 대규모 손실규모를 감내 가능한 수준 이하로 통제할 수 있다.

② 모니터링 : 수익률 변동성, 상관관계의 변화 등 시장 구조적 변화나 개별 자산 특성 변화를 파악할 수 있다.

2) 포트폴리오 재조정

시장 리스크를 Market VaR로 관리하는 핵심적 목표는 포트폴리오 재조정(portfolio rebalancing)을 위함이다. 리밸런싱은 기존의 모델 포트폴리오에서 주가의 변동으로 인하여 발생된 차이를 원래의 의도대로 복구를 시키는 과정인데 초기 모델 포트폴리오를 구성할 때의 모든 가정이 변하지 않았을 경우에 행해진다.

Market VaR의 변동을 일으키는 주요 원인 가운데 수익률 변동성이나 상관관계는 시장의 변화 또는 자산의 특성에 해당 투자자가 통제하는 데 한계가 있다. 따라서 VaR 통제의 핵심은 투자 비중을 조절하는 데 사용한다는 것이다.

실행과정에서 자산구성비의 재조정은 여러 가지 기준으로 실행될 수 있다. 이때 위험자산에 대한 투자비중은 대개 주식가격의 변화에 따라서 변경되어진다. 그러나 매 시간마다 포트폴리오를 조정한다면 시장의 대폭락과 같은 시장상황에 즉각적으로 대응할 수는 있지만 거래비용이 너무 많이 발생하게 된다. 따라서 일정 수준의 위험허용 한도(risk tolerance)를 정해 놓고 이 범위 내의 가치변동에 대해서는 포트폴리오를 재조정하지 않고 유지하다가 이 범위를 넘어서게 되면 포트폴리오를 재조정하는 방법을 사용하고 있다.

3) 사전적 리스크 관리의 결과로 포트폴리오 재조정과 포트폴리오 모형을 활용

(1) 포트폴리오 재조정

위험허용 한도에 따라 포트폴리오를 조정하는 데는 다음과 같은 방법이 있다.

① 매일, 매주 또는 매월과 같이 일정 기간마다 재조정하는 방법

② 위험자산의 시장가격이 일정 비율 변했을 때 조정하게 되는 방법

③ 포트폴리오 자산의 구성비중이 모형에서 요구하는 값으로부터 일정 수준 이상 벗어나면 재조정하는 방법

(2) 포트폴리오 모형

포트폴리오 모형은 포트폴리오가 가지는 특성을 분석함으로써 투자의사 결정에 활용하기 위한 모형이다. 그런데 투자수익률은 위험을 부담한 것에 대한 보상의 결과로 나타나기 때문에 포트폴리오의 특성을 이해하기 위해서는 투자대상의 위험 특성에 초점을 맞추게 된다. 이러한 관점에서 포트폴리오 모형은 리스크 모형이라고 할 수 있다.

4) 포트폴리오 모형의 활용으로 위험 대비 성과지표를 적극 활용

액티브운용에서는 초과수익률을 내기 위한 위험요소를 선택하기 위해서 포트폴리오 모형을 이용하며 패시브운용에서는 포트폴리오의 위험요소를 벤치마크의 위험요소와 동일한 수준으로 유지하기 위한 목적으로 포트폴리오 모형을 이용한다.

이와 관련한 시장 리스크 관련 주요 지표로는 추적오차와 정보비율이 있다.

① 기준지표(benchmark) 수익률 대비 초과수익률의 변동성으로 액티브 리스크를 나타내는 지표로서 추적오차(tracking error)가 있는데, 잔차위험(residual risk)이라고 부르기도 한다.

② 또한 추적오차 대비 초과수익률의 비율이며 엑티브 리스크 관련 위험 대비 성과지표인 정보비율(information ratio)이 있다. 정보비율의 산출방법에는 두 가지가 존재하는데 먼저 기준수익률과 펀드수익률 간의 차이인 초과수익률을 이용하는 방법(펀드수익률−기준수익률)/잔차위험)이 있으며 두 번째로는 회귀모형의 절편(젠센의 알파)과 표준오차(regression standard error)를 이용하는 방법((젠센의 알파)/회귀모형의 표준편차)이 있다.

제4절 펀드운용의 사후적 리스크 관리[3)]

1. 펀드운용의 사후적 리스크 관리의 개념

펀드운용의 사후적 리스크 관리의 핵심은 위험 대비 성과분석이다. 리스크 관리 대상 자산에 대하여 자산의 운용기간 동안 발생한 적정수익률을 산출하고 리스크를 고려하여 성과를 평가함으로써 자산운용 결과의 비교를 용이하게 하는 것을 의미한다. 위험 대비 성과분석에는 절대적 평가와 상대적 평가가 있는데 순익, 수익률, 샤프지수(sharpe' s ratio), 소티노지수(sortino' s ratio) 등 각종 성과분석에 사용되는 지표의 수준이 사전에 정해 놓은 목표를 달성하였는가 여부를 가지고 직접 평가하는 방법을 절대적 평가라고 한다. 이에 반해 상대적 평가는 산출된 지표들을 비교 대상 포트폴리오(대부분의 경우 벤치마크)와의 비교를 통해 성과가 좋은지 나쁜지를 판단한다. 예를 들어 수익률의 기준이 4%인데, 운용하는 포트폴리오의 수익률이 −3%라면 절대적인 기준에서는 성과가 좋지 않은 것으로 판단하게 되지만, 벤치마크로 정해 놓은 포트폴리오의 수익률이 −5%라면 상대적으로는 좋은 성과를 가져온 것으로 판단한다.

2. 위험 대비 성과지표의 의의 및 중요성

첫째, 위험 대비 성과지표는 펀드운용의 사후적 관리의 대표적인 지표로서 수익률과 위험요소를 동시에 고려하여 성과를 측정하는 지표이다. 선택되는 수익률 및 위험지표와 위험을 조정하는 방식에 따라 다양한 위험 대비 성과지표가 존재한다. 위험을 고려하는 방식에 따라 위험 대비 성과지표의 유형을 구분하면 크게 단위위험당 초과수익률과 위험조정수익률로 구분할 수 있다. 이는 자산배분의 적정성을 분석하고 자산배분에 대응하는 요구수익률 산정 체계의 적합성을 검증하기 위함이다.

둘째, 성과평가는 단순히 수익률만을 평가하는 것이 아니라 위험 대비 수익률을 살펴보는 것이다. 총위험(보상받지 못하는 위험 포함) 대비 수익률을 평가하는 지표가 샤프지수이며 젠센의 알파(jensen's alpha)나 트레이너지수(treynor ratio) 등은 체계적 위험(보상받을 수 있는 위험) 대비 수익률을 평가한다. 보상받지 못하는 위험은 분산투자(포트폴리오 구성)를 통해 통제하여

3) 제4절 펀드운용의 사후적 리스크 관리의 내용은 금융투자교육원, 「투자자산운용사 3」 제4장 위험조정 성과지표와 자산운용협회, 「투자와 리스크」(2008), 제6장 통합적 포트폴리오 운용(2008) 내용의 일부를 참조하였음.

야 한다. 보상받지 못하는 위험을 고려한다면 개별 자산 차원의 위험 대비 수익은 불량하다 할지라도 전체 포트폴리오의 위험을 낮추는 효과가 큰 자산들도 투자대상이 될 수 있다.

셋째, 초과수익 창출을 위한 수익분석은 초과수익 창출을 위한 투자전략의 효과분석과 초과수익 창출을 위한 개선 요소를 파악하기 위해 필요하다.

3. 위험 대비 성과지표

1) 성과분석의 정의

성과분석이란 리스크 관리 대상 자산에 대하여 자산의 운용기간 동안 발생한 적정수익률을 산출하고 리스크를 고려하여 성과를 평가함으로써, 자산운용 결과의 비교를 용이하게 하는 것을 의미한다. 성과분석은 위험 대비 성과지표를 통해 평가한다.

2) 위험 대비 성과지표

성과분석을 수행하기 위한 가장 중요한 작업은 손익의 산출이고 성과분석의 대부분 경우 수익률을 사용하게 된다. 손익이나 수익률은 펀드의 운용규모, 투자상품이 가진 리스크 등에 영향을 받을 수 있는 요소가 많다. 예를 들어 손익의 경우 운용규모가 1,000억 원인 펀드와 10억 원인 펀드의 손익은 그 절대규모에서 차이가 많이 발생할 것이다. 또한 같은 규모를 투자한다 하더라도 채권에만 투자하는 펀드와 파생상품 또는 주식에 투자하는 펀드의 위험측정 기준치와의 차이가 발생할 것을 사전에 짐작할 수 있다. 손익에 대해 투자규모를 통제한 것이 수익률이라 할 수 있는데, 수익률은 각 펀드가 투자하는 대상이 가지고 있는 리스크가 고려되어 있지 않기 때문에 성과분석 지표들은 대부분 리스크를 고려한 지표들로서 위험 대비 성과지표라고 표현한다. 따라서 위대비 성과지표는 수익률, 분산, 베타 등을 이용해서 산출된다. 세부적인 적용방법은 기관의 특성에 따라 산출방법이 약간 다르게 정의될 수 있으나 일반적으로는 위험 대비 성과지표에는 샤프지수, 젠센지수, 트레이너지수, 정보비율 등이 있다.

3) 위험 대비 성과지표들의 산출방법

위험 대비 성과지표들은 다음과 같으며 구체적인 산출방법은 예시를 통하여 설명한다.

(1) 샤프지수

샤프는 위험을 시장위험뿐만 아니라 총위험으로 규정하고 총위험과 수익률 간 관계를 규명하였다.

샤프지수(sharpe ratio)는 펀드가 한 단위의 위험자산에 투자함으로써 얻은 초과수익의 정도를 나타내는 지표이다. 다시 말하면 1이라는 위험을 부담하는 대신 얻은 대가, 즉 초과수익이 얼마인가를 측정하는 지표이다. 샤프는 자본시장선(CML)의 원리를 이용하여 투자수익률 대 변동성비율(reward-to-variability ratio: $R_p - R_f / \sigma_p$)로 포트폴리오 성과를 측정하였다.

(2) 젠센지수

젠센지수(jensen ratio)는 펀드수익률의 시장 민감도(β)를 위험측정치로 사용하여 계산된 기대수익률과 실제수익률의 차이를 나타낸다. 젠센의 알파가 클수록 자산을 시장에서 기대되는 수익률보다 많은 수익률로 운용했음을 의미한다. 자본자산가격결정모형(CAPM)에서 상수항(α_p)이 젠센의 알파인데, 우수한 성과를 보인 펀드는 상수항이 0보다 큰 값을 가지게 된다.

$$\alpha_p = R_p - R_f - \beta_p (R_m - R_f)$$

(3) 트레이너지수

트레이너지수(treynor ratio)는 포트폴리오의 무위험수익률 대비 초과수익률을 체계적 위험으로 나눈 것이다. 베타는 시장포트폴리오와 포트폴리오의 체계적 위험을 나타내므로 트레이너지수는 체계적 위험 한 단위당 초과수익률을 나타내는 지표이다. 샤프비율과 대비하여 RVOL(Reward-to-Volatility Ratio: $R_p - R_f / \beta_p$)이라고 부른다.

(4) 정보비율

정보비율(IR: Information Ratio)은 포트폴리오가 설정한 벤치마크를 얼마나 잘 추적하면서 초과수익률을 달성했는지를 측정하는 지표이다. 샤프지수가 포트폴리오 수익률의 변동성을 사용한 반면 정보비율은 포트폴리오가 벤치마크의 수익률로부터 갖는 변동성을 사용하는 것이다. 이러한 변동성을 추적오차(tracking error)라고 하는데, 정보비율은 장기 펀드 혹은 연금의 성과분석에 주로 사용하여 월별 수익률과 이의 변동성을 가지고 측정한다. 정보비율(IR)=초과수익/위험(risk)으로서 초과수익률을 이용한 정보비율과 회귀분석모형을 이용한 정보비율이 있다.

(5) 소티노지수

소티노지수(sortino ratio)는 성과분석 기간 동안의 수익률에서 무위험수익률(혹은 최저요구수익률)을 차감하여 같은 기간의 가치하락에 대한 변동성으로 나눈 것이다. 소티노지수는 샤프지수에서 유리한 변동성과 불리한 변동성을 구분하기 위하여 개발된 것으로 포트폴리오의 소티노지수가 비교 대상 혹은 벤치마크(BM) 포트폴리오와 비교하여 비율이 높으면 가치하락 위험에 대해 더 많은 수익을 창출한 것이다.

$$소티노지수 = \frac{R_p - R_d}{S_d}$$

R_p : 포트폴리오의 투자수익률
R_d : 최저요구수익률
S_d : 하락편차(Downside Deviation)
여기서 S_d는 다음과 같이 구한다.

$$S_d = \sqrt{\frac{1}{t}\sum_{t=1}^{t} L^2}$$

$L = R_P - R_d < 0$ 일 경우($R_p - R_d$ 아니면 0)

4) 위험 대비 성과 지표들 각각의 산출방법(예시)

다음은 12개월간에 걸친 자금운용자 A와 B가 운용한 포트폴리오와 시장포트폴리오의 운용성과를 표시한 것이다. 위험 대비 성과지표를 이용하여 운용성과를 평가하라.

표 12-4 | A, B 그리고 시장포트폴리오의 위험 대비 성과지표

구분	A의 포트폴리오	B의 포트폴리오	시장포트폴리오
$\overline{R_p} - \overline{R_f}$ (월간 평균초과수익률)	2.76	7.56	1.63
σ_p(표준편차)	6.17	14.89	8.48
β_p(베타)	0.69	1.40	1.00
$\sigma^2_{\varepsilon p}$(잔차분산)	1.95^2	8.98^2	0.00
α_p(알파)	1.63	5.28	0.00
R^2	0.91	0.64	1.00

(1) 샤프지수 산출

샤프지수는 다음의 수익과 같이 초과수익률 대 표준편차의 비율로서 포트폴리오의 무위험수익률 대비 초과수익률을 총위험으로 나눈 것으로, 분자는 초과수익률을 표시하며 분모에 있는 표준편차는 위험도를 나타내므로 샤프지수는 총위험 한 단위당 초과수익률을 나타내는 지표이다.

샤프지수의 구체적인 식은 아래와 같다.

$$샤프지수 = \frac{R_P - R_f}{\sigma_P}$$

R_P : 종목 또는 포트폴리오의 투자수익률
R_f : 무위험이자율
σ_p : 종목 또는 포트폴리오 투자수익률의 성과분석 기간의 변동성(표준편차)

앞의 〈표 12-4〉의 자료를 샤프지수로 평가하면 다음과 같다.

A : 2.76/6.17 = 0.45

B : 7.56/14.89 = 0.51

시장포트폴리오 : 1.63/8.48 = 0.19

∴ A와 B 포트폴리오 모두 시장포트폴리오의 운용성과보다 양호하지만 B가 A보다 총위험 한 단위당 초과수익률을 얻는 정도가 많다.

(2) 젠센지수 산출

젠센지수의 산식은 다음과 같다.

$$\alpha_p = R_P - R_f - \beta_P(R_m - R_f)$$

R_P : 포트폴리오의 투자수익률
R_f : 무위험이자율
β_p : 포트폴리오 베타
R_m : 시장수익률

여기서 종목 또는 포트폴리오의 투자수익률은 수익/평균 투자금액으로 사용하며 연율로 표시된 것을 사용한다. 무위험수익률은 CD 91일물의 평균, 국고채수익률의 평균 등을 사용한다. 베타는 시장포트폴리오(주식의 경우 KOSPI, KOSPI 200 지수 등)와 포트폴리오와의 회귀분석을 통해 얻어진 사후적 베타를 사용한다. 베타는 사전적 베타와 사후적 베타로 구분할 수 있는데, 사전적 베타란 포트폴리오를 구성할 당시의 개별 종목들의 베타 가중합을 의미한다.

∴ 앞의 〈표 12-4〉의 자료에 대하여 젠센지수로 운용성과를 평가하면 다음에서 보는 것처럼 B가 A보다 양호하게 나타난다.

A : 2.76−(1.63) · 0.69 = 1.63

B : 7.56−(1.63) · 1.40 = 5.28

(3) 트레이너지수 산출

트레이너지수의 구체적인 식은 아래와 같다.

$$\text{트레이너지수} = \frac{R_P - R_f}{\beta_p}$$

R_P : 포트폴리오의 투자수익률
R_f : 무위험이자율
β_p : 포트폴리오 베타

종목 또는 포트폴리오의 투자수익률은 수익/평균 투자금액으로 사용하며 연율로 표시된 것을 사용한다. 무위험수익률은 CD 91일물의 평균, 국고채수익률의 평균 등을 사용한다. 베타는 시장포트폴리오(주식의 경우 KOSPI, KOSPI 200 지수 등)와 포트폴리오와의 회귀분석을 통해 얻어진 것을 사용한다.

앞의 〈표 12-4〉의 자료를 트레이너지수로 평가하면 다음과 같다.

A : 2.76/0.69 = 4.00

B : 7.56/1.40 = 5.4

시장포트폴리오 : 1.63/1.00 = 1.63

∴ 체계적 위험에 바탕을 둔 트레이너지수로 운용성과를 평가할 때 B의 운용성과가 A보다 양호하다.

(4) 정보비율 산출

정보비율은 다음과 같이 산출한다.

$$\text{정보비율(information ratio)} = \frac{R_{P,t} - R_{B,t}}{TE} = \frac{\alpha_P}{\sigma_{\varepsilon P}}$$

$R_{P,t}$: 포트폴리오의 수익률

$R_{B,t}$: Bench Mark의 수익률

TE : Tracking Error

추적오차는 다음과 같이 포트폴리오 수익률과 벤치마크 수익률의 차이를 이용하여 측정하게 된다.

$$TE = \sqrt{\frac{1}{T}\sum_{1}^{T}(\alpha_t - \mu_\alpha)^2} = Var(\alpha)$$

여기서 $\alpha_t = R_{P,t} - R_{B,t}$

A : 1.63/1.95 = 0.84

B : 5.28/8.98 = 0.33

∴ 앞의 〈표 12-4〉의 평가비율을 적용하여 보면 A가 B보다 양호하게 나타나고 있다.

5) 성과분석

성과분석 혹은 성과요인분석(attribution analysis)은 운용포트폴리오가 달성한 성과가 무엇 때문에 발생했는지를 분석하는 것으로 포트폴리오 운용자 혹은 부서가 달성한 초과수익률에 대해 분해하고 이에 따라 보상하기 위해 실시하는 것이다. 따라서 성과요인분석은 벤치마크 초과수익률에 대해 분석하는 것인데, 벤치마크 초과수익률에 대해 분석하는 이유는 벤치마크란 포트폴리오 운용자가 기본적으로 달성하거나 추적해야 될 대상으로 포트폴리오 운영자의 특별한 노력 또는 성과를 평가하기 때문이다.

일반적으로 특정 포트폴리오가 운영기간 동안 보여준 벤치마크 대비 초과수익률에 대한 기여도는 자산배분 효과와 종목선택 효과로 구분한다. 자산배분 효과란 포트폴리오 전체의 운용자산의 비중을 달리함으로써 발생하는 것을 말한다. 종목선택 효과란 동일한 운용자산 내에서 종목의 선택을 달리함으로써 발생하는 것이다.

이렇게 구분하는 이유는 포트폴리오 운용 프로세스에서 주식, 채권과 같은 각 상품군에 대한 기본적인 투자 가이드라인은 기간 전체적으로 정해지거나 각 기관이 가지고 있는 모델포트폴리오 또는 투자 유니버스(universe)로 각 부서에 할당되며, 각 부서의 장은 이를 적절히 딜러에게 배부한다. 그러면 각 딜러들은 부여받은 범위 내에서 종목을 선택하여 투자하게 된다. 이러한 프로세스하에서 자산배분 효과는 각 부서의 성과로 볼 수 있으며 종목선택 효과는 딜러의 성과로 볼 수 있다.

6) 성과요인분석의 구체적인 예시

성과요인은 벤치마크 초과수익률에 대해 분석하는 것으로 자산배분 효과와 종목선택 효과로 구분하여 계산한다.

예를 들어 다음의 〈표 12-5〉와 같이 주식과 채권에 대하여 운용수익이 발생하였다고 가정한다.

표 12-5 | 주식과 채권의 성과요인 분석표 (단위 : %)

구분		주식	채권	기타	계
포트폴리오	수익률	20	10	5	14.5
	투자비중	50	40	10	100
벤치마크	수익률	15	9	5	10
	투자비중	30	50	20	100
차이	수익률	5	1	0	4.5
	투자비중	20	−10	−10	0
요인분해	자산배분 효과	1.0	0.1	0.5	1.6
	종목선택 효과	2.5	0.4	0	2.9
	전체	3.5	0.5	0.5	4.5

〈표 12-5〉를 살펴보면 포트폴리오는 주식에 50%, 채권에 40%, 그리고 기타 자산에 10%를 투자하여 각각 20%, 10% 및 5%의 수익을 얻었다. 따라서 포트폴리오의 전체 수익률은 50%×20%(=10%)+40%×10%(=4%)+10%×5%(=0.5%)=14.5%로 계산된다.

반면 벤치마크 포트폴리오는 주식에 30%, 채권에 50%, 그리고 기타 자산에 20%를 투자하여 각각 15%, 9%, 5%의 수익률을 얻었으므로 전체 수익률은 30%×15%(=4.5%)+50%×9%(=4.5%)+20%×5%(=1%)=10%로 계산된다.

결과적으로 운용한 포트폴리오는 벤치마크 포트폴리오보다 4.5%의 초과수익률을 얻었다. 이를 분해해 보면 우선 주식, 채권, 기타의 각 자산에 대한 포트폴리오와 벤치마크의 투자비중이 다르기 때문에 발생한 요인이 있을 것이다.

이를 자산배분 효과라고 하며 이는 다음과 같이 계산된다.

$$r_{t,AA} = \sum_{j=1}^{n} (w_{t,j}^{p} - w_{t,j}^{B})(r_{t,j}^{B} - r_{t,Total}^{B})$$

$r_{t,AA}$: 자산배분 효과로 인한 초과수익률
$w_{t,j}^{p}$: 벤치마크에서 j자산에 대한 투자비중
$r_{t,j}^{B}$: 벤치마크의 j자산수익률
$r_{t,Total}^{B}$: 벤치마크의 총수익률

이에 따라 위의 〈표 12-5〉에서 주식, 채권, 기타 자산에 대한 자산배분 효과를 계산하면 다음과 같다.

주식에 대한 자산배분 효과 = (50%−30%)×(15%−10%) = 1%
채권에 대한 자산배분 효과 = (40%−50%)×(9%−10%) = 0.1%
기타 자산에 대한 자산배분 효과 = (10%−20%)×(5%−10%) = 0.5%

이를 합친 전체 자산배분 효과로 인한 초과수익률은 다음과 같다.

1% + 0.1% + 0.5% = 1.6%

이렇듯 자산배분 효과는 각 자산군에 대한 투자비율이 벤치마크와 다르게 되었을 때 그로 인해 발생하는 초과수익률을 의미한다.

종목선택의 효과는 딜러의 운용능력에 대한 평가치로 사용되기도 하는데 다음의 수식으로 계산된다.

$$r_{t,SS} = \sum_{j=1}^{n} w_{t,j}^{p} (r_{t,j}^{p} - r_{t,j}^{B})$$

$r_{t,SS}$: 종목선택에 의한 초과수익률
$w_{t,j}^{p}$: 포트폴리오의 j자산의 비중
$r_{t,j}^{B}$: 벤치마크의 j자산수익률
$r_{t,j}^{p}$: 포트폴리오의 j자산수익률

위의 〈표 12-5〉에서 종목선택의 효과를 계산해 보면 다음과 같다.

주식에 대한 종목선택 효과 = 50%×(20%−15%) = 2.5%
채권에 대한 종목선택 효과 = 40%×(10%−9%) = 0.4%
기타 자산에 대한 종목선택 효과 = 10%×(5%−5%) = 0%

이를 합한 전체 종목선택 효과는 다음과 같다.

2.5% + 0.4% + 0% = 2.9%

자산배분 효과와 종목선택 효과를 더하면 4.5%로 벤치마크 초과수익률과 같아지는데, 이를 분석하면 좀 더 좋은 성과를 보인 자산에 많이 투자했기 때문에 발생한 자산배분 효과와 각 자산군 내에서 종목선택을 잘 함으로써 발생한 종목선택 효과에 의한 것으로 분해할 수 있다. 따라서 초과수익률은 다음과 같이 분해된다.

운용포트폴리오−벤치마크(Benchmark)=자산배분(Asset Allocation)+증권선택(Security Selection)

제5절 리스크 요인 중점 관리

1. 리스크 요인의 정의

시장 리스크를 측정하기 위해서는 각 자산이 노출된 시장 리스크 요인(risk factor)을 알아야 하는데 시장위험 요인은 한 자산의 가치변동에 영향을 미치는 요인으로서 VaR 계산을 위해 자산 종류별로 선정한 변수들이다. 일반적으로 시장 리스크 요소를 크게 주식, 금리, 환율로 분류하는데 경우에 따라서는 부동산 등과 같은 실물자산의 가격변동도 리스크 요소가 될 수 있다. 그러나 현재까지 감독기관에서 정의한 시장 리스크 요소는 금융상품에 한정되어 있기 때문에 주식, 금리, 환율이 그 요인으로 되어 있다. 시장 리스크 관리 시스템에서 주식, 환율, 금리에 대한 리스크 요인을 사용하여 VaR을 산출한다.

2. 리스크 요인별 중점 관리

시장 리스크 요인(risk factor)별로는 주식 리스크 요인, 금리 리스크 요인, 환율 리스크 요인, 옵션 리스크 요인이 있으며, 각 펀드별로 자산군 또는 투자전략에 따라 핵심이 되는 리스크 요인을 파악하여 중점 관리해야 한다.

1) 주식 리스크 요인

주식 및 기초자산을 주식으로 하는 파생상품, 그리고 신주인수권부 채권과 같이 주가지수 또는 개별 주식의 가격변동에 따라 손실가능성이 있는 상품에 대하여 각 상품별 리스크를 정의한다. 주식 리스크의 경우 주가지수를 사용하는데 대규모 포트폴리오의 경우 VaR을 계산하는 가장 정확한 방법은 포트폴리오에 포함된 개별 주식, 채권 등의 수익률 변동성과 각 자산의 상관계수를 모두 이용하는 방법이다. 그러나 포트폴리오를 구성하는 개별 자산의 종류가 많은 경우 공분산 계산이 복잡하여 CAPM을 활용, 공분산의 추정을 단순하게 한다.

주식 리스크에 노출된 상품 유형과 리스크 요인은 〈표 12-6〉과 같다.

표 12-6 | 주식 리스크에 노출된 상품 유형과 리스크 요인

상품 유형	분류	리스크 요인
주식	KOSPI 주식	KOSPI 200 지수
	KOSDAQ 주식	KOSRAR 지수
채권	전환사채, 교환사채, 신주인수권부 사채, 워런트 등	전환 대상 기초주식이 속한 시장의 지수이익률
장내 파생상품	KOSPI 200 선물, 옵션	KOSPI 200 지수
	KOSTAQ 50 선물, 옵션	KOSTAQ 지수
	개별 주식 옵션	KOSPI 200 지수
파생상품	주가지수 관련 파생상품	해당 주가지수
구조화 상품	주가지수 연계증권	해당 주가지수
수익증권	국내주식이 포함된 수익증권	수익증권에 포함된 주식이 거래되는 시장의 대표 주가지수
금전신탁	금전신탁 운용상품 중 주식	개별 주식의 리스크 요인에 따라 처리

2) 금리 리스크 요인

금리 리스크는 국내외 주요 금리들의 현물이자율(spot rate)을 리스크 요인으로 사용하게 된다. 시장에서 거래되거나 발행되는 상품 중 금리 리스크에 노출된 상품으로는 금리 및 채권을 기초자산으로 하는 파생상품, 금리연계 구조화 상품, 채권이 포함된 수익증권 등이 있다.

금리 리스크에 노출된 상품 유형과 리스크 요인은 〈표 12-7〉과 같다.

표 12-7 | 금리 리스크에 노출된 상품 유형과 리스크 요인

상품 유형	분류	리스크 요인
채권	국고채	국고채 만기별 현물이자율(spot rate)
	특수채	특수채 신용등급별 만기별 현물이자율
	금융채	금융채 신용등급별 만기별 현물이자율
	통안증권	통안증권 만기별 현물이자율
	회사채	회사채 신용등급별 만기별 현물이자율
장내 파생상품	CD 선물	CD 금리
	국채선물, 국채선물옵션	국채 현물이자율
장외 파생상품	이자율 관련 장외옵션	해당 기초자산의 리스크 요인
	이자율 SWAP	해당 통화별 만기구조별 SWAP 현물이자율
구조화 상품	구조화 채권과 구조화 예금	해당 채권 및 예금에서 구조화에 적용하고 있는 금리

3) 환율 리스크 요인

환율 리스크는 해당 자산이 자국통화(원화)가 아닌 다른 통화로 표시되어 있을 경우 이를 환산하거나 자국통화로 결제할 경우에 발생할 수 있다. 환율 리스크는 원칙적으로 상품을 불문하고 시장 리스크 관리 대상 상품 중 결제가 외국통화로 되어 있거나 미래에 자국통화와 외국통화의 교환을 하는 경우 발생한다.

환 리스크에 노출된 상품 유형과 리스크 요인은 다음 〈표 12-8〉과 같다.

표 12-8 | 환 리스크에 노출된 상품 유형별 리스크 요인

상품 유형	분류	리스크 요인
채권	해외채권	해당 통화의 환율
수익증권	외화 수익증권	해당 통화의 환율

4) 옵션 리스크 요인

옵션 리스크는 옵션에 투자를 하거나 옵션이 내재된 상품에 투자하는 경우 발생한다. 주식과 같은 선형상품이나 채권과 같은 상품의 경우 기본적으로 1차 민감도인 델타 리스크나 2차 민감도인 감마 리스크까지만 관리하지만 옵션에 투자하는 경우에는 베가 리스크까지 관리하여야 한다. 이것의 이유는 옵션의 가치평가 시 사용되는 역사적 변동성 또는 내재 변동성의 변동에 따라 옵션의 가치가 변동하는 폭이 매우 크기 때문이다.

옵션 리스크에 노출된 상품 유형과 리스크 요인은 〈표 12-9〉와 같다.

표 12-9 | 옵션 리스크에 노출된 상품 유형과 리스크 요인

상품 유형	분류	리스크 요인
장내 파생상품	장내 옵션	해당 옵션 기초자산 리스크 요인의 내재 변동성 또는 역사적 변동성의 변동성
장외 파생상품	장외 옵션	해당 옵션 기초자산 리스크 요인의 내재 변동성 또는 역사적 변동성의 변동성

제6절 리스크 요인의 모니터링

1. 전사적 차원의 모니터링

리스크 관리의 과정은 크게 시장 리스크, 신용 리스크, 유동성 리스크 등 측정 가능한 리스크의 보고 및 통제를 효율적으로 하기 위한 과정으로 리스크의 효율적인 측정, 보고 및 통제는 경영활동이 기업의 전반적 전략과 리스크 관리의 목적에 일치하도록 운영되게 하는 데 매우 중요하다. 이 과정에서는 [그림 12-1] 리스크 관리의 과정에서 보는 바와 같이 각각의 리스크가 측정되고 이들이 각각 모니터링되고 통합되는 과정을 거쳐 한도 관리와 성과 측정에 대한 절차를 확립하는 것이다.

우선 모든 리스크는 전사적(firm-wide)인 차원에서 모니터링되고 통합되어야 한다. 즉 개인별, 사업부서별, 거래상품별 시장 리스크에 대한 리스크 한도, 신용 리스크의 최대 노출한도, 신용집중에 대한 한도 등이 설정되고 모니터링되어야 하며 이들 리스크는 개인별, 사업단위별로 통합되고 이는 다시 전사적으로 통합되는 과정을 거친다.

한도 관리의 절차는 시장 리스크는 각 개인별 사업단위별, 부문별로 한도를 설정하고, 신용 리스크는 거래상대방별로 한도를 설정한 후에 사업부서별 전사적으로 통제되어야 한다. 이러한 리스크 한도는 시장상황이나 거래전략의 변화에 맞춰 주기적으로 재평가하고 재조정되

그림 12-1 | 리스크 관리의 과정

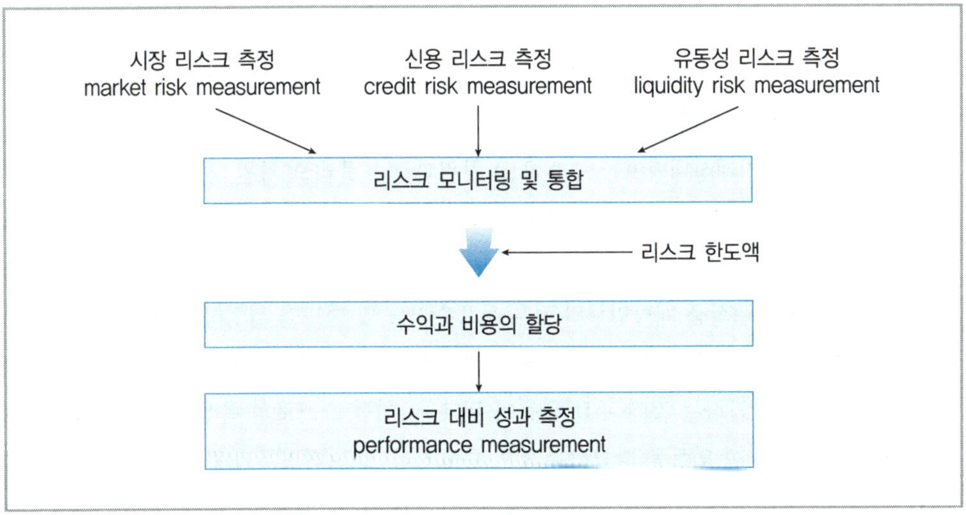

출처 : 금융투자교육원(2016), 「투자자산운용사2」, 한국금융투자협회, p.591,

어야 한다. 또한 새로운 상품을 거래하거나 개발할 경우에는 이에 대한 평가와 승인 절차도 마련되어야 한다.

성과 측정은 각 트레이더에게 리스크 관리의 중요성과 인센티브를 인식시켜 주는 동시에 그 결과에 따라 첨예하게 각자의 이해관계가 대립될 수 있기 때문에 공정하고 공감을 얻을 수 있는 절차를 마련하는 것이 매우 중요하다.

2. 사후적 리스크 관리로서의 모니터링

리스크 관리는 미래에 발생할 수 있는 손실에 대비하는 활동이다. 손실이 언제 발생할지 정확히 예측할 수 없기 때문에 수시로 리스크를 측정, 모니터링하고 손실 발생에 앞서 선제적으로 대응하는 것이 중요하다. 리스크는 사전적(ex-ante) 리스크 관리와 사후적(ex-post) 리스크 관리로 구분할 수 있다. 사전적 리스크 관리는 증권을 보유하기 이전에 일정한 가정하에 예상되는 리스크를 측정, 관리하는 것으로 상품개발, 벤치마크 수익률의 설정, 자산배분, 위험한도 설정 등에 활용된다. 사후적 리스크 관리는 증권을 보유하였을 때 보유한 자산의 리스크를 측정, 관리하는 것으로 리스크 요인의 모니터링을 통해 상시 감시 및 조기경보, 한도 관리, 위험 대비 성과평가 등에 활용된다.

3. 관점과 차원별 리스크 관리 업무

사전적 관점과 사후적 관점에서, 그리고 개별 자산 차원과 포트폴리오 차원에서 리스크 관리 업무를 구분하여 모니터링을 실시한다.

리스크 관리는 거래상대방(또는 개별 자산) 차원과 포트폴리오 차원, 사전적 관점과 사후적 관점으로 구분될 수 있다. 그런데 포트폴리오 특성과 주요 영업활동 등에 따라 각각의 차원과 관점에서 수행하는 업무는 상이할 수 있다. 예를 들어 사전적 관점의 거래상대방 차원 리스크 관리를 살펴보면 채권상품 개발업무의 경우 목표수익률 및 한도를 설정하는 것이 주요 업무인 반면, 주식투자 활동에서는 기대수익률과 수익률 변동성, 시장민감도(베타), 수익률 결정요인(risk factor) 등을 파악하는 것이 주요 활동이 된다. 이처럼 스스로의 특성을 고려하여 수행하고 있거나 수행해야 할 업무를 파악하는 것이 중요하다. 모니터링은 주로 사후적 관점에서 수행되기 때문에 모니터링 대상을 정하기에 앞서 모니터링 대상 업무와 관련된 지표를 빠짐없이 파악하기 위함이다. 또 리스크 차원을 구분하는 것은 차원별로 모니터링 담당자와 보고 및 피드백 체계가 달라질 수 있기 때문이다. 일반적으로 개별 자산 차원의 리스크 관리는 투자담당자가 모니터링을 수행하거나 모니터링을 통보받는 반면, 포트폴리오 차원의 모니터링은 리스크 관리 전담부서에서 수행하고 그 결과에 대한 보고는 최고경영진이나 전략 및 투자기획 담당자에게 행해지는 사례가 많다.

4. 환경 변화에 따른 리스크 요인의 모니터링

금융, 자본시장 동향 파악

금융시장의 동향을 파악하는 목적은 주가, 환율, 금리 등 리스크 요인의 변화를 모니터링하여 핵심 리스크를 관리하기 위함이다. 많은 금융투자회사는 증권 관련 지표를 선정하여 금융, 자본시장 동향을 파악하고 있다.

리스크 요인의 변화를 파악하기 위한 금융·자본시장 동향 파악을 위한 구분의 예시는 〈표 12-10〉과 같다.

표 12-10 | 일반적인 금융 · 자본시장 동향 파악을 위한 구분 예시

구분	주요 금융 · 자본시장 동향 파악 내용
주식	– 국내주식 : KOSPI, KOSPI 200, KOSDAQ, 대형주, 중형주, 소형주 등 – 해외주식 : 미국다우산업지수, S&P 500, 영국(FTSE), 일본(Nikkei), 중국상해종합, 독일(DAX) 등
채권(금리)	–국고채, 통안채, 회사채, 기준금리 등 –채권 종류 및 만기구분별 이자율 변화
외환(환율)	–원/달러, 원/엔, 엔/달러 등의 변화
단기금융시장	– Call 금리, CD 91일물, 국고채 등의 변화
펀드시장	– 국내 펀드시장 현황 및 추이 – 해외 펀드시장 현황 및 추이
ISSUE 모음	– 금융시장의 주요 이슈 점검

5. 모니터링 대상지표를 선정하여 관련 리스크 업무를 모니터링

관점과 업무별로 업무수행에 어떤 지표가 필요하고 어떤 지표를 산출할 수 있는가를 파악한다. 파악된 지표는 모니터링 대상의 후보 지표로 활용된다. 또 어떤 업무를 위해 필요한 지표이며, 어떤 업무를 통해 산출되는 지표인가를 파악하는 것은 모니터링 담당자와 모니터링 결과의 전달 및 보고 체계를 수립하는 데 유용한 정보를 제공한다.

모니터링 대상 지표 유형

일반적으로 사용되는 핵심 리스크 관리를 위한 주요 모니터링 대상 지표의 유형은 다음과 같다.

① 위험징후 조기경보 : 채무자, 투자대상기업, 거래상대방의 신용상태의 변동 등

② 한도 관련 지표 : 리스크량(VaR)의 변동, 익스포저의 변동, 한도소진율 등

③ 위기상황 관련 지표 : 리스크 요인 관련 지표(거시경제지표, 금리, 주가, 환율 등 시장지표)

④ 성과 관련 지표 : 수익률 및 민감도 변동지표, 위험 대비 성과지표, RAPM 지표

⑤ 업무수행 관련 지표: 운영 리스크 핵심 리스크 지표(KRI: Key Risk Indicator), 준법감시 지표 등

6. 모니터링 결과를 정리 및 전달

1) 모니터링 결과를 보고체계를 통해 전달

모니터링 결과 가운데 별도의 조치가 필요하거나 각 업무 담당자들이 참고할 필요성이 있는 자료만을 선별하여 정리한다. 정상상태가 지속되고 있는 지표에 대한 모니터링 결과나 경고가 발생하였거나 그 사유가 명확하고 추가적인 대응 조치가 불필요한 모니터링 결과는 배제시킴으로써 각 담당자들이 대응 조치가 필요한 결과에만 집중할 수 있도록 한다.

2) 모니터링 결과에 대해 전달 대상자의 전달 범위, 전달 방법을 결정

모니터링 결과에 의해 대응 조치를 취해야 할 업무담당자나 업무담당자의 상위 관리자에게 결과를 전달해야 한다. 예를 들어 해당 펀드의 편입 대상 투자회사에 부실징후가 발생하여 주가가 폭락하였을 경우에는 펀드운용 담당자 및 담당 운용팀장에게 모니터링 결과가 통보되어야 한다. 운용 리스크와 관련된 핵심 리스크 지표(KRI)인 경우 관련 업무를 수행하고 있는 업무담당자보다는 해당 업무를 관리 · 감독하는 관리자나 감사담당자에게 통보되는 것이 유용할 수 있다. 전달 대상, 전달 범위, 전달 방법 등은 모니터링 지표의 유형별로 사전에 정함으로써 전달 과정의 혼선을 줄일 수 있다. 또 모니터링 결과의 전달뿐만 아니라 전달 받은 담당자의 피드백 경로도 사전에 결정하여 혼선을 줄일 필요가 있다.

제7절 리스크 요인별 통제 및 관리

1. 리스크 단계별 수준 분류

펀드 가입 시 발생할 수 있는 위험을 정의하고 그에 따라 위험등급이 설정되었다. 펀드의 위험등급은 2016년 7월부터 주식편입비중 기준에서 실제수익률 변동성 기준으로 6개 등급으로 부여되었다. 이는 투자가가 펀드를 합리적으로 선택 및 관리할 수 있게 함과 아울러 자산운용사는 신규가입 운용상품에 대한 리스크 선호 상태의 점검 확인을 통해 효율적인 리스크 요인별 통제 및 관리를 도모할 수 있게 한 것이다.

펀드 신규가입 시 적용되는 고객 가입 펀드의 리스크 등급을 감안하여 효율적으로 리스크를 통제하고 관리한다.

표 12-11 | 펀드 리스크 등급(실제수익률 변동성 기준 : 2016년 7월부터 적용)

등급	1등급	2등급	3등급	4등급	5등급	6등급
분류 기준	매우 높은 위험	높은 위험	다소 높은 위험	보통 위험	낮은 위험	매우 낮은 위험
실제수익률 변동성 기준 (최근 3년)	25% 초과	15~25%	10~15%	5~10%	0.5%~5%	0.5% 이하

출처 : 금융감독원 보도자료(2015.12.28.), "펀드 리스크 등급" 금융감독원.

2. 민감도 지표 분석

리스크 요인별로 효율적인 통제 및 관리 방법은 일반적으로 민감도 지표 분석, 위기상황 분석, 한도 관리, 사후검증 등의 금융 리스크를 측정하는 관리지표를 통하여 실시되고 있다. 전통적으로 금융위험을 측정하는 지표로는 베타(beta), 듀레이션(duration), 볼록성(convexity), 델타(delta), 감마(gamma), 베가(vega), 세타(theta), 로(rho)등이 활용되었다. 이들 측정지표는 기초 재무변수의 움직임에 노출된 정도를 나타내는 지표로서 보통 민감도(sensitivity)라고 한다. 민감도 분석은 개별 리스크 요인을 일정 수준 변화시켰을 때 발생하는 손익이나 리스크량의 변화를 파악하는 위기상황 분석방법으로도 사용된다. 민감도 분석은 상품 유형별로 시장의 특성, 위험요인의 변화에 대한 손익을 직관적으로 추정할 수 있으며 각종 의사결정 시 유용한 정보를 제공하여 리스크를 효율적으로 통제 및 관리한다.

리스크 요인별 민감도 지표는 〈표 12-12〉와 같다.

표 12-12 | 리스크 요인별 민감도 지표

상품	리스크 요인(risk factor)	민감도 지표
채권	이자율(yield)	duration, convexity
주식	주가지수	β(베타)
선물	기초자산	델타
옵션	기초자산	델타, 감마, 베가
구조화 상품	수식, 금리, 환율	델타, 감마, 환율변동성

3. 위기상황 분석

1) 위기상황 분석의 목적

집합투자재산의 대량 환매를 야기할 수 있는 위기상황 등에 대한 인식기준을 정하고 위기상황의 발생 시 사전적 · 단계적 대응을 통하여 위기상황에 효과적으로 대응하는 것을 목적으로 한다.

2) 위기상황의 정의

위기상황 분석에서 각 단계별 위기상황의 정의는 다음과 같으며 위기상황에 대한 결정은 리스크 관리위원회의 결의에 의한다.

① **정상단계** : 자본시장에서 Event(자본시장에 전반적 영향을 줄 수 있는 사건)가 발생하지 않은 정상적 상태

② **주의단계** : 자본시장에 Event가 발생하였으나 그 영향이 제한적이고 자본시장의 주요 지표가 제한적으로 변동되는 상태

③ **위기단계** : 자본시장 전반에 영향을 줄 수 있는 Event가 발생하여 자본시장의 주요 지표가 크게 변동되고 펀드의 대량 환매가 우려되거나 보유자산의 부도 등으로 환매 지연이 예상되는 상태

④ **위급단계** : 펀드의 대량 환매 등으로 펀드의 유동성이 고갈되거나 보유자산의 부도 등으로 환매 연기가 필요한 상태

3) 위기상황 분석의 필요성

위기상황 분석은 역사적 상황 또는 역사적 관련성이 파괴되는 비정상적인 상황을 시나리오로 설정하고 이를 분석하여 금융회사가 이러한 외부충격에 견딜 수 있는가를 판단하는 지표를 제공하는 것을 말한다. 과거 전 세계적으로 발생한 Black Monday(1987, 미국), 유럽통화체계 붕괴(1992, 유럽), Asian Crisis(1997, 동남아), IMF(1997, 한국) 등의 위기상황을 보면 이러한 사건들이 금융회사의 존립을 위협할 수도 있다는 것을 알 수 있다.

이에 따라 각 금융회사는 위기상황을 가정한 시나리오 분석을 통하여 향후 시장상황의 악화에 따른 손실액을 추정하고 자기자본 규모의 적정성을 평가, 분석하여 리스크를 축소 또는 헤지할 수 있는 방안을 강구하는 등의 대비를 해야 할 필요성이 제기되고 있다. 위기상황 분석방법에는 단순 민감도 테스트(simple sensitivity test), 시나리오 분석방법(scenario analysis),

최대 손실접근법(maximum loss approach) 등이 있다.

4) 단계별 세부운영계획 수립

표 12-13 | 위기상황별 세부운영계획

단계별	위기상황별 세부운영계획	관련 부서
주의단계	1. 발생 사건(Event)에 대한 자본시장 영향 분석 – 자산 유형별 해당 운용본부에서 당해 사건이 자본시장에 미칠 영향을 분석하고 주관부서를 경유하여 경영층에 보고 2. 운용전략의 조정 – 투자설명서, 제안서 등에서 제시된 범위 내에서 환헤지 전략 재검토 – 회사 전체, 개별 집합투자기구별 보유자산에 대한 신용분석을 실시 – 위험자산군에 대한 신용 분석 및 향후 전망, 처리계획에 대한 보고	운용 부서 리스크 부서
위기단계	1. 리스크 관리위원회 의결 – 위기상황 분석 관련 contingency plan 실행 및 범위 결의 – 집합투자기구별 (또는 유형별) 운용전략 제한 – 유동성 확보 계획 등 수립 2. 위기상황 보고체계 가동 – 일별 점검사항 점검 및 보고(환매 동향, 펀드별 유동성 비율 등) – 주요 고액수익자의 자금인출 계획 점검 및 보고	리스크 부서 마케팅 부서 운용 부서
위급단계	1. 비상대책반 구성 – 위기상황별 구체적 실행계획의 수립 및 시행 – 유동성 확보 특별대책 수립 및 시행 2. 리스크 관리위원회 결의 – 환매 연기, 펀드 분리 등 중요 의사결정에 대해서 결의 3. 협회 및 감독당국과의 대응책 모색 – 감독기관과의 업무협의 및 자료제공 등은 주관부서로 일원화 – 비상대책반에 협의내용 통지 및 필요 시 소집	리스크 부서 운용 부서

4. 한도 관리

한도 관리란 금융회사의 자본을 보호하기 위한 통제수단으로 리스크에 대해 자본을 보호할 수 있는 정도의 한도를 설정하고 이에 대한 모니터링을 통해 부여된 각종 한도를 준수하고 있는지를 평가, 이에 따른 사후조치를 수행하는 과정을 말한다. 전체적인 한도 관리, 포지션(position) 한도, 손실 한도, 손절매 한도, VaR 한도로 구분하여 관리한다.

1) 다양한 한도 관리 방법을 통해 리스크를 효율적으로 통제 · 관리

(1) 전체적인 한도 관리의 목적

① 운용자산의 안정성 측면에서는 금융회사가 보유한 상품군의 포지션에 대한 적정성 관리
② 자산운용 전략 측면에서는 분산투자를 통한 보유자산의 집중화 견제
③ 인식 가능한 평가손실의 누적적 발생의 예상
④ 리스크 기준에서 접근하는 잠재적인 최대 예상손실의 제한

(2) 한도 관리를 통해 기대할 수 있는 효과

① 금융회사가 지닌 리스크에 대한 전반적인 내용을 측정하고 모니터링할 수 있다.
② 규정에 의한 통제가 적시에 이루어질 수 있으므로 예상되는 위험을 사전에 방지할 수 있다.

많은 금융회사에서 사용하는 시장 리스크 관련 주요 한도는 VaR 한도, 포지션 한도, 손실 한도, 손절매(loss-cut) 한도이며, 기타 금융회사의 성격에 따라 다른 한도들을 설정하고 관리하기도 한다.

2) 포지션 한도의 준수 여부를 점검

포지션 한도란 거래 또는 보유할 수 있는 전체 포지션의 규모를 한도로 설정하는 방법이다.

포지션 한도의 관리 수준은 포트폴리오에 따라 한도를 부여하도록 되어 있기 때문에 포트폴리오의 정의 방법에 따라 상품별 한도, 단위기간별 거래 한도, 딜러별 포지션 한도 등으로 다양하게 적용할 수 있다.

3) 손실 한도의 준수 여부를 점검

손실 한도란 포트폴리오의 누적손실의 효율적 관리를 통해 포트폴리오에서 발생할 수 있는 대규모 손실을 방지하거나 최소화하기 위한 일련의 과정이다. 손실 한도의 대상은 특정 기간 동안 발생한 실현손익 및 보유 포지션에 의한 평가손익 등의 총손익이 그 대상이다.

각 상품별로 적용되는 손익산출 기준은 〈표 12-14〉와 같다.

표 12-14 | 각 상품별 손실 한도

유형	상품군	손익
주식 관련	주식(현물)	손익=평가손익+매매손익+배당금
	주식 관련 파생상품	손익=평가손익+매매손익
채권 관련	채권(현물)	손익=평가손익+매매손익+상환손익+이자수익
	수익증권	손익=평가손익+매매손익+수입이자
	금리파생상품	손익=손익평가손익+매매손익
F/X 관련		손익=평가손익+매매손익

4) 손절매 한도의 준수 여부를 점검

손절매(loss-cut) 한도란 보유하고 있는 상품의 누석손익 또는 특정 기간의 손이에 대한 한도를 설정하고 이를 초과하는 경우 포지션의 청산 등을 수행하도록 관리하는 한도이다.

손절매 한도는 개별 종목을 대상으로 하고 있으며 대상 상품별 평가손익을 부여된 한도와 비교한다.

손절매 한도 부여를 위한 기준가는 손실 한도에서와 같이 장부가(취득원가)를 기준으로 하며, 각 상품별 손절매 한도는 〈표 12-15〉와 같으며 상품 보유 포지션에 일정한 비율을 곱하여 산출한다.

표 12-15 | 각 상품별 손절매 한도

유형	대상 상품	손절매 한도 관리
주식 관련	주식(현물)	건별 장부가×n%>(건당 시가−건별 장부가)÷건별 장부가
	지수선물	건별 계약자수×n%>(건별 시가−건별 계약자수)÷건별 계약자수
채권 관련	채권(현물)	건별 손절매 기준가×n%>(건별 시가−건별 손절매 기준가)÷건별 손절매 기준가
	금리선물	건별 계약자수×n%>(건별 시가−건별 계약자수)÷건별 계약자수
F/X 관련		포지션별 손절매 기준환율×n%>(포지션별 시가−포지션별 결제환율)÷포지션별 손절매 기준환율

5) VaR 한도의 준수 여부를 점검

VaR 한도는 관리대상 포트폴리오의 실제 리스크량이 과다하지 않도록 보유기간 동안 부담할 리스크량에 대한 한도를 설정하고 관리한다.

연습문제

객관식

1. 자산운용회사의 펀드 리스크의 종류에는 자산운용 리스크와 업무영위 리스크로 구분된다. 자산운용 리스크 관리에 해당되지 않는 리스크는?
   ① 운영 리스크　　② 신용 리스크
   ③ 유동성 리스크　　④ 시장 리스크

2. 펀드 리스크를 측정하기 위한 위험의 분류에는 절대적 위험과 상대적 위험이 있다. 상대적 위험에 해당되지 않는 위험은?
   ① 잔차위험　　② 공분산
   ③ 베타　　④ 표준편차

3. 평가대상이 되는 기준수익률 대비 초과수익률의 계산은 펀드평가 시 중요한 지표가 된다. 이 초과수익률의 변동성은 무엇이라 하는가?
   ① 잔차위험　　② 추적편차
   ③ 베타　　④ 상대 VaR

4. 펀드운용의 사전적 리스크 관리의 주요 수단과 방법에 해당되지 않는 것은 ?
   ① Market VaR　　② 위험 대비 성과지표
   ③ 포트폴리오 모형　　④ 포트폴리오 재조정

5. 포트폴리오의 체계적 위험을 나타내는 위험 대비 성과지표는?
   ① 샤프지수　　② 젠센지수
   ③ 트레이너지수　　④ 정보비율

6. 펀드가 한 단위의 위험자산에 투자함으로써 얻는 초과수익의 정도를 나타내는 위험 대비 성과지표는?
   ① 샤프지수　　② 젠센지수
   ③ 트레이너지수　　④ 정보비율

7. 펀드수익률의 시장 민감도(β)를 위험 측정치로 사용하는 위험 대비 성과지표는?
   ① 샤프지수　　② 젠센지수
   ③ 트레이너지수　　④ 정보비율

8. 포트폴리오가 벤치마크 수익률로부터 갖는 변동성을 사용하여 초과수익률을 달성했는지를 측정하는 지표는?

① 샤프지수 ② 젠센지수
③ 트레이너지수 ④ 정보비율

9. 투자성과 분석에 대한 설명 중 틀린 것은?

① 투자성과 분석은 자산배분 효과와 종목선택 효과로 구분된다.
② 종목선택의 효과는 부서의 성과로 자산배분 효과는 딜러의 성과로 볼 수 있다.
③ 자산배분 효과란 포트폴리오 전체의 운용자산의 비중을 달리함으로써 발생하는 것을 말한다.
④ 종목선택 효과란 동일한 운용자산 내에서 종목의 선택을 달리함으로써 발생하는 것이다.

10. 자산배분과 증권선택에 관한 설명 중 틀린 것은?

① 자산배분은 전략적 자산배분과 전술적 자산배분으로 구분한다.
② 전략적 자산배분이란 펀드의 목표수익률과 허용범위를 반영하여 여러 자산에 대한 투자비율을 결정하는 것이다.
③ 전술적 자산배분이란 시장상황 변화를 반영하여 투자비율을 변경하는 전략을 말한다.
④ 자산배분과 증권선택을 합한 수익률은 운용포트폴리오 전체수익률에서 벤치마크 수익률을 더한 수익률과 일치하게 된다.

11.~14. 다음은 12개월간에 걸친 자금운용자 A와 B가 운용한 포트폴리오와 시장포트폴리오의 운용성과를 표시한 것이다. 위험 대비 성과분석지표를 이용하여 운용성과를 평가하라.

구분	A의 포트폴리오	B의 포트폴리오	시장포트폴리오
$\overline{R_p}-\overline{R_f}$ (월간 평균초과수익률)	4.76	7.56	1.63
σ_p(표준편차)	5.17	14.89	8.48
β_p(베타)	1.69	1.40	1.00
$\sigma_{\varepsilon p}$(잔차의 표준편차)	2.95	8.98	0
α_p(알파)	2.63	5.28	0

11. 샤프지수를 산출하라(A, B 시장포트폴리오).

① A : 0.28, B : 0.51, 시장포트폴리오 : 0.19 ② A : 0.38, B : 0.61, 시장포트폴리오 : 0.29
③ A : 0.48, B : 0.71, 시장포트폴리오 : 0.39 ④ A : 0.58, B : 0.81, 시장포트폴리오 : 0.49

12. 젠센지수를 산출하라(A, B 포트폴리오).

① A : 0.22, B : 5.18 ② A : 0.32, B : 5.28
③ A : 0.42, B : 5.38 ④ A : 0.52, B : 5.48

13. 트레이너지수를 산출하라(A, B 시장포트폴리오).

①A : 2.81, B : 5.4, 시장포트폴리오 : 1.63　②A : 3.81, B : 6.4, 시장포트폴리오 : 2.63
③A : 4.81, B : 7.4, 시장포트폴리오 : 3.63　④A : 5.81, B : 8.4, 시장포트폴리오 : 4.63

14. 정보비율을 산출하라(A, B 포트폴리오).

①A : 0.59, B : 0.08　②A : 0.69, B : 0.13
③A : 0.79, B : 0.23　④A : 0.89, B : 0.33

13장

환 리스크 관리

제 1 절 기업에서의 환 리스크 관리의 중요성

환 리스크 관리의 중요성

시장 리스크(market risk)는 시장가격(주가, 금리 환율 등)의 불리한 변동으로 인해 투자사가 기대했던 수익률을 얻지 못하고 손실을 보게 되는 리스크이다. 시장 리스크는 발생원천에 따라 주식 리스크, 금리 리스크, 환 리스크, 상품가격 리스크 등으로 구분되며, 환 리스크는 시장 리스크의 한 유형으로서 시장 리스크 측정 접근방법(민감도 분석 등)과 통계적 관리기법(Value at Risk 등)을 따르게 됨을 앞서 제4장 시장 리스크에서 언급하였다. 시장 리스크 중 환 리스크만을 별도의 장으로 신설하여 설명코자 하는 이유는, 최근 글로벌 금융위기 이후 환 리스크는 기업의 리스크 관리(corporate risk management)의 목적인 기업의 안전성 유지 및 제고와 기업경영의 합리화를 효율적으로 이행하기 위한 최우선 과제가 되었고, 아울러 최근 변동성이 증가되는 국제금융 환경 변화에 기업이 능동적으로 대응하기 위하여 우선적으로 관리해야 할 리스크 대상이기 때문이다.

환 리스크[1]란 환율변동으로 인하여 기업의 경영성과가 악화될 가능성을 말한다. 국제통화

1) 외환 리스크는 시장 리스크의 한 종류로 '환 위험'보다 '환 리스크'로 표현하는 것이 일관성 있는 용어선택이라

제도가 변동환율제도로 이행한 뒤 우리나라의 경우 자유변동환율제도로 이행한 1997년 이후로 그리고 글로벌 금융위기 이후, 환율변동성 증가가 기업의 수익성에 지대한 영향을 미치기 때문에 보다 효율적으로 이 위험에 대처하기 위해 환율변동을 예측하거나, 새로운 헤지기법을 개발하려는 노력이 기업 경영전략의 중요한 부분으로 쓰여져 왔다.

우리나라는 전통적으로 수출입 의존도, 주식시장의 외국인 투자비중 과다 등 대외의존도가 높은 탓으로 많은 기업들이 높은 환 위험 변동성에 크게 노출되어 왔는데, 최근 미국의 서브프라임 사태, 남유럽 국가의 재정위기 등 연속되는 세계적인 위기상황으로 인해 환율변동의 진폭이 더욱 확대되고 변동주기도 짧아진 양상을 보이고 있다. 정부의 시장 안정화 노력에도 불구하고 정부의 의지에 따라 환율이 예측 가능한 형태로 변동하는 것을 기대하기는 어려울 것으로 판단된다. 따라서 기업들은 환 리스크 관리를 능동적으로 대응 관리하여 환율변동으로 인한 기업가치의 손상을 방지할 수 있도록, 기업가치의 변동가능성을 기업이 수용할 수 있는 수준 이내로 제한하기 위한 제반 활동을 마련해야 한다. 즉, 환 리스크 관리는 기업의 현금흐름 변동성을 통제하기 위한 재무관리 활동의 일환이라고 말할 수 있다.

대한상공회의소가 국내기업 500개 사를 대상으로 실시한 "기업의 리스크 현황과 정책과제 조사"(대한상공회의소 보도자료, 2010.12.4.)에 따르면 최근 글로벌 금융위기 등 각종 리스크 증가로 기업의 경영환경이 어려워지고 있는 가운데 기업들의 약 70%는 가장 큰 위험요인으로 금융관련 리스크를 꼽았다. 현재 가장 두려워하는 위험요인으로 환율 리스크(39.9%), 금융위기에 따른 자금 유동성 부족(29.9%), 이어서 고유가 및 고원자재가(25.8%), 노사분규(22%) 순으로 답하였으며, 자세한 내용은 〈표 13-1〉과 같다.

표 13-1 | 최근 기업들의 최대 리스크 요인

구분	환율 리스크	자금 유동성 부족	고유가 및 고원자재가	노사분규	특허침해 기술유출	기업 소송 리스크	경영권 위협	기타	합계
비중(%)	39.9	29.9	25.8	2.2	0.9	0.5	0.5	0.3	100.0

자료 : 대한상공회의소 보도자료, 2010.12.4.

이에 대한상공회의소는 기업애로종합지원센터를 통해 적극 해결에 나서기로 했다. 국내에서 KIKO형 옵션상품이 활발하게 거래되기 시작한 것은 2005년 이후로, 많은 기업들이 결과적으로 크게 피해를 보면서 옵션을 판매한 은행과 고객인 기업들 간에 법정싸움으로까지 비화

고 생각된다. 그러나 일반적으로 기업을 비롯하여 환 리스크 관리 전문서적에서도 환 위험 혹은 외환 위험으로 표현하고 있으므로, 독자의 이해와 편의를 위해 환 위험과 환 리스크를 같은 의미로 혼용하여 사용하였다.

그림 13-1 | 환율변동이 중소기업 채산성에 미치는 영향조사 결과

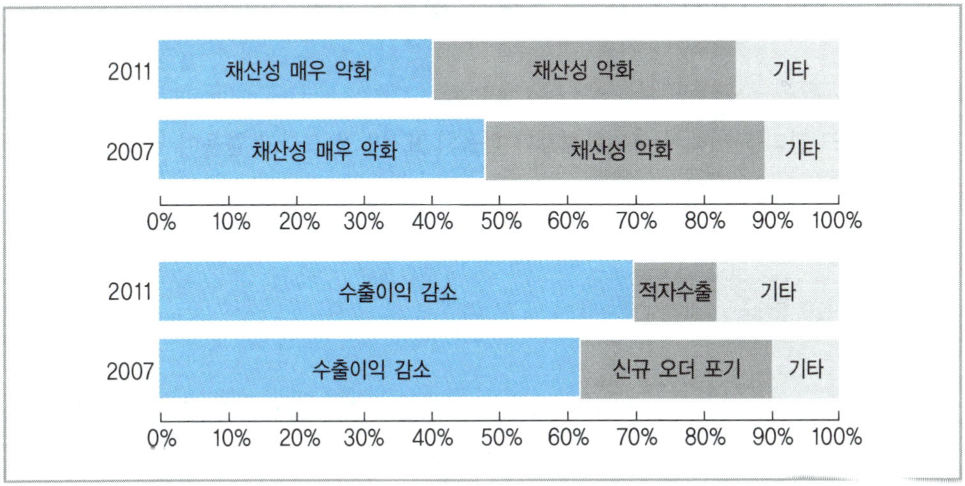

자료 : 중소기업중앙회, "환율변동에 따른 수출 중소기업 영향조사 결과보고," 2007.7.; "최근 환율 하락에 따른 수출 중소기업 실태조사," 2011.7.

되었다. 이는 많은 수출기업들이 환 리스크 관리를 목적으로 시작한 거래가 오히려 위험을 불러오게 된 사례이다. 또한 중소기업들이 단지 대출금리가 싸다는 이유로 시설재 엔화대출을 받았으나, 엔고로 인한 환차손으로 이자와 원금상환 부담 가중으로 기업존폐의 위기를 겪는 것을 볼 때, 기업에서의 환 리스크 관리의 중요성을 일깨워준 일련의 사례들로 볼 수 있다.

또한 환율 하락기였던 2007년과 2011년 수출 중소기업을 대상으로 중소기업중앙회에서 실시한 설문조사 결과를 살펴보면[2], 90%에 가까운 기업들이 환율 하락으로 채산성 악화를 경험한 것으로 조사되었다. 60% 이상의 기업들이 환율 하락분을 수출가격에 전혀 반영하지 못하고 있고, 2007년에는 30%에 이르는 기업들이 적자수출을 감행한 것으로 답변하였다. 환율 하락분을 수출가격에 전가할 수 있다고 해도 환율 하락은 바로 수출기업의 가격 경쟁력 약화를 불러와 영업을 위축시킬 수 있는 위협요인으로 작용했다. 환율이 상승하는 시기에는 원부자재 가격 상승이 부담으로 작용한다. 원부자재 구매와 납품 과정에서 시장 지배력을 행사할 수 없는 대부분의 중소기업들은 환율 상승에 따른 조달원가 상승 부담을 외부로 전가시키지 못하기 때문에 채산성 악화를 피하기 어려움을 위의 [그림 13-1] 환율변동이 중소기업 채산성에 미치는 영향조사 결과에서 나타내고 있다.

2) 국민은행 파생상품영업부, "환 위험 알면 알수록 작아진다"(2012.3.), p.117.

제2절 외환시장과 환율 그리고 환율결정이론

환 리스크 관리를 위해서는 외환시장과 환율의 표시방법 그리고 환율이 결정되는 기본적인 이론의 이해가 필요하다.

1. 외환시장과 환율

외환시장(foreign exchange market)이란 서로 다른 통화(currency)가 국제 간에 거래되는 시장으로서, 외환시장은 주로 국제 간의 거래를 수행하는 데 필요한 환율을 결정하게 하고, 환위험을 관리할 수 있는 수단을 제공하며 국제금융을 가능하게 한다. 환율(foreign exchange rate)이란 외국통화와 국내통화 간의 교환비율로서 자국통화의 측면에서는 자국통화의 대외가치를 나타내고, 외국통화의 측면에서는 외국통화의 국내가치를 표시한다.

환율을 표시하는 방법에는 다음과 같이 두 가지가 있다.

첫째, 자국통화표시법(rate in home currency)이다. 이는 외국통화 1단위와 교환될 수 있는 자국통화의 단위수로 환율을 표시하는 방법으로서, 직접표시법(direct quotation) 혹은 미국식(American terms)이라고도 한다. 예를 들어, 우리나라에서 U$1=₩1,200 또는 ₩/$ =1,200 등으로 표시하는 것을 말한다. 둘째, 외국통화표시법(rate in foreign currency)이다. 이는 자국통화 1단위와 교환될 수 있는 외국통화 단위수로 환율을 표시하는 것을 말하며, 간접표시법(indirect quotation) 혹은 유럽식(European terms)이라고도 한다. 예를 들면, 우리나라에서 ₩1=U$0.008 또는 $/₩=0.008 등으로 표시하는 것을 말한다. 국제외환시장에서는 대부분 유럽식으로 환율이 고시되고 있으나, 영국의 파운드화, 호주 달러화, 그리고 미국의 통화선물시장과 옵션시장에서는 미국식으로 환율을 고시한다.

외환시장에서의 환율의 고시방법은 매입환율과 매도환율이 있다. 매입환율(bid or buying rate)은 딜러가 외환을 매입(buy)할 때(혹은 고객이 딜러에게 외환을 매도할 때) 적용되는 환율이다. 매도환율(asked or offered rate)은 딜러가 고객에게 외환을 매도할 때(혹은 고객이 딜러로부터 외환을 매입할 때) 적용되는 환율을 말한다. 이때, 호가 스프레드(bid-asked spread)는 매도환율-매입환율의 차이를 말한다. 딜러 입장에서 볼 때 매도환율이 매입환율보다 커야 이익을 얻을 수 있고, 이는 고객의 입장에서 보면 환전수수료이다. 스프레드의 크기는 거래통화의 유동성, 시장의 불확실성, 거래 빈도와 규모, 거래유형, 그리고 딜러의 포지션 상황 등의 요인에 의해 그 크기가 결정된다.

2. 환율결정이론

일반 상품과 서비스의 가격이 수요와 공급에 의해 결정되듯이 외환의 수요와 공급이 환율을 결정한다. 통화의 수요와 공급을 결정하는 기본적인 요인으로는 국제대차와 국제수지, 정부의 정책, 미래에 대한 투자자들의 기대심리, 국제평가이론 등이 있다[3].

1) 국제대차설과 국제수지이론

(1) 국제대차설

국제대차설(theory of balance of international indebtedness)은 환율결정이론에 관한 최초의 학설로 1861년 G.J. Goschen이 제창하였는데, 환율이 한 나라의 국제채권과 국제채무에 의해 결정된다는 학설이다. 예를 들어, 대외채권이 대외채무보다 많으면 외환의 공급이 수요보다 많기 때문에 환율이 하락(즉, 통화가치 상승)하고, 반대로 대외채무가 대외채권보다 많으면 외환의 수요가 공급보다 많기 때문에 환율이 상승(즉, 통화가치 하락)하게 된다. 그러나 국제거래가 단순한 채권과 채무 관계뿐만 아니라 재화와 상품의 수출입, 외국의 자본투자, 국민들의 해외투자, 국가 정부 간 거래 등을 포괄하기 때문에 오늘날의 국제경제 환경하에서는 미흡한 이론이다.

(2) 국제수지이론

국제수지(BOP: Balance Of Payments)란 일정기간 동안 한 나라와 다른 나라 사이에 일어난 모든 경제적 거래를 체계적으로 기록한 통계로 경상계정(current account, 재화 및 서비스 거래와 관련된 계정)과 자본계정(capital account, 나라 간의 자본이동과 관련된 계정)으로 이루어진다. 따라서 국제수지가 환율을 결정한다는 이론이 국제수지이론이다. 국제수지가 흑자일 때는 통화가치가 강세가 되고, 반대로 적자일 때는 통화가치가 약세가 된다.

2) 정부의 정책

정부는 중앙은행의 통화정책을 통해 외환시장에 개입(intervention)하는데, 환율이 과대평가되어 있거나 과소평가되어 있다고 판단될 때는 중앙은행이 보유하고 있는 외화를 적정하게 운용함으로써 통화가치에 영향을 줄 수 있다. 이러한 정부의 정책이 환율을 결정한다는 이론이다. 그러나 정부의 인위적 개입은 단기적으로는 환율을 안정시킬 수 있을지 모르나, 장기적으로 볼 때 외환보유고의 고갈로 외환위기를 초래할 수 있을 뿐만 아니라 최근 국제외환시장

3) 원재환, 「금융리스크관리」(2012), pp.236~239 인용.

규모의 급격한 확대 등에 비추어 볼 때 정책실시의 한계가 있다고 본다.

3) 투자자의 기대심리

투자자의 기대심리이론(psychological, theory of exchange)은 1927년 A. Aftalion에 의해 제기된 학설로서, 환율이 외환에 대한 고객의 기대심리에 의해 결정된다는 이론이다.

4) 국제평가이론

국제평가(혹은 국제등가)이론(international parity theory)[4)]은 국제금융시장에서 아무런 제약이 주어지지 않을 경우에 성립하는 이자율, 물가, 현물환율 및 선물환율들 사이의 균형관계(equilibrium relations)를 설명하는 이론이다. 구매력평가이론(PPP : Purchasing Power Parity theory), 국제피셔효과(IFE : International Fisher Effect), 금리평가이론(IRP : Interest Rate Parity theory), 선물환평가이론(FP : Forward Parity theory) 등이 있다. 지금까지 설명한 국제평가이

그림 13-2 | 환율결정이론(시장균형이론, parity conditions)

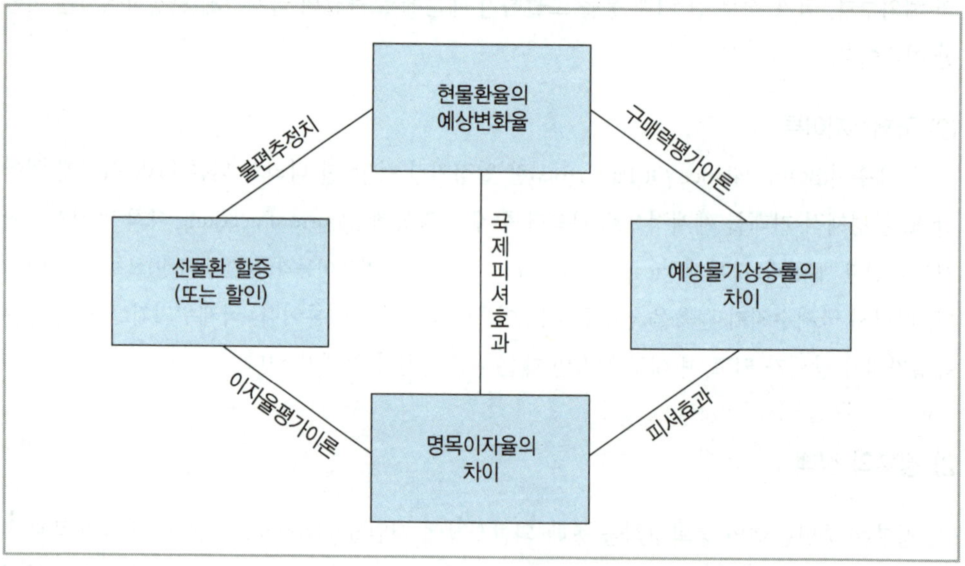

4) 구매력평가이론(PPP) : 현물환율의 변화가 양국의 물가상승률의 차이와 같아야 한다는 이론
국제피셔효과(IFE) : 양국 환율의 차이는 양국의 이자율 차이와 같아야 한다는 이론
금리평가이론(IRP) : 양국 간의 이자율 차이는 선물환율의 할인(discount) 혹은 할증(premium)과 같아야 한다는 이론
선물환평가이론(FP) : 선물환 할증 혹은 할인이 현물환율의 기대변동률과 동일하며, 선물환율은 미래현물환율의 불편추정치가 될 수 있다는 이론

론에 의한 환율결정이론들의 관계를 그림으로 나타내면 앞의 [그림 13-2]와 같다. 이는 금리, 물가, 환율의 이론적 균형관계로 시장균형이론(parity conditions)이라고도 한다.

제3절 환 리스크와 환 노출

환 리스크(foreign exchange risk)를 외환 리스크 혹은 통화 리스크(currency risk)라고 하며, 이는 기업 등의 경제주체가 자국통화가 아닌 다른 통화로 표시된 자산, 부채 또는 손익흐름을 가지고 있을 때 미래의 불확실한 환율변동으로 인하여 수익성, 순현금흐름 및 시장가치 등 기업의 경제적 가치가 변동할 수 있는 잠재적 가능성의 크기로 정의한다[5]. 환 노출(foreign exchange exposure)은 기업이 수출입이 수반된 국제적인 영업활동을 수행해 나가자면 자연히 외화표시 자산과 부채, 그리고 수입과 지출이 발생하게 되고, 환율이 변동하면 재무제표상의 가치에 영향을 받게 되는데, 이때 영향을 받게 되는 정도를 의미한다. 즉, 노출이라 함은 기업의 경영활동, 현금흐름, 수익성 또는 시장가치가 앞으로 환율의 변동에 의해 영향을 받게 되는 외화금액의 크기이다.

환 노출은 환 리스크보다는 광의의 개념으로, 환율변동으로 인하여 기업이 보유하고 있는 외화자산의 순가치 또는 현금흐름의 순가치가 변동될 수 있는 불확실성으로 정의되며, 환 노출은 환 리스크가 발생할 수 있는 상태를 사전적으로 분석한 개념으로서, 환 리스크는 사후적인 개념으로 구분할 수 있으나 일반적으로는 환 리스크와 환 노출을 임의대로 구분하지 않고 혼용하여 사용하고 있다. 그러나 환 리스크와 노출은 다른데, 노출은 리스크에 당면한 것이 무엇인가 하는 것으로 정의되는 데 반해, 환 리스크는 미래 일정시점의 국내통화 또는 외국통화의 실제 구매력이 당초에 예상했던 값과 달라질 확률을 나타내는 통계량으로 정의하며, 노출의 강도를 환 포지션이라 한다. 이 환 포지션의 구체적인 내용을 다음과 같이 설명하고자 한다.

1. 환 노출과 환 포지션

환 리스크는 다음과 같이 환 노출(foreign exchange exposure)과 환율변동성(exchange rate volatility)의 두 가지 요인으로 구성되며, 환 노출은 환 포지션 크기에 의해 결정된다.

5) D.K. Eiteman & A.I. Stonehill, *Multinational Business Finance*, 3rd ed., Addison Wesley Publishing Co., 1982, p.146.

$$\text{환 리스크} = \text{환율변동성} \times \text{환 노출}$$

환 노출이란 환 리스크에 노출되어 있는 정도 또는 크기로서 환율변동에 의해 기업가치가 얼마나 민감하게 영향을 받는가 하는 민감도로 표현할 수 있다. 또한 환 노출은 해당 회사의 환 포지션(current position)에 의해서 결정되는데, 환 포지션이란 일정시점에 기업이 보유하고 있는 외화표시 자산과 외화표시 부채의 차액을 말하며, 환 리스크에 노출된 정도를 나타낸다.

일정시점의 외화자산이 외화부채보다 큰 상태를 매입초과 포지션(over-bought position or long position)이라고 하며, 반대로 외화부채가 외화자산보다 더 큰 상태를 매도초과 포지션(over-sold position or short position)이라고 한다. 외화 자산과 부채의 규모가 일치하는 경우를 스퀘어 포지션(square position) 또는 플랫 포지션(flat position)이라고 한다. 그리고 스퀘어 포지션에 대비하여 매입초과 또는 매도초과 포지션 상태를 오픈 포지션(open position)이라고도 한다. 스퀘어 포지션인 경우에는 환율변동에도 불구하고 환 리스크가 없는 반면에 매입초과 포지션인 경우에는 환율 상승 시에는 환차익이 발생하나 환율 하락 시에는 환차손이 발생한다. 반대로 매도초과 포지션인 경우에는 환율 하락 시 환차익이 발생하고 환율 상승 시에는 환차손이 발생한다. 이에 따라 기업과 금융기관은 미래 환율예상에 의한 환차익을 기대하는 의도적인 경우를 제외하고는 포지션을 가급적 스퀘어로 가져가려는 경향을 보인다. 이처럼 능동적으로 포지션을 조정하는 행위를 환 커버(exchange cover)라고 부른다.

한편, 포지션은 환거래의 형태에 따라 현물 포지션(spot or actual position), 선물 포지션(forward position) 및 종합 포지션(overall position)으로도 분류한다. 현물 포지션은 외화대차대조표의 외화자산과 외화부채의 차액으로서 현물환 및 선물환 거래의 결과에 따라 당일 중 결제되는 부분을 포함한다. 다만 당일의 현물환거래 중 익일결제 및 익익일결제 거래는 거래 당일시점에서는 미결제 현물환으로 선물 포지션에 반영된다. 그리고 선물 포지션은 선물환거래 및 통화선물, 통화옵션 등의 결과에 따라 발생하는 포지션으로, 당일 이전 외환거래의 결과로 아직 결제가 되지 않은 부분으로서 외화대차대조표에 각주로 표시된다. 앞에서 설명한 현물 포지션과 선물 포지션의 합계를 종합 포지션이라고 부르며, 이것은 환 리스크 노출의 척도가 된다. 그리고 현물 포지션 또는 선물 포지션이 반대방향으로 노출되어 있다고 하더라도 종합 포지션이 스퀘어인 경우, 환율변동에 따른 환차익 또는 환차손이 서로 상쇄된다.

이와 같이 환 리스크는 환 노출의 크기와 환율변동이라는 두 가지 요인에 의해서 결정되는데, 이 중 예상치 못한 환율변동은 개별 기업이 통제할 수 있는 변수가 아닌 반면 환 노출은 개별 기업이 내부적으로 통제할 수 있는 요인으로, 이와 같은 이유 때문에 환 리스크 관리와 환 노출 관리를 동일한 개념으로 혼용해서 사용하기도 한다.

2. 환 리스크의 유형

환 리스크는예상치 못한 환율변동 때문에 기업이 당면하게 되는 본·지사 통합 이익의 추가적인 변동성이다. 이러한 환 리스크가 측정 가능한 수량으로 표시되는 경우를 환 리스크에 노출(exposure)되었다고 한다. 기업이 환 리스크에 어느 정도 노출되었는가는 여러 가지 방법으로 측정할 수 있으나, 전반적으로는 기업이 외국에 직접 투자한 자산과 해외 경영활동으로부터 얻은 외국통화표시 이익은 환 리스크하에 놓여 있으므로 이를 재무제표를 이용하여 살펴볼 수 있다.

환 리스크는 1차적으로 회계적 환 리스크(accounting exchange risk)와 경제적 환 리스크(economic exchange risk)로 구분된다. 회계적 환 리스크는 다시 환산(translation) 환 리스크와 거래(transaction) 환 리스크의 일부로 구분된다. 경제적 환 리스크는 현금흐름(cash flow) 환 리스크라고도 불리며, 거래 환 리스크의 일부와 운용(operation) 환 리스크로 구분된다.

이와 같이 환 리스크는 2차적인 구분을 하면 환산 환 리스크, 거래 환 리스크, 운용 환 리스크로 나누어진다[6]. 〈표 13-2〉를 통해 이러한 환 리스크의 개념적 구조와 내용을 요약하여

표 13-2 | 환 리스크의 개념적 구조와 내용

<table>
<tr><th rowspan="2">1차적 구분</th><th rowspan="2"></th><th colspan="2">환 리스크의 내용</th></tr>
<tr><th>모기업의 관점</th><th>해외 자회사의 관점</th></tr>
<tr><td rowspan="2">회계적 환 리스크</td><td>환산적 환 리스크</td><td>연결재무제표 작성을 위하여 자회사 또는 지사의 외화표시 재무제표를 모기업의 보유통화로 환산할 때 환차손익이 발생할 수 있는 가능성</td><td>모기업의 관점과 동일</td></tr>
<tr><td rowspan="2">거래적 환 리스크</td><td>모기업의 보유통화 이외의 통화표시로 거래가 이루어진 후, 결제 이전에 환율이 변동함으로써 환차손익이 발생할 수 있는 가능성</td><td>자회사국의 현지통화 이외의 통화표시로 거래가 이루어진 후, 결제 이전에 환율이 변동함으로써 환차손익이 발생할 수 있는 가능성</td></tr>
<tr><td rowspan="2">경제적 환 리스크</td><td>모기업의 통화 이외의 통화표시로 계약이 체결된 후, 계약이행 이전에 환율이 변동함으로써 모기업국 통화표시의 순현금흐름에 변동이 발생할 수 있는 가능성</td><td>모기업국의 관점과 동일</td></tr>
<tr><td>운용적 환 리스크</td><td>환율변동으로 인하여 매출 및 매출원가 등이 변동함으로써 모기업국 통화표시의 순이익 및 순현금흐름이 변동할 수 있는 가능성</td><td>모기업국의 관점과 동일</td></tr>
</table>

6) Boris Antl, *Management of Currency Risk*, Vol. I, Euromoney Publication, 1989, p.52.

그림 13-3 | 환 리스크의 종류

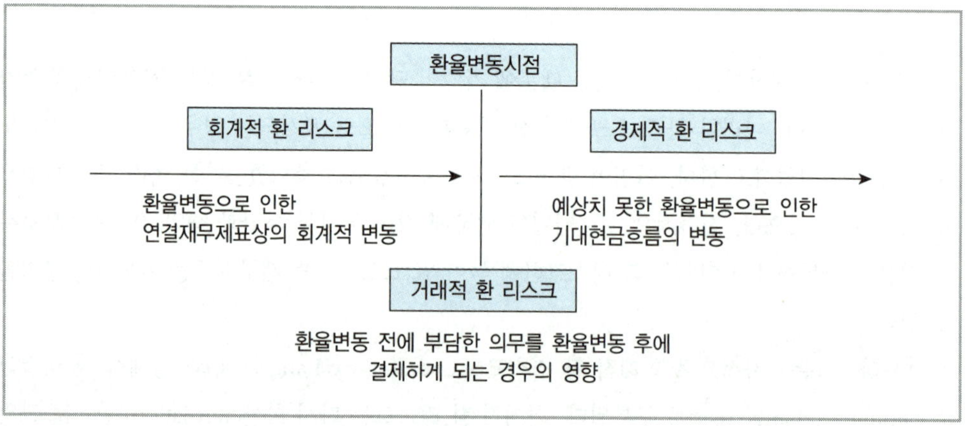

살펴볼 수 있다. 또한 환율의 변동시점에 따라 환 리스크를 위의 [그림 13-3]과 같이 세 가지로 나누어 볼 수 있다.

3. 환 노출의 유형

이와 같이 환율변동이 기업성과에 미치는 영향이 다양한 형태로 나타나기 때문에 일반적으로 환 리스크 유형을 회계적 환 리스크, 거래적 환 리스크 및 경제적 환 리스크로 구분하여 유형별 특성에 따라 대응책을 모색해야 한다. 앞서 환 리스크는 환 노출의 크기와 환율변동이라는 두 가지 요인에 의해 결정되고, 환율변동은 개별 기업이 통제할 수 있는 변수가 아닌 반면, 환 노출은 개별 기업이 통제할 수 있는 요인이다. 따라서 환 리스크를 관리하기 위해서는 우선 환 노출을 파악하고 이에 대한 적절한 관리가 중요하다.

환 노출을 어떤 관점에서 보느냐에 따라 다양하게 분류될 수 있는데, 가장 일반적인 분류는 회계적 노출, 거래적 노출, 경제적 노출로 구분한다. 다음에서는 기업이 어떻게 각각의 환 노출을 측정하고 관리하는가에 대해 설명하고자 한다.

1) 회계적 노출

회계적 노출(accounting exposure)[7)]은 흔히 환산노출이라고도 하는데, 외화로 표시된 자산 · 부채 · 수익 · 비용 등의 재무제표를 자국통화로 환산할 때 가치변화를 발생시킬 수 있는

7) 최생림, 「외환론」(2011), 제13장 회계적 노출, p.371, p.399, p.400 참조.

외환 포지션을 말한다. 회계적 노출은 외환 이익과 손실을 발생시킬 수 있는 외환 포지션을 뜻하며, 외화환산 이익 또는 손실은 그 기업의 결과와 함께 경영성과로 보고된다. 따라서 경영자들은 환산손익의 효율적인 관리를 도모함으로써 경영실적을 개선하려고 한다. 어느 한 기업의 경영성적과 재정상태를 종합적으로 파악하기 위해서는 그 기업의 모든 지사 및 자회사의 재무제표를 모기업의 재무제표와 연결시켜 보아야 한다. 만일 자회사(예를 들어 우리나라 기업의 미국 자회사)의 재무제표가 모기업의 보고통화(원화)와 다른 통화(달러화)로 작성되어 있는 경우 연결재무제표를 작성하기 위해서는 보고통화로 환산해야 한다. 이 과정에서 장부상 기재되어 있는 항목들에 대해 환율변화가 야기할 수 있는 가치의 변화정도를 회계적 노출이라고 한다.

회계적 노출의 문제가 되는 것을 크게 두 가지로 나누어 볼 수 있다. 그 하나는 본사가 수행한 외화표시 거래를 자국통화로 환산하여 평가하는 문제이고, 다른 하나는 해외에서 활동하는 지점 또는 해외 자회사의 외화로 표시되어 있는 재무제표를 본사국의 통화로 환산하는 문제이다. 외화환산의 회계처리에는 두 가지 문제가 핵심이 된다. 첫째, 외화표시 재무제표를 자국통화로 환산하는 데 어느 환율을 적용해야 하나? 둘째, 외화환산 이익 또는 손실은 어떻게 회계처리해야 하는가? 이다.

환율의 선택은 현행 환율, 역사적 환율, 평균 환율 중 선택하는 것으로, 역사적 환율에 의해 환산된 항목은 노출되지 않아 외화환산 이익 또는 손실이 발생하지 않고, 현행 환율이나 평균 환율처럼 계속 그 값이 변동하는 환율로 환산하는 항목들은 회계적 환 리스크에 노출되고 따라서 외화환산손익이 발생한다. 해외 자회사 대차대조표 항목에서 현재의 시장가치로 계상된 항목들은 현행 환율을 적용하고, 역사적 원가로 계상된 항목들은 역사적 환율로 환산하는 것이 합리적이라 할 수 있다. 본사의 외환회계는 발생 당시의 환율로 이 거래를 환산하여 장부에 기록하고, 애초의 장부상의 금액과 실제로 수취 또는 지급한 금액과의 차이는 외환 차익 또는 차손으로 기록하게 된다. 미결제거래는 장부에 기록할 때 적용한 환율과 재무제표일의 환율이 서로 다르면, 그 차이를 미결제거래손익인 외화환산손익으로 처리한다. 외화환산손익의 회계처리방법에는 당기손익으로 처리하는 방법, 자기자본의 조정항목으로 처리하는 방법, 이연처리하는 방법이 있다.

해외 자회사 외화환산방법에는 단일환율방법인 현행 환율법(the current-rate method) 그리고 복수환율방법인 유동성-비유동성 구분법(the current/non-current method)과 화폐성-비화폐성 구분법(the monetary/non-monetary method)이 있다.

한국의 외화환산제도

우리나라는 2011 회계연도부터 국제회계기준(IFRS)을 전면도입함에 따라 외화거래 및 외화표시 재무제표의 환산과정에서 발생하는 환율변동효과를 한국채택국제회계기준(K-IFRS)에

표 13-3 | 표시통화와 기능통화가 같을 때와 다를 때의 외화환산

외화환산 : 표시통화와 기능통화가 같을 때
- 외화거래의 인식 : 거래일 현물환율
- 환산 : 화폐성-비화폐성 구분법
  - 환산환율 : 화폐성 항목 – 현행 환율
    비화폐성 항목 – 역사적 노출
    공정가치 비화폐성 항목 – 가치결정일
- 환산결과 : 외화환산손익으로 당기손익 처리

외화환산 : 표시통화와 기능통화가 다른 본사의 환산 및 종속회사 등의 연결 시 환산
- 환산 : 현행 환율법
  - 환산환율 : 자산, 부채 – 현행 환율
    수익, 비용 – 역사적 환율 또는 평균 환율
- 환산 결과 : 표시통화환산손익 또는 해외사업환산손익 등의 과목으로 자본항목 처리

따라 회계처리해야 한다. 한국채택국제회계기준에서는 외화 자산 및 부채의 환산에 있어 화폐성-비화폐성 구분법을 따르도록 하고 있다. 그래서 외화(기능통화 이외의 다른 통화)거래를 거래일의 현물환율을 사용하여 인식하고, 보고기간 말에는 다음과 같은 환율을 적용하여 환산하도록 하고 있다. 즉, 화폐성 외화항목은 현행 환율을, 비화폐성 외화항목은 역사적 환율을, 그리고 공정가치로 측정하는 비화폐성 외화항목은 공정가치가 결정된 날의 환율을 적용하도록 하고 있다. 환산과정에서 발생하는 차액은 미실현손익인데, 영업외손익항목인 외화환산손실 또는 외화환산이익의 과목으로 당기손익에 처리한다. 또 해당 보고기간 동안에 실제로 수취하거나 지급이 이루어진 거래에 대해서는, 그 금액과 직전회계연도 말 장부상의 외화자산 및 외화부채의 환산액과의 차액을 영업외손익항목인 외환차손익으로 처리한다. K-IFRS의 특징 중의 하나는 표시통화와 기능통화를 구분했다는 것이다. 재무제표를 작성할 때 사용하는 통화를 표시통화라고 하고, 기능통화는 회계적 측정을 수행하기 위한 통화인데 영업활동이 이루어지는 주된 경제환경의 통화로 규정한다. 기능통화와 표시통화가 같을 경우와 다를 경우의 외환환산 방법은 〈표 13-3〉과 같다.

또한 원화 이외의 통화가 기능통화인 본사의 회계처리에 있어서는, 현행 환율법을 따르도록 하고 있다. 그래서 대차대조표의 자산과 부채는 현행 환율을, 그리고 손익계산서의 수익과 비용은 해당 거래일의 환율을 사용하거나 환율변동이 심하지 않은 경우에는 평균 환율을 적용할 수 있도록 했다. 환산에서 발생하는 외화차이는 표시통화환산이익 또는 표시통화환산손실 과목의 자본항목으로 처리하도록 하고 있다. 연결재무제표의 작성 등을 해외 지점, 해외 사업소 또는 해외 종속회사의 외화표시 자산 · 부채를 원화로 환산하는 경우에도 원칙적으로 현행 환율법으로 환산하고, 환산에 따른 미실현손익을 해외사업환산손실 또는 해외사업환산이익

과목의 자본항목으로 처리한다.

2) 거래적 노출

거래적 노출(transaction exposure)은 외화표시거래의 청산과정에서 환율의 변동으로 인해 외환 차익 또는 차손이 발생할 수 있는 정도를 말한다. 거래는 이미 끝났으나 결제가 환율변동 시점 이후에 이루어지는 경우 해당 항목들에 대해 환율변화가 가치의 변화를 야기할 수 있기 때문에 거래적 노출이 발생한다. 이처럼 거래시점과 결제시점이 달라 거래적 노출을 야기할 수 있는 외환거래로는 상품 및 용역의 외상매입과 외상매출, 외화로 결제가 이루어지는 차입 및 대출, 그리고 미이행 선물환계약의 당사자가 되는 거래 등이 있다.

거래적 노출은 이미 체결된 외화표시의 거래를 미래에 결제함에 따르는 외환 차익 또는 차손의 발생가능성을 말하며, 거래적 리스크는 주로 영업활동의 결과로 발생한 외화현금흐름의 가치변동 리스크를 말한다. 수출입거래의 경우 통상 계약시점과 자금결제시점 간에 시차가 존재하는데, 이 기간 중 환율변동으로 인하여 현금흐름의 가치가 변동할 리스크가 대표적인 예라고 할 수 있다. 우리나라 중소기업의 매출액 대비 영업이익률은 평균 5% 내외라고 한다[8]. 환율 하락이 심할 경우 애써 수출계약을 성사시켜 놓고도 오히려 손실을 보는 일이 벌어질 수도 있다. 경제적 환 리스크가 장래의 영업활동을 안정적으로 유지하는 것에 대한 위협요인이라면, 거래적 환 리스크는 사후적으로 영업활동의 수익성을 유지하는 것에 대한 위협요인이라고 할 수 있다.

앞에서 설명한 것과 같이 거래적 노출은 결제시점의 환율이 계약체결 당시의 환율과 달라질 경우 발생할 수 있다. 결제되지 않은 거래 중에는 외화표시의 부채나 외상매출금 등과 같이 대차대조표에 기입되는 항목들도 있으나, 선물환의 매매 또는 차입국의 상환과 같이 외화로 수취 또는 지불할 것이 예상되거나 그렇게 계약되어 있음에도 불구하고 대차대조표에 기입되지 않은 항목들도 있다. 이때 외국통화로 거래가 이루어진 후 결제 이전에 환율이 변동함으로써 거래적 노출이 발생할 수도 있고, 외국통화로 계약이 체결된 후 계약이행 이전에 환율이 변동함으로써 현금흐름에 변동이 생기는 경제적 노출이 발생할 수도 있다.

3) 경제적 노출

경제적 노출(economic exposure)은 예상치 못한 환율과 변동이 기업의 시장가치에 영향을 미칠 수 있는 가능성이라고 정의할 수 있다. 경제적 노출은 흔히 운용(operation)노출이라고도

8) 국민은행 파생상품영업부, "환 위험 알면 알수록 작아진다"(2012.3.), p.118.

하는데, 예상하지 못한 환율변동으로 인해 기대현금흐름의 순현재가치, 즉 기업가치가 변화할 수 있는 가능성을 의미한다. 환율의 변동은 장래에 있어 기업의 매출량, 제품가격, 원가 등 실질영업성과에 영향을 미치게 되고, 이는 장래 현금흐름의 변동을 통해 결국 기업의 수익에도 영향을 미치게 된다. 회계적 노출 및 거래적 노출과의 근본적인 차이는, 다른 두 환 노출들은 회계상의 문제와 관련이 있는 반면 경제적 노출은 환율의 변동으로 인해 영업행위가 변화함으로써 발생하는 환 노출을 의미한다는 것이다. 이와 같이 경제적 노출은 새로운 사업투자 및 환경변화 등에서 발생하는 불확실성과 관련이 있고, 미래 현금흐름의 변동으로 인한 기업가치의 변동가능성 그 자체를 인식대상으로 한다. 이러한 점에서 경제적 노출은 기업의 장기적인 경영 관점에서 볼 때 회계적 노출이나 거래적 노출보다 훨씬 중요한 개념으로서 기업의 장기경영전략의 일환으로 수행된다.

기업이 해외시장에 진출하기 위해 신제품의 개발, 해외로부터의 납품계약, 해외 생산시설 등에 대한 투자 또는 해외 원자재 조달을 결정한다면, 그 순간부터 이 기업은 경제적 환 노출에 당면하게 된다고 할 수 있다. 따라서 경제적 노출을 효과적으로 관리하기 위해서는 가격정책, 제품정책, 원자재와 부품의 조달정책 등 기업의 운용정책을 변경할 필요가 발생할 뿐만 아니라 생산공장의 재배치와 내부조직의 재구성 등이 필요할 수도 있다.

제4절 환 리스크 관리

환 리스크 관리는 환율변동으로 인하여 기업가치가 변동할 가능성을 기업이 수용할 수 있는 수준 이내로 제한하기 위하여 수행하는 모든 활동을 의미한다. 실무적인 의미에서 환 리스크 관리는 주로 기업의 현금흐름 변동성을 통제하기 위한 재무관리 활동을 가리킨다. 기업이 기본적으로 어떤 환 리스크 관리전략을 추구할 것인가를 결정함에 있어 기업의 환 리스크에 대한 태도가 중요하다. 기업이 환율변동에 따르는 이익을 취하는 것을 포기하는 대신 외환손실로 최소화하여 모든 노출을 헤지하는 소극적 전략과, 기업의 장래의 환율 움직임을 미리 예견하여 예측능력을 가지고 리스크를 부담하려는 적극적 전략을 구사할 수 있다. 전략의 선택은 기업의 전문성과 예측력 이외에 경영자의 철학, 관리능력, 리스크에 대한 태도, 기업의 경쟁적 위치, 최고경영층이 리스크를 얼마만큼 허용하는가의 문제 등에 따라 달라질 수 있다. 환율의 예측은 대체로 쉽지도 않고 이를 근거로 경영의사결정을 내리는 것은 상당한 리스크가 따르게 되므로, 제조업체들은 소극적 전략을 추구하는 것이 일반적이다. 그러나 노출을 모두 헤지한다는 것은 현실적으로 쉽지 않을 수 있고, 환거래가 빈번한 기업은 모든 노출을 전부 헤지하는 것도 바람직하지 않다. 따라서 환 리스크 관리의 목적을, 바람직한 일정수준의 리스크를 부담하고 이에 상응하는 만큼의 수익을 추구하며, 리스크 포지션의 신축적인 한도를 설정하는 소극적 전략과 적극적 전략을 융통성 있게 구사해야 할 것이다.

1. 환 리스크 관리체계

환 리스크를 효율적으로 관리하기 위해서는 합리적인 관리체계를 마련하는 것이 필요하다. 일반적으로 기업의 환 리스크 관리체계는 [그림 13-4]와 같은 과정으로 되어 있다[9].

환 리스크 관리체계의 첫 단계에서는, 환 리스크 문제가 발생할 소지가 있을 때 관리대상이 되는 환 리스크의 성격을 신속히 정립하는 것이다. 즉, 환율변동의 리스크에 대한 노출이 회계적 노출인가 거래적 노출인가 아니면 경제적 노출인가를 신속하고 정확하게 구분해야 한다. 두 번째 단계는, 환 리스크 정보를 활용해 환 리스크에 관한 정보를 수집하고 분석하는 단계이다. 앞 단계에서 관리해야 할 환 리스크가 정의되면, 이 단계에서는 환 리스크 정보체계를 활용해 구체적으로 노출의 크기를 정확하게 파악해야 하고 또한 환 리스크를 제거하는 데 따른 득실을 계산해야 한다. 이와 같이 환 리스크 제거에 수반되는 비용 · 수익분석 결과를 기초로 모든 환 노출을 헤징할 것인가, 부분적으로 할 것인가, 아니면 전혀 헤징하지 않을 것인가에 대한 의사결정을 하게 된다. 세 번째 단계에서는, 환 리스크 정보체계에 의해 파악된 각종 정보와 장래의 영업환경을 고려한 후, 환 리스크에 대한 기본적인 관리전략을 정하게 된다. 환 리스크 관리전략은 기업이 환 리스크에 대해 어떤 자세를 갖느냐에 따라 달라지는데, 적극적 전략을 취하는 경우에는 이익을 극대화하는 데 주력하는 반면, 소극적 전략에서는 손실을 극소화하는 데 주력하게 된다. 네 번째 단계는, 구체적인 환 리스크 관리기법을 동원해 환 리스크 관리전략을 실현하는 단계이다. 환 리스크 관리기법은 헤징기법이라고도 하는데, 기업이 대외거래를 수행함에 있어서 발생할 수 있는 환 리스크의 가능성으로부터 기업의 이익을 보호하기 위해 수립하는 재무기법을 말한다. 각각의 환 리스크 관리기법에 수반되는 거래비용과 효율성은 환 노출의 성격 및 환 리스크 관리전략 등에 따라 달라지므로 다양한 기법들을 비교 검토해 보아야 한다.

회계적 노출, 거래적 노출 및 경제적 노출에 대해 내부적 관리기법 또는 외부적 관리기법을 동원할 수 있다. 내부적 관리기법이란 재무관리 · 생산관리 등의 일환으로 기업 내부에서 사용할 수 있는 기법을 말하고, 외부적 관리기법이란 기업 외부, 즉 외환 · 금융 · 파생상품 시

9) 김인준 · 이영섭, 「국제금융론」(2012), p.375에서 인용.

그림 13-4 | 환 리스크 관리체계

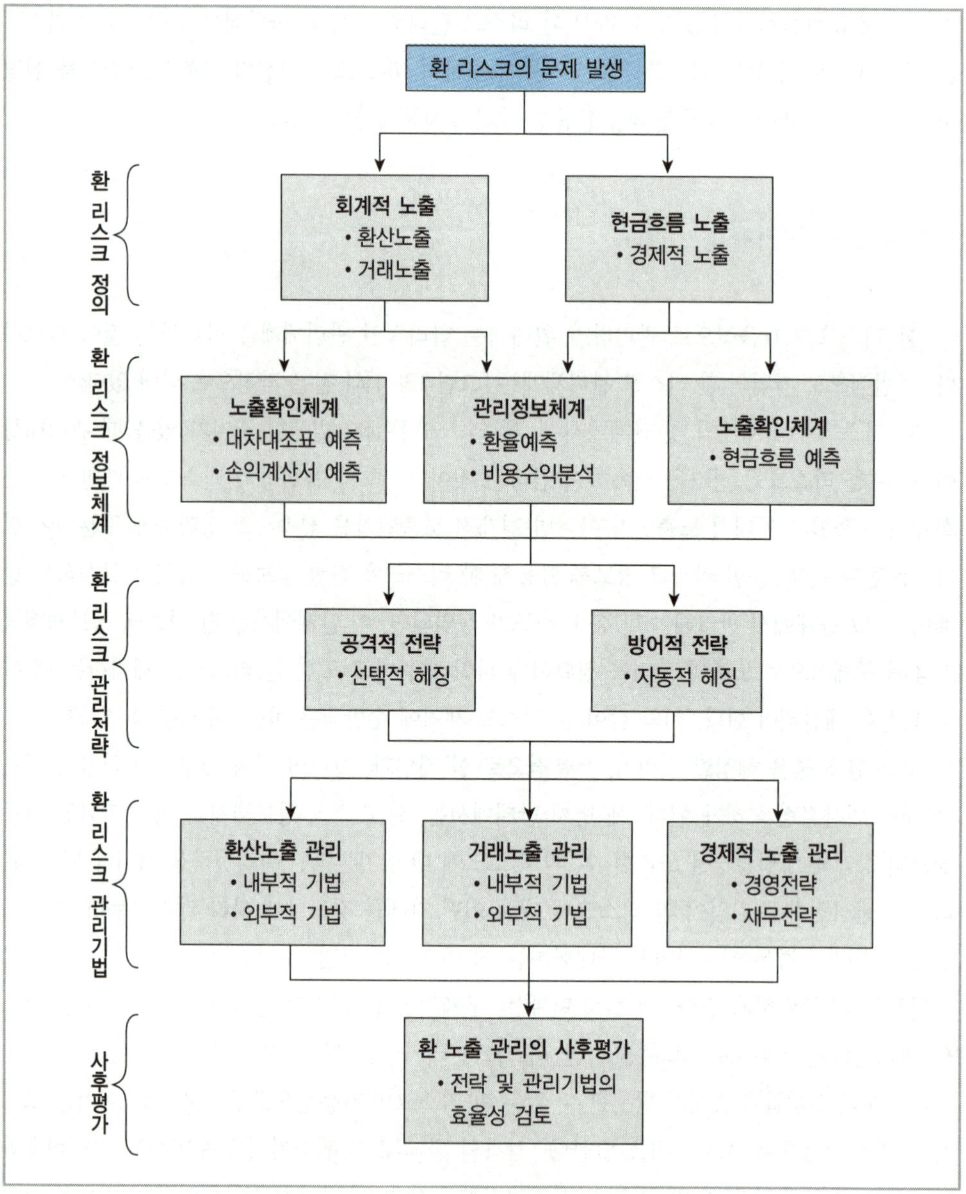

장에서 다양한 상품을 이용하는 기법이다. 이 부분은 환 리스크 관리기법의 핵심내용으로, 다음의 외부적 관리기법에서 상세히 설명코자 한다.

마지막으로 사후적 평가단계에서는 지금까지의 환 리스크 관리전략 및 관리기법의 성과를 종합 평가한다. 이를 기초로 차후 환 리스크 관리의 효율성을 향상시킬 수 있는 새로운 환 리스크 관리전략을 수립하고 환 리스크 관리기법을 마련하는 것이다.

2. 환 리스크 관리기법

환 리스크 관리기법은 환 노출 유형, 즉 회계적 노출, 거래적 노출 그리고 경제적 노출에 따라 달리 사용되어야 한다. 회계적 노출을 관리하는 방법은 모회사와 자회사 혹은 자회사와 자회사 간의 자산 · 부채 조정, 각 자회사 내의 자산 · 부채 관리, 그리고 선물환, 통화선물 등 파생금융상품을 이용한 헤지 등을 고려할 수 있다. 거래적 노출의 관리는 리딩과 래깅, 네팅, 매칭, 자산 · 부채 종합관리, 가격조정, 결제통화 선택, 통화분산, 재송장전략 등을 이용한 내부적 관리방법과, 단기금융시장 이용, 선물환, 통화선물, 통화스왑, 통화옵션 등 외환시장, 금융시장, 파생상품시장을 이용하는 외부적 관리기법으로 나눌 수 있다. 경제적 노출의 관리는 환율변동이 판매량, 판매가격, 원자재가격, 자금 조달 및 운용 등 기업의 전반적인 경제활동에 영향을 미치는 마케팅전략, 생산관리전략 및 재무전략이 효과적으로 연계되어야 하는 기업의 장기전략과 관계가 깊다. 앞으로 회계적 노출, 거래적 노출 및 경제적 노출에서 발생하는 헤징기법을 〈표 13-4〉 환 리스크 관리기법에 따라 내부적 기법과 외부적 기법으로 구분하여 설명하고, 경제적 노출 관리방법에 대해서는 기업의 중·장기적인 관점에서의 구조적인 대응전략이 필요하므로 앞서의 환 리스크 헤징의 재무적 관리기법 이외에 비재무적 관리기법으로 마케팅관리전략과 생산관리전략으로 나누어 설명하고자 한다.

내부적 기법은 일반적으로 순노출의 크기를 줄이거나 더 이상 늘어나지 않도록 막으려는 것으로서 기업 내부에서 자체적으로 구사할 수 있는 기법들이고, 외부적 기법은 기업의 외부, 즉 시장을 이용하여 독립된 거래자와 계약을 체결함으로써 기업의 리스크를 시장에 전가시키려는 헤징기법이다. 내부적 기법은 원사새의 조달지를 변경하거나, 제품판매대금의 통화를 바꿈으로써 현금의 유입과 유출되는 표시통화를 매치시키는 것과 같은 내부적인 영업거래를 통한 방법 등이 있는데, 우선적으로 내부적인 기법을 이용하고 이로써 헤지되지 않는 나머지 노출을 외부적 기법으로 헤지하는 것이 기본적인 원칙이다. 외부적인 기법은 리스크를 헤지하기

표 13-4 | 대표적인 환 리스크 관리기법

내부적 관리기법	외부적 관리기법
리딩(leading)과 래깅(lagging)	외환시장 및 파생금융상품시장 이용
네팅(netting)	선물환
매칭(matching)	통화선물
자산 · 부채 종합관리(ALM)	통화스왑
가격조정(pricing)	통화옵션
결제통화 선택	기타 외부적 관리기법
통화분산	국제팩토링
재송장(reinvoicing)전략	환율변동보험 등

위해 외환시장 이용 또는 금융회사와 거래계약을 체결하는 방법이다. 대체로 외환시장 및 파생금융상품시장 이용으로 선물환 · 통화선물 · 통화스왑 · 통화옵션과, 기타 외부적 관리기법으로 국제팩토링 · 환율변동보험 등이 비교적 널리 이용되는 기법들이며, 그 대표적인 환 리스크 관리기법은 〈표 13-4〉와 같다.

1) 내부적 관리기법

(1) 리딩과 래깅

리딩과 래깅(leading and lagging, 선불 및 이연)은 외화표시 자금수입의 결제기간을 인위적으로 조정하여 환 위험을 감소시키기 위한 방법이다. 이는 주로 본사와 자회사 간의 결제 시에 많이 이용되며, 제3자와의 거래 시에는 이해관계가 상충될 수 있어 크게 활용되지 않는다. 이것은 거래기업 간의 신용기간(외상매출입기간 또는 자금차입기간)을 조정하는 것으로, 리딩은 기업의 자산과 부채를 당초의 약정일보다 앞당겨서 수취 또는 지불하는 것이며, 래깅은 약정일보다 지체해서 수취 또는 지불하는 것을 의미한다. 예를 들어 모회사의 입장에서 통화가치의 하락이 예상되는 자회사로부터의 송금은 앞당기도록 하고(leading) 통화가치의 상승이 예상되는 자회사로부터의 송금은 이연시키도록 함으로써(lagging) 소극적 전략의 측면에서 손실을 방지할 수 있고, 적극적 전략의 측면에서 외화획득을 극대화할 수 있다.

(2) 네팅

네팅(netting, 상계)이란 한 다국적기업의 본사와 특수관계법인 간 또는 자회사들 간의 거래에서 일정한 기간마다 지불할 금액과 수취할 금액을 서로 상쇄하고, 그 차액만을 지불하거나 수취하는 방법을 말한다. 네팅의 형태로는 양자간 네팅(bilateral netting)과 다자간 네팅(multilateral netting)이 있다. 양자간 네팅은 두 회사 간에 서로 채권 · 채무를 상계하고 그 차액만을 결제하는 제도이고, 다자간 네팅은 3개 이상의 회사들 간에 채권 · 채무관계를 상계하는 제도이다.

(3) 매칭

매칭(matching)이란 외화자금의 흐름을 일정하게 일치시키는 전략을 말한다. 외화표시의 현금 유입(inflow)과 유출(outflow) 또는 외화표시 자산과 부채를 금액면에서나 시간적으로 가급적 일치시키려는 절차를 말한다. 그리하여 어떤 특정 통화의 수취가 그 통화의 지불에 쓰여지게 하여 결과적으로 순노출을 감소시키려는 것이다. 소극적인 전략에 있어 환 리스크 관리의 목적은 환율변동에 의해서 생기는 현금유입(영업수익)에서의 어떤 변화가 현금유출(이자비용)에서의 반대적인 변동에 의해서 가급적 많이 상쇄되도록 자산과 부채를 구성하는 것이다.

한편, 자산과 부채를 적극적으로 관리한다는 것은 기본적으로 강세통화, 즉 가치가 상승할 것으로 예상되는 통화표시의 자산을 증대시키는 반면 그 통화표시의 부채는 감축시키고, 약세통화 즉 가치가 하락할 것으로 예상되는 통화로 표시된 자산은 감소시키는 반면 그 통화표시의 부채는 증가시키도록 하는 불일치 전략이다.

결국 매칭관리는 보다 장기적인 관점에서 외국통화의 수취 및 지급을 조절함으로써 환 리스크를 관리하는 방법으로 다음에서 설명할 자산 · 부채 종합관리의 일환으로 이용된다.

(4) 자산 · 부채 종합관리

자산 · 부채 종합관리(ALM)는 환율전망에 따라 기업이 보유하고 있는 자산과 부채의 구성 및 포지션을 조정함으로써 환 리스크를 효율적으로 관리할 수 있는 방법이다. 이는 제3장 ALM 리스크 관리에서 언급한 매우 포괄적인 의미의 관리이지만 환 리스크 관리와 관련해서는 보통 기업의 연결재무제표상에서 외화표시 사산과 외화표시 부채의 포지션을 조정해 환 리스크를 효율적으로 관리하고자 하는 방법이다. 자산 · 부채 관리에서 환차익의 극대화를 도모하기 위한 적극적인 기법과 환차손을 극소화하기 위한 소극적인 기법은 앞의 장에서의 금리변화에 따른 자산 · 부채 관리전략과 기법이 비슷한 접근방법이다.

(5) 가격조정

가격조정(price adjustment)이란 거래 상대방에 대한 환율변동으로 인해 예상되는 환차손만큼 상품 판매가격을 인상하거나 원재료 또는 상품 구입가격을 인하시키는 것이다. 물론 이때는 상품의 시장경쟁력, 가격탄력성, 소비자의 저항, 정부의 가격통제 등 제반 사항을 고려해야만 한다.

(6) 결제통화 선택

결제통화 선택이란 수출·입의 대금결제를 어떤 통화로 표시할 것인가를 결정하는 정책을 말한다. 적극적 전략 면에서는 강세통화로 수출대금을 결제하고 약세통화로 수입대금을 결제하는 방법을 이용할 수 있으며, 소극적 전략 면에서는 수출 및 수입 거래를 자국통화로 결제하는 방법을 이용할 수 있다. 결제통화의 선택은 직접적으로 환 리스크를 감소시킬 수 있고 네팅이나 매칭을 할 수 있는 기회를 만들어 환 리스크를 감소시키기도 한다.

(7) 통화분산

기업이 동시에 여러 통화의 환 리스크에 노출되어 있으면 각 통화의 환율변동이 서로 상쇄되는 효과가 있어 환 리스크가 자연스럽게 감소될 수 있다. 변동환율제도하에서의 각종 통화에 대한 환율은 서로 변동하는데, 어떤 특정통화에서 발생하는 환율변동이 다른 통화의 반대방향으로의 움직임에 의해 서로 상쇄되는 효과가 있으므로 환 리스크의 총계는 개별 외환의 환 리스크의 절대적인 합계보다 적게 되어, 이론적으로는 환 리스크에 노출된 외국통화의 수가 많으면 많을수록 그리고 이들 간에 환율변동의 상관관계가 음(−)인 통화들로 거래통화를 다양화함으로써 전체적인 환 리스크를 줄일 수 있다.

(8) 재송장전략

재송장(reinvoicing)전략이란 환 리스크를 관리하기 위해서 별도 법인을 설립하여 본·지사 간 이종통화표시 채권 · 채무를 이 법인과의 단일통화거래로 단순화한 후, 이 법인 내에서 환 리스크를 관리하는 전략이다. 재송장전략은 환 리스크의 집중기법으로 잘 알려져 있고 가장 널리 쓰이는 기법이다. 일반적으로 송장(invoice)이란 수출업자가 수입업자에게 보내는 것으로 매매계약의 조건을 적당하게 이행했음을 밝히는 서류를 말하는데, 보통 이러한 송장을 해외 제조회사는 판매 자회사 앞으로 곧바로 발송한다. 그러나 재송장(reinvoicing center)전략하에서는 이 송장을 판매 자회사가 원하는 통화표시로 재발송하게 된다. 이와 같은 과정을 통하면 판매 자회사는 통화전환에 따른 리스크를 벗어날 수 있으며, 모든 환 리스크는 재송장센터로 집중된다.

(9) 환변동보험제도

수출기업이 환율변동에 따른 수익변동성을 피할 수 있는 보험제도로 환변동보험제도가 있다. 이는 한국무역보험공사에서 제공하는 선물환거래라고 할 수 있다. 보험가입 시 특정 환율로 결제하기로 계약한 뒤, 나중에 환율 하락(상승) 시에는 손실을 보상받고 상승 시에는 차익을 보험공사에 돌려주는 방식으로 운용된다. 수출기업에게 제공하는 수출환보험은 선물환매도거래에 해당하고, 수입기업에게 제공하는 수입환변동보험은 선물환매입에 해당한다. 환변동보험료는 가입금액과 신용등급에 따라 다르지만 수출금액의 연 0.04% 내외에서 형성되어 있다. 환변동위험을 헤지할 수 있는 은행의 선물환(연 0.2%~0.3%)보다 저렴하지만 영세수출기업에게는 적지 않은 부담이므로 정부에서는 한국무역협회와 지방자치단체 등이 보험료를 지원하도록 지원규모를 확대하고 있다. 2014년에 들어 경상수지 누적에 따른 원 · 달러환율이 급격히 강세가 되자 수출중소 · 중견기업의 피해지원 차원에서 신용등급에 관계없이 지난 해 수출액의 100%만큼 환변동보험에의 가입을 허용했다.

종전에는 중소기업의 신용등급에 따라 작년 수출액의 70%에서 90%까지만 보험가입한도가 결정되었었다.

2) 외부적 관리기법[10)]

외부적 관리기법은 환 리스크를 헤지하기 위해 주로 외환 · 금융시장 및 파생금융상품시장을 이용하고 기타 국제팩토링, 환율변동보험 등의 이용이 있음을 앞서 설명하였다. 외부적 관리기법에 대해서는 금융회사 및 기업에서 주로 파생금융상품을 이용한 환 리스크 헤지를 하고 있는 현업의 실정과, 선물환 등의 파생상품을 통한 환 리스크의 헤지기법 습득이 금융 리스크 관리에서의 중요성을 감안하여 본서에서는 선물환, 통화선물, 통화스왑, 통화옵션만을 다루기로 한다. 그 이유는 환 리스크 관리의 범위가 너무 방대하고 복잡함에 따라 전 분야를 포함하기가 어려워 이 장에서는 환 리스크 관리기법의 주요한 내용범위를 외부적 관리기법 중 파생상품을 이용한 환 헤지기법, 즉 선물환, 통화선물, 통화스왑, 통화옵션으로 한정시켜 설명 · 이해시키도록 한다. 보다 자세한 내용은 별도의 전문적인 환 리스크 관리론, 파생상품론, 국제금융(재무)론 등을 통해 관련 지식을 보충함이 바람직하다고 판단된다. 파생상품은 선도(forward), 선물(future), 스왑(swap), 옵션(option)의 4개의 큰 체계로 나눌 수 있고, 또한 파생상품을 이루는 기초자산으로 환, 이자율(채권 포함), 주식(개별종목/지수), 상품(금이나 석유 등)이 있다. 그러므로 4개의 파생상품과 4개의 기초자산이 각각 결합되면서 16개의 파생상품의 조합을 만들 수 있고 이들 파생상품 중 환율을 기초자산으로 하는 환 파생상품은 선물환, 통화선물, 통화스왑, 통화옵션이 있다. 따라서 파생상품을 통한 환 리스크 헤지기법을 이들을 통하여 각각 설명하고자 한다.

(1) 선물환

선물환(Forward FX)은 사전에 약정한 환율로 일정 기간 후 외환을 수도 결제하는 거래이다. 선물환은 환 익스포저의 크기나 발생 날짜에 따라 헤지 금액이나 만기를 계약 당사자 간에 임의로 정할 수 있는 편리한 헤지 수단이므로 파생상품 중 환 리스크 관리 시 제일 많이 사용되는 상품이다. 선물환 거래를 실행하는 데 기본계약 형태로 장외 파생상품 거래 기본계약서(ISDA Master Agreement)상 거래금액, 만기일, 계약환율 등 거래조건에 합의하여 선물환 계약을 은행과 체결하는 형태를 취한다. 선물환 고시는 매입환율(bid rate)과 매도환율(offered rate *or* asked rate)로 구분하여 제시하는데, 직접 환율을 알려주는 방식으로 고시하기도 하지만 스왑 레이트(swap rate) 혹은 스왑 포인트(swap point)를 이용하는 방법으로 고시하기도 한다. 스왑 레이트는 현물환율과 선물환율의 차이를 말하며 달러/원 현물환율이 1,100원이고 만기 1개월 선물환율이 1,101원이라면 스왑 레이트는 +1원이다. 시장의 선물환 가격, 즉 시장 선

10) 외부적 관리기법 중 통화선물, 통화스왑, 통화옵션의 일부 내용은 농협중앙회 리스크 관리실무 교재 박길태 외, 「재무리스크관리」(2011); 최생림, 「외환론」(2011) 및 김인준 · 이영섭, 「국제금융론」(2011)을 참조하였음.

물환율은 이론적으로 결정되는 균형 선물환율을 중심축으로 하여 시장 수급상황에 따라 변동한다. 균형 선물환율은 현물환율과 두 통화의 금리차에 의해 다음과 같이 결정한다.

$$\text{선물환율}(F)=\text{현물환율}(S)\times\left(\frac{1+r_d\times\tau}{1+r_f\times\tau}\right)$$

여기에서 r_d는 자국통화 이자율, r_f는 외국통화 이자율, τ는 연 단위 만기를 나타낸다. 예를 들면, 달러/원 현물환율이 1,100원이고 만기 3개월 국내 원화 이자율이 4.0%, 달러 이자율이 1.0%라고 하면 만기 3개월 균형 선물환율은 1,108.23원으로 계산된다.

$$1{,}100\times\left(\frac{1+4.0\%/4}{1+1.0\%/4}\right)=1{,}108.23$$

선물환율과 현물환율 간의 차이를 스왑 레이트라고 하는데, 위의 산식을 이용하여 다음과 같이 구할 수 있다.

$$\begin{aligned}\text{스왑 레이트}&=\text{선물환율}(F)-\text{현물환율}(S)=S\times\left(\frac{1+r_d\times\tau}{1+r_f\times\tau}\right)-S\\&=S\times\left(\frac{1+r_d\times\tau}{1+r_f\times\tau}-1\right)=S\times\left(\frac{(r_d-r_f)\times\tau}{1+r_f\times\tau}\right)\\&\approx S\times(r_d-r_f)\times x\end{aligned}$$

즉, 스왑 레이트는 대략 현물환율에 두 통화의 금리차를 곱한 값으로 추정할 수 있다. 예시 거래의 스왑 레이트를 계산해 보면 1,100 × (4.0%−1.0%)/4=8.25원으로 비교적 근사치로 산출된다.

예를 들어 설명하면, 현재 현물환율이 1,170원이고 6개월 스왑 레이트가 17원일 때, 국내 고려기업이 미국으로부터 US$5,000,000의 기계부품을 수입하고 수입대금은 6개월 후 US$로 지급키로 하였다면, 고려기업이 선물환 거래를 통하여 US$를 매입할 때 지급해야 하는 원화금액은 얼마일까?

먼저 고려기업의 환 익스포저는 US$ 매도 포지션이므로 달러/원 6개월 선물환으로 US$5,000,000을 매입한다. 이때 적용환율 및 결제금액은 달러/원 6개월 선물환율이 1,187원(현물환율+스왑 레이트=1,170+17=1,187)이므로 고려기업이 6개월 후 결제해야 할 원화 결제금액은 ₩5,935,000,000(=US$5,000,000 × 1,187)이 된다.

선물환율은 이론적으로 양 통화의 이자율 차이를 감안하여 결정되나, 시장 선물환율은 시장의 수요 · 공급에 의하여 결정되며 이론적인 선물환율과 괴리가 생길 수 있다. 이때 충분한 차익거래가 발생하면 시장 선물환이 이론적인 선물환율로 회귀하지만 차익거래가 발생하지 못하는 시장상황하에서는 시장 선물환율이 이론 선물환율과 괴리되며 거래되므로, 다른 헤지방법과 다른 헤지비용을 비교한 후 헤지방법을 결정하여야 한다.

관련 예를 보면, 달러/원 현물환율이 1,200원, 3개월 선물환율이 1,215원, 3개월 원화금리가 4%, 3개월 달러화 금리가 1%이고, 고려기업은 3개월 원화금리가 4%, 3개월 달러화 금리가 1%이며, 고려기업은 3개월 후 결제할 US$1,000,000의 수입대금에 대한 환 리스크를 헤지하려고 한다면 두 가지 방법이 있을 수 있다.

첫 번째로는 3개월 선물환으로 US$1,000,000을 1,215원에 매입하는 방법이 있고, 두 번째는 현물환으로 US$977,506.23(=1,000,000/(1+0.01/4))을 1,200원에 매입한 후 3개월간 달러 예금으로 운용하는 것이다. 각 방법별로 비용을 원화기준으로 산출해 보면 첫 번째 방법은 1,215 × US$1,000,000 = 1,215,000,000원이고, 두 번째 방법은 1,200 × US$997,506.23 × (1 + (0.04/4)) = 1,208,977,556원이 된다. 그러므로 첫 번째 방법인 선물환 매입방법보다는 두 번째 방법인 현물환을 매입하여 환 리스크를 헤지하는 것이 유리하다. 사례에서 보는 것처럼 선물환을 이용하여 환 리스크를 헤지할 때는 현물환의 수준도 중요하지만 스왑 레이트가 어느 정도 수준인가를 모니터링하는 것도 필요하다. 특히 시장 선물환율이 이론 선물환율에 비해 어느 정도 괴리가 되었느냐를 살펴보는 것이 중요하다.

다음으로 선물환 거래의 회계처리에 대하여 설명하면, 선물환 거래를 실행하고 나면 파생상품 회계처리방법에 따라 거래를 기록한다. 파생상품 회계처리의 첫 번째 특징은 거래시점에 거래내용을 부외에 주석사항으로 기록하는 것이고, 두 번째 특징은 시가평가이다. 시가평가는 평가시점마다 거래의 공정가치를 평가하는 것을 말한다. 즉, 파생상품은 거래시점에는 재무제표에 주석사항으로만 기록되지만, 결산기에는 거래의 가치를 시가평가하여 평가금액을 대차대조표에 있는 자산 또는 부채로, 손익계산서에는 파생상품 평가익 또는 평가손으로 회계한다. 파생상품 평가손익은 통상 영업외손익항목으로 당기순이익에 영향을 미친다. 최종적으로 선물환 결제가 이루어지면 결제시점의 환율과 약정 선물환율의 차이만큼 거래손익이 발생한다.

금리차익거래와 투기거래

금리차익거래(Arbitrage)와 투기거래(speculation)의 차이점을 이해하는 것은 환 리스크의 개념을 이해하는 데 있어 긴요하다. 금리차익거래는 이자율 평가설(IRP: Interest Rate Parity)을 이용한 차익거래로, 커버된 금리차익거래(CIA: Covered Interest Arbitrage)로서 위험이 없는 거래이다. 이는 환손실위험을 제거하는 선물환거래로서 앞의 예에서 설명하였다. 투기거래는 국제피셔효과(IFE: International Fisher Effect)를 이용한 차익거래로서 환율변동의 방향성을 예상하는 위험이 따르는 투기거래이다. 커버되지 않은 금리차익거래(UIA: Uncovered Interest Arbitrage)로서 헤지펀드(Hedge Fund)의 공매도(Short Sale)의 예나, 한때 중소기업에게 인기였던 시설자금 엔화대출이 이에 해당되는 예라고 볼 수 있다.

[예시 1] 시설자금 충당을 위해 20억 엔의 엔화대출을 은행으로부터 받았는데 그 당시 원화대출금리는 8%, 엔화대출금리는 4%, 환율은 100엔당 980원이었다.

1) 만일 1년 후의 환율(S_t^e)이 현재 환율(S_0)과 같다면 8천만 원의 대출이자비용을 절감할 수 있다.

엔화대출 이자비용 : 204,081,633×(1+4%) = 212,244,898

엔화대출 원리금의 원화자금 : 212,244,898×9.8 = 2,080,000,000

원화대출의 원리금 : 20억×(1+0.08) = 2,160,000,000

∴ 2,160,000,000−2,080,000,000 = 80,000,000

2) 그러나 만일 1년 후에 환율(S_t^e)이 100엔당 1,050원이면 68,571,429원의 대출이자 비용 손실이 발생한다.

212,244,898×10.5 = 2,228,571,429

원화대출 원리금 : 20억×(1+0.08) = 2,160,000,000

∴ 2,228,571,429−2160,000,000 = 68,571,429

(2) 통화선물

통화선물(currency futures)은 기본적으로 선물환과 동일한 환 리스크 헤지수단이나 선물거래소를 통하여 거래가 이루어지며 거래단위나 결제일 등 계약조건이 표준화되어 있어 헤지수단으로 이용함에 있어 선물환과 실무적으로 많은 차이가 있다. 즉 통화선물 거래는 다른 선물계약과 마찬가지로 표준화된 거래형태를 띠고 있고, 통화선물 시장에 제시된 몇 개의 통화에 대해서만 거래가 가능하다. 또한 통화선물 거래는 일정통화를 장래에 실제로 인수 또는 인도하기 위한 것이라기보다는 현물환 포지션과 대칭되는 통화선물 포지션을 보유함으로써 환 리스크를 제거하기 위한 수단으로 주로 이용된다. 통화선물 거래를 이용한 환 리스크 관리전략은 낮은 거래비용과 포지션 조정의 용이성 그리고 신용 리스크가 수반되지 않는다는 점에서 최근 그 거래규모가 급격히 증가하고 있는 추세이다.

통화선물 거래는 신용 리스크의 문제 등으로 은행과의 선물환 거래가 어려운 개인 및 중소기업들에게 환 리스크를 헤지할 기회를 제공한다. 국내에서는 1999년 4월 한국선물거래소의 개장 이후 다음과 같은 선물거래가 이루어지고 있다. 미국 달러(USD), 엔(JPY), 유로(EUR) 대 원화 통화선물 상품이 상장되어 있고, 거래단위는 미국 달러 선물은 1만 달러, 엔 선물은 100만 엔, 유로화는 1만 유로로 정해져 있다. 거래만기는 당월 물을 포함한 연속 6개월물과 이와 중복되지 않는 3, 6, 9, 12월물 등 여덟 개의 만기가 연속하여 상장되어 있다.

구체적으로 거래조건을 미국 달러 선물 2012년 1월물을 예로 들어보면, 먼저 가격은 일반 현물환율과 마찬가지로 1달러당 원화금액으로 표시하며 0.1원 단위로 호가된다. 최종 거래일은 결제월의 세 번째 월요일인 2012년 1월 16일로 이때까지 거래를 청산하지 않으면 이 날부터 기산하여 3일째 거래일인 2012년 1월 19일에 계약 선물가격으로 실물을 인수도하게 된다. 1계약의 거래단위는 10,000달러로 만약 1,200원의 가격으로 100계약을 매입하였다면 2012년 1월 19일에 US$1,000,000를 12억 원에 매입하기로 하는 거래를 체결한 것이다. 결국 통화선물은 거래단위와 월단위로 하나의 만기일을 사전에 정해 놓고 거래하는 선물환이라고 할 수 있다. 통화선물의 또 다른 특징은 거래 상대방의 계약불이행 위험을 방지하기 위한 장치로서 증거금 제도와 일일정산제도가 운영되는 것인데, 증거금은 개시증거금과 유지증거금으로 구분된다.

달러 통화선물은 거래단위뿐 아니라 결제월 및 결제일이 표준화되어 있어 기업이 헤지를 필요로 하는 날짜와 결제일이 일치하지 않는 경우가 대부분이다. 더구나 여섯 개의 결제월물 중 최근 월물 이외에는 유동성이 없어 익스포저의 날짜가 어느 날인지 상관없이 최근 월물을 이용할 수밖에 없다. 따라서 헤지를 위해 통화선물을 이용할 때는 환 익스포저의 날짜가 최근 월물 이후면 선물의 결제일을 연장하는 롤 오버(roll over) 거래를 해야 한다. 또한 환 익스포저의 날짜가 최근 월물 이전이면 결제 이전에 헤지 포지션을 반대거래함으로써 발생한 손익으로 원래 보유한 환 익스포저의 환차손익을 상쇄하는 방식으로 환 리스크를 관리하여야 한다. 그러므로 통화선물 거래 시는 롤 오버 리스크(roll over 거래 시 발생할 수 있는 손실)와 베이시스 리스크(basis risk)를 부담하여야 한다. 여기서 베이시스 리스크에 대해 살펴보면 선물가격과 현물가격의 차이를 베이시스라 하는데, 통화선물의 경우 베이시스는 선물환시장의 스왑 레이트와 같은 개념으로 양자는 이론적으로 같아야 한다. 베이시스는 결제일이 가까워짐에 따라 크기가 감소하여 제로에 가까워진다. 베이시스의 크기는 시간의 흐름에 따라 감소하면서 현물가격 자체의 변동과는 관계없이 안정적으로 움직이는데, 이와 같은 속성이 선물을 이용한 헤지를 가능케 한다. 그러나 급격한 이자율의 변동이나 기타 선물시장의 불안정한 움직임 또는 시장의 수요 · 공급의 급격한 불균형으로 베이시스가 일시적으로 급격히 증감할 수 있는데, 이때 선물포지션의 청산이 불가피하면 기대했던 헤지효과를 완전히 달성할 수 없으며 이를 베이시스 리스크라 한다.

통화선물을 이용한 헤지의 예를 들어 보자. 10월 20일 국내의 한 수출회사가 US$200,000에 기계를 미국에 수출하기로 하고 12월 9일에 대금을 받는다고 하며, 이 수출기업은 환 리스크를 한국거래소에서 통화선물로 헤지한다고 가정하자. 미국 달러는 현재 현물환 시장에서 1,000원에 거래되고 있고, 선물은 다음 인도일인 12월물이 현재 995원에 거래되고 있다. 수출대금 수취일인 12월 9일은 선물계약의 결제일인 12월의 세 번째 수요일(17일)과 일치되지 않는다. 그러나 이 경우에도 수출업자는 선물계약을 체결하여 대부분의 노출을 헤지할 수 있다. 10월 20일에 이 수출기업은 12월 만기물 달러 20계약(1계약=US$10,000) 선물을 매도하고, 12월 9일 이를 매입하여 10월 20일 체결한 매도 포지션을 상쇄시키고 계약을 청산한다.

이 기간 동안 달러의 현물환율 및 선물가격이 다음과 같이 변동했다고 하자.

	현물환율	선물가격	베이시스
10월 20일	1,000	995	5
12월 9일	982	980	2

이 수출기업이 결제일에 수입회사로부터 받은 달러 수출대금을 현물환시장에서 매도하여 원화로 현금화한다. 여기서 현물환율의 변화는 18원으로 현물자산가치의 변화는 −3,600,000원이다(US$200,000 × (982원 − 1,000원) = −3,600,000원). 반면 선물가격의 변화는 15원이고 이 수출회사는 매 달러를 980원에 매입하고 995원에 매도한 결과가 되어 선물 헤지거래에서 3,000,000원의 이익을 보게 된다. 이는 계약 체결일 이후 결제일(또는 포지션 청산일)까지 매일의 일일정산에 의해 발생한 현금흐름이다(20계약 × US$10,000 × (995원 − 980원) = 3,000,000원). 즉, 현물자산가치의 변화는 −3,600,000원이고, 선물 헤지거래에 의한 손익은 3,000,000원으로 헤지 후의 순손실은 −600,000원이 된다. 선물 헤지는 완전하지는 않으나 헤지 후의 손실 600,000원은 헤지를 하지 않았더라면 발생하였을 3,600,00원의 손실보다는 훨씬 작은 금액임을 알 수 있다. 선물 헤지의 효과를 베이시스를 이용해 설명해도 같은 결과를 나타낸다((2원/US$ − 5원/US$) × US$200,000 = −600,000원).

(3) 통화스왑

스왑(swap)이란 장래 특정일 또는 특정기간 동안 일정한 금융 자산 또는 부채를 상대방의 금융 자산 또는 부채와 교환하는 계약을 말한다. 스왑 거래에는 통화스왑(currency swap), 금리스왑(interest swap) 그리고 통화와 금리를 한꺼번에 스왑하는 통화금리스왑(cross-currency interest rate swap)이 있다. 금리스왑 거래는 대부분 동일한 통화를 대상으로 변동금리부채와 고정금리부채를 교환하는 형태를 띠기 때문에 기본적으로 환율변동과는 관계가 없다. 따라서 환 리스크는 발생하지 않는다. 통화스왑(currency swap)이란 두 개의 상이한 통화로 표시된 원금과 원금에 대한 이자를 주기적으로 상호 교환하기로 두 당사자 간에 맺은 금융계약이다. 일반적으로 통화스왑은 국제금융시장에서 채권발행과 연계되어 거래되는 경우가 많은데 차입자가 각기 자신에게 유리한 통화로 국제금융시장에서 기채한 후 통화스왑을 통해 필요한 통화로 교환함으로써 환 리스크 없이 차입비용을 절감하기 위하여 많이 사용된다. 통화스왑은 그 형태가 원금과 이자로 구성되어 있어 환 익스포저의 현금흐름이 원금과 이자로 이루어진 형태의 환 리스크를 관리하기에 편리하다. 즉, 외화로 채권을 발행했거나 은행으로부터 외화대출을 받은 경우 또는 외화채권에 투자를 했을 경우 발생하는 환 리스크 관리를 위해 통화스왑을 이용할 수 있다. 예를 들어 장기외화대출의 환 리스크를 선물환으로 헤지할 경우에는 장기간에 걸친 이자와 원금 등의 외화현금흐름에 맞추어 각각의 선물환을 거래해야 하므로 장기간에 걸쳐 여러 건의 선물환을 계약해야 하는 반면, 통화스왑은 1건의 계약으로 외화대출의 원금과 그 이자의 환 리스크를 헤지할 수 있다는 장점이 있다. 또한 통화스왑의 이자교환 시 그 이자의 형태가 고정금리와 변동금리 모두 이용될 수 있으므로 통화스왑은 환 리스크 관리와 동시에 이자율 리스크의 헤지를 위해서도 사용될 수 있다.

통화스왑 거래는 주로 환 리스크의 헤징과 자금흐름 관리를 위해 널리 이용되고 있을 뿐만 아니라 금리변동에 대한 헤징기능도 수행하고 있다. 통화스왑 거래는 처음에는 통화담보부대출, 상호대출, 배투백대출 등의 형태로 출발했으나 이후 고정금리통화스왑, 변동금리통화스왑, 이중통화스왑, 통화옵션스왑 등으로 다양하게 발전하고 있다. 여기서는 이중통화스왑 거래의 가장 대표적인 형태로 간주되는 통화금리스왑 거래에 대해서 설명하고자 한다.

통화금리스왑은 통화스왑과 금리스왑이 혼합된 형태로서 이중통화표시 변동금리차입과 고정금리차입 간에 이루어진다. 고정금리채무를 변동금리채무로 전환한다는 점에서 일반적인 금리스왑과 유사하지만 만기시점에 원금도 상환해야 한다는 점에서 금리스왑과 차이가 있다. 통화금리스왑은 일반적으로 달러표시 변동금리차입(보통 6개월 Libor)과 타 통화표시 고정금리차입 간에 이루어지는 경우가 많다.

구체적인 사례를 들어 통화금리스왑 거래를 설명하면, 미국의 A사는 달러화 자금을 Libor+0.50%로 차입이 가능하고 영국의 B사는 우리나라에서 직접 자금을 조달하는 경우

그림 13-5 | 통화금리스왑

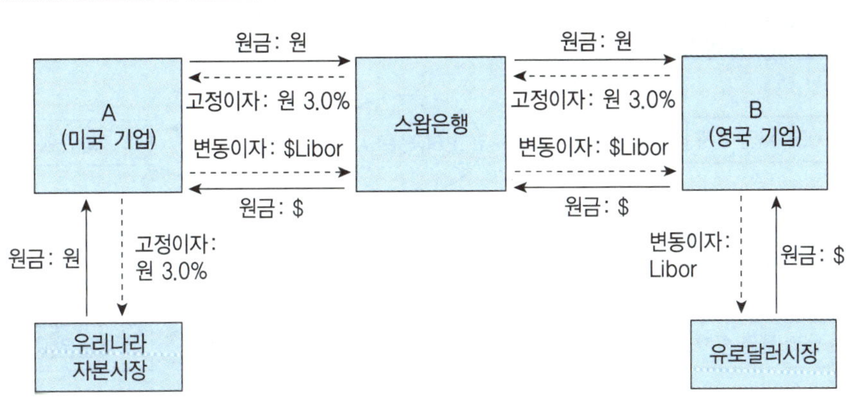

주 : 만기 시 원금상환은 계약 시 원금흐름(실선)과 반대방향으로 이동.

3.85%의 차입비용을 지불해야 한다. 그런데 중개은행의 자문을 받아 본 결과, 미국 기업인 A사가 우리나라에서 채권을 발행하는 경우 3%의 고정금리로 발행할 수 있다는 것을 알았다. 한편, 영국의 B사는 유로달러시장에서 높은 지명도로 Libor 수준으로 차입할 수 있다는 것을 알았다. 이런 경우 A사는 우리나라에서 원화를 3%의 고정금리로 조달하고 B사는 유로달러시장에서 Libor 수준으로 변동금리를 조달한 후 원금을 교환하고 원리금상환도 교환하는 스왑계약을 체결하면, A사는 미국시장에서 직접 자금을 조달할 때보다 0.50%(=Libor+0.50%−Libor) 비용을 절감할 수 있고, 마찬가지로 B사도 우리나라에서 직접 차입할 때보다 0.85%(=3.85%−3%) 비용을 절감할 수 있다. 이때의 현금흐름은 앞의 [그림 13-5]와 같이 나타나게 된다.

또 다른 통화스왑의 사례를 보면, 국내의 고려금융회사는 저금리에 따른 국내 금융시장에서의 자금운용 애로를 타개하기 위하여 3년만기 달러표시 채권에 US$10,000,000를 투자하려 한다. 고려금융회사는 이 투자와 관련된 달러/원 통화 리스크를 관리하기 위해 달러채권을 원화채권으로 전환시키려 한다. 현재 현물환율은 1US$=1,200원이고 달러채권의 이자는 US$ Libor, 3년 달러/원 통화스왑 레이트는 5%라고 하면, 고려금융회사는 통화스왑이라는 상품을 통하여 달러채권을 원화채권으로 쉽게 변환시킬 수 있다. 즉, 고려금융회사는 US$ 현금흐름에 맞추어 스왑은행과 달러/원 통화스왑을 [그림 13-6]과 같이 거래한다. [그림 13-6]에서 초기 원금교환과 만기 원금교환에서는 달러채권의 달러원금과 스왑의 달러원금은 서로 상쇄되

그림 13-6 | 달러 채권투자와 통화스왑

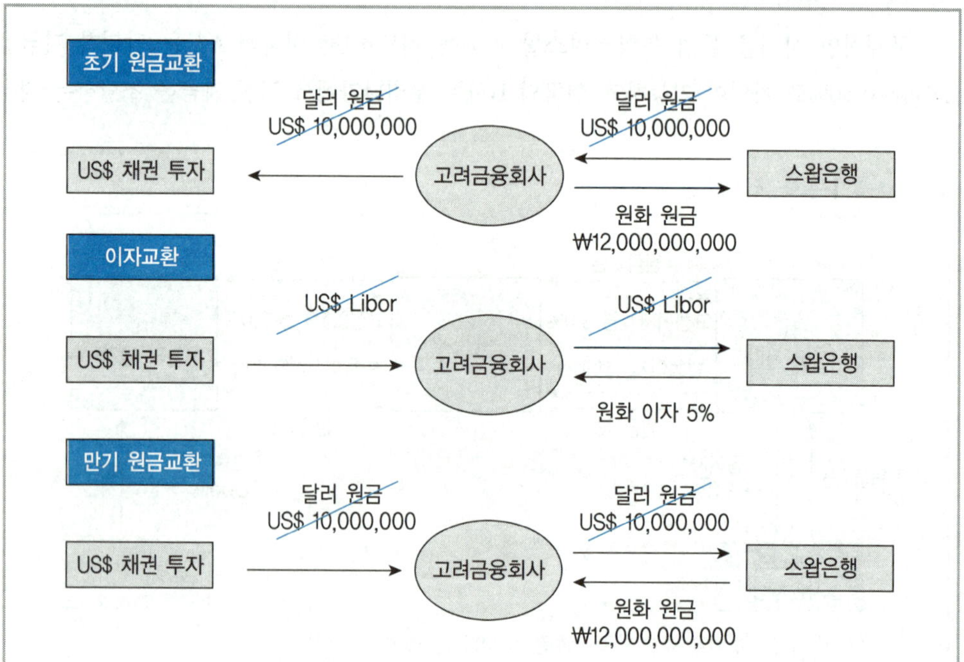

어 원화원금의 현금흐름만 남게 된다. 이자교환에서는 달러채권의 달러 Libor와 통화스왑의 달러 Libor가 서로 상쇄되고 원화이자 수취 현금흐름만 남게 되었다. 그러므로 [그림 13-6]에서 상쇄되는 US$ 현금흐름을 지워 버리면 원화채권의 현금흐름만 남게 되어 마치 고려금융회사는 원화채권에 투자한 것과 같다. 즉, 달러채권이 통화스왑을 통하여 원화표시 채권으로 바뀐 것을 보여주고 있다.

(4) 통화옵션

옵션 매입자가 옵션 매도자에게 옵션 프리미엄을 지급하는 대가로 특정통화를 미래의 특정일에(혹은 특정기간 내에) 미리 약정된 특정가격으로 사거나 팔 수 있는 권리를 맺는 계약을 통화옵션(currency option)이라 한다. 통화옵션은 장내 시장에서도 거래되고 장외 형태로도 거래된다. 한국거래소(Korea Exchange)에 달러/원 옵션이 상장은 되어 있지만 그 거래는 매우 부진하다. 그러므로 국내에서 거래되는 달러/원 옵선은 모두 장외옵션이고, 그 거래량은 매년 지속적으로 증가하고 있다. 여기서 설명되는 통화옵션은 모두 장외옵션에 관한 내용이다. 환 리스크 헤지 수단으로서 통화옵션을 선물환과 비교하면 선물환은 계약체결과 동시에 계약 쌍방에 권리, 의무가 동시에 발생하나 옵션계약은 매도자에게는 의무만이 발생하며 매입자에게는 권리만 발생한다. 그러므로 선물환율은 환율이 불리하게 움직이는 경우 손실방지가 가능하나 환율이 유리하게 움직이는 경우 기회이익을 향유할 수 없는 반면, 통화옵션은 환차손 방지는 물론 기회이익의 획득이 가능하다. 즉, 선물환시장과 단기금융시장을 이용한 헤지는 환 리스크를 완전히 제거하지만 이로 말미암아 환율이 유리하게 변동하는 경우 누릴 수 있는 이익의 기회까지 사라지게 만든다. 이러한 이익의 기회를 잃지 않으면서 환 손실 리스크에 대해 헤지할 수 있는 방법으로 옵션 시장을 이용할 수 있다.

옵션시장에서 주식, 채권, 환율 등을 적절히 결합하여 투자가, 수입업자, 그리고 수출업자의 취향과 시장상황에 따라 다양한 이익기회를 만들어 내는 전략을 옵션전략(option strategy)이라 한다. 옵션전략에는 단순 풋옵션과 콜옵션을 활용하는 방법, 이색 옵션을 활용하는 방법, 제로 코스트 옵션을 이용하는 방법, 스프레드(spread)전략, 콤비네이션(combination)전략, 풋-콜 패리티 등이 있다

① 풋옵션 / 콜옵션의 활용

옵션의 원형이라고 할 수 있는 유로피언 유형의 단순 콜옵션(call option)과 풋옵션(put option)을 평이하다는 의미에서 플레인 바닐라 옵션(plain vanilla option)이라고 한다. 예를 들어 설명하면 수출기업이 옵션시장에서 행사가격이 $1=1,200원이고 옵션 프리미엄이 달러당 10원인 달러화 풋옵선을 매입했다고 하자. 3개월 후 수출기업이 옵션을 행사할 것인가 여부는 3개월 후의 환율에 달려 있다. 따라서 옵션의 경우에는 확실한 원화금액을 보장하지는 않는

다. 3개월 후의 환율이 $1=1,200원보다 낮은 1,150원이 된 경우, 옵션을 행사하지 않으면 수출기업은 $1백만을 수취했을 때 외환시장에서 달러당 1,150을 받고 달러를 팔아야 하므로 총 11억 4천만원(1백만×(1,150원-옵션프리미엄 지급 10원))의 원화를 얻게 된다. 그러나 옵션을 행사하면 달러당 1,200원을 받을 수 있으므로 프리미엄을 지급하고 난 후 11억 9천만 원의 원화를 얻게 된다. 따라서 환율이 $1=1,200원 이하인 경우에는 옵션을 행사하는 것이 유리하다. 이와는 반대로 환율이 $1=1,200원 이상인 경우에는 옵션을 행사하지 않고 수출대금으로 받은 달러화를 그대로 외환시장에서 파는 것이 유리하다. 예를 들어 3개월 후 환율이 $1=1,240원이 된 경우 옵션을 행사하면 11억 9천만 원밖에 수령하지 못하지만, 옵션을 행사하지 않으면 $1백만을 달러당 1,240원에 팔아 프리미엄을 지급하고 난 후 12억 3천만 원을 취득하게 된다. 이상의 설명에서 알 수 있듯이 수출기업은 옵션시장 헤지를 통해 최소한 11억 9천만 원을 확보할 수 있지만, 최대금액이 얼마가 될지는 환율의 변화에 달려 있다. 위와 같은 방법으로 수입기업의 경우에는 콜옵션을 활용하여 환 리스크 헤지 및 관리를 한다.

② 이색 옵션상품 활용

옵션이 다른 방법보다 유리한가 아닌가는 옵션 프리미엄, 예상환율, 위험선호도 등 여러 가지 요소에 의하여 좌우된다. 이러한 다양한 요소들을 반영하기 위해서는 다양하고 복잡한 옵션의 설계가 필요한데 이와 같이 표준적인 옵션의 거래조건을 변형시킨 다양한 옵션을 통칭하여 이색 옵션(exotic option)이라고 한다. 예를 들어 설명하면, 3개월 후의 예상환율이 $1=1,221.88원(=균형 선물환율 1,211.88원+옵션 프리미엄 10원) 이하가 된다면 수출기업은 옵션시장에서의 헤지가 선물환시장의 헤지보다 불리하다고 판단하고 선물환 헤지를 선택할 것이다. 그러나 3개월 후의 환율이 그 이상으로 상승한다고 예상하는 경우에는 옵션시장이 유리하다고 생각할 수 있다. 그러나 만일 예상이 틀려 환율이 그 이하로 떨어지면 불리해질 수도 있으므로 수출기업은 예상에 대한 확신도 및 위험선호도 등 기타 다른 요인들을 고려해 헤지 방법을 선택해야 할 것이다.

환 리스크를 관리하는 기업 입장에서는 통화옵션의 매입을 통한 환 리스크의 헤지가 다른 파생상품보다 좋은 전략이지만 옵션 프리미엄을 지불해야 하는 부담이 있다. 그러므로 장외 통화옵션시장에서는 단순하게 유로피언 옵션을 매입하는 거래보다는 옵션매입 시 부담하는 옵션 프리미엄을 줄이기 위해 여러 개의 서로 다른 옵션을 매입·매도하여 위험을 일정범위로 축소하면서 옵션 프리미엄 지출을 최소화하는 형태와, 배리어 옵션(Barrier Option) 등 유로피언 옵션보다 프리미엄이 싼 옵션을 이용하는 거래형태를 보이고 있다. 특히 여러 개의 옵션을 복합적으로 거래하면 선물환이나 통화선물의 헤지로는 이룰 수 없는 다양한 형태의 손익결과(payoff)를 구성할 수 있어 기업·금융기관과의 다양한 시장견해를 상품에 반영할 수 있다.

③ 레인지 포워드[11)]

여러 개의 서로 다른 옵션을 매입 및 매도하는 형태 중 옵션 매입에 따른 지급 프리미엄과 옵션 매도에 따른 수취 프리미엄을 같게 만들어 프리미엄을 지불하지 않는 옵션을 제로 코스트 옵션이라 한다. 가장 기본적이고 거래가 많은 제로 코스트 옵션 상품으로 레인지 포워드(range forward)가 있다. 레인지 포워드는 불리한 방향의 리스크를 헤지하기 위해 옵션을 매입하고 그에 따른 지급 프리미엄을 얻기 위해 유리한 방향의 옵션을 매도하여 환율변동에 따른 기회이익을 포기하는 전략이다. 레인지 포워드의 사례를 살펴보면, 현재 현물환율은 1,200원이고, 고려기업은 6개월 후의 수입대금의 결제를 위해서 달러를 구입하려고 한다. 고려기업의 수입대금 결제의 환 익스포저는 달러 매도 포지션이고, 이의 헤지를 위해 고려기업은 행사가격이 1,220원인 달러 콜옵션을 매입하고 동시에 콜옵션의 프리미엄과 같은 프리미엄을 가진 행사가격이 1,180원인 달러 풋옵션을 매도하여 콜옵션 매입에 따른 프리미엄 지급비용을 상쇄한다. 레인지 포워드는 환율의 변동으로 인해 발생할 수 있는 이익과 손실을 모두 일정수준(1,180원~1,220원)으로 제한함으로써 환 리스크는 일정범위 내로 제한된다.

[그림 13-7]은 숏 포지션을 가지고 있는 거래자(수입업자 또는 선물환을 매도한 거래자)가 레인지 포워드 매입거래로 헤지하는 또 다른 예를 보인 것이다. 현물환율이 1,100원인 어떤 시점에서 이 고객이 만약 3개월 후의 시점을 헤지하려면 행사가격 1,150원의 콜과 1,050원의 풋으로 구성된 레인지 포워드로 헤지할 수 있다. 헤지효과는 장래에 매입할 외화의 매입가격 변동폭을 하단환율(1,050원)과 상단환율(1,150원) 범위 내로 제한하는 것이다. 그림에서는 이 거래자의 원래 포지션(underlying position)이 검정색 선으로, 헤지 포지션(hedge position)이

그림 13-7 | 레인지 포워드 매입 포지션과 외환 매도 포지션의 결합

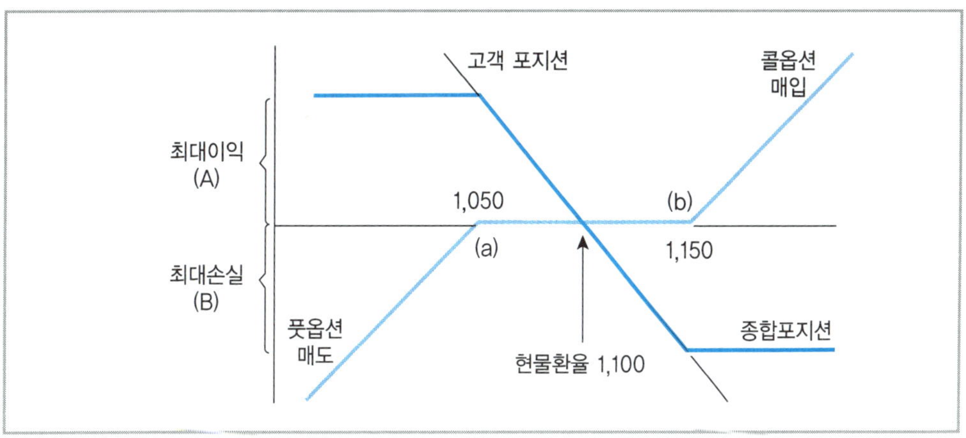

11) 레인지 포워드, 스트래들, KIKO옵션의 내용은 최생림, 「외환론」(2011), pp.188~192 참조.

흐린 청색선으로, 그리고 헤지 후의 결과를 나타내는 종합포지션은 이 두 포지션을 합한 것으로 진한 청색선으로 표시되어 있다. 그러나 이로써 거래자는 새로운 위험을 떠맡게 됨을 유의해야 한다. 만기시점의 현물환율이 예컨대 (a)-(b)가 대단히 큰 경우에는 (a)에 외환을 매입해야 하므로 그만큼 손실을 입을 수 있다.

즉, 옵션을 통하여 잠재적인 이익을 무한대로 유지하면서 손실은 일정한 범위 내에서 막을 수 있다는 점이 파생상품시장에서 거래되는 다른 상품 등과 중요한 차이점이라고 하겠다. 바꿔 말하면 풋옵션이건 콜옵션이건 매입자의 손실은 옵션계약을 사기 위해 지불한 가격 즉 프리미엄에 국한되는데, 옵션 프리미엄을 지불해야 하는 부담의 경감 또는 가급적 적은 비용으로 환 리스크 해지 효과를 거둘 수 있는 방안 모색 또한 중요하다. 수출기업에 큰 피해를 준 키코옵션(knock-in과 knock-out 옵션)은 항상 작은 옵션 프리미엄으로 만든 제로 코스트 옵션으로, 옵션 프리미엄을 최소화한 장점이 있었으나 내재된 위험을 기업이 간과한 것으로 다음에서 별도로 설명하도록 하겠다.

④ 스트래들

통화옵션전략의 하나로 콤비네이션전략(combination strategy)이 있는데, 이는 환율의 변동성을 이용하는 전략으로 옵션의 행사가격이 같은 스트래들(straddle)전략과 옵션의 행사가격이 다른 스트래글(straggle)전략이 있다.

통화옵션이 유용한 또 다른 경우는 기업이 통화 움직임의 방향과 변동폭에 대해 확실하지

그림 13-8 | 스트래들 매입 포지션

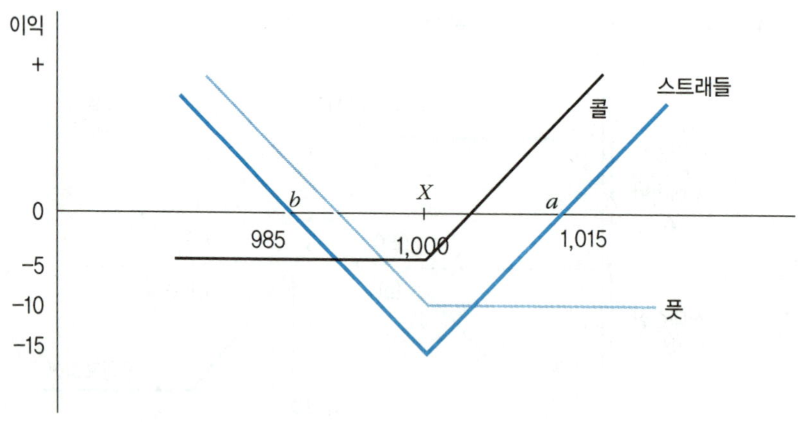

주 : 콜옵션과 풋옵션의 행사가격은 1,000원으로 동일함.
콜옵션은 달러당 5원, 풋옵션은 달러당 10원으로 가정함.

않을 때 기존의 통화선물 헤지와 풋 · 콜옵션의 전략만으로는 한계가 있어 콜옵션과 풋옵션의 결합형태로서 스트래들(straddle)을 이용한다. 이는 행사가격과 만기일이 동일하고 대상 기초자산이 동일한 콜옵션과 풋옵션을 동시에 매입한 경우를 말한다. 따라서 스트래들의 손익구조는 콜옵션과 풋옵션 손익구조를 결합한 형태를 취한다. 예를 들어 스트래들 매입자(혹은 롱 스트래들)의 경우에는 손익구조가 앞의 [그림 13-8]에서와 같이 현물환율이 a보다 높거나 b보다 낮으면 이익을 얻게 되는 V자 형태(진한 청색선)로 나타난다. [그림 13-8]에서와 같이 달러당 옵션의 가격이 콜은 5원, 그리고 풋은 10원이라고 가정할 경우에 이 스트래들의 가격은 15원이 될 것이다. 이 스트래들의 보유자는 옵션을 행사할 시점의 달러환율이 985원보다 싸거나 또는 1,015원보다 비싸지면 이익을 보게 된다. 그러나 현물환율의 변동이 크지 않아 일정구간(b~a)에 머무르면 콜옵션 및 풋옵션 프리미엄 지급에 따른 손실을 입게 된다. 위와 반대로 콜옵션과 풋옵션을 매도하면 숏 스트래들(short straddle)이라고 한다.

⑤ 풋-콜 패리티[12)]

차익거래의 기회가 존재하지 않는 균형상태를 가정하면 동일한 기초자산에 대해 동일한 행사가격과 만기를 갖는 유럽형 풋옵션과 콜옵션 가격 간에는 일정한 관계가 성립한다. 즉 옵션과 선물의 성질은 다르지만 기본적인 연계관계를 나타내는데 이러한 관계를 풋-콜 패리티

그림 13-9 | 풋-콜 패리티

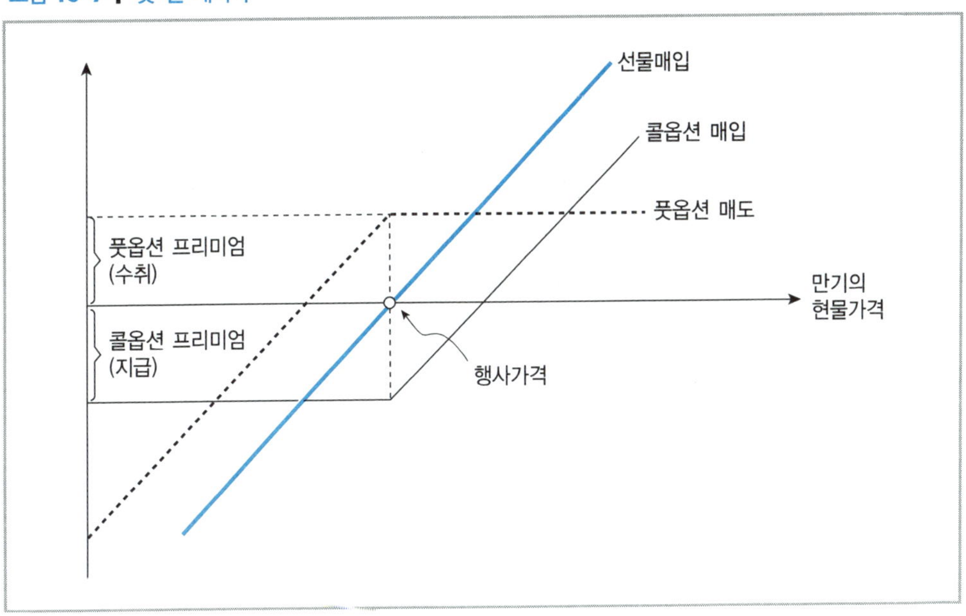

12) 김인준 · 이영섭, 「국제금융론」(2012), pp. 215~216.

(put-call parity) 혹은 풋-콜 선물등가식(put-call futures parity)이라고 한다. 예를 들어 어떤 투자자가 동일한 행사가격 K로 달러화 콜옵션을 매입하고 동시에 풋옵션을 매도했다고 하자. 옵션거래에 따른 프리미엄이 동일한 경우 이러한 손익구조는 [그림 13-9]에서의 진한 청색선처럼 나타나게 되며 선물가격(선물환율 K)으로 통화선물을 매입한 경우의 손익구조와 동일하게 된다. 따라서 이 경우 통화선물과 옵션의 합성, 양자 간에는 차익기회가 존재하지 않는다. 콜옵션 프리미엄(C)과 풋옵션 프리미엄(P)이 존재하는 경우를 고려해 보면, 앞에서의 옵션의 합성을 보유하는 경우 만기일에 투자자에게 수반되는 비용은 달러화를 매입하기 위한 비용(K)과 콜옵션 프리미엄 지급과 풋옵션 프리미엄 수취 간의 차이($=C-P$)의 합이 될 것이다. 그런데 옵션계약에서는 현금흐름이 계약 시에 일어나고 선물계약에서는 현금흐름이 기말에 일어나므로 만기시점에서의 프리미엄 차이는 이자율을 감안해 $(C-P)(1+r)^t$가 될 것이고, 따라서 만기시점에서 옵션의 합성에 따른 총비용은 $K+(C-P)(1+r)^t$가 된다.

한편, 통화선물의 경우에는 만기일에 선물가격 F로 달러화를 매입해야 하므로 만기시점에서 통화선물에 따른 비용은 F가 될 것이다. 만일 옵션의 합성에 따른 비용과 통화선물에 따른 비용 간에 차이가 존재한다면 투자자들은 차익을 취하고자 거래를 행하게 될 것이고, 옵션시장과 선물시장 간에는 옵션가격 및 선물가격의 등락을 통해 차익 거래가 발생하게 된다는 것이다. 옵션의 합성(유럽형 콜옵션과 풋옵션)과 통화선물과의 균형상태를 풋-콜 패리티(put-call parity)라고 하여 다음과 같이 나타낼 수가 있다.

$$C-P=\frac{F-K}{(1+r)^T} \quad \text{혹은} \quad P-C=\frac{X-F}{(1+r)^T}$$

이러한 풋-콜 패리티를 무역업자가 환위험 방지를 위하여 이용하는 예를 설명하고자 한다. 이는 옵션을 이용한 헤징방법의 일환으로 수입업자가 기초자산을 보유한 상태(환율의 하락이 이익이 되는 매도포지션 보유)에서 콜옵션을 매입하게 되면 환율하락으로 인한 손실을 일정범위 내로 제한할 수 있다. 이러한 헤징전략을 방어적 풋(protective put)이라고 하며, 이때의 손익패턴은 [그림 13-10]과 같다[13]. 이 경우 기초자산과 풋옵션이 결합된 수익패턴은 [그림 13-10]에서 실선으로 표시된다. 방어적 풋전략을 취하는 경우 환율상승 시 이익은 줄어들지만 이를 대가로 가격하락 시에는 손실을 일정범위 내로 한정시킬 수 있게 되는 것이다. 방어적 풋 포지션 외에도 현재 현물에 매도포지션을 취하고 있는 수출업자의 경우 환율상승 시 이익이 줄어들지만 이를 대가로 환율하락 시 손실을 일정범위 내로 한정시키고 싶은 경우에는 콜옵션을 매입하여 헤징하는 방어적 콜(protective call)이 있다. 이는 기초자산의 위험을 풋매입으로 보호한다고 볼 수 있으며, 이때의 손익패턴을 그림으로 나타내면 [그림 13-11]과 같다.

13) 박진우, 「파생상품론」, 명경사(2012), 12장 옵션을 이용한 헤징, p.357, p.359 참조.

그림 13-10 | 방어적 풋 포지션의 만기 시 손익패턴

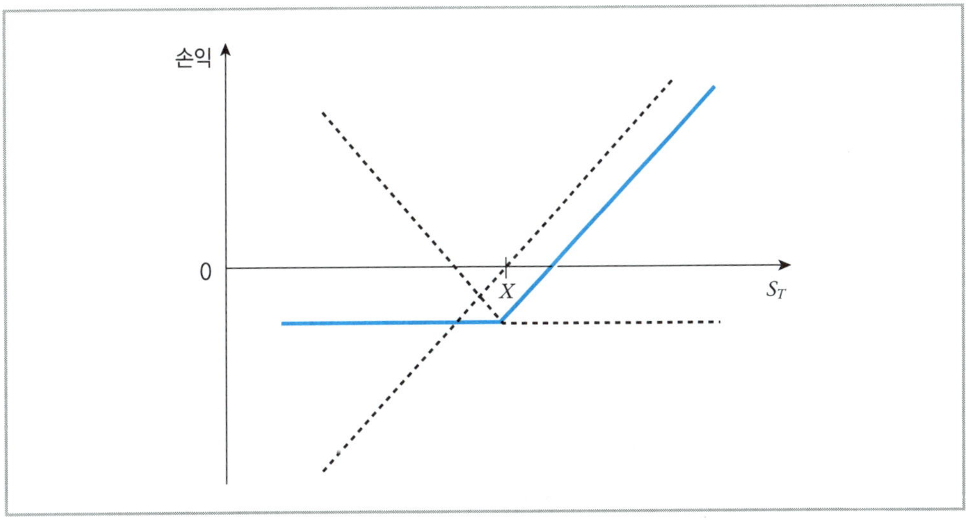

그림 13-11 | 방어적 콜 포지션의 만기 시 손익패턴

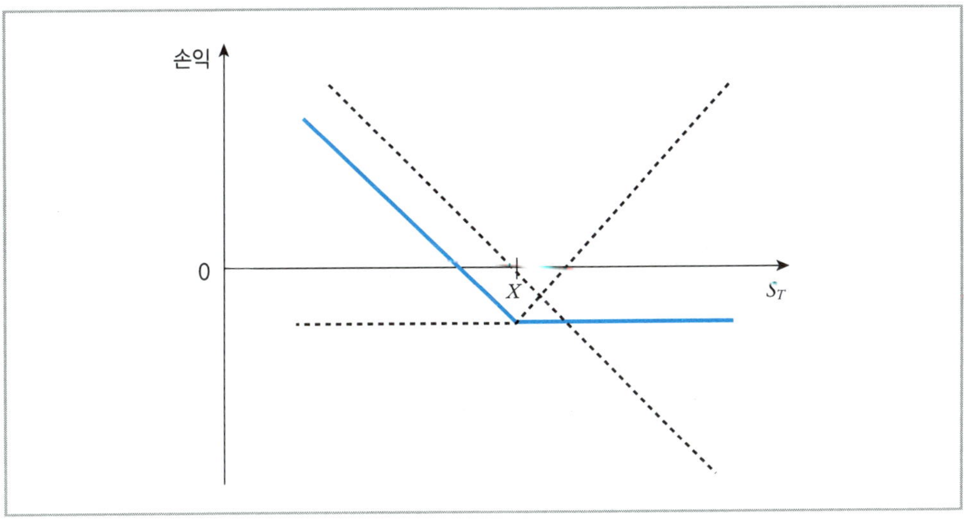

⑥ KIKO 옵션

국내에 2005년 초 도입되기 시작한 키코(knock-in, knock-out)는 많은 수출기업들이 결과적으로 크게 피해를 보면서 옵션을 판매한 은행과 고객기업들 간에 법정싸움으로 비화되기까지 하여 사회적으로 크게 논란이 되었던 옵션상품이다. KIKO 옵션의 구조는 유럽식 풋매입 1계약과 유럽식 콜매도 2계약(드물게 3계약)으로 구성되었다. 매입계약 개수와 매도계약 개수를 비대칭적으로 결합하여 기업이 옵션가격을 지불하지 않도록 만든 제로 코스트 옵션(zero cost option)이다. 배리어 옵션은 일반 다른 유로피언 옵션에 비해 항상 작은 옵션 프리미엄으로 거래된다. KIKO 옵션 상품은 배리어 옵션(barrier option)으로 knock-in옵션과 knock-out옵션으로 구분된다. knock-in 조건이 충족되면 옵션이 유효하게 되고, knock-out 조건이 충족되면 옵션이 무효가 된다. 계약은 약정액(notional amount) 기준으로 계약기간이 6~36개월이었으며, 매월 정해진 날짜(valuation date)에 정산하는 조건이다. 일정기간 후 달러 수출대금을 받기로 한 기업이 KIKO로 환 위험을 헤지하는 경우의 환율과 수익을 그림으로 보인 것이 앞의 [그림 13-12]와 같다.

이 상품은 약정환율이 1,100원이고, 만기시점의 원-달러 현물환율이 1,000원을 건드리면 이 계약은 옵션계약이 소멸(knock-out)되어 수출기업은 헤지가 되지 않아 환차손을 크게 보게 된다. 환율이 1,000원과 1,100원 사이이면 기업은 풋을 행사해서 1,100원에 달러 수출대금을 팔 수 있어서 유리하고, 환율이 1,100원과 1,200원 사이이면 풋과 콜이 모두 행사되지 않고 달러를 시장환율에 팔게 된다. 문제는 만기시점의 현물환율이 1,200원보다 높은 경우이다. 이때는 옵션계약의 효력이 발휘(knock-in)되며 기업이 현물환율보다 크게 낮은 약정환율 1,100원에 달러를 매도하게 되는 불리한 입장인데, 콜이 2계약(드물게는 3계약)이어서 기업은 계약금액의 2배(또는 3배)에 이르는 손실을 보게 되는 것이다.

그림 13-12 | KIKO 옵션의 환율과 수익구조

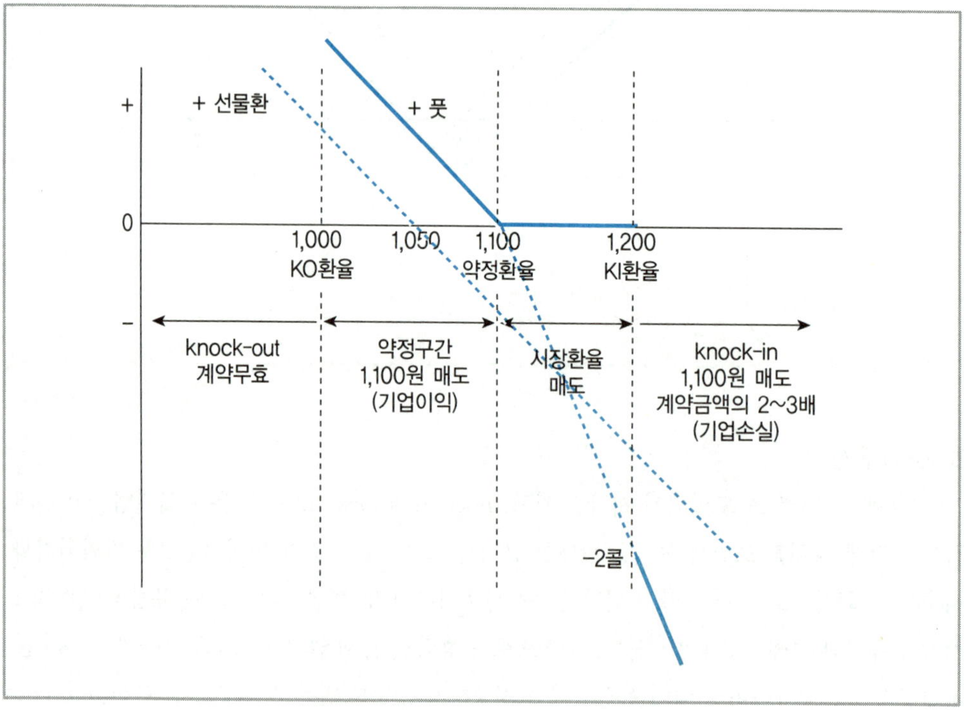

3) 재무적 관리기법과 비재무적 관리기법

환 노출 중 회계적 노출과 거래적 노출의 관리 그리고 경제적 노출의 일부는 내부적 관리기법과 외부적 관리기법을 이용해 환 리스크를 관리하는 방법을 앞서 설명하였다. 특히 외부적 관리기법은 선물환, 통화선물, 통화스왑, 통화옵션이라는 파생금융상품의 이용이 보통 재무담당 부서에서 수행되고 있는 것으로 인식되어 재무적 관리기법이라고 한다. 지금까지 보아왔듯이 회계적 노출과 거래적 노출은 재무적 관리기법을 통해 전략적 관리가 가능했던 반면 경제적 노출을 관리하기 위해서는 전통적인 재무관리기법들만 가지고는 부족하고 기업의 장기전략과 함께 마케팅관리전략, 생산관리전략이 효과적으로 연계된 보다 장기적인 관점에서 구조적인 대응전략이 필요하다. 따라서 경제적 환 노출을 효과적으로 관리하기 위한 마케팅관리전략과 생산관리전략을 회계적 노출과 거래적 노출에서 사용한 재무적 관리기법과 구분하여 비재무적 관리기법이라고 표현하고자 한다. 경제적 노출은 환율변동이 판매량, 판매가격, 원자재가격, 자금 조달 및 운용 등 기업의 전반적인 경제활동에 영향을 미침에 따라 발생한다. 급변하는 경제환경에서 새로운 산업으로의 진출과 기존산업에서의 퇴출 등 기본적인 기업전략 차원에서 경제적 노출방안을 고려하기 위해서는 환율변동과 경쟁력 간의 관계에 대한 기업의 경쟁포지션과 경쟁기업들의 전략 변화를 예의주시하고, 심지어는 기업자산의 일부에 대한 소유권을 다른 투자자들에게 이전시키거나 생산시설의 재배치와 내부조직의 재정비 등도 필요할 수 있다. 이처럼 기업의 중·장기전략은 경제적 노출 관리와 직접적인 관계가 있으며 경쟁력을 확보하기 위해서는 기업의 기본전략을 전반적인 경영활동, 즉 마케팅관리, 생산관리 및 재무관리 등과 연계해 추신해야만 한다. 본 장에서는 비재무적 기법으로서 크게 마케팅관리전략과 생산관리전략의 두 부분으로 나누어 설명하기로 한다[14].

(1) 마케팅관리전략

해외에 수출하는 기업의 경우에는 상대국 통화와 자국 통화 간의 환율의 변동으로 인해 자국 통화 표시의 매출과 이익이 변화한다. 따라서 매출과 이익의 변화를 줄이기 위해서 제품 판매가격이나 결제조건 등의 조정을 취하게 되는데, 이를 환 리스크 관리를 위한 마케팅전략이라 한다.

마케팅전략으로는 시장선택, 가격정책, 제품개발 등이 있다. 시장선택(market selection)이란 환율변화와 관련해 판매시장을 어디로 할 것인가를 선택하는 것이다. 적극적인 전략에서 보면 환율변화로 인해 기업경쟁력이 강화될 수 있는 지역에 마케팅 활동을 집중시켜 시장점유율을 높일 수 있도록 하는 것이다. 한편, 소극적인 전략에서는 특정시장에 대한 지나친 의존도

14) 마케팅관리전략과 생산관리전략의 일부 내용은 김인준 · 이영섭, 「국제금융론」(2012), pp. 398~402 참조.

를 줄이고 판매시장을 다변화하는 전략을 취하게 된다. 이를 통해 환율변동에 따라 일부 시장에서 입게 되는 손실을 다른 시장에서 발생하는 이익으로 상쇄시킴으로써 미래 현금흐름의 변동성을 안정화시킬 수 있다. 즉, 판매시장의 다변화는 경제적 노출을 중화시키게 된다.

경제적 노출을 관리하기 위한 가격정책과 관련해 기업들이 고려해야 할 사항은 가격정책의 주안점을 시장점유율과 이익 중 어디에 둘 것인가 하는 점이다. 환율변화가 가격에 반영되는 정도를 환율의 가격전가라고 하는데, 이는 기업의 주안점, 상품의 가격탄력성, 소비자의 기호, 규모의 경제 등에 의해 영향을 받는다. 또한 환율의 급격한 변화는 기업들의 제품개발계획이나 판매촉진전략 등에 변화를 가져오는 계기가 되기도 한다. 따라서 장기적인 측면에서 환율변화에 의한 이익감소를 극복하기 위해 부가가치가 보다 높은 고급제품으로 전환하거나 가격변화에 민감하지 않은 차별화된 제품 및 판매전략을 개발해야 할 것이다.

(2) 생산관리전략

생산관리 측면에서 경제적 노출에 대처하는 적극적인 방법으로 원자재 공급처 이전, 생산기지 이전, 생산성 향상 등을 들 수 있다. 환율이 변화하게 되면 제품의 판매가격뿐만 아니라 부품과 원자재의 가격도 변화해 기업의 경쟁력이 영향을 받게 된다. 즉, 환율변화로 인해 부품 및 원자재의 상대가격이 변화할 때 비용이 저렴해지는 지역으로 공급처를 전환하는 것이다. 또한 실질환율의 변화가 일시적인 것이 아니라 구조적인 경우에는 생산입지를 해외로 이전함으로써 환 리스크를 줄여 나갈 수 있다. 수출상품의 생산기지를 현지화하는 경우 비용구조와 수익구조를 동일한 통화로 구성함으로써 환율변화의 영향을 상쇄시킬 수 있는 것이다. 이미 세계 각처에 광범위한 생산시설을 가지고 있는 다국적기업의 경우에는 새로운 생산기지로 이전하는 것이 아니라 각국에 위치한 생산시설의 생산비중을 조절하는 전략을 탄력적으로 사용할 수 있다.

앞에서 제시한 원자재 공급처 이전과 생산기지 이전은 기업의 부담과 위험이 크고 일단 이전하면 철수가 쉽지 않은 만큼 신중히 검토한 후 결정되어야 한다. 따라서 장기적인 관점에서 가장 바람직한 대처방안은 기업이 경쟁력을 환율변화에 따른 가격경쟁력 변화에 무관하도록 만드는 것이다. 즉, 원자재 공급처 변경, 생산기지 이전 등과 같이 가격경쟁에 대처하는 방안보다는 경영혁신, 기술혁신 등을 통해 생산성을 향상시키고 새로운 제품개발을 통해 수요를 창출함으로써 기업의 경쟁력을 확보하는 것이 더 바람직하다.

연습문제

객관식

1. 최근 기업의 경영층에 대한 설문조사에서 금융환경 변화에 따른 각종 리스크 증가로 기업이 최우선적으로 관리해야 할 리스크로 생각되는 것은?
① 주식 리스크 ② 금리 리스크
③ 상품 리스크 ④ 환 리스크

2. 환율결정이론과 관련하여 양국 간의 이자율 차이는 선물환율의 할인 및 할증과 같아야 한다는 이론에 해당되는 것은?
① 구매력평가이론(PPP) ② 국제피셔효과(IFE)
③ 금리평가이론(IRP) ④ 선물환평가이론(FP)

3. 환율은 국제금융시장에서 이자율, 물가, 현물환율 및 선물환율들 사이의 균형관계(equilibrium relations)에 의해 결정된다는 이론은?
① 구매력평가이론 ② 금리평가이론
③ 국제평가이론 ④ 국제피셔효과

4. 예를 들면, 달러/원 현물환율이 1,100원이고, 만기 3개월 국내 원화이자율이 4.0%, 달러이자율이 1.0%일 때, 만기 3개월 균형선물환율을 계산하라.
① 1,105 ② 1,106
③ 1,107 ④ 1,108

5. 위의 예를 이용하여 대략적인 스왑 레이트를 산출하라.
① 8.05 ② 8.15
③ 8.25 ④ 8.35

6. 외화표시거래의 청산과정에서 환율의 변동으로 인해 외환 차익 또는 차손이 발생할 수 있는 환 리스크의 종류는?
① 회계적 환 리스크 ② 거래적 환 리스크
③ 경제적 환 리스크 ④ 환산적 환 리스크

7. 예상치 못한 환율의 변동이 기업의 시장가치에 영향을 미칠 수 있는 환 노출에 해당되는 것은?
① 경제적 노출 ② 거래적 노출
③ 회계적 노출 ④ 환산적 노출

8. 환 리스크를 관리하기 위해 별도법인을 설립하여 이 법인 내에서 환 리스크를 집중 관리하는 전략과 관련 있는 내부관리기법은?

① 자산 · 부채 종합관리 ② 매칭
③ 리딩과 레깅 ④ 재송장전략

9. 환 노출 관리가 선물환, 통화선물 등 전통적인 재무관리기법만으로는 부족하고 기업의 장기전략과 함께 마케팅전략과 생산관리전략이 필요한 노출관리는?

① 회계적 노출관리 ② 거래적 노출관리
③ 환산적 노출관리 ④ 경제적 노출관리

10. 환율변동에 따른 환차손 방지는 물론 환율이 유리하게 변동하는 경우의 기회이익까지도 고려한 헤지방법은?

① 통화선물 ② 통화옵션
③ 통화스왑 ④ 선도거래

11. 파생상품을 이용한 환 리스크 헤지기법이 아닌 것은?

① 통화선물 ② 통화스왑
③ 통화옵션 ④ 상품선물

12. 다음 중 환 리스크 헤지를 위한 장외 파생상품이 아닌 것은?

① 선물환 ② 통화선물
③ 통화스왑 ④ 장외 통화옵션

13. 환율의 변동으로 인해 발생할 수 있는 이익과 손실을 모두 일정 수준으로 제한함으로써 환 리스크를 헤지하는 기법은?

① 레인지 포워드 ② 통화스왑
③ 통화선물 ④ 선물환

14. 환 리스크 헤지수단으로 선물환과 비교하여 통화선물을 이용하고자 하는 특징과 관련이 없는 것은?

① 일일정산제도 ② 증거금제도
③ 신용 리스크 문제 해결 ④ 비표준화된 거래

15. 국내 고려수출회사가 US $250,000에 기계를 일본에 수출하고 12월 10일에 대금을 받을 예정이므로, 고려수출회사는 환 리스크를 통화선물로 헤지하고자 한다. 따라서 10월 20일에 12월물 달러 25계약(1계약 = US $10,000) 선물 매도계약을 했다. 선물은 12월물이 현재 995원에 거래되고 있고 12월 10일에 선물가격이 980원일 때 청산 후 순손익을 계산하라(일일정산은 12월 10일 1회로 가정).

① 3,750,000 ② 3,850,000
③ 3,950,000 ④ 3,950,000

주관식

16. 환 리스크 관리에 있어 환율변동의 배경을 이해하는 것은 중요하다. 미국은 달러화를 기축통화로 세계경제를 지배(Pax. America)해 왔으며, 환율전쟁이 진행 중이다. 환율변동과 관련한 역사적 사건을 중심으로 "1차, 2차, 3차 환율전쟁"의 내용을 설명하라.

17. 금리, 환율, 물가의 균형관계를 Parity Condition이라고 한다.
"PPP = IFE = IRP = FP/P"가 균형관계가 됨을 각 이론을 통하여 설명하라.

18. 커버된 금리차익거래(CIA: Covered Interest Arbitrage)와 커버되지 않은 금리차익거래(UIA: Uncovered Interest Arbitrage)를 공식을 이용하여 각각 설명하고 CIA는 차익거래이고 UIA는 투기거래임을 설명하라.

19. 선물환(Forward)과 통화선물(Currency Future)의 특징적 내용을 비교 설명하라.

20. 환 노출의 유형, 즉 회계적 노출, 거래적 노출, 경제적 노출의 의미와 특징을 각각 설명하라.

21. 회계적 노출과 거래적 노출의 환 리스크 관리기법을 내부적 관리기법과 외부적 관리기법으로 구분하여 설명하라.

22. 경제적 노출에 대한 환 리스크 관리는 전통적인 재무적 관리기법으로는 한계가 있어 기업의 장기전략과 함께 추진해야 하며 환 노출 중 가장 중요하다고 할 수 있다. 그 구체적인 내용을 기술하라.

23. KIKO는 많은 수출기업에 크게 피해를 끼친 옵션상품으로서 그 이해가 필요하다. KIKO 옵션의 환율과 수익구조를 도표를 이용하여 왜 수출기업이 큰 손실을 보았는지를 설명하라.

24. 레인지 포워드(Range Forward)는 이색 옵션 상품으로 제로 코스트(Zero Cost) 옵션 상품이다. 이 상품을 이용하는 거래자의 장점을 표를 이용하여 설명하라.

25. Put-Call Parity를 이용한 환 헤지 옵션전략으로 수출업자가 이용하는 방어풋(Protective Put)과 수입업자가 이용하는 보호된 콜(Protective Call)에 대하여 설명하라.

26. 파생금융상품을 이용한 금리 리스크 헤징방법(4가지)의 내용을 설명하라.

27. 한국의 외화환산제도(IFRS)에 대하여 설명하라.

28. 환 리스크 관리에서 중요한 다음 용어를 설명하라.

1. Cross currency swap
2. NDF(Non-Deliverable Forward)
3. Reinvoicing
4. Zero cost option
5. Straddle
6. Put-call parity
7. KiKo option
8. Spot position, forward position and overall position
9. Long position, short position and square position
10. Leading and lagging

14장
신용 리스크 관리

제1절 신용 리스크 개요

1. 신용 리스크의 배경, 정의 및 목적

세계경제는 1929년 대공황, 1997년 IMF 금융위기, 2008년 미국발 경제위기, 2011년 남유럽 재정위기 등을 거치면서, 혼란과 공황을 어떻게 극복할 것인가, 극복 후에는 어떤 부문의 규제강화를 통해 위와 같은 똑같은 경제위기가 재발하지 않게 하기 위한 정책을 시행할 것인가 등에 대한 고민과 연구가 계속되고 있다.

1997년 IMF 금융위기는 대우, 기아차, 한보 등 기업편중여신에 대한 부실이 한국 금융기관의 도산을 초래하여 결국 모라토리엄(지불유예) 선언을 하게 되었다.

2007년 미국에서는 신용등급이 낮은 저소득층을 대상으로 고금리로 주택마련 자금을 빌려 주는 비우량 주택담보대출의 연체율 상승으로 서브프라임 모기지(Sub-prime Mortgage)에 투자한 펀드와 금융회사가 연쇄적으로 손실을 보면서 신용경색 우려가 글로벌 금융위기로 번졌다. 이로 인해 미국의 제5위 투자은행인 리먼브라더스의 파산과 골드만삭스, 뱅크오브아메리카(BOA) 등에 대한 미국 정부로부터의 구제금융은, 대마불사(大馬不死)라는 고정관념을 깨뜨린 것이었다.

일본의 버블경제의 붕괴는 부동산담보 위주의 대출관행이 금융정책의 실패를 가져와 "잃어버린 20년"을 경험하게 되었다. 지금까지 일련의 금융 및 경제위기 등을 통해 우리는 많은 교훈을 얻고, 이에 대한 대비를 하게 된다. 이러한 글로벌 위기 중 가장 강화되고 연구되는 분야 중 하나가, 신용 리스크가 아닐까 생각한다. 경제위기 속에, 리스크 강화를 통해 적절한 리스크를 통한 수익을 창출할 수 있도록 하는 것이 가장 중요한 것이다. 우리가 투자를 하기 위해서는 불가피하게 크고 작든 위험이 존재하게 된다. 불가피한 위험을 잘 측정하고 통제함으로써 수익을 최대로 이끌어낼 수 있다.

금융 리스크 중 하나인 신용 리스크는 금융시장에서 가장 오래된 형태의 리스크이며, 은행을 비롯한 금융회사 입장에서 보면, 자산 포지션 중 가장 큰 부문을 포함하고 있어, 가장 중요한 리스크로 간주되고 있다.

2007년 미국발 서브프라임 모기지론 같은 글로벌 위기에도 신용 리스크 부문의 위험의 측정과 규제의 잘못으로 인한 부분이 존재한다. 따라서 여기서는 신용 리스크의 정의를 알아보고 신용 리스크의 중요성 및 신용 리스크 측정방법론을 알아보자.

금융감독원 기준에 따른 정의는 다음과 같다. "신용 리스크란 채무자의 부도, 거래 상대방의 계약불이행 등 채무불이행으로 발생할 수 있는 잠재적인 경제적 손실 위험을 말한다." 신용 리스크는 통상 "거래 상대방의 파산, 부도, 신용등급의 하락 등에 의한 자산이나 채권가치의 손실 가능성으로 차입자가 약정된 조건에 따라 채무를 이행할 수 없게 될 가능성(Credit Risk is the potential of loss arising out of the inability or unwillingness of a customer or counterparty to meet its commitments in relation to lending, trading, hedging, settlement and other financial transactions.)이라고 정의한다. 일반적으로 채무불이행(default) 위험뿐 아니라 채무자(또는 보유자산)의 신용도가 하락(deterioration in borrower' s creditworthiness)할 때, 즉 신용등급이 하향(downgrading of credit rating) 조정될 때 자산이나 계약의 시장가치가 하락하여 발생할 수 있는 손실위험(mitigation risk)까지 포함하고 있다. 최근 남유럽 그리스를 비롯한 이태리, 스페인의 신용등급 하락으로 인한 재정위기(Sovereign Risk) 그리고 미국과 일본의 재정적자 누적으로 인한 국가신용등급 하락은 신용도 하락에 따른 잠재적인 경제적 손실의 신용 리스크의 예라고 볼 수 있다. 따라서 넓은 의미의 신용 리스크의 범위로서는 부도 리스크(default risk)뿐만 아니라 잠재적 경제손실 리스크(mitigation risk), 스프레드 리스크(spread risk)[1], 회수율 리스크(recovery risk), 거래 상대방 리스크(counterparty credit risk), 국가 리스크(sovereign risk), 부외거래 리스크(off-balance sheet risk) 등이 포함되어 다루어져야 한다.

1) 스프레드 리스크는 특정 차입자에 대해 시장에서 요구하는 신용 스프레드가 증가함으로 인한 손실을 의미한다. 후술할 CDS premium이 이에 해당된다.

신용 리스크 관리의 목적은 일반적으로 신용 리스크의 원천을 금융기관이 감내할 수 있는 수준 이내에서 유지하고 위험이 반영된 금융기관의 수익을 최적화하는 데 있다. 좀 더 구체적으로 설명하면, 첫째로 대출 포트폴리오에서 발생되는 평균손실(EL)을 반영하여 금융기관의 수익의 안정성과 성장성을 도모하고, 둘째로는 계속기업으로 대규모 신용손실을 방지하기 위하여 최악의 경우 발생할 손실인 비예상손실(EL)인 신용 리스크 자본량을 확보하기 위함이다. 이에 부응하기 위하여 최근 신용 리스크를 보다 정교하게 관리하고자 다양한 신용 포트폴리오 모형을 개발하고, 신용 리스크의 측정 · 평가 및 관리 방법인 신바젤협약의 내부등급법을 활용하며, 내부적으로 경제적 자본을 활발히 추정하면서 금융감독과 규제 목적에 잘 사용될 수 있도록 발전된 신용 리스크 관리에 지속적인 관심과 연구가 진행되고 있다.

2. 신용 리스크의 특징과 중요성

은행들은 왜 많은 시간과 비용을 투자하여 신용위험을 관리하고 많은 모형들을 이용하여 신용 리스크를 측정하는 일들을 반복적으로 하는 것인가? 시장 리스크와 달리 신용 리스크의 경우는 측정과 관리에 많은 어려움이 있다. 특히, 시장 리스크 경우 동일한 상품의 가격변화 자료를 시장에서 반복적으로 수집할 수 있는 데 비해 신용 리스크는 확률 등의 통계자료가 불명료하다. 즉, 동일한 기업의 과거 부도통계 자료의 존재가 불가능하다는 것이다. 만약, 예상부도율이 1%라면 이는 해당 기업의 부도율이 1%라는 말이 아니고 유사한 특징을 가진 100개의 기업 중 1개 기업이 도산할 확률임을 뜻하는 것이다.

신용 리스크 및 운영 리스크의 손실에 대한 분포를 보았을 때, 보편적으로 손실의 확률밀도함수가 과도하게 오른쪽으로 치우쳐져 있으므로 예상외 손실의 측정이 곤란하며, 부도는 개별적 사건이며 손실은 이항분포의 형태로 나타나기 때문에 상관관계의 성격이 시장위험과 상이하다.

그 뿐만 아니라 신용 리스크에서 기업의 신용등급별 부도율을 산출하여 관리하고 있으나, 대기업의 경우는 부도사건의 발생빈도가 낮아 부도율 산출이 곤란하다. 우리나라 은행의 자산구조가 부동산 담보대출 위주로 이루어진 점을 고려할 때, 손실률을 측정하기 위해서는 부동산 담보가 매각 · 처분되는 등의 과정에 의해 최소 2년 이상의 장기간의 관찰기간이 필요하다. 또한 부도율과 손실률의 상관관계 측정이 어렵다는 특징이 있다.

신용 리스크의 측정방식과 절차가 이처럼 복잡하고 어려움에도 불구하고, 오늘날에 신용위험의 중요성이 강조되는 이유는 다음과 같다.

첫째, 기업 간 경쟁의 심화로 인한 채무불이행이나 파산의 증대경향을 들 수 있다. 정보기술의 발달과 각국의 시장개방 확대로 인해 기업의 경쟁자가 전 세계적으로 확대되었다. 이에 따라 모든 국가에서 기업 간의 경쟁은 더욱 치열해졌고 기업파산의 건수가 급증하고 있다. 또한 하루가 다르게 변화하는 금융환경도 기업의 안정성을 저해하는 요인으로서 기업의 파산위험을 증대시키고 있다.

둘째, 자본시장이 발달함에 따라 규모가 작고 위험이 높은 기업들이 자금을 쉽게 조달할 수 있게 되었고, 따라서 이들의 위험을 관리하고 이전시키는 것이 중요한 문제로 부각되었다.

셋째, 금융기관의 경쟁이 치열해졌다. 오늘날 금융기관은 동일한 권역에 속한 금융기관들과 경쟁할 뿐만 아니라 다른 권역에 속한 금융기관들과도 경쟁해야 하는 상황에 처해 있다. 전통적인 영역에서 시간이 지날수록 이익의 폭이 작아지고 있기 때문에 필연적으로 고수익 투자대상을 발굴해야 한다. 고수익 투자대상에는 고위험이 수반되기 때문에 금융기관의 입장에서는 이를 효율적으로 관리하는 것이 중요하게 된다.

넷째, 부동산을 포함한 담보자산의 가치가 불확실하다. 아시아의 금융위기, 일본의 버블경제의 붕괴, 2007년 말의 미국발 서브프라임 위기에서 보았듯이 부동산 등의 담보가치가 그 불확실성이 커져서 이를 통한 신용위험 관리에 한계가 존재하게 되었다.

다섯째, 장외파생상품과 부외거래가 급속히 성장하였다. 금융기관의 장외파생상품 거래가 확대됨에 따라 거래상대방위험(counterparty risk) 등이 증대하였다. 따라서 감독당국은 신용위험을 보다 강조하는 입장으로서 재무건전성 규제정책을 수행하고 있다. 금융기관의 입장에서는 신용위험을 관리하는 시스템 개발과 신용위험을 전가할 수 있는 신용파생상품 거래에 많은 관심을 기울이고 있다.

위에서 언급했듯이, 오늘날 기업이나 금융기관들은 여러 가지 불확실한 요인들에 노출되어 있는데, 특히 신용위험에 대한 노출이 증대되고 있다. 이 같은 현상은 기업의 입장에서 피할 수 없는 현실이다. 따라서 기업이나 금융기관이 관심을 가져야 할 문제는 신용위험을 어떻게 회피하느냐의 문제가 아니라 필연적으로 발생하는 신용위험을 어떻게 효율적으로 관리하느냐 하는 문제인 것이다.

제2절 전반적인 신용 리스크 관리 업무

금융기관의 여신(대출)업무는 일반적으로 여신심사(Underwriting) 업무, 신용 리스크 관리(Credit Risk Management) 업무, 여신감리(Credit Review) 업무, 여신관리(NPL Loan Management) 업무로 대별될 수 있다. 이 중 전반적인 신용 리스크 관리의 주요 업무 내용은 신용조사와 여신심사, 신용등급, 신용평가, 신용한도, 신용 포트폴리 오관리, 신용 리스크 감소방안, 신용 리스크의 계량화 등이 있다.

1. 신용 리스크 관리원칙과 여신업무 절차

1) 신용 리스크 관리원칙[2)]

BIS 바젤위원회는 신용 리스크 관리원칙을 제시하였는데, 그 주요 내용은 다음과 같다.

(1) 적절한 신용위험환경의 설정

이사회 및 경영진은 은행의 위험성향과 수익성을 반영한 신용위험전략 및 중요한 위험수준에 대해 승인 및 점검할 책임이 있으며, 최고경영진은 신용위험전략을 이행하고 신용위험관리를 위한 정책을 수립하여야 한다.

은행은 모든 자산 및 활동에 포함된 신용위험을 피악 · 관리해야 하며, 신상품이나 신사업의 위험에 대해 이사회 또는 경영진 등에서 승인을 받고, 적절한 위험관리가 이루어지는지에 대해 확인 및 관리해야 한다.

(2) 건전한 신용공여 절차에 의한 영업

은행은 건전하고 잘 정의된 신용공여 기준 내에서 사업을 영위해야 하며, 개별 차주 및 기업집단에 대해서 전체적인 신용공여한도를 설정하여야 한다. 또한 은행은 기존여신의 연장, 대환 및 신규여신의 승인에 대한 명확한 체계를 갖추고 있어야 한다.

(3) 적정한 신용공여 관리, 측정, 모니터링 과정의 유지

은행은 신용위험을 갖고 있는 포트폴리오의 지속적인 관리를 위한 체계를 갖추어야 하며, 충당금 적립의 적정성 등을 포함한 개별 신용공여의 조건에 대한 감시체계를 갖추어야 한다.

2) 신용 리스크 관리원칙은 BIS 기준에 의함.

그림 14-1 | 여신업무 흐름도

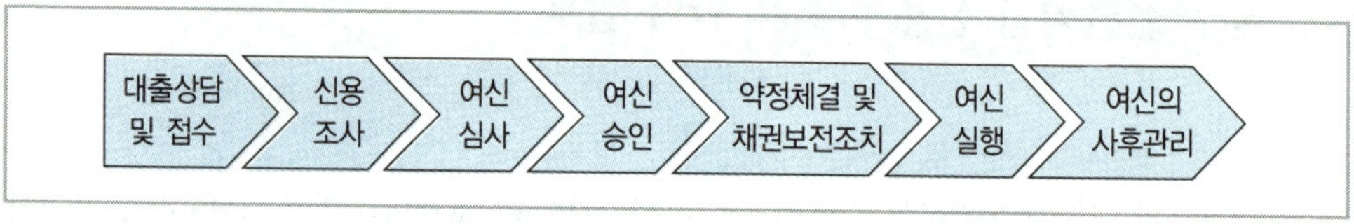

또한 은행은 신용위험관리를 위해 내부 신용등급체계를 개발, 사용할 것을 권장한다.

(4) 신용위험에 대한 적정한 통제

은행은 신용위험 관리 프로세스에 대한 지속적이고 독립적인 신용평가시스템을 구축해야 하며, 그 점검 결과를 이사회 및 경영진에 주기적으로 보고해야 한다. 또한 신용공여 기능이 잘 작동하고 있는지, 신용 익스포저는 내부한도 등의 기준 내에 있는지 확인해야 하며, 문제가 발생하는 신용공여에 대해 조기시정조치를 취하는 시스템을 보유해야 한다.

2) 여신심사 업무절차

신용 리스크 관리목적은 신용 리스크 수준을 은행이 감당할 수 있는 수준 내에서 유지하고 리스크를 감안한 수익률을 최적화하는 것이며, 전통적으로 철저한 여신심사와 한도관리 그리고 리스크 분산 등의 원칙에 의하여 관리된다. 신용 리스크 관리 중 첫번째로 해야 할 일은 무엇보다도 신중한 심사를 통하여 대출의 적격여부를 잘 판단하는 것이다. 이를 위하여 금융기관은 양질의 심사역을 확보하여야 하며, 여신심사과정을 투명하게 하기 위해 심사실명제, 여신위원회 등의 운용을 통해 여신심사상의 실질적인 독립성이 확보되도록 하여야 한다.

여신업무의 주요 절차

여신이라 함은 금융기관이 재화나 용역의 생산, 유통 및 소비를 위하여 필요한 자금을 직접 공급하거나 또는 지급보증 등으로 신용을 제공하는 것을 말하며 대출신청, 신용조사, 여신심사, 여신실행 및 사후관리 등의 절차를 통해 이루어진다.

① 대출상담 및 접수

대출의 신청접수는 고객과의 융자상담, 신청서 작성 및 대출취급과 관련한 필요서류 징구 등의 절차를 거치게 된다. 대출신청 접수시에는 자금용도와 상환계획을 명확하게 상담한 후 적정한 대출상품, 거래 및 상환방식, 금액, 금리 등을 구체적으로 협의하여야 하며, 대출신청 서류를 징구하고 채무관계인에 대한 조사를 실시한다. 또한 차·도명에 의한 대출사기와 같은 금융사고를 예방하기 위해서는 대출신청서 접수시 반드시 본인(대리인) 및 보증인의 실명확인과 신청서상 자필서명을 받고 있다.

② 신용조사

신용조사라 함은 자산의 건전한 운용과 거래기업의 경영개선 유도 등에 효과적으로 활용하기 위하여 차주에 대한 과거, 현재, 미래에 걸친 인적 · 물적 사항과 재무상태 등의 내용을 외부환경과 계속 연관하여 조사 분석하는 것으로 차주, 보증인 등이 조사대상이 된다.

③ 여신심사

여신심사란 신용조사를 통해 차주의 신용도를 분석한 후 금융기관의 신용정책과의 적합성, 자금용도의 적정성, 담보평가, 회수가능성 및 금리조건 등을 검토하고 여신취급에 대한 종합적인 분석을 하는 것을 의미한다.

이를 위하여 금융기관은 차주의 재무상환 능력을 종합적으로 평가할 수 있는 신용평가체계를 확립하고, 운용자산의 최적 포트폴리오를 구성할 수 있는 신용정책을 수립하여야 하며, 자금용도별로 다양한 리스크 분석 및 적합한 담보평가 등을 통해 예상되는 손실을 최소화하여야 한다.

④ 여신승인

여신승인은 일반적으로 여신규모 및 신용평가등급 등에 따라 심사역합의체(심사역 1인, 전문심사역 2~4명), 여신심사위원회, 이사회 순으로 결정하고 있다.

⑤ 약성체결 및 채권보전조치

약정체결 및 채권보전조치는 채무관계자 본인으로부터 직접 여신거래약정 관련 채권서류, 담보약정 관련 채권서류 등 여신 관련 서류를 징구 또는 작성하는 절차로 여신거래시 기본적으로 필요한 법적 채권서류를 파악 및 징구함으로써 만기에 안정적으로 여신을 회수하는 데 그 목적이 있다. 금융기관은 여신과 관련하여 차주에게 대항할 수 있는 근거서류는 채권서류 이외에는 없으므로 여신서류의 금액, 이자율, 상환기일, 상환방법, 채무관계자의 주소 · 성명 등 중요한 내용은 자필로 작성하도록 하는 등 업무에 유의하여야 한다.

⑥ 여신실행

여신을 실행하기 전에는 등기부상의 저당권설정 내용이 정확한지 여부, 권리침해사항이 없는지 여부, 신용불량 등록여부 및 연체여부를 최종 확인한 후 지급하여야 하며 기표 전에 선지급할 수 없는 것이 원칙이다. 또한 사업실적에 따라 대출금을 지급하는 시설자금의 경우 차주의 시설자금 등의 대출금지급 위임장 등을 받아 시설공여자 명의 예금계좌에 지급함을 원칙으로 한다.

⑦ 여신의 사후관리

여신의 사후관리는 대출취급 이후 차주의 신용상태 및 상환능력 변동을 파악하고 필요한 조치를 취하는 일련의 과정으로 채무기업에 대한 상시 모니터링, 신용평가시스템에 의한 신용등급 조정, 조기경보제도 운영, 문제기업의 경영개선 지도, 부실기업의 정리, 여신감리제도 운용 등으로 구분할 수 있다.

2. 신용조사와 여신심사[3)]

신용평가는 미래 원리금 상환능력을 상실할 가능성을 판단하는 작업으로 최소 3년간의 실적과 향후 3년간의 전망하에 기업의 외부환경을 평가하는 작업이다. 이러한 신용평가를 하기 위하여 가장 중요한 것은 차주의 상환능력을 알아보기 위한 여신심사와 신용조사가 선행되어야 한다.

차주의 신용평가와 상환능력을 검토하기 위해서는 사업위험, 재무위험 및 미래 현금흐름 등의 분석을 수행하게 된다.

1) 사업위험 분석

사업위험 분석은 계속기업으로서 제품의 구매, 생산, 판매, 대금회수에 이르는 전체적인 영업활동에 대한 분석으로 신용분석의 핵심적 내용이며, 재무위험 분석의 기초자료가 된다. 사업위험은 기업의 환경에 의해 결정되는 경영위험 및 영업위험과 외생적으로 해당 기업의 영업활동을 결정짓는 산업위험으로 크게 구분할 수 있다.

(1) 경영위험 분석

경영진, 노사관계, 주주현황 및 주가관리, 연혁 등에 대하여 다음과 같은 요소를 감안하여 분석을 실시한다.

① 경영진

경영진의 영업능력 및 시장대처 능력, 경영전략 및 사업계획, 내부통제의 적정성, 경영진의 과거성과, 경영승계의 안정성 등의 항목에 대한 검토를 수행하여야 한다. 빈번한 경영진의 교체가 있거나 경영진이 도덕적 결함을 갖고 있는 경우에는 영업활동에 있어서 부정적인 요소가 될 수 있다.

3) 한국금융연수원 교재 "여신심사 및 관리," pp.49~57 참조.

② 노사관계

노사분규 가능성이 높거나 노사분규가 장기화될 가능성이 높은 경우에 사업위험이 높다고 볼 수 있다. 특히 재고관리 시스템의 발달로 대부분의 기업이 제품제조를 위한 최소한의 재고유지(just in time)를 목표로 함에 따라 노사관계의 악화가 영업에 미치는 파급효과가 더 크게 나타나고 있다. 왜냐하면 노사분규가 발생하는 경우, 생산에 필요한 부품재고나 판매에 필요한 제품재고가 단기간에 소진되어 생산활동이나 영업활동이 단기간 내에 중단될 가능성이 확대되고 있기 때문이다. 따라서 강성노조가 있는 경우 사업위험이 상대적으로 높다고 볼 수 있다.

③ 주주현황 및 주가관리

충분한 경제적 능력이 있는 대주주가 경영권을 장악하고 있는지 여부, 주가관리의 의지 여부 등을 고려하여 평가하고 주요 주주의 구성이 지나치게 외부자금조달 목적지향적인 경우 주의할 필요가 있다.

④ 연혁

연혁을 통해 제품 · 기술력 변화 등 외부환경 변화에 대한 적응능력을 판단한다. 특히, 중소기업의 경우 업력이 길수록 안정적인 기업으로 판단할 수 있다. 즉, 연혁이 길수록 영업상태의 변동성 변동요인을 파악하기 위한 장기간의 시계열 자료를 확보할 수 있어, 사업위험 분석 결과의 신뢰성을 제고시킬 수 있다. 반면에 연혁이 짧을수록 경영진의 위기대응 능력이 부족하거나 사업위험의 변동요인을 파악하기 위한 자료의 확보가 곤란할 수 있다.

(2) 영업위험 분석

구매, 생산, 판매, 제품의 경쟁력 등에 대하여 다음과 같은 요소를 감안하여 분석을 실시한다. 일반적으로 영업위험의 분석도구로는 SWOT 분석이 널리 알려져 있으며, 이는 해당 기업의 대내외적인 영업환경과 관련하여 보유하고 있는 여러 특징들을 강점(strength), 약점(weakness), 기회(opportunity), 위협(threat)의 4가지 측면에서 살펴봄으로써 해당 기업의 영업력을 효율적으로 파악할 수 있게 하는 분석기법이다.

① 구매 : 원자재 조달상의 위험

수입과 국내조달을 확인하고 장기공급계약 체결 여부, 수입상의 애로점, 조달처 다변화 여부, 구매교섭력, 구매용이성 등을 검토하여야 한다.

② 생산 : 제품생산에 필수적인 위험

공장가동률 추이 및 설비고도화율, 불량률, 제품의 질(전문기관 또는 동업계 평판 등으로 점검) 등을 검토하여야 한다. 시설의 노후화에 따는 생산성 저하 및 노동생산성을 무시한 고용정책(장기간의 고용보장각서)으로 인한 고정비 증가 등은 기업의 수익성 및 경쟁력을 약화시키는 요소이다.

③ 판매 : 제품판매상의 위험

주요 매출처별 매출집중도, 판매형태(직판 또는 대리점 판매), 마케팅 방법(자사브랜드 또는 OPEN 방식), 주력판매시장(내수 또는 수출), 판매지역의 정치적 위험, 원자재 가격변화에 가격 전가력 보유유무 등이 고려할 요소가 된다.

④ 시장의 지위 : 경쟁력

제품의 국내외 경쟁력, 브랜드 가치, 업계 평판, 신제품 개발능력, 마케팅 능력, R&D 지출 규모의 적정성 등이 고려요소가 된다.

(3) 산업위험 분석

개별 차주를 분석하면서 그 차주가 속한 산업의 위험에 대한 이해가 반드시 선행되어야 한다. 모든 기업은 그 해당 산업 내의 업체들과 경쟁구도를 이루고 있기 때문에 어떤 기업도 해당 산업 내의 현황 및 변화에 대해 자유로울 수 없다. 따라서 특정산업의 성장성, 수익성 등을 소속업체에 대한 신용분석시 반영하여야 한다. 또한 산업분석의 결과를 산업별 포트폴리오 구축, 산업별 여신운용방안 정립 등에 이용할 수 있다.

① 경기변동성

산업별 경기변동성을 파악하기 위해 어떤 거시경제변수들이 그 산업에 영향을 미치고, 해당 거시경제변수와 산업 간에 어느 정도의 선행(lead)과 후행(lag) 관계가 있는지 파악한다.

② 성장전망

성장전망과 더불어 산업 내 진입가능성을 동시에 고려하여야 해당 기업에 속한 산업위험을 정확하게 파악할 수 있다. 빠르게 성장하고 있는 산업은 투자로 인한 외부자금조달의 필요성이 상대적으로 높으며 미래 상환능력도 시간이 흐를수록 증가할 가능성이 큰 반면, 저성장 산업은 현금흐름 창출이 제한적이고, 산업 내 경쟁강도가 심한 경우 부채상환 능력이 점차 약화될 가능성이 크다.

③ 산업 내 경쟁강도

세계화의 진전으로 세계 수준의 경쟁력을 갖춘 제품 및 상품의 보유여부가 해당 기업에 대한 평가에 있어 그 중요성이 높아지고 있다. 일반적으로 차주가 원가경쟁력, 지속적인 제품차별화를 통한 가격정책의 유연성, 특허권, 산업 내 독점적 지위, 소속 산업에 대한 진입장벽 중 하나라도 보유하고 있는 경우 차주가 산업 내 경쟁력이 있다고 판단할 수 있다.

④ 진입장벽

진입장벽이 높은 산업이 더 안정적인 산업이라 볼 수 있다. 신규업체에 대한 진입장벽으로는 막대한 투하자본, 높은 유통망 구축비용, 원재료 조달상의 제약, 정부의 인허가, 기존업체들의 제품차별화를 통한 확고한 시장지위 등이 있다.

⑤ 대체재

제품의 대체가능성과 더불어 원재료의 대체가능성도 고려하여야 한다. 원재료의 대체가능성이 용이한 경우 원재료 공급업자와의 협상에서 유리한 위치를 차지하여 원재료를 효율적으로 조달할 수 있다. 반면에 제품의 대체가능성이 높으면 사업위험이 더 크다 할 수 있을 것이다. 대체재도 잠재적 경쟁대상이 되기 때문이다.

⑥ 기술의 변동성

소비자의 빠른 기호변화 및 기술발전으로 인해 제품생산에 필요한 수요 기술의 개발주기가 점점 단축되는 추세이다. 따라서 경쟁력을 유지하기 위해 필요한 R&D 비용의 크기와 기술의 존속주기에 대한 평가가 필요하다.

⑦ 제도의 변화

정부 규제의 변화방향이나 현재의 규제가 기업 수익성에 미치는 영향을 분석한다.

2) 재무위험 분석

재무위험 분석은 대차대조표, 손익계산서, 현금흐름표 등의 재무제표를 기준으로 기업의 과거와 현재의 경영성과 및 재무상태를 파악하여 기업의 수익성, 성장성, 유동성, 안정성, 활동성 등에 대해 분석하는 것으로서 재무제표를 이용한 비율분석이 중심을 이루고 있어 재무비율 분석(financial ratio analysis)이라고도 한다.

재무위험 분석은 일반적으로 특정기업의 경영성과를 나타내는 재무제표 구성항목의 경제적 의미를 분석하는 재무제표 분석, 재무제표 구성항목 중 상호 유기적인 관계가 비교적 분명한 항목 간의 관계를 나타내는 다양한 재무비율을 산출하여 분석하는 재무비율 분석, 일정기간 동안의 기업자금이 어떻게 조달되어 어떤 용도로 사용되었는지를 분석하고 현금창출 능력에 대한 분석을 통해 기업의 재무적 건전성을 평가하는 현금흐름 분석과정 등을 거치게 된다.

종전의 재무위험 분석은 주로 과거와 현재의 재무상태 분석에 관심을 두었으나 최근에는 현금흐름을 중시하는 현금흐름 분석이 보다 유용한 정보를 제공해 줌으로써 많은 이해관계자들이 이를 널리 사용하고 있다.

재무위험 분석대상인 재무제표는 과거의 실적을 나타내고 미래 기업가치의 변화를 적절하게 반영하지 못함으로써 차주의 현재 및 미래의 차입금 상환능력을 파악하고 싶은 금융기관의 목적에 부응하지 못할 수 있는 근본적인 한계점이 있다. 그러나 재무제표는 제3자가 용이하게 얻을 수 있는 가장 객관적인 자료이고, 현금흐름 분석을 병행하면 분식효과를 일부 제거할 수 있으며, 해당 기업이 속한 산업위험 및 영업위험과 경영위험을 함께 분석하면 해당 기업의 경쟁력을 파악하는 데 아주 유용한 분석도구인 것은 틀림없다.

(1) 재무제표 분석

재무제표 분석이란 분석대상회사의 재무제표 구성내용에 대한 추세를 분석하는 것으로서 재무제표의 큰 변동내역을 중심으로 그 증감원인을 파악하고 주요 자산의 질을 평가하는 것이다.

① 재무상태표

대차대조표는 특정시점의 재무상태를 나타내는 정태적 재무제표로서 기업이 소유하고 있는 경제적 자원(자산), 그 경제적 자원에 대한 의무(부채) 및 소유주 지분(자본)에 관한 정보를 제공한다.

재무상태표의 분석 시 자산항목 분석이 실무적으로 가장 중요한데, 이는 어느 미래 수익의 원천은 기업이 보유하고 있는 자산이기 때문이다. 기업이 해당 자산에 대한 완전한 소유권을 가지고 처분이 가능한지 여부를 점검하고 부채의 경우 부외부채가 있는지 여부를 대차대조표 분석을 통해 파악하려고 노력하여야 한다. 총자산의 구성 및 증감추이 분석을 통하여 일정구성비 이상의 자산과 일정규모 이상 증감된 세부 자산항목에 대해서는 구체적으로 분석을 수행한다.

② 포괄 손익계산서

포괄 손익계산서는 일정기간 동안 기업실체의 경영성과에 대한 정보를 제공하는 재무보고서로, 일정기간 동안 소유주와의 자본거래를 제외한 모든 원천에서 순자산이 증가하거나 감소한 정도와 그 내역에 대한 정보를 제공한다. 손익계산서 항목 분석 시 대차대조표 및 현금흐름표 항목과 연계하여 분석해야 한다.

③ 이익잉여금처분계산서

기업이 영업활동에서 벌어들인 이익은 주주에게 배당금으로 분배되거나 미래의 예기치 못한 손실에 대비할 목적으로 적립되거나 상법이나 제반 법률에 의하여 강제적으로 일정금액이 적립되기도 한다. 이익잉여금처분계산서는 이러한 이익잉여금의 총변동사항을 명확히 보고하는 재무제표이다.

④ 제조원가명세서

제조원가명세서는 제조업을 영위하는 기업이 제품 등의 제조를 위해 사용한 원가를 비용 항목별(재료비, 노무비, 제조경비)로 표시한 보고서이다.

⑤ 현금흐름표

현금흐름표는 일정기간 동안에 발생한 기업의 현금변동 내용을 영업 · 투자 · 재무활동으로 구분하여 표시한 특정 회계기간의 현금 유출입 내용이다. 현금흐름표상 영업활동 현금흐름의 분석을 통해 기업의 실질적인 수익창출 능력과 이익의 질을 파악할 수 있다. 금융기관의 경우 상환력 분석에 초점을 맞춘 현금수지분석표를 작성함으로써 영업활동 현금흐름으로 이자 및 유동성장기차입금 상환가능 여부 등을 용이하게 파악할 수 있다.

(2) 재무비율 분석

재무비율 분석은 기업의 영업실적과 재무상태를 평가하는 전통적인 수단으로서 가장 널리 이용되고 있는 방법이다. 재무비율은 재무제표 항목 중에서 서로 관계가 있는 두 개 이상의 항목을 대응시킨 상호관계비율이다.

재무비율의 평가 시에는 대차대조표일 현재 대상기업의 재무실적을 산업평균비율, 경쟁업체 평균비율 등과 상호 비교분석하고, 3년 이상 재무비율의 추세도 같이 분석하는 동태적인 분석방식이 바람직하다. 또한 과거 회계연도와 비교분석 시 제품의 구성, 지역적 분포 및 소비자 구성의 중요한 변화, 주요 자산의 매각 및 취득, 회사의 합병과 분할 여부, 주요한 회계처리 방법의 변경 등에 유의하여 분석하여야 하고, 업종 비교 시에는 동종 업체의 규모, 업체의 규모 및 업력의 유사싱, 회계정책의 유사성 등에 유의하여 분석하여야 한다. 재무비율 분석에 사용되는 일반적인 비율은 다음과 같다.

① 유동성비율(liquidity ratios)

자금의 회전율과 관련된 개념으로 단기(1년 이내)에 현금화할 수 있는 가능성을 의미하는 것으로서 자금의 회전율이 낮을 경우에는 자칫 수익성이 높은 상태에서 단기채무에 대한 지급능력이 없어 흑자도산을 할 수도 있다. 유동성비율은 대차대조표를 이용하게 되므로 기말시점 기준이며, 따라서 일정기간 중의 계절성이나 변동요인에 대해서도 따로 염두에 두어야 한다.

- 유동성비율(%) = (유동자산/유동부채)×100
- 당좌비율(%) = (당좌자산/유동부채)×100
  = [(유동자산 − 재고자산)/유동부채]×100
- 현금비율(%) = (현금과 예금/유동부채)×100

② 수익성비율(profitability ratios)

수익성을 평가할 때는 자산이나 매출 규모가 큰 기업이 상대적으로 중소기업보다 많은 이익을 올릴 수 있는 여건에 있으므로 이익의 절대금액보다 수익성, 즉 투입자산에 대한 경영의 효율성과 이익창출 능력을 평가하는 데 초점을 맞추어야 한다.

총자산수익률이나 자기자본수익률 등을 계산함에 있어 이익은 일정기간에 걸쳐 발생하는 값인 반면, 총자산규모나 자기자본규모는 특정시점의 값이므로 수익이 발생한 기간 중의 평균적인 총자산규모나 자기자본규모를 활용하는 것이 바람직하다. 그렇지 않고 기말시점의 값을 사용할 경우 자산규모가 확대되거나 증자가 발생한 경우 수익성이 악화된 것으로 판단될 수도 있기 때문이다.

- 매출원가율 = (매출원가/매출액)×100
- 총자산수익률(ROA) = (회계적 이익/총자산)×100
  - 총자산영업수익률 = (영업이익/총자산)×100
  - 총자산수익률 = (순이익/총자산)×100
  - 총자산경상수익률 = (경상이익/총자산)×100
- 자기자본수익률(ROE) = (순이익/자기자본)×100
- 매출액 영업수익률, 매출액 경상수익률, 매출액 순수익률
  - 매출액 영업수익률(%) = (영업이익/매출액)×100
  - 매출액 경상수익률(%) = (경상이익/매출액)×100
  - 매출액 순수익률(%) = (순이익/매출액)×100

③ 안정성비율(stability ratios)

안정성비율은 기업이 조달한 자본 중에서 타인자본에 의존하는 비율과 장기채무에 대한 원금 및 이자 상환능력을 측정하는 비율들로, 총자본 중 자기자본이 차지하는 비율이 높을수록(즉, 부채비율이 낮을수록) 재무구조가 양호하다. 특정기업이 부채비율이 높고 이자보상비율이 낮은 경우 불황기에는 부도가능성이 증대하게 된다.

- 부채비율 = (총부채/자기자본)×100
- 차입금의존도 = [(차입금 + 회사채 + 금융리스부채 등)/총자본]×100
- 유동부채비율 = (유동부채/자기자본)×100
- 고정부채비율 = (고정부채/자기자본)×100
- 자기자본비율 = (자기자본/총자본)×100
- 고정비율 = (고정자산/자기자본)×100

- 고정장기적합률 = [고정자산/(자기자본 + 고정부채)]×100
- 이자보상비율 = 영업이익/이자비용 = (영업이익 + 감가상각비)/이자비용

④ 활동성비율(activity ratios)

활동성비율은 자산이나 자본에 대한 매출회전율을 보는 것으로서 일정기간 중에 얼마나 투여된 자본을 활발하게 운용하였는지를 표시하는 지표이다. 활동성비율이 낮은 경우 불필요한 고정자산의 투자가 많거나 장기성 재고가 있거나, 또는 투자규모에 비해 판매의 부진이나 판매의 지연, 신규사업을 투자해서 시작했음에도 불구하고 판매가 원활히 일어나지 않았을 가능성을 보여준다. 활동성비율에 사용되는 대차대조표 과목은 기초 및 기말 금액을 산술평균하여 사용하고 있다.

- 총자본회전율(회) = 매출액/총자본
- 자기자본회전율(회) = 매출액/자기자본
- 고정자산회전율(회) = 매출액/고정자산
- 유형자산회전율(회) = 매출액/유형자산
- 재고자산회전율(회) = 매출액/재고자산
- 재고자산회전기간 = 365일/재고자산회전율
- 매출채권회전율(회) = 매출액/매출채권
- 매출채권회전기간 = 365일/매출채권회전율
- 매입채무회전율(회) = 매출액/매입채무

⑤ 성장성비율(growth ratios)

일정기간 중에 기업의 경영규모 및 경영성과가 얼마나 향상되었는지를 나타내는 비율로 대부분 총자산, 매출액 또는 순이익의 증가율로 측정된다. 동 비율은 성장잠재력, 미래 수익발생 능력이나 이익실현의 확실성 정도, 시장에서의 경쟁적 지위를 뜻하는 정보를 담고 있다.

- 매출액증가율(%) = (당기매출증가액/전기매출액)×100
- 유동자산증가율(%) = (유동자산증가액/전기유동자산)×100
- 총자산증가율(%) = (당기총자산증가액/전기말총자산)×100
- 자기자본증가율(%) = (당기자기자본증가액/전기말자기자본)×100
- 재고자산증가율(%) = (당기재고자산증가액/전기말재고자산)×100

⑥ 생산성비율(productivity ratios)

기업경영활동에 투입되는 노동, 자본 등 여러 가지 투입된 생산요소에 대한 산출량을 나타

내는 비율로서 생산요소를 얼마나 효율적으로 사용했는지 보여주며 높을수록 좋다.

- 부가가치율(%) = (부가가치/매출액)×100
- 총자본투자효율(자본생산성) = (부가가치/총자본)×100

(3) 재무제표 분석의 한계

신용공여자인 금융기관은 차입자의 현재 및 미래의 차입 원리금 상환능력을 파악하기 위한 목적으로 재무제표 분석을 실시하지만 분석대상인 재무제표는 과거의 실적을 나타내고 있으므로 미래 기업가치의 변화를 적절하게 반영하지 못할 수 있는 근본적인 한계점이 있다. 또한 인플레이션하에서는 재무제표가 기업의 경영활동과 재무상태를 올바르게 나타내주지 못하여 기간별 분석 및 업종 · 기업 간 비교결과를 왜곡시킬 수 있다. 그리고 업종 · 기업 간 비교의 기준이 되는 평균비율의 수준 또한 그 적정치에 대한 기준을 객관하기 어렵다는 문제점이 있다. 그러나 재무제표는 제3자가 용이하게 얻을 수 있는 가장 객관적인 자료이고 해당 기업이 속한 산업위험 및 영업위험과 경영위험을 함께 분석하면 해당 기업의 경쟁력을 파악하는 데 아주 유용한 분석도구가 될 수 있다.

3) 민감도 분석

민감도 분석이란 미래의 불확실한 특정요소의 변동에 대해 기업의 향후 재무실적이 어떤 방향으로 변화하는지를 분석하는 것으로서 실무적으로 매출증가율, 판매단가, 매출원가, 원자재 가격, 환율 등과 같은 독립변수들의 변동으로 미래 상환능력이 어떻게 변화하는지를 검토하는 것이며, 독립변수의 변동에 따른 이자보상배율, 부채상환계수 변동 정도를 분석한다.

민감도 분석으로부터 얻어진 외부적 충격에 대한 파급효과 등 향후 기업의 불확실한 재무실적으로부터 발생 가능한 위험의 예측이 가능하며, 또한 다수의 불확실한 요소들을 적용해 봄으로써 재무실적에 가장 중요하게 작용하는 요소를 찾아낼 수 있는 장점이 있다. 민감도 분석을 거치면서 가장 영향력이 큰 변수에 집중하여 효율적인 미래 상환능력을 측정할 수 있으며, 그 결과를 향후 기업 여신정책에 적용함으로써 잠재적인 손실위험에 대처할 수 있다.

- 판매량 변동이 이자보상배율에 미치는 영향도
  - 이자보상배율 = 영업활동으로 인한 현금흐름/이자비용
- 금융비율 변동이 부채상환계수에 미치는 영향도
  - 부채상환계수 = 영업활동으로 인한 현금흐름/(이자비용 + 단기차입금 + 유동성 장기부채)

3. 신용평가와 신용등급

신용평가는 전문적이고 객관적인 위치에 있는 신용평가사가 특정 유가증권의 원리금이 상환조건대로 상환될 확실성 혹은 발행자(정부, 기업, 금융기관, 단체 등)의 금융채무 전반에 대한 상환능력을 '신용등급'으로 표시하여 투자자 등 이해관계자에게 공시하는 제도를 말한다. 신용평가는 재무적인 요인과 비재무적인 요인을 평가하는 것으로, 금융기관에서는 신용평가 담당자의 자의적인 평가를 제어하고 객관적이고 일관성 있는 신용등급의 산출과 활용을 위해 신용평가모형을 활용하고 있다.

신용등급이란 신용분석과정에서 재무위험, 비재무위험을 분석하고 향후 미래 현금흐름 창출능력, 기대성과의 변동가능성(민감도 분석)에 대한 대처능력 등 다양한 측면을 종합적으로 고려하여 기업의 원리금 상환능력을 일정한 기준에 따라 정보이용자가 쉽게 이해할 수 있는 기호나 용어로 제공된 정보를 의미한다. 신용등급은 개별 차주의 원리금 상환능력과 상환의지를 평가하여 부여된 등급인 차주신용등급(BRR: Borrower Risk Rating)과, 담보 등을 반영한 여신신용등급(FRR: Facility Risk Rating)으로 구분 관리하고 있다. 금융기관은 적정하게 산출된 신용등급을 신용공여의 의사결정, 한도관리, 금리결정, 자산건전성 및 충당금관리, 성과측정, 여신감리 등에 활용한다.

일반적으로, 신용등급의 표시는 10등급으로 구분하여 AAA, AA, A, BBB, BB, B, CCC, CC, C, D로 나타낸다. 각 은행별로 신용등급의 체계는 조금씩 다르며, 등급체계도 조금 다르게 적용하고 있다.

여신등급체계와 채권신용등급체계의 대응 예는 다음의 〈표 14-1〉과 같다.

1) 신용평가의 원칙

보통 다음과 같은 신용평가의 원칙을 통해 신뢰성을 확보하는 데 그 목적이 있다.

(1) 객관성 및 독립성

평가자는 어떤 특정목적의 이해관계에 얽매여서 차주의 신용등급을 평가하여서는 안 되며 데이터에 근거한 객관적인 정보를 바탕으로 전문가적인 경험과 지식을 활용하여 차주의 신용위험을 객관적이고 독립적으로 평가하여야 한다.

(2) 일관성

신용등급은 평가자가 누구든지, 평가시점이 언제든지 간에 동일하게 일관성을 유지하여야 하며 오직 차주의 신용상태 변화에 따라서만 변동되어야 한다.

표 14-1 | 여신등급체계와 채권신용등급체계의 예시

채권등급	점수	위험수준	설 명
AAA	1	최소	신용도가 아주 우수, 자산의 건전성이 최상, 부채상환 능력이 아주 우수, 경영관리가 아주 우수, 산업 내 선도기업이며 자본시장에서 자금조달이 가능.
AA	2	적음	신용도 우수, 자산 건전성 및 유동성이 우수, 부채상환 능력이 우수, 경영관리 우수, 산업 내 상위기업으로 시장점유율이 높음.
A	3	평균	신용도가 보통, 자산의 건전성 및 유동성이 보통, 부채상환 능력이 양호, 경영관리가 양호, 산업 내 평균수준의 규모 및 지위를 가짐.
BBB	4	수용 범위 내	신용위험은 평균 이상의 위험도이나 수용 가능한 신용도를 보유, 자산의 건전성은 수용 가능, 유동성 보통, 부채상환 능력은 보통, 부채비율이 높음, 대출자는 평균 이상의 관심 및 감시를 하여야 함. 회사는 주요 경기침체를 감내할 정도로 건전하지 못함.
BB	5	신중히 수용가능	기업의 신용도는 수용 가능하나 상당한 신용위험이 있음. 자산의 건전성은 수용 가능, 자산이 적거나 분산화되어 있지 않음. 여분의 유동성이 거의 없음. 부채상환 능력이 극히 제한됨. 적정한 채권보전을 위한 약정조항구조, 부채비율이 높거나 완전자본잠식상태, 산업 내 기업규모가 평균 이하이거나 소형업체, 대출자의 상당한 관심 및 감시가 필요, 회사는 주요한 경기침체기를 감내할 수 있을 정도로 건전하지 못함.
B	6	경영자의 관심	조기경보 단계의 신용도, 자산의 건전성은 일반적으로 수용 가능함. 유동성은 제한적임. 자기자본은 완전 잠식됨. 경영상의 취약점, 대출자로부터의 지속적인 관심 및 감시가 필요함.
CCC	7	요주의	신용도가 수용한 한계점임, 신용도가 다소 취약함. 일반적으로 신용위험이 크나 고정으로 분류될 정도로 크지는 않음. 자산이 현재는 정상이나 취약함. 원금이나 이자 손실이 가시화된 것은 아님. 잠재적 취약점은 재무상태의 약화, 실현가능성이 낮은 상환계획, 자금의 부족 또는 담보, 신용정보, 서류의 부족, 회사는 시장에서 열등한 지위임.
CC	8	고정	신용도가 수용 불가함. 정상적인 상환이 어려움. 원금이나 이자의 손실이 나타난 것은 아니나, 취약점이 분명하여 부채의 상환이 어려움. 자산은 차주 또는 담보의 상환능력 또는 순자산으로 보호되고 있으나 불충분함. 이자의 부분손실이 이미 발생하였을 수 있음.
C	9	회수의문	전액상환은 의문시됨. 원금의 부분손실 가능성이 높다는 점에서 상당하나 문제가 있음. 현재의 정보, 조건 그리고 가치를 감안할 때 취약점이 분명히 드러나므로 전액회수는 아주 의문시됨.
D	10	손실	예상총손실, 회수불능이거나 정상자산으로의 가치가 거의 없는 자산, 부분적인 회수는 미래에 발생할 수 있지만 대손상각이 연기되어야 할 정도로 회수가치를 가지는 것은 아님.

(3) 보수적 관점 유지

평가자는 차주와 관련된 다양한 정보를 기초로 하여 객관적으로 평가하되 신용도에 긍정적인 정보가 미치는 효과에 대해 객관적인 데이터를 확인한 후 신용등급에 반영하여야 하는 반면, 부정적인 정보는 정보에 의한 영향 정도가 확인되기 이전이라도 불확실성 증대를 사유로 신용등급의 하향 여부를 적극적으로 검토하고 이를 신속히 신용등급에 반영하여야 한다.

특히, 신용등급의 상향 시에는 기업의 경쟁력, 수익력, 재무안정성 등 구조적인 변화가 있는지 여부를 면밀히 분석한 후 등급을 변경하여야 하며 일시적인 실적의 개선은 신용등급 상향을 위한 충분조건이 되지 않음을 명심하여야 한다.

(4) 경기침체기의 원리금 상환능력 평가가 핵심

일반적으로 신용등급이란 경기침체기 등 스트레스 상황하에서 향후 3년 내외의 기업의 원리금 상환능력의 저하가능성 또는 부도위험을 측정하는 것이므로 경기상승기의 단기적인 실적개선에 비중을 두어서는 안 되며 경기침체기 또는 스트레스 상황 도래 시의 생존 능력, 수익창출력 등에 초점을 두고 평가하여야 한다.

실제로 경기 호조 시에는 신용등급별 부도율의 차이가 미미하나 경기침체기에 신용등급별 부도율 차이가 커지는 것은 경기침체기를 감안한 신용평가의 중요성을 나타내는 좋은 예이다.

(5) 평가자는 신용등급의 적정성에 대한 지속적인 모니터링 필요

평가자는 차주의 신용평가 결과에 대한 최종책임을 지고 있으므로 신용도의 변화요인에 대해 지속적인 모니터링을 실시하여야 하며, 특히 신용도에 부정적인 영향을 줄 요인이 발생한 경우에 미치는 효과에 대한 면밀한 분석을 실시한 후 적절한 신용등급으로 조정하여야 한다.

(6) 현장방문 등을 통한 차주 신용도 변화요인에 대한 적시적 모니터링

평가자는 재무제표 등 계량지표 이외에 현장방문 등을 통한 비계량적인 요인을 적기에 포착, 차주의 신용평가를 적시적으로 수행하고, 이상징후 업체에 대한 조기경보 기능을 강화하여야 한다.

2) 신용등급의 산정

IMF 이후 신용위험 관리의 중요성이 부각되면서, 금융기관의 내부적인 신용등급의 합리성에 대한 관심이 높아지고 있으며, 대부분의 금융기관의 경우 내부적인 신용평가시스템을 구축하고 거래기업의 신용도를 스스로 평가하고 있다.

신용등급은 통상적으로 채무자에 대한 '위험의 존재 여부' 와 '위험에 대한 대응 또는 회피능력' 에 의하여 결정되는데, 이러한 위험에 대한 평가과정에서 본질적으로 평가자의 주관적

그림 14-2 | 신용등급 평가절차

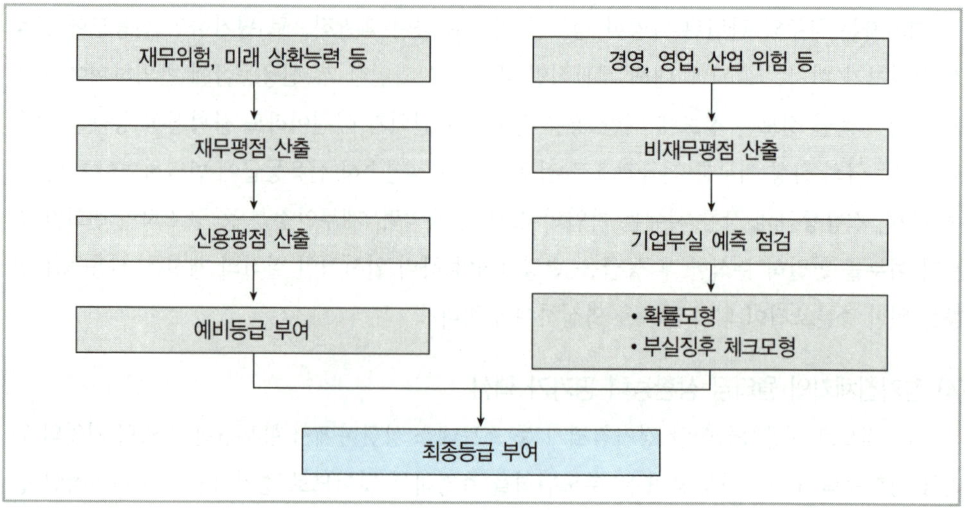

인 의견을 내포하고 있다. 따라서 심사역의 주관적인 판단이 합리적인 주관성을 기본바탕으로 최대한의 객관성을 확보하기 위하여, 각 금융기관에서는 신용평가모형을 활용하는 신용평가 시스템 구축에 많은 노력을 기울이고 있다.

신용등급은 채무자의 영업위험, 산업위험 등 비재무항목과 재무위험을 반영한 재무항목 및 미래상황 변화에 대한 원리금 상환능력의 변동가능성 등을 감안하여 신용평가모형을 활용한 예비등급을 산출한 후, 부도예측 점검 결과, 평가항목으로 측정하기 어려운 비재무항목 등을 감안하여 신용등급 협의체에서 최종등급을 결정하게 된다. 이러한 신용등급 결정과정에서 신용평가모형을 통한 신용등급 산정은 신속하고 일관성 있는 평가업무 수행을 가능케 하며, 평가자의 자의적 판단을 억제할 수 있는 장점이 있다. 그러나 객관성 확보를 위한 신용평가모형이 아무리 우수하여도 개별 기업의 특수성 반영, 계량화가 곤란한 질적인 요소들에 대한 고려를 소홀히 할 우려가 있으며, 채무자의 신용등급 산정 시 환경변화의 가능성과 이에 대응한 원리금 상환능력을 분석하는 작업특성상 미래에 대한 예측이라는 주관적인 작업이 수반되지 않을 수 없다는 점에 유의하여야 한다.

따라서 대부분의 금융기관에서는 객관성 확보를 위한 신용평가모형 구축과정의 한 요소로 통계적 기법을 사용하고, 여기에 평가자의 주관적인 판단을 감안하여 평가모형을 구축하는 것이 보통이다. 최종 신용등급은 여신금액별로 전결권이 존재하여, 심사평가 담당자가 1명 또는 2명으로 복수심사하게 되어 있으며, 영업점 당담자의 업체에 대한 객관적인 자료를 통해 신용등급에 대한 평가를 실시하며, 신용평가팀의 업체별 · 산업별 심사담당자 또는 협의체를 통해 결정되도록 운영되고 있다.

신용등급의 산정에 있어서는 전문가 판단이라는 주관적인 평가를 지양하고, 어느 누구나 객관적이고 합리적으로 체계화된 신용등급 산출을 위해, 주관적인 편향을 최대한 제거하고 신용등급구조 전체의 일관성을 유지하기 위해 계속적으로 신용평가시스템을 보완하여야 한다.

3) 신용등급의 활용

금융기관은 적정하게 산출된 신용등급에 의하여 계량화된 부도손실액과 예상부도율을 산출하여 포트폴리오 모니터링, 여신자산의 건전성 평가 및 충당금 설정 등에 활용할 수 있으며, 등급별 부도율을 신용원가로서 대출금리에 포함하고 있다.

그리고 국내 금융기관의 자산건전성 분류 시 일정규모 이상의 여신에 대하여 채무자의 현금창출 능력 등을 기준으로 이루어지고 있어, 신용등급체계가 확립되고 안정적인 부도율 산출이 가능할 경우 신용등급이 부도율과 손실률에 근거한 충당금을 설정하고 있다. 특히, Basel Ⅱ도입 이후 대손충당금 적립 기준이 예상손실 기준으로 바뀌었으며, 다만 내부등급법 승인을 받지 못한 은행을 위하여 대손충당금 적립시 활용할 수 있는 예상손실률만을 제시하고 있다.

이와 같이 신용등급은 여신심사와 관련된 신용위험 측정이라는 본연의 기능 외에도 수익창출에 직접적인 영향을 미치는 금리결정, 대손충당금의 설정 등의 분야에 사용되고 있으며, 신용등급에 따른 신용리뷰(credit review) 주기의 차등화, 평가자에 대한 성과측정 등에도 활용될 수 있을 것이다.

또한 안정적인 신용등급체계는 금융기관의 신용위험을 감소시키는 데 직접적인 기여를 할 뿐만 아니라, 자신의 위험도 측정을 가능케 하여 대출자산 매각, 자산의 유동화증권 발행, 신용파생상품의 설계 등에 이용할 수도 있다.

4. 신용평가방법

신용평가방법에는 전문가판단모형, 부도예측모형 및 신용평점모형, 신용 리스크 측정모형, 신용위험에 대비한 완충장치, 신용 리스크의 한도관리 그리고 신용 포트폴리오 관리 등이 있다.

1) 전문가판단모형

차입자의 채무상환 능력을 분석하여 대출 여부를 결정하는 일련의 과정으로 숙달된 전문가의 주관적인 판단에 의존하는 일종의 전문가 시스템이다. 전문가 시스템의 종류는 많지만,

고전적인 시스템의 하나는 5개의 'C' (Five C of credit)를 이용하는 것이다.

- 특성(Character): 기업의 평판, 상환의지, 과거의 상환기록을 측정.
- 자본(Capital): 주주의 자기자본 기여도와 자기자본 대비 부채비율(레버리지).
- 능력(Capacity): 차입자의 수익변동성으로 측정된 부채상환 능력.
  - 부채의 상환은 일정하나 수익의 변동성이 크다면, 부채상환 능력이 제약받을 수 있음.
- 담보(Collateral): 부도발생 시 은행은 차입자가 제공한 담보에 대해 청구권 소유.
  - 청구권의 변제우선순위가 높을수록, 그리고 담보의 시장가치가 클수록 노출위험은 작아짐.
- 경제주기(Cycle): 거시경제 상황은 특히 경기에 민감한 산업에 대한 신용 리스크 노출크기를 결정할 때 중요한 요인으로 작용함.
- 현금흐름(Cash Flow): 차입자의 미래상환 능력(Forward Looking Criteria)에 초점을 맞출 필요가 있다고 인식하고 특히 영업이익으로부터의 현금흐름(CFO: Cash Flow from Operating Profit) 중시 경향이 최근 신용분석의 특징으로, '5개의 C+1' 로 설명한다.

이 방법은 대출관리자의 건전한 경험과 업무지식 등을 통한 전문적인 판단력을 근거로 하는 시스템으로서 비교적 효과가 있는 시스템이지만, 현실에서는 여러 단점이 보이는데, 이는 다음과 같다.

첫째, 전문가판단모형을 유지하는 데 비용이 많이 든다. 금융회사가 일정한 사업규모를 유지하기 위해서는 신용평가과정을 수행할 수 있는 충분한 인력의 전문가를 확보해야 하고, 그러한 전문가를 양성하기 위해서는 체계적이고 효율적인 교육과정을 갖추어야 한다.

둘째, 전문가판단모형의 성과는 그것을 운영하는 사람의 능력에 절대적으로 의존하므로, 기본적인 재능과 성품이 부족한 전문가를 고용하는 금융기관은 잘못된 신용평가결과로 인한 손실을 피하기 어렵다. 5C에 적용되는 주관적인 가중치는 평가자마다 다를 수 있으므로 의사결정에 대한 체계적인 감독을 수행하기 어렵다. 그 결과, 동일 금융회사 내 유사한 유형의 차입자에 대해서도 상이한 기준이 여신담당자에 의해 적용될 수 있다.

셋째, 전문가판단모형은 포트폴리오의 편중에 의해 손실위험에 노출되는 경향을 보인다. 전문가가 되기 위해서는 단일산업 내에 속해 있는 상대적으로 소수의 기업에 대해 분석의 초점을 맞추어야 하는데, 이렇게 되면 전문가판단모형을 통해서 분산화된 포트폴리오를 구성하는 것이 어렵다. 이러한 문제를 소위 신용 패러독스(credit paradox)라고 부른다. 이러한 편중리스크(concentration risk)는 일반적으로 개별 차주에 대한 노출크기를 제한함으로써 부분적으로 해결할 수 있을 것이다.

경기침체기에 동일산업 내의 기업들은 신용주기(credit cycle)로 인해 동시에 어려움에 빠지는 경향이 존재하는데, 전문가판단모형에서는 이러한 상황에 대비하기 어렵다.

2) 부도예측모형 및 신용평점모형

부도예측모형의 기본원리는 기업의 부도를 예측하기 위해 과거 부도자료를 수집하여 그 특성을 통계적으로 분석함으로써 기업의 잠재적 부도가능성을 계량화할 수 있는 특성을 추출하고자 하는 것이다.

대표적인 부도예측모형으로는 알트만(Altman) 교수가 개발한 Z-score 모형과 이를 개선한 ZETA 모형을 들 수 있는데, 이 모형들은 기업의 재무상태를 대표하는 몇 가지 지표의 가중평균으로 이루어진 판별점수를 도출하고, 이 점수가 일정한 기준치에 미달하는 경우 부도가능성이 높은 것으로 간주하여 신용공여를 거부한다. 부도예측모형의 기본원리는 기업의 부도를 예측하기 위해 과거 부도자료를 수집하여 그 특성을 통계적으로 분석함으로써 기업의 잠재적 부도가능성을 계량화할 수 있는 특성을 추출하고자 하는 것이다.

신용평점모형은 부도확률에 영향을 미치는 요인들에 적정점수를 부여한 후 이들 점수들의 합계인 신용평점을 기준으로 부실화 가능성을 평가하는 모형이다. 부도예측모형과 기본원리는 동일하지만 부도예측모형이 비교적 적은 숫자의 요인들, 특히 주로 재무비율과 같이 수치화되어 있는 변수를 사용하는 반면에, 신용평점모형은 정성적 요인들에 대해서도 점수를 부여하는 신용평점을 도출한다.

3) 신용 리스크 측정모형

신용 리스크 측정모형에 대해서는 개별 차주의 신용 리스크 측정과 포트폴리오 신용 리스크 측정으로 구분하여 설명할 수 있으며, 개별 차주의 신용평가모형은 알트만(Edward Altman)의 Z-Score 모형과 ZETA 모형을 들 수 있으며, 포트폴리오 신용위험모형으로는 CreditMetrics 모형, Creditrisk+ 모형, Credit Portfolio View 모형, 그리고 KMV Portfolio Manager(KMV 모형) 등이 있다.

개별 차주의 신용평가모형은 각 차주별 부도가능성이나 예상손실을 측정하는 데 초점이 맞추어져 있다. 반면에 포트폴리오 신용위험모형은 특정 차주의 부도가능성 증감에 따라 포트폴리오 내에 편입된 다른 차주의 부도가능성이 어떤 영향을 받는가, 즉 차주 간 상관관계와 편중도를 고려하여 포트폴리오 관점에서 비예상손실을 측정하는 데 초점이 맞추어져 있다.

4) 신용 리스크에 대비한 완충장치

신용 리스크를 부담하는 거래에 대하여는 적정가격을 결정하고 신용위험에 대한 완충장치를 마련해야 한다. 은행은 신용공여를 통해서 수익을 얻는 동시에, 차주의 신용상태 여부에 의해서 손실을 입을 위험에 처하게 된다. 이러한 손실은 예상손실(EL)과 비예상손실(UL)로 구분된다.

금융기관은 평균손실에 해당하는 예상손실은 업무수행상 불가피한 영업비용으로 인식하여 여신가격(loan pricing)에 반영하여 대손충당금으로 적립하고, 비예상손실에 대해서는 자기자본으로 대비한다. 이 자기자본은 BIS 자기자본 등 규제자본(regulatory capital)과 구분하여 경제적 자본(economic capital)이라 한다.

여신은 평균 이상의 손실이 발생할 가능성을 가지고 있고, 금융기관은 그 손실확률에 상응하는 자기자본을 보유하고 있어야 하므로 해당 여신의 위험성향이 곧 경제적 자본이 된다. 경제적 자본은 부문별(사업본부 및 영업점) 한도배분 및 성과평가 등 내부위험관리 목적으로 이용된다.

여신가격(loan pricing)은 예상손실뿐만 아니라 경제적 자본에 대한 보상을 모두 고려하여 결정하여야 한다. 즉, 위험조정수익률(RAROC: Risk-Adjusted Return On Capital)을 감안하여 여신가격결정을 하여야 한다.

5) 신용 리스크의 한도관리

위험관리의 기본은 한도관리라 할 수 있다. 한도관리란 익스포저, 신용위험량 등에 일정한 허용한도를 정하여 이를 초과하지 않도록 관리하는 것을 말한다. 금융기관은 자기자본 수준, 경영진이 선택한 위험성향 등에 따라 위험을 부담할 수 있는 허용한도를 설정하여 자본을 배분하고, 위험부문별로 할당한다.

신용위험의 허용한도관리는 기본적으로 예상치 못한 손실로 인한 금융기관의 도산을 방지하기 위한 것으로, 신용위험에 배분된 자본으로 관리한다. 신용위험 측정량이 신용위험에 배분된 허용한도를 초과하지 않도록 관리하여야 한다.

익스포저 관리는 신용위험이 단일차주 또는 특정부문 등에 집중되는 것을 방지하기 위한 것인데 다양한 익스포저가 사용된다. 예를 들어 신용위험에 대한 노출뿐만 아니라 시장위험에 대한 노출도 모두 포괄하여 관리하는 총익스포저, 자산부문별 익스포저, 주채무 계열기업군별 익스포저, 산업별 익스포저, 국가별 익스포저 등을 관리한다.

6) 신용 포트폴리오 관리

신용 포트폴리오 관리란 금융기관이 특정 국가, 산업, 거래 상대방 등 특정부문에의 편중여신을 방지하고 건전한 여신구조를 유지하기 위해, 현재 신용 포트폴리오가 금융기관의 신용

전략 및 정책과 일치하는가를 확인하고, 바람직한 방향으로 신용 포트폴리오를 재구성하는 것을 말한다. 신용 포트폴리오 재구성시 개별 기업, 계열의 단순한 신용 익스포저뿐만 아니라 은행 전체의 여신 포트폴리오를 감안하여 관리하여야 한다.

신용리뷰(Credit Review)를 통하여 문제가 될 수 있는 여신을 조기회수한다든지 혹은 신용자산의 일부를 매각하거나 신용파생상품을 이용하여 포트폴리오 전체의 신용위험 수준을 적정한 선으로 관리해 나가는 것이다.

이때 주의할 것은 개별 여신의 수익성 평가는 위험을 감안하여야 하고, 포트폴리오 차원에서 이루어져야 한다는 점이다. 즉, 위험평가는 개별 위험으로 측정되는 것보다 포트폴리오에 대한 공헌위험이나 한계위험으로 평가되는 것이 바람직한 것이다.

신용 포트폴리오 관리에서 가장 중요한 것은 여신감리조직이, 신용 포트폴리오가 금융기관의 신용 정책과 일치하지 않거나 그런 가능성이 있는지 여부에 대하여 정기적으로 검토하고 그 결과를 이사회 및 경영진에게 보고하는 것이다. 신용 포트폴리오의 측정대상이 되는 신용공여와 측정된 신용공여를 관리하기 위해 한도 설정하는 방법에 대하여 설명하고자 한다.

(1) 신용공여 측정

신용 포트폴리오 측정대상이 되는 신용공여는 신용 리스크에 노출된 금액, 즉 사실상 부도가 발생할 경우 손실위험에 놓이게 될 금액으로서 직접신용공여와 간접신용공여로 구분할 수 있다.

직접신용공여는 대출, 유가증권의 매입, 지급보증 등의 거래 상대방이 부도 등의 요인으로 만기일에 채무를 상환하지 못하였을 경우 은행에 초래되는 재무적인 손실금액이며, 간접신용

표 14-2 | 간접신용공여의 범위

구 분	내 용
집단대출 관련 보증채무	다수의 차주에 대해 일정기업이 보증한 경우 그 보증채무 예: 주택 관련 중도금대출, 잔금대출 및 이주비대출, 우리사주대출 등
수요자금융 관련 보증채무	내구소비재 구입과 관련하여 다수의 차주에 대해 일정기업이 보증한 경우 그 보증채무 예: 자동차, 냉장고 등의 구입에 따른 대출
지정어음에 대한 금융기관 할인액	금융기관이 지정한 업체가 발행한 어음을 할인어음으로 매입한 경우 어음발행인이 상환책임을 지는 어음발행금
매출채권의 결제자로서의 상환의무	금융기관이 외상매출채권 담보대출 등을 취급하여 일정기업이 매출채권 결제자로서 상환의무를 지는 경우 그 상환의무
기타 보증채무를 포함한 2차적인 상환의무	기타 차주가 상환하지 못한 채무에 대해 2차적인 상환의무를 지는 경우 그 상환의무 등

공여는 채무에 대한 보증인 및 채권의 발행자로서 특정 차주의 부도로 인하여 이전에 채무를 대신 상환하지 못하는 경우 금융기관에 초래될 수 있는 재무적인 손실금액이다.

직접신용공여는 금융감독원의 신용공여한도를 준용하여 여신, 유가증권, 파생금융상품, 자산유동화 관련 신용보강 등을 포함하나, 재무적 손실을 초래하지 않는 여신(금융기관 발행 지급보증서, 신용보증서 담보 여신, 통안증권, 당행 예적금 및 수익권 담보여신 등)은 제외한다. 간접신용공여는 일반적으로 집단대출 관련 보증채무, 수요자금융 관련 보증채무 등 〈표 14-1〉의 채무를 포함한다.

(2) 편중위험(concentration risk) 관리

대부분의 금융기관에서 신용 리스크를 통제하는 가장 기본적인 수단이 집중도를 낮추고 분산도를 높여 신용 리스크를 감소시키는 것이며, 이를 위해 거래 상대방별, 신용등급별, 국가별, 산업별, 통화별, 상품종류별 등을 기준으로 한도를 부여하여 관리하고 있다.

① 동일인 및 동일그룹 신용공여

개별 기업의 동향 및 재무 · 비재무 심사를 통해 개별 기업에 대한 여신공여한도를 설정하고 관리한다. 또한 개별 기업의 신용도는 개별 기업이 속해 있는 그룹의 신용도에 의해 직·간접적인 영향을 받고 있어 기업집단에 대하여 우선적으로 여신정책을 수립하고 그 결과에 상응하는 개별 기업의 여신정책 수립이 바람직하다. 즉, 개별 기업이 속한 기업집단에 대한 신용등급 평점을 통해 그룹별 신용정책 및 총신용공여액을 설정하여 그 범위를 초과하지 않는 범위 내에서 개별 기업과의 여신거래가 이루어지는 것이 바람직하다.

② 산업별 포트폴리오

같은 산업에 속한 차주의 경우 전체적인 산업경기에 영향을 받기 때문에 동시에 부도가 발생할 가능성이 높으므로 산업별로 신용 포트폴리오를 분산시키는 것은 신용위험관리에 매우 중요한 문제이다. 또한 주기적으로 거시적 경제환경 및 산업분석을 통해 불안정산업에 대한 신용공여를 성장산업으로 전환하는 것이 바람직하다.

③ 신용등급별 포트폴리오

자산등급별 포트폴리오 관리는 금융기관의 자산건전성 및 수익성 부문에 중요한 영향을 미치는 요소이다. 신용위험이라는 측면에서만 보면 상대적으로 신용등급이 높은 차주로 신용 포트폴리오를 구성하는 것이 좋지만 수익성을 동시에 고려할 경우 신용위험이 높은 자산의 수익률이 높기 때문에 이를 적절히 조화시켜 전체 신용 포트폴리오의 신용위험을 적정수준 이내로 관리하면서 수익성을 제고하는 것이 필요하다.

④ 국별 포트폴리오

국별 신용 리스크 관리는 개별 차주의 신용 리스크가 아닌 차주가 소속된 국가의 특수한 정치, 경제, 사회적 요인 등으로 인하여 개별 차주의 원리금 상환이 지급유예, 지급불능 또는 지급거절될 위험을 측정 관리하는 것으로서 일반적으로 국가 신용등급별로 한도를 설정하여 관리하고 있다.

5. 신용 리스크 감소방안

1) 전통적인 신용 리스크 감소방안

신용 리스크에 노출된 금액을 줄이기 위한 노력은 여신이 발생한 이래부터 지속적으로 있어 왔으며, 현재에도 많은 금융기관들은 전통적인 방법을 신용 익스포저 감소를 위한 기본수단으로 사용하고 있다.

① 담보 : 현금, 금융상품, 토지, 건물, 기계 등을 이용해 신용 익스포저를 줄이는 방법으로, 담보물의 가치변동으로 인해 신용 익스포저가 변동하게 되는 위험이 있으므로 담보물의 적정가 평가가 중요하다. 신용 리스크를 자산가치의 변동위험으로 전환시킨 것이라 할 수 있다.

② 보증 : 차주에 대한 위험을 차주 및 보증제공자에 대한 위험으로 전가하는 것으로서 채권보험, 보증, L/C 등이 있다. 차주보다 높은 보증제공자의 신용도를 통해서 신용 리스크를 줄일 수 있으며, 차주보다 보증제공자의 신용도가 낮거나 같다고 하더라도 분석효과에 의해서 위험량은 감소하게 된다.

③ 넷팅(Netting) : 동일한 거래 상대방에 대해 동종의 채권 · 채무가 상호 존재할 때, 한 거래 상대방의 계약불이행 사건에 의해서 동일액만큼 채권 · 채무가 상계되는 계약으로 국제스왑파생금융협회(IDSA: International Swaps and Derivatives Association) 협약에 의해 파생상품거래의 표준계약서에서 넷팅(netting)을 허용하고 있다.

④ 시가평가(Mark-to-Market): 거래소 선물 및 옵션 시장에서 적용되는 제도로, 매일 시장가격으로 계약을 평가하여 차액을 교환함으로써 신용 리스크 노출액을 1일 변동액으로 제한시키는 방법이다.

⑤ 재무협약(Financial Covenants): 차주의 신용상태에 따라 익스포저의 규모를 조절할 수 있는 계약으로, 담보 및 보증 등과 같이 차주 부도 시에 사후적으로 신용 익스포저 노출을 줄이려는 담보 및 보증 노력과 달리 사전적으로 신용 익스포저를 줄일 수 있으나, 이

를 위해서는 차주의 신용상태에 대한 적시의, 밀접한 조사가 전제되어야 한다.

2) 신용파생상품을 이용한 관리기법[4)]

신용파생상품은 포트폴리오 신용위험관리에서 가장 최근에 등장한 관리수단으로 급속히 성장하고 있다. 신용파생상품은 주로 장외파생상품으로 특정자산의 신용도를 기초자산으로 하여 현금흐름이 결정되는 계약이다. 신용파생상품은 대부분 기초자산으로부터 신용위험을 분리하여 제3의 금융기관 또는 기업으로 이전하는 형태를 취한다.

신용위험을 관리하는 방법으로는 차입자의 규모, 지역, 산업 등을 기준으로 포트폴리오를 분산시키는 방법, 대출채권을 증권화하여 매각하는 방법, 대출채권을 매각하는 방법 등이 있다. 그러나 이 방법들을 통해서 금융기관이 위험을 감소시키는 데는 한계가 있다. 분산대출의 경우, 금융기관 고유의 강점을 살릴 수 있는 시장에 집중하지 못하는 단점이 있으며, 대출채권의 증권화 역시 증권화할 수 있는 대상채권이 제한적이며, 대출채권을 직접 매각하는 경우 차입자의 협의 등이 이루어져야 하므로 고객과의 원만한 관계유지에 문제가 생길 수 있다.

이러한 문제를 해결하여 어떤 시장에서도 쉽게 이용할 수 있고, 추가적 위험헤지 비용이 적게 들고, 고객과의 관계를 악화시키지 않기 위해 고안된 것이 신용파생상품이다. 신용파생상품은 신용위험을 분리하여 거래되도록 함으로써, 신용위험을 이전하고 헤지하는 것을 가능하도록 한다. 또한 신용위험에 대한 매도 포지션을 가능하게 한다.

신용파생상품을 이용한 관리기법에는 신용부도스왑(CDS: Credit Default Swap), 총수익스왑(TRS: Total Return Swap), 신용 스프레드 옵션(CSO: Credit Spread Option), 신용연계채권(CLN: Credit linked note), 신용선도계약 등이 있다.

(1) 신용부도스왑

신용파생상품의 가장 단순한 형태가 신용부도스왑(CDS: Credit Default Swap)이다. 신용부도스왑이란 보장매입자(protection buyer)가 보장매도자(protection seller)에게 일정한 수수료를 지불하고, 준거자산(reference assets)과 관련된 신용사건이 발생할 경우에 손실을 보상받는 계약을 의미한다. 이를 통하여 금융기관은 자신이 보유하고 있는 자산의 신용위험을 신용부도스왑의 계약 상대방에게 이전시킨 효과를 얻게 된다. 고정된 수수료는 보통 프리미엄이라고 하며, 신용부도스왑(CDS)의 가격을 나타낸다.

보장매입자가 보장매도자에게 정기적으로 일정한 수수료를 지불하는 대신, 어떠한 신용사건이 발생할 경우 약정된 금액을 지급받는 계약을 말한다. 보장매도자는 자기자금의 부담 없

4) 신용파생상품의 종류 내용에 대해서는 윤평식, 「리스크관리」, 탐진(2010), p.538, p.547; 성태홍 외, "파생금융상품과 금융위험관리," 경문사(2003), pp.432~ 437 참조.

그림 14-3 | 신용부도스왑(Credit Default Swap)의 거래구조

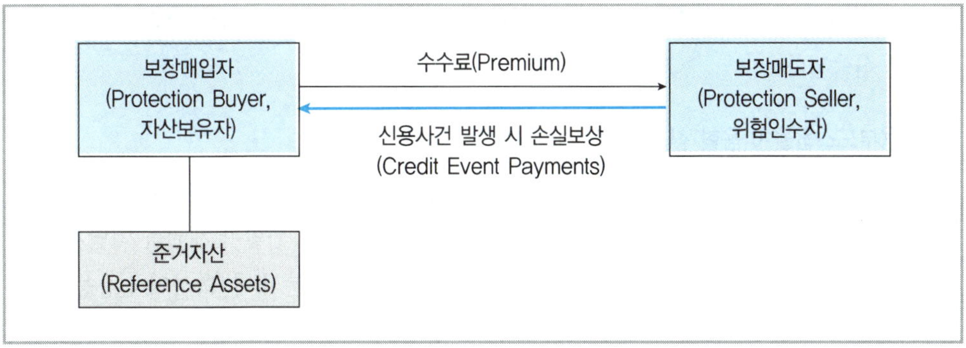

이 수수료 수익과 포트폴리오 신용위험을 함께 인수하게 된다. 준거자산에 내재된 위험만을 헤지하며, 금리변동과 같은 시장위험은 여전히 보장매입자에게 남아 있는 상품이다.

신용부도스왑과 같은 장외파생상품은 ISDA(International Swaps and Derivatives Association) 기본 계약서를 이용하는데, 기본 계약서에 정의된 신용사건은 다음과 같다.

- 파산(bankruptcy)
- 지급불이행(failure-to-pay)
- 부도(obligaion default)
- 채무상환기간 단축 또는 기한이익 상실(obligaion acceleration)
- 지급거절/모라토리엄(repudiation/moratorium)
- 채무재조정(restructuring)

신용사건(credit event)이 발생하게 되면, 보장매도자는 보장매입자에게 약정금액을 지불해야 하는데, 결제방법에는 현물결제와 현금결제가 있다. 현물결제는 신용사건 발생시 자산가치가 하락한 준거자산과 보장매도자의 무위험자산을 미리 정한 방법에 의하여 교환하는 방식이며, 현금결제는 공정시장가격(fair market value)을 산출하여 준거자산의 가치하락분만큼 보장매도자가 보장매입자에게 현금으로 지불하는 방식이다.

신용부도스왑은 보장매입자의 경우에는 고객과의 관계를 저해할 우려가 있는 자산에 대한 매각 없이 신용위험을 헤지하는 수단으로, 보장매도자의 경우에는 자기자금 부담 없이 위험을 부담하는 데 대한 대가로 수수료 수입을 획득하는 투자수단으로 활용된다. 특히 향후 기초자산 발행기관의 신용사건 발생가능성이 높다고 판단되는 경우에는 기초자산의 보유 없이 신용위험을 매각(short position)하는 거래도 있다. 신용부도스왑(CDS) 프리미엄은 국가나 기업의 위험을 나타내는 대표적인 지표로 이용된다. 2008년 10월에 우리나라 5년만기 CDS premium은 약 699bp까지 상승하였으며, 2013년에는 90bp 아래에서 형성되어 있다. 이는 보통 위험채권수익률에서 국채수익률(무위험이자율)을 차감한 값 혹은 신용 리스크의 예상손실률에 의해서 산출된다.

① 신용부도스왑을 이용한 신용위험의 헤지 예

J회사 회사채의 신용스프레드(credit spread)는 현재 5년만기의 경우 국채수익률 대비 120bp이며 10년만기의 경우 185bp라 하자. J회사가 발행한 10년만기 채권을 액면기준 100억 원어치 소유하고 있는 Y은행의 포트폴리오 관리자는 향후 5년 내에 J회사의 신용등급이 하락할 것으로 예상하고 있으며 이에 따른 채권의 가격하락위험을 걱정하고 있다. 이 경우 Y은행의 포트폴리오 관리자는 다른 은행과 J회사가 발행한 채권을 준거자산으로 하는 신용부도스왑을 거래함으로써 이러한 위험을 헤지할 수 있다.

예를 들어 Y은행이 P은행과 J회사의 5년만기 채권을 준거자산으로 하여 향후 5년 이내에 J사의 신용위험에 특정 수준 이상의 변화가 발생하는 경우 액면금액에서 채권의 회수가치를 뺀 금액을 지급받으며 신용위험 수준에 변화가 없을 경우 매년 1.5%의 프리미엄을 지급하기로 하는 계약을 체결했다 하자. 5년 이내의 특정 시점에 J사의 신용위험의 증가를 가져오는 신용사건이 발생하여 액면 100억 원 기준 J사의 5년만기 채권의 시장가치가 70억 원이 되었다. 이 경우 Y은행은 P은행으로부터 100억 원에서 70억 원을 차감한 30억 원을 보전받게 되어 J사의 신용위험 발생에 따른 손실을 보호받을 수 있게 된다. 반면 계약기간인 5년 이내에 신용사건이 발생하지 않을 경우 Y은행은 P은행에 매년 액면금액의 1.5%에 해당하는 1.5억 원을 프리미엄으로 지급하여야 한다.

② 신용부도스왑을 이용한 신용한도의 관리

주거래 은행인 J은행으로부터 이미 100억 원의 대출을 받고 있는 Y사는 J은행으로부터 50억 원의 추가대출을 받기를 희망한다. J은행의 대출담당자는 Y사와의 지속적인 거래관계를 유지하기 위해 50억 원을 추가로 대출해 주자고 요청하고 있다. 그러나 위험관리부서에서는 신용위험의 집중을 피하기 위해 Y사에 대한 대출한도 120억 원이 지켜져야 한다고 주장한다. 즉 20억 원까지만 추가대출이 가능하다는 것이다. 이 경우 고객관계 유지라는 목표와 신용위험 관리라는 목표 간에 상충이 발생한다.

이러한 문제는 신용부도스왑을 이용하여 해결할 수 있다. 즉 J은행은 Y사에게 50억 원을 추가로 대출해 주고 신용한도 120억 원을 초과하는 30억 원에 대해서는 P은행과 신용부도스왑 계약을 체결함으로써 문제를 해결할 수 있다. 예를 들어 Y사에 대한 대출금리는 libor+50bp이며 신용사건 전까지 J은행은 위험이전의 대가로 P은행에게 매기 100bp를 지불하고 신용사건이 발생하면 30억 원에서 회수액을 차감한 손실금액을 보전받는 계약을 체결한다. 이렇게 함으로써 J은행은 신용부도스왑 거래를 통해 Y사와의 지속적인 관계를 유지할 수 있으며, 동시에 지나친 신용집중으로 인한 신용위험을 신용부도스왑의 계약을 통해 해지할 수 있다.

(2) 총수익스왑

총수익스왑(TRS: Total Return Swap)은 기초자산에서 발생하는 모든 총수익을 정해진 현금흐름과 교환하는 상품이다. 즉, 보장매도자가 보장매입자에게 정기적인 수수료를 지불하고, 그 대가로 기초자산으로 발생한 총수익을 지불받는 계약이다. 여기에서 수수료는 통상 '리보(Libor)+스프레드(Spread)' 로 지급되며, 총수익은 기초자산의 가치변화에 근거하여 이자와 자본이득을 포함한 총순익(total net payment)을 뜻한다. 기초자산의 가치가 증가하면 총수익매입자는 증가한 수익을 획득하지만, 기초자산의 가치가 감소하면 총수익매도자에게 가치감소분을 반대로 지불하여야 한다.

이는 기초자산으로부터 발생하는 모든 현금흐름을 거래 상대방에게 이전하기 때문에 해당 자산을 매각하는 것과 현금흐름면에서 동일한 효과를 볼 수 있다. 또한 채무불이행 등의 신용위험만을 전가하는 신용부도스왑(CDS)과는 달리 기초자산의 신용위험뿐만 아니라 금리, 환율 등의 시장위험도 이전하는 거래이다.

투자자(보장매도자) 입장에서는 자기자금 부담 없이 신용위험을 부담하는 데 따른 고수익 획득이 가능할 뿐만 아니라 부외자산으로 처리됨에 따라 일부 규제를 회피할 수 있는 수단으로 활용이 가능하다. 보장매입자의 입장에서는 실제 투자자산의 매각 없이 투자자산을 매각하는 것과 동일한 효과를 얻을 수 있으므로 일시적인 신용위험뿐 아니라 시장위험까지 헤지할 수 있는 수단으로 활용할 수 있다.

그림 14-4 | 총수익스왑(Total Return Swap)의 거래구조

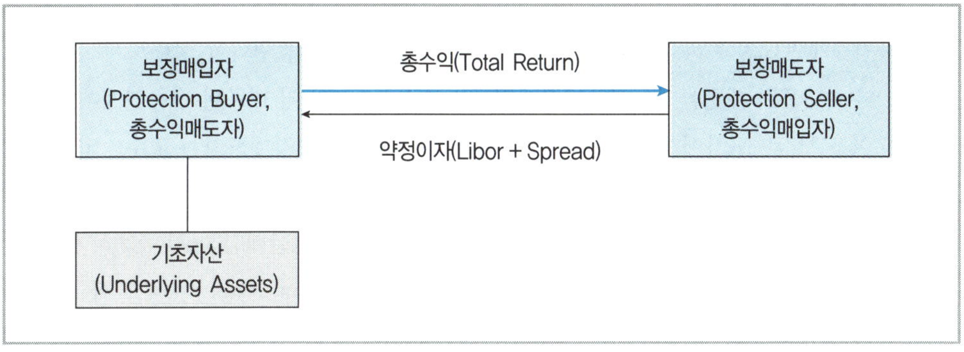

(3) 신용 스프레드 옵션

신용 스프레드 옵션(CSO: Credit Spread Option)은 옵션매입자가 일정한 수수료를 옵션매도자에게 지급하는 대신 약정된 가격 또는 신용 스프레드로 기초자산 또는 기초자산의 신용 스프레드를 매입 또는 매도할 수 있는 권리를 보유하는 계약이다. 즉, 옵션매도자는 수수료를 확보하는 대신, 기초자산의 스프레드가 약정된 일정수준을 넘어설 때 약정된 금액을 옵션매입자에게 지불해야 한다. 이 옵션의 구조는 신용사건의 발생과 관련이 없다는 점에서 총수익스왑(TRS)과 비슷하지만, 보장매입자의 지급이 우발적이라는 점에서는 신용부도스왑(CDS)과 유사하다.

보장매입자는 기초자산 발행기관의 신용도 변화에 따른 기초자산 가격변화 위험을 헤지하는 수단으로, 보장매도자는 자기자금 부담 없이 향후 기초자산 발행기관의 신용위험 변화에 대한 평가를 근거로 프리미엄 수입을 획득하는 수단으로 활용할 수 있다. 따라서 투기적 자산운용 패턴을 보이고 있는 헤지펀드 등을 중심으로 거래량이 늘어나고 있는 추세이다.

그림 14-5 ┃ 신용 스프레드 옵션(Credit Spread Option)의 거래구조

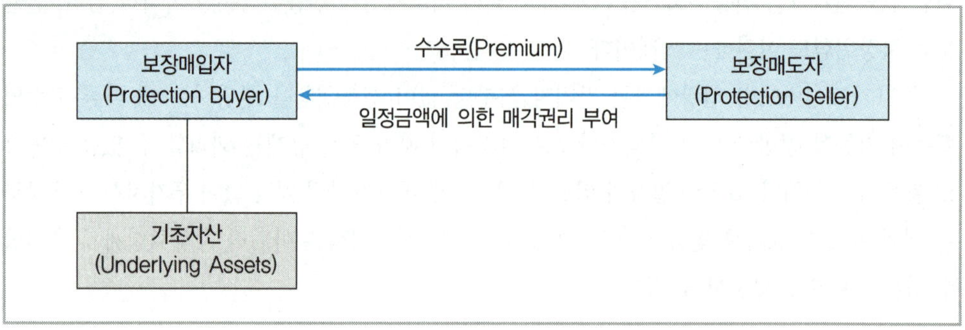

(4) 신용연계채권

신용연계채권(CLN: Credit Linked Notes)은 신용파생상품을 증권화한 형태로서 신용부도스왑(CDS)이 내포된 채권을 말한다. 보장매입자는 신용부도스왑이 내포된 신용연계채권을 발행한 후 이를 보장매도자에게 매도하여 매각대금을 수취하고, 보장매도자는 고수익의 약정이자를 받는 대신 정의된 신용사건 발생 시 기초자산의 손실을 부담하게 되는 것이다.

신용위험으로부터 보장받는 기초자산의 수가 하나일 때는 싱글네임(Single-Name) 신용연계채권이라 하고, 기초자산의 수가 여러 개일 때는 멀티네임(Muti-Name) 신용연계채권이라 한다. 신용연계채권의 발행기관에 대한 제한은 없으나 통상 특수목적회사(SPC: Special Purpose Company)가 발행한다. 특수목적회사는 제3자와 신용부도스왑(CDS) 계약을 체결하여 기초자산을 확보하게 되는데, 이 경우는 일종의 담보부 신용부도스왑 또는 신용부도스왑이

그림 14-6 | 신용연계채권(Credit Linked Notes)의 거래구조

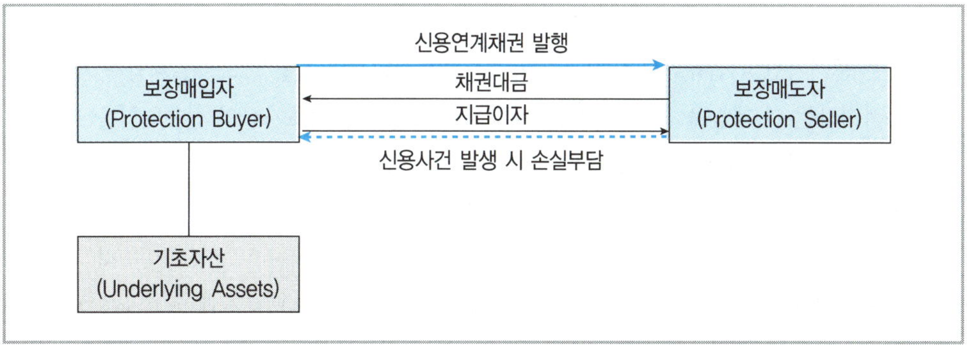

결부된 채무수단으로 할 수 있다. 특수목적회사를 이용할 경우, 거래 상대방의 위험(counterparty risk)을 제거할 수 있으며, 아울러 레버리지 등에 대한 규제가 있거나 자금에 여유가 있는 경우 자기자금으로 고수익의 채권에 투자하는 수단으로 활용할 수 있다.

신용연계채권의 이자는 보장매입자의 신용위험과 기초자산의 신용위험의 함수로 나타낼 수 있으며, 이때의 금리는 보장매입자의 일반사채 조달금리에 보장매입자가 동일한 기초자산을 대상으로 신용부도스왑 거래를 할 때 지급해야 할 프리미엄을 합한 것으로 생각할 수 있다. 신용사건 발생 시 보장매도자가 손실을 부담하는 방법으로는 보장매도자가 받아야 하는 신용연계채권의 원리금 대신 기초자산을 인도받는 방식과 기초자산의 손실액만큼 신용연계채권의 원리금에서 차감하는 방식이 있다.

신용연계채권은 일종의 구조화된 채권으로 고객이나 투자자의 요구를 보다 정확히 만족시킬 수 있다. 신용연계채권의 보장매도자의 측면에서 살펴보면, 일반채권에 비해 높은 금리를 획득할 수 있다는 장점이 있다. 신용연계채권은 일종의 채권이기 때문에 직접적으로 신용파생상품을 거래하기 힘든 기관투자가들에게 활용도가 높은 편이다. 신용연계채권은 또한 신용위험을 기초로 한 새로운 자산유형을 창출해 낼 수 있고 분산투자를 위한 포트폴리오 구성에 활용할 수 있다는 특징이 있다.

(5) 합성 신용부도스왑

합성 신용부도스왑(Synthetic CDS)은 신용파생상품을 증권화한 형태로서, 자산유동화의 일반적인 구조에 신용부도스왑(CDS)과 총수익스왑(TRS) 등의 신용파생상품을 결합하여 특수목적회사가 발행한 채권을 말한다. 합성(synthetic)이란 여러 가지 신용파생상품을 활용하여 기초자산군을 실제 양도하지 않고, 연계시켜 증권화함으로써 투자가에게 신용위험을 이전하는 개념을 뜻한다.

이 상품은 개념적으로 신용연계채권(CLN)과 거의 동일하지만, 자산유동화의 구조와 유사하

다는 의미에서 합성 신용부도스왑이라 한다. 합성 신용부도스왑이 전통적인 신용부도스왑과 다른 가장 큰 차이점은 기초자산의 법적 소유권을 이전하지 않고 보유하고 있는 데 있다. 보장매입자는 준거자산의 신용위험을 헤지하고자 특수목적회사와 신용부도스왑 계약을 체결하고, 특수목적회사는 이 계약을 근거로 신용연계채권을 발행하여 기초자산의 신용위험을 보장매도자에게 이전시킨 후, 보장매도자로부터 받은 매각대금을 가지고 무위험자산을 매입한다.

합성 신용부도스왑을 통해, 1개에서 여러 개 채권을 신용위험관리에 유용한 신용파생상품의 특성과 다수의 채권을 유동화하는 전통적인 신용부도스왑 개념을 결합함으로써 자산군의 신용위험을 효율적으로 관리할 수 있으며, 특수목적회사가 신용부도스왑 매각대금으로 양질의 채권을 매입 및 보유함으로써 거래 상대방의 위험을 최소화할 수 있는 특징이 있다.

제3절 신용 리스크 계량화[5)]

신용 리스크 계량화는 신용 리스크를 발생시키는 요소를 측정하기 위한 것으로서 부도율(PD), 부도 시 손실률(LGD), 부도 시 익스포저(EaD), 즉 신용 리스크 측정 3대요소들이 신용 리스크 측정을 위하여 어떻게 정의되어야 하고 추정되어야 하는지에 대하여 설명하고자 한다. 그리고 이들 신용 리스크의 측정요소들을 이용하여 예상손실(EL)의 개념과 산출방법 그리고 대손충당금과의 관계를 설명하고, 아울러 미래의 손실분포(Loss Distribution)인 비예상손실(UL)의 개념과 산출방법 및 활용에 대하여 알아보고자 한다.

1. 신용 리스크 측정 3대요소

1) 부도율

(1) 부도의 정의

부도란 차주가 자발적으로 자신의 채무를 지불할 의사가 없어 보이거나 지불할 능력을 상실한 경우를 의미하는 것으로, 보유 담보물의 처분과 같은 상환청구 조치를 취하지 않으면 채무자로부터 채무를 일부라도 상환받지 못하거나, 차주 채무에 대해 90일 이상 연체 사실이 발생한 경우를 기준으로 금융감독원에서는 은행 자체적으로 Basel Ⅱ 기준의 부도 정의(defini-

5) 신용 리스크 계량화에 대해서는 금융감독원, 「통합리스크관리 모범규준(제1권 신용 리스크)」, pp.37~65 참조.

tion of default)에 따라 차주의 부도를 일관되게 적용하고 이를 문서화하도록 하고 있다.

(2) 금융감독원 기준 부도의 정의

일관된 부도의 정의는 신용평가시스템의 기본적인 사항으로 내부등급법에서 매우 중요하므로 일관되고 명확한 부도 정의를 통하여 신용평가시스템에 적용해야 할 것이다. Basel Ⅱ 기준에서는 다음의 두 사건 중 하나 이상이 발생하는 경우 부도로 간주한다.

Basel Ⅱ 기준 부도의 정의

a. 다음 (가) 및 (나) 중 어느 하나에 해당하는 때에는 관련 차주에 대하여 부도가 발생한 것으로 본다.
  (가) 보유 담보물의 처분과 같은 상환청구 조치를 취하지 않으면, 차주로부터 채무를 일부라도 상환받지 못할 것으로 판단되는 경우로서 다음의 경우를 포함한다.
  ① 무수익 여신으로 분류한 경우
  ② 신용악화에 따라 회수의문 또는 추정손실로 분류하거나 상각한 경우
  ③ 신용등급 악화에 따라 상당한 경제적 손실을 감수하고 신용채권을 매각한 경우
  ④ 채무 재조정으로 인하여 원금, 이자 또는 관련 수수료 면제 또는 지급 연기로 채권이 감소한 경우
  ⑤ 차주에 대해 파산선고 또는 유사 소송을 제기한 경우
  ⑥ 차주가 금융기관에 대한 채무상환을 지연시키거나 회피하기 위하여 파산 또는 유사한 조치를 취하는 경우
  (나) 차주가 해당 금융기관에 부담하는 원금 또는 이자를 90일 이상 연체한 경우
b. 금융기관은 특정차주의 해당 익스포저에 대해 (가)의 부도가 발생한 경우 다른 익스포저도 부도가 발생한 것으로 간주한다. 다만, 소매 익스포저는 차주기준이 아닌 특정거래를 기준으로 부도 여부를 판단할 수 있다.
c. 부도상태로 인식된 익스포저가 부도사유의 해소로 인정되는 경우, 차주등급의 부여와 LGD 적용 등에 있어 부도가 발생하지 않은 경우와 같은 방식으로 하여야 한다.
d. c.의 익스포저에 대하여 부도사유가 다시 발생하면 새로운 부도가 발생한 것으로 인식한다.

(3) 부도율의 계량화

• 부도율의 정의

부도율(PD: Probability of Default, 이하 'PD' 라 함)이란 차주가 미래에 부도가 발생할 확률로서 경기변동 주기상 부도율이 높은 시기와 낮은 시기가 합리적으로 결합된 기간 동안의 평균

적인 부도경험을 반영한 1년 부도율의 장기 평균치를 의미한다. 경기침체기를 포함하여 경기 상황이 좋은 시기와 좋지 않은 시기의 모든 부도경험을 반영하여 추정한, 일정기간(1년) 동안에 부도가 발생할 가능성에 대한 미래지향적인 예측치를 의미한다. 신용 리스크를 보유하는 기간(time horizon)이 1년이라는 뜻이다. 시장 리스크의 경우 10영업일 간의 리스크를 측정한다.

내부등급법에서 제시하는 신용위험가중자산 산출식의 입력요소인 PD는 익스포저를 보유하고 있는 개별 차주의 PD 추정치가 아닌 개별 차주가 속하는 신용등급별 PD 추정치를 의미한다. PD 추정을 위해서는 적어도 5년 이상의 내·외부 등의 시계열 데이터를 활용하여야 한다.

• PD의 추정방법

미래의 부도율을 추정(예측)하는 방법에는 여러 가지가 있다. 일반적으로 내부 부도경험에 의한 추정방법, 외부 평가기관의 신용등급 매핑에 의한 추정방법, 통계적 부도예측 모형을 이용한 추정방법 등이 존재하며, 장기 경험을 반영하여 이와 유사한 방법 중 하나 이상을 이용할 수 있다.

① 내부 부도경험에 의한 추정

내부 부도경험에 의한 추정방법은 장기간 은행 내부 신용등급별 부도 빈도수를 가지고 PD를 추정하는 방법으로, 적어도 과거 5년 동안 신용등급별로 관측된 1년 부도율의 평균값을 추정 PD로 적용한다.

$$\text{1년 부도율} = \frac{t\text{년도에 신용등급별 관측된 부도 차주수}}{t\text{년도 초에 신용등급별 차주수}}$$

이 1년 부도율은 기업체의 신용평가 결과 부여되는 신용등급에 해당되어 있는 부도율이다.

일반적으로 5개 연간 부도율의 단순평균을 적용하는 것이 바람직하며, 5개 연간 부도율을 기간별로 다르게 가중평균하는 경우, 금융감독원에서는 실증적인 분석을 통해 명확한 근거를 제시하여야 한다고 명시하고 있다. 이는 경기가 좋고 나쁜 경기순환 사이클을 모두 포함시키기 위함이다. 적어도 과거 5년 동안 신용등급별 관측기간 안에는 경기침체기를 포함하여 부도율을 추정하여야 한다고 명시하고 있다.

② 외부 신용등급 매핑에 의한 추정방법

외부 신용등급 매핑에 의한 추정방법은 은행의 내부등급을 외부 신용평가기관의 등급에 매핑하여 외부 평가기관의 등급별 관측 부도율을 은행의 내부 등급에 할당하여 PD를 추정하는 방법으로, 매핑은 은행 내부 신용평가기준과 외부 신용평가기관의 신용평가기준 간 비교 및 동일 차주에 대한 신용평가등급 비교를 통해 이루어져야 한다.

③ 통계적 부도예측 모형

통계적 부도예측 모형을 이용한 추정방법은 통계적 모형에 의해 예측된 개별 차주의 PD 추정치를 이용하여 차주등급의 PD를 추정하는 방법으로, 동일 등급을 부여받은 개별 차주의 PD를 통계적 부도예측 모형을 통해 추정하고 추정된 값을 단순평균하여 해당 등급의 추정 PD로 적용한다.

통계적 부도예측 모형에서 사용하는 데이터는 장기적인 PD를 추정할 수 있어야 하며, 부도를 잘 설명하는 요소들이 포함되어야 한다. 부도 리스크와 관련이 있는 요소로서 개별 차주의 속성(재무비율 등), 경제적 상황, 산업변수 등을 고려할 수 있으며, 경제호황기뿐만 아니라 경제침체기까지 함께 고려함으로써 경제상황을 합리적으로 반영하여 PD를 추정하여야 한다.

통계적 부도예측 모형이 은행 내부적으로 또는 외부업체에 의해 개발되었다 하더라도 은행은 동 모형의 결과가 장기적인 평균 PD를 잘 추정하고 있는지 검증해야 한다.

2) 부도 시 손실률

(1) 부도 시 손실의 정의

부도 시 손실률(LGD: Loss Given Default, 이하 'LGD'라 함)은 부도사건이 발생했을 때 각 신용 익스포저에 대한 손실률의 추정치로서 높은 신용손실이 발생한 기간에 측정된다. 손실의 개념은 회계적 손실과 경제적 손실로 구분할 수 있으나, 신바젤협약은 "LGD는 부도시점에 예상된 EAD 대비 경제적 손실(economic loss) 금액을 의미한다."고 명시하고 있다.

• 회계적 손실

회계장부상 인식하는 손실이다. 부도 시 원금 기준으로는 추산된 손실로 인식하여 적립된 현시점의 대손충당금과 부분 및 전액 상각금액이 회계상 손실(accounting loss)로 인식되며, 사후관리 회수를 위해 투입되는 회계장부상 기록되는 비용(여신성 가지급금, 연체대출금 회수수수료 등)도 손실로 추가 인식하는 것을 의미한다. 최근 국제회계기준(IFRS)에서 사용하는 방법으로, 발생손실(IL: Incurred Loss)을 이용하는 방법이다. 발생손실은 리스크 관리 관점보다는 회계적 관점에서 실제로 현시점에서 이미 손상을 입은(incurred) 손실에 중점을 두고 부도 시 익스포저보다는 현재의 대출금액을 기준으로 신용손실을 산정한다.

• 경제적 손실

Basel Ⅱ에서 손실 개념을 정의할 때 경제적 손실(economic loss) 관점에서 정의할 것을 권고하였는데, 경제적 손실 관점은 다음의 3가지에 대해서 세부적으로 인식되고 정의되어야 한다.

① 비용 인식

사후관리 회수를 통하여 발생하는 직접/간접/기회 비용을 의미하며, 회계상 발생하는 비용만으로 한정해서는 안 된다.

② 시간가치 인식

부도 후 회수되는 금액(recoveries)은 적절한 할인율을 사용하여 부도시점으로 환산된 가치로 인식한다.

③ 회수기간 인식

위의 두 가지 인식에 따른 추가적인 이슈로 회수기간 인식 문제가 발생한다. 즉, 간접/기회 비용은 정해진 회수기간에 따라 배분되어야 하는 이슈가 있다. 은행이 내부적으로 적절한 상각(charge-off) 정책을 가지고 있으면 이를 기준으로 결정할 수 있다.

(2) 회수정보의 인식

부도 이후 발생한 회수내역을 부도시점으로 현가화한 금액을 회수로 인식해 LGD 산출 시 반영한다. 대손상각 시점의 상각으로 인한 회수금액으로 인식하지 않고(계좌가 종료되면서 새로운 상각계좌가 생성됨. 이때 해당 금액을 회수금액으로 보기 어려움. 따라서 상각시점의 회수금액은 인정하지 않음) 상각 전/후의 회수금액을 회수로 인식한다.

그림 14-7 | 회수의 인식

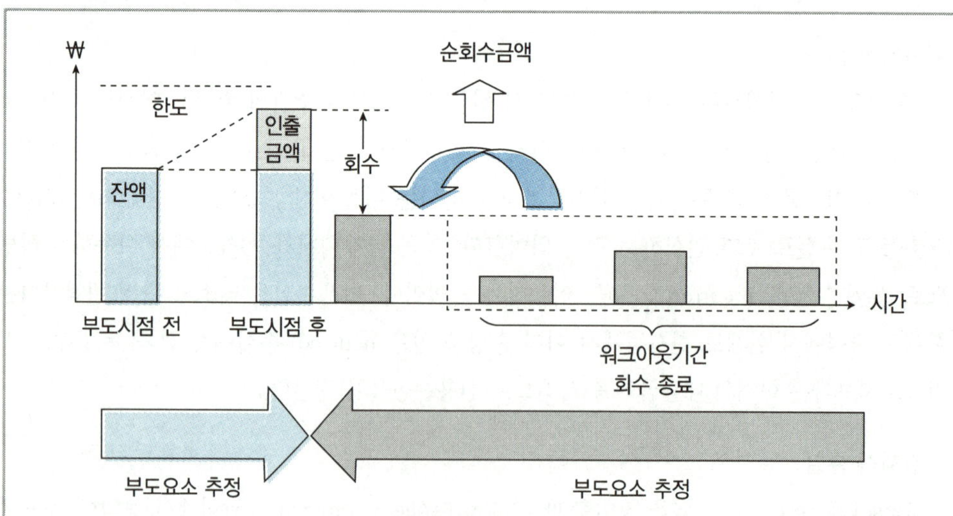

(3) 회수율의 정의

부도와 마찬가지로 은행은 내부적으로 손실에 대해서 정의하고 인식해야 한다. 손실은 Basel Ⅱ의 가이드라인에 맞춘 경제적 손실 개념으로 EAD 대비 시간가치를 고려한 회수(recoveries)금액을 제외한 것을 파악한다. Basel Ⅱ Revised Framework는 경제적 손실을 기준으로 LGD를 추정할 것을 권고하고 있지만 경제적 손실에 대한 정확한 정의는 내리고 있지 않다.

① 회수율

경제적 손실 관점에서 정리하면 부도자산에 대해서 사후관리 회수의 부도시점으로 환산된 금액과 은행 내부에서 정의한 비용을 부도시점으로 환산된 금액의 차가 회수금액(recovery amount, recoveries)이 된다. 회수금액에서 EAD를 나눈 값을 회수율(recovery rate)이라고 하는데, 준거 데이터 세트에 계좌별로 계산되어 있는 회수율은 관찰된 회수율(observed recovery rate)이라고 하며, 추정된 회수율(estimated recovery rate)과 구별된다.

② 관찰된(또는 실현된) 손실률

과거의 부도 데이터를 담고 있는 준거 데이터 세트에서 관리되어 있는 속성이며, '1-관찰된 회수율' 로 도출된다. 특히, 관찰된 손실률(observed (or realized) loss rate)이 사전적인 개념이라면 LGD는 사후적인 개념으로 구분된다.

③ LGD

LGD(Loss Given Default)는 '1-추정된 회수율' 로 도출될 수 있으며, 미래의 계좌 부도시 손실률을 예측하기 위해 사용하는 사후적인 추정값이다.

④ LGD 추정방식

LGD를 추정하는 방법들은 워크아웃 LGD, 시장 LGD, 시장가격에 내재된 LGD의 3가지로 분류된다. Basel Ⅱ 협약에서는 LGD 추정은 역사적 회수 데이터에 근거해야 한다고 명시

표 14-3 | LGD 추정방법 구분

주요 정보원천	LGD 추정방법	측정방법
회계정보	워크아웃 LGD	순현금흐름 접근법 : 회수정보의 활용
		순상각액 접근법 : 충당금 또는 상각정보 활용
시장가격	시장 LGD	관찰된 부도채권의 가격정보 활용
	(시장가격에) 내재된 LGD	주식, 채권, CDS 가격정보를 활용하여 가격결정모형을 사용

하고 있어, 아래의 방법들 중에서 은행은 워크아웃 LGD 방식을 우선적으로 고려해야 하며, 소매 풀(retail pool)에 한정해서는 역사적 LGD 방식을 이용한 추정이 가능하다.

[예시 1] 위에서 제시한 LGD의 정의대로 경제적 손실을 반영한 결과, 아래와 같이 연도별 부도율과 부도 시 손실률이 주어졌을 때, 기간가중평균과 부도가중평균 및 경기침체기의 LGD를 구하면 다음과 같다.

LGDs : 기간가중평균과 부도가중평균

연도	부도율	부도 시 손실률
1차년도	1%	20%
2차년도	3%	30%
3차년도	7%	65%
4차년도	3%	40%
5차년도	2%	20%
기간가중평균(연도 단순평균)		(35%)
부도가중평균		(45.3%)
경기침체기		(65%)

① 기간가중평균 $= \dfrac{20\% + 30\% + 65\% + 40\% + 20\%}{5\text{년}} = 35\%$

② 부도가중평균

$$= \frac{20\% \times 1\% + 30\% \times 3\% + 65\% \times 7\% + 40\% \times 3\% + 20\% \times 2\%}{1\% + 3\% + 7\% + 3\% + 2\%} = 45.3\%$$

③ 경기침체기는 신BIS 기준에서는 경기침체기의 LGD가 장기부도 가중평균 LGD보다 크면 '경기침체기의 LGD'를 사용하도록 하고 있어 경기침체기의 LGD는 3차년도의 65%가 된다.

3) 부도 시 익스포저

(1) 부도 시 익스포저의 정의

부도 시 익스포저(EAD: Exposure At Default, 이하 'EAD'라 함)는 회계적 가치에 기초하여 기사용 잔액 및 미사용 한도에 대하여 충분히 인식된 상태에서 차주의 부도 발생 시 각 여신에 대해 예상된 총익스포저의 최적 추정치를 말한다.

EAD는 부도 시 익스포저를 의미하며, 정상자산과 부도자산에 따라 EAD 산출식이 상이하다. 즉, 정상자산의 경우에는 미래에 부도가 발생한다고 가정했을 때 예측되는 부도 시 익스포저의 개념으로서 추가인출분을 고려한 잔액과 미수이자 요소로 정의하며, 부도자산의 경우에는 부도시점 당시에 실현된 익스포저를 의미하고, 부도시점의 잔액과 미수이자로 정의하며, 미수이자가 없는 경우에는 잔액만 EAD로 인식한다.

(2) EAD의 추정방법

① 신용환산율

부도 시 익스포저는 차주의 신용도가 악화됨에 따라 증가하는 경향이 있다. 이는 재정적 어려움에 직면한 차주가 유동성이 악화됨에 따라 미사용 한도 내에서 추가인출을 하려는 성향을 보이기 때문이다. 이러한 잔여한도의 사용 증가 또는 부도가 진행되는 상황(Race to Default)을 신용환산율을 통해 계량화할 수 있다.

신용환산율(CCF: Credit Conversion Factor)은 차주의 부도 시 안정적 시점 대비 부도시점의 추가인출금액의 비율을 의미한다. 따라서 과거의 트렌드를 추정하기 위하여 과거 안정적 시점의 한도 중 미사용한 부분 대비 부도시점에 추가적으로 사용되는 잔액 증가분에 대한 데이터를 수집하여 사용한다. 차주의 부도 시 안정적 시점의 미사용 한도(안정적 시점의 한도－안정적 시점의 잔액)에 대한 부도시점의 추가사용률을 신용환산율이라 하며, 다음과 같은 산식을 이용하여 도출된다.

그림 14-8 | 신용환산율(CCF)

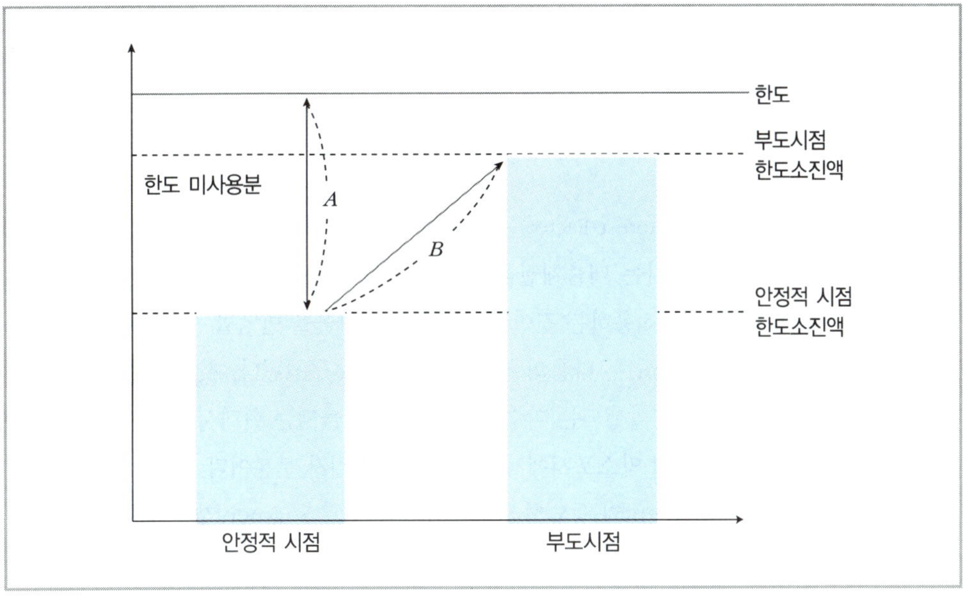

$$CCF = \frac{1}{N}\sum_{1}^{N}\frac{(\text{Additional Utilization at Default})}{(\text{Current Limit} - \text{Outstanding})} = \frac{B}{A}$$

CCF : 미사용 한도에 대한 추가사용률
Additional Utilization at Default : 부도시점의 추가적인 인출액(사용액)
Current Limit : 안정적 시점의 한도
Current Outstanding : 안정적 시점의 잔액

② 난내전환비율

난내전환비율(Cash Conversion Factor)은 차주의 부도 시 난외 명목채무액(예: 우발채무)에 대한 부도 후 현금채무로 전환되는 예상금액의 비율을 의미한다.

일반적인 한도상품은 한도에서 직접 난내 익스포저로 전환되는 특성을 가진 반면, 외국환 상품은 한도에서 난외 익스포저, 즉 지급보증 상태로 전환된 후 난내 익스포저로 전환되는 이중구조를 지니고 있으므로 지급보증 등과 같은 우발채무는 차주 부도 시 난내 익스포저로 전환될 수 있으므로 그 비율을 추정하여 EAD에 반영하여야 한다. 예를 들어 거래 상대방에게 10억 원을 받을 가능성이 50%이고 거래 상대방에게 10억 원을 지급할 가능성이 50%인 스왑계약의 경우, 현재 이 스왑계약의 가치, 즉 난내 계상분은 0원이다. 그리고 거래 상대방에게 지급할 수도 있는 10억 원은 부채로서 EAD에 산입되지 않지만, 50% 확률로 지급받을 수 있는 10억 원은 거래 상대방이 정상적으로 지급하지 않을 부도위험에 노출되어 있다. 따라서 10억 원이 난내자산이 될 확률 50%와 예상되는 난내자산규모 10억 원의 곱인 5억 원 정도를 EAD에 산입하여야 한다.

$$\text{Cash } CF = \frac{\text{On Balance Amount After Default}}{\text{Final Off Balance at Default}}$$

③ 미수이자

미수이자(AIF: Accrued Interest Factor)는 연체발생일로부터 부도시점까지 발생한 미수이자 금액을 의미하며, 미수이자는 대출채권금액, 연체일수, 적용이자율로 산출된다. 미수이자 요소는 연체일수를 추정하여 적용하는 것이 적용시점의 이자율을 반영할 수 있기 때문이다.

AIF(Accrued Interest Factor)는 다음의 두 가지 내용으로 구성된다. 첫째는 현재시점의 난내잔액에서 향후 부도 시까지 발생되는 미수이자 부분이고, 둘째는 현재시점의 미사용 한도로부터 향후 부도 시까지 발생될 익스포저에서 발생되는 미수이자 부분이다.

추정연체일은 CCF Segment와 동일한 Segment 기준으로 Segment별로 값을 추정한다.

$$AIF = \frac{1}{N}\sum_{1}^{N} \text{연체일수 } N$$

연체일수 : 연체 발생시점부터 부도시점까지 연체일

④ 안정적 시점

안정적 시점이란 측정일과 부도발생일 사이에 설정된 특정 목표기간(time horizon)을 말한다. 특정 목표기간, 즉 안정적 시점은 익스포저 및 여신상품의 특성에 따라 다를 수 있으며, 모든 부도건에 대하여 부도 전 24개월 동안 월별 한도소진율 추이 분석을 수행하여 익스포저별, 세그먼트별 안정적 시점을 분석한다.

안정적 시점은 차주의 신용상태 악화로 인하여 한도소진율이 급격히 증가하기 이전 시점을 안정적 시점이라고 정의하며, 일반적으로 상품마다 대출만기가 다르므로 일괄적으로 안정적 시점을 설정하지 않고 시간에 따른 한도소진율 변화를 분석하여 안정적 시점을 설정할 수 있다.

시간에 따른 한도소진율이 일정한 패턴을 보이다가 급격히 증가하기 이전 시점을 안정적 시점으로 설정하였다. 이는 차주의 신용상태 악화로 인하여 자금의 유동성이 악화됨에 따라 은행의 통제가 어려운 상품에 대한 추가인출 성향이 높아질 것이기 때문이다. 따라서 은행은 차주별/세그먼트별 한도소진율 추이를 분석하였으며, 안정적 시점 확정 시 여신 프로세스, PD의 Time Horizon 등을 고려하여 부도 1년 전 시점을 안정적 시점으로 확정한다.

단, 개인신용카드의 경우 한도증감 정책이 여신정책과는 달리 빈번하게 발생하므로 부도 1년 전 시점을 안정적 시점으로 설정하며, 한도증액 시점을 안정적 시점으로 재설정하지 않는다.

2. 예상손실과 비예상손실[6)]

1) 예상손실

예상손실(EL: Expected Loss)은 금융기관의 영업활동으로 인해 불가피하게 미래에 발생할 수 있는 신용 리스크의 손실금액이다. 예상손실은 미래에 손실이 날 가능성이 아주 많은 기댓값으로서 평균적인 신용손실의 크기이다. 이는 오랫동안 대손충당금(loan loss reserve)이라는 방법을 통해 은행에서 사용되어 매년 당기 순이익으로부터 충당하였으며, 신용 리스크 손실에 대하여 일정비율을 적립하여 그 손실을 감내해 왔다. 즉, 금융감독원이 정한 자산건전성 분류방법(asset classification method)에 의해 모든 은행에 적용되어 왔다. 이러한 대손충당금제도는 그간 영업상의 과거 손실 경험치를 기준으로 일률적으로 적용하였는데, 보다 통계적으로 정확하고 논리적인 방법으로 미래에 발생할 수 있는 손실을 측정하기 위한 새로운 신용 리스

6) 이 부분은 금융감독원, 「위험가중자산에 대한 자기자본기준」과 이상철, 「금융 리스크 쉽게 이해하기」, 금융연수원(2014.3.), pp.96~120 참조.

크 내부측정방법이 예상손실이다. 이는 대손충당금이 진일보 발전된 형태로서 계속적으로 연구하고 발전시켜야 할 신용 리스크 측정의 중요한 부분이라 볼 수 있다. 앞 장에서 설명한 신용 리스크를 측정하는 3대요소 부도율(PD), 부도 시 손실률(LGD), 부도 시 익스포저(EaD)를 곱하여 산출한다. 즉, 예상손실(EL)은 다음과 같이 구할 수 있다.

$$EL_i = PD_i \times EaD_i \times LGD_i$$

예상손실(EL: Expected Loss) = 부도율(PD) × 부도 시 손실률(LGD) × 부도 시 익스포저(EaD)

예를 들어 부도 시 익스포저(EaD)가 100억 원이며, 부도율(PD)이 1%, 부도 시 손실률(LGD)이 60%라면 예상손실은 0.6억원이 된다.

예상손실(EL) = 100억 원 × 0.01 × 0.6 = 0.6억 원

여기서 예상손실은 향후 1년 이내에 발생할 손실이다.

대손충당금(Loan Loss Reserve)

예상손실을 이해하기 위해서는 금융기관에 익숙한 개념인 대손충당금의 개념 이해가 우선되어야 한다. 대손충당금은 회계적으로 수익 중에서 비용이 발생한 것으로 처리하여 별도로 대비하는 충당금계정으로, 회계의 대상기간은 1년이다. 대손충당금을 산출하는 방법으로 자산건전성 분류방법에 대하여 설명하면, 이 방법에서는 자산을 손실발생 위험의 정도에 따라 다음과 같이 5가지 분류로 나누고, 그 분류별로 일정한 손실비율을 정한다. 이 비율은 금융감독원이 정책에 따라 변경할 수 있으며, 자산건전성 분류는 기업대출채권과 가계대출채권으로 구분하여 충당금 최소적립비율을 은행업감독규정에 제시했다.

- 정상(Normal): 현재로서는 손실발생 위험이 전혀 없는 정상자산으로, 이 경우에는 자산금액의 0.85% 이상의 충당금을 적립한다.
- 요주의(pre-cautionary): 손실발생 위험이 조금 있어 보이는 자산이다. 예를 들면 이자나 원금의 연체기간이 1개월 정도로 7% 이상의 충당금을 적립한다.
- 고정(sub-standard): 거의 손실발생이 확실해지는 자산으로, 원리금의 연체기간이 90일(3개월)이 지난 자산이다. 신용 리스크 부도율(PD)의 부도의 정의에 따르면 연체 90일 이상으로서 이미 부도가 발생한 것에 해당하는 자산들이다. 따라서 자산건전성 분류 결과 고정 이하의 분류에 해당하는 여신은 부도로 분류한다. 부도에 해당하는 자산 중에서 담보가 확실히 존재하여 그 담보를 처분하면 손실이 줄 수 있는 자산을 고정으로 분류하며, 자산금액의 20% 이상을 충당금으로 적립한다.

- 회수의문(Doubtful): 연체 90일 이상이 되어 부도자산으로 분류되는 자산 중에서 담보가 없어 향후 손실이 발생할 가능성이 상당히 높은 자산을 회수의문으로 분류하며, 이 자산에 대해서는 50% 이상의 충당금을 적립한다.
- 추정손실(Loss): 회수가능성이 없는 것으로 확실시되는 자산으로, 이 자산에 대해서는 100%의 충당금을 적립한다.

각 분류에 해당하는 적립비율들은 과거의 손실의 경험치로 볼 수 있다. 이렇게 산출된 대손충당금 금액은 예상손실에 의해 산출된 금액과 다른데, 경험적으로 보면 자산건전성 분류결과의 금액이 예상손실보다 큰 경우가 많다. 은행 리스크 관리의 표준인 BaselⅡ가 도입되면서 예상손실의 산출이 보다 정교하게 발전할 수 있게 되어 대손충당금보다는 예상손실로 미래의 손실을 예측하려는 은행들의 움직임이 확실하다. 다만 예상손실을 산출하는 데 필요한 모든 자산의 필요한 부도율 등을 예측해 내지 못하는 한계가 있는 현실을 극복하기 위해서는 개인 및 거래 기업체에 대해 객관적으로 신뢰할 수 있는 재무상태를 나타내는 자료의 확보 등 개선된 신용평가방법을 지속적으로 연구해야 될 것이다.

2) 비예상손실[7]

은행은 대출을 통하여 수익을 얻을 수 있으나 차주의 신용상태 여부에 의해서 손실을 입을 위험에 처하게 된다. 이러한 손실을 BaselⅡ에서는 신용 리스크 측정 시 은행이 입을 수 있는 손실에 대해 예상손실(EL: Expected Loss)과 비예상손실(UL: Unexpected Loss)로 구분했다. 이러한 구분은 시장 리스크와 운영 리스크 측정방법과는 달리, 신용 리스크 측정에만 있는 독특한 구분방식이라고 설명할 수 있다. 비예상손실은 진정한 의미의 신용 리스크로서 예상손실을 뛰어넘어 은행이 입게 될 최대손실로 표현된다. 예상손실이 미래에 발생할 것이 거의 확실시되는 기대손실이라면, 비예상손실은 그 기대손실을 초과해서 발생할 수 있는 손실이기 때문이다. 따라서 예상손실만큼 당기손익에서 충당되지만 비예상손실은 자기자본에서 커버하는 것을 원칙으로 한다. 비예상손실은 기업의 경영여건이나 경제상황에 따라 달라지는 손실분포(loss distribution)를 가지게 되며, 예상손실을 뛰어넘는 손실로 일정한 신뢰수준하에서 최대로 발생할 수 있는 손실을 의미하므로 BaselⅡ하의 소요자기자본 산출 및 관리와 밀접한 관련이 있다. 비예상손실이 측정되면 최소한 이 금액만큼 자기자본을 보유하고 있어야 한다. 비예상손실금액은 소요자기자본이므로 이에 대한 정확하고 합리적인 산출방법이 요구된다. 특히 Basel Ⅱ에서 그동안 내부적인 목적으로 측정하였던 신용 리스크 측정 · 평가 및 관리 방법인

7) 윤평식, 「리스크관리」, 탐진(2010), pp.404~406.

내부등급법(IRB: Internal Rating Based)을 활용할 수 있도록 하였다. 이에 따라 국내에서도 내부등급법이 금융감독원에서 승인되어 표준방법보다 신용 리스크의 정량적 측정을 통해 합리적인 규제자본과 경제적 자본을 산출할 수 있게 되었다.

비예상손실의 산출방법에 대해 알아보도록 하자.

비예상손실(UL)은 예상손실(EL)의 변동성(σ_{CL})으로 다음과 같다.

$$\sigma_{CL} = \sqrt{PD \times (1 - PD)} \times EaD \times LGD$$

비예상손실은 주어진 신뢰수준에서의 최대 손실금액으로 정규분포 가정하에서 비예상손실은 $Z \times \sigma$로 계산되며, 다음과 같이 산출할 수 있다.

$$UL_i = Z \times \sigma_{CL} = Z \times \sqrt{PD(1 - PD)} \times EaD \times LGD$$

실제분포를 이용하는 비모수적 방법의 경우 비예상손실은 α퍼센타일 신용손실 CL_α에서 예상손실을 차감한 값으로, 이 비예상손실은 신용 VaR(Credit VaR)에 해당한다.

$$UL_i = CL_\alpha - EL$$

예상손실과 비예상손실의 산출 예는 다음과 같다.

[예시 2] 은행이 기업에게 100억 원을 대출하였다. 기업의 1년 부도확률은 3%이고 부도 시의 회수율은 30%로 추정된다. 예상손실, 손실의 변동성, 그리고 99% 신뢰수준에서 비예상손실을 계산하라.

$$EL = 100 \times 0.03 \times (1 - 0.3) = 2.1$$
$$\sigma_{CL} = \sqrt{0.03 \times 0.97} \times 100 \times (1 - 0.3) = 11.94$$
$$UL = 2.33 \times 11.94 = 27.82$$

예상손실과 비예상손실은 각각 2.1억 원과 27.82억 원이다.

포트폴리오의 예상손실(EL_P)과 비예상손실(UL_P)은 개별 자산의 예상손실과 비예상손실로부터 다음과 같이 계산할 수 있다.

$$EL_P = \sum_{i=1}^{n} EL_i = \sum_{i=1}^{n} PD_i \times EaD_i \times LGD_i$$

$$UL_P = \sqrt{\sum_{i=1}^{n} \sum_{j=1}^{n} \rho_{ij} \times UL_i \times UL_j} \leq \sum_{j=1}^{n} UL_j$$

포트폴리오의 분산효과로 인해 포트폴리오의 비예상손실은 개별 대출 비예상손실의 단순 합보다 작거나 같다.

3. Basel Ⅱ 하에서의 신용 리스크 측정

Basel Ⅰ 하에서의 신용 리스크의 크기를 위험가중자산(RWA)으로 표현하여 소요자기자본을 산출하였는데, 가장 큰 문제점은 차주의 신용등급을 고려하지 않고 동일한 위험가중치를 적용한 것이다. Basel Ⅱ 에서도 Basel Ⅰ 과 동일한 접근방법인데, 이러한 문제점을 개선하여 신용등급에 따라 위험가중치가 적용되는 것으로 신용 리스크 측정의 정교화를 기하였다. 예를 들면 기업체의 신용등급이 AA− 등급 이상이면 20%, BB− 등급 이하이면 150%의 위험가중치를 적용한다. 이 신용등급은 금융감독당국이 지정하는 은행 외부의 신용평가기관이 평가한 신용등급이다. 이러한 신용등급을 표준신용등급이라고 하여 표준방법에서 사용하였으며, 이 등급을 부여하는 기관을 적격신용평가기관(ECAI: External Credit Assessment Institution)이라고 한다. 이와 아울러 내부등급(Internal Rating)은 은행에서 신용평가모형을 자체적으로 개발하여 평가한 기업체의 신용등급으로서, 신용 리스크 측정 요소 3가지를 사용하여 예상손실과 비예상손실을 측정하여 소요자기자본을 산출하는 것이다. 우리의 주요 관심사항은 예상손실과 비예상손실을 내부적으로 추정하는 내부측정방법인데, 이는 Basel Ⅱ 에서 금융기관 신용 리스크 측정의 표준을 제공하기 때문이다. 따라서 Basel Ⅱ 가 도입되면서 3가지 측정방법인 표준방법, 기본내부등급법 및 고급내부등급법 중 내부등급법에 대해서 설명하고자 한다. 기본내부등급법(F-IRB)과 고급내부등급법(A-IRB)은 내부등급법이라 하여 앞에서 살펴본 부도율(PD), 부도 시 익스포저(EaD), 부도 시 손실률(LGD)의 개념을 사용하는 방식이다. 내부등급(Internal Rating)은 은행에서 신용평가모형을 자체적으로 개발하여 평가한 기업체의 신용등급으로서, 기본내부등급법의 경우 3가지 측정요소 중에서 반드시 부도율을 은행 스스로 추정해야 한다. 고급측정법의 경우 부도율 외에 부도 시 익스포저, 부도 시 손실률을 모두 은행 자체적으로 신용평가모형을 구축해 추정하여 사용한다. 현재 우리나라 주요 은행들은 대부분 신용 리스크를 측정할 때 기본내부등급법을 사용하고 있으며, 일부 은행만 고급내부등급법을 사용하고 있다. 즉 Basel Ⅱ 의 Pillar 1인 최저 소요자기자본을 산출하기 위하여 주로 사용한다. 이는 비예상손실이 측정되면 최소한 이 금액만큼은 자기자본으로 보유하고 있어야 하기 때문이다. 바젤은행감독위원회(BCBS)는 비예상손실(UL)을 산출할 수 있는 다음의 K함수식을 제시하여 소요자기자본을 산출할 수 있도록 하였다.

바젤 Ⅱ의 최저 자기자본비율 K함수의 도출식

- $$K=\left\{LGD\times N\left[(1-R)^{-0.5}\times G(PD)+\left(\frac{R}{1-R}\right)^{0.5}\times G(0.999)\right]-PD\times LGD\right\}\times$$
  $$(1-1.5\times B)^{-1}\times(1+(M-2.5)\times B$$
- UL(Unexpected Loss) = $K\times EaD$
- $K = UL/EaD$
- RWA = $K\times 12.5\times EaD$

위의 수식은 기업 익스포저에 대한 K함수로서, 기호의 의미는 다음과 같다.

PD : Probability of Default
N : 표준정규분포의 누적분포함수
R : 상관계수
B : 유효만기조정
LGD : Loss Given Default
$G(x)$: $N\{x\}$의 역함수
M : Maturity(대출유효만기)

이제 이 식을 통해 K값이 도출되는 과정을 알아보도록 하자. 신용평가모형을 통해 산출된 PD를 입력변수로 하여 신뢰수준 99.9%하에서의 해당 차주의 최대 PD를 산출한다. 이 과정에서 해당 차주의 PD의 상관관계를 반영하는데, 상관관계의 값은 바젤은행감독위원회가 제시한 값을 사용한다.

1) 최대 PD와 LGD를 곱하면 최대손실률이 된다.
2) UL은 EL을 초과하는 손실을 의미하므로 이 최대손실률에서 예상손실률(EL rate = PD × LGD)을 차감한다.
3) 이 결과에 대출만기에 따른 조정을 한다(유효만기 조정). 만기는 1년을 기준으로 하고 1년이상의 장기간의 대출은 손실이 커지도록 조정한다. 상관계수와 마찬가지로 유효만기 조정값도 바젤은행감독위원회가 제시한 값을 사용한다.

K의 의미는 최저 자기자본비율로서 익스포저 금액(EaD)에 대한 필요 자기자본(UL)이다. 예를 들면 대출을 1,000억 원 실행할 경우 비예상손실이 50억 원이면 K는 5%이다. 이 의미는 은행이 대출을 실행할 경우 비예상손실인 50억 원만큼 자기자본을 보유해야 한다는 의미이다. 비예상손실의 구성요소인 부도율(PD)과 부도 시 손실률(LGD)이 높으면 K도 높을 것이다.

제4절 신용 리스크 측정기법

금융기관들은 전문가시스템, 신용평가모형 등을 이용하여 차주의 채무불이행 가능성을 측정 · 평가하고 이를 여신 의사결정에 활용하여 왔으며 최근에는 통계적 기법과 금융재무이론의 발달에 힘입어 보다 과학적으로 복잡한 리스크 측정방법들이 소개되고 있다. 특히 최근에는 개별 차주에 대하여 신용 리스크를 측정 · 평가하는 이외에도 VaR의 개념을 이용하여 전체 신용 포트폴리오를 대상으로 한 리스크 측정 및 관리를 하고 있다. 신용 리스크 측정기법을 개별 차주의 신용 리스크 측정기법과 포트폴리오 신용 리스크 측정기법으로 나누어 설명하고자 한다.

1. 개별 차주의 신용 리스크 측정기법

개별 차주에 대한 신용 리스크 측정방식은 크게 여신 담당자들의 주관적인 평가에 의존하는 전문가시스템, 현금흐름과 같은 재무정보에 기초한 부도예측모형, 그리고 주가자료와 같은 시장정보를 활용한 예상부도확률(EDF)모형 등으로 나누어 볼 수 있다. 다음에서는 개별 차주의 신용 리스크 측정과 관련한 이론적 흐름을 살펴보자.

1) 전문가시스템에 의한 신용평가

전통적으로 은행의 차주에 대한 신용평가방식은 고도로 훈련된 대출담당자의 판단에 의하는 전문가시스템(expert system)에 상당부분이 의존하여 발전하여 왔다. 현대에도 많은 은행들의 경우 신용의사결정에 있어 여신기업의 상환능력에 대하여 대출담당자들이 감안하는 요인들은 그 범위가 매우 방대하고, 그 평가도 전문가의 경험적 노하우에 크게 의존하기 때문에 전문가시스템의 형태는 다양할 수밖에 없다.

앞에서 언급했듯이, 전문가시스템의 종류는 많지만, 고전적인 시스템의 하나는 5개의 'C'(Five C of credit)를 이용하는 것이다. 따라서 동일 차주에 대해서는 대출담당자에 따라 상이한 평가가 내려질 수도 있다는 약점이 있다. 이러한 이유 때문에 은행 실무에서는 여신위원회, 다단계의 여신승인권한 구조, 여신심사 부서 등의 전문가시스템에서 발생할 수 있는 평가의 주관성 및 일관성 문제를 통제할 수 있는 장치가 함께 활용되는 것이 일반적이다.

2) 재무정보에 근거한 신용평가모형

전문가시스템에 의한 신용평가의 대안으로 평가자의 오류가능성을 최소화하기 위해 신용리스크의 측정과정을 공식화 · 표준화한 것이 신용평가모형이다. 오늘날 은행에서는 기업금융에서 소매금융에 이르기까지 모든 종류의 신용분석에 있어 다양한 형태의 신용평가모형이 널리 활용되고 있다. 신용평가모형은 거래 상대방이 일정기간 내에 부실화될 가능성을 수치화된 자료를 이용하여 점수로 환산함으로써 평가자의 주관적인 판단을 배제한 객관적 자료로 판단할 수 있도록 하고 있다.

1968년에 알트만(Edward Altman) 교수는 다변량판별분석(Multivariate Discriminant Analysis)이라는 통계기법으로 기업의 부도예측에 도움이 되는 변수를 추출하여 Z-Score 모형이라는 판별함수를 도출한 이래, Logit 또는 Probit 등 여러 회귀분석기법에 의한 다양한 계량모형이 기업의 부도예측을 위해 개발되어 은행 실무에 적용되어 오고 있다. 반면에 소매금융부문에서는 거래 상대방의 신용 리스크를 결정하는 변수들에 대해 일정한 가중치를 부여한 후 이들의 합계인 신용평점을 기준으로 여신의 부도가능성을 평가하거나 신용도를 판단하는 신용평점모형(Credit Score Model)이 널리 활용되고 있다. 일반적으로 부도예측모형이 비교적 적은 수의 재무정보를 이용하는 반면, 신용평점모형은 이보다 다양한 차주의 속성들을 고려한다는 점에서 차이가 있다.

그러나 이러한 모형들은 함수식에 있어서 서로 차이가 있을 뿐, 모두 과거 일정기간 동안 실제 부도 차주들의 재무자료 등을 토대로 통계적인 분석을 수행하여 차주의 부도가능성을 계량화한다는 점에서 기본원리는 유사하다고 할 수 있다.

(1) 다변량판별모형: 알트만의 Z-Score 모형[8)]

과거에 도산한 기업의 자료를 분석하여 부도예측에 도움이 되는 변수를 추출하는 형태의 대표적인 모형은 알트만의 Z-Score 모형이다. 이는 다변량판별분석(Multivariate Discriminant Analysis)이라는 통계기법을 이용하는 가장 기본적인 신용모형이다.

알트만(Altman)은 1946년부터 1956년까지의 도산기업과 생존기업의 자료를 분석하여 다음과 같이 5개의 변수를 가중평균한 부도판별식을 제시하였다.

$$Z = 0.012X_1 + 0.014X_2 + 0.033X_3 + 0.006X_4 + 0.999X_5 \qquad (1)$$

위 식에서 이용된 5개의 재무비율변수는 다음과 같다.

8) Altman, Caouette and Narayanan 저, 김철중 · 윤평식 역, 「신용위험관리」(*Managing Credit Risk*), pp.220~238 참조.

① 운전자본비율 = 운전자본 ÷ 총자산

운전자본비율은 기업분석시 자주 사용되는 것으로 유동성 및 규모를 고려하기 위한 변수이다. 운전자본(working capital)은 유동자산과 유동부채의 차이로 정의되며, 지속적인 영업손실을 겪고 있는 기업의 경우 총자산(total assets) 대비 유동자산의 규모가 감소하므로 이 비율이 낮아지게 된다.

② 누적수익성비율 = 유보이익 ÷ 총자산

유보이익은 이전 영업활동기간 동안에 걸쳐 발생한 재투자이익(손실)의 합계이다. 이는 누적된 수익성 지표로 볼 수 있으며 기업의 과거성과를 암묵적으로 보여줄 수 있는 변수이다.

③ 총자산영업이익률 = 영업이익 ÷ 총자산

총자산에 대한 영업이익의 비율로 기업자산의 수익성을 측정하기 위한 것이다. 이 비율은 기업의 궁극적인 생존여부가 자산 수익성에 의존한다는 점에서 기업의 부도를 예측하는 데 유용한 지표가 될 수 있다.

④ 자본부채비율 = 자기자본의 시장가치 ÷ 총부채의 장부가치

자본부채비율은 부채가 자산을 초과해서 파산하기 전까지 자산가치가 얼마나 하락할 수 있는지를 보여주는 것으로, 기업부도의 예측에 있어서 흔히 사용되는 장부가치기준의 자기자본/총부채보다 더 유용한 것으로 판단된다.

⑤ 총자산회전율 = 매출액 ÷ 총자산

자산의 효율성을 나타내는 지표로, 이 비율은 일반적으로 경영진의 능력을 측정할 수 있는 것으로 간주된다. 이 비율은 개별적으로 기업부도를 예측하는 데 유용성이 낮은 것으로 나타났지만 다른 변수들과의 결합을 통해서 모형의 부도예측능력을 증대시키는 것으로 나타났다. 다변량판별모형의 식에서 보듯이, 판별식에서 총자산회전율의 변수에 대한 가중치가 0.999로 가장 높게 되었다.

판별식은 종속변수와 설명변수를 이용하여 회귀계수를 추정하는 통상적인 회귀모형과는 차이가 있는데, 여기서 계수는 모형의 부도판별력을 극대화하기 위해 경험적으로 산출되는 고정값이다. 부도예측모형에 이용되는 재무비율변수는 크게 두 범주로 구분될 수 있는데, 하나는 총자산회전율, 총자산영업이익률 등으로 기업이 정상적인 영업활동을 평가하는 데 유용한 지표이며, 다른 하나는 자본부채비율, 누적수익성비율 등으로 차입기업의 부채상환 능력을 평가할 수 있는 지표들이다.

표 14-4 | Z-Score 모형의 변수 유의성[9)]

변수	부도기업의 평균	생존기업의 평균	F비율
운전자본비율(X_1)	−6.1%	41.4%	32.60
누적수익성비율(X_2)	−62.6%	35.5%	58.86
총자산영업이익률(X_3)	−31.8%	15.4%	26.56
자본부채비율(X_4)	40.1%	247.7%	33.26
총자산회전율(X_5)	150%	190%	2.84

자료 : Altman(1968).

위의 〈표 14-4〉는 알트만(Altman)이 Z-Score 모형에서 이용한 변수들의 유의성을 보여주기 위해 부도기업의 평균과 생존기업의 평균을 대비하여 제시한 것이다.

Z-Score 모형의 실행은 다음 두 단계를 거쳐서 수행될 수 있다.

첫 번째 단계는 기업부도에 영향을 미치는 변수를 파악하고, 각 변수에 대한 적절한 가중치를 결정하는 것이다. 두 번째는 식 (1)과 같이, 전 단계에서 결정된 판별식에 따라 계산되는 Z값이 어느 정도의 부도가능성을 의미하는지를 확인하는 단계이다. 알트만(1968)의 부도판별 기준은 Z값이 1.81 미만이면 부도이고, 2.99보다 크면 부도가 나지 않을 것으로 판단하며 중간값에서는 판정을 보류한다. 중간값($1.81 < Z < 2.99$)의 경우 대출을 실행하기 위해서는 보다 정밀한 여신분석이 필요하다.

이러한 모형에서 부도가능성을 평가하기 위해서는 Z값과 같은 임계치가 필요한데, 이 값을 어떻게 설정하느냐에 따라 부도판별의 제1종 오류(Type Ⅰ Error) 및 제2종 오류(Type Ⅱ Error)가 발생할 수 있다. 여기서 제1종 오류는 도산하지 않을 기업에 대해 신용제공을 거절할 오류이며, 제2종 오류는 도산할 기업을 안전한 것으로 잘못 판단하여 신용을 제공하게 될 오류를 의미한다. 제1종 오류의 경우 대출 미취급으로 인한 기대수익이 감소하나 제2종 오류인 경우 도산기업을 정상기업으로 간주하여 대출을 실행하면 더욱 심각한 여신손실이 된다 하겠다. 따라서 임계치구간의 설정은 Z-Score 모형에서 아주 중요하다고 할 수 있다.

Z-Score 모형은 식 (1)에서와 같이, 기업의 부도가능성을 5개 지표를 가중평균하여 나타낸 것이지만, 각 변수의 계수값 설정에 대한 이론적 근거를 제시하고 있지 않아 그 타당성에 의문이 생긴다. 더구나, 그러한 계수값(가중치)이 국가별 및 표본기간에 따라 상이하게 나타날 가능성이 높으므로 이에 대한 고려 없이 Z-Score 모형을 사용하는 경우 오류를 범하기 쉽다.

9) 여기서 F비율은 두 집단 평균 사이의 통계적 차이를 나타내는 통계량으로, 이 값이 클수록 두 집단의 평균이 다른 것으로 평가될 수 있다.

(2) 다변량판별모형: 알트만의 ZETA 신용위험모형

1977년 알트만-핼드만-나라야난(Altman-Haldeman-Narayanan)은 기존의 Z-Score 모형을 향상시킨 2세대 신용평가모형을 제시하였다. 그들의 목적은 사업실패와 관련된 최근의 변화를 명시적으로 반영하는 측정치를 구축하는 것이었다. 파산기업의 평균규모가 엄청나게 증가했기 때문에, 그들의 새로운 연구는 파산 2년 전까지 평균 총자산규모가 1억 달러인 대기업에 초점을 맞추었다. 사용된 자료는 시기적절했다. 표본기업 53개 중 50개 기업이 최근 7년 동안에 파산한 기업들이었다. 특히, 취약한 집단인 소매기업을 제조기업과 동일한 기준으로 분석할 수 있게끔 적절한 조정이 이루어졌다. 이외에도, 새로운 연구는 최근 재무보고기준과 인정되는 회계실무의 변화를 반영하였다. 또한 판별통계기법의 발전도 반영하였다.

제타(ZETA)라고 명명된 새로운 모형은 파산 5년 전까지 파산기업을 분류해 내는 데 효과적이었다. 즉, 파산 1년 전의 정확도는 90% 이상이고, 파산 5년 전의 정확도는 70% 이상이었다. 제조기업과 똑같이 소매기업을 모형에 포함시킨 것은 결과에 부정적인 영향을 주는 것 같지 않았다.

분석에 사용된 변수는 신용분석에서 일반적으로 쓰이고 있는 변수들에 근거하여 27개의 변수들이 선택되었다. 선택된 변수들은 수익성, 보상비율, 레버리지와 비교한 여러 이익비율, 유동성, 자본화비율, 이익의 변동성 등으로 분류되었다.

리스의 자본화는 기업의 보고자료를 수정하는 데 있어서 가장 중요하고 폭넓은 조정이 이루어지는 부문이다. 자본화된 리스의 금액은 기업의 자산과 부채에 추가되며, 이자비용은 이러한 추가부채에 전가된다. 이밖에도 조정이 이루어지는 계정과목으로는 충당금, BIS상의 소수지분, 연결되지 않은 자회사 영입권, 무형자산, 그리고 자본화된 개발비 등이 있다.

모형은 추정표본의 판정뿐만 아니라 다양한 타당성 검증과정에서도 가장 신뢰성이 있는 것으로 증명되었다. 이 모형은 다음과 같은 7개의 변수를 이용하고 있다.

① 총자산영업이익률 : X_1 = 영업이익 ÷ 총자산

총자산에 대한 영업이익의 비율로 기업자산의 수익성을 측정하기 위한 것이다. 이 비율은 기업의 궁극적인 생존 여부가 자산 수익성에 의존한다는 점에서 기업의 부도를 예측하는 데 유용한 지표가 될 수 있다.

② 이익의 안정성(X_2)

이 변수는 변수의 5년 내지 10년 추세에서 추정된 추정치의 표준오차를 표준화한 값이다. 경영위험은 흔히 영업이익의 변동성으로 표현되며, 이 측정치가 특히 효과적이라는 것이 증명되었다.

③ 이자보상비율(X_3)

이 변수는 EBIT/이자비용으로 측정되며, 고정수익증권 분석가와 채권등급 평가기관들이 중요하게 사용하는 변수 중의 하나이다.

④ 누적수익성비율 : X_4 = 유보이익 ÷ 총자산

이 변수는 기업의 이익잉여금을 총자산으로 나누어서 측정된다. 이 비율은 기업의 시간경과에 따른 수익성뿐만 아니라 기업의 연령, 배당정책 등과 같은 요인들에 의해 영향을 받는데, Z-Score 모형에서 매우 유용한 것으로 확인되었다.

⑤ 유동성 : X_5 = 유동자산 ÷ 유동부채

이 변수는 유동비율로 측정된다.

⑥ 자본화 : X_6 = 자기자본가치 ÷ 총자본

분자와 분모 모두에서, 자기자본가치는 지난 5년 동안의 평균 시장가치로 측정된다. 5년 동안의 평균치를 쓰는 이유는 단기간의 심한 변동을 완화시킬 수 있으며, 추세요인을 추가시킬 수 있기 때문이다.

⑦ 기업규모(X_7)

이 변수는 기업의 총자산 규모에 로그(logarithm)를 취해서 측정된다. 이 변수 역시 재무보고기준 변화에 따라 조정된다.

알트만 등(Altman *et al.*, 1977)은 Z-Score 모형과 ZETA 모형의 판별력을 비교해 보았는데, ZETA 모형이 대체로 우월한 것으로 나타났다. Z-Score와 ZETA 모형과 같은 부도예측모형은 이용 가능한 정보 중에서 일부만을 사용한다는 한계를 가지고 있으며, 또한 변수들의 관계를 선형으로 제약한다는 비판을 받고 있다.

3) 시장변수를 이용한 부도확률모형 : 예상부도확률모형[10)]

차주의 회계정보에 주로 의존하는 부도예측모형과 달리 여신기업의 신용도 변화로 각종 정보가 신속하게 반영되는 시장가격을 이용하는 시장모형 접근방법이 있는데, 이 중 가장 대

10) i) 문종진 외, 「Basel Ⅱ와 리스크관리」 (2007), pp.135~141 참조.
ii) 머튼(Merton, 1974)에 의하면 자기자본은 기업의 자산가치(기초자산, underlying asset)이고 부채규모가 행사가격인 일종의 콜옵션이라고 할 수 있다. 그리고 이러한 콜옵션의 가치는 주식시장에서 관찰되는 주식의 시가총액이라고 할 수 있다. 그런데 부도가 발생한 기업의 주식가치는 소멸하게 될 것이다. 이에 근거하여 일종의 콜옵션인 주식이 가치가 없는 외가격(out-of the money) 옵션이 될 확률을 기업의 부도확률이라고 가정하고, 옵션평가모형을 이용해 이를 계산한 것이 예상부도확률(EDF)이다.

표적인 것이 1990년대 초 미국 KMV[11]사가 개발한 예상부도확률(EDF: Expected Default Frequency)모형이다. EDF 모형은 기업에 대한 각종 정보가 신속하게 반영되는 금융시장정보, 특히 주가를 활용해 채무불이행 가능성을 평가한다.

KMV 모형은 블랙과 숄즈(Black and Scholes, 1973)의 옵션평가모형과 옵션평가모형을 이용한 자산가치를 산정방법으로 발전시킨 머튼(Merton, 1974)의 모형을 이론적 배경으로 삼고 있다. 즉, 기업의 자기자본을 주주 등이 기업자산에 대해 소유하고 있는 옵션으로 파악하여 자본의 가치를 구하고, 이어 풋-콜 등가공식에 의해 부채가치를 구하여 기업 전체의 자산가치를 계산하는 것이다. KMV 모형은 자산가치의 확률적 과정을 구체화하여 실제로 채무불이행확률(기업의 자산가치가 부채의 총액보다 떨어질 가능성)을 계산하는데, 자기자본의 가치가 시장에서 결정되는 회사, 즉 상장기업에 잘 적용된다.

KMV 모형은 1989년 샌프란시스코에 설립된 KMV Corp.이 개발한 내부평가모형이다. KMV 모형은 기업의 채무불이행과정이 기업의 자본구조와 무관하다는 다른 모형들과 달리, 채무불이행과정이 자본구조와 밀접히 연계되어 있다는 점에서부터 출발한다. 즉, 자산가치가 임계치(default point) 아래로 떨어지면 채무불이행에 처한다고 본다.

EDF 모형이 기반하고 있는 머튼(Merton)모형에서 기업의 주주는 모든 부채가 상환된 이후 잔여자산에 대한 청구권을 가지며 유한책임을 진다고 가정한다. 따라서 기업의 주식가치는 자산가치를 기초자산(underlying asset)으로 하고, 상환해야 하는 부채를 행사가격(striking price)으로 하는 콜옵션으로 간주할 수 있다. 만약 자산가치가 기업의 부채를 상환하기에 충분하지 않다면 콜옵션의 보유자인 주식보유자들은 콜옵션을 행사하지 않고, 기업을 채권자에게 넘겨주게 된다. EDF 모형의 출발점은 기업의 미래 자산가치가 부채수준 이하로 하락하게 될 때, 해당 기업이 채무불이행할 것이라고 가정하는 것이다. 그렇지만, EDF 모형에서는 부도발생의 임계점을 단순히 부채가치가 아니라 부도점(DP: Default Point)이라는 개념을 이용한다는 점에서 머튼(Merton)모형과 차이가 있다. 전체 부채규모가 아니라 단기부채에 장기부채 일부를 합산한 값을 부도점으로 사용하는데, 그 이유는 일시적으로 기업의 자산가치가 부채가치 이하로 하락하더라도 그 즉시 부도가 발생하지는 않기 때문이다.

미래시점(부채의 만기)에서 추정된 기업의 자산가치는 평균과 표준편차로 표현되는 확률분포를 가지며, 이러한 자산가치가 부채수준, 즉 부도점 아래의 영역에 놓이게 될 가능성이 곧 해당 기업이 채무불이행할 확률이 된다. 따라서 이 확률은 부채수준을 나타내는 기준값과 미래 자산가치의 확률분포 형태에 의존하게 된다.

이제 이러한 EDF를 추정하는 과정을 보다 구체적으로 살펴보도록 하자. EDF 모형은 정

11) KMV는 현재 신용평가기관인 Moody's가 인수하여 MKMV(Moody's KMV)로 회사명이 바뀌었음.

확히 관찰되기 어려운 기업의 자산가치를 추정하기 위해 주식의 옵션적인 성격을 이용한다. 기업의 자기자본가치(주식시가총액)는 다음과 같은 콜옵션의 가치로 표현할 수 있다.

$$V_E = V_A N(d_1) - Ke^{-rT} N(d_2) \qquad (2)$$

V_E : 자기자본의 시장가치(콜옵션가치)
V_A : 만기 시 자산가치
K : 부채의 장부가치(콜옵션의 행사가격)

식 (2)에서 자기자본의 시장가치(주식가치)는 부채가치보다 자산가치가 클 때에만 가치를 가지는 콜옵션으로 간주될 수 있으며, 모형에 주식가치(V_E) 및 기타 필요한 값을 대입하여 만기 시 자산가치(V_A)를 계산할 수 있다. 그러나 d_1과 d_2의 중요한 구성요소인 자산가치 변동성(σ_A)은 직접 관찰되지 않는다. 따라서 위 식에서 만기 시 자산가치를 산출하기 위해서는 자산가치의 변동성(표준편차)인 σ_A에 대한 대리변수가 필요하다. EDF 모형에서는 자산가치 변동성 대신 주가 변동성(σ_E)을 이용하여 식 (2)에서 자산가치를 계산한다. 이렇게 산출된 자산가치와 주가 변동성을 다음 식 (3)에 대입하여 자산가치 변동성(σ_A)을 산출하는데, 일반적으로 자산가치 변동성과 주가 변동성의 관계는 다음과 같이 나타낼 수 있다.

$$\sigma_E = \frac{V_A}{V_E} \cdot N(d_1) \cdot \sigma_A \qquad (3)$$

식 (3)은 다음과 같이 직관적으로 이해할 수 있는데, $N(d_1)$은 기초자산의 가격변화에 대한 콜옵션의 가격변화, 즉 델타(delta)에 해당되는 값이므로 자산가치의 변화($V_A \times \sigma_A$)에 대한 주식가치의 변화($\sigma_E \times V_E$)로 간주될 수 있다.

식 (2)의 옵션모형을 이용하여 만기시 자산가치를 산출하기 위해서는 자산가치의 기댓값, 즉 주가의 기대수익률을 결정해야 한다. 표준적인 자산가격결정이론(CAPM)에서 기대수익률은 시장의 체계적 위험과 관련되어 있으므로 이러한 위험에 대한 측정치(베타계수)를 이용하면, 과거 시장수익률에 기초한 특정기업의 자산가치의 평균(기대수익률)을 계산할 수 있다. 여기서 CAPM을 이용한다는 것은 자산가치의 분포를 정규분포로 가정하는 것이다. 이러한 방식으로 얻어진 만기시점(예: 1년)에서 자산가치의 확률분포(평균 μ_A와 분산 σ_A^2을 가지는 정규분포)를 이용하면, 자산가치가 부채규모보다 작아질 확률 $N(-d_2)$를 계산할 수 있다. 여기서 부채가치가 자산가치보다 크다는 것은 자본잠식을 의미한다. 하지만 현실적으로 자본잠식이라고 해서 반드시 부도가 발생하는 것은 아니다. 따라서 만기시점까지 상환하지 못할 경우 부도가 발생하는 부채규모를 다른 방식으로 파악해야 할 필요성이 존재한다. 이러한 부채규모를 부도점(DP)이라고 하며, 식 (3)에서 부채의 장부가치를 대신하여 EDF 계산 시 사용하게 된다.

EDF 모형에서 부도점(DP)은 장기부채와 단기부채의 선형결합으로 다음과 같이 나타낼 수 있다.

$$DP_j(t) = SL_j(t) + x_j LL_j(t)$$

여기서 $DP_j(t)$는 t시점의 j기업의 부도점, $SL_j(t)$는 t시점에서 j기업의 단기부채규모, $LL_j(t)$는 t시점에서 j기업의 장기부채규모이다. x_j는 장기부채 중 일정기간(보통 1년) 내 도래하는 부채비율을 나타낸다. 따라서 부도점은 1년 내 상환해야 하는 부채금액을 의미하는 것으로서 총부채와 단기부채 사이의 크기를 가지며, EDF 계산 시 임계치(critical value)의 역할을 하게 된다. 이러한 부도점은 기업이 채무불이행할 때의 자산가치를 의미하는데, 각 금융회사는 사전에 축적된 지식으로 이를 적절하게 선택해야 한다[12].

이와 같은 방식으로 계산되는 부도확률을 이론적인 EDF라고 부른다. 일반적으로 주가가 높으면 EDF는 작은 값을 가지게 되는 반면, 주가가 낮으면 높은 EDF 값을 가지게 된다.

그림 14-9 ❙ EDF의 산출과정

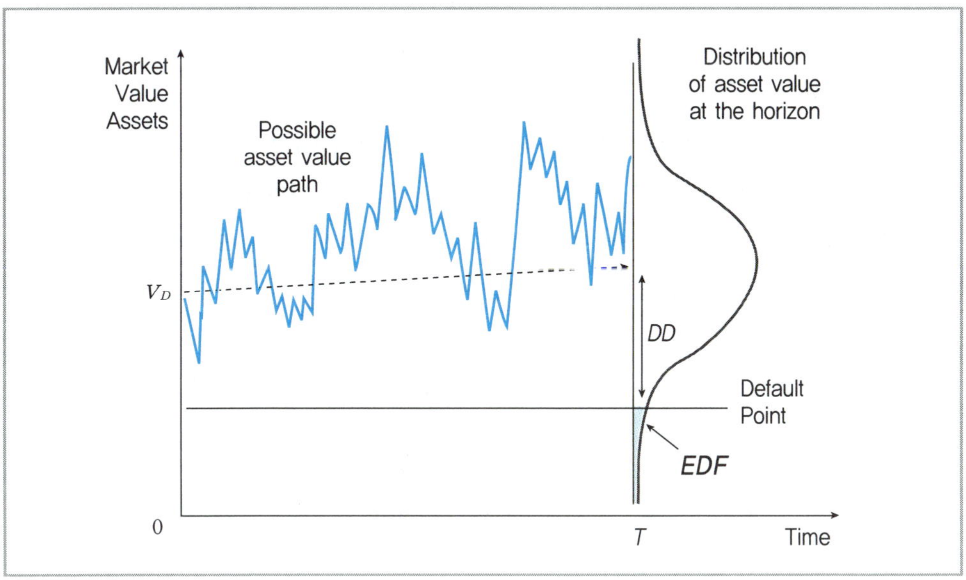

자료: Moday's KMV, "Modeling Default Risk"(2001).

12) KMV사에서는 부도점을 [부도점 = 단기부채 + (0.5×장기부채)]으로 산출할 것을 제안하고 있다. 평균적으로 장기부채의 1/2만큼을 1년 내 상환해야 할 부채에 포함시키는 방식은 상당히 자의적이지만, KMV사에서는 자산가치가 부채수준 이하로 하락해도 즉시 채무불이행이 발생하지 않는 경우가 많다는 사실을 고려하여 이러한 방식을 제안한다. 국내기업의 경우에는 일반적으로 0.5보다 큰 값을 갖는 것으로 알려져 있다. 자세한 내용은 정완호 · 김세진 · 변영환(2002)을 참조하기 바람.

실제로 KMV사에서 EDF를 계산하는 방식은 다음과 같이 세 단계에 의해 수행된다.

① 자산가치 추정단계

만기 시 자산가치와 자산가치 변동성을 현재 주식시장에서 평가되는 자기자본가치(주식가치)와 이의 변동성, 무위험 이자율, 그리고 부채의 장부가치로부터 추정하는 단계이다.

② 부도점 및 부도거리 산출단계

특정기업의 장부상 장·단기 부채로부터 부도점(DP)을 계산하고, 이에 근거하여 부도거리(Default Distance: DD)를 계산하는 단계이다. 부도거리는 미래시점의 자산가치와 부채규모의 차이를 표현하는 개념으로, 이 거리가 클수록 부도가능성은 낮다고 볼 수 있다.

부도거리(DD)는 자산가치와 부채규모의 격차를 표현하는 지표이며, 다음 식을 이용하여 산출할 수 있다.

$$DD = \frac{\log\left(\frac{V_t}{K_t}\right) + \left(\mu - \frac{\sigma^2}{2}\right)(T-t)}{\sigma\sqrt{T-t}}$$

μ : 자산가치의 기대증가율

위 식의 분자항에서 첫 번째인 (V_t / K_t)는 자산가치와 부채규모의 비율, 두 번째는 실제 자산가치의 기대증가율을 나타낸다. 또한 자산가치가 안정적으로 증가하는 경우와 그렇지 않은 경우에 부도가능성이 다르게 평가될 수 있으므로 이를 고려하기 위해 분모항에 자산가치의 변동성을 포함시켰다. 만약 특정기업의 자산가치 증가율이 무위험 이자율과 같다면, 계산된 DD는 앞서 식 (2)의 d_2와 동일해진다.

이러한 부도거리를 보다 일반화시켜 표현하면 다음과 같이 나타낼 수 있다.

$$\text{부도거리} = \frac{(\text{자산의 시장가치} - \text{부도점})}{\text{자산가치 변동성}}$$

부도거리의 분자는 순자산가치를, 분모는 자산가치 변화의 표준편차를 나타내는데, 만약 부도거리가 7로 계산되었다면, 순자산가치가 자산가치 변화의 표준편차의 7배임을 의미한다.

③ EDF 계산단계

기업의 재무정보를 이용하여 부도거리(DD)를 추정하고, 이 값이 부도점(임계치) 이하일 확률, 즉 이론적인 EDF를 계산한다. 여기서 부도확률은 자산의 시장가치가 부도점보다 작아질 확률 또는 빈도를 의미하며, 이 경우 부도거리는 0이 되므로 부도거리가 크면 클수록 EDF는 감소하게 된다.

EDF 접근법의 핵심적인 가정은 신용 리스크를 결정하는 모든 관련정보가 미래 특정시점에서의 기업의 자산가치, 부도점, 그리고 자산가치의 변동성에 포함되어 있다는 것이다. 산업, 국가, 규모 등으로 인한 부도가능성의 차이는 체계적 위험을 이용한 자산가치의 기대수익률에 포함되어 있다고 간주한다. 실제로 이러한 EDF 모형을 이용하여 기업의 부도가능성을 평가하는 방식은 시간에 걸친 EDF 값의 변화과정을 관찰하는 것이다. 예를 들어, EDF 값이 시간이 갈수록 증가하고 있다면 해당 기업의 부도가능성이 점차 높아지고 있다고 판단할 수 있다.

앞서 살펴본 부도예측모형이 주로 과거 재무정보만을 이용하여 특정기업의 신용을 평가하는 반면에, EDF 모형의 가장 큰 특징은 시장가치인 주가정보를 이용하여 신용평가를 수행한다는 점이다. 또한 EDF 모형은 주가가 가지고 있는 옵션적인 특성을 이용하여 미래 특정시점 내에서의 부도확률을 파악하므로 미래지향적(forward-looking)인 성격을 가지고 있다. 이는 특정기업에 대한 신용평가가 다수 투자자의 판단이 포함되어 있는 주가정보에 민감한 반응을 보이게 된다는 점에서 보다 객관적인 평가모형이라고 할 수 있다.

4) 소매 익스포저 모형

소매 익스포저란 리스크의 평가 및 측정에 있어 개별 익스포저로 관리되기보다는 비슷한 특성을 가진 익스포저의 집합으로 이루어진 풀(pool) 또는 세그먼트(segment)를 기준으로 관리되는 익스포저를 말한다. 소매 익스포저를 보다 구체적으로 정의하면, 첫째는 거래 상대방이 개인일 경우 소매 익스포저로 정의할 수 있다. 개인에게 취급된 여신은 명백히 소매 익스포저로 분류할 수 있지만, 개인사업자가 개인 명의로 취급된 여신의 경우에는 처리계정이나 상품의 특성을 고려하여 소매로의 분류여부를 결정해야 한다.

개인 차주의 신용평가는 주로 과거 정보에 기초한 통계모형이 주로 사용되며, 사용되는 정보에 따라 신용평점시스템(ASS: Application Scoring System)과 행동평점시스템(BSS: Behavior Scoring System) 등으로 구분된다.

(1) 신용평점시스템(ASS: Application Scoring System)

심사업무시스템으로 신규고객이 대출(또는 카드)을 신청하는 시점에서 고객의 신상정보, (외부)신용정보 및 당행 거래정보 등을 종합적으로 반영해 고객의 신용도를 평가하고, 위험에 따라 승인여부 및 거래조건(한도, 금리) 등을 결정하는 시스템을 말한다. 이러한 시스템을 통해 심사체계를 표준화 · 일원화함으로써 일관성 있는 심사업무 및 영업활동을 지원할 수 있다.

(2) 행동평점시스템(BSS: Behavior Scoring System)

고객관리시스템으로 시간이 경과함에 따라 변화하는 기존고객의 신용위험관리를 위해 고객이 보여주는 거래패턴(상환유형, 거래빈도, 연체 등)을 근거로 평가하고, 위험에 따라 연장(재발급), 거래조건(한도, 금리) 및 연체채권관리를 효율적으로 수행할 수 있도록 지원하는 시스템을 말한다. 기존 대출고객에 대한 기일연장업무 및 연체 발생시 위험고객에 대한 채권회수 차별화와 우수고객 마케팅 등을 수행하는 고객관리시스템으로서 고객의 신용거래패턴을 근거로 합리적이고 유연한 신용한도 부여가 가능하고, 거래패턴에 따른 효율적인 연체관리가 가능하다.

행동평점에 의해 고객의 분류(우량 또는 불량)가 가능하며, 이를 바탕으로 고객관리전략 및 고객 세분화(segmentation) 기준으로도 활용되고 있다. 평점산출에는 주로 수신실적, 대출실적, 카드실적, 부수거래정보 등의 거래실적정보가 사용되며, 행동평점표(BS Scorecard)에 의해 계산된다. 즉, 신용평가시스템은 신규고객의 접근과 확보를 위하여 신규고객의 신청시점 정보에 의거 마케팅, 심사, 리스크 측정에 중점을 두고 있으며, 행동평점시스템은 기존 거래고객의 현재 및 과거 실적, 고객관리, 연체관리 및 채권관리에 중점을 두었다고 할 수 있다.

표 14-5 | 신청평점시스템 vs 행동평점시스템

	신청평점시스템	행동평점시스템
이용대상	신규신청자	기존이용자
사용되는 정보	신상정보: 연령, 주거소유 현황 및 주거형태, 연소득, 현직장 근무연수, 결혼여부, 가족동거, 배우자 소득여부, 최종학력, 신용조회 건수, 최근 조회로부터의 기간 등	거래정보: 여수신정보(최근 한도대출 사용률, 최근 수신평잔), 최근 현금서비스 사용액 평균 등

2. 포트폴리오 신용 리스크 측정기법

신용 리스크를 관리하는 목적은 신용 리스크 익스포저를 수용 가능한 범위 내로 유지하면서 위험을 고려한 이익률(risk-adjusted rate of return)을 극대화하는 데 있다. 이를 위해 은행은 개별 여신에 내재하는 신용 리스크뿐만 아니라 전체 포트폴리오에 내재된 신용 리스크도 관리해야 한다.

이전에는 신용위험에 대한 손실이 주로 거래기업의 부도발생으로 인해 발생하는 것으로 보아 전문가시스템이나 신용평점모형 등에 의존하여 신용 리스크를 측정하여 왔다. 그러나 포트폴리오의 신용 리스크는 개별 기업들의 부도가능성 사이의 상관관계로 인해 개별 기업들의 신용 리스크를 단순합계한 것과 일치하지 않는다. 이러한 이유 때문에 개별 기업뿐만 아니라 포트폴리오 차원에서 신용 리스크를 평가할 수 있는 모형이 필요하게 되었다. 이러한 목적을 위해 활용되는 것이 신용 포트폴리오에 대한 리스크를 측정하는 Credit VaR 모형이다.

Credit VaR은 신용 포트폴리오의 손실분포를 추정한 후, 정상적인 시장여건하에 주어진 신뢰구간에서 일정기간 동안에 발생 가능한 최대 손실금액을 추정하는 것이다. 통계적으로 실제 미래 손실의 변동은 평균과 표준편차로 설명되는 확률분포로 나타낼 수 있는데, 여기서 평균이 예상손실(EL: Expected Loss)에 해당하며 평균을 초과하여 발생하는 손실부분이 비예상손실(UL: Unexpected Loss)에 해당한다. 비예상손실은 부도확률(PD: Probability of Default), 부도 시 손실률(LGD: Loss Given Default) 및 위험노출금액(EAD: Exposure at Default) 등의 변동성에 의해 결정된다.

신용 리스크의 비예상손실을 측정하는 데 널리 사용되는 Credit VaR은 신용 포트폴리오의 손실분포를 추정한 후, 주어진 신뢰수준하에서 일정기간 동안에 발생 가능한 최대손실을 추정한 것이다. 예를 들어, 신용 포트폴리오의 Credit VaR이 1년 동안 99% 신뢰수준하에서 100억 원이라면, 이는 기업의 부도 등 예측되지 못한 상황에서 비예상손실이 100년에 1번 정도는 100억 원 이상이 될 수 있다는 의미이다.

Credit VaR의 개념은 Market VaR 측정방식과 유사한 형태이나, Market VaR은 기초자산의 수익률을, Credit VaR은 신용 리스크의 부도위험을 고려한다는 것이 다르다.

신용 포트폴리오의 리스크를 산출하는 방법론은 금융회사가 신용손실을 개념적으로 인식하는 방법론에 따라 다를 수 있다. 즉, 금융회사에서 신용 포트폴리오의 리스크를 부도만으로

그림 14-10 | 신용손실의 확률분포(Credit Loss Distribution)

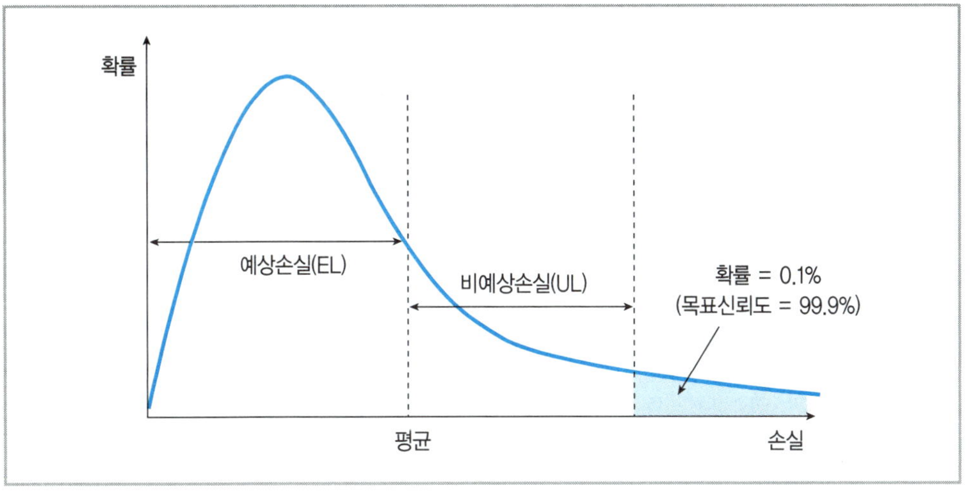

인식하여 측정하는 방법은 **부도방식(DM: Default Mode)**이라고 하고, 대표적인 모형으로는 CSFP의 CreditRisk+가 있다. 그리고 부도뿐만 아니라 신용등급의 변화를 포함하여 리스크로 인식 · 측정하는 방법론을 **시가평가방식(MTM: Mart-to-Market)**이라 하는데, 대표적으로 RMG의 CreditMetrics를 들 수 있다. 이 중에서 어떤 방법론이 더 적합한지는 금융회사의 포트폴리오 특성, 즉 보유자산의 성격에 따라 달라질 것이다.

대표적인 신용위험모형에는 J.P. Morgan의 CreditMetrics[13], CSFP(Credit Suisse Financial Products)의 CreditRisk+, Mckinsey의 Credit Portfolio View, KMV의 Portfolio Manager가 있다.

1) CreditMetrics[14]

1997년 J.P. Morgan에서 개발한 CreditMetrics는 포트폴리오 신용 리스크 측정모형으로 신용손실(credit loss)의 개념을 부도뿐 아니라 신용등급 하락으로 확장시키는 시가평가방식(MTM)이다. DM 방식이 비예상손실을 신용 포트폴리오의 손실분포(loss distribution)를 통해 측정하는 데 비해, CreditMetrics와 같은 MTM 방식은 신용 포트폴리오의 가치분포(value distribution)를 통해 측정한다는 점에서 차이가 있다. CreditMetrics는 신용등급의 변화에 따르는 포트폴리오의 가치변화를 추정하는 형태를 가지고 있으며, 여기서의 핵심은 신용 리스크로 인한 자산 또는 포트폴리오의 손실이 부도확률뿐 아니라 시간에 따른 신용등급의 변화를 고려하여 평가된다는 점이다. MTM 방식은 **보다 정확한 리스크 측정이 가능**하다는 점에서 DM 방식에 비해 우월한 것으로 볼 수 있으나, **계산을 위해 필요한 자료가 많다**는 단점을 가지고 있다.

CreditMetrics는 외부 신용평가기관의 신용등급자료를 이용해서 산출한 등급전이행렬(rating transition matrix)과 회수율 및 신용 리스크 노출금액(exposure)을 모두 통합하여 포트폴리오 가치의 확률분포를 계산한 후, 그 표준편차(변동성)를 이용하여 개별 금융회사가 자기자본으로 보유해야 하는 비예상손실 규모를 측정하는 형태이다. 여기서 등급전이행렬은 원래 신용등급에서 다른 등급으로 변화될 가능성을 확률로 표시한 행렬이며, 전이행렬을 통해 채무불이행 가능성 및 거래기업의 상환능력 변화를 측정할 수 있다.

표준적인 Market VaR의 계산에서는 여러 문제점에도 불구하고 자산수익률 분포의 대칭

---

13) CreditMetrics라는 방법론은 J.P. Morgan에서 개발한 것이며, 이를 CreditManager라는 전산 솔루션(solution)으로 만들어 상용화한 것은 J.P. Morgan에서 분사한 RMG이다. 유사하게 CreditRisk+는 CSFB(Credit Suisse Firet Boston)에서 개발한 방법론이며, CSFB에서 분사한 CSFP가 이 방법론을 활용한 솔루션을 개발 · 판매하고 있다. 그리고 CreditMetrics 등의 방법론이나 솔루션 명은 띄어쓰기를 하지 않고 하나의 단어로 붙여쓰는데, 고유명사화하여 상표등록을 하기 위해서다.

14) CreditMetrics 방법론에 대해서는 문종진, 「BaselⅡ와 리스크관리」(2007), pp.171~182 및 조하현, 「신용리스크 측정과 관리」(2003), pp.232~244 참조.

성을 가정할 수 있고 실행의 편리성으로 인해 정규분포를 가정하지만, 신용 리스크로 인한 손실분포는 앞서 살펴본 바와 같이 일반적으로 비대칭적인 형태를 따르므로 정규분포는 적절한 가정으로 보기 어렵다. 시장 리스크의 경우, 변동성 추정방식(예: EWMA)에 의해 계산된 표준편차에 신뢰수준을 나타내는 조정요인(예: 2.33)을 곱하면 VaR 값을 구할 수 있는 반면, CreditMetrics에서 계산된 표준편차는 포트폴리오 분포추정을 위한 몬테카를로 시뮬레이션(Monte Carlo simulation)의 초기치로만 활용된다.

CreditMetrics 방법론에 의한 포트폴리오의 신용 리스크 측정과정은 아래의 [그림 14-11]에서와 같이 세 부분으로 구분되어 수행된다.

[그림 14-11]에서 왼쪽 부분은 신용 리스크에 노출되어 있는 금액(exposures)을 측정하는 과정이다. 이 과정에서 특이할 점은 신용 리스크에 노출된 각 자산의 규모가 단일한 수치로 확정되어 있지 않고 확률분포의 형태로 표현될 수 있다는 것이다. 이는 신용 리스크를 내포하고 있는 자산이 대출과 같이 그 금액이 확정된 경우만 존재하는 것이 아니고 대출약정(loan commitment)이나 옵션과 같이 포지션의 크기가 변하는 경우가 포함되어 있기 때문이다.

그림 14-11 | CreditMetrics의 신용 리스크 측정과정

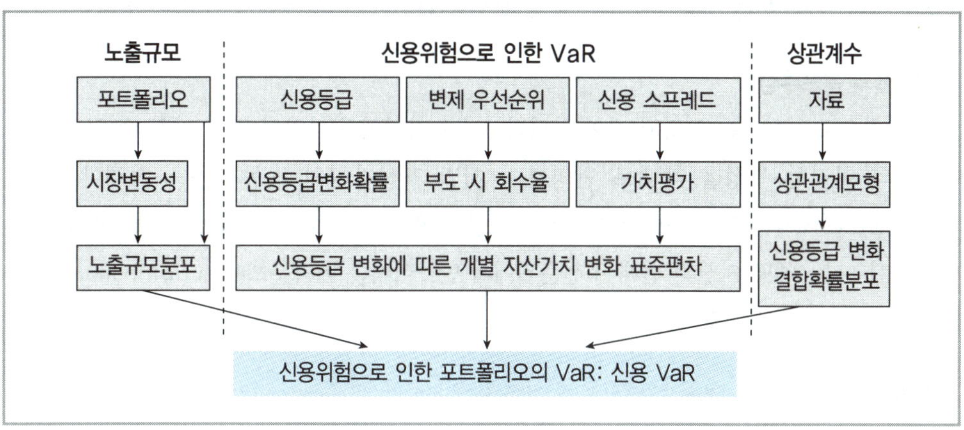

자료: J.P. Morgan, "CreditMetricsTM – Technical Document"(1997).

가운데 부분은 개별 신용자산의 리스크(stand-alone risk)를 결정하는 것으로, 이는 개별 자산의 변동성을 추정하는 과정이다. 이 과정에서는 신용 스프레드(credit spread)와 관련된 부분이 특이한데, 이는 시가평가방식(MTM)으로 각 신용등급에 따르는 자산수익률의 차이를 나타내는 신용 스프레드가 고정되어 있지 않고 시장상황에 따라 변화할 수 있음을 고려하기 위한 것이다. 차입자의 신용도 변화는 대출이나 채권의 가치에 영향을 주게 되는데, 예를 들어 신용도가 하락하면 신용 스프레드가 상승하여 대출(채권)의 현재가치가 하락하게 될 것이다[15].

[그림 14-11]의 오른쪽 부분(상관관계 측정)은 신용자산들 사이의 상관관계를 계산하는 과정인데, 이 과정이 신용 포트폴리오에서 리스크를 측정하는 데 있어 가장 어렵고 핵심적인 부분이다. CreditMetrics에서는 신용등급 자료와 주가수익률 자료를 이용하여 자산 간의 상관관계를 추정하는 방식을 택하고 있다. 개별 자산(또는 기업)의 등급전이행렬을 추정하기 위해서는 S&P나 무디스와 같은 신용평가기관에서 제공하는 과거 신용등급 자료만을 이용하면 되지만, 자산들의 상관성을 고려하는 결합 등급전이확률을 추정하기 위해서는 주식수익률 자료가 추가적으로 필요하다. RMG에서는 실제 주식수익률이 아니라 산업주가지수 등으로 가중평균한 주가수익률을 사용할 것을 제안하였다. CreditMetrics를 이용하여 포트폴리오의 신용리스크를 측정하는 과정은 개별 기업의 부도확률뿐 아니라 상관관계를 포괄하기 위해 신용등급의 결합 이전확률도 감안해야 하므로 상당히 복잡하다. 따라서 CreditMetrics 모형에서 가장 핵심적인 몇 가지에 대해서 보다 구체적으로 살펴보면 다음과 같다.

① 신용등급전이행렬

신용등급전이행렬(rating transition matrix)은 특정자산(또는 기업)에 대하여 현재 주어진 신용등급(예: BBB)에서 일정기간(예: 1년) 후에 다른 등급(예: BB)으로 전이될 확률로 구성된 행렬을 의미하며, 이를 통해 신용자산의 부도 및 신용등급의 변화가능성을 파악할 수 있다.

② 회수율의 분포추정

일반적으로 회수율은 고정된 값이 아니라 0과 1 사이에서 다양한 값을 가질 수 있으므로, 회수율의 이러한 특성을 제대로 반영하여 개별 자산가치의 변동성을 조정해야 한다. CreditMetrics에서는 과거 등급별 회수율 자료를 이용하여 변제 우선순위별로 평균과 표준편차를 구한 다음, 해당 자산의 변제 우선순위에서 만들어지는 베타분포(beta distribution)를 이용하여 회수율을 무작위로 추출한다.

③ 상관관계 추정

현재시점에서 특정등급에 있는 개별 기업(채권)이 1기간 후에 다른 등급으로 전이하게 될 확률은 과거 신용등급 자료에서 추정할 수 있으며, 이를 이용하면 채무불이행이나 신용등급 변화를 유발시키는 자산가치 분포상의 값을 산출할 수 있다. 따라서 등급전이확률을 기업의 1기 후에 자산가치에 연결시키고, 자산 간 상관관계를 알고 있다면, 미래의 자산 간 등급전이의 결합확률분포를 구할 수 있다. 그러나 자산가치의 변화는 관찰이 불가능하므로, 자산가치 간 상관관계를 주식의 기대수익률 간 상관관계를 이용하여 계산하는 방법을 고려할 수 있다.

15) 그러나 이러한 방법론에서는 자산의 현재가치를 계산하기 위해 현재 관찰되는 등급별 선도금리의 수익률곡선을 이용하므로 신용 스프레드의 변화와 등급전이 사이의 상관성을 고려할 수 없다는 한계를 가진다.

CreditMetrics에서는 국가별, 산업별 주가지수들 사이의 상관관계를 추정하고, 이로부터 기업 자산가치 간 상관관계를 추정하는 방식을 이용한다.

④ 포트폴리오 가치분포의 생성

CreditMetrics는 포트폴리오의 가치분포에 대한 사전적인 가정을 하지 않고, 확률분포를 추정하기 위해 몬테카를로 시뮬레이션을 이용한다. 이러한 시뮬레이션 과정은 등급전이행렬을 이용하여 가능한 시나리오 생성, 시나리오별 포트폴리오의 가치계산, 그로부터 포트폴리오 가치의 분포생성과정으로 구분할 수 있다. 신용등급 변화를 유발하는 자산가치의 변화는 해당 기업의 원래 신용등급, 등급변동의 결합확률, 주가수익률에 기초하여 계산되며 이러한 과정을 여러 번 반복하여 포트폴리오의 가치분포를 생성시키게 된다.

이상에서 살펴본 바와 같이, CreditMetrics는 등급전이행렬을 사용하여 포트폴리오의 신용 리스크를 측정하는 Credit VaR 모형이다. 이는 부도율, 신용등급변화, 회수율, 신용자산 간 상관관계를 종합적으로 고려하는 모형이라는 장점을 가진다.

그러나 CreditMetrics의 방법론은 다음과 같은 한계를 가지고 있다.

첫째, CreditMetrics는 무위험 금리기간구조가 고정되어 있다고 가정하기 때문에 단지 신용사건들만 고려한다. 따라서 CreditMetrics는 분석기간 동안 시장 리스크가 존재하지 않는다고 가정하는데, 이러한 가정은 변동금리와 단기채권의 경우에는 타당하지만, 할인채의 경우에는 금리변화에 따라 현재가치가 크게 변하게 되므로 적절한 가치평가가 어렵다.

둘째, CreditMetrics는 개별 차주의 부도확률이 거시경제 상태에 의존하지 않는다고 가정하는 비조건부 모형이다[16]. 하지만 이는 여러 실증분석 결과뿐 아니라 현재의 신용관행과도 일치하지 않는다.

셋째, 자산수익률이 실제 관찰되지 않기 때문에 자산 간 상관관계를 추정하기 위해 주식수익률을 사용해야 한다는 점이다. 즉, 자산수익률 간의 상관관계와 주식수익률 간의 상관관계가 일치하는 것으로 가정한다. 하지만 주식수익률의 높은 변동성을 고려할 때 이러한 가정은 다소 무리한 접근법이다.

정리하면, CreditMetrics는 개별 자산의 위험노출, 회수율, 등급전이행렬 등을 투입요소로 몬테카를로 시뮬레이션을 통하여 포트폴리오 손실분포를 추정하는 방식이다. 이러한 CreditMetrics는 MTM 방식으로 개별 자산 간 상관관계를 EDF 모형과 유사하게 주식의 기대수익률 사이의 상관관계를 통해 산출한다는 특징을 가지고 있다. 이제 구체적으로 CreditMetrics의 측정방법을 살펴보도록 하자.

16) McKinsey의 CreditPortfolioView는 개별 차주의 부도확률이나 등급별 부도확률이 거시경제 상황에 따라 달라지게 됨을 반영하고 있는 대표적 모형이다.

(1) 개별 자산의 리스크 측정

CreditMetrics 방법론에 의거하여 5년만기의 선순위 무담보 BBB 채권이며 6%의 연간 이자율을 가진 1억 달러의 고정이자부 대출의 예를 생각해 보자.

① 등급전이행렬

등급전이행렬이란, 역사적 데이터에 기초하여 현재 BBB 등급의 차입자가 다음 연도 동안 신용등급 상승, 신용등급 하락, 신용등급 유지 및 채무불이행을 포함한 8가지의 가능한 등급전이가 이루어진다는 것이다. 이를 행렬로 표현한 것이 등급전이행렬이다. 예를 들어, 〈표 14-6〉에서 현재의 BBB 등급을 가진 차입자 1년 동안 그대로 유지할 확률은 86.93%, BB등급으로 하락할 확률은 5.30%이다.

표 14-6 | 등급전이행렬 예시

최초등급	1년 후 기준의 신용등급(%)							
	AAA	AA	A	BBB	BB	B	CCC	도산
AAA	90.81	8.33	0.68	0.06	0.12	0	0	0
AA	0.70	90.65	7.79	0.64	0.06	0.14	0.02	0
A	0.09	2.27	91.05	5.52	0.74	0.26	0.01	0.06
BBB	0.02	0.33	5.95	86.93	5.30	1.17	0.12	0.18
BB	0.03	0.14	0.67	7.73	80.53	8.84	1.00	1.06
B	0	0.11	0.24	0.43	6.48	83.46	4.07	5.20
CCC	0.22	0	0.22	1.30	2.38	11.24	64.86	19.79

자료 : J.P. Morgan, "CreditMetricsTM – Technical Document"(1997).

② 등급변화에 따른 채권가치평가

신용등급 상승과 신용등급 하락은 대출에 대하여 요구되는 신용위험 스프레드 또는 프리미엄에 영향을 주고, 이에 따라 대출의 시장가치 또는 현재가치에 영향을 준다. 만일 대출의 신용등급이 하락하면 요구되는 신용 스프레드 프리미엄은 상승한다. 기술적으로 말하면, 만일 신용등급의 변동이 첫해 동안에 발생하면, 첫해 말에 5년만기이고 6%의 연간 이자율을 가진 1억 달러의 대출가치를 재설정하기 때문에 대출가격은 다음의 〈표 14-7〉과 같다.

신용등급별 무이표채 선도수익률곡선을 이용하여 도출된 채권가격(대출가치)은 다음과 같다.

$$P = 6 + \frac{6}{(1 + r_1 + s_1)} + \frac{6}{(1 + r_2 + s_2)^2} + \frac{6}{(1 + r_3 + s_3)^3} + \frac{106}{(1 + r_4 + s_4)^4}$$

표 14-7 | 등급별 무이표채 선도 수익률곡선

신용등급	1년 후	2년 후	3년 후	4년 후
AAA	3.60	4.17	4.73	5.12
AA	3.65	4.22	4.78	5.17
A	3.72	4.32	4.93	5.32
BBB	4.10	4.67	5.25	5.63
BB	5.55	6.02	6.78	7.27
B	6.05	7.02	8.03	8.52
CCC	15.05	15.02	14.03	13.52

여기서 r_i는 미래의 연도 i에 존재할 것으로 기대되는 재무성채권의 무위험이자율이고, s_i는 연도 i에 적용되는 특정한 신용등급에 속하는 대출에 대한 연간 신용 스프레드이다. 600만 달러의 첫 번째 이표 또는 이자지불은 할인되지 않는다. 이것은 채권 또는 대출에 대하여 버는 발생이자와 같은 것으로 여겨질 수 있다.

차입자의 신용등급이 다음 연도 동안에 BBB에서 A로 상승한다고 하자. 그러면 100만 달러 기준으로 측정된 연도 1의 말에 금융기관에 대한 대출의 현재가치 또는 시장가치는 다음과 같다.

$$P = 6 + \frac{6}{(1.0372)} + \frac{6}{(1.0432)^2} + \frac{6}{(1.0493)^3} + \frac{106}{(1.0532)^4} = \$108,660,000$$

연도 1의 말에 만일 대출차입자의 신용등급이 BBB에서 A로 상승하면 장부가치로 1억 달러인 대출은 1억 866만 달러의 시장가치를 가진다. 〈표 14-8〉은 신용등급 이동들이 발생할 경우 대출의 가치들을 보여준다. 차입자의 신용등급이 AAA로 상승하는 경우, 대출의 시장가치는 1억 937만 달러가 되고, 차입자가 부도가 되는 경우는 5,113만 달러가 된다.

표 14-8 | 연도 1의 말 기준 신용등급별 대출의 가치

등급	대출가치(1차년도 이표 포함, 100만 달러)
AAA	109.37
AA	109.19
A	108.66
BBB	107.55
BB	102.02
B	98.10
CCC	83.64
부도	51.13

각 등급에 대해 동일한 계산과정을 반복하면 다음과 같은 결과를 얻을 수 있다.

③ VaR의 계산

〈표 14-9〉는 5% 최악의 경우와 1% 최악의 경우 모두에 대한 각 방법에 기초한 VaR의 계산을 보여준다. VaR을 계산하는 첫 번째 단계는 연도 1에서 대출가치의 평균, 즉 대출가치의 기대치를 계산하는 것이다. 대출가치의 기대치는 연도 1의 말에 가능한 각 대출가치와 이 대출가치가 실현될 전이확률을 곱하여 합한 것이다. 이 대출의 평균값은 1억 709만 달러이다.

특히 다음 연도가 불리한 연도이면 금융기관은 얼마나 손실을 볼 것으로 예상하는가? 우리는 불리한 연도를 매 20년마다 한 번 발생하는(5%의 VaR) 연도 또는 매 100년마다 한 번 발생하는(1%의 VaR) 연도로 정의할 수 있다. 이것은 신용위험의 경우가 고려하는 시간이 더 길다는 점을 제외하고는 시장위험 VaR과 유사하다. 대출가치가 정규분포를 한다고 가정하면 대출가치의 평균주위에서 대출가치의 분산은 894만 7700만^2 달러이고 대출가치의 표준편차 또는 변동성은 299만 달러이다.

대출가치가 정규분포를 한다고 가정하면, 5%의 VaR 값 및 1%의 VaR 값은 다음과 같다.

$$5\%\text{의 VaR} = 1.65 \times \$2{,}990{,}000 = \$4{,}930{,}000$$
$$1\%\text{의 VaR} = 2.33 \times \$2{,}990{,}000 = \$6{,}970{,}000$$

그러나 〈표 14-9〉에서 보는 바와 같이 대출가치의 분포는 분명히 정규분포가 아니기 때문에 이 값은 대출의 실제 또는 진정한 VaR을 과소추정할 가능성이 있다. 이는 실제 대출가치의 분포가 음의 왜도 또는 손실쪽으로 긴 꼬리(fat tail)을 가지기 때문이다.

표 14-9 | 개별 포지션의 Credit VaR 측정

신용등급	확률(%) (A)	대출가치 (B)	확률×대출가치 $(A\times B)$	대출가치–평균 (C)	$(A\times C^2)$
AAA	0.02	109.37	0.02	2.28	0.0010
AA	0.33	109.19	0.36	2.10	0.0146
A	5.95	108.66	6.47	1.57	0.1471
BBB	86.93	107.55	93.49	0.46	0.1856
BB	5.30	102.02	5.41	(5.07)	1.3612
B	1.17	98.10	1.15	(8.99)	0.9452
CCC	0.12	83.64	0.10	(23.45)	0.6598
부도	0.18	51.13	0.09	(55.96)	5.6363
	평균: U$107.09, 분산: 8.9508 표준편차: U$2.99				

(2) 정규분포하의 포트폴리오 VaR

정규분포모형에서는 여신이 2개인 경우가 유용한 시작점이 된다. 여신이 2개인 경우는 *N*개의 여신의 경우로 쉽게 전환될 수 있기 때문이다. 즉, *N*개의 여신인 포트폴리오의 위험은 포트폴리오 내 여신들 각 쌍의 위험에 의존하기 때문이다.

2개 여신으로 구성된 포트폴리오의 VaR을 계산하기 위하여 i) 각 여신의 결합전이확률과 ii) 각각의 연간 결합전이확률에 대한 대출의 결합가치를 계산하여야 한다.

① 결합전이확률

〈표 14-10〉은 신용등급이 BBB와 A인 여신의 개별 및 결합 전이확률을 나타낸다. 신용등급이 BBB인 차주와 A인 차주에 대하여 다음 한 해 동안 전이 가능한 신용등급이 8가지라고 가정하면 64개의 결합전이확률이 나온다. 결합전이확률은 두 개의 독립적인 전이확률의 단순한 곱이 아니라는 것이 중요한다. 이것은 다음 한 해 동안 신용등급이 BBB인 여신이 BBB로 남아 있을 독립확률(0.8693)과 A인 여신이 A로 남아 있을 독립확률(0.9105)을 보면 알 수 있다. 두 개의 전이확률 사이의 상관관계가 0이라고 가정하면 결합확률은 아래와 같다.

$$0.8693 \times 0.9105 = 0.7915(79.15\%)$$

〈표 14-10〉의 결합확률은 76.69%로 앞보다 약간 큰 것을 알 수 있는데, 이는 두 차주 사이의 가정된 상관관계가 0.3이기 때문이다.

표 14-10 | 자산 간 상관관계가 0.30인 결합전이확률

차주 1 (BBB등급)		차주 2(A등급)							
		AAA 0.09	AA 2.27	A 91.05	BBB 5.52	BB 0.74	B 0.26	CCC 0.01	도산 0.06
AAA	0.02	0.00	0.00	0.02	0.00	0.00	0.00	0.00	0.00
AA	0.33	0.00	0.04	0.29	0.02	0.00	0.00	0.00	0.00
A	5.95	0.02	0.39	5.44	0.08	0.01	0.00	0.00	0.00
BBB	86.93	0.07	1.81	79.69	4.55	0.57	0.19	0.01	0.04
BB	5.30	0.00	0.02	4.47	0.64	0.11	0.04	0.00	0.01
B	1.17	0.00	0.00	0.92	0.18	0.04	0.02	0.00	0.00
CCC	0.12	0.00	0.00	0.09	0.02	0.00	0.00	0.00	0.00
도산	0.18	0.00	0.00	0.13	0.04	0.01	0.00	0.00	0.00

자료: J.P. Morgan, "CreditMetricsTM – Technical Document"(1997), p.38.

상관관계를 반영하도록 전이확률표를 조정하는 것은 2단계로 이루어진다. 첫째, 신용등급 전이를 설명하는 모형이 필요하다. CreditMetrics에서는 머튼(Merton) 유형의 모형이 자산가치나 수익의 변동성을 개별 차주에 대한 이산(discrete) 신용등급전이에 연결하는 데 사용한다. 둘째, 개별 차주의 자산가치 변동성 사이의 상관관계를 계산하는 모형이 필요하다. KMV와 마찬가치로, 차주의 자산가치는 자산가치의 상관관계처럼 관찰될 수 없다. 개별 차주 사이의 상관관계는 차주의 주식수익률을 결정하는 다요인모형으로부터 추정된다.

② 자산변동성과 신용등급전이의 연결

자산의 변동성과 신용등급전이 간의 연결고리를 알아보기 위해 〈표 14-11〉을 보자. 이 표는 BB등급 차주의 표준정규 자산수익률 변화와 신용등급전이를 연결하여 준다. 기업 자산가치에 있어 관찰될 수 없는 변화가 표준정규분포를 이룬다고 가정하면, 기업이 BB에서 부도에 이르는 데 자산가치가 일정한 표준편차만큼 변동되어야 하는지 계산할 수 있게 된다.

표 14-11 | 신용등급이 BB인 차주의 경우 자산가치 변동성과 신용등급전이의 연결

신용등급	전이확률	자산가치
AAA	0.03	
AA	0.14	3.43σ
A	0.67	2.93σ
BBB	7.73	2.39σ
BB	80.53	1.37σ
B	8.84	−1.23σ
CCC	1	−2.04σ
Default	1.06	−2.30σ

예를 들어, 신용등급이 BB인 차주의 역사적 1년 부도율이 1.06%인 경우를 보자. 표준정규분포를 이용하면 기업이 부도가 나려면 자산가치가 2.30 표준편차 만큼 하락하여야 한다. 또한 BB인 기업이 CCC로 1년 내에 이동할 확률이 1%일 때, 차주의 신용등급이 BB에서 CCC 또는 하위등급으로 변경되려면 적어도 2.04 표준편차만큼 하락하여야 한다.

차주기업의 표준화된 자산수익률이 -1.23σ와 1.37σ 사이에서 변동한다면 신용등급이 BB인 차주가 BB로 남아 있을 것이라는 것을 알 수 있다. A등급 기업은 자산수익률이 -1.51σ와 1.98σ 사이의 범위에서 변동하는 한, 차주의 신용등급이 변하지 않을 것이다. 두 개 기업의 자산수익률 사이의 상관관계(ρ)가 0.2라고 가정하자. 두 차주가 다음 해 동안 같은 신용등급에 머무를 결합확률은 다음과 같이 이변량 정규밀도함수를 적분함으로써 구할 수 있다.

$$
\begin{aligned}
&Pr(-1.23 < BB < 1.37, \quad -1.51 < A < 1.98) \\
&= \int_{-1.23}^{1.37}\int_{-1.51}^{1.98} f(Y_1 Y_2; \rho)\, dY_2\, dY_1 \\
&= 0.7365
\end{aligned}
$$

③ 결합여신가치

64개의 결합전이확률 외에도 여신이 2개인 경우에는 64개의 결합여신의 가치를 계산할 수 있다. 개별 여신상태에서의 개별 여신의 시장가치는 앞에서 설명한 개별 자산의 리스크 측정에서 설명하였다. 개별 여신의 가치는 합산되어 〈표 14-12〉에 나타난 것처럼 포트폴리오 여신의 가치가 된다. 1년 동안 두 개의 여신이 모두 AAA로 신용등급이 상승하면 1년 동안의 여신 포트폴리오의 시장가치는 $215.96백만이 될 것이다. 대조적으로 두 개의 여신이 부도나면 두 여신의 가치는 $102.26백만이 된다. 64개의 결합확률 및 64개의 여신가치를 감안하면 포트폴리오의 평균과 분산은 다음과 같다.

$$\text{평균} = P_1 \cdot V_1 + P_2 \cdot V_2 + \cdots + P_{64} \cdot V_{64}$$
$$= \$213.63\text{백만}$$
$$\text{분산} = P_1 \cdot (V_1 - \text{평균})^2 + P_2 \cdot (V_2 - \text{평균})^2 + \cdots P_{64} \cdot (V_{64} - \text{평균})^2$$
$$= \$11.22\text{백만}$$

정규분포하의 99% VaR은 다음과 같다.

$$VaR = \sqrt{(11.22)} \times 2.33 = 2.33 \times \$3.35 = \$7.81\text{백만}$$

표 14-12 | 포트폴리오의 1년 후 가치

차주 1 (BBB등급)		차주 2(A등급)							
		AAA 106.59	AA 106.49	A 106.3	BBB 105.64	BB 103.15	B 101.39	CCC 88.71	부도 51.13
AAA	109.37	215.96	215.86	215.67	215.01	212.52	210.76	198.08	160.5
AA	109.19	215.78	215.68	215.49	214.83	212.34	210.58	197.9	160.32
A	108.66	215.25	215.15	214.96	214.3	211.81	210.05	197.37	159.79
BBB	107.55	214.14	214.04	213.85	213.19	210.7	208.94	196.26	158.68
BB	102.02	208.61	208.51	208.33	207.66	205.17	203.41	190.73	153.15
B	98.1	204.69	204.59	204.4	203.74	201.25	199.49	186.81	149.23
CCC	83.64	190.23	190.13	189.94	189.28	186.79	185.03	172.35	134.77
부도	51.13	157.72	157.62	157.43	156.77	154.28	152.52	139.84	102.26

자료: J.P. Morgan, "CreditMetricsTM – Technical Document"(1997), p.12.

액면금액이 $2억인 여신 포트폴리오에 대한 $7.81백만과 신용등급이 BBB인 $1억의 단일여신의 99% 신뢰도하의 VaR 값에 근거한 자본소요액인 $6.97백만을 비교하여 보면 여신 포트폴리오의 액면금액이 두 배가 되었음에도 불구하고 VaR에 근거한 자본소요액(여신 자산가치 분포의 99% 신뢰도하에서)은 단지 $7.81백만−$6.97백만 = $0.84백만이 증가하였다. 이는 포트폴리오의 분산효과 때문이다.

(3) 실제 포트폴리오 VaR의 측정

실제 금융기관의 포트폴리오에는 많은 기업차주들이 포함되어 있다. 따라서 모든 차주들의 특성을 반영하여 포트폴리오의 VaR을 측정하는 것은 현실적으로 불가능하다. 따라서 실제 포트폴리오의 VaR은 다음과 같은 과정을 거쳐서 시뮬레이션을 통해 구하게 된다.

① 등급별 자산수익률 임계치 설정
② 주식수익률 상관관계에 의한 자산수익률의 상관관계 추정
③ 촐레스키 분해(Cholesky decomposition)에 의하여 자산수익률 시나리오 생성
④ 시나리오별 *n*개의 자산수익률과 등급별 임계치와 연계(mapping)
⑤ 각 등급별 신용 스프레드에 따른 가치평가 및 포트폴리오 가치 계산
⑥ 위 과정을 반복 시행하여 포트폴리오 가치의 확률분포 생성
⑦ 생성된 확률분포에서 Credit VaR을 계산함

그림 14-12 | CreditRisk+ 모형에서 대출손실의 결정요인

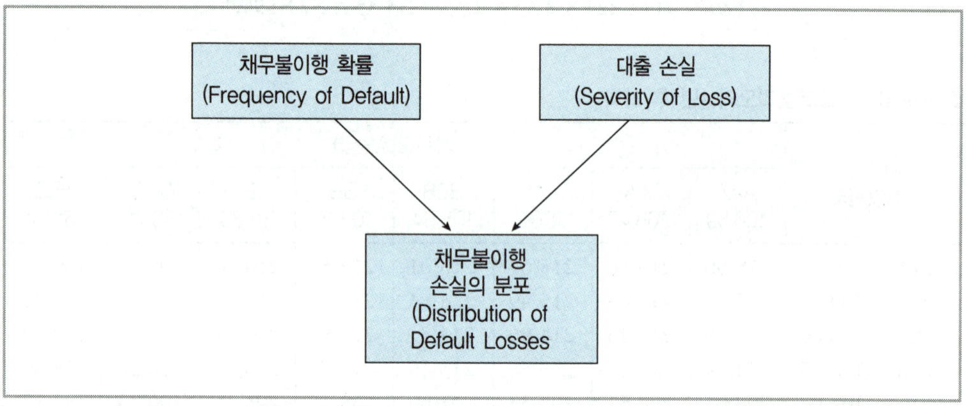

2) CreditRisk+[17)]

선진 투자은행인 CSFB의 자회사 CSFP(Credit Swiss Financial Product)에서 개발한 CreditRisk+는 보험업계에서 주로 사용되는 통계적 분석기법을 금융회사의 신용 리스크 측정에 적용한 모형으로, 신용손실을 부도와 비부도, 두 가지 형태로만 분류하는 부도방식(Default Mode: DM)을 채택한다는 점에서 CreditMetrics와는 다르다. 부도방식(DM)은 신용등급에 따

17) Anthony Saunder, "Financial Institutions Management"(2008), pp.369~371 참조.

른 자산의 적절한 시장가격을 구하기 어렵고, 만기가 비교적 단기인 경우에 적절한 방법이다. 또한 CreditRisk+에서는 손실률을 추정하지 않고 차주별로 일정한 상수로 가정함으로써 신용 리스크 측정시 필요한 자료가 CreditMetrics에 비해 많지 않다는 장점을 가지고 있다. 한편, 부도확률을 시간에 따라 변하는 확률변수로 가정하여 부도 간의 상관관계를 부도확률의 변동성과 부분분석을 통해 간접적으로 고려한다는 특징을 가지고 있다.

개별 자산의 부도가 언제 발생할지(Frequency), 그리고 부도시 손실금액(Severity of the Loss)이 얼마가 될 것인지에 대한 예측은 현실적으로 쉽지 않다. CreditRisk+에서는 포트폴리오가 다수의 차주들의 채무불이행 위험에 노출되어 있고 개별 차주의 부도확률은 0에 가까우며 부도빈도의 확률분포는 포아송분포(Poisson distribution)를 따른다고 가정한다.

(1) 개별 자산의 리스크 측정 예시

개별 대출들의 채무불이행확률이 작고 이 확률이 포트폴리오 내에 있는 대출들 간에 독립적일 때 채무불이행확률들의 빈도분포는 포아송분포에 의하여 모형화될 수 있다. 아래에서 가정한 예를 살펴보자.

[가정] 1. 금융기관은 각 대출이 10만 달러인 100개의 대출들을 실행하였다.
2. 역사적으로 대출들 중 3%가 평균적으로 채무불이행하였다.
3. 채무불이행이 발생한 경우, 이 대출들 각각에 대하여 손실의 심각도는 1달러당 20센트로 동일하다.

채무불이행률의 빈도분포(Frequency of Default) : 포아송분포

포아송분포로부터 100개의 대출 포트폴리오에서 n개의 채무불이행의 발생확률은 다음과 같이 계산할 수 있다.

Probability of n defaults(부도빈도의 확률 : 향후 1년간 발생 가능한 부도수의 확률)

$$= \frac{e^{-m} m^n}{n!}$$

여기서 e는 지수(2.71828), m은 이러한 형태의 대출들에 대한 역사적 평균 채무불이행 건수(100개 중 3개), n은 채무불이행확률을 결정하고자 하는 대출의 수(실제 대출의 수)이다.

[예시 3] 다음 연도 동안에 100개의 대출들 중에서 3개가 채무불이행할 확률 및 대출손실금액의 분포는 다음과 같다.

빈도(Probability) : Probability of 3 of 100 loans defaults

$$= \frac{(2.71828)^{-3} 3^3}{3!} = 0.224$$

심도(Severity) : Dollar loss of 3 loans defaulting

$= 3 \times 0.20C \times \$100,000 = \$60,000$

즉, 3개의 대출이 채무불이행할 확률은 22.4%이다.

[예시 4] 다음 연도 동안에 100개의 대출들 중에서 4개가 채무불이행할 확률은?

빈도(Probability) : Probability of 4 of 100 loans defaults

$$= \frac{(2.71828)^{-3} 3^4}{4!} = 0.168$$

심도(Severity) : Dollar loss of 4 loans defaulting

$= 4 \times 0.20C \times \$100,000 = \$80,000$

즉, 4개의 대출이 채무불이행할 확률은 16.8%이다.

포아송분포의 예로부터 100개의 대출 중에서 8개의 채무불이행이 발생할 확률이 약 1%(0.008)라고 하면 160,000달러(=8×0.20C×$100,000(각 대출의 금액))의 손실을 입을 확률이 1%가 되는 것이다. CreditRisk+모형에서는 금융기관이 예기치 않은 손실(1%)과 평균 또는 기대손실(3건의 채무불이행과 관련된 손실)의 차이를 충족시키기 위하여 자기자본을 보유한다. 따라서 필요자기자본은 $160,000(UL)−$60,000(EL)=$100,000, 또는 포트폴리오 금액의 약 1%이다.

(2) CreditRisk+의 장단점

CreditMetrics의 경우 개별 자산의 상관관계를 주가수익률 자료를 통해 명시적으로 모형 내에서 고려하는 반면, CreditRisk+에서는 이를 부문분석을 통해 간접적으로 반영한다. 부문분석에서는 동일 부문에 속해 있는 자산의 부도확률은 동일한 체계적 요인에 의해 유사한 움직임을 보인다고 가정한다.

CreditRisk+의 방법론은 다음과 같은 몇 가지 장점을 가지고 있다.

첫째, 신용 포트폴리오의 손실분포에 대해 분석적인 해를 구할 수 있으므로 시뮬레이션이 필요치 않고 계산이 비교적 빠르다.

둘째, 모형의 투입요소로 각 대출에 대한 최소한의 데이터, 즉 부도확률(PD)과 부도 시 손실률(LGD)만 필요하다. 금리기간구조나 전이행렬 등에 대한 정보는 필요로 하지 않으므로, 신용 리스크 관련 자료가 부족한 금융회사에서도 비교적 쉽게 적용 가능하다.

그러나 CreditRisk+는 다음과 같은 단점을 가지고 있다.

첫째, CreditRisk+는 시간에 걸쳐 신용 리스크 노출에 영향을 미치는 금리의 확률적 기간구조를 고려하지 않는다. 금리변동위험을 무시할 때 생기는 문제는 CreditMetrics에서와 마찬가지다.

둘째, 부도확률이 몇 가지 확률적 요인들에 의존하는 가장 일반적인 형태에서조차 이러한 요인들이 익스포저를 어떻게 변화시키는지에 대해 설명하지 않는다.

셋째, CreditRisk+는 차주의 신용도에 의해 가치가 변화하는 신용파생상품의 신용 리스크를 고려하지 못한다.

3) CreditPortfolioView

앞서 설명한 CreditMetrics에서는 거래기업 간 또는 경기순환에 따른 등급전이확률이 상당히 안정적인 것으로 가정하고 있다. 그러나 신용등급의 전이확률은 경기상황에 민감한 것으로 알려져 있으며, 특히 신용주기(credit cycle)는 경기순환주기와 부합하며, 투기등급의 부도율은 거시경제 상황에 매우 민감하다. 즉, 신용등급의 하락과 부도확률은 경기상승기보다 경기하강기에 더 커지는 경향을 보이며, 또한 산업별 · 부문별로 경기변동에 대한 민감도가 다르고, 투기등급일수록 신용주기에 따른 변동폭이 큰 것으로 나타난다.

McKinsey사의 CreditPortfolioView(CPV)는 거시경제요인과 등급전이확률을 직접 연결하는 모형이다. 이는 부도확률을 포함하는 전이확률과 거시경제요인의 연관성을 직접적으로 모형화하고 이를 시계열 자료로 추정한 후, 몬테카를로 시뮬레이션에 의해 생성되는 거시경제변수들의 충격항(shock)을 통해 조건부 전이행렬을 산출할 수 있다. 이러한 방식을 거시 시뮬레이션 접근법(macro simulation approach)이라고 한다.

포트폴리오의 확률분포가 경제상태에 대해 조건부로 산출되므로 이러한 접근법은 대표적인 조건부 모형(conditional model)이라고 할 수 있다. 구체적으로 이는 개별 차주의 부도확률에 대해 CreditMetrics나 CreditRisk+와 같이 정태적인 가정을 하지 않고 거시경제여건에 따라 변동할 수 있도록 모형화하였다는 점에서 조건부 모형이다. 경제상황을 나타내는 주요 거시경제변수로는 GDP 증가율, 실업률, 이자율 등이 이용될 수 있는데, 동 모형에 의하면 전체 포트폴리오의 손실분포는 국가별 · 산업별 경제상황에 따라 달라지게 된다. 예를 들어, 이는 CAPM을 이용하여 추정된 특정산업의 베타(β)를 통해 경제상태에 대한 산업부문의 민감도(sensitivity)를 측정할 수 있다. 즉, 추정된 베타가 높으면, 해당 산업은 거시경제상태(체계적 요인)에 민감하게 반응하고, 베타가 낮으면 덜 민감하다고 판단할 수 있다.

CPV는 신용손실을 발생시키는 체계적 위험(공통의 거시경제요인)과 비체계적 위험(기업고유의 위험)을 통합하여 포트폴리오의 손실분포를 추정하는데, 이는 체계적 위험에 대해 조건부인 손실분포를 추정하는 것이므로 조건부 손실분포(CLD: Conditional Loss Distribution)라고 부른다. 앞서 CreditMetrics에서는 경기변동으로 인한 기업의 동시 부도가능성을 하나의 체계적 요인인 주가지수의 상관계수로 추정하는 반면, CPV에서는 이를 다수의 체계적 요인에 의해 표현되는 경기순환 국면에 대한 조건부 확률로 설명함으로써 별도의 상관관계를 추정하는 단계를 피하며 이러한 조건부 확률이 해당 차주의 부도확률에 해당되는 것으로 간주한다.

동 모형은 앞서 설명한 CreditMetrics와 CreditRisk+에서 경기변동이 신용등급 변화에 미치는 영향을 제대로 고려하지 못하는 단점을 보완하고 있음에도 불구하고, 경기순환의 상태에 따라 신용손실의 크기를 과대(과소)평가하게 될 가능성을 가지고 있다. 즉, 경기가 경기순환 국면에서 정점(peak)일 때는 부도가능성을 과소평가하고, 이와 반대로 저점(trough)에서는 과대평가하게 되는 경기순응성(procyclicality)의 문제를 내포하고 있다.

4) PortfolioManager(KMV 모형)[18)]

EDF 모형이 개별 차주의 부도가능성을 측정하려는 것인 반면, Portfolio Manager(PM)는 이로부터 산출된 부도확률과 자산가치 사이의 상관관계를 이용하여 포트폴리오의 신용 리스크를 측정하려는 방법이다.

EDF와 PM 접근법은 둘 다 대출의 상환을 차입기업의 주주 입장에서 접근하는 것으로, 차입기업의 주주는 대출상환시점에서 기업의 자산가치가 부채가치보다 작아지게 되면 부채를 갚을 유인이 없어지기 때문에 채무를 불이행한다고 가정한다. 이러한 KMV의 방법론에서 부도확률은 기업 자산가치의 대리변수인 주식가치에 대해 감소함수(decreasing function)이며, 자산가치의 변동성과 부채비율에 대해서는 증가함수(increasing function)이다. 이러한 모형은 시장가격인 주가를 이용함으로써 미래지향적이라고 할 수 있다. 즉, 시장에서 앞으로 거시경제조건이 악화될 것으로 판단한다면 주가가 하락할 것이고, 이는 현재의 경제상황이 괜찮다고 하더라도 미래 부도확률을 증가시키게 만들 것이다. 유사하게, 금융시스템의 불균형 상태로 인해 미래에 대한 불확실성이 증가하면, 이는 주가의 변동성 증가로 나타나며 부도확률을 증가시키게 만들 것이다.

이러한 부도확률은 자산가치의 경기순환적인 요인에 의해 영향을 받게 되는데, 부도점(DP)의 경기순행성이 나타날 수도 있다. 즉, 경제상태가 악화될 경우에 주식보유자들은 채권자들로부터 부채수준을 감소하는 양보를 얻어낼 수 있을 것이다. 물론 이러한 양보는 자산의 유동화비용(liquidation cost)이 매우 클 경우에 가능할 것이다. 채권자들은 부도 시 손실이 너무 크다고 판단하게 되면 부채수준을 탕감해 주는 데 동의해 줄 수 있으며, 이러한 채무재조정은 경기팽창 시보다 불황기일 경우에 이루어질 가능성이 크다.

만약 자산가치의 변동성(σ_A)이 변화하지 않는다면, 거시경제상태가 좋지 못한 경우에는 이러한 채무재조정에 의해 부채수준이 하락하여 채무불이행 확률도 하락할 것이다. 그러나 경기

18) i) PortfolioManager(KMV 모형)에 대해서는 문종진, "BaselⅡ와 리스크관리"(2007), p.194 및 조하현, "신용 리스크 측정과 관리"(2003), p.255 참조.
ii) PortfolioManager는 최근에는 RiskFrontier라는 제품으로 판매되고 있으나 방법론을 공개하지 않고 있으므로 현재 알려진 PM 방법론은 공개된 과거 버전(version)임.

수축기에 자산가치의 변동성(σ_A)이 커진다면 수축기 동안 부도확률이 증가하고, 팽창기 동안 부도확률이 감소하는 형태로 부도확률에서 경기순행성이 나타나게 된다. 따라서 거시경제상태에 따라 부도확률이 증가할지 감소할지는 부채수준의 하락효과와 자산가치 변동성 증가효과 중 어느 것이 더 큰 영향력을 가지는지 여부에 의해 결정될 것이다. 따라서 이러한 문제는 실증적인 검토가 필요한 주제라고 판단된다.

EDF 모형에 기반하고 있는 PortfolioManager는 주식의 시장가치로 자산가치의 변동성을 추정함으로써 미래지향적이라는 장점을 가지고 있으나, 다음과 같은 여러 단점을 갖고 있다.

① 기업가치, 자산의 기대수익률과 변동성 등 KMV 모형의 기초 투입변수 중 다수는 직접 관찰되지 않는다. 따라서 내재적 추정기법(implicit estimation technique)을 사용해야 하며, 추정치의 정확성을 확인할 방법이 존재하지 않는다.

② 금리가 확정적이라고 가정한다. 이러한 가정은 1년의 측정기간(time horizon)에서 부도확률을 추정할 때는 별다른 영향을 미치지 않지만, 금리에 민감한 여타의 금융상품을 대상으로 할 때는 모형의 유용성에 한계가 있다.

③ KMV 모형에서는 위험채권이 만기로 갈수록 부도확률이 낮아져 신용 스프레드도 0으로 줄어들게 되지만, 실증적으로 이러한 사실은 관찰되지 않는다.

④ 일반적으로 주식가치는 펀더멘탈(fundamental)에 비해 훨씬 변동성이 크므로, 이에 기반하는 리스크 측정이 왜곡될 수 있다. 예를 들어, 주가가 과대평가되는 자산버블의 시기에 EDF에 근거하여 추정된 부도확률은 실제 위험을 과소평가할 것이다. 실제로 높은 주가수준은 신용팽창에 의한 금융시스템의 불균형상태에 대한 증상(symptom)일 수 있으므로 실제 리스크는 상당히 높은 수준일 가능성이 높다.

정리하면, PM 접근법은 머튼(Merton)의 옵션가격결정모형을 이용하여 개별 기업의 부도확률을 산출하고 신용등급을 산정한다. 따라서 동 모형에서는 기업의 자산가치를 주가로 산출하므로, 이는 과거 신용자료(historical credit data)를 이용하는 모형과 달리, 기본적으로 미래지향적인 특성을 가지고 있다.

효율적 시장가설(Efficient Market Hypothesis)에 의하면, 주가는 거시경제 상황을 포함한 개별 기업에 관련된 모든 현재정보를 반영하여 결정되므로, 동 모형은 거시경제 상황을 반영하는 조건부 모형(conditional model)에 속한다. 그리고 CreditRisk+와 마찬가지로, 몬테카를로 시뮬레이션을 이용하지 않고 분석적인 방법에 의해 포트폴리오 손실분포를 직접 산출한다는 특징을 가지고 있다.

PM에서는 회수율이라는 개념 대신 손실률(LGD)이라는 개념을 사용하는데, 이는 손실과 대출자산의 장부가격에 대한 비율을 가리키는 것이다. 전체 포트폴리오에서 신용 리스크로 인한 예상손실은 각 거래기업에 대한 예상손실을 가중평균(전체 위험노출에 대한 개별 노출의 비율의 합)하여 산출할 수 있다. 그러나 비예상손실의 경우에는 부도확률의 상관관계로 인해 전체 손실분포의 변동성을 쉽게 계산할 수 없다. 따라서 포트폴리오를 구성하고 있는 모든 자산을 둘씩 묶어 이 둘에 대한 상관관계를 파악하여 부도확률의 상관계수를 대체하는 방식을 채택한다. 즉, 옵션가격결정모형을 이용하여 기업의 미래 자산가치를 추정한 후 이의 상관관계를 추정하는 방식을 사용한다.

제5절 신용평가시스템의 적합성 검증[19)]

1. 적합성 검증 개요

신용분석 전문가는 평가방법론을 선정하고 평가모형을 개발하여 평가모형을 운영한 후 평가결과를 검증한다. 또한 신용평가모형이 제대로 성능을 발휘하고 있는지 주기적으로 검증해

그림 14-13 | 적합성 검증의 구성요소

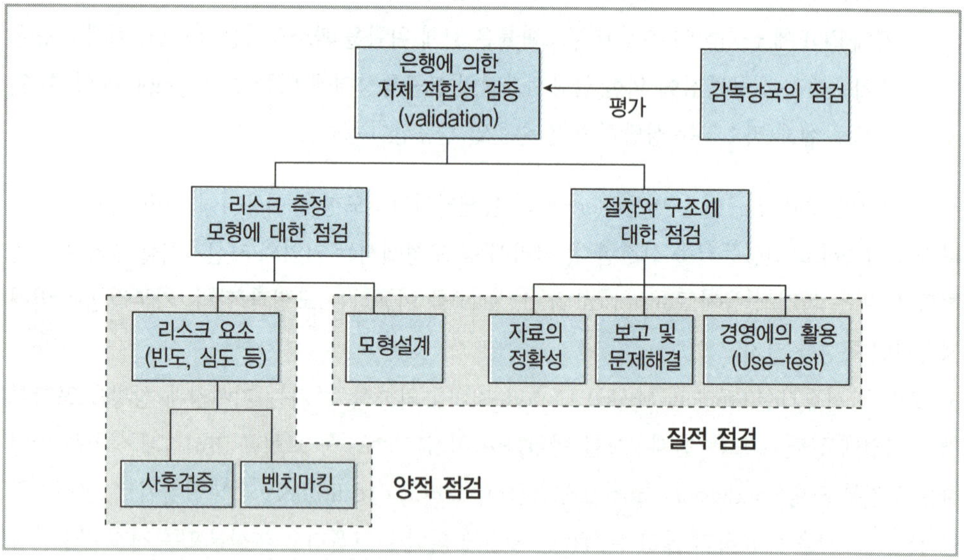

자료: 문종진 외, 「Basel Ⅱ와 리스크관리」(2007), Basel Ⅱ의 모형 적합성 검증방안.

19) 문종진 외, 「Basel Ⅱ와 리스크관리」(2007), pp.363~390 참조.

야 한다. 이를 위해 우선 모형의 안정성을 검증하는 방법을 설계하여야 한다. 신용평가모형은 주기적으로 적합성 검증을 실시해서 업데이트해야 한다. 통상 실무에서는 3~5년 주기로 모형을 업데이트해야 한다. 적합성 검증이란 모형으로서의 성능이 적합한지를 검증하는 것으로, 관심 있는 대상(quantity)의 측정(measure)이 신뢰성 있는 타당한 방법과 일관적으로 평가되었는지 여부를 검증하는 방법을 의미한다고 할 수 있다. 적합성 검증(validation)은 부도예측모형에서 산출된 신용등급이 리스크를 철저히 차별화하고 리스크 요소(risk component: PD, LGD, EAD)의 추정치가 관련 리스크 특성을 적절히 차별화하고 있는지의 여부를 평가하기 위한 다양한 절차 및 활동을 의미한다. 적합성 검증에 대해서는 신 BIS 기준에서 자세한 내용을 제시하고 있다. 적합성 검증에는 협의의 관점에서 주로 신용평가모형의 사후검증으로서 변별력 검증을 주로 언급하고 있으나 그 이외에도 광의의 관점에서 모형 설계, 데이터 정확성, 벤치마킹 등을 포함한 신용평가시스템의 적합성 검증으로 생각한다. 다시 말해 리스크 추정치의 변별력과 예측력을 검증하는 것에서부터 신용평가시스템의 활용에 이르기까지 은행의 신용평가시스템을 평가하는 모든 절차를 의미한다고 할 수 있다.

리스크 관리에 있어 궁극적으로 측정하고자 하는 대상은 리스크에 대비하기 위한 필요 자기자본량으로 귀결될 것이다. 하지만 이 값은 일정기간이 경과하여도 직접적으로 관측될 수 없는 대상이기 때문에 리스크 관리 분야에 있어 적합성 검증의 중요성이 더욱 부각되고 있다. 일반적 적합성 검증의 구성요소는 금융감독원에서 [그림 14-13]과 같이 제시되어 있다.

2. 적합성 검증 원칙

신바젤협약의 고급법(IRB, AMA)에 대한 적합성 검증과 관련하여 리스크 측정 요인을 검증할 책임은 개별 은행에 있으며, 감독당국은 은행의 자체 적합성 검증이 적정한지를 평가해야 한다. 따라서 신바젤협약에 제시하고 있는 일반적인 적합성 검증 원칙은 다음과 같다.

① **적합성 검증의 범위**(scope) : 신용위험 측정요소 추정치의 예측력과 신용관련 업무에 신용등급을 활용하고 있는지 여부를 평가하는 것을 의미한다. 신용위험 측정요소 추정치는 과거의 데이터에 기반하여 미래를 예측하는 것이며, 신용평가시스템은 리스크를 차별화할 수 있어야 한다. 또한 적합성 검증은 신용위험 측정요소 추정치의 미래 예측 정확성, 추정절차 및 동 정확성이 지속적으로 유지되도록 하는 통제구조에 초점을 두어야 한다.

② **책임성 원칙**(accountability) : 신용평가시스템에 대한 적합성 검증을 수행하여 신용위험 측정요소 추정치를 도출한 방법과 절차가 의도한 바대로 수행되고 또 유지되어지는지

에 대해 점검하여야 한다.

③ **반복성 원칙**(iterative process) : 적합성 검증은 신용위험 측정요소 추정치의 미래 예측력, 추정절차 및 정확성 유지를 위한 통제구조 등의 완전성 확보를 위해 지속적이고 반복적으로 수행하여야 한다.

④ **다양성 원칙**(full range of available tools) : 신용평가시스템 적합성 검증은 가용 데이터 및 포트폴리오 특성에 따라 다양한 검증방법을 적용하여 수행하여야 한다.

⑤ **포괄성 원칙**(comprehensive validation) : 적합성 검증은 양적 · 질적 요인을 모두 포괄하여야 한다. 즉, 통계적 기법을 활용하여 예측치와 실측치를 비교하는 형태로 순수하게 기술적/수리적 방법을 사용하는 것만으로는 불충분하며, 신용평가시스템의 전반적인 성과를 평가하기 위하여 데이터와 모형 등 신용평가시스템의 요소들을 평가하는 것과 더불어 시스템과 관련된 조직구조 및 절차에 대하여도 평가하여야 한다.

⑥ **독립성 원칙**(independence) : 적합성 검증 절차 및 결과는 그 적정성을 확인하기 위해 신용평가시스템 설계와 구축 및 신용평가업무에 대해 책임을 지지 않는 독립적인 조직에 의해 점검되어야 한다.

3. 적합성 검증 방법

적합성 검증은 양적 검증과 질적 검증의 두 부분으로 나누어진다. 양적 검증은 결과분석(output analysis)을 통한 사후검증과 벤치마킹 등으로 구성되고, 질적 검증은 모형설계, 자료의 정확성, 보고 및 문제해결 그리고 경영에 활용하는 부분에 대한 검증이 필요하다. 개별 은행은 질적 · 양적 검증기준에 의해 주기적으로 자체검증을 수행하고, 검증결과에 따라 측정모형을 지속적으로 수정 · 보완해 나가야 한다.

1) 양적 적합성 검증

양적 적합성 검증(Quantitative Validation)은 사후검증(back-testing)과 벤치마킹(benchmarking)의 방법을 통해 변별력, 안정성, 등급계량화의 적정성 여부를 평가한다.

(1) 사후검증

신용위험 측정요소의 추정치와 실제 관찰된 결과치를 비교하는 것을 의미한다. 사후검증(back-testing)은 표본외 추출(out-of-sample test)의 한 형태이며, 표본내 추출(in-sample test)은 평가시 고려대상이 아니다. 또한 데이터의 기간 등의 사유로 사후검증이 어려운 경우 개발중

빙(developmental evidence)에 대한 평가를 통해 보완적 역할을 수행할 수도 있다.

(2) 벤치마킹

외부 신용평가기관이나 기타 제3자로부터 제공된 외부 데이터를 활용하여 벤치마크 포트폴리오를 사용하고 동 벤치마크 포트폴리오 추정치와 은행 내부 추정치 간의 차이를 분석하는 것을 의미한다. 이 경우, 벤치마크 추정치와 은행 내부 추정치 간의 체계적인 차이는 반드시 확인되어야 하며, 데이터 부족 등으로 추정이 어려울 때는 통계적인 적합성 검증절차에 대한 보완적인 수단으로 활용된다.

2) 질적 적합성 검증

질적 적합성 검증(Qualitative Validation)은 주요 점검항목 예시를 통해 다음의 사항에 대하여 평가한다.

(1) 모형설계

모형 리스크(model risk)의 적정성을 검증하는 것으로, 모형이 유효한 통계적 방법 또는 실무에서 인정된 방법을 사용하여 개발되었는가와 모형이 개발된 초기의 목적과 일관된 방법으로 사용되었는가 하는 두 가지 측면에서 점검을 수행하여야 한다.

(2) 데이터의 정확성 및 이용가능성

데이터의 정확성, 완전성 그리고 적절성 평가를 포함하여 시스템에 입력되는 데이터를 상세히 점검하는 절차를 보유하여야 한다. 조정(reconciliation)은 리스크 데이터와 회계 및 재무 데이터 간 차이의 원인과 상태에 관해 설명하는 것을 의미하며, 데이터 조정이 가해진 경우 합리적인 입증이 가능할 만큼 충분히 상세하여야 한다.

(3) 보고 및 문제해결 절차

적합성 검증은 지속적이고 반복적인 절차로서 내부의 부도경험을 기초로 양적 기준에 대한 점검을 실시하고, 내부 허용수준이나 이용 가능한 외부자료와 비교하여 차이가 발생할 경우 이를 분석하여 그 결과를 이사회 및 경영진에 보고하여야 한다. 내부 허용수준을 벗어나는 등 문제가 발견될 경우 문제해결을 위한 절차가 수행되어야 한다.

(4) 신용평가시스템 활용

신용평가시스템을 통해 산출되는 리스크 평가결과에 기초하여 은행의 중요한 영업정책 결정이 이루어지고 있는지 여부에 대하여 평가하여야 한다. PD, LGD, EAD와 같은 신용위험

측정요소들이 신용등급 활용과 신용프리미엄 계산 시 사용되는지 여부, 또한 신용프리미엄에 기초한 대손충당금의 적립 등에 사용되는지 여부를 평가하여야 한다.

(5) 이용자 이해도 및 교육 수행

신용평가시스템 이용자들의 이해의 정도 및 적절한 교육이 수행되는지 여부를 검증하여야 한다.

4. 신용평가시스템의 적합성 검증

이하에서는 양적 적합성 검증과 관련하여 추정한 리스크 요소인 부도율(PD)이 적합한지를 위주로 살펴볼 것인데, 손실률(LGD) 및 익스포저(EAD)에서는 특별한 양적 검증 방법론을 제시하지 못하고 있다. 따라서 바젤위원회에서 제시한 양적 검증방법들 중 변별력(discriminatory power), 등급의 계량화(calibration) 및 안정성(stability)에 대하여 그 방법론을 설명하고자 한다.

1) PD에 대한 적합성 검증

(1) 변별력 검증

신용평가모형의 변별력(discriminatory power)은 부도차주와 정상차주를 사전적으로 구별하는 능력을 의미한다. 차주들 중에서 부도가 발생할 차주를 사전에 구별해 내는 신용평가모형의 목적이 바로 이것이기 때문에 좋은 모형이 되기 위해서는 변별력 검증이 필요하다. 상위등급의 실제부도율과 하위등급의 실제부도율 간에 차이가 클수록 변별력이 높은 것으로 간주된다. 즉, 신용평가모형에 의해 부도로 판단된 차주가 향후에 실제로 부도가 발생할수록, 정상으로 판단된 차주가 향후에 부도가 발생하지 않을수록 모형의 변별력이 높다고 할 수 있다.

신용평가모형의 변별력을 측정하기 위해 여러 방법(또는 통계량)을 사용할 수 있다. 이 중에서 어느 방법이 우월한지 선험적으로 결정하기 어렵고, 또한 모형의 상이한 가정 때문에 검증결과의 차이가 발생할 수 있으므로 여러 방법들을 이용하여 종합적으로 상호 비교해 보는 작업이 필요하다. 이는 특정방법에 의해서는 모형 A가 모형 B보다 더 변별력이 좋다고 하더라도 다른 방법에서는 반대의 결과가 산출될 수 있기 때문이다. 가장 정확하다고 보기는 어렵지만 실무에서 가장 많이 사용되는 검증방법은 CAP(Cumulative Accuracy Profile)와 ROC(Receiver Operating Characteristic)이다.

표 14-13 | 모형의 예측오차 정의

구 분		부도차주수 (D)	정상차주수 (ND)
신용평점	임계점(C) 이하 ($S<C$)	옳은 판단 : $H(C)$	제1종 오류 (Type I error) : $F(C)$
	임계점(C) 이상 ($S>C$)	제2종 오류 (Type II error)	옳은 판단
합 계		N_D	N_{ND}

① ROC 곡선

ROC(Receiver Operating Characteristic) 곡선은 부도차주와 정상차주의 신용평점에 기반하여 쉽게 그래프로 나타낼 수 있는 것으로, 다음의 CAP 곡선보다는 더 복잡한 형태이지만 표본 내의 부도차주와 정상차주의 비율에 크게 영향을 받지 않는다는 장점을 가지고 있다. 신용평가모형에 의해 신용평점을 산출하고 임의의 임계점(cutoff) 이하의 스코어를 부도로 예측했다면 미래에 발생 가능한 결과는 다음과 같이 4가지로 분류할 수 있을 것이다.

i) 차주는 부도가 나고 신용평가모형도 부도로 분류
ii) 차주는 부도가 나고 신용평가모형은 정상으로 분류(Type I error)
iii) 차주는 부도가 나지 않고 신용평가모형은 부도로 분류(Type II error)
iv) 차주는 부도가 나지 않고 신용평가모형도 정상으로 분류

위 〈표 14-13〉에서 신용평가모형이 부도로 예측한 경우 실제로 부도가 난 비율을 Hit Rate(이하 HR(C)), 부도로 예측했지만 실제로 정상인 비율을 False Alarm Rate(이하 FAR(C)라고 한다.

$$\text{Hit Rate} : HR(C) = \frac{H(C)}{N_D}$$

$H(C)$: 부도차주를 정확히 예측한 수
N_D : 실제 부도차주의 수(number of default)

$$\text{False Alarm Rate} : FAR(C) = \frac{F(C)}{N_{ND}}$$

$F(C)$: 정상차주를 부도로 잘못 예측한 수
N_{ND} : 실제 정상차주의 수(number of non-default)

이러한 평가모형의 예측결과를 도대로 ROC 곡선은 다음 과정을 통하여 도시할 수 있다. 우선, 부도 여부를 판단하는 임계점(C)을 변환시키면서 C에 대한 HR(C)와 FAR(C)를 계산한다. 여기서 산출된 HR(C)와 FAR(C)로 이루어진 점들이 ROC 곡선인데, ROC 곡선의 가로축

그림 14-14 | ROC 곡선

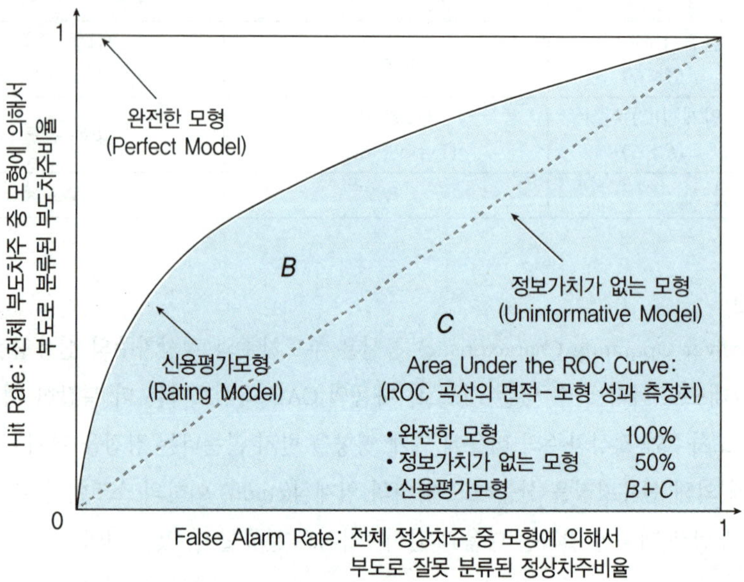

은 실제 정상차주를 부도로 잘못 예측할 확률(FAR)이며, 세로축은 부도차주를 부도로 정확히 예측할 확률(HR)을 의미한다. 이론적으로 연속적인 HR(C)와 FAR(C)의 쌍(pair)을 계산할 수 있으나, 실제로 ROC 곡선은 신용평가모형에서 평가한 차주수만을 고려하기 때문에 이산적인 형태(discrete form)로 표현된다.

[그림 14-14]에서와 같이, 실제 평가모형은 대부분 정보가치가 없는 모형(uninformative model)인 무작위 모형(random model)과 완전한 모형(perfect model)의 중간에 위치하게 된다. 따라서 가로축이 동일한 점에서는 실제 부도차주를 부도로 예측하는 확률, 즉 HR(C)가 높을수록 좋은 모형이라고 할 수 있다. 따라서 궤적이 대각선에서 멀리 위치할수록, 즉 B의 면적이 크면 클수록 예측력이 높다고 할 수 있다. 따라서 이 면적의 크기로 변별력의 정도를 판단할 수 있으며, 이것이 AUROC(Area Under the ROC Curve) 측정치이다.

② AUROC

ROC 곡선에 기반하는 대표적인 측정치인 AUROC(Area Under the ROC Curve)는 ROC 곡선 아래의 면적을 의미하며, AUROC의 통계적인 특성은 두 모집단의 차이를 검정하는 맨-휘트니(Mann-Whitney) 통계량과 일치한다고 알려져 있다. 특히 무작위모형과 평가모형의 비교 또는 두 개 이상의 평가모형을 비교하는 데 있어서 AUROC 값을 비교하는 것은 상당히 의미가 있다. 일반적으로 연속적인 곡선상에서의 면적은 적분(integral)에 의해서 산출 가능하므로 ROC 곡선상에서 면적(A)은 다음과 같이 계산될 수 있다.

$$A = \int_0^1 HR(FAR)\, d(FAR)$$

여기서 $HR(FAR)$은 ROC 곡선상의 점(point)을 의미하며, $d(FAR)$은 X축 선상에서의 작은 변화(미분값)를 나타낸다.

변별력이 없는 무작위모형에서 A값은 0.5, 예측력이 완벽한 모형이라면 1의 값을 가지며, 실제 평가모형은 대체로 0.5와 1 사이의 값을 가질 것이다. 신용평가모형에서 산출된 ROC 곡선 아래의 면적, 즉 AUROC는 다음의 식에 의해 이산적으로 근사화될 수 있다.

$$AUROC = \sum_{I}\left(\frac{1}{2}\,\mathrm{Good}_i \cdot \mathrm{Bad}_I + (1 - \mathrm{CumGood}_i)\cdot \mathrm{Bad}_I\right)$$

Good_i : 신용등급 i에 속한 정상차주수÷전체 정상차주수
Bad_I : 신용등급 i에 속한 부도차주수÷전체 부도차주수
$\mathrm{CumGood}_i$: 낮은 등급에서 높은 등급 순으로 누적된 Good_i

이러한 AUROC는 시각적 방식에 기반하여 부도위험을 차별화하는 분석도구이며, 신용평가모형의 개발단계에서 특히 유용하다. 그러나 AUROC는 단지 상대적인 분류만을 다루고 순위에 대한 서열화에만 초점을 맞추고 있으므로 모든 차주가 실제 부도율보다 훨씬 더 낮게 또는 더 높게 평가되는지 여부와 관계없이 높은 측정값을 보일 수 있다는 문제점을 가지고 있다.

(2) 등급의 계량화 검증

모형의 계량화(calibration) 검증이란 차주가 신용등급별로 잘 구분되었는지 여부를 판단하는 것으로서 등급 내 예측부도율과 실제부도율이 일치하는지, 즉 추정부도율이 적합한지를 판단하는 것이다. 일반적으로 계량화 검증은 앞서 논의한 변별력 검증보다 더 어렵다고 알려져 있다. 현실적으로 은행의 PD 추정치는 향후 관측되는 부도율과 오차(error)가 존재하는데, 중요한 문제는 그러한 오차가 무작위로 이루어지는 것인지 아니면 체계적이고 구조적으로 이루

표 14-14 | 바젤위원회가 제시한 계량화 검증방법

방법	가정	특징
이항검증(Binomial Test)	• 부도사건 독립	특정시점의 등급별 검증방법
카이제곱 검증 (Chi-squre Test)	• 부도사건 독립	특정시점의 모형 전체에 대한 검증 방법
정규성 검증 (Normal Test)	• 부도율의 변동성이 작음 • 상이한 연도의 부도사건은독립	특정시점이 아닌 다시점의 부도율의 정확성에 대한 검증
신호등 검증 (Trafic Lights Test)	• 부도사건 독립	특정시점이 아닌 다시섬의 부도율의 정확성에 대한 검증

어지는 것인지 여부이다. 즉, 그 차이가 무작위가 아닌 구조적인 문제에 의해 발생된다면 예측부도율과 실제부도율이 차이가 있다는 것이고, 결론적으로 계량화가 적합하게 이루어지지 않았다고 할 수 있다. 따라서 바젤위원회에서 제시하는 계량화 검증방법에는 이항검증(Binomial Test), 카이제곱 검증(Chi-squre Test), 정규성 검증(Normal Test), 신호등 검증(Trafic Lights Test) 등이 있다. 이항검증 및 카이제곱은 특정시점, 즉 특정연도의 예측부도율과 실제부도율을 비교하는 방법이고, 정규성 검증과 신호등 검증은 다기간 연속시점, 즉 몇 년 정도의 예측부도율과 실제부도율을 비교하여 검증하는 방법이다.

연습문제

객관식

1. 재무정보에 근거한 신용평가모형인 알트만의 Z-Score 모형의 주요 변수가 아닌 것은?
① 운전자본비율 ② 총자산 영업이익률
③ 이자보상비율 ④ 자본부채비율

2. 2007년 미국발 서브프라임 모기지론과 같은 글로벌 위기가 발생된 주 리스크는?
① 금리 리스크 ② 신용 리스크
③ 유동성 리스크 ④ 운영 리스크

3. 2008년 미국발 세계금융위기 등을 겪으면서 금융기관에서는 새로운 리스크 측정방법이 요구되었는데, 일반적으로 사용되는 위기상황 분석기법이 아닌 것은?
① 민감도 테스트 ② 시나리오 분석
③ 최대손실 접근법 ④ 부분가치 평가법

4. 신용 리스크 관리원칙의 주요 내용이 아닌 것은?
① 신용 리스크에 대한 적정한 통제
② 신용 리스크 측정모형의 강화
③ 적절한 신용 리스크 환경의 설정
④ 건전한 신용공여 절차에 의한 영업

5. 차입자의 미래 상환능력(forward looking criteria)에 초점을 맞춘 최근의 신용분석의 특징에 해당하는 것은?
① 현금흐름(Cash Flow) ② 담보(Collateral)
③ 경제주기(Cycle) ④ 자본(Capital)

6. 개별 차주의 신용 리스크 측정과 관련된 내용이 아닌 것은?
① 전문가 시스템에 의한 신용평가 ② 알트만의 Z-Score 모형
③ 예산부도 확률모형 ④ Credit VaR 모형

7. 금융기관에서 신용 리스크를 통제하는 가장 기본적인 수단으로, 집중도를 낮추고 분산도를 높여 신용 리스크를 감소시키는 방법은?
① 신용조사관리 ② 신용편중 리스크 관리
③ 신용한도관리 ④ 신용분석관리

8. 신용파생상품의 종류가 아닌 것은?

① 신용부도스왑(CDS) ② 총수익스왑(TRS)
③ 신용연계채권(CLN) ④ 주가지수연동상품(ELN)

9. 신용조사 및 여신심사 시 차주의 사업위험 분석의 구체적인 내용이 아닌 것은?

① 신용등급측정 분석 ② 영업위험 분석
③ 산업위험 분석 ④ 재무위험 분석

10. 재무위험 분석 중 재무비율 분석에 사용되는 일반적인 비율에 해당하지 않는 것은?

① 유동성비율 ② 안정성비율
③ 활동성비율 ④ 민감도비율

11. 신용평가의 원칙에 해당되지 않는 것은?

① 객관성 및 독립성 ② 보수적 관점 유지
③ 여신의 사후관리 ④ 일관성

12. BaselⅡ 기준에 의하여 차주의 부도가 발생한 것으로 간주되지 않는 경우는?

① 무수익 여신으로 분류한 경우
② 신용악화에 따라 회수의문 또는 추정손실로 분류한 경우
③ 차주 재조정으로 인하여 원금, 이자 또는 관련 수수료가 면제되는 경우
④ 신용리뷰 결과 신용등급이 하락될 경우

13. 부도시점에 예상된 여신의 익스포저 대비 경제적 손실금액을 나타내는 것은?

① LGD ② EaD
③ PD ④ EL

14. 은행의 리스크 종류 중 일반적으로 가장 큰 리스크 부분을 차지하는 것은?

① 운영 리스크 ② 신용 리스크
③ 시장 리스크 ④ 유동성 리스크

15. 부도 시 손실률(LGD)에 관한 내용 중 틀린 것은?

① 부도 시 손실률은 1-회수율이다.
② 부도 시 손실률은 은행 자체적으로 추정하여 사용하는 것은 고급내부등급법이다.
③ 부도 시 손실률은 경제적 가치 관점보다는 IFRS의 회계적 관점에서 측정해야 한다.
④ 부도 시 손실률은 대출의 회수시점이 다르므로 할인율을 적용해야 한다.

주관식

16. 신용 리스크의 배경, 정의 및 목적에 대하여 설명하라.

17. 신용 리스크의 특징과 중요성에 대하여 설명하라.

18. 신용 리스크 계량화에 필요한 5가지 측정요소(five major risk drivers) 중 PD, LGD 및 EaD에 대하여 설명하라.
$UL = f(PD, LGD, EaD, M, Corr.)$

19. 신용대출의 의사결정은 "차입자의 상환능력에 대한 개인적 판단을 반영한다"는 전통적 신용 리스크 접근방식의 전문가시스템에서의 신용분석 "5C's+1"을 열거하고 그 뜻을 간단히 설명하라.

20. 신용 리스크 측정모형의 두 가지 평가방식인 부도방식(DM: Default Model)과 시가평가방식(MTM: Mark-to-Market Model)을 각각 설명하라.

21. 신용 리스크를 측정하는 요소들을 사용하여 예상손실(EL)과 비예상손실(UL)의 산출과 아울러 그 의미를 손실분포를 이용하여 설명하라. 또한 EL과 대손충당금의 관계, UL과 VaR의 관계도 아울러 설명하라(도표를 통해 설명하면 편리).

22. 개인 차주의 신용평가모형인 소매 익스포저 모형으로 신용평점시스템(ASS: Application Scoring System)과 행동평점시스템(BSS: Behavior Scoring System)의 내용에 대하여 각각 설명하라.

23. 증권화(securitization)의 의의 및 필요성에 대해 논하고 Credit Default Swap(CDS)과 Collateralized Debt Obligation(CDO)의 내용에 대해 설명하라.

24. CreditRisk+에서 포아송분포에 의한 채무불이행확률, 예상손실(EL) 및 비예상손실(UL)을 산출하라.

15장

운영 리스크 관리

제1절 운영 리스크 관리 개요[1)]

1. 운영 리스크의 개념

베어링스(Barings), 소시에테제네랄(Societe Generals) 등에서 발생한 손실사건들은 금융기관의 운영과 관련된 리스크인 운영 리스크(operational risk)의 중요성을 인식하게 만드는 계기가 되었다. 2008년 초에 도입된 BaselⅡ는 운영 리스크에 의한 필요자기자본을 새롭게 산출토록 요구함으로써 금융기관으로 하여금 운영 리스크 측정시스템의 구축과 고급측정법에 의한 내부모형에 의거 운영 리스크 자본량(operational VaR) 산출의 정교화를 기하게 되었다. 또한 운영 리스크를 평가 · 통제하기 위한 관리체계(ORM: Operational Risk Management Framework)인 3차방어 통제구조의 수립과 아울러 리스크통제자가진단(RCSA: Risk Control and Self Assessment)과 핵심리스크지표(KRI: Key Risk Indicator) 등의 운용 리스크를 관리하는 수단이 개발되었다. 또한 미들오피스(middle office)의 신설을 통한 독립된 운영 리스크 관리기능이 정착할 수 있게 되었다. 이와 같이 운영 리스크는 ALM 리스크, 신용 리스크, 시장 리스크와 더불어 금융기관 리스크 관리의 중요한 부분으로 새롭게 자리 잡게 되었다.

1) 금융감독원, 「통합리스크관리 모범규준(제2권 운영리스크)」 참조.

1) 운영 리스크의 정의

일반적으로 운영 리스크(operational risk)는 신용 리스크, 시장 리스크, 금리 리스크, 유동성 리스크 등과 같은 여타 금융 리스크를 제외한 모든 리스크를 포함하고 있는 개념이다. 그러나 이러한 정의는 너무 넓기 때문에 신바젤협약에서는 운영 리스크를 "부적절하거나 잘못된 내부의 절차, 인력 및 시스템 또는 외부의 사건으로 인해 발생하는 손실 리스크"로 좁혀서 정의하고 있다. 운영 리스크 정의에 의한 구분은 〈표 15-1〉과 같다.

표 15-1 | 운영 리스크 정의에 의한 구분

1. 인적 리스크(People Risk) : 인간의 실수, 사기, 내부규정의 고의적 위반
2. 시스템 리스크(System Risk) : 정보시스템과 IT분야에서 하드웨어/소프트웨어 실패, 해킹 등으로 인한 손실
3. 프로세스 리스크(External Risk) : 내부절차와 통제에서의 부적절함으로 인한 손실, 결제시스템의 오류, 모형 리스크, 보안의 실패
4. 외부사건 리스크(External Event Risk) : 기업이 통제할 수 없는 외부사건(화재, 지진, 테러 등)

여기에는 법률 리스크(legal risk)는 포함하지만, 전략 리스크(strategic risk)와 평판 리스크(reputational risk)는 제외하고 있다. 전략 리스크와 평판 리스크를 제외하는 이유는 신바젤협약이 규제자본을 산출하는 측면에서 계량적으로 파악 가능한 리스크만을 고려하고 있기 때문이다. 법률 리스크는 윤리규정(prudent ethical standard), 계약사항(contractual obligations) 및 제반 법률(law and regulation)을 위반하여 손실이 발생할 위험을 의미하는데 이러한 법률 리스크는 민·형사소송의 결과뿐만 아니라 감독당국의 규제로 인한 벌금, 추징금 및 손해배상금을 포함하는 개념이다.

평판 리스크는 경영부진, 금융사고, 사회적 물의 야기, 고객과의 부적절한 대응 등으로 금융기관의 평판 또는 이미지에 부정적인 영향을 미치는 위험이다.

전략 리스크는 불리한 사업의 결정, 금융경제 환경변화에 따른 대응책의 실패, M&A 인수결정 실패 등으로 야기되는 손실을 입게 될 위험을 의미한다.

운영 리스크와 전략 리스크의 차이점은 다음과 같이 설명할 수 있으며, 이는 운영 리스크의 개념을 이해하는 데 도움이 된다.

운영 리스크는 기업전략에 따른 비즈니스 운영상의 오류방지(error in the process of operation)를 고려한 것이다. 기업이 사업을 수행하는 한 상시적으로 발생하는 리스크로, 어떤 일을 올바르게 처리하는(Do things right?) 운영상의 과정관리(process management)로서 운영관리자(manager *or* supervisor)가 책임을 진다. 이에 반하여 전략 리스크(strategic risk)는 사업 목표 달성을 위하여 자원을 어디에 얼마만큼 투입할 것인지를 결정하는 올바른 일(사업)을 결정하는(Do the right things?) 전략적 선택(strategic choice)상의 리스크로, 임원 혹은 사장(senior management, CEO *or* leader)이 책임을 진다고 설명할 수 있다. 즉 운영 리스크는 전략 당시의 오류보다는 운영상의 오류를 고려한 것으로 기업의 사업수행에서 발생하는 운영상의 리스크이다.

2) 운영 리스크의 특징

운영 리스크는 시장 리스크와 신용 리스크와는 많은 차이를 보인다. 이것은 운영 리스크 관리와 측정의 어려움으로 나타난다. 운영 리스크의 특징은 다음과 같다.

① 시장 · 신용 리스크는 금융기관의 수익과 관련되는 반면 운영 리스크는 금융기관의 영업활동에 자연적으로 내재되어 있으며, 수익과 간접적인 관계를 갖고 있다.
② 시장 · 신용 리스크와 달리 운영 리스크는 금융기관의 전 영업활동을 포괄하고 있기 때

표 15-2 | 시장 · 신용 리스크와 운영 리스크의 비교

분 류	시장 리스크	신용 리스크	운영 리스크
익스포저	시장성 자산, 대출자산 등 실물자산		인력, 업무 프로세스, 영업규모 및 특성
손실원인	Market		사람, 내부 프로세스, 문화
관련부서	자산운용부서	여신부서	전 부서
리스크 인식	시장의 변동성 증대, 익스포저 증가 등 객관적 데이터로 파악		주관적인 CSA(Control Self Assessment)로 파악
관리주체	시장 리스크 팀 (단일주체)	신용 리스크 팀 (단일주체)	내부감사/준법감시인/운영 리스크 관리팀(복수주체)
손실분포	Normal	Skewed Distribution (Beta, Gamma)	Skewed Distribution (빈도분포/손실분포)
사건	시장의 변동성 증대	부도 등	운영손실 발생 (부도보다 희귀한 사건)
손실사건 개수	수없이 많음	많음	전 세계적으로 부족
관리역사	27년 정도 (한국: 17년)	22년 정도 (한국: 12년)	9년 정도 (한국: 6년)

자료: 금융감독원, 「신BIS협약 운영리스크: 새로운 도전」(2006).

문에 사람, 프로세스, 시스템에 내재되어 있어 구체적인 익스포저를 파악하는 것이 어렵다. 따라서 운영 리스크는 주관적인 방법을 사용하게 되어 객관성이 떨어진다.

③ 운영 리스크는 금융기관 전체를 포괄하고 있기 때문에 내부감사, 준법감시인, 운영 리스크 관리팀 등 복수기관의 협력이 중요하다. 따라서 전사적인 관심이 요구된다.

④ 운영 리스크는 손실사건의 데이터 부족으로 인해 실질적인 측정 자체가 매우 어렵다.

2. 운영 리스크와 내부통제제도

1) 내부통제제도

운영 리스크 관리는 신바젤협약에서 처음 언급되고 있는 것이 아니다. 기존 금융기관의 내부통제제도를 더 개량하고 발전시킨 개념이다.

내부통제제도는 "기업에 나쁜 영향을 미칠 수 있는 모든 문제들을 스스로 발견하고 고칠 수 있는 기업 내부의 프로세스"[2] 라는 매우 광범위한 정의로 사용되어 왔다. 그런데 이런 정의는 너무 광범위하여 상황에 따라서는 애매하게 사용되는 경향이 있었다. 그리고 정확한 개념의 정립 없이 기업의 내부규정, 감독규정, 법률 등에 사용될 때는 다른 개념들과 혼동 및 충돌을 일으키는 경우가 빈번했다. 운영 리스크 관리에서 적절한 내부통제를 위해서는 영업부서(front office), 리스크 관리부서(middle office), 후선부서(back office) 간의 방화벽(firewall *or* Chinese wall)에 의한 업무분리는 다음에서 설명할 운영 리스크 실패사례 방지를 위해 절대적으로 필요하며, 미들오피스 기능은 내부통제를 비롯한 운영 리스크 관리 전반의 기획 및 통제 업무내용이 포함된다.

내부통제제도의 국제적인 표준모형으로는 COSO[3] 모형이 있다. BIS도 금융기관 내부통제제도의 지침을 통해서 금융기관 내부통제제도의 운용원칙을 밝히고 있는데, 대체로 COSO의 내부통제모형의 큰 틀을 그대로 받아들여 이를 금융기관 조직에 맞추어 구체화시키고 있다.

2) Sarbanes-Oxley Act와 내부통제제도 강화

내부통제제도의 강화는 엔론(Enron) 등 대형 회계부정사건을 계기로 2002년 제정된 미국

2) 정영석, "금융회사 내부통제 체제의 확립 - 운영리스크 관리를 통한 접근"(2004).

3) COSO(The Committee of Sponsoring Organization of the Treadway Commission)는 허위 재무보고 및 통제기능의 실패 등에 대응해 내부통제제도의 표준적 모형을 제시하고자 1985년 미국의 AICPA (American Institute of Certified Public Accountants), AAA(American Accounting Association), IIA(Institute of Internal Auditors) 등 민간기구가 합동으로 설립한 기관으로 그 연구결과를 1992년에 "Internal Control Integrated Framework"로 발표하였다.

의 회계제도개혁법인 Sarbanes-Oxley Act(이하 'SOX' 라 함)와 매우 밀접한 연관성을 가지고 있다. SOX는 ① 외부감사인의 독립성을 강화하기 위한 일련의 조치, ② 재무보고에 관한 기업의 책임을 강화하기 위하여 재무보고서에 대한 CEO/CFO의 인증 및 재무보고와 관련한 내부통제제도의 운영 등을 그 주요 내용으로 하고 있다. 이에 따라 경영진의 내부통제제도에 대한 평가가 의무화되고 평가결과 및 취약점 등을 이사회(감사위원회) 및 외부감사인에게 보고해야 한다.

3. 운영 리스크 관리의 필요성

운영 리스크의 중요성이 널리 인식된 것은 1990년대 이후 대형금융사고의 근본적인 원인이 대부분 내부통제의 실패라는 운영 리스크 관리의 문제에 기인하였기 때문이다. 그리고 최근 대부분의 금융기관에서 운용 리스크의 자본량 산출규모는 계속 증가되어 운영 리스크 자본량규모가 시장 리스크 자본량규모를 능가하게 되었으며, 최근 금융기관의 Basel Ⅱ의 최소요구자기자본(Pillar 1) 산출결과보고서에서도 신용 리스크 자본량, 운영 리스크 자본량, 시장 리스크 자본량의 규모순으로 나타나고 있다. 이제 운영 리스크 관리가 왜 중요한지에 대해서 몇 가지 운영 리스크 실패사례를 통하여 알아보도록 하자.

1) 운영 리스크 관리의 실패사례[4)]

① Barings Bank(1995)

베어링스 은행(Barings Bank)은 230년의 역사를 가지고 있던 영국의 대표적인 상업금융기관이었다. 하지만 1995년 $15억의 손실을 입고 파산하여 ING금융그룹에 1파운드에 팔리는 수모를 겪게 된다.

이 사태는 싱가포르 지점에서 근무하던 닉 리슨(Nick Lesson)이라는 한 직원의 과도한 선물포지션으로 인해서 발생하였다. 닉 리슨은 1993년 싱가포르 지점 수익의 20%를 차지할 정도로 성공적인 투자가였다. 따라서 회사에서는 리슨에게 전폭적인 지원을 아끼지 않았다. 당시 리슨은 Front & Back Office의 권한을 모두 가지고 있었다. 따라서 투자지침이나 한도관리를 위반하고 대규모의 선물투자를 감행할 수 있었다.

하지만 1995년 Nikkei225 선물에 대규모 포지션을 취하고 있던 리슨은 고베지진과 미국의 금리정책 변화의 영향으로 $15억이라는 엄청난 손실을 입게 되었고, 결국 베어링스 은행은

4) 이 부분 내용의 일부는 장욱, "운영리스크 관리 실패사례 연구"(2004) 참조.

파산에 이르게 되었다.

② Enron(2001)

엔론(Enron)은 1985년 휴스턴 내추럴 가스(Houston Natural Gas)와 인터노스(InterNorth Corporation)의 합병으로 탄생하였다. 그리고 설립 15년 만에 미국과 유럽 거래 에너지의 20%를 담당하는 거대 기업으로 성장했다.

엔론은 천연가스, 전기, 커뮤니케이션, 펄프 등에 관련된 제품 및 서비스를 중간 판매업체에게 제공했다. 천연가스를 파이프라인으로 운송하고 미국 북서부 시장으로 전기를 발전, 송전, 공급했으며 전 세계에 걸쳐 천연가스, 전기 등과 관련된 위험 관리 서비스 및 금융 서비스를 제공하고, 산업체나 상업시설 고객들에게 에너지 설비나 시설을 설치, 운용했다. 1990년대 후반에는 인터넷을 통하여 가스, 전기, 에너지를 매매하는 등 첨단사업에도 뛰어들었다. 포춘지는 엔론을 1996년부터 2001년까지 6년 연속 '미국의 가장 혁신적인 회사'로 선성했다.

2000년 당시 회사의 총자산은 655억 300만 달러, 매출액은 1007억 8900만 달러로 추정되었다. 그러나 2001년 말에 회사가 수년간 차입에 의존한 무리한 신규사업으로 인해 막대한 손실을 입었고 이를 감추기 위해 분식회계를 해 왔음이 드러났다. 또한 중미, 남미, 아프리카에서의 계약에 뇌물수수, 정치적인 압력을 가했다는 스캔들이 돌면서 엔론의 주가는 90달러에서 30센트로 떨어졌다. 결국 엔론은 2001년 12월 2일에 파산신청을 했으며 엔론의 재무를 담당하고 있던 회계법인 '아서 앤더슨(Arthur Andersen)'은 분할 매각되었다.

엔론 사건을 계기로 미국에서는 이러한 대규모의 회계부정을 막기 위해 SOX가 제정되었다.

③ Societe Generale(2008)

Societe Generale 은행은 자산운용규모 4,670억 유로로 프랑스 내 금융기관 자산규모 2위이며, 1864년 제2제정 시절 나폴레옹 3세에 의해 인가되어 설립된 전통 있는 금융기관이다.

2008년 1월 하순 Societe Generale 은행에서 유로 주식선물 투자손실이 $72억 발생하였다. 이는 베어링스 사태의 $15억을 크게 초과한 세계 최대의 금융사고로 기록되었다. 사건의 당사자인 31세의 제롬 케르비엘(Jerome Kerviel)은 주니어급 주식파생상품 트레이더로 유럽 주식시장에서 차익거래를 담당하는 부서에서 일하였다. 그는 거래지원부서(back office, 자금결제 및 리스크 관리부서)에서 3년간 근무한 경험을 바탕으로 회사의 지급결제과정을 숙지하고 있었으며 이를 통해 자신의 불법선물투자 규모를 헤지된 상태로 조작할 수 있었다.

이 사건의 특징은 복잡한 파생금융상품으로 인한 것이 아닌 가장 일반적인 지수선물 투기에서 발생했다는 사실이다. 즉, 거래한도를 초과한 대규모의 직접적인 선물포지션을 취하고, 금융기관의 내부감사시스템을 피하기 위해 가상의 거래와 문서 및 이메일 위조 등을 통해 자신의 포지션이 안전하게 헤지된 상태라고 보고하여 손실을 키우게 되었다.

이 사건은 금융기관의 운영 리스크 관리의 중요성을 다시 한 번 확인시켜 주는 사건으로 기록되어 있다.

운영 리스크 관련 금융사고의 사례는 〈표 15-3〉과 같다.

표 15-3 | 운영 리스크 관련 금융사고 사례

발생년도	사건 또는 금융기관	손실규모	사건의 내용
1995	베어링 은행	15억 달러	니케이 선물 거래에서 직원(Nick Leeson)의 거래내용에 대한 보고와 내부통제의 불충분으로 발생
1995	다이와 은행	11억 달러	뉴욕지점의 직원이 연루된 사기거래가 11년 동안 계속된 사건으로 미국 내에서 영업허가가 취소됨
1996	스미토모 은행	26억 달러	채권거래 담당자가 10여 년에 걸쳐 미인가 파생금융상품을 거래하였으며, 3년 동안의 손실을 보고하지 않았음
2002	미즈호 금융그룹	–	합병과 관련된 시스템 결함으로 고객의 공공요금 납부 및 ATM의 장애, 고객의 결제구좌에서의 이중인출 등 여러 가지 문제점이 발생
2008	소시에테 제네랄	72억 달러	주가지수선물거래 담당자(Jerome Kerviel)가 주가 상승을 예상하여 불법자금 수십억 달러를 유럽 주가지수 선물 3곳에 투자하였으나, 증시가 폭락하면서 거액의 손실이 발생

2) 운영 리스크 관리의 필요성

앞서 살펴본 운영 리스크 관리 실패사례에는 공통점이 있다. 이러한 사건이 발생하면 굉장히 큰 충격이 발생한다는 것이다. Barings 은행은 파산하였고, Enron으로 인해 미국의 회계제도가 바뀌었으며, Societe Generale 사태는 유럽 전체의 금융위기로 확산될 뻔하였다.

이후 새로운 금융상품의 출현과 금융거래의 증가, 정보기술(IT)에 대한 의존도 심화, 규제수준의 강화 및 법적 소송의 증가 등으로 금융기관의 리스크 관리에 있어 운영 리스크의 중요성이 강조되고 있다. 새로운 금융상품의 출현은 금융기관 내의 복잡하고 다양한 업무를 완전히 이해하고 통제하는 것을 어렵게 하고 있으며 업무과정상 문제가 발생하더라도 신속한 해결이 이루어지지 않아 손실이 발생할 가능성이 높아지고 있다. 또한 임직원의 업무능력 부족, 잘못된 의사결정, 실수나 규정위반 등 직원에 의한 금융사고의 발생가능성도 높아지고 있다. 게다가 금융기관의 업무처리가 전산시스템에 의존하기 때문에 전산시스템의 장애, 정보누출 등 시스템에 의한 손실가능성이 증가하고 있으며, 이러한 시스템에 의한 오류는 이전의 수작업에 의한 오류보다 리스크의 규모를 더욱 크게 만든다. 이를 예방하기 위해서는 높은 수준의 내부 통제와 백업시스템이 지속적으로 유지되어야 한다. 그리고 내부적인 요인뿐만 아니라 9·11테러나 자연재해 등 외부적인 요인들에 의해 손실이 발생하는 경우도 늘어나고 있는 추세이므로 이에 대한 관리도 필요할 것이다.

제2절 운영 리스크 관리체계

운영 리스크 관리체계는 리스크 인식, 리스크 평가/측정, 모니터링 및 보고, 통제/경감 활동의 4단계 구조로 구성된다. 이 4가지 단계가 선순환 구조를 유지하는 것이 가장 중요하다. 그리고 이러한 4단계 구조하에서 운영 리스크 관리체계가 경영에 적절히 활용되어야 한다.

그림 15-1 | 운영 리스크 관리체계

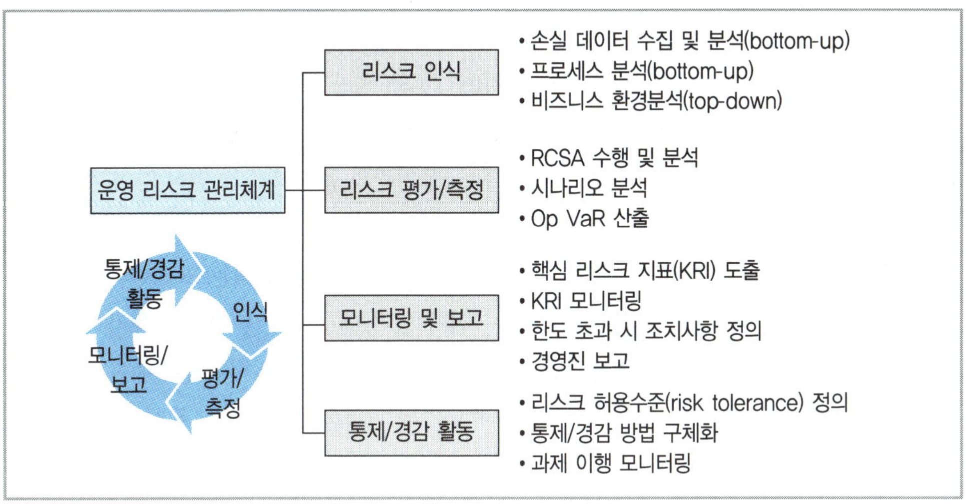

1. 리스크 인식

금융기관은 모든 주요한 영업활동에 내재된 운영 리스크를 인식 · 평가하여야 하며, 특히 금융기관 경영상 위협적인 잠재 운영 리스크를 인식하고 이에 대한 금융기관의 취약점을 평가하여야 한다. 따라서 금융기관은 모든 주요 운영 리스크를 인식 및 평가할 수 있는 수단을 보유하여야 한다. 일반적으로 금융기관은 운영 리스크 인식 및 평가를 위해 영업활동 분석(process analysis), 리스크 통제 자가진단(RCSA: Risk and Control Self-Assessment)[5] 등의 도구를 주로 이용한다.

또한 경영상 가장 위협적인 잠재 운영 리스크가 무엇인지 인식하고 이에 대한 금융기관의 취약점을 평가하여야 한다. 따라서 운영 리스크 인식 및 평가 도구를 통해 일상적인 리스크뿐 아니라 금융기관 경영에 위협적인 중요 리스크에 대해서도 모두 포착하고 있어야 한다. 이러한 과정을 통해 금융기관은 자신의 리스크 특성(risk profile)을 보다 잘 이해할 수 있게 되고 가장 적합한 리스크 관리수단(헤지, 회피 등)을 사용할 수 있게 된다.

그리고 금융기관은 새로운 상품, 활동, 절차 및 시스템 도입에 앞서 내재된 운영 리스크를 인식 및 평가하는 절차를 보유하여야 한다. 이것은 정기적으로 실시하는 영업활동 분석이나 RCSA 외에 새로운 상품, 활동, 절차, 시스템 등이 도입될 때 이에 내재된 운영 리스크를 인식 및 평가하기 위한 절차를 보유하고 있어야 한다는 의미이다.

2. 리스크 평가/측정

금융기관은 운영 리스크 인식 및 평가 절차(예: RCSA 평가절차)의 적정성을 확보하여야 한다. 이것은 금융기관이 운영 리스크를 인식하고 평가하는 주체와 주기를 명시하고 이에 따라 인식 및 평가를 수행하여야 한다는 것이다. 또한 금융기관의 운영 리스크 인식 및 평가의 대상범위를 명확히 설정하여야 한다.

왜냐하면 운영 리스크의 인식 및 평가를 위하여 일반적으로 사용되는 RCSA와 같은 자가진단법은 그 특성상 과도한 주관성에 노출될 우려가 있기 때문이다. 따라서 금융기관은 실제 손실 데이터와 비교하는 등 주관성을 완화하기 위한 절차를 마련하고 시행하여야 한다.

그리고 금융기관은 운영 리스크 평가를 통해 파악된 취약점에 대해 내부통제 개선 등을 위한 대응방안을 마련하여야 한다. 따라서 운영 리스크 평가항목의 지속적인 갱신(update) 및 유효성에 대한 재평가(reassessment)를 적절하게 수행하여야 한다.

5) 각 업무 담당자가 업무 프로세스에 내재된 운영 리스크 수준 및 동 리스크를 방지하는 현재의 통제수단의 유효성 등을 평가함으로써 운영 리스크를 인식 및 평가하는 도구.

3. 모니터링 및 보고

1) 모니터링

금융기관은 운영 리스크 관련 주요 사항을 정기적으로 모니터링하여야 한다. 이것은 리스크 인식 및 평가(예: RCSA), 내·외부 손실 데이터, 측정결과, 모니터링 지표, 시나리오 분석 등 운영 리스크 관련 주요 사항을 모두 모니터링하도록 명시하고 실제 수행하고 있어야 한다는 것이다. 따라서 적정한 모니터링 주체 및 주기를 설정하고 이에 따라 주기적으로 모니터링을 실시하고 있어야 한다.

그리고 모니터링 사항을 이사회와 경영진 및 단위사업부문 경영진에게 정기적으로 보고하여야 하며, 경영진은 보고서의 정보를 근거로 적절한 조치를 취하여야 한다. 보고내용은 의사결정에 필요한 외부정보, 운영 리스크 익스포저 및 손실사건, 측정결과, 파악된 취약점 및 개선활동, 운영 리스크 경감 및 이전 전략, 운영 리스크 관리체제 및 시스템 개선사항, 신규 혹은 개선된 관리정책 · 절차 등을 포함하여야 한다. 이러한 보고서는 인식된 문제점을 완전히 반영하여야 하며, 문제점에 대한 시의 적절한 시정조치를 취할 수 있도록 작성되어야 한다. 그리고 경영진은 정기적으로 보고절차와 내부통제의 적시성, 정확성 및 적정성을 점검하여야 한다. 또한 보고서는 새로운 리스크 관리정책, 절차 및 관행을 개발함은 물론 현재 실행 중인 리스크 관리의 성과를 개선하기 위한 목적에서 분석되어야 한다.

2) 핵심 리스크 지표의 생성 및 관리

금융기관은 운영 리스크 모니터링 수단 중 하나인 핵심 리스크 지표(KRI: Key Risk Indicator)의 생성 및 관리 방법의 적정성을 확보하여야 한다.

먼저 금융기관은 주요 운영 리스크 특성의 변화를 조기에 적정하게 포착하는 유의미한 계량적인 핵심 리스크 지표[6)]를 생성하여야 한다. 그리고 이러한 KRI의 생성주체 및 주기 등을 명확히 명시하고 이에 따라 리스크 지표를 생성하여야 한다. 또한 이러한 지표들은 미래지향적(forward-looking)이어야 하며 급속한 성장, 새로운 상품 출시, 직원의 이직, 거래파기, 시스템 중단 등과 같은 잠재적인 운영 리스크를 반영할 수 있어야 한다.

다음으로 금융기관은 리스크 지표와 손실사건과의 관련성 분석 등을 통해 리스크 지표가 운영 리스크 특성의 변화를 적절하게 모니터링하고 있는지에 대한 검증을 실시하여야 한다.

6) 금융기관의 운영 리스크 수준을 계량화한 지표(예: 이직률, 문서처리건수)로서 이를 통해 운영 리스크 특성의 변화를 모니터링하고, 운영 리스크 관리의 계량적 기준 및 근거 제공이 가능.

이것은 생성된 지표가 실제로 금융기관의 리스크 특성 변화를 적정하게 계량화하고 조기경보 기능을 수행하는지 등에 대해 유효성을 검토하여 주기적으로 갱신(update)하여야 한다는 의미이다.

그리고 마지막으로 금융기관은 생성된 리스크 지표에 대한 적정한 활용방안을 마련하여 운영하여야 한다. 이것은 각 KRI에 대한 한도를 설정하고 이를 모니터링함으로써 조기경보에 활용하는 등 리스크 지표를 운영 리스크 특성 변화의 모니터링에 적정하게 활용하기 위한 방안을 마련하여야 한다는 것이다.

4. 통제 및 경감

금융기관은 운영 리스크에 대한 적절한 관리를 위한 전략수립 절차를 마련하여 이에 따라 관리전략을 수립하여야 한다. 이것은 주요한 운영 리스크에 대한 통제/경감 등을 통한 리스크 축소, 보험 등을 통한 리스크 이전, 리스크 회피, 리스크 수용 등 운영 리스크 관리전략을 실행하기 위한 방안을 보유하고 적절히 실행하고 있어야 한다는 것이다. 또한 RCSA 등을 통해 파악한 금융기관의 주요 운영 리스크 인식 및 평가 결과가 실제로 금융기관의 일상적 리스크 관리에 밀접하게 반영되고 있어야 한다.

또한 내부통제시스템이 효과적이기 위해서는 적절한 직무분리(segregation of duties)를 통하여 이해상충(conflict of interest)이 발생하지 않도록 조치하여야 한다.

참고 15-1 내부통제수단(예시)

- 리스크 한도 준수 점검
- 금융기관의 자산과 기록에 대한 보호장치
- 관련 업무에 우수인력 확보
- 합리적 기대를 크게 벗어난 이익을 시현한 부서 혹은 상품에 대한 주의
- 거래와 계좌에 대한 정기적인 점검과 조정 등

그리고 금융기관은 정기적으로 리스크 한도와 통제전략을 검토하고 금융기관의 전체 리스크 성향과 리스크 현수준을 반영한 적절한 전략을 통해 향후 운영 리스크 수준을 조정하여야 한다. 이것은 금융기관이 리스크 경감수단을 엄격한 내부 운영 리스크 통제시스템의 대체수단이 아니라 보완수단으로 인식하여야 한다는 의미이다.

운영 리스크 경감을 위해서는 적절한 업무처리 기술(technology) 및 정보기술 보안 등에

대한 투자도 필요하나, 이러한 업무 자동화의 확대가 '빈도가 높으나 심각성이 작은' 리스크를 '빈도는 낮으나 심각성이 큰' 리스크로 전환시킬 가능성이 있다는 사실에 주의해야 한다.

그리고 금융기관은 영업활동의 아웃소싱과 관련된 리스크를 관리하기 위한 정책을 마련하여야 한다. 아웃소싱 시 엄격한 계약을 통해 외부 공급자와 금융기관 간에 명확한 책임분담이 이루어지도록 하여야 할 뿐만 아니라, 서비스 중단이나 평판 리스크와 같은 아웃소싱에 수반되는 잔여 리스크도 관리 · 통제할 필요가 있다. 왜냐하면 아웃소싱 서비스로 인해 야기될 수 있는 문제점(외부 공급자의 서비스 중단, 잠재적인 영업정지, 파산 등)이 금융기관 영업 및 고객들에게 잠재적으로 영향을 미칠 수 있기 때문이다. 따라서 이러한 영업상의 문제점에 대한 외부 공급자의 책임범위 및 부담능력이 리스크 평가 시 고려되어야 한다.

5. 경영에의 활용

금융기관은 운영 리스크 측정결과(Op VaR 등)를 금융기관의 일상적 리스크와 통합 관리하여야 한다. 이것은 운영 리스크 측정결과를 금융기관의 일상적인(day-to-day) 리스크 관리절차와 밀접하게 통합하여야 한다는 의미이다.

금융기관은 운영 리스크를 모니터링하고 통제하는 과정의 중요한 일부로서 리스크를 측정하여야 한다. 그리고 이렇게 산출된 운영 리스크를 영업영역별(혹은 단위사업부문별)로 배분하는 등 경영활동에 활용하여야 한다. 자본배분방법론은 금융기관 전반에 걸쳐 운영 리스크 관리를 향상시키는 유인동기를 만들 수 있을 정도로 충분히 구체적이어야 한다. 그리고 금융기관은 자본배분 외에도 운영 리스크 프레임워크의 지속적인 개선을 유도하기 위한 조직차원의 대책(예: 내부연수, 성과보상 등)을 마련하여야 한다. 이를 통해 각 영업영역은 운영 리스크 요인(drive)에 대해 충분히 이해할 수 있게 될 것이다.

참고 15-2 운영 리스크 측정결과 주요 활용업무

- 운영 리스크 모니터링 및 보고
- 운영 리스크 허용한도 설정 및 관리
- 운영 리스크 관리전략(회피, 축소, 수용, 이전) 수립
- 주요 영업단위별(예: 영업영역, 단위사업부 등) 자본배분 및 성과평가

제3절 효과적인 운영 리스크 관리방안[7)]

[그림 15-2]는 금융감독원의 운영 리스크 통제구조, 그리고 [그림 15-3]은 3단계 위험방어(3 lines of defense)모형으로 현업부서의 자체적인 위험관리가 1차 저지선이 되고, 위험관리조

그림 15-2 | 금감원의 운영 리스크 통제구조

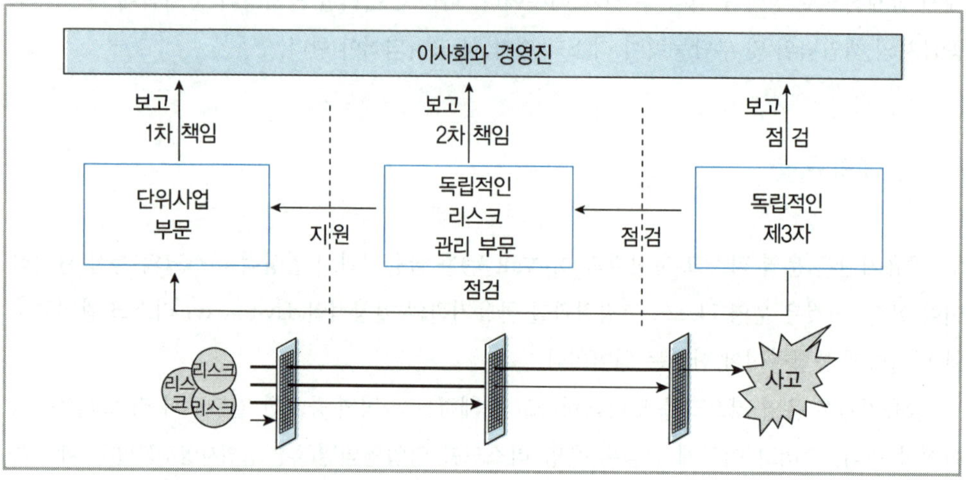

그림 15-3 | 운영 리스크 3 Lines of Defense

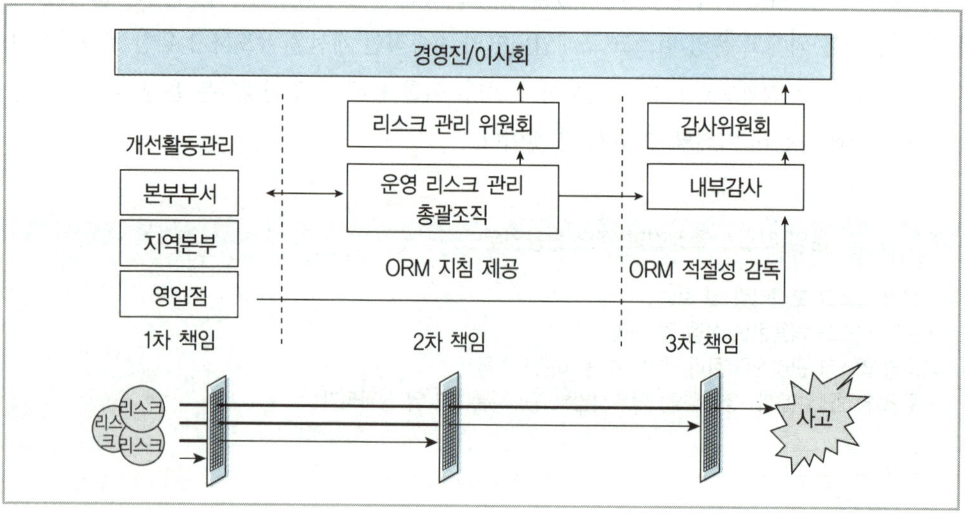

7) 백규정, "신BIS협약 운영리스크 관리에 있어서 리스크통제자가진단(RCSA)과 핵심리스크지표(KRI)의 역할" (2006) 참조.

직에 의한 리스크 통제가 2차 방어선이 되며, 마지막으로 감사조직이 내·외부 법규정에 맞게 위험관리가 제대로 되고 있는지를 점검하는 최후의 방어선 역할을 하는 것을 보여준다.

일반적으로 운영 리스크 관리는 금융기관의 어느 한 부서에서만 이루어질 수 없다. 따라서 영업점은 통제활동 수행, 리스크 관리 총괄조직은 정책 및 절차 제공, 내부감사는 관리적정성을 평가하는 3계층 구조로 리스크를 관리하게 된다.

1. 리스크 통제 자가진단(RCSA)

1) 정 의

리스크 통제 자가진단(RCSA: Risk & Control Self Assessment)이란 개별 현업 담당자가 업무 프로세스의 리스크와 통제에 대해 가장 잘 알고 있는 전문가라는 전제에서 업무 프로세스의 리스크와 통제를 인식하고 이에 대하여 평가하는 것을 말한다. 즉, 개별 현업 담당자가 당해 업무 프로세스에 내재되어 있는 운영 리스크를 인식 · 평가하고 동 리스크를 방지하는 현재의 통제수단을 인식하고 통제의 유효성을 평가함으로써, 이를 기초로 운영 리스크를 관리할 수 있게 하는 수단이 된다.

2) 목 적

리스크 통제 자가진단(RCSA)을 운영 리스크 인식과 평가의 수단으로만 활용하는 경우도 있지만, 일반적으로는 운영 리스크 관리 전반, 즉 리스크 인식, 평가, 모니터링/보고와 통제/경감에도 활용할 수 있다. 또한, 고급측정법 적용을 준비하는 금융기관들은 규제자본량 산출, 즉 운영 리스크 측정에 활용하기도 한다.

① **인식 및 평가** : 리스크 통제 자가진단(RCSA)은 업무 프로세스의 분석을 통하여 운영 리스크를 인식하고 평가하며, 총리스크(잠재 리스크) 평가를 통하여 취약한 업무 프로세스를 식별하여 현재의 통제상태를 파악한다.

② **모니터링/보고** : 정기적인 리스크 통제 자가진단(RCSA)을 통해 인식된 모든 운영 리스크의 잔여 리스크를 평가하고, 평가결과와 대응방안을 경영진에 보고함으로써 모니터링 기능을 수행한다.

③ **통제/경감** : 리스크 통제 자가진단(RCSA) 수행 결과, 잔여 리스크가 일정수준 이상이거나 통제평가 결과가 일정수준 이하인 경우, 대응방안을 마련하도록 함으로써 운영 리스

크를 경감시키기 위한 절차로 활용한다.

④ **고급측정법에 의한 규제자본량 산출** : 리스크 통제 자가진단(RCSA)은 고급측정법상 운영 리스크 '시나리오 분석'의 기초 데이터뿐만 아니라, '영업환경과 내부통제 요인'과 관련한 정성적인 데이터를 제공함으로써 규제자본량 산출에 중요한 역할을 수행한다.

3) 수행절차

리스크 통제 자가진단(RCSA)은 이를 수행하는 금융기관에 따라 그 수행절차가 다를 수 있으나, 일반적으로 '리스크의 인식 및 평가'와 '통제의 인식 및 평가'는 가장 핵심적인 절차로 대부분의 금융기관이 수행한다. 그리고 위 절차들의 이전단계로서 '업무 프로세스 분석'을, 이후단계로서 '대응방안 마련'을 수행하는 것이 리스크 통제 자가진단의 전형적인 수행방식이다.

표 15-4 | 리스크 통제 자가진단(RCSA) 수행절차

업무 프로세스 분석		리스크의 인식 및 평가		통제의 인식 및 평가		대응방안 마련
금융기관의 모든 업무 프로세스를 활동단위로 분석하여 리스크 인식을 용이하게 함.	→	해당 업무 프로세스에서 발생 가능한 리스크를 인식하고 동 리스크의 영향과 빈도를 평가함.	→	해당 리스크에 대비한 현재의 내부통제를 인식하고 동 통제의 유효성을 평가함.	→	리스크와 통제의 평가결과를 바탕으로 운영 리스크를 더욱 감소시킬 수 있는 대응방안을 마련함.

(1) 업무 프로세스 분석

업무 프로세스 분석은 업무 프로세스와 조직/역할, 시스템, 업무 프로세스 상호간 관계를 쉽게 이해할 수 있도록 업무 프로세스의 흐름을 파악하는 작업이다. 지금까지 금융기관들은 조직개편 또는 프로세스 개선(PI: Process Improvement) 등의 목적으로 다양한 형태의 업무 프로세스 분석을 실시한 바 있다. 이에 따라 금융기관들은 리스크 통제 자가진단(RCSA) 수행 시 별도로 업무 프로세스 분석을 실시하지 않고 기존 업무 프로세스 분석결과를 활용하기도 했다. 그리고 반대로 리스크 통제 자가진단 시 수행한 업무 프로세스 분석결과를 조직개편 또는 프로세스 개선작업에 활용하는 경우도 있었다.

업무 프로세스 분석은 운영 리스크 인식의 출발점이 되고 리스크 인식의 완전성을 확보하는 수단이 된다. 적절한 업무 프로세스의 분석 없이 리스크 인식을 하게 되면 리스크 중 일부분을 누락할 수가 있으며, 이는 리스크 인식의 완전성을 해치는 결과를 초래할 수 있다. 일반적으로 업무 프로세스 분석은 '업무 프로세스 분석서'와 '업무 프로세스 맵'으로 문서화된다. 즉, 〈표 15-5〉의 업무 프로세스 분석서(예시 참조) 작성은 현행 분석대상 업무를 상위수준의 프로세스로부터 하위수준의 프로세스로까지 분석 가능한 수준으로 세분화, 구조화하여 상세 업무내용, 담당부서 및 업무로 인한 산출물을 상세히 기술하는 작업이다.

표 15-5 | 업무 프로세스 분석서(예시)

Sub-Process	외화 Settlement 관련 업무 수행						
목적	외화거래의 정확한 자금이체업무 수행 및 자금업무 지원						
프로세스			담당부서	Used System	Description	Input	Output
Segment Name	Activity ID	Activity Name					
기준환율 및 기준금리 최초 고시		제공되는 data source 수신 여부 점검	자금 결제실	콘돌	data source (로이터 자료) 조회자료 출력		환율, 금리 data 명세표
		한율 금리자료의 콘돌시스템 인터페이스 여부 점검	자금 결제실	콘돌	기초 data와 조회자료 일치 여부 점검 및 확인		
		환율 금리자료의 금융기관 시스템 인터페이스 여부 점검	자금 결제실	정보계	기초 data와 조회자료의 일치여부 점검 및 확인등록		환율 금리 자료 고시 등록표
		고시 후 고시 에러 유무 점검	자금 결제실	정보계	업무 server별로 정상종료 상태 확인		환율 금리 정상 고시
		서류 보관 및 관리	자금 결제실		관련서류 일자별 편철 보관 관리		환율 금리 리스트

그리고 다음의 〈표 15-6〉의 업무 프로세스 맵(예시 참조)은 업무 프로세스 분석서를 토대로 각 업무활동과 의사결정과정을 하위 프로세스의 시작부터 끝까지 흐름으로 나타내어 업무의 진행에 대한 이해를 돕고 동일한 프로세스의 표준화에 기여한다.

표 15-6 | 업무 프로세스 맵(예시)

As-Is 분석	Process	외화 settlement/보고 관련 업무	Sub-Process	기준환율 및 기준금리 최초고시
영업점/본부	자금결제실			자금시장부

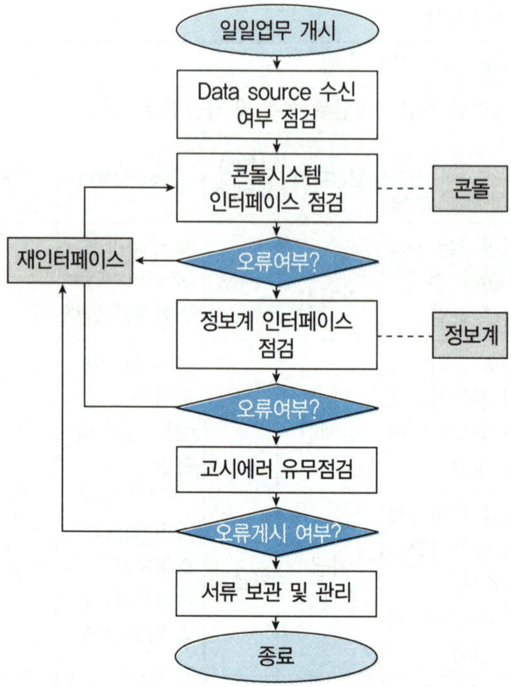

As-Is 분석	Process	부수업무	Sub-Process	타행환 자금 청구
고객/외부	영업점			본부

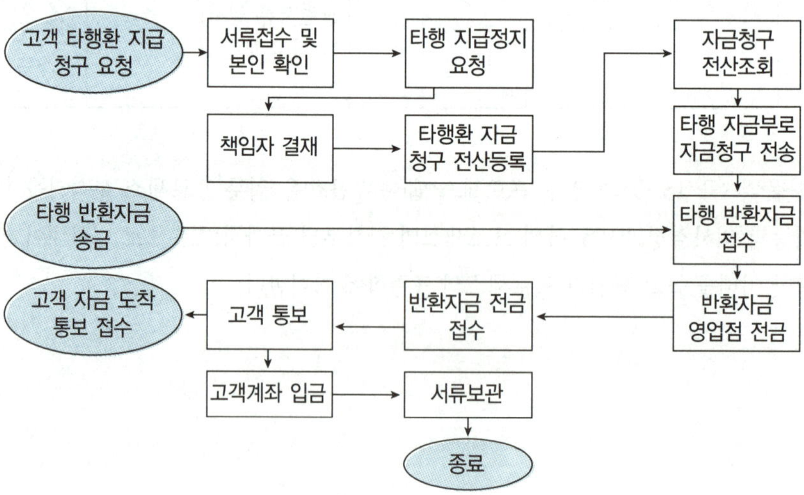

(2) 리스크의 인식 및 평가

① 리스크의 인식

일반적으로 리스크를 인식하는 방법에는 업무 프로세스 분석을 통하여 리스크를 인식하는 상향식(bottom-up approach)과 전략달성을 저해하는 리스크를 인식하는 하향식(top-down approach)의 두 가지가 있다.

참고 15-3 전통적 측정 방법(Sensitivity Measure)의 문제점과 VaR의 필요성

상향식(Bottom-Up Approach)

▶ 업무 프로세스 분석을 통하여 업무 프로세스상 투입 또는 수행 활동에 영향을 미치는 내부적 또는 외부적 요소를 고려하여 프로세스의 목적을 달성하는 데에 영향을 미칠 수 있는 상세한 리스크를 인식하는 방식

- 일반적으로 업무 프로세스 맵을 통해 취약한 프로세스와 이러한 취약점을 통해 발생할 수 있는 리스크를 인식
- 조직의 전략과는 일반적으로 간접적인 관계이며, 부정 · 오류 · 법규준수와 관련된 리스크가 주로 인식되는 특성이 있음

하향식(Top-Down Approach)

▶ 조직의 비전, 비전을 성취하기 위한 목적, 목적을 실현하기 위한 전략, 전략을 달성하기 위한 성공요인 등을 파악하고, 성공요인을 저해하는 리스크를 인식하는 방식

- 리스크와 조직의 전략과의 인과관계가 직접적으로 나타나며, 주로 효과성 · 효율성 등 성과와 관련된 리스크가 주로 인식되는 특성이 있음

리스크 통제 자가진단(RCSA)상의 리스크는 전략 또는 내부통제 목적의 달성을 위협하는 모든 요인인 반면, 신BIS협약에서 정의한 운영 리스크는 부적절한 또는 잘못된 내부의 절차, 인력, 시스템 및 외부의 사건으로부터 초래될 수 있는 손실발생 위험으로 정의된다. 따라서 리스크 통제 자가진단(RCSA) 수행을 통하여 인식된 리스크 중 운영 리스크를 분류하여 별도로 관리하는 것이 일반적이다. 리스크의 인식 시 발생 가능한 사건과 그 발생원인을 함께 인식하며, 파악된 원인은 내부통제의 적정성 평가 및 대응방안 마련을 위한 기초자료로 활용될 수 있다.

일반적으로 인식된 리스크는 손실사건 유형별, 영업영역별 그리고 리스크 유형별로 분류하여 관리한다. 리스크 분류는 각 리스크 특성에 맞추어 일관되게 적용되며, 하나의 사건이 다수의 목록에 해당하는 경우, 가능한 한 하나의 사건이 하나의 목록에 해당하도록 사건을 나누고, 사건의 특성을 나타내는 가장 대표적인 목록으로 분류한다(〈표 15-7〉 손실사건 유형 분류, 〈표 15-8〉 영업영역 분류, 〈표 15-9〉 리스크 유형 분류 참조).

표 15-7 | 손실사건 유형 분류(7 Loss Event types)

대분류(Level 1)	정 의	소분류(Level 2)
내부 사취 (internal fraud)	적어도 한 사람 이상의 내부자가 관여된 금융기관 재산의 횡령, 착복 또는 규정, 법률, 금융기관 정책을 악용하는 행위로부터 발생하는 손실	비인가된 행위
		절도 및 사기
외부 사취 (external fraud)	외부인에 의한 금융기관 자산의 횡령, 착복 또는 법률을 악용하는 행위로부터 발생하는 손실	절도 및 사기
		시스템 보안
고용 및 사업장 안전 (employment practice and workplace safety)	고용, 건강 또는 안전에 관한 법률 또는 협약 위반이나 직원의 상해 소송 또는 인종차별 사건 등으로부터 발생하는 손실	고용관계
		사업장 안전
		인종차별
고객, 상품 및 영업 (client, products and business practices)	특정고객에 대한 업무상의 의무를 (비의도적)이행하지 못하거나, 상품의 특성에 기인해 발생하는 손실	적정성, 공시 및 신용
		부적절한 영업 및 마케팅 행위
		상품의 결함
		선택, 후원 및 익스포저
		자문활동
유형자산 손실 (damage to physical assets)	자연재해 또는 기타 사건에 의한 유형자산의 손실	재해 및 기타 사건
영업부진 및 시스템 실패 (business disruption and system failures)	영업부진 및 시스템 실패에 의한 손실	시스템
집행, 전달 및 절차의 관리 (execution, delivery and process management)	거래의 처리 및 그 과정의 실패로부터 발생하는 손실 또는 거래 상대방 또는 매각자와의 관계에서 발생하는 손실	시스템
		거래의 포착, 실행 및 유지
		모니터링과 보고
		고객확보 및 문서화
		고객계좌 관리
		거래 상대방
		매도자 및 공급자

표 15-8 | 영업영역 분류(8 Business Units)

대구분	영업활동 정의	영업활동
투자금융 (Corporate Finance)	직접금융/자금조달 중개활동 및 자문활동 등 투자금융기관 형태에 의한 금융 서비스 제공	발행시장 업무
		M&A
		벤처투자
		신디케이션
		컨설팅 업무
		기타
트레이딩과 매매 (Trading and Sales)	트레이딩 목적 거래 및 트레져리	트레이딩
		채권 등 거래
		자금조달 업무
소매금융 (Retail Banking)	가계 또는 개인사업자에 대한 신용공여 등 각종 금융 서비스 제공	소매금융
		프라이빗 뱅킹(PB)
		카드
		기타 부수 업무
기업금융 (Commercial Banking)	기업, 금융기관 및 정부에 대한 신용공여 등 각종 금융 서비스 제공	프로젝트 파이낸싱
		종금여신
		자산유동화
		기업금융
		공공기관금융
		무역금융
지급과 결제(Payment and Settlement)	중앙(본점)에 집중하여 처리되는 지급과 결제	지급과 결제
대행서비스 (Agency Services)	계약 등에 의해 기업 또는 정부 등의 업무를 수탁 대행	국고/지로
		뮤추얼펀드 업무
		부동산 투자신탁(REITs) 업무
		각종 기금관리 업무
		증권대행 업무
		ABS 관리 업무
자산관리(Asset Management)	고객을 위한 자산관리	펀드 관리
소매중개(Retail Brokerage)	계약 등에 의한 소매금융 중개 등	소매중개
		수익증권 판매 업무

표 15-9 | 리스크 유형 분류

구분	리스크 유형 설명
운영 리스크	리스크 통제 자가진단에서 인식된 리스크 사건의 영향(effect)이 금융기관에 금전적 손실을 미치나, '신용', '시장' 에 해당되지 않는 경우로서 손실의 결과가 금융기관의 손익계산서에 회계적 손실로 구분 계리되는 경우에만 '운영' 으로 분류(손익계산서에 해당 손실금액이 구분 계리되지 않는 경우는 '기회비용' 으로 분류)
신용 리스크	리스크 통제 자가진단에서 인식된 리스크 사건의 영향(effect)이 차주의 부도(default)를 유발시키거나 재무제표의 대손충당금 전입액 증가 또는 종국적인 채권의 상각(write-off)을 야기할 수 있는 경우에 해당. 즉, 신용 리스크 규제자본 산출에 사용되는 PD, LGD, EAD에 영향을 미칠 가능성이 있을 경우에 '신용' 으로 분류
시장 리스크	리스크 통제 자가진단에서 인식된 리스크 사건의 영향(effect)이 보유 유가증권 가치의 하락, 평가손실, 매매손실 등을 유발시켜 재무제표의 해당 항목으로 처리될 수 있는 경우에 해당
평판 리스크	리스크 통제 자가진단에서 인식된 리스크 사건의 영향(effect)이 외부로 보도되거나 알려져 금융기관의 대외적인 이미지나 신뢰도가 떨어지는 경우에 해당
전략 리스크	리스크 통제 자가진단에서 인식된 리스크 사건의 영향(effect)이 금융기관의 전략수립 실패를 야기하여 금융기관이 잘못된 전략을 수립하게 되거나 수립된 전략이 실패하는 경우에 해당

② 리스크의 평가

인식된 리스크에 대한 평가는 일반적으로 내부통제를 수행하지 않는 상태에서의 리스크인 '총리스크(gross risk) 또는 내재 리스크(inherent risk) 평가' 와 현재의 통제수준하에서의 리스크인 '잔여 리스크(residual risk) 평가' 로 구분된다. 금융기관에 따라서는 총리스크 평가를 수행하지 않고 잔여 리스크 평가만을 수행하는 경우도 있다. 이러한 방법론은 리스크 통제 자가진단에서 궁극적으로 평가하고자 하는 것이 현재의 잔여 리스크와 현재의 통제수준인 점에 기인한다. 이는 일반적으로 인식된 리스크가 향후 1년간 발생할 것으로 예상되는 빈도(frequency)와 인식된 리스크가 1건 발생할 경우 예상되는 재무/비재무적 영향(severity)으로 구분하여 평가한다.

구체적으로 총리스크 또는 내재 리스크 평가는 인식된 리스크에 대하여 내부통제를 수행하지 않는다는 가정하에서 사건의 발생빈도와 발생 시의 영향을 평가하는 것이다. 총리스크 평가는 인식된 리스크의 중요성을 판단할 수 있는 근거가 될 수 있으며, 내부통제 유효성이 저하될 경우 금융기관에 손실을 초래할 수 있는 리스크 정도를 나타낸다.

그리고 잔여 리스크(residual risk) 평가는 평가시점 현재의 통제구조하에서 사건의 발생빈

그림 15-4 | 총리스크와 잔여 리스크의 관계

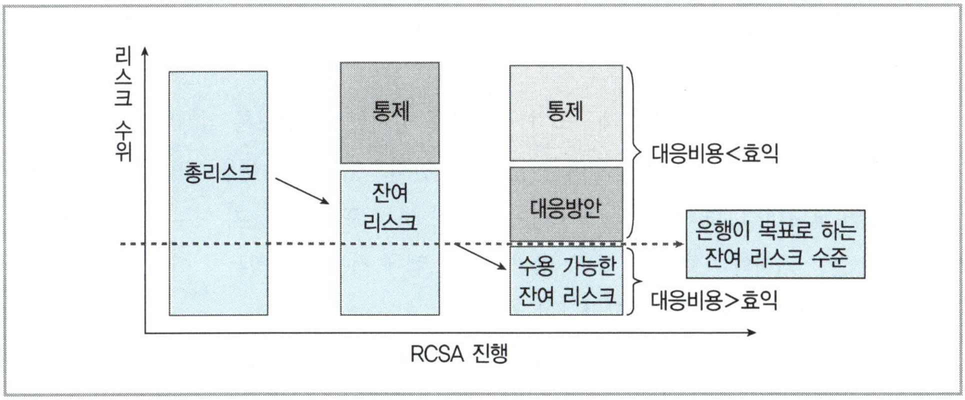

도와 발생시의 영향을 평가하는 것이다. 일반적으로 통제활동은 리스크의 영향보다는 발생가능성을 억제하는 것으로, 빈도의 감소를 초래한다. 개념적으로 잔여 리스크 평가가 총리스크 평가수준을 상회하는 경우는 없으며, 잔여 리스크 평가 시에는 총리스크와 내부통제의 평가결과를 감안한다. 잔여 리스크 평가를 통하여 내부통제의 개선이 필요한 리스크를 인식할 수도 있다.

빈도와 영향 평가 시에는 예상되는 일반적인 상황을 가정하여 평가한다. 리스크의 재무 또는 비재무 영향 및 빈도의 평가는 해당 사건이 평가를 수행하는 부서 또는 영업점에 미치는 영향 및 빈도를 평가하는 것이며, 극단적 상황이 아닌 연평균의 영향 및 빈도를 평가한다. 재무적 영향은 해당 부서 또는 영업점의 해당 사건과 관련한 프로세스의 거래규모 등을 감안하여 연평균 발생 가능한 금액을 추정하여 평가하고, 비재무적 영향은 해당 부서 또는 영업점의 해당 사건으로 인하여 발생할 수 있는 평판 리스크 등을 평가한다.

(3) 통제의 인식 및 평가

① 통제의 인식

통제는 주요 활동에 내재되어 있는 잠재적인 운영 리스크의 사건발생 빈도 또는 영향을 줄일 수 있는 업무규정 수단 또는 절차로서 금융기관의 내규, 업무편람, 매뉴얼 및 기타 규정 등 문서화된 일체의 규정 및 시스템 등의 수단이 포함된다. 나아가 업무를 좀 더 효과적으로 처리하기 위한 일체의 업무처리 관행 등도 모두 포함하는 개념이다. 일반적으로 금융기관은 업무 프로세스 분석 수행 시 통제의 인식을 수행하며, 인식된 통제는 예방, 적발 및 수정의 유형으로 구분하여 관리한다.

② 통제의 평가

리스크 통제 자가진단(RCSA) 수행시 통제의 평가는 통제의 설계(적합성)평가와 운영(효과성)평가로 나누어진다.

통제의 설계평가는 인식된 통제구조가 리스크를 방지할 수 있도록 설계되었는지 여부를 평가하며, 동 평가는 리스크 단위로 이루어진다. 일반적으로 사건발생을 예방하기 위한 절차 및 사후적인 모니터링, 예외사항을 보고하는 절차가 모두 포함되었는지 여부, 업무분장 여부(예: 거래의 승인, 거래의 기록, 보관 업무), 통제가 시스템에 적용되고 있는지 여부, 금융기관 규정에 명시되어 있는지 여부 등을 고려하여 평가한다.

통제의 운영평가는 인식된 통제구조가 제대로 업무 담당자에 의해 수행되는지 여부를 평가하며, 동 평가는 통제단위로 이루어진다. 설계평가 수행 후 기술된 통제활동이 수행되는지 여부, 통제활동이 기술된 시기에 매번 수행되는지 여부, 통제활동 책임자가 직접 수행 또는 권한 대리자가 수행하는지 여부 등을 평가한다.

(4) 대응방안 마련

리스크 통제 자가진단(RCSA)상의 대응방안이란 리스크 통제 자가진단을 통해 발견된 통제의 미비사항을 규정/조직/프로세스/시스템 측면에서 설계 및 개선하여 업무 프로세스에 적용함으로써 운영 리스크를 경감시키는 일련의 활동을 말한다. 대응방안에는 해당 리스크에 대한 기본적인 대응전략으로 다음과 같이 수용(리스크 수용), 이전(보험 부보), 회피(사업 철수), 경감(통제 강화)에 대한 내용이 포함된다.

- 수용(Accept) : 리스크가 허용수준(tolerance level) 이내일 경우 리스크를 수용하는 리스크 관리방안
- 이전(Transfer) : 리스크의 일부나 전부를 조직 내외의 다른 곳에 이전하는 리스크 관리방안(예: 보험 부보, 아웃소싱 등)
- 회피(Avoid) : 리스크를 회피하기 위해 관련 영업기회를 포기하는 리스크 관리방안(예: 사업 철수 등)
- 경감(Reduce) : 리스크의 영향을 축소시킬 수 있는 통제방법을 구축함으로써 리스크를 완화하는 리스크 관리방안

일반적으로 리스크 통제 자가진단(RCSA)을 수행한 담당자 또는 부서가 대응방안을 마련하거나 제안을 하는 경우도 있고, 운영 리스크 관리를 총괄하는 본부부서가 전행적인 대응방안을 마련하기도 한다. 금융기관은 마련된 대응방안이 차질 없이 구현되고 있는지 여부를 주기

적으로 모니터링한다. 또한 계획한 대응방안이 구현된 직후에는 해당 리스크가 경감되었는지 여부를 리스크 통제 자가진단(RCSA)을 통해 모니터링하여 이미 구현한 대응방안의 효과성이 있는지 여부 및 추가적인 대응방안의 마련이 필요한지 여부 등에 대하여 검토한다.

리스크 통제 자가진단(RCSA)를 위한 양식은 〈표 15-10〉과 같다.

표 15-10 | 리스크 통제 자가진단(RCSA) 양식(template)(예시)

프로세스	하위 프로세스	사건 번호	사건	사건 분류	원인 번호	원인	원인 분류	총리스크(통제 적용 전)				
								재무	비재무	영향 통합	빈도	등급

평가근거		내부통제			통제 유형	잔여 리스크(통제 적용 후)					통제 책임자	대응 방안
영향	빈도	적합성	효과성	통제 효과		재무	비재무	영향 통합	빈도	등급		

2. 핵심 리스크 지표(KRI)

1) 정의와 종류

핵심 리스크 지표(KRI: Key Risk Indicator)는 금융기관의 운영 리스크 특성 또는 익스포저 변화를 계량화하여 운영 리스크를 모니터링하는 데 활용하는 등 운영 리스크 관리의 계량적 기준 및 근거를 제공하는 지표이다. 예를 들어, 이직률, 민원발생 건수, 직원만족도, 기래 수정 및 취소, 시스템 중단 횟수나 시간 등이 있다.

일반적으로 핵심 리스크 지표(KRI)를 속성별로 구분하면, 운영 리스크 사건의 직접적인 원인발생을 예시할 수 있는 원인지표(causal indicator), 운영 리스크 사건의 발생 자체를 적시하는 손실지표(loss indicator), 운영 리스크 사건의 발생원천 또는 모수를 보여주는 익스포저 지표(exposure indicator) 등이 있다. 반면에, 수집 원천별로 구분하면, 리스크 통제 자가진단(RCSA)을 통해서 도출되는 RCSA KRI, 과거 손실자료를 통해서 도출되는 Loss Data KRI, 금융기관의 전략적 목표를 통한 전행적 관점의 Bank-Wide KRI, 외부구입 KRI 등이 있다.

2) 목 적

금융기관은 운영 리스크 관리에 있어서 핵심 리스크 지표(KRI)를 주로 운영 리스크 모니터링과 통제단계에 활용하는 것이 일반적이다. 즉, 모니터링을 통해 조기경보와 한도관리를 수행할 수 있다. 또한 영업환경과 내부 통제요인의 계량화에 반영함으로써 운영 리스크 규제자본량 산출에 활용하기도 한다.

① **운영 리스크 모니터링** : 금융기관은 핵심 리스크 지표를 통해 리스크 특성과 중요 익스포저 변화의 모니터링을 수행한다. 동 모니터링을 통해서 고위험영역 또는 고위험부서를 식별하여 그 원인분석과 사고예방을 위한 조치를 취하며, 내부통제를 강화하는 한도관리를 수행하거나, 손실의 예시적 신호와 패턴 파악이 가능한 선행성 있는 지표를 추출하여 조기경보지표(early warning indicator)로도 활용할 수 있다.

② **운영 리스크 규제자본량 산출** : 핵심 리스크 지표를 통해 금융기관의 영업환경과 내부통제 요인의 변화를 계량화하여 기초 규제자본량을 미세조정하는 방법으로 규제자본량 산출에 활용할 수 있다.

3) 수행절차

핵심 리스크 지표(KRI)의 종류나 금융기관의 운영 리스크 관리체제에 따라 그 수행절차가 다를 수 있으나, 일반적으로 핵심 리스크 지표는 '리스크 지표(RI)/핵심 리스크 지표(KRI) 선정', '데이터 수집', '핵심 리스크 지표(KRI) 분석', '핵심 리스크 지표(KRI) 활용', '핵심 리스크 지표(KRI) 검증' 등의 수행절차를 거친다.

① 리스크 지표(RI) 선정

일반적으로 리스크 통제 자가진단(RCSA)과 과거 손실사건을 통하여 개별 리스크와 직접 연관성 있는 리스크 지표(RI)를 도출하거나, 조직의 전략적 목표를 저해하는 운영 리스크의 모

표 15-11 | 핵심 리스크 지표 관리 수행절차

리스크 지표 선정	→	핵심 리스크 지표 선정	→	핵심 리스크 지표 관리	→	핵심 리스크 지표 활용	→	핵심 리스크 지표 검증
리스크 통제 자가진단, 과거 손실사건, 전략 목표, 외부구입 KRI 등을 통하여 리스크 지표(RI)를 선정	→	리스크 지표(RI) 중에서 중요성 등 일정기준에 부합하는 핵심 리스크 지표(KRI)를 선정	→	선정된 핵심 리스크 지표(KRI)의 데이터를 수집 · 분석	→	운영 리스크 모니터링, 운영 리스크 규제자본량 산출 등에 활용	→	과거 손실 데이터와 핵심 리스크 지표(KRI) 값을 통계적으로 분석하는 방법 등

니터링에 적합한 전행적 관점의 리스크 지표(RI)를 도출한다. 또는 외부에서 구입한 핵심 리스크 지표(KRI)를 참고하여 리스크 지표(RI)를 도출하기도 한다.

② 핵심 리스크 지표(KRI) 선정

선정된 리스크 지표(RI) 중에서 핵심 리스크 지표의 목적(운영 리스크 모니터링, 리스크 한도 관리, 운영 리스크 규제자본량 산출 등)에 활용 가능한 것을 선정한다. 금융기관은 핵심 리스크 지표(KRI) 선정시 중요성, 연관성, 가용성 등 선정기준을 사전에 정하고 동 기준에 부합하는 리스크 지표(RI)를 선정한다.

③ 핵심 리스크 지표(KRI) 관리

선정된 핵심 리스크 지표(KRI) 관련 전산 데이터 또는 수기 데이터를 수집하여 데이터베이스로 관리한다. 또한, 수집된 데이터를 활용목적에 맞게 가공 · 분석한다.

④ 핵심 리스크 지표(KRI) 활용

핵심 리스크 지표를 통해 리스크 특성과 중요 익스포저 변화를 모니터링하여 조기경보지표 또는 한도관리에 활용한다. 그리고 필요에 따라 영업환경과 내부통제 요인의 변화를 계량화하는 지표로 활용하여 규제자본량 산출에 사용한다.

⑤ 핵심 리스크 지표(KRI) 검증

핵심 리스크 지표(KRI)의 적정성을 검증하기 위하여 과거 손실 데이터와 핵심 리스크 지표(KRI) 값을 통계적으로 분석한다. 동 검증을 통하여 핵심 리스크 지표(KRI)의 적정성을 계속 확인하고, 필요한 경우 핵심 리스크 지표를 폐기 또는 재선정한다.

제4절 운영 리스크와 자기자본규제[8]

최근 금융환경의 변화로 운영 리스크 관리의 중요성이 점차 커지고 있다. 따라서 Basel Ⅱ에서는 자기자본규제 대상에 운영 리스크를 추가하고 시장 · 신용 리스크와 함께 운영 리스크 관리체계를 구축하도록 요구하고 있다.

Basel Ⅱ에 따른 운영 리스크 위험가중자산 산출방법은 기초지표법, 운영표준방법, 고급측정법의 세 가지로 나누어진다. Basel위원회는 측정방법이 고도화될수록 금융기관의 운영 리스크 위험가중자산이 줄어들게 될 것이므로 장기적으로 고급측정방법으로 옮겨갈 것을 권고하고 있다. 각 방법을 구체적으로 살펴보자.

1. 기초지표법

기초지표법(BIA: Basic Indicator Approach)이란 금융기관의 운영 리스크 규모를 대표하는 단일지표로 총이익을 설정하고, 총이익의 15%를 운영 리스크 소요 자기자본으로 산출하도록 하는 방식이다. 기초지표법에 의한 소요자기자본 산출은 직전 3년간 연간 총이익 중 양수의 금액만을 고려함으로써 음수(−) 또는 영(0)의 총이익 금액으로 인한 소요자기자본의 왜곡을 방지하려 한다. 하지만 특정연도의 총이익 금액이 비슷한 규모의 금융기관보다 현저히 작은 경우(예: 연간 총이익이 영(0) 값에 가까운 양수인 경우)에 발생하는 과소부과 문제점을 해결하지 못하는 단점이 있다. 따라서 감독당국은 금융기관 간 형평성을 고려하여 Pillar 2에 의거하여 필요시에는 개별 금융기관에 대해 추가자본을 부과하도록 하고 있다.

표 15-12 | 기초지표법 소요자기자본 계산식 및 산출 예시

$$K_{BIA} = [\sum GI_{1 \cdots n} \times 0.15)] \,/\, n$$

K_{BIA} : 기초지표법에 의한 운영 리스크 소요자기자본
GI : 직전 3년간 연간 총이익(gross income) 중 양수인 금액
n : 직전 3년간 연간 총이익(gross income)이 양수인 횟수

8) 금융감독원, 「통합리스크관리 모범규준(제2권 운영리스크)」 참조.

[예시 1] 다음은 A, B, C 세 은행의 과거 3년간의 총이익 자료이다. 기초지표법을 이용하여 세 은행의 운영 리스크에 따른 소요자기자본을 평가하라.

	20013년도	2014년도	2015년도
A은행	5,000억 원	4,000억 원	6,000억 원
B은행	−1,000억 원	7,000억 원	9,000억 원
C은행	−1,000억 원	0	16,000억 원

	평균 총이익(억 원)	소요 자기자본
A은행	(5,000+4,000+6,000)/3 = 5,000	0.15×(5,000+4,000+6,000)/3 = 750
B은행	(−1,000+7,000+9,000)/3 = 5,000	0.15×(7,000+9,000)/2 = 1,200
C은행	(−1,000+0+16,000)/3 = 5,000	0.15×16,000/1 = 2,400

위 계산 결과에서 보는 것처럼 A, B, C 세 은행은 직전 3년간의 평균 총이익은 5,000억 원으로 모두 동일하다. 그러나 운영 리스크 소요자기자본은 0 또는 음(−)의 총이익을 제외하고 산출하므로 총이익의 변동성이 가장 큰 C은행이 2,400억 원, 다음으로 변동성이 큰 B은행이 1,200억 원, 그리고 가장 안정적인 총이익의 분포를 보이는 A은행이 750억 원으로 산출된다.

2. 표준방법

표준방법(standardized approach)은 은행의 영업활동을 앞서 살펴본 8개의 영역으로 나누고 각 영업영역별 총이익에 일정비율(12~18%)을 곱하여 운영 리스크 소요자기자본으로 산출하는 방식이다. 즉, 각 영업영역별 총이익에 각각 일정비율을 곱한 값의 합계액을 3년간 산술평균하여 소요자기자본을 산출한다.

$$K_{SA}=\left\{\sum_{t=1}^{3}\max\left[\sum_{j=1}^{8}(GI_j\times\beta_j),0\right]\right\}/3 \qquad (1)$$

K_{SA} : 표준방법에 의한 운영 리스크 소요자기자본
GI_j : 8개 영업영역별 특정 연도의 연간 총이익(2개 연도 이상 음수일 경우에는 해당 연도 값을 0으로 처리) $j=1, 2, \cdots, 8$
β_j : 8개 영업영역에 적용되는 일정비율

위 식의 적용에서 특정 영업영역의 총이익이 음수이면 당해 연도의 여타 영업영역의 양수의 규제자본과 상계할 수 있지만, 2개 연도 이상 음수로 산출되는 경우에는 상계하지 않고 영(零)으로 처리하며, 상계 결과 특정 연도 전체 총이익이 음수이면 해당 연도의 규제자본은 영

(零)으로 처리한다. 표준방법 역시 기초지표법과 같이 감독 당국의 승인이 필요 없지만 은행은 시행 전에 1년 이상 예비운용을 실시하여 운영표준방법 최소 요건 충족 여부를 모니터링하고 그 결과를 감독 당국에 보고하여야 한다.

위 식에서 각 영업영역별 총이익에 곱해지는 비율 β는 〈표 15-13〉과 같다.

표 15-13 | 표준방법의 β-계수

영업영역	β	영업영역	β
투자금융	18%	지급과 결제	18%
트레이딩과 매매	18%	대행서비스	15%
소매금융	12%	자산관리	12%
기업금융	15%	소매중개	12%

금융감독원(2011)이 제정한 은행 감독업무 시행세칙에서는 표준방법 적용을 위하여 충족하여야 할 최소 요건으로 다음과 같은 사항을 들고 있다.

① 운영 리스크의 인식, 평가, 감시, 통제를 할 수 있는 운영 리스크 시스템의 구축

② 운영 리스크 손실의 기록과 다른 리스크와의 일별 통합관리 및 이를 통한 시스템의 개선

③ 운영 리스크 손실의 정기적인 보고.

④ 운영 리스크 시스템의 문서화

⑤ 독립적인 내부조직 및 외부감사인 또는 감독 당국에 의한 시스템의 정기적인 재검토.

[예시 2] ABC 은행의 영업활동을 8개의 영업영역으로 구분하여 지난 3년간의 각 영역별 총이익을 산출한 결과가 다음의 표와 같다. 이 자료를 이용하여 표준방법을 적용하여 ABC 은행의 운영 리스크에 따른 소요자기자본을 평가하라.

	2013년	2014년	2015년
투자금융	500억 원	500억 원	1,000억 원
트레이딩과 매매	500억 원	500억 원	1,000억 원
소매금융	1,000억 원	500억 원	1,000억 원
기업금융	500억 원	500억 원	1,000억 원
지급과 결제	500억 원	500억 원	500억 원
대행서비스	500억 원	500억 원	500억 원
자산관리	500억 원	500억 원	500억 원
소매중개	1,000억 원	500억 원	500억 원
계	5,000억 원	4,000억 원	6,000억 원

위 자료와 〈표 15-13〉, 그리고 식 (1)을 이용하여 소요자기자본을 평가하면 다음과 같다.

영업영역	β	소요자기자본		
		2013년	2014년	2015년
투자금융	18%	500억 원×18%	500억 원×18%	1,000억 원×18%
트레이딩과 매매	18%	500억 원×18%	500억 원×18%	1,000억 원×18%
소매금융	12%	1,000억 원×12%	500억 원×12%	1,000억 원×12%
기업금융	15%	500억 원×15%	500억 원×15%	1,000억 원×15%
지급과 결제	18%	500억 원×18%	500억 원×18%	500억 원×18%
대행서비스	15%	500억 원×15%	500억 원×15%	500억 원×15%
자산관리	12%	500억 원×12%	500억 원×12%	500억 원×12%
소매중개	12%	1,000억 원×12%	500억 원×12%	500억 원×12%
계		720억 원	600억 원	915억 원
		(720+600+915)/3=745억원		

3. 고급측정법

고급측정법에는 내부측정법(IMA: Internal Measurement Approach), 손실분포법(LDA: Loss Distribution Approach) 및 스코어카드법(Scorecard) 등이 있다.

내부측정법은 각 영업영역 부문(8 Business units)과 손실사건유형 분류(7 Loss Event Types)별 운영 리스크에 대한 노출규모와 손실사건의 발생빈도 및 손실발생 시 손실심도를 고려하여 기대손실을 구하는 방법이다. 즉 금융기관이 자체적으로 내부손실 자료(internal loss data)를 통해 각 영업영역 부문의 기대손실, 손실발생 확률 등을 계산하여 운영 리스크 자본량을 산출하는 방법이다. 기대손실은 여러 영업영역 부문 및 손실사건유형 조합별로 운영 리스크 빈도와 손실심도에 대한 분포를 결합시켜 산출한다. 최종적인 운영 리스크에 대한 필요 자본규모는 다음의 방식에 의해 산출할 수 있는데 앞서 설명한 신용 리스크 자본량 측정방법과 매우 유사하다.

내부측정법에 의한 필요자본(Operational VaR) 산출

■ 내부측정법

기대손실 = $\sum_j \sum_i (EI_{ij} \times PE_{ij} \times LE_{ij})$

필요자본(Op.Var) = $\sum_j \sum_i (Y_{ij})(EI_{ij} \times PE_{ij} \times LE_{ij})$

i : 8개의 영업부문(8 Business Units)
j : 7개의 리스크 유형(7 Loss Event Types)
Y_{ij} : 각 영업부문과 해당 리스크 유형별 운영 리스크에 대한 최저 필요 자기자본량 환산 비율
EI_{ij} : i 영업부문에서 j 리스크 유형에 대한 노출(Exposure Indicator)
PE_{ij} : i 영업부문에서 j 리스크 유형의 운영 리스크 사건 발생 확률(Probability of a Loss Event)
LE_{ij} : i 영업부문에서 j 리스크 유형의 운영 리스크 사건 발생 시 손실규모
(Loss given an Event : a parameter representing the probability of loss events)

손실분포법은 운영 리스크별 손실확률분포를 계산하여 필요자기자본 규모를 계산하는 방법으로 운영 리스크 발생빈도와 손실심도에 대한 분포를 추정하고 이를 바탕으로 운영 리스크 총손실량을 측정하는 것이다. 대부분의 선진금융기관에서 손실분포법을 기반으로 Op.VaR(Operational risk VaR)을 산출하고 있으므로 운영 리스크 측정방법으로 이해하기에 적합하다. 따라서 후에 별도의 장에서 설명하도록 한다. 스코어카드법(SA: Scorecard Approach)은 금융기관의 개별 영업부문 차원에서의 운영 리스크 측정 시 내부통제 환경 등과 같은 질적인 요인을 감안하여 작성된 스코어카드를 활용하는 방법이다. 각 영업부문별로 운영 리스크에 대한 자기자본량의 산출은 손실분포법과 같은 통계적 방식에 의해 초기자본량을 산출한 다음 향후 내부통제의 변화를 반영하는 스코어카드에 의해 초기자본량을 수정해 가는 방식으로 실행한다. 즉 내부통제의 개선은 운영 리스크 손실의 빈도와 심도의 크기를 하향조정하게 되므로 필요 운영 리스크량을 감소시킬 것이다.

제5절 고급측정법에 의한 운영 리스크 측정

기초지표법이나 운영표준방법의 경우 Basel이 제시하는 방식을 그대로 이용하기 때문에 별도의 운영 리스크 측정시스템이 필요하지는 않다. 즉 고급측정법을 실시하기 위해서는 별도의 내부 운영 리스크 측정시스템의 구축이 필요하며, Basel에서 요구하는 질적 · 양적 측정요

건을 충족하여 감독당국의 승인절차가 필요하다. 따라서 Basel에서는 개별 금융기관의 리스크 관리 역량을 강화시키기 위한 일환으로 금융기관이 자체적인 운영 리스크 측정시스템을 구축하기를 권고하고 있다. 좀 더 구체적으로 고급측정법으로서의 운영 리스크 측정방법에 대하여 알아보도록 하자.

1. 운영 리스크 측정방법론

고급측정법(Advanced Measurement Approach: AMA)은 BaselⅡ에서 제시한 일정한 질적 · 양적 최소요건을 충족하는 금융기관에 대하여 개별 금융기관의 운영 리스크 측정 시스템, 즉 고급측정법에 의한 추정치에 근거하여 소요자기자본을 산출하도록 하는 방법으로, 일정한 질적 · 양적 최소요건을 갖춘 것을 감독당국에 입증하여 승인받은 경우에만 사용할 수 있다. 운영표준방법에서는 8개 영업영역만 구분하고 있으나, 고급측정법에서는 8개 영업영역과 7개 손실사건유형(Loss Event Type: LET)을 구분(7×8=56)하고 각 셀별로 리스크 측정을 위한 요소(빈도, 심도)를 금융기관이 직접 추정한다는 점에서 차이가 있다.

고급측정법 적용을 위한 최소요건 중 양적인 요건으로는 측정방법론, 4가지 요소의 활용(내부 손실자료, 외부 손실자료, 시나리오 분석, 영업환경과 내부통제요인), 보험경감 등이 있다. 금융기관은 최종 리스크량 산출 시 우선 3가지 요소(내부자료, 외부자료, 시나리오)를 통해 통계적인 방식으로 자본량을 산출한 다음, 영업환경과 내부통제요인을 반영하여 이를 정성적으로 조정하는 절차를 거친다. 시장/신용 리스크와 달리, 운영 리스크는 정량적인 요소뿐만 아니라 정성적인 요소를 감안하여 규제자본량을 결정한다는 특징을 가지는데, 이는 운영 리스크를 통제하기 위한 노력을 자본량 산출에 반영할 수 있도록 함으로써 리스크 감소노력에 유인(incentives)을 제공하기 위함이다.

한편, 운영 리스크 손실자료의 수집에 있어서는 규제자본 산정을 위해 실제 재무제표에 손익이 반영되는 손실자료 수집에 국한하지 말고, 손실은 일으키지 않았더라도 손실개연성이 높았던 사건(near miss)이나 손실이 예상되는 사건 등을 포함하는 손실사건자료(risk event data)도 수집하는 것이 운영 리스크 관리의 측면에서 바람직하다. 외부 손실자료는 다른 금융기관이 경험한 운영 리스크 손실사건으로 내부자료가 불충분할 경우 이를 직접 보충하거나 내부자료의 분포를 통해서는 파악할 수 없는 심각한 손실(분포의 꼬리부분)을 반영하기 위하여 사용한다. 다만 외부자료는 금융기관 간 내부통제 수준의 차이, 규모의 차이 등이 존재하므로 이를 합리적인 기준에 따라 스케일링(scaling)하여 사용해야 한다. 시나리오 분석은 내부/외부 손실자료가 과거지향적인 자료라는 한계를 극복하고 향후 발생할 수 있는 심각한 손실(severe loss)을 반영하기 위하여 사용되는데, 손실자료와 달리 주관적인 요소가 많이 개입된다는 측면을 가지고 있다.

마지막으로 영업환경과 내부통제요인의 경우 금융기관의 외부환경(예: 경제상황, 금융기관 간 경쟁수준)이나 내부통제 수준을 반영하여 앞서 3가지 측정요소를 통해 산출된 리스크량을 조정할 수 있도록 하는 것으로, 이를 위한 지표로 리스크 통제 자가진단(RCSA: Risk & Control Self Assessment), 핵심 리스크 지표(KRI: Key Risk Indicator), 감사 점수(Audit Score) 등이 주로 활용된다. 한편, 금융기관은 운영 리스크 관련 보험의 가입(예: 종합재산보험, 임원배상책임보험, 신원보증보험)을 통해 규제자본량을 경감할 수 있으나, 최대 경감한도는 산출된 자본량의 20% 이내로 제한되어 있다.

이러한 고급측정법은 금융기관의 운영 리스크 노출 정도와 리스크 관리능력 등을 고려하여 규제자본량을 결정하므로 리스크에 보다 민감한 방식이며, 내부통제 강화, 보험 등 리스크 경감효과를 적절히 반영할 수 있으므로 금융기관의 자체 리스크 관리능력을 배양하는 데 유리하다고 할 수 있다.

〈표 15-14〉는 운영 리스크 측정을 위한 세 가지 방법을 비교하여 나타내고 있다.

표 15-14 | 측정방법 장단점 비교

	장점	단점
기초지표법	• 계산이 편리함	• 총수익이 클수록 규제자본량이 높게 산출 • 운영 리스크와 연관성이 낮음 • 금융기관 특성을 반영하지 못함
운영 표준방법	• 비교적 산출이 편리함 • 금융기관의 영업특성이 부분적으로 반영됨	• 금융기관 내부통제 효율성이 낮음 • 운영 리스크 경감효과를 반영할 수 없음 • 리스크 관리능력을 배양시키지 못함
고급측정법	• 리스크에 민감한 방식 • 리스크 특성 반영 가능 • 장기적으로 낮은 규제자본량 산출 가능	• 전문인력과 인프라 구축이 필요함 • 복잡한 측정방법론 • 내부 손실자료 부족

2. 손실분포접근법에 의한 운영 리스크 측정

1) 운영 리스크 손실 분포

운영 리스크에 따른 손실을 평가하기 위해서는 사건을 발생시키는 요소, 사건의 발생, 손실 등이 서로 연결되는 관계를 파악해야 한다. 사건을 발생시키는 원인은 다양하고 여러 요소가 연관되어 있을 수 있으므로 이를 단일 요소로 구별해 내는 것은 어렵고 복잡할 수 있다. 예를 들어 사기 사건의 경우 부적절한 프로세스와 인적/시스템적 요소가 혼합되어 있다. 그러나 운영 리스크를 사건과 연결지어 파악하면 이를 객관적으로 포착하고 추적할 수 있다는 장점이 있다. 즉, 인식과 추적, 평가 등이 효율적으로 이루어질 수 있게 된다. 다음에서는 보험업계에서 널리 이용되는 계리 모형(actuarial model)을 이용하여 운영 리스크에 따른 손실의 분포를 어떻게 추정할 수 있는지를 살펴본다.

(1) 손실 빈도와 손실 수준의 분포

과거 자료로부터 객관적인 손실 분포를 추정하기 위하여 보험업계에서 널리 이용되는 계리 모형은 운영 리스크에 따른 손실의 분포를 추정하는 데 유용하게 이용된다. 특정 영업 영역과 사건 유형의 결합에서 발생하는 운영 리스크의 손실 분포는 손실 빈도와 손실 금액의 분포를 결합함으로써 추정할 수 있다. 이러한 방법을 손실분포법(loss distribution approach)이라고 부른다. 여기서 손실빈도분포(loss frequency distribution)는 일정기간(예를 들어 1년) 동안에 발생하는 손실 건수의 분포이며, 손실수준분포(loss severity distribution)는 손실 사건이 발생한 경우에 나타나는 손실 금액의 분포이다. 대개 손실 빈도와 손실 수준은 독립적인 것으로 가정된다.

손실빈도분포에 사용되는 대표적인 확률분포는 포아송분포(Poisson distribution)이다. 이 분포는 일정기간 동안에 손실 사건이 랜덤하게 발생함을 가정한다. 따라서 연간 발생하는 손실 사건의 평균 건수가 λ라고 하면, 어떤 짧은 기간 Δt 동안에 손실 사건이 발생할 확률은 $\lambda \Delta t$가 되며, T기 동안에 n개의 손실 사건이 발생할 확률은 다음과 같다.

$$T\text{기 동안에 } n\text{개의 손실 사건이 발생할 확률} = e^{-\lambda T}\frac{(\lambda T)^n}{n!}$$

포아송분포에서 손실 빈도의 평균과 분산은 같은 값을 갖는다. 손실 분포를 추정하기 위해서는 각 영업 영역/사건 유형별로 손실빈도분포를 손실금액분포와 결합시켜야 한다. 이를 위해서 보통 몬테카를로 시뮬레이션(Monte Carlo simulation)이 이용된다. 매번의 시뮬레이션마다 다음의 절차가 수행된다.

① 손실빈도분포로부터 손실 사건의 수 n을 뽑는다.
② 손실수준분포로부터 n회의 표본 추출을 통하여 각 사건의 손실 금액을 확정한다 $(L_1, L_2, \cdots, L_n)$.
③ ②에서 평가된 개별 손실을 모두 더해 총손실액을 확정한다$(= L_1 + L_2 + \cdots + L_n)$.

위의 과정을 수천 회(또는 수만 회) 반복하면 손실 금액의 분포를 추정할 수 있다. [그림

15-5]는 이러한 과정의 한 예를 그림으로 나타낸 것이다.

그림 15-5 | 손실 빈도와 손실수준분포의 결합을 통한 손실 분포의 추정

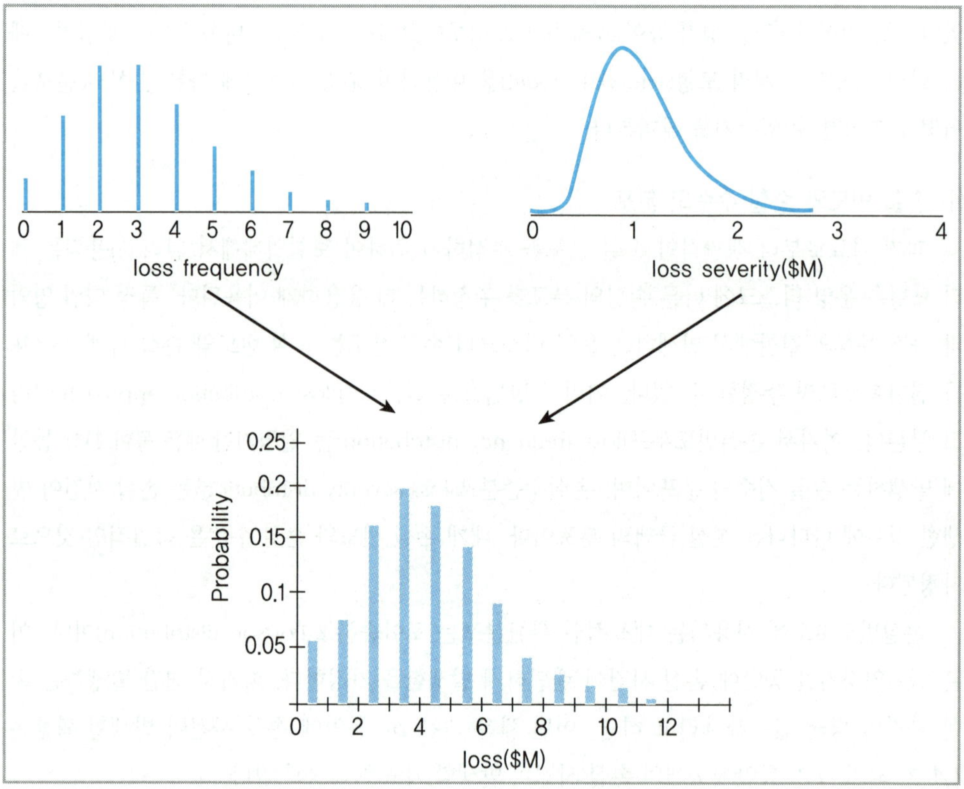

(2) 손실 분포 추정의 예

간단한 예를 들어 설명해 보자. 손실 빈도와 손실 수준의 분포가 〈표 15-15〉와 같다 하자.

표 15-15 | 손실 빈도와 손실 수준의 분포

손실빈도분포		손실수준분포	
빈도	확률	금액(만 원)	확률
0	0.5	1,000	0.6
1	0.3	10,000	0.3
2	0.2	100,000	0.1

〈표 15-15〉에서 손실 빈도의 기댓값은 0.7이며, 손실 수준의 기댓값은 13,600(만 원)이다. 손실의 빈도와 수준이 독립적이라 하고 두 분포를 결합하여 손실분포를 추정해 보자. 다

음의 〈표 15-6〉에 두 분포를 결합할 때 나타날 수 있는 가능한 상황들을 정리하였다.

표 15-16 | 손실 빈도와 손실 수준 분포의 결합

손실빈도	1의 손실	2의 손실	총손실	확률
0	0	0	0	0.50
1	1,000	0	1,000	0.18[1)]
1	10,000	0	10,000	0.09
1	100,000	0	100,000	0.03
2	1,000	1,000	2,000	0.072[2)]
2	1,000	10,000	11,000	0.036
2	1,000	100,000	101,000	0.012
2	10,000	1,000	2,000	0.036[3)]
2	10,000	10,000	20,000	0.018
2	10,000	100,000	110,000	0.006
2	100,000	1,000	101,000	0.012
2	100,000	10,000	110,000	0.006
2	100,000	100,000	200,000	0.002[4)]

주 : 1) 0.3×0.6=0.18, 2) 0.2×0.6×0.6=0.072, 3) 0.2×0.3×0.6=0.036, 4) 0.2×0.1×0.1=0.02

〈표 15-17〉은 총손실을 크기순으로 정리하여 다시 나타내고 누적확률분포를 구한 것이다.

표 15-17 | 총손실과 누적확률분포

총손실	누적확률분포
0	0.50
1,000	0.68
2,000	0.788
10,000	0.878
11,000	0.914
20,000	0.932
100,000	0.962
101,000	0.986
110,000	0.998
200,000	1.000

(3) 예상손실과 예상외손실의 평가

〈표 15-16〉 또는 〈표 15-17〉로부터 예상손실을 계산할 수 있다. 예상손실은 손실 빈도와 손실 수준의 기댓값의 곱으로 간단하게 계산된다.

$$EL = E(n) \times E(L) = 0.7 \times 13{,}600 = 9{,}520\,(\text{만 원})$$

예상외 손실은 특정 신뢰수준을 가정하는 경우 〈표 15-17〉로부터 구할 수 있다. 예를 들어 99.9% 신뢰수준에서 최대 손실액을 〈표 15-17〉에서 구하면 약 110,000(만 원)이다. 따라서 99.9% 수준에서의 예상외손실은 100,480만 원(=110,000-9,520)이다. 따라서 운영 리스크에 따른 위험자본을 99.9% 신뢰수준에서 측정한다면 필요자기자본은 100,480만 원이라고 평가할 수 있다.

2) 손실분포접근법

손실분포접근법에 의한 운영 리스크의 측정은 시장 리스크와 신용 리스크와 비교할 때 상이한 방법론이다. 보험통계에 기초한 손실분포접근법에 의한 운영 리스크 측정법으로서 일반적으로 금융기관에서 사용되는 운용 리스크 통계적 접근방법으로 우수하다. 손실분포접근법(LDA: Loss Distribution Approach)은 은행이 수집한 과거 손실에 대한 실제 손실데이터를 이용하여 셀별로 빈도(frequency)분포와 심도(severity)분포를 도출하고, 이를 통합한 총손실분포를 생성하여 운영 리스크 VaR(Op.VaR)를 산출하는 방법이다.

현재 우리나라 금융기관은 운영 리스크 측정기간(time horizon)을 1년으로 설정하고 99.9% 신뢰수준에 준하는 건전성 기준을 충족하는 운영 리스크 자본량을 산출하도록 하고 있다. 손실분포접근법을 사용하는 금융기관들은 비예상손실(UL)에 해당하는 금액으로 필요자기자본을 산출해야 한다. 예상손실(EL)은 대개 발생빈도가 높고 충격이 작은 사건(HFLSR: High Frequency and Low Severity Risk)에 대응한 손실이다. 운영 리스크는 신용 리스크와는 달리 예상손실을 측정하는 방법이 아직 개발되어 있지 않다. 이에 반해 비예상손실(UL)은 발생빈도가 낮고 충격이 큰 사건(LFHSR: Low Frequency and High Severity Risk)으로서 앞서의 베어링은행의 닉 리슨(Nick Lesson)과 소시에테제네랄의 제롬 거닐(Jerome Kerviel) 같은 로그 트레이더(Rogue Trader: 회사의 허가 없이 고위험의 투기적 거래를 하다가 회사에 막대한 손실을 초래하는 거래자)의 예와 같은 운영 리스크 대형 손실사건의 특성, 즉 발생빈도는 낮지만 손실영향이 높은 운영 리스크의 손실사건을 고려하기 위함이다. 즉, 운영 리스크 손실액을 커버하기 위한 높은 신뢰수준 99.9%(one year 99.9% VaR)으로 발생 가능한 비예상손실을 측정해야 하기 때문이다.

손실분포접근법(LDA)의 구체적인 실행절차[9)]

고급측정법(AMA)에 의한 운영 리스크 자본량의 손실분포접근법(LDA)을 이용한 절차는 대

9) 조하현 외, 「운영 리스크 관리」, 박영사(2012), 제3편 운영 리스크 측정 및 검증방안, p.165, pp.180~181 인용.

략 다음과 같으며, [그림 15-6]의 손실분포접근법을 이용한 Op.VaR 산출절차와 같다.

① 내부/외부 손실자료를 이용하여 측정단위별 LDA VaR 산출
② 시나리오 평가결과를 이용하여 측정단위별 시나리오 VaR 산출
③ LDA VaR과 시나리오 VaR을 통합하여 측정단위별 Op.VaR 산출
④ 산출된 측정단위별 Op.VaR을 단순합산하여 전사적 Op.VaR 산출

그림 15-6 | 손실분포접근법을 이용한 Op.VaR 산출절차

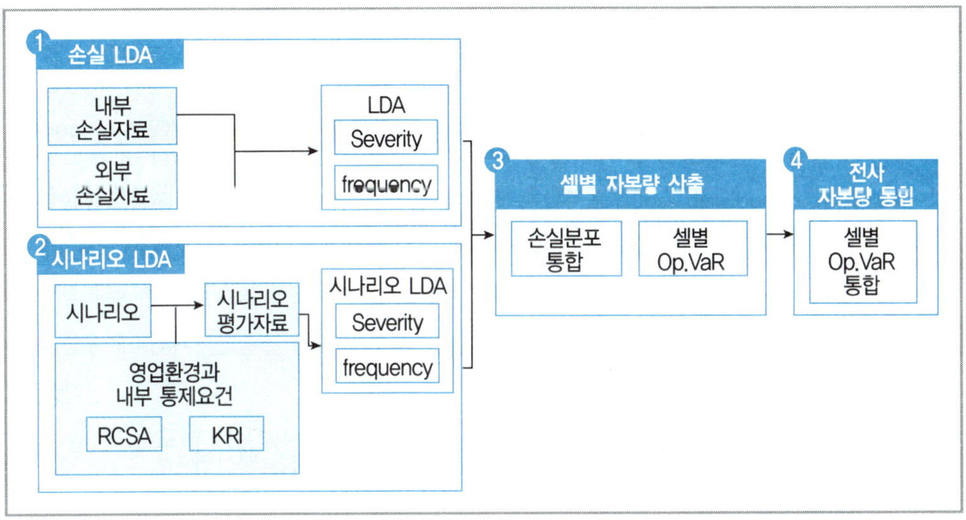

운영 리스크 자본량(Op.VaR) 산출을 위한 보다 구체적인 실행절차는 다음과 같다.

첫째로 운영 리스크 손실을 분류하는 작업이 필요하다. 일반적으로 측정모형의 투입요소(내부자료, 외부자료, 시나리오자료)를 수집하여 이를 8개의 영업영역과 7개의 손실사건 유형별로 7×8행렬을 구성하여 손실사건을 구성한다. 영업영역 분류와 손실사건 유형분류는 앞서 설명한 〈표 15-7〉, 〈표 15-8〉과 같다.

측정모형에 투입되는 4가지 기본요소(내부손실 데이터, 외부손실 데이터, 시나리오 분석, 영업환경과 내부통제 요인)가 적절하게 결합되어 있어야 하고 고급측정법을 적용하는 은행은 운영 리스크 측정치가 5년 이상 축적된 내부손실 데이터에 근거하여야 한다.

운영 리스크 측정을 위한 데이터에 대한 상세내용은 별도의 장에서 설명하고자 한다.

둘째로 빈도분포는 발생건수의 분포이고, 심도분포는 발생금액의 분포이다. 운영 리스크 손실사건의 손실빈도(Frequency)와 심도(Severity)의 확률분포를 각각 추정하여 총손실분포의 모형을 만들어야 한다. 빈도분포의 모형화에 있어서는 포아송분포가, 심도분포에는 대수정규분포가 많이 이용된다.

총손실(total loss)은 이산적 확률변수인 손실빈도(loss frequency)와 연속적인 확률변수인 손실심도(loss severity)와의 조합으로 손실심도와 손실빈도는 각각 상이한 확률분포에 의해 모형화된다. 손실빈도분포의 모형화에서 빈도(frequency)는 정해진 기간 안에 발생한 손실사건의 발생건수를 의미하며, 운영 리스크 측정에서의 손실빈도분포는 1년간 손실사건이 발생할 건수의 확률분포로 정의할 수 있다. 금융기관이 가용할 만한 내부 또는 외부 손실 데이터를 이용한 손실빈도분포를 모형화하기 위해 적용 가능한 확률분포는 이항과정(binomial process)을 따르며, 이항분포에서 표본크기가 크고 성공확률이 작은 경우에 적용하는 포아송분포(poisson distribution)의 형태가 주로 이용된다. 손실심도분포(loss severity distribution)는 손실사건이 1회 발생했을 때 가능한 손실량(손실심도)의 확률분포로 정의된다. 내부손실 데이터에 대한 손실심도분포를 모형화하기 위해 일반적으로 적용 가능한 확률분포는 대수정규분포(Log-normal distribution), 지수분포, 감마분포, 와이블분포, 극단치분포 등이다.

셋째로 총손실분포의 모형화를 위해서는 다음과 같은 절차가 필요하며, [그림 15-7]은 총손실분포 도출절차를 나타낸다.

① 선택된 빈도분포로부터 하나의 빈도난수를 추출함

② 추출된 난수만큼 선택된 심도분포에서 심도난수를 추출함

③ 추출된 난수에 내부손실 자료의 임계치를 더함

④ 빈도난수만큼 추출된 심도난수를 모두 합산하여 총손실금액을 계산함

그림 15-7 | 총손실분포 도출절차

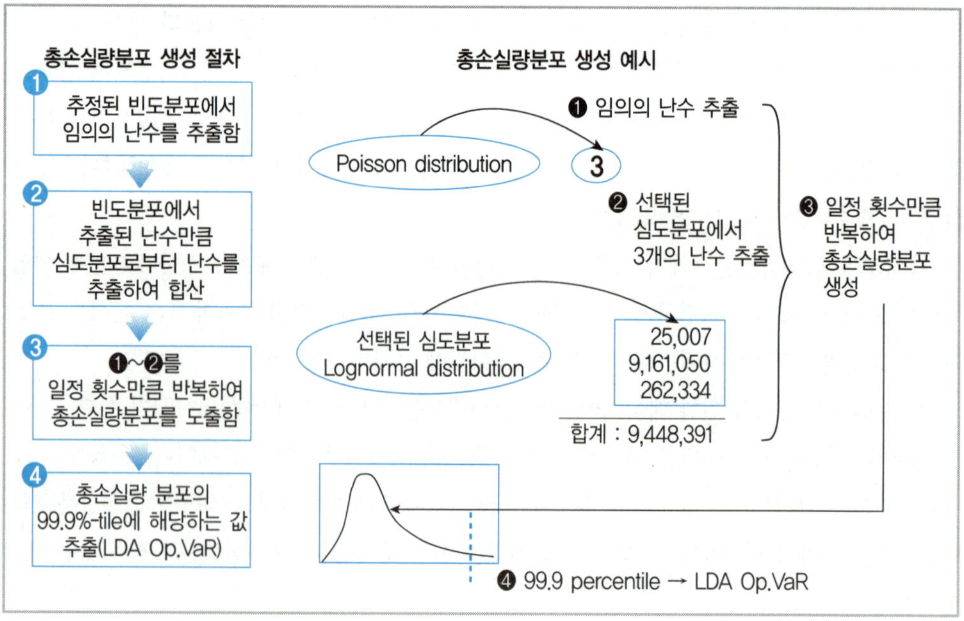

⑤ 위의 과정을 일정 횟수만큼 반복하여 총손실분포를 시뮬레이션하고 이 분포로부터 99.9%퍼센타일 값을 추출하여 Op.VaR을 추정함

여기서 총손실은 운영 리스크 매트릭스(operational risk metrix)의 각 셀(cell)에서 1년간 발생 가능한 운영 리스크 손실총량(total loss amount)을 의미한다. 앞서 설명한 바와 같이 손실빈도가 선택되고 손실빈도의 모수값이 결정되면 이들에 기초하여 총손실분포(total loss distribution)를 생성할 수 있다.

손실빈도분포와 손실심도분포에서 총손실분포를 몬테카를로 시뮬레이션(Monte Carlo Simulation)을 사용하여 생성한다. 이러한 방식을 통해 총손실분포가 추정되면 총손실분포에서 신뢰수준의 99.9%에 해당하는 값으로 산출된다.각 셀별로 산출된 Op.VaR값을 집계화(Aggregation)하여 은행 전체의 Op.VaR을 산출한다.

지금까지 설명한 운영 리스크 자본량은, 총손실분포들이 정규분포이며 완전상관되어 있다고 가정한 전행적 운용 리스크 자기자본액(Op.VaR)을 산출하는 방법이다. 바젤위원회는 단순합산에 의한 운영 리스크 자본량 산출보다는 개별 셀들 간의 상관관계를 파악하여 이를 운영 리스크 자본량에 반영할 것을 권고하고 있다. 즉, 운영 리스크 매트릭스에서 각 셀들 사이의 상관적 관계 및 구조를 파악하고 이를 전행적 운영 리스크량에 반영하여 계산하기 위해서는 Copula 함수에 의한 방법을 별도로 사용해야 한다. Copula는 리스크 분포함수의 꼬리부분의 의존성구조(dependence structure)를 반영하는 데 유용한 것으로 알려져 있다.

3. 보험에 의한 리스크 경감

금융기관은 고급측정법을 통해 산출한 자본량을 조정할 수 있다. 일반적으로 가장 많이 사용되는 방법이 보험에 의한 리스크 경감이다. 내부통제만으로 금융기관의 모든 운영 리스크를 제거할 수 없으므로, 잔존 리스크는 자기자본으로 커버하든지 아니면 보험 등 리스크 이전수단(risk transfer mechanism)을 사용할지를 결정해야 한다. 금융기관은 일정요건을 충족하면 총액의 20%를 초과하지 않는 한도 내에서 자본량을 경감받을 수 있다. Basel에서는 고급측정법(AMA)하에서 보험에 의한 운영 리스크 경감효과를 필요자본 산출 시 고려할 수 있도록 허용하고 있다. 보험에 의한 리스크 경감 시 충족요건은 다음과 같다.

① 보험회사 지급능력 등급이 A− 등급 또는 이에 준하는 등급 이상일 것

② 보험약관 최초 계약기간이 1년 이상일 것

③ 보험회사의 계약취소에 대한 사전통지 기간은 90일 이상일 것

④ 감독상의 조치나, 금융기관 부도로 인한 손실이나 비용과 관련하여 보상금지 배제조항이 없을 것

⑤ 보상범위가 운영 리스크 손실의 실제 발생가능성 및 영향과 일관되고 투명한 관계에 있을 것

⑥ 보험회사는 독립적인 제3자일 것

⑦ 리스크 경감구조가 합리적이고 문서화될 것

⑧ 리스크 경감목적 보험내역에 대해 공시할 것

국내 금융기관의 운영 리스크 관련 보험은 다음과 같은 것들이 있다.

- 내부 사취 : 신원보증보험, 금융기관종합보험, 임원배상책임보험
- 외부 사취 : 금융기관종합보험, 현금유가증권 도난보험
- 고용 및 사업장 안전 : 암보험, 상해보험, 영업배상책임보험, 가스사고배상책임보험
- 고객, 상품 및 영업 : 신원보증보험, 임원배상책임보험
- 유형자산 손실 : 재산종합보험, 자동차종합보험, 간판배상책임보험, 가스사고배상책임보험, 주차타워배상책임보험
- 업무중단 및 시스템 장애 : 전자금융거래배상책임보험
- 집행, 전달 및 절차의 관리 : 신원보증보험, 임원배상책임보험

제6절 운영 리스크 시스템의 운영[10)]

1. 운영 리스크 측정 시스템

고급측정법을 이용하여 운영 리스크를 평가하기 위해서는 내부손실 데이터, 외부손실 데이터, 시나리오, 영업환경과 내부 통제요인의 4가지 기본요소가 필요하며, 이들 자료를 바탕으로 손실분포를 추정하고 몬테카를로 시뮬레이션 과정을 거쳐 99.9% 신뢰수준하에서의 예상외손실, 즉 VaR을 추정한다. 이 과정을 그림으로 나타내면 [그림 15-8]과 같다.

[그림 15-8]의 운영 리스크 측정 시스템 구축과 관련하여 리스크 요인이 「통합 리스크관리 모범규준(제2권)」(2008)에서 제시하고 있는 주요 내용을 살펴보면 다음과 같다.

10) 제6절과 제7절은 교육부 한국직업능력개발원의 김재인 · 박종원 외, 「NCS(국가직무능력표준) 학습모듈 리스크관리 능력단위 리스크측정」(2015) 참조.

그림 15-8 | 고급측정법에서 예상외손실의 측정과정

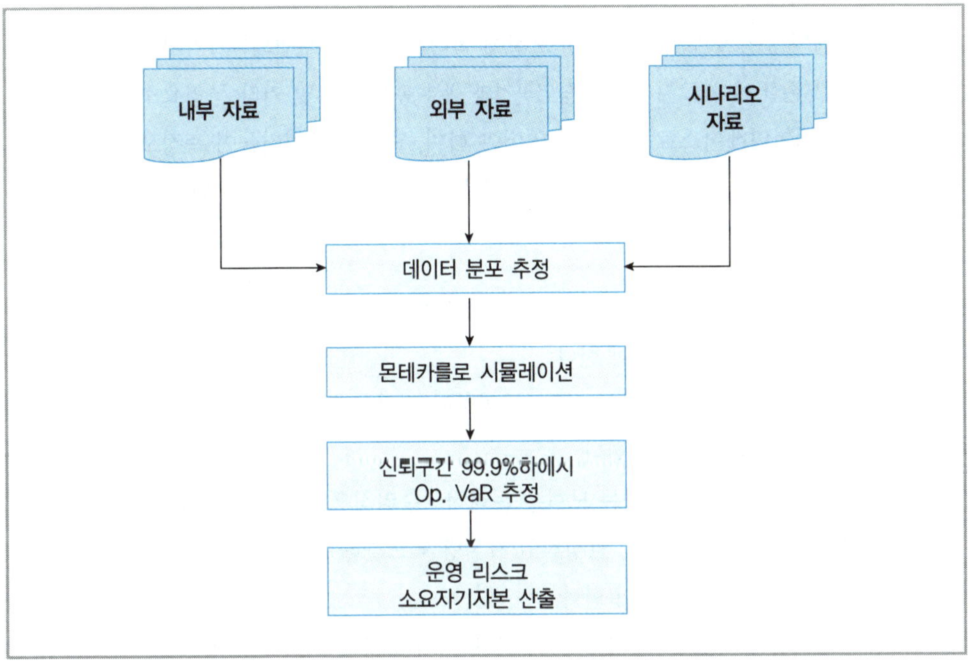

1) 운영 리스크 측정기간과 신뢰수준

현재 국내 은행의 경우 감독당국은 운영 리스크 측정기간(time horizon)을 1년, 신뢰수준을 99.9%로 설정하여 자본량을 측정하도록 규정하고 있다.

2) 운영 리스크 측정 단위

운영 리스크 측정 단위(measurement unit)는 7개 손실사건 유형 및 8개 영업영역(7×8 행렬)에 부합하여야 한다. 다른 합리적인 기준을 마련하여 선택할 수 있으나 이 경우 자본량 민감도 분석을 실시하고 합당한 근거를 마련하여야 한다.

8개 영업영역은 앞서 살펴본 바젤위원회의 업무영역 분류인 투자금융, 트레이딩과 매매, 소매금융, 기업금융, 지급과 결제, 대행서비스, 자산관리, 소매중개를 가리키며, 7개 손실 사건 유형은 내부 사취, 외부 사취, 고용 및 사업장 안전, 고객/상품 및 영업, 유형자산 손실, 업무 중단 및 시스템 장애, 집행/전달 및 절차의 관리를 가리킨다(〈표 15-7〉 및 〈표 15-8〉 참조).

한편, 국내 은행들은 7×8 행렬에 영업지원이라는 영업영역을 추가하여 주로 7×9 행렬로 자본량을 산출하기도 하는데 바젤에서 제시하는 8개 영업영역에 비수익부서가 없기 때문에 따로 하나 생성한 것이다.

3) 운영 리스크 측정을 위한 기본요소와 데이터베이스 구축

측정 시스템의 운용을 위해서는 측정 모형에 직·간접적으로 투입되는 4가지 기본요소(내부손실 데이터, 외부손실 데이터, 시나리오, 영업환경과 내부 통제요인) 및 기타 투입요소들이 체계적으로 수집되어 데이터베이스로 구축되어 있어야 하며, 축적된 데이터들이 측정모형에 투입되어 자본량을 산출할 수 있도록 측정 시스템과 연계되어 있어야 한다. 이를 위해 다음 사항들이 구비되야 있어야 한다.

① 은행은 4가지 기본요소를 결합하여 자본량을 산출하기 위한 가중치 결정 절차 및 이에 대한 근거를 마련하고 있어야 한다.
- 가중치 결정 절차는 신뢰성 있고, 투명하며 적절히 문서화되고 증명 가능하며 내부적으로 일관성이 있어야 한다.
- 4가지 기본요소를 결합하는 모형은 논리적 · 수리적으로 무리 없이 견고하고, 자본량 과소 산출 우려가 없으며, 안정적인 자본량을 도출해 내고, 운영 리스크 익스포저 및 특성을 적절히 반영하여야 한다.
- 4가지 기본요소 결합 시 이중계산이 이루어지지 않도록 해야 한다.

② 손실 분포 가정 등 측정 모형에 사용된 각종 가정에 대한 적절한 근거가 마련되어 있어야 한다.
- 고급측정법 자본량 산출 모형에는 정형화된 방법론이 존재하지 않아서 은행마다 각기 다른 방법론을 사용하고 있으므로 이에 대한 명확한 근거를 마련하는 것이 중요하다. 예를 들어 손실 분포 선정방법, 모수추정방법, 총손실 분포 추정방법, 분포 추정에 이용되는 최소 데이터 수 및 최소 금액 수 등에 대해 적절한 근거를 마련하여야 한다.
- 이 경우 다른 대안과의 충분한 비교를 통해 은행상황에 맞는 최적의 방법을 선택하여야 하며, 자본량 과소 평가 가능성은 없는지, 안정적인 자본량을 산출하는지, 은행의 운영 리스크 익스포저를 적절히 반영하는지 등에 중점을 두고 수리적 혹은 논리적으로 타당한 근거를 마련하여야 한다.

③ 운영 리스크 자본량은 분포의 꼬리 부분에 크게 의존하는바, 측정 모형이 손실 분포 꼬리부분의 특성을 적절히 포착하기 위한 방안을 마련하고 있어야 한다.

④ 은행이 운영 리스크 손실 간의 상관관계를 이용할 경우 적정한 상관관계를 산출하기 위한 상관관계 결정 시스템이 마련되어 건전하고 결함 없이 실행되어야 하며, 적정성은 정성 및 정량적인 기법을 통해 입증되어야 한다.

⑤ 측정 모형을 통해 산출된 값의 적정성 및 안정성이 확보되어야 한다.
- 이를 위해 은행은 측정 모형을 통해 산출된 자본량의 적정성 및 안정성을 검토하기

위한 절차를 마련하여 주기적으로 시행하여야 한다.
- 동 절차를 통해 측정 모형에서 산출된 자본량 값이 운영 리스크 익스포저를 적절히 반영하고 있는지 확인하여야 한다.
- 또한 여러 지표들(손실 데이터, KRI 등)이 운영 리스크 익스포저 증가 징후를 보이는데 자본량은 감소하고 있다면 합당한 이유가 있는지 확인해야 한다.

⑥ 고급측정법에 의한 소요자기자본 산출 시 예상손실과 예상외손실을 모두 반영하고 있어야 한다.

2. 내부손실 데이터

내부손실 데이터(internal data)는 운영 리스크 고급측정법 측정 시스템에 투입되는 입력 데이터 중 은행의 운영 리스크 특성(profile)을 가장 잘 반영한다는 측면에서 체계적으로 수집되고 관리되어야 한다.

1) 체계적인 내부손실 데이터의 수집/관리 절차의 구축

(1) 내부손실 데이터의 유형

은행은 내부적으로 운영 리스크 관리 목적으로 수집하는 손실 데이터의 범위를 가능한 넓게 설정하고 수집되는 손실 데이터를 유형별로 분류하여 관리 및 활용할 수 있는 방안을 마련하는 것이 바람직하다. 측정 시스템에 투입하는 데이터에는 재무적 손실 데이터뿐 아니라 비재무적 손실이나 유사 손실 등도 포함되며 이를 체계적으로 수집하여 관리목적으로 활용할 수 있도록 하여야 한다.

① '재무적 손실' 은 자산 손실, 손해배상 등 은행의 손익계산서에 반영되는 손실이 발생한 경우를 말한다.

② '비재무적 손실' 은 기회 손실, 평판 손실 등 은행의 손익계산서에 반영되지 않은 손실이 발생한 경우를 말한다.

③ '유사 손실' (near misses)은 손실 사건은 발생하였으나 효과적이고 적절한 내부통제가 작동하였거나 단순한 행운으로 인해 직접적인 손실이 발생하지 않은 경우를 말한다.

(2) 내부손실 데이터의 수집/관리 절차

내부손실 데이터의 수집 및 관리 절차는 손실 사건 발생 및 보고, 손실 사건 처리, 손실 사건의 기록 및 관리 등 전반적인 내용을 포괄하고 있어야 하며 내규 등에 적정하게 반영되어 있어야 한다. 이를 위해 내부손실 데이터의 수집범위에서부터 손실 데이터 수집항목별 입력주체(예: 영업점, 운영 리스크 팀 등), 입력시점, 수집 시스템 입력방법 등 내부손실 데이터 수집/관리 체계가 실제로 전행적으로 작동될 수 있도록 상세하고 체계적으로 마련되어 있어야 한다.

(3) 내부손실 데이터의 적정성을 평가할 수 있는 체계적인 검증 절차 구축

① 내부손실 데이터가 적정하게 수집되고 있는지 평가할 수 있는 검증 절차를 마련하여 내규 등에 반영하고 이에 따라 검증을 실시하여야 한다. 예를 들어 은행계정에 반영되는 손실 내용을 파악할 수 있도록 정기적으로 원장(G/L) 모니터링을 실시한다든지, 검사부 등 타 관련 부서에서 수집된 데이터와의 대사를 통해 적정성을 평가한다든지 하는 방법들을 이용할 수 있다.

② 손실 사건 발생 및 보고, 손실 사건 처리, 손실 사건의 기록 및 관리 등 전반적인 손실 사건 데이터 수집 · 보고 절차가 운영 리스크 보고 체계와 일관성을 가지고 전체 조직체계와 연계되어 있어야 한다.

2) 내부손실 데이터 수집 절차의 적정성과 완전성

① 은행은 내부손실 데이터를 8개 영업영역 및 7개 손실 사건 유형에 따라 분류하기 위한 객관적인 기준을 마련하여 이에 따라 손실 데이터를 분류하고 있어야 한다.

② 은행은 내부손실 데이터 수집의 완전성을 확보하여야 한다. 즉 수집된 손실 데이터는 손실 금액, 손실 사건 발생일, 총손실액 중 회수 금액, 손실 사건의 원인 등에 관한 상세한 정보를 포함하고 있어야 한다.

③ 특정 업무 집중 부서(예: 전산 부서)에서 발생하는 손실 사건, 다수의 영업부서와 관련된 활동에서 발생하는 손실 사건 또는 장기간에 걸친 손실 사건 등과 관련된 손실 데이터를 8개 영업영역과 7개 손실 사건 유형에 적절히 배분하는 기준을 개발하여 보유하고 있어야 한다. 또 신용 리스크와 연계되어 전통적으로 신용 리스크로 간주되는 운영 리스크 손실은 운영 리스크 소요자기자본 산출 시 포함하지 않을 수 있으나 운영 리스크 데이터베이스에서 별도로 확인될 수 있도록 수집하고 있어야 한다. 시장 리스크와 연계된 운영 리스크 손실은 운영 리스크 소요자기자본산출에 포함되어야 하며 따라서 체계적으로 수집하고 있어야 한다.

3) 내부손실 데이터를 측정에 반영하는 적정한 방식 확보

① 내부손실 데이터로부터 손실 분포 도출방식 등 내부손실 데이터를 측정에 반영하는 방

식의 적정성이 확보되어야 한다. 예를 들어 은행은 자본량 산출에 이용되는 내부손실 데이터의 요건(예: 순손실 1,000만 원 이상, 과거 10년 내 발생 데이터 등)을 명확히 정의하고 있어야 하며 이러한 요건에 대한 사용 근거를 적정하게 마련하고 있어야 한다.

② 은행은 자본량 산출 시 내부손실 데이터를 어떤 방식으로 활용할 것인지에 대해 명확하게 정의하고 있어야 한다. 예를 들어 손실 분포 추정에 직접 이용하거나 시나리오 분석에 참고자료로 활용하는 등의 방식으로 이용 가능하며, 이용방법은 세부사항까지 상세히 정의해야 하며, 이용방법 각 단계별로 명확한 근거와 논리를 마련함으로써 내부손실 데이터를 측정에 반영하는 방식의 적정성을 확보하여야 한다.

4) 5년 이상 축적된 내부손실 데이터에 근거한 운영 리스크 측정

고급측정법을 적용하는 은행은 내부손실 데이터를 운영 리스크 측정에 이용 시 5년 이상 축적한 내부손실 데이터를 이용해야 한다. 은행은 체계적인 손실 사건 데이터 수집 · 보고 절차에 의하여 최소 수집기간 이상의 손실 데이터를 확보하였음을 감독당국에 입증하여야 한다.

3. 외부손실 데이터

고급측정법을 적용하는 은행은 부족한 내부손실 데이터에 대한 보충 또는 내부적으로 경험하지 못한 리스크 유형 파악 등을 위해 외부 데이터를 활용하여야 한다. 특히 빈번하지는 않지만 심각한 손실이 우려되는 손실 발생 가능성이 높은 영업활동에 대한 리스크 측정 시에 외부손실 데이터 이용의 필요성이 강조될 수밖에 없다.

1) 적합한 외부 데이터의 확보

은행이 외부 데이터를 사용하는 데 있어서 가장 중요한 것은 적합한(relevant) 외부 데이터의 확보이다. 외부 데이터의 적합성은 당해 은행에서 외부 데이터가 활용되는 용도에 따라 상이하게 정의될 수 있다.

예를 들어 내부손실 데이터의 보충을 위해 측정에 직접 사용되는 외부 데이터는 비교적 높은 수준의 적합성이 요구되어 비슷한 영업규모, 비슷한 내부 통제수준 등을 가진 금융기관의 손실 데이터를 적합한 외부 데이터라고 정의할 수 있다. 이 경우 은행은 규모의 차이 등 각종 편향성을 제거하는 스케일링(scaling) 기법을 통하여 보다 적합한 외부 데이터를 확보하여야 한다.

반면에, 시나리오 데이터 생성에 참고자료로 활용하는 등 간접적으로 이용되는 외부 데이터는 직접 활용할 경우만큼 높은 수준의 적합성은 요구되지 않는다.

2) 외부 데이터의 종류

일반적으로 '외부 데이터'란 당해 은행 이외의 금융업계 전반에서 발생한 운영 리스크 손실 데이터를 말하며, 그 유형은 크게 '컨소시움 데이터', '상용 데이터' 및 '자체 생성 데이터'로 구분된다.

(1) 컨소시움 데이터(consortium data)

비영리 기관(예: KOREC, ORX, Gold)이 회원 은행들의 손실 데이터를 수집하여 상호 공유하는 데이터로, 비용이 수반되지 않고 데이터의 완결성 및 정확도가 높으나, 데이터 수집 기간이 짧아 손실 데이터의 수가 적고 컨소시움 가입이 쉽지 않다는 단점이 있다.

(2) 상용 데이터(public data)

상용 공급자(vendor, 예: OpVantage, SAS)가 신문, 잡지 등 일반에 공표하는 정보를 취합하여 분기별 혹은 반기별로 제공하는 방식으로 판매하는 데이터를 말한다. 손실 데이터 확보가 쉽고 금융업계 전반의 손실 데이터의 장기 시계열 데이터를 입수할 수 있으나, 공표된 정보만을 취급함으로써 각종 편향성(bias)이 존재할 수 있고 상당한 비용을 지불하여야 한다.

(3) 자체 생성 데이터

은행이 신문, 잡지 등 일반에 공표되는 정보를 취합하여 자체적으로 생성한 데이터를 말한다. 비용이 적게 드는 반면, 상용 데이터와 같이 공표되는 데이터를 사용함으로써 데이터에 각종 편향성(bias)이 존재할 수 있다.

3) 외부손실 데이터 이용 절차

외부손실 데이터는 손실 사건 유형의 파악, 시나리오 데이터 생성, 내부손실 데이터의 보충, 검증자료, 상관계수 추정 등 다양한 목적으로 활용될 수 있다. 그러나 외부손실 데이터는 그 유형별로 특성이 다르므로 이를 반영하여 이용목적에 맞는 적정한 데이터를 활용하기 위해서는 적절한 기준을 마련하여 활용하여야 한다.

(1) 데이터 항목의 적정성 확보

외부손실 데이터는 실제 손실 금액, 손실 사건 발생 당시 영업규모, 손실 사건의 원인, 손실 사건의 유형, 손실 사건 내용 및 기타 손실 사건을 평가하는 데 유용한 관련 정보를 모두 포함하고 있어야 한다.

(2) 외부손실 데이터의 필터링 및 스케일링 방법의 적정성 확보

은행은 외부손실 데이터를 이용할 때 당해 은행의 특성(주영업영역, 영업규모, 내부 통제수준 등)에 적합한(relevant) 데이터만 선별(필터링)하여 이용할 수 있는데, 이 경우 필터링 방법의 적정성을 확보하여야 한다. 필터링 방법은 외부손실 데이터 사용 목적에 따라 달라질 수 있으며 외부손실 데이터를 자본량 측정에 직접 사용하는 경우에는 보다 철저한 기법 마련이 필요하다.

또한, 은행은 외부손실 데이터의 손실 금액 등을 은행 상황에 적합하게 조정하기 위한 스케일링을 실시할 수 있는데, 이 경우 스케일링 방법의 적정성을 확보하여야 한다. 스케일링 방법 역시 외부손실 데이터 사용 목적에 따라 달라질 수 있으며 외부손실 데이터를 자본량 측정에 직접 사용하는 경우에는 보다 철저한 기법 마련이 필요하다.

(3) 외부손실 데이터를 측정에 사용하는 방식의 적정성 확보

은행은 자본량 산출에 이용되는 외부손실 데이터의 요건(예: 1억 원 이상, 측정 시점 과거 10년 내에 발생한 데이터 등)을 명확히 정의하고 있어야 하며, 이 요건은 내부손실 데이터 등 타 데이터의 요건과 최대한 일관성을 유지해야 한다.

또 은행은 자본량 산출에 외부손실 데이터를 어떤 식으로 활용할 것인지에 대해 명확하고 자세하게 정의하고 있어야 한다. 예를 들어 내부손실 데이터 등과 더불어 손실 분포 추정에 직접 이용, 시나리오 분석에 참고자료로 활용 등의 방식으로 이용 가능하며 이용방법에 대해 세부사항까지 상세히 정의해야 하며. 이용방법 각 단계별로 명확한 근거와 논리를 마련함으로써 외부손실 데이터를 측정에 반영하는 방식의 적정성을 확보하여야 한다.

4. 시나리오 분석

시나리오 분석은 내부 데이터, 외부 데이터 및 운영 리스크 담당자와 전문가의 의견 등에 기초하여 미래 발생 가능한 운영 리스크 손실 사건의 잠재 손실액과 손실 사건의 발생빈도를 예측하는 방법이다. 시나리오 분석결과는 심각한 손실을 야기할 수 있는 익스포저 평가, 운영 리스크 자본량 측정이나 검증 등에 폭넓게 이용되며, 손실 데이터가 부족한 상황에서 운영 리스크의 평가에 중요한 역할을 담당하고 있다. 시나리오 분석을 위해 다음과 같은 점에 유의하여야 한다.

1) 시나리오 생성의 적정성 확보

① 시나리오는 은행의 운영 리스크 특성을 적절하게 반영할 수 있어야 하며, 은행의 주요한 심각한 손실을 모두 포함하는 등 적정하게 생성되어야 한다. 또 사업부서 전반에 걸쳐 시나리오가 일관성 있게 생성될 수 있도록 해야 한다.

② 은행은 적정한 시나리오 생성 주체와 주기 등 시나리오 생성 절차와 용도 및 검증방법을 내규 등에 명시하고 이에 따라 시나리오를 생성하여야 한다.

③ 시나리오 생성에는 다양한 요소에 대한 종합적인 고려가 필요하므로, 해당 부문의 전문적인 지식과 경험을 가진 전문가(예: RCSA 담당자, 업무 담당자, 외부 전문가, 내부 감사 담당자 등) 등이 참여하는 것이 바람직하다.

④ 시나리오 목록은 은행 내·외부의 환경 변화 및 리스크 특성 변화 등을 반영할 수 있도록 내규 등을 통해 업데이트 주기를 명시하고 이에 따라 주기적으로 업데이트해야 한다.

⑤ 또한 시나리오는 태생적으로 주관적이라는 약점이 존재하며 손실 데이터가 부족한 상황에서 시나리오는 자본량에 큰 영향을 미치므로, 이용 가능한 모든 정보(내·외부 손실 데이터, RCSA 결과, KRI 등)를 활용하는 등 시나리오 생성 시 주관성을 완화하기 위한 다양한 방안을 마련하여야 한다.

2) 시나리오 평가의 적정성 확보

① 은행은 적정한 시나리오 평가자 선정 기준, 평가 주기 등 시나리오 평가 절차를 내규 등에 명시하고 이에 따라 시나리오를 평가해야 한다.

② 시나리오 평가 시에는 해당 시나리오에 대해 평가할 수 있는 충분한 지식을 가진 해당 업무의 전문가가 참여하는 등 시나리오 평가 결과의 신뢰성을 높일 수 있는 평가자가 선정되어야 하며 평가자 선정기준에 대해 문서화해야 한다.

③ 다양한 평가자들 간에 일관성 있는 평가를 할 수 있도록 평가기준을 명확하게 마련하고 있어야 한다.

④ 시나리오 평가 주기는 내·외부 환경 변화 및 은행의 리스크 특성 변화를 적시에 포착할 수 있도록 정해져 있어야 한다.

⑤ 또한 이용 가능한 모든 정보(내·외부 손실 데이터, RCSA 결과, KRI 등)를 평가자들에게 제공하는 등 시나리오 평가 시 주관성을 완화하기 위한 다양한 방안을 마련해야 한다.

3) 시나리오 분석 결과에 대한 적정성 확인과 재평가

은행은 시나리오 분석 결과에 대해 정기적으로 적정성을 확인하고 재평가하기 위한 절차를 마련하여 시행하여야 한다. 이를 위하여 시나리오와 내·외부 손실 데이터와의 비교 등을 통해 적정성을 평가할 수 있으며, 시나리오 분석 결과 간에 일관성이 있는지, 그 평가값이 적정한지, 모든 주요한 운영 리스크 익스포저를 포함하는지 등을 평가하여야 한다.

4) 시나리오 평가 결과를 측정에 반영하는 방식의 적정성 확보

모든 시나리오가 자본량 산출에 이용되지 않을 경우 자본량 산출에 직접 이용되는 시나리오 평가 결과의 요건을 명확히 정의하고 있어야 한다. 자본량 산출에 이용되는 시나리오의 요건(예: 데이터 이용기간 등)은 내 · 외부 손실 데이터 등 타 데이터의 요건과도 최대한 일관성을 유지해야 하며, 자본량 산출에 시나리오를 어떤 방식으로 활용할 것인지에 대해 명확하고 자세하게 정의하고 있어야 한다.

5. 영업환경과 내부 통제요인

영업환경과 내부 통제(BEIC: Business Environment and Internal Control)요인은 손실 데이터가 수집된 이후 운영 리스크 익스포저 수준이나 내부 통제환경을 변화시키는 미래지향적인 질적 요인들을 포괄적으로 나타내는 것으로서, 과거 데이터인 손실 데이터의 한계를 보완하는 역할을 수행한다. 운영 리스크 평가에 BEIC가 적정하게 이용되기 위해서는 다음 사항을 갖추고 있어야 한다.

1) 적정한 BEIC 요인의 선정과 계량화

은행은 직면하고 있는 운영 리스크의 특성을 변화시킬 수 있는 주요 영업환경과 내부 통제요인을 반영하기 위한 요인들을 적정하게 선정하여 활용하여야 한다. 이를 위해 BEIC 요인들은 손실 데이터 수집이나 시나리오 분석 이후 운영 리스크 익스포저 수준 또는 내부 통제환경을 변화시키는 미래지향적이고 질적인 요인들을 모두 포괄하고 있어야 한다. 주로 선정되는 BEIC 요인들은 핵심 리스크 지표(KRI), 리스크 통제 자가진단(RCSA)의 통제점수, 감사 결과치(audit score) 등이다.

또 선정된 BEIC 요인은 계량적인 값으로 적정하게 전환되어야 한다. 즉, 선정된 BEIC 요인들이 영업환경과 내부 통제의 수준을 계량적인 값으로 적정하게 나타내야 한다.

2) 각 요인에 대한 리스크 추정치의 민감도와 요인별 가중치의 적절성 확보

① 리스크 통제의 개선에 따른 리스크 변화 및 영업활동의 복잡화, 영업규모의 증가로 인한 잠재적 리스크의 증가를 BEIC 각 요인이 계량적인 값으로 적절하게 반영하고 있어야 한다.

② 은행은 BEIC 각 요인에 대해 적절한 가중치를 부여하여야 하며, 운영 리스크 익스포저 크기, 중요도 등에 따라 가중치를 부여하는 방법 및 근거를 마련해야 한다.

3) BEIC 요인을 측정에 반영하는 방식의 적정성 확보

① 은행은 자본량 측정에 반영하는 BEIC 요인에 대한 요건(예: 재무적인 영향이 있는 BEIC 요인만 측정에 반영)을 명확히 정의하여야 하며, 자본량 산출에 이용되는 BEIC 요인의 요건(예: 데이터 이용기간 등)은 내·외부 손실 데이터나 시나리오 등 타 데이터의 요건과도 최대한 일관성을 유지해야 한다.

② 자본량 산출에 BEIC 요인을 어떤 방식으로 반영할 것인지에 대해 명확하고 자세하게 정의하고 있어야 한다. 예를 들어 영업영역별 자본량 조정, 시나리오에 반영하는 등의 방식으로 자본량에 반영 가능하며 동 방법에 대해 세부사항까지 상세히 정의해야 한다.

③ 또한, 이용방법 각 단계별로 명확한 근거와 논리를 마련함으로써 BEIC 요인을 측정에 반영하는 방식의 적정성을 확보하여야 한다. 예를 들어 BEIC 요인을 통해 자본량을 조정할 경우 조정폭의 상/하한을 정하고 있는 경우가 있는데 상/하한 수치에 대한 근거를 마련하여야 한다.

③ BEIC 요인을 운영 리스크 측정에 반영하는 방식, 그 적용사례 및 경험적 추정치의 조정에 관한 근거 등은 문서화하고 독립된 조직에 의해 점검하여야 한다.

제7절 운영 리스크 측정 결과 검증

1. 운영 리스크 적합성 검증 개요

1) 운영 리스크 적합성 검증의 의미

적합성 검증(validation)이란 은행이 운영 리스크를 측정하는 데 있어서 신뢰성 있는 타당한 방법을 갖추고 이를 일관되게 적용하는지 여부를 평가하는 것이다. 운영 리스크 측정 결과는 운영 리스크 관리의 여러 분야에 폭넓게 사용되므로 운영 리스크 측정 시스템이 운영 리스크 수준을 적절하게 평가하는지 검증하는 것은 매우 중요하며, 운영 리스크 측정 결과에 대한 검증을 위해서는 단순히 측정시스템뿐 아니라 운영 리스크 관리체제 전반에 대한 검증이 필요하다.

2) 적합성 검증의 구성요소

관리체제 전반에 대한 적합성 검증을 위해서는 운영 리스크 관리체제, 측정시스템, 통제구조 등 전반을 포괄해야 하며, 측정모형 등에 대한 양적 적합성 검증뿐 아니라 관리체제, 통제구조 등 질적인 부분까지 모두 포함해야 한다. 특히 운영 리스크 특성상 측정모형에 대한 양적 검증이 치밀하게 이루어지기 어려우므로 질적 검증을 보다 철저히 수행하여 모형 및 관리 절차 전반에 대한 신뢰를 쌓을 필요가 있다. 또한 적합성 검증 절차대로 검증을 시행하고 발굴된 개선사항에 대해 적절한 조치를 취하여야 하며, 개선이 필요한 사항에 대해 개선이 이루어지지 않았을 경우 그 사유를 관리할 필요가 있다.

2. 양적 검증 방법

1) 사후검증(back-testing)

가장 대표적인 양적 검증 방법은 사후검증이다. 이는 영업영역/손실 사건 유형별로 측정된 리스크 요소(빈도, 심도), 자본량 등과 실제 관찰된 결과치를 비교하는 것을 의미한다. 은행은 사후검증 방법을 개발해야 하고 사후검증 결과와 비교하기 위한 내부 허용 수준을 수립해야 하며, 이러한 허용 수준을 초과했을 때 어떠한 조치를 취해야 하는가에 대한 정책을 문서화하여 구비해 놓아야 한다.

그림 15-9 | 적합성 검증의 구성요소

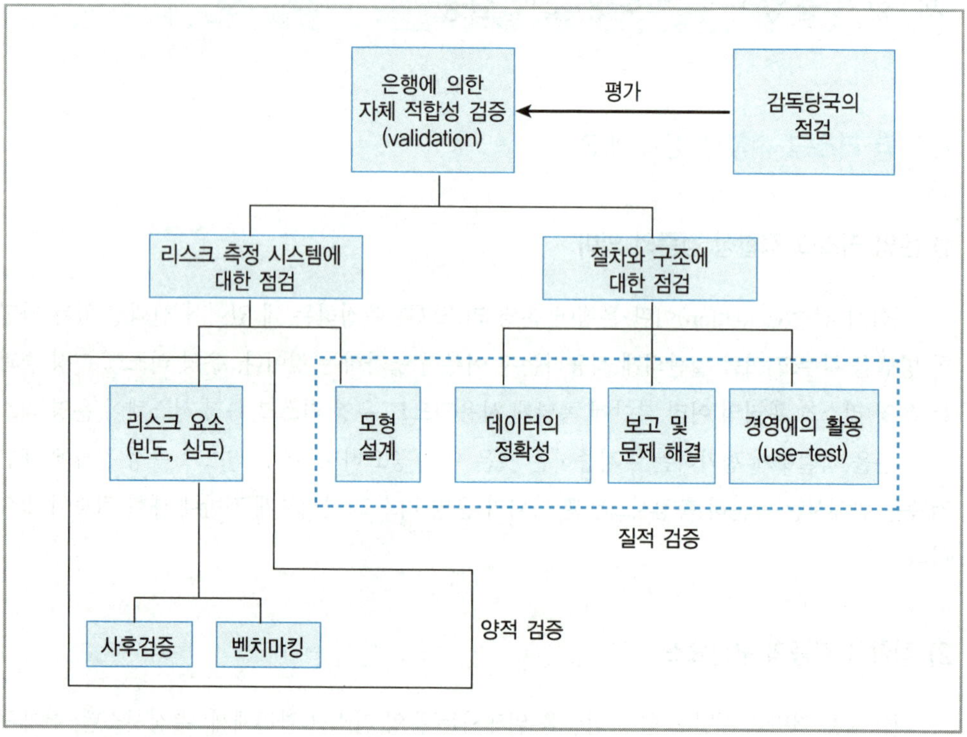

출처 : 금융감독원(2008), 통합 리스크관리 모범규준 제2권 p.64

2) 벤치마킹(benchmarking)

양적 검증 방안의 다른 하나는 외부 벤치마크(예: 국내 은행의 손실 데이터군)를 활용하여 벤치마킹을 하는 것이다. 벤치마크 추정치와 은행 내부 추정치 간의 체계적인 차이가 존재하는지를 확인하고 그 원인을 분석한다.

벤치마킹은 적합성 검증 절차에 대한 보완적 수단으로 유용하며, 이 방법의 유용성은 적절한 벤치마크가 선택되었는가에 크게 좌우된다. 적합한 외부 벤치마크가 존재하지 않는다면 내부 벤치마크를 활용할 수 있다. 즉, 독립적인 다른 평가자나 다른 측정방법에 의해서도 영업영역/손실 사건의 특정 셀에 일관되고 유사한 리스크 요소 추정치가 산출되느냐에 대해 검토하는 것이다.

3. 질적 검증 방법

질적 검증에서는 모형 설계, 이용하는 데이터, 보고 및 문제 해결, 경영에의 활용 등을 평가한다.

1) 모형 설계

모형 설계에 대한 평가는 운영 리스크 측정 시스템의 설계와 구성을 분석하여 평가하는 것으로, 절차에 대한 검증(process verification)을 의미한다. 데이터 부족 등 운영 리스크의 특성상 사후검증에 의한 적합성 검증이 사실상 어려운 경우 모형 설계에 대한 개발 증빙(developmental evidence)으로 보완을 하는 것이 필요하며, 이 경우 다음과 같은 요소들이 검증된다.

- 개발 증빙에 대한 검토 및 설계와의 일관성
- 리스크 요소(심도, 빈도) 산출과정의 문서화
- 4대 기본요소(내부 데이터, 외부 데이터, 시나리오 분석, 영업환경과 내부 통제요인)에 대한 가중치 결정절차의 신뢰성, 투명성, 문서화
- 영업영역/사건유형별 분포 추정방법, 상관관계 가정의 합리성

2) 데이터(data)의 정확성과 이용가능성

신뢰성 있는 리스크 측정 요소의 추정을 위해서는 충분한 과거 데이터로 구성된 데이터베이스 구축이 필요하며, 은행은 데이터의 무결성(integrity)을 위해 일관되고 체계적인 데이터 수집 절차를 마련하여야 한다. 또 은행은 데이터의 정확성, 완전성 그리고 적절성 평가를 포함하여 시스템에 입력되는 데이터를 상세히 점검하는 절차를 보유해야 하며, 전산 프로그램 체크 등을 통해 정확한 데이터가 모형에 사용되고 있는지 확인하여야 한다.

3) 보고 및 문제 해결

적합성 검증은 지속적이고 반복적인 절차로서 은행은 최소 연 1회 이상 점검을 실시하고, 그 결과를 이사회와 경영진에 보고하여야 하며, 확인된 문제점에 대해 적절한 조치를 취하여야 한다.

4) 경영에의 활용

경영에의 활용(use-test) 점검은 운영 리스크 산출 결과가 은행의 일상적인 영업활동에 얼마나 유용하게 또는 광범위하게 활용되는지 여부를 평가하는 것이다.

4. 적합성 검증 및 검증에 대한 점검 실시

운영 리스크 관리체계 및 측정 시스템 전반에 대한 적합성 검증(validation) 및 이러한 검증 업무 자체에 대한 점검(validation review)이 적절히 이루어져야 한다. 이를 위해 다음 사항이 준수되어야 한다.

1) 운영 리스크 관리부문과 독립된 부서에 의한 적합성 검증

운영 리스크를 측정하는 데 있어 신뢰성 있는 타당한 방법을 갖추고 이를 일관되게 적용하는지 여부를 평가하는 적합성 검증을 실시하여야 한다. 이를 위해 적합성 검증(validation)은 운영 리스크 관리부문과 독립된 부서에서 적절히 수행되어야 한다. 즉, 인사 및 보고, 조직체계 측면 등에서 적합성 검증 조직의 독립성 여부를 판단해야 한다. 은행 내부 부서가 아닌 외부 업체(컨설팅 회사 등)에서 적합성 검증을 수행하는 경우도 있는데, 이 경우 동 회사가 측정 모형 개발에 참여하지 않았을 경우 독립적이라고 판단할 수 있으나, 외부 업체에서 적합성 검증을 수행하는 경우에도 일회성이 아니라 매년 주기적으로 적합성 검증이 이루어지도록 해야 한다.

2) 독립된 제3의 부서에 의한 적합성 검증에 대한 점검

적합성 검증에 대한 점검(validation review)이 운영 리스크 관리 부문 및 적합성 검증 실시 부서와 독립된 제3의 부서에서 적절히 수행되어야 함을 의미한다. 이때 적합성 검증 주체, 주기, 내용 및 관련 규정 등에 대해 포괄적으로 검토함으로써 적합성 검증이 적정하게 이루어졌는지 검증하여야 한다. 은행은 적합성 검증 및 검증에 대한 점검을 수행하기 위해 업무수행에 적정한 전문성을 갖춘 인력을 갖추어야 한다.

제8절 영업연속성 계획[11)]

1. 영업연속성 계획 개요

2001년 9월 11일 세계무역센터 테러사건(World trade center terrorist' attack) 당시 세계무역센터에는 많은 금융기관이 입주해 있었는데 빌딩이 무너지면서 직원도 사망하고 영업관련 전산자료 등이 모두 파괴되었다. 이런 상황에서도 특히 모컨 스탠리(Morgan Stanley)투자은행은 24시간 내에 영업을 재개해 금융서비스를 속개할 수 있었다. 이 은행은 맨해튼 남쪽에 위치한 브룩즈지역의 대체사업장(alternate site)에 전산 백업자료(back-up data)가 별도 보관되어 영업영속성계획(BCP: Business Continuity Plan)이 작동되고 있었기 때문이다. 9·11테러사건 이후 감독당국이 그 중요성을 인식하여 법제화가 추진되었으며, 이에 따라 미국을 위시한 선진금융기관에서의 BCP 수요가 급증하였고, 우리나라 대부분의 금융기관도 BCP를 도입하게 되었다.

영업연속성 계획(BCP: Business Continuity Plan)이란 금융기관이 재해/재난으로 인한 업무중단에 대응하여 핵심영업/업무부문(critical business functions)을 복구, 재개할 수 있도록 하는 문서화된 정책 및 절차를 의미한다.

만약 재해/재난으로 인해서 금융기관의 업무가 마비된다면 그 여파는 사회 전체적으로 매우 빠르게 확산되어 큰 혼란을 가져올 수 있다. 따라서 금융기관은 발생가능성은 낮지만 발생 시 심각한 영향을 초래할 수 있는 사건이 발생할 경우에도 지속적으로 영업이 이루어질 수 있도록 영업연속성 계획을 갖추어야 한다. 특히 각 금융기관은 자신의 영업특성, 규모와 복잡성에 부합하는 비상 시나리오를 마련하고 이에 따른 복구 및 비상 계획을 수립하여야 한다.

영업연속성 계획에 대해 이야기할 때 몇 가지 전문적인 용어들이 등장한다. 따라서 본론에 들어가기 앞서서 몇 가지 용어를 정리해 보고자 한다.

1) 용어정리

① 영업연속성 관리(Business Continuity Management) : 업무중단으로부터 발생할 수 있는 재무, 평판, 기타 중대한 위험을 최소화하는 것을 목적으로 하는 총체적 접근법으로서, 평상시 내·외부 사건으로 인한 중대한 업무중단(material disruptions) 발생을 예방하고 업무중단 발생 시에는 핵심 영업/업무부문(critical business functions)을 유지하거나 적

11) 금융감독원, 「통합리스크관리 모범규준(제2권 운영리스크)」 참조.

기 복구하는 활동을 말함

② 업무중단(Business Disruption) : 인적 재난, 자연재해, 기술적 장애(전산시스템 등), 기반 시설 재해(전력, 통신 등) 등 재해/재난 발생으로 업무장소로의 접근이 불가능하거나 현재 업무장소에서의 업무수행이 불가능한 상황

③ 영업영향 분석(Business Impact Analysis) : 업무중단 시 금융기관에 미치는 정량적/정성적 영향 혹은 손실을 측정하고 재해/재난 발생 시에도 수행되어야 할 최소한의 업무를 정의하는 절차로서, 업무별 목표 복구시간, 복구 우선순위, 복구에 필요한 자원, 필수인력 등을 식별하는 활동

④ 위험평가(Risk Assessment) : 금융기관이 노출된 다양한 위험요인을 평가하여 위험의 우선순위를 파악하고, 특정위험의 실현 시 영향파악을 위해 위험별로 노출된 핵심 영업/업무를 파악하거나, 각 위험에 대한 금융기관의 통제방법을 개선하여 업무중단을 예방하기 위해 기존 통제방법을 평가하는 등의 절차

⑤ 영업복구(Business Recovery) : 현재 부담하고 있는 영업상 책무를 충분히 이행할 수 있도록 업무기능을 복구하기 위한 절차

⑥ 영업재개(Business Resumption) : 영업복구 후 새로운 영업상 책무를 이행할 수 있도록 업무기능이 회복된 상태를 말함

⑦ 복구전략(Recovery Strategies) : 업무중단에 대응하기 위한 절차로서 금융기관은 복구계획을 수립하여 이사회와 경영진의 승인을 받고, 시범시행(테스트)을 수행하여야 함

⑧ 목표 복구시간(Recovery Time Objective) : 목표 복구시간은 특정 영업기능을 복구하기 위한 목표시간으로서 특정 영업기능 중단이 금융기관에 심각한 영향과 손실을 미치지 않는 범위 내에서 허용 가능한 시간을 의미

⑨ 목표 복구시점(Recovery Point Objective) : 업무의 계속적인 수행을 위해 손실된 데이터에 대한 손실허용 시점을 의미하며, 복구가 필요한 업무에 대해 동 업무 수행을 위해 어느 시점까지의 데이터가 필요한가에 따라 정해짐(예: 예금지급 관련업무의 경우 재해 직전 시점)

2) BCP 수립의 범위

영업연속성 계획(Business Continuity Planning)을 세울 때에는 금융기관의 중요한 업무 및 기반시설의 파괴, 중요 인명의 손실 그리고 백업(backup)시설의 사용개시 가능시간 지연 등 핵심 영업/업무 중단을 초래할 수 있는 모든 가능성에 대비하는 것이 중요하다.

따라서 가장 최악의 시나리오 가정하에 금융기관은 영업영향 분석(Business Impact Analysis), 위험평가(Risk Assessment), 영업연속성 관리(BCM: Business Continuity Management) 전략을

수립하고, 영업연속성 계획 수립 등의 업무를 수행해야 한다.

또한 이것이 일회성으로 그치는 것이 아니라 주기적인 영업영향 분석, 위험평가, 영업연속성 관리전략 수립 등을 통해 이미 구축되어 있는 BCP 및 영업연속성 관리체제를 지속적으로 개선하고 보완 · 유지하여야 한다.

2. 영업연속성 계획 수립

1) BCP 관련 조직의 역할

BCP를 구축함에 있어서 가장 중요한 것은 이사회와 경영진이 BCP의 중요도와 필요성을 충분히 인식하고 적극적으로 참여해야 한다는 점이다. 따라서 이사회와 경영진은 BCP의 수립과 이의 효과적인 실행에 대한 궁극적인 책임을 져야 하며, BCP가 일상적인 경영관리에 통합되어 건전한 관행을 형성할 수 있도록 하여야 한다.

먼저 이사회는 경영진이 수립한 BCP 정책/절차를 검토하고 승인하여야 하고, 경영진은 BCP 업무를 효율적으로 수행할 수 있는 조직체계를 마련하여야 한다. 그리고 경영진은 핵심 영업/업무 중단 시 복구전략의 유효성, BCP에 대한 시범시행(테스트)의 적절성 및 유지 · 보수 여부 등 이사회에 보고되는 내용을 검토하고 승인하여야 한다.

금융기관은 영업연속성 계획 수립의 전체절차에 대한 관리를 담당하고 책임을 부담하는 BCP 기능(function)[12)]을 마련/운영하여야 한다.

독립적인 제3자[13)]는 BCP에 대한 시범시행 등을 포함하여 BCP의 현실성, 적정성과 BCP 관련 부서 및 관련 담당자, 책임자 등의 정책 및 규정에 대한 준수 여부 등을 정기적(최소한 연

참고 15-4　BCP 기능(또는 전담부서)의 주요 역할(예시)

- 이사회와 경영진의 BCP 책임 수행을 보조
- 전행적인 BCP 관련 정책 · 절차 마련 등 문서화
- 각 영업 및 지원 부서의 BCP 관련업무 지원
- 핵심적인 영업 및 지원 부서에 대한 최소 BCP 요건의 설정
- 핵심 영업/업무 중단에 대비한 보험가입 여부 등에 대한 검토
- 모니터링 및 통제
- 이사회와 경영진에 대한 보고 및 조치 이행 등

12) 금융기관의 방침에 따라 대부분의 은행들이 전담부서(운영리스크부) 내 별도 관리팀을 설치하여 운영하고 있다.

13) BCP 체제의 설계/운영에 직접 관여하지 않은 내부조직 또는 외부기관(예: 내부감사 등).

1회)으로 점검하여야 한다. 이때의 점검은 조직/업무의 추가, 변경 시 발생할 수 있는 위험요소의 변동을 충분히 감안하여야 한다.

참고 15-5 주요 점검사항(예시)

- 중요한 내·외부 여건 변화(합병, 구조조정, 주요 직원의 이직 등)를 적절히 반영하는 BCP 갱신 절차 마련 여부 및 그 적정성
- 개선 필요사항의 방치 여부
- 개별 영업 및 지원 부서 책임, 역할의 적정성
- 주요 직원, 고객, 거래 상대방, 서비스 공급업체에 대한 연락정보의 갱신 여부
- BCP 관련 문서화된 정보의 적정 비치 및 보관 여부 등

2) 영업영향 분석 및 위험평가

(1) 영업영향 분석

금융기관은 영업영향 분석(Business Impact Analysis)을 통해 재해/재난 발생 시에도 지속적으로 실행되어야 할 핵심 영업/업무를 인식하고, 동 영업/업무의 우선순위에 따라 목표 복구시간(RTO: Recovery Time Objective), 목표 복구시점(RPO: Recovery Point Objective) 등 목표 복구수준(Recovery Targets)을 정해야 한다. 이때 재해/재난으로 인한 업무중단 발생 시 노출되는 위험에 대해 재무적 손실뿐만 아니라 법규위반 초래 가능성, 법률적 연관성, 고객(예금자 등)/직원/내부적으로 이뤄지는 업무지원/평판손실 등 비재무적인 영향 등도 충분히 고려되어야 한다.

영업영향 분석 시 다음 예시와 같은 요인들이 영업/업무에 미칠 영향력을 분석하여야 한다.

그리고 금융기관은 RTO, RPO 등 목표 복구수준의 결정 시 전체 금융시장에 미칠 영향을 고려하여야 한다. 왜냐하면 하나의 금융기관의 업무중단이 다른 금융기관에게까지 큰 영향을 미칠 수 있기 때문이다.

참고 15-6 영업중단이 초래될 수 있는 요인(예시)

- 금융기관 본점에 발생한 재해/재난에 따른 본점 업무(기능)의 중단
- 금융 자동화 시스템(결제, 결산 등 각종 전산시스템, 통신시설 등)에 대한 피해 및 동 시스템의 작동 중단
- 금융산업 참여자가 공동 사용하는 공동망에 대한 재해/재난에 따라 발생 가능한 연속적인 업무 마비
- 기타 금융 인프라에 대한 재해/재난 등 발생에 따른 업무중단 등

그리고 이러한 작업은 일회성으로 그치는 것이 아니라 주기적으로 실시하고, 그 결과를 기록해 두는 것이 중요하다.

(2) 위험평가

금융기관은 위험평가(risk assessment)를 실시하여 금융기관의 인적/물적 자원에 재해/재난을 초래할 가능성이 있는 위험요인을 파악하고 동 위험요인의 영향력에 따라 위험의 우선순위를 파악하여야 한다. 여기에는 위험에 대한 기존 통제방법에 대한 평가 및 개선방안 마련, 본점/전산센터/영업점/콜센터 등에 대한 안전진단의 수행, 금융기관에 영향력이 큰 위험의 실현 시 중단될 수 있는 핵심 영업/업무의 파악 등의 활동 등이 포함되어 있어야 한다.

참고 15-7 평가할 위험요인(예시)

- 인적 재난 : 직원, 외부인 등 사람에 의해 발생될 수 있는 재해(전산망 침투, 테러, 파업, 폭동, 방화, 폭발물 설치 등)
- 자연재해 : 지역적 위치, 기후 등 자연현상에 의한 재해(홍수, 태풍, 폭풍, 눈사태, 지진 등)
- 기술적 장애 : 운영상의 부주의나 관리 소홀, 장비의 결함 등으로 발생하는 재해(전산시스템 등 하드웨어의 이상, 소프트웨어의 파괴 등)
- 기반시설 재해 : 공동 서비스 중단, 기반시설의 붕괴 등으로 발생하는 재해(전력공급 중단, 통신망 두절 등)

3) 영업연속성 관리(BCM)전략의 수립

금융기관은 재해 · 재난으로 인한 업무중단이 발생해도 최소수준의 핵심 영업 및 업무는 지속하여야 한다. 따라서 핵심 영업 · 업무의 복구 · 재개 방안 등 영업연속성 관리를 위한 자체전략을 보유하여야 하며, 동 전략 마련시 영업환경, 리스크 특성, 비용-효익에의 적합도 등을 고려하여야 한다.

영업연속성 관리전략은 금융기관에 맞는 영업연속성 관리모델[14] 등의 고려를 통해 조직/업무절차/자원 복구 등의 차원에서 수립할 수 있다. 그리고 복구전략의 수립에는 개별 핵심 영업 및 지원 부서의 BCP 최소요건, 대체사업장, 필요 복구인력 및 사무기기, 처리용량 등의 적정성 여부가 검토되어야 한다. 특히 영업연속성 관리전략을 마련할 때 특정 업무절차의 이전/중지/변경, 재해/재난손실 최소화를 위한 위험 통제장치, 이행계획 등의 마련에 신경써야

14) 주 사업장/백업 사업장 모형(active/backup model), 상호 주 사업장/백업 사업장 모형(active/active(split operations) model), 교대 주 사업장/대체 사업장 모형(alternate site model), 위기 시 대체업무처리 모형(contingency model) 등.

한다.

그리고 재해/재난으로 인한 영업중단 발생 시 재무적 손실 등에 대한 리스크 경감을 위해 주요 본점 시설, IT 장비, 인적 상해, 업무중단 등 적절한 범위의 보험가입을 고려해야 한다. 만약 보험을 가입한 경우에는 보험약관 및 부보범위의 적정성, 법적 유효성 등에 대해 정기적으로 검토하여야 한다.

마지막으로 이러한 내용들을 정리하여 영업연속성 관리의 주요 내용에 대해 문서화하여야 한다.

4) 영업연속성 계획의 수립

금융기관은 영업영향 분석을 통해 파악한 핵심 영업/업무, 영업연속성 관리전략 등을 기초로 재해/재난과 위기의 대응을 위한 상세한 지침과 절차 등 문서화된 영업연속성 계획을 마련하여야 한다. 여기에는 재해/재난으로 인한 업무중단 발생에 따른 위기관리방안(위기관리조직, 위기관리절차, 홍보전략 등), 영업재개 절차, 기술자원의 복구, 중요 정보/기록의 관리 등의 내용이 포함되어야 한다.

(1) 위기관리방안 마련

① 위기관리조직(또는 기구)[15]의 설치

금융기관 경영진은 재해/재난으로 인한 업무중단 발생 시 이에 대해 단계적으로 대응하고 지휘 · 총괄하는 위기관리조직을 설치할 수 있는 준비를 갖추어야 한다. 이러한 조직에는 경영진 및 주요 지원부서장이 포함되도록 하여야 하고 주요 업무는 문서화하여야 한다.

참고 15-8 위기관리조직의 주요 업무(예시)

- 재해/재난 발생에 대한 보고, 승인, 공지 등 내·외부 커뮤니케이션
- 재해/재난 · 위기 발생 시 금융기관에 미치는 영향에 대한 조속한 평가
- 재해/재난 발생 시 대응 · 조치에 대한 결정
- 대체사업장의 가동 여부 결정
- 사태 발생 및 추이에 대한 정보의 신속한 수집
- 재해/재난 발생 시설 및 업무 복구 감독 등의 총괄

15) 위기관리팀(CMT: Crisis Management Team), 위기관리위원회 등.

② 위기관리 절차의 마련

금융기관은 재해/재난으로 인한 업무중단 발생 시 그 영향을 평가하고 이에 대해 대응 · 조치하는 등 위기관리 절차의 수행이 신속히 이뤄질 수 있도록 다음 사항들에 대해 문서화된 절차를 마련하여야 한다.

- 재해/재난 발생 시 이사회와 경영진, 위기관리조직 등의 역할, 책임
- 재해/재난의 발견 시 위기관리조직 등에 통보하고 의사소통하는 방안 · 절차
- 재해/재난 발생에 대해 보고, 승인, 공지하는 절차
- 직원안전, 재해/재난 확산 억제 등을 위한 신속한 결정 절차
- 인명보호를 위해 재해/재난 발생 사업장으로부터 안전대피할 수 있는 방안
- 재해/재난 발생 시 행동지침, 체크리스트 등
- 대체사업장의 가동을 위한 명확한 기준
- 신속히 정보를 수집할 수 있는 체계의 마련
- 대외기관과 신속히 커뮤니케이션하고 홍보할 수 있는 방안의 마련
- 재해/재난 발생 시설 및 업무의 복구를 총괄적으로 감독할 수 기능 마련

③ 의사소통/정보교환 및 홍보 방안 마련

금융기관은 재해/재난으로 인한 업무중단 발생 시 내부적인 의사소통 및 외부관계자와의 정보교환이 원활히 이뤄질 수 있는 방안을 강구해야 한다.

먼저 효과적인 의사소통을 위해서 직원 간, 관련 부점 간 신속히 연락할 수 있는 채널[16]을 마련해 두어야 한다. 그리고 재해/재난 발생 시 정보교환을 위한 주요 외부관계자[17]의 범위를 정하고 이의 효과적인 수행을 위해 권한이 부여된 적정책임자를 지정하는 등 합리적인 방안을 수립하여야 한다.

또한 해외 또는 국제적 재해/재난 발생 등에 대비하여 국제결제 시스템, 해외금융기관을 통한 결제 서비스 등을 이용하는 금융기관은 해외지점 또는 현지법인 등을 통해 관계당국 및 관계자와 신속히 연락할 수 있는 절차를 마련하여야 한다.

그리고 재해/재난으로 인한 업무중단 발생과 관련하여 언론매체에 대응하는 체계와 대응원칙을 마련하여야 한다. 왜냐하면 잘못된 언론보도로 인해 문제가 더 확산될 소지가 있기 때문이다. 따라서 언론매체의 보도에 대한 모니터링, 문제보도에 대한 사전/사후 대응원칙, 언론보도에 따른 법적 피해 구제방안 등이 미리 마련되어 있어야 한다.

16) 휴대전화, 웹사이트, 이메일 주소, 인트라넷 등.
17) 고객, 주주, 거래 상대방, 사업파트너, 감독당국 등.

(2) 영업재개 절차

금융기관은 영업재개 시 각 단계별로 이뤄져야 할 활동에 대해 정의하고 각 활동에 대한 주요 절차를 마련하여야 한다.

이러한 절차가 효과적으로 수행되기 위해서는 각 단계별로 수행될 활동에 대해 각 부문의 책임과 역할이 사전에 명확히 설정되어 있어야 한다.

참고 15-9 영업재개의 단계(예시)

- 동원단계(The Mobilization Phase) : 영업/업무 부서 복구팀에 통보, 업무재개에 필요한 자원의 확보, 영업복구 순서의 결정 등
- 대체업무의 수행단계(The Alternate Processing Phase) : 대체사업장 등을 이용한 핵심영업/업무의 재개 등
- 완전복구 단계(The Full Recovery Phase) : 원래 사업장으로의 복귀

(3) 기술자원의 복구

금융기관은 애플리케이션, 하드웨어 장비 및 네트워크 시설, 전산시스템 등 영업재개 과정에 필수적인 기술자원을 효과적으로 보호하고 복원할 수 있는 방안을 마련하여야 한다.

이와 관련하여 금융전산 시스템에 대한 위기대응은 관련법[18)]에 따라 시행 중인 "금융전산 분야 위기대응 매뉴얼"의 내용을 우선적으로 적용한다.

(4) 중요 정보/기록의 관리

금융기관은 재해/재난 발생으로 인한 업무중단 시 업무복구 등에 필요한 중요 정보에 즉시 접근하여 내용을 확인할 수 있어야 한다. 이를 위해 중요 정보 및 기록의 사본은 생산 직후 신속히 별도의 장소에 저장되어야 하며 평상시 이에 대한 접근이 적절히 통제되어야 한다.

또한 중요 정보 및 기록이 손상, 파괴된 경우 어떻게 동 기록을 복구/재생하는지에 대한 명확한 절차를 마련해 두어야 한다.

5) 대체사업장의 마련

금융기관은 입지조건, 목표 복구시간 등을 감안하여 핵심 영업/업무와 기술복구를 위한 대체사업장소를 마련하여야 한다. 대체사업장은 주 사업장과 동일한 재해/재난에 노출되지 않도록 주 사업장과 다른 기반시설(전력, 통신 등)을 사용하는 지역에 위치하여야 한다.

18) 대통령 훈령 제124호, "재난 및 안전 관리 기본법" 등.

또한 대체사업장은 동 사업장에 대한 교통수단의 접근성, 태풍, 홍수 등 재해/재난에의 동일 영향권 여부, 통신망 사용 및 자원조달의 용이성 등 입지조건과 대체사업장 주변의 도로, 터널 등의 폐쇄상황 등을 충분히 감안하여 마련하여야 하며, 핵심 영업/업무에 대해 BCP에 정해진 목표 복구수준(RTO, RPO 등) 내에서 업무 복구/재개가 이뤄질 수 있어야 한다. 그리고 대체사업장에 대해서는 금융기관의 보안정책에 따라 보안경비 등 적절한 물리적 접근통제가 이행되어야 한다.

또한 대체사업장과 분리된 백업 데이터 센터 등은 금융기관 BCP에서 정해진 복구 및 영업 재개에 지장을 초래하지 않도록 적정한 규모, 용량, 정교성을 갖춘 장비와 설비를 보유하여야 한다. 따라서 대체사업장은 백업 데이터 센터 등과 충분한 데이터량을 원활히 통신 및 처리할 수 있는 충분한 통신설비, 네트워크 등을 갖추어야 한다.

금융기관은 가능하면 금융기관과 동일한 재해/재난의 영향을 받는 인접한 주요 고객, 거래상대방, 서비스 제공자들의 대체사업장과 금융기관의 대체사업장을 연결하여 통신하는 것을 검토할 수 있으며, 이때 중요도에 따라 연결의 우선순위를 정해 두어야 한다.

그리고 금융기관은 외부 서비스 공급자(특히 단일/독점 공급자)의 BCP 지원에 대해 과도하게 의존하지 않도록 주의하여야 한다. 금융기관은 이러한 공급자의 지원을 받는 경우, 재해/재난 발생 시 동 서비스 공급자의 실제 서비스 제공능력 보유여부, 서비스 제공 계약서의 조건 및 내용 등을 충분히 검토해 둘 필요가 있다.

만약 금융기관 간 협정에 의한 대체사업장의 상호이용 등의 경우에는 장기간의 영업/업무 중단 등의 경우 이용가능성 등을 충분히 고려하여야 한다.

6) BCP의 시범시행(테스트)

금융기관은 BCP의 실행가능성을 확인하기 위해 시범시행(테스트)[19]을 실시하여야 한다. 이러한 전행적인 시범시행은 연 1회 이상 실시하여야 하되, 비상연락망의 점검, 약식의 모의훈련(예: 테이블 톱 훈련 등) 등에 대해서도 적정주기를 정하여 실시하여야 한다.

그리고 금융기관은 시범시행 계획, 결과 등에 대해 문서화하여야 하며 시범시행 결과에 대하여 최고경영진 및 이사회에 보고하여야 한다.

19) 전행적인 시범시행(full scale test), 데이터센터 복구 테스트, 영업점 복구 테스트, 비상대응 테스트 등.

참고 15-10 BCP의 전행적인 시범시행에 포함될 주요 내용(예시)

- 직원의 대피, 연락체계
- 대체사업장의 가동상태
- 개별 영업 및 지원 부서 활동 상태
- 외부공급자에 의해 지원되는 복구서비스의 가동상태
- IT 백업시스템의 가동(특수한 경우 외에는 BCP 시범시행과 별도로 실시)
- 주요 고객, 거래 상대방, 서비스 제공업체와의 연결상황 점검
- 다른 금융기관 등과 공유하는 백업시설의 동시사용 가능 여부
- 중요 정보의 복구가능 여부 등

7) 모니터링 및 보고

BCP 전담부서는 영업연속성 계획 등을 지속적으로 유지 · 관리하기 위해 금융기관 내·외부의 업무환경 변화를 체계적으로 모니터링하는 절차를 갖추어야 한다. 또한 BCP 전담부서는 수립한 BCP의 테스트 결과 및 BCP 관련 주요 변동사항에 대하여 이사회와 경영진에게 정기적으로 보고하여야 한다.

참고 15-11 주요 보고사항(예시)

- BCP의 주요 변경내용
- 복구대상 핵심 영업/업무의 선정 및 변경 내용
- BCP 시범시행 계획, BCP 수행결과 및 개선방안
- 재해/재난 및 이로 인한 업무중단 발생현황, 대응결과 등

또한 핵심 영업/업무 중단 시 복구전략의 유효성, BCP 시범시행 수행결과, BCP 개선방안 및 유지 · 보수 현황 등 핵심내용에 대해서는 최소한 매년 1회 이사회에 종합적으로 보고하여야 한다. 그리고 만약 금융기관은 중대한 영업중단이 발생한 경우 즉시 감독당국에 보고하여야 한다.

연습문제

객관식

1. 운영 리스크의 원인이 되지 않는 것은?
   ① 부적절한 내부절차 ② 외부사건
   ③ 시스템 ④ 시장변화

2. 바젤 Ⅱ에서 언급한 운영 리스크에 포함되는 리스크는?
   ① 평판 리스크 ② 전략 리스크
   ③ 법률 리스크 ④ 정보보호 리스크

3. 다음 중 운영 리스크 관리의 실패사례가 아닌 것은?
   ① Baring Bank ② Sub-prime Mortgage
   ③ Societe Generale ④ Enron

4. 운영 리스크 관리체계의 구성단계에 포함되지 않는 것은?
   ① 리스크의 인식 ② 리스크 평가 및 측정
   ③ 경영에의 활용 ④ 통제 및 경감 활동

5. 3단계 위험방어(3 lines of defence)모형에 해당하지 않는 통제부서는?
   ① 해당 영업부문 ② 운영 리스크 관리부서
   ③ 내부감사 · 준법감시 ④ 신용 리스크 관리부서

6. 리스크 통제 자가진단(RCSA) 수행절차의 단계에 포함되지 않는 것은?
   ① 리스크의 인식 및 평가 ② 리스크 허용한도 설정 및 관리
   ③ 통제의 인식 및 평가 ④ 대응방안 마련

7. 리스크 통제 자가진단(RCSA)상의 대응방안은 해당 리스크에 대한 기본적인 대응전략으로 다음 내용 중 포함되지 않는 것은?
   ① 수용(Accept) ② 이전(Transfer)
   ③ 경감(Reduce) ④ 평가(Evaluate)

8. 핵심 리스크 지표(KRI)를 나타내는 속성이 아닌 것은?
① 원인지표(Causal Indicator)
② 손실지표(Loss Indicator)
③ 익스포저 지표(Exposure Indicator)
④ 잔여 리스크 지표(Residual Risk Indicator)

9. 바젤 Ⅱ에 따른 운영 리스크 위험가중자산 산출방법이 아닌 것은?
① 내부등급법
② 기초지표법
③ 표준방법
④ 고급측정법

10. 운영 리스크의 중요한 관리대상요소가 아닌 것은?
① 리스크 통제 자가진단(RCSA)
② 핵심 리스크 지표(KRI)
③ 보험(Insurance)
④ 손실사건 보고

주관식

11. 운영 리스크의 정의와 4가지의 운용 리스크 범주의 내용을 각각 설명하라.

12. 금융 리스크 관리가 중요해진 배경과 이로 인한 감독규제기관의 주요 조치사항(SOX act, Basel Ⅰ, Ⅱ & Ⅲ 등)을 참고하여 대표적인 역사적 신용 리스크, 시장 리스크 및 운용 리스크의 손실사건의 예를 각각 하나씩 들어 설명하라.

13. 운영 리스크와 전략 리스크의 주요 특징과 내용을 비교 설명하라.

14. BCP(Business Continuity Plan)의 중요성 그리고 주요 내용을 설명하고 아울러 DRP(Disaster Recovery Plan)의 차이점을 비교 설명하라.

15. 운영 리스크 관리 프로세스의 4가지 선순환활동, 즉 운영 리스크 관리체계(ORMF)에 대하여 설명하라.

16. BASEL Ⅱ에서의 운용 리스크에 대한 자기자본측정방법 3가지의 내용에 대하여 설명하라.

17. 효과적인 운영 리스크 관리프로세스에서 리스크 통제 자가진단(RCSA: Risk Control Self-Assessment)와 핵심 리스크 지표(KRI: Key Risk Indicator)의 내용과 관리 및 활용 방법에 대하여 설명하라.

18. 운영 리스크 관리 중 "3 Lines of Defense"(운영 리스크의 통제구조)를 도식화하여 설명하고 운영 리스크 책임자(operational risk manager), 준법감시인(compliance officer), 감사(auditor)의 역할에 대해서도 각각 설명하라.

19. 손실분포접근법(LDA)에 의한 손실분포를 추정하여 예상손실(EL)과 예상외 손실(UL)의 평가를 예를 들어 설명하라.

16장

금융IT 리스크 관리

제 1 절 금융IT 리스크 관리의 구분과 중요성

1. 금융IT 리스크의 구분

지금까지 본서에서 금융 리스크 관리의 전개를 재무 리스크와 비재무 리스크로 대별하고 재무 리스크는 ALM 리스크(금리 및 유동성 리스크), 신용 리스크, 시장 리스크로 나누어 각 장별로 기술하였으며, 비재무 리스크는 운영 리스크와 기타 리스크로서 평판 리스크와 전략 리스크를 설명하였다. 즉, 금융 리스크 관리의 핵심내용은 ALM 리스크, 신용 리스크, 시장 리스크, 운영 리스크로서 BIS 국제기구 및 금융감독기관에서도 이를 근간으로 금융회사를 규제하고 있다. 금융IT 리스크 관리는 금융 리스크 관리 중 운영 리스크 관리 범주의 한 유형으로 관리하여 왔으나, 최근 전자금융과 금융IT 발전에 따른 IT기술의 중요성, 전문성 및 복잡성으로 인해 별도의 장으로 취급 · 접근하는 것이 바람직하다.

본 장에서는 금융IT 리스크 관리를 크게 두 가지로 구분하여 설명을 전개하고자 한다.

첫째는 디지털경제와 IT혁명으로 금융회사에서 인터넷뱅킹과 전자금융상품의 취급과 전자금융서비스를 제공함에 따라 동 분야에서 전자금융 관련 사고를 방지하고 대응하고자 하는 리스크 관리 내용을 제3절 "전자금융 리스크 관리"에서 다루고자 한다.

둘째, 금융IT 리스크는 IT 리스크의 한 분야로서, 그간 학계에서 연구해 온 정보보호 리스크의 큰 틀에서 기업의 정보보호관리(Information Security Management)를 위한 정보보호 아키텍처와 체계적인 정보보호 리스크 관리론의 접근방식으로 제4절 "금융IT 리스크 관리"에서 설명하고자 한다.

2. 금융IT 리스크 관리의 중요성

최근 정보통신기술(IT: Information Technology 혹은 Information and Communication Technology, 이하에서는 'IT'라 함)산업이 비약적으로 발전하게 되어 금융기관에 인터넷을 이용한 전자금융업(Electronic Banking)의 업무비중이 증대되고 현금입출금기(CD/ATM: Cash Dispenser/Automated Teller Machine) 등의 업무자동화, 경영정보시스템(MIS: Management Information System)을 이용한 경영전략의사결정시스템의 구축, 금융 네트워크화, 사이버 뱅킹화가 급속하게 진전되고 있다. 급변하는 미래 정보기술 환경에 능동적으로 대처 가능한 IT 부서의 확대개편에 따른 금융 IT 전문인력 확충은 물론 이 업무를 총괄하는 정보보호 최고책임자(CISO[1]: Chief Information Security Officer)의 역할이 이사회(Board of Directors) 및 경영층으로부터 한층 증가되고 있다. 따라서 이 장에서는 비재무 리스크로서 운영 리스크에 더하여 금융IT 리스크를 별도의 장으로 설명하고자 한다.

IT 리스크 관리를 별도 취급하고자 하는 이유는 기존의 운영 리스크 관리 범주의 한 분야로 취급하기에는 그 업무내용의 전문성과 복잡성은 물론 정부기관, 학계 및 재계[2]에서 기업의 내부통제의 효율적인 지원 및 컨설팅을 위해 정보보호 리스크 관리 분야의 정보보호관리시스템(ISMS: Information System Management System) 구축을 통한 리스크 관리 방법론을 심도 있게 연구 · 발전시키고, 동 내용을 소개하는 것이 금융회사의 실질적인 리스크 관리에 도움을 줄 수 있기 때문이다. 최근 우리은행과 미래에셋증권이 [그림 16-1]에서 보는 바와 같이 국제표준화기구(ISO)로부터 정보기술분야 국제표준인 ISO 27001 인증서를 획득했다. 이는 금융회사 IT 부분의 금융정보시스템의 선진화를 기함은 물론, 정보보호에 대한 필요성을 새삼 인식한 것으로 은행, 증권회사, 보험회사 등 여타 금융회사에서 정보기술 ISO 27001 인증이 확

1) 전자금융거래법 개정(2011.10.)에 따라 정보기술부문 보안을 총괄하여 책임질 정보보호 최고책임자(CISO) 지정을 의무화하고, 총자산 · 종업원수 등을 감안하여 대통령령으로 정하는 금융기관은 CISO를 임원으로 지정한다.

2) 정부기관에서는 한국인터넷 진흥원, 대학에서는 고려대학교 정보경영전문대학원 정보보호학과와 금융보안학과, 동국대학교 국제정보대학원 정보보호학과, 아주대학교 정보통신대학 지식정보보호학과, 연세대학교 정보대학원 지식서비스보안학과, 중앙대학교 산업보안학과 등에서 IT 정보보호에 대한 강의 및 연구가 이루어지고 있음.

산될 것으로 예상된다. 금융회사에서 정보보호란 좁은 의미에서 IT 기술적 측면에서의 리스크 관리로 통제영역 이하 수준으로 효과적으로 리스크를 관리하는 것을 의미하기도 한다. 금융IT

그림 16-1 | 우리은행, 미래에셋 정보기술 ISO 27001 인증 획득

자료 : 한국경제신문, 2010.11.30.

리스크를 내부 및 외부 통제의 구체적 수단으로서 정보보호 개념에 입각한 리스크 관리방법을 금융회사의 금융IT 리스크[3]로 정의하고 살펴보고자 한다.

제2절 디지털경제의 등장배경과 금융업의 환경변화

1. 디지털 경제의 등장배경과 IT산업[4]

1990년대 후반에 접어들면서 미국 경제는 이전 시기와는 질적으로 상이한 새로운 현상을 경험한다. 1960년대 3%대의 노동생산성 증가율을 보여 왔던 미국 경제는 1972~99년도에는 상황이 더욱 악화되어 매우 낮은 노동생산성 증가율로서 연 평균 1.4%에 불과하였다. 특히

3) 여기에서 IT 리스크는 기업 등에서 취급하는 범위가 광범위하므로 본서에서는 금융회사의 정보보호 리스크에 필요한 내용을 기술함으로써 "금융IT 리스크"로 표현하였다.

4) 신일순, 「디지털 경제학(2005)」의 내용을 참조하였음.

1990년대 후반 5년이라는 단기적인 기간에 79%p 정도의 노동생산성 증가가 이루어진 것이다. 이 시기에 더욱 특이한 점은 노동생산성과 성장률의 증가가 필립스 곡선(Phillips Curve)으로 대변되는 기존의 경제학 원리의 설명과는 달리 인플레이션에 대한 압력이 없이 지속적 성장이 되었다는 것이다. 이렇듯 1990년 후반 미국 거시경제의 특징은 고성장 · 저실업 · 저물가로 특징지어진다. 많은 사람들이 이러한 현상을 그 이전 시기의 경제와 구별하여 '신경제(New Economy)' 라 칭하고, 이러한 신경제는 IT혁명과 함께 IT에 대한 투자확대, 경제의 글로벌화, 금융 및 기업의 구조조정(M&A) 등을 통한 생산성 향상에 기초하고 있다고 해석하였다.

신경제의 탄생에 대해 일부 학자들은 아직도 전혀 새로운 것이 없다며 그 자체를 부인하고 있지만, IT기술의 발전과 경제단위의 네트워크화로 인한 시장경쟁 양상의 변화는 이제 더 이상 거부할 수 없는 세계적 흐름이 되었다. IT를 포괄하는 보다 넓은 의미로는 먼저 1996년부터 OECD에서 사용하기 시작한 '지식기반 경제(Knowledge-based Economy)' 로서 지식과 정보의 생산, 분배 및 이용에 기반을 둔 경제를 의미한다. 이 시기에 접어들면서 가장 보편적으로 사용되고 있다고 판단되는 용어는 '디지털 경제(Digital Economy)' 로 이는 "재화와 용역의 개발, 생산, 판매 및 제공에 있어 디지털 기술에 결정적으로 의존하는 경제(Goods or services whose development, production, sale or provision is critically dependent upon digital technology)"라고 정의된다. 이러한 정의하에 디지털 경제의 주된 구성요소를 IT산업(통신산업, 전자산업, 반도체산업 등), 전자상거래(IT를 이용하여 변화한 거래방식. 예를 들면 온라인 서점, 경매 사이트, e-commerce 등) 및 IT기술의 금융산업으로의 확산(온라인 금융, 인터넷 뱅킹, 모바일 뱅킹, 사이버 증권거래 등)으로 간주할 수 있다. 디지털 경제를 대표하는 키워드는 디지털화(digitization), 네트워크(network), 지식(knowledge) 등으로 기존에 유형적으로 존재하여 온 재화의 특징과는 다른 통신산업, 소프트웨어, IT 금융서비스 등의 무형적 재화의 특징을 갖는데 그 이유는 디지털 경제와 IT산업은 밀접한 관계를 맺고 있고, 특히 미국의 신경제하에서의 정보기술의 획기적 발전과 인터넷의 진화가 과거의 경제이론으로 설명하기 어려운 다음과 같은 새로운 경제현상들을 만들어 내었기 때문이다. 신경제가 가져온 새로운 현상을 살펴보면, 첫째 무료상품의 범람(정보검색은 물론 무료컨텐츠 등), 둘째 원천기술을 적극적으로 공개하는 오픈 아키텍처(Open Architec-ture) 정책, 셋째 경쟁자 간의 전략적 연계와 흡수합병을 들 수 있다. 이와 같은 세 가지 신경제 현상의 바탕에는 '수확체증의 법칙(Law of increasing return)' 그리고 부익부 빈익빈 메커니즘으로 네트워크효과, 사용에 의한 학습, 정보적 수확체증, 기술적 상호 관련성, 전환비용과 고착화라는 새로운 경제원리가 작용하는 것으로 '신경제의 효과' 를 설명하였다. 이에 대하여 1997년 케빈 켈리(Kevin Kelly)는 "New Rules for the News Economy"라는 논문을 통해 신경제가 작동하는 10가지의 법칙[5]을 제시하였다.

5) 케빈 켈리의 "New Rules for the News Economy" 논문의 신경제가 작동하는 10가지의 법칙은 다음과 같

2. 금융업과 IT혁명

금융업에서 IT혁명이 중요한 의미를 갖는 이유는 금융업이 정보산업이고 정보의 생산기술은 금융기관 경쟁력의 중요한 원천이기 때문이다. 경제학자들은 상품과 서비스를 생산하는 과정에서 자본 및 노동 등의 요소가 투입되는 상대적 비중을 감안해 특정 산업을 자본집약적 산업 또는 노동집약적 산업으로 분류해 왔다. 이런 식으로 구분해 볼 때 금융업은 IT집약산업이라 정의할 수 있다. 그 이유는 금융업은 정보집약산업으로 일찍부터 통신 및 정보처리기술 즉, IT기술이 이용되어 왔기 때문이다.

금융기능은 대체로 금융중개기능과 지급결제기능으로 구분된다. 금융중개기능 과정에서 고객정보가 수집 · 분석(신용분석, 대출심사 등)되어 자금이전이 발생한다. 정보통신기술은 정보의 수집 · 분석에 도움을 주어 업무처리를 자동화하고 정보분석의 범위와 심도를 넓고 깊게 만든다. 한편, 재화 · 서비스 거래에 반드시 수반되는 지급결제업무도 사실상 정보처리 과정이라 볼 수 있다. 최근 디지털 기술과 인터넷의 활용으로 고객 접점의 온라인화, 지급결제 서비스의 온라인화, 전문가 시스템 도입 등을 하게 되었으며 새로운 상품과 서비스를 보다 적은 거래비용으로 제공할 수 있게 되었으며, 고객의 다양한 니즈(needs)를 수용할 수 있는 종합금융서비스 제공은 정보통신업체의 도움으로 발전할 수 있었다. 하지만 금융기관이 IT시스템을 광범위하게 적용함으로써 금융기관을 대상으로 한 인터넷 뱅킹 해킹 및 분산서비스거부공격(DDoS: Distributed Denial of Service) 등 금융IT 서비스의 보안사고가 지속적으로 발생하였고, 금융IT 시스템의 내부통제 및 리스크 관리 등 보안관리의 실패로 인한 금융IT 시스템에 손실을 초래하였다. 이에 따라 사베인-옥슬리법(Sarbanes-Oxley Act: Sox), 신바젤 협약(Basel Ⅱ), 지불카드산업 데이터 보안표준(PCI DSS) 등 글로벌 컴플라이언스(Compliance) 규정이 강화되어 이러한 컴플라이언스를 금융IT로의 적용이 필수적으로 요구되어졌고, 금융IT 보안사고에 효과적으로 대응하기 위하여 정책 · 감독당국 및 업계에서는 보안사고에 대응하여 피해규모를 최소화시키기 위한 대응책을 내놓고 있다. 이 장에서는 금융IT 환경변화와 거기에 따른 금융IT의 사고유형과 대응책에 대해 설명한 후 금융관련 국내외 IT 컴플라이언스를 설명하고자 한다.

1) 금융IT 환경변화

(1) 금융IT 환경변화

지난 반세기 동안 IT의 발달은 '금융정보화'[6]를 중심으로 금융산업의 발전에 큰 영향을

다. ① 접속의 법칙, ② 수확체증의 법칙, ③ 풍요의 법칙, ④ 관대함의 법칙, ⑤ 충실의 법칙, ⑥ 퇴화의 법칙, ⑦치환의 법칙, ⑧ 동요의 법칙, ⑨ 관계의 법칙, ⑩ 비효율성의 법칙.

6) 금융회사의 생산성을 높이고 금융 거래상의 편의를 증진시키기 위하여 금융정보를 수집 · 처리 · 창출하거나

미쳤다. 금융정보화는 특히 1990년대 이후 급속히 발전하기 시작한 디지털 정보기술이 기존의 금융제도와 금융구조에 접목되면서 금융상품의 판매 및 결제 업무 등에 폭넓게 활용되면서 금융업의 형태가 다양해지고 새로운 전자금융서비스가 속속 등장하고 있으며 전자금융업(Electronic Banking)의 발달로 정보서비스업, 통신서비스업 및 컨설팅업과의 경계가 모호해지고 있다. 대표적인 예로는 인터넷 뱅킹, 전자금융거래, 모바일 뱅킹, B2B전자결제서비스, 전자화폐 등이 그 예이며, 은행업무와 보험업무는 인터넷에 의해서 많이 이루어지고, 유가증권 역시 사이버가 주종을 이루는 시대가 되었다. 금융업의 전자통신기술 의존도가 증대되어 컴퓨터 엔지니어들의 금융업진출이 가시화되고 금융인의 교육 백그라운드가 경영, 경제 중심에서 전자통신기술로 확대되면서 금융보안, 보안 경제학, 리스크와 정보, 디지털 경제학, IT 컴플라이언스, 인터넷 뱅킹, 모바일 뱅킹 등의 금융IT 리스크와 전자금융서비스에 대한 관련지식을 요구하게 되었다.

1998년 인터넷 뱅킹이 도입된 이후 사이버증권, 온라인 쇼핑 등 새로운 금융상품의 등장으로 온라인 거래비중(2008년 9월 기준)이 은행 81.8%, 증권 78.5%, 신용카드 6.5% 등으로 비약적으로 증가하게 되는데 정보통신기술이 개인금융 및 기업금융 업무에 접목되면서 새로운 형태의 금융서비스산업으로 변화가 생겨나게 된 것이다.

이와 같이 온라인 거래가 늘어남에 따라 해킹에 의한 현금인출, 개인정보유출 등 다양한 잠재 리스크 요인이 상존하여 금융감독원에서 금융IT 및 전자금융과 관련하여 다양한 유형의 사고를 미연에 방지하여 전자금융거래의 안정성 확보 및 이용자 보호를 도모하는 것을 2009년도 감독 검사방향[7]으로 금융IT 중점 감독 검사항목[8]을 시달한 바 있다.

참고 16-1 모바일 뱅킹 급증 관련 기사

휴대전화를 이용해 은행업무를 처리하는 모바일 뱅킹 이용자가 1,000만 명을 넘어섰다. 27일 한국은행에 따르면 지난해 말 기준 모바일 뱅킹 등록고객 수는 전년에 비해 268만 명 증가한 1,116만 명을 기록했다. 이용건수는 172만 건으로 62.7% 증가했고 금액도 2,656억 원으로 76.2% 늘었다. 인터넷 뱅킹에서 차지하는 모바일 뱅킹의 비중은 전년도 4.7%에서 6.1%로 증가했다. 2009년 말 현재 19개 금융기관에 등록된 인터넷 뱅킹 고객 수는 5,921만 명으로 전년 말에 비해 12.6% 늘어났다. 2005년 이후 5년 연속 두 자릿수 증가세를 유지하고 있다. 인터넷 뱅킹 이용건수는 2,800만 건, 금액은 29조 4,577억 원으로 전년에 비해 각각 24.8%, 28.9% 증가했다. 12월 중 금융서비스 전달 채널별 입출금거래 업무 처리 비중은 인터넷 뱅킹 37.4%, 자동 입출금기 36.7%, 대면거래 13.7% 순이었다. 조회건수 기준으로는 인터넷 뱅킹이 63.8%, 대면거래 18.3%로 인터넷 뱅킹의 비중이 월등히 높았다.

자료 : 매일경제신문, 2010.01.27.

전달하는 데에 컴퓨터 및 통신기술을 활용하는 것을 의미한다.

7) 2009년도 IT 및 전자금융 중점 감독 검사방향(2009. 2. 5. 금융감독원) 참조.

(2) 국내 전자금융의 변화[9)]

한국의 정보통신의 발달은 크게 4단계로 구분될 수 있는데, 제1단계는 개별 기관의 내부 전산화를 통한 업무 자동화 단계로서 각 금융회사 내부의 온라인망을 구축하고 현금 입출금기 및 지로 등을 도입하여 장표처리를 자동화함으로써 창구업무의 효율화를 도모하였다.

제2단계는 타 금융회사 전산망과 상호 연결하여 금융 네트워크(금융 공동망)를 구축한 후 새로운 서비스를 제공하는 단계로 양도성예금증서(CD: Certificate of Deposit), 타행환, 자금관리 서비스(CMS: Cash Management Service) 등 은행 공동망 서비스를 들 수 있다. 이와 같은 금융 네트워크는 전국을 1일 결제권으로 통합하고 새로운 지급결제 서비스를 개발하는 데 크게 기여하고 있다.

제3단계는 금융회사와 고객 간에 물리적인 접촉 없이 금융서비스를 제공하고 제공받을 수 있는 새로운 금융서비스 시스템을 구축 · 운영하는 단계로서 전화나 인터넷, 휴대전화를 통하여 금융서비스를 제공할 수 있게 되는 가상은행(Virtual Banking)이 등장하게 되었다.

표 16-1 | 전자금융의 발달단계

전자금융의 발달단계
제 1 단계: 업무자동화 • 본지점 간 온라인시스템 구축 • 현금 입출금기, 지로 도입
↓
제 2 단계: 네트워크화 • 금융권별 공동 네트워크 구축 : 은행 · 증권 · 보험공동망
↓
제 3 단계: 서비스 채널의 다양화 • 최신의 정보통신기술과 결합하여 다양한 서비스 채널 제공 • 사이버 금융회사 출현
↓
제 4 단계: 지식정보산업화 • 금융전자문서 교환 • 고객별 맞춤서비스

자료: 한국은행, 「전자금융총람」(2009).

8) 금융IT 중점 감독 검사항목은 ① 고객정보 유출방지 강화, ② 금융IT 인프라 보호체계 강화, ③ 금융IT 침해사고 예방 · 대응체계 강화로 구분하여 금융회사 및 전자금융업자에게 준수하도록 시달함.

9) 김인석, "전자금융 이러면 안전할까?"(2010), 내용 참조.

제4단계로는 정보지식산업으로 전환하는 단계를 상정해 볼 수 있다. 즉 금융회사는 기 구축된 금융정보망을 이용하여 고객정보를 효율적으로 관리함으로써 특정 고객의 특수한 금융 수요를 파악하여 차별화된 금융서비스를 제공하는 고객별 맞춤서비스를 통해 고객 기반을 더욱 강화하고 새로운 영업기회를 창출할 수 있다.

또한 은행은 금융 전자문서교환(EDI: Electronic Data Interchange)을 적극적으로 활용할 경우 많은 정보가 금융회사에 축적되고, 이러한 정보가 시너지 효과를 발생시켜 금융산업의 정보산업화는 더욱 가속화될 수 있을 것이다.

현재 우리나라의 금융산업은 금융 네트워크 구축 단계를 거의 끝내고 IC칩, 암호화 기술, 가상현실기법 등의 정보처리기술과 무선통신, 인터넷, 초고속 정보통신망 등의 통신기술을 활용하여 각종 금융서비스 전달 채널을 다양화시키는 제3단계를 대부분 완료해, 금융정보 DB 구축을 통해 고객이 필요한 정보를 시의 적절히 제공하는 고객관계관리(CRM: Customer Relationship Management)시스템을 구축하는 등의 4단계에 진입하고 있다고 할 수 있다.

2) 전자금융 사고[10)]

금융IT 관련 사고는 인터넷 뱅킹 이용이 일반화되고 전자상거래결제 등 신종 전자금융업의 출현과 더불어 외부자들에 의한 사고가 증가하였다. 또한 개인 PC가 갖고 있는 취약점을 이용한 다양한 해킹공격 수법이 개발되고 이에 대한 대응체계가 제대로 갖추어지지 않고 컴퓨터의 이용이 자유로워지면서 1999년도에는 텔레뱅킹 사고가 집중적으로 발생하였으며, 2001년에는 PC뱅킹에 대한 사고가 많이 발생하였고, 2003년 말부터 2004년 초에는 신용카드, 현

표 16-2 | 대표적인 금융IT 사고 사례

① 현금 · 신용카드 위조 및 복제를 통한 현금인출 사고(2002년)
② 웜에 의한 인터넷 네트워크 마비 및 전자금융서비스 중단 사고(2003년)
③ 텔레뱅킹 감청에 의한 비밀번호 유출 및 이체 사고(2004년)
④ 악성프로그램을 이용한 최초의 인터넷 뱅킹 해킹 사고(2005년)
⑤ 인터넷 기반 신용카드의 안심클릭 · 안심결제 비밀번호 해킹 사고(2006년)
⑥ 악성프로그램 또는 파밍 사이트를 통한 공인인증서 · 인터넷 뱅킹 접근매체 유출 및 불법 자금이체 사고(2007년)
⑦ 저축은행의 서버 해킹을 통한 고객정보 유출 사고(2008년)
⑧ PC, 이메일, 웹하드 해킹을 통한 공인인증서 · 인터넷 뱅킹 접근매체 유출 및 불법 자금이체 사고(2008, 2009년)
⑨ 분산서비스거부공격을 통한 금융기관 웹사이트 마비(2009년)

10) 본 내용은 금융결제원, 「전자금융사고 발생유형 및 대응현황」 참조.

금카드 복제사고가 집중적으로 발생하였으며, 2005년에는 인터넷 뱅킹 해킹, 피싱 등의 사고가 주를 이루었다. 2007년도에는 현금 입출금기를 이용한 카드 복제사고와 변형된 피싱 해킹 사고가 복합적으로 발생하였으며 세금환급, 범죄연관, 자녀납치 등 이용자의 심리를 이용한 전화금융사기를 통하여 금전을 절취하였다. 그리고 2008년도부터는 금전적인 목적과 사회혼란을 노린 분산서비스거부공격이 일반 인터넷 서비스 업체를 대상으로 시작해서 금융회사까지 발생하였으며 대표적인 금융IT 사고 사례는 앞의 〈표 16-2〉와 같다.

(1) 전자금융사고 유형

전자금융사고 유형은 2009년 10월, 금융결제원에서 발표한 「전자금융사고 발생유형 및 대응현황」에 따르면 전자금융사고 유형은 구간별로 분류하여 다음과 같은 특징을 나타낸다.

① 클라이언트 구간

최근에 전자금융사고는 클라이언트 구간, 즉 고객이 금융기관 시스템 또는 네트워크에 접근하는 대고객 접점 영역에서 대부분 발생한다. 이는 적극적으로 네트워크 및 시스템 보안에 대한 투자를 지속해야 하는 금융기관 또는 전자금융업자와는 달리, 상대적으로 보안에 민감하지 않은 불특정 다수의 일반 사용자가 개방형 환경에서 다양한 용도로 사용되는 PC, 전화, 현금입출금기, IPTV, 인터넷전화, Wibro와 같은 접근매체로 서비스에 접속하다 보니 인식하지 못하는 사이에 악의적 제3자에 의한 해킹 리스크에 노출될 가능성이 높기 때문이다.

② 네트워크 구간

전용선, 가상사설망, 인터넷 이동통신망, 공중교환전화망과 같이 클라이언트와 서비스 제공시스템 사이에서 각종 데이터가 송수신되는 네트워크 구간에서 데이터 도청 및 변조 공격, 네트워크 부하초래 공격이 발생한다. 동 구간은 사고발생 시 막대한 피해는 물론 기업에 미치는 평판 리스크가 상당한 만큼 관련 사업자들이 민감하게 대응하는 양상을 보인다.

③ 시스템 구간

정보의 실제적 처리 및 저장이 이루어지는 시스템 구간에서는 금융기관 및 전자금융업자가 관련 당국의 감독하에 상당한 수준의 보안시스템을 구축 · 운영하고 있는 만큼 사고가 빈번하게 발생하지는 않으나, 사고발생 시 고객정보가 무단으로 유출되고 금융기관 및 전자금융업자의 내부 시스템이 마비가 되는 등 불특정다수에게 막대한 피해를 야기할 리스크가 크다. 이와 같이 전자금융거래의 구간별 침해사고 형태는 다음 [그림 16-2]와 같다.

그림 16-2 | 전자금융거래의 구간별 침해사고 형태

구간	Client	Network	System
대상	- PC : 인터넷 뱅킹, 전자상거래 등 - 전화 : 텔레뱅킹, 모바일 뱅킹 - CD/ATM - IPTV, 인터넷전화, Wibro 등	- 유선네트워크 : 인터넷, 전용선, 가상사설망, 공중교환전화망 - 무선네트워크 : 이동통신망 등	- 금융기관 시스템 - 전자금융업자 시스템 - 전자금융보조업자 시스템
전자금융거래			
주요 공격 기법	- 악성코드(바이러스, 웜, 스파이웨어, 트로이목마) - 피싱, 파밍CD/ATM - 스키밍	- 중간자 공격을 통한 데이터 탈취 및 조작 - 분산서비스 거부 공격 (네트워크 부하)	- 서버 직접 또는 우회 공격 - 분산서비스 거부 공격 (시스템 마비)

(2) 전자금융사고 대응 현황

금융IT 사고에 효과적으로 대응하기 위하여 정책 · 감독당국 및 업계에서는 다음과 같은 다양한 사전적 대응책과 피해 최소화 및 재발방지를 위한 사후적 대응책을 지속적으로 마련하고 있다.

① 사전적 대응

가. 클라이언트 구간 대응

전자금융사고가 가장 빈번하게 발생하는 클라이언트 구간에 대한 정책 · 감독당국 및 업계에서는 인증수단의 결합형태에 따라 보안등급을 차등화하고 일회용 비밀번호(OTP: One-Time Password) 발생기나 하드웨어 보안모듈(HSM: Hardware Security Module), 보안토큰과 같이 인증수단의 물리적 속성을 분리하는 방식과 서비스 접속 시 사용자가 사전에 등록해 두었던 특정 이미지를 선택하도록 하는 이미지 인증방식 또는 계좌이체 최종지시 전에 사전에 등록한 유·무선전화로 거래내역을 인증하는 전화인증방식 등을 도입하여 부당 사용자의 서비스 접근 가능성을 낮추었다. 한편, 그동안 공인인증서 적용이 면제되었던 모바일 금융거래에서 공인인증서 도입이 확대되는 등 다양한 인증수단을 확대 적용하고, 사용자 PC의 IP주소 · MAC 주소 또는 전화번호 등 접근매체의 고유주소나 접속경로 정보를 통해 사용자 인증을 강화하고 있다.

또한, 사용자 접근매체의 해킹에 대한 보호를 위해 악성코드의 탐지 및 제거, 정보유출 차단을 하며, 사기방지 특히 피싱방지를 위해 사용자가 정당한 금융기관임을 확인할 수 있는 이용기관 이미지 인증방식, 해외발 보이스 피싱에 대응하기 위한 국제전화 식별번호 표시 및 국제전화 알림 문자서비스를 제공하고, 아울러 컴퓨터 기반의 전자금융거래 이외에 물리적 카드 복제를 방지하기 위해 복제가 어려운 IC칩 카드 전환이 이루어지고 있다.

나. 네트워크 구간 대응

네트워크 구간에서의 보안대책은 2가지 원칙을 필요로 한다. 하나는 정당한 사용자의 접속을 판별하는 것이고, 다른 하나는 접속 이후 송수신 데이터에 대한 기밀성이 보장되어야 한다는 것이다. 이를 위하여 물리적 안전성 확보를 위한 전용선 도입 또는 주민등록번호 · 계좌번호 · 계좌비밀번호 등의 송수신 데이터에 대한 암호화를 적용하고 있다. 최근 이슈가 되고 있는 무선구간의 보안성 확보에 대해서 감독당국은 2009년 2월 발표한 「2009년도 IT 및 전자금융 중점 감독 · 검사방향」을 통해 금융회사가 사용자 인증 · 암호화 · 불법 접속감시 및 차단 등의 보안시스템을 구축토록 함으로써 무선LAN 보안 통제강화 기조를 확실히 하였다.

다음으로 네트워크 측면에서의 분산서비스거부공격에 대한 대책으로는 재해복구센터를 통한 트래픽 분산, 도메인 우회 등의 방법이 주로 사용되고 있다. 그러나 좀비PC의 가파른 증가 추이를 감안할 때 향후 대규모의 분산서비스거부공격 또한 예상 가능한 만큼 사전적 대응 강화를 위하여 방화벽 · 네트워크 장비 등의 처리용량에 대한 점검, 인터넷 서비스 제공자(ISP: Internet Service Provider)와의 공조체계 구축, 주기적인 모의훈련 실시, 공동대응센터 운영 등의 대책이 제기되고 있다.

다. 시스템 구간 대응

감독당국은 전자금융감독규정에 근거하여 금융기관 및 전자금융업자 등에 대한 시스템 보안대책을 제시하고 있다. 즉, 정보처리시스템 및 전자금융업무 개발 · 운영 담당 인력과 조직을 통제하는 인력의 운용에 관한 사항, 각종 재해 등 내·외부 충격으로부터 전산실을 보호하고 업무연속성을 확보할 수 있는 공간적 개념의 시설 보호에 관한 사항, 정보처리시스템 접근단말기 · 전산자료 · 정보처리시스템과 같은 전자적 장치의 보호에 관한 사항을 정함으로써 시스템 안전성 확보를 유도하고 있다. 구체적인 예로는 침입차단시스템 · 침입탐지시스템과 같은 정보보호시스템의 도입 · 설치 등 외부에서의 내부 네트워크에 대한 접근통제 강화, 내부직원 및 아웃소싱 상주 직원의 내부 서버에 대한 접근통제 강화, 홈페이지 등 공개용 서버와 내부망의 분리, 내부직원 PC 및 인터넷 사용에 대한 보호조치 등을 들 수 있다.

② 사후적 대응

가. 분쟁처리 및 손해배상

현행 전자금융거래법 제9조 제1항에 따르면 접근매체의 위조나 변조로 발생한 사고, 계약 체결 또는 거래지시의 전자적 전송이나 처리과정에서 발생한 사고로 인해 사용자에게 손해가 발생한 경우 원칙적으로 금융기관 또는 전자금융업자가 손해배상책임을 갖는다. 아울러 동 법 제27조에서는 전자금융거래와 관련한 분쟁처리 및 분쟁조정 절차를 마련토록 규정하고 있다. 분쟁처리 결과 금융기관 또는 전자금융업자가 손해배상을 해야 하는 경우, 이들은 보험 · 공제 또는 적립된 준비금으로 사용자에게 보상을 하게 된다. 다음으로 보이스피싱 사고의 경우 피해자는 전화사기자금 지급정지제도를 통해 자금의 지급효력을 우선 취소하고, 수취인과의 협의가 원활히 진행되지 않을 경우 수취인을 대상으로 민사상의 부당이득반환청구 소송을 제기함으로써 사기자금 반환을 요청할 수 있다. 이와 같이 금융기관의 전자금융 분쟁처리 절차는 [그림 16-3]과 같다.

그림 16-3 | 전자금융 분쟁처리 절차

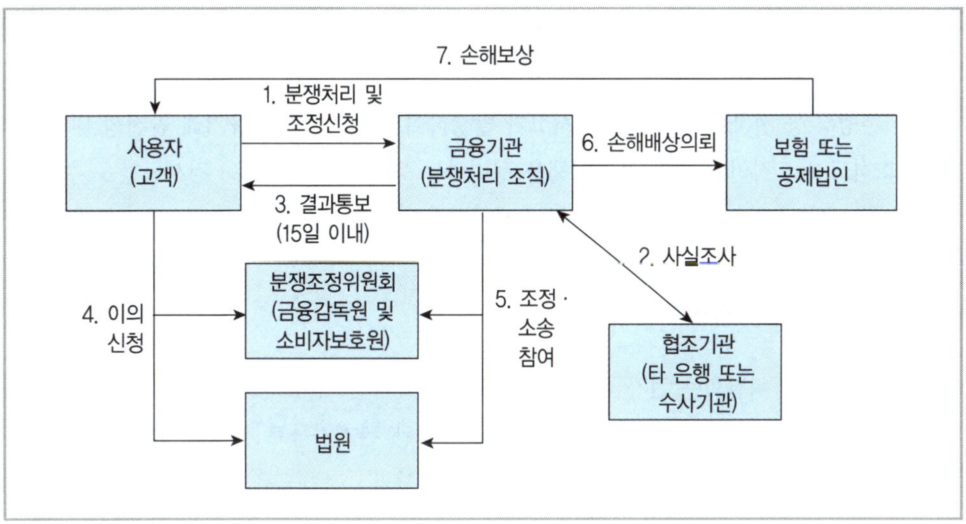

나. 피해규모 최소화

과거 일반적인 사고자금 지급정지 절차가 1~2일가량 소요되었으나, 신속한 지급정지의 필요성이 부각됨에 따라 금융회사는 신고를 받은 즉시 자행계좌에 대해서는 지급정지를, 타행계좌에 대해서는 지급정지 요청을 실시간으로 할 수 있는 '전자금융 사고자금 지급정지제도'의 도입과, 침해사고 발생 시 최초 신고에서부터 타 금융기관과의 사고정보 공유 · 전파에 이르는 일련의 과정을 온라인화하는 '전자금융사고 대응시스템'을 구축하여 신속한 사고대응을 함으로써 피해규모를 최소화시키고 있다.

3. 전자금융 리스크 관리 준칙[11)]

1) 전자금융 리스크 관리 준칙의 필요성 제기

은행들은 오랫동안 개인 및 기업 고객에 대해 전자서비스를 제공해 왔다. 소액결제 및 기업의 현금관리 서비스를 포함한 전자자금이체 그리고 현금인출 및 소액계좌 관리를 위한 자동화기기가 대중화되었으며 세계적으로 인터넷이 은행상품 및 서비스전달 채널로서 받아들여짐에 따라 소매금융고객에게 홈뱅킹(Home banking)과 도매금융고객에게 펌뱅킹(Firm banking)이 제공되는 PC를 이용한 전자금융 상품과 서비스의 범위도 넓어지고 있다. 전자금융 활성화로 소비자의 편의가 크게 제고된 반면 비대면거래의 특성으로 인하여 보안 리스크, 평판 리스크, 법률 리스크 등이 부각되었다. 이에 따라 금융감독원은 IT부문 경영실태평가제도를 도입하는 등 전자금융거래의 안전성 제고를 위하여 다각적인 노력을 기울여 왔다. 그럼에도 불구하고 최근 전자금융거래의 안전성이 위협을 받는 사태가 발생하여 전자금융거래에 대한 금융기관의 신뢰하락이 우려된다. 인터넷 마비로 전자금융거래가 제약받을 위험이 부각되고 현금카드 · 폰뱅킹 등 전자금융 관련 보안사고가 발생하여 기존의 전자금융거래 안전성 대책을 대폭 강화하고 사후적인 소비자 보호대책을 정비하는 등 종합적인 감독 · 검사방안을 수립 · 시행할 필요성이 국내 및 국외 금융회사에서 제기되었다.

2) 바젤의 전자금융 리스크 관리 준칙 개요

바젤 은행감독위원회는 전자금융과 리스크 관리에 대한 예비조사를 실시한 결과 심층연구가 필요하다고 판단하고 각국 중앙은행 및 감독기관 관계자들로 구성된 실무작업반(EBG: Electronic Banking Group, 전자금융그룹)을 출범시켜 "전자금융 리스크 관리 준칙(Risk Management Principles for Electronic Banking, 2003.7.)"을 제정 · 발표하게 되었다. EBG는 전자금융 관련 기술의 급속한 발전이 기존의 리스크 체계를 근본적으로 변환시켰다기보다는 리스크 체계의 일부만을 증폭시켰다고 판단하여 전자금융의 안전성을 전반적으로 제고하기 위한 일반적인 기준과 원칙을 제시하였다. 총 14개 리스크 관리 준칙들을 제시하고 이들을 3개의 범주(이사회 및 경영진에 의한 감시, 보안통제, 법률 리스크 및 평판 리스크의 관리)로 분류하였다. 이는 금융회사가 전자금융서비스를 제공하는 데 있어 바젤 은행감독위원회는 중요한 지침

11) 금융감독원, "전자금융업 리스크 관리 준칙," 조사연구국 김원호 선임조사 역.

을 새롭게 마련하였으며, 금융감독원은 동 바젤보고서인 "Risk Management Principles for Electronic Banking"을 정리 · 번역하여 전자금융업 리스크 관리 준칙을 마련하게 되었다. 이는 전자금융 리스크 관리를 효율적으로 수행하는 데 도움이 되는 귀중한 자료로 생각되어 소개하고자 한다. 구체적인 동 준칙과 이에 대한 해설내용은 다음과 같다.

3) 전자금융 리스크 관리 준칙의 구체적인 내용

1 이사회 및 경영진에 의한 감시

1) 전자금융업무에 대한 경영진의 실효성 있는 감시

(준칙 1) 이사회와 고위경영진은 전자금융업무와 관련된 리스크에 대해 경영진에 의한 실효성 있는 감시체제를 확립해야 함. 실효성 있는 감시에는 전자금융에 관련된 리스크를 관리하기 위한 명백한 책임부여(accountability) 정책 및 통제절차의 마련도 포함되어야 한다.

전자금융업무에 대한 실효성 있는 내부통제를 위해서는 경영진에 의한 주의 깊은 감시가 불가피하다. 서비스전달채널의 주요 요소(인터넷 및 관련기술)가 은행의 직접적인 통제범위 밖에 있는 등 전자금융의 특성을 감안할 때 은행의 리스크 프로파일과 전략에 크게 영향을 미칠 가능성이 있는 새로운 전자금융 프로젝트는 이사회와 고위경영진에 의해 검토되어야 하며, 적절한 전략분석 및 비용-편익 분석의 대상이 되어야 한다. 또한 이사회와 경영진은 은행이 리스크 관리를 위한 효과적인 감시에 필요한 전문성을 갖추지 않은 채 새로운 전자금융업무에 착수하거나 신기술을 채택하는 일은 없도록 해야 한다. 그리고 전자금융업무에 대한 리스크 관리 절차가 당해 은행의 종합적인 리스크 관리 체제와 통합되도록 하여야 한다.

2) 포괄적인 보안통제절차의 수립

(준칙 2) 이사회와 고위경영진은 은행의 보안통제절차 중 중요사항을 검토하고 승인해야 한다.

이사회와 경영진은 전자금융시스템과 데이터를 내외의 위협으로부터 적절하게 보호하는 보안대책의 개발 · 유지를 감시해야 한다. 이러한 개발 · 유지에는 적절한 권한의 승인, 논리적 및 물리적 접근관리, 그리고 내외 사용자의 활동에 경계와 제한을 설정하는 적절한 보안대책(infrastructure security)의 확립도 포함되어야 한다.

3) 아웃소싱 관계, 기타 제3자 위탁에 대한 심사 및 경영진의 포괄적인 감시절차 확립

> **(준칙 3)** 이사회와 고위경영진은 전자금융을 지원하는 제3자에 대한 의존도 및 아웃소싱 관계를 관리할 수 있는 포괄적이고 지속적인 심사(due diligence) 및 감독절차를 마련해야 한다.

중요한 전자금융업무 기능을 수행하는 파트너 및 제3자 서비스제공자에 대한 의존도가 높아지면 은행경영진의 직접적인 통제능력이 저하됨에 따라 아웃소싱 등 제3자 위탁을 관리할 수 있는 포괄적인 절차가 필요하다. 이 절차에는 서비스제공자인 제3자의 업무활동도 포함되어야 한다.

2 보안통제

4) 전자금융 고객의 인증

> **(준칙 4)** 은행은 인터넷을 통해 거래하는 고객의 신분 및 권한부여사항을 확인할 수 있는 적절한 조치를 강구해야 한다.

전자금융에 관한 주요 보안통제절차로는 사용자 인증(authentication) 및 접근 권한 통제, 지급거절의 방지, 책임 및 권한부여의 합리성, 거래기록의 조작 및 도용방지, 감사의 독립성과 기록의 보전, 중요정보의 기밀유지 등이 있다. 이러한 보안통제절차의 내용 중 특히 문제가 되는 것은 다음과 같다.

- 인증절차(authentication)
- 거래부인방지(Non-repudiation)
- 데이터 및 거래의 무결성(integrity)
- 직무책임의 분리
- 권한통제
- 감사기록의 유지
- 중요 은행정보의 기밀성유지

은행은 신뢰성이 높은 기법을 사용하여 신규고객의 신분과 권한의 정당성을 확인하며 이는 사취, 부정한 계좌개설 신청 및 돈세탁 등의 위험을 줄이는 데 매우 중요하다. 은행은 개인 ID번호, 패스워드, 스마트카드, 생체공학, 전자인증 등 여러 가지 방법을 사용하여 정당성을 확인할 수 있다. 정당성 확인방법을 계속 발전시켜 은행이 이 분야에 관한 업계의 건전관행을 모니터링하고 채택할 것을 권장한다.

5) 전자금융거래에 관한 거래부인방지 및 책임 명확화

(준칙 5) 은행은 거래부인방지(non-repudiation) 및 전자금융거래에 관한 책임을 명확히 할 수 있도록 거래에 대한 진정성 확인수단(transaction authentication methods)을 사용해야 한다.

거래부인방지는 전자정보의 송신자가 송신한 사실을 고의로 부정하거나 수신자가 당해 정보를 수신한 사실을 고의로 부정할 가능성으로부터 송·수신자를 보호하기 위해 전자정보의 발신사실과 배달사실에 관해 증거능력을 갖추는 것을 말한다. 거래부인의 위험은 신용카드와 증권거래 등의 전통적인 거래에서 이미 문제가 되고 있으며 전자금융거래에서도 이러한 거래부인의 위험이 더욱 높아지고 있기 때문이다. 이러한 우려에 대처하기 위해 은행은 여러 가지 전자금융거래 유형별로 그 중요성에 따라 합당한 대책을 세워야 한다

6) 직무책임의 분리를 보장하는 적절한 조치

(준칙 6) 은행은 전자금융시스템, 데이터베이스, 응용프로그램하에서 직무책임이 명확히 분리될 수 있도록 적절한 대책을 강구하여야 한다.

직무책임 분리는 업무수행과정에서 부정행위의 위험을 줄이고, 거래와 기업자산을 적절하게 승인 · 기록 · 보호하는 데 필요한 기본적인 내부통제수단이다. 직무책임이 적절하게 분리되어 있으면 공범이 없는 한 부정행위가 일어날 수 없다. 전자금융서비스에서는 거래가 전자적 시스템에 의해 이루어지고 신분의 은폐나 위장이 비교적 쉽기 때문에 직무책임의 분리 설정 및 유지방법도 변경할 필요가 있다. 전자금융 환경하에서 직무책임 분리체제를 확립하고 이를 유지하는 데 사용되는 일반적인 방법은 다음과 같다. 입력, 승인, 완결 등 모든 거래과정이 단일 직원에 의해 처리되지 않도록 거래과정과 시스템을 설계한다. 데이터의 등록자와 동 데이터의 무결성 검증자를 분리한다. 전자금융시스템의 개발자와 관리자를 분리한다.

7) 전자금융시스템, 데이터베이스, 응용프로그램 등에 관한 적절한 권한관리

(준칙 7) 은행은 전자금융시스템, 데이터베이스 및 응용프로그램에 대한 적절한 승인통제 및 접근권한을 마련해야 한다.

권한통제가 적절하게 이루어지지 않으면 개인이 자신의 권한을 변조하고 분리된 직무책임을 우회하여 권한이 부여되지 않은 전자금융시스템, 데이터베이스 및 응용프로그램에 접근할 우려가 있다. 전자금융시스템하에서 은행 내의 승인권한과 접근자격을 설정하는데 일반적으로 이러한 정보는 데이터베이스에 보존된다. 따라서 이러한 데이터베이스가 변조 또는 훼손되

지 않도록 효과적인 권한통제절차를 확립하는 것이 필수적이다.

8) 전자금융거래, 기록, 정보에 관한 데이터의 무결성

> **(준칙 8)** 은행은 전자금융거래, 기록, 정보에 관한 데이터의 무결성(integrity)을 보호할 수 있도록 적절한 대책을 마련해야 한다.

데이터의 무결성은 전송 중이거나 보존 중인 정보가 무권자에 의해 변경되지 않는다는 보장을 말한다. 기록, 정보, 거래에 관한 데이터의 무결성이 유지되지 않을 경우 은행은 법률 리스크와 평판 리스크는 물론 재무적 손실을 입을 수 있다. 따라서 은행이 안전성, 건전성 및 데이터 무결성을 확보할 수 있는 방법을 사용하여 일괄처리를 하는 것이 중요하다.

9) 전자금융거래에 관한 명확한 감사기록 보전

> **(준칙 9)** 은행은 모든 전자금융거래에 대해 명확한 감사기록(audit trails)을 남겨야 한다.

은행은 고도로 자동화된 환경하에서 효과적인 내부통제를 실시함과 아울러 통제에 대해서 독립적인 감사가 실시되도록 해야 한다. 전자금융업무에 관해 명확한 감사기록이 유지되지 않을 경우 은행의 내부통제 환경이 취약해질 우려가 있는데 이는 전자금융거래의 기록과 증거가 대부분 전자적 형태로 되어 있기 때문이다.

10) 중요한 은행정보에 관한 기밀유지

> **(준칙 10)** 은행은 핵심적인 전자금융정보에 관한 비밀을 유지할 수 있도록 적절한 조치를 취해야 한다. 비밀유지를 위한 대책은 데이터베이스에 송신되거나 저장되는 정보의 비밀정도에 상응해야 한다.

비밀유지는 중요정보가 은행 내에서만 취급되고 권한을 부여받지 않은 자가 열람하거나 사용하지 않도록 하는 것을 말한다. 은행이 데이터를 부적절하게 사용하거나 권한이 없는 사람에게 공개하는 경우 평판 리스크 및 법률 리스크에 노출되게 된다. 주요 전자금융 정보의 비밀유지에 관한 문제에 대처하기 위해 은행은 다음과 같은 점을 확실히 할 필요가 있다.

- 비밀유지가 필요한 은행의 모든 데이터와 기록에는 정당한 권한을 부여받고 정당성이 확인된 개인, 대리인 및 시스템만이 접근할 수 있도록 함.
- 비밀유지가 필요한 은행의 모든 데이터는 공중망, 사설망 및 내부망을 통해 전송되는 도중 비인가자에 의한 열람이나 변경이 발생하지 않도록 안전한 방법으로 유지되어야 함.
- 아웃소싱을 통해 제3자가 데이터에 접근하는 경우에도 데이터의 사용과 보호에 관한 은

행의 기준과 통제절차가 준수되어야 함.

3 법률 리스크와 평판 리스크 관리

고객보호와 프라이버시에 관한 구체적인 법규는 나라마다 모두 다르나 모든 은행은 전통적인 서비스 전달채널을 이용하여 거래를 처리하는 것과 같은 수준의 정보공개, 고객데이터 보호 및 서비스의 가용성을 고객에게 보장할 명확한 책임이 있다.

11) 전자금융 서비스에 관한 적절한 공시

> **(준칙 11)** 은행은 자신의 웹사이트에 충분한 정보를 제공함으로써 잠재고객이 전자금융거래를 시작하기 전에 은행의 정체성(identity)과 규제상태를 알 수 있도록 해야 한다.

은행은 국내 및 국제적으로 이루어지는 전자금융업무에 수반된 법률 리스크와 평판 리스크를 최소화할 수 있도록 웹사이트에 충분한 정보를 제공하고 잠재고객이 전자금융거래를 시작하기 전에 당해 은행의 정체성과 규제상태에 관해 제대로 알 수 있도록 해야 한다.

12) 고객의 프라이버시 보호

> **(준칙 12)** 은행은 전자금융 상품 및 서비스를 제공하는 나라에서 적용되는 고객의 프라이버시 보호요건을 충실히 준수할 수 있도록 적절한 대책을 강구해야 한다.

비밀유지가 필요한 고객데이터가 부적절하게 사용되거나 권한이 없는 자에게 공개되면 은행은 법률 리스크와 평판 리스크에 노출된다. 따라서 고객정보의 프라이버시 보호에 관한 문제에 대응하기 위해 은행은 다음과 같은 사항이 보장되도록 합당한 노력을 기울여야 한다.

- 고객의 프라이버시에 관한 은행의 방침과 기준은 당해 은행이 전자금융 상품 · 서비스를 제공하고 있는 모든 국가의 관련 법규를 감안하고 이를 준수하도록 설정.
- 프라이버시에 대한 은행의 방침, 전자금융 상품 · 서비스의 이용에 따른 문제 등에 관한 정보를 고객에게 제공.
- 은행이 전략적 제휴에 따른 마케팅(cross marketing) 목적으로 고객의 개인적인 니즈, 관심분야, 재산상태, 은행거래 등에 관한 정보를 제3자에게 제공하는 것을 고객이 거부할 수 있도록 하여야 함.

13) 전자금융 시스템 및 서비스의 가용성 확보를 위한 처리용량, 업무의 연속성 확보 및 비상계획

> **(준칙 13)** 은행은 전자금융 시스템 및 서비스의 가용성(availability)을 보장할 수 있도록 거래처리용량, 업무의 연속성 및 비상계획 등에 관해 효과적인 계획수립절차를 확립해야 한다.

은행이 사업 리스크, 법률 리스크 및 평판 리스크로부터 자신을 보호하기 위해서는 고객의 기대에 부응하여 안정적으로 적시에 전자금융 서비스를 제공하지 않으면 안 된다. 이를 위해 일차적(예: 은행의 내부시스템과 응용프로그램) 및 이차적(예: 서비스제공자의 시스템과 응용프로그램) 공급원으로부터 최종사용자까지 전자금융 서비스를 제공할 수 있는 능력을 구비해야 한다. 전자금융 시스템의 가용성을 유지하는 것은 서비스 침해의 극복(denial of service attacks) 또는 업무중단을 유발할 수 있는 장애를 완화시키는 비상백업 시스템의 능력에 달려 있다. 전자금융 시스템과 서비스의 가용성을 지속적으로 유지하는 것은 피크시간대에 대량의 거래수요가 발생할 가능성이 있다는 점을 고려할 때 매우 어려운 과제가 되고 있다. 고객의 기대에 부응하고 전자금융 서비스의 연속성 확보 및 비상대비를 위한 계획을 수립하는 일은 중요한 사안이다.

14) 장애대응계획

> **(준칙 14)** 은행은 내·외부로부터의 보안침해 등 전자금융 시스템 및 서비스를 방해할 수도 있는 예기치 못한 사건에서 기인하는 문제를 관리, 억제, 최소화할 수 있는 장애대비계획을 수립해야 한다.

효과적인 장애대비 메커니즘은 내·외부로부터의 보안침해 등 전자금융 시스템과 서비스의 제공을 저해할 우려가 있는 예기치 않은 사건에서 생기는 운영 리스크, 법률 리스크 및 평판 리스크를 최소화하는 데 매우 중요하다. 은행은 예기치 못한 장애에 효과적으로 대응할 수 있도록 다양한 시나리오, 단위업무, 지역별로 전자금융 시스템의 복구를 위한 장애대비계획, 시나리오 분석 시에는 리스크가 발생할 개연성과 은행에의 영향을 고려하여야 하며, 여기에는 제3자에게 아웃소싱된 업무가 포함되는 등 다양한 대비체제를 갖추어야 한다.

제3절 금융IT 리스크 관리

금융IT 리스크는 IT 리스크의 한 분야로서 그간 학계에서는 일반적으로 정보보호 리스크의 큰 틀에서 연구가 되어져 왔다. 금융분야에서의 IT는 컴퓨터 등 정보처리능력을 가진 장치를 이용하여 정보를 수집, 가공, 저장, 검색 또는 송·수신행위를 하는 기업의 인력과 조직 및 시설을 의미한다. 그래서 금융IT분야에서는 다양한 경로를 통한 정보 관련 사고로부터 기업의 주요 정보를 보호하기 위해서 체계적인 관리방안 수립의 필요성을 느끼게 되었다. 또한 이러한 필요성을 느끼면서 정보보호관리(Information Security Management)에 대한 관심이 확산되었다. 본 장에서는 우선 정보, 정보보호, 정보보안의 개념과 정보보호의 목표를 달성하기 위한 요소에 대해 살펴보고자 한다. 다음으로 금융회사의 법적 규제성격인 IT컴프라이언스의 준수 내용과 금융환경 변화에 따른 정보보호 요구사항에 대하여 설명하고자 한다. 정보보호에 대한 관리방안 및 계획수립을 정보보호 아키텍처(Information Security Architecture)라 하여 금융회사의 정보보호 아키텍처의 사례를 소개하였다. 마지막으로 본론에 해당하는 금융IT 리스크 관리의 방법론을 정보보호 리스크 관리방법론에서 접근 · 설명하였다. 정보 리스크 관리방법론은 정보보호 아키텍처의 정의와 아키텍처 수립을 위한 정보보호 관리시스템 국제표준 ISO27001에 근거하므로 정보보호 관리시스템 표준화 과정을 소개하고 구체적인 정보보호 리스크 관리방법론은 미국 국립표준기술연구소(NIST: National Institute of Standards and Technology, 이하 'NIST' 라고 함)에서 발표한 권고안인 체계적인 정보 리스크 관리 방법론 "Risk Management Guide for Information Technology Systems"의 내용에 관하여 설명한다.

1. 정보보호의 개념과 목표

1) 정보, 정보보호, 정보보안의 개념

최근 많은 국가와 기업들에서 정보에 대한 인식이 높아지면서 정보자산은 우선순위가 높은 관리대상으로서 중요자산으로 보호 또는 관리되고 있다. 정보는 그 정보의 사용자에게 의미가 있도록 그리고 특정목적을 위하여 표현된 자료로 그것을 처리함에 있어 광(光) 또는 전자식 방식으로 부호, 문자, 음성 및 영상 등으로 표현된 모든 종류의 자료 또는 지식을 일컫는 용어이다[12].

또한 정보는 연관된 분야의 현상을 조사, 관찰, 수집, 측정 등의 방법으로 자료를 수집하고

12) 국가정보화 기본법 제3조.

수집된 자료를 필요한 분야의 문제를 해결할 수 있도록 분석 · 정리한 지식이다. 이러한 맥락에서 우리가 보호해야 할 정보를 정의하고 식별하기 위해서는 그 정보를 사용하는 사람 또는 기업에게 얼마나 의미가 있는가를 정확하게 파악하고 있어야 하며, 중요도가 높은 정보는 다른 자산과 동일한 중요성을 갖는다. 예를 들면 기업의 경우 기업 인사정보, 거래정보 특히 제조사인 경우에는 제조비법 등이 이에 해당하며, 은행의 경우에는 고객의 개인정보 및 계좌정보 등을 들 수 있다.

정보보호는 정보의 수집, 가공, 저장, 검색, 송·수신중인 정보의 훼손, 변조, 유출 등이 일어나지 않도록 하기 위한 관리적, 기술적 수단을 강구하는 것으로, 기관이나 조직이 보유하고 있는 정보에 위협 또는 위험이나 곤란 등이 미치지 아니하도록 원래대로 보존되게 하는 정보의 일반적이고 포괄적인 의미이다.

정보보안은 사회의 안녕과 질서를 유지한다는 의미를 가진 말로, 원래의 형태로 보전한다는 정보보호의 의미에 추가해서 이에 대한 지속적인 유지와 적극적인 사전 또는 사후 관리를 포함한다. 즉 정보보안은 기업의 자산, 인적 자원, 정보 등 기업의 영속과 관련한 자산 일체를 위협 또는 위험으로부터 안전하게 보호하는 것으로 사이버상의 각종 위협으로부터 정보를 보호하기 위한 다양한 활동을 말한다. 따라서 정보보안에는 사이버 공간에서 정보보호의 보안정책을 수립하고 위협에 대한 예방책을 세우며, 시스템에 대한 접근 및 운영을 통제하고 외부의 침입이 발생했을 때 빠르게 탐지해 대응하거나 손상된 시스템을 복구하는 등의 다양한 활동이 있다. 사이버상의 위협으로부터 정보를 보호하기 위한 일련의 모든 활동을 보안관제(Security Monitoring and Control)라고 하며, 국가기관별 · 민간기업별 보안관제센터를 운영하고 있다[13].

2) 정보보호의 목표

정보보호 리스크 관리를 본격적으로 논의하기에 앞서 일반적인 정보보호 목표의 구체적인 내용에 대하여 알아보고자 한다. 기업의 경우에 있어서 정보보호의 목적은 보안사고를 사전에 방지하고 발생 시에도 그 영향을 최소화함으로써 사업의 연속성을 보장하는 것이다. 금융기관의 경우 정보보호 즉 '금융보안'이란, 금융기관이 운용하고 있는 정보시스템, 네트워크, 응용소프트웨어 데이터베이스 등의 IT 기반구조에서의 각종 금융보안시스템을 이용하여 금융거래 시 보안 취약점과 위협요소를 최소화함으로써 정보자산의 기밀성, 무결성, 가용성을 보장해 신뢰할 수 있는 안전하고 신속한 금융정보시스템 운영으로 금융기관 보안분야에서 추구하는 정보보호의 영속성을 보장할 수 있는 기반을 제공하는 것으로 정보보호의 목표는 [그림 16-4]와 같으며 세 가지 정보보호 목표에 대한 구체적 내용은 다음과 같다.

13) 안성진 외, 「보안관제학」, 이한미디어(2014.4.), p.17.

그림 16-4 | 정보보호의 목표

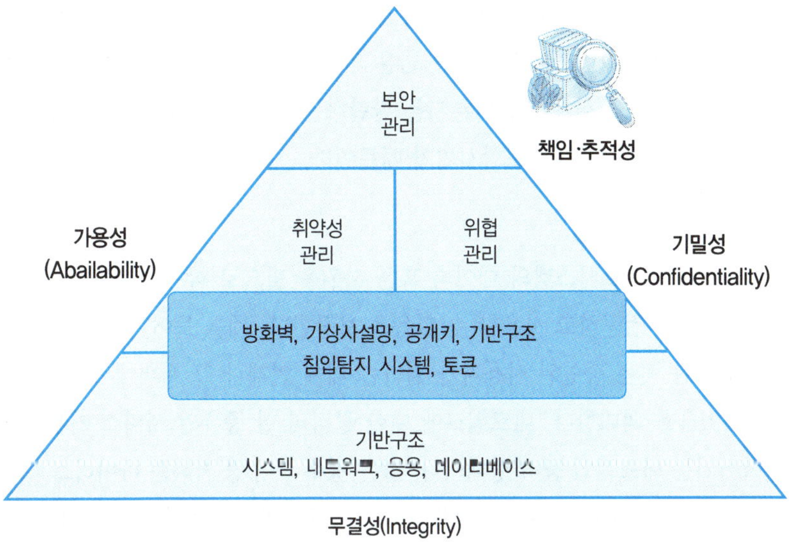

(1) 기밀성(Confidentiality) 보장

허가되지 않은 사람은 정보를 식별하지 못하도록 하여 정보의 비밀이 보장될 수 있도록 함을 목표로 한다. 즉 데이터의 암호화나 체계적 분리와 관리를 통해 인가된 사람만이 그 정보를 볼 수 있도록 보장함을 의미한다. 보통 정보의 기밀성은 성격에 따라 여러 단계 수준으로 분류하여 강력하면서도 효율적인 보안을 제공한다. 예를 들어 미군의 경우는 보안 수준을 크게 5등급(top secret, secret, confidential, restricted, unclassified)으로 나누어 관리하고 있으며, 산업용 응용분야에서는 보통 3등급(public, proprietary, internal)으로 관리한다.

이러한 등급별 관리는 각 정보의 보안수준에 따라 정보에 대한 접근권한을 달리함으로써 적절한 보안수준을 유지할 수 있도록 하기 위해서다.

(2) 무결성(Integrity) 보장

원래의 데이터가 전송된 후 변화된 부분이 없는지를 점검함으로써 권한이 없는 제3자에 의한 정보의 변경, 삭제, 생성 등으로부터 데이터를 보호해 정보의 정확성과 완전성을 보장하는 것이다. 즉, 데이터를 마지막으로 확인한 후, 그 다음 확인 시까지 임의로 변경되지 않았음을 보장하는 것이 무결성이다. 이는 데이터의 실체가 어떤 것인지보다는 변경된 부분이 있는지에만 초점을 맞춘다는 의미이다. 현실 세계에서는 실제 모습을 가진 물건이 진짜인지 위조품인지 판단하기가 비교적 쉽지만 사이버 세계에서는 복사, 변조가 대단히 용이하므로 위조를 만들어 내는 것은 쉬운 반면, 무결성을 확인하는 것은 무척 어렵다. 따라서 인터넷상에서의 정보와 같이 물리적인 실체가 없는 경우에는 데이터의 무결성을 검증하는 강력한 방법이 필요하다.

일반적으로 무결성은 데이터의 변조를 확인하는 의미 외에 인증을 통한 신분의 확실성 여부(authenticity)에 대한 확인까지 포함하는 넓은 의미로 쓰이기도 한다. 그것은 인증이 데이터를 만든 주체나 사용자의 실체가 올바른지를 판단하는 것이므로 넓게 보아 신분에 대한 확실성 여부를 무결성 점검의 범주에 포함시키기 때문이다.

(3) 가용성(Availability) 보장

허가된 사용자가 정보시스템의 데이터 혹은 자원을 필요로 할 때, 과도한 지체 없이 원하는 객체 또는 자원에 접근하고 사용할 수 있음을 보장한다. 예를 들어, 서버 컴퓨터의 경우 가용성을 보장한다는 것은 승인된 사용자가 원하는 때에 언제나 그 서버에 접속하여 원하는 정보를 얻을 수 있음을 의미한다. 네트워크에 대한 공격의 한 종류인 서비스 거부 공격은 이 가용성을 저하시키는 대표적인 공격 형태이다. 많은 경우 가용성 저하는 바이러스, 그리고 웜 등과 같은 악성 프로그램(malware)들이 컴퓨터 소프트웨어의 취약점을 이용하여 은밀한 작업을 수행하면서 그 결과물로 나타난다. 이 악성 프로그램들은 컴퓨터 시스템 자체에 대한 가용성을 떨어뜨릴 뿐만 아니라 더 나아가 그 서버가 연결되어 있는 네트워크상에 트래픽을 대규모로 유통시켜 네트워크의 가용성을 떨어뜨리기도 한다. 이상과 같은 정보보호에 대한 세 가지 목표는 대단히 포괄적인 것으로 실제 기업에서는 대상 시스템의 운영 목적에 맞게 적절하게 선택하여 목표로 설정할 수 있다.

2. IT 컴플라이언스와 금융IT 정보보호 요구사항

1) IT 컴플라이언스

컴플라이언스(compliance)의 의미는 외부 규제나 표준을 정의하고 지속적인 관찰을 통해 준수여부를 확인하며 발견된 문제를 개선하고 발전시켜 나가는 일련의 활동으로, 기업들이 비즈니스 연속성과 경영 투명성을 확보하기 위해 강제적 혹은 자율적으로 여러 가지 규제들을 준수하는 것을 말한다. 금융회사는 IT 부분에서 인터넷 고도화 대량 데이터 처리, 무선 네트워크 환경을 넘어 유비쿼터스 금융으로의 진입을 눈앞에 두고 있으며 국내외적으로 경영의 투명성 확보를 위한 각종 권고와 규제가 확대되면서 이에 대응하기 위한 'IT 컴플라이언스(IT Compliance)'가 요구되고 있다. 특히 금융기관은 신바젤 협약(바젤 Ⅱ), 국제회계기준(IFRS : International Financial Reporting Standards), 사베인-옥슬리법(Sarbanes-Oxley Act), 자금세탁 방지제도와 같은 컴플라이언스 이슈들을 주목하고 있으며, 해당 기업들은 해당 컴플라이언스 법규나 제도가 발효되는 시점까지 반드시 IT 컴플라이언스에서 요구하는 관련 시스템을 갖추어야 한다.

최근 IT 컴플라이언스의 추세는 전 세계적으로 더욱 강력한 규제가 확산되고 있으며 글로벌 표준을 확보 및 선점하여 세계적으로 진출하는 발판을 마련하고자 글로벌 중심의 규제 도

표 16-3 | 해외 금융기관의 준수를 요구하는 IT 컴플라이언스

타이틀	관련 내용	규제기관
Sarbanes-Oxley Act (SOX)	회계감사에 대해 투명성을 제고할 목적으로 재무보고서 공시에 대해 CEO와 CFO의 서명을 요구하는 등의 규제사항을 요구함.	GAO, SEC(미국)
Gramm-Leach Bliely Act (GLBA)	은행 · 증권 · 보험 등 모든 금융업무를 하나의 회사가 운영할 수 있도록 허용한 법(일명 GLB법). 금융기관이 고객의 개인정보를 안전하게 하기 위한 조치를 취하도록 강제함.	DoHH(미국)
SEC17A-4	증권회사, 딜러 등 SEC(Security Exchange Committee) 회원이 지켜야 할 기준을 정함. 증권회사, 딜러와 multiline financial firm은 그들의 이메일, 인스턴트 메시징의 내용을 보관, 관리하는 등 일정 조치를 취하도록 규제.	SEC(미국)
Basel Ⅱ	최저자기자본 규제, 감독기관의 점검, 은행의 공시 강화 등을 내용으로 하며, 리스크 자산 비중이 높을수록 필요자본금을 많이 확보토록 하는 등 은행의 리스크 관리를 규제.	BIS(국제기구)
21 CFR Rule 11	이메일을 포함한 전자적 기록과 전자서명이 FDA에 의해 규제되는 생산공정에서 사용되는 서면기록, 서명과 같이 취급되도록 기준을 설정.	FDA(미국)
USA PATRIOT Act	2001년 9·11 테러에 대응해 개발됨. 금융서비스 회사, 보험회사가 고객식별 및 수상한 거래를 표시하도록 하는 것을 포함하여 anti-terrorism 및 돈세탁 방지 규정을 둘 것을 요구함.	DoD(미국)
SAS70	SAS70(Statement on Auditing Standard No.70)은 미국회계사협회(AICPA)에서 제정한 회계감사기준 중 기관의 내부통제절차에 대한 감사지침을 규정하고 있음.	AICPA(미국)

자료: 이재범, *IT Governance*(2009).

표 16-4 | 국내 금융 관련 IT 컴플라이언스의 유형

금융 관련 법률	금융분야 주요 사항
1) 전자금융거래법(전자금융감독규정)	– 금융기관 IT시스템 요구사항을 전반적으로 규정
2) 전자서명법	– 공인인증서 이용부문
3) 전자거래기본법	– 전자거래문서 이용부문
4) 자본시장과 금융투자업에 관한 법률	– 증권사의 지급결제 참가, 정보의 차단(Chinese wall)
5) 주식회사의 외부감사에 관한 법률	– 금융기관 내부통제에 대한 외부감사
6) 정보통신망 이용촉진 및 정보보호에 관한 법률	– 침해사고 대응, 안전집단 및 ISMS, 주민번호 대체수단, 금융정보 암호화, 통신과금중개사업자의 규제기관 변경
7) 신용정보의 이용 및 보호에 관한 법률	– 신용정보 전산시스템의 기술적 · 물리적 보안대책
8) 금융실명제 및 비밀보장에 관한 법률	– 실지명의에 의한 금융거래
9) 특정 금융거래 정보의 보고 및 이용 등에 관한 법률	– 자금세탁 방지를 위한 금융거래 모니터링
10) 정보통신 기반보호법	– 주요 정보통신 기반시설의 지정, 금융 ISAC의 운영
11) 공공기관의 개인정보보호에 관한 법률	– 개인정보의 수집, 처리 및 보호에 관한 사항
12) 전자상거래 등에서의 소비자보호에 관한 법률	– 전자거래 시 소비자의 의사표시 확인
13) 장애인차별금지 및 권리구제 등에 관한 법률	– 인터넷 뱅킹, 현금 입출금기 등 금융서비스의 장애인 접근성 강화
14) 전자정부법	– 공공기관 등의 보안대책은 국가정보원장이 확인
15) 정보시스템의 효율적인 도입 및 운영 등에 관한 법률	– 정보기술 아키텍처에 대한 사항을 행정안전부 장관에게 제출
16) 국가정보화기본법(정보화촉진기본법)	– 정보보호 제품의 평가인증에 대한 사항

자료 : 금융보안연구원, "금융부문의 IT 컴플라이언스 분석결과 보고서"(2009).

입을 추진 중이며, 개인정보 보호와 회계 및 비즈니스 투명성과 관련한 법적 규제가 강화되고 명확하고 확인 가능한 내부통제가 요구되고 있다. 특히 금융분야의 IT 컴플라이언스는 리스크, 고객정보 보호, 테러억제 목적의 돈세탁 방지 등이 요구되고 있다.

과거 미국의 '엔론'과 '월드컴'의 분식회계와 내부자 거래, 탈세 등으로 기업의 투명성을 확보하기 위한 법안이나 가이드라인의 필요성이 대두되면서 강력한 내부통제 및 개인식별정보(PII)의 보호 조항을 둔 사베인-옥슬리법, 지불카드업계 데이터 보안 표준(Payment Card Industry Data Security Standard, 이하 'PCI DSS'라 함), 건강보험이동 및 회계책임법(HIPAA : Health Insurance Portability and Accountability Act, 이하 'HIPAA'라 함), 금융상품거래법(Financial Instruments and Exchange Law), 프라이버시 및 전자통신에 관한 EU지침(Directive on Privacy and Electronic Communications)이 등장하기 시작했다. 이후 호주의 호주은행, 중국의 중국은행 등에서도 불법자금 대용, 불법대출 등의 문제점들이 도출되면서 컴플라이언스에 관련된 법안이 전 세계적으로 확산됐으며, 우리나라 또한 이러한 흐름과 무관하지 않다.

국내에서는 감독 당국이 국제회계기준을 2011년 모든 상장기업이 도입하도록 추진하고 있으며 이미 국내 시중은행에는 바젤Ⅱ가 시행되어 운영 리스크 손실예상액, 즉 부적절한 내부통제, 직원, 시스템, 외부사건으로 인한 손실 리스크를 자기자본 산정 비율에 반영토록 하고 있다. 뿐만 아니라 사베인-옥슬리법에 따라 우리나라는 '내부회계관리 모범규준'을 두고 상장대기업은 재무제표의 신뢰성을 확보하고자 재무담당최고책임자(CFO : Chief Finance Officer) 및 최고경영자(CEO : chief executive officer)의 인증을 받고 이사회 및 감사위원회에 보고하고, CFO와 CEO의 인증을 받은 문서를 공시하도록 요구하고 있다. 국제회계기준 준수를 위해 국내 금융회사는 오는 2009년 말까지 관련 시스템을 개발하고, 2010년까지 시스템 테스트에 나선 후 2011년부터 국제회계기준 적용에 들어가야 한다. 그리고 자본시장통합법의 시행으로 그동안 은행 · 증권 · 보험사별로 취급상품별 장벽이 제거되어 각 금융사들은 다양한 상품을 취급할 수 있게 됐으며, 이에 따라 새로운 상품 개발과 판매를 지원하는 IT시스템 수요가 크게 증가할 것으로 기대되고 있다. 이번 법률 개정의 최대 수혜자로 평가되고 있는 증권사는 기존 주식중개 업무를 위한 홈 트레이딩 시스템 중심의 IT 투자에서 벗어나 상품개발, 지급결제 등의 시스템 투자로 이어질 것으로 전망되고 있다. 은행이나 보험사 역시 자통법 관련 업무를 재검토하는 가운데 시장 변화에 대응하기 위한 IT시스템 도입에 신속한 대응을 보이고 있다. 이제 우리나라 금융산업은 정부의 규제나 보호의 시대에서 벗어나고, 개방화에 의한 무한자유경쟁 시대를 맞았다. 이것은 수익성을 극대화하기 위해서 보다 큰 리스크를 수용하는 거래의 활성화 등의 모습으로 나타났다. 경쟁심화와 리스크가 증대됨에 따라 금융혁신을 위한 노력을 기울이게 된다. 이러한 금융혁신은 컴퓨터 관련 기술과 금융회사의 정보처리 능력의 확대 등 금융IT 발달의 배경이 되고 있다.

2) 금융IT 환경변화에 따른 정보보호 요구사항

1990년대 후반부터 인터넷 이용자의 급격한 증가 및 네트워크 관련 기술의 발전으로 인터넷 뱅킹, 인터넷 주식거래(사이버 트레이딩), 쇼핑몰의 전자결제와 같은 전자금융거래가 급속히 확산되었다. 최근에는 금융서비스 이용자의 요구사항이 다양해짐에 따라 모바일 및 TV뱅킹 등의 신종 전자금융서비스가 시작되고, 전자결제 및 전자화폐 등 지불수단이 다양해지고, 자본시장 관련법 등의 시행으로 은행 · 증권 · 보험의 전폭적인 금융업무 영역이 겸업할 수 있는 환경이 조성되고 금융 비즈니스 업종별 영역이 점점 완화되어 가고 있다. 이러한 금융기관이 IT시스템을 광범위하게 적용하였으나, 금융기관을 대상으로 한 인터넷 뱅킹 해킹 및 분산서비스거부공격 등 금융IT 서비스의 보안사고가 지속적으로 발생하였고, 금융IT 시스템의 내부통제 및 리스크 관리 등 보안관리의 실패로 인한 금융IT 시스템에 손실을 초래하였다. 이에 따라 2007년에 전자금융거래법이 제정 · 시행되어 전자금융거래 시 상대적 약자인 소비자를 보호하고 전자금융업자의 책임의무가 강화되는 등 보안요구사항이 증가하였다. 또한 개인정보보호 관련법이 제정되고, 상장회사에 적용되던 내부회계관리제도가 비상장회사에서도 적용되는 등 내부회계관리제도가 점차 강화되고 있으며, 사베인-옥슬리법, 신바젤 협약, 지불카드산업 데이터 보안표준 등 글로벌 컴플라이언스 규정이 강화되어 금융IT에의 적용이 필수적으로 요구되어졌다. 이러한 최근 금융환경 변화에 능동적으로 대처하기 위해 국내 금융회사들은 차세대 시스템 구축, IT 거버넌스(Governance) 체제의 구축, IT조직의 전문화 및 유연성 확보를 위한 IT 서비스관리체계 구축 등을 감안한 선진 IT 아키텍처를 구축하려는 노력을 진행하고 있다. 특히 금융회사에서는 고객정보를 다룸에 있어 정보유출에 대한 사고에 대응하여 손해배상에 대한 책임의무도 있어 경우에 따라서는 기업의 경영상 지대한 영향을 미칠 수 있다. 이에 따라 금융회사 경영에 있어 IT 역할은 점차 커지고 있으며 IT 특성을 고려한 정보보호 리스크 관리를 구현하기 위한 정보보호 아키텍처는 중요한 요소로 인식되고 있다.

3. 금융회사의 정보보호 아키텍처

1) 정보보호 아키텍처

정보보호 아키텍처(Information Security Architecture)는 정보시스템의 연동, 정보기술자원의 체계적 관리, 상호 운용성 개선을 목적으로 하는 정보기술의 연구와 도입을 용이하게 하기 위한 정보보호에 대한 관리방안 및 계획수립의 절차 및 프로세스로 정의할 수 있다. 따라서 정보보호 아키텍처의 정립은 기업의 보안목표를 달성하기 위해 알려진 보안요소들(기술적 · 관리적 · 물리적 측면)을 최선의 방법으로 결합해 나가는 프로세스라고 말할 수 있다. 이와 같은 과정을 통해 수립된 정보보호 아키텍처는 기업의 체계적인 정보보호 관리를 가능하게 하고 더 나아가 미래에 닥칠지 모르는 각종 정보 관련 사고 리스크에 대한 대책을 마련할 수 있도록 한다. 이러한 일련의 과정을 정보보호 리스크 관리(Information Security Risk Management)라고 할 수 있다. 정보보호 리스크 관리를 위한 리스크 평가 및 리스크 분석으로부터 시작하여 대응책을 마련하는 과정은 그 개념이 다소 모호하고 어디서부터 시작해야 할지 모르는 경우가 많은 관계로 ISO 27001과 같은 국제표준, 영국 BS(British Standard) 7799, 미국 NIST에서 발표한 체계적인 리스크 관리 방법론 등이 주로 기업의 정보보호 리스크 관리 정립에 중요한 권고안으로 제안되고 있다. 이에 따라 최근 많은 금융회사들도 IT 환경변화에 능동적이고 유연하게 대응하고 비즈니스 전략을 효과적으로 지원할 수 있는 차세대 프로젝트를 추진하고 있으니 금융회사의 정보보호 강화를 위해 보다 종합적이고 체계적으로 정보보호 아키텍처를 수립해야 함이 기업경영상의 중요한 과제라고 할 수 있다.

(1) 정보보호 관리시스템 국제표준지침(ISO 27001)

정보보호 아키텍처 수립을 위해서는 기술적 · 관리적 · 물리적 보안영역 등 전 분야에 대한 고려가 필요하고, 기업에 국제적 표준관리 지침과 항목을 제시하는 것은 체계적인 정보보호 리스크 관리 구축에 필수적인 요건이다. [그림 16-5] 정보보호 관리시스템 국제표준 ISO 27001 표준화 과정에서 보는 바와 같이 국제표준인 ISO/IEC 27001 및 ISO/IEC 27002는 각각 정보보호 관리를 위한 정보보호 관리시스템 요구조건(Information security management systems-Requirements)과 정보보호 관리를 위한 실무지침(Code of Practice for Information Security Management)에 대한 상세 규격과 같은 평가 기준으로서 영국표준협회(BSI : British Standard Institute)에서 1993년부터 제정한 BS 7799[14]에 근거하여 만들어졌다. 정보보호 관리시스템 관련 중요한 두 문서의 국제표준화 과정이 완료됨에 따라 다른 관리시스템(품질경영 : 9000 시리즈, 환경관리 : 14000 시리즈)과 마찬가지로 27000 번호체계를 가지기로 하였고, 이후 JTC1 SC27(Subcommittee27)에서 리스크 관리지침, 정보보호 관리 척도 및 측정, 정보보호

14) BS 7799는 영국표준협회에서 정보보호 관리를 위해 표준화한 실무규약(Code of Practice for Information Security Management)으로서 정보보호의 최적실행(best practice)을 위한 기본적 관리항목을 규정하기 위하여 1995년 처음 개발되었다. 1998년에는 기본적 관리항목 규정기준에 따른 인증 요건을 개발하여 본래의 표준인 실무규약은 part 1, 인증요건은 part 2로 만들어졌다. 즉 part 1은 표준적인 실무지침이며 종합적인 보안통제 목록을 제시하고 part 2는 정보보호 관리시스템에 관한 표준적인 명세이다. 1999년 정보처리기술의 발전을 반영하여 개정되었으며, 이 개정판에 기반을 두어 2000년에는 part 1이 ISO/IEC JTC1(International Organization for Standardization/International Electrotechnical Commission Joint Technical Committee 1)을 통하여 ISO/IEC 17799로 제정되었으며, 2005년에는 part 2가 ISO/IEC 27001 표준으로 제정되었으며, 2007년엔 ISO/IEC 17799는 ISO/IEC 27002로 전환되었다.

그림 16-5 | 정보보호 관리시스템 국제표준 ISO 27001 표준화 과정

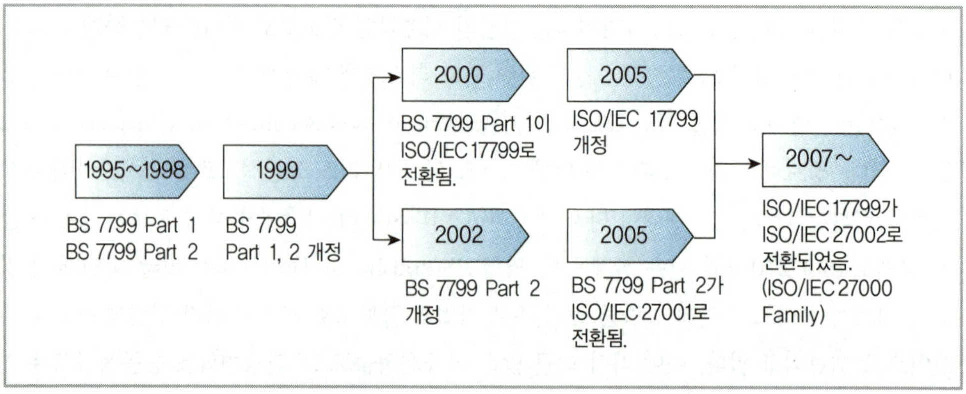

그림 16-6 | 정보보호 관리시스템(ISMS) 국제표준지침 연관도

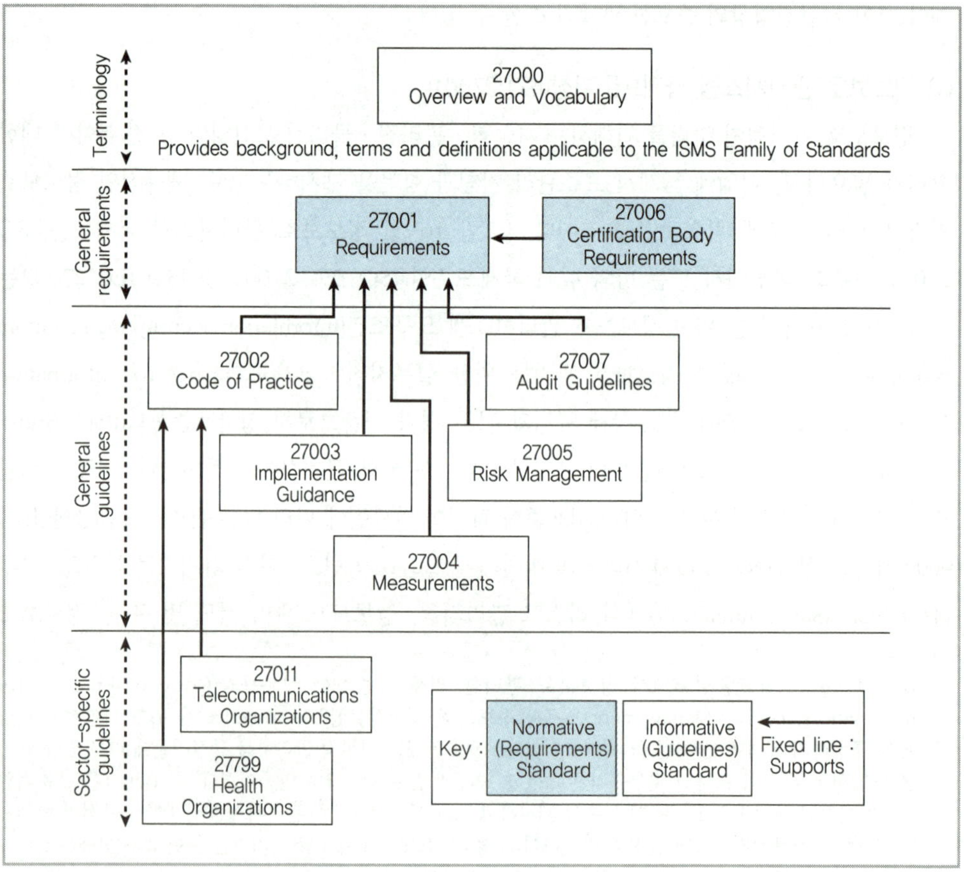

자료 : ISO/IEC 27000 "Information Security Management System"(2009).

관리시스템 구현지침 등이 차례로 27000대 번호를 가지고 개발되어 ISO 27001 정보보호 표준화 인증체계가 되었다. ISO 27001 요구조건의 구체적인 구성 내용은 정보보호 관리시스템의 실무지침(27002 Code of Practice), 정보보호 관리 발전시행을 위한 가이드라인(27003 Implementation Guidance), 정보보호 관리시스템 평가방법 가이드라인(27004 Measurement), 정보보호 관리시스템에 대한 리스크 관리 방법(27005 Risk Management) 정보보호 관리시스템에 대한 감사(27007 Audit Guidance)로 되어 있다. [그림 16-6] 정보보호 관리시스템(ISMS) 국제표준지침 연관도는 정보보호 관리시스템 관련 표준들의 구성내용의 연관성을 보여주고 있다. 기업을 비롯한 금융기관에서는 ISO 27001에서 정의된 정보보호 관리시스템의 요구조건(27001 Requirements)을 충족시킴으로써, 국제표준화기구(ISO)로부터 인증획득을 통하여 금융기관 IT부분 금융정보시스템을 확립, 내부적으로 관리통제영역을 정비하고 대외적으로 영업 경쟁력을 강화할 수 있는 여건이 구비되었다고 볼 수 있다.

ISO 27001은 조직이나 기업이 ISMS를 수립하여 이행함으로써 정보보호를 위한 감시 및 검토, 유지 및 개선작업을 위해 [그림 16-7] ISO 27001 PDCA 사이클과 같은 Plan-Do-Check-Act(PDCA) 모델을 명시하였다. ISO 27001은 이 모델을 이용하여 효과적인 ISMS 실행을 위한 프레임 워크를 실시하도록 도와주고 있다.

그림 16-7 | ISO 27001 PDCA 사이클

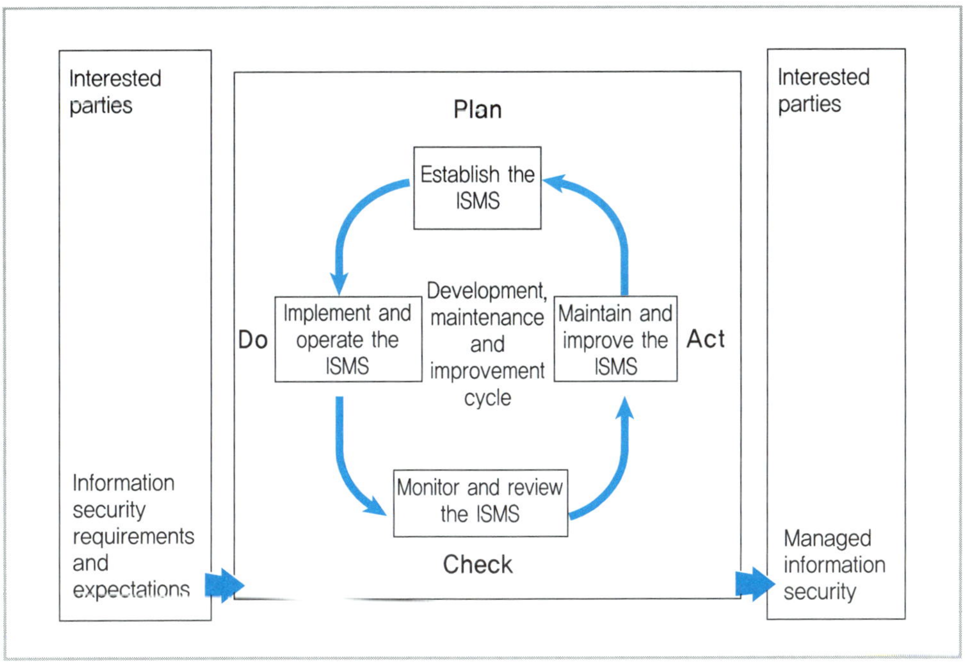

자료: ISO/IEC 27001 "Information Security Management System"(2008).

(2) 정보보호 리스크 관리의 국제표준지침(ISO 27005)

정보보호 리스크 관리는 [그림 16-6]의 정보보호 관리시스템(ISMS) 국제표준지침 연관도에서 설명한 것처럼 ISO 27005(Information Security Risk Management Standard)에서 정보보호 리스크 관리에 관해 상세히 기술하고 있다. ISO 27005에서 설명하고 있는 리스크 관리의 절차에 대해 살펴보면 먼저 기업이 가지고 있는 비즈니스상의 목표 달성과 조직 내 정보를 적절하게 보호 및 관리하기 위해 필요한 보안 요구 조건(requirements)을 고려하여 현재의 보안 수준이 요구되는 수준과 비교해 얼마나 차이(gap)가 있는가라는 질문에 답을 구하는 단계로부터 시작된다. 즉, 기업에서 중요하게 고려하는 자산의 종류를 파악하고 그 자산들에 대해서 희망하는 보안적 특성, 예를 들어 기밀성, 무결성, 가용성 또는 그 자산에 대한 책임추적성 등을 파악한다. 이러한 보안 요구사항에 대한 파악은 다음 단계인 기업자산의 가치가 얼마나 되

그림 16-8 | 정보보호 리스크 관리 절차

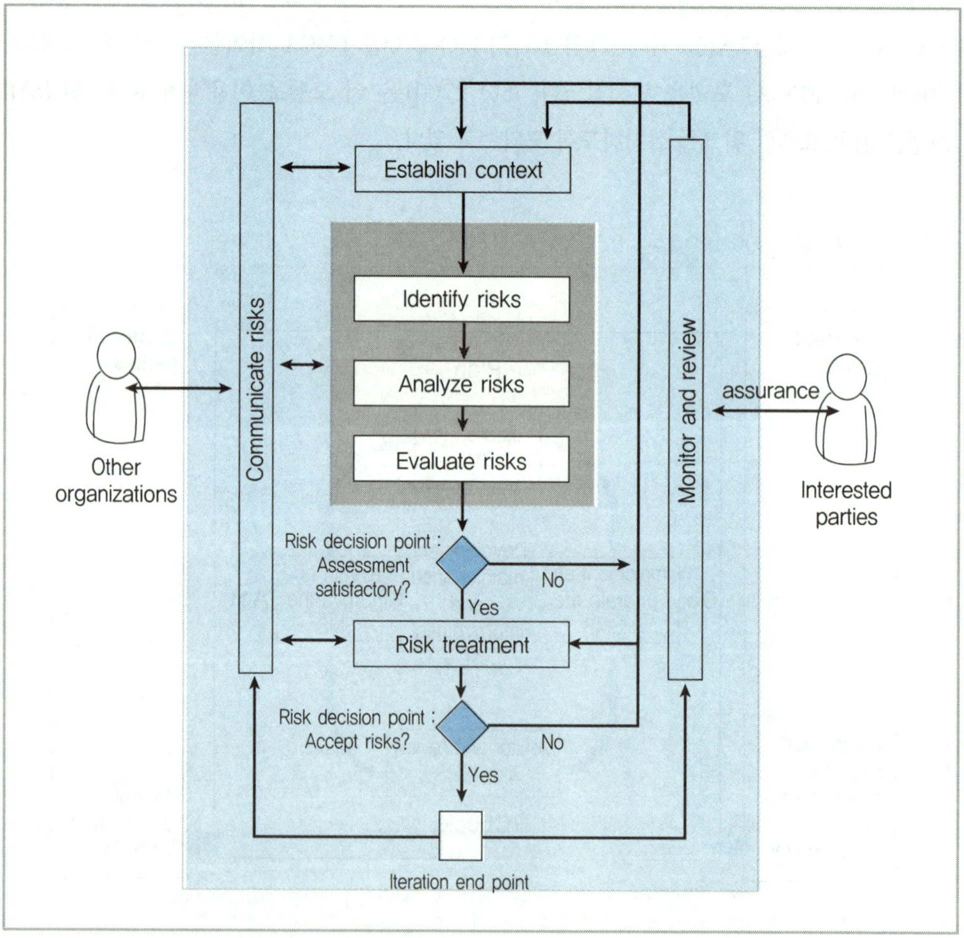

자료: ISO/IEC 27005 "Information Security Risk Management"(2008).

며, 어떤 종류의 위협(threat)이 존재하며, 또한 어떤 종류의 취약점(vulnerability)이 존재하는가를 분석하는 데 활용되며, 결론적으로 이러한 분석결과들을 바탕으로 종합적으로 판단한 리스크가 어떤 형태로 존재하는가를 파악하게 되는데, 여기까지의 단계들을 정보보호 리스크 관리 절차라고 부르며, 앞의 [그림 16-8]과 같다. 이 과정에서 얻어진 결과는 리스크수준 완화를 위한 보안대책 수립에 이용된다. 보안대응책 마련 단계에서는 자산을 보호하고 리스크를 줄이기 위해 예방, 운영, 탐지, 복구 등의 과정 중 어떤 과정에 초점을 맞출 것인가를 결정하고 이에 따라 실제로 어떤 보안 기술이 필요한지를 정하여 구현하게 된다. 또한 자체적인 대응수단 마련뿐만 아니라 외적인 고려사항들, 예를 들어 외부의 파트너들과 협력하는 환경에서 자신을 어떻게 보호할 것인지를 정하는 등, 보다 넓은 범위에서의 대책 마련이 포함된다. 리스크수준 평가나 리스크수준 완화 과정은 모두 수많은 변수들을 포함하는 대단히 넓고 복잡한 절차로서 본서의 범위를 벗어나므로 생략코자 한다.

(3) 국내 정보보호 관리시스템 표준지침

국제사회에서는 주요 정보를 보호하고 정보보호에 대한 체계적인 관리의 필요성이 대두되어 국제적으로 정보보호관리에 대한 관심이 고조되고, 정보보호관리를 위한 체계적인 노력이 확산되고 있다. 이에 우리나라도 정보보호관리체계 인증제도에 대한 연구를 2000년부터 진행하여 정보통신망이용촉진 및 정보보호 등에 관한 법률(제47조)을 법적 근거로 하여 2002년 5월부터 정보보호 관리체계 인증제도를 시행하여 조직의 정보보호에 대한 역량강화와 정보보호수준 제고에 노력하고 있다. 정보보호 관리체계 인증제도는 정보보호의 목적인 정보자산의 비밀성, 무결성, 가용성을 실현하기 위한 절차와 과정을 수립 · 문서화하고 지속적으로 관리 · 운영하는 시스템, 즉 조직에 적합한 정보보호를 위해 정책 및 조직 수립, 위험관리, 대책구현, 사후관리 등의 정보보호관리 과정을 통해 구현된 여러 정보보호대책들이 유기적으로 통합된 체계에 대하여 제3의 인증기관(한국인터넷진흥원)이 객관적이고 독립적으로 평가하여 기준에 대한 적합여부를 보증해 주는 제도이다.

2) 금융회사의 정보보호 아키텍처

(1) 정보보호관리 프레임워크

금융비즈니스 환경의 다양한 변화 및 니즈를 수용하고 비즈니스의 연속성을 유지하기 위해서는 정보보안과 관련한 조직 내부의 다양한 이해관계자의 관심과 요구를 통합 · 조정하기 위한 정보보호관리 프레임워크를 수립해야 한다. 이를 기반으로 보안계획을 수립, 실행, 모니터링을 통한 보안관리 활동을 실행하고 기술적 보안조치를 적용해야 한다. 금융IT 부문의 정보보호 프레임워크도 [그림 16-9]와 같은 정보보호 프레임워크를 이용할 수 있다. 이는 보안목적(비즈니스의 요구사항을 반영한 보안관리의 궁극적인 지향점), 보안관리 프로세스(보안목적 달성을 위해 운영되는 프로세스로서 순환적으로 관리되어야 함), 보안관리대상(조직의 보안관리를 위한 자료를 효과적으로 보호하기 위해 참조모델을 수립해야 함)관점에서 "정보보호 프레임워크"의 내용을 설명하고 있다[15)]

그림 16-9 | 정보보호관리 프레임워크

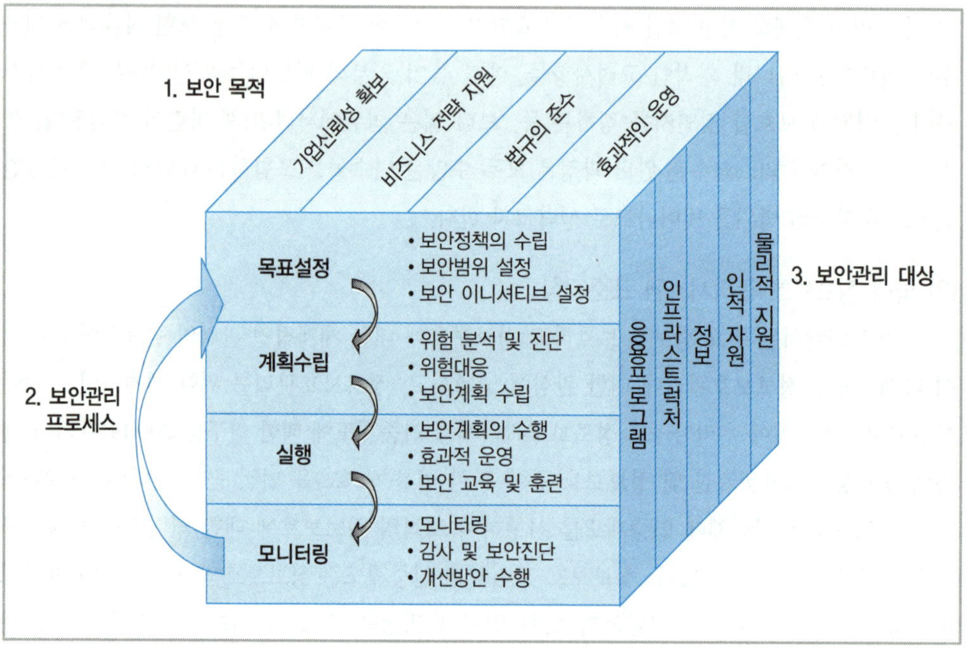

(2) 금융회사의 정보보호 아키텍처

금융IT 보안 아키텍처를 구성하기 위해서는 먼저 금융정보 시스템 사용자를 고객, 임직원, 외부감사, 파트너로 구분하고, 금융정보 및 고객정보, 회사기밀사항, 비즈니스 연속성 유지를 위한 보안전략을 수립하며, 보안전략 이행을 위한 보안정책을 마련하고 이를 관리적, 기술적, 물리적 보안으로 구분하여 이행할 수 있도록 구성해야 한다. 다음의 [그림 16-10] 금융IT 정보 아키텍처에서 정보시스템 보호대상 매체를 사용자 PC, 네트워크, 서버, 어플리케이션, 데이터베이스 등 5계층으로 분류하고, 계층별로 필요한 보안서비스 및 적용기술에 대해 구성이 가능하도록 설계하였다.

15) 김인석 외, 「전자금융 이러면 안전할까?」, 디비바다 미디어(2010.4.), pp.88~89에서 인용.

그림 16-10 | 금융IT 정보보호 아키텍처

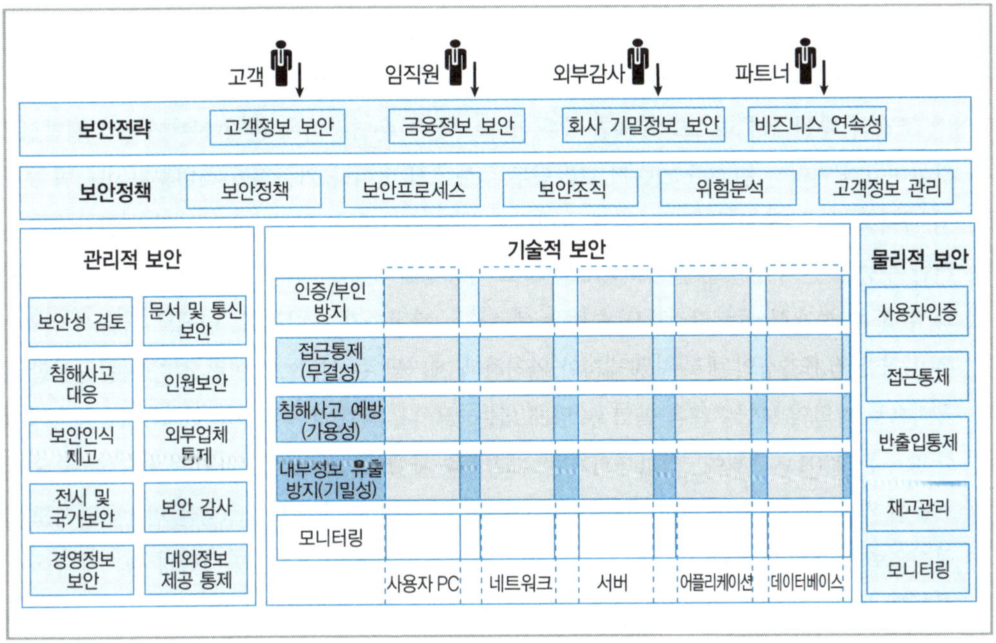

4. 정보보호 리스크 관리 방법론

앞 절에서 살펴본 바와 같이, 현대의 정보통신 시스템 내·외부에는 수많은 위협요소와 취약성들이 존재하며 이들은 언제든지 정상적인 운영을 방해할 가능성이 있다. 특히 네트워크의 발전으로 인해 다수의 컴퓨터가 신경망처럼 연결되고 한 시스템에서 발생한 문제가 실시간으로 다른 컴퓨터에도 영향을 미칠 수 있는 상황에서 잠재 리스크는 생각보다 더욱 심각할 수 있다. 이러한 상황에서 조직의 보안상 특성을 고려하여 자산분석, 위협분석, 취약성분석을 체계적으로 수행하고 이를 바탕으로 조직의 주요 자산에 대한 종합적인 리스크수준을 예측하며 적절한 대응책을 제시해 줄 수 있는 프레임워크가 필요한데 정보보호 리스크 관리 방법론(Methodology for Information Security Risk Management)들이 이에 대한 하나의 가이드라인 역할을 하고 있다. 리스크 관리는 ISO 27002에서 제시하고 있는 보안점검 항목들을 토대로 각 문제요소들을 개선해 나가는 절차이며 그 대상도 정보시스템뿐만 아니라 다양하게 존재할 수 있다. 최근 많은 조직이나 기업에서 자신들의 정보보호 수준을 점검하고 제고하기 위해 정보보호 컨설팅을 받는 경우가 점차 늘어나고 있다. 국내에서도 금융권과 대기업을 중심으로 기술중심이 아닌 관리중심의 보안을 고려하기 시작하면서 보안 컨설팅에 대한 수요가 늘고 있다. 특히, 고객의 자산을 운용 · 관리하는 금융권에서 이러한 움직임이 활발한 것은 정보시스템에 대한 보안관리 미비는 곧 고객자산의 손실로 이어질 수 있다는 인식이 확산된 것으로 풀이된다. 정보보호 컨설팅의 초기 단계는 각 기업이 안고 있는 리스크를 분석하는 일인데, 이 과정이 리스크 관리의 전 과정을 위한 하나의 시발점이 될 수 있다.

조직의 차원에서 리스크 관리를 수행한다는 것은 운영장비에 존재하는 기술적 취약성을 찾아내어 제거하는 단순한 기술적 보안임무 수행에서 벗어나 기술적인 측면뿐만 아니라 조직의 관리적 측면, 물리적 측면까지도 고려해야 함을 의미한다. 또한, 리스크 관리 절차에는 이러한 수동적 관리 임무뿐만 아니라 보안사고 가능성을 낮추기 위해 투입해야 할 자원의 규모와 투입 후에 개선되는 리스크도 수준을 예측하는 과정까지 포함된다. 실제로 기술적 취약점은 이러한 전체과정의 반복을 통해서만 완전하게 제거될 수 있고, 또 이런 절차를 통해서만 궁극적으로 기업의 보안수준을 높일 수 있게 되는 것이다. 국내의 경우 이러한 리스크 관리에 대한 요구는 2001년 7월에 '정보통신기반보호법'을 시행함으로써 가속화되고 있으며, 주요 정보통신 기반 인프라를 보유한 기관이나 기업에서는 운영 중인 정보시스템을 안전하면서도 안정적으로 운용하기 위해 의무적으로 리스크 관리를 수행하고 있다. 현재까지 리스크 관리를 실제로 수행하기 위해 관리절차를 정리해 놓은 여러 방법론들이 제안되어 왔다.

개발된 여러 방법론들은 나름대로의 특징들을 각각 가지고 있으나, 공통적으로는 객관적이지 못한 결과를 생성한다는 근본적인 문제점을 가지고 있다. 알려진 리스크 관리 방법론들은 전체의 개략적인 절차는 제시하고 있으나, 각 단계에서의 구체적인 방법은 제시하지 못하고 있다. 예를 들면, 위협분석 단계에서 어떠한 기준으로 그들을 분류하여야 하는가 또는 분류된 위협을 어떤 방식으로 리스크수준 계산에 반영해야 하는가 등에 대한 구체적인 가이드라인 제시가 미흡한 현실이다. 또한 취약성 분석 단계에서 발견되는 취약성을 어떠한 항목 기준으로 분류하여야 하며, 발견되는 각 자산별 취약성을 리스크 분석의 리스크수준 산정에 어떤 과정을 통하여 반영해야 하는가에 대한 기준 제시 역시 미흡하다. 현재까지 이와 같은 문제점들에 대해 완벽한 답을 제공할 수 있는 방법론은 개발되어 있지 않다. 비록 세부적인 방법에서는 여전히 모호한 부분들이 있음에도 불구하고 필요한 절차들을 체계적으로 정리하려는 시도들은 많이 있어 왔다. 그러한 노력의 일환으로, 2002년 NIST에서는 리스크관리를 체계적으로 할 수 있도록 하기 위해 "Risk Management Guideline for Information Technology Systems"라는 권고안을 발간했다. 이 권고안에서는 정보보호뿐만 아니라 재해나 재난 등의 일반적인 리스크들도 함께 관리할 수 있는 일반적인 방법론을 제시하고 있다. NIST 프레임워크에서도 다른 방법론과 마찬가지로 리스크 관리 절차를 크게 리스크수준 평가와 리스크수준 완화의 두 단계로 나누어 접근하고 있다. NIST 리스크관리방법론은 앞에서 설명한 ISO/IEC 27001 및 27002 등의 국제표준에서 정의한 보안영역들을 기반으로 정의된 하나의 프레임워크로서, 이 장에서 NIST의 리스크 관리 권고안을 중심으로 리스크수준 평가의 세부절차, 리스크수준 완화의 세부절차, 리스크 완화방법 구현 시 접근방법 순으로 리스크 관리 방법론의 세부내용들을 살펴보도록 한다[16).

5. 리스크수준 평가의 절차

NIST 권고안의 내용에 기준하여 리스크수준 평가(Risk Assessment) 프레임워크의 단계별 절차에 대해 먼저 살펴본다.

리스크수준 평가는 다음의 [그림 16-11] 'NIST 권고안에서 제시한 리스크수준 평가과정'과 같이 크게 9개의 주요 단계를 포함하며(step1~step9) 단계 2, 3 및 4는 단계 1이 완료된 후 병렬적으로 수행될 수 있다. 리스크 관리를 실행하는 각 기업들은 일반적으로 시스템 개발주기 및 운영기간 동안 지속적으로 IT 시스템과 연관된 잠재적 위협 및 그로 인한 리스크의 크기를 결정하는 리스크수준 평가를 수행한다.

이 과정의 결과물은 그 다음 단계에 수행되는 리스크수준 완화를 위한 적절한 대응책 선택에 사용된다.

리스크수준은 공격자가 어떤 기업 내의 특정 잠재적 취약점을 악용했을 때 발생하는 사고가 기업에 미치는 영향(예를 들어 손실비용)의 크기를 의미하므로 여러 가지 위협들이 리스크로 연결되기 위해서는 잠재적 취약점뿐만 아니라 각 기업에서 현재 채택 중인 여러 대응책 또는 통제수단들을 같이 분석해야 한다.

1단계 - 시스템 특성 분석(System Characterization)

IT시스템에 대한 리스크수준을 평가할 때 첫 단계는 대상시스템의 특성을 파악하는 일이다. 이를 위해서는 리스크수준 평가의 대상을 규정하고 어떤 자산을 어떤 수준까지 보호할 것인가를 결정해야 한다. 여기에서 정보자산들은 7개의 카테고리(정보, 문서, 소프트웨어, 유형자산, 직원, 조직이미지, 서비스)로 나누고 115개의 소분류로 나타낼 수 있다. 또한, 아래와 같이 두 가지 형태의 자산으로 나타낼 수 있다.

- 유형자산(Tangible/Physical) : 직원, 시설물, 중요서류 등(Personnel, Hardware, Facilities, Documentation)
- 무형자산(Intangible/Logical) : 데이터·정보, 소프트웨어 등(Data/Information, Software(System Software, Application Software))

16) NIST의 내용 중 "Risk Management Guideline for Information Technology Systems(2002)"을 근거로 리스크수준 평가의 절차와 리스크수준 완화의 절차의 내용에 대해서는 서승우 「보안경제학」(2008), pp. 227~286 인용.

그림 16-11 | NIST 권고안에서 제시한 리스크수준 평가과정(원문 인용)

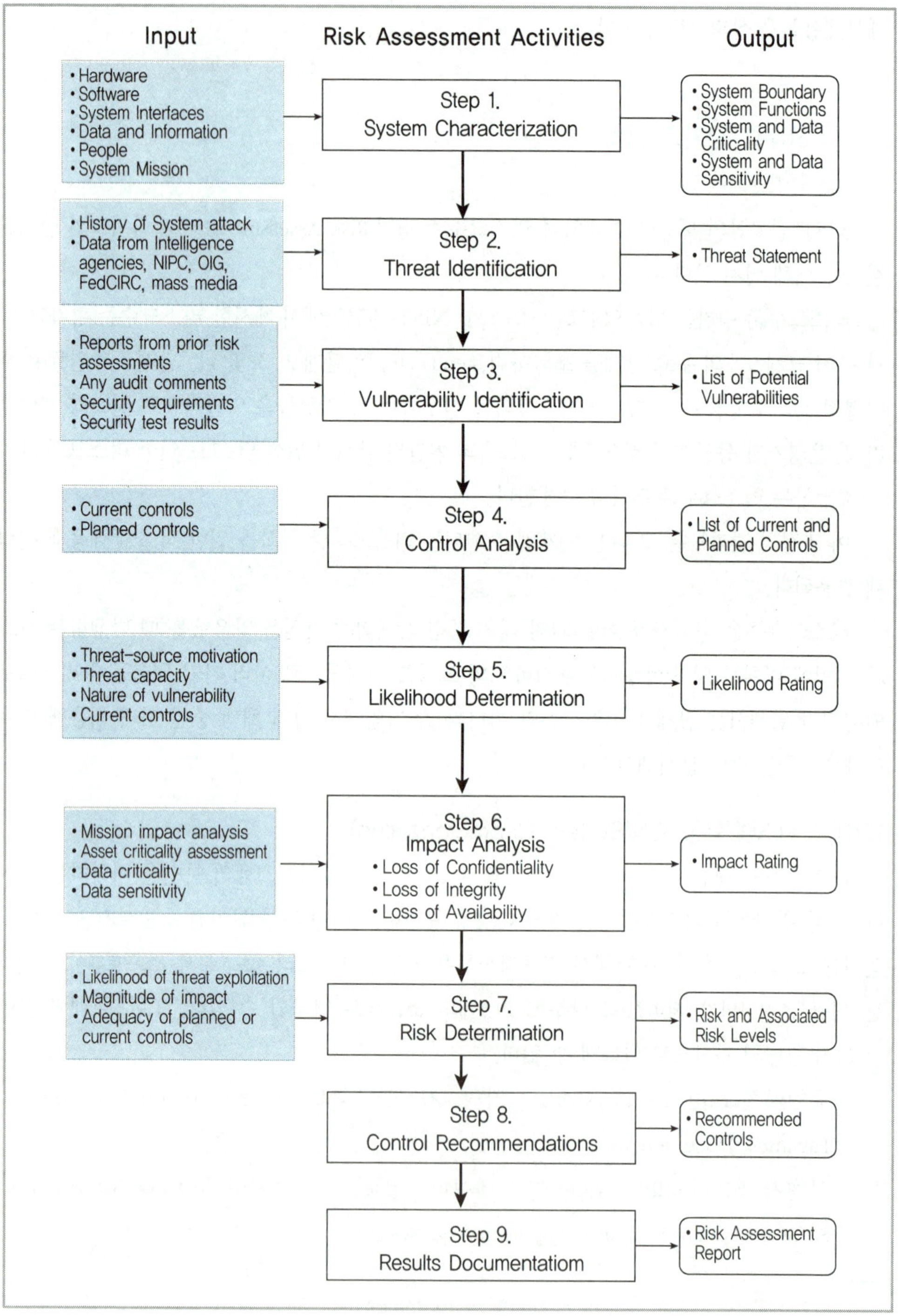

대상이 결정되면 시스템을 구성하는 자원의 종류, 그 시스템을 통해 다루어지는 정보 및 IT시스템의 경계범위에 대한 기초정보들을 수집한다. 또한 해당 기업의 비즈니스적인 특성분석을 통해 각 조직 내 부여된 권한의 범위를 파악하며 리스크를 정의하는 데 필요한 관련 정보들을 수집한다.

① 시스템 관련 정보 수집

IT자산 시스템에 대한 리스크를 확인하는 작업은 그 시스템 환경에 대한 정확한 이해를 필요로 한다. 그러므로 리스크 평가자는 먼저 해당 자산을 파악하고 아래와 같이 분류되는 시스템 관련 정보를 수립해야 한다.

- 하드웨어
- 소프트웨어
- 시스템 인터페이스
- 데이터 정보
- 특허와 같은 각종 지적 재산권
- IT시스템을 지원하고 사용하는 사람들
- 시스템의 임무
- 시스템 및 데이터의 중요도(System and Data Criticality)
- 시스템 및 데이터의 민감도(System and Date Sensitivity)

주의할 것은 일반적인 자산의 분류에서는 IT시스템 외의 물리적 형태의 자산들, 즉 기업 내 건물, 설비, 기자재, 생산제품 및 원자재 등도 모두 대상으로 포함한다.

② 보안의 필요성에 대한 분석

- 법 및 규정
- 파트너와의 관계
- 기업의 임무, 목적 및 목표
- 재무관리의 안정성
- 회계 · 구매 절차와 같은 운영 프로세스
- 비즈니스의 각종 프로세스가 수행되는 위치

③ 자산의 종류에 따른 보안 요구사항 파악

IT시스템과 관련된 자산들에 영향을 미칠 수 있는 기업의 비즈니스적 요인들을 분석함과 아울러 자산의 종류에 따라 관리책임이 어디에 누구에게 있는가를 파악하고 추적하는 책임추적성(accountability)도 중요하다. 책임추적성이란 시스템 내의 각 개인은 유일하게 식별되어야 한다는 정보보호의 한 가지 원칙으로서 정보처리시스템은 정보보호 규정을 위반한 개인을 추적하고 본인의 행위에 대한 책임을 묻는다. 한편, 이와 같은 자산에 대한 보안적 속성은 해당 자산이 그 기업에서 가지는 중요성에 따라 같은 자산이라도 다르게 취급할 수 있다. 예를 들어, 특정 소프트웨어와 관련해서 한 회사가 이를 독립적으로 소유하고 있을 때는 기밀성, 무결성을 요구하지만, 인가된 사용자가 항상 사용할 수 있어야 함을 추가로 요구하는 경우에는 가용성도 추가된다. 기업에서 보유하고 있는 각종 자산에 대한 특성분석의 결과로 〈표 16-

표 16-5 | 정보자산의 종류, 요구되는 보안성 및 비즈니스적 영향요소

자산의 종류	요구되는 보안성	비즈니스적 영향요소	비고
내용을 포함한 직원들의 개인 정보	기밀성 무결성 가용성 책임추적성	-프라이버시 보호법 -경쟁기업으로부터의 정보보호	개인정보는 외부에는 기밀성과 무결성이 보장되어야 하지만 내부에서 그 정보를 필요로 하는 인사부 등에서 필요 시 항상 제공되어야 함.
재무 관련 정보	기밀성 무결성 책임추적성	-국세청이나 세무서에서 요구 -경쟁기업으로부터 정보보안 -공개기업인지 개인기업인지에 따라 다름.	기업의 재무제표, 손익계산서, 대차대조표 등의 관리는 법으로 정하고 있음.
계약서 등의 법적 구속요건이 있는 문서	기밀성 무결성 책임추적성	-법 -경쟁기업으로부터의 정보보호	계약 파트너와의 이해관계가 있는 계약내용에 대한 보안은 법적 구속요건이 있음.
지적재산권	기밀성 무결성 가용성	-기업여건에 따라 다양함.	어떤 권리는 기업의 홍보 차원에서 공개해야 하지만 어떤 경우는 제한하기도 함. 스펙과 같은 경우는 가용성도 보장되어야 함.
고객 및 파트너사들에 관한 정보	기밀성 무결성 책임추적성	-경쟁기업으로부터의 정보보호 -공기업인 경우의 책임 문제	경쟁자 분석 시스템의 자료로 사용됨. 변경 시 관리책임 명시도 필요함.
공개된 정보 (광고, 홍보물, 공시 등)	무결성 가용성	-정보제공 서비스 관점	경쟁자 분석 시스템의 자료로 사용됨. 허용되지 않은 정보변경은 엄격히 제한해야 함.

5⟩와 같은 표가 얻어질 수 있다.

예를 들면, 자산파악에 대한 결과로 앞의 ⟨표 16-5⟩와 같은 자산들이 보안의 대상으로 결정되었다면 해당 자산에 대해 요구되어지는 보안성, 비즈니스적인 영향요소들은 표에서와 같이 관련지어 볼 수 있다.

2단계 – 위협 식별(Threat Identification)

해당 기업을 겨냥한 각종 위협을 분석하기 위해서는 우선 그 기업의 비즈니스 종류에 따른 위협원을 확인해야 하며, 최종적으로 위협을 평가하기 위해서는 다음의 단계별로 수행할 위협의 발생빈도에 따른 위협의 심각도도 함께 고려해야 한다.

- 위협원 확인
- 동기 및 위협수단 파악
- 위협 발생빈도 및 가능성 파악
- 위협에 따른 발생 가능한 결과 예상
- 위협 분류표 작성

① 위협원 확인(Threat-Source Identification)

잠재위협원을 확인하고, 평가대상 IT시스템에 적용될 수 있는 잠재위협원의 목록을 만드는 것이다. 위협원은 IT시스템에 손해를 야기할 수 있는 잠재성을 갖는 환경, 주체 또는 사건으로 정의된다. 가능한 위협원의 주체로서 해커, 전문적 범죄자, 테러리스트와 내부자 등이 있다.

② 동기 및 위협수단(Threat Actions) 파악

기업의 IT시스템에 대한 공격의 동기와 요인도 주제별로 다양할 수 있다. 즉 해커들처럼 자기의 기술을 시험해 보기 위한 단순한 시도로부터 전문적 범죄자들에 의한 범법행위, 기업에 대한 불만, 이기심, 금전적 이득 등에 기인한 내부적 공격에 이르기까지 다양하다.

위협원들이 사용하는 수단으로는 시스템에 대한 테러, 해킹에 의한 정보탈취 및 피싱 등 천차만별이다. 공격자들의 범죄동기나 위협수단들에 대한 분석은 다음 단계에서 수행할 기업의 취약점 분석과 상호 연계되어 가능성 있는 리스크를 미리 예상하는 데 사용된다.

③ 위협 발생빈도 및 가능성 파악

각 위협들의 종류가 파악되면 그 위협들이 어떤 빈도로 발생할 것인가를 예측한다. 단위는 일정기간 동안 발생할 빈도 또는 단위기간당 발생할 확률값으로 나타낼 수 있다. 만약 그 발생빈도를 정량적인 값으로 나타내기가 불가능하다면 다음의 ⟨표 16-6⟩과 같이 발생가능성에 따른 수준으로 표시할 수도 있다. 여기서 위협 발생빈도란 해를 끼칠 수 있는 위협의 발생횟수가 얼마나 되는가를 파악하는 것이고 실지로 성공적인 공격으로 연결될 가능성은 취약점 분석과 현재 사용 중인 대응방안에 대한 분석이 이루어진 다음 단계인 리스크수준 결정과정에서 얻어질 수 있다.

표 16-6 | 위협 발생빈도

수준	발생가능성	설 명
6	extreme	위협이 지속적으로 발생함
5	very high	매우 자주 발생함
4	high	정기적으로 발생함
3	medium	가끔씩 발생함
2	low	아주 드물게 발생함
1	negligible	일생 동안 발생할 확률 대단히 낮음

④ 위협에 따른 결과 예상

위협이 실제로 성공적인 공격으로 연결되었을 때 반드시 그로 인한 어떤 결과가 나타나는데, 위협원과 수단들이 파악되면 그 결과도 함께 예상해 본다. 위협에 따라 예상되는 결과는 직접적인 피해로 연결되는 1차적 결과와 시간적 간격을 두고 피해로 연결되는 2차적 결과 등으로 나눠 볼 수 있다. 예를 들면 서비스 중단, 자료의 노출, 하드웨어 및 소프트웨어의 파괴 등으로 나타나는 1차적 결과와 이로 인한 매출감소, 고객이탈 등의 2차적 결과로 나눠 볼 수 있을 것이다.

⑤ 위협 분류표 작성

위협의 종류에 대한 식별이 이루어지면 이들은 자산의 종류에 따라 분류해 보는 것이 도움이 된다. 이는 같은 위협이라고 할지라도 다른 종류의 자산과 위협원에 대해서는 다른 빈도를 가질 수 있기 때문이다. 또한 리스크를 식별할 때 주의할 점은 반드시 위협은 자산의 형태와 관련지어서 식별해야 한다는 것이다. 또한 더 나아가 많은 경우의 위협은 위협–취약점의 쌍으로 주어지므로 취약점에 대한 식별이 이루어지면 그에 해당하는 위협도 자동적으로 파악될 수 있다.

3단계 – 취약점 확인(Vulnerability Identification)

한 기업이 가질 수 있는 모든 형태의 보안상 결함들을 취약점이라 부르며, 현재시점에서 주어진 시스템 환경에 대한 보안상 취약점을 식별하는 일은 리스크수준 평가과정에서 대단히 중요한 단계이다. 이 단계의 목적은 잠재적 위협원에 의해 부당하게 악용될 수 있는 시스템 취약점들의 목록을 체계적으로 만드는 것이다. 취약점 식별은 다음과 같은 단계를 통하여 진행된다.

- 취약점 확인
- 심각도 분석에 따른 등급 분류
- 위협-취약점 상관 테이블 작성

① 취약점 확인

취약점 확인을 위해 주로 사용되는 방법은 공개된 취약점 관련 정보제공 사이트 참조와 시스템 보안검사의 수행 등이 있다. 이들 방법은 주로 이미 알려진 취약점들에 대한 존재여부를 확인하는 데 사용된다. 취약점 확인은 대상 IT시스템의 상태에 따라 세 가지 경우, 즉 아직 설계단계인 경우, 구현 · 개발되고 있는 경우와 현재 운영 중인 경우 등에 따라 차등적으로 실시되어야 한다. 설계단계인 경우 조직의 보안정책, 계획된 보안절차 시스템 요구사항 정의, 그리고 보안제품 제조사 또는 개발자의 제품분석 자료에 초점을 맞춰야 한다. 반면, 구현 · 개발이 진행되고 있는 경우는 보안설계문서에 기술된 보안속성과 시스템 인증 테스트 및 평가 결과와 같은 보다 구체적인 정보를 활용하여 수행한다.

② 심각도 분석에 따른 등급 분류

취약점 점검과 확인과정을 통해 얻어진 결과는 해당 취약성의 심각도를 판단하는 데 이용된다. 심각도 측정을 위한 기준으로는 〈표 16-7〉과 같이 몇 단계의 수준을 정해 사용할 수 있다. 심각도의 정도는 자산이 해당 취약점으로 인해 얼마나 민감하게 영향을 받을 수 있는가와 그 결과의 경중에 따라 정해진다.

표 16-7 | 취약점의 심각도 수준의 예

수준	심각도	설 명
6	extreme	취약점이 흔하게 발견되고 쉽게 악용될 가능성이 있는 경우 또는 전체 시스템의 파괴가 예상되는 경우
5	very high	취약점이 대부분의 시스템에서 발견되고 비교적 쉽게 악용될 가능성이 있는 경우 또는 주요 시스템의 파괴가 예상되는 경우
4	high	취약점이 많은 시스템에서 발견되고 악용하기에 다소 노력이 필요한 경우 또는 일부 시스템의 파괴가 예상되는 경우
3	medium	취약점이 일부 시스템에서 발견되고 악용하기가 어려운 경우 또는 서비스 중단이나 보안수준 저하가 예상되는 경우
2	low	취약점을 악용하기가 매우 어려운 경우 또는 악용해도 실익이 없는 경우 또는 약간의 서비스 중단이나 보안수준 저하가 예상되는 경우
1	negligible	취약점을 악용하기가 거의 불가능한 경우 또는 서비스 중단이나 보안수준 저하가 거의 없는 경우

③ 위협-취약점 상관 테이블 작성

취약점 식별의 마지막 단계에서는 리스크수준 평가의 두 번째 과정에서 작성된 리스크분류표에 취약점 정보를 반영하여 확대한 위협-취약점 상관 테이블을 만든다. 각 위협마다 해당되는 취약점이 있으면 관계를 맺어주면 되지만 만약 해당 취약점이 없는 경우에는 그 위협은 고려대상에서 제외해도 된다. 반대로 취약점은 존재하는 데 해당 위협이 정의되어 있지 않은 경우에는 그 위협을 추가한다.

표 16-8 | 위협-취약점 상관표의 예

위협원	위협행위	빈도	취약점	심각도
자연적 사고	power supply 사고	3	power supply 이중화 미비, UPS 미구비	3
단순 해커	홈페이지 변조	5	웹 사이트 보안 취약	3
전문적 범죄자	해킹에 의한 고객 신상정보 유출 기밀문서 절도	4 2	웹 사이트 보안 취약 문서보관 취약	3 4
내부자 실수	분실에 의한 기밀문서 유출 데이터 입력 실수	3 5	문서관리 방법 취약 입력 데이터의 확인 절차 취약	4 3
악의적 내부자	프로그램 및 문서 접근	2	중요 정보 접근에 대한 접근권한 통제 취약	4

4단계 - 대응수단 분석(Control Analysis)

이 단계의 목적은 위협이 시스템 취약점을 악용할 가능성을 최소화하기 위해 현재 구현되어 사용 중이거나 향후 도입을 계획하고 있는 대응수단을 파악하는 것이다. 이는 보안상 위협과 잠재적 취약점들에 대해 현재의 대응책들이 얼마나 효과적으로 제 역할을 하고 있는가를 파악하기 위해 필요하다. 예를 들어, 위협원의 관심이나 능력이 낮은 수준이라면 비록 심각한 피해를 볼 수 있는 위협-취약점이 존재하더라도 이들이 악용될 가능성은 낮을 것이다. 따라서 이 경우의 효과적인 대응수단은 굳이 높은 보안성을 지향하는 것일 필요는 없다. 대응수단을 효율적이고 체계적으로 분석하기 위해서는 잘 정리된 보안요구사항 점검목록을 이용하는 것이 도움이 된다. 보안요구사항 점검목록은 대응수단들이 얼마나 보안요구사항들을 잘 만족하고 있는지에 대한 분석결과를 보여주기 때문에 유용하다.

5단계 - 사고발생 가능성 결정(Likelihood Determination)

이 단계에서는 잠재적 취약점이 악용되어 보안사고로 이어질 가능성(또는 확률)을 구한다.

이를 위해 상기 단계에서 분석한 결과 및 추가의 요소들을 이용한다.

- 취약점의 특성
- 현재 운영 중인 대응수단들의 종류 및 효과
- 공격자들의 동기 및 능력의 정도

사고발생 가능성을 정량적인 확률값으로 구하기 위해 리스크를 손실액과 같은 숫자값으로 표현한다. 주로 미국에서 사용하고 있는 이러한 방식은 연간예상손실액(ALE: Annual Los Expectancy)을 계산하기 위하여 관련된 모든 값들을 정량화시켜 표현한다. 연간기대손실은 어떤 위협이 성공했을 경우의 단위별 예상손실액(SLE: Single Loss Expectancy)에 그 위협의 연간발생률(ARO: Annual Rate of Occurrence)을 곱한 값이다.

ALE(연간예상손실액) = SLE(단위별 예상손실액) × ARO(위협의 연간발생률)

정량적인 확률값으로 구하기 힘든 경우에는 몇 가지 단계로 표시한 정성적 분석법을 많이 이용한다. 만약 가능성을 high, medium, low, extreme 등 네 단계로 표시한 경우라면 high 단계는 동기 및 능력의 정도가 높은 반면 대응수단이 미흡한 경우이고, low 단계는 그 반대일 것이다. medium은 공격자의 동기 및 능력의 정도는 비교적 높은 반면 대응수단은 그 공격을 지연시킬 정도의 수준을 가리킨다.

표 16-9 | 정성적 평가 방식의 예

피해의 크기 / 발생 가능성	low	medium	high	extreme
low	low	low	medium	high
medium	low	medium	high	extreme
high	medium	high	extreme	extreme

6단계 – 리스크의 영향도 분석(Impact Analysis)

이 단계에서는 위협이 취약점을 악용해 실질적인 피해를 입혔을 때 그 피해가 기업에 어떤 부정적인 영향을 초래할 수 있는가를 결정한다. 보안사고의 부정적 영향은 기밀성, 무결성, 가용성 손실 등 세 가지 보안목표의 손실 또는 감소로 표현될 수 있다. 이러한 부정적 영향의 정도를 계량화하기 위해서는 먼저 분석대상 정보자산들의 가치가 얼마나 되는가를 파악할 필요가 있다. 자산의 가치를 분석하는 일은 리스크수준 평가단계에서 가장 핵심적인 부분 중의 하나이며, 리스크의 크기나 취약점의 심각성 여부도 결국 자산이 가지는 가치에 의해 결정된다.

자산의 가치를 분석하는 단계에서는 구체적으로 다음과 같은 관점에서 분석을 수행한다.

- 보안측면에서의 자산가치 평가
- 경제적 측면에서의 자산가치 평가
- 비즈니스에 미치는 영향정도에 의한 자산가치 평가

① 보안측면에서의 자산가치 평가

자산의 가치를 보안측면에서 평가할 때는 다음과 같은 부분을 고려한다.

- 자산이 복수의 보안요구사항을 가지는 경우 대부분 그 자산은 상대적 또는 절대적으로 더 높은 가치를 가진다.
- 자산 침해의 결과가 가지는 영향력의 파급정도가 더 큰 경우 그 자산은 더 높은 가치를 가진다.

예를 들어 기업에 관한 금융거래정보는 같은 무결성의 보안요구조건을 가지더라도 연구개발 결과에 비해 침해 시 파급효과가 더 클 수 있다. 자산에 대한 보안요구 등급은 〈표 16-10〉과 같이 나누어 볼 수 있다.

표 16-10 | 보안측면에서의 자산가치등급 분류

등급	정도	요구정도에 대한 설명
1	extreme	기밀성, 무결성, 가용성의 최상등급을 요구하는 경우로 자산에 대한 침해 발생 시 대규모 사고로 이어지거나 대중적 파급효과를 가지는 경우
2	very high	기밀성, 무결성, 가용성의 차상위등급을 요구하는 경우로 한두 가지 정도의 자산이 침해를 받을 시 심각한 정보유출 사고로 이어지거나 그 영향의 대중적 파급효과가 있을 수 있는 경우
3	high	정보자산의 침해가 민감한 정보를 유출시키며 법을 위반하는 행위가 있는 경우
4	medium	기업의 규정을 위반하거나 법을 위반할 소지가 있는 행위로 연결될 수 있는 경우
5	low	보안사고의 결과가 중요하지 않은 정보유출로 이어지는 경우
6	negligible	자산이 공개된 정보이거나 정보보호 측면에서 기업에 중요하지 않은 경우

② 경제적 측면에서의 자산가치 평가

자산의 경제적 측면에서의 가치평가는 다음과 같은 요소들을 고려하며 일반적으로 다음의 비용들이 클 때 그 자산은 경제적으로 중요도가 높다고 할 수 있다.

- 사고발생 시 정보자산의 복구나 대체에 드는 비용
- 규정이나 법 위반 시 벌금이나 과징금의 규모
- 해당 자산에 대한 접근이나 사용 시 필요한 비용
- 해당 자산의 설치, 운영, 유지, 보수를 위한 시간적 비용
- 사고발생 시 해당 자산으로 인해 발생하는 생산성 감소 및 업무지연 정도

경제적 측면에서의 자산가치등급은 〈표 16-11〉과 같이 나누어 볼 수 있다.

표 16-11 | 경제적 측면에서의 자산가치등급

등급	정도	가치정도에 대한 설명
6	extreme	자산에 대한 손실이 기업이 파산에 이를 수 있을 정도로 심각한 경우
5	very high	자산에 대한 손실이 기업에 상당한 금융적 부담이 될 경우
4	high	대체나 복구에 상당한 비용이 들 경우
3	medium	대체나 복구에 드는 비용을 예산의 항목 전환을 통해 마련할 수 있는 경우
2	low	기업에 낮은 금전적 부담이 되는 경우
1	negligible	금전적 가치가 없는 경우

③ 비즈니스에 미치는 영향정도에 의한 자산가치 평가

자산의 가치를 비즈니스에 미치는 영향도를 기준으로 평가할 때 다음 사항들을 고려한다.

- 자산에 대한 침해가 고객의 이탈이나 투자자들의 신뢰에 미치는 영향정도

표 16-12 | 비즈니스에 미치는 영향정도에 따른 자산가치등급

등급	정도	영향정도에 대한 설명
6	extreme	이 등급의 자산 없이는 기업이 비즈니스를 할 수 없는 경우에 해당. 즉, 사고발생 시 기업의 중요한 비즈니스가 즉각적으로 중단되는 정도의 심각한 지장을 초래하는 경우
5	very high	기업의 중대한 서비스를 수행하는 자산으로서, 지장을 받을 시 중요 서비스의 중단이나 다른 서비스들에 지장을 주는 경우
4	high	여러 서비스를 지원하는 자산으로서, 지장을 받을 시 중요 서비스의 중단이나 다른 서비스들에 지장을 줄 가능성이 있는 경우
3	medium	다수의 고객과 관련되는 서비스를 지원하는 자산으로서, 지장을 받을 시 중요 서비스가 지연될 수 있는 경우
2	low	보조 서비스를 지원하는 자산으로서, 사고 시 경미한 지장이 있는 경우
1	negligible	비즈니스에 지장을 초래하지 않는 경우

- 타사에 대한 경쟁력에 미치는 영향정도
- 자산의 상호 연계성으로 인한 타 서비스에 대한 영향정도
- 서비스 중단이나 지연으로 직접 영향을 받는 고객비율의 정도

④ 자산 총가치 평가

상기 세 가지 측면에서의 자산가치 평가를 수행한 후 이들 결과를 종합하여 자산에 대한 총가치를 평가한다. 궁극적으로 총가치를 결정하는 데 세 가지 측면의 결과를 반영하는 방법은 기업의 여건에 따라 주관적으로 가중치를 고려하여 결정할 수 있다. 많은 경우에 세 가지 평가결과가 상이하게 나오더라도 가장 높은 결과를 따라가는 경향이 있다. 예를 들어, 비록 경제적인 측면에서는 낮은 등급이 얻어지더라도 보안성 측면에서 높은 수준을 요구하는 자산이라면 총가치 평가에서도 높은 수준을 유지하는 것이 좋다. 가중치를 부여할 시 각 기업은 최종적으로 리스크가 기업에 미치는 영향의 정도를 다음 요소들을 중심으로 종합적으로 판단하여 결정한다.

- 시스템의 임무 및 목표
- 시스템 및 데이터의 중요성
- 시스템 및 데이터의 민감도

표 16-13 | 자산의 총가치 평가를 위한 수준별 등급

등급	정도	수준에 대한 설명
6	extreme	해당 기업이 부여할 수 있는 최고등급의 자산가치 수준으로서, 이 자산에 침해가 발생할 시 인명피해, 서비스의 즉각적 중단 또는 금융적 파산, 주가폭락 등의 결과를 초래할 수 있음.
5	very high	중요 기능을 담당하는 자산으로서, 침해발생 시 중대한 금전적 · 보안적 · 인명적 손실을 초래할 수 있음. 전국적 언론매체에 보도되는 수준.
4	high	보안요구 수준이 높거나 고객들의 관심이 높은 자산형태로 사고발생 시 상당한 손실을 가져오거나 명성에 악영향을 끼칠 수 있음. 지역 매체에 보도됨.
3	medium	보통 수준의 자산가치를 지니는 경우로, 사고발생 시 기업의 비즈니스를 지연시킬 수 있음. 파급효과가 기업 내로 국한됨.
2	low	비교적 낮은 금전적 가치를 지니는 자산형태로 사고발생 시 비즈니스에 미치는 영향 적음. 파급효과가 팀이나 부서 내로 국한됨.
1	negligible	별로 중요하지 않은 자산으로 다른 대안을 쉽게 찾을 수 있고 보안 요구 수준도 낮음. 파급효과가 해당 프로젝트 내로 국한됨.

자산에 대한 총가치는 〈표 16-13〉에서 보는 바와 같은 수준에 따라 나누어 볼 수 있으며 단계별 등급의 분류는 보안사고 영향의 정도를 정량적으로 표시할 수 있다. 정량적 방법에서는 자산의 가치가 금액으로 평가되고 위협은 연간발생횟수로 평가되고 취약성은 백분율(%)로 평가된다. 따라서 자산 *A*에 대한 위협 *T*가 연간 발생시킬 수 있는 예상손실은 다음과 같다.

$$\text{연간예상손실}(A,\ T) = \text{자산 } A\text{의 가치(원)} \times \text{위협 } T\text{의 연간발생횟수} \times T\text{에 대한 } A\text{의 취약성(\%)}$$

이러한 자산의 총자산가치는 최종적으로 〈표 16-14〉와 같이 나타낼 수 있다.

표 16-14 | 자산평가표 양식

자산의 종류		보안상 가치	금전적 가치	비즈니스에 미치는 영향에 따른 가치	총 가치
정보자산 A	매체1	$$	$$	$$	$$
	매체1	$$	$$	$$	$$
자산 B	…	…	…	…	…

7단계 - 리스크 결정(Risk Determination)

리스크 결정은 앞의 여러 단계에서 얻어진 결과물들을 실질적으로 종합하는 단계이며, IT 시스템에 대한 리스크들을 구분하고 그 심각도를 최종적으로 결정하는 것이다.

리스크 결정은 세 가지 주요 단계, 즉 자산평가, 리스크 식별 및 취약점 분석에서 얻은 결과를 활용한다. 즉 리스크와 취약점 쌍을 각 자산별로 결합시켜 어떤 자산이 얼마만큼 리스크를 가지는지를 개별적으로 예측한다. 이러한 방법으로 예측된 리스크수준은 절대적인 값을 가질 수도 있고 리스크들 사이의 상대적인 값으로만 얻어질 수 있다. 특정 자산과 관련된 리스크-취약점을 고려한 최종적인 리스크의 종류 및 리스크수준의 결정은 다음과 같은 변수들의 함수로 표현될 수 있다.

- Risk = f(순자산 가치(value of assets), 위협가능성(likelihood of threats), 취약점을 이용한 위협개발용이(ease of exploitation of the vulnerabilities by the threat), 통제수단(existing safeguard)
- 리스크수준(level of risk) = 위협 발생빈도(Frequency)×취약점의 심각도 수준(Severity)

• 특정 위협원이 주어진 취약점을 이용하기 위해 공격을 시도할 가능성

- 위협원이 취약점을 성공적으로 악용했을 경우 그 영향의 크기
- 리스크를 감소 또는 제거하기 위해 계획되거나 존재하는 보안 대응수단들의 적정성

8단계 – 대응책 권고(Control Recommendation)

리스크 결정 단계의 결과물로 리스크에 대한 식별이 이루어지고 심각도에 따른 우선순위가 결정되면 이 리스크들을 제거 또는 완화시킬 수 있는 대응책을 마련해야 한다. 대응책은 시스템에 대한 통제수단일 수도 있고 기존의 시스템을 대체할 수 있는 다른 보안 시스템이 될 수도 있다. 리스크에 대한 대응책을 권고할 시 다음 요소들을 고려한다.

- 권고된 대응책의 유용성
- 관련법과 규정
- 해당 기업의 정책
- 운영 시 파급효과
- 안전성과 신뢰

9단계 – 보고서 작성(Results Documentation)

상기의 모든 과정이 완료되면 리스크수준 평가에 대한 결과를 보고서 형태로 작성하게 된다. 이 보고서는 기업의 소유주나 경영진과 같은 결정권자들이 정책, 예산, 경영 방침 등을 수립하는 데 참고할 수 있도록 작성되어야 한다. 이는 기업이 안고 있는 리스크를 지적하여 결정권자들이 그에 대한 대응방안을 모색할 수 있게끔 체계적이고 논리적으로 작성되어야 한다.

6. 리스크수준 완화의 절차

모든 리스크를 제거하는 것은 실제로 불가능한 일이다. 그러므로 리스크 관리에서의 두 번째 과정은 앞에서 수행한 리스크수준 평가 결과에 대응하여 리스크수준을 완화(Risk Mitigation)시킬 수 있는 대책을 마련하는 것이다. 리스크 완화의 목표는 최고 경영층과 비즈니스 매니저들이 조직과 기관의 자원으로 최소의 비용과 가장 적절한 통제를 적용하여 리스크를 적절한 수준으로 낮추고, 위협의 영향을 최소화하는 것이다. 실제로 대응수단에 대한 구현은 다음과 같은 절차에 의해 진행된다.

1) 리스크 완화를 위한 대안 수집대응방안 마련절차

리스크 완화는 최고경영층이 경영목표 실패 리스크를 줄이기 위해 채택하는 체계적인 방법론으로 다음과 같은 리스크 완화 대안들이 있다.

- 리스크 수용 : 현재의 위험수준에서 IT시스템을 그대로 운영하거나 위험을 수용 가능한 수준으로 낮추는 방안
- 리스크 회피 : 리스크의 근본요인을 제거하는 방법(예: 시스템 내에 리스크가 존재하는 일부 기능을 중지시킴)
- 리스크의 영향 제한 : 위협의 부정적 영향을 최소화하는 방안
- 리스크 관리 계획 : 체계적인 리스크 완화를 위하여 우선순위 선정, 리스크 통제수단의 설치 및 운영 등에 대한 계획을 수립 · 시행
- 확인 및 개선 : 시스템에 취약성 및 결점이 있음을 확인하고 동 취약성을 보완하기 위한 통제방안을 연구, 적용
- 리스크의 전가 : 보험상품 구매 등을 통해 손실을 외부로 전가시킴
- 리스크 완화 대안의 선택은 각 조직의 독특한 환경 및 경영목표를 고려하여야 하며 조직 목표 달성에 가장 치명적인 영향을 미치는 리스크에 대해 우선순위를 두어 대안을 선택

2) 리스크 완화 전략

잠재 리스크 및 적합한 리스크 통제수단에 대한 정보를 충분히 가지고 있을 경우 리스크

그림 16-12 ❙ 리스크 완화 전략의 개요

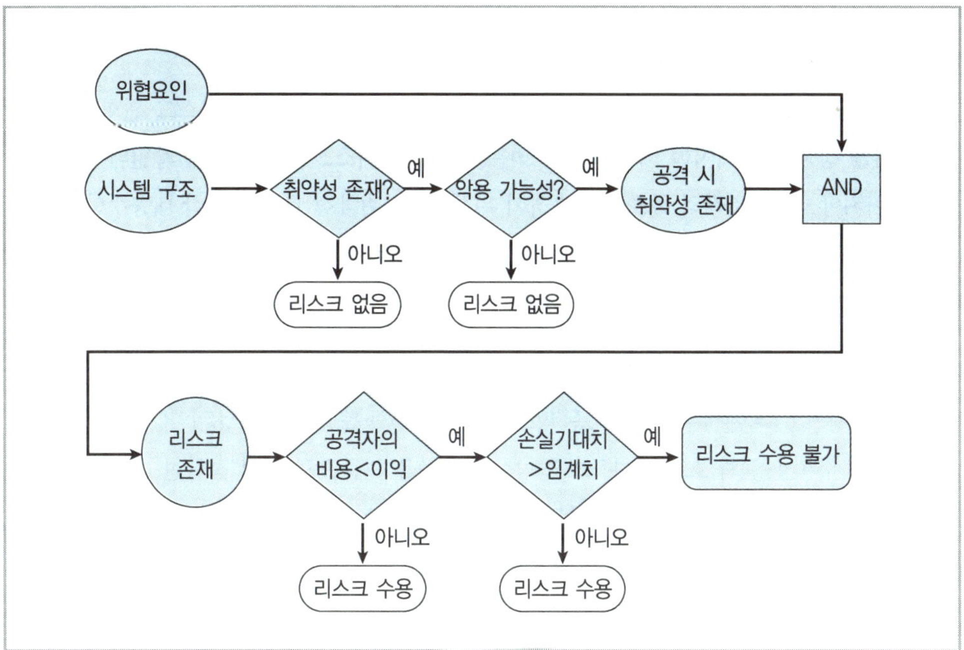

자료 : NIST, "Risk Management Guide for Information Technology Systems"(2002).

통제수단을 언제, 어떤 환경에 적용할 것인가를 판단하기 위한 과정으로 앞의 [그림 16-12]에서와 같이 전략적인 방법으로 리스크 완화방안을 적용할 수 있다.

위와 같은 리스크 완화 전략들은 경험으로부터 명료화되며, 악의적인 공격자가 조직에 위협을 가할 때의 리스크 수준 완화 방안을 제공하는데, 그 내용은 다음과 같다.

- 취약성이 존재할 경우 : 취약성이 실제 시스템에 대한 공격으로 이어질 가능성을 줄이기 위한 보증기술을 시행
- 취약성이 실제 시스템에 대한 공격으로 연결될 가능성이 있을 경우 : 리스크 완화 및 사고의 발생의 예방을 위한 계층화 보호, 체계적 디자인, 그리고 관리적 통제방안을 강구
- 공격자의 비용이 잠재적 공격 이익보다 작을 경우 : 공격자의 비용증대(예 : 시스템에 사용자의 권한을 대폭 제한하는 시스템 통제방안의 시행)를 통한 공격자의 동기감소
- 공격자로 인한 부정적 영향이 클 경우 : 보안설계 원칙을 체계적으로 수립하고, 공격의 범위를 제한할 수 있는 기술적 · 비기술적 보호수단을 강구 및 시행한다.

3) 리스크 완화방안 구현 시 접근방법

타 관리 필요 우선순위가 높은 리스크에 대하여 최소한의 비용과 경영목표 수행역량에 대한 최소한의 영향으로 충분한 리스크 완화효과를 나타낼 수 있도록 하기 위한 과정이며 다음의 [그림 16-13]과 같은 절차를 따른다.

1단계 – 우선순위 선정(Prioritize Actions)

리스크 평가 보고서에 나타난 리스크수준에 따라서 적용되어야 할 리스크 완화방안들의 우선순위를 정하는 단계이며 최고의 리스크수준에 대한 리스크 완화방안에 자원배분의 우선권이 주어져야 하며, 조직의 목표를 보호하기 위해 위협-취약점 쌍들에 대한 대응수단이 갖춰져야 한다. 이 단계를 거치고 나면 높은 수준의 리스크부터 낮은 수준의 리스크까지 대응에 관한 결과물이 나타나게 된다.

2단계 – 리스크 통제수단의 평가(Evaluate Recommended Control Options)

리스크 평가 단계에서 추천된 각종 리스크 통제수단들을 실행가능성(기존 시스템과의 호환성, 사용자의 수용성 등)과 효과성(리스크 완화의 정도 등)을 기준으로 가장 적합한 대안을 선정하기 위한 과정이다. 이 단계를 거치고 나면 실현 가능한 리스크 통제수단에 대한 리스트가 산출된다.

3단계 – 비용편익 분석(Cost-Benefit Analysis)

동일한 효과의 대안들 중에서 비용면에서 가장 효과적인 대안을 선택하기 위한 과정이다.

그림 16-13 | NIST 권고안에서 제시한 리스크수준 완화를 위한 대응수단 결정과정

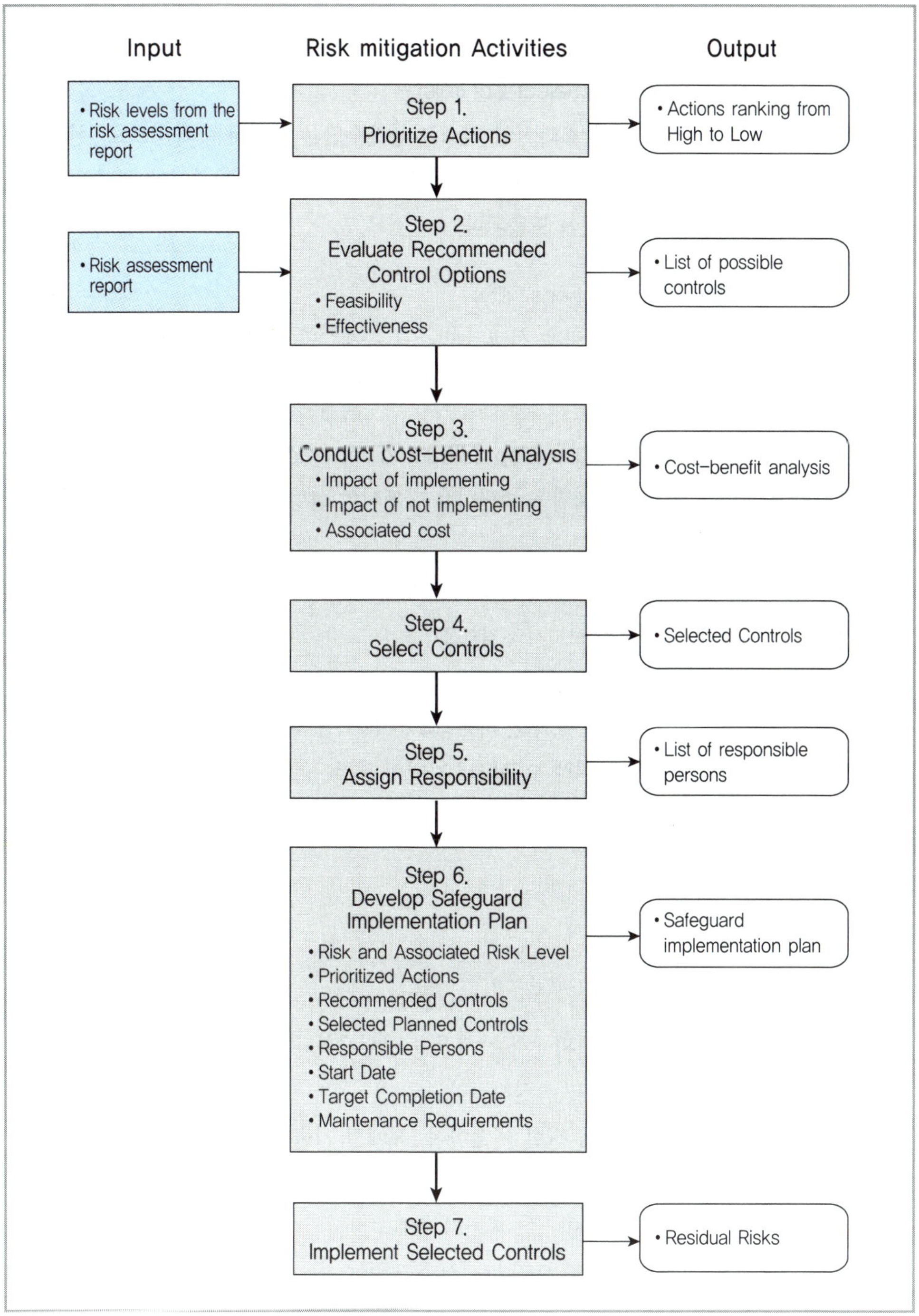

이 단계를 거치고 나면 적용된 통제대안에 대해 비용-편익분석으로 산출된 비용-편익에 대한 결과물이 산출된다.

4단계 - 리스크 통제수단의 선택(Select Controls)

비용성과 분석을 기초로 가장 효과적인 리스크 통제수단을 선택하는 과정으로, 선택되는 리스크 통제수단에는 기술적 · 운영적 · 관리적 통제요소들이 모두 포함되어야 한다. 이 단계를 거치게 되면 선택된 통제수단들이 도출된다.

5단계 - 책임의 배정(Assign Responsibility)

충분한 경험과 기술을 갖춘 인력을 선택된 리스크 통제수단의 관리책임자로 배정한다. 이 단계를 거치고 나면 리스크 통제수단의 관리책임자 리스트가 산출된다.

6단계 - 보안대책 적용계획 수립(Develop Safeguard Implementation Plan)

통제방안에 대한 구체적 실행계획을 수립하는 단계이며 실행계획은 다음의 요소들을 포함하여야 한다.

- 리스크(취약성 및 위협의 조합) 및 관련 리스크의 수준
- 제안된 통제방안(리스크 평가보고서의 결과물)
- 통제방안의 우선순위
- 선택된 통제방안(실행 가능성, 효과성, 비용성과 분석결과를 토대로 결정됨)
- 선택된 통제방안의 실행을 위해 요구되는 자원의 종류
- 책임 스태프와 팀의 배정
- 실행 개시일
- 실행 완료일
- 유지보수 요구사항 등

적용된 보안대책의 통제수단계획에서는 시작된 실행계획과 프로젝트에 대한 우선순위를 구함으로써 리스크 완화 프로세스를 촉진시킨다.

〈표 16-15〉는 통제수단계획에 관한 예제이며, 표에서 기술한 통제방안 실행계획의 구성요소들에 대한 산출방법은 다음과 같다.

(1) 리스크(위협-취약점 조합)는 리스크 평가단계에서 산출된다.

(2) 리스크수준은 리스크 평가단계로부터 산출된 리스크(위협-취약점 조합)로부터 산출된다.

(3) 제안된 통제방안은 리스크 평가단계에서 도출된다.

표 16-15 | 통제수단계획에 관한 예제

(1) 리스크 (위협-취약점 조합)	(2) 리스크 수준	(3) 제안된 통제방안	(4) 통제 방안의 우선순위	(5) 선택된 통제방안	(6) 요구되는 자원의 종류	(7) 책임 스태프와 팀의 배정	(8) 실행 개시일 & 실행 완료일	(9) 유지보수 및 요구사항
인증되지 않은 사용자들이 XYZ서버에 접속이 가능하고 민감한 회사 정보를 guest ID로 조회할 수 있다.	높음	- 인증되지 않은 사용자는 원격접속 프로그램 접근방지 - 외부에서 회사 피일에 관한 접근방지 - guest ID를 사용 못하게 하거나 또는 할당된 패스워드의 추측을 어렵게 함.	높음	- 인증되지 않은 사용자는 원격접속 프로그램 접근방지 - 외부에서 회사 파일에 관한 접근방지 - guest ID 사용불가	10시간 정도의 재설정시간과 시스템 테스트	김×× 시스템서버 관리자 강×× 회사 방화벽 관리자	2010.12.01. 부터 2010.12.02. 까지	- 주기적인 시스템 보안 검토와 XYZ서버에 적용된 보안 요소가 제대로 작동되고 있는지에 대한 테스트가 필요.

(4) 통제방안의 우선순위는 리스크수준과 가용할 수 있는 자원(펀드, 인력,기술 등)들에 대한 기반으로 산출된다.

(5) 선택된 통제방안들은 제안된 통제방안으로부터 산출된다.

(6) 요구되는 자원의 종류는 선택된 통제방안들로부터 산출된다.

(7) 책임스태프와 팀의 배정은 새로운 통제방안 또는 기존의 통제방안을 강화한 것을 기반으로 하여 이루어진다.

(8) 실행 개시일 및 실행 완료일은 새로운 통제방안 또는 기존의 통제방안을 강화한 것을 기반으로 이루어진다.

(9) 유지보수 및 요구사항 또한 새로운 통제방안 또는 기존의 통제방안을 강화한 것을 기반으로 이루어진다.

7단계 – 통제방안 실행(Implement Selected Controls)

리스크 통제수단이 구축, 실행되어 리스크의 수준을 낮추지만, 관리되지 않은 리스크는 잔여 리스크로 남게 된다.

4) 리스크 통제수단의 범주

3가지 범주(기술적, 관리적, 운영적)의 리스크 통제수단을 단독으로 혹은 적절히 조합하여 적용함으로써 리스크 관리를 보다 효과적으로 수행할 수 있으며 다음은 리스크 통제수단의 3가지 범주에 대한 설명이다.

(1) 기술적 리스크 통제수단

하드웨어, 소프트웨어 등과 같은 기술적인 요소를 기반으로 리스크를 완화하는 리스크 통제수단으로 그 기능의 유형에 따라 다음의 3가지로 다시 상세분류가 가능하다.

• 일반적 기능

가장 기본적인 기술적 보안기능으로 다른 보안통제수단에서도 폭넓게 적용됨.

- 신분확인 : 사용자, 프로세스 및 정보소스의 유일성을 확인하는 기능으로 여타 보안통제수단에 적용되기 위해서는 사용주체와 객체 모두 확인 가능하여야 함.
- 암호화 키 관리 : 암호화 생성, 배포, 저장 및 유지보수 등의 관리업무 기능이며 암호화키는 여타 보안통제수단에 다양하게 활용됨.
- 보안특성 관리 : 운영환경 변화 등에 따른 보안요구사항 변화에 적절히 대응하기 위하여 시스템의 보안특성을 상황에 따라 조절할 수 있는 기능을 말하며 OS나 응용 프로그램에 보안특성 관리기능을 내장하여 사용할 수 있음.
- 시스템 구현 시의 보안대책 : IT시스템 구현 시 디자인 및 구현방법 등으로 시스템을 보호하기 위한 방안으로 객체 재사용, 최소권한 설정, 프로세스의 분리, 시스템의 모듈화, 보안계층화, 인증분야 최소화 등의 예가 있음.

• 침입차단 기능

불법적 침입을 방지하기 위한 기능으로 다음과 같은 방법이 있다.

- 인증 : 시스템 사용주체의 신원을 확인하고 요구작업을 승인하는 방법으로 패스워드 및 다양한 인증수단(예 : 토큰, 스마트 카드, 디지털 인증서 등)을 활용함.
- 권한부여 : 사용자로 하여금 시스템에 허용된 범위 내에서만 작업을 가능하게 하는 방법
- 접근통제 강화 : 데이터의 무결성과 기밀성 보장을 위해 시스템 접근을 통제하는 방법 (예 : 강제적 접근제어의 수준 결정, 임의적 접근제어 시 파일 접근허용 기준의 결정, 역할 및 지위에 따른 접근수준의 결정 등)

- 부인방지 : 정보의 송신자가 송신사실을 부인하거나 정보수신자가 수신사실을 부인할 수 없도록 하는 시스템의 기능을 말함(예 : 시스템 사용자의 디지털 인증서에 포함되는 개인키 암호가 오직 개인만 알 수 있도록 할 경우 시스템의 부인방지가 가능)
- 커뮤니케이션의 보호 : 가상사설망, 인터넷 프로토콜 시큐리티(IPSEC)와 같은 암호화 방법을 통한 네트워크 침입위협이 완화되는 방법
- 개인정보 보호 : 개인정보를 보호해 주는 기능으로 SSL(Secure Socket Layer), Secure Shell 등과 같은 수단이 있음.

• 탐지 및 복구 기능
- 침해시도를 탐지하고 손실된 컴퓨터 자료를 복구하는 기능으로 사후적 보안기능을 제공하고 있으므로 다른 보안통제수단의 보조적 수단으로 활용됨.
- 침입 탐지 및 봉쇄 : 네트워크 침입 및 네트워크 내 의심행동에 대한 탐지 및 봉쇄 기능 제공
- 사용기록 검증 : 사용기록 검증은 시스템의 무결성 여부 및 불규칙적 현상을 분석하여 잠재위협 및 리스크 노출정도를 식별할 수 있는 기능으로 침해를 방어하지는 못하지만 침해사실을 확인하고 필요한 보안대책을 찾아내는 데 도움을 줌.
- 시스템 복구 : 침해사건 발생 이후, 시스템을 이전 상태로의 복구를 지원
- 바이러스 탐지 및 제거 : 바이러스 탐지 및 제거 프로그램을 설치하여 시스템과 데이터의 무결성을 확보

(2) 관리적 리스크 통제수단

관리적 리스크 통제수단은 정보보호 규정, 가이드라인, 관리표준 등의 규정에 초점을 두며 침해예방, 불법행위 탐지, 시스템 복구 지원 등의 기능이 있다.

• 침해 예방기능

다음의 통제방안을 통해 침해를 미연에 예방할 수 있다.
- 보안책임의 합리적인 배정
- 시스템 보안계획의 개발과 유지
- 내부자에 대한 리스크 통제수단 수립 · 실시(예 : 책임의 분리, 최소권한의 부여, 사용자 컴퓨터 접근권한의 등록 및 말소 확인)
- 최종사용자와 시스템 관리자들에 대한 보안인식교육과 보안기술교육 강화

• 불법행위 탐지

다음과 같은 통제방안을 통해 불법행위를 탐지할 수 있다.
- 보직순환, 신원조회 등의 조치를 통한 인원 보안

- 정기적인 리스크 통제수단의 재검토
- 정기적인 시스템 감사의 수행
- 리스크 평가 및 완화를 위한 지속적 리스크 관리 수행
- IT시스템의 잔여 리스크 관리 및 수용에 대한 승인

• 시스템 복구 지원

다음의 보안통제수단을 통해 재해발생 등 유사 시 시스템 복구를 지원할 수 있음

- 유사 시 지속적인 시스템 운영을 위한 비상대책의 개발 및 유지
- 유사 시 신속히 사고를 인지, 보고, 대응할 수 있는 사고대응능력의 배양

(3) 운영적 리스크 통제수단

운영적 리스크 통제수단은 잠재적 위협요소가 사고로 연결될 수 있도록 허용하는 시스템 운영측면의 결점을 발견하고 정정하는 데 목적이 있으며 침해예방 및 불법행위 탐지 기능이 있다.

• 침해예방 기능

다음의 통제방안을 통해 미연에 예방할 수 있다.

- 데이터 접근 및 처분에 대한 통제(예 : 물리적 접근 통제)
- 데이터 외부 유포의 제한(예 : 보안등급 레이블링)
- 소프트웨어 바이러스 통제
- 컴퓨터 장비에 대한 보안 강화(예 : 경비원, 방문객 통제강화, 전자배지시스템, 인체측정을 통한 접근통제, 열쇠 및 자물쇠의 관리 및 배포)
- 허브와 케이블에 대한 보안장치 강화
- 백업능력의 제공(예 : 데이터와 시스템에 대한 정기적인 백업, 다양한 복구 시나리오에 사용될 수 있도록 모든 데이터베이스의 변화를 로그 저장함)
- 화재로부터 IT자산의 보호
- 비상 시 전력원의 공급
- 컴퓨터 설비의 온도와 습도의 통제

• 불법행위 탐지

다음과 같은 통제방안을 통해 불법행위를 탐지할 수 있다.

- 물리적 보안환경의 제공(예 : 움직임 탐지, 폐쇄TV회로 감시, 센서와 알람)
- 환경측면의 보안 확보(예 : 연기 및 화재 탐지기, 센서와 알람)

5) 비용-편익 분석

적용 가능한 모든 보안통제수단들에 대해서 실현 가능성과 효과성을 평가하고, 최종적으로 조직의 환경에 가장 적합한 보안통제수단을 선택하기 위하여 비용-편익 분석을 수행하고 새로운 보안통제수단에 대한 비용-편익 분석에서는 다음의 사항을 고려하여야 한다.

- 새로운 통제수단을 구현할 경우 그 영향
- 통제방안을 구현하지 않을 경우 그 영향
- 시스템과 데이터의 중요성에 비추어 실행비용과 이익을 분석 · 비교
- 통제방안의 비용 추정
  - 하드웨어 및 소프트웨어 구매비용
  - 보안성의 증대로 인해 시스템 성능이 감소할 경우 그 성능의 기회비용
  - 부가적인 규정과 절차 시행에 드는 비용
  - 새로운 규정, 절차, 서비스를 시행하는 데 필요한 추가인력의 고용비용
  - 훈련비용
  - 유지보수비용

이외에도 비용-편익 분석결과에 따라 다음과 같은 의사결정이 요구된다.

- 통제방안의 도입으로 리스크수준이 예상보다 더 많이 감소될 경우, 비용이 보다 더 저렴한 대안이 없는지 고려
- 통제방안의 도입비용이 리스크 감소비용보다 높을 경우, 다른 대안을 고려
- 통제방안이 리스크를 충분히 감소시키지 못할 경우, 다른 통제방안 도입을 고려

비용-편익 분석에 있어서 통제방안의 실행에 따른 비용측정은 실체적이고, 통제방안 미실시에 따른 피해비용 측정은 추상적이므로 이에 대한 최고경영진의 의사결정이 매우 중요하다. 여기에 따른 비용-편익 분석의 예제는 아래와 같다.

- 비용-편익 분석 예제 : A 시스템은 조직의 임무수행에 필수적이고 민감한 직원들의 개인정보에 관한 프로세스를 수행하고 데이터를 저장하고 있다. 하지만 A 시스템에서는 감사(auditing)시스템 작업이 가능하지 않다. 비용-편익 분석에서는 A 시스템이 감사시스템을 적용했을 때 또는 하지 않았을 때에 대한 A 시스템의 검정을 하게 된다.

위와 같은 사례에 대한 비용-편익 분석에 대해 다음의 (1)과 (2)는 부형적(intangible) 영향에 초점을 두어 새로운 통제 구현에 대해 기술하고, (3)은 유형적(tangible)인 것에 초점을 두어

기술한다.

(1) A 시스템에 감사시스템이 적용되었을 때

A 시스템에 감사시스템이 구현이 되게 된다면, 시스템 보안 관리자가 일반 사용자들의 시스템 활동들을 모니터링할 수 있어 보안적인 측면이 강화되지만, 감사작업에 따른 조직의 자원을 더 필요로 하게 되고, 감사작업으로 인해 시스템의 속도도 느려져서 일반 사용자들의 생산성에 영향을 끼치게 된다.

(2) A 시스템에 감사시스템이 적용되지 않았을 때

일반 사용자 시스템의 활동과 기타 부정행위 등에 관한 것을 모니터링하고 추적할 수 없다. 이러한 이유로 인해 조직의 기밀정보에 대한 보안수준을 최대로 높일 수 없게 된다.

(3) A 시스템에 감사시스템이 적용되었을 경우의 비용 견적

A 시스템의 감사시스템 구현 요소에 따른 비용 견적은 〈표 16-16〉처럼 표현된다.

표 16-16 | 감사시스템 구현 요소에 따른 비용 견적

감사시스템 구현 요소	비용
감사시스템을 적용하지 않았을 경우	0
매년 보안 직원이 감사시스템의 검토와 저장을 하는 경우	××, ×××
감사시스템 설정 및 보고서 생성을 하는 훈련을 하는 경우	×, ×××
감사시스템 소프트웨어를 설치하는 경우	×, ×××
매년 감사데이터 유지보수(저장, 보고서) 하는 경우	×, ×××
총 견적 비용	××, ×××

조직의 매니저들은 얼마만큼의 리스크를 수용할 수 있는지 결정해야 한다. 조직에 통제가 적용되었을 때와 안 되었을 때의 영향에 대해 평가를 한 후, 조직이 리스크수준의 범위를 결정해야 한다. 리스크수준의 범위는 조직마다 매우 다양하게 나타나게 되므로, 아래와 같은 사항들을 준수하면서 새로운 통제방안들을 결정해야 한다.

- 통제수단이 예상보다 많은 리스크를 줄여준다면, 좀 더 비용이 저렴한 대안들을 생각해 본다.
- 만약 통제수단이 리스크를 줄이는 것에 비해 많은 비용을 필요로 한다면, 다른 대안을 생각해 본다.
- 만약 통제수단이 충분히 리스크를 줄이지 못한다면, 다른 통제방안을 고려해 본다.

- 만약 통제수단이 충분히 리스크를 줄이고 비용도 적절하다면, 이 통제방안을 적용한다.

6) 잔여 리스크 관리

조직은 사고 발생을 줄이거나 영향을 최소화하기 위해 새로운 또는 강화된 통제수단을 적용하는데, 이로 인하여 다방면으로의 잔여 리스크가 생성된다. [그림 16-14]에서는 통제수단의 구현과 잔여 리스크에 관한 상관관계를 나타내고 있다.

그림 16-14 | 보안통제수단과 잔여 리스크의 상관관계

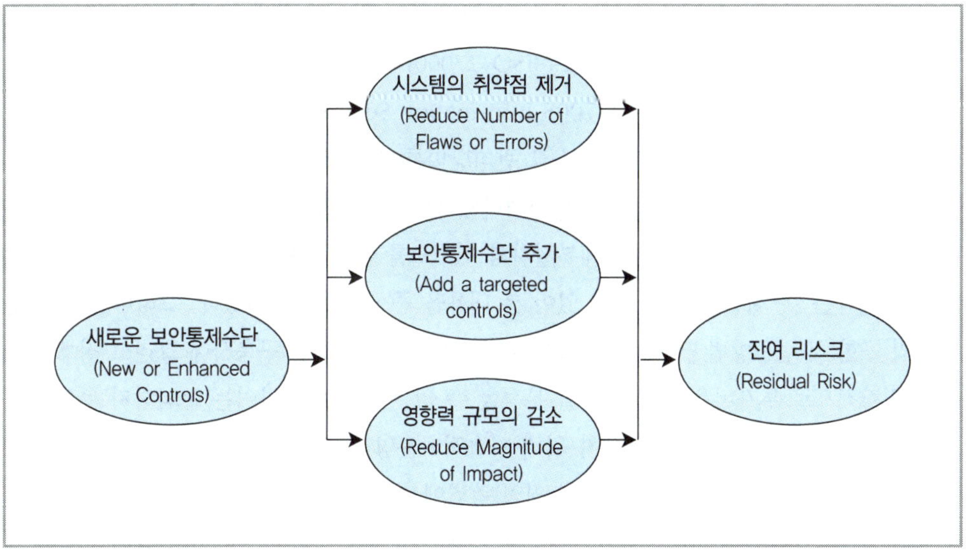

자료 : NIST, "Risk Management Guide for Information Technology Systems"(2002).

새로운 보안통제수단 또는 통제수단을 강화하여 리스크를 완화시키는 방법은 다음과 같다.

- 시스템의 취약점 제거를 통하여 위협-취약점 쌍의 수를 줄여나감.
- 위협원의 수용 및 유발을 억제시키기 위한 특정 통제수단을 추가

예로, 민감한 정보들이 저장되어 있는 특정 PC가 있다면 보안 소프트웨어를 설치하고, 여기에 추가적으로 특정 공간에서만 사용할 수 있게 하는 물리적 보안을 적용한다면, 더욱더 PC에 있는 민감한 정보들에 대한 접근이 어렵게 되어 안전하게 보관된다.

- 조직에 위협이 될 수 있는 규모를 줄인다.

조직의 최고경영층은 IT 자산 및 임무에 대한 보호와, 지속적으로 운영할 의무가 있다. 그러므로 최고경영층은 새로운 보안통제수단이 적용된 이후에 관리되지 않고 남아 있는 잔여 리스크에 대해 정기적(미 표준 및 기술위원회는 최소한 3년 이내를 권고)으로 관리하여 시스템 운영

환경에 변화가 있거나 수용 가능한 리스크의 범위를 넘어서는지를 관찰하여야 하며 이를 위한 절차가 마련되어 있어야 한다. 잔여 리스크 측정 결과 수용 가능한 기준을 넘는 경우 앞 단계의 리스크 관리 사이클을 잔여 리스크에 적용하여 수용 가능한 리스크 수준으로 낮춰야 한다.

7. 정보보호 리스크 관리의 향후 연구과제

정보보호의 목표를 달성하기 위한 관리방안 및 계획수립을 위해 정보보호 아키텍처의 정립은 불확실한 미래의 각종 정보관련 리스크 대책마련에 긴요하다. 이에 많은 국가들이 대응책 마련에 노력하였는데 이중 영국표준협회의 BS 7799와 미국국립표준기술연구소(NIST)의 권고안이 정보보호 관리시스템 국제표준(ISO 27000)체제로의 이행에 큰 기여를 하였다. 특히, 정보보호 리스크 관리는 "ISO 27005 Information Security Risk Management"로서 미국 NIST 권고안 중심의 정보보호 리스크 관리방법론(Methodology for Information Security Risk Management)인데 이를 중심으로 소개하였다. 이의 내용을 대별하면 리스크 수준평가(Risk Assessment)를 위한 9단계의 세부절차와 리스크를 완화(Risk Mitigation)시킬 수 있는 대책을 마련하는 7단계로 구성이 되어 있어 본 내용을 중심으로 설명하였다. 그러나 리스크 완화방법 구현 시 접근방법 결정을 위한 보안기술 선택 및 기업보안 구축사례 그리고 정보 리스크를 정량적으로 투자비용 대비 효과를 분석할 수 있는 방법에 대하여는 논의하지 못하였다. 즉 경제적 리스크 수준을 최소화하기 위해 기술적 · 운영적 · 관리적 측면에서 소요되는 비용을 종합적으로 계산하여 투자비용 대비 편익 측면에서 최대효과를 가져다 줄 수 있는 정보보호 리스크 관리기술 또는 리스크 관리대응수단 등의 도입에 대해서는 본서의 범위를 넘는 것으로 사료되어 제외하였으나 많은 아쉬움이 남아 있다. 그러나 지금까지의 정보보호 리스크 방법론들은 실질적으로 기업이 스스로 정보보호 리스크 체계를 만들어 가기 위한 절차를 정하는 데 대표적인 예로 참고할 수 있을 것이다. 이러한 표준절차들이 만들어진 기본적인 배경은 각 기업들이 정보보호 업무를 수행하는 데 있어서 빠뜨리지 말고 검토해야 할 일종의 리스크 관리 체크리스트를 제공하여 보다 효율적인 정보보호 리스크 체제를 구축하기 위함이다. 각 기업은 정보보호 리스크에 있어서 각 기업의 특화된 분야들에 대한 집중적인 대책을 기술적 · 운영적 · 관리적 업무분야에서 별도로 마련해야 한다. 정보보호 리스크에 있어서 완성이란 있을 수 없으며, 기업이 존속하는 한 지속적이고 반복적으로 보완 · 수행해 나가야 하는 일련의 관리 및 운영상의 업무이다.

지금까지의 기업의 정보보호 리스크 관리를 금융회사의 금융IT 실정에 맞게 발전시키고 금융환경 변화에 따른 업무추진에 필요한 금융IT 리스크 관리를 정립하는 과제는, 금융회사의 금융IT 리스크 관리에 긴요하다고 생각된다.

연습문제

객관식

1. 일반적인 정보보호 목표의 구체적인 내용이 아닌 것은?
① 무결성 보장 ② 가용성 보장
③ 효과성 보장 ④ 기밀성 보장

2. 정보보호 아키텍처 및 정보보호 리스크 관리 정립에 기여한 평가기준이 아닌 것은?
① 신 BIS 협약 ② 영국 BS(British Standard) 7799
③ 미국 NIST 권고안 ④ ISO 27001 국제표준

3. 국내 금융기관의 전자금융 발전단계에서 현재의 단계는?
① 업무자동화 단계 ② 네트워크화 단계
③ 지식정보산업화 단계 ④ 서비스 채널의 다양화 단계

4. 금융회사는 IT분야에 있어서 국제적으로 각종 규제와 권고가 확대되었는데 이의 대응을 위한 IT 컴프라이언스(Compliance)의 관련 법규와 관계가 없는 것은?
① 사베인-옥슬리법(Sarbanes-Oxley Act) ② Gramm-Leach Bliely Act(GLB법)
③ 볼커 룰(Volker rule) ④ 국제회계기준(IFRS)

5. 정보보호관리시스템의 국제표준관리에 효시가 된 실무규약은?
① BS 7799 ② ISO 9000
③ ISO 14000 ④ NIST 권고안

6. NIST 권고안 중 리스크수준 평가절차에 포함되지 않는 것은?
① 비용-편익 분석 ② 시스템 특성분석
③ 위협식별 ④ 취약점 확인

7. NIST 권고안 중 리스크수준 평가절차 2단계 위협식별(threat identification) 단계에서의 내용이 아닌 것은?
① 위협원 확인 ② 위협 발생빈도 및 가능성 파악
③ 심각도 분석에 따른 등급분류 ④ 위협에 따른 결과 예상

8. 정보보호 리스크 대응전략에 포함되지 않는 것은 ?

① 통제　② 회피
③ 전가　④ 감소

9. 보안통제수단으로 리스크를 완화시키는 방법에 해당되지 않는 것은?

① 시스템의 취약점 제거를 통하여 위협-취약점 쌍의 수를 줄인다.
② 조직에 위협이 될 수 있는 규모를 줄인다.
③ 위협원의 수용 및 유발을 억제시키기 위한 특정 통제수단을 추가한다.
④ IT시스템의 잔여 리스크 관리 및 수용에 대한 승인

10. 리스크수준 평가절차 중 7단계 통제방안에서 리스크 통제수단의 내용이 아닌 것은?

① 기술적 리스크 통제수단
② 관리적 리스크 통제수단
③ 고유/잔여 리스크 통제수단
④ 운영적 리스크 통제수단

주관식

11. 금융IT 리스크를 전자금융 리스크 관리와 정보보호 리스크 관리로 대별하여 설명하였는데 그 주요 배경과 내용을 설명하고 발전방향과 보충과제를 제시하라.

12. 금융기관 리스크 관리(금융 리스크 관리)의 목적과 일반적인 절차는 정보보호 리스크 관리에도 적용 가능하다. 동 목적과 절차를 정보보호 리스크 관리 측면에서 접근하여 설명하라.

13. 금융 리스크 관리 각론의 서술내용을 정보보호 리스크 관리기법에 적용하는 예를 들어 설명하라.

■ 참고문헌 ■

1. 국내문헌

강병진 · 김솔 · 빈기범 외 역, 「금융기관의 위험관리」, 시그마프레스, 2013.

강병호 · 김대식 · 박경서, 「금융기관론」, 제18차 개정판, 박영사, 2012.

검사지원국, 「신용리스크 따라잡기」, 금융감독원, 2003.

고일용, "신BIS협약 운영리스크 – 새로운 도전," 리스크 리뷰, No. 7, 금융감독원, 2006.

______, "전사적 리스크관리," 고려대학교 MBA 강의자료, 2007.

국민은행 파생상품 영업부, 「환 위험 알면 알수록 작아진다」, 한나래출판사, 2012.

금융감독원, "신용리스크 내부등급법 세부지침(안)," 2005a.

__________, "위험가중자산에 대한 자기자본비율 산출기준," 2008a.

__________, "은행의 내부자본적정성 평가 및 관리 세부지침(2차안)," 신BIS실, 2006a.

__________, 「Pillar Ⅱ 가이드라인(CP1)」, 2005b.

__________, 「금융리스크 관리 원칙」, 2005c.

__________, 「시장과 함께하는 리스크관리 콘서트」, 검사지원국, 2006b.

__________, 「알기 쉬운 신BIS협약(제1편 신용리스크)」, 2006c.

__________, 「알기 쉬운 신BIS협약(제2편 운영리스크/필라2/필라3)」, 2006d.

__________, 「은행계정(Banking Book)의 금리리스크 관리 원칙」, 2005d.

__________, 「은행의 내부 자본적정성 평가 세부지침」, 2005e.

__________, 「통합리스크관리 모범규준 1권」, 신BIS실, 2008b.

__________, 「통합리스크관리 모범규준 2권」, 신BIS실, 2008c.

__________, 「한손에 잡히는 신BIS」, 2007.

__________, 「전자금융업 리스크관리준칙」, 2010.

__________, 「위기상황 모범규준」, 2010.

금융결제원, 「전자금융사고 발생유형 및 대응현황」, 2009.

금융기관연구회, 「금융기관론」, 제2판, 율곡출판사, 2012.

금융위원회 · 금융감독원 · 한국은행, 「바젤 Ⅲ 기준서」, 2012.

금융투자교육원, 「금융투자분석사 1, 2, 3, 4」, 금융투자협회, 2016a.

____________, 「투자자산운용사 2, 3」, 한국금융투자협회, 2016b.

기획재정부, 「2016회계연도 기금운용평가 지침」, 기획재정부, 2015.

김소이, "IT 및 전자금융 중점 감독 검사방향," 금융감독원, 2009.

김인석, "전자금융 이러면 안전할까?" 2010.

김인준 · 이영섭, 「국제금융론」, 제2판, 율곡출판사, 2012.

김재인, "Asia Pacific Convention," GARP, 2004.

———, "Enterprise · Wide Risk Management Asia 2005," 2005a.

———, "리스크관리론," 2005b.

———, "은행의 효율적 자산부채관리(ALM)를 위한 의사결정모형," 박사학위논문, 경희대학교, 2006.

김재인 외, 「NCS(국가직무능력표준) 학습모듈 리스크관리」, 교육부 한국직업능력개발원, 2015.

—————, 「NCS(국가직무능력표준) 학습모듈 주식 및 채권운용」, 교육부 한국직업능력개발원, 2016.

김종호, "전사적 위험관리: 개념과 사례," LG경제연구원, 2004.

김중식, "Enterprise Risk Management," Basel Ⅱ 기업설명회 자료집, 금융감독원, 2006.

김진호, 「리스크의 이해」, 경문사, 2005.

———, 「금융위기와 리스크 관리」, 박영사, 2012.

김창기 · Peter Jin, 「계리리스크관리」, 법문사, 2013.

김철중 · 박종원, 「위험 측정 및 활용」, 한국금융연수원, 2015.

김철중 · 윤평식 공역, J.B. Caouette, E.I. Altman, and P. Narayanan 저, 「신용위험관리」, 한국신용분석사회, 2001.

남두우 · 장국현 · 문성주 공역, Benton E. Gup 저, 「신바젤 자본협약과 BIS비율」, 한경사, 2006.

류근옥, 「경영리스크관리」, 문영사, 2012.

문종진 · 김영훈 · 정완호 · 황문연, 「거래상대방 리스크관리」, 한국금융연수원, 2011.

문종진 · 임철순 · 박병수 · 고일용 · 이승국, 「Basel Ⅱ와 리스크 관리」, 경문사, 2007.

박길태, 「상호금융회사 재무 리스크 관리」, 농협중앙회, 2011.

박래운, "금융기관의 신용편중리스크 측정모형에 관한 이론적 고찰," 우정정보 65, 우정사업본부, 2006.

박정식 · 박종원, 「현대투자론」, 제4판, 다산출판사, 2016.

박정식 · 박종원 · 조재호, 「현대재무관리」, 제8판, 다산출판사, 2015.

박정식 · 윤영선 · 박래수, 「현대통계학」, 제5판, 다산출판사, 2010.

박진우, 「파생상품론」, 제2판, 명경사, 2012.

백규정, "신BIS협약 운영리스크 관리에 있어서 리스크통제자가진단(RCSA)과 핵심리스크지표(KRI)의 역할," 리스크 리뷰, No. 6, 금융감독원, 2006.

삼일회계법인 역, 「전사적 리스크 관리-통합 프레임 웍」, 하이북스, 2006.

서승우, 「보안 경제학」, 서울대학교 출판부, 2008.

선우석호 · 윤영섭 · 정광선, 「ALM-자산부채종합관리」, 법문사, 2001.

성재모 외, "금융부문의 IT 컴플라이언스 분석결과 보고서," 금융보안연구원, 2009.

성태홍 · 정해근 · 최도성, 「파생금융상품과 금융리스크관리」, 경문사, 2003.

신일순, "디지털 경제학," 비·앤·엠·북스, 2005.

안성진 · 이경호 · 박원형, 「보안 관제학」, 이한미디어, 2014.
안진환 역, 피터 L. 번스타인 저, 「리스크」, 한국경제신문, 2008.
오세경, 「리스크 관리」, 한경사, 2015.
오세경 · 김진호 · 이건호, 「위험관리론」, 경문사, 1999.
원재환, 「금융 리스크 관리」, 법문사, 2012.
위정범, 「재무금융리스크 관리」, 경문사, 2014.
유진, 「채권과 이자율파생상품」, 경문사, 2003.
윤평식, 「고정수익증권론」, 탐진, 2002.
______, 「리스크 관리」, 탐진, 2010.
윤평식 · 김철중, 「금융기관 시장위험관리」, 한국금융연수원, 2000.
이경룡 · 김재봉, 「전사적 리스크 관리」, 시그마프레스, 2013.
이명준, 「리스크통합 관리」, JL리스크전략연구소, 2014.
이명희 역, 도모노 노리오 저, 「행동경제학」, 지형, 2007.
이상규 · 지홍민 옮김, Anthony Saunders 저, 「금융회사 리스크 관리」, 7판, 한국맥그로힐, 2012.
이상철, 「금융리스크 쉽게 이해하기」, 한국금융연수원, 2014.
이승국, "손실분포접근법에 의한 운영리스크 측정방법," 리스크 리뷰, No. 5, 금융감독원, 2006.
이영기 · 남상구 옮김, 「투자론」, 제10판, 맥그로힐에듀케이션코리아, 2015.
이원흠 · 이한득 · 박상수, "현금흐름형 도산예측모델과 옵션모델형 도산예상확률의 실증연구," 증권학회 발표논문집, 2000.
이장영, 「바젤 Ⅲ와 리스크 관리」, 박영사, 2011.
이재범, 「IT Governance」, 생능출판사, 2009.
이준구, 「미시경제학」, 제5판, 법문사, 2008.
이충열, 「1990년대 미국의 정보산업 및 전자상거래 발전 전략에 대한 연구」, 대외경제정책연구원, 2001.
임철순 · 황태식, "신BIS협약 도입시 경기순응성에 관한 실증분석 및 정책대응방안," 금융감독원 업무참고자료, 2006.
자산운용협회, 「투자와 리스크」, 자산운용협회, 2008.
장욱, "Stress Test의 이슈와 과제," 금융리스크리뷰 2006 가을호, 예금보험공사, 2006.
___, "국내은행의 신용편중위험 현황," 예금보험공사 보도자료, 2006.
___, "운영리스크관리 실패사례 연구," 금융리스크리뷰 겨울 제2호, 예금보험공사, 2004.
장욱 · 박종원, 「신용위험관리」, 한국금융연수원, 2015.
전상욱, "전사적 리스크관리시스템 구축방안," 금감원 내 강의자료, 2006.
정신동, 「바젤 Ⅲ와 글로벌 금융규제의 개혁」, 도서출판 선, 2011.
정영석, "금융회사 내부통제 체제의 확립 – 운영리스크관리를 통한 접근," 금융리스크리뷰 겨울 제2호, 예금보험공사, 2004.
정완호 · 김세진 · 변영환, "주식 및 채권시장에 반영된 기업 신용위험 분석에 관한 연구," 한국경제의 분석패널, 한국금융연구원, 2002.

정완호 · 김재인 외, 「NCS(국가직무능력표준) 학습모듈 펀드운용」, 교육부 한국직업능력개발원, 2016.

정운찬 · 김홍범, 「화폐와 금융시장」, 제3판, 율곡출판사, 2007.

정지훈, "전략 · 평판리스크의 중요성 및 관리방안," 리스크 리뷰, 금융감독원, 2007.

조재희, "은행의 적정 자본적정 결정 모형에 관한 연구," 연세대학교 경제대학원 석사학위논문, 2005.

조정환, "ALM 리스크 측정 및 관리," 고려대학교 금융MBA 강의자료, 2008.

조하현 · 이승국, 「금융리스크 : 측정과 관리」, 세경사, 2002.

__________, 「신용리스크 : 측정과 관리」, 세경사, 2003.

조하현 · 원대식 · 이승국, 「운영 리스크 관리」, 박영사, 2012.

최생림, 「외환론」, 제5판, 박영사, 2011.

TTA, "공공정보시스템보안을 위한 위험분석 표준개념과 모델," TTAS.Ko-12.007.1998.

한국은행, 「전자금융총람」, 2009.

______, "건전한 스트레스 테스트 실무 및 감독원칙," 2009.

______, 「우리나라의 통화지표 해설」, 2008.

한성수, 「인터넷 전자상거래와 수확체증의 법칙」, 한국무역학회, 2000.

현석원, "국내 금융산업 경쟁력 분석," 사회과학연구, Vol.15, No.1, 2008.

현인석, "유동성리스크 관리기법(사례소개)," 리스크 리뷰, No.3, 금융감독원, 2006.

2. 외국문헌

Akerlof, G.A., "The Market for Lemon: Quality Uncertainty and the Market Mechanism," *Quarterly Journal of Economics*, 1970, pp.488~500.

Altman, E. I., "Financial Ratios, Discriminant Analysis and the Prediction of Corporate Bankruptcy," *Journal of Finance*, 23, 1968, pp.189~209.

Altman, E. I., Y.H. Eom, and D.W. Kim, "Distress Classification of Korea Firms," 한국금융연구원 편집, 「은행의 신용위험관리」, 1996.

Allen, L. and A. Saunders, "A Survey of Cyclical Effect in Credit Risk Measurement Models," *BIS Working Paper*, No.126, 2003.

____________________, "Credit Risk Management: Developments Over the Last 20 Years," *J. of Banking & Finance* 20, 1997.

Amato, J.D. and C.H. Furfine, "Are Credit Ratings Procyclical?" *BIS Working Paper*, No.129, 2003.

Andrea, Resti and Sironi Andrea, *Risk Management and Shareholders' Value in Banking*, Wiley, 2007.

Ansoff, I. and E. McDonnell, *Implanting Strategic Management*, Prentice-Hall Ltd.,

1990.

Basel Committee on Banking Supervision, *Principles for Sound Stress Testing Practices and Supervision*, Bank for International Settlements, Basel, 2009.

________________________, "Studies on Credit Risk Concentration," *BIS Working Paper*, No.15, 2006.

________________________, *New Basel Capital Accord(Basel II)*, Bank for International Settlements, Basel, 2004a.

________________________, *Principles for the Management and Supervision of Interest Rate Risk*, Bank for International Settlements, Basel, 2004b.

________________________, *Sound Practices for Managing Liquidity in Banking Organization*, Bank for International Settlements, Basel, 2004c.

________________________, *Stress Testing Financial System: An Overview of Current Methodologies*, Working Paper, 165, Bank for International Settlements, Basel, 2004d.

________________________, *Sound Practices for the Management and Supervision of Operational Risk*, Bank for International Settlements, Basel, July, 2002.

________________________, *Risk Management Principles for Electronic Banking*, 2003.

Bernstein, P.L., *Against the Gods*, John Wiley & Sons, Inc., 1998.

Bessis, J., *Risk Management in Banking*, John Wiley & Sons, Ltd., 2002.

Bodie, Z., R.C. Merton, and D.L. Cleeton, *Financial Economics*, 2nd edition, Pearson Education, 2009.

Camp, L.Jean and Stephen Lewis, *Economics of Information Security*, KAP, 2004.

Caouette, J.B., E.I. Altman, and P. Narayanan, *Managing Credit Risk*, Wiley, 1998.

Chandler, A.D., *Strategy and Structure: Chapters in the History of the American Industrial Enterprise*, the MIT Press, 1962.

Colquitt, J., *Credit Risk Management*, McGraw-Hill, 2007.

Committee of Sponsoring Organizations of the Treadway Commission, *Enterprise Risk Management-Integrated Framework*, Executive summary, 2004.

Crouhy, M., D. Galai, and R. Mark, *The Essentials of Risk Management*, 2nd edition, McGraw-Hill, 2014.

CSFP, "CreditRisk+: A Credit Risk Management Framework," 1997.

Cuthberston, K. and D. Nitzsche, *Financial Engineering: Derivative and Risk Management*, John Wiley & Sons, Ltd., 2001, pp.489~526.

Dennis, G.U. and R.V. Donald, "Financial Risk Management in Banking," Bank Administration Institute Foundation, 1993.

Deventer, V. and I. Mesler, *Advanced Financial Risk Management*, Wiley Finance,

2005.

Diamond, D. and P. Dybvig, "Bank Runs, Deposit Insurance and Liquidity," *Journal of Political Economy*, 1983, pp.401~419.

Fabozzi, F. J., *Fixed Income Analysis*, 2nd edition, Wiley, 2007.

Fabozzi, Frank J. and Harry M. Markowitz, *The Theory & Practice of Investment Management*, Wiley, 2002.

Froot K.A., D.S. Scharfstein, and J.C. Stein, "A Framework for Risk Management," *Journal of Applied Corporate Finance*, Vol.7, No.3, 1994.

____________________, "Risk Management: Coordinating Corporate Investment and Financing Policies," *Journal of Finance, American Finance Association*, Vol.48(5), 1993.

Frye, J., "Loss Given Default and Economic Capital," *Federal Reserve Bank of Chicago*, 2003

GCIO, *Information Security Guidelines*, 2007.

Gordy, M.B., "A Comparative Anatomy of Credit Risk Models," *Journal of Banking & Finance*, Vol.24, 2000.

Hayes, D.A., *Bank Funds Management*, AnnArbor: University of Michigan, 1980.

Hong Kong Monetary Authority, *Supervisory Policy Manual(Supervisory Review Process)*, Homepage(http://www.info.gov.hk/hkma/eng/basel2/index.htm), 2006.

Hull, J.C., *Risk Management and Financial Institution*, 3rd Edition, Wiley, 2012.

________, *Options, Futures and Other Derivatives*, 7th edition, Pearson Education, 2008.

________, *Risk Management and Financial Institutions*, Pearson Education, 2007.

ISO/IEC 27000 "Information Security Management System," 2009.

ISO/IEC 27001 "Information Security Management System," 2009.

ISO/IEC 27005 "Information Security Risk Management," 2008.

Jarrow, R., *Modeling Fixed Income Securities and Interest Rate Options*, McGraw-Hill, 1996.

Jorion, P., *Value at Risk: The New Benchmark for Managing Financial Risk*, 3rd edition, McGraw-Hill, 2006.

Kashyap, A.K., R. Rajan, and J.C. Stein, "Banks as Liquidity Providers: An Explanation for the Coexistence of Lending and Deposit-Taking," *Journal of Finance*, Vol.57, 2002, pp.249~271.

Kim, J.I., "Case Study: Expanding and Developing a Decision Oriented Balance Sheet Management System," 2005.

King, J.L., *Operational Risk: Measurement and Modeling*, John Wiley & Sons, 2001.

KMV, "Credit Monitor Overview," 1993.

____, Moody's, "Modeling Default Risk," Working Paper of KMV, 2001.

____, Moody's, "Moody's Approach to Measuring Concentration Risk in Real Estate Portfolio," mimeo, 2004.

Lopez, J.A. and M.R. Saidenberg, "Evaluation Credit Risk Models," *Journal of Banking & Finance*, Vol. 24, 2000.

Matten, C., *Managing Bank Capital: Capital Allocation and Performance Measurement*, 2nd edition, John Wiley & Sons, Ltd., 2000.

Morgan, J.P., "CreditMetricsTM–Technical Document," 1997.

__________, "RiskMetricsTM–Technical Document," 1995.

NIST, "Risk Management Guideline for Information Technology System," 1997.

Office of the Superintendent of Financial Institutions Canada, *Review of Reputation Risk Practices*, OSFI Homepage(http://www.osfi-bsif.gc.ca), 2005.

Ong, M.K., *The Basel Handbook: A Guide for Financial Practitioners*, 2nd edition, Risk Books, 2006.

Peltier, Thomas R., *Information Security Risk Analysis*, 2005.

Perry, J. and P.D. Fontouvelle, "Measuring Reputational Risk: The Market Reaction to Operational Loss Announcements," *Working Paper of FRB Boston*, 2005.

Porter, M.E., "What is Strategy?" *Harvard Business Review*, Nov–Dec, 1996.

Resti, A., *Risk Management and Shareholder's Value in Banking*, Wiley, 2007.

Rogers, C., "Gaussian Errors, Risk Magazine," 9(1), 1996, pp. 42~45.

Saita, F., *Value at Risk and Banking Capital Management*, Academic Press, 2007.

Saunders, A. and M. Cornett, *Financial Institutions Management*, 7th edition, McGraw-Hill, 2011.

SCFirst Bank, "New Basel Accord–Pillar Ⅱ," A Plan on Establishment Internal Capital Adequacy Assessment Procedure, 2005.

Scherer, B., *Asset and Liability Management Tools*, Risk Waters Group Ltd., 2003.

Schuermann, T., "What Do We Know About Loss–Given–Default?" *Federal Reserve Bank of New York*, 2004.

Smithson, C.W., *Managing Financial Risk*, McGraw–Hill Co., Inc., 1998.

Stephen A., R.W. Westerfield, and B.D.R. Jordan, *Corporate Finance Fundamentals*, 8th edition, McGraw–Hill, 2008.

Uyemura, D.G. and D. Van Deventer, *Financial Risk Management in Banking*, Bankers Publishing Company, 1993.

Whitley, J., *The ALCO*, Macmillan Publishers Ltd., 1992.

연습문제 **정답 및 해설**

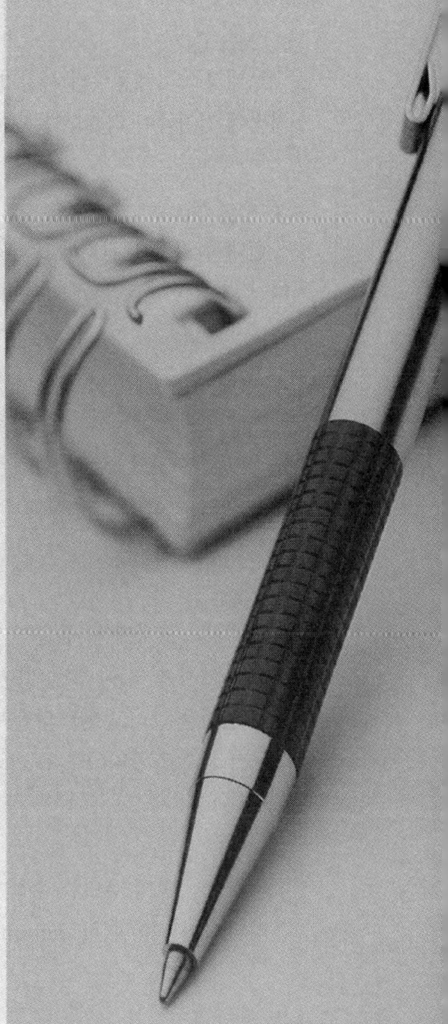

제 1 장 리스크 관리의 역사와 교훈

1. 정답 ②

다니엘 베르누이 – 효용이론(Utility Theory)

아브라함 드 무아브르 – 종형 곡선(Bell Curve)

토마스 베이즈 – 사전/사후 확률

프란시스 갈튼 – 평균으로의 회귀

2. 정답 ③

르네상스의 계몽주의 사상가들 파스칼, 다니엘 베르누이, 야코브 베르누이, 무아브르 등은 정량적 업적에 기여하여 리스크학문, 통계학이론의 기초를 제공했다.

3. 정답 ③

현대적 리스크 관리에 요구되어지는 개념으로는 실사구시, 거화취실, 실용주의, 투자 등이 있으며, 직감은 현대적 리스크 관리의 특징인 정량적 리스크 관리와는 거리가 먼 개념이다.

4. 정답 ③

이태리의 해양도시 국가들 밀라노, 피렌체, 베네치아, 제노바 등이 르네상스의 진원지 역할을 할 수 있었던 이유에는 금융산업의 발달, 동서 간의 중개무역, 섬유산업의 발달, 10차에 걸친 십자군의 특수 등이 주효했다.

5. 정답 ①

르네상스시대에는 구습과 형식보다는 실질을 숭배하여, 봉건주의시대의 신에게 의지(신탁: oracle)에서 신의 진정한 의미를 추구(Against the Gods)하는 르네상스의 계몽주의 사상가들의 정량적 업적들 그리고 인도의 0의 발견과 이에 따른 숫자체계의 확립, 사소한 도박에 따른 확률론 등의 연구가 리스크 관리 이론을 발전시키는 데 기여했다.

6. 정답 ①

파스칼은 당대 유명한 수학자로 득점문제(point of problem)에 대한 해법을 제시함으로써 확률론의 기초가 되어 기하학(geometry)으로 발전할 수 있는 계기를 마련했다.

7. 정답 ②

야코브 베르누이(Jacob Bernoulli)는 대수의 법칙을 통해 장기간에 결쳐 입게 될 손실을 충당하기에 적당한 수준을 제시함으로써 금융기관 설립의 이론적 근간을 마련했다.

8. 정답 ③

아브라함 드 무아브르는 종형 곡선으로 알려진 정규분포 구조를 제시하여 평균과 표준편차의 개념을 설명함으로써 후일 확률론의 발전에 기여했다.

9. 정답 ①

경제학자인 케인즈는 「확률론」이란 책에서 확률은 미래에 대한 믿음의 정도(degree of belief)로서 반영하고 투자판단 시 직관과 배짱의 중요성을 야성적 충동(animal spirit)이란 표현을 통해 강조했다.

10. 정답 ②

르네상스의 계몽주의 사상가들은 사고의 자유와 실험정신으로 끊임없이 학문을 추구하며 구습·형식보다는 실질을 숭상하고 운(fate)보다는 신의 진정한 뜻이 무엇인가에 초점을 맞추었다.

11. 정답

1. Jacob Bernoulli	(h)	a. Bell curve
2. Abraham Moivre	(a)	b. degrees of Belief
3. Francis Galton	(g)	c. the theory of Games and Economic behavior
4. Keynes	(b)	d. Utility (appetite for Risk)
5. Morgenstern	(c)	e. Posterior probability with the priors
6. Luca Paccioli	(i)	f. Statistical Inference(The innovator of sampling theory)
7. Blaise Pascal	(j)	g. Regression to the mean
8. John Graunt	(f)	h. law of large numbers
9. Thomas Bayes	(e)	i. double-entry book-keeping
10. Daniel Bernoulli	(d)	j. the problems of the points

제2장 리스크 관리의 개요

1. 정답 ④

리스크 상황하에서의 인간의 태도를 잘 표현한 행동경제이론은 카너먼과 트버스키가 발전시킨 프로스펙트이론이다.

2. 정답 ①

기대효용은 불확실성하의 소비자의 선호체계에 위험을 포함시킨 개념으로 베르누이는 합리적인 투자자란 위험회피형 투자자의 입장에서 기대효용 극대화를 목표로 한다고 설명한다.

3. 정답 ②

선호체계의 공리는 비교가능성, 이행성, 연속성, 독립성, 지배성이다.

4. 정답 ②

기존 기대효용이론과 대응하는 프로스펙트이론의 핵심내용은 가치함수와 확률가중함수로 설명된다.

5. 정답 ④

프로스펙트이론의 주요 특징으로는 준거점 의존성, 민감도 체감성 및 손실 회피성이 있다.

6. 정답 ②

마코위츠 가정에 의하면, 모든 투자자들은 위험 회피적이다.

7. 정답 ①

보험회사는 위험이라는 순수 손실 리스크(pure risk)를 대상으로 영업하는 보험 리스크를 취급한다.

8. 정답 ③

리스크 관리는 개인 혹은 기업의 경우 최악의 경우(the worst case scenario)를 가정하여 하방위험만을 고려하여 관리한다.

9. 정답 ①

위험회피자의 기대효용함수는 한계효용 체감의 법칙이 작용하는 로그함수이다.

10. 정답 ③

피터스버그 역설은 투자의사결정의 요소 중 잃을 확률 위험을 무시했다는 것이 가장 큰 모순이다.

11. 정답 ③

복권의 구입은 대표적인 위험선호자의 위험에 대한 태도이다.
실제로 복권의 당첨확률은 $\frac{1}{2}$이 아닌 0.00001%(예)의 아주 낮은 확률이기에 당첨이 어렵다.

12. 정답 ④

CEW, *RP* 그리고 *GRM*은 기대효용이론을 설명하는 핵심요소이다.

13. 정답 ③

보험은 순수 리스크의 주 관리대상이다.

14. 정답

자산운용사는 주로 펀드를 운용하는데 벤치마크(BM) 수익률 대비 초과수익률, 즉 기준지표의 위험에 대비한 상대적 리스크를 중요시한다.

제 3 장 BIS 자기자본규제

1. 정답 ②

BIS 비율 = 자기자본/위험가중자산 ≧ 8%

2. 정답 ①

위험가중자산(risk-weighted asset)은 은행이 보유한 여러 유형의 자산들에 대해 바젤위원회가 제시하는 위험 가중치를 곱하여 계산한다. 위험 가중치 0%에 해당되는 자산(asset)은 금, 현금, 미국 및 OECD 국채 등이다.

3. 정답 ④

바젤 Ⅱ 내용은 Pillar 1: 최저자기자본규제, Pillar 2: 감독당국의 점검, Pillar 3: 시장규율 강화로 구성되어 있다.

4. 정답 ③

Pillar 1의 규제자본대상은 신용, 시장, 운영 리스크만이다.

5. 정답 ④

바젤 Ⅱ는 신용 리스크 산출에 대해 표준방법(SA), 기본내부등급법(FIRB), 고급내부등급법(AIRB)을 제시했다. 기초지표법은 운영 리스크 측정방법이다.

6. 정답 ④

시장규율 강화는 Pillar 3이다.

7. 정답 ③

시장규율 강화는 Pillar 3이다.

8. 정답 ④

바젤위원회의 금융규제 개편내용은 바젤 Ⅲ의 추진내용으로 리스크 선진화 계획은 포함되지 않는다.

9. 정답 ③

감독당국의 점검(SRP: Supervisory Review Process)은 내부자본적정성 평가(ICAAP)와 더불어 바젤 Ⅱ Pillar 2의 핵심내용이다.

10. 정답 ②

리먼 브라더스 투자은행의 파산 당시 자본을 충분히 보유했음에도 불구하고 유동성을 제대로 관리하지 못한 사유로 은행 파산이 초래되어 바젤 Ⅲ는 글로벌 유동성 기준으로 유동성 커버리지 비율과 순안정자금조달 비율을 도입했다.

11. 정답 ④

총자본비율은 보통주 자본비율, Tier 1 자본비율과 함께 자본의 질 강화를 위한 내용에 해당된다.

12. 정답 ③

보통주 자본비율, Tier 1 비율, Tier 2 비율은 위험가중자산에 비중을 둔 자기자본규제 비율에 해당하고, 레버리지비율은 자본을 총자산으로 나눈 비율로서 위험가중치를 고려하지 않고 총자산에 기초한 보완지표라고 볼 수 있다.

13. 정답 ③

건전성 규제에는 미시건전성 규제와 거시건전성 규제가 있다. 미시건전성 규제는 개별 금융회사의 건전성에 즉 자기자본규제에 초점을 맞춘 반면, 거시건전성 규제는 경기순응성을 확대하는 문제와 금융시스템 전체에 영향을 미치는 시스템 리스크의 문제에 초점을 맞춘 규제로, 바젤 Ⅱ는 미시건전성 규제에 중점을 둔 반면 바젤 Ⅲ는 상기의 문제점 보완을 위한 거시건전성 규제의 도입과 관련이 있다.

14. 정답 ③

총자본은 Tier 1 자본과 Tier 2 자본으로 구성되고, 양질의 자본의 근간이 되는 Tier 1 자본의 핵심형태는 보통주 자본비율로서 지난 금융위기 시 신용손실과 감액(write-down)은 보통주 자본 부족에서 발생하였기에 바젤 Ⅲ하에서의 규제자본 수준은 보통주 자본의 경우 항상 4.5% 이상을 유지해야 함을 강조한다.

15. 정답 ④

바젤 Ⅲ의 리스크 인식 범위의 확대내용으로 심각한 스트레스 시나리오하의 stress VaR 도입, 바젤 Ⅱ의 Pillar 2와 Pillar 3 기준 강화, 거래 상대방 신용 리스크에 대한 자본량 요구(CAVR: 신용가치 조정 리스크), 중앙청산소를 포함한 금융시장 인프라 기준 강화, 상관 리스크에 대한 조치 등을 포함하고 있다.

16. 정답 ②

바젤 Ⅲ QIS 결과 국내 주요 시중은행들의 새로운 유동성 비율은 유동성 커버리지 비율이 평균 80% 수준으로, 규제기준 100% 대비 크게 하회하는 것으로 나타났다.

17. 정답 ②

유동성 리스크 비율 신설은 바젤 Ⅲ에서 처음 이루어진 것이다.

18. 정답 ③

고유동성자산(HLA: High Liquid Asset)은 금융위기가 발생하여도 가치하락이 없거나 미미한 상태에서 즉시 현금화될 수 있는 자산으로, Level 1과 Level 2로 분류된다. Level 1은 현금, 중앙은행 지불준비금, 바젤 Ⅱ의 기준으로 위험가중치가 0%인 국가의 중앙은행이나 공공기관이 발행 · 보증한 채권 등으로 인정된다. Level 2는 바젤 Ⅱ 기준으로 위험 가중치 20%가 적용되는 국가나 공공기관이 발행한 채권, AA- 등급 이상의 회사채와 커버드 본드(covered bond) 등으로 구성된다.

제 4 장 금융산업 규제와 금융기관 특수성

1. 정답 ④

금융기관의 특수성은 금융기관의 존재 이유로서 가격 리스크 기능은 관계가 없다.

2. 정답 ①

자산전환자로서 유동성 및 가격 위험 특성이 우월함은 예금인 이차적 청구권이 가진 특성이다.

3. 정답 ②

시장의 실패가 발생하는 원인에는 자연독점, 외부성, 공공재, 정보의 비대칭성 등이 있으며, 안전성과 건전성 규제는 시장의 실패와 관련이 없다.

4. 정답 ④

금융기관의 특수성의 주요 기능 중 자산변환 기능에서는 금액변환 기능, 만기변환 기능, 위험전가 기능이 있으며, 포트폴리오 분산기능은 금융기관 특수성의 기능이지만 자산변환 기능은 아니다.

5. 정답 ④

보이지 않는 손(invisible hand)은, 정부가 금융산업 규제를 가급적 하지 않고 시장의 원리에 따라 행하게 하는 것을 의미한다.

6. 정답 ①

대리인비용은 시장의 실패의 원인 중 도덕적 해이를 해결하기 위한 주주와 경영자(대리인) 간의 이해관계 상충 해결비용이다.

7. 정답 ②

도덕적 해이를 감소시키기 위한 방안으로 주주총회, 경영자 노동시장 이용, 스톡옵션 부여, M&A를 통한 경영진교체 압력 등을 들 수 있다. 자기책임원칙은 역선택 문제를 해소하기 위한 방안의 하나이다.

8. 정답 ②

금융기관 규제의 형태에는 안전성과 건전성 규제, 통화정책적 규제, 신용할당 규제, 소비자 보호 규제, 투자자 보호 제도, 진입 및 인가 규제, 소유와 지배에 대한 규제, 업무영역에 대한 규제 등이 있다.

9. 정답 ②

금융기관이 존재하지 않을 경우 감시비용, 유동성비용, 가격위험 때문에 가계저축자는 기업에 대한 투자를 꺼리고 저축을 선호할 수 있다.

10. 정답 ②

상업은행은 금융시장에서 금융중개기관의 역할을 하고 투자은행은 자본시장에서 시장중개기관의 역할을 한다.

제 5 장 리스크 관리 기획

1. 정답 ③

기본 잉여는 유동성의 원칙과 관련된 지표이다.

2. 정답 ③

금융기관의 경영의 원칙은 유동성의 원칙, 안전성의 원칙, 건전성의 원칙, 수익성 및 공공성의 원칙이 있다. 그중 건전성의 원칙은 재무적, 비재무적 리스크가 주 관리내용이 되고 있다.

3. 정답 ③

금융기관 리스크 관리의 목적에는 기업의 안정성 유지 및 제고, 기업경영의 합리화, 리스크 조정 자본수익률(RAROC) 제고가 있으며, 자기자본수익률(ROE)과 자산수익률(ROA)은 경영관리의 효율성 제고와 관련이 있다.

4. 정답 ④

조직 내 의사소통 계획의 수립은 전사적 리스크 차원에서 접근하며 조직 내 의사소통을 위해서는 CEO의 리스크 철학의 공유와 리스크 기업문화의 저변확대가 중요하다.

5. 정답 ①

수익성 원칙의 주요 경영지표는 ROA, ROE, NIM 그리고 Efficiency Ratio(효율성비율)이다. NPL 비율은 부실채권 비율로서 건전성의 원칙 비율에 가깝다고 할 수 있다.

6. 정답 ②

CAMELS는 C(Capital Adequacy: 자본적정성), A(Asset quality: 자산건전성), M(Management: 리스크 관리), E(Earnings: 수익성 관리), L(Liquidity: 유동성관리), S(Sensitivity: 시장성 리스크 관리)를 의미한다. 이를 통해 금융기관 경영상태를 감독 평가하고 있다.

7. 정답 ①

금융기관 리스크 관리의 목적은 미래의 경영관리와 관계가 깊다. 즉 리스크 조정 자본수익률 제고로서 기존의 ROA, ROE 경영지표에서 RAROC로 이행해야 함을 의미한다.

8. 정답 ④

RAR = 수익 − 비용 − 예상손실이다.

9. 정답 ④

실적관리위원회는 회사의 영업추진 실적 점검을 위한 위원회이다.

10. 정답 ①

한정된 자원을 합리적으로 배분하여 회사 경영효율화를 극대화하기 위하여 리스크 예산자본을 이용한다.

제 6 장 시장 리스크 관리

1. 정답 ①

유동성 리스크는 ALM 리스크 대상이다.

2. 정답 ④

VaR의 구성요소가 아닌 것은 Mean Value이며 공식은 다음과 같다.

$$VaR = Market\ Value \times \sigma \times \sqrt{t} \times \alpha$$

3. 정답 ①

VaR은 금융기관 수익의 변동성 관리에 기여하지 수익성 자체의 제고기능이라고 할 수는 없다.

4. 정답 ②

일반 시장 리스크란 금리, 주가, 환율 등 시장 전체에 영향을 미치는 사건과 관련되고 개별 리스크는 유가증권 발행자의 개별적인 사건과 관련이 된 리스크를 의미한다.

5. 정답 ①

산출기준에 의한 VaR 값은 99% 단측 신뢰구간이어야 한다.

6. 정답 ④

사후검증 절차는 양적 기준에 해당한다.

7. 정답 ②

시나리오 분석법은 위기관리기법의 하나로 사용된다.

8. 정답 ①

역사적 시뮬레이션법의 정의에 해당된다.

9. 정답 ③

역사적 시뮬레이션은 과거의 실제 발생한 자료에 의해 작성하기 때문에 미래의 새로운 변화를 반영하지 못하는 단점이 있다. 이 단점을 보완하기 위하여 몬테카를로 시뮬레이션법이 이용된다.

10. 정답 ②

VaR은 정상적인 시장상황에서 발생할 수 있는 최대손실이다. 글로벌 금융위기 이후 위기상황에 대처 가능한 위기상황 분석기법으로 Stressed VaR을 활용한다.

11. 정답 ③

적합성 검증의 일반 원칙은 ① 적합성 검증의 범위 ② 책임성의 원칙 ③ 반복성의 원칙 ④ 다양성의 원칙 ⑤ 포괄성의 원칙 ⑥ 독립성의 원칙이다.

12. 정답 ④

시장데이터 관리와 관련된 부서는 자금시장 관련 부서, 리스크 총괄부서, IT관리부서로서 시장 리스크 관리 시스템의 구축 및 운영과 관련이 있다.

제 7 장 금리 리스크 관리

1. 정답 ③

금리 리스크는 자산과 부채의 금리적용 시점의 불일치 및 만기 불일치로 인해 발생하는 리스크이다. BIS의 이자율 리스크의 측정 및 감독에 관한 원칙에 의하면 금리 리스크를 측정할 때 금리개정 리스크, 수익률곡선 리스크, 베이시스 리스크 및 옵션 리스크를 고려해야 한다.

2. 정답 ③

금리 리스크량을 측정하는 방법에는 ① 표준방법(금리 갭을 이용하는 방법) ② 듀레이션 갭에 의한 리스크량의 측정 ③ 시뮬레이션 분석에 의한 리스크량의 측정이 있다.

3. 정답 ④

시뮬레이션 분석에 의한 금리 리스크량 산출방법에는 확정적 금리시뮬레이션 방법, 확률적 금리시뮬레이션 방법, 금리 EaR 산출방법, 금리 VaR 산출방법이 있다.

4. 정답 ①

조달금리 변동위험을 재조달 리스크(Refinance Risk)라고도 한다.

5. 정답 ①

금리변화에 따른 순이자이익을 관리하는 모형은 금리개정 갭 모형이다.

6. 정답 ②

채권가치는 금리변화에 대하여 듀레이션 정도에 따라 역의 관계이다.

7. 정답 ④

듀레이션 공식은 아래와 같이 CF, T, DF로 구성되어 있다.

$$D = \frac{\sum_{t=1}^{N} CF_t \times DF_t \times t}{\sum_{t=1}^{N} CF_t \times DF_t}$$

8. 정답 ①

금리 리스크를 forward(선도거래), future(선물), SWAP(스왑), option(옵션)으로 헤징할 수 있다.

9. 정답 ④

리스크 관리는 하방 리스크(downside risk)만을 대상으로 하기 때문에 시장금리가 유리하게 변하는 경우는 리스크 관리의 대상이 아니다.

10. 정답 ③

듀레이션은 자산과 부채의 가격변동을 접선식에 의해 구하므로 1차적률만을 고려했기 때문에 추정오차가 발생하여 2차적률을 고려한 convexity가 필요하다.

제8장 유동성 리스크 관리

1. 정답 ④

유동성 관리란 ① business as usual, ② without abnormal cost, ③ buying time이 key word이다.

2. 정답 ②

유동성 관리의 주된 목적은 고객의 요구에 항시 지급할 수 있는 현금능력을 보유하는 것으로서 생존(survivability)이라고 할 수 있는데, IMF 금융위기가 그 좋은 예이다.

3. 정답 ③

미국은 대공황 이후 예금자 보호를 위해 은행의 수익성보다는 안정성에 치중하였다. 따라서 금융기관의 자산포트폴리오는 현금, 국채 등 안정성이 큰 자산의 비중이 70%까지 되었으며, 이러한 추세는 1940년대 말까지 지속되었다. 이후 1960년대에 세계경제가 장기호황을 누리면서 기업의 투자수요가 늘어 금융기관의 대출수요가 늘어나고 부채관리의 시대로 넘어가게 되었다.

4. 정답 ④

3개월 이내 잔존만기가 도래하는 유동성 자산과 유동성 부채로 구해지는 것은 규제적 유동성관리비율이다.

5. 정답 ④

바젤 Ⅲ의 유동성 강화조치와 관련된 지표는 ① 유동성 커버리지 비율, ② 순안정자금조달 비율, ③ 레버리지비율이다.

6. 정답 ①

유동성 커버리지 비율은 향후 1개월간의 순자금유출을 커버하기 위한 고유동성 자산을 보유해야 한다는 의미이다.

7. 정답 ④

안정적 자금조달이란 스트레스 상황하에서 1년 동안 신뢰할 수 있는 자금조달원으로 자본 및 부채의 일정부분이다.

8. 정답 ②

유동성은 자산/부채 공히 잔존만기 1개월 이내를 말한다. 현재 외화인 경우는 잔존만기 3개월 이내로 관리하고 있다.

9. 정답 ③

규제적 유동성 리스크 측정방법에는 유동성 갭과 유동성 비율관리, 유동성 리스크 측정 지표관리, 유동성 커버리지 비율과 순안정자금 조달비율 등이 있고 내부 유동성 관리 측정방법에는 부채측면의 유동성 리스크(조달 유동성 리스크), 자산측면의 유동성 리스크(시장 유동성 리스크) 그리고 유동성 VaR이 있다.

10. 정답 ③

유동성 리스크 관리는 조달 유동성 리스크 관리와 시장 유동성 리스크 관리가 있다. 보통 상업은행은 조달 유동성 리스크 관리를 중심으로 유동성 리스크 관리를 하는데, 주요 관리방법이 구매유동성 관리와 비축유동성 관리이며, 구매유동성 관리의 일환으로 도매단기금융시장(wholesale money market)에서 신용공여한도(credit line) 관리가 있다. 반면에 투자은행에서 주로 이용하는 시장유동성 리스크 관리의 대표적인 방법이 국채 등 시장성 증권을 보유하는 기본잉여방법이다.

제 9 장 ALM 리스크 관리

1. 정답 ①

Repricing Gap Report는 경제적 가치 관점이 아닌 이익적 관점의 방법에서 이용된다.

2. 정답 ①

ALM의 주요 목적은 다음 네 가지와 같이 정리할 수 있다. 순이자수익의 극대화, 정책한도 내에서의 금리 리스크 관리, 적정 유동성 유지, 정책 허용한도 내에서 자본적정성 유지이다. ALM 관리는 ALCO에서, 신용 리스크 관리는 RMC(리스크관리위원회)에서 주관한다.

3. 정답 ②

기업 여신 신용한도 변경 및 신설은 리스크관리위원회(RMC: Risk Management Committee)의 심의내용이다.

4. 정답 ③

내부이전가격의 기능은 이익 관리기능, 경영전략 수행기능, 금리 리스크 제거기능이 있으며, 신용 리스크 관리기능은 내부이전가격의 기능이라고 볼 수 없다.

5. 정답 ②

금리결정가격의 구성요소는 ① 위험비용(Risk Premium), ② 조달비용(FTP), ④ 영업비용(ABC)이며, 순이자마진은 본부관리의 관리회계기준이 된다.

6. 정답 ④

선진 ALM 관리 시뮬레이션 모형은 NII, NPV, EaR, 그리고 VaR 모형이다.

7. 정답 ②

중도상환모형 접근은 다음과 같은 중도상환에 영향을 미치는 주요 요인들의 모형화를 유도하기 위해 관측된 고객의 형태를 사용한다. 주요 요인으로는 금리 스프레드, 소진, 숙성화, 계절성이 있고, 거시경제변수들은 기타 요인이라고 할 수 있다.

8. 정답 ②

리스크 통제 자가진단(RCSA)은 운영 리스크의 효율적인 관리방안이다.

9. 정답 ④

ALM 리스크 관리의 핵심내용은 순이자이익(NII)의 변동성인 순이자변동예상액(EaR)과 순자산가치(NPV)의 변동성인 순자산가치변동액(VaR)을 관리하는 것으로서 종합적인 대차대조표관리 접근방식을 특징으로 하고 있다. FTP는 종합수익관리시스템의 핵심요소로서 자금이전가격이다.

10. 정답 ③

ALM 리스크에 소요되는 자본의 측정은 Pillar 2의 잔여 리스크의 대상이다.

제 10 장 주식 리스크 관리

1. 정답 ④

주식 리스크에는 주가의 변동위험, 주가변동성의 변동위험, 베타위험, 배당위험, 주식하락위험이 있다. 알파위험에는 펀드자산운영위험인 벤치마크 대비 초과수익위험이 있다.

2. 정답 ③

상관계수가 −1일 때 포트폴리오 위험을 0으로 만들 수 있어 최대한으로 위험을 분산시킬 수 있다.

3. 정답 ①

상관계수는 x, y의 공분산에서 x, y 각각의 표준편차를 나눈 것으로 나타낼 수 있다.

4. 정답 ①

$\text{VaR} = 10$ 억 원$\times 2.5\% \times 2.33 \times \sqrt{10} = 1.84$억 원

5. 정답 ①

CAPM의 공식 $E(r_i) = r_f + \beta_i[E(r_m) - r_f]$에 대입하면 포트폴리오의 수익률은 7.8%이다.

6. 정답 ③

베타와 듀레이션은 모두 1차 민감도(미분)와 관련이 있다.

7. 정답 ①

1) A주식의 요구수익률 : $K = 0.08 + (0.18 - 0.08)0.03/=0.02 = 0.23$

2) A주식의 내재가치 : $V_0 = \dfrac{d_1}{k_e - g} = \dfrac{2{,}000}{0.23 - 0.10} = 15{,}385$

8. 정답 ①

$\beta_K = [(0.6)(20)]/ 15 = 0.8$

$\beta_J = [(0.8)(30)]/ 15 = 1.6$

$\beta_P = (0.6)(0.8) + (0.4)(1.6) = 1.12$

9. 정답 ④

$\sigma_P^2 = W_A^2\sigma_A^2 + W_B^2\sigma_B^2 + 2W_AW_B\rho_{AB}\sigma_A\sigma_B$

$\sigma_P = 2.4163\%$

주별 변동성 $= 2.4163\% \times \sqrt{5} = 5.4\%$

$VaR_P = 15$ 억 원 $\times 2.33 \times 5.4\% = 188{,}730{,}000$

10. 정답 ②

주식의 VaR : 100억 원$\times 1.65 \times 3\% = 4.95$억 원

채권의 VaR : 100억 원$\times 1.65 \times 0.07\% \times 2.7 = 0.31$억 원 전체 VaR = 5.26

제 11 장 채권 리스크 관리

1. 정답 ①

VaR = 1.65×1천만 원×2.78/1.1×10%×0.15 = 63만 원

2. 정답 ①

D = (90.91×1 + 82.64×2 + 826.45×3)/1,000 = 2.736

3. 정답 ①

$\Delta P/P = -D \times \Delta r/(1+r) = -$ 10억×4.99×0.01/1.08 = 46,203,704

4. 정답 ④

95% 신뢰도 1일 VaR : 200억 원×1.65×0.05%×3.1 = 0.5115억 원

5. 정답 ①

채권발행자가 약속된 이자와 원금을 상환하지 않는 채무불이행위험 또는 신용위험이 클수록 신용위험에 반영되는데 채무불이행위험이 커질수록 신용평가기관은 신용등급을 하향 조정하여 신용스프레드에 가산한다.

6. 정답 ①

복리채는 이자의 표면금리만큼 복리로 재투자되며, 이표채는 주기적으로 표면이자가 지급되어 만기 시까지 재투자위험이 있으나 할인채는 만기 이전에 이자지급이 없으므로 재투자위험이 없다.

7. 정답 ④

채권포트폴리오 VaR을 산출하기 위한 1단계는 매핑과정으로 원금 매핑, 듀레이션 매핑, 현금흐름 매핑으로 인식하는 방법이다.

8. 정답 ①

적극적 투자관리는 자산배분결정, 종목선택을 위한 내재가치추정, 변동성 보상비율 이용, 베타계수 이용, 트레이너-블랙모형의 이용을 들 수 있다. 채권지수펀드는 시장 전체 평균수익의 투자수익 추구로 가장 대표적인 방법이 채권지수펀드법이다.

9. 정답 ②

먼저, $MD = \dfrac{D}{1+\dfrac{y}{m}}$이므로 ($y$는 연간 수익률이고 m은 연간 이자지급 횟수임) 수정듀레이션은 2.69/1.025 = 2.62이다. 그리고 채권의 가치는 9,487이다.

$$\text{채권가치} = 200 \times \left(\frac{1 - \frac{1}{1.025^{12}}}{0.025} \right) + \frac{10,000}{1.025^{12}} = 9,487\text{원}$$

따라서 95% 신뢰수준에서 1일 기준의 채권 VaR은 다음과 같이 계산한다.

$$VaR = 1.65 \times 9,487 \times 2.62 \times 0.1 \times 0.15 \times \frac{1}{\sqrt{250}} = 39\text{원}$$

10. 정답 ①

채권가격에 대한 컨벡시티의 계산은 다음 표와 같다.

기간(t)	$CF(t)$	$t(t+1)CF(t)=(1)$	$\frac{1}{(1+r)^{(t+2)}}=(2)$	$(1)\times(2)$
1	1,000	2,000	0.712	1,424
2	1,000	6,000	0.635	3,810
3	11,000	132,000	0.567	74,844

$$\text{컨벡시티} = 80,078(1,424 + 3,810 + 74,844)/9,500 = 8.42$$

제 12 장 펀드 리스크 관리

1. 정답 ①

자산운용 리스크 관리는 펀드의 운용과 관련하여 발생할 수 있는 리스크로 시장 리스크, 유동성 리스크, 신용 리스크가 해당된다.

2. 정답 ④

표준편차는 절대위험을 측정하며 베타, 잔차위험, 공분산은 상대적 위험을 측정한다.

3. 정답 ①

초과수익률의 변동성을 잔차위험 또는 추적오차(tracking error)라고 한다. 초과수익률은 일정기간 동안의 펀드수익률에서 펀드별 기준수익률을 차감한 것이다.

4. 정답 ②

사전적 리스크 관리의 대표적인 수단으로 Market VaR을 활용하며, Market VaR을 통해 시장 리스크 관리를 하며 사전적 리스크 관리의 결과로 포트폴리오 재조정과 포트폴리오 모형의 활용이 있다. 펀드의 사후적 리스크 관리수단으로 위험 대비 성과지표를 활용한다.

5. 정답 ②

젠센지수(jensen ratio)는 펀드수익률의 시장 민감도(beta)를 위험 측정치로 사용하여 계산된 기대수익률과 실제수익률의 차이를 나타낸다. 젠센의 알파가 클수록 자산을 시장에서 기대되는 수익률보다 많은 수익률로 운용했음을 의미한다.

6. 정답 ①

샤프지수는 다음의 수익과 같이 초과수익률 대 표준편차의 비율로서 포트폴리오의 무위험수익률 대비 초과수익률을 총위험으로 나눈 것으로, 분자는 초과수익률을 표시하며 분모에 있는 표준편차는 위험도를 나타내므로 샤프지수는 총위험 한 단위당 초과수익률을 나타내는 지표이다.

7. 정답 ③

트레이너지수는 포트폴리오의 무위험수익률 대비 초과수익률을 체계적 위험으로 나눈 것이다. 베타는 시장포트폴리오와 포트폴리오의 체계적 위험을 나타낸다.

8. 정답 ④

정보비율(IR: information ratio)은 포트폴리오가 설정한 벤치마크를 얼마나 잘 추적하면서 초과수익률을 달성했는지를 측정하는 지표이다. 샤프지수가 포트폴리오 수익률의 변동성을 사용한 반면 정보비율은 포트폴리오가 벤치마크의 수익률로부터 갖는 변동성을 사용하는 것이다. 이러한 변동성을 추적오차(tracking error)라고 한다.

9. 정답 ②

종목선택의 효과는 부서의 성과로 자산배분 효과는 딜러의 성과로 볼 수 있다.

10. 정답 ④

자산배분과 증권선택을 합한 수익률은 운용포트폴리오 전체수익률에서 벤치마크 수익률을 제외한 수익률과 일치하게 된다.

11. 정답 ①

sharpe ratio $= \dfrac{R_P - R_f}{\sigma_P}$

R_P = 종목 또는 포트폴리오의 투자수익률
R_f = 무위험이자율
σ_p = 종목 또는 포트폴리오 투자수익률의 성과 분석 기간의 변동성(표준편차)

앞의 예제의 자료를 샤프지수로 평가하면 다음과 같다.

A : 1.76/6.17 = 0.28

B : 7.56/14.89 = 0.51

시장포트폴리오 : 1.63/8.48 = 0.19

12. 정답 ②

젠센지수의 산식은 다음과 같다.

$\alpha_p = R_P - R_f - \beta_P(R_m - R_f)$

R_P = 포트폴리오의 투자수익률

R_f = 무위험이자율

β_p = 포트폴리오 베타

R_m = 시장수익률

A : 4.76−(2.63) · 1.69 = 0.32

B : 7.56− (1.63) · 1.40 = 5.28

13. 정답 ①

트레이너지수의 구체적인 식은 다음과 같다.

트레이너지수 = $\dfrac{R_P - R_f}{\beta_p}$

R_p : 포트폴리오의 투자수익률

R_f : 무위험이자율

β_p : 포트폴리오 베타

A : 4.76/1.69 = 2.81

B : 7.56/1.40 = 5.4

시장포트폴리오 : 1.63/1.00 = 1.63

14. 정답 ④

정보비율은 다음과 같이 산출한다.

정보비율(information ratio) = $\dfrac{R_{P,t} - R_{B,t}}{TE} = \dfrac{\alpha_P}{\sigma_{\varepsilon P}}$

$R_{P,t}$: 포트폴리오의 수익률

$R_{B,t}$: Bench Mark의 수익률

TE : Tracking Error

A : 2.63/2.95 = 0.89

B : 5.28/8.98 = 0.33

제 13 장 환 리스크 관리

1. 정답 ④

대한상공회의소가 실시한 기업의 리스크 현황과 정책과제 조사에서 기업이 현재 가장 두려워하는 리스크 요인으로 환율 리스크, 자금 유동성 리스크, 고유가 및 고원자재가, 노사분규 순으로 응답했다.

2. 정답 ③

환율결정이론 중 금리 평가이론이란 양국 간의 이자율 차이는 선물환율의 할인(discount) 혹은 할증(premium)과 같아야 한다는 이론을 뜻한다.

3. 정답 ③

국제평가이론은 국제금융시장에서 아무런 제약이 주어지지 않을 경우에 성립하는 이자율, 물가, 현물환율 및 선물환율들 사이에 균형관계(equilibrium relations)를 설명하는 이론이다.

4. 정답 ④

$$1{,}100 \times \left(\frac{1+4.0\%/4}{1+1.0\%/4}\right) = 1{,}108.23$$

5. 정답 ③

스왑게이트 = 선물환(F) − 현물환율(S)

$$S \times \left[\frac{1+r_d \times T}{1+r_f \times T}\right] - S \approx S \times (r_d - r_f) \times T$$

$$\approx 1{,}000 \times (4.0\% - 1.0\%)/4 = 8.25\text{원}$$

6. 정답 ②

거래적 노출은 거래는 이미 종료되었으나 결제가 환율변동시점 이후에 이루어지기 때문에 발생한다.

7. 정답 ①

환 노출은 회계적 노출, 거래적 노출 및 경제적 노출로 구분하여, 그 특성에 따라 대응책을 모색해야 한다.

8. 정답 ④

재송장전략은 현지에서 판매되는 모든 포지션을 인수하여 환 리스크를 집중관리한다.

9. 정답 ④

경제적 노출 관리는 영업현금흐름을 관리하기 위한 마케팅전략과 생산관리전략을 추진해야 한다.

10. 정답 ②

선물환율을 이용한 헤지는 리스크를 완전히 제거하지만 환율이 유리하게 변동하는 경우의 기회이익이 사라진다. 그러나 옵션계약의 매입자에게는 권리만 발생하여, 환차손 방지는 물론 환율이 유리하게 움직이는 경우 기회이익의 획득이 가능하다.

11. 정답 ④

파생상품을 이용한 환 리스크 헤지기법에는 선물환, 통화선물, 통화스왑, 통화옵션 등이 있다.

12. 정답 ②

통화선물시장은 거래소(Exchange)시장이지 장외시장(OTC)이 아니다.

13. 정답 ①

레인지 포워드(Range Forward)는 환율의 변동으로 인해 발생하는 이익과 손실을 모두 일정수준으로 제한함으로써 환 리스크가 일정범위 내로 제한된다. 이는 옵션 매입에 따른 옵션의 지급 프리미엄과 옵션 매도에 따른 수취 프리미엄을 같게 만들어 프리미엄을 지불하지 않는 제로 코스트 옵션이다.

14. 정답 ④

통화선물은 선물거래소를 통해 거래가 이루어지는 표준화 거래이며 선물환은 장외시장(OTC market)을 이용한 비표준화 거래이다.

15. 정답 ①

25계약 × US $10,000 × (995−980) = 3,750,000

제 14 장 신용 리스크 관리

1. 정답 ③

이자보상비율은 Z-Score 모형의 주요 변수에 포함되어 있지 않다.

2. 정답 ②

Sub-Prime 사태는 주택담보대출로 인한 전형적인 신용 리스크 사태로 볼 수 있다.

3. 정답 ④

부분가치 평가법은 완전가치 평가법과 더불어 포트폴리오 VaR 측정방법의 하나이다.

4. 정답 ②

신용 리스크 측정모형의 강화는 신용 리스크 선진화 계획과 관련이 있다.

5. 정답 ①

특히 영업이익으로부터의 현금흐름 중시 경향이 최근 신용분석의 특징이다.

6. 정답 ④

Credit VaR 모형은 포트폴리오 신용 리스크 측정 시 사용된다.

7. 정답 ②

신용편중 리스크(Concentration Risk) 관리의 정의에 해당한다.

8. 정답 ④

주가지수연동상품은 신용 리스크와 관련된 신용파생상품이 아니고 일반파생상품이다.

9. 정답 ①

신용조사 및 여신심사에서의 사업위험 분석의 내용은 ②, ③, ④이며, 신용등급측정 분석은 사업위험 분석을 고려한 기업의 원리금 상환능력 기준에 대한 정보이다.

10. 정답 ④

재무비율 분석에는 ①, ②, ③ 이외에 수익성비율, 생산성비율, 성장성비율이 있다.

11. 정답 ③

신용평가의 원칙에는 ①, ②, ④ 이외에 경기침체 시 원리금 상환능력 평가, 신용등급의 적정성 모니터링이 있다.

12. 정답 ④

차주의 신용등급의 단순하락만으로는 부도처리되지 않고, 부도의 정의기준에 해당되어야 한다.

13. 정답 ①

LGD(부도 시 손실률)의 정의로 신바젤협약에서 명시하고 있다.

14. 정답 ②

은행의 여신(대출)이 중심업무이고, 따라서 신용 리스크 자본량이 실제로 전체 리스크량 중 가장 큰 부분을 차지한다.

15. 정답 ③

부도 시 손실률은 회수시점이 다르기 때문에 할인율을 적용하며, 이는 경제적 관점에서 측정해야 한다. 최근 IFRS에서 사용하는 방법으로 발생손실(IL: Incurred Loss) 개념으로 예상손실을 산출하나, 신용 리스크 관점에서의 부도률 산출은 경제적 가치 관점에서 측정해야 한다.

제 15 장 운영 리스크 관리

1. 정답 ④

신바젤협약에는 운영 리스크를 "부적절하거나 잘못된 내부 절차, 인력 및 시스템 또는 외부사건으로 인해 발생하는 손실 리스크"로 정의한다.

2. 정답 ③

신바젤협약에서 언급한 운영 리스크의 정의에서 법률 리스크(legal risk)는 포함하되 전략 리스크(strategic risk)와 평판 리스크(reputational risk)는 제외한다.

3. 정답 ②

Sub-prime Mortgage는 신용 리스크의 실패사례이고, 나머지는 모두 운영 리스크의 실패사례이다.

4. 정답 ③

운영 리스크 관리체계는 리스크의 인식, 리스크 평가 및 측정, 모니터링 및 보고, 통제 및 경감 활동의 4단계 구조로 구성된다.

5. 정답 ④

효과적인 운영 리스크 관리방안으로 현업부서가 제1 저지선, 리스크 통제부서가 제2 방어선이 되고, 최후방어선이 감사부서가 되어 3계층구조의 운영 리스크 관리를 의미한다.

6. 정답 ②

RCSA 수행절차는 업무 프로세스 분석 → 리스크의 인식 및 평가 → 통제의 인식 및 평가 → 대응방안 마련 순으로 이루어진다.

7. 정답 ④

해당 리스크에 대한 기본적인 대응전략으로 수용, 이전(보험부보), 회피(사업철수), 경감(통제강화)의 내용이 포함된다.

8. 정답 ④

핵심 리스크 지표를 속성별로 구분하면 원인지표, 손실지표, 익스포저 지표 등이다.

9. 정답 ①

BaselⅡ에 따른 운영 리스크 위험가중자산 산출방법은 기초지표법, 표준방법, 고급측정법, 이 세 가지로 나누어지며 내부등급법은 신용 리스크 측정방법이다.

10. 정답 ③

보험은 운영 리스크 경감방법에 사용된다

제 16 장 금융IT 리스크 관리

1. 정답 ③

일반적인 정보보호의 목표는 기밀성(confidentiality), 무결성(integrity), 가용성 (availability)을 보장하기 위함이다.

2. 정답 ①

정보보호 리스크 관리의 정립은 영국 표준협회의 BS 7799가 모태가 되었고, 정보보호 리스크 관리방법론은 미국의 NIST 권고안이 기준이 되었으며, 정보기술분야의 국제표준은 ISO 27001 인증서이다.

3. 정답 ③

전자금융의 발전단계는 제1단계 업무자동화 단계, 네트워크화, 서비스 채널의 다양화를 거쳐 현재는 지식정보산업화 단계이다.

4. 정답 ③

볼커 룰은 투자은행의 자기자본투자규제에 관한 법률과 관련이 있다.

5. 정답 ①

영국 표준협회에서 정보보호 관리를 위해 표준화한 실무규약이 BS 7799로서 후일 몇 단계 개정을 거쳐 국제표준 ISO 27001 제정에 기여한다.

6. 정답 ①

비용-편익 분석은 NIST 권고안 중 리스크 수준 완화절차에 해당된다.

7. 정답 ③

심각도 분석에 따른 등급분류는 3단계 취약점 확인단계에서 해야 할 내용이다.

8. 정답 ①

리스크 대응전략에는 회피, 전가, 감소, 수용이 있다.

9. 정답 ④

IT시스템의 잔여 리스크 관리 및 수용에 대한 승인내용은 7단계 통제방안 실행에서 실시할 내용이다.

10. 정답 ③

리스크 통제수단은 기술적, 관리적, 운영적 통제수단으로 구분하여 실시한다.

■ 찾아보기 ■

ㅇ

ㅈ

ㅊ

ㅋ

ㅌ

〔저자소개〕

金 在 仁(Kim Jae In)

제일은행에 입행하여 오사카지점 대리, 동경지점 차장으로 8년간 해외지점 주재근무를 했으며 이때 동경 소재 호세이대학교에서 경제학 석사 학위를 받았다. 귀국 후 주로 본점부서 상품개발팀장, 경영관리실장, 리스크관리부장, 자산부채관리부장 등을 역임했다. 이때 경희대학교에서 경영학 박사를 취득했다. 32년간의 은행생활을 Standard Charted 제일은행 상무로 마감했다. 이후 고려대학교 정기공채에 지원하여 공과대학 산업경영공학부와 기술경영전문대학원(MOT) 전임 교수가 되었다. 학교에서는 실무 위주의 재무관리, 기술가치평가, 금융리스크관리, 금융기관경영론 등을 강의했다. 퇴직 후 숙명여자대학교 초빙교수, 경희대학교 객원교수를 거쳐 서울시립대, 중앙대, 가톨릭대, 덕성여대 등에서 강의를 하였다.

100세 시대 노후를 위한 리스크관리서 「장수리스크관리」의 저자로서 그리고 NCS(국가직무능력표준) 「리스크관리」와 「주식 · 채권운용」 대표집필자로서 리스크관리 연구분야의 발전을 위해 노력했다.

현재 암호자산 금융플랫폼(Crypto Asset Finance Platform)회사 "BASIC Research"에서 고문(Adviser)으로 재직 중이다.

제5판(전면개정판)

금융 리스크 관리

2010년 3월 10일 제1판 1쇄 발행
2011년 1월 25일 제2판 1쇄 발행
2012년 8월 25일 제3판 1쇄 발행
2014년 9월 20일 제4판 1쇄 발행
2017년 2월 25일 제5판 1쇄 발행
2022년 3월 10일 제5판 3쇄 발행

저 자 **金 在 仁**
발행인 **姜 熙 一 · 朴 銀 子**

발행처 **다 산 출 판 사**

서울특별시 마포구 용강동 494의 85
등 록 1979. 6. 5. 제 3-86호(윤)
전 화 717-3661
F A X 716-9945

정가 36,000원

파본은 바꾸어 드립니다.

http://www.dasanbooks.co.kr

ISBN 978-89-7110-540-5 93320